中国律师实训经典 Trial TECHNIQUES | 基础实务系列

总主编 徐 建 龙翼飞

知识产权业务律师基础实务

上册

主　编 温旭

副主编 朱妙春 林　文 刘友华 郝传鑫
董咏宜 黄　娟 王广华 申元林

编　委（其他参与撰稿、提供素材和讨论人员）
曾　赟 唐　娇 肖宇扬 刘孟斌 程跃华
戴建波 成明新 高劲松 杜满清 殷红艳
胡少波 杨宇鹏 黄海燕 黄　玲 温凯杰
宁　超 刘　琳 邵毓琴 赵　勇 熊永强
方仁刚 谢姗珊 张艳美 温　乾 温镜满
罗毅玲 张泽思 卢静芬 胡　枫 陈　奇
何兆华 叶新平 沈　红 贾　允 陈　康
陈伟群 林贤武 郑裕涵 颜希文 王章立

负责全书校稿、编排和案例整理人员 杜满清

中国人民大学出版社
·北 京·

主编简介

温旭，广东三环汇华律师所首席合伙人，中国资深知识产权律师，从业三十余年。北京大学知识产权硕士，美国华盛顿大学访问学者，就读过中山医大、中山大学、华南师范大学、中国人民大学等著名学府。国家级有突出贡献的中青年专家、广州人民满意的十佳律师，享受国务院特殊津贴，荣获多项部省级科技成果奖。现任中国高校知识产权研究会副理事长，曾连任三届全国律协知识产权专业委员会副主任，担任过多届广东、广州律协知识产权专业委员会主任。兼任中国人民大学、北京大学、暨南大学等大学客座教授与研究员。著有《捍卫智慧》、《知识产权保护策略与技巧》等十余部有影响的专著，《捍卫智慧——没有硝烟的战场》被评为全国律协十佳知识产权专著。经办过华为、王老吉、微软、诸葛酿、阿迪达斯、罗浮宫、佛陶所、东鹏、康宝、蕉叶、荣华、格兰仕、美的、科龙、康佳、酷派、TCL等有影响的典型案件。康宝消毒柜与佛陶商业秘密案是中美知识产权谈判中，中方着重介绍的两个典型案例，曾有多项经办案件被列为全国十大知识产权经典案例。其授课深入浅出，妙趣横生，深受欢迎，为普及知识产权法律做出了卓越贡献。具有专利代理人、律师、教授等多重职称。我国知识产权界泰斗郑成思教授评价其为国内少有的学者型与技术型律师。

序

中国人民大学律师学院组织编写我国第一套大型律师基础实务教材“中国律师实训经典·基础实务系列”的情况介绍已经收悉，看后甚喜。这套教材，集实用性、基础性和系统性于一体，内容全面翔实，对完善我国的律师制度，强化律师管理、规范律师行为、防范律师的职业风险有着重要作用；对提高律师基础实务技能、使律师积极参与诉讼和仲裁活动有重要的指导意义；对加强律师业务、实务管理和律师职业管理，增强常规业务必备知识和实务操作技能，也是非常有价值的。《中华人民共和国律师法》颁布施行不到20年，我国律师还很年轻，还需要从理论上、实践中不断探索。

我国法律教育一直偏重于理论研究，将法律实践成果总结提升为理论常常显得滞后。中国人民大学律师学院编写的这套教材，是我看到的第一套系统性法律实务教材，从这个角度说，它开创了我国法律实务教育之先河。律师业是法律职业中有条件全面接触各种法律实务工作情况的职业。从律师的客观和主观、实体和程序角度进行法律实践教育，可使法律人比较全面地了解掌握各项法律实务工作技能，特别是对于学生将来从事各类法律工作会有启发和帮助。这套教材不失为各高校法律实务教育的有益参考书目。

肖　扬

中国人民大学博士生导师、最高人民法院原院长、首席大法官

2014年3月

序　言

中国正在经历一场深刻的社会变革，变革的方向之一，就是政府越来越多地退出对经济和社会生活的直接管控，而交由市场自行调节和社会自我管理。伴随这一变革进程的，将是对各类社会服务需求的大量增加，向社会提供法律服务的律师业也将迎来又一个发展的黄金时期。可以预期，未来若干年，律师从业人员数量将会呈现高速增长。

大量新人进入律师行业，必将对我国的律师教育提出新的挑战。如何从一个“菜鸟”迅速成长为一名合格的律师，是每个律师界新人或准律师关心的问题，而这正是律师正规化专业教育的目标之一。我国的律师教育目前还处在手工作坊阶段，基本上是以师傅带徒弟的方式培养律师。新人入行后，先跟着老律师做实习律师、律师助理等，慢慢积累经验，逐渐成长。这一方式的局限性是显而易见的。主要问题是，缺乏科学系统的培养计划和考核标准，导致年轻律师的培养随意性较强，且受所跟师傅及所在律师事务所的业务范围、业务水平及责任心等方面的局限，培养质量难以保证，年轻律师成长速度参差不齐，甚至一些人长期难以进入角色，无法成为一名合格律师。这种状况，显然难以适应我国律师业高速发展的需要。

中国人民大学律师学院自成立之初，就把探索构建我国律师正规化专业教育体系作为重要目标，并自 2011 年起，把律师实务教育引入国民教育体系，在法律硕士教学中开设了律师方向课程，目前已连续招收了三届学生。在三年教学实践的基础上，我们组织编写了这套律师基础实务教材。

本套教材共 14 本，大体包括三部分。第一部分为律师执业基础，主要包括律师制度、律师管理、律师执业行为规范、律师执业风险防范等执业律师必须了解的基本知识；第二部分为律师基础实务技能，包括律师参与刑事、行政、民事三大诉讼活动及参与仲裁活动必备的知识和基本操作技能，以及律师办理非诉讼业务的基本技能；第三部分为一些最常见的律师业务实务，包括公司、合同、房地产、知识产权、侵权、劳动与社会保障、婚姻家庭、企业法律风险管理等律师常规业务所必备的知识和实务操作技能等。这些课程是在参考国外尤其是英国律师教育经验的基础上，结合我国律师业务的具体情况而设置的。我们认为，这 14 本教材涵盖了最基本的律师业务要求和技能，读者如能全面掌握 14 本教材的内容，就基本具备了作为一名合格执业律师的业务能力。

将本套教材命名为“中国律师实训经典·基础实务系列”，故教材的编写强调了实用性、基础性和系统性。实用性，即完全根据律师业务的实际情况安排教材内容，对每项具体律师业务的基本要求、处理思路、工作规范及具体操作技能等逐一进行介绍，并适当配以具体案例演示，力求使读者按照书中介绍的方法去操作，能够独立完成相关的律师业务工作。基础性，即本套教材主要面向律师界的新人，故在内容安排上只涉及最基础、最常见的律师业务，所介绍的也都是最基本的律师业务技能和操作方法，对于高级的、尖端的律师业务门类和技巧并不涉及。系统性，是指本套教材虽为基础实务教材，但每本教材对所涉及律师业务领域的具体工作要求均做系统、全面的介绍，以帮助读者全面掌握处理该项律师业务的基本技能。

本套教材各册的主编，均由国内律师界相关业务领域的顶级专家担任，各位作者也都具有多年的律师执业经历，且在相关领域术业有专攻，经验丰富。其中多数主编及多位作者曾在我院讲授过相关律师专业课程。每册教材都是主编和作者们多年实务工作的结晶以及律师专业教学经验的总结。可以说，本套教材既贴近律师工作实际，又符合一般教育规律，因此，适合作为各高校法学院律师专业课程教材和各地律协律师岗前教育教材，也可作为实习律师、律师助理及有志进入律师行业者的自学教程。

我国律师的正规化专业教育毕竟还处于起步探索阶段，无成熟经验可循，本系列教材作为我院三年律师专业教育成果的总结，必定还存在不足和疏漏，有待于进一步探索、完善。我们希望全国律师及律师教育界多提宝贵意见，帮助我们不断改进、完善本套教材，共同为探索建设符合中国实际的律师正规化教育体系奠定基础。

本套丛书各位作者在繁忙的工作之余承担了本书的编写工作，将自己的经验和智慧奉献于律师教育事业；各册教材的主编在教材的整体设计、内容安排与统筹、全书审稿统稿等方面付出了辛勤劳动，保证了教材的高品质；中国人民大学出版社法律分社领导和各位编辑，在时间紧、稿件多的情况下，为本套丛书的如期出版做了大量细致有效的工作。在此我们特对以上人员表示特别感谢。

徐　建　龙翼飞

2014 年 3 月

前　言

中国加入世界贸易组织（WTO）后，随着中国知识产权制度的健全与发展，国内国际知识产权法律案件数量急剧增加，企业和个人的知识产权法律意识日益加强，尤其是高新技术企业对知识产权服务的需求呈大幅增长趋势。为适应这一变化与新局面，全国各地不少法院都设立了知识产权专业审判庭，专门审理专利、商标、著作权、反不正当竞争等知识产权案件。根据《中共中央关于全面深化改革若干重大问题的决定》，2014 年我国将探索试点建立专业性的知识产权法院来审判知识产权案件，这将是知识产权保护史上的一个突破。这一切都预示着我国知识产权的保护进入了一个高速发展期，从原来的初级阶段，逐渐朝着成熟化和国际化的方向发展。

知识产权是一门涉及技术、经济与法律的复合学科，在专利、技术秘密和涉及网络的不正当竞争等方面，创新技术层出不穷，这就要求从事知识产权业务的律师不仅需要掌握一般的民事法律，还要熟悉、精通知识产权方面的专业法律，更需要懂得一些最新的科技知识；同时，还应有较好的外语水平，并了解国外尤其是西方发达国家的知识产权法律制度，这样才能真正胜任知识产权的律师代理工作，做一名合格的知识产权律师。伴随着知识产权事业的蓬勃发展，越来越多的既有理工科教育背景，又有法律学历的专业律师甚至是国外专业律师，都加入知识产权的法律服务行业中，这对维护当事人的正当合法权益，提高知识产权司法水平起到了至关重要的作用，知识产权法律服务已经成为法律服务业中一个蓬勃发展的朝阳产业。

中国人民大学律师学院适应这一发展趋势，适时组织编写《知识产权业务律师基础实务》一书。该书着重从培养律师从事知识产权实务出发，专门教授律师代理知识产权案件所必须掌握的相关知识及基本的代理步骤、策略与方法，并收集大量典型案例进行实例解析，以案说法，特别适合于法学教育研究，以及从事知识产权法律业务的律师学习、借鉴和参考。

本书由十多位具有丰富知识产权专业经验的资深律师及教授合作分工撰写。温旭律师、教授担任主编，负责全书框架的确定、审核、修改和统稿，并参与撰写各篇章的部分内容。朱妙春、林文、刘友华、郝传鑫、董咏宜、黄娟、王广华、申元林为本书副主编，主要参与了本书的撰稿及编写研讨。其中，朱妙春主要参与全书撰写提纲的讨论与确定，并指导相关作者撰写；林文、殷红艳主要负责撰写反不正当竞争律师实务篇；刘友华主要负责撰写其他知识产权律师实务篇；郝传鑫与黄娟主要负责撰写专利律师实务篇；董咏宜与王广华主要负责撰写商标律师实务篇；黄娟、申元林和曾赟负责或参与了著作权律师实务篇的撰写；唐娇、肖宇扬分别参与了反不正当竞争律师实务篇、专利律师实务篇的撰写。

参与本书撰稿、提供素材和讨论的人员还有：刘孟斌、程跃华、戴建波、成明新、高劲松、杜满清、胡少波、杨宇鹏、黄海燕、黄玲、温凯杰、宁超、刘琳、邵毓琴、赵勇、熊永强、方仁刚、谢姗珊等。杜满清律师负责全书的校稿、编排和案例的整理工作。中国人民大学出版社及中国人民大学律师学院的相关人员为本书的撰写与出版亦付出了辛勤的劳动，在此特别予以感谢。

本书虽有一个统一的撰稿要求，但由于编者各自的经历、风格和知识面有所不同，虽经过主编反复多次修改与统稿，仍有不尽如人意之处，我们会在再版时予以修订和完善。撰写过程中不少学者、法官及律师为本书提供了大量的原始素材。此外，为给读者更多的启发与帮助，本书借鉴、参考和引用了国内外不少作者的学术成果，在此也一并表示衷心的感谢，并欢迎批评指正。

愿智慧之星闪烁，让天才之火燎原！

主编　温旭

2014年5月4日

目　录

第一篇　著作权律师实务

第二篇　专利律师实务

第三篇　商标律师实务

第四篇　反不正当竞争律师实务

第五篇　其他知识产权律师实务

上册目录

第一篇　著作权律师实务

第二篇 专利律师实务

第一篇　著作权律师实务

本篇简介

著作权通常保护的是作品的表达形式而非作品内容本身，自作品创作完成之时依法自动享有权利，并以自愿登记为原则。一般情况下，作品上署名即为作者，有更强的相反证据时除外。著作权的排他性较之商标、专利而言，相对没那么强，内容相同、表达方式相同或近似但各自完全独立创作而成的相同或相似作品，可分别各自享有著作权。与其他知识产权相比，著作权保护周期较长且具有一定的不确定性，如自然人的著作权是作者死后50年后届满，其保护期限长短与作者的寿命长短有关。著作权的权利垄断性也相对较弱，即为了公众需要的合理使用范围更加宽泛，同时也有利于作品的相互合理借鉴、承继与创新。

第1章

著作权法律保护体系

单元要点

我国法律规定，著作权亦称版权，作品和著作权的定义；作品受到著作权保护的基本条件；我国著作权法保护的作品类型；著作权自动保护的概念；著作权的人身权和财产权的内容；侵犯著作权的行为；侵犯著作权须承担的民事责任；民事诉讼程序中可以有效地保护著作权的司法措施；著作权刑事保护的规定；著作权行政保护的规定；著作权集体管理的规定。

学习目标

1. 理解作品和著作权的概念、联系和区别；
2. 了解作品得到著作权保护的条件；
3. 掌握著作权人身权和财产权的内容；
4. 掌握侵犯著作权的行为类型以及承担的民事责任；
5. 掌握有效保护著作权的司法措施；
6. 了解著作权集体管理的特点和规定。

1.1 作品与著作权

依据《中华人民共和国著作权法》第57条规定，本法所称的著作权即版权。因此，著作权亦称版权，两者为等同概念。从国际法领域看，《伯尔尼公约》对这两个概念的定义也是一致的，保护的客体也相同，只是由于人们在实际使用中习惯不同，有时称为“版权局”，有时称为“著作权法”，称呼的不同绝不意味着著作权和版权在我国的法律里面有本质区别。版权一般意义上讲，只保护作品的表达方式，不保护作品的内容本身。内容相同、表达方式不同会产生不同的作品。例如，同是冷暖两用型空调广告语，“横跨冬夏，直抵春秋，古桥空调”与“人间有冷暖，东宝最相知”这两句广告语就属于内容相同，而表达方式不同并各自享有著作权的广告作品。

具体来看，我国著作权法中所称作品，是指文学、艺术和科学领域内具有独创性并能以某种形式复制的智力成果，是作者或者其他著作权人对上述作品所依法享有的权利。由此看来，作品是著作权的对象，但并非所有的作品都有著作权。例如，有违社会道德和法律的淫秽作品。只有符合一定条件的作品才能被授予著作权，才能受到相关的国家著作权法保护。

一项作品，要想得到著作权法保护，必须至少具有以下几个条件：

1. 具有独创性。

在著作权领域中，所谓独创性并不是要求作品在思想或观点上的创新，而是指作品应由作者独立创作完成。应当注意的是，此处的“独立”并非意味着只能一个人创作，也并非意味着不可合法借鉴他人的智力成果。

2. 具有有形性。

具有有形性意味着可以以有形的形式复制，这是著作权法的必然要求。因为著作权法所要保护的不是作品想要表达的思想、情感本身，而是思想、情感的表现形式。也只有这样，作品才可以为他人所知，才能更好地传播。所以，作品与创作是有区别的。创作只是一种事实行为，如果创作仅仅停留在头脑中，而不通过口头、书面等形式表达出来，就不能构成作品，得不到著作权保护。当然随着计算机软件、网络等新技术的兴起和发展，并不能以传统的思维机械地理解这种“有形性”。

3. 作品的表现形式属于文学、艺术和科学范畴。

法律是国家意志的体现，著作权法亦不例外。所以，在现实生活中，因为政治意识形态、价值取向、历史传统、宗教信仰、风俗民情、科技发展程度、经济文化水平等因素的影响，即使具备了上述作品的实质要件，也未必是所有的作品都能取得著作权，得到著作权法保护。根据法律规定，以下四类“作品”不受我国著作权法保护：(1) 法律、法规，国家机关的决议、决定、命令和其他具有立法、行政、司法性质的文件，及其官方正式译文；(2) 时事新闻；(3) 历法、通用数表、通用表格和公式；(4) 依法禁止出版、传播的作品。

我国著作权法以概括和列举的方式，具体规定了以下作品为我国著作权法保护的作品：(1) 文字作品；(2) 口述作品；(3) 音乐、戏剧、曲艺、舞蹈、杂技艺术作品；(4) 美术、建筑作品；(5) 摄影作品；(6) 电影作品和以类似摄制电影的方法创作的作品；(7) 工程设计图、产品设计图、地图、示意图等图形作品和模型作品；(8) 计算机软件；(9) 法律、行政法规规定的其他作品。

我国对著作权采取自动保护原则，即一项作品一经创作完成，不论是局部还是整体，只要足以构成著作权法所称的“作品”，即产生著作权，既不要求申请、登记，也不要求是否发表，更不需要加注版权标记。作品的登记与发表，可作为享有权利的一种辅助证据，但并不是权利的必然依据。

我们平时所说的著作权为广义的著作权，其包括狭义的著作权及著作权邻接权（或称“与著作权有关的权利”）。其中，狭义的著作权又分为人身权和财产权。

1. 著作人身权。包括：(1) 发表权，即决定作品是否公之于众的权利；(2) 署名权，即表明作者身份，在作品上署名的权利；(3) 修改权，即修改或者授权他人修改作品的权利；(4) 保护作品完整权，即保护作品不受歪曲、篡改的权利。

2. 著作财产权。包括：(1) 复制权，即以印刷、复印、拓印、录音、录像、翻录、翻拍等方式将作品制作一份或者多份的权利；(2) 发行权，即以出售或者赠与方式向公众提供作品的原件或者复制件的权利；(3) 出租权，即有偿许可他人临时使用电影作品和以类似摄制电影的方法创作的作品、计算机软件的权利，计算机软件不是出租的主要标的的除外；(4) 展览权，即公开陈列美术作品、摄影作品的原件或者复制件的权利；(5) 表演权，即公开表演作品，以及用各种手段公开播送作品的表演的权利；(6) 放映权，即通过放映机、幻灯机等技术设备公开再现美术、摄影、电影和以类似摄制电影的方法创作的作品等的权利；（7）广播权，即以无线方式公开广播或者传播作品，以有线传播或者转播的方式向公众传播广播的作品，以及通过扩音器或者其他传送符号、声音、图像的类似工具向公众传播广播作品的权利；（8）信息网络传播权，即以有线或者无线方式向公众提供作品，使公众可以在其个人选定的时间和地点获得作品的权利；（9）摄制权，即以摄制电影或者以类似摄制电影的方法将作品固定在载体上的权利；（10）改编权，即改变作品，创作出具有独创性的新作品的权利；（11）翻译权，即将作品从一种语言文字转换成另一种语言文字的权利；（12）汇编权，即将作品或者作品的片段通过选择或者编排，汇集成新作品的权利；（13）应当由著作权人享有的其他权利。

3. 著作权邻接权包括：（1）出版者权；（2）表演者权；（3）录制者权；（4）广播者权。

综上所述，作品与著作权既有联系又有区别。作品是获得著作权的前提，没有作品就没有著作权，脱离具体作品的著作权是不存在的；但并不是所有作品都能取得著作权，只有符合作品的实质要件并得到法律认可的作品才能授予著作权并依法得到保护。

1.2 著作权民事保护

侵犯著作权应承担相应的民事责任，根据情况主要承担以下民事责任：

1. 停止侵害。即责令侵权人立即停止正在实施的侵犯他人著作权的行为，以防止侵害的扩大化，及时保护著作权人的合法权益。值得注意的是，这里不考虑侵权行为人在主观上是否有过错，只要其实施了侵权行为，均应停止侵害。

2. 消除影响和赔礼道歉。在侵权行为使著作权人人身权利受到侵害的情形下，主要适用该责任方式。对侵权行为，人民法院可以责令行为人赔礼道歉，也可以以其他方式消除影响。应当注意的是，此种责任方式可单独适用，亦可与其他责任方式一起适用。一般来说，侵权行为造成的影响范围有多大，就应当在多大的范围内消除影响。

3. 赔偿损失。未给著作权人造成经济损失的，不适用该责任方式；造成经济损失的，以侵权行为给权利人造成的实际损失作为承担该责任的前提。

另外，我国著作权法在规定侵犯著作权行为及所应承担的民事责任之外，对侵犯著作权的行为还规定了以下几种司法保护措施：

1. 诉讼前申请停止侵权行为。《著作权法》第 50 条规定，著作权人或者与著作权有关的权利人有证据证明他人正在实施或者即将实施侵犯其权利的行为，如不及时制止将会使其合法权益受到难以弥补的损害的，可以在起诉前向人民法院申请采取责令停止有关行为的措施。

2. 诉前财产保全。《著作权法》第 50 条同时规定，针对上述情况，著作权人或者与著作权有关的权利人可以在起诉前向人民法院申请财产保全的措施。

3. 诉前证据保全。《著作权法》第 51 条规定，为制止侵权行为，在证据可能灭失或者以后难以取得的情况下，著作权人或者与著作权有关的权利人可以在起诉前向人民法院申请保全证据。

4. 关于侵权人举证责任的规定。复制品的出版者、制作者不能证明其出版、制作有合法授权的，复制品的发行者或者电影作品或者以类似摄制电影的方法创作的作品、计算机软件、录音录像制品的复制品的出租者不能证明其发行、出租的复制品有合法来源的，应当承担法律责任。

1.3　著作权刑事保护

因考虑到我国的法治环境和公民的接受能力，1990 年颁布的《著作权法》并没有规定侵犯著作权的刑事责任。1994 年八届全国人大常委会通过的《关于惩治侵犯著作权的犯罪的决定》，是对我国刑法的补充，也是对著作权保护制度的有效完善。1997 年修订后的《刑法》在分则第三章设专节规定了“侵犯知识产权罪”，其中涉及著作权的犯罪包括：

1. 侵犯著作权罪。《刑法》第 217 条规定，以营利为目的，有下列侵犯著作权情形之一，违法所得数额较大或者有其他严重情节的，处 3 年以下有期徒刑或者拘役，并处或者单处罚金；违法所得数额巨大或者有其他特别严重情节的，处 3 年以上 7 年以下有期徒刑，并处罚金：(1) 未经著作权人许可，复制发行其文字作品、音乐、电影、电视、录像作品、计算机软件及其他作品的；(2) 出版他人享有专有出版权的图书的；(3) 未经录音录像制作者许可，复制发行其制作的录音录像的；(4) 制作、出售假冒他人署名的美术作品的。

2. 销售侵权复制品罪。以营利为目的，销售明知是《刑法》第 217 条规定的侵权复制品，违法所得数额巨大的，处 3 年以下有期徒刑或者拘役，并处或者单处罚金。

1.4　著作权行政保护与集体管理

我国著作权法对著作权的保护是全方位的，除了可以追究侵权行为人的民事责任、刑事责任外，还可以追究其行政责任。《著作权法》第 48 条规定，以下几种侵权行为损害公共利益的，可以由著作权行政管理部门责令停止侵权行为，没收违法所得，没收、销毁侵权复制品，并可处以罚款；情节严重的，著作权行政管理部门还可以没收主要用于制作侵权复制品的材料、工具、设备等。(1) 未经著作权人许可，复制、发行、表演、放映、广播、汇编、通过信息网络向公众传播其作品的，本法另有规定的除外；(2) 出版他人享有专有出版权的图书的；(3) 未经表演者许可，复制、发行录有其表演的录音录像制品，或者通过信息网络向公众传播其表演的，本法另有规定的除外；（4）未经录音录像制作者许可，复制、发行、通过信息网络向公众传播其制作的录音录像制品的，本法另有规定的除外；（5）未经许可，播放或者复制广播、电视的，本法另有规定的除外；（6）未经著作权人或者与著作权有关的权利人许可，故意避开或者破坏权利人为其作品、录音录像制品等采取的保护著作权或者与著作权有关的权利的技术措施的，法律、行政法规另有规定的除外；（7）未经著作权人或者与著作权有关的权利人许可，故意删除或者改变作品、录音录像制品等的权利管理电子信息的，法律、行政法规另有规定的除外；（8）制作、出售假冒他人署名的作品的。

我国国家版权局于2009年5月颁布的《著作权行政处罚实施办法》进一步对侵犯著作权的行政违法行为进行了规定，并具体规定了详细的行政处罚措施。

1. 侵犯著作权的行政违法行为。包括：(1)《著作权法》第48条的侵权行为，同时损害公共利益的；(2)《计算机软件保护条例》第24条列举的侵权行为，同时损害公共利益的；(3)《信息网络传播权保护条例》第18条列举的侵权行为，同时损害公共利益的；第19条、第25条列举的侵权行为；(4)《著作权集体管理条例》第41条、第44条规定的应予行政处罚的行为；(5）其他有关著作权法律、法规、规章规定的应给予行政处罚的违法行为。

2. 行政处罚措施。对上述行政违法行为，著作权行政管理部门可以依法责令停止侵权行为，并给予下列行政处罚：(1）警告；(2）罚款；(3）没收违法所得；(4）没收侵权制品；(5）没收安装存储侵权制品的设备；(6）没收主要用于制作侵权制品的材料、工具、设备等；(7）法律、法规、规章规定的其他行政处罚。

随着社会技术的发展，复制、传播作品的新方式不断涌现，作品的使用形式更加多样化、国际化。伴随着作品的广泛传播、使用，著作权人获得更多收益的同时，也越来越难以了解、控制自己作品的使用情况。所以，为切实维护著作权人的合法权益，著作权集体管理组织应运而生。所谓著作权集体管理组织，是指为权利人的利益依法设立，根据权利人授权、对权利人的著作权或者与著作权有关的权利进行集体管理的社会团体。在我国，著作权集体管理组织应当依照有关社会团体登记管理的行政法规和《著作权集体管理条例》的规定进行登记并开展活动。到目前为止，我国已成立了中国音乐著作权协会、中国音像著作权集体管理协会、中国文字著作权协会、中国摄影著作权协会、中国电影著作权协会等集体管理组织。

《著作权法》规定的表演权、放映权、广播权、出租权、信息网络传播权、复制权等权利人自己难以有效行使的权利，可以由著作权集体管理组织进行集体管理。根据我国《著作权集体管理条例》第2条规定，著作权集体管理组织经权利人授权，可以集中行使权利人的有关权利并以自己的名义进行下列活动：(1）与使用者订立著作权或者与著作权有关的权利许可使用合同；(2）向使用者收取使用费；(3）向权利人转付使用费；(4）进行涉及著作权或者与著作权有关的权利的诉讼、仲裁等。

实例解析

（美国）教育考试服务中心（简称 ETS）诉北京市海淀区私立新东方学校（简称新东方学校）侵犯其著作权及商标权案

［北京市高级人民法院（2003）北高民终字第 1393 号民事判决书］

ETS 成立于 1948 年，TOEFL 考试由其主持开发，1989 年至 1999 年，ETS 将其开发的 53 套 TOEFL 考试题在美国版权局进行了版权登记。新东方学校系民办非企业单位，主要从事外语类教学服务。1997 年 8 月 17 日 ETS 在中国内地的版权代理人与新东方学校签订了“盒式录音带复制许可协议”和“文字作品复制许可协议”，许可新东方学校以非独占性的方式复制协议附件所列的录音制品和文字作品（共 20 套试题）作为内部使用，但不得对外销售，协议有效期一年。

2000 年 11 月 9 日，ETS 的委托代理人在新东方学校公证购买了“TOEFL 系列教材”，包括“TOEFL 系列教材听力分册”、“TOEFL 系列教材语法分册”、“TOEFL 系列教材作文分册”、“TOEFL 系列教材阅读分册”、“最新练习题选编第一册”、“最新练习题选编第二册”、“最新练习题选编第三册”等 8 本图书及 25 盒听力磁带。

2000 年 12 月 25 日，ETS 的委托代理人在新东方学校公证购买了“TOEFL 系列教材”，包括听力分册、听力文字答案、语法分册、作文分册、阅读分册、最新练习题选编第一册及听力磁带 21 盒。2001 年 1 月 4 日，ETS 向北京市第一中级人民法院提起诉讼，状告新东方学校侵犯其著作权及商标权。

北京市第一中级人民法院一审判决认定，中国和美国均是《保护文学和艺术作品伯尔尼公约》的成员国，依据该公约，中国有义务对美国国民的作品在中国给予保护。ETS 作为 TOEFL 考试的主持、开发者，独立设计、创作完成了 TOEFL 考试题，并在美国就 53 套 TOEFL 考试题进行了版权登记。从 TOEFL 考试题的内容来看，其具有独创性，属于中国著作权法保护的作品范畴。新东方学校应就其侵犯著作权和商标专用权的行为承担停止侵害、赔偿损失、消除影响、向 ETS 赔礼道歉等民事责任。

新东方学校提出了上诉，其上诉理由之一是：一审判决认定 ETS 对其 TOEFL 考试题享有著作权，缺乏事实依据。实际上，考试题是不能作为作品受到我国法律保护的。

北京市高级人民法院二审判决认定，中国和美国均是《保护文学和艺术作品伯尔尼公约》的成员国，根据《著作权法》第 2 条第 2 款及《保护文学和艺术作品伯尔尼公约》第 3 条第 1 款 A 项的规定，我国有义务对美国国民的作品在中国给予保护。《著作权法实施条例》第 2 条规定，著作权法所称作品，是指文学、艺术和科学领域内具有独创性并能以某种有形形式复制的智力成果。TOEFL 试题分为听力、语法、阅读和写作四个部分，由 ETS 主持开发设计。就设计创作过程来看，每一道考题均需许多人经历多个步骤并且付出创造性劳动才能完成，具有独创性，属于我国著作权法意义上的作品，应受我国法律保护，由此汇编而成的整套试题也应受到我国法律保护。新东方学校复制并且对外公开销售

TOEFL 试题的行为已侵犯了 ETS 的著作权，理应承担相应的法律责任。

解析：这是一个有关著作权保护标准的案例。考试题目是否可以给予著作权保护，即是否可享有著作权，是一直以来存在争议的著作权法问题。按照享有著作权保护的几个要求：独创性、有形性和属于文学、艺术和科学范畴等来看，有形性和属于文学、艺术和科学范畴这两点争议不大，关键是是否具备独创性。我们来具体分析一下：TOEFL 试题分为听力、语法、阅读和写作四个部分，这其中每一道考题均需多人经历多个步骤并且付出创造性劳动才能完成，体现了 ETS 主持开发 TOEFL 考题的设计思想，并在考题的设计、创作和整体安排中表达出来，这应该说是满足了独创性的要求。但是，如果一个非常简单的、不需要创造性劳动的考题则未必具有独创性。例如，中华人民共和国成立于 1949 年 10 月 1 日的考题，应该是很难得到著作权保护的。因为这个不需要创造性的劳动或者说创造性非常低。由此可见，独创性既要求独立创作完成，又要求有一定的创造性劳动。从本案来看，是由于每道 TOEFL 考题都体现了 ETS 的创造性劳动，才得出了符合著作权保护标准的结论，而不仅仅是独立完成就可以满足独创性要求的。所以独创性具有双重含义，独立完成并具有一定创造性。①

练习与测试

1. 侵犯著作权需要承担哪些民事责任？
2. 著作权行政保护的处罚措施有哪些？
3. 著作权集体管理组织如何行使管理权？

单元总结

本单元介绍了作品和著作权的概念和相互关系、著作权保护所必备的条件、作品的类型、著作权及邻接权的内容、著作权保护的民事、刑事和行政途径以及集体管理的规定等基本内容，属于全景式和概括式的介绍，为后面几个单元的学习奠定一个良好的基础。

① 参见斯伟江、詹毅、袁洋、吴鹏彬：《知识产权保护在中国》，北京，法律出版社，2010。

第2章

著作权民事纠纷与律师代理

单元要点

学习著作权民事纠纷律师代理流程；掌握著作权民事纠纷案件的类型及人民法院受理范围、法院管辖的原则及例外，著作权的保护期及诉讼时效，著作权案件的审判原则；著作权民事纠纷案件的证据、侵权行为的种类和特征；网络著作权侵权的特征；著作权案件的赔偿数额计算原则。

学习目标

掌握著作权各项权利、著作权侵权行为的种类和特征。律师能够逐步掌握从事著作权民事纠纷代理业务。

2.1 著作权民事纠纷案件类型

2.1.1 著作权民事纠纷案件类型及人民法院受理范围

一、著作权民事纠纷案件主要包括以下四种类型[①]

1. 著作权及与著作权有关权益权属案件，主要包括：(1) 著作权权属纠纷；(2) 邻接权权属纠纷；(3) 计算机软件著作权权属纠纷。

2. 著作权及与著作权有关侵权案件，主要包括：(1) 侵犯著作人身权纠纷；(2) 侵犯著作财产权纠纷；(3) 侵犯出版者权纠纷；(4) 侵犯表演者权纠纷；(5) 侵犯录音录像制作者权纠纷；(6) 侵犯广播组织权纠纷；(7) 侵犯计算机软件著作权纠纷。

3. 著作权合同纠纷案件，主要包括：(1) 委托创作合同纠纷；(2) 合作创作合同纠纷；(3) 著作权转让合同纠纷；(4) 著作权许可使用合同纠纷；(5) 邻接权转让合同纠纷；(6) 邻接权许可使用合同纠纷；(7) 计算机软件开发合同纠纷；(8) 计算机软件著作权转让合同纠纷；(9) 计算机软件著作权许可使用合同纠纷。

4. 其他著作权、与著作权有关权益纠纷案件。

二、著作权民事纠纷案件的受理范围

依据最高人民法院《关于审理著作权民事纠纷案件适用法律若干问题的解释》规定，下列著作权民事纠纷案件符合人民法院受理范围：(1) 著作权及与著作权有关的权益权属、侵权、合同纠纷案件；(2) 申请诉讼前停止侵犯著作权、与著作权有关权益行为，申请诉前财产保全、诉前证据保全案件；(3) 其他著作权、与著作权有关权益纠纷案件。

---

① 参见董世连：《著作权案件类型及管辖》，见 http://www.law-lib.com/lw/lw_view.asp?no=11199，访问日期：2013年4月17日。

另外，最高人民法院《关于审理著作权民事纠纷案件适用法律若干问题的解释》还规定，下列两种情形，人民法院也应当受理诉讼请求人的诉讼：(1) 对著作权行政管理部门查处的侵犯著作权行为，当事人向人民法院提起诉讼追究该行为人民事责任的，人民法院应当受理；(2) 依法成立的著作权集体管理组织，根据著作权人的书面授权，以自己的名义提起诉讼的，人民法院应当受理。

2.1.2 著作权民事纠纷案件管辖

一、地域管辖

1. 著作权权属案件。著作权权属纠纷案件主要由被告住所地人民法院管辖。

2. 著作权侵权案件。《民事诉讼法》第 28 条规定："因侵权行为提起的诉讼，由侵权行为地或者被告住所地人民法院管辖。"根据最高人民法院《关于适用〈中华人民共和国民事诉讼法〉若干问题的意见》第 28 条规定，《民事诉讼法》第 28 条规定的"侵权行为地，包括侵权行为实施地、侵权结果发生地"。对于因侵犯著作权行为提起的民事诉讼，一般由侵权行为的实施地、侵权复制品储藏地或者查封扣押地、被告住所地的人民法院管辖。侵权复制品储藏地，是指大量或者经营性储存、隐匿侵权复制品所在地；查封扣押地，是指海关、版权、工商等行政机关依法查封、扣押侵权复制品所在地。

对涉及不同侵权行为实施地的多个被告提起的共同诉讼，原告可以选择其中一个被告的侵权行为实施地人民法院管辖；仅对其中某一被告提起的诉讼，该被告侵权行为实施地的人民法院有管辖权。

3. 著作权合同纠纷案件。对于著作权合同纠纷案件，合同有约定的，由合同约定地人民法院管辖；合同没有约定的，由被告住所地或者合同履行地人民法院管辖。合同约定管辖，主要是指合同的双方当事人可以在书面合同中协议选择被告住所地、合同履行地、合同签订地、原告住所地、标的物所在地人民法院管辖，但是约定不得违反级别管辖和专属管辖的规定。

二、级别管辖

著作权民事纠纷案件，原则上由中级以上人民法院管辖。但随着知识产权案件数量的增加，根据最高人民法院的有关规定和精神，各高级人民法院根据本辖区的实际情况，可以确定若干基层人民法院管辖第一审著作权民事纠纷案件。

三、网络著作权侵权案件管辖[①]

互联网的繁荣产生了大量的互联网侵权案件。最高人民法院颁布的《关于审理涉及计

---

① 参见《网络著作权纠纷的法律理解和适用》，见 http：//www.5law.cn/html/20129/20129289544736.shtml，访问日期：2013 年 4 月 27 日。

算机网络著作权纠纷案件适用法律若干问题的解释》第1条规定："网络著作权侵权纠纷案件由侵权行为地或者被告住所地人民法院管辖。侵权行为地包括实施被诉侵权行为的网络服务器、计算机终端等设备所在地。对难以确定侵权行为地和被告住所地的，原告发现侵权内容的计算机终端等设备所在地可以视为侵权行为地。"这一解释确定了网络著作权侵权案件以被告住所地、侵权行为实施地为主，侵权结果发生地为补充的管辖原则，即当著作权人发现有人在网上抄袭他的文章时，著作权人应当首先向该抄袭人的住所地或者该抄袭行为所运用计算机的所在地法院起诉，如果难以确定，则可向发现该抄袭行为的计算机终端设备所在地法院起诉。例如，可通过公证某台电脑下载抄袭文章或歌曲等的过程，并就在公证下载的电脑所在地法院起诉。

2.1.3 著作权的保护期及诉讼时效

著作权保护期是指著作权受法律保护的时间限制，或者说是著作权的有效期限。在著作权保护期内，作品的著作权受法律的相应保护，除了法律另有规定之外，使用作品均需要征得著作权人的同意，并向其支付报酬。著作权保护期满之后，作品即进入"公有领域"，不再受法律的保护，任何人都可以在无须征得原著作权人同意、并无须向原著作权人支付报酬的情况下使用该作品。

但是作者的署名权、修改权、保护作品完整权的保护期不受限制。公民的作品，其发表权等著作权的其他权利保护期为作者终生及其死亡后50年，截止于作者死亡后第50年的12月31日；如果是合作作品，截止于最后死亡的作者死亡后第50年的12月31日。法人或者其他组织的作品，著作权（署名权除外）由法人或者其他组织享有的职务作品，其发表权等著作权的其他权利的保护期为50年，截止于作品首次发表后第50年的12月31日，但作品自创作完成后50年内未发表的，其著作权不再受保护。

著作权的诉讼时效是指在法律规定的时效内，著作权人及其合法授权人提出请求保护，人民法院强制义务人履行的法定期间。我国民事诉讼的一般诉讼时效为两年，侵犯著作权的诉讼时效也是两年，自著作权人知道或者应当知道侵权行为之日起计算。权利人超过两年起诉的，如果侵权行为在起诉时仍在持续，在该著作权保护期内，人民法院应当判决被告停止侵权行为；侵权损害赔偿数额应当自权利人向人民法院起诉之日起向前推算两年计算。

《著作权法》第21条规定，公民的作品，其发表权、使用权和获得报酬权的保护期为截止于作者死亡后第50年的12月31日。例如，齐白石于1957年9月16日去世，其作品的著作权保护期截止时间为2007年12月31日。如果齐白石后人在2008年1月1日至2009年12月31日发现了齐白石著作权保护期终止前相对应的两年的侵权行为（即2006年1月1日至2007年12月31日），这还是在诉讼时效内的，但由于他们主张权利的这段时间是在2007年12月31日以后，不在著作权保护期限内，不能延长诉讼时效。另外，他们所能够要求的赔偿数额也是不同的。例如，2009年1月1日发现侵权行为，他们所要求的赔偿数额只能是发生在 2007 年 1 月 1 日至 2007 年 12 月 31 日的损失，而 2007 年 12 月 31 日以后因为超过保护期，作品进入公众领域，不再受法律保护，也就没有损失可言。如果在 2008 年 4 月 30 日发现的侵权行为，则要求赔偿数额的期间为 2006 年 5 月 1 日至 2007 年 12 月 31 日。

现在齐白石的后人在齐白石著作权保护期限内提起诉讼，其所能指控的侵权行为，就不只是提起诉讼前两年的侵权行为，即使超过两年的时间，只要侵权行为在起诉时仍在持续，在该著作权保护期内，人民法院应当判决被告停止侵权行为。这时他们所要求的赔偿数额自起诉之日起向前推算两年的侵权损害赔偿，这其中的两年因为都在保护期内是可以得到完全赔偿的，但也不会因为诉讼时效的延长，使损害赔偿的范围扩大到两年前的侵权损害。①

2.1.4　著作权案件审判原则②

一、保护作者和传播者创作及传播作品合法权益原则

我国著作权法将维护著作权的权益放在突出和首要的地位，整部著作权法自始至终贯彻这一立法精神。一部著作权法可以说就是一部著作权及邻接权益保护法。该项原则既是立法原则，也是人民法院审判著作权案件的审判原则。首先，是由于当法律赋予民事主体某项民事权利以后，如果这种权利受到不法行为人侵犯，或者就此权利与他人发生了争议，该民事主体只能通过法定程序向人民法院提起诉讼才能够获得司法救济，法律赋予他的权利才能实际予以兑现。而对于作者和其他著作权人合法权益的切实保护，才能调动他们的创作积极性，才能繁荣文化创作，促进科学文化事业的发展。其次，对于一般作者和使用他们作品的单位来说，大多处于弱者的地位。在有些情况下，不少作者明知他们的著作权受到侵犯或不公正对待，往往出于多种原因，而忍辱负重。如果在他们需要法律救济时，仍得不到司法审判上的全方位保护，就有可能大大挫伤他们的创作积极性，就有害于科技文化和两个文明建设的发展。再次，著作权及邻接权像其他知识产权一样，较物权等有形财产权更易于受到侵害，受到的损失也更大。因此，在著作权案件审判中，应当认真贯彻保护作者和传播者创作及传播作品合法权益原则，使著作权法的实施落到实处。对待著作权法未明确规定的问题，应当本着保护作者和传播者合法权益的原则正确处理。

二、鼓励有益于两个文明建设的作品创作、传播和公平竞争原则

著作权或邻接权的纠纷案件，大多涉及作品或作品的传播使用。鼓励和促进什么样的

---

① 参见孙博：《著作权保护期限与其诉讼时效》，见 http：//china. findlaw. cn/falvchangshi/zhuzuoquan/zhuzuoquanbaohu/zzbhqx/2010/0701/17633. html，访问日期：2013 年 6 月 20 日。

② 参见蒋志培：《著作权与邻接权诉讼》，见 http：//www. chinaiprlaw. cn/file/200002202291. html，访问日期：2013 年 4 月 10 日。

作品创作和传播，著作权法和著作权司法审判都应具有鲜明的观点和立场。根据《著作权法》第1条的规定，应当“鼓励有益于社会主义精神文明、物质文明建设的作品的创作和传播”。这也就是说我国作为社会主义国家，必须坚持文学、艺术和科学事业为人民服务、为社会主义服务的方向。对于违反宪法、法律，违背社会主义道德和善良风俗的坏作品，应当禁止出版传播。这些作品不但不能得到保护，而且其作者要受到法律的相应制裁。同时，也是更为重要的，在审判中，要以著作权法等法律法规为武器，体现出对有益于两个文明建设的好作品的鼓励和保护，在这一点上要旗帜鲜明。还应当看到随着社会主义文化市场的形成和繁荣，作品的著作权也成为文化商品进入市场竞争的行列。只有读者欢迎、市场需要的好作品，其对社会才大有益处，也才具有生命力。因此，在著作权、邻接权纠纷的审判中，应该注意要认真创造有益于作品公平竞争的法制环境，对著作权、邻接权领域中不正当竞争行为予以制裁、打击。只有这样才能促使好的作品不断涌现。

三、依法调整作品创作、使用中的权利义务关系原则

作者和其他著作权人在作品创作和行使作品著作权的活动中，会与其他民事主体发生许多复杂的著作权法律关系以及其他民事关系。作为著作权人及其他人都应当按照法律规定设定各种关系，也应按照法律的规定享有、行使自己的权利，履行承担自己的义务和责任。当著作权主体因为著作权等民事关系发生纠纷向人民法院提起诉讼时，人民法院应当认真查明案件事实，严格依照著作权等法律，依法调整当事人之间在作品创作、使用中的权利义务关系，从而使著作权人的权利得到保护，其应尽的义务也能适当履行。任何违反法律，脱离著作权法基本理论的做法，都会破坏法律的尊严，侵犯当事人的合法权利。

四、适用我国参加的国际条约原则

1990年以来，我国先后参加和签订了《保护文学和艺术作品伯尔尼公约》、《世界版权公约》、《保护录音制作者防止未经许可复制其录音制品公约》以及与一些国家签订的有关著作权的双边协定。根据《民法通则》第142条第2款的规定，“中华人民共和国缔结或者参加的国际条约同中华人民共和国民事法律有不同规定的，适用国际条约的规定，但中华人民共和国声明保留的条款除外”。这就是说人民法院审判涉外著作权、邻接权纠纷案件，应当适用我国的《著作权法》、《著作权法实施条例》等法律法规，如这些法律法规与国际公约等规定不一致，应当优先适用国际公约、条约的有关规定，公约、条约中我国声明保留的条款除外。国内法与国际条约都没有规定，可以根据案件的具体情况，按对等原则并参照国际惯例进行审理。这是处理涉外著作权纠纷的一条原则。实际上，我国参加、签订的国际公约、条约已成为国内法的一部分，并具有优先适用的法律效力。

2.2　律师代理著作权民事纠纷案件

2.2.1　著作权民事纠纷案件的证据

依据最高人民法院《关于审理著作权民事纠纷案件适用法律若干问题的解释》规定，下列事物可作为著作权民事纠纷案件的证据使用：

1. 当事人提供的原作品的底稿；
2. 当事人提供的作品原件；
3. 当事人提供的合法出版物；
4. 当事人提供的著作权登记证书；
5. 事人提供的认证机构出具的证明；
6. 当事人提供的取得权利的合同等；
7. 当事人自行或者委托他人以订购侵权复制品的合同、实物、发票；
8. 当事人自行或者委托他人以现场交易等方式购买侵权复制品所取得的实物、发票；
9. 公证人员按规定如实取得的证据和出具的公证书；
10. 在作品上或者在制品上署名的自然人、法人或者其他组织视为著作权、与著作权有关权益的权利人（即署名作品可作为权利归属的证据）。

2.2.2　著作权各项权利、著作权侵权行为的种类和特征

一、著作权的各项权利

如果未经著作权人许可而行使下列权利，并且没有法定的免责事由，就会构成对著作权的直接侵权。

（一）精神权利

作者对作品享有的精神权利（人身权利）不可转让，亦不可放弃。

1. 发表权

作者有权决定是否发表作品，何时、何地、何种方式发表作品。发表指公之于众，并非一定要很多人已经看了，公之于众只是说大众可能看到这种状态。

作品是作者人格的延伸，精神的反映。作者有权决定是否将作品展现。

（1）发表权是一次性权利，使用一次就用尽了。

（2）发表权往往要受到经济权利的制约。如：甲买乙之画，甲拥有经济权利，无精神权利，但甲可展出该画。各国认为当转让所有经济权利给他人时，推定他人可以发表，因为不允许他人发表，他人无法利用作品从而实现经济权利。

（3）发表权往往要受到其他民事权利的限制，如裸体模特照片需经其同意后才可发表。

2. 署名权

作者有权选择署名的方式，有人建议在网上发言需署真名，这个建议是有问题的，因为作者有权选择署名的方式，如化名、笔名、艺名等。

作者有权禁止他人在自己的作品上署名。

署名权是基于作品而产生的，先有作品（真品），后有署名。

如果有人画幅作品，并署上名家的名字，不是侵犯署名权，而是侵犯民法上的姓名权。

3. 修改权

只有作者才有修改权，杂志社可对文字及一般的编排进行修改，但实质内容及较大改动，需经作者同意。

4. 保护作品完整权

他人即使得到授权修改，也不能歪曲作品本来要表达的思想感情，以至于损害作者的名誉。

（二）经济权利

著作权的经济权利，即为著作权人的报酬请求权，是著作权人的精神权利的物质化，是权利人依据法律规定可以许可他人使用并获得报酬的权利。著作权人行使经济权利可以全部或者部分许可，经济权利是财产权利的一部分，著作权人的财产权利详见图1所示。①

1. 复制权

即以印刷、复印、拓印、录音、录像、翻录、翻拍等方式将作品制作一份或多份的权利。

复制需要具备三个条件：（1）必须在有形的载体上再现他人作品；（2）必须固定在物质载体上；（3）必须是相对稳定长久的固定，不能稍纵即逝。

著作权中复制行为包括：

（1）从平面到平面，如利用复印机复印资料。

（2）从平面到立体，如建筑图到建筑物。前者是图形作品，后者是建筑作品。需注意的是两者都是著作权法客体才行。商品设计图是图形作品，如果商品不是著作权法客体，那么商品设计图到商品不是复制。

（3）从立体到平面。

（4）从无载体到有载体，例如对歌声录音，是对声音的复制及对歌曲作品的复制。

2. 发行权

广义上发行权与出租权都是转移作品有形载体的方式。即以出售或赠与的方式向公众

① 本图表著作权人为华东政法大学教授王迁。

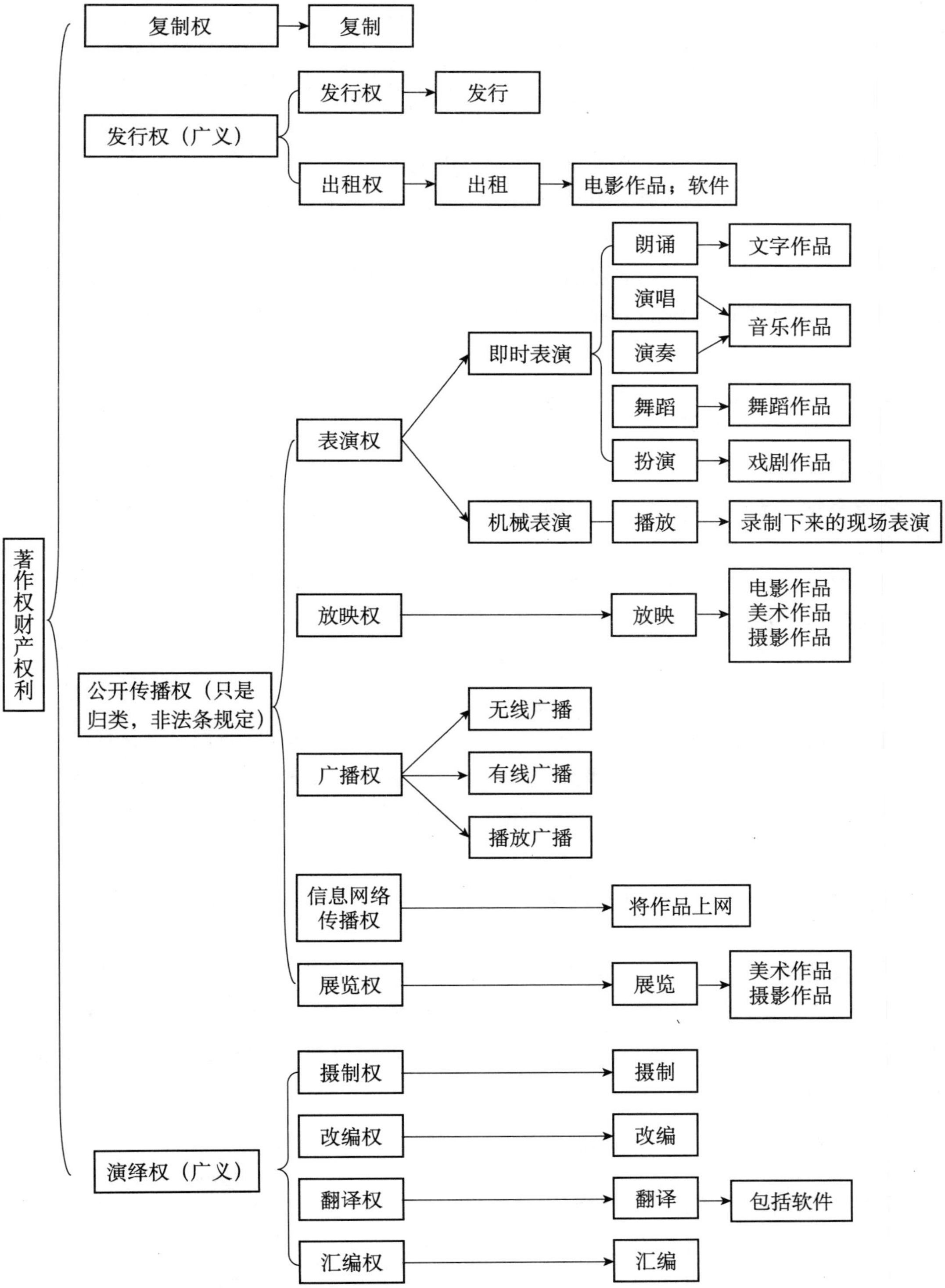
著作权财产权利
复制权
复制
发行权（广义）
发行权
发行
出租权
出租
电影作品；软件
公开传播权（只是归类，非法条规定）
表演权
即时表演
朗诵
文字作品
演唱
演奏
音乐作品
舞蹈
舞蹈作品
扮演
戏剧作品
机械表演
播放
录制下来的现场表演
放映权
放映
电影作品
美术作品
摄影作品
广播权
无线广播
有线广播
播放广播
信息网络传播权
将作品上网
展览权
展览
美术作品
摄影作品
演绎权（广义）
摄制权
摄制
改编权
改编
翻译权
翻译
包括软件
汇编权
汇编

图 1

提供作品原件或复制件的权利。

“出版”是复制与发行两项行为的叠加。

发行权一次用尽原则：对于合法制作的作品复制件，经著作权人许可发行后，该复制件的合法所有者再次出售或赠与就无须著作权人的授权。

但对于非法制作的复制件，不能行使发行权一次用尽原则。

出租权仅仅适用于电影作品和软件，文字作品著作权人无出租权。

3. 公开传播权（不转移载体所有权）

某些国家的法律对“公开传播权”中“公开”定义为向家庭朋友圈子之外的人传播都是公开传播，具体的：①观众在地理上是分散的；②时间上是分散的；③封闭半公开场合也算公开场合传播。

各国法律对“公开”的定义也会略有差异，如美国法律认为教授上课是公开传播，而德国法律认为不是公开传播。

（1）即时表演：朗诵、演唱、演奏、舞蹈、扮演。（免费表演属于合理使用）

机械表演：播放（与播放的是盗版还是正版碟无关，因为获得作品的有形载体并不获得著作权）。

（2）放映权：只针对电影、美术、摄影三类作品。如 KTV 中背景是作品，作品著作权人有著作权，若未经许可 KTV 放映则是侵犯放映权。

（3）广播权：控制无线广播、有线广播、播放广播。

无论电台还是电视台传播节目都是广播。

播放广播指通过扩音器或其他传送符号、声音、图像的类似工具向公众传播的权利。

（4）信息网络传播权：以有线或无线的方式使公众在其个人选定的时间和地点获得作品的权利，是一种交互式传播，这里仅指将“作品”传上网的权利，而不是提供链接的行为。

（5）展览权：仅针对美术作品和摄影作品的公开展览。

4. 演绎权（广义）

演绎权是指后一作品是在前一作品基础上创作出来的，如蔡志忠将《家春秋》绘成漫画，漫画就是演绎作品。要构成演绎作品，需具备两个条件：①必须符合作品的要求；②原作与新作必须在表达上（情节、人物、性格等）是相似的，若仅仅在思想上是相似的，则不构成演绎作品。

二、著作权侵权行为的种类

我国《著作权法》第 47 条和第 48 条对侵犯著作权的行为分别作了规定，其中，第 47 条规定了下列侵犯著作权的行为：（1）未经著作权人许可，发表其作品的。（2）未经合作作者许可，将与他人合作创作的作品当作自己单独创作的作品发表的。（3）没有参加创作，为谋取个人名利，在他人作品上署名的。（4）歪曲、篡改他人作品的。（5）剽窃他人作品的。（6）未经著作权人许可，以展览、摄制电影和以类似摄制电影的方法使用作品，或者以改编、翻译、注释等方式使用作品，著作权法另有规定的除外。(7) 使用他人作品，应当支付报酬而未支付的。(8) 未经电影作品和以类似摄制电影的方法创作的作品、计算机软件、录音录像制品的著作权人或者与著作权有关的权利人许可，出租其作品或者录音录像制品的，著作权法另有规定的除外。(9) 未经出版者许可，使用其出版的图书、期刊的版式设计的。(10) 未经表演者许可，从现场直播或者公开传送其现场表演，或者录制其表演的。(11) 其他侵犯著作权以及著作权有关的权益的行为。

《著作权法》第 48 条规定了下列侵犯著作权的行为：(1) 未经著作权人许可，复制、发行、表演、放映、广播、汇编、通过信息网络向公众传播其作品的，著作权法另有规定的除外。(2) 出版他人享有出版权的图书的。(3) 未经表演者许可，复制、发行录有其表演的录音录像制品，或者通过信息网络向公众传播其表演的，著作权法另有规定的除外。(4) 未经录音录像制作者许可，复制、发行、通过信息网络向公众传播其制作的录音录像制品的，著作权法另有规定的除外。(5) 未经许可，播放或者复制广播、电视的，著作权法另有规定的除外。(6) 未经著作权人或者与著作权有关的权利人许可，故意避开或者破坏权利人为其作品、录音录像制品等采取的保护著作权或者与著作权有关的权利的技术措施的，法律、法规另有规定的除外。(7) 未经著作权人或者与著作权有关的权利人许可，故意删除或者改变作品、录音录像制品等的权利管理电子信息的，法律、行政法规另有规定的除外。(8) 制作、出售假冒他人署名的作品的。

三、著作权侵权行为的特征

(一) 侵权对象的多重性①

著作权包含著作财产权和著作人身权，权利具有多重性，其中的著作财产权包含复制权、表演权等十多项权利。这些权利可以单独行使，也可以结合起来行使，因此，著作权侵权行为的侵害对象也会表现出多重性的特点：一是财产权与人身权同时被侵害；二是多项财产权与人身权同时被侵害。此外，著作权侵权行为的侵害对象还可包括如专有出版权合同的债权。

(二) 侵权形式的多样性

一般的民事侵权行为有一人单独实施的侵权行为和两人或两人以上因共同过错实施的共同侵权行为两种形式。在著作权侵权行为中，除这两种形式外，还存在第三种状态，即由数个行为人分别对同一权利人或与著作权有着直接或间接特定关系的主体（包括通过继承、委托、转让等关系而获得著作权的权利人）实施的侵权行为。

① 参见《著作权侵权行为的特点包括哪些》，见 http：//www.110.com/falv/zhuzuoquanfa/zzqqinquan/zzqzhishi/2010/0708/61453.html，访问日期：2013 年 4 月 20 日。

2.2.3 网络著作权侵权

一、网络著作权侵权行为的类型①

根据《著作权法》的规定，凡未经著作权人许可，且不符合法律规定的条件，擅自利用受著作权法保护的作品的行为，即为侵犯著作权的行为。构成侵犯著作权的行为需要具备两个条件：第一，使用的作品是受著作权保护的作品；其二，使用行为违法。现实中，侵犯著作权的行为既包括直接侵权行为，也包括帮助、促成、唆使他人侵权、或使他人直接侵权的后果得以延伸或扩大的间接侵权行为。网络上的著作权侵权，是指未经著作权人许可，又无法律根据，擅自上传、下载、在网络之间转载或在网络上以其他不正当的方式行使专有著作权人享有的权利的行为。任何专有著作权人享有的权利若是经过著作权人许可或者他的行使属于法律规定以外的情况，则不属于著作权侵权。

结合以上概念，网络著作权侵权可以分为以下类型：

1. 将网上作品擅自下载并发表在传统媒体上。这种行为具体指未经网络作品权利人许可，将网络作品下载并于传统媒体上传播的行为。网络作品具体可以分为两种，一种是通过扫描等方式，将存在于纸、磁带等传统媒体上的作品转化为计算机能识别的数字编码，然后经由计算机的组织、加工、储存，并在需要时把这些数字化了的信息重新以文字图像声音等形式表现出来，这种网络作品称为数字化作品；另一种则是从其被创作之时起就直接以数字的形式存在于计算机并在网络上传输，之前没有在传统的载体上存在过，这种网络作品称为数字式作品。

2. 未经作者许可，擅自将传统媒体上发表的作品在网站上传播。即未经原文学艺术等非数字化作品的著作权人许可，将其作品数字化，登载于网络上向一切网络用户公开的行为。将该种行为确定为侵权行为，是因为将原来非数字化的文学艺术作品数字化，无论其采用何种手段数字化都不是创作，不具有独创性，只是原作品的存在形式和传播方式发生了变化，并不影响原作品的著作权人对该作品享有的权利。

另外由于网络技术的特点，出现了几种特殊的侵权形式：

1. 链接行为。关于链接行为是否是一种网络上的著作权侵权行为，目前在学术界存在争议。从理论上讲，链接是指使用超文本标记语言 HTML 编辑包含标记指令的文本文件，在两个不同的文档或同一文档的不同部分之间建立联系，从而使得访问者可以通过一个网站访问不同网站的文件或通过一个特定的栏目访问同一站点上的其他栏目，它被视为互联网得以运行的基础性特征。网络的优势就来源于链接网上的任何文件，不论其地位或物理位置如何。不可否认，从技术的角度来讲链接确实为网络用户实现网络资源共享提供了方便。对于一个需要多方面信息的网络用户来说，牢记多个网址并逐个搜索无疑是烦琐

① 参见《网络著作权侵权问题》，见 http：//news.9ask.cn/wlfl/zjft/201007/825601.shtml，访问日期：2013 年 6 月 20 日。

的，而通过网上链接，网络用户无须记忆并输入一长串的 IP 地址，而只需用鼠标点击链接处，即可以从所在主页跳转到同一文件中的其他位置，或者跳到其他主页或网页内容上面，并准确地找到所需要的信息。“谢德兰时报案”（Shetland Times Case）是最早的一起因链接引发的著作权侵权案件。

在此案中，被告谢德兰新闻将原告谢德兰时报网页上的标题刊登在自己的网页上并设置了通向文章内容的链接，使得被告的用户顺着链接可以直接访问原告网站上登载的内容，而不必经过原告网站的主页。这种行为产生的效果是使读者在阅读中仍然认为是在被告的网站中。审理此案的法院在诉讼中认定，原告的文章标题构成文字作品，受著作权法保护，而被告非法将其用作链接标志，因而构成侵权行为。

2. 网页作品的著作权侵权。网页设计的好坏对于各大商业网站来说至关重要，一个制作精良的网页会迅速提升网站的访问率，进而提升网站的知名度，带来更多的广告收益。但是，设计一个好的网页需要投入大量的时间、金钱和精力，而复制、剽窃一个网页却极为容易。所以，抄袭他人网页的行为时有发生。如被称为“中国网络主页侵权第一案”的“瑞得诉东方案”，被告四川东方信息有限公司就因为抄袭原告北京瑞得（集团）公司的主页，侵犯了原告主页的著作权，而必须承担赔偿经济损失和赔礼道歉的责任。

二、网络著作权侵权行为的认定

侵权行为的认定标准即通常所说的构成要件，指构成具体侵权行为的各种作为必要条件的因素。行为人的某一行为只有具备了法律规定的相关要件，才构成侵权行为。反之，缺乏任何一个构成要件则不构成侵权行为。

网络著作权侵权的构成要件包括以下三个方面：

1. 须有侵犯网络著作权的不法行为。我国《著作权法》第 47 条和第 48 条规定了各种不同的侵犯著作权的使用行为。网络作品是数字式或数字化作品，它尽管脱离有形载体，但并不影响其独创性，并且任何网络作品都必须以数字化形式固定在计算机的硬盘内，能够被他人使用联网主机阅读、下载或用软盘拷贝或直接的打印，因此符合能以某种有形形式复制的要求。因此，网络作品符合著作权法及其实施条例中有关著作权及作品规定，理应受到法律保护。

2. 须有损害事实。著作权人的利益是与网络传播对传统媒体发行率的影响相关的。如果网络传播异常发达，导致报刊、杂志无人购买，我们可以认定作品一旦上载到网络上，著作权人就存在损害事实。

3. 须有主观的过错责任。关于网络著作权侵权的归责原则，对网上侵犯著作权的行为应采过错推定责任为宜，将举证责任给侵权行为人或责任人，这样既保证被告有充分的辩解机会，又适当地减轻了著作权人的举证责任。因为，一般人应当知道凡作品必有其著作权人，凡转载、摘编或利用他人作品，均须征得著作权人的同意。这是有正常注意能力者之应尽义务，而凡是尽到了正常注意义务的人，都能在取得著作权人授权之后，或者以不违反法律规定的方式使用他人作品，只有当每个人在使用他人作品之前都能尽到正常注意义务之时，著作权的保护才有广泛的社会基础和思想基础，而过错推定原则能对此起到有力的推动作用。

2.2.4 著作权侵权行为的证据

一、网络著作权侵权行为的证据保全①

根据修正后的《民事诉讼法》第63条的规定，电子数据作为独立的证据形式，该证据形式是以电子介质存储的信息为特征，凡具备这一特征的证据材料，无论其输出形式为打印文件或者视听资料等，均归属于电子数据，依电子数据的规则进行审查判断。

权利人在网络环境下属于举证困难的弱势群体，因此，电子证据原件的保全十分重要。电子证据的保全主要包括三个方面的内容：一是当事人申请法院对涉讼的电子证据进行保全；二是通过公证机关对涉案的电子证据进行保全；三是当事人通过网络服务提供者提供信息自行保全证据。

（一）诉讼保全

《民事诉讼法》规定的证据保全，即："在证据可能灭失或者以后难以取得的情况下，当事人可以在诉讼过程中向法院申请保全证据，人民法院也可以主动采取保全措施。"网络上的电子证据因为随时都可以上传、下载或删除，是极有可能灭失的；而电子证据又具有极强的技术性和精密性，这又导致了权利人难以取得。因此，从某种意义上说，相对于普通的著作权侵权案件，网络著作权侵权证据的诉前保全对网络侵权诉讼的意义更为重大。

权利人向法院提出证据保全应当提交书面文件。依照《信息网络传播权保护条例》第14条规定，对提供信息存储空间或者提供搜索、链接服务的网络服务提供者，权利人认为其服务所涉及的作品、表演、录音录像制品，侵犯自己的信息网络传播权或者被删除、改变了自己的权利管理电子信息的，可以向该网络服务提供者提交书面通知，要求网络服务提供者删除该作品、表演、录音录像制品，或者断开与该作品、表演、录音录像制品的链接。通知书应当包含下列内容：权利人的姓名（名称）、联系方式和地址；要求删除或者断开链接的侵权作品、表演、录音录像制品的名称和网络地址；构成侵权的初步证明材料。权利人应当对通知书的真实性负责。

向法院提交保全申请也应该包括上述内容。法院对于当事人提交的申请，需要审查所要保全的证据与待证事实在形式上是否具有关联性。

（二）公证保全

公证保全是指公证机关或公证人根据当事人的申请并依据法律的规定，对法律行为或

① 参见刘春霖、冯志强、刘义春：《网络著作权侵权证据研究》，载《河北科技大学学报（社会社学版）》，2007（2）。

有法律意义的事实或文书的真实性、合法性进行证明的活动。我国实行的是实质性公证审查，不但要对事实的真实性作出证明，还要对行为合法性审核。通常由我国公证机构作出的公证证明，法院都直接作为有效证据采信。最高人民法院《关于民事诉讼证据的若干规定》第 9 条规定，除非有相反证据足以推翻，已经为有效公证文书证明的事实无须证明。这从立法上肯定了公证文书的效力。在网络著作权侵权纠纷中，对于原告方来讲最重要的证据无疑是侵权方网页上的内容，被告的辩解依据也大都来源于此，所以对电子证据进行公证保全既能保证及时收集，也能保证它的真实性、合法性和完整性，还能使所取得的证据具有预决的证明力。

办理电子证据公证保全时应注意以下问题①：

1. 选择正确的网络环境取证

选择正确的网络环境取证，是保证此类公证证明效力的前提条件。利用计算机直接接入互联网浏览取证，不要通过局域网浏览互联网浏览取证。上网地点尽可能要选择在公证处进行，不要到申请人处进行上网取证。如今局域网在办公机构中日益普及，而且很多局域网本身又与互联网相连接。通过申请人所在局域网浏览互联网是无法保证所浏览的内容属于互联网上的真实内容的。因为在申请人处进行链接的时候，申请人处的工作人员可以通过对局域网的网关或防火墙进行设置，使特定的网络地址发生改变，在公证员使用浏览器访问互联网的时候，公证员输入一个特定网站的地址，并以为自己是在浏览互联网上的内容，实际上该计算机访问的是申请人局域网内部的某台计算机或者另外的网站，浏览的是在申请人准备好的另一台计算机上或者另外的网站上预存的内容。另外，使用公证处的计算机浏览互联网进行取证，计算机在进行公证之前不为公证申请人所控制，无法预先在计算机中进行技术处理，而如果在申请人的处所进行公证，则就存在以上可能。同时，公证员办理公证时应在现场记录中对上网的连接设备、上网连接方式、连接过程进行详细记录。

2. 取证过程由当事人操作完成

办理网络著作权侵权类保全证据公证在采集证据时，应请申请人或申请人所委托的人进行计算机操作。有的公证员在办理公证时会应当事人的要求或主动帮助当事人进行操作，公证员仅对当事人的操作过程及内容进行证明，可能会严重地影响公证书的效力，甚至会给公证员带来风险。在办理此类公证时，应请公证申请人事先提供详细的书面操作流程，公证员对操作流程进行认真审查。如果公证员无法准确把握保全的内容和操作程序，应及时请教专业技术人员，必要时聘请专业技术人员在取证现场陪同。取证时，操作人员应严格按照预先制定好的操作流程操作。公证员在现场记录中对整个操作过程应作详细的记录，必要时可以对保全过程进行录像。

3. 证据的固定

由于办理网络著作权侵权类保全证据公证所采集的证据均为电子证据，这就对证据的

---

① 参见孙兵：《网络著作权侵权类保全证据公证采集证据时应注意的问题》，见 http://www.hljgz.cn/shownews.asp?id=413，访问日期：2013 年 6 月 17 日。

固定提出了很高的要求。电子证据除具备一般证据属性外，还具有多重性、可修改性、易灭失性和技术性等特点。通常我们采集到的电子证据有如下类型：网页页面、程序文件、多媒体文件。常用的固定电子证据的方式有打印和拷贝两种。网页页面通常采取实时打印的方式进行固定保存，这种方式操作比较简单，直接用浏览器中的打印功能即可实现。打印前应设置好打印机的参数，保证页面能被全幅打印出来。程序文件和多媒体文件通常采取拷贝的方式进行固定保存，即把作为电子证据的电子文件，通过拷贝复制到 U 盘、移动硬盘或光盘中保存。在使用 U 盘或移动硬盘等电子设备进行电子证据的固定采集时，须事先对该电子设备进行“清洁性检查”，以确保通过电子设备所获取的电子证据的真实性以及数据来源的唯一性。拷贝后应打开文件检查拷贝的质量并进行病毒检测。另外还应注意公证所用的上述电子设备一定全程由公证员所控制。用光盘保存电子文件时，在刻录光盘的选择上也应慎重，可根据电子文件的大小选择 CD 光盘或 DVD 光盘，刻录光盘应选择 CD-R 或 DVD-R 型，不得使用 CD-RW 或 DVD-RW 型。因为 CD-R（DVD-R）型光盘不可以被擦写，一旦被刻录，内容不会被改写，而 CD-RW（DVD-RW）型光盘可反复被刻录。光盘刻录后，应即时密封，并由申请人、操作人、公证人员在封条上签名。此举是为了防止当事人在该证据对其不利时，谎称光盘内容已被更改，以保护承办公证员和公证处的自身权益不受侵害。公证员应对固定保存证据的过程进行全面翔实的工作记录，包括保存方式、储存设备类型、电子设备的“清洁性检查”、文件下载时间、光盘刻录时间、光盘刻录份数等等。在取证过程如遇到停电、网络信号中断、下载过程中断等情况，也应如实在工作记录中记载。

4. 局域网内著作权侵权的证据采集

局域网内著作权侵权常见于网吧中。许多网吧为了吸引消费者，以营利为目的从事影视作品的在线播放服务，在其自建的局域网内提供数量庞大的影视作品供顾客欣赏，而往往这些影视作品是未经著作权人许可擅自提供给消费者观看的，这就涉及影视作品的著作权保护问题。通常公证人员和申请人来到网吧均以普通消费者身份登记上网，由申请人委托的操作人操作计算机进行取证，公证人员对操作人员的取证全过程进行监督。这里应注意以下几点：(1) 因为网吧内的计算机数量繁多，在取证时应由公证人员指定操作人在网吧内任意一台空闲的计算机上进行操作，而不是由操作人自行选择计算机。(2) 取证前，公证员应和申请人制定出详细的操作流程，确保采集到的证据能够客观地反映出网吧计算机内的真实状况。(3) 取证时单一使用传统的保存页面的方法采集证据显然不能满足取证要求，也无法客观地反映出视频点播的全过程，操作人在进行视频点播前，应利用网吧内的计算机上网下载并安装“屏幕录像软件”，这种屏幕录像软件在网络上利用“搜索引擎”很容易找到，并大多为免费提供下载。“屏幕录像软件”能够真实地将操作人员计算机的屏幕显示内容及音频输出内容记录下来，并且最后生成为视频文件。(4) 在进行影视作品视频点播时应保证播放的连贯性，要注意视频播放界面显示的视频文件的时间长度，遇到视频文件时间较长时，播放过程中可采取适当拖动播放的方法，能够证明播放的是整部作品而非片段即可。(5) 取证完毕后，取得的网页页面文件和“屏幕录像软件”生成的视频文件通常需要保存在 U 盘或移动硬盘等电子设备中，然后由公证员带回公证处刻录至光盘中，保存前需要对电子储存设备进行“清洁性检查”，并保证电子储存设备一定全程由公证员所控制。（6）由于在网吧内取证时取证方法和步骤都相对较烦琐，需要公证员在现场作详尽的工作记录，不能疏漏任何一个操作环节。另外公证员将储存设备带回公证处刻录光盘及封存光盘的过程也应作详细记录。

当然，网络公证的法律效力也不是无可置疑的，对当事人提出的证据法院是否作为有效证据加以采信，则是在双方当事人的相互质证之后，如果有相反证据足以推翻公证书，同样会得到法庭的支持。因此，网络公证并非证据固定的必经之路，网络公证是否具有证明力，能否达到真正对己有利的诉讼效果，是当事人在采取网络公证这种证据保全方式时应当首先考虑的问题。

（三）自行保全①

诉讼保全与公证保全尽管有公权力的介入而具有一些优势，但是面对信息社会的飞速发展仍有诸多力不从心之处。首先，网络著作权侵权随时可能发生，权利人随时需要保全证据，而国家机关的 8 小时工作制，节假日休息日显然不能满足网络取证的需要；其次，诉讼保全以及公证保全都是侵权发生的事后证明，法律证据需要预先提取、保存，尤其是网络信息随时可能被删改、破坏，致使它的原始真实性（包含其内容、格式、隐含信息等全部信息）受到很大质疑；最后，较高的保全费用不能适应频繁的证据保全需求。

而当事人自行保全证据，可以克服诉讼保全与公证保全不够灵活、费用高等不足之处。当事人自行保全证据，需要从如下两个方面着手：第一，法律上的保障。任何网上取证的解决方案都必须建立在法律的基本原则或具体规定的框架下，否则都不可能被法律所接受。法律规定了网络服务提供者向权利人提供相关信息的义务，所以权利人可以直接从网络服务提供者手中得到相关材料。对此，最高人民法院《关于审理涉及计算机网络著作权纠纷案件适用法律若干问题的解释》第 6 条和《信息网络传播权保护条例》第 25 条都对网络服务提供者设定了义务。第二，IT 技术上的改进。在著作权领域，作品完成或发表的时间往往决定着权利人的在先权利是否存在。而在计算机和互联网上，时间的微小差距都可能给网上知识产权的权利人带来严重后果，时间属性是数据电文所附带的必不可少的重要信息标记之一。专业的技术人员应努力改进技术使系统记录下精准的时间，从而为著作权人保护自己的著作权提供技术支撑。

二、软件著作权侵权行为的证据

计算机软件著作权侵权行为属于一般侵权行为，应适用过错责任原则，侵权行为的构成要件是：

---

① 参见刘春霖：《网络著作权侵权证据研究》，见 http：//www. civillaw. com. cn/article/default. asp? id=40360，访问日期：2013 年 6 月 21 日。

（1）侵权人主观上有过错，包括故意或过失；

（2）侵权人客观上有侵权行为，主要表现是商业目的的使用或销售牟利；

（3）权利人有损失，包括直接损失和关联性较强的间接损失；

（4）侵权行为和权利人的损失之间有因果关系。

原告和被告在诉讼中围绕着上述构成要件是否成立进行举证。①

（一）原告的举证

1. 软件著作权权属证据

此类证据主要有：

软件已经登记的，应提交计算机软件著作权登记证书；

软件未经登记的，应提交该软件的源程序、文档以及其他的能证明其享有权利的证据。在这里源程序是必需的，因为软件一般是以目标程序的形式发行的，而源程序是不会公开披露的，只有目标程序一般不能证明权利归属。

2. 侵权行为的证据

司法实践中采用“实质性相似＋接触”原则，即要有证据能证明原告软件和被告软件是相同的或构成实质性相似，并且被告接触过或有可能接触过原告的软件，就可以初步认定侵权行为的存在。

原告软件和被告软件的程序和文档经比对后是相同的或实质性相似的证据，此证据最好申请有资质的知识产权司法鉴定机构做司法鉴定，鉴定意见证明力一般大于其他书证、视听资料和证人证言，证明力较高；

被告接触过原告软件的程序和文档，只要能证明有接触的可能性就可以，比如原告的原软件开发人员跳槽到被告单位工作。

上述程序和文档，主要是指相应软件的源程序和与源程序开发有关的开发文档；但一般情况下，原告很难获得被告软件的源程序，即使原告申请了法院调查收集证据，被告也会拒绝提供其软件源程序，此时如果原告能证明双方软件的目标程序相同或实质性相似；或者虽不相同或者实质性相似，但是被告软件的目标程序中存在原告软件中的特有内容；或者双方软件的运行界面是相同的，就可以认定原告完成了相应的举证责任，这样做的法律依据是最高人民法院《关于民事诉讼证据的若干规定》第75条的规定：“有证据证明一方当事人持有证据无正当理由拒不提供，如果对方当事人主张该证据的内容不利于证据持有人，可以推定该主张成立。”

计算机软件著作权侵权有三种基本认定方法②：

---

① 参见邱建凯：《如何举证——软件侵权诉讼实务》，见 http：//wenku.baidu.com/link? url＝MD7QM_8HbqGPeyDchwYitr4QngbAqw2ADS4raXqqO6s8fxZT28l7apcRoTFVNJlRLPdSq6WCjP4BI2GdwihZT1PNSYuPbHsRH67UiA_Jo1u，访问日期：2013年6月22日。

② 参见郑惠元：《计算机软件著作权侵权认定问题研究》，见 http：//wenku.baidu.com/link? url＝l-LDDaJ2JPDahYRaajNZf1HLFrMZPxiAiChli3FKbGPCT8aYwVybA3tGzvSwkEYHa6Od6vcQXeadzU5MFKhVg5l dzrunx1dVx_mj2qd5Ra，访问日期：2013年6月23日。

(1)“思想、表达二分”法

著作权法只保护思想的表达，而不保护思想本身。“思想、表达二分”是著作权法的基本准则，也适用于计算机软件著作权保护。《计算机软件保护条例》第六条规定“本条例对软件著作权的保护不延及开发软件所用的思想、处理过程、操作方法或者数学概念等。”通过思想、表达的划分，排除不受著作权法保护的“思想”，是认定侵权行为的主要依据。

(2)“实质性相似＋接触＋排除合理解释”法

“实质性相似＋接触”原则是国际通行的计算机软件著作权侵权判断准则之一。“实质性相似”指被控侵权的软件在表达方式上与原告的软件存在实质性的相似，所谓实质性相似应是指软件整体上的相似，包括软件程序的组织结构、处理流程、所用数据结构、所产生的输出方式、所要求的输入形式等方面的相似，并不单纯以引用的文字百分比来判断。

单凭“实质性相似”并不能判断侵权行为。独立开发时的设计巧合、由于可供选择的表达方式有限等也可能导致软件程序的相似。所以在认定“实质性相似”后，还要判断“接触”事实。这里的“接触”指被控侵权软件的开发者以前曾有研究、复制权利人的软件产品的机会。我国在法律实践中借鉴了“实质性相似＋接触”原则，并引入“排除合理解释”，修正为“实质性相似＋接触＋排除合理解释”原则，即在认定了实质性相似和接触的情况下，仍允许被告通过对“实质性相似”的合理解释来否认侵权。

(3)“抽象—过滤—比较”三步判断法

第一步，“抽象法”。即把原告、被告作品中属于不受著作权法保护的“思想”本身，从“思想的表达”中删除。如果两部作品只是创作或设计思想本身相同，即使这种相同十分明显也不构成“相同”或“实质性相似”。为此，可将软件程序分解为由低到高的不同层次。随着层次的上升，越来越多的“思想”被突出出来，从而使能够被推定为“思想表达形式”的因素越来越少。

第二步，“过滤法”，即将不受保护的资料与受保护的表达分离开，以限定原告作品著作权保护范围。

第三步，“比较法”，即经“抽象”和“过滤”之后，把剩下部分进行对比，如果被告作品中仍然有内容与原告作品“实质性相似”，可认定为侵权。

根据案件具体情况不同，采用的认定方法也不同。司法实践中，应综合采用“思想、表达二分”法、“实质性相似＋接触＋排除合理解释”法、“抽象—过滤—比较”三步判断法等办法，对软件侵权进行认定。

3. 原告损失的证据

这是主张赔偿的主要依据。原告首先要根据其实际损失要求赔偿；实际损失难以计算时，可以按照被告的违法所得要求赔偿。赔偿数额还应当包括原告为制止侵权行为所支付的合理开支，如公证费、鉴定费、律师费等。原告的实际损失或者被告的违法所得不能确定的，由人民法院根据侵权行为的情节，判决给予 50 万元以下的赔偿。

4. 其他证据

被告过错的证据往往包含在以上三类证据中，甚至有时是很明显的、不证自明的。因果关系的证据也包含在以上三类证据中，证明的难点往往不在于原告有没有损失，而是在于原告的实际损失是否全部来源于被告的侵权行为，有无直接或间接的因果的证据。

（二）被告的举证

1. 反驳侵权的证据

这是被告主要的反驳手段。

被告的软件是自行创作的证据，比如被告的软件开发时间早于原告的软件开发时间；

原告的软件属于公有领域的证据，比如是开源软件；

双方软件执行共同的标准或者表达形式有限的证据；

双方软件只是思想相同或相似的证据，著作权不保护作品的思想，保护的是作品的表达方式。

2. 其他证据

质疑软件著作权权属的证据，比如原告的软件来源于第三方；

质疑原告损失和因果关系的证据，比如被告的软件还没有销售不可能对原告造成损失；

被告无过错的证据，比如被告是计算机软件复制品的发行者或者出租者，如有证据能证明其发行、出租的复制品有合法来源的，不承担赔偿责任。

2.2.5 著作权侵权诉讼的举证责任分配[①]

我国民事诉讼举证责任分配遵循以下原则：第一，当事人对自己提出的诉讼请求所依据的事实或者反驳对方诉讼请求所依据的事实有责任提供证据加以证明；第二，在实体法或者最高人民法院的司法解释对举证责任分配作出明确规定的情况下，举证责任分配按法律或司法解释予以确定；第三，在法律没有具体规定，依现有规则又无法确定举证责任承担时，根据公平原则和诚实信用原则等确定举证责任的承担。

著作权侵权诉讼是民事诉讼的一种，当事人负担举证责任时同样应贯彻执行上述民事诉讼举证责任分配原则，在适用上述民事诉讼举证责任分配原则时，又要注意结合各类案件的特点来具体运用。

一、著作权权利人的证明

原告应举证证明自己是所主张著作权的权利人。法律对如何证明著作权人规定了几个

① 参见陈锦川：《关于著作权侵权诉讼举证责任的分配》，见 http：//wenku. baidu. com/link? url = uXkn1TNiHra8sH665dG9u1HnCHBfTPiaNeVooB42BQBAijsEyQv4Gx8zryO2mi8mymdXX8kpuTzKYRfScn5CWMZC83wz-UunJo9LAtu4lZy，访问日期：2013 年 6 月 22 日。

规则：

1. 原告提交证据证明作品上署有其名的，即推定原告为著作权人，除非有相反证据推翻。

2. 原告提交了所主张著作权的作品的底稿、原件、合法出版物、著作权登记证书、认证机构出具的证明、取得权利的合同等，查证属实的，可以认定原告为著作权人；被告否认原告为著作权人的，应由被告举出相反的证据反驳。

3. 以署名的方式对权利人进行推定或者以上述证据对权利归属进行证明的，可以被逆转、被推翻。被告举出了相反的证据予以反驳的，也可以推翻原告的主张。

综上，权利人只要举出能证明自己是权利人的初步证据就达到了证明要求；对方对权利人提出异议的，应由对方举证证明；对方不能提供证据或者提供的证据不充分的，应当确认主张权利人享有权利。

二、著作权侵权的证明

著作权侵权的前提，必须是被告未经授权以复制、发行、表演、改编、展览等方式使用了原告享有著作权的作品，也即是，被控侵权作品的复制或来源于享有著作权的作品。

“实质性相似＋接触”原则是通过多年著作权保护实践总结出来的，认定被控侵权作品复制或来源于享有著作权的作品，被告构成著作权侵权的一个规则，为司法实践所普遍运用。认定被告使用了原告的作品的前提之一，必须在被告作品中有与原告作品相同的内容，被告作品与原告之间存在表达上的相同或者实质性相似。但仅此还不充分，如果还存在着后者曾经接触过前者的事实，就能推定在后的作品来自在前的作品，即基于被告曾接触原告的作品、而被告作品又与原告作品有实质性相似的事实，可以推定被告抄袭了原告的作品。例如，“人间有冷暖，东宝最相知”的冷暖两用型空调广告语，原东宝公司的职业经理另起炉灶，办了一家东新宝空调厂，其广告词为“人间有冷暖，相知东新宝”。毫无疑问，后者构成对前者的抄袭并侵权。

根据这一规则，指控被告侵犯其著作权，原告应证明被告接触了原告的作品、被控侵权物与原告的作品实质性相似。

（一）“接触”的证明

所谓“接触”，不限于以直接证据证明被告有实际的阅读行为，只要被告有“合理之机会”或“合理之可能性”阅读或者得知原告的作品，即足以构成接触。

对于“接触”，可以直接证据来证明，比如证明被告曾以阅读、见到、购买等方式接触过原告的作品；也可以间接证据予以证明，比如原告作品在被告作品之前已公之于众，而被告所从事的又是相关领域的工作。另外，被告不具有独立的创作能力、或者以不正常的速度完成作品创作等也可以作为证明被告接触原告作品的间接证据。若出现以下情形也可以推定被告接触了原告的作品：被告的作品与原告的作品明显近似，可排除被告是独立创作的可能性；被告的作品中包含有与原告作品中相同的错误，而这些错误对作品毫无帮助；很难用偶然的巧合来解释被告的作品中包含着与原告作品中相同的特点或技巧。

由原告负“被告是否接触过原告的作品”的举证责任。原告已举出证据证明被告实际接触或者有“合理的机会”或“合理的可能性”接触过原告的作品，即完成证明责任。被告否认的，则由被告负担举证责任。

（二）“实质性相似”的证明

为证明被控侵权作品与原告的作品相同或者“实质性相似”的主张，原告应提交被控侵权作品；如果原、被告作品相同或相似之处非常清晰，或者原、被告作品完全或基本相同，或者作品属于图案类型的作品，那么，原告仅需提交原、被告作品即可；如果原、被告作品并非显而易见的相同，原告除了提交被控侵权作品外，还应提供明细表，指出原、被告作品相同、相似的地方。

三、否定著作权侵权的证明

原告已证明被告曾接触其作品，被告的作品与原告作品实质性相似后，被告否认侵权的，应对其主张承担举证证明。被告通常会以以下理由否认侵权：原告不是作品的著作权人；原告主张权利的客体不构成作品；被告的行为符合法律规定的合理使用；被控侵权作品为其独立创作等。对于上述主张，被告均应举证证明。被告不能提供证据或者所提证据不能证明其主张的，承担不利后果。

还应注意相关法律对著作权侵权诉讼一些具体情况所做的特别规定。《著作权法》第53条规定，复制品的出版者、制作者不能证明其出版、制作有合法授权的，复制品的发行者或者电影作品或者以类似摄制电影的方法创作的作品、计算机软件、录音录像制品的复制品的出租者不能证明其发行、出租的复制品有合法来源的，应当承担法律责任。根据《著作权法》的这一规定，最高人民法院《关于审理著作权民事纠纷案件适用法律若干问题的解释》第19条规定，出版者、制作者应当对其出版、制作有合法授权承担举证责任；发行者、出租者应当对其发行或者出租的复制品有合法来源承担举证责任。该解释第7条对权利人认定的证明问题做了具体规定。

2.2.6　律师作为原告方代理人的注意事项[①]

一、在诉前就要分析案件是否属于人民法院受理范围

人民法院受理的著作权民事纠纷案件主要包括：（1）著作权及与著作权有关权益权

① 参见《广东省律师承办著作权（版权）案件业务操作指引》，见 http://wenku.baidu.com/link?url=y676e9yUWLyFNrw9_MI36tYHIrWX05_6Mqe0ICT83_5trerSe2gtKksxzKqpEyFsc9BwKpQQdW5puNCRH9y_VH8RjBXJaI2BmY4AWBNvZRy，访问日期：2013年6月25日。

属、侵权、合同纠纷案件；（2）申请诉前停止侵犯著作权、与著作权有关权益行为，申请诉前财产保全、诉前证据保全案件；（3）其他著作权、与著作权有关权益纠纷案件。

需要注意，受著作权法保护的作品，包括《著作权法》第 3 条规定的各类作品的数字化形式，或在网络环境下无法归于《著作权法》第 3 条列举的作品范围，但在文学、艺术和科学领域内具有独创性并能以某种有形形式复制的其他智力创作成果，人民法院亦予以保护。

二、在诉前就要分析案件应由何地法院管辖

（一）级别管辖

著作权民事纠纷案件，由中级以上人民法院管辖。

各高级人民法院根据本辖区的实际情况，可以确定若干基层人民法院管辖第一审著作权民事纠纷案件。

（二）地域管辖

因侵犯著作权行为提起的民事诉讼，由侵权行为的实施地、侵权复制品储藏地（是指大量或者经常性储存、隐匿侵权复制品所在地）或者查封扣押地（是指海关、版权、工商等行政机关依法查封、扣押侵权复制品所在地）、被告住所地的人民法院管辖。

对涉及不同侵权行为实施地的多个被告提起的共同诉讼，原告可以选择其中一个被告的侵权行为实施地人民法院管辖；仅对其中某一被告提起的诉讼，该被告侵权行为实施地的人民法院有管辖权。

网络著作权侵权纠纷案件由侵权行为地或者被告住所地人民法院管辖。侵权行为地包括实施被诉侵权行为的网络服务器、计算机终端等设备所在地。对难以确定侵权行为地和被告住所地的，原告发现侵权内容的计算机终端等设备所在地可以视为侵权行为地。

三、在诉前就要分析审查当事人是否适格

1. 审查原告是否适格。确定著作权纠纷的原告是件非常重要又复杂的事项，必须审慎考虑。律师可通过下述方面进行审查：

（1）除了首次创造作品的作者具有原作品的著作权外，改编人、汇编人、翻译人、注释人、整理人、表演者、录音录像制作者等对其新创作部分亦享有相应的著作权，因此，必须审查原告享有的是哪方面的著作权。

（2）审查是个人作品还是职务作品，确定到底是个人，还是法人或其他组织享有诉权。

（3）审查是否合作创作作品、委托作品，确定能否单个起诉，还是需要共同作为原告起诉。

（4）审查著作权人或其他合法权利人是否将相应的权利委托著作权集体管理组织统一行使。若已委托行使，著作权人或其他合法权利人，本身就已授权的权利在合同期内不再

享有诉权，只能由著作权集体管理组织以其自己的名义起诉。

(5) 根据最高人民法院《关于审理著作权民事纠纷案件适用法律若干问题的解释》第 13 条规定，除《著作权法》第 11 条第 3 款规定的情形外，由他人执笔，本人审阅定稿并以本人名义发表的报告、讲话等作品，著作权归报告人或者讲话人享有。著作权人可以支付执笔人适当的报酬。该解释第 14 条规定，当事人合意以特定人物经历为题材完成的自传体作品，当事人对著作权权属有约定的，依其约定；没有约定的，著作权归该特定人物享有，执笔人或整理人对作品完成付出劳动的，著作权人可以向其支付适当的报酬。

2. 依据原告起诉条件和诉求，审查被告是否适格，具体审查以下几方面：

(1) 被告有无相应的侵权行为；

(2) 被告是个人还是单位；

(3) 被告之间有无特定的关联关系；

(4) 被告属于何种形式主体等。

四、在诉前就要调查是否具有仲裁条款、书面仲裁协议及其效力

五、在诉前就要分析是否超过诉讼时效期间，有无诉讼时效中断、中止或延长的事由

侵犯著作权的诉讼时效为 2 年，自著作权人知道或者应当知道侵权行为之日起计算。

六、对于著作权侵权纠纷，要注意排除把法定许可使用权的行为当成侵犯著作权的行为来认定

七、对于著作权侵权纠纷，还需要充分了解侵权人的资产、信誉等状况，并据此分析侵权人支付赔偿款的可能性

八、对于著作权许可合同纠纷案件

律师应注意审查：被许可人行使权利时是否擅自超出约定的权利；是否是在约定的方式、约定的地域和约定的期限内行使著作权；被许可人是否擅自将自己享有的权利许可其他人使用；著作权人可以将同样权利以完全相同的方式，在相同的地域和期限内许可他人使用，除非被许可人享有专有许可权；除专有许可外，被许可人对第三人侵犯自己权益的行为一般不能以自己的名义向侵权人提起诉讼，只能以著作权人的名义提起诉讼。

九、明确诉讼请求

1. 确定著作权归属。(适用于著作权权属纠纷的案件)

2. 停止侵害。行为人正在实施侵害他人著作权的行为时，权利人有权要求其停止侵权行为，其目的是防止损害结果扩大。（适用于起诉时侵权行为仍在持续的案件）

3. 赔礼道歉、消除影响。作品著作权被侵害后，权利人有权请求行为人或者诉请人民法院责令行为人在一定范围内赔礼道歉、澄清事实，以消除人们对权利人或者其作品的不良印象，使社会对其的评价恢复到未受侵害前的状态。（适用于侵权并致权利人信誉受损的案件）

4. 赔偿损失。（主要适用于对著作财产权的侵害；对著作人身权的侵害，只有给权利人造成一定的经济损失时，才能适用赔偿损失的方法。）

5. 请求确定合同无效、申请撤销合同、请求判令解除合同等。（适用于著作权合同纠纷案）

6. 其他诉讼请求。视具体案件情况而定。

十、准备证据

1. 证明原告存在著作权。证据可以是：当事人提供的涉及著作权的底稿、原件、合法出版物、著作权登记证书、认证机构出具的证明、取得权利的合同等。在作品或者制品上署名的自然人、法人或者其他组织视为著作权、与著作权有关权益的权利人，但有相反证明的除外。

2. 证明被告侵权行为的存在。证据可以是：当事人自行或者委托他人以订购、现场交易等方式购买侵权复制品而取得的实物、发票等。为保证法律效力，必要时可采用公证的形式。

3. 证明原告所花费用及损失的存在与数额。赔偿损失，通常为权利人的实际损失或者侵权人的违法所得。

十一、向法院提出诉前停止侵犯著作权行为申请、诉讼证据保全申请、诉讼财产保全申请

1. 诉前措施。

从保护原告利益以及为防止被告毁灭证据角度来看，诉前申请采取责令停止侵权行为、证据保全措施是较好的方式。具体参照最高人民法院《关于诉前停止侵犯注册商标专用权行为和保全证据适用法律问题的解释》和《民事诉讼法》第 100 条的规定。

2. 诉中措施。

相关措施通常在立案的同时提出申请。

3. 申请保全的证据、财产包括：（1）关于被告侵权行为的证据；（2）关于被告获利情况的证据；（3）查封、扣押、冻结相关财产。在著作权案件中，该措施较少使用，但面对容易转移财产或财产权属处于不稳定状态的被告，该措施仍是必要的。

2.2.7 律师作为被告方代理人的注意事项[①]

一、客户预计对方会起诉时应做的准备或者已接到起诉状副本后做的准备

1. 案件是否属于人民法院的受理范围；
2. 受诉法院是否有管辖权；
3. 双方当事人是否均适格；
4. 有无仲裁条款、书面仲裁协议及其效力；
5. 是否超过诉讼时效期间；
6. 对被告实际是否存在侵权及可能要承担的法律责任作出初步的判断；
7. 被告侵权的证据的情况及数量；
8. 被告行为的法律性质及后果；

自我分析已构成侵权的情况下，考虑与对方和解。

二、分析认为不构成侵权时，可从以下几方面进行抗辩

1. 原告不具有著作权，或不能单独行使著作权；

2. 侵权行为不存在

（1）是自主创作，行使的是自己的著作权；

（2）是依法行使法定许可使用权；

（3）出版者、制作者能举证证明其出版、制作有合法授权；

（4）如果是出版者的话，证明自己已尽到合理注意义务；

（5）计算机软件开发者能举证，其开发的软件是由于可供选用的表达方式有限才与已经存在的软件相似的。

3. 损害不存在或数额计算没有依据，包括：没有存在损害后果；原告的损失计算不正确；被告的获利计算不正确；损失计算的方式不正确；法定赔偿不合理。

三、有关注意义务的责任规定

（一）出版者的注意义务

出版者未尽到合理注意义务的，依法承担赔偿责任。

出版者尽了合理注意义务，依法承担停止侵权并返还其侵权所得利润的民事责任。

---

① 参见《广东省律师承办著作权（版权）案件业务操作指引》，见 http：//wenku. baidu. com/link? url＝y676e9yUWLyFNrw9 _ MI36tYHIrWX05 _ 6Mqe0ICT83 _ 5trerSe2gtKksxzKqpEyFsc9BwKpQQdW5puNCRH9y _ VH8RjBXJaI2BmY4AWBNvZRy，访问日期：2013 年 6 月 25 日。

（二）网络服务提供商的注意义务

1. “通知删除规则”的适用，如网络服务提供商的“避风港原则”的“通知”＋“移除”适用。

2. 符合免责条件与不具有过错的，不承担侵权赔偿责任。

3. 明显的侵权事实，能够认定网络服务提供者具有明知和应知的情形除外。

（三）广告经营、发布者的审查义务

广告经营者、广告发布者未尽审查义务的，与广告主承担连带侵权赔偿责任。

2.2.8　著作权侵权的损害赔偿计算

（一）确定侵犯著作权的主要赔偿方法①

1. 依据权利人的实际损失确定。

（1）复制品发行减少量或侵权销售量，乘以该复制品的单位利润；

（2）参照国家有关稿酬的 3～5 倍；

（3）原告合理的许可使用费；

（4）其他。

2. 依据侵权人的非法获利确定。

3. 法定赔偿原告的实际损失或者被告的违法所得不能确定的，由人民法院根据侵权行为情节，判决给予 50 万元以下的赔偿。

4. 合理开支：包括调查、取证的合理费用、律师费用等。

（二）侵犯著作权人身权的精神损失赔偿

包括赔礼道歉、消除影响；情节严重的，支付精神损害抚慰金。

具体到个案中计算损害赔偿的原则及方法可参考北京市高级人民法院《关于确定著作权侵权损害赔偿责任的指导意见》的相关规定。

> 第五条　确定的侵权赔偿数额应当能够全面而充分地弥补原告因被侵权而受到的损失。在原告诉讼请求数额的范围内，如有证据表明被告侵权所得高于原告实际损失的，可以将被告侵权所得作为赔偿数额。
>
> 第六条　确定著作权侵权损害赔偿数额的主要方法有：
>
> （一）权利人的实际损失；
>
> （二）侵权人的违法所得；
>
> （三）法定赔偿。

---

① 参见李艺红：《著作权侵权民事诉讼要点》，见 http：//wenku. baidu. com/link? url＝N0671OCdBlwYZMRuQc5m_T2Q-LqIxmCS_Hx-9x-YecwQ0FFblj4I4x1vo4VHnicAHupNvIAbUoC37Xea693pGevF6iroDxeb3KGG9husZC，访问日期：2013 年 6 月 25 日。

适用上述计算方法时，应将原告为制止侵权所支付的合理开支列入赔偿范围，并与其他损失一并作为赔偿数额在判决主文中表述。

对权利人的实际损失和侵权人的违法所得可以基本查清，或者根据案件的具体情况，依据充分证据，运用市场规律，可以对赔偿数额予以确定的，不应直接适用法定赔偿方法。

第七条　本规定第六条第一款第（一）项所称"权利人的实际损失"可以依据以下方法计算：

（一）被告侵权使原告利润减少的数额；

（二）被告以报刊、图书出版或类似方式侵权的，可参照国家有关稿酬的规定；

（三）原告合理的许可使用费；

（四）原告复制品销量减少的数量乘以该复制品每件利润之积；

（五）被告侵权复制品数量乘以原告每件复制品利润之积；

（六）因被告侵权导致原告许可使用合同不能履行或难以正常履行产生的预期利润损失；

（七）因被告侵权导致原告作品价值下降产生的损失；

（八）其他确定权利人实际损失的方法。

第八条　本规定第六条第一款第（二）项所称"侵权人的违法所得"包括以下三种情况：

（一）产品销售利润；

（二）营业利润；

（三）净利润。

一般情况下，应当以被告营业利润作为赔偿数额。

被告侵权情节或者后果严重的，可以产品销售利润作为赔偿数额。

侵权情节轻微，且诉讼期间已经主动停止侵权的，可以净利润作为赔偿数额。

适用上述方法，应当由原告初步举证证明被告侵权所得，或者阐述合理理由后，由被告举证反驳；被告没有证据，或者证据不足以证明其事实主张的，可以支持原告的主张。

第九条　适用本规定第六条第一款第（三）项所称"法定赔偿"应当根据以下因素综合确定赔偿数额：

（一）通常情况下，原告可能的损失或被告可能的获利；

（二）作品的类型，合理许可使用费，作品的知名度和市场价值，权利人的知名度，作品的独创性程度等；

（三）侵权人的主观过错、侵权方式、时间、范围、后果等。

第二十三条　精神损害抚慰金的数额应当根据被告的过错程度、侵权方式、侵权情节、影响范围、侵权获利情况、承担赔偿责任的能力等因素综合确定。

精神损害抚慰金一般不低于 2 000 元，不高于 5 万元。

实例解析

案例一

北京长地万方公司诉凯立德“道道通导航电子地图”著作权侵权案①

原告北京长地万方科技有限公司（简称长地万方公司）为广东瑞图万方科技股份有限公司下属全资子公司。2006 年长地万方公司发现被告凯立德公司出版的《凯立德 335 城市地图》严重抄袭了自己的《道道通导航电子地图》（简称《道图》）第一、第二和第三版的内容，为此，长地万方公司于 2007 年在北京市海淀区人民法院提起了这个“中国导航电子地图产业第一案”，并打赢了这场官司。随后，凯立德公司不服一审判决提起上诉，北京市第一中级人民法院驳回上诉，作出维持原判的终审判决。

而就在诉讼期间，长地万方公司又发现凯立德公司将北京案中认为抄袭的证据内容删除后，换个版本号（《凯立德全国导航电子地图（362 城市）》，简称《362 图》）又重新出版销售，仍在大量抄袭长地万方公司《道图》内容。长地万方公司于是向佛山市中级人民法院提起侵权诉讼。佛山中院作出一审判决，认定凯立德公司《362 图》抄袭了长地万方《道图》（第四版），构成著作权侵权。广东省佛山市中级人民法院一审认定被告构成侵权，判决被告停止侵权、赔礼道歉并按照原告诉讼请求数额判赔 1 000 万元。广东省高级人民法院二审认为，导航电子地图可以作为地图作品予以保护，其独创性主要体现在对于地理信息的筛选、取舍以及表达方式上。通过采取列举具有个性特征的信息点的对比方式进行对比，认为双方作品存在的相同之处，明显超越了常理，足以认定被告《362 图》抄袭、剽窃了原告作品。一审判决认定被告至少获利 1 000 万元的证据不足，但现有证据可以证明原告的实际损失或者被告侵权获利明显超过著作权法规定的法定赔偿最高限额。综合全案的证据情况，二审法院在维持一审判决其他判项的基础上改判被告赔偿原告经济损失 100 万元及合理维权费用。

按照《中华人民共和国著作权法》相关规定，侵犯著作权法定赔偿额不超过 50 万元。法院判决审理认为，长地万方公司由于侵权遭受的实际损失远超过法定赔偿最高限额，且凯立德公司重复侵权，因此给予超过最高限额一倍以上的判决。记者在判决书中看到，广东省高院判决凯立德公司赔偿长地万方公司经济损失 100 万元及合理维权费用 821 870 元，并在《中国测绘报》上刊登声明，向原告公开赔礼道歉。

负责此案的长地万方公司方代理律师温旭接受采访时说：“这是我从事知识产权维权近 30 年来，所经历过证据资料最多、开庭次数最多、开庭时间最长、辩论最激烈的一次案件。”因案件影响大、赔偿金额大，可谓是“中国导航电子地图产业第一大案”。此案经

① “道道通导航电子地图著作权案”被称为国内导航电子地图著作权侵权第一大案，被评为“2009 年中国法院知识产权司法保护 10 大案件”。

历了广东省高院三次开庭，仅证据交换就用了12天，开庭时间长达半个月，胜诉来之不易，省高院的判决亮点，在于通过错误点的相同、暗记的相同等推断整个作品侵权，并全额支持律师费等合理开支近90万元。

以下内容摘录自广东省高级人民法院（2008）粤高法民三终字第290号民事判决书：

…………

（二）关于涉案作品完成时间、出版时间以及是否存在接触的问题

根据本院查明的事实，长地万方公司第四版《道图》系2006年8月16日由中国地图出版社向国家测绘局提出地图审核申请，2006年8月17日国家测绘局签发《地图审核批准书》。据此可以推断，长地万方公司第四版《道图》系于2006年8月16日前创作完成。根据原审法院在中国地图出版社调取的备案第四版《道图》，该出版物载明："出版时间2006年8月第四版"。该出版物载明的出版时间与中国地图出版社提供的《电子地图出版物合作项目计划表》中第四版《道图》计划交稿、计划上市的时间相吻合。根据这些事实，可以确定长地万方公司第四版《道图》出版时间为2006年8月。

凯立德公司《362图》系于2006年12月21日由广东省地图出版社向国家测绘局提出地图审核申请，2007年2月1日国家测绘局签发《地图审核批准书》。根据原审法院向国家版权局中国版权保护中心调取的凯立德公司《362图》作品登记档案资料，凯立德公司于2007年1月22日委托深圳中一专利商标事务所向该中心提出《362图》登记申请，该中心于2007年3月2日受理申请，2007年4月18日颁发《著作权登记证书》。该中心工作人员也证实《著作权登记证书》中的创作完成时间"2006年3月1日"源于凯立德公司的自述。本院认为，我国采取作品自愿登记制度，在《著作权登记证书》中的创作完成时间与凯立德公司向国家测绘局提出地图审核申请时间不能吻合的情况下，凯立德公司未进一步提供证据证明其自述时间属实，本院对《著作权登记证书》中的创作完成时间，不予认可。根据上述证据可以推断凯立德公司《362图》系于2006年12月21日为止创作完成，2007年2月1日后出版。

根据上述分析，长地万方公司能够提供证据证明第四版《道图》于2006年8月16日前创作完成并于2006年8月出版，而凯立德公司不能提供证据证明其《362图》早于第四版《道图》创作完成和出版。长地万方公司第四版《道图》出版发行后，作为同业竞争者，凯立德公司完全可以通过公开渠道获得长地万方公司第四版《道图》，因此，本院推定凯立德公司接触了长地万方公司第四版《道图》。

（三）关于涉案作品对比问题

本案中，长地万方公司主张从12个方面，采取列举具有个性特征的信息点的对比方式，对长地万方公司第四版《道图》与凯立德公司《362图》是否相同或实质相似进行对比。中佳讯公司、凯立德公司、凯立德欣公司均未对该对比方式提出异议。鉴于导航电子地图信息量巨大的作品特点，该种举例说明的证明方法，可以有效地对两个作品之间的异同进行认定。经本院组织双方当事人当庭进行勘验，原审法院列举

的信息点中存在个别信息点认定错误，但从整体对比情况看，凯立德公司《362 图》与长地万方公司第四版《道图》存在虚设地址相同、长地版本号相同、特制信息相同、个别字误相同、表述不当相同、同类地点的多种表述相同、不规范简称相同、未简全称相同、信息取舍相同、被控作品存在有点无路的不合理情形、两者所犯错误相同、位置关系标注相同的情况。虽然电子地图中的具体地理信息是客观存在的，但对于地理信息的采集需要实地勘查，付出劳动。而对于地理信息的筛选、取舍以及表达方式，会体现不同作品的独创性。因此，不同企业制作的电子地图不可能存在上述大量的不同类别的雷同，更不可能在被控侵权作品中出现请求保护作品的版本号“暗记”。本案中凯立德公司《362 图》与长地万方公司第四版《道图》出现的雷同，明显超越了常理，显然不属独立创作之巧合。特别需要指出的是，在存在上述不合理雷同的情况下，迄今为止，凯立德公司等被控侵权人均无法提交任何证据证明自己投入资金、人员制作了《362 图》。仅以其提交的无法证明真实性的差旅费复印件看，总额仅为 2 万余元。一个庞大的导航电子地图作品，仅仅依靠 2 万元差旅费来进行全国范围的测绘，是完全不可能的。在两者之间有若干不合理雷同的情况下，被控侵权人无法提供任何独立创作被控侵权作品的证据，本院认定凯立德公司《362 图》抄袭、剽窃了长地万方公司第四版《道图》。

最高人民法院认为，该案件涉及导航电子地图的著作权保护是近年来司法实践中为数不多的在损失或获利均难以准确证明的情况下，在法定赔偿额之上确定赔偿数额的案件。其判决遵循了最高人民法院《关于当前经济形势下知识产权审判服务大局若干问题的意见》中的相关司法政策，遵循了全面赔偿原则，充分保护了权利人利益。同时，电子地图涉及海量信息，该案选取恰当的侵权对比方法，对涉案作品进行个性化对比，有利于对两个作品之间的异同进行有效认定，节约了诉讼成本，提高了审判效率。经过各级人民法院层层筛选和推荐，该案件被评为“2009 年中国法院知识产权司法保护 10 大案件”。

案例二

华盖创意（北京）图像技术有限公司诉佛山市禅城鹰豪玩具有限公司著作权侵权纠纷案①

本案为原告华盖创意（北京）图像技术有限公司诉被告佛山市禅城鹰豪玩具有限公司侵害作品复制权纠纷。

原告诉称，根据美国 GETTYIMAGES. INC 公司（以下简称美国盖帝公司）2010 年 9 月 20 日出具的《版权确认函及授权书》，原告是盖帝公司在中国境内的授权代表，有权在境内展示、销售和许可他人使用所授权品牌相关的所有图像，有权在中国境内以自己的

① 参见广东省佛山市中级人民法院（2011）佛城法知民初字第 377 号民事判决书。

名义就任何第三方对于盖帝公司的知识产权的侵犯和未经授权使用的行为采取任何形式的法律行为。

美国盖帝公司是全球最大的图片分销商之一，是“北京奥组委官方图片社”，北京华盖公司是其在国内投资设立的公司。华盖公司在国内提起了至少几千例的著作权维权诉讼，绝大多数以其胜诉告终，法院判决赔偿费用从几千元到十几万元不等。基于法院判决的强大威慑力，北京华盖公司通过非诉讼方式，可能在更多的图片使用人处，通过《版权确认函》、《律师函》获取了远远超过诉讼所获得的赔偿（称为“盖帝敲诈信”），据估计达几十亿元。

从一般诉讼案件讲，北京华盖公司仅提供了两份公证书及一份上有水印的图片网页打印件用以作为其拥有版权和诉权的证明。其中一份公证书是美国盖帝公司某高管自述的授权书，另一份是中英文网站链接的公证，没有其他进一步证明美国盖帝公司或者北京华盖公司实际享有著作权的证据。本案也不例外。实际上，相关资料显示，美国盖帝公司对大部分图片并不享有版权，仅仅是非独占的分销商而已。

在本案中，通过在中国商标网及美国 USPTO 商标电子查询网上检索，发现美国盖帝公司的商标“imagenavi”属于日本公司（datacraft. co.，ltd）所有；经过图片检索，发现有数十家网站自称享有著作权或在类似相同图片上打上水印；以“datacraft”作为关键词，在 datacraft. co.，ltd 日本和美国公司网站上均检索到涉案图片，并在庭后检索和补交了日本公司在中国代理商的信息以及对涉案图片声称享有版权的权属证明等。

另外，通过比对北京华盖公司和美国盖帝公司中英文网站信息的不同，被告律师在庭上揭露了北京华盖公司在中文网站上隐瞒了创作者为 datacraft 的信息，迫使华盖律师当庭承认“摄影师”为 datacraft。同时基于当事人诉讼地位平等原则、“对等原则”，说服法院接受被告域内网络证据同样无须办理公证手续，节约了当事人的诉讼成本。通过当庭巧妙的发问，迫使华盖律师不得不承认涉案图片的创作人即属于案外人日本公司，与该图片的商标权人一致。结合日本公司网站相关涉案图片的信息与庭后提交的分销商的信息，迫使北京华盖公司不得不撤诉。本案以北京华盖公司撤诉结案，打破了人民法院依据《著作权法》第 11 条第 4 款推定北京华盖公司享有涉案图片著作权的思维定式，打破了北京华盖公司不败的神话。

提起诉讼的前提是当事人适格，原告方具有合法的诉权。根据我国《民事诉讼法》第 119 条的规定，原告是指与本案有直接利害关系的公民、法人和其他组织；根据《著作权法》第五章法律责任和执法措施的规定，有权采取诉前保全、提起诉讼的是“著作权人或者与著作权有关的权利人”。这里的“与著作权有关的权利人”一般的理解是著作权邻接权人，如出版者、表演者、录音录像制作者、广播电台、电视台等。在著作权法领域，许可合同的被许可人是否与著作权侵权之诉有直接利害关系、是否也可以理解为“与著作权有关的权利人”而享有诉权，这一问题在立法上没有明确的规定，在学界和司法界中也存在很多的争议。

最高人民法院在 2002 年公布的《关于审理商标民事纠纷案件适用法律若干问题的解

释》（法释［2002］32 号）第 4 条规定，在商标法领域里，普通使用许可合同的被许可人要成为适格的原告，前提是得到商标注册人的明确授权。在著作权法领域，可以参照该司法解释。

所以，我们认为，在著作权法领域而言，即便美国盖帝公司得到了涉案图片的合法分销权，其充其量也只是一名普通被许可人而已，在未得到著作权人的明确授权之前，是无权提起著作权维权之诉的，北京华盖公司作为美国盖帝公司的被授权方，其起诉更是没有诉权基础的。本案就是从证明美国盖帝公司仅是本案图片的非独占的分销商入手，证明其不拥有诉权，迫使北京华盖公司撤回其起诉。

案例三

原告陈佩斯、朱时茂诉多家发行公司对其作品著作权复制、发行权和邻接权侵权纠纷案①

原告陈佩斯、朱时茂与被告湖北省扬子江音像出版社（下称扬子江出版社）、广东中凯文化发展有限公司（下称中凯公司）、上海天鼎音像制品有限公司（下称天鼎公司）著作权复制权、发行权纠纷和邻接权纠纷一案，于 2001 年 8 月 14 日由上海第二中院公开开庭审理。两原告诉称：两原告是《烤羊肉串》、《大变活人》和《宇宙体操队选拔赛》三个小品的创作者和表演者，依法享有著作权和表演者权。被告扬子江出版社和中凯公司未经两原告许可，将两原告在春节联欢晚会上表演的上述三个小品制作 VCD 出版；被告中凯公司负责该 VCD 全国范围内的总经销；被告天鼎公司在上海地区销售该 VCD，三被告的行为侵害了两原告作品的使用权、获得报酬权和表演者的使用权、获得报酬权。两原告请求判令三被告：（1）停止制作、发行、销售侵权 VCD；（2）在《中国电视报》、《文汇报》公开向两原告赔礼道歉，消除影响；（3）赔偿两原告经济损失人民币 100 万元。

但被告扬子江出版社、中凯公司辩称：两原告只是三个小品的创作者之一，三个小品的创作者还包括编舞和在两原告创作过程中给予具体指导的中央电视台的编导、领导等有关人员。两被告使用的小品是中央电视台摄制的历年春节联欢晚会上的节目，属于电视作品。中央电视台作为电视作品的制片者，对包括三个小品在内的春节联欢晚会节目享有著作权。虽然两原告是三个小品的创作者之一，但他们只享有在电视作品上署名的权利，电视作品的其他著作权由中央电视台享有。关于表演者权的问题，因为作者在电视作品上也只享有署名权，根据著作权法的立法精神以及世界各国的法律规定，表演者不应该获得比作者更多的权利。因此，两原告不是本案的权利人，无权提起本案诉讼。此外，两被告出版、发行两原告表演的小品也得到了相关权利人的授权。综上，两被告认为没有侵害两原告的著作权和表演者权，要求驳回两原告的诉讼请求。

① 参见上海市第二中级人民法院（2001）沪二中知初字第 1 号判决书（该案判决书获“全国优秀知识产权裁判文书研评活动”二等奖）。

被告天鼎公司辩称，其作为音像制品销售者，在经销音像制品时按照规定进行了必要的审查，因此，其销售行为不构成侵权。

经审理，法院查明如下基本事实：

被告扬子江出版社、被告中凯公司未经两原告许可，使用了两原告分别于1986年、1994年、1997年在中央电视台春节联欢晚会上合作表演的《烤羊肉串》、《大变活人》、《宇宙体操队选拔赛》三个小品，均无作者署名。

被告天鼎公司提供了扬子江出版社的销售委托书以及河北尊华影视音乐制作交流中心（下称河北尊华）的授权书。

另查明：两原告于1986年、1994年、1997年在春节联欢晚会表演三个小品时，未与中央电视台签订演出或许可协议，授权中央电视台在演出之后可以复制发行两原告表演的小品。同时，两原告也未收取演出报酬或许可使用费。

还查明：1999年7月北京市第一中级人民法院以（1999）一中知初字第108号民事判决书判决陈佩斯、朱时茂8个小品包括本案的《烤羊肉串》，该院判决认定《烤羊肉串》小品的作者是陈佩斯、朱时茂。

本案事实方面和法律适用方面的争议焦点是：（1）两原告是否是三个小品的作者；（2）被告扬子江出版社、中凯公司出版发行《陈佩斯小品》是否得到合法授权；（3）被告扬子江出版社、中凯公司出版发行《陈佩斯小品》的数量和获利；（4）两原告要求赔偿人民币100万元有无事实依据；（5）春节联欢晚会和两原告创作表演小品的法律性质；（6）天鼎公司销售侵权VCD是否应当承担侵权责任；（7）如何确定被告赔偿额。

法院审理认为：

一、两原告是否是三个小品的作者

被告天鼎公司认为，两原告的证据不足以证明两原告就是三个小品的作者。

（一）关于《烤羊肉串》小品作者的认定

本案审理中，虽然两原告未提供《烤羊肉串》小品的文字作品，但提供了《法制日报》刊登的《陈佩斯、朱时茂小品创作表演情况》一文和北京市第一中级人民法院审理两原告诉中国国际电视总公司侵犯著作权和表演者权一案后所作出的民事判决，上述两份证据都确认《烤羊肉串》小品的作者为两原告。并且，北京市第一中级人民法院判决因中国国际电视总公司在上诉期间撤回上诉已生效。根据最高人民法院《关于适用〈中华人民共和国民事诉讼法〉若干问题的意见》第75条第4项的规定，对于生效裁判所确定的事实，原告无须提供证据予以证明。因此，本院根据上述证据认定两原告就是《烤羊肉串》小品的作者。

（二）关于《大变活人》和《宇宙体操队选拔赛》小品作者的认定

两原告主张两个小品是两原告创作并首次表演，无文字作品。为此，两原告在法庭审理时详细陈述了小品构思、修改、创作的过程。该陈述是两原告证明其是小品作者的证据。三被告对两原告是小品的首次表演者和主要创作者未表示异议，只是认为中央电视台的编导、台领导等也是作者，但对此未提供相应的证据。根据最高人民法院《关于适用

〈中华人民共和国民事诉讼法〉若干问题的意见》第75条第1项的规定，“一方当事人对另一方当事人陈述的案件事实和提出的诉讼请求，明确表示承认的”，当事人无须举证，以及最高人民法院法释［1998］14号《关于民事经济审判方式改革问题的若干规定》第23条的规定，“一方当事人提出的证据，对方当事人举不出相应证据反驳的，可以综合全案情况对该证据予以认定”，本院综合本案情况，认定两原告就是《大变活人》和《宇宙体操队选拔赛》两个小品的作者。

二、被告扬子江出版社、中凯公司出版发行《陈佩斯小品》是否得到合法授权

两被告虽然提供了与三个小品有关的“授权书”，但是，两被告提供的营业执照复印件上的单位名称与“授权书”上授权人的名称不一致，而且，两被告又未证明不同名称的两单位就是同一单位。因此，本院对河北尊华是否客观存在难以确定，对授权书的真实性也难以认定。同样，因“使用证明”是复印件，两被告未能提供原件，故本院对“华诚国际广告有限责任公司”是否客观存在，以及其签署的“使用证明”的真实性也难以认定。而且，两被告也未提供证据证明河北尊华和“华诚国际广告有限责任公司”权利的合法来源，故上述证据也不能证明两被告出版发行两原告小品得到了合法授权。

三、被告扬子江出版社、中凯公司出版发行《陈佩斯小品》的数量和获利

本院证据保全时，扬子江出版社提供的“委托书”载明委托珠影白天鹅公司复制“开心一刻”VCD（1—6）（包括《陈佩斯小品》）各20 000盒，未说明实际复制单位和数量与“委托书”不同。但在庭前证据交换时，被告中凯公司却提供了另外一份“委托书”，珠影白天鹅公司在该“委托书”的备注栏里写明委托华丽金音公司加工2 000盒。同时还提供了珠影白天鹅公司的情况说明，称除了转至华丽金音公司加工2 000盒外，其未加工过《陈佩斯小品》。但在原告出示了由珠影白天鹅公司复制的《陈佩斯小品》后，被告中凯公司又提供了珠影白天鹅公司的“送货单”，承认珠影白天鹅公司复制过3 000盒。两被告在提供证据说明其出版发行《陈佩斯小品》的数量和获利时，前后陈述不一，证据相互矛盾。因此，本院对其提供证据的真实性不予认定。

四、两原告要求赔偿人民币100万元是否有事实依据

因工商调查资料费中包括两家与本案无关的单位，故被告关于工商调查资料费不实的辩称可以采信。两原告购买《难忘今宵》VCD，是为了证明《陈佩斯小品》中的署名是不正确的，因此，该笔费用属于合理开支。原告律师为调查河北尊华的有关情况，以及被告出版发行两原告创作表演的小品是否得到中央电视台等相关单位的授权，和购买相关证据等赴石家庄和北京是必需的。虽然原告律师三次赴北京调查，但均属正常的取证调查活动，故被告关于原告律师调查费用不合理的辩称本院不予采信。两原告参加庭审的费用和聘请律师费，也属于为诉讼而支出的合理费用。但是，案件受理费和财产保全费用不属于赔偿范围，而由本院根据判决结果决定双方如何负担。因此，本院根据上述原则酌情确定两原告为诉讼而支出的合理费用。对于第二部分赔偿，两原告未提供其损失和被告获利的依据，而是要求适用定额赔偿的有关规定。因此，综合两原告的主张和提供的证据，本院认为两原告要求被告赔偿人民币100万元的经济损失尚缺乏充足的依据。

五、春节联欢晚会和两原告创作表演三个小品的法律性质

《陈佩斯小品》收录的由两原告创作和表演的三个小品，均来自中央电视台录制的春节联欢晚会。春节联欢晚会是中央电视台每年投入大量人力、财力、精力而创作完成的综艺电视节目，整台晚会节目的选择、编排、节目主持人串连词以及灯光、舞台、服装的设计等，均由中央电视台创作完成，因此，春节联欢晚会符合《著作权法》和《著作权法实施条例》规定的电视作品的特征。

《著作权法》（此为1990年著作权法，下同）第15条对电视作品的著作权归属作了规定。该条第1款规定，“电影、电视、录像作品的导演、编剧、作词、作曲、摄影等作者享有署名权，著作权的其他权利由制作电影、电视、录像的制片者享有”。据此，电视作品的导演、编剧等作者在电视作品上只享有署名的权利，电视作品的整体著作权（除署名权）为制片人所有。而该条第2款则规定，“电影、电视、录像作品中剧本、音乐等可以单独使用的作品的作者有权单独行使其著作权”。据此，虽然电视作品的整体著作权归制片人，但是作为电视作品中可以单独使用的作品，其作者仍享有单独行使著作权的权利。本案中，两原告创作的三个小品虽然是春节联欢晚会电视作品的有机组成部分，但三个小品又是能完全单独使用的作品。根据《著作权法》第15条第2款的规定，两原告对三个小品仍享有单独行使著作权的权利。同时，两原告在参加春节联欢晚会时并未与中央电视台签订过任何书面协议，因此，两原告并不因为参加演出而丧失对小品的著作权。他人如要出版发行两原告创作的小品，仍需征得两原告的许可并支付报酬。

关于两原告作为表演者的权利问题，《著作权法》第1条规定，著作权法是“为保护文学、艺术和科学作品作者的著作权，以及与著作权有关的权益”而制定的，第36条也规定了表演者的权利，而且，该法第45条第8项规定“其他侵犯著作权以及与著作权有关的权益的行为”应当承担侵权民事责任。因此，根据著作权法的立法原则，两原告享有许可他人复制、发行录有其表演的录音录像制品，并获得报酬的权利，他们的表演者权利应该受到保护。而被告扬子江出版社、中凯公司未经两原告许可并支付报酬，出版、发行含有两原告表演的三个小品的音像制品，侵害了两原告依法享有的表演者权，应承担相应的民事责任。

六、天鼎公司销售《陈佩斯小品》是否应当承担侵权责任

民事侵权适用的是过错责任原则。销售侵权音像制品是否构成侵权，主要看销售者主观上是否有过错，无过错不承担侵权责任。判断销售者主观上是否有过错，主要审查其销售的音像制品来源是否合法，包括音像制品是否由具有合法资质的出版社出版，进货渠道是否正当等。如果销售者能证明其是向有音像制品经营许可证的销售商购买的，且音像制品是由具有合法资质的出版社出版的，可以视为销售者尽到了合理注意义务，主观上无过错。本案中，天鼎公司销售的《陈佩斯小品》是由具有出版资质的扬子江出版社出版的，而且是向具有音像制品经营许可证的中凯公司购买，中凯公司也向其出示了扬子江出版社的销售委托书。因此，本院认定天鼎公司销售的《陈佩斯小品》来源合法，天鼎公司主观上没有过错，其销售行为不构成侵权。

七、如何确定被告的赔偿额

根据《著作权法》第 45 条之规定，侵权人侵害他人著作权应当承担赔偿损失等民事责任。审判实践中，对被告赔偿额的确定，通常采用下列方式：侵权人应当按照权利人的实际损失给予赔偿；权利人的实际损失难以计算的，可以按照侵权人的违法所得给予赔偿。在权利人的实际损失和侵权人的违法所得都不能确定的情况下，法院可以根据权利人的请求，综合侵权人实施侵权行为的手段、规模、情节、主观过错程度、造成的后果等因素，酌情确定赔偿数额。本案中，两原告认为两原告的损失和被告的获利都无法计算，故要求适用有关定额赔偿规定确定被告的赔偿额。被告扬子江出版社、中凯公司则认为，出版、发行《陈佩斯小品》未获利，不同意赔偿。同时，两被告也未提供制作、发行《陈佩斯小品》完整的财务账册和凭证。由于两原告的实际损失确实难以计算，两被告的获利也无法查清，故本院根据本案情况酌情确定两被告的赔偿额。

鉴于两原告是我国著名的喜剧演员，在演艺界有较高的知名度；被侵权的三个小品诙谐幽默，深受公众喜爱；被告扬子江出版社和中凯公司是专业的出版社和音像制品经营者，明知出版发行音像制品应获得授权而故意侵权；两被告侵权持续时间长，地域广，从 1999 年至 2001 年在全国范围内发行《陈佩斯小品》；被告中凯公司法定代表人在本院证据保全时，故意不提供相关财务账册和凭证等因素，本院酌情确定两被告赔偿两原告包括合理费用在内的经济损失人民币 30 万元。

练习与测试

1. 简述著作权侵权的认定范围及举证内容？
2. 简述律师在网络著作权侵权案中如何进行证据保全？

单元总结

本章的重点是要掌握著作权侵权的认定及举证。在具体的案件中，如果没有专有权利人的允许而从事该行为，并且没有法定的免责事由，就构成对著作权的直接侵权。

第 3 章

著作权刑事案件与律师辩护

单元要点

学习著作权刑事案件代理的业务，掌握侵犯著作权犯罪的概念及构成、认定和处罚等重要内容。

学习目标

能够基本掌握著作权刑事代理的要件和步骤，熟悉构成犯罪的法律法规，为从事著作权刑事案件律师代理业务，增强实操能力。

3.1　著作权刑事案件分析

3.1.1　侵犯著作权罪概念及其构成[①]

《刑法》第 217 条规定了侵犯著作权罪："以营利为目的，有下列侵犯著作权情形之一，违法所得数额较大或者有其他严重情节的，处三年以下有期徒刑或者拘役，并处或者单处罚金；违法所得数额巨大或者有其他特别严重情节的，处三年以上七年以下有期徒刑，并处罚金：（一）未经著作权人许可，复制发行其文字作品、音乐、电影、电视、录像作品、计算机软件及其他作品的；（二）出版他人享有专有出版权的图书的；（三）未经录音录像制作者许可，复制发行其制作的录音录像的；（四）制作、出售假冒他人署名的美术作品的。"

（一）客体要件

本罪侵犯的客体是国家的著作权管理制度以及他人的著作权和与著作权有关的权益。

根据《著作权法》的规定，著作权包括以下六个方面的人身权和财产权：发表权、署名权、修改权、保护作品完整权、使用权和获得报酬权；与著作权有关的权益主要是指出版者、表演者、录音录像制作者等拥有的著作邻接权。侵犯著作权罪即是对上述著作权和与著作权有关权益的直接侵犯。同时为了加强对著作权的管理，《著作权法》对作品范围、著作权内容、归属及保护期限、侵犯著作权和与著作权有关权益的行为及法律责任等均作了明确规定，其目的是通过对著作权和与著作权有关权益的保护，鼓励人们创作和推广智力成果的积极性，促进我国科学文化事业的发展繁荣。如果对著作权和与著作权有关权益进行侵犯，其行为已不仅具有民事侵权性质，而且在严重情况下同时侵犯了国家和社会利益，因此本罪侵犯的客体应是国家的著作权管理制度以及他人著作权和与著作权有关的权益的统一。

本罪的犯罪对象是他人的作品、图书、录音、录像制品和假冒他人署名的美术作品。

① 参见《有关侵犯著作权》，见 http：//www.doc88.com/p-489337419218.html，访问日期：2013 年 6 月 26 日。

所谓作品，是指人们借以表现自己思想、情感的文学、艺术和科学方面的智力成果。依照《著作权法》第3条的规定，作品包括以下列形式创作的文学、艺术和自然科学、社会科学、工程技术等作品：（1）文字作品；（2）口述作品；（3）音乐、戏剧、曲艺、舞蹈、杂技艺术作品；（4）美术、建筑作品；（5）摄影作品；（6）电影作品和以类似摄制电影的方法创作的作品；（7）工程设计图、产品设计图、地图、示意图等图形作品和模型作品；（8）计算机软件；（9）法律、行政法规规定的其他作品。图书是指作品经出版者编辑加工、版式设计、封面设计等技术处理并排版、印刷、装订后予以发行的书刊出版物。录音录像制品，是指任何有声音的原始录制品或电影、电视、录像作品以外的任何有伴音或者无伴音的连续相关形象的原始录制品。假冒他人署名的美术作品，是指自己或请人制作而在其上面冒署其他人姓名的美术作品。如果侵犯的对象不属于上述范围的，则不构成本罪。

（二）客观方面

本罪在客观方面表现为侵犯著作权和与著作权有关权益，情节严重的行为。

我国《著作权法》规定了15种侵犯著作权和与著作权有关权益的行为，但是根据《刑法》规定，只有下列四种侵权行为可以构成本罪：

1. 未经著作权人许可，复制发行其文字作品、音乐、电影、电视、录像作品、计算机软件及其他作品的行为。

未经著作权人许可即指未经过著作权人的同意。著作权人一般指作者，也可能是其他依法享有著作权的公民、法人或非法人单位。根据《著作权法》规定，由法人或非法人单位主持，代表法人或非法人单位意志创作，并由法人或非法人单位承担责任的作品，法人或非法人单位视为作者，享有著作权；演绎作品著作权由演绎人享有；合作作品著作权由合作作者共同享有，如其中的作品可以单独或分割使用的，其作者可以单独享有著作权；电影、电视、录像作品的导演、编剧、作词、作曲、摄影等作者享有署名权，著作权其他权利由制片者享有，如果剧本、音乐等可以单独使用的，其作者有权单独行使其著作权。任何未经上述人员同意而使用其作品的，均属于未经著作权人许可的行为。

复制与发行是紧密联系在一起的整体行为，应同时具备才构成本罪，如果仅仅具备其中一个方面的则不符合本罪行为特征。当然不同行为人事先通谋而分别实施复制、发行的，属于共同犯罪，仍然可以构成本罪。

2. 出版他人享有专有出版权的图书的行为。

出版是指把作品编辑加工后，经过复制向公众发行的行为，出版实际上是一种特殊的复制发行。出版者出版图书，一般需要经著作权人授权而取得对作品的专有出版权。专有出版权是指出版者对著作权人交付的作品在合同规定的时间、地点以原版、修订版方式制作成图书并予以发行的独占权利。它是一种与著作权有关的重要权益，同样具有排他性，他人不得行使，否则构成侵权。

3. 未经录音录像制作者许可，复制发行其制作的录音录像的行为。

这是一种侵犯录音录像制作者著作邻接权的行为。录音录像制作者即制作录音录像制品的人，由于他们不仅投入了一定的人力、物力和财力，更付出了相当的独创性劳动，对其制作的音像制品也依法享有许可他人复制发行并获得报酬的权利，他人未经许可复制发行其音像制品的，当然是对其权利的侵犯。

4. 制作、出售假冒他人署名的美术作品的行为。

这是一种借他人之名非法牟利的行为。它不仅侵犯了他人的人身权（主要是署名权），而且必然会影响他人美术作品的销售，从而间接侵犯他人的财产权。同时这种行为还欺骗了社会公众，对我国文化市场秩序具有相当的危害，因此应予以惩治。

值得探讨的是，本条把“制作”与“出售”以顿号分开作并列规定是否意味着有其中之一行为即可构成本罪？我们认为，结合构成本罪的前面三种行为方式，此处应理解为“制作并出售”或“为出售而制作”才构成本罪，这样其与“复制发行”和“出版”一样作为本罪在客观方面的行为表现之一才有其合理性。从主观上看，也只有既制作并出售或为出售而制作才能表明行为人具有营利的目的。

上述四种情形还必须是违法所得的数额较大或者有其他严重情节的才构成本罪。最高人民法院、最高人民检察院《关于办理侵犯知识产权刑事案件具体应用法律若干问题的解释》规定：

第五条　以营利为目的，实施刑法第二百一十七条所列侵犯著作权行为之一，违法所得数额在三万元以上的，属于“违法所得数额较大”；具有下列情形之一的，属于“有其他严重情节”，应当以侵犯著作权罪判处三年以下有期徒刑或者拘役，并处或者单处罚金：

（一）非法经营数额在五万元以上的；

（二）未经著作权人许可，复制发行其文字作品、音乐、电影、电视、录像作品、计算机软件及其他作品，复制品数量合计在一千张（份）以上的；

（三）其他严重情节的情形。

以营利为目的，实施刑法第二百一十七条所列侵犯著作权行为之一，违法所得数额在十五万元以上的，属于“违法所得数额巨大”；具有下列情形之一的，属于“有其他特别严重情节”，应当以侵犯著作权罪判处三年以上七年以下有期徒刑，并处罚金：

（一）非法经营数额在二十五万元以上的；

（二）未经著作权人许可，复制发行其文字作品、音乐、电影、电视、录像作品、计算机软件及其他作品，复制品数量合计在五千张（份）以上的；

（三）其他特别严重情节的情形。

第十一条　以刊登收费广告等方式直接或者间接收取费用的情形，属于刑法第二百一十七条规定的“以营利为目的”。

刑法第二百一十七条规定的“未经著作权人许可”，是指没有得到著作权人授权或者伪造、涂改著作权人授权许可文件或者超出授权许可范围的情形。

通过信息网络向公众传播他人文字作品、音乐、电影、电视、录像作品、计算机软件及其他作品的行为，应当视为刑法第二百一十七条规定的“复制发行”。

第十二条　本解释所称“非法经营数额”，是指行为人在实施侵犯知识产权行为过程中，制造、储存、运输、销售侵权产品的价值。已销售的侵权产品的价值，按照实际销售的价格计算。制造、储存、运输和未销售的侵权产品的价值，按照标价或者已经查清的侵权产品的实际销售平均价格计算。侵权产品没有标价或者无法查清其实际销售价格的，按照被侵权产品的市场中间价格计算。

多次实施侵犯知识产权行为，未经行政处理或者刑事处罚的，非法经营数额、违法所得数额或者销售金额累计计算。

本解释第三条所规定的“件”，是指标有完整商标图样的一份标识。

第十四条　实施刑法第二百一十七条规定的侵犯著作权犯罪，又销售该侵权复制品，构成犯罪的，应当依照刑法第二百一十七条的规定，以侵犯著作权罪定罪处罚。

实施刑法第二百一十七条规定的侵犯著作权犯罪，又销售明知是他人的侵权复制品，构成犯罪的，应当实行数罪并罚。

第十五条　单位实施刑法第二百一十三条至第二百一十九条规定的行为，按照本解释规定的相应个人犯罪的定罪量刑标准的三倍定罪量刑。

第十六条　明知他人实施侵犯知识产权犯罪，而为其提供贷款、资金、账号、发票、证明、许可证件，或者提供生产、经营场所或者运输、储存、代理进出口等便利条件、帮助的，以侵犯知识产权犯罪的共犯论处。

最高人民法院、最高人民检察院《关于办理侵犯知识产权刑事案件具体应用法律若干问题的解释（二）》规定：

第一条　以营利为目的，未经著作权人许可，复制发行其文字作品、音乐、电影、电视、录像作品、计算机软件及其他作品，复制品数量合计在五百张（份）以上的，属于刑法第二百一十七条规定的“有其他严重情节”；复制品数量在二千五百张（份）以上的，属于刑法第二百一十七条规定的“有其他特别严重情节”。

第二条　刑法第二百一十七条侵犯著作权罪中的“复制发行”，包括复制、发行或者既复制又发行的行为。

侵权产品的持有人通过广告、征订等方式推销侵权产品的，属于刑法第二百一十七条规定的“发行”。

非法出版、复制、发行他人作品，侵犯著作权构成犯罪的，按照侵犯著作权罪定罪处罚。

第三条　侵犯知识产权犯罪，符合刑法规定的缓刑条件的，依法适用缓刑。有下列情形之一的，一般不适用缓刑：

（一）因侵犯知识产权被刑事处罚或者行政处罚后，再次侵犯知识产权构成犯罪的；

（二）不具有悔罪表现的；

（三）拒不交出违法所得的；

（四）其他不宜适用缓刑的情形。

第四条　对于侵犯知识产权犯罪的，人民法院应当综合考虑犯罪的违法所得、非法经营数额、给权利人造成的损失、社会危害性等情节，依法判处罚金。罚金数额一般在违法所得的一倍以上五倍以下，或者按照非法经营数额的 50%以上一倍以下确定。

第五条　被害人有证据证明的侵犯知识产权刑事案件，直接向人民法院起诉的，人民法院应当依法受理；严重危害社会秩序和国家利益的侵犯知识产权刑事案件，由人民检察院依法提起公诉。

第六条　单位实施刑法第二百一十三条至第二百一十九条规定的行为，按照《最高人民法院、最高人民检察院关于办理侵犯知识产权刑事案件具体应用法律若干问题的解释》和本解释规定的相应个人犯罪的定罪量刑标准定罪处罚。

（三）主体要件

本罪的主体为一般主体，既包括达到刑事责任年龄，并具有刑事责任能力的自然人，也包括经国家批准和未经国家批准从事出版、发行活动的单位。依《刑法》第 220 条之规定，单位犯本罪的，实行两罚制，即对单位判处罚金，对其直接负责的主管人员和其他直接责任人员依本条规定追究刑事责任。

（四）主观方面

本罪在主观方面表现为故意，并且具有营利的目的。如果行为人出于过失，如误认为他人作品已过保护期而复制发行，或虽系故意，但由于追求名誉等非营利目的的，则不能构成本罪。

3.1.2　侵犯著作权罪的认定

一、本罪与非罪的界限[①]

区分侵犯著作权罪与非罪的界限主要应把握以下几点：

1. 复制、出版或制作行为有无合法根据，是区分侵犯著作权罪与非罪的重要标准。

合法的复制、出版或制作行为包括：

（1）经著作权人许可的行为。《著作权法》第 24 条规定："使用他人作品应当同著作权人订立许可使用合同"。

（2）未经著作权人许可，但在法律规定的合理范围内使用其作品的行为。《著作权法》

[①] 参见《侵犯著作权罪认定》，见 http://www.66law.cn/zuiming/376_rending.aspx，访问日期：2013 年 6 月 26 日。

第 22 条规定，可以不经著作权人许可的作品的合理使用范围包括：①为个人学习、研究或者欣赏，使用他人已经发表的作品；②为介绍、评论某一作品或者说明某一问题，在作品中适当引用他人已经发表的作品；③为报道时事新闻，在报纸、期刊、广播电台、电视台等媒体中不可避免地再现或者引用已经发表的作品；④报纸、期刊、广播电台、电视台等媒体刊登或者播放其他报纸、期刊、广播电台、电视台等媒体已经发表的关于政治、经济、宗教问题的时事性文章，但作者声明不许刊登、播放的除外；⑤报纸、期刊、广播电台、电视台等媒体刊登或者播放在公众集会上发表的讲话，但作者声明不许刊登、播放的除外；⑥为学校课堂教学或者科学研究，翻译或者少量复制已经发表的作品，供教学或者科研人员使用，但不得出版发行；⑦国家机关为执行公务在合理范围内使用已经发表的作品；⑧图书馆、档案馆、纪念馆、博物馆、美术馆等为陈列或者保存版本的需要，复制本馆收藏的作品；⑨免费表演已经发表的作品，该表演未向公众收取费用，也未向表演者支付报酬；⑩对设置或者陈列在室外公共场所的艺术作品进行临摹、绘画、摄影、录像；⑪将中国公民、法人或者其他组织已经发表的以汉语言文字创作的作品翻译成少数民族语言文字作品在国内出版发行；⑫将已经发表的作品改成盲文出版。凡不经著作权人许可即可在法律限定范围使用的作品，使用者可以不向著作权人支付报酬，但应当指明作者姓名、作品名称，并且不得侵犯著作权人依照《著作权法》享有的其他权利。司法实践中，在查处侵犯著作权罪时，应注意掌握《著作权法》中有关著作权人及其权利、著作权归属、权利的保护期、权利的限制等规定，分清侵犯著作权和合法使用作品的界限，以准确惩治侵犯著作权的犯罪行为，保护著作权人、合法使用人等的合法权益。

2. 要注意掌握数额标准，正确区别侵犯著作权罪和民事侵权行为。

违法所得数额较大或者有其他严重情节，是区别侵犯著作权罪和民事侵权行为的重要标准。虽有侵犯著作权的行为，但没有达到违法所得数额较大或者情节并不严重的，属于一般民事侵权行为，不能适用刑法调整，而且应注意数额标准的掌握。

二、本罪与生产伪劣产品罪的界限

两者在犯罪对象上不同，侵犯著作权罪的犯罪对象是受著作权法保护的精神文化产品，这与生产伪劣产品罪的犯罪对象不同。生产伪劣产品罪的犯罪对象是掺杂、掺假，以假充真，以次充好或者以不合格冒充合格的产品，这些产品一般为生产、生活资料用品。

3.1.3 侵犯著作权罪的处罚

1. 自然人犯本罪的，处 3 年以下有期徒刑或者拘役，并处或者单处罚金；违法所得数额巨大或者有其他特别严重情节的，处 3 年以上 7 年以下有期徒刑，并处罚金。情节特别严重，是指违法所得数额巨大或者具有其他特别严重的情节。具体内容见前述。

2. 单位犯本罪的，对单位判处罚金，对其直接负责的主管人员和其他直接责任人员，依本条规定追究刑事责任。

3.2　著作权刑事案件中律师辩护

本部分以具体实例来阐述律师如何辩护①：

谢某，男，1986 年 7 月 6 日出生，汉族，安徽省长丰县人，2009 年 12 月 4 日因涉嫌侵犯著作权罪被苏州市公安局相城分局刑事拘留。不久后，相城区人民检察院以相同罪名对谢某批准逮捕。2010 年 1 月 28 日，相城公安分局向相城区人民检察院提交《起诉意见书》，认定谢某为牟取暴利，在淘宝网开设"重建新家园"、"沪宁书局"、"尚炫电子商务"等书店，兜售盗版书籍，后缴获侵权书籍 60 余种 15 000 余本，非法经营数额 46 万余元，触犯了《刑法》第 217 条，涉嫌构成侵犯著作权罪。

辩护人认真研究了《刑法》第 217 条侵犯著作权罪与《刑法》第 218 条销售侵权复制品罪的差异，特别注意到，最高人民法院、最高人民检察院《关于办理侵犯知识产权刑事案件具体应用法律若干问题的解释（二）》（下称《解释（二）》）在解释侵犯著作权罪时对"复制发行"的内涵界定，从而得出犯罪嫌疑人谢某不应构成侵犯著作权罪的结论。

因《刑法》第 217 条侵犯著作权罪的法定刑较重，而第 218 条销售侵权复制品罪法定刑相对较轻，根据相城公安分局已经缴获谢某侵权书籍 60 余种 15 000 余本，并认定其非法经营数额 46 万余元的事实，如果认定谢某构成侵犯著作权罪，依据最高人民法院、最高人民检察院《关于办理侵犯知识产权刑事案件具体应用法律若干问题的解释》（下称《解释（一）》），非法经营数额在 25 万元以上，或复制发行数量在五千张（份）以上的，属于"有其他特别严重情节"，将面临 3～7 年有期徒刑的刑罚处罚；如其触犯的是销售侵权复制品罪，则最高法定刑仅为 3 年有期徒刑。因此，罪名之辩，成为辩护人首先努力的方向。

辩护人从以下三个角度向相城区人民检察院提出了辩护意见：

其一，依据法律解释的一般原则，《解释（二）》中的"发行"，应理解为"第一次发行"或"总发行"。单纯的销售，不是发行。

其二，《解释（二）》中的"发行"，与《著作权法》第 10 条第 1 款第 6 项的"发行权"概念不同，不能据此认为销售就是发行。

其三，既然《刑法》在第 217 条规定了以"复制"、"发行"为行为特征的侵犯著作权罪，又在第 218 条规定了以"销售"为行为特征的销售侵权复制品罪，足见立法本意是将"复制"、"发行"与"销售"加以区分。如果将二者混淆，则会出现《刑法》第 218 条销售侵权复制品罪被《刑法》第 217 条侵犯著作权罪所包含和吸收的悖论。

相城区人民检察院采纳了辩护人的意见，于 2010 年 4 月 2 日，以谢某销售盗版书

① 参见《侵犯著作权案》，见 http：//www.yearbooklawyer.com/sites/lawyer/detail_201207161758101195_c_16.html，访问日期：2013 年 6 月 17 日。

14 576册，价值537 977元，涉嫌销售侵权复制品罪向相城区人民法院提起公诉。

进入审判阶段后，辩护人针对被告人谢某持有的盗版书标价与实际进价及售价不一致的事实，依据《解释（一）》第12条，提出了对公诉机关指控犯罪金额的异议之辩；针对被告人谢某持有的盗版书籍因被查获而尚未完成销售的事实，提出了犯罪未遂之辩；针对目前我国普遍存在的盗版现象，提出了谢某主观恶性较小、社会危害性相对较轻的酌情从轻之辩。

该案审查起诉阶段辩护词：

苏州市相城区人民检察院：

依据事实和法律，辩护人提交如下辩护意见供贵院参考：

辩护人对《起诉意见书》指控犯罪嫌疑人谢某销售盗版书的事实不持异议，但认为犯罪嫌疑人谢某的行为不构成侵犯著作权罪。理由如下：

根据《中华人民共和国刑法》（以下简称《刑法》）第217条，侵犯著作权罪，是指以营利为目的，未经著作权人许可，复制发行其文字作品、音乐、电影、电视、录像作品、计算机软件及其他作品；或者出版他人享有专有出版权的图书；或者未经录音录像制作者许可，复制发行其制作的录音录像；或者制作、出售假冒他人署名的美术作品，违法所得数额较大或者有其他严重情节的行为。

对于该法条中的“复制发行”，最高人民法院、最高人民检察院在《关于办理侵犯知识产权刑事案件具体应用法律若干问题的解释（二）》（以下简称《解释（二）》）第2条解释为：“刑法第二百一十七条侵犯著作权罪中的‘复制发行’，包括复制、发行或者既复制又发行的行为。”可见，如果行为人未经著作权人许可，实施了“复制”、“发行”、“既复制又发行”等三种行为之一，只要违法所得数额较大或者有其他严重情节的行为，就构成通过复制发行手段侵犯著作权罪。

然而，辩护人注意到，犯罪嫌疑人谢某并未实施前述“复制”、“发行”、“既复制又发行”等行为之任何一种。根据《起诉意见书》，犯罪嫌疑人谢某只是实施了利用网络媒介兜售盗版书，并将未经授权的电子作品下载后刻录成光盘配套促销盗版书的行为，即销售盗版书的行为。根据《刑法》第218条，以营利为目的，销售明知是《刑法》第217条规定的侵权复制品，违法所得数额巨大的，构成销售侵权复制品罪。

可见，如果犯罪嫌疑人谢某实施的上述行为得以证实，其触犯的不是《刑法》第217条而是第218条。

需要说明的是，尽管《中华人民共和国著作权法》第10条第1款第6项规定：“发行权，即以出售或者赠与方式向公众提供作品的原件或者复制件的权利”，仿佛“出售”等同于“发行”，但《解释（二）》第2条规定的“发行”与该法所称的“发行权”概念完全不同，前者是动词，界定了“发行”这一具体法律行为，属刑事法律范畴；后者为名词，界定的是“发行权”这一民事法律概念，属民事法律范畴。二者不能混同。

根据《现代汉语词典》第5版第368页，“发行”是指“发出新印刷的货币、债券或新出版的书刊、新制作的电影等”。即：“发行”意味着“印制并销售作品或特定商品”。依据法律解释的一般原则，《刑法》第217条及《解释（二）》第2条规定的“发行”，应当指行为人未经著作权人许可，对其作品进行“印刷且销售”。单纯销售已被他人印刷出来的盗版书，肯定不构成发行。

此外，从《刑法》的立法体系上看，既然《刑法》在第217条规定了以复制、发行行为为特征的“侵犯著作权罪”，又在第218条规定了以销售行为为特征的“销售侵权复制品罪”，足见立法本意是将二者加以区分。如果混同，则会出现《刑法》第218条所规定的“销售侵权复制品罪”已经被《刑法》第217条所规定的“侵犯著作权罪”所包含和吸收的悖论。

因此，恳请贵院结合犯罪嫌疑人谢某的行为特征，对其涉嫌犯罪的性质依法慎重考虑。

审判阶段辩护词：

审判长、人民陪审员：

依据事实和法律，辩护人发表辩护意见如下：

一、辩护人对公诉机关指控盗版书为14 576册的事实不持异议，但对盗版书价值有不同意见。该批盗版书价值仅为18万余元，远小于公诉机关认定的537 977元。

根据被告人谢某当庭陈述及在2009年10月24日9：40至15：20《询问笔录》、2009年10月25日13：30至17：00《询问笔录》、2009年12月1日14：15至15：55《询问笔录》的供述，盗版书的进价一般为标价的2.5～3.5折，售价为标价的3.5～4.5折。对此，证人史某在2009年10月24日9：50至11：10《询问笔录》中予以了印证。而且依据常识，盗版书的价值也不可能与标价相同。因此，公诉机关依照14 576册盗版书的标价认定被告人谢某尚未出售的盗版书价值，辩护人不能认同。

根据最高人民法院、最高人民检察院《关于办理侵犯知识产权刑事案件具体应用法律若干问题的解释》第12条：本解释所称“非法经营数额”，是指行为人在实施侵犯知识产权行为过程中，制造、存储、运输、销售侵权产品的价值。已经销售的侵权产品的价值，按照实际销售价格计算。制造、存储、运输、未销售侵权产品的价值，按照标价或者已经查清的侵权产品的实际售价平均价格计算。侵权产品没有标价或者无法查清实际销售价格的，按照被侵权产品的市场中间价格计算。既然已经查明被告人谢某持有的盗版书进价为标价的2.5～3.5折、售价为标价的3.5～4.5折，根据“罪疑唯轻”原则，应当依照对被告人谢某有利的计算方法，认定盗版书价值。

二、被告人谢某销售侵权复制品系未遂，依法可以比照既遂从轻或减轻处罚。

被告人谢某于2009年10月23日下午被苏州市文化广播新闻出版局查获，其着手实施盗版书销售的行为尚未完成，根据《中华人民共和国刑法》第23条规定，是犯罪未遂。对于未遂犯，可以比照既遂犯从轻或者减轻处罚。

三、被告人谢某有下列酌情从轻处罚情节

1. 主观恶性不大，社会危害性相对较小。

回首我国近二十年的知识产权立法进程与知识产权保护现状，二者之间存在巨大反差。制度的完善并未带来真正的权利保护，在国民的思想中，有着比遵守法律更为现实的选择。无论是在偏远的乡村，还是在繁华的都市，盗版书、盗版音像资料、盗版软件，依然拥有巨大的消费市场。购买盗版，成为人们"经济实惠"的选择。这一现象虽令人遗憾，但从我国目前的国情来看，要消灭这种消费潜规则，并非一日之举。

被告人谢某正是在这样一个时代背景下，希望通过自己的劳动，借助网络销售图书，在城市中寻找一片安身立命之地。其行为在客观上虽触犯了刑法，但比起那些偷、盗、抢，甚至是杀人放火的犯罪行为，其主观恶性不大，社会危害性相对较小。

依据最高人民法院《关于贯彻宽严相济刑事政策的若干意见》第16条的规定，对于所犯罪行不重、主观恶性不深、人身危险性较小、有悔改表现、不致再危害社会的犯罪分子，要依法从宽处理。

2. 认罪态度好，当庭自愿认罪。

被告人谢某归案后，认罪态度好，供述稳定，并当庭自愿认罪。根据《关于适用普通程序审理"被告人自愿认罪案件"的若干意见》第9条关于"人民法院对自愿认罪的被告人，酌情予以从轻处罚"的规定，应酌情从轻处罚。

3. 被告人谢某无犯罪前科和违法劣迹，此次犯罪是初犯。

4. 被告人家境贫困，父母年老，对被告人从轻处罚有利于社会和谐稳定。

被告人谢某生活在安徽省长丰县，家境贫穷，小学毕业后就外出打工。除家中有几亩田地外，被告人谢某是其年迈父母主要的生活依靠。如果能对其从宽处罚，让其早日回归社会，将有利于拯救这个家庭，有利于社会的安定团结。

综上，辩护人恳请法庭充分考虑被告人谢某的犯罪数额和犯罪未遂的事实，并结合其具备的其他酌情从轻处罚情节，本着宽严相济的刑事司法政策，给其改过自新的机会。

以上辩护意见，敬请合议庭评议。

最终，相城区人民法院采纳了辩护人关于谢某犯罪未遂以及其他酌情从轻的辩护观点，于2010年5月20日，以被告人谢某犯销售侵权复制品罪，判处其有期徒刑9个月并处罚金27万元。

实例解析

成都共软网络科技有限公司、孙显忠、张天平、洪磊、梁焯勇侵犯著作权案（裁判书摘要）①

1. 根据《中华人民共和国刑法》（以下简称刑法）第二百一十七条的规定，行为人以营利为目的，未经著作权人许可复制发行其文字作品、音乐、电影、电视、录像作品、计算机软件及其他作品，违法所得数额较大或者有其他严重情节的，构成侵犯著作权罪。判断行为人的行为是否构成侵犯著作权罪，应当从行为人是否以营利为目的、复制行为是否未经著作权人许可、是否实施了发行行为等方面加以分析。

2. 行为人未经著作权人许可复制其计算机软件，通过修改相应程序捆绑其他软件后在互联网上发布供他人下载，并因此获取广告费等收益的，属于刑法第二百一十七条规定的"以营利为目的"的"复制发行"行为。

江苏省苏州市虎丘区人民检察院以被告单位成都共软网络科技有限公司（以下简称共软公司）及被告人孙显忠、张天平、洪磊、梁焯勇犯侵犯著作权罪，向江苏省苏州市虎丘区人民法院提起公诉，指控：2006 年 12 月至 2008 年 8 月期间，四川网联互动广告有限公司（以下简称网联广告公司，另案处理）和被告单位共软公司出于营利目的，由被告人孙显忠指示被告人张天平和被告人洪磊、梁焯勇合作，在未经微软公司许可的情况下，复制微软 Windows XP 计算机软件后制作多款"番茄花园"版软件，并以修改浏览器主页、默认搜索页面、捆绑其他公司软件等形式，在"番茄花园"版软件中分别加载百度时代网络技术（北京）有限公司、北京阿里巴巴信息技术有限公司、北京搜狗科技发展有限公司、网际快车信息技术有限公司等多家单位的商业插件，通过互联网在"番茄花园"网站、"热度"网站发布供公众下载 10 余万次，百度时代网络技术（北京）有限公司、北京阿里巴巴信息技术有限公司、北京搜狗科技发展有限公司、网际快车信息技术有限公司支付网联广告公司和共软公司广告费共 2 977 630.39 元。刑法第二百一十七条规定："以营利为目的，有下列侵犯著作权情形之一，违法所得数额较大或者有其他严重情节的，处三年以下有期徒刑或者拘役，并处或者单处罚金；违法所得数额巨大或者有其他特别严重情节的，处三年以上七年以下有期徒刑，并处罚金：（一）未经著作权人许可，复制发行其文字作品、音乐、电影、电视、录像作品、计算机软件及其他作品的……"根据该规定，共软公司、孙显忠、张天平、洪磊、梁焯勇的行为均构成侵犯著作权罪，应当依法惩处。张天平有自首情节，依法可以从轻或者减轻处罚。提请法院依法审理。

苏州市虎丘区人民法院经审理查明：

① 参见《江苏省苏州市虎丘区人民检察院诉成都共软网络科技有限公司、孙显忠、张天平、洪磊、梁焯勇侵犯著作权案》，见 http：//www.chinalaw.gov.cn/article/fgkd/xfg/aljx/201103/20110300336071.shtml，访问日期：2013 年 6 月 29 日。

2006年12月至2008年8月期间，网联广告公司和被告单位共软公司出于营利目的，由被告人孙显忠指使，经被告人张天平与被告人洪磊、梁焯勇合作，在未经微软公司许可的情况下，复制微软 Windows XP 计算机软件后制作多款"番茄花园"版软件，并以修改浏览器主页、默认搜索页面、捆绑其他公司软件等形式，在"番茄花园"版软件中分别加载百度时代网络技术（北京）有限公司、北京阿里巴巴信息技术有限公司、北京搜狗科技发展有限公司、网际快车信息技术有限公司等多家单位的商业插件，通过互联网在"番茄花园"网站、"热度"网站发布供公众下载。其中，洪磊负责制作的"番茄花园"WINXP SP3 V.3300、WINXP SP2 V3.3、WINXP SP3 V1.0、WINXP SP2 V3.5、WINXP SP2 V3.4、WINXP SP3 V1.21、WINXP SP3 V1.1、WINXP SP2 安装版和免激活版累计下载71 583次，梁焯勇负责制作的"番茄花园"WINXP SP2 V6.2、LEI NLITE XP SP3 V1.0美化版累计下载8 018次，郑国槟（另案处理）负责制作的"番茄花园"GHOST XP SP3 V1.0、GHOST XP SP3 V1.1、GHOSTXP SP3 V1.2 版累计下载117 308次。共软公司从百度时代网络技术（北京）有限公司获取非法所得计人民币935 665.53元，从北京阿里巴巴信息技术有限公司获取非法所得计人民币1 611 996.46元，从北京搜狗科技发展有限公司获取非法所得计人民币69 538.50元，从网际快车信息技术有限公司获取非法所得计人民币307 086.6元。综上，共软公司涉案违法所得共计人民币2 924 287.09元。

本案的争议焦点是：被告单位共软公司及被告人孙显忠、张天平、洪磊、梁焯勇的行为是否构成侵犯著作权罪。

苏州市虎丘区人民法院经审理认为：

刑法第二百一十七条规定："以营利为目的，有下列侵犯著作权情形之一，违法所得数额较大或者有其他严重情节的，处三年以下有期徒刑或者拘役，并处或者单处罚金；违法所得数额巨大或者有其他特别严重情节的，处三年以上七年以下有期徒刑，并处罚金：（一）未经著作权人许可，复制发行其文字作品、音乐、电影、电视、录像作品、计算机软件及其他作品的……"该条就侵犯著作权罪作出了明确规定。判断本案被告单位共软公司及被告人孙显忠、张天平、洪磊、梁焯勇的行为是否构成侵犯著作权罪，应当根据该条规定，从行为人是否以营利为目的、是否在未经软件著作权人许可的情况下进行复制、是否实施了发行行为几个方面分别加以分析。

第一，关于被告单位共软公司及被告人孙显忠、张天平、洪磊、梁焯勇实施涉案行为是否以营利为目的问题。最高人民法院、最高人民检察院《关于办理侵犯知识产权刑事案件具体应用法律若干问题的解释》第十一条第一款规定："以刊登收费广告等方式直接或者间接收取费用的情形，属于刑法第二百一十七条规定的'以营利为目的'。"本案中，虽然被告单位及各被告人通过互联网在"番茄花园"网站、"热度"网站发布涉案"番茄花园"版 Windows 系列软件时，是供公众免费下载的，没有直接从中营利，但在发布涉案"番茄花园"版 Windows 系列软件的同时，被告单位及各被告人通过修改浏览器主页、默认搜索页面、捆绑需推广的客户商业软件等手段，获得了广告费、推广费等巨额间接收入，共计人民币2 924 287.09元。因此，可以认定共软公司、孙显忠、张天平与洪磊、梁焯勇实施涉案行为的真实意图，正是在于追求巨额广告费、推广费收益，明显具有营利目的。

第二，关于被告单位共软公司及被告人孙显忠、张天平、洪磊、梁焯勇是否未经著作权人许可而复制涉案系列软件的问题。经查，微软公司是微软 Windows 软件的合法著作权人。根据苏州市公安局信息网络安全监察处制作的远程勘验工作记录，"番茄花园"版 Windows 系列软件在界面上显示该软件系微软公司授权"番茄花园"制作，而根据微软公司出具的证明，微软公司没有授权任何个人、公司制作其软件。根据中国版权保护中心版权鉴定委员会出具的中版鉴字（2008）第 008 号至第 024 号鉴定报告以及中版鉴字（2008）第 008 号至第 024 号—2 号鉴定报告的补充说明，涉案"番茄花园"版 Windows 系列软件与微软 Windows 软件相比对，二者的核心程序均集中在 Windows 目录下，且二者的目录结构和文件存在大量相同的内容。据此，可以认定涉案"番茄花园"版 Windows 系列软件是根据微软 Windows 软件核心程序进行复制的产物，被告单位及各被告人系在未经软件著作权人许可的情况下实施侵权复制行为。被告人孙显忠、张天平、洪磊、梁焯勇在供述中，亦承认涉案"番茄花园"版 Windows 系列软件系盗用微软 Windows 软件加以修改、美化而成。

第三，关于被告单位共软公司及被告人孙显忠、张天平、洪磊、梁焯勇是否实施了发行行为的问题。信息网络领域的"发行"存在一定的特殊性，与一般媒介的"发行"行为有区别。根据最高人民法院、最高人民检察院《关于办理侵犯知识产权刑事案件具体应用法律若干问题的解释》第十一条第三款的规定，行为人通过信息网络向公众传播他人文字作品、音乐、电影、电视、录像作品、计算机软件及其他作品的行为，应当视为刑法第二百一十七条规定的"发行"行为。据此，本案被告单位及各被告人通过互联网发布涉案"番茄花园"版 Windows 系列软件供不特定社会公众下载，无论其是否收取下载费用，都应当视为刑法第二百一十七条规定的"发行"行为。

最高人民法院、最高人民检察院《关于办理侵犯知识产权刑事案件具体应用法律若干问题的解释》第五条第二款规定："以营利为目的，实施刑法第二百一十七条所列侵犯著作权行为之一，违法所得数额在十五万元以上的，属于'违法所得数额巨大'……"根据本案查明的事实，被告单位共软公司及被告人孙显忠、张天平、洪磊、梁焯勇通过实施涉案行为，收取广告费、推广费共计人民币 2 924 287.09 元，属于违法所得数额巨大。最高人民法院、最高人民检察院《关于办理侵犯知识产权刑事案件具体应用法律若干问题的解释（二）》第一条规定："以营利为目的，未经著作权人许可，复制发行其文字作品、音乐、电影、电视、录像作品、计算机软件及其他作品，复制品数量合计在五百张（份）以上的，属于刑法第二百一十七条规定的'有其他严重情节'；复制品数量在二千五百张（份）以上的，属于刑法第二百一十七条规定的'有其他特别严重情节'。"根据苏州市公安局信息网络安全监察处对"番茄花园"网站和"热度"网站进行远程勘验的结果，洪磊负责制作的"番茄花园"WINXP SP3 V. 3300、WINXP SP2 V3. 3、WINXP SP3 V1. 0、WINXP SP2 V3. 5、WINXP SP2 V3. 4、WINXP SP3 V1. 21、WINXP SP3 V1. 1、WINXP SP2 安装版和免激活版等侵权软件累计下载 71 583 次，梁焯勇负责制作的"番茄花园”WINXP SP2 V6.2、LEI NLITE XP SP3 V1.0 美化版等侵权软件累计下载 8 018 次。据此，可以认定涉案复制品数量在 2500 张（份）以上，被告单位及各被告人实施涉案侵犯著作权犯罪行为具有刑法第二百一十七条规定的“其他特别严重情节”。

综上，被告单位共软公司及被告人孙显忠、张天平、洪磊、梁焯勇以营利为目的，未经著作权人许可复制发行其计算机软件，违法所得数额巨大，情节特别严重，均已构成侵犯著作权罪。孙显忠作为被告单位直接负责的主管人员，张天平作为被告单位的直接责任人员，应当依法承担刑事责任。在共同犯罪中，被告单位及孙显忠、张天平、洪磊均起主要作用，均系主犯，应按照其参与的全部犯罪处罚。梁焯勇受洪磊指使复制、发行他人计算机软件，在共同犯罪中起辅助作用，系从犯，应减轻处罚。张天平犯罪后自动投案，如实供述自己的罪行，构成自首，依法可减轻处罚。据此，苏州市虎丘区人民法院依据刑法第二百一十七条第一款第一项，第二百二十条，第二十五条第一款、第四款，第六十四条、第二十七条第一款、第二款，第六十七条第一款及最高人民法院、最高人民检察院《关于办理侵犯知识产权刑事案件具体应用法律若干问题的解释》第五条第二款、最高人民法院、最高人民检察院《关于办理侵犯知识产权刑事案件具体应用法律若干问题的解释（二）》第一条之规定，于 2009 年 8 月 20 日判决：

一、被告单位成都共软网络科技有限公司犯侵犯著作权罪，判处罚金人民币 8 772 861.27元，上缴国库。

二、被告人孙显忠犯侵犯著作权罪，判处有期徒刑三年六个月，并处罚金人民币 100 万元，上缴国库。

三、被告人张天平犯侵犯著作权罪，判处有期徒刑二年，并处罚金人民币 10 万元，上缴国库。

四、被告人洪磊犯侵犯著作权罪，判处有期徒刑三年六个月，并处罚金人民币 100 万元，上缴国库。

五、被告人梁焯勇犯侵犯著作权罪，判处有期徒刑二年，并处罚金人民币 10 万元，上缴国库。

六、被告单位成都共软网络科技有限公司的违法所得计人民币 2 924 287.09 元，予以没收，上缴国库。

练习与测试

1. 侵犯著作权犯罪中，罪与非罪的界限是什么？
2. 简述侵犯著作权犯罪的处罚。

单元总结

本单元介绍了侵犯著作权罪的概念及其认定要素，处罚措施和律师辩护技巧，并着重通过相应的案例解释，让初学律师掌握代理著作权犯罪案件的基本思路和步骤。

第 4 章

著作权行政投诉程序与行政保护

单元要点

本单元主要介绍著作权行政保护的程序，重点是侵权行为的行政投诉程序；著作权行政机关的主要职责和纠纷解决途径，尤其是软件著作权的合理使用而不构成侵权的情况；软件最终用户的认定。

学习目标

行政保护是著作权的一个重要组成部分，掌握这方面的知识，有助于律师代理和全面拓展著作权的代理业务。律师这方面代理水平的提高，也有助于行政执法水平的提升。

4.1 律师代理著作权行政投诉程序

一、关于司法保护和行政保护①

根据行政保护制度，在侵权行为损害公共利益时，经权利人投诉、知情人举报，或者经行政机关自行立案调查，行政机关将依法追究侵权人的行政责任。

二、关于受理行政机关

受理著作权行政投诉的机关为各级著作权行政管理部门。权利人发现侵权行为后，可以根据情况向侵权行为实施地、侵权结果发生地（包括侵权复制品储藏地、依法查封扣押地、侵权计算机服务器所在地、侵权网站主办人所在地或者主要经营场所地）的著作权行政管理部门投诉。另外，著作权行政管理部门可以依法将投诉案件移交给其他著作权管理部门处理。

三、关于投诉人

投诉人应当是根据《中华人民共和国著作权法》享有著作权或者与著作权有关的权利的中国公民、法人或者其他组织，或者外国人、无国籍人，或者是依法享有专有使用权的使用者，或者是利害关系人。另外，知情人可以就侵权行为向著作权行政管理部门进行举报。

四、关于投诉范围

投诉涉及的侵权行为应当是《中华人民共和国著作权法》第 48 条或者《计算机保护条例》第 24 条列举的同时损害公共利益的侵权行为。

---

① 参见《著作权行政投诉指南》，见 http：//www. wipo. int/edocs/lexdocs/laws/zh/cn/cn069zh. pdf，访问日期：2013 年 6 月 28 日。

权利人即使不知道侵权行为是否损害公共利益，也可以向著作权行政管理部门投诉，由著作权行政管理部门进行审查判断。

五、关于投诉时效

投诉应当自侵权行为发生之日起 2 年内向著作权行政管理部门提出。自侵权行为发生之日起 2 年后进行的投诉，著作权行政管理部门不再受理。对于有连续或者继续状态的侵权行为，2 年期限自侵权行为终止之日起计算。

六、关于投诉材料

投诉人向著作权行政管理部门投诉时，应当提交下列材料：(1) 调查申请书，其中应当写明投诉人、被投诉人的姓名（或者名称）和地址、投诉日期、申请调查所根据的主要事实和理由；(2) 投诉人的身份证明（如果投诉人委托代理人进行投诉，应当同时提交委托书和代理人的身份证明）；(3) 权利归属的初步证据，如作品原稿、由投诉人署名发表的作品、作品登记证书、取得权利的合同，或者有关机构出具的证明等；(4) 侵权证据，包括侵权复制品，涉及侵权行为的账目、合同和加工、制作单据，证明侵权行为的公证书等有关照片等。

投诉材料可以直接向著作权行政管理部门提交，也可以通过邮寄方式提交。

投诉人提交的材料如果文字部分是外文，应当附相应的中文译文及必要时提供域外证据的公证书说明。

七、关于处理结果

投诉人投诉后，著作权行政管理部门将对投诉材料进行审查，根据《著作权行政处罚实施办法》第 13 条规定，著作权管理部门应在收到申请书之日起 15 天内作出是否受理的决定，根据调查的结果，发出“受理通知书”或“不予受理通知书”，并告知理由。有两种情况不予受理：一种情况是存在侵权嫌疑但不属于著作权行政管理部门受理范围，如《著作权法》第 47 条所列的范围应由法院受理。另一种情况不属于著作权案件，属于其他知识产权如涉及商标或专利侵权案件。严格对照法律条款，该受理的接受，不该受理的告知当事人向相应的管理部门投诉。

著作权行政管理部门受理投诉后，将对涉嫌侵权行为进行调查，并根据调查结果作出下列一种处理决定：(1) 对侵权人予以行政处罚；(2) 侵权轻微的，可以不予处罚；(3) 侵权事实不成立的，不予行政处罚；(4) 涉嫌构成犯罪的，移送司法机关处理。

在调查取证时，有必要时可对侵权物品证据进行先行登记保存，并填写“证据先行登记保存通知书”，“登记保存”或“抽样取证”后，作出是否进行处罚的决定。作出行政处罚前要下《行政处罚事先告知书》，如果违法事实不成立或违法行为轻微的不予处罚，要及时下达《不予行政处罚通知书》。

著作权行政管理部门可以给予侵权人的行政处罚包括：(1) 责令停止侵权行为；

（2）没收违法所得；（3）没收或者销毁侵权复制品；（4）罚款；（5）情节严重的，没收主要用于制作侵权复制品的材料、工具、设备等；（6）给予法律、法规规定的其他行政处罚。

根据《行政处罚法》第 31 条规定，对当事人处罚之前应作《著作权行政处罚事先告知书》，告知当事人作出处罚的事实、理由和依据，以及当事人享有的权利，其有权在 7 天之内进行答辩。

八、听证程序

听证是法律给予处罚较重的当事人对各种事实、证据及有争议问题申辩的机会。

行政机关在作出较重的处罚决定之前，应作出《听证告知书》，根据《行政处罚法》第 42 条规定，当事人有听证的权利，行政机关应予以告知。

听证有三个条件：（1）罚款数额较大；（2）行政机关与当事人之间对违法事实认定有重大分歧；（3）当事人要求听证。

须告诉当事人：收到《听证告知书》3 天之内，就应提出是否要求听证，当事人若不提出要求视为放弃。行政机关在组织听证会 7 天之前，应通知当事人听证的时间、地点等。听证机关按《行政处罚法》第 42 条组织听证。

投诉人如果对著作权行政管理部门的处理决定不服，可以依法申请行政复议或者提起行政诉讼。申请行政复议或者提起行政诉讼，应当适用《中华人民共和国行政复议法》或者《中华人民共和国行政诉讼法》规定的有关程序。

九、其他行政保护

权利人如果发现侵权复制品将从海关进出口，可以请求海关依照《中华人民共和国知识产权海关保护条例》采取相应的保护措施。

4.2 著作权行政保护的几个重点问题①

一、关于原告举证与过错推定的关系问题

著作权行政管理部门调查处理著作权行政案件，适用“谁主张，谁举证”原则，同时结合运用我国《著作权法》第 53 条及《计算机软件保护条例》（以下简称《软件条例》）第 28 条的“举证责任倒置原则”。所谓“同时结合运用”，是指投诉人应当先举证，举证的范围包括谁是作者、创作了什么作品、侵权人是谁、侵权事实如何等，但这只是初步举证责任。在投诉人初步举证之后，举证责任转移到被投诉人，被投诉人负主要举证责任。

---

① 参见许超：《关于著作权行政保护的几个问题》，见 http：//wenku. baidu. com/view/67698faadd3383c4bb4cd215. html，访问日期：2013 年 4 月 5 日。

《著作权法》第 53 条规定："复制品的出版者、制作者不能证明其出版、制作有合法授权的，复制品的发行者或者电影作品或者以类似摄制电影的方法创作的作品、计算机软件、录音录像制品的复制品的出租者不能证明其发行、出租的复制品有合法来源的，应当承担法律责任。"《软件条例》第 28 条规定的内容也相同。

通过署名推定作者只是一种初步证明，这种证明在有证据力更强的相反证据情况下是可以被推翻的。由于这是初步举证，因此法律不要求举证责任人提供过于复杂的证据，证据的简单甚至只要能证明其系"在作品上署名的人"即可。下一步的举证责任则应由复制或者发行侵权制品的人承担。复制或者发行人能够举出反证且证据力强于投诉人的，举证责任再转移到投诉人。举证责任不断相互转移，直至出现最有力的证据。复制或者发行人不能举出相反证据的，则推定其负有侵权责任。

对于明显侵犯著作权的案件，特别是侵害公共利益的各种盗版案件，即使没有人投诉著作权行政管理部门也能够确定侵权的，则不需要履行被侵权人投诉的程序。行政部门依据《著作权法》第 48 条和第 52 条，《软件条例》第 24 条和第 28 条就可以决定是否予以查处。

著作权行政管理部门无力甄别案件事实的，应当由当事人投诉，在事实搞清楚的基础上再决定是否立案。从法律上看，《软件条例》第 28 条没有提及软件最终用户，但是在实践中，如果软件著作权人能够证明某最终用户安装了未经许可的软件，而最终用户却认为自己是《软件条例》第 30 条所说的"不知道也没有合理理由应当知道该软件是侵权复制品"的软件复制品持有人，该用户应当提供通过合法渠道获得该软件复制品的证据。

二、关于如何理解"同时损害公共利益"问题

根据修改后的《著作权法》第 48 条，著作权行政管理部门查处侵权案件的前提，应当是侵权行为"同时损害公共利益"，《软件条例》第 24 条也有类似的规定。这一法律规定是 2001 年修改《著作权法》及《软件条例》时新增加的内容。

什么叫"同时损害公共利益"，法律、法规并没有明确解释。同时损害公共利益，应当指侵权行为不仅侵害了某些特定人的权利，而且损害了非特定人的利益以及与非特定人利益相关的经济秩序。基于此，盗版行为和与盗版行为类似的盗播、盗映、通过信息网络向公众传播，以及破坏电子环境下安全措施等都应当属于典型的"同时损害公共利益"行为。因为这些行为不仅侵害了某些特定的著作权人和邻接权人的权利，更主要的是扰乱了公平竞争的市场经济秩序，损害了广大社会成员的利益。不应认为侵权制品数量少或者价值低，就不损害公共利益，更不应认为盗版制品受消费者欢迎，就不损害公共利益。

三、关于作品自愿登记问题

我国著作权法和我国加入的国际著作权条约都规定，著作权自动产生，不需要履行任何手续。因此，作品是否登记，不影响其著作权的产生与取得的保护。

尽管如此，根据广大作者和其他著作权人的要求，国家建立了作品自愿登记制度，目

的仅在于向著作权人提供服务。

当事人或者有利害关系的人如果对这种服务行为不满，能否提起行政复议或者行政诉讼？目前对这个问题有不同的认识。国家版权局一直坚持认为，服务行为不产生强制力，不影响软件著作权的产生与取得，不属于具体行政行为，因此不构成行政诉讼或者行政复议的对象。但是，根据最高人民法院的司法解释，自愿登记从主体要件、职权要件和后果要件来看，涉及登记人以及其他有利害关系人的利益，因此应当接受司法监督，即当事人或者利害关系人有权就登记提起行政诉讼。

四、关于软件保护问题

关于软件著作权保护，有以下三个问题需要说明：

（一）《软件条例》第 29 条

《软件条例》第 29 条规定："软件开发者开发的软件，由于可供选用的表达方式有限而与已经存在的软件相似的，不构成对已经存在的软件的著作权的侵犯。"

这条规定引起的疑问主要集中在何为"可供选用的表达方式有限"。由于软件本身具有强烈的实用特征和技术特征，在程序编写中经常出现这种"可供选用的表达方式有限"的情况。这多指业内通用的功能单一的简短程序，例如一些常用三角函数计算机程序。在程序设计中经过反复实践的结果表明，限于计算效率方面的要求，可供选用的表达往往只有一两种。而功能比较复杂的程序，特别是数百行甚至数千行以上的程序，则不可能出现这种"可供选用的表达方式有限"的情况，因为可供选用的表达方式肯定不是一种或者有限的几种，不同的编程人员编写的程序肯定是不同的。

但是，由于著作权法关于作品独创性的要求很低（不是没有独创性要求），在具体纠纷中，原、被告的软件出现相同或者近似，是否由于"可供选用的表达方式有限"所致，则应当由被告举证，即被告应当证明可供选用的表达方式如何有限。被告如果不能说明可供选用的表达方式为何有限，则应承担侵权责任，而不能简单地将第 29 条作为抗辩的理由。

（二）《软件条例》第 30 条

《软件条例》第 30 条规定："软件的复制品持有人不知道也没有合理理由应当知道该软件是侵权复制品的，不承担赔偿责任；但是，应当停止使用、销毁该侵权复制品。如果停止使用并销毁该侵权复制品将给复制品使用人造成重大损失的，复制品使用人可以在向软件著作权人支付合理费用后继续使用。"

对于这条规定的疑点主要集中在以下两个方面：

第一，何为"软件的复制品持有人"？第 30 条所说的"软件的复制品持有人"，指购买软件只用于本人或者本单位的学习、研究、工作或者经营活动，而不是用于再次复制、发行所购买的软件的人，即通常所说的软件最终用户。第 30 条所说的"软件最终用户"，指"不知道也没有合理理由应当知道该软件是侵权复制品"的人，即通常所说的善意第三人。知道或者有合理理由应当知道该软件是侵权复制品的最终用户，不适用第 30 条规定。

第二，著作权行政管理部门在行政执法时能否适用第 30 条？从字面上看，这一条主要适用于民事审判。此外，著作权行政处罚的行为应当是同时损害公共利益的严重侵权行为。如果行为人主观上没有过错（例如第 30 条的情况），是不应当给予行政处罚的。但是，有两点必须注意：（1）著作权行政管理部门得依职权进行调查，包括对软件最终用户的调查；（2）如果事实证明，某最终用户安装的软件确实属于侵权复制品，且主观上没有过错，著作权行政管理部门虽然对其不予以行政处罚，但是该用户应当删除已经安装的侵权复制品，或者使之正版化，否则，不能认为该用户“不知道也没有合理理由应当知道该软件是侵权复制品”。

（三）软件最终用户

关于软件最终用户的问题，分三个方面来谈：

第一，追究软件最终用户责任的规定不是修改后的软件条例新增加的内容，而是原软件条例就有的内容。1991 年颁布并执行的《软件条例》第 21 条规定：“合法持有软件复制品的单位、公民，在不经该软件著作权人同意的情况下，享有下列权利：（一）根据使用的需要把该软件装入计算机内……”此外，第 30 条第 6 项规定，“未经软件著作权人或者其合法受让者的同意复制或者部分复制其软件作品”的是侵权行为，除承担民事责任外，还可以由国家著作权行政管理部门给予行政处罚。这两条是追究软件最终用户责任的最直接依据。为何这样说，因为根据第 21 条的规定，如果不是软件复制品的合法持有人，就没有权利在计算机内安装软件；如果安装了则属于违法行为，即侵犯了软件著作权人的利益。至于侵犯的是什么权利，应该是侵犯了著作权中的复制权（以下还将解释为什么是侵犯复制权）。第 30 条第 6 项讲得很清楚，对于“复制或者部分复制”他人软件的侵权行为，侵权人应承担相应的民事责任与行政责任。修改后的《软件条例》基本保留了上述两条规定，只是在个别字词上做了改动，分别为第 16 条和第 24 条。由此可见，追究软件最终用户的责任，不是现在才提出的问题，而是我国立法一向坚持的原则。

第二，为什么要追究软件最终用户的责任，原因在于：

（1）软件具有实用功能。用户，特别是企业用户，由于使用软件可提高工效几十倍，甚至更多，增加的经济效益也以几何级计算。从这个意义讲，软件是名副其实的生产资料。从维护公平竞争秩序的角度讲，使用正版软件生产的产品必然比使用盗版软件的成本高得多，让守法的企业和不守法的企业在同一个市场上竞争，显然是违背公平竞争的原则的。

（2）软件的投资巨大，同时极易复制，不需要复杂的技术，每个会用计算机的人都可以进行。而其他文学、艺术作品的情况却不同。比如个人要复制一本书，不如买一本成书更经济、更省事。而软件则不然，一张光盘轻而易举地就可以安装在多台计算机上。将软件安装在计算机上的行为是种什么性质的行为？根据我国加入的《伯尔尼公约》和 TRIPs 协定的规定，这应该是一种复制行为，因为软件安装到计算机立后，这时的软件就由原来的一份变成两份，一份是原来的光盘，另一份是存在计算机硬盘上的软件。这还只是最初步的复制。如果用户将软件再提供给他人，或者通过互联网传递给他人，复制的数量则更大。因此，用户在安装软件时实际上就在复制该软件，只不过没有意识到而已。

(3) 2000 年国务院发布了《鼓励软件产业和集成电路产业发展的若干政策》，其中明确要求各单位不得使用未经许可的软件。此后，国务院和国家版权局等政府部门又先后制定并颁布了一系列约束最终用户的文件，例如 57 号文、振兴软件产业的行动纲要、四部委联合下发的实施行动纲要的专项治理行动的通知等等。这些都说明我国的经济结构正在发生调整，我国的经济正在由劳动力密集型逐渐向智力密集型转变。加强软件的著作权保护，也是我国知识产权保护服务于经济建设的具体要求与表现。

总之，目前的国情是，盗版图书和盗版音像制品一般都由个别不法分子所为；而对软件的侵害，一方面来自少数盗版分子，另一方面则来自无意识的用户。因此，为了保护软件著作权，除了打击少数盗版分子外，还必须要求用户遵守法律，不得使用盗版软件。

第三，在具体执行软件条例时，著作权行政管理部门将最终用户主要定位在单位，对待个人用户，则以正面教育为主。即使发现了某个单位使用侵权软件，也先给予正面教育。如果用户改正错误，则不追究其行政责任；只有拒不悔改以身试法，且同时损害公共利益的，才给予行政处罚。

对于软件最终用户，著作权行政管理部门可以主动进行调查、处理；也可以根据被侵权人的投诉进行调查、处理。被侵权人投诉时，应当提供必要的初步证据。关于投诉人的举证范围，在以上第一个问题“原告举证与过错推定的关系”中曾有论述，更准确的说法，见新修改的《著作权行政处罚实施办法》。

五、行政执法的主体

关于《著作权法》第 7 条与《著作权法实施条例》第 37 条的关系问题：

《著作权法》第 7 条规定：“国务院著作权行政管理部门主管全国的著作权管理工作；各省、自治区、直辖市人民政府的著作权行政管理部门主管本行政区域的著作权管理工作。”

《著作权法实施条例》第 37 条规定：“有著作权法第四十八条所列侵权行为，同时损害社会公共利益的，由地方人民政府著作权行政管理部门负责查处。国务院著作权行政管理部门可以查处在全国有重大影响的侵权行为。”

《著作权法》第 7 条虽然只提到国务院和省、自治区、直辖市人民政府两级行政管理部门，但是并未排除地、州、市人民政府的执法资格。《著作权法》第 7 条的规定应理解成地方各级政府的著作权行政管理工作统由省、自治区、直辖市人民政府的著作权行政管理部门主管。根据宪法规定，地方人民政府包含地、州、市级政府。《著作权法实施条例》第 37 条是对著作权法的细化，除了规定国家版权局的职责范围外，还规定了地方人民政府的职责范围。当然，根据《著作权法》第 7 条的规定，地、州、市著作权管理机关的设立和职权范围，应当由省级人民政府确定。

练习与测试

1. 简述著作权行政保护的程序。
2. 简述软件著作权的行政保护的几个重点难点问题。

单元总结

律师代理著作权行政案件的业务中针对著作权行政投诉的程序和如何对侵权的事实进行界定，重点以软件著作权为例讨论了几个难点问题，并着重引用了《关于著作权行政保护的几个问题》一文，供初学律师参考和探讨。

第5章

律师代理版权登记与订立版权合同

单元要点

我国版权登记行业的现状、存在的问题及其合理建议；律师参与版权贸易应注意的事项、应具备相关意识；律师协助签订版权合同及协助办理其他版权事务过程中应注意把握和规避的问题；律师提供版权常年法律顾问服务等。

学习目标

了解中国律师从事版权非诉法律实务的现状和未来，以及在具体非诉版权法律实务中应注意哪些问题，最终达到提高代理非诉版权法律实务的能力。

5.1　律师代办版权登记

随着我国加入 WTO 以及出版改革的进一步深化，版权代理行业面临着激烈的市场竞争和前所未有的市场机遇。我国的版权代理经过了十几年的发展，有了一定的资源储备。

目前，我国的版权代理机构大多数体制不灵活，与当前市场经济发展的要求还有较大的距离。因此，建立与之相适应的经营机制是其获得良性发展的基础。从市场经济运行的内在要求来看，版权代理行业作为特殊服务性中介组织，只有具备了相对独立的社会地位、不再对政府形成依赖，其服务水平和质量才能真正有所体现。因此，要想真正发展我国版权代理业，必须将版权代理推向市场。

出版经纪人（也称版权代理人），是指连接作者和出版商的中间机构或个人，他们与作者签署版权经纪合同，帮助作者寻找作品出版和发表机会，从而获得一定的收益。① 目前出版经纪业务主要有三类：(1) 文稿著作经纪。以委托代理的形式为著作人寻找最佳出版单位，提供系列服务。(2) 国家间的版权代理。促进出版物版权贸易的活跃，维护著作权人、出版单位的合法权益。(3) 出版物发行代理。为中小出版社提供发行代理服务形成与出版集团规模经营相并存、相竞争的局面。② 英美的版权代理多属于经纪人性质，为原创作者服务，全权负责作品的出版事宜，最终促成书稿的出版面世。

5.1.1　我国版权代理的形成与发展现状

一、我国版权代理制的渊源

我国版权代理事业可追溯至 20 世纪 30 年代的电影和戏剧领域（多是表演权等邻接

---

① 参见百度百科，网址为 http：//baike.baidu.com/view/2249476.htm。

② 参见陈小梅：《中国出版经纪人发展研究》，见 http：//www.59165.net/papers.asp? papers_id=735125，访问日期：2008 年 7 月 16 日。

权，而不是狭义上的著作权），版权代理机构及其代理活动则出现于20世纪80年代以后。我国公认的第一家版权代理机构——中华版权代理总公司成立于1988年，标志着我国版权代理制度的初步形成。1991年之前，版权代理的主要工作是围绕着大陆与港澳台地区之间版权贸易进行的，如收转、追讨稿酬、解决版权纠纷等。随着1991年我国《著作权法》的实施，以及1992年加入《伯尔尼公约》、《世界版权公约》，人们的版权保护意识不断增强，版权代理公司的业务范围也相应有所扩大，推动了版权代理制度的进一步发展。

20世纪80年代初，台湾地区成立了第一家专业的版权代理公司——大苹果著作权代理有限公司，主要从事将已出版图书的其他文种出版权经由原出版社许可，作为该社的代理向其他地区（特别是向大陆市场）进行销售，属于版权输出。同时，该公司还频繁到内地开展版权代理宣传推广工作，这可以看作是内地版权代理机制的先行者，在推动我国《著作权法》的制定以及版权代理制的形成方面有着重要的作用和影响。

1993年国家版权局在批准成立了陕西省版权代理公司后，又批准成立了一批区域性的版权代理公司，如广西万达版权代理公司、上海版权代理公司等。截至2002年年底，我国经国家版权局批准成立的版权代理机构共有28家。在此基础上，中央和省（区、市）两级、覆盖全国主要地区和行业领域的版权代理体系初步形成。

此后很长一段时期里，我国版权服务市场呈现出国有版权代理机构一枝独秀的局面，尤其是成立最早的中华版权代理总公司在版权引进与输出方面起到了重要的桥梁作用，还承担着著作权集体管理的某些职责，如帮助作者处理未结版税、调解版权纠纷、提供法律咨询等。直到2005年政策层面的放开，国外版权代理机构纷纷抢滩国内市场，与此同时，我国还涌现出大量民营文化工作室。版权代理渠道的多样化和代理机构经济成分的多元化进一步推动了我国版权代理市场的快速发展。

二、我国版权代理的发展现状

现阶段我国版权代理服务主要集中在版权交易环节，但在出版代理、确权登记、诉讼维权等方面也有一定程度的发展。我国版权代理机构的主要业务范围包括：（1）接受委托，开发作品使用市场；（2）提供著作权法律咨询；（3）代理签订转让或授权使用合同；（4）代理收取版税或以其他形式支付的报酬；（5）接受委托，代理解决著作权纠纷；（6）代理其他有关涉外的著作权事务。由于我国的版权代理机构在诞生之初就被狭隘地定义在涉外版权贸易服务基础之上，版权代理机构在版权市场和出版产业中多是扮演一个涉外联系人的角色，业务上也主要是进行版权引进或输出。随着版权代理市场的完全放开，民营版权代理公司在版权代理与交易环节起到越来越重要的作用。民营版权代理公司具体包括文化公司、图书工作室、出版经纪公司等。从代理性质这一点来看，民营版权代理公司与英美的出版经纪人更为相似。一些民营文化工作室除了与出版社合作出版外，为作家尤其是知名作家进行版权代理也是其主要工作内容之一。他们能有效地对作者进行包装与炒作，把稿件推荐给最适合的出版社，帮助作者获取最大的利益。比如著名的版权代理人路金波曾经成功地将韩寒、海岩、安妮宝贝、王朔、毕淑敏等名作家的小说推荐给各出版社，并通过一系列的包装与宣传手段，为这些作品壮大声势，最终为作者争取到三四百万元的天价稿酬。

与此同时，外资版权代理机构在版权代理与交易环节也比较活跃。外资版权代理机构既包括外资版权代理机构及其驻华办事机构，又包括外资出版机构在我国设立的代表处。这些办事处以咨询、策划等方式从事国际版权代理，进行原版书销售、版权推介以及联络、市场服务的工作。比如安德鲁·纳伯格国际有限公司北京代表处，其主要业务是负责联络和处理中文简体版权事宜，并为我国出版社提供有效的版权信息服务，曾成功代理了《在路上》、《谁动了我的奶酪》等一大批畅销书。①

5.1.2　我国版权代理行业的现状

我国版权代理市场最初出现于 20 世纪 80 年代，由于当时市场经济发展不充分，导致市场没有足够的空间来引导版权代理市场的发展，如今我国版权代理行业依旧存在着一些问题。

第一，版权代理机构数量少，规模小，高素质人才紧缺。相对于全国五百八十多家出版社、三百多家电子音像出版社、九千多家杂志社和两千多家报社而言，版权代理机构的规模还远远不够。而同时掌握出版知识、版权知识，且有谈判能力、市场敏感性强和精通外语的复合型人才更是紧缺。

第二，版权代理机构经营的广度和深度不够。从横向来说，版权产业涉及方方面面，而国内版权代理服务基本局限于出版业，尤其是图书出版业。经国家版权局批准成立的 28 家版权代理机构中，除中国电视节目代理公司代理电视节目、中国电影输出输入公司和北京天都电影版权代理中心代理电影、九州音像公司版权部代理音像制品外，其余 24 家均以代理图书版权业务为主，版权代理业务的范围太窄。

第三，国有版权代理机构体制不灵活，民营版权代理公司诚信度遭疑。目前，支撑我国版权代理业务体的版权代理机构多为事业身份，使得版权代理机构体制僵化，对瞬息万变的市场信息缺乏及时了解与把握，版权代理行业缺乏动力和活力。此外，一些民营版权代理公司成立时间较晚、缺乏规范的业务操作准则，市场诚信度还不够高，有的民营图书公司在为作者代理书稿时，存在故意隐瞒印数、拖欠稿费等信誉不良行为。值得注意的是，以上几个问题还存在恶性循环的可能。版权代理机构数量少、规模小、专业人才缺乏则可能导致权利人不愿意找版权代理机构代理书稿，由此版权代理机构的经济效益会减弱，没有必要的资金支持，版权代理商开发作品版权的深度与广度也会降低，甚至会出现无序竞争、信用不高等问题，这些问题更导致了版权代理领域的人才严重流失。

---

① 参见赵莹莹：《中国图书版权代理业状况初探》，载《文化创意产业通讯》，2008（8）。

5.1.3 对我国版权代理业务发展的建议

基于我国版权代理行业存在的种种问题，我们应该从政府扶持、版权代理机构自身发展和行业支撑这三个层面来共同完善版权代理体制、机制，规范版权代理的市场秩序，提升版权代理机构的整体实力。

首先，要使我国的版权代理市场取得长足的发展，必须转变版权代理机构的事业身份，厘清政府主管部门与版权代理机构的关系，实现政企分开。企业依法自主经营、自负盈亏。政府应科学管理平等对待不同资本性质的版权代理服务主体，制定统一的管理政策，把优惠政策也同样惠及到民营版权代理商中。在著作权法律法规的制定上，政府也应尽快出台适应版权代理行业的最新管理办法，加大对版权的保护力度，在立法和执法上保护知识产权。同时，针对版权代理人员素质上存在的问题，政府部门亟须建立版权代理人资格准入制度，并且设立专门的培训机构，定期对版权工作人员进行业务培训指导。此外，政府还应设立必要的版权专项基金用于资助一些版权代理机构参加各种重要活动等等。

其次，我国的版权代理机构应自我改革，走专业化和规模化经营之路。版权代理涉及全球范围的大市场，所以强强联合，逐步实现跨地区跨行业经营是一个很好的选择。中国版权保护中心党委书记张秀平提出，可以由中华版权代理总公司牵头，联合某些初具规模的版权代理机构共同开发国内外版权市场，统一经营，实现利益共享，并逐步扩充规模，最终建成一个或者几个具有国际一流水准的版权代理机构。同时，版权代理机构还应提升自身实力，扩大业务范围，改变原先单一的图书纸质代理模式，对版权代理业务进行纵深挖掘，努力开发作品的附加值，向电影、音像、动漫、商品、美术摄影作品等方向发展，实现版权产品的利益最大化。此外，民营图书工作室在版权代理过程中要积极树立品牌形象，对作者和出版社都要讲究诚信，提高代理质量，把书稿推荐给最合适的出版社，为作者谋求最大利益。

再次，提高从业人员的业务素质。这是版权行业能够蓬勃发展最核心的要点。关于这一点，广大律师，特别是知识产权律师广泛参与到版权代理行业，对于这一行业整体水平的提高具有较好的促进作用。因为律师本身具有较高的法律业务能力和职业素养，律师广泛参与这一行业，对于提高这一行业的信誉度，以及提升社会对于本行业从业者的信任度也有特别重要的意义。从目前中国法律业务市场上来看，以律师事务所为依托的广大律师在社会上具有较高的社会评价，这无疑会极大增强版权人对于版权代理人的信任。

最后，版权代理领域也应该成立自己的行业协会。行业层面的支撑作用对规范我国版权代理市场有着积极的指导作用。目前在知识产权领域，商标和专利代理都有自己的行业协会，而版权代理领域至今仍未成立行业协会。因此，建立版权代理人协会不失为一条有效的路径。通过建立版权代理人协会，可以从整个行业层面大范围地保护作品版权，促进和保障作品的合法传播，协调行业内、外部关系，规范版权代理机构的运作流程，通过协会内部开设培训课程提升版权代理人员的执业素质，并在不断吸收会员、扩大协会规模的同时，增进版权代理机构之间的业务交流与合作，维护会员的合法权益，加强行业自律，制止不正当的竞争行为，促进版权代理事业的健康发展。①

5.2　律师参与版权贸易

自 1992 年中国加入《伯尔尼公约》和《世界版权公约》，尤其是 2001 年加入世界贸易组织后，中国的版权贸易日益繁荣，图书版权贸易逐渐成为出版社的日常工作甚至是重点工作之一。要做好版权贸易工作，需要在出版社版权贸易长远规划与整体思路的指导下，运用一些操作原则与技巧，保障版权贸易的顺利开展，取得最佳效益。

5.2.1　国际化策略与品牌意识

一、树立国际出版意识，挖掘战略合作伙伴

在中国出版业积极走向国际化的今天，出版社应加强国际出版意识，将版权贸易工作纳入出版社发展整体规划之中，以版权贸易的繁荣开展增强出版社参与国际出版竞争的能力，充分利用国内国际的资源和市场，进一步提升中国出版物在国际上的影响力。根据出版社自身的发展方向和产品特点，发掘出版领域相同或相近的海外出版社作为长期合作伙伴，是保障版权贸易高效开展，促进出版社国际化转型的有效战略之一。由于出版领域相同或相近，双方版权合作的概率就高，而在长期的项目合作过程中，双方又会不断增进了解与信任，从而大大降低交易成本，提高效率。比如，上海辞书出版社是一家以辞书出版为特色，涵盖传统文化出版的大型出版社，而中华书局（香港）有限公司也是一家以中华传统文化出版为特色，兼及汉语工具书出版的出版社，因此，两家出版社从学生同义词典、学生反义词典等汉语语词工具书开始开展版权贸易项目，在彼此增进了解的基础上，逐步将合作范围扩大至袖珍图文本、四大名著故事传统文化读物，至今双方一直保持着良好的版权贸易合作关系。由于彼此之间非常熟悉与信任，双方在版权贸易条件磋商、合同订立、版税支付等环节节省了大量时间与精力，有力保障了出版物在最短时间内推向市场，使版权贸易项目带来的效益实现最大化。因此，寻求与自身发展规划相契合的合作伙伴，是出版社制定版权贸易整体规划时尤需考量的问题。

二、注重品牌建设，提升品牌效应

版权贸易规划应注重品牌建设，以强势产品规模效应打造出版社在国际出版市场上的地位，提升出版社品牌产品在海外同行中的认可度，以专业品牌促进版权贸易。相应地，

① 参见张秀平：《我国版权代理应走联合发展之路》，载《中国新闻出版报》，2006-11-09。

逐步累积的品牌效应自然会为出版社赢得更多的版权项目合作机会，扩大版权贸易的广度与深度。

5.2.2 版权贸易实践技巧

了解版权贸易的一些基础知识和实践技巧，有助于律师参与代理版权贸易合同起草与谈判。

一、以我为主原则

以我为主是版权贸易操作实践中应该始终遵守的原则。版权贸易是为出版社乃至我国的整体出版事业服务的，版权工作人员不仅要对版权业务很熟悉，而且要对每个合作项目的内容、特色领悟透，版权洽谈时要积极主动，力争从单纯的买卖版权转向以我为主的合作出版，将以我为主的理念贯彻到版权贸易工作的各个阶段：

1. 选题策划阶段

对引进选题而言，一方面需要注意其内容应符合我国的相关法律法规与政策，有利于我国文化科技事业的发展；另一方面，则需要注意选题应符合出版社自身的优势领域与专业方向，这样在后期编辑加工、宣传营销等方面才能发挥出版社自身的优势，从而保障引进选题获得最佳的社会效益与经济效益。对输出选题而言，同样需要注意版权输出项目应符合我国出版“走出去”战略的要求，将拟输出项目主动纳入中国图书对外推广计划、经典中国国际出版工程等项目之中，将中华传统文化及我国当代社会经济文化科技等方面优秀成果输出至海外，提升我国文化在国际社会的影响力。

2. 编辑加工阶段

对引进选题而言，除了要对内容严格把关，对不符合我国国情的内容作相应的删改外，还要通过翻译风格、封面及版式设计等对选题进行适当的本土化改造，使它更加符合国内图书市场需求，从而确保引进图书获得成功。对输出选题而言，则需要审核外方对图书内容及封面等做的任何改动，以保证出版社自身图书品牌与形象不会出现弱化甚至歪曲，出版社利益得到切实保障。

3. 宣传营销阶段

对引进选题而言，切忌照搬照抄选题在国外的营销方式，要充分考虑国内图书市场的特点，在借助国外图书的成功经验之余，策划充满创意的营销推广模式，打造出版社自身品牌形象。对输出选题而言，则应争取自身利益实现最大化，如出版社名、原书名等在图书海外宣传中得到适当的突显，借此提升出版社在同类图书中的国际认可度。只有始终坚持以我为主的原则，才能从单纯的版权买卖转向有助于提升出版社自身核心竞争力的借力行为。

二、理解力与判断力

充分理解与挖掘出版社与贸易对方的产品内容及特色，深刻了解和把握国内外出版市场，是开展版权贸易的基础。只有充分理解，才能准确找到适合出版社自身领域与国内市场的引进选题；只有了然于胸，才能对输出产品作出有效的推介，实现图书的成功输出。基于对图书内容的充分理解，作出准确的判断是版权贸易取得成功的关键之因素。选择什么样的合作项目、合作伙伴、合作方式是决定项目成败的重要因素。版权工作者应审时度势，总体权衡，从成千上万的图书中选择最适合自己出版社与国内图书市场的引进选题；对于选定的输出项目，在众多的合作对象中选择能使输出项目效益最大化的合作伙伴。而无论对于引进还是输出项目，选择合适的合作方式，是版权贸易取得最大效益的有力保障。

三、执行力与灵活性

有效的执行力是保障版权贸易顺利开展的必要条件。贸易谈判只是版权工作的开始，为使项目顺利开展，版权工作人员还需要维持许多日常事务性工作，而其中最重要的则是严格按照合同的相关条款推进项目完成，只有严格执行合同条款，才能保障项目成果的胜利推出，增进合作双方的信任度，为双方今后长远的合作打下基础。因此，高度的执行力是版权工作人员必须具备的。版权工作同时也要讲究一定的灵活性。灵活性作为版权工作的润滑剂，有利于各环节工作的顺利开展。版权贸易开展过程中常常会遇到各种挫折，这就需要版权工作人员始终保持高度的坚韧性，克服困难，积极主动推动项目进行。

5.2.3　版权贸易的实施策略

具备沟通能力和专业知识是基础沟通能力，是版权贸易工作的基础，版权经理既要做好与社内编辑和作者的沟通，又要做好与外国出版社的沟通，在两者之间架起一座桥梁。无论是引进还是输出版权，版权经理都需具备扎实的外语功底和良好的沟通技巧。在版权输出的过程中，版权经理应当适时、准确地向外方出版社传递我们的出版信息，以外方能够接受的方式传达作者的要求，合理合法地维护国内出版社的权益。要掌握好与国外出版商的沟通艺术，关键要具备足够的专业知识。首先要熟悉外方的文化，避免由于文化差异造成不必要的误会；同时要熟知国际版权贸易的规则和惯例，包括国际通行的版税条件、结算规则、合作方式等；另外，无论是版权经理还是代理律师还要掌握著作权法、合同法以及与国际贸易有关的法律知识。版权是法律为了平衡著作权人的利益和社会公共利益而设定的权利，只有掌握相关法律，在谈判的过程中，才能最大限度地维护我方利益；在拟定或签订合同时，才能够深入理解合同条款的意义，明白我们在每一项贸易中可能享有的权益和承受的风险。

“知己知彼”是获得成功的关键，版权经理或代理律师应当深入了解国内外出版市场主体的特点和市场需求，在此基础上，提高自己对选题以及市场的敏感性和判断力。尤其是在输出版权过程中，了解各大国外出版集团的特点、出版优势、经营理念、运作模式，以及国内外阅读市场的需求，才能为自己的书找到一个合适的合作伙伴，一个具有潜力的市场，这也是合作成功的关键。贸易双方应本着真诚合作的原则，在互谅互信的基础上，制定活动计划，以保证各项活动圆满完成。版权贸易与参加国际书展和签约工作密不可分，这在常人看来都是风光无限的事情。然而，国际书展的筹备、参展工作，琐碎而辛苦；签约前的调研、洽谈工作，签约后的履约工作，都需要花费大量精力，付出极大的耐心，这一切都要求版权经理具备高度的责任感和敬业精神。

5.2.4　版权律师应具备的几种意识

版权贸易，无论是引进还是输出，从开始寻找选题，到最终翻译出版，都需要一个漫长的过程。这个过程包含了寻找选题、版权洽谈、签订合约、合约执行等几个阶段，每一个阶段都非常重要。但是，其中最重要的是版权合同的签订，因为这是整个版权贸易的基础和凭据，也是双方正式合作的基本条件。虽然国外出版商的版权合同各不相同，有的只有一两页，有的则长达几十页，但是版权律师作为合约的一方缔结者、执行者或者代理执行者，还需要具备以下几种意识。

一、全局意识

在通常情况下，授权合约的第一条就会详细规定授权的范围以及权利的种类，这是整个合约的最基本条款，其约定通常包括出版形式、发行范围以及权利种类三个方面。出版形式通常是指图书形式、电子出版物形式等，还包括更具体的平装本、精装本等；发行范围比较容易理解，是指地域的划分，是中国大陆还是包含港、澳、台地区在内，抑或是全球范围；权利种类主要是指合约约定的是翻译版权还是影印版版权，或者是双语版权等。一般来说，合约对此条的约定只有一句话，然而其中却大有文章，考验的是版权律师的全局意识。因为出版形式、发行范围和权利种类进行不同形式的组合，会产生不同的权利范围，交易金额也会因此产生差异。比如，以图书形式在中国大陆地区翻译、出版、发行该书的中文简体版和以图书形式在全球地区翻译、出版、发行该书的中文版就大不相同，后者的权利范围自然比前者要大得多。这一点，相信每一位律师都会注意到。问题在于，律师是否清楚我们需要哪些权利？在律师现有的经营水平下，律师应该要求哪些权利，又应该放弃哪些权利？在大多数情况下，并不是权利拿得越多越好、越大越好，一切都要根据出版社的情况来定。比如，对于信息网络传播权，律师是否应该在合约中规定取得这一权利？取得之后律师又该怎样去经营和运用它？律师能不能发挥其应有的价值？这些都是律师在签订版权合同时需要考虑清楚的问题。

二、细节意识

注意细节对版权律师来说尤为重要。版权贸易是跨国、跨地区的贸易，很多时候交易双方都未曾谋面，是版权合同使交易得以进行。版权合同是唯一落实在纸面上的东西，因此一定要细心琢磨里面的每一个细节，否则一个疏忽就可能会影响整笔交易的顺利进行。比如，在实务中不要轻信对方所谓的“这是我们的格式合同，不能修改”的借口，因为签订合约的是双方，只有经过双方同意才能签署合约。合约一经签署，就意味着必须遵守。所以，一定不要放过合约中的每一个细节，如作品中是否包含第三方版权、提交版税报告的时间和次数、预提税、作者名字的翻译、样书的寄送方式、宣传内容的使用等。每一个小细节，都关系着整个项目运作的成败。

三、服务意识

无论是版权引进还是版权输出，合同都是版权交易中的重中之重，只是在版权输出过程中，我们要转变角色，进行换位思考。版权输出合同与版权引进合同一样，也要规定授权种类、范围以及各种细节条款，但是有一点与版权引进工作有着很大不同，那就是由版权购买者向销售者身份的转变所带来的意识观念的变化。签订版权输出合同时，一定要注意自己是权利人，要履行权利人的责任和义务；对于不能承担的责任，切不可轻易许诺。此外，对于版权输出工作来讲，签订版权合同之后，工作还远远没有结束，一定要注意销售之后的工作。众所周知，我国目前的图书同质化现象越来越严重，同一题材的图书可能有几种以至几十种，甚至同名的图书都随处可见。我们不妨做一个简单的换位思考，如果自己是国外出版商，在面对众多的同类图书产品时会选择谁？售后服务就是一项很重要的参考指标。我们在版权输出工作中，除了先期介绍产品本身的独特性、市场影响力之外，在签订版权合同后，我们更要注重提供高效、及时、中肯的售后服务，也就是说，在签订版权合同、收到预付款之后，我们的版权输出工作远没有终结。我们要向对方提供完整的数据制作资料，协助对方完成图片、文字的授权工作，甚至帮助对方完成图书的宣传、推广工作。这些都是版权输出的售后服务工作，也正是这些工作，能够增加图书产品本身的附加值，提升出版社的品牌价值，使国内出版社更好地与国外出版商建立长期的合作伙伴关系。作为版权代理的律师，了解并具有上述意识，也才能为当事人提供真正有帮助和有水平与法律相关的版权贸易服务。

5.3　律师协助签订其他版权合同

5.3.1　版权贸易的主要形式

版权贸易是围绕版权许可证或版权转让进行的贸易活动，《著作权法》详尽规定了版权贸易的主体、客体以及作品载体形式。在了解这些之后，我们应掌握版权贸易的主要形式，版权的许可使用和转让是版权贸易的主要形式。在涉外版权贸易中，通常采用许可使用合同或者是转让合同。

一、版权许可使用合同

著作权法规定，使用他人作品应当同著作权人订立许可使用合同，取得著作权人的许可。这个许可合同既可以是书面的，也可以是口头的。那么，在什么情况下签订书面合同，什么情况下使用口头承诺，著作权法规定完全尊重当事人的意思自治，由当事人自行协商，这主要是由当事人之间的相互信任程度等因素决定的。图书出版者与著作权人订立的图书出版合同就属这类。在我国，只有经国家新闻出版行政管理部门批准登记，享有出版经营权的出版社才具有出版资格，自然人不具备出版资格。如果著作权人想通过出版形式行使依法享有的有关权利如复制权和发行权，就必须与出版社签订图书出版合同，将复制和发行权让与出版社行使，并同时获取一定的价金补偿。出版社只是承担出版物出版的单位，并不当然享有著作权。

授权他人使用作品的权利分专有使用权和非专有使用权。专有使用权指著作权人在授权期限内只授权某个使用者使用其作品，从而使该使用者取得对该作品的专有使用权，同时要求著作权人在授权期限内不得将该项权利再授予第三人使用。这种权利具有独占性和排他性；而非专有使用权是非独占和非排他的，著作权人授权某个使用者在一定期限内使用该作品，还可以将该作品再次授权第三人使用，使用者取得的就是非专有权。我国出版社在图书版权贸易中使用最多的是专有出版权，使用非专有出版权的情况比较少见。事实上，著作权人可以决定是否授予图书出版社“专有出版权”和双方可以约定出版合同期限。这既体现了著作权法对当事人的意思自治的尊重，也体现了市场经济条件下的“契约自由”原则，而且这种规定给双方以更大的灵活性，还能更好地保护双方当事人的利益。

二、版权转让合同

1990 年著作权法对版权转让未做明确规定。依照新修订的《著作权法》的规定，著作权人可以全部或部分转让该法规定的权利，并应当订立书面合同。版权许可使用和转让的本质区别是，转让是版权主体的变更，版权中的某些权利由一个主体转让到另一主体，版权一经转让，权利人就没有相应的权利了。而许可使用时的权利主体没有发生变更，权利还在著作权人手中。

在涉外版权贸易中，版权的引进和输出主要涉及版权许可使用合同。但在版权贸易实务中，我们很少在合同中提及“版权许可”字样，而经常使用“授予版权”等字样，实质是一样的。在内地与港澳台的图书版权贸易中，有所谓“一次永久卖绝或者买断版权”的情况，这就属于版权转让。当然，在这两种合同中，双方当事人应当就合同的标的（也就是权利种类）、作品载体、地域范围、支付报酬标准、程序和办法、许可期间、争议的解决方式和法律适用等条款约定清楚。

5.3.2 版权贸易中的合同问题

一、洽谈版权中的有关问题

在涉外版权贸易中，著作权人和出版社须在法律框架内进行贸易活动。出版社应当尽到注意的义务，检验著作权人授权的真实性和合法性，使自己的权利免遭侵害，保障社会公众享有更真实的文化权利。可以请对方提供经公证机关公证并由我国驻外使领馆认证的版权归属证明。在出版社没有对外版权贸易经验、没有专业人员从事版权贸易业务时，委托权威的版权代理机构运作不失为开展版权贸易的一条捷径。

二、签约中的有关问题

新著作权法规定了版权许可使用合同和转让合同应当具备的主要条款，但这并不是说当事人不得根据具体情况对内容有所调整。著作权法列举的合同内容只具有提示性和示范性，当事人完全可以自行约定，但合同内容不得违反法律的有关规定。

当事人在订立合同时，应当对授权许可使用作品的方式（作品载体）、权利种类、是否专有权、地域范围、许可期间、付酬标准和办法、违约责任、争议的解决办法、法律适用等条款协商一致，约定清楚，做到准确无误，避免约定不明，产生歧义。尽量使用国际通用的法律专业用语或约定俗成的词语。这里需要注意“分许可”的问题。如果合同约定著作权人授予出版社为期若干年（不超过合同有效期）的“分许可”权，以及收益的具体分成比例，出版社就有权向其他出版社发放分许可。这种情况往往是后来的出版社预见到取得“分许可”可能带来的利益。

三、新出现权利的版权保护

在信息技术飞速发展的今天，引进图书后，有些电子出版社想将其制作成数字化制品，有些网络公司准备将其上传至网络。由于出版社是图书版权的引进者，为了促进作品的广泛传播，把著作权人享有的“数字化制品权”、“信息网络传播权”等权利落到实处，在事先未就这几项权利约定的情况下，出版社应与著作权人另签合同，取得著作权人就这些权利的授权后，再和新使用者签订合同。当然，出版社最好在版权引进时就同时取得行使这几项权利的授权。

四、履约中的有关问题

在合同履行过程中，不履行和不适当履行合同规定的义务，都属于违约行为。出版社必须严格履行合同约定的各项义务，遵守支付预付版税的时间、出版时间、提交销售报告的时间、寄送样书时间，哪怕是很小的义务，只要是合同中约定的条款，都必须履行，否则不但造成违约，还影响出版社的信誉和对外形象。

出版社只能行使合同中著作权人明确授予的权利。未经著作权人同意，出版社不得行使合同中未明确许可、转让的权利，这些权利归著作权人享有。否则就是侵犯了著作权人的合法权益，应当承担法律责任。

如果合同中约定出版社有打击侵权盗版的责任，该出版社就有当然义务采取措施，追究相应侵权行为人的行政、民事乃至刑事责任。

五、违约责任与纠纷的解决

合同当事人任何一方不履行或不适当履行合同规定的义务，都应当承担违约责任。一旦违约，就应该认真对待，及时采取补救措施，把损失和影响降到最低点。合同中约定违约责任条款，目的是促使当事人及时全面地履行合同，而不是简单地惩罚违约一方。

当事人双方为防止纠纷发生，可以在合同中约定纠纷的解决办法。由于仲裁具有审理程序简单、操作灵活等特点，越来越成为人们用来解决合同纠纷的手段，双方可以在合同中约定仲裁条款。在涉外版权贸易中经常采用仲裁的方法解决双方的纠纷。

5.3.3 版权集体管理组织

在实践中，开展版权贸易的便捷方式为版权集体管理组织。出版社经常面临一些棘手的问题：如汇编海外版权作品出版汇编作品、利用海外版权作品制作出版数字化制品、建设数字化图书馆或用于网上传播……如何一一解决众多著作权人的授权许可问题，这主要涉及著作权人的“汇编权”、“数字化制品权”和“网络传播权”等项权利。为此，修改后的著作权法增加了“著作权集体管理”制度。此条款规定，著作权人或与著作权相关的权利人可以授权著作权集体管理组织行使著作权或与著作权相关的权利。集体管理组织一般管理著作权人不能控制或难以控制的权利，向使用者发放许可证，收取报酬，向著作权人分配报酬，与侵权者进行法律交涉。版权集体管理制度在西方国家已经有 200 多年的历史，多数发达国家已拥有制度完备、管理科学、运转良好的著作权集体管理体系。我国第一个著作权集体管理组织是中国音乐著作权协会。

5.4 律师办理其他版权事务

随着国内版权事务的不断发展，由此而衍生出来的新的版权事务也越来越多：

一是版权预警，是指在版权风险发生之前，根据以往的总结的规律或观测得到的可能性前兆，向权利人或相关部门发出提示信息，报告风险情况，以避免版权风险在不知情或准备不足的情况下发生，从而最大限度地降低危害所造成的损失的行为。律师在为客户提供版权法律服务时，若加上版权预警这一项，会给律师的整体法律服务质量和水平加分不少，因为这样做可以最大限度地保障当事人的现有利益和预期利益。律师要做到这一点，首先要对于版权权利人的权利内容有充分的了解，同时要熟悉市场上现有的出版物搜索系统和渠道，这样才能有的放矢地去做好相关的预警工作。律师的版权预警工作既包括防止他人侵犯自身的合法权益，同时也要对于客户的作品是否存在侵犯他人版权这一情况进行预警。

由于信息不畅，版权的争端往往是因为缺乏对版权保护方面的认识，同时在处理争端等方面又缺乏相关的法律知识，导致最后出现法律纷争的局面。如果说可以在有意向推出版权产品之初，就做好版权的预警、注册以及后期的保护工作，那么在法律上、在情理上就都会有绝对的优势，而争端自然可以避免。

在国家层面，为保护当前热播、热映影视作品免遭网络盗版，国家版权局将建立重点作品监管预警机制，同时扩大版权主动监管范围，将音乐及音乐视频网站也纳入其中。我国自从 2011 年起，国家版权局就联合国家互联网信息办公室、工信部、公安部等部门开展重点网站版权主动监管工作。2011 年至 2013 年两年时间里，各地版权部门实施主动监管的重点网站达到 3 029 家，其中国家版权局直接监管了百度、优酷、土豆、爱奇艺、腾讯、搜狐、新浪、迅雷等 19 家重点视频网站。对此，律师也应紧跟国家政策和时代潮流，熟悉政府层面已有的预警系统，利用政府的公共资源为客户提供服务，这样既可以节省成本，相对而言也更具有权威性和证明力。

二是版权超市。版权超市与商标超市、专利超市性质和功能差异不大。版权超市是指提供版权全流程，包括版权策划、战略、评估、交易、融资解决方案等的一体化的版权交易服务平台。律师本身既可以经营版权超市，也可以与版权超市经营主体合作，利用这个平台为当事人提供超值的版权法律服务。在这个平台里可以实现检索版权、查询版权、在线买卖版权、在线转让版权等，这些手段不仅丰富了版权登记的程序，同时也可以使得更多人参与到版权登记保护中来。现在的版权交易网站，正是通过网络平台，以一种虚拟交易模式来进行版权登记、转让、交易等。

通过版权超市，律师可以为客户的版权交易高效地找到交易目标，迅速地为客户寻找到其需要的作品，甚至可以通过这个平台利用客户的版权作品为其融资等等。总之，借助这样一个平台，律师可以提升自身的法律服务内涵，使客户的版权价值得到更快、更好的实现。

5.5 版权法律顾问

律师可以受聘担任综合的常年法律顾问，也可受聘作为专项事务如版权事务的常年法律顾问。

一、综合法律顾问服务

1. 提供法律事务方面的咨询服务

委托方就委托方日常经营过程中遇到的法律问题，随时向受托方指派的法律顾问进行咨询。对重大法律问题，接受委托方的书面咨询并提供法律意见书。

2. 协助草拟、修改、审查合同和有关法律事务文书

对委托方已有的相关合同及法律文书进行梳理，提出整改意见；协助委托方拟定日常经营所需的格式合同，建立合理的合同管理制度；参加委托方的项目谈判并起草、审查相关合同和法律文书等。

3. 接受委托协助或代理解决争议和纠纷。

4. 接受委托人委托，担任代理人，参加法律事务诉讼。

5. 应委托人要求，向职工和有关人员进行法制宣传教育。

6. 接受委托人委托，办理其他法律事务。

二、版权专项法律顾问服务

版权专项法律顾问服务有别于普通的法律服务，其提供的是与版权法律事务相关的法律服务。版权专项法律顾问服务是从普通法律顾问服务中剥离出来的。上述提到的几项律师参与的版权法律事务均可包含在版权法律顾问服务的范畴。由此，其主要服务事项包括以下几个方面：

1. 为委托人提供版权法律咨询，提出版权经营、转让、使用方面的法律意见；

2. 草拟、审查、修改版权合同及其他著作权法律文书；

3. 代理委托人办理版权登记，依法取得版权登记证书；

4. 参加涉及版权事务的谈判，并就版权问题提出法律意见；

5. 通过协商、调解等方式配合委托人开展制止版权侵权的工作和版权索赔工作；

6. 通过协商、调解等方式配合委托人解决其他版权纠纷；

7. 代理委托人参加著作权诉讼、著作权仲裁、著作权行政处理。

要承担版权常年法律顾问工作，需要律师对于国内外的版权法律制度有一个相对较为全面的了解，同时要有较为丰富的知识产权诉讼经验方能胜任。

练习与测试

版权代理的概念是什么？试着总结律师在协助签订版权合同过程中应注意哪些问题，同时如何着手规避可能发生的法律风险？律师如何从版权法律顾问事务中实现客户利益和自身利益的平衡？

单元总结

本单元主要是全景式地向读者呈现中国版权代理行业的现状、问题，以及律师在这种现状之下如何在版权登记、版权贸易方面有所建树，如何在版权合同的签订、其他版权事务中发挥自身特长，同时在中国现有的版权现状下从事、开展版权法律顾问服务。

第6章

版权保护的发展前沿与展望

单元要点

建筑作品版权保护的历史、演变和现行保护制度；计算机字体字库版权保护的现状；广告语版权保护应当注意的问题；云计算数字出版版权保护的特点；古籍标点版权保护的不同观点及其理由。

学习目标

了解版权保护在建筑作品、计算机字体字库、广告语、云计算数字出版和古籍标点等领域的最新进展及其对版权保护实践所产生的影响，了解各种不同的观点及其理由，并进行独立的思考和判断，并结合到律师具体执业实践中。

6.1 建筑作品的版权保护

著作权法意义上的建筑作品与建筑学上的建筑作品存在很大的差异。建筑学上的建筑作品强调的是建筑的技术性和功能性等物质方面，其中包括建筑材料、技术方案等，而著作权法意义上的建筑作品则与之不同。我国著作权法意义上的建筑作品仅指建筑物本身，且限于建筑的外观，诸如线条、装饰、色彩等，但不包括建筑材料、技术方案，更不包括建筑物的内部特征和装潢，强调审美性和艺术性等精神方面。

我国《著作权法》对建筑作品的保护，经历了从隶属美术作品到成为独立的受保护客体的过程。1991 年开始实施的《著作权法》及《著作权法实施条例》将建筑作品归入美术作品的行列，并将美术作品定义为“绘画、书法、雕塑、建筑等以线条、色彩或者其他方式构成的有审美意义的平面或者立体的造型艺术作品”。2001 年修订后的《著作权法》明确地将建筑作品与美术作品并列为著作权法所保护的对象。2002 年颁布生效的旧《著作权法实施条例》将建筑作品界定为，“以建筑物或者构筑物形式表现的有审美意义的作品”，这也就意味着，并不是所有的建筑物都是我国著作权法所保护的“建筑作品”，而只有审美意义的建筑物或构筑物才可成为其保护的对象。

从现有立法条文看，我国现行著作权法对建筑作品的保护，有以下几个问题应当引起我们足够的重视。

第一，我国著作权法所保护的是狭义上的建筑作品，即仅指符合作品条件的建筑物或构筑物本身。建造一栋建筑物，一般会经历图纸的设计、模型的制作，最后到建筑物的落成。换句话说，建筑设计图纸、建筑模型、建筑物本身均是建筑作品不同阶段的不同表现，而我国目前的著作权法却将之分别归为三类不同的作品形式进行保护，即建筑设计图作为工程设计图保护，建筑模型归入模型作品，而仅将建筑物本身作为建筑作品，人为地割裂了他们之间的内在联系。

第二，我国著作权法没有明确从平面到立体是否属于“复制”。1991 年《著作权法》第 52 条规定，“本法所称的复制，指以印刷、复印、临摹、拓印、录音、录像、翻录、翻拍等方式将作品制作一份或者多份的行为。按照工程设计、产品设计图纸及其说明进行施工、生产工业品，不属于本法所称的复制。”即著作权法不保护从平面到立体的“复制”。随后，2001 年修改后的著作权法则删除了上述规定。这就造成在建筑设计图纸所设计的建筑物未建设完成的情况下，在未经工程设计图纸权利人同意而按该图纸建造了建筑物时，是否属于“复制”无明确的法律判断依据。同样，现行《著作权法》第 10 条对“复制”的定义删除了原法“复制”中的“临摹”，这使得对建筑物的临摹是否属于复制行为，从而是否可以进一步追究行为人侵犯建筑作品著作权的责任，成为权利人的困惑。

第三，关于建筑作品的合理使用。《著作权法》第 22 条规定，对设置或者陈列在室外公共场所的艺术作品进行临摹、绘画、摄影、录像，可以不经著作权人许可，不向其支付报酬，而进行合理使用。2002 年最高人民法院《关于审理著作权民事纠纷案件适用法律若干问题的解释》第 18 条规定：“著作权法第二十二条第（十）项规定的室外公共场所的艺术作品，是指设置或者陈列在室外社会公众活动处所的雕塑、绘画、书法等艺术作品。对前款规定艺术作品的临摹、绘画、摄影、录像人，可以对其成果以合理的方式和范围再行使用，不构成侵权。”从中我们可以看出：（1）我国著作权法仅明确了被使用建筑作品所处的地点及使用的方式，即设置或者陈列在室外社会公众活动场所，且限于临摹、绘画、摄影、录像四种使用方式。（2）没有强调使用者的使用目的。对建筑作品的合理使用，法律并没有像其他合理使用方式一样规定诸如“为个人学习”、“为评论某一作品”、“为科学研究”等行为目的，故从民法角度看，对私权的保护应为“法无明文即自由”，似乎不限使用目的，也就是可以用于商业用途。但现有司法判决却与之冲突。可见，“合理的方式和范围”给予了法官过于宽泛的自由裁量权。（3）值得注意的是，司法解释规定的是对临摹、摄影等“成果”的合理使用，而不是“作品”，这也就是说，并不要求该“成果”必须具有独创性。

第四，关于对建筑作品独创性的复制。著作权法只保护有独创性的作品。建筑作品并不像文学作品、美术作品那样，有无限自由的创作空间，它要受到技术、功能、经济等各种因素的制约，所以通用的创作手法和符号在建筑作品中是常见现象，因此对其独创性要求相应较低。一般来说，行为人对建筑物的复制，限于对其独创性外观的复制，对于没有独创性部分的复制不构成侵权。同样，对建筑设计图、建筑模型的复制，也仅限于对其中具有独创性部分的复制、抄袭。

总之，在建筑物未建造完成的情况下，可对建筑设计图或建筑模型进行商业秘密保护，若被侵犯，可终究相应的法律责任，同时还可主张建筑设计图、建筑模型作品相应的著作权。若建筑物已经存在，在主张侵犯建筑作品著作权得不到法院支持时，可通过追究对建筑设计图或建筑模型作品的侵权来进行救济。

6.2 计算机字体字库的版权保护

世界上使用拼音文字的国家，诸如英美等，其文字多由字母组成，而组成文字的字母都是很有限的，通常不超过 100 个，比如英文字母只有 26 个，加上大小写的区别也就 52 个。尽管拼音文字也有艺术体，但组成文字的字母的有限性大大限制了这种艺术演绎形式的发展。与之不同，具有象形文字传统的汉字至少有几万个，而常用汉字也多达六千多个。所以，在历史长河中，经过中华儿女世世代代的积累和发展，将汉字发展成为书法艺术就不难理解了。但遗憾的是，据统计，作为象形文字使用大国，我国内地开发的中文字体仅有四百多款，远远少于日本的三千多款。而从事字库开发的企业，也由 20 世纪的十几家萎缩到目前的四五家。另据有关统计，仅美国字库企业蒙纳公司的年销售收入就超过了 1 亿美元，日本森泽公司字库年销售收入也超过了 1 亿元人民币，韩国字库产业年销售收入 2 亿多元人民币，而 2010 年我国字库产业的年销售收入却不到 3 000 万元人民币。这无疑与我国目前对计算机字体及字库的法律保护不够充分不无关系。

一般而言，计算机字体字库的制作需要经过三个阶段：第一个阶段，由专业设计师完成字体设计稿，一般为手书字体稿；第二个阶段，将手书字体稿扫描输入计算机，然后进行数字化拟合、人工修字、质检等，形成具有独特性、艺术性、可欣赏性的单个计算机字体；第三个阶段，将单独的计算机字体合成字体库，从而形成字体库“软件”。在字体库的上述制作过程中，可能产生多个作品。最开始的手书字体，如果彰显了书写者独特的个性，具有独创性、艺术性，则产生美术作品。在第二阶段，单独的一个个计算机字体是否可以成为我国著作权法所保护的“作品”尚存争论。多数学者主张，在数字化拟合和人工修字的过程中，体现了字体库作者对字体的选择、取舍、安排和综合，凝结了作者的创造性劳动，应该成为著作权法所保护的“作品”。至于属于哪种“作品”，大多数学者主张通过“美术作品”进行保护，也有人认为是手书字体稿的演绎作品。第三阶段，也就是形成的计算机字体库，理论和实务界均承认属于著作权法中的“计算机软件作品”。

针对单个计算机字体是否能够成为“作品”，争论点基本上集中在其是否具有独创性。反对的声音认为，计算机字体独创性不够，因为汉字的主要功能是传情达意而不是彰显其艺术性，且汉字的结构是固定不变的，无论如何设计均摆脱不掉其应有的结构，否则就是错字别字。赞成者认为，既然承认手书字体稿具有独创性，则根据其制作的计算机字体就应该也具有独创性，因为两者只是表达方式不同而已，不能因为数字化时代字体可以大量复制而否定其独创性的存在。另外，相较于其他美术作品（尤其是书法作品），计算机字体独创性确实不足，但成为“作品”的标准不是独创性的多少，而是独创性的有无，不能因为独创性少就否定其成为“作品”。

在 2010 年北京方正电子有限公司诉广州宝洁有限公司等侵犯著作权纠纷案中，原审法院认为：“方正倩体字库字体具有一定的独创性，符合我国著作权法规定的美术作品的要求，可以进行整体性保护；但对于字库中的单字，不能作为美术作品给予权利保护。”而在同年北京汉仪科印信息技术有限公司诉昆山笑巴喜婴幼儿用品有限公司、上海笑巴喜婴幼儿用品有限公司等侵害著作权纠纷案中，法院认为，涉案的“笑”、“巴”、“喜”三个汉字，其中“笑”、“喜”二字基本体现了原告创作该字体的笔画特征，具有明显的个性特征，能够独立构成美术作品，而其中的“巴”字个性特征不明显，因此，该单字未达到著作权法意义上的美术作品的独创性，不能独立构成美术作品。

6.3　广告语的版权保护

众所周知，广告是指商品经营者或者服务提供者承担费用，通过一定媒介和形式直接或者间接地介绍自己所推销的商品或者所提供的服务的商业广告。而一句恰当、精妙而又朗朗上口的广告语往往能够成为广告的点睛之处，不仅能够得到受众认可，且能得以在街头巷尾传颂，从而起到意想不到的宣传效果。

因其短小精悍的独特性，广告语得到版权保护遭到了质疑，但目前在理论和司法实践中，相当一部分人认为广告语属于版权法中的文字作品，如果其具有独创性，就应该受到版权法保护。因为：第一，优秀的广告语并不是每个人都能随便想出来的，它凝结了创作者渊博的智慧，甚至是在一定经验积累基础上灵感的闪现，属于版权法所保护的智力创作成果。如“横跨冬夏，直抵春秋，古桥空调”、“人间有冷暖，东宝最相知”、“嘘寒问暖东新宝”，为宣传冷暖型空调的三种不同表达形式的广告语，虽然内容都是在描述空调的属性，但各自独创性的表达创作使之分别具有独立的著作权。又如为销售楼盘而创作的广告语“碧桂园给你一个五星级的家”。这些广告语都是为描述商品本身属性进行的有其独创性的加工创作，创作者的智力成果理应受到版权法律保护，获取版权的经济收益。第二，随着广告铺天盖地推出，广告语要么以文字形式出现在广告中，要么以语言等其他方式嵌入广告中，均具备有形性。第三，创作广告语的目的就是广而告之，广告语的本性决定了其具备毋庸置疑的复制性。第四，具备独创性的广告语，通过高度精练化的叙事技巧和生动活泼的有限表达方式来表达独创性。独创性是广告作品可版权化的最重要“基石”。

但值得注意的是，并不是所有的广告语都能得到版权法的保护。质疑广告语能得到版权法保护的主要理由是，广告语作为作品其篇幅过于短小，且容易造成思想与表达界线的模糊，独创性彰显不足。所以，在实务中我们首先应该判断广告语是否具备独创性。一般而言，通常认为以下几种广告用语不具备独创性：通用的广告宣传语，如“实行三包”、“质量上乘”等；对某类商品的笼统称赞，如“好酒”、“佳品”等；对某类商品的通常解释，如对药品主要功能、用途的解释用语等。但如果上述广告语与该广告中的图片、音乐等相结合，则在整体上可以具备独创性，亦可成为版权法所保护的对象。即使上述广告语得不到版权法的保护，如果经长期使用具备显著性、区别性，亦可受到商标法、反不正当竞争法的保护。例如“怕上火喝王老吉”这一句广为民众熟知的凉茶广告语，就未必能够得到版权保护。首先这句广告语是否有其独创性存在很大的争议，该广告语未作创造性的修饰直接表明其主要功能性。假如某人为王老吉创作的四季王老吉广告语为："春喝王老吉，祛湿又降火"；"夏喝王老吉，消暑又解渴"；"秋喝王老吉，生津又润喉"；"冬喝王老吉，清肝又明目"。这样的广告语，无疑具有独创性和显著识别性。其实，"怕上火喝王老吉"广告语与王老吉商标产生了直接且唯一的联系，该广告语经长期使用后，承载了王老吉极高的商誉，而该广告语的显著性和识别性使消费者紧密联想到"王老吉"，虽不一定能得到版权保护，但该广告语完全可以得到反不正当竞争相关法律的保护。然而，"过吉祥年，喝×××"这样的广告语，独创性和显著性都欠缺，也很难获得版权意义上的广告语作品。

实践中，广告语不仅可以得到版权法的保护，还可以受到商标法、反不正当竞争法等法律的保护，在进行版权法保护时，我们应该注意以下几个问题：

第一，明确广告语版权归属。一个广告可能涉及广告主、广告经营者、广告发布者等不同主体，广告语也不例外。在广告语征集过程中，还涉及广告语的实际创作者、改编者等。如果事先没有明确广告语版权的归属，可能会引起权利归属的争议，带来不必要的麻烦。因此，在广告语创作过程中或者创作完成后，尤其是创作之前，有必要通过合同的形式，对广告语版权归属进行明确的约定，避免纠纷发生。

第二，增强广告语的独创性。如上所述，不具备独创性的广告语是不受版权法保护的。如果组成广告语的语言本身缺乏一定的独创性，可以通过独创性的表达方式进行一定程度的弥补，如用独创的艺术字、拼图等表达该广告语。

第三，必要时可以对广告语进行版权登记。如 2010 年上海世博会的主题词"城市让生活更美好"就进行了版权登记，为主张相应权利提供了强有力的法律保障。

6.4 云计算数字出版与版权保护

2005 年，Amazon 宣布搭建 Amazon WebService 云计算（Cloud Computing）平台，标志着云计算进入实践阶段。随后，谷歌、微软、雅虎、甲骨文等行业领头羊纷纷推出自己的云计算计划。2009 年 11 月，中国首家云计算协会在深圳成立。2011 年 11 月，国家知识产权局批准重庆设立"国家云计算知识产权（重庆）试验区"。当前，中国云计算市场异常火热，北京有"祥云计划"、上海有"云海计划"、广州有"天云计划"、重庆有"云端计划"、宁波有"星云计划"。根据赛迪顾问 2011 年 6 月发布的第二个《中国云计算产业发展白皮书》数据显示，未来三年云计算在中国市场将逐步被越来越多的企业和机构采用，市场规模也将从 2010 年的 167.31 亿元增长到 2013 年的 1 174.12 亿元，年均复合增长率达 91.5%。

那么，到底什么是"云"，什么又是"云计算"呢？在技术方面，云计算并非全新概念。所谓的"云"即指提供资源的网络，"云计算"简言之就是网络计算。云计算一开始被应用于网页数据的搜寻，用户的搜寻需求透过大量的远程服务器进行平行运算，再将结果汇总和回传给使用者。由于服务器群皆在远程网络，业内人士一般习惯将因特网描绘成云朵的样子，云计算的名字因此而来。目前学界对云计算的概念众说纷纭、莫衷一是，较为权威的定义源自美国国家标准与技术研究院（NIST）。该机构将云计算定义为，是一种利用互联网实现随时随地、按需、便捷地访问共享资源池（如计算设施、存储设备、应用程序等）的计算模式。云计算的真正价值在于，它可以基于计算能力的虚拟化和资源调配的自动化，为用户提供虚拟的计算、存储和网络资源。其特征可概括为弹性服务、资源池、按需服务、服务计费、泛在接入等。

一般而言，云计算有三种交付模式。第一，基础设施服务，简称“IaaS”（Infrastructure-as-a-Service），指的是使用者可透过向云计算服务提供者租用的方式，使用处理器、储存容量、网络等基础的运算资源，不需自行购买硬件及基础设施。第二，平台服务，简称“PaaS”（Platform-as-a-Service），指用户直接租用云计算服务提供者的程序开发平台和操作系统平台，借由其专业的服务器来进行运算及储存，让各地的开发人员能同时透过平台来撰写程序、开发软件。第三，软件服务，简称“SaaS”（Software-as-a-Service），指的是云计算服务提供者透过网络提供商使用软件的服务。与传统的软件使用相比，SaaS 不仅减少或取消了软件的授权费用，且服务商将应用软件部署在同一的服务器上，免除了最终用户的服务器硬件、网络设备和软件升级维护的支出。由此可见，云计算机意味着人们不再使用个人计算机而是在第三方提供的计算机平台（即所谓的云计算机平台）处理和存储数据。因此，“云计算”简单易懂的定义是，通过互联网提供硬件和软件服务的商业方式。

“云计算”是一种 IT 基础设施的交付和使用模式，像日常生活中消费水、电、煤等基础设施一样，在互联网中以按需使用和付费的方式获得所需的服务或资源。最简单的云计算技术在网络服务中已经随处可见，例如搜寻引擎、数字图书馆等，使用者只要输入简单指令即能得到大量信息。如果你使用过 MySpace、Facebook、Hotmail 或 Gmail 等第三方信息服务，实际上你已经在使用云计算了。

云计算的主要优点有：可靠的数据存储中心使得用户不必担心数据丢失；对用户端的硬件设备要求比较低，使用方便，成本降低；可以更加轻松地实现资源的共享等。而其缺点在于：设备的应用过分依赖于网络；用户的信息安全得不到保障；产生了诸多网络版权问题等。

在信息技术日益深入我们生活的今天，人们生活方式，阅读习惯都发生了很大的变化，使得数字出版成为中国出版行业不可逆转的发展趋势。基于云的数字出版具有自身独特的优势：(1) 信息转移便捷。将信息转移到云计算的解决方案不需要安装新硬件或配置软件，所有技术由云服务提供商来操作。如将《纽约时报》1851—1982 年间的 1 100 万份报纸文章转移到云中，只需 24 小时和大约 3 000 美元。(2) 大大节省运行成本。“云”的自动化集中式外包管理，使大量出版商无须负担日益高昂的数据中心管理成本，如减少主机服务托管费、IT 硬件和软件费用，需要更少的职员来维护网络平台，“按使用付费”定价减少出版成本。(3) 提升编辑生产效率。内容管理系统 (CMS) 允许编辑共享不同出版物的内容。编辑能在任何有互联网连接的地方使用文件、信息和应用，并对相同文件、图片或信息进行协同工作，在一个地方就能捕捉到所有的更新和变化。基于云的出版使得出版商更专注于提升内容产品质量的专业能力。(4) 在出版商、经销商和客户之间有更多的协作。例如，销售云 (Sales Cloud) 可以让出版商知道每个成员是怎样使用出版产品的，从而调整销售，生产为他们所需要的信息，实现销售业绩的持续增长。又比如，服务云 (Service Cloud) 可以通过电话、网络论坛、在线社区网络或社交网站控制所有的客户交互活动，通过联网的知识共享和协作功能，允许职员更容易地与同事、合作伙伴和客户分享信息。云计算在使出版商对市场变化作出更多回应时起了关键作用。(5) 系统灵活性和可扩展性。"云"的规模可以动态伸缩，快速分配资源以满足应用和用户规模增长的需要。云计算支持用户在任意位置、使用各种终端获取应用服务。当出版需求增加时，不用担心购置新的软件。①

云计算时代的到来，既为数字出版带来了大的发展机遇，同时也带来了前所未有的困扰和麻烦，在著作权领域，主要表现在以下几个方面：

第一，"临时复制"问题。任何软件在运行过程中，都会自动进入计算机内存，形成对软件的全部或片段的临时储存。一旦关闭计算机或运行新的指令，内存中临时储存的信息就会消失。这种临时储存，有别于传统的能够使作品稳定地、长久地固定在物质载体上的复制，因此被称为"临时复制"②。在云计算时代，这种临时复制通常发生在云计算服务提供者的服务器上，且因为仅需用户的一口令就能自动完成，使得这种"复制"大量而频繁地发生。目前，我国《著作权法》及《信息网络传播权保护条例》对临时复制没有明确的规定。如果认为临时复制不构成著作权法上的"复制"，不用承担侵权责任的话，数字出版商主张数字作品权利的道路将异常艰难；但如果临时复制构成著作权法意义上的复制的话，势必阻碍云计算的发展道路，因为只要人们在网上浏览文件、收发邮件、观看视频等都必须获得著作权人的同意。

第二，直接侵权与间接侵权问题。直接侵权与间接侵权的认定，对追究行为人的法律责任具有重要意义。直接侵权是指未经著作权人许可，又无法定免责事由，擅自利用作品的行为，与主观过错无关；间接侵权可分为教唆、引诱及故意帮助他人侵权与"直接侵权"的预备行为、扩大侵权后果的行为两种类型。③ 间接侵权相当于我国的"共同侵权"。在云计算的三种交付模式中，IaaS 仅为用户提供硬件服务，一般不会涉及著作权直接侵权的问题，由于用户的操作才是侵权行为发生的决定因素，所以只要 IaaS 没有实施辅助行为，也不会涉及间接侵权责任。PaaS 提供应用服务引擎，通常也不会涉及著作权直接侵权的问题。但 PaaS 一方面为用户提供了存储空间，另一方面为用户提供了公开发表平台，因此有可能涉及间接侵权责任。SaaS 将软件安装在服务器上并维护，用户通过网络使用

---

① 参见罗昕：《云计算时代数字出版的优势、问题与对策》，载《出版发行研究》，2011 (11)。

② 王迁：《网络环境中的著作权保护研究》，11 页，北京，法律出版社，2011。

③ 参见王迁：《知识产权法教程》，3 版，236～241 页，北京，中国人民大学出版社，2011。

这些在服务器上的软件但并不能改变软件和复制软件，因此一旦发生侵权 SaaS 则需要承担直接侵权责任。①

第三，电子证据搜集与保存问题。与传统证据相比，电子证据本身就具有多样性、无形性、易篡改性等特征。在云计算时代，电子证据的特性将得到进一步的彰显。具体表现在：(1) 电子证据的搜集。在传统的电子证据取证中，司法人员一般是先对取证对象进行隔离和保护，然后在封闭的实验室中对取证对象进行分析，从而得出相应的分析结果。但是，在云计算环境中，资源是以资源池的方式共享，并且利用网络技术将资源分享给不同的用户。因此，从技术上来讲要想隔离进行保护，难度很大。(2) 电子证据的保存。目前电子证据的保全基本上都是采取扣押的形式，即将能够证明案件事实的储存电子数据的计算机设备或其他电子设备进行扣押。在云计算的环境下，用户的数据储存在云计算服务商的服务器当中，而云计算服务商又可能把业务外包给分布在世界各地的提供数据存储的供应商，对于很多用户来讲根本就不知道他们的数据究竟存放在哪里。所以，想要保存证据，根本就无从谈起。(3) 电子证据效力。这是目前最主要的一个法律障碍。到目前为止，我们国家还没有制定出一套规范电子记录作为有效证据的规则，这是电子通信手段应用于商务、政务活动的最主要障碍。②

6.5　古籍标点的版权保护

古籍标点，通俗地讲，就是在探究并遵守古人原意的基础上，在古籍作品中标注和使用我国政府公布的现行有效的标点符号，以适宜现代人的阅读习惯。

我国是一个拥有上下五千年历史的文明古国，一代代先人为后世子孙的我们留下了一部部不朽的传世之作。据初步统计，现存古籍至少在 10 万种以上。这些浩如烟海的古籍，都是中国文明智慧的结晶，为一代代炎黄子孙提供了不竭的智慧源泉。对今人来说，为了能从先人的智慧中汲取丰富的营养，我们需要做的一项工作就是古籍整理。古籍整理的内容包括今译、注释、校勘、补遗、辑佚、断句、标点、订正、集解等，给古籍加注标点只是其中的一项工作。

长期以来，古籍标点始终没有引起我国法律的重视，从现有的法律法规看，我国著作权法对古籍标点的保护力度也不够。

一、古籍标点在我国著作权法律法规中的体现

到目前为止，我国法律始终没有对古籍标点是否可以构成著作权法所保护的“作品”作出明确的规定。1991 年开始实施的《著作权法》第 12 条仅规定，“改编、翻译、注释、

① 参见罗斌：《云计算环境下的著作权间接侵权规则探讨——从“索尼案”到“Cablevision 案”的适用原则变更》，载《中国版权》，2012 (3)。

② 参见高富平：《“云计算”的法律问题及其对策》，载《法学杂志》，2012 (6)。

整理已有作品而产生的作品，其著作权由改编、翻译、注释、整理人享有”。同年与《著作权法》配套实施的《著作权法实施条例》第 5 条将“整理”定义为，“指对内容零散、层次不清的已有文字作品或者材料进行条理化、系统化的加工，如古籍的校点、补遗等”。由此推知，我国著作权法将古籍整理所形成的作品作为演绎作品来保护。随后 2001 年修订后的《著作权法》保留了 1991 年《著作权法》所作的相应规定，但与之配套的 2002 年《著作权法实施条例》却删除了 1991 年《著作权法实施条例》中关于“整理”的表述。但毫无疑问的是，我国现行著作权法对古籍整理所形成的作品仍然是按演绎作品进行保护的，至于古籍整理中同样凝结了整理人丰富经验和渊博智慧的古籍标点是否受著作权保护，似乎愈加迷离。

二、我国部门规章对古籍标点的规制

早在 1991 年《著作权法》颁布之前，1990 年 6 月国家版权局在《书籍稿酬暂行规定》第 3 条“古籍稿”基本稿酬标准中规定，“标点加一般校勘，每千字 5 至 10 元；难度大的标点加繁重校勘，可适当提高，但每千字不超过 15 元（均不付印数稿酬）”。由此可见，该《暂行规定》虽然为“古籍稿”中的“标点”制定了付酬标准，但却是与“校勘”绑定在一起的，缺乏独立性，且不付印数稿酬。但遗憾的是，1999 年 4 月国家版权局以该《暂行规定》为基础所颁布的《出版文字作品报酬规定》中，仅在第 6 条第二款“演绎作品”基本稿酬标准中保留了“注释”的付酬标准，暗含对其他古籍整理方式（包括“标点”）著作权的排除。

1999 年 7 月，国家版权局版权管理司在《关于古籍“标点”等著作权问题的答复》（于 2011 年 3 月 1 日失效）中认为，“对内容完整的古籍作品进行校点，如果在原作的基础上产生了演绎作品，即新的作品，则校点者仅就新的演绎部分享有著作权。如果对内容完整的古籍作品的‘校点’，仅仅为标点，则不属于著作权意义上的独创性劳动，不产生新的演绎作品”。由此看来，国家版权局所持的基本态度是，单纯的古籍标点不能形成著作权法意义上的“演绎作品”。但其接下来进一步论述道：“对古籍作品的标点是否属于著作权法及实施条例规定的整理范围，取决于标点的行为是否属于创作作品的行为。总之，应当将单纯的标点与有创造性的校点行为加以区分。”似乎在否定单纯古籍标点成为著作权法所保护“作品”的同时，又留下了承认的余地。但不管古籍标点是否能成为著作权法所保护的“演绎作品”，版权局对古籍标点所耗费的人力、物力是给予充分肯定的：“对内容完整的古籍作品的标点，虽然不产生新的作品，但仍然有标点者大量的智力劳动投入。按照民法通则的公平和等价有偿原则，利用他人的智力劳动，至少应当支付相应的对价。”

反对古籍标点成为著作权保护对象的主张认为，古籍点校须遵循一般的语言表达规律，且力求还原古籍的原本含义，所以点校的结果趋同现象较为严重，体现不出“作品”应有的独创性，不属于创造性智力成果，不享有著作权。主张古籍标点可以成为“作品”的人认为，在古籍标点加注过程中，不仅需要对古籍进行分段、加标点，而且还需要进行校勘，订正错字、错句、衍文等，这些虽然都是为了遵循作者的原意，但却是点校人智慧的体现，属于人类的创造性活动，应该得到著作权法的保护。

总之，古籍标点能否形成著作权法意义上的“作品”，可谓“仁者见仁，智者见智”。在具体的司法实践中，也只能通过个案进行判断、认定。在《著作权法》进行第三次修改之际，希望能够通过新立法来明确的界定。

实例解析

案例一

国家体育场有限责任公司诉熊猫烟花集团股份有限公司等侵犯著作权纠纷案

［北京市第一中级人民法院（2009）一中民初字第 4476 号民事判决书］

原告国家体育场有限责任公司（简称国家体育场公司）诉称，原告是北京 2008 年奥林匹克运动会主会场国家体育场（又称“鸟巢”）建筑作品的著作权人。2008 年 12 月以来，原告发现市场上开始出现由第一被告监制，第二被告生产，第三被告销售的“盛放鸟巢”烟花产品。上述烟花产品模仿了“鸟巢”的独特艺术特征，剽窃了原告的创作智慧，构成对原告著作权的严重侵害。据此，请求人民法院判令被告立即停止对原告著作权的侵犯，赔偿原告相应的经济损失。第二被告浏阳市熊猫烟花有限公司（简称浏阳熊猫公司）辩称：第一，“盛放鸟巢”烟花外观为第二被告委托香港新兴广告有限公司（简称香港新兴公司）进行设计完成的工业产品外观，有合法来源。其作为该设计委托方，对该设计成果享有独立的民事权利。第二，“盛放鸟巢”烟花产品，没有侵犯国家体育场建筑作品、图形作品、模型作品著作权。首先，“盛放鸟巢”烟花是工业产品，不是著作权法意义上的作品，不存在对国家体育场建筑作品、图形作品、模型作品的剽窃或复制。其次，《著作权法》第 22 条第 1 款第 10 项规定，“对设置或者陈列在室外公共场所的艺术作品进行临摹、绘画、摄影、录像”属于对作品的合理使用，即便“盛放鸟巢”烟花包装图案模仿了国家体育场，也是对该建筑作品的合理使用，不构成任何侵权行为。

法院经审理查明：第一，原告国家体育场公司对国家体育场拥有建筑作品著作财产权。从形式上看，国家体育场属于《著作权法实施条例》所指的建筑物，其所采用的钢桁架交织围绕碗状建筑外观形象，空间结构科学简洁，建筑和结构完整统一，设计新颖，结构独特，具备了《著作权法实施条例》所要求的独立于该建筑物实用功能之外的艺术美感，体现出相当水准的独创性，因此，可以认定国家体育场属于《著作权法实施条例》所称的建筑作品。第二，对建筑作品著作权的保护，主要是对建筑作品所体现出的独立于其实用功能之外的艺术美感的保护，因此，在没有合理使用等合法依据的情况下，未经建筑作品著作权人许可，以剽窃、复制、发行等方式对建筑作品所体现出的艺术美感加以不当使用、损害著作权人合法权益的行为，构成对建筑作品著作权的侵犯。“盛放鸟巢”烟花产品外形呈椭圆形，中部镂空，且在整体造型、长宽比例、钢架结构、色调线条搭配、火炬等方面采用了与国家体育场外观相同或者近似的设计，较为全面地体现出国家体育场建筑作品所采用的钢桁架交织围绕碗状结构的独创性特征，构成了对国家体育场建筑作品的高度模仿，系对国家体育场建筑作品独创性智力成果的再现，与国家体育场构成实质性相似。对“盛放鸟巢”烟花产品的制造和销售，构成对国家体育场建筑作品的复制和发行。第三，对建筑作品著作权的保护，主要是对建筑作品所体现出的独立于其实用功能之外的艺术美感的保护，只要未经权利人许可，对建筑作品所体现出的艺术美感加以不当使用，即构成对建筑作品著作权的侵犯，而不论此种使用是使用在著作权法意义上的作品中，还是工业产品中，亦即不受所使用载体的限制。因此，被告浏阳熊猫公司辩称“盛放鸟巢”烟花产品是工业产品，不是著作权法意义上的作品，不存在对国家体育场建筑作品的剽窃或复制的抗辩主张缺乏法律依据，不能成立，本院不予支持。第四，虽然《著作权法》第22条第1款第10项规定了合理使用的一种特定情形，但是首先，《著作权法》的该项规定明确将这种合理使用限定在“临摹、绘画、摄影、录像”四种方式内，而不包括这四种方式之外的其他使用方式，本案被告对于国家体育场设计的使用明显不属于上述使用方式。其次，合理使用制度的目的主要是保护公共利益，被告将原告建筑作品应用于烟花产品上，纯粹是基于商业目的，若将该行为视为合理使用亦不符合合理使用的立法目的。再次，在判断是否构成合理使用时，需要考虑该使用方式是否会影响到作品的价值或者潜在市场，亦即是否会影响权利人对该作品的正常使用。作品的正常使用，是指在一般情况下人们可能合理地预期到的作者利用其作品的各种方式，包括作者所预期的现实存在的作品使用方式和未来可能出现的作品使用方式。将建筑设计应用到其他产品上属于可以预见的使用方式，被告的行为直接影响到原告对其作品的二次商业化利用，会不合理地损害原告的利益。因此，本案被告对国家体育场建筑作品的使用行为，不属于合理使用的情形。综上，在没有证据证明征得了原告许可的情况下，“盛放鸟巢”烟花产品的制造和销售侵犯了原告对国家体育场建筑作品享有的复制权、发行权。

案例二

北京汉仪科印信息技术有限公司诉昆山笑巴喜婴幼儿用品有限公司、上海笑巴喜婴幼儿用品有限公司等侵害著作权纠纷案

［江苏省南京市中级人民法院（2011）宁知民初字第60号民事判决书］

原告北京汉仪科印信息技术有限公司（以下简称汉仪公司）诉称，汉仪公司于1998年12月26日创作完成了美术作品汉仪秀英体（简、繁）字体，并于1999年3月23在北京首次发表，汉仪公司对该美术作品依法享有著作权。近来，汉仪公司发现被告昆山笑巴喜公司、上海笑巴喜公司在其注册商标中，未经许可使用原告享有著作权的秀英体，并在其生产、销售的产品上使用该注册商标。被告昆山笑巴喜公司、上海笑巴喜公司共同辩称，笑巴喜牌童床能够连续多年畅销全国及世界上多个国家，销售量连年翻番，这是因为笑巴喜牌童床使用的是进口优质木材，工厂的制造设备先进，童床的造型美观新颖，销售价格合理等诸多因素。消费者选购童床，主要是看童床的质量、功能、价格，至于商标中“笑巴喜”三字是使用汉仪秀英字体还是黑体字体，对消费者选购童床的影响甚微。被告

使用的是注册商标，是图案、文字组合商标，2006 年 8 月 20 日申请注册。若原告认为其商标侵权，应该在法定期限内向国家商标局提出异议，但原告未提出，原告就此提起诉讼不恰当。被告的商标未被撤销前，属于合法使用。如果原告认为笑巴喜商标构成侵权，应该向国家商标局申请注销笑巴喜商标，只要该商标未被注销，被告使用该商标就不应该承担侵权责任。所以被告在童床、童床说明书和包装箱上，以及公司网站上依法使用已经注册的笑巴喜商标，没有侵害原告的任何权利。

最终，法院认为，涉案字库中的每个单字都是用经过设计者设计的线条和结构，体现设计者创意思想的具体表达方式，这个过程凝聚着设计者的智慧和创造性劳动：设计完成的秀英体其中的单字所表现出的起舞飞扬动感形象，意寓了女性的柔和、优美曲线。与现有美术字书体相比，具有独特的艺术效果和审美意义，体现了设计者的独创性。另外，我们还应当看到，汉字由于受自身固有笔画、结构等特征的限制，如笔画单一或较少的汉字（如一、二、三、五、十等字），在进行美术字的创作设计时，笔画特征的创作空间非常有限。其笔画特征与现有公知的其他美术字书体相比，很难具有区别性特征的独创性。所以在判断字库中的单字是否能独立构成美术作品时，还需要具体问题具体分析，不能一概而论。因此，本院认为对于字库中的单字是否具有独创性判断应当把握以下几点：首先，应遵循美术字艺术创作的规律，根据汉字的笔画特征、笔画数量、结构等特点进行考量。其次，是将单字体现的艺术风格、特点与公知领域的其他美术字书体如宋体、仿宋体、黑体等进行对比，看原告主张权利的单字是否具有明显的特点或一定的创作高度。最后，以一种书体字库中的单字与原告发行的字库中其他相近书体中的相同单字进行对比，看原告主张权利的单字是否具有明显的特点或一定的创作高度。就本案而言，在汉仪秀英体整体风格一致的框架内，并不是每一个汉字均能达到美术作品独创性的创作高度。本案中涉及的“笑”、“巴”、“喜”三个汉字，其中“笑”、“喜”二字基本体现了原告创作该字体的笔画特征，具有明显的个性特征，能够独立构成美术作品。其中的“巴”字的折笔与横钩虽也体现了原告创作该字体的笔画特征，但该单字笔画特征与公知领域的美术字书体黑体字中相同汉字“巴”相比，区别仅在巴字的右折笔处变方为圆，右下的横钩处变方笔为圆弧设计，其余笔画、结构特征两者无明显区别，两者极为近似，属相近似的书体。该单字再与汉仪字浑中粗圆体（简）“巴”相比，右折笔画更为相似，两者明显相似，属近似书体。由此可见，该字的个性特征不明显。因此，该单字未达到著作权法意义上的美术作品的独创性，单独一个“巴”字不能独立构成美术作品。

案例三

刘毅诉广西壮族自治区南宁卷烟厂等侵犯著作权案（广告语·委托作品）

［广西壮族自治区高级人民法院（2005）桂民三终字第 3 号民事判决书］

原告于 2002 年 9 月 13 日在《南国早报》上获悉南宁真龙伟业广告有限公司（以下简称真龙广告公司）为广西壮族自治区南宁卷烟厂（以下简称南宁卷烟厂）向全社会有偿征求“礼品真龙”香烟的广告用语后，创作了 13 条广告词寄给真龙广告公司，但无音讯。

2003年年初看见其作品“天高几许？问真龙”以广告形式出现在桂林街头，作品中的“?”被删掉。二被告未支付奖金及未经许可大量复制发表其作品的行为已侵犯了其著作权。被告真龙广告公司辩称，根据刊登的征集广告语启事，原告与南宁卷烟厂之间已形成了委托创作合同关系，入选作品著作权属于南宁卷烟厂，其从未使用过原告作品，请求驳回原告的诉讼请求。被告南宁卷烟厂辩称：其已履行通知作者领奖的义务，涉案作品是委托作品，作品的著作权按约定属于南宁卷烟厂，其使用涉案作品的行为不构成侵权，请求驳回原告的诉讼请求。

一审法院认为：(1) 原告刘毅根据自己对“真龙”香烟品牌的认识、自己的文化底蕴及社会经验，通过智力劳动，创作出“天高几许？问真龙”广告语。该广告语以高度的概括性，反映对象的鲜明特征，具有丰富的内涵和艺术感染力，具有独创性，且以文字形式表现，可以以某种形式复制，属于《中华人民共和国著作权法》保护的文字作品范畴。该作品的著作权自创作完成之日起即属于原告刘毅享有。(2) 被告真龙广告公司刊登的征集广告语启事是要约邀请而非要约。真龙广告公司在征集启事中声明入围作品的使用权和所有权归其所属，指的是对原告作品的稿件本身在此次征集活动中具有所有权和使用权，并不因此而取得对原告作品的著作权。因此，原告作品的入围，并不当然产生二被告取得该作品著作权的法律后果，该作品的著作权仍属于原告刘毅。二被告以征集启事已对著作权归属作出声明，原告一经应征，即与真龙广告公司形成委托创作合同关系作为抗辩理由不能成立。(3) 真龙广告公司未依法与刘毅签订任何著作权使用许可合同或著作权转让合同，即擅自将刘毅的入围作品许可南宁卷烟厂使用；南宁卷烟厂虽然委托真龙广告公司为其征集香烟广告，但未要求真龙广告公司依法与作者签订著作权许可使用或转让合同，亦未审查真龙广告公司许可其使用入围广告语是否合法，即将该广告语改编、大量复制，并通过户外广告牌、宣传册、产品包装、礼品包装、电视广告等形式广泛进行宣传、使用，二被告的行为均侵害了原告刘毅的著作权，应当对侵权结果承担连带责任。

二审法院认为：(1) 讼争作品“天高几许？问真龙”系委托作品，该作品的著作人身权由被上诉人刘毅享有，该作品的著作财产权按照约定由上诉人真龙广告公司享有。(2) 上诉人南宁卷烟厂、真龙广告公司的行为没有侵犯被上诉人刘毅对涉案作品的著作权，不应当承担侵权民事责任。由此改变了一审判决，耐人寻味。

案例四

朱金泰与北京百度网讯科技有限公司侵犯著作权纠纷上诉案

［北京市第一中级人民法院（2012）一中民终字第9347号民事判决书］

上诉人朱金泰原审诉称，其文学作品《赶尸笔记》（又名《落魄秀才赶尸记》）由原告独立创作，并于2010年9月由湖南文艺出版社发行了实体书。2010年12月，经朱金泰调查发现，百度公司在其运营的baidu.com网站上向用户提供《赶尸笔记》的下载及在线阅读服务，遂诉至北京市海淀区人民法院，经法院组织调解，双方于2011年4月达成和解，但朱金泰并未授权百度公司使用《赶尸笔记》。2011年5月，朱金泰再次发现百度公司在网站（wenku. baidu. com）上向网友提供涉案作品的在线阅读及下载服务。朱金泰认为百度公司屡次侵权，性质恶劣，严重侵犯了朱金泰的合法权益，同时也给朱金泰造成了极大的经济损失，应依著作权法之规定予以赔偿。百度公司原审辩称：第一，百度文库的性质是为服务对象提供信息存储空间，具有实质性非侵权用途，涉案作品系由网友自行上传，百度公司未对其进行任何编辑或修改，亦未从涉诉作品中直接获得任何经济利益。第二，百度公司既不明知也不应知服务对象提供的涉诉作品存在侵权。作为信息存储空间服务提供者，被告对用户上传的作品是否侵权不负有事先审查义务。且朱金泰从未提交任何书面材料或口头告知，说明《赶尸笔记》又名《落魄秀才赶尸记》，或其系《落魄秀才赶尸记》的作者，或“阿拉门”系作者笔名；亦从未告知百度文库中存在涉诉作品，或要求百度删除涉诉作品。在（2011）海民初字第 9144 号诉讼中（涉诉作品《赶尸笔记》），百度公司不仅及时删除了该作品，而且为了更好地维护朱金泰的合法权益，文库反盗版系统上线后，百度公司立即主动将《赶尸笔记》纳入了文库反盗版系统，采取技术措施防止该作品被再次上传。因涉诉作品名称与《赶尸笔记》相似度比较小，未达到反盗版系统限定的相似度阙值，且朱金泰公证下载的文档内容亦与《赶尸笔记》出版物存在非常大的区别，因此，反盗版系统无法对涉诉作品进行有效阻止。第三，百度文库作为信息存储空间服务提供者，依法履行了事先提示义务；在获悉文库中存在涉诉作品后，及时采取删除措施，并出于高度负责与谨慎的态度，删除了大量疑似信息，完全履行了信息存储空间服务提供者的法定义务，不存在任何过错，不应承担侵权赔偿责任。综上，恳请法院驳回朱金泰的全部诉讼请求。原审法院审理查明，2010 年 9 月，湖南文艺出版社出版发行《赶尸笔记》一书，署名朱金泰著，字数 500 千字。

二审法院认为，第一，根据查明的事实，“百度文库”是百度公司向网络用户提供的可以上传、在线阅读、下载文档的平台，文档主要包括各种小说、论文、专业资料等文字作品，文件格式包括 doc（docx）、ppt、xls、pdf、txt 等。网络用户注册成为百度用户后，可以直接上传文档供其他网络用户在线阅读或者下载，网络用户如需下载文档，可以通过上传文档的方式兑换财富值，并通过使用一定数量的财富值下载文档。由此可见，“百度文库”向网络用户不直接提供内容，而是提供一种网络服务，该服务可以使网络用户在线分享各自的文档。因此，“百度文库”从性质上来说是一种信息存储空间服务，此处的“信息”主要指文字作品信息。第二，百度公司经营的“百度文库”是一种以文字作品信息为主的存储空间服务，因此在确定百度公司是否尽到合理注意义务的时候，应当判断百度公司是否符合《信息网络传播权保护条例》第 22 条所列举的几项条件。首先，百度公司在“百度文库”栏目中明确告知网络用户该项服务的性质属于信息存储空间服务，并且明确告知了各种投诉方式；其次，百度公司并未改变网络用户上传的文档的内容，并且由于网络用户上传或者下载内容均无须支付费用，因此百度公司未从网络用户提供文档中直接获得经济利益；再次，朱金泰未向百度公司明确发出载有涉案的《落魄秀才赶尸记》和其署名作者“阿拉门”的通知，而百度公司在看到相关媒体报道后即主动删除了百度文库中的相关信息；最后，朱金泰未提供证据证明由于涉案作品的知名度很高，因此即使不发出侵权通知，百度公司也应当知道该文档可能涉嫌侵犯朱金泰的著作权。综上，百度公司已经尽到了合理注意义务，其行为符合上述行政法规的规定，不应承担赔偿责任。

案例五

郑福臣诉大众文艺出版社等侵犯著作权纠纷案

[北京市朝阳区人民法院（2011）朝民初字第17225号民事判决书]

原告郑福臣起诉称：原告是我国著名的易学学者，笔名郑同。原告以《钦定古今图书集成·博物汇编·艺术典》（简称《艺术典》）中所收录的古代中国术数类部分为底本，经过五年精心标点校勘，形成了包括《卜筮》、《堪舆》、《相术》、《星命》、《选择》、《术数》六种图书的《古今图书集成术数丛刊》（简称《术数丛刊》）。就《术数》一书而言，原告对其中的断句、标点和图表的勘误（即底本中的图表看不清，要通过查找资料将图表整理清楚）具有独创性，使《术数丛刊》中《术数》一书成为有别于《艺术典》中《术数》部分的演绎作品，据此原告对《术数》一书享有演绎作品的著作权。大众文艺出版社出版发行的《钦定古今图书集成典藏珍本》（简称《典藏珍本》）未经原告授权，也未为原告署名，剽窃了《术数丛刊》中的《术数》一书，具体表现为抄袭了上述原告所具有独创性的断句、标点和图表的勘误两部分内容，并将《术数》一书中的脚注删除。大众文艺出版社明知原告已经出版了同一题材的作品，仍然出版发行《典藏珍本》，具有严重的过错，侵犯了原告对《术数》享有的署名权、保护作品完整权、复制权、发行权和获得报酬权。

大众文艺出版社答辩称：就郑福臣主张的《术数》一书的断句、标点和图表，该社出版的《典藏珍本》与《术数丛刊》确实一致。但在郑福臣《术数丛刊》出版之前，重庆出版社已经出版发行了《中国神秘文化典籍类编》（简称《神秘典籍》），台湾联合百科公司也出版了校点过的《古今图书集成》，其中均包含《术数》部分。就《术数》部分的断句和标点而言，《典藏珍本》与《神秘典籍》的相似度为93.5%。

法院认为，演绎作品是对原作品实施了汇编、改编、翻译、注释、整理等行为，而产生的有别于原作品表达的新的作品。因此，演绎作品是在使用原作品表达的基础上又形成了新的表达的新作品。演绎作品所保护的对象是新的作品中的新的表达。单纯的标点不是对思想内容的表达，故不能成为受著作权法保护的作品。对内容完整的古籍断句和标点，是在遵循古籍原意的前提下，为方便现代人阅读而在古籍中本应该停顿的地方用现代汉语中的标点加以标识，故在古籍中加入标点并未改变原作品的表达，也未产生新的表达，因此这种标点行为并不是著作权法中规定的汇编、改编、翻译、注释、整理等任何一种演绎行为，也不产生区别于原作品的新的演绎作品；另外，著作权法所保护的是有独创性的表达方式，但如果对某一内容的表达方式只有一种或者有限的几种，则这种表达方式不受著作权法的保护。鉴于对古籍断句是在遵循古籍原意的前提下在本应该停顿的地方进行标点，故对古文知识具有一定水平的人分别对古籍进行标点，所产生的表现形式是极其有限的，因此对内容完整的古籍断句和标点不产生受著作权法保护的表达方式。最终，法院驳回了郑福臣的诉讼请求。

案例六

KTV 公司侵犯音乐著作权纠纷案

［一审：广东省广州市海珠区人民法院（2009）海民四知初字第 238 号民事判决书；
二审：广东省广州市中级人民法院（2010）穗中法民三终字第 96 号民事判决书］

原告：北京天语同声信息技术有限公司（以下简称天语公司）

被告：广州市康盈餐饮娱乐有限公司（以下简称康盈公司）

原告天语公司诉称：华研国际音乐股份有限公司（以下简称华研公司）是涉诉出版物《Super Star》专辑的著作权人，上述专辑包含了涉诉的音乐电视作品《远方》。该公司其后出具经公证的授权书，将其享有著作权的音乐电视作品（含涉诉的《远方》音乐电视作品），确认原告在中国大陆地区（不含港、台、澳）可独家行使许可卡拉 OK 经营者在其经营场所内复制、保存、放映及向其收取费用等权利，并可以自己的名义向任何第三人主张权利。原告发现被告未经合法授权，以营利为目的，擅自在其经营场所营业性放映涉诉的该部音乐电视作品。

原告认为：被告的行为已构成侵权，依法应当承担停止侵害、赔偿损失等民事责任。据此请求：(1) 判令被告立即停止侵权行为，从其曲库中删除涉案作品；(2) 判令被告赔偿原告经济损失及为制止侵权行为的合理开支人民币 3 万元；(3) 判令被告承担本案全部诉讼费用。

被告康盈公司答辩称：(1) 原告提供的在大陆出版发行的《Super Star》VCD，该 VCD 无法确定是否正版，不能根据该 VCD 上所记载的内容来确认所含音像作品的著作权人为华研公司。(2) 原告所提交的授权证明书不能证明其拥有涉案作品的相关权利，应提供其与华研公司签订的著作权许可使用合同以证明其取得相关权利证明。(3) 原告已经是中国音像著作权集体管理协会（下称音集协）的会员，不应该就音像著作权侵权问题单独起诉。

一审判决如下：(1) 被告康盈公司于本判决发生法律效力之日起立即停止侵犯原告天语公司享有的《Super Star》音乐电视作品著作权的行为。(2) 被告康盈公司于本判决发生法律效力之日起 10 日内赔偿原告天语公司经济损失及为制止侵权行为而支付的合理费用共 8 000 元。(3) 驳回原告天语公司其他诉讼请求。

被告康盈公司不服一审判决，提起上诉。广州市中级人民法院于 2010 年 6 月 22 日作出二审裁定：驳回上诉，维持原判。

案件解析：

一、关于华研公司是否为涉案作品的原始著作权人的问题

原告天语公司《Super Star》VCD 出版物标有音像出版社版号、著作权人及出版发行单位等规范的版权信息，且该出版物已标明由华研公司提供授权，涉案音乐电视作品播放

画面中亦显示“HIM华研国际”字样，上述证据与原告所提供的华研公司出具的《授权证明书》中声明其拥有涉案的音乐电视作品著作权相互印证，在康盈公司未能提供任何相反证据的情况下，应足以认定华研公司系涉案作品的原始著作权人。

二、关于天语公司是否就涉案作品享有著作权、是否具有诉讼主体资格的问题

著作权许可使用合同并非是证明著作权许可使用法律关系的唯一依据，且华研公司所出具的《授权证明书》已经履行了公证、认证手续，足以证明天语公司经华研公司授权享有了涉案作品的著作权。

经相关已生效判决认定华研公司作为境外公司并未直接与音集协签订著作权集体管理合同，天语公司作为华研公司的被授权人，根据《授权证明书》的约定，有权以自己名义提起诉讼。

三、关于赔偿数额的问题

因原告未能举证证明因侵权所造成的实际损失及被告的违法所得，故原审法院综合考虑康盈公司侵权行为的情节、程度、影响范围、经营规模、主观过错，并考虑原告为制止侵权行为进行调查、取证所支出的合理费用等因素，酌情判定被告赔偿原告经济损失8 000元。

练习与测试

1. 我国《著作权法》对建筑作品的保护，经历了什么样的一个过程？目前还存在哪些不足？
2. 单个计算机字体能够认定为“作品”的条件是什么？
3. 实践中广告语保护的途径有哪些？认定广告语具有独创性的标准是什么？
4. 对于古籍标点版权保护有哪些不同的观点？

单元总结

随着社会的发展与进步，在版权保护领域出现了很多新的问题。如应受保护的建筑作品的范围及认定标准；单个计算机字体是否能够成为“作品”及独创性的判断标准；广告语的版权保护、广告语受商标法和反不正当竞争法保护的特殊情况；云计算数字的概念及其版权保护方式；古籍标点的概念及其版权保护方式。本单元引用和参考了多个作者的相关文章和法院案例供初学者参考和借鉴。

本篇法律法规及辅助资料目录

1. 《中华人民共和国著作权法》(2010)
2. 《中华人民共和国著作权法实施条例》
3. 最高人民法院《关于审理著作权民事纠纷案件适用法律若干问题的解释》
4. 国家版权局《著作权行政处罚实施办法》

5. 最高人民法院《关于审理侵害信息网络传播权民事纠纷案件适用法律若干问题的规定》

6. 北京市高级人民法院《关于确定著作权侵权损害赔偿责任的指导意见》

7. 最高人民法院《关于审理非法出版物刑事案件具体应用法律若干问题的解释》

8.《著作权质押合同登记办法》

本篇参考文献

1. 郑成思．版权法（上）．北京：中国人民大学出版社，2009

2. 刘春田主编．知识产权法．北京：中国人民大学出版社，2009

3. 王迁．著作权法学．北京：北京大学出版社，2007

4. 冯晓青．著作权侵权专题判解与学理研究（第 1 分册）．北京：中国大百科全书出版社，2010

5. 许伟基主编．著作权纠纷诉讼指引与实务解答．北京：法律出版社，2013

6. 李雪宇等．著作权诉讼证据实务操作指引．北京：知识产权出版社，2010

7. 聂洪勇．侵犯著作权犯罪的认定与处理．北京：法律出版社，2010

8. 李明德，许超．著作权法．2 版．北京：法律出版社，2009

9. 世界知识产权组织编．伯尔尼公约指南．刘波林译．北京：中国人民大学出版社，2002

10. ［德］M. 雷炳德．著作权法．张恩民译．北京：法律出版社，2004

11. ［西］德利娅·利普希克．著作权和邻接权．北京：中国对外翻译出版公司，2000

12. ［美］保罗·戈登斯坦．国际版权原则、法律与惯例．王文娟译．北京：中国劳动社会保障出版社，2003

13. 北京市高级人民法院知识产权庭编．知识产权经典判例 7（著作权卷）．北京：知识产权出版社，2013

14. 裴世刚编．我国图书版权贸易问题与对策分析．农业图书情报学刊，2009（1）

15. 罗紫初编．比较出版学．武汉：武汉大学出版社，2008

16. 鲍红编．国内图书版权代理状况调查．出版参考，2008（2）

17. 张志林，孙铁军，包韫慧编．我国版权代理市场特点及发展．北京印刷学院学报，2008（6）

18. 杜恩龙．国外的出版经纪人．出版广角，2002（8）

19. 蒋亚隆，南晶惠，赖姝玲编．中国版权代理机制的比较思维．新闻界，2008（4）

20. 韩志宇，邵劲风编．再谈计算机字体的保护原则．中国版权，2012（1）

21. 屈琦编．论广告语的著作权保护．忻州师范学院学报，2007（3）

22. 李雨峰，张惠彬．云计算环境下的著作权司法保护．人民司法，2012（17）

23. 罗昕．云计算时代数字出版的优势、问题与对策．出版发行研究，2011（11）

24. Mary Ann Gillies，A. P. Watt. Literary Agent. Publishing Research Quarterly / Spring 1993

25. Curtis Brown. The Commercialisation of Literature and the Literary Agent，Fortnightly Review，N. S. 80（July 1906）

第二篇　专利律师实务

本篇简介

专利保护技术内容，以权利要求书或外观设计图形的方式框定权利保护范围，其最大特点是以公开技术与设计内容换取合法垄断权，一经授权，除依法被宣告无效外，具有较强的排他性。专利权的产生需要国家知识产权局的特别授权，需经过申请、审查、批准、公告，颁发专利证书等程序。依据专利不同类型，保护期可分为10年或20年，每年需按时缴纳年费，以维持专利权的有效性，期满后不可续延。我国的专利权分为发明、实用新型、外观设计三种。发明与实用新型的授予要求具有新颖性、创造性、实用性。专利权人可自行实施专利技术、也可许可他人使用，除法律的特别限制规定外，任何人未经专利权人的许可都不得擅自使用他人的专利技术，否则会构成专利侵权。从事专利法律业务，尤其是代理专利申请及专利无效业务，必须具备理工科本科毕业，两年以上工作经验，通过全国专利代理人资格考试，在专利代理机构实习满1年后，才能获得专利代理人执业证书。所以从事专利诉讼的律师，不仅应当具备一般的法律知识，还应当具有相应的技术背景和专业的法律知识，才能更好地满足客户对专业化的需求。

第1章

专利权的保护及权利限制

1.1 专利权的产生、维持及终止

1.2 涉外专利申请

1.3 专利权的保护

1.4 专利权利的限制

1.5 专利制度发展的前沿动态

单元要点

学习专利权的产生与效力，了解涉外专利申请的程序以及现今专利制度发展的前沿动态。

学习目标

能够从宏观上把握专利权的生命周期及法律限制。

1.1 专利权的产生、维持及终止

1.1.1 可授予专利权的客体

一、发明、实用新型、外观设计

依照我国专利法的规定，专利权共有发明、实用新型、外观设计三种。

1. 发明，是指对产品、方法或者其改进所提出的新的技术方案；

2. 实用新型，是指对产品的形状、构造或者其结合所提出的适于实用的新的技术方案；

3. 外观设计，是指对产品的形状、图案或者其结合以及色彩与形状、图案的结合所作出的富有美感并适于工业应用的新设计。

《专利法》第5条规定，并不是所有的技术创新、改进和外观设计都能申请获得专利权，对违反法律、社会公德或者妨害公共利益的发明创造，不授予专利权。

对违反法律、行政法规的规定获取或者利用遗传资源，并依赖该遗传资源完成的发明创造，不授予专利权。

《专利法》第25条进一步规定，对下列各项不授予专利权：(1) 科学发现；(2) 智力活动的规则和方法；(3) 疾病的诊断和治疗方法；(4) 动物和植物品种；(5) 用原子核变换方法获得的物质；(6) 对平面印刷品的图案、色彩或者二者的结合作出的主要起标识作用的设计。对前述第 (4) 项所列产品的生产方法，可以依照本法规定授予专利权。

二、授予发明和实用新型专利权的实质条件

依照《专利法》第22条第1款规定，授予专利权的发明和实用新型，应当具备新颖性、创造性和实用性。①

(一) 新颖性

《专利法》第22条第2款规定，新颖性是指该发明或者实用新型不属于现有技术；也

① 参见《专利审查指南（2010）》，156～162、166页，北京，知识产权出版社，2010。

没有任何单位或者个人就同样的发明或者实用新型在申请日以前向国务院专利行政部门提出过申请，并记载在申请日以后公布的专利申请文件或者公告的专利文件中。

《专利法》第24条规定，申请专利的发明创造在申请日以前6个月内，有下列情形之一的，不丧失新颖性：（1）在中国政府主办或者承认的国际展览会上首次展出的；（2）在规定的学术会议或者技术会议上首次发表的；（3）他人未经申请人同意而泄露其内容的。

申请专利的发明创造在申请日以前6个月内，发生《专利法》第24条规定的三种情形之一的，该申请不丧失新颖性。即这三种情况不构成影响该申请的现有技术。所说的6个月期限，称为宽限期，或者称为优惠期。

发生《专利法》第24条规定的任何一种情形之日起6个月内，申请人提出申请之前，发明创造再次被公开的，只要该公开不属于上述三种情况，则该申请将由于此在后公开而丧失新颖性。再次公开属于上述三种情况的，该申请不会因此而丧失新颖性，但是，宽限期自发明创造的第一次公开之日起计算。

专利申请有《专利法》第24条第3项所述情形的，专利局在必要时可以要求申请人提出证明文件，证实其发生所说情形的日期及实质内容。

申请人未按照《专利法实施细则》第30条第3款的规定提出声明和提交证明文件的，或者未按照《专利法实施细则》第30条第4款的规定在指定期限内提交证明文件的，其申请不能享受《专利法》第24条规定的新颖性宽限期。

对《专利法》第24条的适用发生争议时，主张该规定效力的一方有责任举证或者作出使人信服的说明。

（二）创造性

《专利法》第22条第3款规定，创造性是指与现有技术相比，该发明具有突出的实质性特点和显著的进步，该实用新型具有实质性特点和进步。

1. 审查原则

根据《专利法》第22条第3款的规定，审查发明是否具备创造性，应当审查发明是否具有突出的实质性特点，同时还应当审查发明是否具有显著的进步。

在评价发明是否具备创造性时，审查员不仅要考虑发明的技术方案本身，而且还要考虑发明所属技术领域、所解决的技术问题和所产生的技术效果，将发明作为一个整体看待。

与新颖性“单独对比”的审查原则不同，审查创造性时，需要将一份或者多份现有技术中的不同的技术内容组合在一起对要求保护的发明进行评价。

如果一项独立权利要求具备创造性，则不再审查该独立权利要求的从属权利要求的创造性。

2. 审查基准

评价发明有无创造性，应当以《专利法》第22条第3款为基准。为有助于正确掌握该基准，下面分别给出突出的实质性特点的一般性判断方法和显著进步的审查基准。

（1）突出的实质性特点的审查基准

判断发明是否具有突出的实质性特点，就是要判断对本领域的技术人员来说，要求保护的发明相对于现有技术是否显而易见。

如果要求保护的发明相对于现有技术是显而易见的，则不具有突出的实质性特点；反之，如果对比的结果表明要求保护的发明相对于现有技术是非显而易见的，则具有突出的实质性特点。

判断要求保护的发明相对于现有技术是否显而易见，通常可按照以下三个步骤进行：

首先，确定最接近的现有技术。

最接近的现有技术，是指现有技术中与要求保护的发明最密切相关的一个技术方案，它是判断发明是否具有突出的实质性特点的基础。最接近的现有技术，例如可以是与要求保护的发明技术领域相同，所要解决的技术问题、技术效果、用途最接近；或已公开发明的技术特征最多的现有技术；或者虽然与要求保护的发明技术领域不同，但能够实现发明的功能，并且是已公开发明的技术特征最多的现有技术。

应当注意的是，在确定最接近的现有技术时，应首先考虑技术领域相同或相近的现有技术。

其次，确定发明的区别特征和发明实际解决的技术问题。

在审查中应当客观分析并确定发明实际解决的技术问题。为此，首先应当分析要求保护的发明与最接近的现有技术相比有哪些区别特征，然后根据该区别特征所能达到的技术效果确定发明实际解决的技术问题。从这个意义上说，发明实际解决的技术问题，是指为获得更好的技术效果而需对最接近的现有技术进行改进的技术任务。

审查过程中，由于审查员所认定的最接近的现有技术可能不同于申请人在说明书中所描述的现有技术，因此，基于最接近的现有技术重新确定的该发明实际解决的技术问题，可能不同于说明书中所描述的技术问题，在这种情况下，应当根据审查员所认定的最接近的现有技术重新确定发明实际解决的技术问题。

重新确定的技术问题可能要依据每项发明的具体情况而定。作为一个原则，发明的任何技术效果都可以作为重新确定技术问题的基础，只要本领域的技术人员从该申请说明书中所记载的内容能够得知该技术效果即可。

再次，判断要求保护的发明对本领域的技术人员来说是否显而易见。

在该步骤中，要从最接近的现有技术和发明实际解决的技术问题出发，判断要求保护的发明对本领域的技术人员来说是否显而易见。判断过程中，要确定的是现有技术整体上是否存在某种技术启示，即现有技术中是否给出将上述区别特征应用到该最接近的现有技术以解决其存在的技术问题（即发明实际解决的技术问题）的启示，这种启示会使本领域的技术人员在面对所述技术问题时，有动机改进该最接近的现有技术并获得要求保护的发明。如果现有技术存在这种技术启示，则发明是显而易见的，不具有突出的实质性特点。

下述情况，通常认为现有技术中存在上述技术启示：

1）所述区别特征为公知常识，如是本领域中解决该重新确定的技术问题的惯用手段，或教科书或者工具书等中披露的解决该重新确定的技术问题的技术手段。

例如，要求保护的发明是一种用铝制造的建筑构件，其要解决的技术问题是减轻建筑构件的重量。一份对比文件公开了相同的建筑构件，同时说明建筑构件是轻质材料，但未提及使用铝材。而在建筑标准中，已明确指出铝作为一种轻质材料，可作为建筑构件。该要求保护的发明明显应用了铝材轻质的公知性质，因此可认为现有技术中存在上述技术启示。

2）所述区别特征为与最接近的现有技术相关的技术手段，即同一份对比文件其他部分披露的技术手段，该技术手段在该其他部分所起的作用与该区别特征在要求保护的发明中为解决该重新确定的技术问题所起的作用相同。

例如，要求保护的发明是一种氦气检漏装置，其包括：检测真空箱是否有整体泄漏的整体泄漏检测装置；对泄漏氦气进行回收的回收装置；和用于检测具体漏点的氦质谱检漏仪，所述氦质谱检漏仪包括有一个真空吸枪。

对比文件 1 的某一部分公开了一种全自动氦气检漏系统，该系统包括：检测真空箱是否有整体泄漏的整体泄漏检测装置和对泄漏的氦气进行回收的回收装置。该对比文件 1 的另一部分公开了一种具有真空吸枪的氦气漏点检测装置，其中指明该漏点检测装置可以是检测具体漏点的氦质谱检漏仪，此处记载的氦质谱检漏仪与要求保护的发明中的氦质谱检漏仪的作用相同。根据对比文件 1 中另一部分的教导，本领域的技术人员能容易地将对比文件 1 中的两种技术方案结合成发明的技术方案。因此可认为现有技术中存在上述技术启示。

3）所述区别特征为另一份对比文件中披露的相关技术手段，该技术手段在该对比文件中所起的作用与该区别特征在要求保护的发明中为解决该重新确定的技术问题所起的作用相同。

例如，要求保护的发明是设置有排水凹槽的石墨盘式制动器，所述凹槽用以排除为清洗制动器表面而使用的水。发明要解决的技术问题是如何清除制动器表面上因摩擦产生的妨碍制动的石墨屑。对比文件 1 记载了一种石墨盘式制动器。对比文件 2 公开了在金属盘式制动器上设有用于冲洗其表面上附着的灰尘而使用的排水凹槽。

要求保护的发明与对比文件 1 的区别在于发明在石墨盘式制动器表面上设置了凹槽，而该区别特征已被对比文件 2 所披露。由于对比文件 1 所述的石墨盘式制动器会因为摩擦而在制动器表面产生磨屑，从而妨碍制动；对比文件 2 所述的金属盘式制动器会因表面上附着灰尘而妨碍制动，为了解决妨碍制动的技术问题，前者必须清除磨屑，后者必须清除灰尘，这是性质相同的技术问题。为了解决石墨盘式制动器的制动问题，本领域的技术人员按照对比文件 2 的启示，容易想到用水冲洗，从而在石墨盘式制动器上设置凹槽，把冲洗磨屑的水从凹槽中排出。由于对比文件 2 中凹槽的作用与发明要求保护的技术方案中凹槽的作用相同，因此本领域的技术人员有动机将对比文件 1 和对比文件 2 相结合，从而得到发明所述的技术方案。因此可认为现有技术中存在上述技术启示。

（2）显著的进步的判断基准

在评价发明是否具有显著的进步时，主要应当考虑发明是否具有有益的技术效果。以下情况，通常应当认为发明具有有益的技术效果，具有显著的进步：

1）发明与现有技术相比具有更好的技术效果，例如，质量改善、产量提高、节约能源、防治环境污染等；

2）发明提供了一种技术构思不同的技术方案，其技术效果能够基本上达到现有技术的水平；

3）发明代表某种新技术发展趋势；

4）尽管发明在某些方面有负面效果，但在其他方面具有明显积极的技术效果。

（3）判断发明创造性时需考虑的其他因素

发明是否具备创造性，通常应当根据前面所述的审查基准进行审查。应当强调的是，当申请属于以下情形时，审查员应当予以考虑，不应轻易作出发明不具备创造性的结论。

1）发明解决了人们一直渴望解决但始终未能获得成功的技术难题。

如果发明解决了人们一直渴望解决但始终未能获得成功的技术难题，这种发明具有突出的实质性特点和显著的进步，具备创造性。

例如，自有农场以来，人们一直期望解决在农场牲畜（如奶牛）身上无痛而且不损坏牲畜表皮地打上永久性标记的技术问题，某发明人基于冷冻能使牲畜表皮着色这一发现而发明的一项冷冻“烙印”的方法成功地解决了这个技术问题，该发明具备创造性。

2）发明克服了技术偏见。

技术偏见，是指在某段时间内、某个技术领域中，技术人员对某个技术问题普遍存在的、偏离客观事实的认识，它引导人们不去考虑其他方面的可能性，阻碍人们对该技术领域的研究和开发。如果发明克服了这种技术偏见，采用了人们由于技术偏见而舍弃的技术手段，从而解决了技术问题，则这种发明具有突出的实质性特点和显著的进步，具备创造性。

例如，对于电动机的换向器与电刷间界面，通常认为越光滑接触越好，电流损耗也越小。一项发明将换向器表面制出一定粗糙度的细纹，其结果电流损耗更小，优于光滑表面，该发明克服了技术偏见，具备创造性。

3）发明取得了预料不到的技术效果。

发明取得了预料不到的技术效果，是指发明同现有技术相比，其技术效果产生“质”的变化，具有新的性能；或者产生“量”的变化，超出人们预期的想象。这种“质”的或者“量”的变化，对所属技术领域的技术人员来说，事先无法预测或者推理出来。当发明产生了预料不到的技术效果时，一方面说明发明具有显著的进步，同时也反映出发明的技术方案是非显而易见的，具有突出的实质性特点，该发明具备创造性。

4）发明在商业上获得成功。

当发明的产品在商业上获得成功时，如果这种成功是由于发明的技术特征直接导致的，则一方面反映了发明具有有益效果，同时也说明了发明是非显而易见的，因而这类发明具有突出的实质性特点和显著的进步，具备创造性。但是，如果商业上的成功是由于其他原因所致，例如由于销售技术的改进或者广告宣传造成的，则不能作为判断创造性的依据。

（三）实用性

《专利法》第22条第4款规定，实用性是指该发明或者实用新型能够制造或者使用，并且能够产生积极效果。

《专利法》第22条第4款所说的“能够制造或者使用”，是指发明或者实用新型的技术方案具有在产业中被制造或使用的可能性。

不具备实用性包括以下六种主要情形：

1. 无再现性

具有实用性的发明或者实用新型专利申请主题，应当具有再现性。反之则不具备实用性。

再现性，是指所属技术领域的技术人员，根据公开的技术内容，能够重复实施专利申请中为解决技术问题所采用的技术方案。这种重复实施不得依赖任何随机的因素，并且实施结果应该是相同的。

但是，审查员应当注意，申请发明或者实用新型专利的产品的成品率低与不具有再现性是有本质区别的。前者是能够重复实施，只是由于实施过程中未能确保某些技术条件（例如环境洁净度、温度等）而导致成品率低；后者则是在确保发明或者实用新型专利申请所需全部技术条件下，所属技术领域的技术人员仍不可能重复实现该技术方案所要求达到的结果。

2. 违背自然规律

具有实用性的发明或者实用新型专利申请应当符合自然规律。违背自然规律的发明或者实用新型专利申请是不能实施的，因此不具备实用性。

例如，违背能量守恒定律的永动机，必然是不具备实用性的。

3. 利用独一无二的自然条件的产品

具备实用性的发明或者实用新型专利申请不得是由自然条件限定的独一无二的产品。利用特定的自然条件建造的自始至终都是不可移动的唯一产品不具备实用性。应当注意的是，不能因为上述利用独一无二的自然条件的产品不具备实用性，而认为其构件本身也不具备实用性。

4. 人体或者动物体的非治疗目的的外科手术方法

外科手术方法包括治疗目的和非治疗目的的手术方法。以治疗为目的的外科手术方法属于不授予专利权的客体；非治疗目的的外科手术方法，由于是以有生命的人或者动物为实施对象，无法在产业上使用，因此不具备实用性。例如，为美容而实施的外科手术方法，或者采用外科手术从活牛身体上摘取牛黄的方法，以及为辅助诊断而采用的外科手术方法，比如实施冠状造影之前采用的外科手术方法等。

5. 测量人体或者动物体在极限情况下的生理参数的方法

测量人体或动物体在极限情况下的生理参数需要将被测对象置于极限环境中，这会对人或动物的生命构成威胁，不同的人或动物个体可以耐受的极限条件是不同的，需要有经验的测试人员根据被测对象的情况来确定其耐受的极限条件，因此这类方法无法在产业上使用，不具备实用性。

以下测量方法属于不具备实用性的情况：

（1）通过逐渐降低人或动物的体温，以测量人或动物对寒冷耐受程度的测量方法；

（2）利用降低吸入气体中氧气分压的方法逐级增加冠状动脉的负荷，并通过动脉血压的动态变化观察冠状动脉的代偿反应，以测量冠状动脉代谢机能的非侵入性的检查方法。

6. 无积极效果

具备实用性的发明或者实用新型专利申请的技术方案应当能够产生预期的积极效果。明显无益、脱离社会需要的发明或者实用新型专利申请的技术方案不具备实用性。

三、授予外观设计专利权的实质条件

《专利法》第23条规定，授予专利权的外观设计，应当不属于现有设计；也没有任何单位或者个人就同样的外观设计在申请日以前向国务院专利行政部门提出过申请，并记载在申请日以后公告的专利文件中。

授予专利权的外观设计与现有设计或者现有设计特征的组合相比，应当具有明显区别。

授予专利权的外观设计不得与他人在申请日以前已经取得的合法权利相冲突。

本法所称现有设计，是指申请日以前在国内外为公众所知的设计。

另外，《专利法》第25条第6项规定，对平面印刷品的图案、色彩或者二者的结合作出的主要起标识作用的设计不能授予专利权。

由于我国外观设计专利申请的数量为全球第一，但是设计水平却与设计总量第一名不相匹配。因此，在2008年修改《专利法》时，作了全新的修改：引入“现有设计”概念；扩大了现有设计的范围；增加了外观设计抵触申请。

虽然外观设计的授权条件并未如发明和实用新型那样明确新颖性与创造性的要求，实际上，《专利法》第23条第1款可称为“新颖性”，第2款可称为“创造性”。第2款突破了过去的“单独对比”模式，包括与两份以上现有的特征组合起来对比也具有明显区别的情形，显然，这提高了外观设计专利授权的门槛。

“不属于现有设计”，是指在现有设计中，既没有与涉案专利相同的外观设计，也没有与涉案专利实质相同的外观设计。在涉案专利申请日以前任何单位或者个人向专利局提出，并且在申请日以后（含申请日）公告的同样的外观设计专利申请，称为抵触申请。其中，同样的外观设计是指外观设计相同或者实质相同。

判断对比设计是否构成涉案专利的抵触申请时，应当以对比设计所公告的专利文件全部内容为判断依据。与涉案专利要求保护的产品的外观设计进行比较时，判断对比设计中是否包含有与涉案专利相同或者实质相同的外观设计。例如，涉案专利请求保护色彩，对比设计所公告的为带有色彩的外观设计，即使对比设计未请求保护色彩，也可以将对比设计中包含有该色彩要素的外观设计与涉案专利进行比较；又如，对比设计所公告的专利文件含有使用状态参考图，即使该使用状态参考图中包含有不要求保护的外观设计，也可以将其与涉案专利进行比较，判断是否为相同或者实质相同的外观设计。

根据《专利法》第 23 条第 2 款的规定，授予专利权的外观设计与现有设计或者现有设计特征的组合相比，应当具有明显区别。涉案专利与现有设计或者现有设计特征的组合相比不具有明显区别是指如下几种情形：

（1）涉案专利与相同或者相近种类产品现有设计相比不具有明显区别；

（2）涉案专利是由现有设计转用得到的，二者的设计特征相同或者仅有细微差别，且该具体的转用手法在相同或者相近种类产品的现有设计中存在启示；

（3）涉案专利是由现有设计或者现有设计特征组合得到的，所述现有设计与涉案专利的相应设计部分相同或者仅有细微差别，且该具体的组合手法在相同或者相近种类产品的现有设计中存在启示。

上述三种与现有技术明显区别的情形具体表现为：

1. 与相同或者相近种类产品现有设计对比

如果一般消费者经过对涉案专利与现有设计的整体观察可以看出，二者的差别对于产品外观设计的整体视觉效果不具有显著影响，则涉案专利与现有设计相比不具有明显区别。显著影响的判断仅限于相同或者相近种类的产品外观设计。

在确定涉案专利与相同或者相近种类产品现有设计相比是否具有明显区别时，一般还应当综合考虑如下因素：

（1）对涉案专利与现有设计进行整体观察时，应当更关注使用时容易看到的部位，使用时容易看到部位的设计变化相对于不容易看到或者看不到部位的设计变化，通常对整体视觉效果更具有显著影响。例如，电视机的背面和底面在使用过程中不被一般消费者关注，因而在使用过程中容易看到部位设计的变化，相对于不容易看到的背面和看不到的底面设计的变化对整体视觉效果通常更具有显著的影响。但有证据表明在不容易看到部位的特定设计对于一般消费者能够产生引人注目的视觉效果的除外。

（2）当产品上某些设计被证明是该类产品的惯常设计（如易拉罐产品的圆柱形状设计）时，其余设计的变化通常对整体视觉效果更具有显著的影响。例如，在型材的横断面周边构成惯常的矩形的情况下，型材横断面其余部分的变化通常更具有显著的影响。

（3）由产品的功能唯一限定的特定形状对整体视觉效果通常不具有显著的影响。例如，凸轮曲面形状是由所需要的特定运动行程唯一限定的，其区别对整体视觉效果通常不具有显著影响；汽车轮胎的圆形形状是由功能唯一限定的，其胎面上的花纹对整体视觉效果更具有显著影响。

（4）若区别点仅在于局部细微变化，则其对整体视觉效果不足以产生显著影响，二者不具有明显区别。例如，涉案专利与对比设计均为电饭煲，区别点仅在于二者控制按钮的形状不同，且控制按钮在电饭煲中仅为一个局部细微的设计，在整体设计中所占比例很小，其变化不足以对整体视觉效果产生显著影响。

应当注意的是，外观设计简要说明中设计要点所指设计并不必然对外观设计整体视觉效果具有显著影响，不必然导致涉案专利与现有设计相比具有明显区别。例如，对于汽车的外观设计，简要说明中指出其设计要点在于汽车底面，但汽车底面的设计对汽车的整体视觉效果并不具有显著影响。

2. 现有设计的转用、现有设计及其特征的组合

(1) 判断方法

在判断现有设计的转用以及现有设计及其特征的组合时，通常可以按照以下步骤进行判断：

1) 确定现有设计的内容，包括形状、图案、色彩或者其结合；

2) 将现有设计或者现有设计特征与涉案专利对应部分的设计进行对比；

3) 在现有设计或者现有设计特征与涉案专利对应部分的设计相同或者仅存在细微差别的情况下，判断在与涉案专利相同或者相近种类产品的现有设计中是否存在具体的转月和组合手法的启示。

4) 如果存在上述启示，则二者不具有明显区别。产生独特视觉效果的除外。

(2) 现有设计的转用

转用，是指将产品的外观设计应用于其他种类的产品。模仿自然物、自然景象以及将无产品载体的单纯形状、图案、色彩或者其结合应用到产品的外观设计中，也属于转用。

以下几种类型的转用属于明显存在转用手法的启示的情形，由此得到的外观设计与现有设计相比不具有明显区别：

1) 单纯采用基本几何形状或者对其仅作细微变化得到的外观设计；

2) 单纯模仿自然物、自然景象的原有形态得到的外观设计；

3) 单纯模仿著名建筑物、著名作品的全部或者部分形状、图案、色彩得到的外观设计；

4) 由其他种类产品的外观设计转用得到的玩具、装饰品、食品类产品的外观设计。

上述情形中产生独特视觉效果的除外。

(3) 现有设计及其特征的组合

组合包括拼合和替换，是指将两项或者两项以上设计或者设计特征拼合成一项外观设计，或者将一项外观设计中的设计特征用其他设计特征替换。以一项设计或者设计特征为单元重复排列而得到的外观设计属于组合设计。上述组合也包括采用自然物、自然景象以及无产品载体的单纯形状、图案、色彩或者其结合进行的拼合和替换。

以下几种类型的组合属于明显存在组合手法的启示的情形，由此得到的外观设计属于与现有设计或者现有设计特征的组合相比没有明显区别的外观设计：

1) 将相同或者相近种类产品的多项现有设计原样或者作细微变化后进行直接拼合得到的外观设计。例如，将多个零部件产品的设计直接拼合为一体形成的外观设计。

2) 将产品外观设计的设计特征用另一项相同或者相近种类产品的设计特征原样或者作细微变化后替换得到的外观设计。

3) 将产品现有的形状设计与现有的图案、色彩或者其结合通过直接拼合得到该产品的外观设计；或者将现有设计中的图案、色彩或者其结合替换成其他现有设计的图案、色

彩或者其结合得到的外观设计。

上述情形中产生独特视觉效果的除外。

1.1.2　申请专利的权利、专利申请权和专利权

在专利法律实务中，这三个概念出现频率很高，有必要对这些概念作一介绍。

（一）申请专利的权利

由于申请专利到授予专利权是一个连续的过程，因此，在一开始就要对有权申请专利的主体作出规定。

所谓申请专利的权利是指发明创造完成后到提出专利申请前，在其发明人、设计人及他们所在单位中，谁有权决定对发明创造是否要申请专利、申请什么种类的专利及什么时候申请。

（二）专利申请权

专利申请权是指提交专利申请后，申请专利的人享有的决定是否继续进行后续的申请程序、是否转让专利申请的权利，其针对的是已经提出申请但还未授权的发明创造。

（三）专利权

专利权是指发明创造被公告授予专利权之后，权利人享有转让、许可实施、制止他人侵犯其专利权等的权利，其针对的是已经被授予专利权的发明创造。

1.1.3　专利权的维持与终止

《专利法》第 42 条规定，发明专利权的期限为 20 年，实用新型专利权和外观设计专利权的期限为 10 年，均自申请日起计算。《专利法》第 43 条规定，专利权人应当自被授予专利权的当年开始缴纳年费。《专利法》第 44 条规定，有下列情形之一的，专利权在期限届满前终止：（1）没有按照规定缴纳年费的；（2）专利权人以书面声明放弃其专利权的。从上述法律规定可知，缴纳年费是专利权人维持其专利权有效所须履行的义务。如果专利权人在专利权届满前停止缴纳年费，则专利权的期限将被缩短，专利技术进入公有领域，成为人人可免费使用的发明创造。因此，专利年费是否如期缴纳，专利权是否有效维持，也是律师代理专利案时，判断专利权是否具有稳定性的一项重要的标准。

实例解析

案例一

显而易见不具有创造性的判断

专利申请的权利要求涉及一种改进的内燃机排气阀，该排气阀包括一个由耐热镍基合

金A制成的主体，还包括一个阀头部分，其特征在于所述阀头部分涂敷了由镍基合金B制成的覆层，发明所要解决的是阀头部分耐腐蚀、耐高温的技术问题。

对比文件1公开了一种内燃机排气阀，所述的排气阀包括主体和阀头部分，主体由耐热镍基合金A制成，而阀头部分的覆层使用的是与主体所用合金不同的另一种合金，对比文件1进一步指出，为了适应高温和腐蚀性环境，所述的覆层可以选用具有耐高温和耐腐蚀特性的合金。

对比文件2公开的是有关镍基合金材料的技术内容。其中指出，镍基合金B对极其恶劣的腐蚀性环境和高温影响具有优异的耐受性，这种镍基合金B可用于发动机的排气阀。

在两份对比文件中，由于对比文件1与专利申请的技术领域相同，所解决的技术问题相同，且公开专利申请的技术特征最多，因此可以认为对比文件1是最接近的现有技术。

将专利申请的权利要求与对比文件1对比之后可知，发明要求保护的技术方案与对比文件1的区别在于发明将阀头覆层的具体材料限定为镍基合金B，以便更好地适应高温和腐蚀性环境。由此可以得出发明实际解决的技术问题是如何使发动机的排气阀更好地适应高温和腐蚀性的工作环境。

根据对比文件2，本领域的技术人员可以清楚地知道镍基合金B适用于发动机的排气阀，并且可以起到提高耐腐蚀性和耐高温的作用，这与该合金在本发明中所起的作用相同。由此，可以认为对比文件2给出了可将镍基合金B用作有耐腐蚀和耐高温要求的阀头覆层的技术启示，进而使得本领域的技术人员有动机将对比文件2和对比文件1结合起来构成该专利申请权利要求的技术方案，故该专利申请要求保护的技术方案相对于现有技术是显而易见的，不具有创造性。

案例二

非显而易见具有创造性的判断

一种“主眼镜与太阳镜相结合”的专利，即一种近视或老花眼镜和一个防紫外线的太阳镜可随意结合与分离的专利技术，该专利通过在眼镜鼻梁处设有磁铁，将主眼镜与副眼镜吸合在一起。专利之前的现有技术，则是通过三个连接点而实现主眼镜与副眼镜两者的结合，即在鼻梁中间用一个弯钩作为连接点，在眼镜的左右两侧的镜腿处，各设一个磁吸作为连接点。一审法院认为，现有技术给出了眼镜左右两边有磁铁吸合的技术启示，因此本领域技术人员，很容易想到在鼻梁处也可以用磁吸的技术方案，因而否定了该项专利的创造性。二审法院则持完全相反的观点，认为从现有技术的“三点变一点”的结合，具有创造性，其理由是，现有技术的“三点结合”是对“一点结合”的否定，所给出的技术启示是“一点结合”不具有实用性，所以必须采用三点结合，进而认为这个是非显而易见的，具有创造性。最终二审法院撤销了一审判决，维持了该专利的有效性。

1.2　涉外专利申请

1.2.1　专利合作条约（PCT）

PCT 是《专利合作条约》即 Patent Cooperation Treaty 的缩写。《专利合作条约》（PCT）是《保护工业产权巴黎公约》下属的一个专门便利专利国际申请的国际条约，目前已经有 140 多个成员国。PCT 给予申请人一个统一的专利申请平台，申请人在一个地方、使用一种语言、缴纳一次申请费、向一个受理局提交一份申请，即可获得多个国家承认的专利申请。PCT 给申请人向多个国家递交申请带来了便捷，给予一项专利申请权是跨国专利申请的良好开端，但决定专利申请能否获得授权的最关键程序还是提交申请后的审查。

对于申请人来说，PCT 的优势在于，减少申请人多国重复申请劳动，提高授权效率，为其节省跨国专利保护的时间和成本。当来自成员国的申请人，向一个专利局（受理局）提交一份申请即国际申请，该申请自国际申请日起在所指定的国家中具有正规的国家申请的效力，由一个局（受理局）完成形式审查，由一个局（国际检索单位）进行检索，由国际局完成国际公布，并且申请人可以提出要求，由一个局（国际初步审查单位）进行国际初步审查（关于专利性的初步审查是可选项），最后由指定国的国家局完成审查和授权。[①]

PCT 申请的流程见下图：

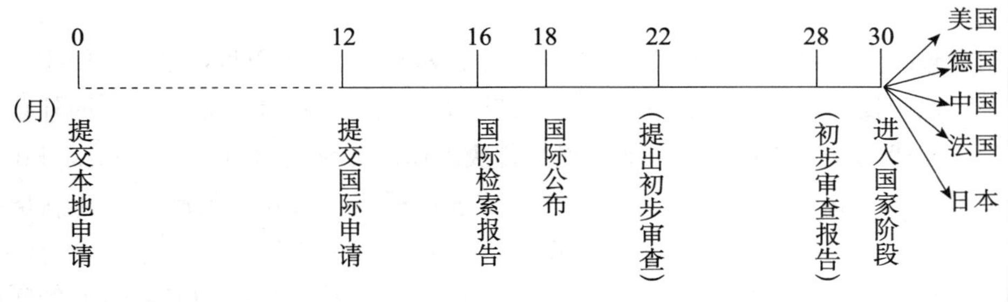

PCT 申请有如下优势：

1. 只需提交一份国际专利申请，就可以向多个国家申请专利，而不必向每一个国家分别提交专利申请，为专利申请人向外国申请专利提供了方便；

2. 在传统专利申请中，专利申请人须在第一次提交专利申请之日后的 12 个月内向每一个国家的专利局提交专利申请。而通过 PCT，专利申请人可以在首次提交专利申请之后的 20 个月内办理国际专利申请进入每一个国家的手续；假如要求了国际初步审查，还可

① 参见《PCT 申请的主要程序》，见 http://wenku.baidu.com/link?url=18QHYwraHKgwUe1N1ZGNk0G6arwkaAORqwSoz4dgBS7P_0pz6RVsfREJlPEx0v6QURMuBaBDak8p9GUBgzCbqcWAidHw9eIHIFFTBaVO4g3，访问日期：2013 年 4 月 15 日。

以在首次提交专利申请之日后的30个月内办理国际专利申请进入每一个国家的手续。这样便延长了进入国家阶段的时间。专利申请人可以利用这段时间对市场、对发明的商业前景等因素进行调查，决定是否继续申请外国专利。若经过调查，决定不向外国申请专利，则可以节省费用。

3. 国际专利申请要经过国际检索单位的国际检索，得到一份高质量的国际检索报告。该国际检索报告给出一篇或多篇现有技术文件，使得专利申请人既可以了解现有技术的状况，又可以初步判断发明是否具备授予专利的前景。如果国际申请经过了国际初步审查，专利申请人还可以得到一份国际初步审查单位作出的高标准的国际初步审查报告。假如该国际初步审查报告表明，该项发明不具备新颖性、创造性和工业实用性，则专利申请人可以考虑不再进入国家阶段，以便节省费用；假如该国际初步审查报告表明，该项发明具备新颖性、创造性和工业实用性，则专利申请人很有可能会得到一个“强”专利，从而考虑进入国家阶段。

4. 只需向受理局而不是向所有要求获得专利保护国家的专利局缴纳专利申请费用，简化了缴费手续。

5. 某些国家对国际专利申请的国家费用比传统申请要低。

6. 国际专利申请的语言可以是中文、英语、法语、德语、日语、俄语、西班牙语等。中国申请人提出国际专利申请可以使用中文和英文，这为中国的外资企业申请专利提供了方便。

1.2.2 专利审查高速公路（PPH）

专利审查高速公路（Patent Prosecution Highway，简称PPH），是一国知识产权局与其他国家知识产权局之间签署的一个协定，其所提供的方式极大地减少了在国外获取专利保护的时间和费用。具体是指，申请人提交首次申请的专利局（Office of First Filing，简称OFF）认为该申请的至少一项或多项权利要求可授权，只要相关后续申请满足一定条件，包括首次申请和后续申请的权利要求充分对应，OFF的工作结果可被后续申请的专利局（Office of Second Filing，简称OSF）获得等，申请人即可以OFF的工作结果为基础，请求OSF加快审查后续申请。利用PPH，某些国家的知识产权局对所提交的PPH申请进行的初次审查期限将从27个月降至3个月以下。

如果向第一个国家提交的该专利申请的权利主张通过了该国允许，那么可以借助PPH向另一国知识产权局提出加速审核请求。在提出PPH请求时，需要提供与第一个知识产权局受理的申请相关的信息，并说明后一次申请中的权利主张是如何与该第一次中的权利主张对应的。在提出加速审核请求的过程中，申请者可以随时根据需要对权利主张进行非实质修改。

根据该PPH，后一个受理申请的知识产权局将充分利用初次受理申请的知识产权局所进行的审核工作以及申请者所提供的额外信息，这将有助于快速提供高质量的专利审核。

但是专利审查高速公路共享审查资料程序有审查中禁止反言的规定，这给权利要求范围的确定带来一定的风险。申请人向二次递交局递交的要求加快审查的资料，必须与向首次递交局递交的申请材料保持一致，并且需要提供详细的说明，也就是说，被加速的申请必须与第一次申请的权利要求范围完全吻合。①

与《巴黎公约》的传统申请程序相比，PCT 的申请程序只是节省了除审查和授权之外的程序性申请事项的时间，但是往往专利授权时审查耗费的时间成本远高于其他程序性事项，幸运的是 PPH 不仅可以节省程序性申请事项的时间，同时也可以节省各合作局的审查时间，最终提高专利的授权效率，在某种程度上即可理解为 PPH 是 PCT 更加深入的专利国际审查合作。

目前，PPH 与专利合作协定（PCT）完全兼容。根据 PCT 的规定，申请者向世界知识产权组织（WIPO）提交一份申请即可获得多个国家的专利保护。经国际检索单位检索后，PCT 申请将进而转化为申请者寻求专利保护的各目标国的国家申请。PPH 则允许在该 PCT 申请的初次申请受理国审核的基础上，加速多个国家的申请审核程序。PCT 和 PPH 的结合，可以提供基于单一的 PCT 申请提供快速的、高质量的专利保护。

截至 2014 年 1 月，美国、德国、日本、英国、韩国、俄罗斯、丹麦、芬兰、葡萄牙、西班牙、墨西哥、奥地利、波兰、加拿大、新加坡等多国与中国知识产权局签署了 PPH 试点协议，申请人可以向前述国家的专利局提出 PPH 请求，以加快专利申请的审查进程。

PPH 具有以下特点②：

（1）及时，申请得到优先处理。

（2）成本低，申请人答复通知书次数减少。

（3）授权率高，提高审查结果的可预见性。

专利局受理处负责受理 PPH 请求，地方代办处不受理 PPH 请求。申请人提出 PPH 请求，不需要缴纳 PPH 请求费。

2012 年 3 月 1 日（含当日）之后向国家知识产权局提出 PPH 请求的，该 PPH 请求必须是以电子形式，与之相应的中国知识产权局（简称 SIPO，State Intellectual Property Office of the P. R. C）专利申请也必须为电子形式。

申请人在 3 月 1 日前已向 SIPO 提交了纸件专利申请、但未提交 PPH 请求的，如需要在 3 月 1 日之后（含当日）提交 PPH 请求，则需先将上述纸件专利申请转换为电子申请，之后再以电子方式提交 PPH 请求。

以下两个图示简要说明了 PPH 申请的程序。③

---

① 参见杜满清：《专利审查高速公路的构建及我国的对策研究》，华中科技大学 2011 年硕士学位论文。

② 参见 http：//www.cnipr.com/2010/news/dailykeyword/201111/t20111101_137847.html，访问日期：2013 年 4 月 18 日。

③ 参见 http：//www.sipo.gov.cn/ztzl/ywzt/pph/js/201106/P020110628359324183118.pdf。

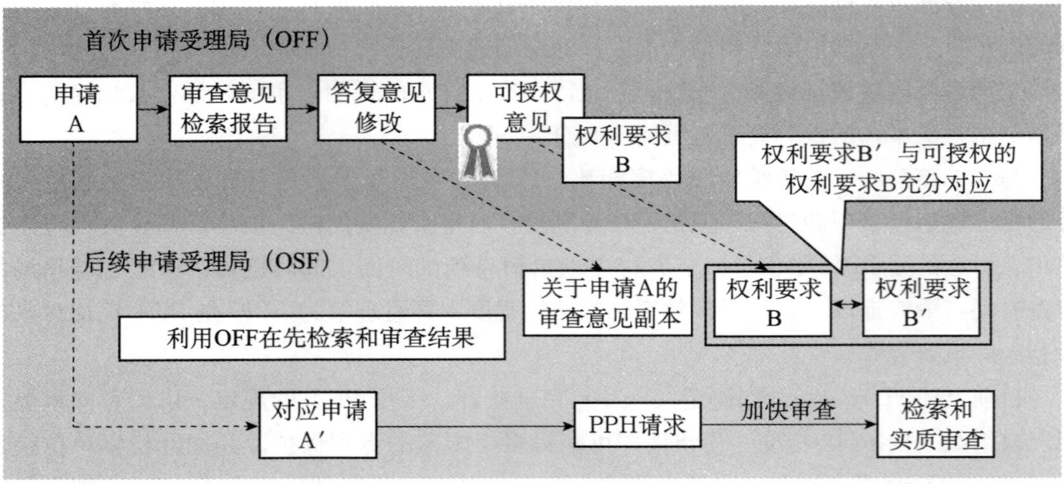

图 1

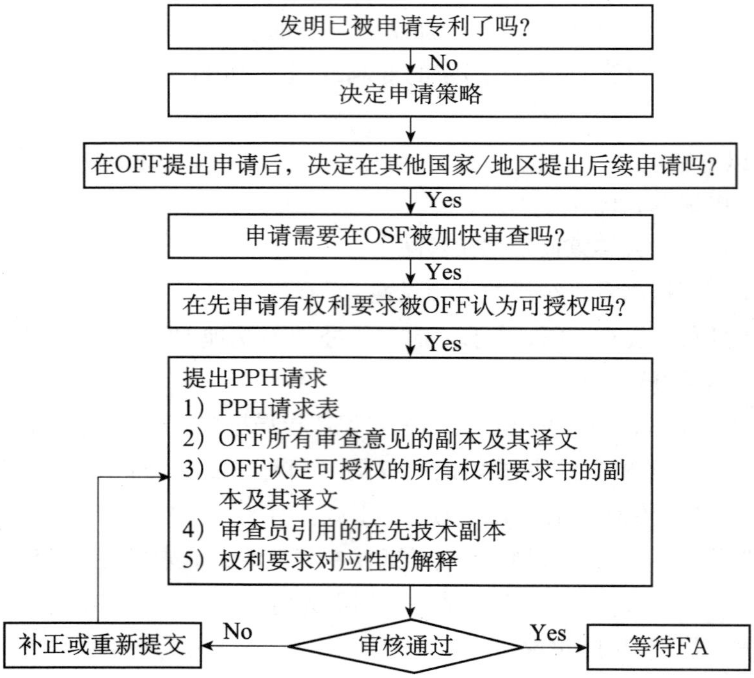

图 2　使用 PPH 的简要流程

1.2.3　欧洲专利申请①

欧洲联盟，简称欧盟，欧盟拥有 27 个成员国，有统一的关税市场，其 16 个成员国使用统一的货币即欧元，有共同的贸易、农业和渔业等政策。

但是欧盟至今还未形成一个在各成员国都有法律效力的欧盟专利，而且，并非所有的欧洲国家都是欧盟成员国，欧洲存在着许多版图不大的主权国家，它们有各自的国内法和不同的语言，这给欧洲之外希望获得欧洲专利保护的申请人在申请专利时带来了不小的困难，幸而现在有几种减少此困难的方法可供选择：

一、欧洲专利条约（EPC）

欧洲各国因为经济、科技发展具有相似性和密切联系，一体化协调阻碍小，所以于 20 世纪 70 年代率先建立了区域一体化审查和授权的欧洲专利制度，即欧洲专利条约（EPC）。欧洲专利局（EPO）作为欧洲的专利认证机构，EPO 的授权专利在 38 个欧洲国家（包括 34 个缔约国及 4 个延伸国）生效。根据欧洲专利条约，在欧洲申请专利只需要通过一个单一程序、一种语言（法语、德语或英语）、一次申请即可。一旦专利获得认证，专利人必须在法律规定的 3 个月内向他希望获得专利保护的国家确认该专利。

在欧洲获得专利保护在未产生 PCT 之前，有以下两种主要途径。

1. 直接适用国内程序：直接向被要求提供专利保护的各个欧洲国家分别提出申请登记，这一途径是 EPO 成立前唯一可行的途径，目前只有在要求专利保护的国家数量极有限时才有吸引力，其优点是在那些不对专利申请进行审查的国家可以很快获得专利，但专利的有效性不稳定；

2. 直接适用欧洲专利局程序：在欧洲专利局做一个单一的申请登记，一旦获得欧洲专利认证，即可向每一个被要求提供专利保护的成员国确认该专利。直接向 EPO 提出专利申请的方法简捷且成本更低，但适用范围有限，一旦申请人同时需要在 EPO 之外的国家寻求专利保护，这种途径就不适用。

二、专利合作条约（PCT）

PCT 即《保护工业产权巴黎公约》其中之一，前身本就是促进欧洲专利保护一体化的国际申请国际条约。在 EPC 与 PCT 的融合和发展中，给希望在欧洲申请专利的申请人提供更为便捷的申请审查平台。

中国是《巴黎公约》及专利合作条约（PCT）成员国，因此事实上目前国内申请人主要通过下面三种途径向欧洲国家申请专利：

---

①　参见 Marco T. Connor、林亚松：《欧洲专利申请程序及途径分析》，见 http：//images. mofcom. gov. cn/be/accessory/200803/1204646418173. pdf，访问日期：2013 年 4 月 18 日。

1. 巴黎公约途径：申请人在国内提出专利申请后，在申请日起（有优先权的自优先权日起）12 个月届满前向单个欧洲国家或 EPO 提出专利申请，即可以享受 12 个月的优先权待遇；

2. 欧洲专利程序和 PCT 程序相结合：申请人可以在申请日起（有优先权的自优先权日起）12 个月内向中国国家知识产权局提出 PCT 国际申请，指定向包括欧洲专利局在内的 PCT 成员国申请专利，并在自申请日起（有优先权的自优先权日起）31 个月内进入 EPO 程序，在获得欧洲专利局的认证后，即可向每一个被要求提供专利保护的成员国确认该专利；

3. PCT 程序：申请人可以在申请日起（有优先权的自优先权日起）12 个月内向中国国家知识产权局提出 PCT 国际申请，在优先权日后的 30 个月内，可向每一个被要求提供专利保护的成员国确认该专利。

三、专利审查高速公路（PPH）

专利审查高速公路（PPH），虽然是新生事物，但近几年来发展迅速。基本上欧洲较发达国家都已与我国建立了 PPH 审查合作，这也为我国专利能够在欧洲国家得到更高效的审查与保护提供了另一种申请途径。

1.2.4　港澳台专利申请[①]

一、香港专利申请

根据《香港专利条例》，现行香港专利分为标准专利和短期专利。

标准专利即实行注册指定专利当局授予的发明专利的制度，“指定专利当局”指为施行专利条例而指定的专利当局，具体而言，即指中国专利局、英国专利局和欧洲专利局。只有向三个“指定局”提出并经批准的国家（地区）申请或国际申请才有可能作为向香港知识产权署请求注册标准专利的基础。尽管标准专利是向指定局提出，指定局根据自己的专利法律审批专利，并且申请人再按照香港专利条例向香港知识产权署注册后即可成为标准专利，但标准专利一经注册，即成为独立于中国内地、英国和欧洲专利权的香港注册专利权，由香港法庭负责执行该权利。

申请人必须向香港知识产权署辖下的专利注册处提交申请，专利注册处将审查申请人的专利申请，以确保申请符合提交专利申请在形式上的规定。香港知识产权署不就发明的新颖性或创造性进行实质审查。

根据《香港专利条例》第 93 条，任何发明如能作工业应用，并且是新颖的和包含创造性，即属可享专利。但以下各项除外：

---

① 参见《香港专利条例》，见 http：//www.doc88.com/p-194102220051.html，访问日期：2013 年 4 月 21 日。

1. 发现、科学理论或教学方法；

2. 美学创作；

3. 用以实行智力活动、进行游戏或进行业务的任何计划、规则或方法，或用于电脑的任何程式；

4. 藉外科手术或治疗以医治人体或动物身体的任何方法，以及施于人体或动物身体的任何诊断方法；

5. 任何植物或动物品种或用作生产植物或动物的基本上属生物学的方法（微生物学方法或藉该方法所得的产品除外）。

根据《香港专利条例》第 98 条，就某项发明而提出的指定专利申请的所有人及其权利继承人，其基于在某一巴黎公约国内就同一发明的专利或其他保证提出的较早申请，根据指定专利当局的法律，在该项较早申请的提交日期后的 12 个月期间内，享有优先权利。

根据《香港专利条例》的规定，向中国专利局提出的发明专利申请，申请人可以在香港知识产权署办理两次注册手续之后获得香港标准专利，两次注册即指定专利申请记录在注册记录册内和将指定专利注册：

（一）第一次注册手续

第一次注册是请求对指定专利申请进行登记。申请人在中国、英国或欧洲（指定英国）的专利申请在公告之日起 6 个月内的任何时候，应向香港知识产权署提出登记请求（即申请标准专利）。登记请求应包括下列文件：

1. 公开文本复印件；

2. 记录请求书［申请人资料：名称、地址、电话、传真等（中英文）］；

3. 如申请人与公开文本中不一致，需提供一份申请权转让的证明文件；

4. 递交记录请求时，同时缴纳申请费和宣传费（在政府公报上公开的费用）。

（二）第二次注册手续

第二次注册是请求对指定专利申请进行注册并对此件指定专利说明书中的发明授予标准专利。注册和授权请求应当在指定专利申请被指定专利局授予专利权之后 6 个月内，或者指定专利的记录请求书在香港公开之日起 6 个月内（以在后的日期为准）提出。注册和授权请求应包括下列文件：

1. 经指定专利局核实的专利说明书（包括说明书、权利要求书和附图）一份；

2. 注册请求书；

3. 如果提出注册和授权请求的人不是注册簿中登记的标准专利申请人，请求人应当提供以合法方式获得申请权的声明以及支持该声明的证明文件；

4. 已经在注册和授权请求中声明要求优先权的，应当提供优先权文件的副本；

5. 递交注册请求时，同时缴纳注册费和宣传费。

上述所列文件中，发明人和申请人的姓名或名称应当用罗马字母标注音译名，发明名称和摘要应当以中、英两种文字提供，其他文件以中文或英文提供。原件不是中、英两种文字的应当提供译文。

香港知识产权署专利注册处经过形式审查合格即准予注册并授予香港标准专利，在香港政府公告上刊登授权公告，同时将专利权证书送交专利权人。

香港标准专利的有效期为 20 年，自指定专利局的申请日开始计算，但生效日期须从香港政府公报刊登授权公告之日起开始。

香港标准专利一经批准即具有独立性，不受原指定局专利法律状态变化的影响。

1997 年 6 月 27 日以后公开的中国发明申请都可以申请香港标准专利。

根据《香港专利条例》的规定，在香港除了注册已批准的发明专利并使之成为香港标准专利外，还建立了单独的短期专利制度。短期专利虽然在保护范围上与标准专利相同，但其审批程序是由香港知识产权署自行受理、进行形式审查并批准授权，并且其保护期限也短于标准专利。设立短期专利制度是为了保护只有短期商业寿命的产品或生产方法。

申请短期专利需要提交：(1) 批准短期专利的请求书。(2) 一份在表面上提供以下资料的说明书（包括对申请所涉及发明的说明、一项或多项权利要求，但独立权利要求只能为一项、附图)。(3) 一份摘要。(4) 一份关于该发明的检索报告。检索报告可以由规定的下列单位作出：①根据《专利合作条约》第 16 条指定的国际检索单位，包括奥地利、澳大利亚、中国、日本、俄罗斯联邦、西班牙、瑞典、美国和欧洲专利局；②香港特别行政区政府为实施专利条例而指定的专利局，目前为中国、英国和欧洲专利局。

短期专利自宪报公告授权之日起生效，其保护期限一般为 4 年，最长为自申请日起 8 年。

二、台湾专利申请①

在台湾，授权的专利有三种：发明、实用新型和新式样，它们的保护期限分别为 20 年、12 年和 10 年，均自申请日起算。对于发明专利，申请人自申请日起 3 年内提起实审请求，智慧财产局进行考察发明专利性的实质审查；实用新型专利实行登录制，申请时同步进行形式审查；新式样专利实行实审制并于申请时同步实审。

台湾的专利申请要求使用繁体字提出。申请发明专利需提供发明专利请求书、说明书（说明书有附图的，应当提交说明书附图)、权利要求书、摘要（必要时应当有摘要附图)；申请新型专利需提供新型专利请求书、说明书、说明书附图、权利要求书、摘要及其摘要附图；申请新式样专利需提供新式样专利请求书、图片或者照片。

除上述申请文件外，提出台湾专利申请还需要提供下述文件：

1. 宣誓书：由发明人或制作人签名、盖章，表明此专利申请的发明或制作不是剽窃他人成果，多位发明人可共签一张；

2. 委托书：给代理机构的委托书，由申请人签章，每一申请签署两份；

① 参见 http：//wenku. baidu. com/link? url = zuTR60 - pRpTtELPFdDvxfHdLW _ C-6zYjr7CDa4M2qFDYjc2S5HbZu1xB2YAsrUk6KmZbQJ8aiMkRPTNN-JtiEy3RThUkLuJpTDTy0OAOnBu，访问日期：2013 年 4 月 23 日。

3. 国籍证明：作为申请人的自然人的身份证、护照、户口本等复印件，并经公证，一份国籍证明适用于同一申请的所有申请案，但有效期为 3 年；

4. 法人证明：作为申请人的法人单位营业执照的复印件，并经公证。

上述第 2 至第 4 项的文件可在申请日之后 60 天内补交。

三、澳门专利申请①

在澳门，受保护的专利分为发明、实用专利和外观专利（也称设计和新型专利），它们的保护期限分别为 20 年、10 年和 25 年，均自申请日起算。另外中华人民共和国国家知识产权局授予的发明专利或专利申请可延伸到澳门特别行政区生效。

澳门专利申请流程如下：

1. 申请人以中文或葡文填写“申请书”及“摘要”表格后，应将上述表格连同附件澳门向经济局提交，并缴付有关费用；

2. 若申请资料符合规定，自提出申请日起计已满 18 个月，或在属主张某项优先权的情况下自主张日起计已满 18 个月后，有关申请公告将于每月首个星期三出版的《澳门特别行政区公报》内刊登。自刊登公告日起至授予实用专利之日止，任何第三者均可以书面形式就有关的注册申请提出声明异议；

3. 申请人应在提出主申请或分案申请之日起计发明专利需在 7 年内（实用专利注册需在 4 年内、外观专利之申请需在 30 个月内），向经济局递交实质审查申请，否则有关的注册申请将被驳回；

4. 审查报告书由指定实体撰写；

5. 申请获批准后，有关注册编号、权利人名称及批示日期等资料将公布于每月首个星期三出版的《澳门特别行政区公报》第二组内；

6. 申请人应在核准注册的批示公布于《澳门特别行政区公报》日起计 1 个月的上诉期届满后，或当有上诉提出时，在获知法院的确定裁判后 5 个工作日，凭经济局发出的已缴纳申请费用的收据正本，前往经济局领取注册证。

国家知识产权局的发明专利延伸：

1. 已向国家知识产权局提交发明专利申请的申请人须填写“国家知识产权局之发明专利延伸申请书”表格，连同发明专利摘要、发明专利说明书、权利要求书、受理通知书或专利证书的鉴证本等其他证明文件，以及按需要连同说明书附图、授权书等，向知识产权厅提交发明专利延伸申请；在国家知识产权局的《专利公报》公布授予专利权通告后的 3 个月内，申请人应通过填写“其他行为申请书”表格，向知识产权厅递交由国家知识产权局发出的《专利登记簿副本》及《专利说明书》。

2. 已获国家知识产权局授予发明专利的权利人，应在国家知识产权局的《专利公报》公布授予专利权通告后的 3 个月内，向知识产权厅提交已填妥的“国家知识产权局之发明

① 参见 http://news.k8008.com/html/201303/news_4049821_1.html，访问日期：2013 年 4 月 23 日。

专利延伸申请书”，以及由国家知识产权局发出的《专利登记簿副本》和《专利说明书》。

值得注意的是，专利注册申请人提出要求制作审查报告书时，所提交的文件必须以中文撰写或翻译成中文。另外澳门专利与中国内地专利的不同在于，中国内地专利的审查标准是我国的专利法，但是澳门专利的审查标准是PCT条约。

澳门专利申请所需文件：

1. 国家知识产权局之发明专利延伸

(1)《国家知识产权局之发明专利延伸申请书》表格及其附件；

(2) 国家知识产权局发出的《专利登记簿副本》；

(3) 国家知识产权局发出的《专利说明书》；

(4) 说明书附图、代理委托书（如委托专利代理人处理）。

2. 发明专利

(1)《发明专利注册申请书》表格；

(2)《摘要》表格（内容最好不超过150个词或400个字）；

(3) 发明专利说明书、权利要求书、说明书附图、代理委托书、优先权文件（如要求优先权）。

3. 实用专利

(1)《实用专利注册申请书》表格；

(2)《摘要》表格（内容最好不超过150个词或400个字）；

(3) 实用专利说明书、说明书附图、权利要求书、代理委托书、优先权文件（如要求优先权）。

4. 设计和新型专利

(1)《设计或新型注册申请书》表格；

(2)《摘要》表格（包括产品的新颖性说明，以150个词或400个字为限）；

(3) 附图或照片、代理委托书、优先权文件（如要求优先权）、延迟公布申请之请求（如有此请求）；

其中，要求国家知识产权局作出审查报告书的，申请文件（说明书、摘要、权利要求书、附图等）应当以中文提出，或者附上中文译文；对于以非澳门地区正式语言作出的证书或其他文件，应递交该地区任一正式语文之译本（中文或葡文）。

1.3 专利权的保护[①]

1.3.1 授权前保护阶段

在授权前，不同种类的专利在不同的阶段有不同的保护方式。

① 参见http：//www.epatent.com.cn/knowledge/bh/200511/knowledge_3961.html，访问日期：2013年4月24日。

对发明专利而言，自专利申请日起至申请公布日为保密保护阶段，对实用新型和外观设计专利而言，自专利申请日起至专利权公告生效之日为保密保护阶段。

在此阶段，申请人只是提出专利申请，而专利申请的内容并未公开，因此，专利申请人在此阶段，依然不是专利权人，专利申请人须加强保密保护工作，如必要时与相关单位或个人签订保密合同，避免不必要的纷争从而造成对自身利益的损害。

1.3.2　临时保护阶段

《专利法》第 13 条规定："发明专利申请公布后，申请人可以要求实施其发明的单位或者个人支付适当的费用。"可知，在临时保护期内收取使用费不是申请人持有的权利，实施者也并无义务支付使用费。

但是，专利申请人可以等到申请被授予专利权后，再向实施人索取专利法规定的临时保护期使用费。专利权人要求支付临时保护期使用费的诉讼时效为 2 年，自专利权人得知或者应当得知他人使用其发明之日起计算。但是，专利权人于专利权授予之日前即已得知或者应当得知的，自专利权授予之日起计算。临时保护期内使用费的标准应与实施授权后发明创造使用费的标准相当。

1.3.3　授权保护阶段

专利申请被授权后，专利申请人成为专利权人，他可以完整地行使《专利法》第 11 条赋予专利权人的权利：

发明和实用新型专利权被授予后，除本法另有规定的以外，任何单位或者个人未经专利权人许可，都不得实施其专利，即不得以生产经营为目的制造、使用、许诺销售、销售、进口其专利产品，或者使用其专利方法以及使用、许诺销售、销售、进口依照该专利方法直接获得的产品。

外观设计专利权被授予后，任何单位或者个人未经专利权人许可，都不得实施其专利，即不得以生产经营为目的制造、许诺销售、销售、进口其外观设计专利产品。

《专利法》第 60 条规定，未经专利权人许可，实施其专利，即侵犯其专利权，引起纠纷的，由当事人协商解决；不愿协商或者协商不成的，专利权人或者利害关系人可以向人民法院起诉，也可以请求管理专利工作的部门处理。《仲裁法》第 2 条规定，平等主体的公民、法人和其他组织之间发生的合同纠纷和其他财产权益纠纷，可以仲裁。专利侵权纠纷也属于财产权益纠纷，因此是可以申请仲裁的纠纷。

由上述规定可知，该阶段有四种主要保护手段，即协商、仲裁、请求管理专利工作的部门处理、诉讼。四种手段各有优缺点，专利权人可根据自己的需要来权衡：

协商的方式对于双方当事人来说，省时省力，节约花费，也不伤及和气；仲裁程序简单，又可远离地方保护主义。但是协商与仲裁都需双方自愿，若有一方不愿意，则无法采取这些方式。请求管理专利工作的部门处理的方式可以快速地制止侵权，但是无法解决赔偿问题，除非侵权人配合，不过对于许多专利权人来说，利用行政机关的行政处罚等行政执法措施及时制止侵权比取得赔偿更为重要；诉讼的方式强度最高最有效，但是诉讼周期较长、程序复杂，花费较多。若需要取得合理的赔偿，利害关系重大，案情复杂，建议采取诉讼的方式。

1.4 专利权利的限制①

1.4.1 推广应用

《专利法》第 14 条规定，国有企业事业单位的发明专利，对国家利益或者公共利益具有重大意义的，国务院有关主管部门和省、自治区、直辖市人民政府报经国务院批准，可以决定在批准的范围内推广应用，允许指定的单位实施，由实施单位按照国家规定向专利权人支付使用费。

因此，“推广应用”必须符合的条件和要求：第一，被推广应用的只限于发明专利；第二，在专利权的主体上，被推广应用的发明专利限于国有企业事业单位的专利；第三，被“推广应用”的发明专利限于对国家利益或者公共利益具有重大意义的；第四，须经国务院批准才可以实施；第五，指定的单位才可以实施；第六，实施单位应当支付与通常情况下的专利使用费数额相同的使用费。

1.4.2 强制许可

为了防止专利权人滥用权利、平衡专利权人与公众的利益，《专利法》第 48 至 52 条分别规定了强制许可的一般理由与特别理由：

《专利法》第 48 条规定，有下列情形之一的，国务院专利行政部门根据具备实施条件的单位或者个人的申请，可以给予实施发明专利或者实用新型专利的强制许可：(1) 专利权人自专利权被授予之日起满 3 年，且自提出专利申请之日起满 4 年，无正当理由未实施或者未充分实施其专利的；(2) 专利权人行使专利权的行为被依法认定为垄断行为，为消除或者减少该行为对竞争产生的不利影响的。

第 49 条规定，在国家出现紧急状态或者非常情况时，或者为了公共利益的目的，国务院专利行政部门可以给予实施发明专利或者实用新型专利的强制许可。

第 50 条规定，为了公共健康目的，对取得专利权的药品，国务院专利行政部门可以

① 参见 http://www.epatent.com.cn/knowledge/bh/200511/knowledge_3961.html，访问日期：2013 年 4 月 24 日。

给予制造并将其出口到符合中华人民共和国参加的有关国际条约规定的国家或者地区的强制许可。

第 51 条规定，一项取得专利权的发明或者实用新型比前已经取得专利权的发明或者实用新型具有显著经济意义的重大技术进步，其实施又有赖于前一发明或者实用新型的实施的，国务院专利行政部门根据后一专利权人的申请，可以给予实施前一发明或者实用新型的强制许可。

在依照前款规定给予实施强制许可的情形下，国务院专利行政部门根据前一专利权人的申请，也可以给予实施后一发明或者实用新型的强制许可。

第 52 条规定，强制许可涉及的发明创造为半导体技术的，其实施限于公共利益的目的和本法第 48 条第 2 项规定的情形。

上述三种情况下的强制许可只适用于发明和实用新型专利，而不适用于外观设计专利。

按照规定，取得实施强制许可的单位或者个人同样应当向专利权人支付合理的使用费，并且不享有独占实施权，也无权允许他人实施。

1.4.3　不视为侵犯专利权以及不承担赔偿责任的情形

《专利法》第 69 条规定，有下列情形之一的，不视为侵犯专利权：

（1）专利产品或者依照专利方法直接获得的产品，由专利权人或者经其许可的单位、个人售出后，使用、许诺销售、销售、进口该产品的；

（2）在专利申请日前已经制造相同产品、使用相同方法或者已经作好制造、使用的必要准备，并且仅在原有范围内继续制造、使用的；

（3）临时通过中国领陆、领水、领空的外国运输工具，依照其所属国同中国签订的协议或者共同参加的国际条约，或者依照互惠原则，为运输工具自身需要而在其装置和设备中使用有关专利的；

（4）专为科学研究和实验而使用有关专利的；

（5）为提供行政审批所需要的信息，制造、使用、进口专利药品或者专利医疗器械的，以及专门为其制造、进口专利药品或者专利医疗器械的。

上述第（1）种情形为专利权用尽，第（2）种情形属于先用权。①

《专利法》第 70 条规定：为生产经营目的使用、许诺销售或者销售不知道是未经专利权人许可而制造并售出的专利侵权产品，能证明其产品合法来源的，不承担赔偿责任。

---

①　先用权是专利法先申请制的补救性措施，调整申请在先的专利权人与申请日前已实施或准备实施的单位或个人之间的利益。先用权不是一种单独存在的权利，是一种对抗专利侵权的抗辩权。

1.5 专利制度发展的前沿动态[①]

1.5.1 时代发展与专利保护的国际化

专利是传统知识产权的三大支柱之一，因此，专利的国际保护是知识产权国际保护中最重要的部分之一。同时，知识产权的国际保护之所以“首先着眼于专利是因为专利对许多技术和商业领域影响巨大，还因为获得和实施专利权的费用总的来说高于其他形式的知识产权”。

从目前来看，所谓专利的国际保护的新趋势至少应包括两个方面的内容，即专利保护的国际化的新趋势和世界各国专利保护的最新动向。

在专利保护的国际化这一领域，主要由于贸易全球化和经济一体化进程的加快，世界各国尤其是发达国家一直致力于建立一个全球统一的强有力的专利制度，从而降低专利费用，减少程序，最终有利于发明人和专利权人在全球范围内迅速、便捷地获得被有效保护的专利和实施专利技术。这里讲的统一，不仅指专利申请、授权的程序一致，还包括实质上的统一的“世界专利”，即突破国家主权的藩篱，在世界范围内统一授权、统一有效的专利，从而也是在世界范围内以统一的力度保护的专利。但是，从目前来看，一方面由于民族国家的主权还是实现这一理想不可逾越的障碍，另一方面因为各个国家经济、政治发展水平不同造成的对专利制度需求的程度不同，能提供的保护措施也不同，这又造成了打造“世界专利”制度的客观困难。因此，目前的专利国际保护的基石仍然是《巴黎公约》所确定的“国民待遇”原则，专利的国际保护还仅仅停留在程序上逐步达到统一的进程中，离“世界专利”的目标还十分遥远。但是，随着《与贸易有关的知识产权协议》（TRIPs）和《专利合作条约》（PCT）的生效，各国之间多边双边的专利审查高速公路（PPH）的国际审查合作逐步开展，上述进程有加快的趋势。而随着《欧亚专利公约》（EAPC）的生效以及欧洲专利局（EPO）、美国专利商标局（USPTO）、日本特许厅（JPO）1997 年京都三方会议建立全球性专利审批制度共识的达成，建立真正意义上的“世界专利”制度的努力也提上了议事日程。

随着新的科学技术的发展和专利制度本身在运行中出现的新问题，世界各国都在对专利制度进行不断的完善和探索。近年来，计算机技术、网络技术和生物技术的迅速发展逐渐反映到专利制度的建设上来，专利保护的客体呈扩大之势。由于管理科学日臻重要，甚至管理方法都存在被纳入专利法律保护的可能性。专利制度设计本身包括申请、授权等制度也都发生了引人注目的变化。

---

① 参见《专利保护的国际趋势及对策》，见 http：//news. 9ask. cn/zclaw/zcf/201010/908525. shtml，访问日期：2013 年 4 月 17 日。

1.5.2　PCT 和 TRIPs 对专利国际保护的影响

1883 年签署的《保护工业产权巴黎公约》（简称《巴黎公约》）是各种工业产权公约中"最早、成员国也最广泛的一个综合性公约"。《巴黎公约》"保证了一个成员国的国民在申请和取得专利、注册商标等工业产权方面，在其他成员国内享有某些统一的、最低限度的权利"。其核心是以互惠为前提的"国民待遇"原则。但事实上，所谓"国民待遇"原则并"不产生任何具有跨国效力的工业产权"，成员各国在提供"国民待遇"时，以各国自己的国内法为依据。与此同时，《巴黎公约》第二条规定，"凡涉及保护工业产权的有关司法及行政程序、司法管辖权、文件送达地址、代理人资格等问题的法律，都可以申请保留"。

随着贸易全球化进程的不断加快，知识产权特别是专利国际保护的重要性日益突出。基于《巴黎公约》"国民待遇"原则而提供的专利保护虽然还是当今国际专利保护体系的核心，但由于其固有的体制，相对于贸易全球化的今天，《巴黎公约》在很大程度上已经不能满足发明人、专利申请人的要求。因此，在 1970 年和 1993 年，分别诞生了两个重要的多边协议，即《专利合作条约》（PCT）和《与贸易有关的知识产权协议》（TRIPs），两个继续努力协调国家和地区间专利保护制度（对于 TRIPs 是知识产权）的条约。

PCT 目前已经有 140 多个成员国，是缔约国最多的工业产权条约之一。PCT 详细规定了专利申请所要遵守的形式要求，从而为一项发明"通过众多国家同时提交一份国际专利申请而获得专利保护创造了可能性。"PCT 使专利申请的程序性问题趋于统一，也使专利的审批程序"进一步国际化"。相对于以往的工业产权的国际间协调成果来说，PCT 达到了进一步的积极效果。

世界知识产权组织认为，PCT 有如下优点：

第一，申请人采用 PCT 比不采用 PCT 时，可多享有 8 个月或 18 个月的时间来决定是否在国外提出申请，是否在每个指定国委任当地的专利代理人以及准备必要的译文和支付专利费用。PCT 还保证了专利申请人的国际申请在符合 PCT 要求的形式的条件下，不被指定局以形式理由驳回的权利。同时，由于 PCT 提供国际检索报告，便于专利申请人对其发明进行专利性评估，并且较之于申请人自己的检索来讲，在国际检索报告基础上的评估显然更为可靠。

第二，国际检索报告使指定国专利局的检索和审查量得以减少。有人认为，国际检索局的统一检索"避免了重复劳动"。

第三，由于每件国际申请都与国际检索报告同时公开，因此更有利于第三方对申请的专利性提出理由充足的意见。

但是，PCT 所能提供给专利申请人的益处，主要还是程序上的便利，在专利权授予的地域性、专利审查的标准等实质性问题上，PCT 没有前进一步。不过，尽管 PCT 制度所提供的国际检索报告是没有约束力的，这一制度却为实行单一审查制提供了某种可能性。因为，部分国家完全信任 PCT 提供的国际检索报告，往往基于这一检索结果决定是否授予申请人专利权。因此，有人认为，在“有限但很重要的程度上，”“PCT 是一种有效的国际化机制。”

有关专利制度，TRIPs 主要有两方面的新贡献：一是对 WTO 成员提出了专利保护最低标准的要求，从各国国内法角度加强了对专利权人的保护；二是确立了两个重要的新原则，从国际协调角度加强了专利及其他知识产权的保护，加强了权利人的地位。

TRIPs 强化专利保护的要求主要体现在协议的第 25、27、28、31、32、33、34、61 条等诸条。

首先，协议扩大了可授予专利的主题范围。TRIPs 认为，专利的主题应基本包括所有类型的发明。第 27 条禁止任何签约方根据发明主题区别对待。如果是一项发明，只要“具有创造性并且可以进行工业应用”，都应该能得到专利保护。这一规定既适用于方法发明也适用于产品发明。不过，针对本条的要求，TRIPs 排除了“某些可能会引发公共道德或环境等方面考虑的发明。”即：“出于保护公共秩序或公共道德的目的，包括保护人、动物或植物的生命或健康，或防止对环境造成严重污染”的发明。另外，TRIPs 协定第 25 条还规定，全体成员都必须保护工业品外观设计。

其次，TRIPs 延长了专利保护期限。第 33 条规定：“保护期限（发明专利）应为自申请日起 20 年。”

再次，TRIPs 扩大了专利权的权能。第 28 条明确了专利权的进口权，以阻止第三方企图进口专利产品，包括专利产品和通过专利方法获得的产品。同时，本条还禁止第三方“企图销售”专利产品。

TRIPs 对政府强制许可规定了苛刻的条件。第 31 条规定，只有在较为严格的前提下，政府才可以对专利实行强制许可。

TRIPs 确定了对专利授权、无效、撤销等政府行政行为的司法审查制度。第 32 条规定，“（应）对撤销专利的决定提供机会进行司法审查”。

就方法专利侵权问题，TRIPs 确立了举证责任倒置制度，加强了专利权人在司法审判中的地位。第 34 条规定，如果涉及方法专利，侵权举证责任由被诉侵权的人承担，由被诉人证明其所使用的方法与授予专利的方法不同。

TRIPs 还确立了以刑事手段保护专利及其他知识产权的原则。第 61 条规定，“缔约方应确立刑事诉讼程序和刑罚”，对于侵犯知识产权的行为“可得到的补救措施应包括能足以防止侵权的监禁和罚金措施，通常与同等犯罪行为同水平的处罚”。

在专利和其他知识产权的国际协调方面，TRIPs 所确立的两个重要新原则是“最惠国待遇”和有关贸易的知识产权争端解决机制。

“最惠国待遇”指在知识产权保护问题上，“任何缔约方对另一国国民所给予的利益、特权、豁免应立即无条件给予其他国家的国民”。TRIPs 第 4 条规定了“最惠国待遇”条款。

有关争端解决机制，由于协议存在的目的就是解决有关贸易的知识产权问题，因此，协议事实上把知识产权争端纳入了贸易争端的解决体系中，使之成为贸易问题的一个组成部分。TRIPs 在序言中声明，“强调通过多边程序达成强有力的约定以解决与贸易有关的知识产权问题的争议，从而减少紧张局势的重要性”。在第 64 条规定：“关税与贸易总协定的第二十二条和二十三条，以及关于关贸总协定第二十二条和第二十三条争端解决的规则和程序的协议，（被缔约方采用）应适用于本协议下争端的磋商和解决，例外情况除外。”

相对于 PCT 来讲，我们可以看出，TRIPs 对于专利的一体化的主要贡献之一是，它提出了对 WTO 成员方的专利制度的最低标准要求，在这一标准的基础上使 WTO 成员对专利的保护达到了一致，从而在世贸组织范围内，强化了从国内法角度对专利的保护。协议的第一部分明确规定：“缔约方应确保使协议的规定生效，缔约方可以，并非必须，在他们本国法律中实施比本协议要求更广泛的保护，只要这种保护不违反本协议的规定。”WTO 各缔约方除了部分符合过渡期安排的国家外，都要立即按照上述条款调整自己的专利法规，以达到上述协议所要求的标准。协议确立的新标准扩大了专利保护的客体、期限、权能，限制了政府强制许可、专利局对专利无效、撤销等行政权力，同时，又从司法角度加强了权利人的地位，还引入刑事手段，加大了打击专利侵权的力度。

TRIPs 确定的“最惠国待遇条款”，从一定程度上减少了国家间、地区间的多边和双边谈判，较之于《巴黎公约》所确定的“国民待遇原则”，这一机制显然更便于解决国家间和地区间的知识产权问题。“国民待遇条款禁止一个成员国把自己的国民与其他成员国的国民区别对待，最惠国待遇条款禁止在其他成员国之间进行区别对待。”当然，由于实行最惠国待遇有例外的限制，因此，最惠国待遇条款实际上是有条件的最惠国待遇，是限制性最惠国待遇。这一原则并没有“一劳永逸地解决同某个或某几个国家的（关于知识产权的）贸易谈判问题”。

尽管以往的国际间知识产权协议的形成同样是基于工业和贸易，但由于只有 TRIPs 在历史上第一次将知识产权保护标准直接同贸易制裁机制挂钩，因此，我们认为，TRIPs 本身的意义不仅仅在于对专利保护制度提供了更多的东西，更重要的意义在于它在国际上（现在是 WTO 成员间）建立了一种具有事实上强制力的知识产权保护国际体系。世贸组织争端解决机构（DSP）可以在一个可行的体系内决定贸易报复，该系统“实质上”有“相对多的司法权”。“政府之间有争端，这些争端包括义务是否被执行，在实质性标准或国内执行方面是否遵从于世界贸易组织的统一争端解决机制。在原有的国际法中并没有提供任何让一个政府相信另一个政府履行义务的有效方法，因此这是一个重要的发展。”“WTO 各成员国的专利法必须在 TRIPs 标准上达成一致，否则，由于前述贸易争端解决机制的存在，就有可能因为专利保护问题在国际贸易中受制于多边贸易制裁体系。”

1.5.3　有关专利保护的最新国际协定

在世界知识产权组织以及许多地区和国家间也存在不同于上述两条约的各种协定，同时也有以其他形式存在的新的框架。这里讲的所谓“不同”和“新”主要是指在专利的国际保护、建立世界专利的路上走得更远一些的体制。

当前值得注意的关于专利的国家间、地区间协定主要有1973年的欧洲专利公约、专利法条约（PLT）、欧亚专利公约（EAPC）、非洲地区工业产权组织（ARIPO）、非洲知识产权组织（OAPI）以及美日欧三方京都备忘录等。其中较为有影响的或即将起到重要影响的协议主要是欧洲专利公约、PLT、EAPC以及三方京都备忘录。

欧洲专利公约、OAPI、ARIPO都是采用国家专利根据各成员国的法律对专利进行审批的制度。从某种意义上讲，由于欧洲专利公约在组织上建立了统一的审查机构——欧洲专利局，因此，尽管欧洲专利还不是在欧洲地区“统一”的专利，但是由于统一的受理、审批机构对建立统一的专利制度是必不可少的，所以，欧洲专利模式不失为协调专利制度的一种途径。欧洲专利局（EPO）曾经建议，PCT世界专利缺少一个现实存在的专利局或一部实体法，而EPO则有欧洲专利公约的优势，因此，应采取EPO制度，并原则上以“全球”或“世界”专利代替欧洲专利，制定世界专利公约，建立必要机制和实体法。

PLT是世界知识产权组织（WIPO）在20世纪80年代中期组织提出的。专利法常务委员会1998年6月15～19日提交讨论的PLT文本有17条17款。内容涉及申请日、申请内容、有效性和撤销、代理、申请人姓名、地址的登记、转让许可、修正请求、优先权等内容。Warren Bovee认为，“PLT最初的目的是解决专利法实质性协调问题，但由于很大程度上来自美国针对先申请和最佳模式的反对，PLT重新修改，基本上只解决专利的程序问题。”但是PLT还是有优于PCT的地方。“PLT优于PCT的一点是它可以要求成员国同意专利程序的各个方面适用条约的要求，而这方面以前是各国的特权。”美国认为，PLT的实现将“大大简化专利申请人和专利所有人在世界许多国家取得和维持其权利应该承担的形式责任，并降低费用”。不过，尽管如此，“PLT并没有解决建立真正的全球专利制度中的实质问题”。

欧亚专利公约（EAPC）于1996年1月1日生效，是地区性公约，其主要成员国都是前苏联国家，包括俄罗斯、塔吉克斯坦、亚美尼亚等。“欧亚专利公约的独特性在于它不是国家专利，而是在所有成员国都有效的单一的统一的专利。它的申请、审查、授权和公开都使用一种语言。”侵权和专利有效性的争端由各成员国法院来解决，法院判决只在该国有效。欧亚专利公约从体制上根本解决了建立地区范围内的统一专利的问题，即在条约成员各国，统一受理、使用统一文字、统一授权、统一有效的专利制度。但由于欧亚专利公约的成员国特殊的历史地理状况，因此，建立欧亚专利公约的模式不一定适合于建立其他地区乃至世界范围的专利保护制度。

目前建立“国际专利”制度最值得注意的动向是欧洲专利局、美国专利局和日本专利局于1997年达成的京都备忘录构筑的建立“国际专利”的新框架。1997年11月13日在京都召开的第15次三方会议一致认为工业及贸易的全球化“需要建立一个全球性专利审批制度”，从而有利于“专利费用的降低，专利授权质量的改进，专利信息的传播和审批程序的缩短。”为此，三方专利局采取以下三种行动：

第一，建立三方专利网络，三方联合开发数据网络，用于专利管理和技术数据的变换。

第二，建立三方协作检索和审查制。三方对向三个专利局提交的申请检索进行协作，在审查中更多地使用各方的检索结果以提高审查效率。

第三，建立三方网站，促进专利信息在互联网络上传播。

EPO、JPO、USPTO 三方认为，实现上述政策是协调知识产权法、进行三方合作以通向世界专利的第一步。美国认为，三方合作将产生互相承认各局检索和审查结果的框架，而在此基础上可以产生更广泛的"全球范围的互相承认检索、审查和专利性结果的预想"。

《国际商报》1999 年 6 月 18 日转载日本《东京新闻》报道说，日、美、欧盟有关国家专利局厅局长在东京举行了一次有关专利的讨论协商会议，日本提出了专利相互承认的议题，主要内容是，三方任何一方对于另外一方国内已经申请并注册登记的专利，不需再进行审理，直接承认其有效。协议逐步吸引其他发达国家和发展中国家，从而成为世界专利。

较之于欧亚专利公约所确定的模式来讲，三方备忘录所确定的框架由于有美、日、欧三方的推动，在世界范围内更具有可行性。

1.5.4　未来专利保护的发展趋势

近年来，科学技术突飞猛进和社会的普遍进步给专利法的建设和专利制度的建设都带来了很多新问题。这些新问题主要包括两个方面：一是新技术发展和社会进步所带来的专利客体的扩大问题，二是网络技术的发展带来的专利申请与审批制度的变革问题。

针对第一个问题，主要是随着生物技术、基因工程、计算机软件、半导体芯片、国际互联网、电子商务以及制药业的发展，给专利保护带来了一些新课题、新变化和新发展。

关于生物技术的进展带来的植物新品种等知识产权保护问题将在第七章中详论，不再赘述。这里仅提及一点，即关于涉人专利问题。美国和澳大利亚都拒绝授予涉人技术专利权。美国专利商标局的理由是废除奴隶制的宪法修正案。但是，纽约医学院细胞生物学家 Stuart Newman 和作家与社会活动家 Jeremy Rifkin 最近将 USPTO 的这一政策纳入了试验，两人提交了有关制备生物的方法的专利申请，所属生物部分是人，部分是动物，为人/非人嵌合体，由于生物不是 100%的人，两人相信没有什么可以阻挡他们获得专利权。这一事件的发展还有待观察，但这一申请对于专利法的挑战是明显的，如何解决这一问题，既是棘手的，也是具有开创意义的。目前来看，尽管 USPTO 已经引用伦理学标准发出不同意此申请的报告，但事实上，在某种程度上已经存在"给与人类有关的生命形式授予专利的事实"。

1.5.5　企业发展的十大专利战略

用专利技术控制市场和抵制他人对市场的控制，是企业在商品经济的竞争中求生存、求发展的一项重要策略。商场如战场，当今世界，由技术竞争演变而来的“专利战”愈演愈烈，各发达国家无不在专利技术的开发应用上倾注大量的人力、物力、财力，其目的无非是靠技术优势挫败竞争对手，占领国际市场，进而发展到掌握他国的经济命脉。这是一场没有硝烟的战争。

“专利战”确是一场无声的战争，其激烈程度及胜败的利害关系，绝不亚于真刀真枪的两军对垒。一个有民族自尊心的企业家，应成为这场“专利战”的英明指挥。当然，要指挥好这场战争，必须学会和运用专利战略。

一、专利未报，保密走先

无论所作出的发明创造是否值得申请专利、其经济前景是否可观，也无论将来选择何种方式保护发明创造，首先都应做好保密工作。保密是申请专利的前提条件，如果一项发明创造的实质内容已公布于众，就有可能因丧失新颖性而失去获得专利的资格。在研制阶段，保密不慎，还有可能被他人抢先申请专利，反使自己处于被动。不少技术人员一有发明创造，首先想到的是发表文章、成果鉴定、申报评奖。误以为谁先发表文章，谁先通过成果鉴定，谁先获得成果奖励，该发明创造的所有权就归谁享有，殊不知却适得其反。一旦文章发表或通过其他方式将技术内容公布于众，该项技术就成为公共财产，任何掌握该技术者都可以无偿地使用。知识产权的权利具有二重性，它包括精神权利与经济权利。知识分子往往较看重精神权利而忽视保护经济权利。精神权利与人身是不可分离的，且主要通过让公众认知赞同而体现其精神价值，经济权利则可以分离、转让与消灭。要维护自己的发明创造的经济利益，切勿忽视做好技术保密工作。保密是谋求专利法律直接保护的前提，是致富的保证，是知识的价值能否得以实现的关键。

二、产品未销，专利行先

产品一旦销售，技术就有可能公开或被他人像解剖麻雀一样而揭开其中秘密。如果产品是结构产品，技术特征往往依附或蕴藏于产品的结构中，产品一销往市场，就为仿制者提供了样品。若还未申请专利，就无法追究侵权责任。若产品是液状、粉状等非机械结构的产品，通常可以申请物质专利与方法专利保护。产品面市后，该物质或产品往往已丧失了新颖性，制造该产品的工艺方法，虽然不会因此而丧失新颖性，但他人有可能循产品摸索出产品的制造工艺与方法，一旦他人就相同的方法抢先申请专利，亦会使自己处于十分被动的地位。

不少企业，较倾向于待产品成熟或定型后再申请专利。这并不是没有道理，但由于我国的专利保护实行的是先申请原则，同一发明，谁先申请，专利权就归谁，因此最好是先申请专利保护发明的基本构思，然后不断完善并销售产品。否则让别人抢先申请了专利就非常被动。如果出于经济上或其他方面的考虑，需要征求用户的意见，可采取特殊方式试销试用，如将产品直接试销给用户，并与用户签订试用协议，要求对方保密。许多产品只看表面不解剖其结构是不可能发现其内在的技术秘密的，医疗器械、药品等往往需要在临床上试用方知实际效果如何，并根据反馈的意见来改进产品。这种特定范围的试用，一般不会丧失新颖性，仍可申请专利。还有一些企业申请专利的目的不在于告别人，而是出于广告宣传或防止他人就同一发明申请专利反过来告自己。因此，不论是否想把产品推向市场，都申请个专利，买个保险。申请专利至少可避免因别人抢先申请专利而反过来告自己的被动局面，被他人告侵权所耗费的人力、财力，往往数倍或数十倍于申请专利所需要的费用。

三、市场未明，防御占先

有不少发明创造，初时的市场前景往往很不明朗。一项发明，今天没有市场，并不等于明天没有市场，市场的需求是不断变化的。在市场的需求不明时，竞争者也相对较少，一旦市场大量需求某一技术产品时，必然导致大量的竞争者去开发这一产品。若待到市场需求增大时，才考虑将早已形成的发明构思申请专利，有可能晚了一步，让后来者居上，抢先申请专利。广州市早有人就家用消毒柜提出了基本设计，但认为市场前景不佳，而迟迟未申请专利，结果被后来研制成功的康宝电器厂申请了专利。该厂通过几年的市场开发，获得了巨大成功，产值从 1988 年的十几万元跃升到 1995 年的近四亿元，从无人问津变成供不应求。就专利战略而言，并非一定要用于生产的技术才申报专利，国外不少实力雄厚的企业，为了垄断技术，无论一项技术的市场需求状态及价值如何，都先申请专利以图防御。

四、合同未签，文献查先

合同未签，文献查先包括两个方面：一是引进一项新技术，在签合同前，首先查该技术的专利法律状况，以避免白花钱引进一些过期或失效的专利技术；其次查相关或同类技术的技术与法律状况。二是制定开发研究新产品协议和计划，也应先查法律状况，以避免毫无价值的重复性研究。不少厂家对专利权有这样的误解，以为只要自己不是仿制别人的产品，就不会侵犯他人的专利权。之所以有此误解，是由于他们混淆了专利权与其他有形产品。相同的若干有形产品，有形财产权可分别归属于不同的几个人，如同样的三支笔，可分别归三人所有。但相同的专利，其财产权的主体往往只能有一个，几个人分别发明同一项技术，特殊情况下可由这几个人共有，但不能对同一项发明都分别主张专利权。技术作为一种无形财产，有几个人同时或先后掌握同一技术，由于无法划分技术的分界线，因此法律上就通过确认其中一人享有专利权，通常是确认最先申请者享有专利权。如果别人已申请了专利，无论您是有意仿制别人的专利产品，还是后来与别人的专利产品无意巧合，只要是为了生产经营目的，除法定的例外情况外都构成侵权。每上一个项目，即使是别人转让给您的技术，都别忘了查一查文献，看是否有人申请了专利，以免构成侵权。买别人的专利技术有时也会侵犯另一个专利权人的专利权。例如，丙买乙的专利，而乙的专利是在甲的专利基础上改进的，如果乙的专利包含了甲的专利技术特征，丙除应买乙的专利外，还应买甲的专利，否则使用时就会侵犯甲的专利权。同一技术特别是实用新型专利技术，由于专利局只能进行形式审查，往往有可能先后给几个人授予专利权，如果购买他人的专利技术时，不查文献，很可能买到的专利技术是一项将来会被他人否定的无效专利，而且还可能构成侵犯最早申请专利者的专利权。

五、诉状未递，漏洞补先

当您想告他人侵犯您的专利权时，首先应反省一下自己的专利有无漏洞，例如，在申请专利之前已售出少量产品。如果不把这个漏洞补好，就匆忙告别人，别人很有可能找到您申请专利时的这个漏洞反攻，即向中国专利局复审委员会请求宣告您的专利权无效。补漏洞的方法通常有两种：若申请专利前只试销试用了少数几台样机，而且是在特定的范围内，可设法用新的机器把样机换回来，这样就有可能避免被别人发现漏洞把自己的专利否掉。如果所申请的专利是药品、食品、饮料等易消费品时，虽然一段时间后才申请专利，千万别急于告别人，最好过两年后再告。因为两年后是很难找到申请专利之前已销售到市场的药品、饮料及食品的证据，此时告别人侵权较易成功。

六、官司未应，无效在先

当别人到法院告您侵犯他人的专利权时，首先别急于应诉，而应先看看能否找到一些证据，把对方的专利权给合法无效掉。有不少专利，由于种种原因，申请时已不具备新颖性或总有一些瑕疵，设法使对方的专利无效，就会变被动为主动。如果延误了无效宣告的时机，待法院的判决生效后才提出无效宣告，则为时晚矣，因为依法院判决已赔偿的款项是不能再索回的。若在 15 天答辩期内对实用新型或外观设计专利提出无效或撤销，法院通常会裁定中止诉讼，待专利局复审委员会决定该专利是否维持或有效时，再决定是否继续开庭审理。但最好是在别人未告自己侵权之前，就提前对他人的专利提出无效宣告请求，这样更为主动。

七、销路未衰，技改赶先

当投入市场的专利产品还很旺销之时，就应不断改进，以留有备用专利技术，一旦销路不佳，就及时抛出新一代的专利产品。在日本的许多企业，一项已上市的专利产品之后往往有好几个更新的专利产品择机面市。

八、广告未做，外观递先

产品是否好销，除了其内在的质量及广告的效应外，产品的外形与包装是否富有美感亦很重要，好的外形及包装可使产品增值不少。广东近几年来特别注意产品的外形与包装设计，对促进广东经济发展起了不小的作用。然而一项产品一旦走俏，势必有人侵权，因此，在未做广告之前，千万别忘了将自己设计的产品及包装的外观专利申请递交给专利局，以防他人滥竽充数。

九、合作未果，分享定先

与他人合作开发一项产品，最好“先小人后君子”，别“先君子后小人”。先把成果的归属包括专利的申请权与分享原则以协议形式定下来，然后开始合作。开发一种新药，时常涉及药物研究机构、医院和药厂三者之间的合作，如果没有协议约定成果归属，一旦研制成功且产品效益好，往往会因分享问题争吵不休，其结果是既影响今后的合作，又不利于成果的推广与实施。

十、麻烦未遇，律师请先

专利的保护，需要既懂得一定的专业技术知识，又要懂得有关的法律法规。知识产权占各种财产权的比例，随着社会的不断发展将会越来越大，这方面的法律纠纷也必将越来越多。要想在知识产权的保护与竞争中占据主动，每个企业都应培养或聘请懂得专利与技术的律师作为法律顾问，以维护企业的知识产权，也避免侵犯他人的知识产权。不要等到出了不少麻烦，才想到找律师，到那时往往已付出巨大的代价。

练习与测试

1. 可授予专利权的客体及授予专利权的实质条件是什么？
2. 简述 PCT 申请的程序。
3. 简述专利权的三个保护阶段。
4. 简述专利权效力的例外，即专利权利的限制。

单元总结

本单元介绍了专利权的产生、维持及终止，即专利的生命周期及在生命周期不同阶段的保护。介绍了涉外专利申请，尤其是常用的 PCT 申请，还介绍了专利效力的例外情况。

第

2

章

专利权申请的代理实务

单元要点

学习专利申请的业务，特别是专利申请文件的规范撰写及与发明人的沟通技巧，以及专利申请文件递交后的后续代理实务。

学习目标

能够从事专利申请业务。

2.1　专利律师与发明人的沟通实务①

2.1.1　发明创造技术交底书的撰写培训

一项要申请专利的发明创造在发明人手中诞生之后，第一步工作是专利代理人与发明人进行深入的交流沟通，为撰写将发明创造完整地呈现的专利申请文件打下良好的基础。专利代理人与发明人一起工作并交流的时间越早越好，这样专利代理人可以最迅速地得到正确的情报，从而开展撰写工作，并且避免由于为了在某期限前提交申请而作为紧急情况处理。

有条件的申请人如一些大公司，可以聘请专利代理人为公司的研发人员作一些培训，其中包括对技术交底书的撰写培训。

申请发明和实用新型专利的说明书申请文件内容中包括：发明名称、所属技术领域、背景技术、发明内容、附图说明和具体实施方式。这些内容是专利代理人根据发明设计人提供的原始资料经过整理加工提升而得，发明人提供给专利代理人的原始资料中大抵也要包括这些内容，因此，在对研发人员的技术交底书的撰写培训中，要培训研发人员提供包含这些内容的技术交底书。

2.1.2　与发明人的沟通技巧

与发明人沟通是一门艺术，即使在第一点已经做得足够好的前提下，与发明人沟通的效果好坏与否，直接影响着专利代理人撰写出的专利申请文件的质量好坏。一般来讲，与发明人的沟通可以分为三个环节：接到技术交底书之后的沟通准备工作，正式的沟通工作，沟通之后的工作。

① 以发明和实用新型为主。

一、沟通准备工作

（一）针对技术交底书需要做的工作

1. 要通读技术交底书，了解该发明创造的大致内容，理解发明或实用新型的本质，弄清研发人员的构想。在这个过程中，专利代理人要思考以下问题，并且在后续的沟通中带着这些问题进行交流：

（1）该申请是否是可授予发明、实用新型专利权的客体。

（2）如果是发明的话，是方法还是产品发明。

（3）相对于最接近的现有技术，本发明创造要解决的技术问题是什么？研发人员提供的解决技术问题的技术特征是什么？

（4）研发人员提供的多项发明或实用新型是否满足单一性？①

2. 在沟通前的准备工作中，有几个细节问题需要注意：

（1）要关注技术交底书中的“本发明的技术关键点和欲保护点”，这是看交底书前要多读几遍的内容。因为这段话是发明人对本发明创造最精华的概括。

（2）专利代理人在阅读过程中，如果不太理解技术方案，可多阅读几遍背景技术，其中看似无用的一些信息，其实对理解技术方案是很有用的。并且，建议专利代理人在网上或图书中搜集相关资料阅读（要避免问基础性的概念问题），有利于理解方案，对技术有所了解，拉近与发明人在进一步的交流中的心理距离。专利代理人最好能把技术的大概框架理清，先有一个宏观的理解。

（3）按照交底书的顺序写好问题清单，建议在交底书的每一部分后集中书写好关于这一部分的问题，这样不会把交底书弄得面目全非，传递给发明人时，发明人也会感觉到代理人的条理性。所问问题最好是专利代理人自己理解技术过后，向发明人提出的确认性的问题。专利代理人自己要，分类哪些问题是比较有把握的问题，哪些问题是不太有把握的。

（二）选择适当的沟通方式

一般来说，与发明人的沟通有两种常用的方式：一是电子邮件沟通，一是电话沟通，建议以电话沟通为主，电子邮件沟通为辅。因为，电子邮件沟通有一些不足之处：首先不具备高的优先级，不具备实时性，思路容易被打断，不具备简便性，需要发明人邮件方式回答。但是，可以利用电子邮件把问题清单先发给发明人。电话沟通的优点则很明显：具有高优先级，是即时通讯方式，具有实时性，具有简便性。但是，以电话沟通的专利代理人还需要注意几个细节问题：

1. 在发了问题清单给发明人后要电话确认发明人是否收到了问题清单，并确定一个正式沟通的时间。

---

① 《专利法》第31条规定，一件发明或者实用新型专利申请应当限于一项发明或者实用新型，属于一个总的发明构思的两项以上发明或者实用新型，可以作为一件申请提出。

2. 正式沟通前，准备好已经写好问题和技术交底书。

二、正式的沟通工作

1. 注意电话内容的顺序，先要介绍一下自己是某个申请案的专利代理人，然后请发明人也打开交底书。

2. 向发明人简述自己对本发明创造的理解，包括自己对发明点的确认和独立权利要求的撰写。

3. 然后就是具体问题清单沟通，沟通中会进行记录，记录可直接在交底书上记录，对非常重要的内容可请发明人重复一次，特别是技术交底书中有矛盾之处，更加要仔细询问。

4. 电话沟通中间的问题大部分应是让发明人做判断或选择的问题。如果专利代理人能扩展一些技术方案，可向发明人确认是否能实现，以及实现的具体方式，如果不能实现，具体原因是什么。需要发明人补充资料的，则要向发明人讲清补充资料的必要性。

三、沟通后的工作

（一）电话记录归档工作

专利代理人与发明人的沟通工作也许一次是不够的，要多次进行，因此，电话记录要及时地整理成工作档案，以便需要时查询。

（二）完成申请文件的撰写及再次沟通

专利代理人在充分沟通后，即可进入申请文件的撰写阶段了，专利代理人可以在权利要求书及实施例中以批注方式标明各对应于技术交底书中的相应部分，方便发明人审核。

总之，与发明人的沟通工作是一个充满技巧性的工作，关键之处在于，专利代理人要理解透技术交底书的内容，抓住发明点和欲保护点，并善于提出问题。

2.2　专利的申请文件、合案申请

2.2.1　电子申请的优点

2010 年 10 月 1 日起，专利电子申请开始施行。电子申请一经推出，即受到了申请人和代理机构的关注。电子申请改变了传统的申请提交方式，有诸多的优点。除了环保，减少打印质量不好而产生的补正，最重要的是提高效率：

以邮寄或者面交形式提交的纸件申请文件需经过数据采集、纸件扫描、代码化等复杂的前期流程，才能进入后续审查流程。而电子化申请文件则省去了上述流程，直接进入后续审查阶段。

此外，以电子方式提交专利申请后，确认符合自动受理条件的专利申请，系统会自动发出受理通知书、缴费通知书或费用减缓审批通知书，申请人或代理人在发文日当天就能够接收到专利局发出的各种通知书和决定，使专利局和用户之间的沟通更加高效、顺畅。

2.2.2　申请文件、撰写及模板

一、发明、实用新型申请文件

撰写专利申请文件是技术性与法律性都很强的工作，申请文件撰写的质量直接影响申请的审批速度、是否获得专利权及专利权保护范围，关系到专利申请人的切身利益。

(一) 专利申请需要提交的文件

(1) 权利要求书；

(2) 说明书；

(3) 请求书；

(4) 说明书摘要；

(5) 说明书附图及摘要附图；

(6) 其他需要的文件；

在以上的文件中，最为重要的是权利要求书与说明书的撰写，其他文件，如请求书，只是按规定格式填写上一些必要的信息，并不需要什么深入的思考；说明书摘要的内容来自说明书；说明书附图也只是呈现说明书中的技术内容，摘要附图就直接来源于说明书附图。

1. 权利要求书

权利要求书是专利文件中的核心所在，只有权利要求书有法律效用，是专利审查员判断发明创造是否有新颖性与创造性的依据，也是以后发生侵权纠纷时，判断是否侵权的依据。权利要求书的核心又在于独立权利要求，一份权利要求书可以有几个独立权利要求，每个独立权利要求还可以有围绕之的从属权利要求，通过这种核心加从属的方式，获得最大的保护范围。

(1) 权利要求按形式可分为独立权利要求和从属权利要求。独立权利要求记载解决技术问题的必要技术特征，必要技术特征是指解决技术问题必不可少的技术特征。从属权利要求是对被引用的权利要求的进一步限定。

(2) 权利要求按内容可分为产品与方法权利要求。产品权利要求是对物的权利要求，包括人类技术生产物品、物质、工具、装置、元件等，产品权利要求用于描述产品的结构特征，即产品的部件以及各部件的连接关系、相互作用；方式权利要求涉及时间上的先后顺序，空间上不同的地点或移动，如制造方法、使用方法，处理方法等，方法权利要求应当用工艺过程、操作条件、步骤或流程等来描述。

2. 说明书

说明书是对权利要求书的解释说明，是无法律效用的。说明书需要清楚、完整地公开要求保护的技术方案，记载足够的实施例，并需要确保本领域的技术人员能够实现，从而实现向社会充分地公开发明的内容。

说明书的背景技术用于说明专利的来由；发明内容说明怎么解决问题，发明内容中的有益效果说明专利的创新点；具体实施方式用于举出具体的例子来证明权利要求书中的技术方案是可行的。

说明书包括以下几个部分：

（1）发明名称（不多于 25 个字）；

（2）技术领域（介绍发明涉及领域，便于专利审查的分类）；

（3）背景技术（介绍发明相关的应用背景，现有技术的缺点）；

（4）发明内容（包括以正面语言描述的解决的技术问题、权利要求书的内容及有益效果）；

（5）附图说明（说明书附图中所有图片对应的简略说明）；

（6）具体实施方式（详细写明申请人认为实现该发明创造的优先方式，有附图的，对照附图）。

3. 说明书摘要

摘要是说明书的概述，仅是一种技术情报，不具有法律效用。

4. 说明书附图

附图是说明书的组成部分，用于帮助理解发明的技术特征和技术方案。

5. 摘要附图

摘要附图仅是一种技术情报，不具有法律效用。

（二）发明和实用新型专利撰写要点

1. 将必要技术特征写入独立权利要求。所谓必要技术特征是指解决发明创造技术问题的技术方案中必不可少的特征。这个特征须是比较上位、比较概括和核心的技术特征，并需要得到说明书的支持，不能过于抽象。

2. 将非必要技术特征写入从属权利要求中，构建有层次的保护范围。要尽量避免独立权利要求仅仅只有几个技术方案相互并列的从属权利要求，在可能的情况下应当再提取出这几个并列技术方案的共性，作为第二层权利要求，甚至第三层、第 N 层的权利要求。

3. 不仅要有独立权利要求，还要尽量多写从属权利要求。这样即使在独立权利要求被无效宣告之后，还可退而求其次，依然能享有从属权利要求所划定的专利权保护范围。

4. 要保护逻辑一致性。如术语要全文一致，不要对同样的事物使用不同的术语来表示；权利要求之间的互相引用关系要清晰并符合法律规定。附图编号要全文一致。

5. 权利要求中区别技术特征与现有技术的划界要准确。如果没有把握准确划分，建议全部作为与现有技术的区别技术特征。

6. 背景技术要写得适当，不宜太空泛，否则，新颖性和创造性会由于缺乏对比而不突出，最严重的是不予被授权。

7. 说明书必须公开充分。审查中的修改来源须来自原始提交的说明书中，如果说明书公开不充分，则导致权利要求书没有修改的余地。

二、外观设计的申请文件

《专利法》第 27 条规定，申请外观设计专利的，应当提交请求书、该外观设计的图片或者照片以及对该外观设计的简要说明等文件。①

申请人提交的有关图片或者照片应当清楚地显示要求保护的产品的外观设计。《专利法实施细则》第 27 条规定，申请人请求保护色彩的，应当提交彩色图片或者照片。

2.2.3　合案申请的条件

一、发明或者实用新型的合案申请

合案申请的发明创造必须满足单一性。

《专利法》第 31 条第 1 款规定，一件发明或者实用新型专利申请应当限于一项发明或者实用新型。属于一个总的发明构思的两项以上的发明或者实用新型，可以作为一件申请提出。

如何去理解“属于一个总的发明构思的两项以上的发明或者实用新型”?

《专利法实施细则》第 34 条规定，可以作为一件专利申请提出的属于一个总的发明构思的两项以上的发明或者实用新型，应当在技术上相互关联，包含一个或者多个相同或者相应的特定技术特征，其中特定技术特征是指每一项发明或者实用新型作为整体，对现有技术作出贡献的技术特征。

从以上的规定可知，两项或者两项以上发明创造若可合案申请，并不要求这两项发明创造的所有特定技术特征都相同或相应，只需其至少有一个特定技术特征是相同的或相应；而且并不要求一定是相同的特定技术特征，只要至少有一项相应的特定技术特征即可认定两者是在技术上相互关联的。

判断是否满足单一性，要遵循以下几个原则②：

1. 是否符合单一性规定应当以权利要求所保护的技术方案为判断对象，权利要求中未保护的，但是记载在说明书中的其他技术内容不是判断对象。

2. 仅需审查独立权利要求之间是否符合单一性要求。对于只有一个独立权利要求的

---

① 《专利法实施细则》第 28 条规定，外观设计的简要说明应当写明外观设计产品的名称、用途，外观设计的设计要点，并指定一幅最能表明设计要点的图片或者照片。省略视图或者请求保护色彩的，应当在简要说明中写明。对同一产品的多项相似外观设计提出一件外观设计专利申请的，应当在简要说明中指定其中一项作为基本设计。简要说明不得使用商业性宣传用语，也不能用来说明产品的性能。

② 参见吴观乐主编：《专利代理实务》，2 版，173 页，北京，知识产权出版社，2007。

权利要求书来说，不存在单一性问题。但是若一项独立权利要求中包括几项并列的技术方案，则应当审查这些并列技术方案之间的单一性问题。

3. 要在检索后进一步审查专利申请的单一性。因为通过检索后，可能会发现检索前所认定的并列独立权利要求之间的特定技术性不再是对现有技术作出贡献的特定技术特征，而导致并列独立权利要求之间不符合单一性规定；也可能由于独立权利要求不符合新颖性或创造性的规定，而导致其他两项或多项并列独立权利要求之间无单一性或导致其两项或多项并列的从属权利要求之间无单一性。

举几个例子加以说明①：

例 1：

权利要求 1：一种插头，特征为 A。

权利要求 2：一种插座，特征与 A 相应。

现有技术中没有公开和暗示具有特征 A 的插头及相应的插座，这种插头和插座不是显而易见的。

说明：权利要求 1 与 2 具有相应的特定技术特征，其要求保护的插头和插座是相互关联且必须同时使用的两种产品，因此有单一性。

例 2：

权利要求 1：一种灯丝 A。

权利要求 2：一种用灯丝 A 制成的灯泡 B。

权利要求 3：一种探照灯，装有用灯丝 A 制成的灯泡 B 和旋转装置 C。

与现有技术公开的用于灯泡的灯丝相比，灯丝 A 是新的并具有创造性。

说明：该三项权利要求具有相同的特定技术特征灯丝 A，因此它们之间有单一性。

例 3：

权利要求 1：一种化合物 X。

权利要求 2：一种制备化合物 X 的方法。

权利要求 3：化合物 X 作为杀虫剂的应用。

（1）第一种情况：化合物 X 具有新颖性和创造性。

说明：化合物 X 是这三项权利要求相同的技术特征。由于它是体现发明对现有技术作出贡献的技术特征，即特定技术特征，因此，权利要求 1 至 3 存在相同的特定技术特征，权利要求 1、2 和 3 有单一性。

（2）第二种情况：通过检索发现化合物 X 与现有技术相比不具有新颖性或创造性。

说明：权利要求 1 不具有新颖性或创造性，不能被授予专利权。权利要求 2 和 3 之间的相同技术特征仍为化合物 X，但是，由于化合物 X 对现有技术没有作出贡献，故不是相同的特定技术特征，而且，权利要求 2 和 3 之间也没有相应的特定技术特征。因此，权利要求 2 和 3 之间不存在相同或相应的特定技术特征，缺乏单一性。

---

① 参见《专利审查指南（2010）》，194～196 页。北京，知识产权出版社，2010。

二、外观设计的合案申请

《专利法》第 31 条第 2 款规定，一件外观设计专利申请应当限于一项外观设计。同一产品两项以上的相似外观设计，或者用于同一类别并且成套出售或者使用的产品的两项以上外观设计，可以作为一件申请提出。

《专利法实施细则》第 35 条规定，依照专利法第 31 条第 2 款规定，将同一产品的多项相似外观设计作为一件申请提出的，对该产品的其他设计应当与简要说明中指定的基本设计相似。一件外观设计专利申请中的相似外观设计不得超过 10 项。

《专利法》第 31 条第 2 款所称同一类别并且成套出售或者使用的产品的两项以上外观设计，是指各产品属于分类表①中同一大类，习惯上同时出售或者同时使用，而且各产品的外观设计具有相同的设计构思。

依据《专利法》第 31 条第 2 款进行的合案申请要求：

1. 多项外观设计产品都是同一产品，也即这两项以上产品的产品名称、类型及其用途应当相同。两项以上产品的外观设计应当是相似的，应当在简要说明中指明其中一项是“基本设计”，其余的设计需与该基本设计相似，允许合案申请的多项外观设计最多 10 项。

2. 如果是成套的产品，这些产品属于《国际外观设计分类表》中的同一大类，而且还须习惯上同时出售或者同时使用，而且各产品的设计构思相同。如咖啡杯、咖啡壶、糖罐、牛奶壶这一套成套产品，如果设计构思相同，可以进行合案申请。

2.3 在申请的初步审查和复审过程中的代理

申请人提出发明、实用新型和外观设计专利申请后，国家知识产权局专利局首先审查其申请是否符合《专利法实施细则》第 39 条的受理条件，如果符合受理案件，专利局则按照《专利法实施细则》第 44 条对三种专利申请进行初步审查。初步审查中，专利局将发出各种通知书，专利代理人或者申请人要对这些通知书进行答复，或者针对申请文件作出补正，通常专利局的初步审查会产生以下结果：(1) 发明专利申请文件符合初步审查要求被公布、实用新型和外观设计申请符合初步审查要求而被通知授予专利权；(2) 三种专利申请不符合初步审查要求被驳回；(3) 专利申请被撤回或者被视为撤回。

在其中第 (2) 种情形下，由于种种原因，可能导致本来应批准的专利申请被错误地驳回，为了保护专利申请人的权益，设定复审程序，作为对申请人的一种法律救济手段。对于国家知识产权局专利局来说，也是纠正工作失误的行政保障措施。复审请求由隶属于国家知识产权局的专利复审委员会受理。

① 指《国际外观设计分类表》，即《洛伽诺分类表》。

2.3.1　发明专利申请的审查代理

一、发明专利申请的初步审查代理

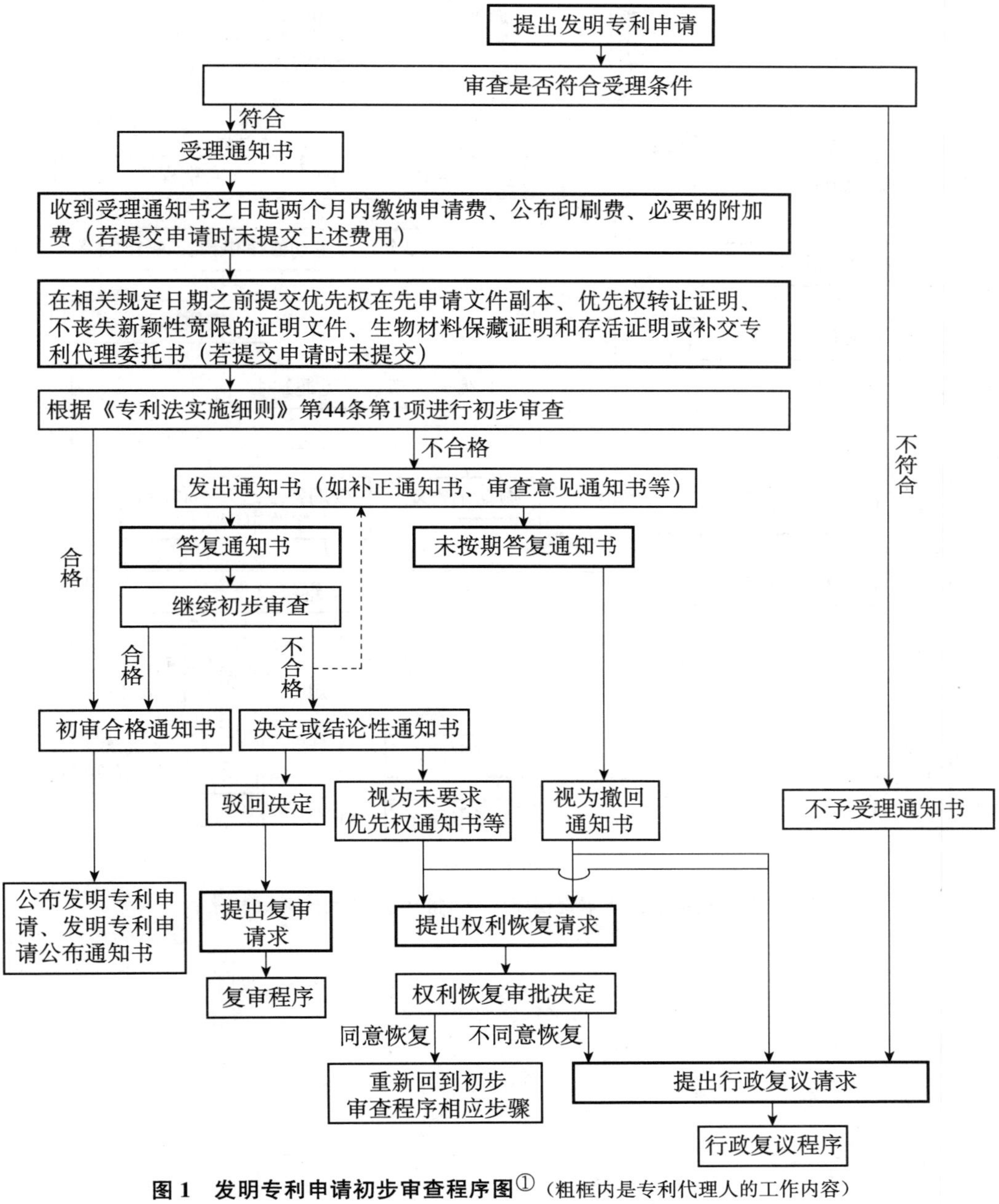

图 1　发明专利申请初步审查程序图①（粗框内是专利代理人的工作内容）

① 参见吴观乐主编：《专利代理实务》，2 版，326 页，北京，知识产权出版社，2007。

二、发明专利申请的实质审查代理

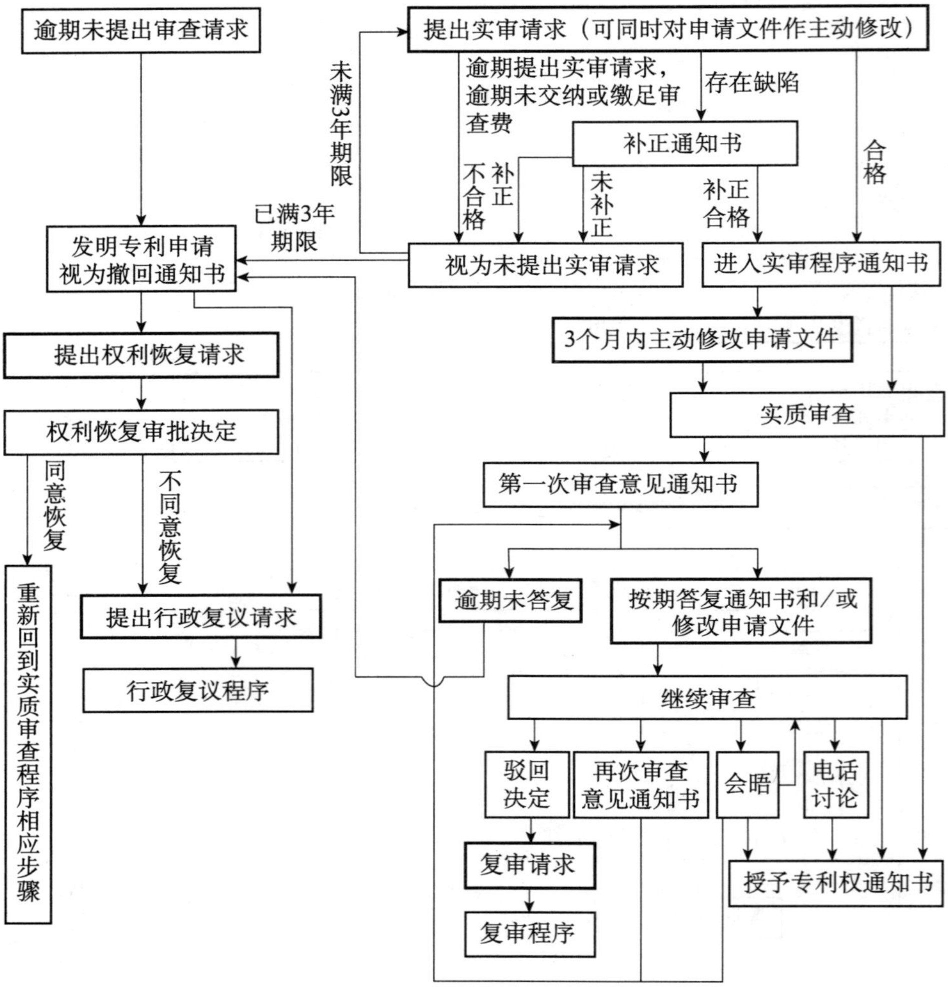

图 2　发明专利申请实质审查程序图①（粗框内是专利代理人的工作内容）

① 参见吴观乐主编：《专利代理实务》，2版，349页，北京，知识产权出版社，2007。

2.3.2　实用新型、外观设计专利申请的初步审查代理

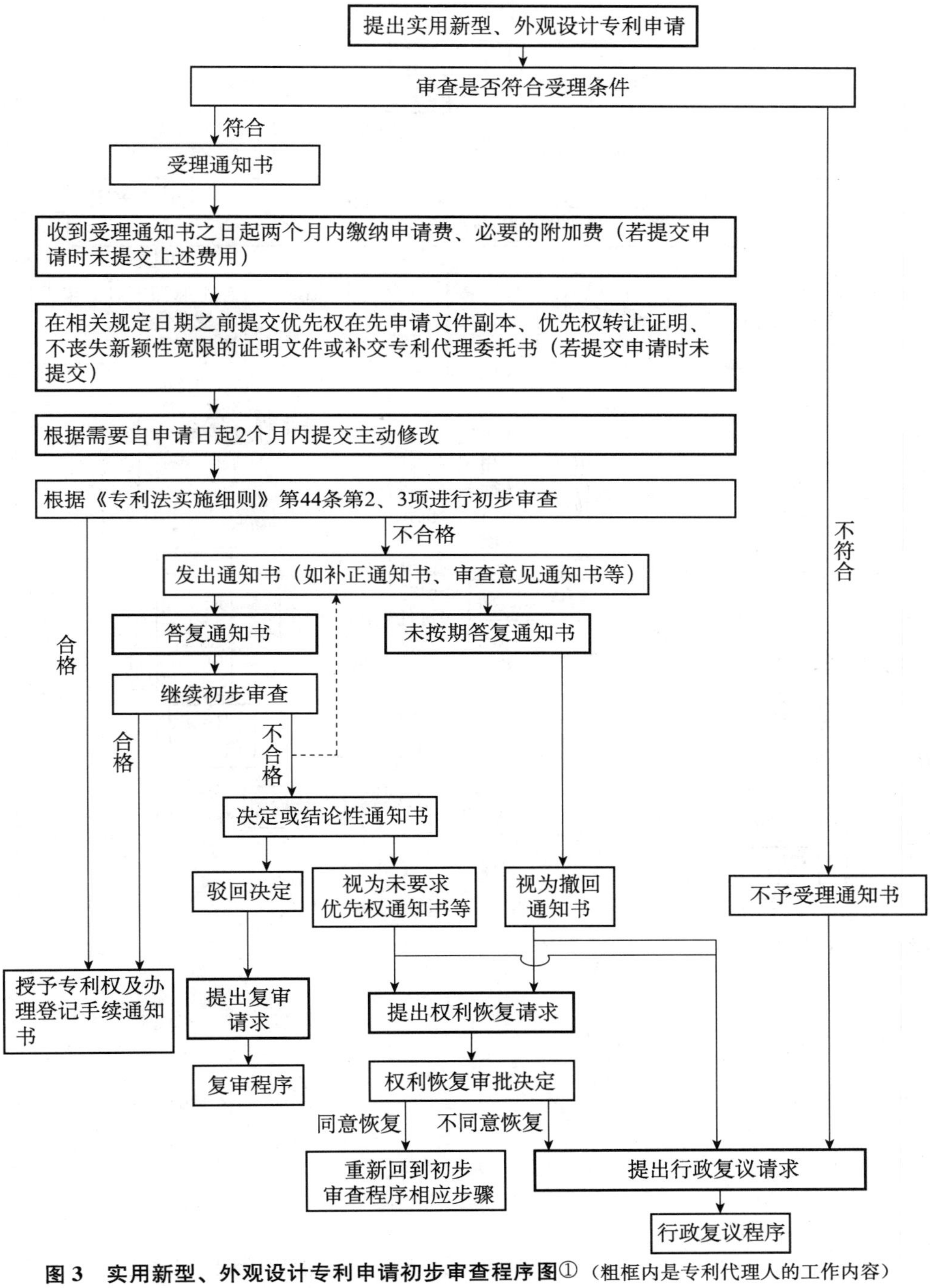

图 3　实用新型、外观设计专利申请初步审查程序图①（粗框内是专利代理人的工作内容）

① 参见吴观乐主编：《专利代理实务》，2 版，328 页，北京，知识产权出版社，2007。

2.3.3 发明、实用新型、外观设计专利申请的复审代理

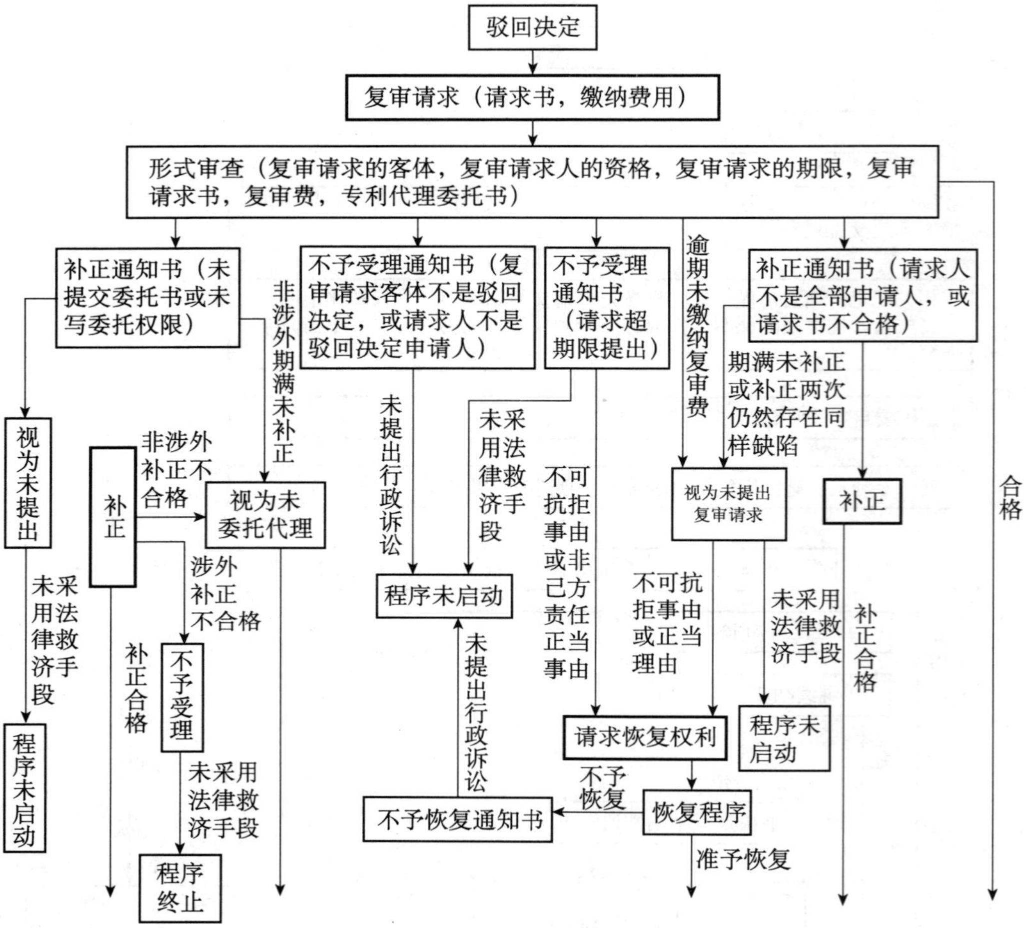

（接下页）

（续前页）

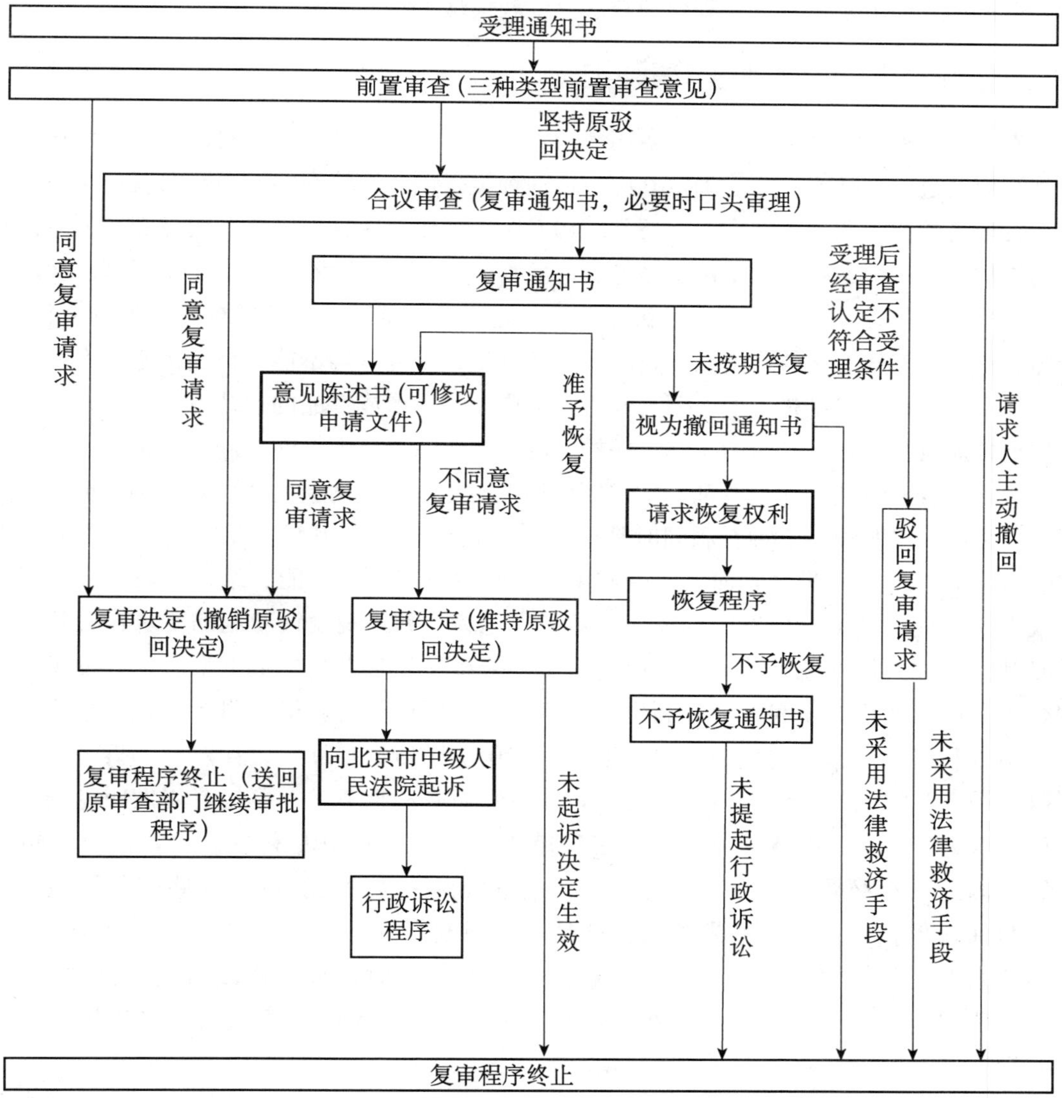

图 4　发明、实用新型、外观设计专利申请复审程序图①（粗框内是专利代理人的工作内容）

2.3.4　专利申请文件的撰写技巧

发明与实用新型的专利申请文件主要包括说明书及其摘要、附图和权利要求书。

专利申请文件撰写得如何直接关系到专利技术能否得到有效保护。同样的发明创造，由不同的人来设计和撰写专利申请文件，其保护的效果可能相差很大，有时甚至于因权利

① 参见吴观乐主编：《专利代理实务》，2 版，411、412 页，北京，知识产权出版社，2007。

要求书的撰写问题使某项本应受到保护的技术得不到应有的保护。现将专利申请文件的撰写要点概括成如下十点，供专利律师与从事专利代理工作者参考。

一、解剖技术，确定申请种类

专利有三种，一是发明，二是实用新型，三是外观设计。一项发明创造该申请哪一种专利，应通过解剖技术特征后确定其应申请的种类。创造性较高的发明，尤其是全新的发明，无论是物质发明、方法发明、还是结构发明，一般都应考虑申请发明专利；创造性较低的结构发明一般选择申请实用新型专利，且物质与方法发明不能申请实用新型。实用新型顾名思义必须是有一定结构与形状，即其功能通常与某种特定的结构相关的发明创造。液体、粉状、气体等无特定形状的物质发明及其生产工艺等均不能申请实用新型专利。如果产品本身没有技术结构上的发明与改进，但产品的外形或产品的包装有创新设计，可选择申请外观设计专利。有时为了加大保护力度，扩大保护范围，亦可同时申请两种或者三种专利，如发明专利加外观专利、实用新型加发明专利、实用新型加外观专利、或者实用新型、发明、外观设计三种专利同时都申请。外观专利与实用新型无须实质审查，一般在一年左右就能获得批准，而发明专利申请通常要三至五年才能有结果，而且批准授权率较低。因此，如果一项发明创造，既具备实用新型和外观设计专利的要求，又符合发明专利的条件，最好几种专利同时申请。实用新型和外观专利先批下来后，一发现有侵权行为，可用实用新型和外观专利告侵权者，抑制侵权行为。待发明专利批下来后，再用发明专利起诉，这样的成功率要高很多。仅用实用新型与外观设计专利起诉，对方一提出反诉专利权无效，法院将中止诉讼，如果发明专利批下来，可接着用发明专利另行起诉。因为专利是否有效的诉讼时间往往就需一两年。发明专利的诉讼，法院可以不中止。因此，有必要三种专利同时申请。这里值得注意的是，尽管有些产品可通过外观专利间接保护结构，但如果他人将产品的外观改变形状，结构就无法得到保护。对于结构发明，最好将外观设计与实用新型两种专利同时申请。修改后的专利法规定，一项发明只能授予一项专利权，在实用新型、发明申请都获得授权时，最终需放弃其中一项。

二、取好名称，确定技术领域

许多发明人申请专利，喜欢给其发明取一个好听的商品名称，他们误以为获得专利后，易记好听的名称也得到了专利保护。但事与愿违，在专利申请时使用了商品名称，不仅得不到保护，而且还延长了专利申请审批的时间。商品名称如果与技术名称不符，一般是不能作为专利申请的名称的，例如，不能将娃哈哈、万家乐、太阳神之类的商品名称申请专利。好的名称应是能简明扼要地反映本发明创造主题的通用技术名称，而且不要超过25个字。例如，消毒柜及消毒柜的制造方法的发明专利申请，其名称应写成“消毒柜及其制造方法”。

名称取好之后，接着应当确定该发明所属的技术领域。例如广东康宝电器厂发明了一种专用于消毒碗筷的食具消毒柜，其所属技术领域应写成“本发明涉及一种电热高温消毒柜”。而不应写成“本发明涉及一种消毒设备”，也不应写成“本发明涉及一种消毒碗柜”。“消毒设备”为上位概念，既包括物理消毒又包括化学消毒设备。所以“消毒设备”将所属技术领域定得太宽，而“消毒碗柜”虽然也勉强可以，但又将所属技术领域限得太窄，易给人一种只能消毒碗的错觉，不利于技术的推广。一种电热高温消毒柜则较恰当，使别人一目了然。而，“消毒设备”包括蒸汽消毒、高温消毒、药物消毒等设备，使用它则难以确定其具体所属技术领域。

三、选择背景，确定对比文献

绝大多数的发明创造都是在已有技术上的改进与提高，全新的发明是极少的。在申请专利时，一定要将与自己拟申请专利的技术最密切相关的技术检索出来。其用途不外乎两点：一是通过比较已有技术，有利于区别哪些不属于自己的发明，哪些是自己权利要求应该列入的保护范围，即确定自己的发明内容的范围；二是从中确定对比文献，即从许多相关的发明创造文献中，找出与自己的发明最相关的 1～3 项技术文献，作为专利申请的对比文献，通过与已有技术的对比，衬托自己发明的优势所在。如果他人的已有技术是一项有效的专利文献，这种对比就显得更为必要，尤其是通过对比设法绕开他人的专利保护范围，突出自己的发明点，为将来可能产生的专利诉讼打下较好的基础。

四、找出缺陷，确定发明目的

发明或者实用新型的目的，是指发明或者实用新型要解决的现有技术中存在的技术问题。发明或者实用新型专利申请中公开的技术方案应当能够解决这些技术问题。在确定选用的对比文献后，应将已有技术中存在的主要技术缺陷找出来，发明的目的通常正是针对已有技术存在的缺陷，解决已有技术存在的问题。因此，确定发明目的时，应呼应已有技术存在的缺陷，本发明未解决的技术问题，一般不应点出。此外发明目的通常又与发明的效果和优点相关联，提出问题等于解决问题的一半，找出已有技术的缺陷，才能更好地体现本发明创造点的具体技术位置。在可能的情况下，应说明已有技术存在问题和缺点的原因及解决这些问题时曾经遇到的困难，这有助于评价本项发明的创造性。

发明或者实用新型的目的应当按照下列要求撰写：

1. 针对背景技术中所存在的问题。

2. 用正面的，尽可能简洁的语言客观而有根据地反映发明或者实用新型要解决的技术问题，也可以进一步说明其技术效果。对发明或者实用新型的目的描述不得采用广告式的宣传用语，如“全球第一，行业第一”等。一件专利申请的说明书可以包括一个或者多个发明或者实用新型的目的，这些目的应当能由该申请说明书所公开的技术方案达到。当一件申请包含多项发明或者实用新型时，说明书所写明的每个目的应当与一个总的发明构思相关。

五、反复推敲，确定保护范围

保护范围的确定是整个专利申请文件撰写的核心，整个申请文件的其他内容，都直接或间接地围绕着这个核心。保护范围是由权利要求书来确定的，权利要求书是发明创造成为无形资产的法律依据，具有明显的排他性。未经专利权人许可，他人不得擅自为生产经营目的使用权利要求书所要求保护的发明创造的技术特征。权利要求书主要以文字的方式描述所要保护的技术特征。而权利要求书撰写的质量及其是否符合规定，不仅影响到专利的审批，而且直接影响到该发明创造能否得到有效的保护。

一位有专利诉讼经验的专利律师或者专利代理人，往往会有深刻的体会，对于原告方专利权人的代理人而言，专利官司最使人头痛的是一打起官司，就发现权利要求书中的权利要求漏洞百出或显得苍白无力。手捧庄严的中华人民共和国专利证书，却对侵权者束手无策，无法将他人告倒，更谈不上有效地保护自己的发明创造专利权。权利要求书在专利诉讼中暴露出来的问题，最常见的有以下几种：

（一）说明书不支持权利要求书

专利法规定，权利要求书应当以说明书为依据，说明要求专利保护的范围。以说明书为依据，是指权利要求应当得到说明书的支持。每一项权利要求所要求保护的技术方案应当在说明书中充分公开，即权利要求的范围不得超出说明书记载的内容。权利要求通常由公开的一个或者多个技术实施例概括而成。一项发明创造往往有许多技术特征，但并不是将所有的技术特征都纳入权利要求的范围，而是将其中最必要、最能反映本项发明创造的本质特点概括到权利要求中去。权利要求的概括应当适当，使其保护范围正好适应说明书所公开的内容。为了达到这一要求，有经验的专利代理人通常先写好权利要求书，然后将权利要求书的内容基本原文不动地搬到说明书中，作为实施技术方案之前的对整个技术方案本质特征的概括。以避免说明书的内容不支持权利要求书。

（二）权利要求过宽或过窄

权利要求的宽窄是否适度，对于将来的专利诉讼至关重要。要求保护范围过宽，可能会将本已公开的技术包括进去，甚至实施时构成对他人有效专利的侵犯，最终有可能在无效宣告或撤销程序中被部分乃至全部否定掉。而要求保护的范围过窄，则极易被他人绕开所要求保护的技术特征，避开侵权责任，从而难以有效地保护自己的发明技术特征。要避免这一现象，最关键的是要在撰写专利申请之前，充分检索与了解相关的背景技术，在反复比较分析中，确定一合适的保护范围。

（三）文字描述产生歧义

权利要求书主要是通过文字的描述，按一基本的格式与术语、文字来框定保护范围的。在专利诉讼中通常会出现对权利要求保护的技术特征产生不同的理解。遇到这一问题时，如果说明书中有对该技术特征作出比较明晰的阐述，可结合说明书与附图来解释权利要求的本质含义。但如果不能通过说明书及附图得到令人信服的解释时，有时亦会影响到专利诉讼的成败。因此，在撰写权利要求时，一定要反复推敲，用最简明最准确的语言来表达所要保护的技术特征，尽量避免产生歧义。

六、概括特征，详述实施方案

一件发明或者实用新型专利申请的核心是其在说明书中公开的技术方案。技术方案与实施该技术方案的实施例不同，技术方案是申请人对其要解决的技术问题所采取的技术措施的综合，技术措施通常是由技术特征来体现的。

“写明要求保护的发明或者实用新型的技术方案”，是指清楚、完整地描述发明或者实用新型所采取的技术方案的技术特征，不仅包括必要的技术特征，还可以包括其他的附加技术特征。

一般情况下，说明书涉及技术方案部分的用语应当与独立权利要求的用语相应或相同，以发明或者实用新型必要技术特征总和的形式阐明其实质；必要时，说明必要技术特征总和与发明或者实用新型效果之间的关系以及说明要求保护的附加技术特征。技术方案通常就是权利要求保护的最主要的技术特征。在撰写技术方案时，一般是在举出实施例之前，先用概括性的语言简单明了地阐述技术方案，他人能从中一目了然地看出该发明或实用新型的发明点及最本质的技术特征。但仅依此一般并不能实施整个发明或者实用新型，通常还要借助实施例方能达到实施目的。

实现发明或者实用新型的实施例，亦称为实施方案，是说明书的重要组成部分。它对于充分公开、理解和再现发明或者实用新型、支持和解释权利要求都极为重要，因此，说明书应当详细描述申请人认为实现发明或者实用新型的最好方式。实施方案的描述应当与申请中实现发明主题的技术方案相一致，并应当对权利要求的技术特征给予详细的解释，以支持权利要求。

目前撰写中较普遍存在的问题是，实施例撰写得过于简单，他人依此实施例，往往不能轻而易举地实施该项发明或实用新型，甚至还需付出一定的创造性劳动才能得以实现。如果出现这样的问题，就有可能犯公开不充分的错误，会导致专利被宣告无效。尤其是想保留部分技术作为技术秘密保护时，更应注意公开不充分的问题。

实施例是实施发明或者实用新型的具体例子。实施例的数量应当根据发明或者实用新型的性质、所属技术领域、现有技术状况以及要求保护的范围来确定。对实施例的描述应当详细，使发明或者实用新型所属技术领域的技术人员在不需付出创造性劳动的前提下，就能够实现该发明或者实用新型。

有些发明或者实用新型的技术方案比较简单，如果说明书中所阐述的技术方案已经就发明或者实用新型专利申请的主题作出清楚完整的说明，依据这一技术方案就能实施该项发明或者实用新型时，就不必再举出实施例。

七、实事求是，点出发明效果

发明或者实用新型的效果通常是指其有益效果。对有益效果的描述，应基于发明的目的及所给出的技术方案或者所要求保护的技术特征来确定。应本着实事求是的态度，有根有据地点出发明的有益效果。应对比现有技术来阐述本发明或者实用新型所具有的有益效果。有益效果是由构成发明或者实用新型的技术特征带来的，或者是由所述的技术特征必然产生的，与发明或者实用新型的技术特征无关的有益效果不应写上。

有益效果是确定发明是否具有“显著的进步”，实用新型是否具有“进步”的重要依据。一项发明或者实用新型有无创造性，创造性的价值大小，通常可以从发明的有益效果中有所体现。

通常，有益效果可以由产率、质量、精度和效率的提高；能耗、原材料、工序的节省；加工、操作、控制、使用的简便；环境污染的治理或者根治；药物疗效的提高或副作用的下降；以及有用性能的出现等方面反映出来。但无论从哪方面点出发明的有益效果，所点出的有益效果，应是与本发明或者实用新型的技术特征密切相关的主要发明效果。

八、撰写摘要，简述发明内容

说明书的摘要是说明书所公开内容的概述，虽然它仅是一种技术情报，不具有法律效力，但对于专利技术的推广应用，却有其重要的作用。因为，他人一般总是通过摘要来大概了解一项发明或者实用新型的内容。摘要一般不得超过 200 个字，因此，应尽可能地用最简洁、最概括的语言来描述本项发明或者实用新型的最基本内容。

摘要一般应当包括的内容有：

1. 发明或者实用新型所涉及的主题名称、所属技术领域、所要解决的技术问题、主要技术特征和用途，以及与现有技术相比所具有的有益效果。此外，摘要可以有化学式、反应式或者数学式，但不得有商业性宣传用语。

2. 从说明书附图中选取最能说明发明或者实用新型的一幅附图，作为摘要附图。

值得注意的是，摘要的内容不属于发明或者实用新型原始公开的内容，不能作为以后修改说明书或者权利要求书的根据，也不能用来解释专利权的保护范围。因此，摘要中出现的技术特征，一定要在说明书中存在，否则并不能得到应有的保护。

九、画准附图，标清名称代码

附图是说明书的一个组成部分。附图的作用在于用图形补充说明书文字部分的描述，使人能够直观地、形象地理解发明或者实用新型的每个技术特征和整体技术方案。对于机械和电学技术领域中的专利申请，说明书附图的作用尤其明显。用文字足以清楚、完整地描述发明技术方案的，可以没有附图，但实用新型申请的说明书必须有附图。

附图一定要画得准确，与所要描述的技术特征相吻合。附图中一般只能用数字代码，每个代码都与一个相应的名称对应，为便于审查员或他人通过附图来理解说明书中的技术内容，最好在撰写专利说明书时，将附图代码所表示的技术或部件名称单列一段一一标清楚。在不同附图中，对同一名称应使用同一代码。发明或者实用新型说明书文字部分中未提及的附图标记不得在附图中出现，附图中未出现的附图标记不得在说明书文字部分提及。申请文件中表示同一组成部分的附图标记应当一致，图的大小也应符合规定。

十、层次分明，规范技术用语

撰写说明书一定要注意层次分明，名称、所属技术领域、背景技术、发明目的、技术方案、实施例、发明效果等一定要分段，让人一目了然。而且应注意技术用语的规范化，凡是有国家统一标准的技术用语，应尽量采用规范的语言，没有的也应尽可能取一个确切的技术名称。尤其在权利要求中的用词应当采用国家统一规定的技术用语，不得使用行语、土话或者自行编造的词语。专利申请能否尽快得以批准，除了发明或者实用新型的专利性外，在很大程度上取决于专利文件撰写得如何。层次分明、技术用语规范的专利申请文件，往往能一次得以通过，如果由于撰写上的格式与用语不当而被多次发回补正与修改，往往会使专利申请拖延一年乃至更长的时间才得以批准。

以上概括的专利申请文件撰写的十个方面，仅是笔者在专利申请代理中的一些基本体会，并无什么独创之处，只是将有关主要的注意事项加以概括归纳，以供参考而已。实际撰写过程中还有许许多多需要掌握的规定与技巧，有待我们结合每一个不同的申请件，具体问题具体分析，以提高撰写专利申请文件的质量，力争每项发明创造都能得到最大限度的保护。①

实例解析

如何答复专利审查意见书？

发明专利的申请，要经过初步审查、实质审查。专利审查员进入实质审查程序后，通常会根据审查的初步意见，给专利申请人发 1～3 次的审查意见通知书，专利律师如何有的放矢地针对审查员的审查意见进行答复，是一项关系到专利能否被授权的至关重要的代理实务。

以下为一个答复审查意见的案例，仅供参考。

某专利申请的权利要求 1 为：

1. 一种测量流体的流的速度、方向和方位的装置，该装置是基于热传感器测量原理，其特征在于，该装置具有至少三个流测量探头（1，1a，…1_f），这些探头各自具有灵敏元件（2）和掩蔽所述灵敏元件的确定测量区域的障碍物（3），并且所述流测量探头被固定在承载柱（7）上，该承载柱（7）构成所述障碍物（3），所述障碍物（3）形成所述流测量探头的与所述探头的所述灵敏元件面对的角扇区的掩蔽元件（4）。

审查员找到一个对比文件 1，认为：该对比文件 1 公开了权利要求 1 的大部分内容，仅仅未公开以下区别特征："所述流测量探头被固定在承载柱上，该承载柱构成所述障碍

---

① 参见温旭、刘孟斌、申元林、程跃华、王广华：《知识产权的保护策略与技巧》，13～22 页，北京，专利文献出版社，1996。

物”。而在该对比文件1的基础上，本领域技术人员很容易想到将对比文件1的球体变形为柱体（也就是承载柱），从而得到新的用于固定流测量探头和掩蔽灵敏元件面对的角扇区的结构。

代理人进行了简单的答复，在这次答复意见后，审查员仍坚持原审查意见，认为该权利要求1不具有创造性，发出第二次审查意见通知书。

代理人进行第二次答复如下：

审查员以对比文件1结合公知常识否定了权利要求1的创造性；但申请人认为，对比文件1并未公开权利要求1相关技术特征，也未给出技术启示，对比文件1具有创造性。理由如下：

(1) 对比文件1的技术方案概括

对比文件1中，球体上设置多个均匀分布的热敏电阻6，该测量装置的功能完全有赖于以下公知现象：

流体流过球体时，在停滞点24流速最低，在点25（以及同样在赤道上的点）时流速最大。由于在赤道处流体流速最快，因而能最大限度地降低温度，所以赤道处的热敏电阻6测得的温度最低；同样道理，在北极（点24）处测得的温度相对较高，其他地方测得温度也成比例地较高；而南极（点26）为水流滩急区，因而测得的温度比北极24稍低。

这样，通过测量到的三个最低温度点，就可以勾勒出赤道平面，即得出赤道线；然后便可推测：水流方向是垂直于该赤道方向的。再者，通过对比从北极到赤道的热敏电阻6的相对温度，便可获知水流速度。

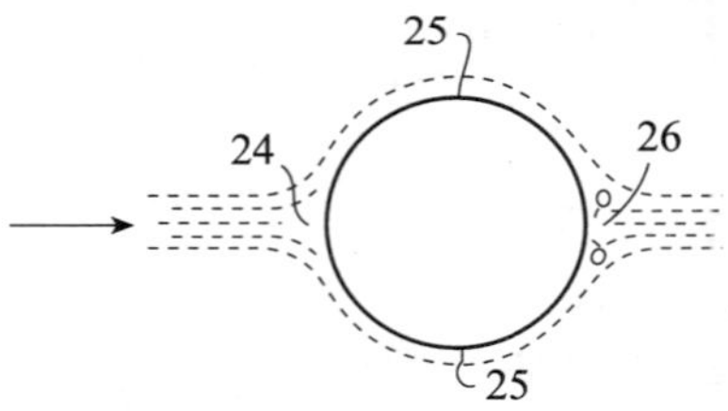

(2) 本权利要求1的有关技术特征并未被对比文件1公开

第一，本权利要求1请求保护的方案中，“探头各自具有灵敏元件（2）和掩蔽所述灵敏元件（2）的确定测量区域的障碍物（3）”；即使将对比文件1中的热敏电阻6等同于本申请的“灵敏元件（2）”，但对比文件1的探头也只有灵敏元件，而没有“掩蔽灵敏元件的确定测量区域的障碍物”。

审查员认为对比文件1的“球体4”相当于本申请的“障碍物”。但事实上，球体4仅仅是热敏电阻6的承载体，且该承载体只能限定为球体，以能利用上面所述的公知现象来推测水流方向；该球体并不能掩蔽热敏电阻6的“测量区域”，且事实上热敏电阻6只是测量经过其的水流的温度而已，根本没有什么“测量区域”可言，更无所谓“掩蔽该测量区域”。

第二，在本权利要求1中还进一步限定“所述流测量探头被固定在承载柱（7）上，该承载柱（7）构成所述障碍物（3），所述障碍物（3）形成所述流测量探头的与所述探头的所述灵敏元件面对的角扇区的掩蔽元件”。

审查员认为球体4是障碍物，并在此基础上认为公开了“所述障碍物形成所述流测量探头的与所述探头的所述灵敏元件面对的角扇区的掩蔽元件”。但事实上，对比文件 1 中球体 4 根本不能等同于本申请的“障碍物”（见第一点论述）；而且即使将其两者等同，但对比文件 1 的方案根本没有涉及“灵敏元件 6 面对的角扇区”，也未涉及“该角扇区的掩蔽元件”，更没有公开球体 4 形成该角扇区的掩蔽元件。

（3）对比文件 1 也不能给出权利要求 1 的上述技术特征的启示

根据《审查指南》的相关规定，要从本领域普通技术人员的角度，将某对比文件与权利要求的技术特征相比，如果结构基本相同、功能基本相同、解决的问题基本相同，才能认为该对比文件给出了权利要求技术特征的启示。

本申请中，对于权利要求 1 的技术特征“这些探头各自具有灵敏元件（2）和掩蔽所述灵敏元件的确定测量区域的障碍物（3）”，“承载柱（7）构成所述障碍物（3），所述障碍物（3）形成所述流测量探头的与所述探头的所述灵敏元件面对的角扇区的掩蔽元件（4）”：

首先，其中“障碍物”、“角扇区”、“掩蔽元件”等在对比文件 1 中根本没有被提及，因此，不存在“结构相同”的情形。

其次，其解决的问题和达到的功能是：对在尽可能最大的甚至准球面的角扇区和尽可能最广的温度范围内的流的空间中的三个适量分量进行测量，使测量覆盖尽可能大的立体角。但在对比文件 1 中，整个方案都只是利用了“流体流过球体各点时有不同速度、不同速度带来温度差”这一公知现象，测量各点的温度，通过温度分布来推出赤道所在，再推出水流方向即垂直于赤道的方向，其根本没有涉及本申请的上述技术问题。由此可见，两者的功能和解决的问题根本完全不同。

最后，从权 1 整个技术方案来看，对比文件 1 最多也只公开了：“该装置包括至少三个流测量探头，这些探头被固定在承载体上”，权利要求 1 其他的技术特征根本没有涉及。在解决不同的技术问题，并利用完全不同的原理的情形下，本领域技术人员根本不能从对比文件 1 仅有的公开内容中想到权利要求 1 上述的有本质意义的特征。

（4）权利要求 1 的上述区别技术特征具有实质性的特点和显著的进步，符合创造性的要求。

由于各探头具有障碍物来掩蔽其灵敏元件的确定测量区域，这些灵敏元件的方向灵敏度能得以实现。处于流中的障碍物起到停止点的作用（在冲击点 V=0），且在其后形成尾流，在那里流的特性尤其是速度被改变。因此，该测量装置可以适合于测量更大的角扇区和更宽的温度范围内的流体速度。

又由于流测量探头被固定在承载柱上，且承载柱构成障碍物，障碍物形成该探头的灵敏元件面对的角扇区的掩蔽元件。这既可以实现上一段提到的功能，而且使得整个测量装置结构紧凑、简单，从而可以扩大其使用的范围，甚至能对飞行器的难以达到的区域例如襟翼与机翼的连接区域中的流进行测量。（见说明书具体实施方式部分第 5～9 段）

综上可见，权利要求 1 的上述技术特征不仅未被对比文件 1 公开或给出启示，而且具有突出的进步和实质性的特点，具有创造性。

此外，申请人整理本申请权利要求的思路如下：权利要求 1→探头包含障碍物来用于掩蔽十承载柱充当障碍物，障碍物构成掩蔽元件。从属权利要求 2～12→进一步分别限定探头的位置，或掩蔽元件的位置，或承载柱的结构，或附加其他元件；提供审查员参考。另外，本申请的美国同族专利：*，***，7*9 已经在现申请文件的基础上获得授权，也提请审查员参考。

在上述二次答复之后，审查员接受了申请人的上述观点，认可权利要求 1 具有创造性，并认为权利要求 1 的从属权利要求 2～12 也具有创造性。在接着的审查意见答复来更正形式缺陷之后，审查员授予该专利权与申请人。

简要分析：审查意见通知书的驳回理由各不一样，但不管审查意见如何变化，专利代理人行业内形成的答复思路（或《审查指南》中的三步法）结合律师代理案件答辩时的针锋相对，便是最好的答复审查意见的方法，有如下几点值得注意：

(1) 全面分析对比文件和本专利，搞清楚审查意见是否正确，如果错误了，错在哪里？要将错误的观点逐条列出来，这是陈述答复意见时要攻的“靶子”。还有，要注意是什么导致了审查员的误解？比如：是不是某个实施例的附图和对比文件的附图很像，让审查员先入为主甚至误解？要做到“知己知彼”，才能“有的放矢”。

(2) 分析对比文件时，不宜只看审查意见提到的内容，最好全面分析，整体把握，从技术方案、功能、背景各方面入手，彻底了解；这样才能更容易发现其与本专利权利要求方案的不同；也只有对对比文件的完全了解，陈述出来的“不同点”理由才能更让人信服。

(3) 撰写答复意见时，针对审查意见逐条撰文。行文时，先用标题简要概括审查意见和答复意见的不同，让审查员有一个印象，然后说明理由。说明理由时，既要论述审查意见错在哪里，也要正面论述权利要求相对于对比文件具有什么不同，这些不同带来了什么突出的特点和显著的进步，正反两方面着手，才能更具说服力。

此外，在比较对比文件和本专利的权利要求之前，最好能先以一节简要介绍：对比文件的技术方案是什么，本专利的权利要求的技术方案是什么，并配上附图。这样简单清晰的介绍，会让很多事实不言自明。

(4) 做任何能厘清事实、有助于审查员理解技术方案的事，比如技术特征比较图表、权利要求撰写思路分析等，不能局限于就答复而答复。

练习与测试

1. 简述专利代理人与发明人的沟通技巧。
2. 专利电子申请的优点是什么？
3. 简述发明专利申请的审查程序。
4. 简述实用新型与外观设计专利申请的审查程序。

单元总结

本单元介绍了专利申请文件如何在代理人与发明人之间有效地沟通中进行撰写及向国家知识产权局进行递交，以及在这个过程中如何答复审查意见等的事项。

第3章

专利文献检索与分析

单元要点

学习专利文献检索的意义，了解专利文献的功用，学习专利文献检索的工具与使用，以及对检索结果的分析。

学习目标

能够从事专利文献检索业务。

3.1 专利文献的功用①

3.1.1 传播发明创造，促进技术进步

专利文献承载发明创造内容：专利文献信息是专利制度的产物，专利制度规定专利申请人在申请专利时须提交描述发明创造技术内容和限定专利保护范围的文件。专利机构则以保护为条件将该文件公之于众。记录发明创造的专利文献由此产生。据 2010 年世界知识产权组织的统计，每年全世界公布的专利文献约为 150 万件，累计 6 300 多万件，排除同族专利，记载的发明创造约 1 600 万项。

专利文献与其他文献相比在传播发明创造方面作用突出：95％的发明创造被记录在专利文献之中，80％的发明创造仅在专利文献中记载。

因特网使专利文献信息传播更方便：世界主要国家都在因特网上公告专利文献，由于网络已进入千家万户，坐在家中即可上网查询，使得公众可以在第一时间获得最新授予专利权的发明创造信息。

因此发明创造通过专利文献得以传播，人们由此可以获得最新技术信息，扩大利用新技术的概率，进而起到促进全社会技术进步的作用。

3.1.2 警示竞争对手，保护知识产权

人们申请专利的目的是寻求对其发明创造的保护。绝大多数专利申请人是基于以下认识申请专利的：专利制度承认人们的智力劳动成果，承诺保护专利权人的专利权，因此他们可以在专利制度这张大伞保护下，通过实施其受专利保护的发明成果获得最大化商业利益。

然而，专利权人最担心的是竞争对手侵犯其专利权。所以专利权人寄希望于通过专利

① 参见 http：//www.sipo.gov.cn/wxfw/zlwxzsyd/zlwxjczs/zlwxyxxmcjs/200908/t20090813_472408.html，访问日期：2013 年 4 月 26 日。

文献信息公布，向竞争对手传达一种警示信息。专利文献不仅向人们提供了发明创造技术内容，同时也向竞争对手展示了专利保护范围。甚至许多专利权人在其专利产品上注上专利标记，使使用该产品的人可以轻而易举地找到该专利的说明书，了解其专利保护的内容，从而达到保护知识产权的目的。

3.1.3 借鉴权利信息，避免侵权纠纷

任何竞争对手都要尊重他人的知识产权，杜绝恶意侵权行为，避免无意侵权过失，以形成良好的市场竞争氛围。专利文献可以起到这方面的借鉴作用。

专利文献中含有每一件专利的保护范围信息（权利要求书）、专利地域效力信息（申请的国家、地区）、专利时间效力信息（申请日期、公布日期）。

专利文献信息恰似一面镜子，只要随时照一照（检索专利的法律信息），就可以实现自我约束，避免纠纷发生。

3.1.4 提供技术参考，启迪创新思路

企业是创新的主体，专利是创新的成果。在建设创新型国家过程中，企业不能盲目跟进，要借鉴前人的智慧，站在巨人的肩膀上，进行再创造。专利文献可以起到这方面的借鉴作用。

专利文献中含有每一件申请专利的发明创造的具体技术解决方案（说明书）。在专利文献中记载了从航天、生物等高科技到人类生活日用品各方面的发明创造。

研究本领域专利文献中记载的发明创造，对于企业创新具有非常重要的作用：不仅可使企业避免重复研究，节约研究时间（缩短 60%科研周期）和经费（节约 40%的科研经费），同时还可启迪企业研究人员的创新思路，提高创新的起点，实现创新目标。

3.1.5 查找背景技术，确定保护范围

绝大多数发明创造都是在现有技术上的改进与提高，开拓性发明是极少的。在委托人委托进行专利申请时，其技术交底书一般会包含对有关发明创造背景技术的描述，不过，受个人的知识面与信息所限，委托人所提供的背景技术并不一定是最接近的现有技术，面对一件专利申请，需要充分检索并判断其最接近的现有技术文献。

不同于学术文献侧重于对理论的研究，专利文献面向于产业应用，其必须是一个完整的技术方案，需要具备解决技术问题的全部必要技术特征，因此，在先公开的专利文献可通过逐项技术特征与新的专利申请的技术方案进行细致比对，作为界定专利申请的背景技术的文献，具有尤其重要的作用。

作为背景技术的专利文献，主要用于准确地确定发明创造的创新点，确定专利的保护

范围。

首先，通过检索到的专利文献，用于判断自己的技术方案是否具有新颖性和创造性。如果通过检索，发现自己的技术方案与他人已经在先提出的专利申请相同，没有区别，则没有再申请的必要。

其次，通过检索，发现自己的技术方案与在先公开的专利文献并不相同时，判断并挖掘出其与最接近的现有技术的区别在哪里，这种区别既可以是技术特征的区别，也可以是解决的技术问题的区别。根据与最接近的专利文献的区别点，就可以重新确定好要解决的技术问题（很多时候已经与原始的技术交底书有所不同），以及为解决该技术问题所应当包含的所有必要技术特征，从而确定一个合适的保护范围。在这个过程中，还可以通过与找到的最相关的专利文献对比，衬托出自己的发明所在，这样的好处在于：一方面有利于巩固自己的专利的稳定性，在审查过程中，审查员将难以再依据该背景技术文献驳回本专利申请，在无效过程中，无效请求人也更难以采用同样的文献无效本专利；另一方面，有利于绕开他人的专利保护，可以通过这样的对比，显示出本专利申请与他人在先获得的专利权的区别，突出自己的发明点，为将来可能产生的专利诉讼打下较好的基础。

再次，在检索到的专利文献与自己的专利申请具有区别的基础上，还可以从检索到的已有专利中获得启发，将其与自身专利进行组合，完善本专利的实施方式，使得专利的保护范围更大。

例如，申请人发明了一种自动喷淋灭火水阀门装置，是在水管管口设有封水圈和阀门塞，阀门塞塞于封水圈的中心孔，阀门塞的开闭由一可燃性固定绳控制，当发生火灾，可燃性固定绳烧断之后，阀门塞即可被水冲开，用于灭火，同时进一步结合压缩弹簧的作用，使得可燃性固定绳被烧断之后，将阀门塞弹出，可燃性固定绳还连接了若干根可延伸至建筑物各处的引火绳。通过检索，找到最接近的专利文献，其公开了一种“遇火自动控制开关的装置”，其在水龙头的开关把柄一侧连接一个受拉伸的拉伸弹簧，另一侧连接一个可燃性固定绳，两侧的平衡力使得开关把柄平时处于关闭状态，在发生火灾使得可燃性固定绳烧断后，拉伸弹簧就可拉动开关把柄，打开开关放水灭火。通过分析，发现区别点在于：（1）本申请的可燃性固定绳还连接有引火绳，可以延伸至建筑物各处，而对比专利的技术方案不具有引火绳，通过这种区别，本申请扩大了救火范围，一旦发生火情，各处设置的引火绳被点燃，可及时引燃至可燃性固定绳，使阀门塞打开放水灭火，而对比文献只有火情扩大到阀门处时才能放水救火；（2）本申请的封水圈和阀门塞，以及打开装置是独立设计的，而对比文献是结合现有的扳动开关使用，打开较为费力，而且水龙头的球形阀门容易生锈，存在火灾时无法开启出水的风险。找出区别点之后，申请人申请了实用新型专利，并且，在对比专利的启发下，在原来结构的基础上进行改进，增加了一种通过拉伸弹簧的拉伸作用将阀门塞拉出的方案，从而增加了其专利申请的实施例，扩大了专利的保护范围。

3.1.6 检索现有技术，反诉专利无效

根据专利法的规定，一项专利公告授权后，任何单位或者个人认为其不符合专利法有关规定的，都可以针对该项专利向专利复审委员会提出无效宣告请求，启动无效宣告程序。在实践中，如果被他人提起专利侵权之诉，一般都会立即提起专利无效之诉以反制。

《专利法实施细则》第 65 条第 2 款规定了无效宣告请求的理由，其中，被请求专利不具有新颖性和创造性是实践中经常用到的理由。由于在判断新颖性和创造性时，是通过技术特征来进行比对，因此，在先公开的专利文献，在用于判断被请求专利的新颖性和创造性上具有尤其重要的作用，尤其是在确定最接近的对比文件上。

与专利申请时不一样，专利申请程序中检索专利文献，是要找出区别点，“求异”以证明自己的发明具有新颖性、创造性可以申请专利，而在专利无效程序中，检索在先专利文献的目的在于与被请求专利“求同”而非“存异”，在于否定被请求专利的新颖性和创造性。首先，如果检索到的专利文献公开的技术方案与被请求专利在内容上完全相同，即解决的技术问题相同，采取的技术手段也相同，即使存在区别，也只是具体（下位）概念与一般（上位）概念的关系，或者是惯用手段的直接置换，则可以以被请求专利不具有新颖性为由提起无效。这种情形较多地存在于对实用新型专利的无效上，因实用新型专利不比发明专利需要经过实质审查程序，因此，实用新型专利存在相同的技术方案被不同的人重复申请的可能性较大。其次，如果检索到的专利文献与被请求专利很接近，可以判定为最接近的对比文件，但是两者又还是具有区别，则需要判断这种区别是否是显而易见的，有没有创造性。具体而言，通过将最接近的对比文件与被请求专利的对比，找到区别之后，需要根据这种区别重新确定被请求无效的专利实际要解决的技术问题，这时可能已经不同于说明书所描述的技术问题，然后从区别技术特征和重新确定的实际解决的技术问题出发，判断被请求专利是否是显而易见的，也即判断现有技术中有没有提供上述区别技术特征的技术启示，如果现有技术中公开了上述区别点，本领域技术人员看到上述区别点后能想到将其应用于之前检索到的最接近的对比文件中，然后结合起来得到被请求专利的技术方案，那么被请求专利就是显而易见的，不具有创造性的，可以被无效掉。在判断被请求专利的区别技术特征是否显而易见上，一般从三个方面入手，一是从教科书或者工具书等资料中看区别技术特征是不是公知常识，是不是本领域惯用技术手段；二是从所依据的最接近的对比文件中看，上述区别技术特征是不是与其相关的技术手段，比如在同一份对比文件的其他部分进行了披露，或者虽然没有披露，但是已经提供了技术启示，本领域技术人员仅仅通过合乎逻辑的分析、推理或者有限的试验就可以得到；三是从其他对比文件入手，看别的专利文献是否公开了上述区别技术特征，并且该区别技术特征在该对比文件中所起的作用是否与其在被请求专利中所起的作用是一样的。

再次，即使所检索到的专利文献难以将被请求专利无效成功，也可以通过检索到的多篇与被请求专利技术相关的专利文献，看看自己能否从中得到启发，从而在被请求专利的

基础上进行规避设计，以便在专利无效没有成功的情况下，通过规避设计绕开被请求专利的保护范围，而且，如果被检索到的最相关的专利文献也能解决自己工业生产中的技术问题，其法律状态又处于失效状态的话，则可以直接将其作为公用技术进行使用，以避免对被请求专利的侵权。

3.2 专利文献检索的工具与使用①

从事科研工作，离不开科技文献，而一类重要的科技文献就是专利文献。专利文献是技术情报、法律情报和经济情报的重要来源。通过专利，我们可以了解最新科研动态，研究课题开发现状、技术水平和法律状态，少走弯路，极大缩短科研工作进度，避免无谓的损失。

随着互联网的发展，各个国家的专利局和国际专利组织均开辟网站，免费提供该国或该组织的专利文献检索与下载服务。

以下介绍几种专利下载器及各国专利机构的官方专利数据库。

3.2.1 专利下载器

一、PATmonitorPRO Trial

PATmonitorPRO 是专业专利研究者，如专利代理人、专利审查员那些需要下载查阅众多专利的研究人士使用的。PATmonitorPRO 能下载一个专利的各个版本，包括申请版本、修改后的版本等，如中国专利的申请公开版本和审定授权版本，它能下载的数据库包括世界上各个主要数据库，有中国，欧洲，日本，美国等专利数据库，只是这个软件下载中国专利速度比较慢，下载欧洲和美国专利速度还是较快。PATmonitorPRO 是国外软件，虽然也需要注册，但有一点，这个软件的注册保护在 30 天内是全功能版。

软件下载地址：

http：//www. eidologic. net

http：//www. onlinedown. net/soft/49242. htm

二、PatentHunter 3.0（专利猎手 3.0 版专利下载，搜索和管理软件）

PatentHunter V3.0 可以下载美国专利局和欧洲专利局上的专利，不足之处是不能下载中国专利和日本专利，软件界面是英文的，不过用起来比较方便，可以批量下载，下载的专利有 PDF 和 HTML 两种格式，浏览和复制其中的内容很方便。

---

① 参见 http：//wenku. baidu. com/link? url = x2HDFwhEKOCArq6CB13WcjSwS7VRK2WGxHgEkam6i _ Q-Kugqqu1u8bC14l8uFqd06u9KgFNCq8E8sZ_xdqHzkNqD9Wj9FKK6D1nJN_eEWri，访问日期：2013 年 4 月 27 日。

官方网址：http：//www. patenthunter. com

软件下载地址：http：//www. patenthunter. com/patenthunter3. exe

三、随愿专利下载器（PatentDown）

随愿专利下载器是国产专利下载软件，用于查询和下载美国专利、英国专利、欧洲专利、中国专利、日本专利、加拿大专利、澳洲专利、世界专利、新加坡专利等等。

软件下载地址：http：//www. relaxsoft. net

四、GetIPDL

GetIPDL 为日本人编写的专利下载共享软件，目前最新版本 2. 14. 19。下载后，安装文件大小为 4. 6MB。GetIPDL 支持世界上多个专利局专利文献的下载，包括日本特许厅（JPO）、美国专利商标局（USPTO）、欧洲专利局（EPO）、中国知识产权局（SIPO）等 9 个专利局。专利文件的下载非常简单，只要把检索到需要下载的专利文献的专利号复制到软件 Patent Numbers 区域，并选择相应专利局服务器，点击“Download”按钮，软件便自动进行专利文献下载，并自动合并为一个 TIFF、PDF 或者 HTML 文件。

GetIPDL 软件的 Search 菜单内置了该软件支持的多个专利局检索入口链接，也方便了用户对专利进行检索。Tools 菜单中可设置一些下载的选项，包括下载目录、起始时间等等。

该软件使用方便，加快了专利的检索与下载速度，方便科技工作者对下载专利文献的管理、阅读与使用。唯一的遗憾是，该软件为共享软件，注册费 89 美元。未注册版本与注册版本的区别是，未注册版本只能下载不超过 10 页的专利，且不能同时下载多篇专利。

软件下载地址：http：//www. ujihara. jp/GetIPDL/en/

五、专利下载器 2. 8. 4

专利下载器为国产软件，软件大小：2 237KB，只需要知道专利号就将专利文件自动下载下来，而且还能将各页合并成一个文档，方便查看。

利用专利下载器：

批量自动下载专利全文、摘要、法律状态，自动将专利全文转换为 PDF 并合并，与摘要、法律状态同时保存（专业版功能），方便管理与查看；

支持多个数据库，欧洲 2 版数据库（专业版），欧洲 3 版数据库，中国知识产权局专利数据库，美国专利商标局专利数据库（包括已经授权文本和申请公开文本，专业版功能），日本特许厅数据库（可以获取任意时期的日文专利）；

自动分析专利全文类型，并全部下载（专业版功能）；

多线程同时下载，速度飞快，平均每分钟下载几百项专利或几十页专利全文；

断点续传下载，网络中断或一次不能完全完成任务，系统会保留已经下载的信息，网络连通后，继续下载（专业版功能）；

内置检索接口，直接将检索结果导入下载列表（专业版功能）；

同族专利分析下载，对同族专利进行分析选择需要下载的部分（专业版功能）。

软件下载地址：http：//nj. onlinedown. net/soft/33014. htm

六、易优专利检索 1.0

易优专利检索软件能够根据您的需求智能地同时检索中国、美国、欧洲、日本、加拿大、澳洲、新西兰、世界专利组织等国家和机构的官方专利数据库。可以通过一些综合性专利检索站点进行全球任何一个国家的专利检索。而这一切，全部都是免费的。检索结果：易优能精确地检索出以上列出的各个国家的专利文献全文，全球其他国家的专利文献摘要。检索结果显示在同一个窗口之中。软件特点：界面美观、易操作。在同一中文界面下对全球各国专利说明书进行检索。

软件下载地址：

http：//www. skycn. com/soft/8145. html

http：//nj. onlinedown. net/soft/741. htm

3.2.2 国内外专利信息数据库①

一、中国专利信息数据库

目前，国内有两个数据库免费向公众提供 1985 年我国实行专利制度以来的所有专利说明书的全文，它们分别是中华人民共和国国家知识产权局专利数据库和中国专利信息中心专利数据库。

（一）中华人民共和国国家知识产权局专利数据库

中华人民共和国国家知识产权局专利数据库（http：//www. sipo. gov. cn/）收录了 1985 年 9 月 10 日以来公布的全部中国专利信息，包括发明、实用新型和外观设计三种专利公开时的著录项目、摘要和主权项，并可浏览到各种说明书全文及外观设计图形，全部信息免费向公众提供。

知识产权局专利数据库提供基本检索、IPC 分类检索和法律状态检索。基本检索的检索项有 16 个，包括：申请（专利）号、名称、摘要、申请日、公开（公告）日、公开（公告）号、分类号、主分类号、申请（专利权）人、发明（设计）人、地址、国际公布、颁证日、专利代理机构、代理人、优先权。IPC 分类检索可将检索限制在国际专利分类法的某一大类或小类下面，该界面的检索项同基本检索一样。法律状态检索可以检索专利的法律状态，检索路径为三个——申请（专利）号、法律状态公告日、法律状态，但需要注

① 参见 http：//wenku. baidu. com/link? url＝2XQY1tD1xaUi9JsvadxZHAR6I9IqMHtL2tEveHjXQq3uplJnV0zDFqwzIMql1D2O7xFZHDg6PxJ2Yrwzb1BYEgGAzHJ4xEaTCvGLr2uo-2C，访问日期：2013 年 4 月 26 日。

意的是由于专利的法律状态不断变化、数据库存在滞后周期等原因，检索出的专利法律状态信息仅供参考。另外还提供收费信息查询、代理机构查询、专利证书发文信息查询、通知书发文信息查询、退信信息查询、事务性公告查询等。

国家知识产权局还推出了更为方便的专利检索与服务系统（www.pss-system.gov.cn），提供更为详细的服务。不仅可以进行国内外专利信息检索，还可以进行包括技术衍变趋势、地域性信息分布、核心申请人统计、核心发明人统计、核心技术统计等在内的专利分析。此外，专利检索页面不仅提供基本检索、表格检索、IPC 分类检索，还为用户提供多达 15 个算符的检索式编辑检索，以及同族查询、引文查询、法律状态查询、申请（专利权）人别名查询、国别代码查询、双语词典、分类号关联查询、关联词查询等。

（二）中国专利信息中心专利数据库

中国专利信息中心专利数据库（www.cnpat.com.cn）收录数据与知识产权局专利数据库相同，也可免费浏览或下载各种说明书全文及外观设计图形。信息中心专利数据库有中文检索和英文检索。中文检索分为基本检索和高级检索，基本检索的检索入口有 18 个，包括：申请号、发明名称、公开号、公开日、IPC 分类号、申请人、申请日、发明人、主题词、关键词、摘要、主权利要求、优先权项、公告号、公告日、国别省市代码、代理机构代码和申请人地址；高级检索为检索式检索。英文检索可查询 1985 年以来公开的全部中国发明和实用新型专利的英文著录项目及发明专利部分英文摘要，以及发明、实用新型说明书全文（中文版），该检索界面设置与中文检索一致。除此之外，还提供专利项目推广和专利机器翻译服务，专利机器翻译分为汉英机器翻译和英汉机器翻译。

此外，我国的中国知识产权网（www.cnipr.com）、中国专利信息网（www.patent.com.cn）等也提供专利检索、专利分析等服务。

二、欧洲专利局专利数据库

欧洲专利局专利数据库（http://worldwide.espacenet.com）收录了自 1920 年以来世界上 50 多个国家公开的专利题录数据，以及 20 多个网家的专利说明书，包含 4 个部分：世界专利数据库、WO 专利数据库、EPO 专利数据库、JP 专利数据库。世界专利数据库收录了 72 个国家及组织 5 900 万条专利记录，其中 2 880 万条具有发明名称，2 680 万条有 ECLA 分类，1 730 万条有英文摘要。WO 专利数据库收录了最近 24 个月公布的 PCT 国际申请的著录数据、文摘和全文说明书；EPO 专利数据库收录了最近 24 个月公布的欧洲专利申请的著录数据、文摘和全文说明书；JP 专利数据库收录了 1976 年以来公布的日本公开专利的英文著录数据和文摘。欧洲专利局专利数据库提供五种检索方式：智能检索（Smart search）、快速检索（Quick search）、高级检索（Advanced search）、专利号检索（Number search）、分类检索（Classification search）。智能检索、快速检索、专利号检索和分类检索功能都比较简单，高级检索设置有一个数据库选择窗口及 10 个检索入口，检索入口主要包括：名称关键词［Keyword（s）in title］、名称或摘要关键词

[Keyword(s) in title or abstract]、公开号（Publication number）、申请号（Application number）、优先权号（Priority number）、公开日（Publication date）、申请人［Applicant(s)］、发明人［Inventor(s)］、ECLA 分类号（European Classification）、IPC 分类号（International Patent Classification）。

三、美国专利商标局专利数据库

美国专利商标局专利数据库（http：//patft. uspto. gov/）包括授权专利（Issued Patents）和已公开申请专利（Published Applications）两部分。授权专利数据库收录了美国 1790 年 7 月 31 日实行专利制度至今的所有已授权专利文献，其中 1976 年以来的专利提供电子文本和图像这两种形式的专利说明书的全文，1790—1975 年的专利仅提供图像形式的专利说明书的全文；已公开申请专利数据库收录了自 2000 年 11 月 9 日以来已公开的专利申请文献，并提供电子文本和图像这两种形式的专利说明书全文。递交的专利申请进行公开，从 2001 年 3 月 15 日开始正式出版专利申请说明书。

美国专利商标局专利数据库提供三种检索方式，有：快速检索（Quick Search）、高级检索（Advanced Search）、专利号检索（Number Search）。高级检索的检索入口有：专利号（Patent Number）、公开日（Issue Date）、名称（Title）、摘要（Abstract）、权利要求［Claim(s)］、说明书（Description/Specification）、美国专利分类号（Current US Classification）、国际分类号（International Classification）申请号（Application Serial Number）、申请日（Application Date）、申请信息（Parent Case Information）、与美国申请有关的数据（Related US App. Data）、再公告数据（Reissue Data）外国优先权（Foreign Priority）、PCT 信息（PCT Information）、申请类型（Application Type）、发明人姓名（Inventor Name）、发明人所在城市（Inventor City）、发明人所在州（Inventor State）、发明人所在过（Inventor Country）、代理律师或代理人（Attorney or Agent）、代理人姓名（Assignee Name）、代理人所在城市（Assignee City）、代理人所在州（Assignee State）、代理人所在国（Assignee Country）、审查员（Primary Examiner）、助理审查员（Assistant Examiner）、被引信息（Referenced By）、外国参考文献（Foreign References）、其他参考文献（Other References）、政府利益（Government Interest）。

四、日本特许厅专利数据库

日本特许厅专利数据库（www. jpo. go. jp）收录了自 1885 年以来公布的所有日本专利、实用新型和外观设计电子文献，通过其网站上的工业产权数字图书馆（IPDL）在因特网上免费提供给全世界的读者。工业产权数字图书馆有英文版（PAJ）和日文版两种界面。英文版含有日本专利、实用新型、外观设计与商标全文数据，FI 与 F-TERM 分类表及其检索，日本公开专利英文文摘数据。日文版除上述数据外，还含有国际与日本外观分类表，日本专利、实用新型、外观设计与商标的法律状态信息，美国、欧洲、英国、德国、法国、瑞士和 PCT 的专利全文。日本特许厅专利数据库分为三个检索系统：专利与实用新型号码对照系统、日本专利分类检索系统、日本专利英文文摘检索系统。日本专利分类检索系统检索界面上设有四组检索式选项窗口和输入窗口：数据类型（Data Type）、主题（Theme）、公布年代（Publication Year）和 FI/F-TERM 分类号。

五、印度国家信息中心专利数据库

印度国家信息中心专利数据库（patinfo. nic. in）收录了世界上 71 个国家自 1968 年以来的专利著录数据 4 265 万多条。印度国家信息中心专利数据库的专利检索系统设有五个检索种类：唯一字段检索（Unique Field Search）、单一字段检索（Single Field Search）、组合字段检索（Combined Field Search）、同族专利检索（Equivalent Search）和美国专利引用（US Patents Citation）。每一个检索种类下又有检索种类细分，以满足不同检索需求。

六、韩国知识产权局专利数据库

韩国知识产权局专利数据库（eng. kipris. or. kr）由韩国知识产权局提供，可以通过 IPC 分类号、关键词、申请人、发明人、专利申请同期或申请号及优先权日期或优先权号等检索入口检索韩国专利。它分为韩文和英文两部分，英文页面只提供韩国英文专利文摘数据库，韩文页面可提供韩文界面的专利文献检索及专利全文说明的浏览。

七、加拿大知识产权网专利数据库

加拿大知识产权网专利数据库（http：//brevets-patents. ic. gc. ca）收录了 1920 年至今的专利全文文本和图形。数据库提供了基本检索、专利号检索、布尔检索和高级检索四种方式。所运用的逻辑运算符为：逻辑与（AND）和逻辑或（OR）。在高级检索中，提供了全文、标题、摘要、申请人等在内的 13 个检索项。其说明书的查看方式为在检索结果的文摘显示屏有两个显示说明书的按钮：一是 Download in Adobe PDF 按钮，二是 View Image 按钮。View Image 按钮显示的图像不清晰，可选择 Download in Adobe PDF 按钮，以这种格式显示说明书需要有 Acrobat Reader 浏览器。利用该浏览器查看说明书可直接进行拷盘和打印，而且图像也比较清晰。

八、世界知识产权组织网站专利数据库

世界知识产权组织网站专利数据库（www. wipo. int），该网站由世界知识产权组织提供，内容包括：PCT 电子公报（PCT Electronic Gazette）、马德里申请商标数据库（Madrid Express Database）、美国专利数据库、加拿大专利数据库、欧洲专利数据库和 JOPAL 科技期刊数据库。其中，与专利有关的是 PCT 电子公报：该库收录了 1978 年以来 PCT 公布的专利申请原始资料（含专利题录信息、文摘及扫描图像），数据更新快，专利申请公布 14 天后即能免费查到全文。专利全文影像联结全欧洲专利局的影像文件，检索功能与 USPTO 专利检索十分相似。

除了上述国家和国际组织建设的数据库之外，其他数据库也各有特色，下面简要介绍几种常用的商业数据库。

九、Derwent 专利数据库

Derwent 是全球最权威的专利情报和科技情报机构之一，1948 年由化学家 Monty Hyams 在英国创建。Derwent 隶属于全球最大的专业信息集团—Thomson 集团，并与姐妹公司 ISI、DelPhion、Techstreet、Current Drugs、Wila 等著名情报机构共同组成 Thomson 科技信息集团（Thomson Scientific）。目前全球的科研人员、全球 500 强企业的研发人员、世界各国几乎所有主要的专利机构（知识产权局）、情报专家、业务发展人员都在使用 Derwent 所提供的情报资源。Derwent 专利数据库收录来自世界四十多个专利机构的一千多万个基本发明专利、三千多万个专利，数据可回溯至 1963 年。每周增加来自四十多个专利机构的两万五千多个专利，分为 Chemical Section，Electrical & Electronic Section，Engineering Section 三部分，为研究人员提供世界范围内的化学、电子电气以及工程技术领域内综合全面的发明信息。Derwent 专利数据库由 World Patent Index（世界专利索引）及 Patent Citation Index（专利引文索引）两部分构成。Derwent 翻译所有英语以外的其他语种出版的专利文献，对于克服语言障碍，了解世界各国的科技进展非常有用。专利信息利用最大的难点在于检索，德温特各领域技术专家根据专利全文内容，特别是权利要求项，用普通技术词汇重新改写的标题和文摘详细反映了专利的内容、应用、新颖性等信息，帮助研究人员快速、准确和有效地查全、查准专利技术。

十、DelPhion 知识产权网

DelPhion 由 IBM 知识产权网 IPN 发展而来，已经由提供专利的免费检索转变为收费服务，目前只提供美国专利摘要库的免费检索。IBM 知识产权网 IPN（The IBM Intellectual Property Network）的前身是 IBM 专利服务器（The IBM Patent Server），于 1997 年推出，Internet Capital Group（ICG）和 IBM 公司合办成立 DelPhion 知识产权网。通过 DelPhion 可检索到世界范围内的专利信息，覆盖了美国专利申请（United States Patents—Applications）、美国专利许可（United States Patents-Granted）、Derwent 世界专利索引（Derwent World Patents Index）、欧洲专利申请（European Patents-Applications）、欧洲专利许可（European Patents-Granted）、INPADOC 家族与法律状态（INPADOC Family and Legal Status）、日本专利索引（Patent Abstracts of Japan）、瑞士专利（Switzerland Patents）和世界知识产权组织 PCT 出版物（WIPO PCT Publications）等内容。

除了综合数据库之外还有专业数据库，如美国的 CA，主要针对化学；法国的 PharmPat 药物数据库。中国在这方面也有一些比较不错的，如国家知识产权出版社的中医药数据库，北京东方灵盾科技有限公司作的世界传统医药数据库，国家知识产权局创办的国家重点产业专利信息服务平台。

很多专利服务平台除了提供专利检索之外，还提供很多专利相关服务。国内外较为知名的有：

SooPat（http：//www. soopat. com/），提供国内专利检索和全文下载，以及全球 98 个国家和地区超过 9 800 万份专利文献的新世界搜索和全文下载链接，并且检索方式多样，旗下的 PATMM 专利交易网提供了一个专利交易的平台。

佰腾专利搜索（http：//so. 5ipatent. com），不仅搜索比较方便，还能在线阅读全文，另外还提供自建数据库功能，可根据需要自行选择分类、检索方式以及智能统计分析等。

谷歌 US 专利搜索（http：//www. google. com/patents），提供美国所有的专利文献的检索和全文下载。

全球专利译文网（http：//zhuanli. egreen360. com/）是全球领先的多语种专利译文资源交易平台和专利翻译译文云服务平台，致力力实现国际专利母语化化和中国专利国际化，提供全球专利文献、翻译译文和专利报告的检索、下载和分享。

此外，高校专利信息服务平台（http：//zhuanli. eol. cn/cnipr/）、freepatents 专利检索（www. freepatentsonline. com）、Patent 专利检索（www. patents. com）、丁香园中美欧专利检索（http：//pharma. dxy. cn）、Patentics 专利检索（http：//www. patentics. com/）、百度专利检索（http：//zhuanli. baidu. com）也都有各具特色的检索服务和其他专利相关服务。

实例解析

专利检索在专利案件中的实践应用
日本某纸牌公司控告美国某纸牌公司侵犯其澳门专利 I/ ** 7

美国某纸牌公司向澳门初级法院提起对 I/ ** 7 号专利的无效之诉。2011 年年初，在美国某纸牌公司的申请下，广东三环汇华律师事务所温旭律师作为该案专家证人出庭，广州三环专利代理有限公司专利代理人唐娇协助，向法庭阐述了该澳门专利的权利要求 1 及其所有从属权利要求已经被某几个美国专利等公开，不具有创造性。

庭审后，正当美国某纸牌公司认为法院即将作出有利于其自己的判决时，被告日本某纸牌公司提交一项证据：该澳门专利的同族美国专利 NO. *， ***，8 * 9 的授权文本；其认为：既然专家证人得出无效结论所依据的证据都是美国的专利，那同族美国专利 NO. *， ***，8 * 9 的授权就是在检索时考虑了至少美国在先专利的基础上作出的，而美国专利商标局仍授予专利权，这证明该澳门专利 I/ ** 7 是具有创造性的。

这个证据无疑引起了法庭的高度重视，要求双方当事人就该证据详细发表意见。美国纸牌公司再次委托专利代理人了解美国专利 NO. *， ***，8 * 9 的真实详细情况，经过检索、查阅，专利代理人给出如下意见：

关于美国 NO. 8 * 9 专利有关问题的意见

一、首先，需要明确以下事实

1. 不管美国 NO.8＊9 专利与本专利是否相同，美国专利局的审查结果对澳门专利不产生任何法律效果。

2. 由于审查员检索、审查的局限性，其审查结果错误的可能性是肯定存在的。因此，即使在美国国内，专利局授权的专利也要接受司法程序的审查，这和此案对澳门专利 I/＊＊7 的司法审查类似。

二、具体针对美国 NO.8＊9 专利及其与本专利的联系，阐述意见如下

（一）关于引用文件的问题

1. 对方提交的证据文件为美国 NO.8＊9 专利授权文本的著录项目页，这里的"references cited"是指在专利审查过程中申请人提交的参考文件，以及审查员自己检索到的参考文件。但这些文件并不都是审查员评价专利性时所引用的证据。

2. 从美国国家局的网站 http：//portal. uspto. gov/pair/PublicPair 中调出的 8＊9 专利申请过程中审查意见（附件：non-final OA）可见：审查员在评价所有权利要求时引用的证据是 US＊＊＊，WO ＊＊＊，以及 US＊＊＊，其以此三个证据认为权利要求不具有创造性。由此可见，审查员根本没有依赖本案中专家证人提交的几个证据来作出结论；因而即使审查员之后在申请人修改文件的基础上对美国 NO.8＊9 专利予以授权，其授权的结论也对本案没有参考性。

此外，即使在该审查意见的结尾处，审查员提到的"未用来作出审查报告但被考虑到"的文件中，也没有本案中专家证人提交的这些证据。

（二）关于美国 NO.8＊9 专利与本专利是否相同的问题

判断这两个专利权是否相同，就是要看它们的权利要求是否相同，其中主要先看主权利要求 1；由于其他的权利要求都引用权利要求 1，都是权利要求 1 的从属权利要求，如果权利要求 1 都不相同，那么其他的权利要求之间也一般不相同。

查看美国 NO.8＊9 专利，其权利要求 1 与本专利权利要求 1 的差别主要有：

1. 保护的客体不一样，美国 NO.8＊9 专利保护的是一个游戏系统，其中包括了发牌器，只是其发牌器与本专利的发牌器有相同的部件而已。

2. NO.8＊9 专利的权利要求 1 中将读取牌的感应器限定为"黑光感应器"，这比本专利中限定的感应器更加下位，更加具体，从专利授权的角度讲，对感应器这个特征而言，NO.8＊9 专利的要求的范围更小，更容易获得授权。

3. 即使不考虑彼此发牌器的部件是否完全一样，NO.8＊9 专利中以下关于牌的特征（即其权利要求 1 的第一段）在本专利的所有权利要求中也都没有出现。

（为遵守保密约定，此处内容省略，编者按）

而从美国国家局的网站 http：//portal. uspto. gov/pair/PublicPair 中调出的申请人对上述审查意见（non-final OA）的答复（见附件：申请人答复）中可见：

申请人为克服审查员所提出的创造性问题，对权利要求进行了修改，其中权利要求 1 的修改为：

（为遵守保密约定，此处内容省略，编者按）

上述权利要求1中，有下划线的内容是申请人在答复审查意见时新增加的内容，而这一内容正是关于牌的特征，这在本专利所有权利要求中也是没有的。

从上述网站上的审查记录来看，在进行此次修改之后，审查员就没有再对8＊9专利的创造性进行质疑，而是直接授权了。因此，可以看出：8＊9专利中关于牌的那段特征（尤其是上述下划线指示的增加的特征）对于8＊9专利的创造性起着至关重要的作用；但本专利的所有权利要求中都没有这些特征，所以“8＊9专利被授权”与“本专利不具有专利性，应当无效”是不矛盾的。

相反，审查员对于包含有上述下划线指示的增加特征的技术方案予以授权，而对增加上述牌的特征之前的技术方案予以否决，正是证明了审查员也认为：8＊9专利中除了上述与牌相关的技术特征之外的技术方案（亦即单独发牌器）是没有创造性的。对方主张本专利的发牌器和8＊9中的发牌器相同，承应上述分析，如果采信美国专利局审查员的意见，那么本专利的发牌器也是没有创造性的。

在美国某纸牌公司提交上述质证意见之后，被告日本某纸牌公司即主动请求和解；最后，日本某纸牌公司撤回对美国某纸牌公司的侵权之诉，而相应地美国某纸牌公司撤回专利无效之诉，两家公司之间的纠纷完满解决。

简要分析：检索工作对于专利申请前专利性评估、无效证据搜取、侵权诉讼中“现有技术抗辩”证据搜取、专利权利状况查证、同族专利关系分析等等都至关重要，然而代理人往往认为其不能体现自己的专业能力，而予以忽视，这是非常错误的态度和认识，代理人必须引起相当的注意。是否善于并很好地利用公开数据库，对于一个案件的成败，往往起着决定作用；比如上述案件，一项庞大复杂的跨国诉讼纠纷，最后的关键却在对一个专利的审查过程及权利情况的分析上。同族专利的审查结果常常被拿来作为专利审查、无效之诉等中的参考，判断同族专利的审查结果是否有参考性，需要在相关数据库中检索并查证：(1) 引用文件，(2) 权利要求是否相同，(3) 审查过程等。

练习与测试

1. 什么是专利文献？
2. 简述专利文献的功用。
3. 简述专利文献检索的工具与使用。
4. 简述对专利文献检索结果的分析。

单元总结

本单元介绍了专利文献的作用，简介了专利文献检索的工具和如何使用，并如何对检索到的专利文献进行专业的分析和利用。

第4章

在专利无效宣告请求程序中的代理

单元要点

学习与专利无效宣告请求有关的业务以及相关的诉讼实务，掌握作为无效宣告请求程序中双方当事人的代理人的代理实务。

学习目标

能够从事专利无效宣告请求的业务。

4.1　专利无效程序代理

4.1.1　无效宣告请求程序、无效理由及证据

专利无效宣告请求程序是对专利申请代理工作的质量好坏的最好检验，通过无效宣告请求程序，代理人可以发现在专利申请阶段检索工作的重要性，构筑权利要求多层次保护的重要性，专利申请文件特别是说明书详尽记载发明创造技术方案的重要性，也即是，权利要求书完成后，在说明书中尽可能多地举出实施例来充分、清楚、完整地阐述技术方案，从而支持权利要求。

一、无效宣告请求审查的流程

见下页图 5，粗框内是专利代理人的工作内容。

二、无效宣告请求的理由

《专利法实施细则》第 65 条第 2 款规定了专利无效的理由：“依照专利法第四十五条的规定，请求宣告专利权无效或者部分无效的，应当向专利复审委员会提交专利权无效宣告请求书和必要的证据一式两份。无效宣告请求书应当结合提交的所有证据，具体说明无效宣告请求的理由，并指明每项理由所依据的证据。前款所称无效宣告请求的理由，是指被授予专利的发明创造不符合专利法第二条、第二十条第一款、第二十二条、第二十三条、第二十六条第三款、第四款、第二十七条第二款、第三十三条或者本细则第二十条第二款、第四十三条第一款的规定，或者属于专利法第五条、第二十五条的规定，或者依照专利法第九条规定不能取得专利权。”

下面将《专利法实施细则》（简称《细则》）第 65 条所列的无效宣告请求的理由一一列明：

《专利法》第二条（定义）　本法所称的发明创造是指发明、实用新型和外观设计。

发明，是指对产品、方法或者其改进所提出的新的技术方案。

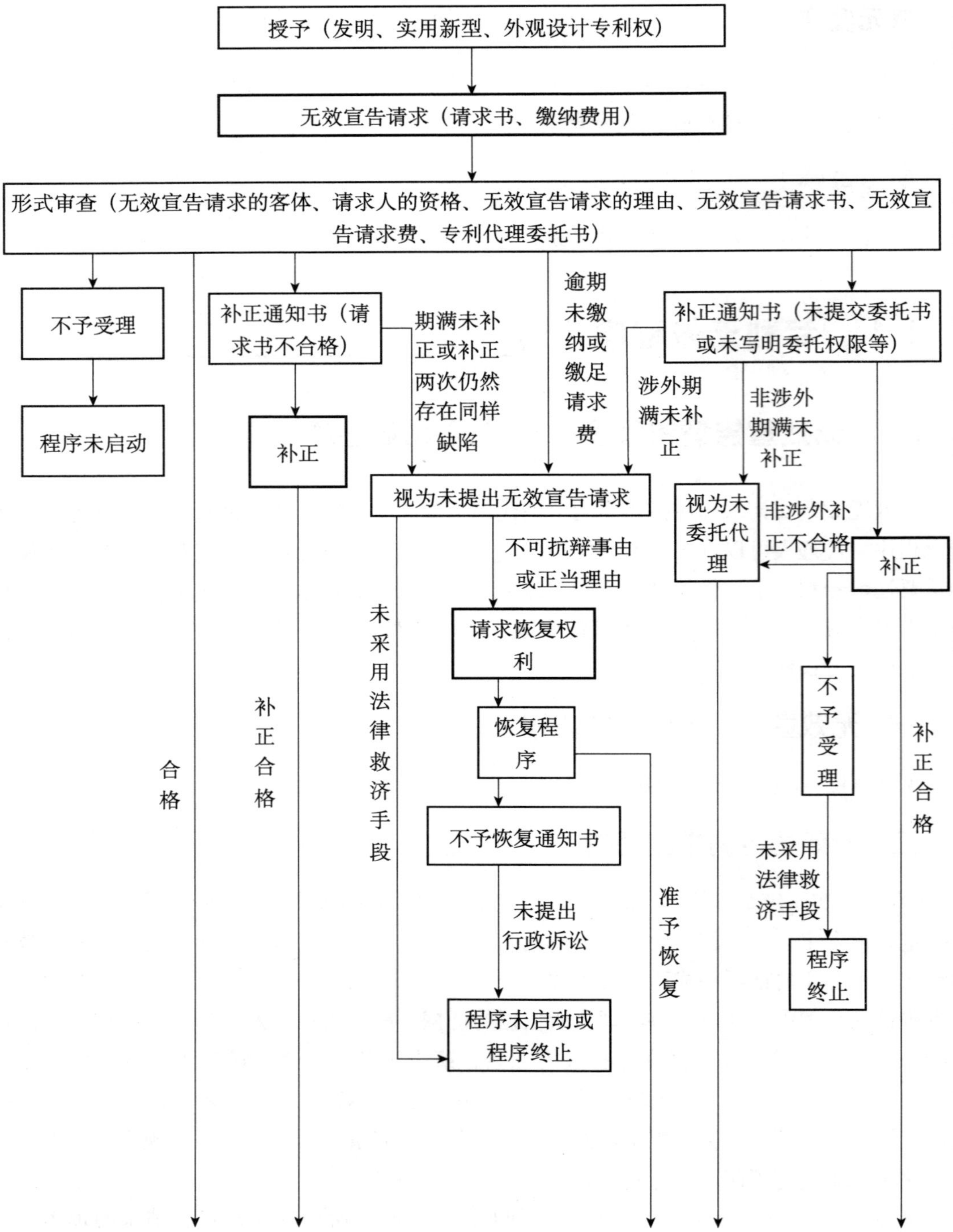
授予（发明、实用新型、外观设计专利权）
无效宣告请求（请求书、缴纳费用）
形式审查（无效宣告请求的客体、请求人的资格、无效宣告请求的理由、无效宣告请求书、无效宣告请求费、专利代理委托书）
不予受理
程序未启动
合格
补正通知书（请求书不合格）
补正
补正合格
期满未补正或补正两次仍然存在同样缺陷
逾期未缴纳或缴足请求费
涉外期满未补正
视为未提出无效宣告请求
不可抗辩事由或正当理由
请求恢复权利
恢复程序
不予恢复通知书
未提出行政诉讼
未采用法律救济手段
程序未启动或程序终止
准予恢复
补正通知书（未提交委托书或未写明委托权限等）
非涉外期满未补正
视为未委托代理
非涉外补正不合格
补正
不予受理
未采用法律救济手段
程序终止
补正合格

（接下页）

（续前页）

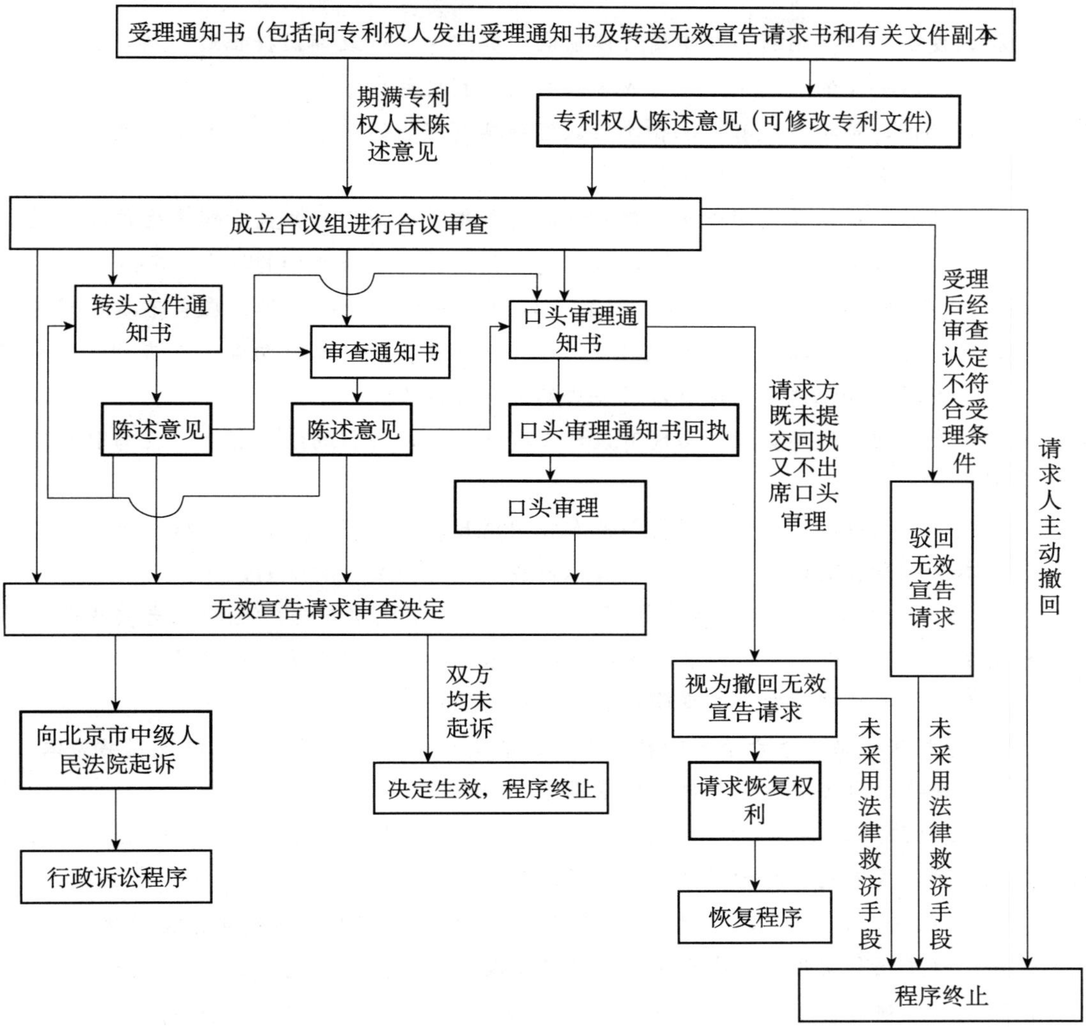

图1　无效宣告请求审查流程图[①]

实用新型，是指对产品的形状、构造或者其结合所提出的适于实用的新的技术方案。

外观设计，是指对产品的形状、图案或者其结合以及色彩与形状、图案的结合所作出的富有美感并适于工业应用的新设计。

《专利法》第二十条（保密审查）　任何单位或者个人将在中国完成的发明或者实用新型向外国申请专利的，应当事先报经国务院专利行政部门进行保密审查。保密审查的程序、期限等按照国务院的规定执行。

《专利法》第二十二条（三性）　授予专利权的发明和实用新型，应当具备新颖

① 参见吴观乐主编：《专利代理实务》，2版，437、438页，北京，知识产权出版社，2007。

性、创造性和实用性。

新颖性，是指该发明或者实用新型不属于现有技术；也没有任何单位或者个人就同样的发明或者实用新型在申请日以前向国务院专利行政部门提出过申请，并记载在申请日以后公布的专利申请文件或者公告的专利文件中。

创造性，是指与现有技术相比，该发明具有突出的实质性特点和显著的进步，该实用新型具有实质性特点和进步。

实用性，是指该发明或者实用新型能够制造或者使用，并且能够产生积极效果。

本法所称现有技术，是指申请日以前在国内外为公众所知的技术。

《专利法》第二十三条（类三性）　授予专利权的外观设计，应当不属于现有设计；也没有任何单位或者个人就同样的外观设计在申请日以前向国务院专利行政部门提出过申请，并记载在申请日以后公告的专利文件中。

授予专利权的外观设计与现有设计或者现有设计特征的组合相比，应当具有明显区别。

授予专利权的外观设计不得与他人在申请日以前已经取得的合法权利相冲突。

本法所称现有设计，是指申请日以前在国内外为公众所知的设计。

《专利法》第二十六条第三款（充分公开）　说明书应当对发明或者实用新型作出清楚、完整的说明，以所属技术领域的技术人员能够实现为准；必要的时候，应当有附图。摘要应当简要说明发明或者实用新型的技术要点。

《专利法》第二十六条第四款（支持、清楚）　权利要求书应当以说明书为依据，清楚、简要地限定要求专利保护的范围。

《专利法》第二十七条第二款（清楚）　申请人提交的有关图片或者照片应当清楚地显示要求专利保护的产品的外观设计。

《专利法》第三十三条（修改超范围）　申请人可以对其专利申请文件进行修改，但是，对发明和实用新型专利申请文件的修改不得超出原说明书和权利要求书记载的范围，对外观设计专利申请文件的修改不得超出原图片或者照片表示的范围。

《专利法实施细则》第二十条第二款（必要技术特征）　独立权利要求应当从整体上反映发明或者实用新型的技术方案，记载解决技术问题的必要技术特征。

《专利法实施细则》第四十三条第一款（分案超范围）　依照本细则第四十二条规定提出的分案申请，可以保留原申请日，享有优先权的，可以保留优先权日，但是不得超出原申请记载的范围。

《专利法》第五条（合法性）　对违反法律、社会公德或者妨害公共利益的发明创造，不授予专利权。

《专利法》第二十五条（不授予专利权的客体）　对下列各项，不授予专利权：

（一）科学发现；

（二）智力活动的规则和方法；

（三）疾病的诊断和治疗方法；

（四）动物和植物品种；

（五）用原子核变换方法获得的物质；

（六）对平面印刷品的图案、色彩或者二者的结合作出的主要起标识作用的设计。

对前款第（四）项所列产品的生产方法，可以依照本法规定授予专利权。

《专利法》第九条（一项专利权） 同样的发明创造只能授予一项专利权。但是，同一申请人同日对同样的发明创造既申请实用新型专利又申请发明专利，先获得的实用新型专利权尚未终止，且申请人声明放弃该实用新型专利权的，可以授予发明专利权。

两个以上的申请人分别就同样的发明创造申请专利的，专利权授予最先申请的人。

三、无效宣告请求的证据

（一）举证责任

当事人对自己提出的无效宣告请求所依据的事实或者反驳对方无效宣告请求所依据的事实有责任提供证据加以证明。

没有证据或者证据不足以证明当事人的事实主张的，由负有举证责任的当事人承担不利后果。

在无效宣告程序中，当事人明确认可的另外一方当事人提交的证据，专利复审委员会应当予以确认。但其与事实明显不符，或者有损国家利益、社会公共利益，或者当事人反悔并有相反证据足以推翻的除外。

在无效宣告程序中，对一方当事人陈述的案件事实，另外一方当事人明确表示承认的，专利复审委员会应当予以确认。但其与事实明显不符，或者有损国家利益、社会公共利益，或者当事人反悔并有相反证据足以推翻的除外；另一方当事人既未承认也未否认，经合议组充分说明并询问后，其仍不明确表示肯定或者否定的，视为对该项事实的承认。

代理人的承认视为当事人的承认。但是，未经特别授权的代理人对事实的承认直接导致承认对方无效宣告请求的除外；当事人在场但对其代理人的承认不作否认表示的，视为当事人的承认。

进行口头审理的案件当事人在口头审理辩论终结前，没有进行口头审理的案件当事人在无效宣告决定作出前撤回承认并经对方当事人同意，或者有充分证据证明其承认行为是在受胁迫或者重大误解情况下作出且与事实不符的，专利复审委员会不予确认该承认的法律效力。

当事人为达成调解协议或者和解的目的作出妥协所涉及的对案件事实的认可，不得在其后的无效宣告程序中作为对其不利的证据。

（二）域外证据

在国外形成的证据须经所在国公证机关予以证明，还要经过中国驻该国使领馆予以认证，或者履行中国与该国订立的有关条约中规定的证明手续，才能被作为证据提交，同样的，在港澳台地区形成的证据也须履行相关的证明手续①，但在无效宣告程序中，若是下列三种情况则不需要办理相关的证明手续：

1. 该证据是能够从香港、澳门、台湾地区外的国内公共渠道获得的，如从专利局获得的国外专利文件，或者从公共图书馆获得的国外文献资料。

2. 有其他证据足以证明该证据真实性的。

3. 对方当事人认可该证据的真实性的。

（三）外文证据

另外，为了便于对证据内容的核实，最高人民法院《关于民事诉讼证据的若干规定》第12条规定，对于提供外文书证和外文说明资料作为证据的，必须附交中文译文。《审查指南》第四部分第八章第2.2.1节明确规定，对外文证据，应当同时、至少在举证期限内以书面方式提交所使用部分的中文译文；若未提交中文译文，则该外文证据视为未提交。

对方当事人对中文译文内容有异议的，应当在指定的期限内对有异议的部分提交中文译文。没有提交中文译文的，视为无异议。

对中文译文出现异议时，双方当事人就异议部分达成一致意见的，以双方最终认可的中文译文为准。双方当事人未能就异议部分达成一致意见的，必要时，专利复审委员会可以委托翻译。委托翻译所需翻译费用由双方当事人各承担50%；拒绝支付翻译费用的，视为其承认对方当事人提交的中文译文正确。

（四）公知技术常识作为证据

主张某技术手段是本领域公知常识的当事人，对其主张承担举证责任。该当事人未能举证证明或者未能充分说明该技术手段是本领域公知常识，并且对方当事人不予认可的，合议组对该技术手段是本领域公知常识的主张不予支持。

当事人可以通过教科书或者技术词典、技术手册等工具书记载的技术内容来证明某项技术手段是本领域的公知常识。

（五）举证期限

为防止请求方故意拖延无效宣告程序，《专利法实施细则》第67条规定，在专利复审委员会受理无效宣告请求后，请求人可以在提交无效宣告请求之日起1个月内增加理由或者补充证据，逾期增加理由或者补充证据的，专利复审委员会可以不予考虑。《审查指南》第四部分第三章第4.2节和第4.3节又对此作了进一步的规定，明确了在那些例外情况可以在自提出无效宣告请求之日起1个月后增加新的无效宣告理由和补充新证据，而不属于这些例外情况所增加的无效宣告理由和补充新的证据将不予考虑。作出这样的规定，既防止了请求人采用不断增加无效宣告理由和补充新的证据来故意拖延无效宣告程序的时间，而又允许请求人合理地增加无效宣告理由和补充证据。

请求人在提出无效宣告请求之日起1个月后增加无效宣告理由的，专利复审委员会一

① 参见最高人民法院《关于民事诉讼证据的若干规定》（法释［2001］33号）第10条和第11条。

般不予考虑，但下列情形除外[①]：

1. 针对专利权人以合并方式修改的权利要求，在专利复审委员会指定期限内增加无效宣告理由，并在该期限内对所增加的无效宣告理由具体说明的；

2. 对明显与提交的证据不相对应的无效宣告理由进行变更的。

请求人在提出无效宣告请求之日起 1 个月后补充证据的，专利复审委员会一般不予考虑，但下列情形除外：

1. 针对专利权人以合并方式修改的权利要求或者提交的反证，请求人在专利复审委员会指定的期限内补充证据，并在该期限内结合该证据具体说明相关无效宣告理由的；

2. 在口头审理辩论终结前提交技术词典、技术手册和教科书等所属技术领域中的公知常识性证据或者用于完善证据法定形式的公证文书、原件等证据，并在该期限内结合该证据具体说明相关无效宣告理由的。

被请求人应当在专利复审委员会指定的答复期限内提交证据，如果有外文证据的，要提交外文证据的中文译文，若是技术词典、技术手册和教科书等所属技术领域中的公知常识性证据或者用于完善证据法定形式的公证文书、原件等证据，则可以在辩论终结前提交。而且，对于提交的或者补充的证据，被请求人应该在上述期限内对这些证据作出具体的说明。

（六）专利复审委员会的调查取证

专利复审委员会一般不得主动调查收集证据。对当事人及其代理人确因客观原因不能自行收集的证据，应当事人在举证期限内提出的申请，专利复审委员会认为确有必要时，可以调查收集。

专利复审委员会可以实地调查收集有关证据，也可以委托地方知识产权管理部门或者其他有关职能部门调查收集。

专利复审委员会应当事人的申请对证据进行调查收集的，所需费用由提出申请的当事人或者专利复审委员会承担。专利复审委员会自行决定调查收集证据的，所需费用由专利复审委员会承担。

4.1.2　无效宣告请求的审查及审理

在无效宣告请求受理后，专利复审委员会会成立合议组对该无效宣告请求进行全文审查，在合议审查阶段，口头审理是无效宣告请求案件的主要审查方式。

下面详细介绍一下口头审理程序。

口头审理的依据是《专利法实施细则》第 63、70 条，口头审理属于行政听证程序，口头审理的目的是为查清事实而给予当事人当庭陈述的机会。

一般来说，合议组在收到依据“要求与对方当面质主和辩论、需要当面向合议组说明

---

① 参见《专利审查指南（2010）》，382 页，北京，知识产权出版社，2010。

事实、需要实物演示、需要请出具过语言的证人作证”的理由书面提出口头审理请求的，通常会同意口头审理。另外，合议组也可以根据案情自行决定进行口头审理，也即合议组可以针对案件的不同情况，采用不同的审查方式，如下所列。因此，建议被请求人要特别认真地对待答辩及主动要求口头审理来维护自身的合法利益：

1. 专利复审委员会已将无效宣告请求文件转送专利权人，并且指定答复期限届满后，无论专利权人是否答复，专利权人未要求进行口头审理，专利复审委员会认为请求人提交的证据充分，其请求宣告专利权全部无效的理由成立的，可以直接作出宣告专利权全部无效的审查决定；在这种情况下，请求人请求宣告无效的范围是宣告专利权部分无效的，专利复审委员会也可以针对该范围直接作出宣告专利权部分无效的决定。专利权人提交答复意见的，将答复意见随直接作出的审查决定一并送达请求人。

2. 专利复审委员会已将无效宣告请求文件转送专利权人，并且指定答复期限届满后，无论专利权人是否答复，专利复审委员会认为请求人请求宣告无效的范围部分成立，可能会作出宣告专利权部分无效的决定的，专利复审委员会应当发出口头审理通知书，通过口头审理结案。专利权人提交答复意见的，将答复意见随口头审理通知书一并送达请求人。

3. 专利复审委员会已将无效宣告请求文件转送专利权人，在指定答复期限内专利权人已经答复，专利复审委员会认为专利权人提交的意见陈述理由充分，将会作出维持专利权的决定的，专利复审委员会应当根据案情，选择发出转送文件通知书或者无效宣告请求审查通知书进行书面审查，或者发出口头审理通知书随附转送文件通知书，通过口头审理结案。

4. 专利复审委员会已将无效宣告请求文件转送专利权人，在指定答复期限内专利权人没有答复，专利复审委员会认为请求人提交的证据不充分，其请求宣告专利权无效的理由不成立，将会作出维持专利权的决定的，专利复审委员会应当根据案情，选择发出无效宣告请求审查通知书进行书面审查，或者发出口头审理通知书，通过口头审理结案。

在发出口头审理通知书后，由于当事人原因未按期举行口头审理的，专利复审委员会可以直接作出审查决定。

另外，为了提高审查效率及减少当事人负担，合议组可以对案件合并审理：

1. 针对一项专利权的多个无效宣告案件，尽可能合并口头审理。

2. 针对不同专利权的无效宣告案件，部分或者全部当事人相同且案件事实相互关联的，专利复审委员会可以依据当事人书面请求或者自行决定合并口头审理。

合并审理的各无效宣告案件的证据不得相互组合使用。

无效宣告程序或者复审程序的口头审理通知书回执中应当有当事人的签名或者盖章。表示参加口头审理的，应当写明参加口头审理人员的姓名。要求委派出具过证言的证人就其证言出庭作证的，应当在口头审理通知书回执中声明，并且写明该证人的姓名、工作单位（或者职业）和要证明的事实。

参加口头审理的每方当事人及其代理人的数量不得超过 4 人。回执中写明的参加口头审理人员不足 4 人的，可以在口头审理开始前指定其他人参加口头审理。一方有多人参加口头审理的，应当指定其中之一作为第一发言人进行主要发言。

当事人不能在指定日期参加口头审理的，可以委托其专利代理人或者其他人代表出庭。

当事人依照《专利法》第 19 条规定委托专利代理机构代理的，该机构应当指派专利代理人参加口头审理。

口头审理分为以下几个阶段①：

（一）口头审理第一阶段

在口头审理开始前，合议组应当核对参加口头审理人员的身份证件，并确认其是否有参加口头审理的资格。

口头审理由合议组组长主持。合议组组长宣布口头审理开始后，介绍合议组成员；由当事人介绍出席口头审理的人员，有双方当事人出庭的，还应当询问双方当事人对于对方出席人员资格有无异议；合议组组长宣读当事人的权利和义务；询问当事人是否请求审案人员回避，是否请证人作证和请求演示物证。

在有双方当事人参加的口头审理中，还应当询问当事人是否有和解的愿望。双方当事人均有和解愿望并欲当庭协商的，暂停口头审理；双方和解条件差别较小的，可以中止口头审理；双方和解条件差别较大，难以短时间内达成和解协议的，或者任何一方当事人没有和解愿望的，口头审理继续进行。

（二）口头审理第二阶段

在进行口头审理调查之前，必要时，由合议组成员简要介绍案情。然后，开始进行口头审理调查。

在无效宣告程序的口头审理中，先由无效宣告请求人陈述无效宣告请求的范围及其理由，并简要陈述有关事实和证据，再由专利权人进行答辩。其后，由合议组就案件的无效宣告请求的范围、理由和各方当事人提交的证据进行核对，确定口头审理的审理范围。当事人当庭增加理由或者补充证据的，合议组应当根据有关规定判断所述理由或者证据是否予以考虑。决定予以考虑的，合议组应当给予首次得知所述理由或者收到所述证据的对方当事人选择当庭口头答辩或者以后进行书面答辩的权利。接着，由无效宣告请求人就无效宣告理由以及所依据的事实和证据进行举证，然后由专利权人进行质证，需要时专利权人可以提出反证，由对方当事人进行质证。案件存在多个无效宣告理由、待证事实或者证据的，可以要求当事人按照无效宣告理由和待证事实逐个举证和质证。

在口头审理调查过程中，为了全面、客观地查清案件事实，合议组成员可以就有关事实和证据向当事人或者证人提问，也可以要求当事人或者证人作出解释。提问应当公正、客观、具体、明确。

（三）口头审理第三阶段

在无效宣告程序的口头审理调查后，进行口头审理辩论。在双方当事人对案件证据和

---

① 参见《专利审查指南（2010）》，391～393 页，北京，知识产权出版社，2010。

事实无争议的情况下，可以在双方当事人对证据和事实予以确认的基础上，直接进行口头审理辩论。由当事人就证据所表明的事实、争议的问题和适用的法律、法规各自陈述其意见，并进行辩论。在口头审理辩论时，合议组成员可以提问，但不得发表自己的倾向性意见，也不得与任何一方当事人辩论。在口头审理辩论过程中，当事人又提出事先已提交过、但未经调查的事实或者证据的，合议组组长可以宣布中止辩论，恢复口头审理调查。调查结束后，继续进行口头审理辩论。

在双方当事人的辩论意见表达完毕后，合议组组长宣布辩论终结，由双方当事人作最后意见陈述。在进行最后意见陈述时，无效宣告请求人可以坚持原无效宣告请求，也可以请求撤回无效宣告请求，还可以放弃无效宣告请求的部分理由及相应证据，或者缩小无效宣告请求的范围；专利权人可以坚持要求驳回无效宣告请求人的无效宣告请求，也可以声明缩小专利保护范围或者放弃部分权利要求。此后，再次以前述方式处理和解事宜。

（四）口头审理第四阶段

在口头审理过程中，合议组可以根据案情需要休庭合议。

合议组组长宣布暂时休庭，合议组进行合议。然后，重新开始口头审理，合议组组长宣布口头审理结论。口头审理结论可以是审查决定的结论，也可以是其他结论，例如，案件事实已经查清，可以作出审查决定等结论。至此，口头审理结束。

4.1.3　无效宣告程序的中止、恢复、起诉和终止①

一、中止与恢复

根据《专利法实施细则》第 86 条第 1 款与第 87 条的规定，下述两种情况会导致无效宣告程序的中止：

1. 当发生专利权归属纠纷时，专利复审委员会自收到专利权归属纠纷的当事人提交的中止无效宣告程序的书面请求和专利权归属纠纷受理通知书副本之日起，中止对专利权提出的无效宣告请求的审查。

2. 在审理民事案件中，人民法院裁定对专利权采取保全措施的，专利复审委员会在收到法院对专利权采取保全措施的裁定和要求专利复审委员会协助执行专利权保全的公函之日起，中止对专利权提出的无效宣告请求的审查。

如果出现下述五种情况，专利复审委员会将恢复对该专利权提出的无效宣告请求的审查：

1. 中止请求人要求恢复审查。

2. 收到采取保全措施的人民法院送达的符合规定的解除保全通知书。

3. 因采取保全措施而中止的 6 个月期限届满，并且未收到采取保全措施的人民法院裁

① 参见吴观乐主编：《专利代理实务》，2 版，434～436、439 页，北京，知识产权出版社，2007。

定继续采取保全措施的通知。

4. 无论是因为权属纠纷当事人请求的中止还是应人民法院要求协助执行财产保全的中止，无效宣告程序的中止期限不超过 1 年，中止审查满 1 年的，专利复审委员会自行恢复该无效宣告程序。

5. 收到人民法院或者地方知识产权管理部门作出的专利权归属纠纷的生效判决或调解书副本且在必要时进行了专利权人的变更。

二、起诉

《专利法》第 46 条规定，对专利复审委员会宣告专利权无效或者维持专利权的决定不服的，可以自收到通知之日起 3 个月内向人民法院起诉。

三、终止

在下述七种情况下，无效宣告程序终止：

1. 请求人在专利复审委员会对无效宣告请求作出审查决定之前，可以撤回其无效宣告请求，无效宣告程序终止。

2. 无效宣告请求人未在口头审理通知书的指定期限内提交口头审理回执，且不参加口头审理的，其无效宣告请求被视为撤回，从而该无效宣告程序终止。

3. 专利复审委员会宣告专利权全部无效的决定生效前，针对该专利权又提出了其他无效宣告请求的，在宣告该专利权全部无效的审查决定生效后，则对该专利权提出的其他无效宣告请求的审查程序终止。

4. 专利复审委员会对无效宣告请求作出审查决定之后，有关当事人在收到审查决定之日起 3 个月内未向人民法院提出行政诉讼，审查决定生效，该无效宣告程序终止。

5. 专利复审委员会对无效宣告请求作出审查决定之后，有关当事人在收到审查决定之日起 3 个月内向人民法院提出行政诉讼，进入行政诉讼程序，若人民法院作出了维持专利复审委员会的无效宣告请求审查决定的判决且行政诉讼原告未依法上诉的，该无效宣告程序终止。若人民法院判决撤销专利复审委员会的无效宣告请求审查决定，且专利复审委员会未上诉，则在专利复审委员会根据人民法院的判决重新作出无效宣告请求审查决定生效后，无效宣告程序终止。

6. 已受理的无效宣告请求因不符合受理条件而被驳回请求的，该驳回请求生效后，无效宣告程序终止。

7. 针对一项专利权不符合《专利法》第 9 条的无效宣告理由，专利权人表示自始放弃该专利权的，无效宣告终止。

4.1.4 宣告专利权无效的法律效力

《专利法》第 47 条规定，宣告无效的专利权视为自始不存在，并按以下几种情况来处理后续事宜：

1. 在侵权诉讼或侵权纠纷处理中，专利权被宣告全部无效时，人民法院或地方知识产权管理部门作出侵权不成立的判决或者处理决定；专利权被宣告部分无效时，则针对被维持有效的权利要求作出是否侵权的判决或处理决定。

2. 对于已经签订专利实施许可合同或专利权转让合同的专利，如果专利权被宣告全部无效，则被许可人或被转让人可以根据合同规定停止支付尚未付清的专利使用费和专利权转让费，已经支付的一般不予返还。

3. 宣告专利权无效的决定，对在宣告专利权无效前人民法院作出并已经执行的专利侵权的判决、裁定，地方知识产权管理部门作出并已履行或强制执行的专利侵权纠纷处理决定，以及已经履行的专利实施许可合同和专利权转让合同，不具有追溯力。但是，对此有三种例外：合同中另有规定的按合同内容执行；因专利权人的恶意给他人造成的损失，应当给予赔偿；专利权人或者专利权转让人不向被许可实施专利人或者专利权受让人返还专利使用费或者专利权转让费，明显违反公平原则，专利权人或者专利权转让人应当向被许可实施专利人或者专利权受让人返还全部或者部分专利使用费或专利权转让费。

4.1.5 提出无效宣告请求的代理[①]

如程序图中所示，无效宣告请求人的代理人要做的主要工作是提出无效宣告请求书及陈述意见、参加口审。

（一）无效宣告请求针对的客体及无效宣告请求人资格

无效宣告请求针对的是已经授权的专利。对于已经授权的专利，即使在专利权终止后或专利权人放弃专利权后，仍然可对其提出无效宣告请求。不过，如果该专利已被生效的无效宣告请求审查决定宣告全部无效的或者专利权人自始放弃专利权的。则不能再对其提出无效宣告请求。

任何具备民事诉讼主体资格的单位或者个人都可以对一项已授权的专利提出无效宣告请求，其中，仅允许一项专利的全部专利权人以公开出版物为证据宣告专利权部分无效。这是为了防止专利权人或部分专利权人以无效手段损害利害关系人或者其他专利权人的合法权益。

（二）无效宣告请求理由的确定

提出无效宣告请求应提交的文件包括：无效宣告请求书、必要的证据以及其他附件。

如前所述，无效宣告请求理由有许多种，无效宣告理由的法律依据所述的内容、法律适用性各有不同，但它们是有关联的，对某一具体事实来说可能会适用其中不止一个条款，请求人出于其对法律的理解以及不同的考虑，也会就同样的事实以不同的条款提出无

① 参见 http：//wenku. baidu. com/link？ url = yv3ZF37ZeBAn9Uv _ KbkveBPyQHMiCVdm7BDJvnasmsfK4sDbwupGRqgREoi4z2wSt9CALmlGjPbd9NFvw8Wi9hH9kl2d-4dgzeL8_nNZPui，访问日期：2013 年 6 月 3 日。

效宣告请求。

一项专利权存在多种属于前述条款规定的范围的无效理由的，代理人应当认真权衡分析，选择其中最有说服力、请求无效成功可能性最大的理由，突出予以阐述，避免平均使用笔墨，缺乏重点。因此要深刻理解这些理由的含义，根据实际情况选择正确的无效宣告请求理由，以下是一些比较常用的无效宣告理由

1. 文本性的无效宣告请求理由

(1)《专利法》第 26 条第 3 款

充分公开中的“能否实现”取决于说明书的公开程度，即不能实现是由于说明书没有充分公开所需要的技术内容导致的本领域技术人员不能实现。

(2)《专利法》第 33 条

《专利法》第 33 条是一个重要的无效理由，应充分利用，事半功倍。

实用新型和外观设计可通过查阅案件获取原专利申请文件。

发明一般可参考公开文本初步进行判断，必要时，通过查阅案件的方式获取原专利申请文件。

(3)《专利法实施细则》第 20 条第 2 款

必要技术特征是指发明或者实用新型为解决其技术问题所不可缺少的技术特征，其总和足以构成区别于背景技术的其他技术方案。

必要技术特征的判断：应从所要解决的技术问题出发，并考虑说明书描述的整体内容，不应简单地将优选实施例中的技术特征直接认定为必要技术特征。

2. 进步性的无效宣告请求理由：《专利法》第 22 条第 2、3 款

区别程度不同：①新颖性——是否相同的比较；②创造性——差异大小的区别。

比较对象不同：①新颖性——现有技术＋抵触申请；②创造性—现有技术。

比较方式不同：①新颖性——单独对比；②创造性——可以组合对比。

3. 实体性的无效宣告请求理由

(1)《专利法》第 2 条

其中的“新的技术方案”、“新设计”是对专利客体的一般性定义，不是判断发明或实用新型三性以及外观设计专利性的具体审查标准。

对于发明或实用新型，依据该法条主要审查是否属于保护客体。新颖性、创造性和实用性应当依据《专利法》第 22 条提出无效宣告请求。

对于外观设计，依据该法条主要审查保护客体和能否适于工业应用。专利性应当依据《专利法》第 23 条提出无效宣告请求。

(2)《专利法》第 5 条

法律，是指全国人大及其常委会制定和颁布的法律。不包括行政法规和规章。

不包括本身不违法，但被滥用而违法的。

不包括仅其实施为国家法律所禁止的（R10），如武器。

不包括因滥用而可能造成妨害公共利益，或在产生积极效果的同时存在某种缺

点的。

(3)《专利法》第 25 条

其中的智力活动的规则和方法是指导人们进行思维、表述、判断和记忆的规则和方法。

既没有采用技术手段或利用自然法则，也未解决技术问题和产生技术效果，因而不构成技术方案。

如果一项权利要求仅仅涉及智力活动的规则和方法，则属于《专利法》第 25 条不授予专利权的范畴。

如果一项权利要求既包含智力活动的规则和方法的内容，又包含技术特征，则就整体而言，不能将其认定为智力活动的规则和方法。

(4)《专利法》第 22 条第 4 款

实用性强调能够在产业上制造或使用，即具有在产业上被制造或使用的可能性，是一种理论上的可实施性。具有实用性不能违背自然规律并应具有再现性。不具备实用性是由技术方案本身固有的缺陷引起的，与说明书的公开程度无关。

实用性的审查以整个申请所公开的整体技术内容为依据，不仅仅局限于权利要求书。

实用性与发明创造的历程或是否已实施无关。

4. 程序性的无效宣告请求理由

(1)《专利法》第 9 条第 1 款

当对比文件是现有技术或现有设计时，应以《专利法》第 22 条第 2 款或第 23 条第 1 款提出无效宣告请求。

当对比文件申请在先公开在后时，对比文件构成抵触申请，应依据《专利法》第 22 条第 2 款或第 23 条第 1 款提出无效宣告请求。

(2)《专利法》第 9 条第 2 款

当对比文件是现有技术或现有设计时，应以《专利法》第 22 条第 2 款或第 23 条第 1 款提出无效宣告请求。

当对比文件申请在先公开在后时，对比文件构成抵触申请，应依据《专利法》第 22 条第 2 款或第 23 条第 1 款提出无效宣告请求。

(三) 有针对性地进行无效请求的论述

无效宣告请求书应当针对专利文件进行准确、具体的分析，应具体陈述无效宣告请求的范围和理由，其中应将《专利法》及《专利法实施细则》中有关的条、款、项作为独立的理由提出。应当提交与无效宣告理由相对应的证据以证明其主张，结合证据予以具体论述。无效宣告请求书应当避免强词夺理，避免仅仅提出请求无效的主张而没有针对性，或者罗列有关证据而没有结合理由进行具体的分析说理。

1. 论述的基本步骤

(1) 首先应当明确被无效的权利要求，所依据的证据及无效理由（即法律依据）这三个要素。

例如：权利要求 5 相对于证据 1 和证据 2 的结合不具备《专利法》第 22 条第 3 款规定的创造性。

（2）对每一项无效理由结合事实进行详细的陈述：

首先，陈述无效理由，并进行解释；

其次，认定事实，包括专利中相关事实的认定和证据中相关事实的认定。

专利中相关事实的认定：即明确无效宣告请求针对的专利存在的缺陷。证据中相关事实的认定：具体分析所提出证据的真实性、合法性以及与上述待证事实的关联性，即说明证据如何证明所述专利的缺陷，客观陈述证据揭示的内容，必要时指出具体出处，如书证的页码、行、图、表等。

（3）得出所主张的涉案专利被无效的结论。

2. 论述中要注意的问题

（1）如果以不属于专利保护客体为由无效专利，一般应首先提出该无效理由。

（2）以不符合《专利法》第 26 条第 3、4 款、第 33 条以及《专利法实施细则》第 20 条第 2 款等理由请求宣告专利权无效的，不能只笼统提出哪一项权利要求不符合上述条款，而应具体指明案件不符合上述条款的具体事实。

（3）对于以专利权不具备新颖性和创造性等理由请求宣告无效的，应当通过技术方案与现有技术的对比，论述理由，由于新颖性与创造性是最常用的无效宣告理由，随后将详细介绍其论述方法。

（4）不需要提交证据支持的一般是：众所周知的事实、自然规律及定律、按照法律规定推定的事实以及根据日常生活经验法则推定的事实。

（5）对于不能单独使用、需要与其他证据形成证据链证明某一事实的，要具体分析不同证据之间如何关联起来形成完整的证据链以证明待证事实的成立。

4.1.6　答辩无效宣告请求的代理[①]

一、对无效宣告请求书及所附证据的分析及答辩策略

相对应地，答辩代理人首先应当仔细阅读无效宣告请求书及所附的证据，明确被无效的权利要求，所依据的证据及无效理由（即法律依据）这三个要素，并按下列顺序来分析：

1. 了解请求人请求宣告专利权无效的理由，判断其是否属于《专利法实施细则》第 65 条第 2 款规定的范围。

2. 核查所有无效宣告请求使用的证据是否属实及取得是否合法，即真实性与合法性；核实证据与案件事实之间的关联性，证据所证事实是否成立。

3. 如果所证事实成立，判断其与无效请求理由之间是否存在因果关系。

---

① 参见 http：//wenku.baidu.com/link? url = yv3ZF37ZeBAn9Uv _ KbkveBPyQHMiCVdm7BDJvnasmsfK4sDbwupGRqgREoi4z2wSt9CALmlGjPbd9NFvw8Wi9hH9kl2d-4dgzeL8_nNZPui，访问日期：2013 年 6 月 3 日。

二、针对无效宣告请求书的意见陈述书撰写

1. 如果专利权人想维持专利权全部有效，则意见陈述书须对所有无效宣告理由和证据予以陈述。若专利权人想维持专利权部分有效，则意见陈述书须对相关的无效宣告理由和证据予以陈述，或者辅以对权利要求书进行修改，并论述修改过后的专利符合法律的专利性规定。

2. 意见陈述书所要包括的内容：

（1）针对涉及的法律问题，提出对相关法律条款的理解。

（2）如果请求人对证据中相关的事实或者专利中相关的事实的认定错误，应明确指出其错误，并提出专利权人认为正确的事实认定。

1）针对证据的反驳。

请求人提交的证据是否超过举证期限；

针对证据本身（真实性、关联性、合法性）的反驳。

2）针对无效宣告理由的反驳。

关于《专利法》第 22 条第 2 款的意见陈述要注意四个问题，即：是否是单独对比？（要特别注意，一篇专利文献中的不同实施例属于不同的技术方案，不能结合起来以《专利法》第 22 条第 2 款为无效理由。）它们的技术领域是什么？各自要解决的技术问题是什么？各自取得的技术效果是什么？

关于《专利法》第 22 条第 3 款的意见陈述也要注意四个问题，即：现有技术是否给出了技术启示？它们的技术领域是什么？各自要解决的技术问题是什么？各自取得的技术效果是什么？

3）提出反证。

专利权人在必要时，要积极地提出反证，如针对请求人证明公开使用或以其他方式公开的证据提供反证，如针对《专利法》第 26 条第 3、4 款等无效理由提供公知常识性证据。

（3）将事实与相关的法律条款结合起来进行分析，从而得出该专利符合相关法律规定的结论。

3. 专利文件的修改。

根据《专利法实施细则》第 69 条的规定，在无效宣告请求的审查程序中，发明或者实用新型专利的专利权人可以修改其权利要求书，但是不得扩大原专利的保护范围。发明或者实用新型专利的专利权人不得修改专利说明书和附图。

修改的原因是专利权人认为无效宣告请求的理由只部分成立，通过对专利权利要求书进行适当的修改，可以达到部分维持专利权的目的。

（1）修改的原则。

发明或者实用新型专利文件的修改仅限于权利要求书，其原则是：

1）不得改变原权利要求的主题名称。

2）与授权的权利要求相比，不得扩大原专利的保护范围。

3）不得超出原说明书和权利要求书记载的范围。

4）一般不得增加未包含在授权的权利要求书中的技术特征。

外观设计专利的专利权人不得修改其专利文件。

（2）修改方式及益处。

在满足上述修改原则的前提下，修改权利要求书的具体方式一般限于权利要求的删除、合并和技术方案的删除。

1）权利要求的删除是指从权利要求书中去掉某项或者某些项权利要求，例如，独立权利要求或者从属权利要求。

2）权利要求的合并是指两项或者两项以上相互无从属关系但在授权公告文本中从属于同一独立权利要求的权利要求的合并。在此情况下，所合并的从属权利要求的技术特征组合在一起形成新的权利要求。该新的权利要求应当包含被合并的从属权利要求中的全部技术特征。在独立权利要求未作修改的情况下，不允许对其从属权利要求进行合并式修改。

3）技术方案的删除是指从同一权利要求中并列的两种以上技术方案中，除一种或者一种以上技术方案。

合并式修改可以把从属于同一独立权利要求的多个从属权利要求合并为一个权利要求，形成一个新的技术方案。有些情况下，这样的修改可以使该新的技术方案相对于请求人提供的现有技术具有新颖性、创造性，或克服一些撰写缺陷，例如缺少必要技术特征。从而在某种程度上弥补原权利要求书撰写不当造成的损失，并维持专利部分有效。

（3）修改方式的限制。

在专利复审委员会作出审查决定之前，专利权人可以删除权利要求或者权利要求中包括的技术方案。

仅在下列三种情形的答复期限内，专利权人可以以合并的方式修改权利要求书：

1）针对无效宣告请求书。

2）针对请求人增加的无效宣告理由或者补充的证据。

3）针对专利复审委员会引入的请求人未提及的无效宣告理由或者证据

但在答复期限届满后，只能以删除方式修改权利要求书。

4.2　专利行政诉讼程序代理[①]

4.2.1　专利行政诉讼的种类、提出诉讼的期限及当事人

专利行政诉讼案件，是当事人不服国务院专利行政部门所作出的行政决定和地方管理

① 参见吴观乐主编：《专利代理实务》，2 版，213 页，北京，知识产权出版社，2007。

专利工作的部门所作出的处理决定或处罚决定而起诉到人民法院的案件。

专利法中规定的国务院专利行政部门是指国家知识产权局，在专利法中还规定国务院专利行政部门设立专利复审委员会，而专利法中规定的地方管理专利工作的部门是指由省、自治区、直辖市人民政府以及专利工作量大又有实际处理能力的设区的市人民政府设立的地方知识产权局。因此按照作出行政决定的部门来划分，专利行政诉讼案件分为三大类：以国家知识产权局为被告专利行政诉讼案件；以专利复审委员会为被告的专利行政诉讼案件；以及以地方知识产权管理相应职能部门为被告的专利行政诉讼案件。

国家知识产权局的主要任务是受理、审查专利申请和授予专利权。但是对于国家知识产权局针对专利申请所作出的驳回决定或授权决定，由于在专利法中明确规定了其法律救济手段，因此不服国家知识产权局这两类最主要的行政决定不能直接向人民法院提出专利行政诉讼，而只能向专利复审委员会提出复审请求和无效宣告请求。对于国家知识产权局作出的其他行政决定，如专利申请人对国家知识产权局的专利申请不予受理通知、专利申请视为撤回通知、视为未要求优先权通知、所确定的申请日不服或有争议的，专利权人对国家知识产权局作出的强制许可的决定或实施强制许可使用费的裁决、视为放弃专利权的通知不服的，专利代理机构或专利代理人对国家知识产权局作出的撤销其机构或吊销其资格证书不服的，行政复议申请人对国家知识产权局的复议决定不服的均可以向人民法院提出专利行政诉讼。

对于以专利复审委员会为被告的专利行政诉讼案件，除了专利法中明确规定的不服其维持驳回申请的复审决定或无效宣告请求审查决定应当采用向人民法院提起专利行政诉讼的法律救济手段外，对于专利复审委员会作出的其他行政决定、例如不予受理通知、视为撤回通知、视为未提出通知等，不能采用行政复议的救济手段，只能向人民法院提出专利行政诉讼，但从专利实践来看除了上述前两种以外其他的以专利复审委员会为被告的专利行政诉讼很罕见。

对于以地方知识产权管理部门为被告的专利行政诉讼案件，由于修改专利法及其实施细则后，其对不少专利民事纠纷只有调解权而没有处理权，因此这一类专利行政诉讼仅有三种：不服地方知识产权管理部门关于停止侵权行为的处理决定、不服地方知识产权管理部门关于假冒他人专利行为的处罚决定、不服地方知识产权管理部门关于冒充专利行为的处罚决定。

按照《行政诉讼法》第 39 条的规定，除法律另有规定外，公民、法人或者其他组织不服行政机关的具体行政行为直接向人民法院提起行政诉讼的，应当在知道作出具体行政行为之日起 3 个月内提出；按照《行政诉讼法》第 38 条和《行政复议法》第 19 条的规定，不服行政机关的具体行政行为经过行政复议后对行政复议决定不服或认为行政机关逾期不作为的，应当在收到复议决定之日或者复议期满之日起 15 日内提起诉讼。

按照《专利法》第 41 条和第 46 条的规定，当事人不服专利复审委员会的复审决定或无效宣告请求审查决定的，应当自收到决定之日起 3 个月内向人民法院起诉，这与行政诉讼法中规定的期限是一致的。

《专利法》第 57 条所规定的不服地方知识产权管理部门关于责令侵权人立即停止侵权行为的处理决定的起诉期限为收到处理通知之日起 15 日内，该期限比行政诉讼法规定的 3 个月期限短得多，属于法律另有规定的情形。

由此可知，对于行政诉讼来说，不服国家知识产权局复议决定或认为国家知识产权局行政复议部门逾期不作为的，不服地方知识产权管理部门关于责令侵权人立即停止侵权行为的处理决定的，其提出诉讼的期限是自收到相应决定或通知之日起或自行政复议期限届满之日起 15 日内。而对其余的专利行政诉讼，其提出诉讼的期限是自收到相应决定或通知之日起 3 个月。

专利行政诉讼的原告是那些认为国家知识产权局、专利复审委员会、地方知识产权管理部门等专利行政管理机关的具体行政行为侵犯其合法权益而起诉到法院的公民、法人或者其他组织，他们可以是专利申请人、专利权人或者与这些具体行政行为直接相关的当事人。

专利行政诉讼的被告就是作出上述具体行政行为的专利行政管理机关，即国家知识产权局、专利复审委员会或地方知识产权管理部门。

如果上述由专利行政管理机关作出的具体行政行为涉及双方当事人，则一旦其中一方当事人不服该行政决定而作为专利行政诉讼的原告提出专利行政诉讼，另一方当事人就可以作为有利害关系的第三人参加诉讼。

4.2.2　以专利复审委员会为被告的诉讼[①]

一、不服专利复审委员会维持驳回申请复审决定的专利行政诉讼

按照我国《专利法》第 41 条第 2 款的规定，专利申请人对专利复审委员会的复审决定不服的，可以自收到驳回决定之日起 3 个月内向人民法院起诉，由法院适用行政诉讼程序作出判决。

（一）不服专利复审委员会维持驳回申请的复审决定的专利行政诉讼的提出

当复审请求人的专利代理人在收到专利复审委员会作出维持驳回申请的复审决定后，应当帮助请求人分析复审决定的作出在实体上和程序上是否存在不符合《专利法》及其实施细则或者审查指南的规定之处，如果不服专利复审委员会的上述复审决定，可以按照《专利法》第 41 条第 2 款的规定向人民法院提出专利行政诉讼。

通常，复审请求人的专利代理人从收到维持驳回申请的复审决定到提出专利行政诉讼需要进行四个方面的工作：研究分析复审决定；向委托人转达复审决定；按照委托人提出专利行政诉讼的意愿准备起诉状；向法院提出专利行政诉讼请求。

---

① 参见 http：//wenku. baidu. com/link? url＝LKo03oldg95ZZlMMm24eRTuiRUrgZQEL4H _ FJ9zGh6oZaOxXuYb3bOCGfB2rIi5mjbEAlaYhKlEraGbgZdr4ytnu2vax77lspPD8zG0bRuq，访问日期：2013 年 6 月 21 日。

1. 阅读和研究分析复审决定，判断该复审决定有无被撤销的可能以及该专利申请有无授权前景

在收到维持驳回申请的复审决定后，作为复审请求人的专利代理人，应当在认真阅读复审决定的基础上，判断复审决定的作出是否符合专利法及其实施细则或审查指南的规定，其中阅读分析的重点应当放在复审决定的理由部分。

首先，应当分析复审决定的作出在实体上是否符合专利法及其实施细则或者审查指南的规定。通常经过分析主要有三种情况：其一认为复审决定的理由在实体上不符合有关法律法规规定，即复审程序中最后提交的专利申请修改文本不存在复审决定的理由部分所指出的实质性缺陷；其二认为复审决定的理由基本上正确，在实体判断上符合有关法律法规规定，但是若对专利申请文件进行修改后有可能消除复审决定的理由部分所指出的实质性缺陷；其三认为复审决定的理由完全正确，在实体上符合有关法律法规规定，且该专利申请文件不论如何进行修改难以克服复审决定的理由部分所指出的实质性缺陷。

其次，必要时分析复审决定的作出在程序上是否符合专利法及其实施细则或者审查指南的规定。通常主要有两种情况：其一是该复审决定的作出在程序上存在着不符合有关法律法规规定之处，即该复审决定存在程序错误；其二是在程序上符合有关法律法规规定，不存在程序错误。

通过上述分析，就能得知该专利申请有无通过向法院起诉而达到撤销复审决定以至最终被授予专利权的可能。如果通过分析，该复审决定属于上述在实体上不符合法律法规规定情况，此时不论该复审决定是否存在程序错误，该专利申请就有可能通过向法院起诉而达到撤销复审决定以及最终被授予专利权。如果通过分析，该复审决定属于上述实体分析的第二种情况，即需要修改专利申请文件才有可能克服复审决定的理由部分所指出的实质性缺陷的情况，此时只有该复审决定同时存在程序错误时才有可能通过向法院起诉而最终争取授予专利权，因为在专利行政诉讼时法院只审理该复审决定的作出是否符合有关法律法规规定，而不允许在专利行政诉讼期间修改专利申请文件，因此在这种情况下只能以复审决定存在程序错误为理由而达到撤销复审决定，然后在返回复审程序后再修改专利申请文件；如果复审程序不存在程序错误，法院会以复审决定符合有关法律法规规定作出维持复审决定的判决。如果通过分析，认为属于上述实体分析的第三种情况，即复审决定在实体上的理由完全正确，此时即使复审决定的作出在程序上存在错误，向法院起诉的最终结果仍然无授予专利权的可能，因为法院在以复审决定存在程序错误撤销复审决定后，由于该专利申请文件存在着不可克服的实质性缺陷，因而专利复审委员会在克服了程序错误后可再次作出维持驳回申请的复审决定。

2. 向委托人转达复审决定

在阅读了复审决定和作出研究分析后，应当尽快向委托人转达复审决定。

在转达复审决定时，应当将上述对复审决定的分析结果告知委托人，以便委托人确定是否向法院提出行政诉讼。由于委托人仅仅精通技术，而对专利法律知识并不熟悉，因此在转达时应当尽量明确地告知分析结果，以使委托人能够理解并作出正确的决断。

对于上述复审决定在实体上不符合有关法律规定的情况，应当区分两种：一种是复审决定在实体上明显错误，例如复审决定中采用了申请日后公开的对比文件来否定专利申请的创造性；另一种是认为复审决定中论述的实体理由存在着不符合有关法律规定之处，属于有可能取得争辩成功的情况。对于前一种情况，可以明确告知委托人，起诉有较大可能取得成功，应当向北京市第一中级人民法院提出专利行政诉讼。而对于第二种情况，向委托人建议起诉时应当留有余地，因为法院作出撤销专利复审委员会复审决定的比例并不高，因此在告知委托人提出起诉有成功可能的同时，还应当告知要取得成功也有相当难度，鉴于这方面本来就存在着不同的观点。

对于需要修改申请文件才能克服复审决定的理由部分所指出的实质性缺陷的情况，如果复审决定不存在程序缺陷，则应当告知委托人在这种情况下向法院提出诉讼并不能取得成功，委托人若要起诉应当慎重考虑。此时，如果复审程序明显存在程序缺陷时，则应当告知委托人可以以复审决定存在程序错误为理由向北京市第一中级人民法院提出专利行政诉讼，但是在取得诉讼成功后返回复审程序时应当主动修改申请文件，否则专利复审委员会在克服程序错误后可重新作出维持原驳回决定的复审决定；至于返回复审程序后修改申请文件后能否得到撤销原驳回决定的结果，也属于有可能通过争辩取得复审请求成功的情况，因此也应当如上面所述的那样，既告知有争辩成功的可能，又说明存在着一定的难度。如果此时认为复审程序可能存在程序错误的情况，则应当告知委托人可试图通过以复审程序存在程序错误为理由来争取专利行政诉讼的成功，若能争取成功则在返回复审程序时应当主动修改申请文件。

对于复审程序仅存在程序错误而不存在实体错误的情况，则应当如实告知委托人，同时应当告知委托人在这种情况下提出专利行政诉讼意义不大，因为即使法院以复审决定存在程序错误为由撤销复审决定，专利复审委员会在克服程序错误的基础上会再次作出实体上与前一复审决定结论基本相同的复审决定。

对于分析后认为复审决定既不存在实体错误、又不存在程序错误时，也应当如实告知委托人，而且应当明确告知向法院起诉基本上不会取得成功。

在向委托人转达复审决定时，应当明确告知其法律救济手段以及可采取法律救济手段的最后期限。按照专利法的规定，允许对复审决定提起行政诉讼的期限为收到复审决定之日起 3 个月，但由于准备复审起诉状需要充分的准备，因而最好告知委托人若准备向法院起诉的话至少提前 1 个月就给出提出专利行政诉讼的指示。

3. 按照委托人提出专利行政诉讼的意愿准备起诉状

若委托人表示准备向人民法院起诉，则专利代理人通常就应当按照委托人的意愿着手起诉的准备工作。

在准备起诉状前，应当首先认真研究一下委托人的指示。若委托人的起诉愿望与自己对复审决定的分析意见相一致，就应当尽快着手准备起诉状。对于委托人的起诉愿望与自己的分析意见不相一致时，则应当仔细分析委托人的具体意见，以判断委托人的观点是否有道理。一旦认为委托人的具体意见有可取之处，则应当改变自己的观点，并立即准备起诉状；相反，认为委托人的具体意见是由于其缺乏专利基本知识而得出了错误的看法，则应当再向委托人作一次说明，一方面表示可以按照委托人的意愿向法院起诉，另一方面告知委托人为什么按照委托人的具体意见向法院起诉并不能达到或者难以达到所期望的效果，请委托人再慎重考虑一下。此时，若委托人仍坚持原有的看法，则应当按照委托人的意愿做好向法院起诉的准备，而且应当采取积极的态度为委托人争取最有利的结果，不可因意见与委托人不一致而采取简单的转达委托人意见的处理办法。

一审的起诉状通常包括三个方面的内容：诉讼当事人的自然情况，诉讼请求，事实和理由。

在诉讼当事人的自然情况部分首先写明原告的单位、住所地、法定代表人；原告是自然人的，要写明其姓名、性别、年龄、职业、住所地（包括邮编）；委托代理的，还应当写明所委托的代理人的自然情况。然后，应当写明被告的自然情况，即国家知识产权局专利复审委员会，其法定代表人为专利复审委员会主任（国家知识产权局局长兼）。

诉讼请求部分应当用简明扼要的语言写明诉讼请求的事项，例如，判决撤销专利复审委员会第××××号复审决定书，判令被告承担本案的诉讼费等。

事实和理由部分是起诉状的重点部分。这部分既可以仅以复审决定的实体错误为理由，也可以仅以复审决定的程序错误为理由，还可以既以实体错误又以程序错误为起诉理由，至于选用何者为理由应当以对己方更有利作为出发点，而不仅仅以哪一理由更易得到撤销复审决定的结果为出发点。例如，当复审决定既存在明显的实体错误、又存在程序错误时，笔者不主张同时以两者为起诉理由，因为若同时以两者为起诉理由，则法院在审理时会采取程序优先而撤销复审决定，这样由于法院并未审理复审决定的实体错误，专利复审委员会很可能在克服程序错误后仍然会作出在实体上与前一复审决定结论相同的复审决定，为此不得不再次起诉，这样增长了复审程序，明显对专利申请人不利。除非对复审决定的实体错误把握不大、或者不以复审决定的程序错误为理由就不能分析实体错误、或者需要再次修改专利申请文件时，才以复审决定存在程序错误为由提起诉讼。

由于法院在这类专利行政诉讼中主要审理专利复审委员会作出的复审决定是否存在程序错误或实体错误，因而在事实和理由这一部分主要具体说明复审决定为什么不符合专利法、其实施细则和审查指南的规定，只有认为必要时才进一步说明本专利申请为什么在这方面符合专利法及其实施细则和审查指南的规定。这一点与审查程序和复审程序明显不同，在向审查部门或向专利复审委员会陈述意见时主要针对所指出的实质缺陷说明本专利申请为什么符合专利法、其实施细则和审查指南在这方面的规定。另外，在论述理由时，对那些可由复审决定的内容直接证明其是错误的，可以在起诉状中明确指出；但是如果认为复审决定中的推断可能存在问题时，建议不要在起诉状中按照自己的推测去分析，最好仅指出其推断缺乏依据，此时专利复审委员会就必然会在答辩状中对其所作的推断作出具体说明，然后在庭审时就可针对其具体说明作出有利于己方的争辩；相反，在起诉状中按照推测的内容来证明决定是错误的话，专利复审委员会就会采用其他的途径来解释其所作的推断。此外，由于行政诉讼的举证责任在行政机关，因而在论述理由时可以不引用证据，但是如果引用证据更容易证明专利复审委员会的复审决定存在实体错误或程序错误时，在这一部分也可以引用证据。

在准备好起诉状后，就应当将起诉状的初稿送给委托人，请其确认。

4. 向法院提出专利行政诉讼请求

准备好起诉状并经委托人确认后，就应当尽快向法院起诉。对于不服维持驳回申请的复审决定而提起的行政诉讼，应当向北京市第一中级人民法院提交。

在提交诉讼状时必须同时提交由委托人签署的委托书。即使在专利申请或复审程序中已办理了委托书，向法院提出行政诉讼时必须重新提交委托书，涉外的还需要经过公证。因此，在准备起诉状的同时，要同时请委托人准备委托书和办理所需要的其他事务。

在向法院提交起诉状和委托书的同时，还应当缴纳诉讼费。即使主张对方败诉后应由对方支付诉讼费，也应先支付诉讼费，对方败诉后法院会判令对方承担诉讼费，并会将己方所缴的诉讼费退回。

正如前面所指出的那样，对于针对专利复审委员会维持驳回申请的复审决定提出专利行政诉讼时可以不必举证，但是如果在起诉状中需要引用证据来说明己方的论点时则应当在提出起诉的同时向法院提交这些证据，并应当列出证据清单。

对于不服维持驳回申请的复审决定而提起的行政诉讼，应当提交起诉状5份（即按照对方当事人人数加4份来确定），委托书1份。若提交证据的话，应提交与起诉状相同的份数。

（二）庭审前后的委托代理工作

法院受理了专利行政诉讼后，就会将起诉状和其他相关材料转送给专利复审委员会。在专利复审委员会作出答辩后，法院将确定庭审日期，并将庭审通知书和专利复审委员会的答辩状一起寄给原告，专利行政诉讼就进入了庭审阶段。下面从四个方面来说明庭审前后的委托代理工作。

1. 庭审前的准备工作

收到庭审通知书和专利复审委员会的答辩状后，首先应当将庭审的信息告知委托人，一方面使其有思想准备，另一方面便于其安排工作。在这同时，应当抓紧时间研究分析答辩状，并及时将分析结果告知委托人。在这基础上与委托人一起准备好庭审时的发言提纲。

阅读分析答辩状时，主要分析其中所论述的观点和理由与复审决定相比作了那些改变和补充。如果其内容有改变，至少可认为其在复审决定中的原有内容存在着不妥之处，这就可作为原复审决定不符合有关法律法规规定的突破口。如果补充了新的内容，就说明专利复审委员会打算以此新增加的内容来巩固其原有观点，这时可以仔细分析新增加的内容是否有明显不符合法律法规规定之处，若有的话，就可将此作为在庭审时主要争辩点之一。例如，在一件专利行政诉讼案中，复审决定中分析权利要求不具备创造性时认定本领域技术人员根据普通常识可从对比文件披露的内容推断出其中一个技术特征，原告在起诉状中认为复审决定中的这种推断没有依据，专利复审委员会往往就会在答辩状中具体说明如何由对比文件披露的内容推出该技术特征，此时若经过分析认定答辩状中新增加的内容明显违反其工作原理，在这种情况下就可抓住此错误说明复审决定中原有的推断是错误的，从而对取得胜诉十分有利。

在准备发言提纲时主要准备三方面的内容：其一是在庭审开始时对起诉理由的论述，其二是法庭调查和辩论时的发言，其三是庭审结束前的总结发言。庭审开始时的发言，基本上可按照起诉状的内容进行整理，如果在研究对方答辩状后发现原起诉状存在不妥的地方，则庭审开始时的发言应当将这些内容删去，以免在庭审时被对方在辩论阶段抓住而处于不利地位，至于在对方答辩状中所发现的问题通常不在庭审开始时的发言中指出，而让对方在说明答辩状的观点之后在法庭辩论时再提出，从而使对方处于被动地位。第二部分法庭调查和辩论时的发言是庭审前准备的重点。一方面要充分论述原复审决定或答辩状中的观点和理由为什么不符合有关法律法规规定，而且应当以专利法及其实施细则的规定、尤其是审查指南中的具体规定作为支持己方观点的理由，以便在法院上能明确向法院具体指出支持己方观点的法律法规依据和出处。另一方面应当分析对方对己方在法庭上的论述会有哪几种争辩的可能，并对每一种可能作出如何应答的准备，这一部分的准备是最困难的，但也是最重要的。第三部分庭审结束前的总结发言虽然内容不多，但准备也有一定难度，既要概括己方的主要观点，又要简明，而且还应根据庭审的情况补充内容。

由于发明和实用新型均涉及技术问题，外观设计涉及的是产品的形状、图案和色彩，因而在法庭审理时仅仅依靠口头陈述难以表达清楚，在这种情况下为增加法官的感性认识，可以采用实物或投影演示方式。为此，必要时在庭审前还应做好这方面的准备。

2. 庭审时应当注意的问题

法庭审理是专利行政诉讼中的重要环节，除了前面所指出的应当认真做好庭审准备外，庭审时双方陈述意见的好坏必将影响审理结果。作为专利行政诉讼原告所委托的代理人，应当注意积累这方面的经验，以提高庭审时辩论的水平。

作为代理人，在庭审时应当注意下述几方面的问题：

（1）由于这类专利行政诉讼是不服复审决定提出的，因而重点应当放在说明复审决定在实体上或在程序上不符合法律法规的规定。对于复审决定既存在实体错误又存在程序错误，重点应当放在实体上，除非该复审决定的实体错误以程序错误为基础。当然，如果准备修改发明或实用新型专利申请文件的，则应当重点放在复审决定的程序错误上，从而以程序错误为由撤销复审决定返回复审程序后再修改专利申请文件。

（2）由于这类专利行政诉讼多数涉及发明或实用新型专利申请，尤其是发明，其科技含量较高，而法院的法官绝大多数不熟悉与该案件相关的科学技术，因而在陈述意见时切忌陷入具体的科学技术内容中去，应当借助审查指南重点从法律法规角度去分析。即使非要涉及科学技术的内容才能解释清楚，则一方面应当尽量用浅显的道理加以说明，另一方面最好借助实物、挂图或投影演示来帮助法官理解。当然对于涉及相当复杂的科学技术内容情况，还可以请求法院进行相关内容的司法鉴定。

（3）在法庭审理中先由原告宣读起诉状，再由专利复审委员会进行答辩。在宣读起诉状时，可以先明确指出复审决定所存在的不符合法律法规之处，并简要地说明理由，最好能促使专利复审委员会在答辩时主动举证和陈述观点。如果对方在宣读答辩状或在辩论阶段临时增加内容进行争辩，这种即兴的论述容易出现失误，便可被利用来支持己方观点。但是，对专利复审委员会在陈述意见时所出现的失误进行分析时，只应争辩那些能证明复审决定错误的内容，而不必去争辩那些与复审决定结论错误关系不大的内容，否则会给法官产生己方在主要问题上不在理而抓住枝节问题做文章的感觉，从而会形成对己方不利的印象。

（4）在法庭辩论阶段，切忌仅仅按照开庭前所准备的内容照章宣读。应当仔细听取对方的争辩意见，从中寻找对方陈述意见中的漏洞，抓住该漏洞来说明原复审决定不符合法律法规的有关规定。在争辩时要有随机应变的能力，尤其当对方陈述意见后出现对己方不利的情况时要能及时寻找到摆脱不利局面的途径。

（5）法庭审理结束时，法院会请双方审阅庭审记录并签字。此时应当仔细阅读该庭审记录，若有与庭审内容不一致之处，应当立即提出，请法庭改正。阅读时，不仅要阅读记录己方发言的部分，同时也要阅读记录对方发言的部分以及法官庭上提问的内容，因为这些内容都有可能作为判决的依据写入判决中。一旦签字后，记录中的内容就可能成为不服判决上诉时禁止反悔的依据。

3. 庭审后的补充陈述意见

为了帮助法院更好地理解己方的观点，可以在庭审后将己方在法庭上的发言内容提交给法庭。如果法庭审理时所陈述的主要观点已反映在庭审前所准备的发言提纲中，可以在庭审后立即提交给法庭。如果法庭上的意见陈述相对于庭审前所准备的发言提纲增加了内容，而这些内容又是比较重要的，则可以在庭审结束之后加以补充作为法庭审理时的发言提纲提交给法院。如果庭审后感到在法庭审理时并未将意见陈述清楚，还可以向法院提交意见陈述，但这只能作为庭审后的补充意见，不能作为法庭审理时的发言提纲。对于后两种情况，最好在法庭审理后五天内或者在法庭指定的期限内提交；否则，法院一旦作出判决，就比较被动了，只能采取后续的法律救济措施。

（三）收到法院一审判决后的代理

通常，北京市第一中级人民法院通过法庭审理弄清事实后将作出一审判决。一审判决主要有两种结论：一种是撤销专利复审委员会的复审决定，由专利复审委员会重新作出复审决定；另一种是维持专利复审委员会的复审决定。

作为代理人，在收到前一种撤销复审决定的法院判决后，应当立即将法院判决书转达委托人。当然，专利复审委员会不服此判决时可以上诉，因此在转达时应当告知委托人还存在专利复审委员会上诉的可能。但是，专利实践中专利复审委员会对这类专利行政诉讼案件上诉的很少，因此在转达意见更要考虑在发回专利复审委员会重审后己方需要做些什么工作。例如：以专利复审委员会的复审决定存在程序错误而撤销该决定时，可考虑要否修改专利申请文件以克服原驳回决定中所指出的专利申请存在的实质性缺陷；是否需要向专利复审委员会新组成的合议组进一步陈述意见等。与委托人商量后，认为需要做上述工作时，应当主动向专利复审委员会提出，因为对于发回重审的复审案件来说，专利复审委员会一般可以不再发复审通知书和不再进行口头审理而直接作出新的复审决定。

相反，在收到后一种维持复审决定的法院判决后，更应当立即与委托人商量要否向北京市高级人民法院上诉。也就是说，首先应当认真研究一审判决，分析一审法官为何未接受己方的观点，该判决是否有理，是否存在明显违反专利法律法规的规定，然后向委托人给出一个参考意见，以便委托人决定要否上诉。这方面的考虑与本节第一部分所涉及的要否针对复审决定提出专利行政诉讼基本相同，只是二审上诉的成功率并不高，因此向委托人建议提出上诉时应当更为慎重，表态应当留有余地，委托人不愿上诉的话千万不要竭力鼓动，以免二审再败诉时引起委托人的不满。同样，对于上诉成功率极小、甚至不存在的情况下，若委托人坚持上诉时，一方面应当为委托人做充分准备，另一方面应当将情况向委托人讲清楚，告知其上诉成功难度极大。由于不服法院一审判决的上诉期仅有 15 日，即使是涉外行政诉讼，该期限也只有 30 日。而准备上诉具有相当大的工作量，因此上述上诉的准备工作应当抓紧进行，以免耽误上诉的期限。

不服北京市第一中级人民法院的判决提起上诉时，该上诉状并不是向北京市高级人民法院提交，而是与北京市第一中级人民法院作出该判决的法庭书记员联系，将上诉状交给一审法庭，由该法庭转送给北京市高级人民法院，在此同时缴纳上诉费。总体上看，在向北京市高级人民法院上诉的二审程序中，代理人的工作与在北京市第一中级人民法院的一审程序大体相同，其诉讼的被告也仍然是国家知识产权局专利复审委员会。只是该上诉是不服北京市第一中级人民法院的一审判决提出的，因而在上诉状中的上诉请求首先应当是请求撤销一审判决，此外由于二审可以对一审判决作出改判，因此还可以请求撤销专利复审委员会的复审决定。除此以外，在上诉状中或在二审法庭审理时，应当重点针对一审判决书说明上诉理由，即一审判决在实体上或程序上存在不符合法律法规规定之处，当然考虑到二审法院会对一审法院的判决作出改判，因而还可以进一步说明复审决定在实体上和/或程序上存在的不符合法律法规的规定之处。

二、不服专利复审委员会无效宣告请求审查决定的专利行政诉讼

按照我国《专利法》第 46 条第 2 款的规定，对专利复审委员会宣告专利权无效或者维持专利权的无效宣告请求审查决定不服的，可以自收到该审查决定之日起 3 个月内向人民法院起诉，由法院适用行政诉讼程序作出判决。由于无效宣告请求程序本身涉及双方当事人，因而人民法院在受理后将通知无效宣告请求程序的另一方当事人作为第三人参加诉讼。

（一）不服专利复审委员会无效宣告请求审查决定的专利行政诉讼的提出

除专利权人请求宣告专利权部分无效的情况外，无效宣告请求审查程序是专利授权公告后涉及双方当事人的审查程序。因此，其与不服复审决定的专利行政诉讼不一样，提出专利行政诉讼的可以是无效宣告请求的请求人，也可以是该专利的专利权人，主要取决于无效宣告请求审查决定的结论。无效宣告请求审查决定的结论主要有三种类型：宣告专利权全部无效；宣告专利权部分无效；维持专利权有效。对于第一种和第三种类型，专利行

政诉讼的原告是确定的，对于宣告专利权全部无效的审查决定，不服该审查决定的只可能是专利权人，因此提出专利行政诉讼的是专利权人；而对于维持专利权有效的，不服该审查决定的是请求人，因此在这种情况下提出专利行政诉讼的是请求人。但对于第二种宣告专利权部分无效的，无论是专利权人还是请求人，只要其不服该无效宣告请求审查决定的，都可以提出专利行政诉讼，在多数情况下当一方认为该决定侵犯了其权益提出起诉时，另一方就极有可能认为该无效宣告请求的审查决定对己有利就不会再提出诉讼，但在宣告专利权部分无效时还有可能存在双方都认为对己方不利的情况，也就是说还有可能双方同时向法院起诉的情况。

鉴于此，无论是无效宣告请求审查程序专利权人一方还是请求人一方的专利代理人，在收到无效宣告请求审查决定时，应当根据决定结论的情况帮助己方委托人确定要否向人民法院起诉。通常从收到无效宣告请求审查决定到提出专利行政诉讼要进行下述四方面的工作：研究分析无效宣告请求审查决定；向委托人转达无效宣告请求审查决定；按照委托人提出专利行政诉讼的意愿准备起诉状；向法院提出专利行政诉讼请求。

1. 研究分析无效宣告请求审查决定

收到无效宣告请求审查决定后，首先应当仔细阅读和研究分析审查决定。此时应当考虑两个问题，其一是该无效宣告请求审查决定对己方有利还是不利，其二是该无效宣告请求审查决定的作出是否在实体上或程序上存在着不符合法律法规规定之处，以便帮助委托人确定是否采取法律救济措施。

对于前面所提到的第一种无效宣告请求审查结论（即宣告专利权全部无效）的情况，显然对专利权人不利而对请求人有利，这是一目了然的，无须仔细分析。而对于第二种宣告专利权部分无效的情况，双方需要考虑到底是否对己方有利，如果该专利无效宣告请求审查程序是伴随着专利侵权诉讼而产生的，还要结合专利侵权诉讼进行分析，即分析维持专利权部分有效会对专利侵权诉讼的结果带来什么影响。例如，在维持专利权部分有效时仍然构成专利侵权行为，则对请求方来说仍然是不利的结果；相反，在此时不再构成专利侵权，则对专利权人来说是不利的。对于第三种维持专利权有效的情况，显然对专利权人是有利的，对请求人多半是不利的，但是在有些情况请求人也可以考虑接受，例如无效宣告请求审查决定的结论是维持专利权有效，但是根据其决定理由的文字可以明显得知对维持其专利权有效起作用的技术特征（对发明和实用新型专利）或设计内容（对外观设计专利）并未反映在被指控的侵权客体中，这些内容可以在专利侵权诉讼中作为未构成侵权的依据。

在分析无效宣告请求审查决定是否存在实体或程序错误时，应当以实体错误为主。因为通常仅仅在其存在实体错误时，上诉才能起到最终改变无效宣告请求审查决定结论的作用。如果审查决定的实体判断正确，仅仅存在程序错误，此时即使上诉成功，在发回专利复审委员会重审时，专利复审委员会在克服程序错误后会再次作出与上次审查决定结论相同的决定。因此，通常在该决定存在实体错误时才提出上诉，而在仅存在程序错误时上诉的必要性不大，除非认为延长无效宣告请求审查程序对己方有利。

在分析无效宣告请求审查决定是否存在实体错误时，通常可以从两方面考虑。其一是对证据的采信方面是否存在错误，即从证据的合法性、真实性和关联性三方面分析其是否可被采信，只有在这三方面查证属实的才能使用。其二是在这些证据的基础上所作出的分析是否不符合法律法规的规定，即其在审查决定中依据这些证据所论述的具体理由是否不符合审查指南的有关规定。

通过上述分析后，应当就是否对该无效宣告请求审查决定提出专利行政诉讼形成一个初步意见。

2. 向委托人转达无效宣告请求审查决定

在研究分析无效宣告请求审查决定后，应当尽快将无效宣告请求审查决定转送给委托人。

在转送无效宣告请求审查决定时，应当将上述对无效宣告请求的分析结果告知委托人。对于无效宣告请求审查决定对己方有利时，在转达时需要告知委托人对方有可能提出专利行政诉讼，应当对此有思想准备。对于无效宣告请求审查决定对己方不利的情况，应当将上述初步分析结果告知委托人，请委托人考虑是否要向法院提出专利行政诉讼。由于委托人仅仅精通技术，而对专利法律知识并不熟悉，因此不应仅给出初步分析结果，而应当作具体说明，以使委托人能够理解并作出正确的决断。

前面已经指出，当无效宣告请求审查决定对己方不利时主要应当分析该审查决定是否存在实体错误。此时可能会得出四种结果：一是审查决定明显存在实体错误，例如对于非拼凑的实用新型专利用三篇对比文件否定该专利的创造性而明显不符合审查指南第四部分第六章第 4 节的规定，应当向专利权人明确说明存在上诉成功的可能，但此时主要是通过具体分析说理让委托人看到这种前景，切忌向委托人打包票一定能胜诉，因为任何个人的分析都会有一定的主观性，否则一旦败诉会遭到委托人的埋怨。二是认为审查决定存在着实体性错误，但对最终能否取得胜诉把握不大，例如虽然认为专利复审委员会中认定的某个事实不正确，可以以此作为上诉的切入点，但不清楚北京市第一中级人民法院是否会接受这种观点，在这种情况下一方面可告知委托人有争取上诉成功的可能，但同时应当告知存在一定的难度，因为这方面本来就存在着不同的观点。三是审查决定明显存在着实体错误，甚至还存在程序错误，从而极有可能上诉成功，但在发回专利复审委员会重审时不知专利复审委员会是否会改变原有审查决定结论的情况，例如无效宣告请求审查决定中遗漏了请求方在规定期限内提供的一件证据，虽然作为请求方的代理人认为这篇对比文件和其他证据结合起来能否定权利要求的创造性，但不清楚发回重审时专利复审委员会是否接受这种观点，或者专利复审委员会在审查决定中所针对的专利文本并不是专利权人一方所提交的符合无效宣告请求程序专利文件修改要求的最后一次文本，因此法院会以其认定文本错误发回重审，但不知专利复审委员会对该修改后的专利文件会作出什么样的审查决定，在这两种情况下均应当明确告知请求人虽然有较大可能取得上诉成功的可能，但在发回专利复审委员会重审后并不一定会得到改变原审查决定结论的结果。四是审查决定不存在实体性错误，应当明确告知上诉的结果极难得到改变原审查决定结论的结果，即使该审查决定存在程序错误，法院发回重审后专利复审委员会将在克服原程序错误的基础上再次作出与上次审查结论相同的审查决定。

此外，由于案件的具体情况不同，还可能出现其他的情况，因而向委托人转达审查决定时应当根据具体情况采用比较合适的方式来表达意见，但无论用什么样的方式，表达意见时要留有余地，以免法院的判决与原先估计不一致时而难以向委托人作出解释。

3. 按照委托人提出专利行政诉讼的意愿准备起诉状

若委托人表示准备向人民法院起诉，专利代理人通常就应当按照委托人的意愿着手起诉的准备工作。

在准备起诉状前，应当首先认真研究一下委托人的指示。若委托人的起诉愿望与自己对无效宣告请求审查决定的分析意见相一致，就应当尽快着手准备起诉状。

对于委托人的起诉愿望与自己的分析意见不相一致时，应当仔细分析委托人的具体意见，以判断委托人的观点是否有道理，尤其是委托人作出的决定往往不局限在这一件无效宣告请求案件进行考虑，而是站在更高的层面上决定是否上诉。例如，对于审查决定实体正确但存在程序错误的情况，正如前面所指出的那样，即使以程序错误为理由取得上诉成功，但最终也难以改变原审查决定在实体上作出的结论，因而通常会认为上诉的必要性不大，但是如果认为延长无效宣告请求审查程序对己方有利时仍可提出上诉。现以一件由侵权诉讼而引起的反诉无效案对此作出说明，该实例中对侵权诉讼而言明显属于相同侵权，因此被指控侵权的商业竞争对手采取了暂时停止生产的临时措施，而在无效宣告请求程序中，由于该项专利的申请文件撰写不当使授权后的权利要求书存在着未清楚限定发明的缺陷，从而使该发明难以维持专利权，但该案件的无效宣告请求审查决定存在着程序错误，专利权人考虑到己方正在开发该发明专利的改进产品，预计第二年可投入市场，而且也已提出新的专利申请，因此仍然以审查决定存在程序错误提出专利行政诉讼，这样即使该专利最终仍可能被宣告无效，但通过延长无效宣告程序的结案时间而使己方保持市场上的优势。总之，通过分析认为委托人的具体意见有可取之处，应当改变自己的观点，并立即准备起诉状。相反，认为委托人的具体意见是由于其缺乏专利基本知识而得出了错误的看法，则应当再向委托人作一次说明，一方面表示可以按照委托人的意愿向法院起诉，另一方面应当告知为什么按照委托人的具体意见向法院起诉并不能或者难以达到所期望的效果，请委托人再慎重考虑一下，此时若委托人仍坚持原有的看法，则应当按照委托人的意愿做好向法院起诉的准备，在准备时应当采取积极的态度为委托人争取最有利的结果，不可因意见与委托人不一致而采取简单的转达委托人意见的处理办法。一审的起诉状通常包括三个方面的内容：诉讼当事人的自然情况；诉讼请求；事实和理由。

不服无效宣告请求审查决定而向法院提出专利行政诉讼的起诉状通常也包括三个方面的内容：诉讼当事人的自然情况；诉讼请求；事实和理由。

在诉讼当事人的自然情况部分首先写明原告的单位、住所地（包括邮编）、法定代表人；原告是自然人的，要写明其姓名、性别、年龄、职业、住所地（包括邮编）；委托代理的，还应当写明所委托的代理人的自然情况。然后，应当写明被告的自然情况，即国家知识产权局专利复审委员会，其法定代表人为专利复审委员会主任（国家知识产权局局长兼）。除此之外，还应当写明第三人（即无效宣告请求程序中对方当事人）的自然情况：第三人的单位、住所地、法定代表人，若第三人是自然人的，至少要写明其姓名、性别、住所地（包括邮编），总之应当清楚到法院能通知到第三人。

诉讼请求部分应当用简明扼要的语言写明诉讼请求的事项，例如，判决撤销专利复审委员会第××××号无效宣告请求审查决定书，判令被告承担本案的诉讼费等。

事实和理由部分是起诉状的重点部分。这部分既可以仅以无效宣告请求审查决定的实体错误为理由，也可以仅以无效宣告请求审查决定的程序错误为理由，还可以既以实体错误又以程序错误为起诉理由，至于选用何者为理由应当根据案情的具体情况来确定。通常以实体理由为主，尤其是选用那些可以让法院明确作出无效宣告请求审查决定结论错误的理由；其次选用那些可以让法院认定该无效宣告请求审查决定为得出其结论所作出的分析不充分的理由；对于无效宣告请求审查决定中存在程序缺陷而导致无法对实体问题作出结论时，应当同时以其存在实体错误和程序错误为上诉理由。由于法院在这类专利行政诉讼中主要审理专利复审委员会在作出无效宣告请求审查决定是否存在实体错误或程序错误，因而在事实和理由这一部分主要具体说明无效宣告请求审查决定为什么不符合专利法、其实施细则以及审查指南的规定。考虑到在少数情况法院会对无效宣告请求审查决定的结论作出改判，因此必要时专利权人一方可进一步具体说明该专利为什么在这方面符合专利法、其实施细则以及审查指南的规定；而对请求人一方，可进一步具体说明该专利为什么在这方面不符合专利法、其实施细则以及审查指南的规定。另外，在论述理由时，对那些可由无效宣告请求审查决定的内容直接证明其是错误的，可以在起诉状中明确指出；但是如果认为该决定中的推断可能存在问题时，建议不要在起诉状中按照自己的推测去分析，最好仅指出其推断缺乏依据，此时专利复审委员会就必然会在答辩状中对其所作的推断作出具体说明，然后在庭审时就可针对其具体说明作出有利于己方的争辩；相反，在起诉状中按照推测的内容来证明决定是错误的话，专利复审委员会就会采用其他的途径来解释其所作的推断。

在准备好起诉状后，就应当将起诉状的初稿送给委托人，请其确认。

4. 向法院提出专利行政诉讼请求

准备好起诉状并经委托人确认后，就应当尽快向法院起诉。对于不服无效宣告请求审查决定而提起的专利行政诉讼，应当向北京市第一中级人民法院提交。

由于北京市第一中级人民法院中的知识产权庭和行政庭都承办专利行政诉讼案件，按照其内部职能的划分，凡涉及专利民事纠纷的专利行政案件由知识产权庭审理，而不涉及专利民事纠纷的专利行政案件由行政庭审理，相对来看知识产权庭审理专利案件已有多年经验，因此对于存在专利侵权诉讼案件的情况，不服无效宣告请求审查决定而上诉的，应当在提交起诉状时向北京市第一中级人民法院说明这个事实，并附交正在进行专利侵权诉讼或处理的证明（如法院的侵权诉讼的立案通知书），这样的话北京市第一中级人民法院在立案后将由知识产权庭进行审理。

在提交诉讼状时必须同时，提交由委托人签署的委托书。即使在无效宣告程序中已办理了委托书，向法院提出行政诉讼时还必须重新提交委托书。涉外的还需要经过公证。因此，在准备起诉状的同时，要同时请委托人准备委托书和办理所需要的其他事务。

在向法院提交起诉状和委托书的同时，还应当缴纳诉讼费。即使主张对方败诉后应由对方支付诉讼费，也应先支付诉讼费，对方败诉后法院会判令对方承担诉讼费，并会将己方所缴的诉讼费退回。

对于针对专利复审委员会无效宣告请求审查决定提出的专利行政诉讼，专利复审委员会承担举证责任，但是上诉方为了使起诉状中所陈述的理由更充分，可以引用必要的证据来证实和说明己方的论点，此时就应当在提出起诉的同时向法院提交这些证据，并列出证据清单。

对于不服无效宣告请求审查决定而提起的专利行政诉讼，应当按照对方当事人的数量确定所提交的起诉状份数，即在对方当事人（包括第三人）人数基础上加四份，但委托书只要一份。若提交证据的话，应提交与起诉状相同的份数。

（二）作为第三人的代理人在收到法院立案通知书后应当进行的工作

原告提起的专利行政诉讼符合立案条件的，北京市第一中级人民法院在立案后于五日内将起诉状发送被告，与此同时还将原告的起诉状送交无效宣告请求程序的对方当事人，通知其作为第三人参加诉讼。这是因为法院的审理结果将直接涉及第三人的实体权利，允许第三人参加诉讼就是允许其在法院审理过程中为维护自身的合法权益陈述意见，并在不服法院作出撤销或变更原审查决定时有权向北京市高级人民法院上诉。作为第三人的代理人在收到法院转送来的起诉状和立案通知书后应当着手下述三方面的工作：研究分析无效宣告请求审查决定和原告的起诉状；向委托人转送起诉状及研究对策；答辩意见的准备和提交。

1. 研究分析无效宣告请求审查决定和原告的起诉状

作为代理人，在无效宣告请求审查决定对己方有利的情况下，除了向委托人转送无效宣告请求审查决定并告知委托人应当做好对方当事人有可能向法院起诉的思想准备外，还应当对无效宣告请求审查决定作仔细分析，看一下该审查决定的内容和程序是否存在不妥之处，对方当事人可能会以什么为理由向法院提出专利行政诉讼，这样一旦对方起诉后就能在较短的时间内完成答辩意见，不致因准备不及而耽误期限。

在收到法院转来的原告起诉状后，应当将起诉状和无效宣告请求审查决定结合起来进行分析，判断一下起诉状中所论述的审查决定的实体错误和/或程序错误是否存在。作判断时一定要客观，依据专利法及其实施细则和审查指南进行分析，决不能因为无效宣告请求审查决定对己方有利就认为对方当事人的理由没有道理，这样的话很可能会由于准备不足而造成诉讼程序中的被动。

在研究起诉状时，应当注意原告提出专利行政诉讼的理由，是以审查决定的程序错误为理由还是以实体错误为理由，当然还有可能既以程序错误又以实体错误为理由。因为法院若认定存在程序错误，将会作出撤销原审查决定发回重审的判决；而认定存在实体错误时，除了作出撤销原审查决定发回重审的判决外，还有可能作出变更具体审查决定的判决，后一种判决结果对第三人更为不利。

然后分析起诉状中所指出的实体错误和/或程序错误是否存在。如果通过分析认为起诉状中的论述有一定道理，就应当十分认真地对待，此时需要进一步分析可否通过己方的努力而使法院不接受对方的意见或者使法院不作出变更具体审查决定的判决。如果分析后认为起诉状指出的实体错误和/或程序错误不存在，还应当确实检查一下审查决定是否还存在其他实体错误或程序错误，以便在诉讼过程中、尤其是法庭审理时对方一旦提出时不致毫无准备。当然还有一种情况是分析后认为原告的起诉完全有理，此时既要在转达起诉状时向委托人说清楚，以便使委托人有思想准备，还应当考虑一旦法院作出对己方不利的判决时可采取什么措施以得到对委托人比较有利的结果。

2. 向委托人转送起诉状及研究对策

由于法院所给予的答辩时间很短，通常只有 10 天，因而在对原告起诉状和无效宣告请求审查决定进行分析后，应当立即将原告起诉状转送给委托人，并将上述具体分析意见告知委托人。

由于不服专利复审委员会无效宣告请求审查决定的专利行政诉讼的被告是专利复审委员会，法院在该诉讼中主要审理专利复审委员会所作出的审查决定是否正确、是否存在不符合有关专利法律法规之处，因而由专利复审委员会对起诉状作出答辩。但是，该诉讼的审理结果必然会涉及另一方当事人的权益，因而允许其作为专利行政诉讼的第三人为维护自身的合法权益而提出自己的主张和意见陈述。鉴于此，作为第三人一方的代理人在向委托人转送起诉状时，还应当与委托人仔细研究案情，以确定在专利行政诉讼程序中的对策。

目前，第三方多数会认为审查决定的结果对己方有利，因而采取完全支持和肯定审查决定的态度。但作为第三人的代理人，此时应当保持冷静，尤其要考虑审查决定中是否存在对方当事人在起诉状中所指出的不符合法律法规有关规定之处，在此基础上与委托人商量对策，针对不同的分析结果可采取不同的答辩意见方式。如果认为无效宣告请求审查决定不存在起诉状中所指出的实体错误和/或程序错误，则可以采取积极支持审查决定结论以及支持审查决定中所论述的具体理由和内容的答辩意见方式；如果认为审查决定存在说理不充分的情况，则可以采取对审查决定作补充说明的答辩意见方式，必要时还可以与专利复审委员会的合议组交换意见，以协助专利复审委员会在诉讼期间更充分地阐明理由；如果认为无效宣告请求审查决定确实存在实体错误和/或程序错误，就应当探索可否通过己方的答辩意见而使法院不作出对己方极为不利的变更具体审查决定的判决。

3. 答辩意见的准备和提交

一旦与委托人确定了诉讼程序中的对策，就应当尽快准备第三人的答辩意见。答辩意见通常也包括三个部分：诉讼当事人的自然情况；诉讼请求；事实和理由。

诉讼当事人的自然情况通常只需要写明第三人的自然情况：即写明委托人的自然情况，若委托人为法人，则写明其单位、住所地、法定代表人，若委托人是自然人，要写明其姓名、性别、年龄、职业、住所地（包括邮编），此外还应写明代理人的自然情况。

由于第三人在专利行政诉讼程序中有独立请求权，因而其在答辩意见中可以写明己方对该诉讼的请求，通常来说其与起诉状的诉讼请求内容相反，例如："原告在起诉状中针对专利复审委员会作出的第××××号无效宣告请求审查决定所指出的实体性错误（或程序性错误、或实体性错误和程序性错误）并不存在，因而请求法院维持专利复审委员会所作出的第××××号无效宣告请求审查决定"。当然，如果起诉状中明确指出了审查决定的具体错误，则在此也可以明确写明该审查决定不存在该具体错误。

通常在专利复审委员会的审查决定内容和程序基本正确的情况下，答辩意见中的事实和理由部分可以论述得比较简单。但是如果认为有必要协助专利复审委员会对其理由作出补充说明时，则应当在表示同意专利复审委员会意见的同时，尽可能清楚地阐明己方的补充意见，一方面通过所作的补充意见让法院更清楚地理解审查决定的内容是正确的，以抵消原告在起诉状中所论述的观点对法院产生的影响，从而不接受原告的论点，另一方面通过所作的补充意见可有助于专利复审委员会在法庭审理时作出更清楚更合理的解释。例如，专利复审委员会在认定证据中的某一技术内容时，由于其本身不最熟悉这一领域，所作的说明仅给出一个结论，这样就可能使法院认为审查决定说理不清楚，此时就可以根据对本技术领域的了解具体说明如何从该证据记载的内容导出该结论，并指出这属于本领域技术人员的公知常识。

准备好答辩意见后，应当尽快请委托人核定，以便在北京市第一中级人民法院所指定的期限内将答辩意见提交给法院。第三人向法院提交的答辩意见的份数应当为除己方以外的所有当事人的份数再加 4 份。

需要说明的是，作为第三人的代理人参加专利行政诉讼时，决不可认为已在无效宣告请求程序中提交了委托书就可自动地在专利行政诉讼中进行代理，因为两者是不同的程序，还必须重新提交由委托人签署的委托书，涉外的还需要经过公证。

（三）原告和第三人的代理人在庭审前后的委托代理工作

法院在收到专利复审委员会的答辩状以及第三人的答辩意见后，在合适的时机确定庭审日期，此时就会将庭审通知书以及专利复审委员会的答辩状和第三人的答辩意见一起寄给原告，将庭审通知书以及专利复审委员会的答辩状寄给第三人，并在此同时将庭审通知书以及第三人的答辩意见寄给专利复审委员会，此时专利行政诉讼进入了庭审阶段，下面对原告和第三人的代理人在庭审前后的委托代理工作作一说明。

1. 原告代理人在庭审前的委托代理工作

原告代理人在收到开庭通知书以及专利复审委员会的答辩状和第三人的答辩意见后，首先应当将庭审的信息告知委托人，并将专利复审委员会的答辩状和第三人的答辩意见转送给委托人。与此同时，应当抓紧时间研究分析答辩状和第三人的答辩意见，并及时将分析结果告知委托人，以便在开庭前与委托人一起研究庭审时的对策，准备庭审时的发言提纲。

在上述分析研究中，应当以专利复审委员会的答辩状为主，因为专利行政诉讼主要是针对专利复审委员会的审查决定进行的。在阅读专利复审委员会的答辩状时，一方面研究专利复审委员会如何针对己方起诉状中所论述的理由进行反驳的，分析其反驳的理由是否充分，另一方面要研究专利复审委员会在其陈述的理由中是否出现新的有利于己方观点的内容，从而可以在庭审时以此作为突破点说明原审查决定给出的结论是错误的。例如在一件实用新型专利的无效宣告请求案的审查决定中，专利复审委员会以三篇对比文件（其中一篇为手册）来否定实用新型专利的创造性，且在分析时未明确指出以哪一篇为最接近对比文件，在专利行政诉讼的起诉状中原告认为对实用新型专利来说除了属于拼凑的发明创造可以用多篇对比文件来否定其创造性外，通常只能以两篇对比文件来否定其创造性。此时专利复审委员会在答辩状中就强调该实用新型属于拼凑的发明创造，因而可以用三篇对比文件来否定其创造性。由于该实用新型明显不是由这三篇对比文件的内容拼凑而成，在这种情况下就可以在庭审中强调专利复审委员会所作出的本实用新型不具备创造性结论的审查决定以该实用新型属于拼凑的发明创造为基础，但按照审查指南第二部分第四章第4.2节的规定，“拼凑”是指各组合的技术特征无功能上相互作用关系，各自仍以常规的方式工作，总的技术效果是各组合部分效果之总和，因而仅仅是一种简单的叠加；而本实用新型将上述对比文件所披露的技术特征组合后产生了新的效果，因此不是简单的叠加，不属于拼凑的发明创造，由此证明专利复审委员会作出上述审查决定所认定的事实不正确，这样的论述明显地有助于证明该审查决定存在实体性错误。

在对专利复审委员会的答辩状作出分析研究后，还应当认真分析第三人的答辩意见。由于第三人在专利行政诉讼阶段有独立请求权，法院在专利行政诉讼中也要考虑第三人的答辩意见，因此不能对第三人的答辩意见置之不理。分析时应当注意第三人的答辩意见中有无引入新的观点，尤其要仔细分析其论述的内容会否对己方产生不利的影响，从而在庭审前针对这些观点做好充分的辩论准备。

在准备发言提纲时主要准备三方面的内容：一是庭审开始时对起诉理由的论述，二是法庭调查和辩论时的发言，三是庭审结束前的总结发言。

庭审开始时的发言，基本上可按照起诉状的内容进行整理。如果在研究专利复审委员会的答辩状和/或第三人的答辩意见后发现原起诉状存在不妥之处，则庭审开始时的发言应当将这些内容删去，以免在庭审时被对方在辩论阶段抓住而处于不利地位。至于在分析专利复审委员会的答辩状时所发现的支持己方观点的内容通常不必在庭审开始时的发言中指出，而等专利复审委员会说明答辩状的观点后在法庭辩论时再提出，从而可使己方处于主动地位。

法庭调查和辩论时的发言是庭审前准备的重点。一方面，要充分论述原无效宣告请求审查决定或专利复审委员会答辩状中的观点和理由为什么不符合有关法律法规规定，而且应当以专利法和实施细则的规定，尤其是审查指南中的具体规定作为支持己方观点的理由，以便在法院开庭审理时能明确向法庭具体指出支持己方观点的法律法规依据和出处。另一方面，应当分析专利复审委员会和第三人对己方在法庭上的论述会有哪几种争辩的可能，并对每一种可能作出如何应答的准备，这一部分的准备是最困难的，但也是最重要的。

庭审结束前的总结发言应当简单扼要，概括己方的主要观点。需要注意的是在法庭上作总结发言时还应根据庭审的情况补充内容。

由于发明和实用新型均涉及技术问题，外观设计涉及的是产品的形状、图案和色彩，因而在法庭审理时仅仅依靠口头陈述难以表达清楚，在这种情况下为增加法官的感性认识，可以采用实物或投影演示方式。为此，必要时在庭审前还应做好这方面的准备。

2. 第三人的代理人在庭审前的委托代理工作

第三人的代理人在收到开庭通知书以及专利复审委员会的答辩状后也应当及时将庭审的信息告知委托人，并将专利复审委员会的答辩状转送给委托人。与此同时，应当抓紧时间研究分析专利复审委员会的答辩状，并及时将分析结果告知委托人，以便在开庭前与委托人一起研究庭审时的对策，准备庭审时的发言提纲。

在研究分析专利复审委员会的答辩状时主要将其对起诉状的分析判断与己方对起诉状的分析判断进行比较。如果两者基本一致，则在进行庭审准备时应当采取与专利复审委员会相配合的方式。如果判断并不一致，首先要仔细研究和理解专利复审委员会在答辩状中具体论述的意见，确定其与己方判断的主要不同点是什么，是否比己方的判断更合理；若比己方的判断更合理，在庭审准备时就要调整己方的意见，在法庭进行答辩时就要将原答辩意见中所说明的那些不太妥当的内容删去，以与专利复审委员会的答辩相适应；若认为答辩状中某一方面的论述不太合理，最好事先与专利复审委员会用电话交换一下具体意见，至少在开庭前向专利复审委员会出庭的人员作简单说明，从而让专利复审委员会在法院庭审初期说明答辩意见时删去这部分内容，至少弱化这部分内容。例如，在前面所提到的例子中，应当告知专利复审委员会不要将该实用新型专利看作拼凑的发明创造，由于专利复审委员会在审查决定中所引用的三篇对比文件中有一篇是技术手册，其中所披露的技术内容属于本领域技术人员的公知常识，因而审查决定实际上是用两篇对比文件加公知常识否定本实用新型专利的创造性，并不是用三篇对比文件来否定其创造性，因而未违反审查指南中的有关规定。这样提醒专利复审委员会后，可以使专利复审委员会在法庭上作答辩时作出比较合理的陈述，以免被对方抓住所论述的不妥之处而陷入被动。

由于专利行政诉讼的被告是专利复审委员会，在法院庭审时主要由专利复审委员会进行答辩。但是作为第三人，也有权提出己方的意见，因此在庭审时应当充分利用这一权利，补充陈述意见，以协助专利复审委员会作出有利的争辩。

同样，对于庭审时发言提纲的准备，与原告一样也包括三个方面的内容：庭审开始时的答辩意见陈述，法庭调查和辩论时的发言准备，庭审结束前的总结发言。对于第三人的代理人来说，应当重点准备第二部分，即法庭调查和辩论时的发言准备，尤其是要考虑对方在研究了专利复审委员会的答辩状（包括己方的答辩意见）后可能会在哪几方面提出不同意见，并作好相应答辩的准备，这样在庭审时一旦对方提出这方面的问题就可以有准备地充分说明己方的观点。

3. 双方代理人在法庭审理时应当注意的问题

法庭审理是专利行政诉讼中的重要环节，双方在法庭上陈述意见的好坏必将影响判决的结果，因此无论是原告的代理人还是第三人的代理人，在法庭上陈述意见时应当依据平时所积累的实践经验针对庭审时所出现的具体情况随机应变，力争在法庭审理时处于主动地位。

（四）双方代理人在收到法院一审判决后的代理

通常，北京市第一中级人民法院通过法庭审理弄清事实后将作出一审判决。一审判决主要有三种结论：一种是维持专利复审委员会的无效宣告请求审查决定；另一种撤销专利复审委员会的无效宣告请求审查决定，由专利复审委员会重新作出审查决定；第三种是变更专利复审委员会的审查决定。双方的代理人在收到法院的一审判决后，应当立即将法院判决书转达委托人。

对于维持专利复审委员会的无效宣告请求审查决定的一审判决，原告的代理人在转达判决书的同时应当立即与委托人商量要否向北京市高级人民法院上诉。也就是说，首先应当认真研究一审判决，分析一审法官为何未接受己方的观点，该判决是否有理，是否存在明显违反专利法律法规的规定，然后将上述分析意见告知委托人，以便委托人决定是否要上诉。若通过分析认为可以上诉时，在向委托人转达时应当同时告知这仅仅是一种可能，取得上诉成功难度还比较大，这样一旦二审败诉的话委托人就有一定思想准备。第三人的代理人在转达上述一审判决时应当告知委托人原告仍有可能不服一审判决而向北京市高级人民法院上诉，因此需要做好原告上诉的思想准备。

对于后两种一审判决的情况，即撤销专利复审委员会的无效宣告请求审查决定、由专利复审委员会重新作出审查决定的情况，或者是变更专利复审委员会的审查决定情况，原告的代理人在转达判决书的同时告知委托人应当做好专利复审委员会或者第三人有可能向北京市高级人民法院上诉的思想准备，尤其要做好第三人上诉的思想准备。作为第三人的代理人，则应当在转送判决书的同时立即与委托人商量要否向北京市高级人民法院上诉。当然，对于变更专利复审委员会决定的情况，通常在实体上作出了与专利复审委员会审查决定结论不同的判决，明显对第三人不利，因此应当重点分析该判决是否存在违反专利法律法规规定之处，只要认为有可能得出一审判决的内容不符合专利法律法规的结果，就应当向委托人说明可以向北京市高级人民法院上诉，但是由于实践中二审上诉的胜诉率并不高，因此在向委托人建议上诉时表态应当留有余地，仅表示上诉有成功的可能，然而存在着相当大的困难，让委托人对此有思想准备，从而一旦上诉不成功的话，由于事先已向委托人打过招呼而不致引起委托人的不满。当然，通过分析后认为上诉很难成功、甚至不存在成功的可能时，一定要向委托人讲清楚，告知其上诉成功率极小，请委托人慎重考虑。但此时委托人坚持上诉的话，就应当积极为委托人作好上诉准备，尽力为委托人争取更好的结果。对于撤销专利复审委员会的无效宣告请求审查决定、由专利复审委员会重新作出审查决定的情况，作为第三人的代理人应当仔细分析一审判决，确定其是以无效宣告请求审查决定存在实体错误还是存在程序错误作出了撤销无效宣告请求审查决定的结论，若是实体错误的话还要进一步分析其属于会导致得出相反结论的实体错误还是认为专利复审委员会说理不清楚这一类不一定会改变原审查决定结论的实体性错误。若分析结果是程序错误或者是不会导致改变原审查决定结论的实体性错误，则不一定非要采用上诉的途径，可以考虑在发回专利复审委员会重审时如何向专利复审委员会进一步陈述意见。当然若分析结果是属于会导致相反结论的实体错误，就可以与前面所述的对待变更专利复审委员会决定的一审判决那样，通过进一步分析判断协助委托人确定要否向北京市高级人民法院上诉。同样，对于上诉成功率极小，甚至不存在的情况下，若委托人坚持上诉时，一方面应当为委托人做好充分准备，另一方面应当将情况向委托人讲清楚，告知其上诉成功难度极大。

由于不服法院一审判决的上诉期仅有15日，即使是涉外行政诉讼，该期限也只有30日，而准备上诉具有相当大的工作量，因而上述上诉的准备工作应当抓紧进行，以免耽误上诉的期限。

不服北京市第一中级人民法院的判决提起上诉时，该上诉状并不是向北京市高级人民法院提交，而是与北京市第一中级人民法院作出该判决的法庭书记员联系，将上诉状交给一审法庭，由该法庭转送给北京市高级人民法院，在此同时缴纳上诉费。

一审原告不服北京市第一中级人民法院的判决向北京市高级人民法院上诉时，从总体上看原告的代理人在二审程序中的工作与在中院的一审程序大体相同，该诉讼的被上诉人仍然是专利复审委员会。只是该上诉是不服北京市第一中级人民法院的一审判决提出的，因而在上诉状中的上诉请求首先应当是请求撤销一审判决，此外由于二审可以对一审判决作出改判，因此还可以请求撤销专利复审委员会的无效宣告请求审查决定。除此以外，在上诉状中或在二审法庭审理时，应当重点针对一审判决说明上诉理由，即一审判决在实体上或程序上存在不符合法律法规规定之处，当然考虑到二审法院会对一审法院的判决作出改判，因而还可以进一步说明无效宣告请求审查决定在实体上或程序上所存在的不符合法律法规的规定之处。此时，第三人的代理人在二审程序中的工作也与在中院的一审程序中的大体相同，仍然是配合专利复审委员会向高院陈述意见，主要针对上诉状说明一审判决在实体上和程序上符合法律法规的规定，并可进一步说明专利复审委员会的无效宣告请求审查决定也符合法律法规的规定。

第三人不服中院的判决向高院上诉时，第三人的代理人在二审的上诉状中应当以一审的原告作为二审的被上诉人。至于专利复审委员会在二审程序中应置于何种法律地位，目前法院的意见也不统一，有的认为仍应作为被上诉人，但这会造成二审法院开庭审理时安排专利复审委员会位置的困难，因此有的认为其以一审被告的身份出现在二审程序中为好。目前来看，在上诉状中有的将专利复审委员会作为被上诉人，有的作为一审被告，笔者倾向于专利复审委员会以一审被告的身份进入二审程序。一审第三人在上诉状中的上诉请求应当是撤销一审判决和维持专利复审委员会的无效宣告请求审查决定，并且在上诉状中和法庭审理时重点针对一审判决说明上诉理由，即一审判决在实体上或程序上存在不符合法律法规规定之处，与此同时还应当进一步说明无效宣告请求审查决定在实体上和程序上符合法律法规的规定。相反，作为被上诉人的一审原告在答辩状中应当说明一审判决在实体上和程序上符合法律法规的规定，并进一步说明专利复审委员会无效宣告请求审查决定所存在的不符合法律法规的规定之处。

4.2.3 以管理专利工作的部门为被告的诉讼

一、以地方知识产权管理部门为被告的行政诉讼的法律依据

根据《专利法》第57条和《专利法实施细则》第78条的规定，省、自治区、直辖市人民政府以及专利工作量大又有实际处理能力的设区的市人民政府设立的管理专利工作的部门可以处理专利权人以及有关当事人提出的请求，对专利侵权、假冒专利等行为是否成立等事项作出判断和处理。当事人对上述处理不服的，可以在自收到通知之日起15日内向有管辖权的人民法院提起行政诉讼。

在以地方知识产权管理部门为被告而提起的行政诉讼案件的审理中，人民法院对其所作行政处理决定从程序和实体两方面进行审查，对于这两方面均没有违反法律规定的，作出驳回原告起诉的判决；对于这两方面有违反法律规定的，则作出撤销行政处理决定或限期作出新的行政行为的判决。

二、地方知识产权管理部门为被告的行政诉讼所涉及的具体行政行为的范围

根据《专利法实施细则》第85条的规定，地方知识产权管理部门不再对专利申请权和专利权归属纠纷、发明人和设计人的资格纠纷、职务发明创造的发明人和设计人的奖励和报酬纠纷以及在发明专利申请被公布后专利权授予前使用发明而未支付适当费用的纠纷具有行政处理权，而只有调解权。因此，当事人只有在自愿达成协议并签收后，调解才能发生法律效力。如果经调解，当事人不能达成协议，权利人一方以另一方当事人为被告，向有管辖权的人民法院提起民事诉讼。

以地方知识产权管理部门为被告的行政诉讼所涉及的具体行政行为的范围为：

1. 当事人不服地方知识产权管理部门作出的责令停止侵权行为的处理；
2. 当事人不服地方知识产权管理部门作出的对假冒他人专利行为的处罚；
3. 当事人不服地方知识产权管理部门作出的关于冒充专利行为的处罚。

4.2.4 以国家知识产权局为被告的诉讼[①]

国家知识产权局作为国家行政机关，在行使行政管理职权过程中，会作出许多具体行

① 参见吴观乐主编：《专利代理实务》，2版，214、215页，北京，知识产权出版社，2007。

政行为。对国家知识产权局的具体行政行为不服的，大部分都可提起行政诉讼，又可申请行政复议；一部分只能提起行政诉讼，不能申请行政复议；也有一部分即不能提起行政诉讼，也不能申请行政复议。

可以直接提起行政诉讼或申请行政复议的情形如下所列：

1. 专利申请人对不予受理其申请不服的；

2. 专利申请人对申请日的确定有争议的；

3. 专利申请人对视为未要求优先权不服的；

4. 专利申请人对其专利申请按保密专利申请处理或者不按保密专利申请处理不服的；

5. 专利申请人对专利申请视为撤回不服的；

6. 专利申请人对视为放弃取得专利权的权利不服的；

7. 专利权人对专利权终止不服的；

8. 专利申请人、专利权人因耽误有关期限导致其权利丧失，请求恢复权利而不予恢复的；

9. 专利申请人对分案申请视为未提出不服的；

10. 专利权人对给予实施强制许可的决定不服的；

11. 强制许可请求人对终止实施强制许可的决定不服的；

12. 国际申请的申请人对国家知识产权局根据《专利法实施细则》第 102 条终止其国际专利申请不服的；

13. 国际申请的申请人对国家知识产权局根据《专利法实施细则》第 115 条所作复查决定不服的；

14. 专利代理机构对撤销其机构的处罚不服的；

15. 专利代理人对吊销其《专利代理人资格证书》的处罚不服的；

16. 公民、法人和其他组织认为国家知识产权局作出的其他具体行政行为侵犯其合法权益的。

实例解析

案例一

关于如何维持发明专利权有效的成功案例

概括：判断发明是否具有突出的实质性特点，就是要判断对本领域的技术人员来说，要求保护的发明相对于现有技术是否显而易见。发明具有显著的进步是指发明与最接近的现有技术相比，能够产生有益的技术效果。判断要求保护的发明相对于现有技术是否显而易见，可首先确定最接近的现有技术，再确定发明的区别特征和发明实际解决的技术问题，最后判断要求保护的发明对本领域的技术人员来说是否显而易见。要从最接近的现有技术和发明实际解决的技术问题出发，判断要求保护的发明对本领域的技术人员来说是否显而易见。判断过程中，要确定的是现有技术整体上是否存在某种技术启示，即现有技术中是否给出将上述区别特征应用到该最接近的现有技术以解决其存在的技术问题（即发明实际解决的技术问题）的启示，这种启示会使本领域的技术人员在面对所述技术问题时，有动机改进该最接近的现有技术并获得要求保护的发明。如果现有技术存在这种技术启示，则发明是显而易见的，不具有突出的实质性特点。

附判决书原文：

北京市第一中级人民法院行政判决书

（2012）一中知行初字第 113 号

原告：广东东鹏陶瓷股份有限公司

法定代表人：何新明，董事长。

委托代理人：温旭，广东三环汇华律师事务所律师。

委托代理人：黄娟，广东文迪律师事务所律师。

被告：国家知识产权局专利复审委员会。

第三人：佛山市××陶瓷有限公司。

原告广东东鹏陶瓷股份有限公司（简称东鹏公司）因发明专利权无效行政纠纷一案，不服被告国家知识产权局专利复审委员会（简称专利复审委员会）于 2011 年 5 月 5 日作出的第 17061 号无效宣告请求审查决定（简称第 17061 号决定），在法定期限内向本院提起诉讼。本院于 2011 年 12 月 23 日受理后，依法组成合议庭，并通知第 17061 号决定的利害关系人佛山市嘉俊陶瓷有限公司（简称嘉俊公司）作为本案第三人参加诉讼。2012 年 2 月 23 日，本院依法公开开庭进行了审理。原告东鹏公司的委托代理人温旭、黄娟，被告专利复审委员会的委托代理人刘磊、朱茜，第三人嘉俊公司的委托代理人李宪宾到庭参加诉讼。本案现已审理终结。

第 17061 号决定系专利复审委员会针对嘉俊公司就东鹏公司拥有的名称为“一种立体孔洞装饰陶瓷砖的制备方法及其产品”的发明专利（简称本专利）提出的无效宣告请求所作出的。专利复审委员会在第 17061 号决定中认定：

一、审查基础

东鹏公司未对权利要求书进行过修改，因此，第 17061 号决定以本专利授权公告的权利要求书作为审查基础。

二、证据认定

对于嘉俊公司提交的证据 1—3，东鹏公司对其真实性没有异议，且上述证据的公开日均在本专利申请日之前，因此上述证据 1—3 可以作为本专利的现有技术。

三、关于创造性的问题

1. 权利要求 1 要求保护一种立体孔洞装饰陶瓷砖的制备方法。证据 1 公开了一种使微粉陶瓷抛光砖具有逼真石材效果的方法，并具体公开了包括以下步骤：①分别制备底料、面料；②用压砖机以二次布料（即分层布料）工艺将粉料冲压成砖坯；③将砖坯干燥；④将砖坯送入窑中烧成，烧成温度为 1 180～1 220℃；⑤烧成的陶瓷板材送入抛光生产线进行抛光。

权利要求 1 所要求保护的技术方案与证据 1 所公开的内容相比，区别在于：(1) 权利要求 1 还限定了制备所述面料包括制备花纹面料，其中至少提供一种花纹面料成孔剂；(2) 在粉料布料干压成型步骤中，成孔剂与其他面料和底料布料干压成型，制成坯体；(3) 权利要求 1 限定了面料被烧制成立体孔洞装饰纹理。

关于区别技术特征 (1)，其实际要解决的技术问题是使陶瓷砖的孔洞及纹理随机变化而又具有相对稳定性，产品强度高、表面质感接近天然石材。证据 2 公开了一种多孔陶瓷的制备工艺，该工艺通过在陶瓷配料中添加造孔剂，然后经过烧成，造孔剂挥发，从而制成多孔陶瓷。此外证据 2 还公开了多孔陶瓷在建材方面具有装饰性好的特点，并且根据陶瓷气孔的不同可作为内外墙、地板和天花板或者音乐厅、广播室的贴面材料。证据 2 与证据 1 属于相同的陶瓷建材领域，本领域技术人员很容易将二者结合，通过证据 2 给出的在陶瓷制备过程中加入造孔剂以获得具有良好装饰效果的贴面陶瓷的技术启示，本领域技术人员容易想到在证据 1 的陶瓷制备过程中添加造孔剂以获得具有孔洞的装饰陶瓷。另外，证据 1 还公开了通过在面料层混入烧制后成半透明的细微粉料，从而使瓷砖具有更逼真的石材效果，即证据 1 给出了调整面料层配料以获得瓷砖表面良好装饰效果的技术启示，因此在证据 1 所给出的调整面料层配料以提高瓷砖装饰效果的技术启示下，当本领域技术人员将证据 2 中实现陶瓷装饰效果的造孔剂应用于证据 1 的陶瓷材料中时，也容易想到将造孔剂加入面料层中作为提高瓷砖装饰效果的一种花纹面料。对于区别技术特征 (2)，证据 1 公开了用压砖机以二次布料（即分层布料）工艺将粉料冲压成砖坯，即将面料和底料干压成型制成坯体，而证据 2 给出了在陶瓷材料中混入造孔剂的技术启示，基于前面的论述，本领域技术人员容易想到将证据 2 中的造孔剂加入证据 1 中的面料层中，因此在实施证据 1 中的干压成型工艺时，将成孔剂与其他面料和底料布料干压成型制成坯体对于本领域技术人员来说是显而易见的。对于区别技术特征 (3)，其仅仅是加入成孔剂后带来的效果，而且这一效果对于本领域技术人员来说是可以预见的。综上所述，权利要求 1 所要求保护的技术方案不具备突出的实质性特点，因而不具备《中华人民共和国专利法》（简称《专利法》）第二十二条第三款规定的创造性。

东鹏公司认为，本专利对半成品进行表面抛光是为了使表面层内部的孔洞显现出来，其与现有技术不同，因此权利要求 1 具备创造性。对此，专利复审委员会认为，首先，在烧制步骤后对制品进行抛光已经在证据 1 中公开，且没有证据表明本专利的抛光方法与证据 1 中抛光工序有所不同；另外，抛光是陶瓷制备中必备工序，当陶瓷中添加有成孔剂时，烧制过程中成孔剂挥发会在陶瓷表面形成孔洞，对此种陶瓷进行抛光时必然实现将陶瓷表面层孔洞显现出来。综上所述，东鹏公司的理由不能成立。

2. 从属权利要求 2 进一步限定了权利要求 1 请求保护的技术方案。基于证据 2 中公开的采用在陶瓷配料中加入造孔剂制备多孔陶瓷的内容，结合前述审查意见，本领域技术人员容易想到将证据2中的造孔剂添加到证据1的底料和面料中，因而权利要求2中的附加特征“面料和底料设置为常规陶瓷原料与成孔剂复配成的配方料”对于本领域技术人员来说也是容易想到的。从属权利要求2还进一步限定了成孔剂的种类为石墨粉、碳粉、碳酸盐类材料、硫酸盐类材料、碳水化合物材料、低温玻璃材料中的一种或者多种的组合。证据2公开了多孔陶瓷制备中采用碳酸盐、碳粉等作为造孔剂，而将石墨粉、硫酸盐及碳水化合物、低温玻璃材料作为成孔剂也是本领域的常用技术手段，并没有产生预料不到的效果。因此，在权利要求1不具备创造性的情况下，权利要求2也不具备《专利法》第二十二条第三款规定的创造性。

3. 权利要求3、4、5均引用权利要求2，进一步限定了作为成孔剂的碳酸盐类材料、硫酸盐类材料、碳水化合物材料的具体物质。其中石灰石（主要成分为碳酸钙）、碳酸钙已被证据3所公开，证据3公开了对于多孔陶瓷的制备，成孔剂可为高温时分解产生气体的物质（如碳酸钙）。而碳酸钠、生石膏（主要成分为硫酸钙）、熟石膏（主要成分为硫酸钙）、硫酸钙均是高温下会分解产生气体的物质，与石灰石（主要成分为碳酸钙）、碳酸钙性质类似。另外证据2也公开了有机造孔剂为天然纤维，而面粉、糠灰是常见的天然纤维，且以纤维素作为主要成分的面粉和糠灰均为高温不会分解产生气体的物质。综上所述，选择权利要求3—5附加技术特征中限定的这些物质作为成孔剂对于本领域技术人员来说是容易想到的，也没有产生预料不到的效果。因此，在权利要求2不具备创造性的情况下，权利要求3—5也不具备《专利法》第二十二条第三款规定的创造性。

据此，专利复审委员会作出第17061号决定，宣告本专利的权利要求1—5无效，在权利要求6—10的基础上继续维持该专利有效。

原告东鹏公司诉称：（1）本专利权利要求1具有创造性。本专利权利要求1是由各个技术特征构成的一个完整的技术方案，如果将其割裂地、孤立地评价，并未理解本专利的本质。①证据1与本专利虽然都是仿天然石材，但两者仿的天然石材是截然不同的两种类型。证据1仿的天然石材是表面具有玉质感和立体感的石材，触摸的感觉光滑；而本专利仿的是立体孔洞的天然石材，其石材内部具有各式各样的孔洞，作为装饰石材时，需要将石材剖开，使得内部的孔洞显现出来，具有一个平整的面，该面上有下凹的孔洞，触摸的感觉不是平滑的。因此，两种石材的结构完全不同，给消费者的美感和感官效果截然不同，而这恰是因为成孔剂的引入及抛光工艺所造成。②证据1与本专利的制备方法具有本质不同。本专利权利要求1的技术方案采用的是分层布料，包括布面料层和布底料层，面料层中只有含成孔剂的面料发泡，其他面料和底料层并不发泡，之所以将有成孔剂的面料与其他花纹面料按预先涉及的纹理要求进行布料，是为了经1 100～1 250℃烧制后只在布有成孔剂面料的局部纹理区域内随机发泡，形成形状各异、大小不同、深浅不一的孔洞，从而在表面层获得具有立体孔洞的装饰纹理，实现与自然形成的孔洞石材相似的效果。本专利权利要求1对半成品进行表面抛光是另一个重要的技术特征，对烧制后的半成品进行表面抛光处理是为了使表面层内部的孔洞显现出来。而证据1虽然提供了常见的微粉砖的制备方法，但并未公开在花纹面料中增加成孔剂，并在烧制后抛光显露孔洞的方案。③证据2、3不能给出与证据1结合的技术启示。证据2所述多孔陶瓷是具有均匀分布的微孔（气孔率可高达50%～90%），体积密度小，有着三维立体网络骨架结构，且相互贯通的陶瓷制品。该多孔陶瓷是利用材料中孔洞的结构或表面积，结合材料本身的材质，达到所需要的热、电、磁。光等物理及化学性能，从而可用作过滤、分离、隔声、吸附等用途的材料，采用的技术方案是整体均匀发泡。而本专利是在陶瓷砖表层形成具有立体孔洞的装饰纹理，故无论从发明目的、有益效果，多孔陶瓷都与本专利属于不同的应用技术领域。并且，各自的结构也截然不同，多孔陶瓷的微孔是均匀分布的，本专利的立体孔洞是经预先设计布料且只在孔洞装饰纹理区域内随机分布。④证据1并未给出调整面料层配料（即加入成孔剂）以获得表面立体孔洞装饰效果的技术启示。证据1技术方案的关键是加入一种专门配置的、在烧成后呈半透明状态的细微粉料，使得烧成的陶瓷抛光砖面料层具有玉质感和立体感。而根据本领域技术人员在本专利申请日前具备的常识，如果抛光砖表面具有孔洞，则为不合格品。被告以“事后诸葛亮”的逻辑，错误认定证据1具有该启示，不符合客观事实。因此，权利要求1具有突出的实质性特点和显著的进步，具备《专利法》第二十二条第三款规定的创造性。（2）权利要求2—5在独立权利要求1具有创造性的基础上，也具有创造性。综上，请求人民法院判决撤销第17061号决定，并责令专利复审委员会重新作出无效宣告请求审查决定。

被告专利复审委员会辩称：坚持其在第17061号决定中的意见。原告认为，证据2为多孔陶瓷领域，采用的技术方案是整体发泡；而本专利是装饰陶瓷砖，在陶瓷砖表层形成具有立体孔洞的装饰纹理，因此二者技术领域不同。另外，多孔陶瓷的微孔是均匀分布，而本专利的立体孔洞是经预先设计布料且只在孔洞装饰纹理区域内随机分布，二者结构不同。对此，专利复审委员会认为：（1）关于技术领域。首先，证据2是一篇关于“多孔陶瓷的研究现状与应用”的现有技术，即其属于陶瓷领域。其次，在证据2的第3部分记载“在建材方面，由于多孔陶瓷具有……装饰性能好等特点，获得了广泛的应用”、“作为内外墙、地板、天花板贴面”、“可作为音乐厅、广播室的贴面吸音材料”，即证据2公开的内容涉及室内贴面等装饰性陶瓷建材，与本专利中的陶瓷砖有着相同的应用领域。（2）关于结构及证据1、2的结合启示。首先，证据2公开通过在陶瓷配料中添加造孔剂，然后经过烧成，造孔剂挥发，从而制成多孔陶瓷。由此给本领域技术人员提供了一种技术启示，即要获得表面及内部带有孔洞的装饰性陶瓷建材可以通过在陶瓷材料中加入造孔剂进而发泡的途径制备。证据1公开了一种装饰性陶瓷砖的制备方法，在上述技术启示下，本领域技术人员容易想到结合证据1中公开的制备陶瓷砖的基本步骤制备装饰性多孔陶瓷砖。其次，证据1公开的陶瓷砖有面料层和底料层，装饰性建材陶瓷砖的应用目的主要是表面装饰，因此本领域技术人员容易想到将造孔剂应用于位于陶瓷砖表面的面料层。另外，“造孔剂是否均匀布置将决定产品表面孔洞分布是否均匀”是本领域的公知常识，根据需要获得的纹理图案布置造孔剂是本领域技术人员容易想到的常规技术手段。综上，第17061号决定认定事实清楚，适用法律正确，审理程序合法，审查结论正确，请求人民法院判决维持第17061号决定。

第三人嘉俊公司述称：原告对创造性的判断原则、方法认识错误。本案中，权利要求1要求保护的与证据1所公开的均是装饰陶瓷砖的制备方法，证据1仅仅是未公开在花纹面料中添加成孔剂，其实际要解决的技术问题是使陶瓷砖获得随机变化的孔洞的装饰效果。证据2公开了一种多孔陶瓷的制备工艺，该工艺通过在陶瓷配料中引入造孔剂，然后经过烧成，造孔剂挥发，从而制成多孔陶瓷。此外，证据2还公开了多孔陶瓷在建材方面具有装饰性好的特点，可作为贴面材料，由于其具有孔洞，必然也起到孔洞装饰效果。因此，被告认定将证据1和证据2相结合容易得到权利要求1所要求保护的技术方案，权利要求1不具备创造性。权利要求2—5的附加技术特征或属于公知常识或被相关证据所公开，在其引用的权利要求不具备创造性的情况下，也不具备创造性。综上，请求人民法院判决维持第17061号决定。

本院经审理查明：

本案涉及的是国家知识产权局2009年5月27日授权公告的、名称为“一种立体孔洞装饰陶瓷砖的制备方法及其产品”的发明专利（即本专利）其专利号为200710006801.9，优先权日为2006年7月20日，申请日为2007年1月26日，专利权人是东鹏公司。本专利授权公告时的权利要求书1—5如下：

“1. 一种立体孔洞装饰陶瓷砖的制备方法，包括以下步骤：粉料制备，包括制备面料和底料；将粉料布料干压成型，制成坯体；将成形坯体干燥；烧制坯体制成半成品；对半成品进行表面抛光，制成成品；其特征在于，所述粉料制备步骤中，制备所述面料包括制备花纹面料，其中至少提供一种花纹面料为成孔剂；所述粉料布料干压成型步骤中，将所述成孔剂与其他面料和底料布料干压成型，制成坯体；所述坯体烧制步骤中，烧制温度采用1 100～1 250 ℃，将所述面料烧制形成立体孔洞装饰纹理。

2. 根据权利要求1所述立体孔洞装饰陶瓷砖的制备方法，其特征在于，所述的面料和底料设置为常规陶瓷原料与成孔剂复配成的配方料；所述花纹面料中引入的成孔剂设置为石墨粉、碳粉、碳酸盐类材料、硫酸盐类材料、碳水化合物材料、低温玻璃材料中的一种或者多种的组合。

3. 根据权利要求2所述立体孔洞装饰陶瓷砖的制备方法，其特征在于，所述碳酸盐类材料设置为石灰石矿物、碳酸钙、碳酸钠中的一种或者多种的组合。

4. 根据权利要求2所述立体孔洞装饰陶瓷砖的制备方法，其特征在于，所述硫酸盐类材料设置为生石膏、熟石膏、硫酸钙中的一种或者多种的组合。

5. 根据权利要求2所述立体孔洞装饰陶瓷砖的制备方法，其特征在于，所述碳水化合物材料设置为面粉、糠灰中的一种或者多种的组合。”

2010年11月5日，嘉俊公司针对本专利向专利复审委员会提出了无效宣告请求，其理由是本专利权利要求1—10不具备创造性，不符合《专利法》第二十二条第三款关于创造性的规定，请求专利复审委员会宣告本专利全部无效，并提交了如下证据：

证据1：公开日为2005年7月20日，公开号为CN1640849A，申请号为200410015151.0的中国发明专利申请公开说明书复印件，共5页；

证据2：《陶瓷》杂志社于2005年出版的《陶瓷》第5期总第177期的封面、版权目录页、第47～48页复印件，共4页；

证据3：徐政、倪宏伟编著、国防工业出版社出版、1998年9月第1版第1次印刷的《现代功能陶瓷》封面、版权页、第193页的复印件，共3页；

证据4：授权公告日为2006年3月15日，授权公告号为CN1245294C，专利号为03126850.1的中国发明专利说明书复印件，共5页；

证据5：授权公告日为2006年9月20日，授权公告号为CN2818640Y，专利号为200520117562.0的中国实用新型专利说明书复印件，共6页；

证据6：授权公告日为2004年10月13日，授权公告号为CN2647968Y，专利号为03276565.7的中国实用新型专利说明书复印件，共5页；

证据7：授权公告日为2001年6月20日，授权公告号为CN2435422Y，专利号为00237897.3的中国实用新型专利说明书复印件，共7页；

证据8：同继锋、陈爱芬等编著、化学工业出版社、材料科学与工程出版中心出版发行、2006年1月第2版第3次印刷的《建筑卫生陶瓷》第二版的封面、版权页、第8页的复印件，共3页。

2010年12月21日，专利复审委员会受理了上述无效宣告请求。

2011年3月30日，专利复审委员会举行了口头审理。口头审理当庭明确了以下事项：(1) 双方当事人对对方出庭11人员的身份没有异议，对合议组及书记员无回避请求；(2) 嘉俊公司提交了证据2、3、8的原件，放弃权利要求6—10不具有创造性的无效理由以及证据4—8；(3) 东鹏公司放弃反证1；(4) 东鹏公司对于嘉俊公司的证据1—3的真实性没有异议。

2011年5月5日，专利复审委员会作出第17061号决定。

另查，本专利说明书“发明内容”部分载有：“该制备方法使陶瓷砖的孔洞及纹理随机变化而又具有相对稳定性，产品强度高、表面质感更接近天然石材、环保实用、成本低廉。”还载有：“根据木发明所提供方法制成的立体孔洞装饰陶瓷砖，由于设置了孔洞和/或裂沟和/或仿天然装饰纹理，使得制品表面质感更接近天然石材；由于陶瓷砖设置为经过1 100～1 300℃烧制，并进行表面处理而成，使得制品强度高、适用范围广。”

证据2载有：“多孔陶瓷，又被称为微孔陶瓷、泡沫陶瓷等。它是具有均匀分布的微孔（气孔率可高达50%～90%），体积密度小，有着三维立体网络骨架结构，且相互贯通的陶瓷制品。它具有发达的比表面积及独特的物理表面特性，对液体和气体介质有选择的透过性、能量吸收或阻压特性，加上陶瓷材料本身独有的耐高温、耐腐蚀等优异特性，使多孔陶瓷在气体液体过滤，净化分离、化工催化载体、高级保温材料、生物植入材料、吸声减震和传感器材料等许多方面得到广泛应用。”

证据 2 中 2.4“添加造孔剂工艺”载有：“是在陶瓷配料中引入造孔剂，由于造孔剂在坯体中占有一定空间，通过烧成，造孔剂挥发，从而制成多孔陶瓷。造孔剂颗粒的形状、大小决定了多孔陶瓷材料气孔的形状和大小。”

证据 2 中 3“多孔陶瓷的应用”载有：“在建材方面，由于多孔陶瓷具有轻质、不易燃、隔音隔热、加工性能及装饰性能好等特点，获得了广泛的应用。具有闭口气孔的可作为内外墙、地板和天花板贴面、冷库的隔热层，也可用作水上漂浮材料；具有开孔的可作为音乐厅、广播室的贴面吸音材料，利用其粗糙表面还可作为磨具使用。”

以上事实有经庭审质证的本专利授权公告文本、证据 1—2 以及当事人陈述等在案佐证。

本院认为：

鉴于本专利属于申请日在 2009 年 10 月 1 日之前的专利，根据《施行修改后的专利法的过渡办法》，本案适用 2001 年《专利法》。根据各方当事人的诉辩主张，本案争议焦点在于本专利是否符合《专利法》第二十二条第三款关于创造性的规定。

《专利法》第二十二条第三款规定，发明的创造性，是指同申请日以前已有的技术相比，该发明有突出的实质性特点和显著的进步。

判断发明是否具有突出的实质性特点，就是要判断对本领域的技术人员来说，要求保护的发明相对于现有技术是否显而易见。发明具有显著的进步，是指发明与最接近的现有技术相比，能够产生有益的技术效果。

判断要求保护的发明相对于现有技术是否显而易见，可首先确定最接近的现有技术，再确定发明的区别特征和发明实际解决的技术问题，最后判断要求保护的发明对本领域的技术人员来说是否显而易见。要从最接近的现有技术和发明实际解决的技术问题出发，判断要求保护的发明对本领域的技术人员来说是否显而易见。判断过程中，要确定的是现有技术整体上是否存在某种技术启示，即现有技术中是否给出将上述区别特征应用到该最接近的现有技术以解决其存在的技术问题（即发明实际解决的技术问题）的启示，这种启示会使本领域的技术人员在面对所述技术问题时，有动机改进该最接近的现有技术并获得要求保护的发明。如果现有技术存在这种技术启示，则发明是显而易见的，不具有突出的实质性特点。

在判断现有技术是否存在上述技术启示的过程中，如果所述区别特征为公知常识、或为与最接近的现有技术相关的技术手段、或为另一份对比文件中披露的相关技术手段，该技术手段在该对比文件中所起的作用与该区别特征在要求保护的发明中为解决该重新确定的技术问题所起的作用相同，则通常可认为现有技术中存在技术启示。因此，在将两篇对比文件结合来评述权利要求的创造性时，应当结合两篇对比文件所披露的相关技术特征在对比文件中出现的具体情形及其所起的作用未考虑对比文件究竟给出了怎样的结合的技术启示。

本专利权利要求1要求保护一种立体孔洞装饰陶瓷砖的制备方法。证据1公开了一种使微粉陶瓷抛光砖具有逼真石材效果的方法。

被告认定，权利要求1所要求保护的技术方案与证据1所公开的内容相比，区别在于：(1) 权利要求1还限定了制备所述面料包括制备花纹面料，其中至少提供一种花纹面料成孔剂；(2) 在粉料布料干压成型步骤中，成孔剂与其他面料和底料布料干压成型，制成坯体；(3) 权利要求1限定了面料被烧制成立体孔洞装饰纹理。

原告主张除上述三个区别技术特征外，权利要求1相对于证据1还有"对半成品进行表面抛光，制成成品"这一区别技术特征，认为抛光工序并非陶瓷砖制备不可缺少的工序，且权利要求1所述抛光工序的目的在于通过抛光而使孔洞显现，从而制成表面带有孔洞的抛光砖。对此，本院认为，首先，在烧制步骤后对制品进行抛光已经在证据1中公开，且没有证据表明本专利的抛光方法与证据1中抛光工序有所不同；另外，当陶瓷中添加有成孔剂时，烧制过程中成孔剂挥发会在陶瓷表面形成孔洞，对此种陶瓷进行抛光时必然实现将陶瓷表面层孔洞显现出来的效果。同时，原告对其"抛光工序并非陶瓷砖制备不可缺少的工序"的主张并未提供证据予以佐证。据此，原告的上述主张没有事实和法律依据，本院不予支持。被告关于权利要求1所要求保护的技术方案与证据1所公开的内容相比具有前述三个区别技术特征的认定正确，本院予以认可。

对于区别技术特征 (1)，其实际要解决的技术问题是使陶瓷砖的孔洞及纹理随机变化而又具有相对稳定性，产品强度高、表面质感接近天然石材。本院认为，创造性判断的关键在于本领域技术人员在解决本专利所要解决的技术问题时，现有技术是否存在将技术特征相互结合以形成本专利权利要求技术方案的技术启示。在确定发明相对于最接近对比文件的区别技术特征时，不能仅仅关注区别技术特征本身，而忽视该区别技术特征在发明中所起的作用。在判断现有技术中是否存在技术启示、发明是否具有显而易见性时，不能将发明和现有技术中采用的技术手段和解决的技术问题分割开来考虑。本案判断创造性的关键不是取决于技术手段本身本领域技术人员是否有能力采用，而是基于申请日前的现有技术的教导，本领域技术人员会不会有技术动因确实会采用这样的手段。技术上的可行性及无障碍只是满足再现性要求的必要条件，而不是断定本领域技术人员可以实现故而显而易见的充分条件。本案中，尽管证据1公开了"铺设细微粉料作为面料"的技术方案，证据2公开了"在陶瓷配料中引入造孔剂"从而形成多孔陶瓷的技术方案，但是，综合考虑本专利及证据1、2的发明目的和效果，本院对被告的前述认定不予认可。理由如下：首先，证据1公开的是通过在面料层混入烧制后成半透明的细微粉料，从而使陶瓷砖具有更逼真的石材效果，证据2公开的多孔陶瓷在建材方面的使用，是利用其具有轻质、不易燃、隔音隔热、加工性能及装饰性能好等特点。而本专利则是要实现使陶瓷砖的孔洞及纹理随机变化而又具有相对稳定性，产品强度高、表面质感接近天然石材的发明目的。上述区别技术特征 (1) 的作用与证据2所述添加造孔剂制成的多孔陶瓷的作用并不相同，本领域技术人员并没有动机将证据1和证据2相结合，从而得到权利要求1所述的技术方案。其次，根据本案查明的事实，实践中使用证据2所述多孔陶瓷主要是利用其具有发达的比表面积及独特的物理表面特性，而使用于气液过滤、净化分离、吸声减震、保温等方面。本专利及证据1则主要利用其形似天然石材的装饰特点，而替代天然石材的使用。证据2与本专利和证据1的使用目的和适用场所存有一定差异。故按照常理，本领域技术人员难有将证据1和证据2相互结合的动机。再次，本专利权利要求1采用了与证据2中将具有开口的陶瓷用于贴面吸音材料及具有闭口的陶瓷则可用于地板贴面的相反构思，通过在陶瓷砖面料层有孔而底料层无孔的方式，实现了本专利“产品强度高、适用范围广、表面质感接近天然石材”的发明目的。综上，证据1和证据2并没有相互结合以形成本专利权利要求1技术方案的技术启示。被告关于区别技术特征（1）的认定错误，应予纠正。

对于区别技术特征（2）和区别技术特征（3），即通过在面料层加入成孔剂以及面料被烧制成立体孔洞装饰纹理。与前述对区别技术特征（1）的分析同理，由于权利要求1中的成孔剂与证据2中造孔剂的作用不相同，证据2与本专利和证据1的使用目的和适用场所存有一定差异，故本领域技术人员并不容易想到将证据2中的造孔剂加入证据1中的面料层的技术方案，证据1和证据2并没有相互结合以形成本专利权利要求1技术方案的技术启示。被告关于区别技术特征（2）和区别技术特征（3）的认定也是错误的。因此，被告认定权利要求1所要求保护的技术方案不具备突出的实质性特点，因而不具备《专利法》第二十二条第三款规定的创造性，结论错误，应予纠正。

在权利要求1具有创造性的前提下，其从属权利要求2—5也具有创造性。被告关于权利要求2—5不具备《专利法》第二十二条第三款规定的创造性的认定错误，应予纠正。

综上，被告作出的第17061号决定认定事实不清，适用法律错误，依法应予撤销。依照《中华人民共和国行政诉讼法》第五十四条第（二）项第1目、第2目之规定，本院判决如下：

一、撤销国家知识产权局专利复审委员会于二〇一一年五月五日作出的第17061号无效宣告请求审查决定；

二、国家知识产权局专利复审委员会针对佛山市嘉俊陶瓷有限公司就第200710006801.9号发明专利提出的无效宣告请求重新作出审查决定。

案例二

广州绿色盈康生物工程有限公司诉天维健康产品国际有限公司、盈康科技控股国际有限公司、钟志强、广州雅芳保健品制造有限公司侵害发明专利权纠纷案

［广州市中级人民法院（2004）穗中法民三知初字第775号民事判决书］

广州绿色盈康生物工程有限公司诉天维健康产品国际有限公司、盈康科技控股国际有

限公司、钟志强、广州雅芳保健品制造有限公司（原广州真和药业有限公司）引发的系列纠纷案，包括产品许可销售合同纠纷案。

本案系围绕专利权人为中山大学、专利号为98122269.2、发明名称为“激活灵芝孢子产生生理活性物质的方法”的发明专利权纠纷而引发，耗时长达十年，共经历了三次无效宣告请求。而原告广州绿色盈康生物工程有限公司是中山大学下属企业和专利实施许可合同的独占使用人。该专利原授权的权利要求七项：“1. 一种激活灵芝孢子产生生理活性物质的方法，将成熟饱满的灵芝孢子，经浸泡诱导催芽、萌动培养、孢壁处理、干燥或浸提工序处理。2. 一种如权利要求1所述的激活灵芝孢子产生生理活性物质的方法，其特征是浸泡诱导催芽时加入清水、蒸馏水、生理盐水或促使灵芝孢子快速萌发的营养液；椰子果腔水、1%～5%麦芽浸出汁、0.5%～25%灵芝子实体或灵芝菌丝体浸出液、0.1%～5%生物素培养液、0.1%～3%磷酸二氢钾及硫酸镁培养液，可选用其中一种或一种以上，加入量是灵芝孢子重量的0.1～5倍，浸泡时间为在20～43℃水温中浸泡30分钟至8小时。3. 一种如权利要求1所述的激活灵芝孢子产生生理活性物质的方法，其特征是萌动培养的相对湿度为65%～98%，培养温度为20～48℃，萌动期时间为30分钟至24小时。4. 一种如权利要求1或2所述的激活灵芝孢子产生生理活性物质的方法，其特征是孢壁处理可采用酶解降低孢壁韧性，在低温环境下经工业应用的几丁质酶、纤维素酶酶解使其孢壁失去韧性并脆化；也可以采用工业超微粉碎、碾压或磨碎机械进行超微粉碎破壁、碾压破壁、磨碎破壁或超高压微射流破壁。5. 一种如权利要求3所述的激活灵芝孢子产生生理活性物质的方法，其特征是孢壁处理可采用酶解降低孢壁韧性，在低温环境下经工业应用的几丁质酶、纤维素酶酶解使其孢壁失去韧性并脆化；也可以采用工业超微粉碎、碾压或磨碎机械进行超微粉碎破壁、碾压破壁、磨碎破壁或超高压微射流破壁。6. 一种如权利要求1或2所述的激活灵芝孢子产生生理活性物质的方法，其特征是干燥可在低温条件下进行，包括采用工业冷冻干燥、真空干燥或低温干燥；浸提可采用工业水提、醇提或薄膜浓缩工艺方法提取生理活性成分配制成浸膏、针剂或口服液。7. 一种如权利要求3所述的激活灵芝孢子产生生理活性物质的方法，其特征是干燥可在低温条件下进行，包括采用工业冷冻干燥、真空干燥或低温干燥；浸提可采用工业水提、醇提或薄膜浓缩工艺方法提取生理活性成分配制成浸膏、针剂或口服液。”

在该案的审理过程中，原代理人受托对第98122269.2号发明专利提出第一次无效宣告请求，人民法院依法中止了侵害发明专利权纠纷案的审理；国家知识产权局专利复审委员会依法宣告了该专利权利要求1无效［第8330号无效宣告请求审查决定］，该决定被北京市第一中级人民法院及北京市高级人民法院依法维持。

变更代理人后，又就第98122269.2号发明专利第二次及第三次向国家知识产权局专利复审委员会提出无效宣告请求；在第二次无效宣告时，专利复审委员会于2009年9月1日宣告该专利权利要求2无效［第13829号无效宣告请求审查决定］；在第三次无效宣告时，专利复审委员会发文“在请求人于2009年11月28日提交的权利要求1—3的基础上，维持第98122269.2号发明专利权有效”［第14703号无效宣告请求审查决定］，北京市高级人民法院维持了国家知识产权局专利复审委员会作出的第14703号无效宣告请求审查决定。

最终，第98122269.2号发明专利目前的状态是，经过抗争，专利权人的权利要求由授权时的7项权利要求减少为3项，其保护范围大为缩小。使得独立权利要求的保护范围由仅仅类似概念性的“萌动激活”变成必须由具体四个实施步骤的方法发明。其修改后的权利要求为：“1. 一种激活灵芝孢子产生生理活性物质的方法，将成熟饱满的灵芝孢子，经浸泡诱导催芽、萌动培养、孢壁处理、干燥或浸提工序处理；浸泡诱导催芽时加入清水、蒸馏水、生理盐水或促使灵芝孢子快速萌发的营养液；椰子果腔水、1%～5%麦芽浸出汁、0.5%～25%灵芝子实体或灵芝菌丝体浸出液、0.1%～5%生物素培养液、0.1%～3%磷酸二氢钾及硫酸镁培养液，可选用其中一种或一种以上，加入量是灵芝孢子重量的0.1～5倍，浸泡时间为在20～43℃水温中浸泡30分钟至8小时；萌动培养的相对湿度为65%～98%，培养温度为20～48℃，萌动期时间为30分钟至24小时。2. 一种如权利要求1所述的激活灵芝孢子产生生理活性物质的方法，其特征是孢壁处理可采用酶解降低孢壁韧性，在低温环境下经工业应用的几丁质酶、纤维素酶酶解使其孢壁失去韧性并脆化；也可以采用工业超微粉碎、碾压或磨碎机械进行超微粉碎破壁、碾压破壁、磨碎破壁或超高压微射流破壁。3. 一种如权利要求1所述的激活灵芝孢子产生生理活性物质的方法，其特征是干燥可在低温条件下进行，包括采用工业冷冻干燥、真空干燥或低温干燥；浸提可采用工业水提、醇提或薄膜浓缩工艺方法提取生理活性成分配制成浸膏、针剂或口服液。”

在此基础上，被告方为了避免侵害发明专利权纠纷案迁延时日过长，以及经分析胜诉可能性极大的前提下，于2012年11月9日向人民法院申请恢复（2004）穗中法民三知初字第775号案的审理，人民法院于2012年11月29日恢复审理。

在庭审过程中，被告方的主要答辩理由为：“一、从程序法上讲，原告本次诉讼违反了一事不再理原则，本案属于违约与侵权竞合之诉，我国取择一诉的原则，原告已起诉产品许可销售合同违约之诉［一审案号：（2003）穗中法民三初字第42号；二审案号：（2006）粤高法民四终字第223号］，本案应当驳回原告起诉。二、1、灵芝孢子粉属于在申请日之前公开的老产品，而本案专利属于生产方法的发明专利，该生产方法为老产品的新生产方法，从举证责任角度来看，其证明我方使用被控专利方法的举证责任在于原告。2. 我方在无效阶段和庭审阶段，一直主张原告的方法不具有实用性，无法实施。即便人民法院认为需要比对，原告需提交其生产方法制备的所谓产品与被控产品进行比对，并说明其专利产品的技术特征，但是其无法提供用以比对的产品。三、我方无须承担任何赔偿责任。本次纠纷双方经过违约之诉后，又经过商标侵权之诉，且我方在商标侵权以前，被告真和公司已经被工商机关行政查处，我方产品的任何生产销售数量均在工商机关掌握之中。即使本案我方构成专利侵权，由于商标侵权采取全额赔偿的赔偿原则，而专利则是就其中专利方法带来的贡献部分进行赔偿，后者显然已经包括在前者中，也不应再进行赔偿。”

广州市中级人民法院采信了被告方的上述意见（主要是第二点），于2013年5月14日作出“驳回原告绿色盈康公司的全部诉讼请求”的判决，该判决作出后，原、被告均无上诉，该判决已于 2013 年 6 月 1 日生效。

简要评析： 本案中，被告连续三次提出无效宣告请求，并穷尽国家知识产权局专利复审委员会、北京市第一中级人民法院、北京市高级人民法院三个不同的救济程序，在无效程序及无效行政诉讼程序中，通过花费大量时间的准备证据，最终迫使权利人修改发明专利权利要求、缩小保护范围；将原告权利基础的专利“一种激活灵芝孢子产生生理活性物质的方法”的主权项由仅有“经浸泡诱导催芽、萌动培养、孢壁处理、干燥或浸提工序处理”四个概念性步骤，缩小为必须具体公开“浸泡诱导催芽、萌动培养”条件的权利要求，为专利侵权诉讼案打下了坚实的基础。在专利侵权纠纷案中，通过庭审中丝丝入理的辩驳，提出本案不属于新产品制造方法的发明专利纠纷，应由权利人承担被控产品生产方法的举证责任和必要时须提供专利产品进行技术比对鉴定的观点，尽管对方拥有强大的技术和法律后盾，但是由于其技术的先天缺陷，其无法举证其所谓专利产品的技术特征，无法进行技术比对。从而使得法院认可了被告方的上述观点，专利侵权纠纷案获得完胜。

练习与测试

1. 简述无效宣告请求程序、无效理由及证据。
2. 简述提出无效宣告请求的代理及答辩无效宣告请求的代理。
3. 以专利复审委员会为被告的专利行政案件包括几种情况？
4. 以管理专利工作的部门为被告的专利行政案件包括几种情况？
5. 以国家知识产权局为被告的专利行政案件包括几种情况？

单元总结

本单元介绍了专利无效中的种种程序问题及如何提出无效宣告请求、如何答辩无效宣告请求。并介绍了不同被告主体的专利行政诉讼的特征及应对技巧。

第5章

专利纠纷的民事诉讼代理及其他诉讼代理

单元要点

学习专利民事诉讼及其他诉讼的业务。

学习目标

能够从事各项专利民事诉讼及其他诉讼业务。

5.1　专利诉讼概述

5.1.1　专利案件的分类

专利案件是律师所接触的代理案件中最专业的一类案件，因为绝大多数专利案子都会涉及科学技术或者艺术范畴，所以要求律师除本身的法律专业水平较高以外，还需要能将英语作为工作语言，甚至能够熟练运用德、日、法等多国语言的能力，方便专利信息检索、收集分析并理解各国语言的技术检索报告并进行比照分析的能力；因此，扎实的理工科知识背景能使法律与技术融汇来分析案情，熟悉不同类型的专利案件特点，进行运筹帷幄的巧妙设计，最终能够让难处理的专利案件做得出奇制胜。

以下是涉及的几种主要专利案类型①：

1. 专利行政案件，即以专利复审委员会或专利局作为被告的专利行政案件，包括应否授予发明专利权的纠纷案件、宣告授予的发明专利权无效或者维持发明专利权的纠纷案件、实施强制许可的纠纷案件。

2. 专利侵权案件，即专利权人或利害关系人对专利侵权行为人提起诉讼的案件，包括：侵犯发明专利、实用新型专利和外观设计等专利权的案件。

3. 专利权属纠纷案件，即以专利权或专利申请权归属发生争议当事人双方作为原、被告的案件，包括专利申请权纠纷案件和专利权属纠纷案件。

4. 专利合同纠纷案件，包括专利权转让、专利申请权转让合同纠纷案件和专利实施许可合同纠纷案件等。

5. 其他专利纠纷案件，包括实施强制许可使用费纠纷、专利申请公布后专利权授予前，使用发明、实用新型、外观设计的费用的纠纷案件。

此外，人民法院还依法受理假冒他人专利犯罪等刑事案件。假冒专利刑事案件由具有管辖权法院的刑事审判庭审理。

---

① 参见 http：//www.studa.net/minfa/080817/09001636.html，访问日期：2013 年 5 月 4 日。

5.1.2 专利诉讼的法院管辖

一、专利诉讼的级别管辖

对于是否应当授予发明专利权的纠纷案件、关于宣告授予的发明专利权无效或者维持发明专利权的纠纷案件、关于实施强制许可的纠纷案件、关于实施强制许可使用费的纠纷案件，由于专利复审委员会或专利局作为被告的专利行政案件均由北京市中级人民法院作为第一审法院，北京市高级人民法院作为第二审法院。

对专利权属纠纷案件、专利侵权案件、专利公布后、专利权授予前使用发明、实用新型、外观设计的费用的纠纷案件（包括假冒他人专利尚未构成犯罪的案件）、专利合同纠纷案件及除前段所述的其他行政诉讼案件，分别由各省、自治区、直辖市人民政府所在地的中级人民法院和各经济特区的中级人民法院作为一审法院，各省、自治区、直辖市的高级人民法院作为第二审法院。各省、自治区高级人民法院根据实际需要，经最高人民法院同意，还可以指定本省、自治区内的开放城市或者设有专利管理机关的较大城市的中级人民法院审理其辖区内的上列案件。多数专利纠纷案件都在中级法院、高级法院的一、二审程序中审结，也有少数专利侵权案件由于诉讼标的数额巨大或有重大影响等由高级法院作为一审法院。

但2013年修订的最高人民法院《关于审理专利纠纷案件适用法律问题的若干规定》新增第2条规定："最高人民法院根据实际情况，可以指定基层人民法院管辖第一审专利纠纷案件。"目前，最高院已指定的160家基层法院审理知识产权案，但都未明确其中含所有类型的专利案。现已知的可以审理专利的实用新型和外观设计纠纷案件的基层法院有如下几家：北京市海淀区人民法院、北京市朝阳区人民法院、江苏省苏州市工业园区人民法院、江苏省苏州市虎丘区人民法院、江苏省昆山市人民法院、江苏省南通市通州区人民法院、浙江省义乌市人民法院等。

截至2011年11月，共有80家中级人民法院有专利诉讼的管辖权①：

北京	一中院，二中院
上海	一中院，二中院
天津	一中院，二中院
重庆	一中院，五中院
广东	广州中院，深圳中院，珠海中院，汕头中院，佛山中院，东莞中院，江门中院，中山中院
浙江	杭州中院，温州中院，金华中院，宁波中院，嘉兴中院，湖州中院，绍兴中院，台州中院，义乌中院
江苏	南京中院，苏州中院，南通中院，镇江中院，盐城中院，无锡中院，常州中院，扬州中院，徐州中院，泰州中院

① 参见 http：//www.zscqf.com/shownews.asp? id=881 及 http：//www.js.xinhuanet.com/xin_wen_zhong_xin/2011-11/16/content_24133137.htm，访问日期：2012年6月11日。

续前表

山东	济南中院，青岛中院，烟台中院，潍坊中院，淄博中院，东营中院
福建	福州中院，厦门中院，泉州中院
新疆	乌鲁木齐中院，新疆维吾尔自治区生产建设兵团农十二师中院，农八师中院
辽宁	沈阳中院，大连中院，葫芦岛中院
湖北	武汉中院，宜昌中院，襄阳中院
江西	南昌中院，景德镇中院，宜春中院
内蒙古	呼和浩特中院，包头中院
湖南	长沙中院，株洲中院
四川	成都中院，绵阳中院
广西	南宁中院，柳州中院
黑龙江	哈尔滨中院，齐齐哈尔中院
河南	郑州中院，洛阳中院
河北	石家庄中院
山西	太原中院
陕西	西安中院
安徽	合肥中院
贵州	贵阳中院
云南	昆明中院
甘肃	兰州中院
青海	西宁中院
宁夏	银川中院
西藏	拉萨中院
吉林	长春中院
海南	海口中院

二、专利诉讼的地域管辖

（一）专利民事诉讼的地域管辖

专利民事诉讼遵循的大原则是“原告就被告”原则，即专利诉讼的地域管辖法院是被告所在地法院。除适用此基本原则外，由于专利诉讼的特殊性，还适用特别的地域管辖规定：

1. 涉及专利实施许可合同的履行及条款争议、专利权转让合同履行等发生的诉讼，除可到被告所在地的中级人民法院起诉之外，还可到合同履行地的中级人民法院起诉。

2. 涉及专利侵权行为的诉讼，还可选择向侵权行为地的中级人民法院起诉，侵权行为地包括侵权行为实施地和侵权结果发生地。侵权行为实施地包括：被控侵犯发明、实用新型专利权的产品的制造、使用、许诺销售、销售、进口等行为的实施地；专利方法使用行为的实施地，依照该专利方法直接获得的产品的使用、许诺销售、销售、进口等行为的实施地；外观设计专利产品的制造、许诺销售、销售、进口等行为的实施地；假冒他人专利的行为实施地。上述侵权行为的侵权结果发生地是指：侵权行为实施后，影响力所延及的地域。如在广州实施了制造专利侵权产品的行为，而消费者在四川买到侵权产品，四川就被视为侵权结果发生地。

3. 原告仅对侵权产品制造者提起诉讼，未起诉销售者，侵权产品制造地与销售地不一致的，制造地人民法院有管辖权；以制造者与销售者为共同被告起诉的，销售地人民法院有管辖权。销售者是制造者分支机构，原告在销售地起诉侵权产品制造者制造、销售行为的，销售地人民法院有管辖权。

4. 任何一种专利诉讼，若两个以上域的人民法院都有管辖权的，由先受理案件的人民法院管辖。

（二）专利行政诉讼的地域管辖

不服专利复审委员会维持驳回专利申请的复审决定、不服专利复审委员会作出的无效宣告请求审查决定和不服国家知识产权局具体行政行为（包括行政复议决定）而起诉的行政诉讼案件由北京市第一中级人民法院知识产权庭审理；以地方知识产权管理部门为被告的专利行政诉讼，由作出行政行为机关所在地的省、自治区、直辖市人民政府所在地的中级人民法院行政审判庭审理，但如果作出行政行为机关所在地的中级人民法院已是最高人民法院指定的中级人民法院，则由这些中级人民法院审理。

三、专门知识产权法院管辖

知识产权法院成为继军事法院、铁路运输法院、海事法院之后，我国新出现的另一种专门人民法院。创新地设立知识产权法院，可以更好地解决目前存在的审判标准不一的问题，还能集中知识产权司法审判人员，提高办案质量和司法人员素质。同时，这也代表了国家对知识产权的重视。

2014 年 8 月 31 日，第十二届全国人大常委会十次会议通过了《关于在北京、上海、广州设立知识产权法院的决定》。根据决定，在北京、上海、广州设立知识产权法院，管辖有关专利、植物新品种、集成电路布图设计、技术秘密等专业技术性较强的第一审知识产权民事和行政案件。根据决定，不服国务院行政部门裁定或者决定而提起的第一审知识产权授权确权行政案件，由北京知识产权法院管辖。知识产权法院对相关案件实行跨区域管辖。在知识产权法院设立的 3 年内，可以先在所在省（直辖市）实行跨区域管辖。决定同时指出，知识产权法院所在市的基层人民法院第一审著作权、商标等知识产权民事和行政判决、裁定的上诉案件，由知识产权法院审理。知识产权法院第一审判决、裁定的上诉案件，由知识产权法院所在地的高级人民法院审理。

中南财经政法大学教授、知识产权研究中心主任吴汉东也强调，只在北、上、广设立知识产权法院是为了防止一哄而上，但远没有达到改革的理想目标，改革的第一个目标是破除地方化，所以设立知识产权法院要实现跨区域管辖的目标；第二个目标是解决专业化问题，建议下一步再设立两三个知识产权上诉法院，受理技术类的二审案件。我国初设知识产权法院也是司法改革的探索，是借鉴类似德国的纯技术模式的专利法院，还是吸收我国台湾地区“三审合一”的审判模式等经验，相信未来在实际运行中还需要一个边探索边总结经验、逐步构建和完善的过程。但北、上、广知识产权法院的创新设立正是落实《中共中央关于全面深化改革若干重大问题的决定》“探索建立知识产权法院”过程中迈出的稳妥第一步，是深化司法体制改革的重点之一。

5.1.3　专利申请中原告的基本策略①

申请专利是为了保护自己的发明创造，最终是为了占有市场，但为了占有市场，所采用的策略却异曲同工。下面介绍十种专利申请的基本策略。

一、抢先策略

在我国，申请专利实行先申请原则，当一项发明创造基本成熟，并宜采用专利保护时，应尽快抢先申请专利。同一技术创新，往往有许多人分别在研究，如果没有抢先意识，本来是先发明的，却被后发明者抢先申请了专利，从而痛失应有的权利。此外，还需特别注意的是，虽然发明人有抢先意识，但委托专利代理机构办理专利申请时却被代理人延误了时机，结果仍被别人抢先申请了专利。总之，凡是需要抢时间的专利，一定要千方百计尽早向专利局递交申请。

二、广告策略

许多厂家申请专利，主要目的不在专利保护，而是为了广告宣传。例如，在产品包装上标印“专利产品，国内首创”以起宣传促销作用。还有的人申请专利，不是为了自己实施，而是为了转让技术，此时，专利文献就成了其最好的转让技术广告。

三、防卫策略

有些人申请专利的目的是防止他人盗用自己的产品申请他人专利，然后反过来诬告自己“侵权”。在产品的包装上尤其是这样。不少人本来就不想申请专利，可是社会上有些人和厂家专门仿制别人没有申请专利的产品包装，并抢先申请专利，反过来又去告真正的设计者和原始的使用者“侵权”。尽管这种官司绝大多数情况下原告会败诉，但无辜的被告为了应付官司所付出的代价却往往数十倍于专利申请的费用，有时甚至会败诉，无辜赔偿他人的“损失”。尽管有些专利申请不符合专利法的有关规定，但是，不少人将本来已经公开销售的产品或包装，明知其已丧失新颖性，仍申请专利，目的就是防止他人申请，反过来通过打官司抑制和干扰自己的正常使用。因为在官司未决胜负之前，被告总是处于被动地位的。另一种防卫策略是在专利文献上将自己的发明内容公开，通过公开专利申请的内容来防止他人抢先申请专利反过来告自己。

---

① 参见温旭、刘孟斌、申元林、程跃华、王广华：《知识产权的保护策略与技巧》，3～6 页，北京，专利文献出版社，1996。

四、防御策略

当一项发明创造的市场前景尚不明朗时，同样有必要申请专利。今天没有市场并不等于明天没有市场，等到市场需求已十分迫切之时，往往会有许多人抢着开发同类产品。因此，发明一旦成熟，尽管市场未明，也应考虑申请专利。另一种防御策略是防止别人开发外围产品或利用其他方法生产相同产品与自己竞争。有些产品功能相同，但结构不同，或产品相同但生产方法不同，为市场竞争的需要而申请了许多本身并不打算生产的产品的专利，道理就在于此。

五、垄断策略

许多企业申请专利不是为了转让专利，而是为了垄断制造、使用或销售、许诺销售其产品的权利。如果出于这一目的，专利申请的撰写，尤其是专利保护范围——权利要求书的撰写，一定要请一位懂技术的有经验的专利代理人代为办理，否则极易被他人设法绕过去，逃避侵权责任。

六、误导策略

许多企业往往通过检索专利文献来研究竞争对手的研究动态，即通过分析竞争对手申请专利的情况来调整自己的竞争对策。有些企业针对这一行为，为使对手摸不清自己的真实情况，在所申请的专利中，真假虚实并存，甚至专门申请一些与自己的研究方向完全无关或相反的专利，以误导对方，转移竞争对手的视线和注意力，在商场如战场的今天，这样措施往往有其特定的必要性。

七、拦路策略

拦路策略是指在他人申请专利的技术基础上作些必要的改进，并就改进部分申请专利，以挡住竞争对手改进技术，提高产品档次。甚至迫使对方与自己签订交叉许可合同，即相互允许对方免费使用自己的专利。

八、抑制策略

企业申请专利之前，亦估计到自己所申请的专利在告他人侵权时，有可能被他人请求宣告专利无效或估计该专利难以告倒竞争对手，但其申请专利的动机，主要是为了通过打官司抑制或耗费竞争对手的精力。因为，在专利诉讼中原告总是处于较为有利的地位，即使官司打输了，原告的损失也并不大，而被告无论胜负往往都大伤元气，需为此付出许多精力和代价。但是，如果明知自己的专利不符合专利授予条件，就不应告别人侵权。

九、储备策略

储备策略也可称为专利池策略，有时是为了防止他人侵权，通过众多同类型专利集合抵抗他人申请或使用或通过纵向、横向与他人专利进行交叉许可。而有时是为了申请专利，并不是急于将该专利技术开发成产品投放市场，而是储备技术，待前一代专利产品充分发挥市场作用后，再推出第二代产品，以延长第一代产品的市场寿命。对一个企业来说，储备的专利技术越多，其潜在的竞争优势就越强。

十、索赔策略

有些人申请专利既不是为了垄断生产、使用权，也不是为了转让技术，而是为了有朝一日通过打官司获得巨额索赔金。例如美国高智公司就时常采用这一诉讼策略。如出于这一目的，最好请一位既懂技术，又懂专利，还懂诉讼法律的专利律师代为申请专利。有诉讼经验的律师往往会从打胜官司的角度帮您撰写专利申请文件及其权利要求书，且从申请专利开始就为您策划发现侵权行为后，如何打赢官司并能设法索赔。

5.1.4　专利纠纷中被告的应诉策略与技巧

作为专利纠纷的被告或有可能成为被告的企业应当如何应对专利侵权诉讼，作为被告应如何化险为夷、转危为安、绝处逢生、变被动为主动，被告律师应掌握如下十个方面的策略与技巧。

一、釜底抽薪，否其专利

遇到被告专利侵权，首先应当做的一件事必然是反诉其专利无效。不论是外观，实用新型还是发明专利，这步棋都需要走，这是作为被告最基本的也是最首选的抗辩策略与措施。专利被宣告无效，侵权自然不成立。即使仍在无效的审理过程中，同样能起到抗衡作用。首先，如果请求宣告无效的证据、理由充分，构成对原告专利的威胁，法院通常会中止诉讼；如果专利复审委已作出无效决定，法院更会中止诉讼，而且有可能在无效过程中原、被告已经达成和解协议。专利无效，不应仅局限在专利的“三性”上，视野应放宽一些，有不少专利是通过违反专利法其他规定而被无效掉的，如程序违法。

二、证据反用，反败为胜

证据往往有两面性，原告可以用某一证据来证明对自己有利的观点，被告也可以用同一证据来证明对自己有利的另一观点。用对方的证据证明自己不侵权，往往能够出其不意，获得意想不到的反败为胜的独特效果。在同一个无效或专利诉讼案件中，可以直接从对方提供的证据或陈述中找到对自己有利的证据，也可以将无效中对方的证据用到侵权诉讼中，或将侵权诉讼的证据用到专利无效中，或将同一专利的其他无效或诉讼的证据用到本案件中。证据反用通常不存在原告否定证据的真实性与合法性问题，因为证据是原告提供的，只要就证据的关联性发表意见即可。证据反用反败为胜，常常会取得意想不到的诉讼效果。

三、细寻破绽，化险为夷

如果一件专利诉讼已经几经易手，才到您的手上，由您作为专利律师或者专利无效请求的代理人，专利的侵权诉讼已经经过多场较量，才又告另一新的企业，原来的被告用了不少证据及理由进行抗辩都不能成功，通常不要再走老路，而应从别的方面细寻破绽，找到新的突破口。同时要善于用旧的证据证明新的理由、新的观点，用过的证据证明旧的观点不行，换个角度证明新的观点未尝不可。在与 TCL 相关的双桶洗衣机的专利侵权纠纷案中，被告律师成功地从专利文件中找到了新的破绽——权利要求书得不到说明书的支持，而获得了成功，使企业化险为夷、抗辩成功。权利要求书要求保护的脱模斜度为 1∶100—1∶500，而说明书给出的脱模斜度为 1∶100—1∶150，权力要求书的保护范围超出了技术说明书给出的技术参数范围，一字之差，给了被告反败为胜、绝处逢生的机会。

四、想方设法，缩其权限

专利是否构成侵权，通常是以权利要求书中的独立权利要求作为保护的范围，但对权利保护范围的界定，并不完全从权利要求书的文字中能够界定，原告通常设法把范围界定的宽一些，而被告则想方设法缩小原告的保护范围。在不能彻底否定原告专利的情况下，不妨努力尝试这一方法。可以通过查阅审查过程原告对专利审查员发出的一通或二通的审查意见的答复意见来限定其专利保护的范围，也可以从原告为保护自己专利而作无效请求答辩意见书来限定其专利保护范围，还可以从说明书中找到相关依据限定其范围，或者在相关诉讼中找到证据。范围缩小了，被告的路子就宽了，可能不侵权，或者是稍做改动后就能跳出保护范围。

五、确认之诉，抢先一步

所谓确认之诉，指的是有可能成为他人专利被告的企业向法院直接提出的确认所生产的产品或使用的方法是否构成专利侵权的确认之诉，或者是通过用他人的在先专利对自己的在后专利请求无效的方式间接达到确认不构成侵权的效果。在法院提出确认之诉，通常需要一个前提，即原告已通过用其专利给潜在的被告发律师函或者在市场竞争中采取一些警告暗示等行为给后者带来不利，而专利权人却还未提出侵权诉讼，此时可以抢先一步向有管辖权的法院提出确认之诉。此外，也可以某个人的名义，用前者的专利否自己后者的专利，如果专利复审委作出的决定是维持了后者的专利有效，那么就存在两种情况：一是后者专利成立，但仍构成对在前专利的侵权；二是专利成立，而且跳出了保护范围，不构成侵权。虽然专利复审委不会直接作出这种确认，但从专利无效的决定意见中有时候能推出这种确认不侵权的效果。

六、明修栈道，暗度陈仓

原告为了指控被告侵权，通常将所有的有利证据和盘托出，而被告的抗辩，一部分需要提供证据，一部分并不需要提供直接的证据。特别是反驳原告证据的一些观点，并不需要在证据交换或质证中先行提出。原告总是先在明处，而被告相对来讲是在暗处，有些观点，有些辩论意见过早在开庭前或开庭初时暴露给原告，还会给原告重新举证或设法补救的机会，而在开庭中间或最后辩论或代理意见中才更加具体明确地论述，其效果更佳。最好是引导原告先发表一些意见后，再针对原告已说出意见进行反驳，先让原告将自己原打算说出的意见说出来，此时原告就不可出尔反尔。开庭前的答辩可以先就一些基本的问题公开阐述被告的观点，让原告误以为这是被告的重要抗辩意见，而在开庭中才将一些不需用证据直接证明或用已交的证据展开说明另一个辩论意见，使对手措手不及，束手就擒。

七、反向思维，巧破死结

有时原告为了取得专利诉讼的全面胜利，会先告一个小的企业，取得成功后，再告其他企业，此时原告的专利不仅经过了专利无效的考验，回炉过的专利刀刃锋利无比，再加上对类似甚至完全相同的产品，法院已有了终审判决，这时被告的抗辩就非常困难，因为他不可能提出再审，而在同一法院一般又不可能作出相反的判决，因此被告就应另想办法。此时通过反向思维的抗辩或许能够取得意想不到的效果。深圳有家企业在佛山市中级人民法院起诉无锡一企业的专利诉讼。原告的专利有四个独立权项，只要侵犯任何一个权项都侵权，而且经过一次无效考验，最接近的对比文件都使用过了，专利的稳定性较好。再则此前的案子一审在广州市中级人民法院，二审在广东省高级人民法院已就无锡企业相同的产品已作出了侵权的判决。佛山市中级人民法院一审后，二审也要到广东省高级人民法院，换言之，这是一个原告看来必胜无疑的案子，因此原告大胆地对无锡企业采取了证据保全和财产保全，索赔金额高达500万元。作为被告，为了证明自己不构成侵权，不是直接比对产品，而是反过来从产品的形成工艺证明自己的产品是不侵权的。因为，原告专利生产的产品是保留毛刺或增加毛刺的，而被告的生产工艺，整个过程都强调要去掉产品的毛刺，即通过与被告专利完全相反的生产原理而形成的产品，被告不可能构成侵权，从而获得二审法院的支持，终审判决不构成侵权。

八、积极应诉，另寻出路

专利诉讼赔偿是有限的，但对被告而言停止侵权行为往往是致命的，如果产品或方法确定构成侵权，在积极应诉争取时间的同时，应当设法改进技术，另谋出路。积极应诉不能仅仅理解为是否构成侵权的抗辩，更重要的是应当吸取教训，努力改进技术，变被动为主动，化压力为动力，一边应诉，一边改进或引进新的技术使企业有独立自主的知识产权。如佛山日丰就被台湾的企业告过，在应诉过程中，在律师的指导下，公司设法改进技术，绕开专利保护范围，而且形成了较原告专利更先进的专利技术，这才是被告企业所应有的应诉策略之一。

九、全力抗辩，择机谈和

开庭前有些法官总是问双方有无和解愿望，开庭结束后也还会再问一次，作为专利被告并不是一定非要取胜不可，通过抗辩给原告造成一些压力后，择机谈和未必不是件好事，可以双方在专利无效及侵权诉讼中各自撤诉也可以酌情支付部分赔偿金后，获得某种许可继续生产。即使有较充足的理由否定原告的专利，如果原告愿意和解，也未必一定要将其专利否掉，因为双方和解后，原告的专利实际上被告也间接有份。原告不告原来的被告，只告别人，对己而言并不是坏事，从实际竞争而言，还是件好事。

十、另案起诉，逼其撤诉

在专利侵权诉讼中，如果被告一方就原告所诉专利而言，确定构成侵权，则可以设法寻求原告的破绽，设法提出别的诉讼，这种诉讼可以是不正当竞争，可以是版权侵权，也可以是专利侵权。甚至自己没有专利权利，如果他人有比原告更早的专利，可以设法获得许可，甚至受让，然后反诉原告构成侵权。这样有时也能起到较好的抗辩效果。例如，“华为”诉“思科”知识产权侵权纠纷案中，被告律师成功地协助“华为”积极准备另案起诉“思科”，在华为自身及其他多方面的努力下，“思科”终于与“华为”握手言和，达成和解并撤诉。同样，“宇龙”诉“海尔”来电防火墙版权之诉中，“宇龙”反过来以专利侵权另案起诉“海尔”，最终双方也达成和解并撤诉。

5.2　专利侵权诉讼

5.2.1　构成侵权的条件

《专利法》第 11 条规定，发明和实用新型专利权被授予后，除本法另有规定的以外，任何单位或者个人未经专利权人许可，都不得实施其专利，即不得为生产经营目的制造、使用、许诺销售、销售、进口其专利产品，或者使用其专利方法以及使用、许诺销售、销售、进口依照该专利方法直接获得的产品。外观设计专利权被授予后，任何单位或者个人未经专利权人许可，都不得实施其专利，即不得为生产经营目的制造、许诺销售、销售、进口其外观设计专利产品。

根据《专利法》第 11 条规定，构成专利侵权行为必须满足五个条件：

1. 实施行为发生在专利授权后的专利权有效保护期间

专利在从申请到终止的不同阶段，得到的保护和限制是不一样的。结合下面图 1、图 2 两图予以简要说明临时保护、先用权及构成侵权行为的几个时间段。

图 1 体现的是对发明专利的保护，图 2 体现的是对实用新型及外观设计专利的保护。

对于发明，根据《专利法》第 13 条的规定，对于发明专利申请公开日至授权公告日

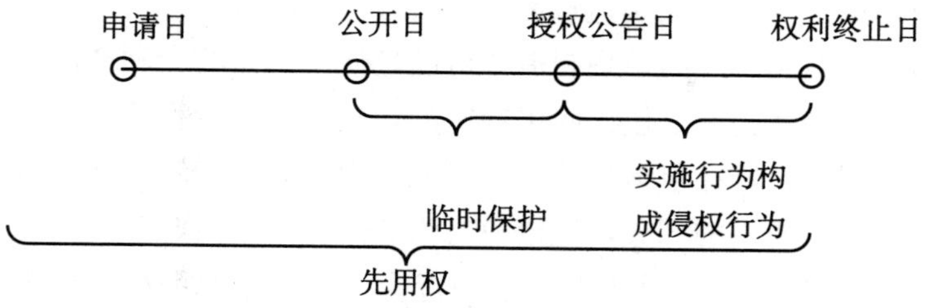

图1　发明专利的保护期间

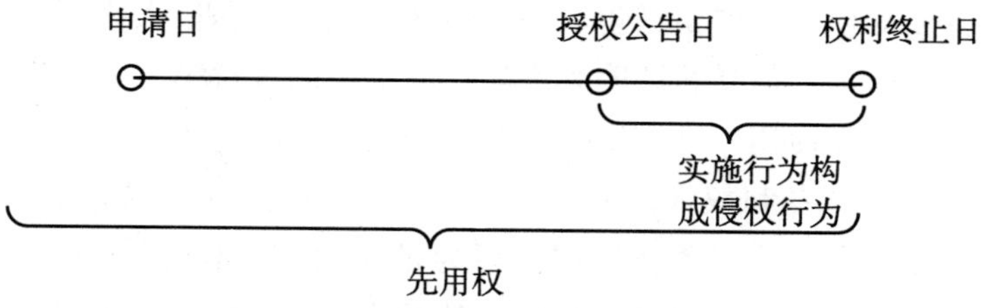

图2　实用新型及外观设计专利的保护期间

之间的临时保护期内的未经许可的实施行为，申请人可以要求实施者支付适当费用。

关于发明的先用权①，若在公开日与授权公告日期间的实施规模与申请日前的实施行为的规模相比保持不变，则不用支付适当费用，若在公开日与授权公告日期间的实施规模与申请日前的实施行为的规模相比有所扩大，则扩大部分需要支付适当费用，其余部分仍享受先用权。

在授权公告日后，实施规模与申请日前的规模相比，有所扩大的，则扩大部分构成侵权行为，其余部分仍享受先用权。

关于实用新型与外观设计，没有临时保护，关于其先用权，在授权公告日后，实施规模与申请日前的规模相比，有所扩大的，则扩大部分构成侵权行为，其余部分仍享受先用权。

2. 实施行为未经专利权许可

当事人订立合同，有书面形式、口头形式和其他形式。《专利法》第 12 条的规定中，没有强调专利许可合同要以书面形式订立。虽然《合同法》第 342 条规定，专利实施许可合同应当采取书面形式，但是《专利法》是下位法、专门法，因此，《专利法》第 12 条对专利实施许可合同订立形式的规定应当优先予以适用。

3. 以生产经营为目的

4. 实施行为是法定禁止的侵权行为

对于发明和实用新型的产品专利，法定禁止的侵权行为是制造、使用、许诺销售、销售、进口该专利产品的行为：

（1）制造专利产品的行为，指专利权利要求书中所记载的产品技术方案被实现。另

① 所谓先用权，是指他人在专利申请日前已经制造相同产品、使用相同方法或者已经作好制造、使用的必要准备的，在专利权授权以后，其享有在原有范围内继续制造、使用的权利。

外，自己不制造，但是委托他人制造或者在产品上标明“监制”等字样的视为参与制造；将部件、零件组装成专利产品的，是制造；对已过使用寿命的专利产品进行维修构成再造的，属于制造。若是明知会造成侵权而仍制造的，是故意侵权行为；不知是专利产品而制造的，是过失侵权行为；若在申请日前自行研究开发出同样产品，或在授权公告日后超出申请日前的生产能力与规模的部分，是侵权行为。

(2) 使用、许诺销售[①]、销售专利产品的行为。如果是专利权人制造、进口或者经专利权人许可制造、进口的专利产品售出后，使用、销售、许诺销售、该产品的不构成侵权行为；为生产经营目的使用、许诺销售、销售不知是未经专利权人许可而制造并售出的专利产品的，构成侵权行为，但是若证明其产品合法来源的善意第三人可以免于追究侵权赔偿责任；对于明知侵权而使用、许诺销售、销售专利产品的行为，是故意侵权行为。进口专利产品的行为，若未经专利权人同意，则可能构成侵犯专利权的故意行为或者过失行为。对于发明的方法专利，法定禁止的侵权行为是使用该专利方法以及使用、许诺销售、销售、进口依照该专利方法直接获得的产品。对于外观设计专利，法定禁止的侵权行为是制造、许诺销售、销售、进口其外观设计专利产品。

(3) 关于零部件侵权行为，最高人民法院《关于审理侵犯专利权纠纷案件应用法律若干问题的解释》第 12 条规定，将侵犯发明或者实用新型专利权的产品作为零部件，制造另一产品的，人民法院应当认定属于《专利法》第 11 条规定的使用行为；销售该另一产品的，人民法院应当认定属于《专利法》第 11 条规定的销售行为。将侵犯外观设计专利权的产品作为零部件，制造另一产品并销售的，人民法院应当认定属于《专利法》第 11 条规定的销售行为，但侵犯外观设计专利权的产品在该另一产品中仅具有技术功能的除外。

5. 实施行为落入该专利权的保护范围

前四项条件不涉及产品或者方法的技术内容，是构成侵权的形式要件，而该项是构成侵权的技术要件，也是最为重要和困难的部分。

这一条件包括两个大步骤：其一，确定专利权的保护范围；其二，将被控侵权客体与该保护范围比较，判定被控侵权客体是否落入专利权的保护范围。

5.2.2 实施行为是否落入专利权的保护范围的分析过程[②]

一、发明、实用新型专利的保护范围确定及侵权判定

(一) 确定保护范围的解释对象

1. 发明、实用新型专利的保护范围以专利权利要求记载的技术内容为准，说明书及

① 许诺销售，是指以做广告、在商店橱窗中陈列或者在展销会上展出等方式作出销售商品的意思表示。

② 参见《北京市高级人民法院关于〈专利侵权判定若干问题的意见（试行）〉的通知》(京高法发 [2001] 229 号)，见 http：//www.sipo.gov.cn/sipo/flfg/zl/dfsfwj/200703/t20070330_148404.htm，访问日期：2012 年 6 月 11 日。

附图可用于解释权利要求。[1] 但说明书及附图的内容不能引入权利要求。

2. 确定专利权保护范围时，应当对保护范围最大的专利独立权利要求作出解释。

3. 一项专利中有时会有两个以上的独立权利要求。应当根据权利人提出的专利侵权诉讼请求，只解释其中有关独立权利要求确定的保护范围。

4. 权利人依据专利从属权利要求起诉被告侵权的，法院也可以对从属权利要求的保护范围予以解释界定。

（二）保护范围的解释原则

1. 确定专利权的保护范围应当坚持以权利要求的内容为准的原则。以说明书及附图解释权利要求应当采用折中解释原则。既要避免采用“周边限定”原则，即专利的保护范围与权利要求文字记载的保护范围完全一致，说明书及附图只能用于澄清权利要求中某些含糊不清之处；又要避免采用“中心限定”原则，即权利要求只确定一个总的发明核心，保护范围可以扩展到技术专家看过说明书与附图后，认为属于专利权人要求保护的范围。折中解释应当处于上述两个极端解释原则的中间，应当把对专利权人的合理正当的保护与对公众的法律稳定性及其合理利益结合起来。

2. 将专利权利要求中记载的技术内容作为一个完整的技术方案看待的原则。即应当将专利独立权利要求中记载的全部技术特征所表达的技术内容作为一个整体看待，记载在前序部分的技术特征和记载在特征部分的技术特征，对于限定专利保护范围具有相同作用。

3. 在解释专利权利要求时，应当以专利权利要求书记载的技术内容为准，而不是以权利要求书的文字或措辞为准的原则。其技术内容应当通过参考和研究说明书及附图，在全面考虑发明或实用新型的技术领域、申请日前的公知技术、技术解决方案、作用和效果的基础上加以确定。

（三）确定保护范围的解释方法

1. 确定专利权保护范围时，应当以国家授权机关最终公告的专利权利要求书文本或者已发生法律效力的复审决定、撤销决定、无效决定的所确定的专利权利要求书文本为准。

2. 专利说明书及附图可以用于对专利权利要求字面所限定的技术方案的保护范围作出公平的扩大或者缩小的解释，即把与必要技术特征等同的特征解释到专利权保护范围，或者以专利说明书及附图限定某些必要技术特征。

3. 专利独立权利要求与专利说明书出现不一致或者相互矛盾的，该专利不符合《专利法》第 26 条第 4 款的规定，当事人应当通过专利无效程序解决。

当事人不愿通过无效程序解决，法院应当以专利权有效和专利权利要求优先原则，以

---

[1] 当权利要求的各个技术特征是清楚的、不会产生歧义时，不需要用说明书和附图进一步解释；当权利要求中的技术特征含糊不清或存在多种理解时，如果说明书给出了相应的定义或解释的，应当以说明书的定义或解释为准；如果说明书没有给出相应的定义或解释的，引用字典、辞典、教科书等本领域技术人员的一般解释。

专利权利要求限定的保护范围为准，而不能以说明书或者附图公开的内容，“纠正”专利权利要求记载的技术内容。

4. 专利独立权利要求中记载的技术特征存在含糊不清之处时，可以结合从属权利要求或者说明书及附图对其作出澄清的解释。

5. 如果从属权利要求中包含了本应记载在独立权利要求中的、解决发明技术问题必不可少的技术特征（缺少该技术特征，独立权利要求中记载的技术方案已不完整），则该专利不符合《专利法实施细则》第 21 条第 2 款的规定。当事人可以通过专利无效程序解决。

当事人不愿通过无效程序解决，法院可以根据当事人请求原则，在确定专利权保护范围时，以相应的从属权利要求限定专利权保护范围。

6. 仅记载在专利说明书及附图中，而未反映在专利权利要求书中的技术方案，不能纳入专利权保护范围。即不能以说明书及附图为依据，确定专利权的保护范围。

（1）如果一项技术方案在专利说明书中做了充分的公开，有具体的描述和体现，但在其权利要求书中没有记载，则应认定该技术方案不在专利保护范围之内，不允许在解释专利权利要求时，将其纳入专利权保护范围。

（2）如果专利权利要求书中记载的技术内容与专利说明书中的描述或体现不尽相同，则专利权利要求书中的记载优先，不能以说明书及附图记载的内容“纠正”专利权利要求书记载的内容。

（3）如果专利说明书及附图中公开的技术内容范围宽，而专利权利要求书申请求保护的范围窄，则原则上只能以权利要求中的技术内容确定专利权的保护范围。

7. 如果专利独立权利要求及其从属权利要求中缺少解决发明或实用新型技术问题的必要技术特征，仅在专利说明书或附图中公开了该必要技术特征，则该专利不符合《专利法实施细则》第 21 条第 2 款之规定，当事人应当通过专利无效程序解决。

8. 当专利权利要求中引用了附图标记时，不应以附图中所反映出的具体结构来限定专利权利要求中的技术特征。专利保护的范围也不应完全受说明书中公开的具体实施例的限制。

9. 摘要不能用于确定专利权的保护范围，也不能用于解释专利权利要求。

10. 专利申请档案和专利复审、撤销、无效档案，在解释专利保护范围时，可以用于禁止专利权人反悔。

11. 专利申请档案和专利复审、撤销、无效档案可以用于修正专利文件中的印刷错误。当专利文件中的印刷错误影响到专利保护范围的确定时，应当以专利档案中的原始文件为准。

12. 专利权利要求或说明书中出现明显笔误，应依实际情况予以正确解释。

（四）发明、实用新型专利的侵权判定

1. 侵权判定的比较

（1）进行侵权判定，应当以专利权利要求中记载的技术方案的全部必要技术特征与被

控侵权物（产品或方法）的全部技术特征逐一进行对应比较。

（2）进行侵权判定，一般不以专利产品与侵权物品直接进行侵权对比。专利产品可以用于帮助理解有关技术特征与技术方案。

（3）当原、被告双方当事人均有专利权时，一般不能用双方专利产品或者双方专利的权利要求进行侵权对比。

（4）对产品发明或者实用新型进行专利侵权判定比较，一般不考虑侵权物与专利技术是否为相同应用领域。

2. 全面覆盖原则的适用

（1）全面覆盖，是指被控侵权物（产品或方法）将专利权利要求中记载的技术方案的必要技术特征全部再现，被控侵权物（产品或方法）与专利独立权利要求中记载的全部必要技术特征一一对应并且相同。

（2）全面覆盖原则，即全部技术特征覆盖原则或字面侵权原则。即如果被控侵权物（产品或方法）的技术特征包含了专利权利要求中记载的全部必要技术特征，则落入专利权的保护范围。

（3）当专利独立权利要求中记载的必要技术特征采用的是上位概念特征，而被控侵权物（产品或方法）采用的是相应的下位概念特征时，则被控侵权物（产品或方法）落入专利权的保护范围。

（4）被控侵权物（产品或方法）在利用专利权利要求中的全部必要技术特征的基础上，又增加了新的技术特征，仍落入专利权的保护范围。此时，不考虑被控侵权物（产品或方法）的技术效果与专利技术是否相同。

（5）被控侵权物（产品或方法）对在先专利技术而言是改进的技术方案，并且获得了专利权，则属于从属专利。未经在先专利权人许可，实施从属专利也覆盖了在先专利权的保护范围。

3. 等同原则的适用

（1）在专利侵权判定中，当适用全面覆盖原则判定被控侵权物（产品或方法）不构成侵犯专利权的情况下，应当适用等同原则进行侵权判定。

（2）等同原则，是指被控侵权物（产品或方法）中有一个或者一个以上技术特征经与专利独立权利要求保护的技术特征相比，从字面上看不相同，但经过分析可以认定两者是相等同的技术特征。这种情况下，应当认定被控侵权物（产品或方法）落入了专利权的保护范围。

（3）专利权的保护范围也包括与专利独立权利要求中必要技术特征相等同的技术特征所确定的范围。

（4）等同特征又称等同物。被控侵权物（产品或方法）中，同时满足以下两个条件的技术特征，是专利权利要求中相应技术特征的等同物：

被控侵权物中的技术特征与专利权利要求中的相应技术特征相比，以基本相同的手段，实现基本相同的功能，产生了基本相同的效果；

对该专利所属领域普通技术人员来说，通过阅读专利权利要求和说明书，无须经过创造性劳动就能够联想到的技术特征。

（5）等同物应当是具体技术特征之间的彼此替换，而不是完整技术方案之间的彼此替换。

（6）等同物代替包括对专利权利要求中区别技术特征的替换，也包括对专利权利要求中前序部分技术特征的替换。

（7）判定被控侵权物（产品或方法）中的技术特征与专利独立权利要求中的技术特征是否等同，应当以侵权行为发生的时间为界限。

（8）适用等同原则判定侵权，仅适用于被控侵权物（产品或方法）中的具体技术特征与专利独立权利要求中相应的必要技术特征是否等同，而不适用于被控侵权物（产品或方法）的整体技术方案与独立权利要求所限定的技术方案是否等同。

（9）进行等同侵权判断，应当以该专利所属领域的普通技术人员的专业知识水平为准，而不应以所属领域的高级技术专家的专业知识水平为准。

（10）进行等同侵权判断，对于开拓性的重大发明专利，确定等同保护的范围可以适当放宽；对于组合性发明或者选择性发明，确定等同保护的范围可以适当从严。

（11）对于故意省略专利权利要求中个别必要技术特征，使其技术方案成为在性能和效果上均不如专利技术方案优越的变劣技术方案，而且这一变劣技术方案明显是由于省略该必要技术特征造成的，应当适用等同原则，认定构成侵犯专利权。

（12）在专利侵权判定中，下列情况不应适用等同原则认定被控侵权物（产品或方法）落入专利权保护范围：

1）被控侵权的技术方案属于申请日前的公知技术；

2）被控侵权的技术方案属于抵触申请或在先申请专利；

3）被控侵权物中的技术特征，属于专利权人在专利申请、授权审查以及维持专利权效力过程中明确排除专利保护的技术内容。

4. 禁止反悔原则的适用

（1）禁止反悔原则，是指在专利审批、撤销或无效程序中，专利权人为确定其专利具备新颖性和创造性，通过书面声明或者修改专利文件的方式，对专利权利要求的保护范围作了限制承诺或者部分地放弃了保护，并因此获得了专利权，而在专利侵权诉讼中，法院适用等同原则确定专利权的保护范围时，应当禁止专利权人将已被限制、排除或者已经放弃的内容重新纳入专利权保护范围。

（2）当等同原则与禁止反悔原则在适用上发生冲突时，即原告主张适用等同原则判定被告侵犯其专利权，而被告主张适用禁止反悔原则判定自己不构成侵犯专利权的情况下，应当优先适用禁止反悔原则。

（3）适用禁止反悔原则应当符合以下条件：

专利权人对有关技术特征所作的限制承诺或者放弃必须是明示的，而且已经被记录在专利文档中；

限制承诺或者放弃保护的技术内容，必须对专利权的授予或者维持专利权有效产生了实质性作用。

(4) 禁止反悔原则的适用应当以被告提出请求为前提，并由被告提供原告反悔的相应证据。

5. 多余指定原则

多余指定原则，是指在专利侵权判定中，在解释专利独立权利要求和确定专利权保护范围时，将记载在专利独立权利要求中的明显附加技术特征（即多余特征）略去，仅以专利独立权利要求中的必要技术特征来确定专利权保护范围，判定被控侵权物（产品或方法）是否覆盖专利权保护范围的原则。多余指定原则是在我国专利制度早期，我国专利申请人和专利代理人缺少撰写申请文件的经验时运用的一个侵权判断原则，但是，最高人民法院在一案件的民事判决中已经表明：凡是专利权人写入独立权利要求的技术特征，都是必要技术特征均应纳入技术特征对比之列。不赞成轻率地借鉴适用所谓的多余指定原则。另最高人民法院《关于审理侵犯专利权纠纷案件应用法律若干问题的解释》第 7 条规定，应当审查权利人主张的权利要求所记载的全部技术特征，从而否定了所谓的“多余指定原则”。

二、外观设计专利的保护范围确定及侵权判定

(一) 外观设计专利权的保护范围的确定

根据《专利法》第 59 条第 2 款的规定，外观设计专利权的保护范围以表示在图片或者照片中的该产品的外观设计为准，简要说明可以用于解释图片或者照片所表示的该产品的外观设计。根据《专利法实施细则》第 28 条的规定，外观设计的简要说明应当写明外观设计的名称、用途，外观设计的设计要点。

可知，外观设计专利保护的是外观设计的整体，而不是其中的设计要点。创新点或者设计要点只能作为判断外观设计是否符合专利性的要求，或者进行专利无效或侵权判定的标准与要素。

(二) 外观设计侵权判定

1. 判定原则：是否属于同类产品是侵权判定的前提。不属于同类产品的，不构成侵犯外观设计专利权。审查外观设计专利产品与侵权产品是否属于同类产品，应当参照产品名称，国际外观设计分类表，以及商品销售时的货架分类位置等客观实际情况，对是否属于同类产品作出认定。同时也不排除在特殊情况下，类似产品之间的外观设计亦可进行侵权判定。

2. 判定主体：以普通消费者的眼光作为相同和相似侵权判定的标准。应以一般消费者的知识水平与认知能力进行评价。所谓的一般消费者作为一个特殊消费群体，是指该外观设计专利同类产品或者类似产品的购买群体或者使用群体，而不是与该产品不相关的其他群体。

3. 判定方法有单独对比、直接观察、仅以产品的外观作为判断对象、整体观察、综合判断等。

三、判断外观设计侵权的原则与具体方法①

判断是否侵犯他人外观专利权的原则与方法大致有如下几种：

（一）物品与设计均相同

物品相同是判断一产品是否构成侵犯他人外观设计专利的基本前提。例如冰箱与消毒柜在专利分类中属于同一类，但两者却是功能与用途完全不同的物品。因此，尽管二者的外形相同或近似，都不能认为是相同物品，当然也不能用冰箱的外观专利去告别人的消毒柜侵权。物品是否相同，是判定是否侵权的先决条件。当物品与设计均相同时，无疑是构成侵权。

（二）物品相同设计相似

在专利侵权纠纷中，物品相同设计也相同的情况并不多见，更常见的是物品相同设计相近似。出现这种情况的原因通常有两点：一是他人独立构思的外观设计与前人的巧合很少有完全一样的；二是仿他人产品外观者，或多或少总是要稍作些改变，不会完全照仿。当物品相同而设计为相近似时，无疑也应认定为侵权，但是，关键的问题是如何认定设计是否相近似，往往是一件比较困难的事。

（三）物品相似设计相同

物品相似但设计相同时，也应认定为相近似并构成侵权。例如钢笔和铅笔其用途相同，但功能却有不同，从用途角度划分属于相似的物品，如果二者的外观设计相同，则未申请专利者会构成对申请专利者的侵权。

（四）物品与设计均相似

物品与设计均相似时，一般也认定为侵权，但这种侵权判定的难度最大，既要判定物品是否相似，也要判定设计是否相似。

相同物品相同设计的外观设计的侵权判断一般不成问题，最难的是相似设计的判断，其标准往往因人的主观因素、时代、国情、人员的素质不同而不同。对于从事专利工作的人员来讲，除了把握同类中相同或近似物品相比较的基本准则外，还应注意以下十条判断原则：

1. 从市场消费者角度判断

广东东莞市新奇美饮料食品厂的总经理刘国铨一次到厦门市出差，厂法律顾问张志龙律师陪着他到市场了解该厂“冰糖燕窝”的销售行情，当他看到货架上摆着许多“冰糖燕窝”时，非常开心，张律师提醒刘总：“刘总，请您仔细看清楚，这些冰糖燕窝是不是你

① 参见温旭、刘孟斌、申元林、程跃华、王广华：《知识产权的保护策略与技巧》，76～83页，北京，专利文献出版社，1996。

们厂的?”刘总说：“没错，我自己亲自设计的饮料罐，绝对不会认错。”可当张律师顺手拿过几罐冰糖燕窝饮料让刘总仔细看时，刘总脸色突变，气得直跺脚，原来货架上的燕窝饮料罐 80%是仿他们厂的，真是以假乱真，连真正的专利人与设计人都误认为是自己的产品。自此，刘总下定决心，一定要把侵权者告倒。是否在市场上造成相关公众混淆，是判断侵权的重要依据之一。当一种产品与他人的外观专利产品在市场上足以引起普通购买者或消费者误认、混淆或不易区别时，就应认定为构成近似侵权。侵权者为了逃避法律责任，总是会做一些小的改动，使其产品与他人的产品既相同，又不完全相同。粗看相同，细看不同，往往可认定为相近似。有些相似的产品的细致差别专业人士较易辨别出来，而普通购买者或消费者却往往忽视这些细微的差异。

2. 从间接对比的角度判断

间接对比是指不能把两种产品并列放在一起直接进行对比。由于绝大多数的仿制产品或多或少与专利产品有不同之处，直接进行比较往往容易比较出二者的细微差别之处，从而得出二者不相近似的错误判断。间接比较法，观察者在时间上、空间上有一定间隔进行比较，此时如果产生混同就应认定是相似的外观设计。笔者曾多次到市场上购买“椰子汁”，在远离货架时，常将杂牌的“椰子汁”误看成海南“椰树牌椰子汁”，而当售货员把产品从货架上拿下来后，才发现不是正宗椰子汁。在这种情况下，一般应认定为相近似的外观设计产品。另一种间接对比法是在甲市场看到产品乙，然后又到乙市场看到产品甲，在不同地点且时间上有一定间隔后的间接对比，如产生混同、误认等情况都应认为是相似的外观设计。间接比较法，通常使消费者淡化或不易注意到两种产品之间细微的差异，易产生混同和误认，进而据此认定为相似的外观设计专利。

3. 从产品外观的角度进行判断

外观设计专利，顾名思义是保护产品的外观的，判断是否构成相同或相近似时，无疑应以产品的外观作为判断的主体。对外观设计的判断是通过视觉对其外观的形状、图案、色彩进行观察对比，而不是对设计的构思方法、作者的观念及创作题材进行对比。例如，在茶叶罐上都设计了山的图案，题材虽然相同，但山的形状、组合不同时，如果是以山作为主要创作图案，则不认为是相似的外观设计。以产品外观作为判断的主体，需注意一些特殊产品的外观判断。一是透明产品的外观，其可视的外观应包括可视及可直接触及的外观部位，也应包括通过透明体直接可视的内部外观。同样外形的产品，一个透明，一个不透明，其所产生的外观效果往往是截然不同的。当把透明与不透明的两种外观产品作间接比较时，通常极易区分，混同与误认的可能性较小。二是一些带盖的产品，如果专利申请时，图片或照片上有要求保护的盖与所盖物结合部的外观，在判断是否近似时，应考虑这部分的外观，而不应将其视为内部结构，而排除在外观设计之外。

4. 从整体综合的角度判断

整体观察、综合判断是相辅相成的，从整体观察，不过于注重细微的局部的差别，才有可能综合作出判断。整体观察、综合判断实际上是一种模糊数学的判断方法，在一定距离远看相同或相近似，近看不相同或不相近似时，一般应认定为相近似。远看时细微的差别不易发现，近看时细微的差别则易于区别。整体观察、综合判断的另一含义是，不能以某个局部的差异的异同作为整体产品的异同的判断依据，而应从一件外观设计的整体或其主要构成上来确定是否相同或相近似。相同点越多，新颖性越少；完全相同或基本相同就没有新颖性；局部的差别或细微的差别不足以构成新颖性新的外观设计，此时仍应认定为相同或相近似的外观设计。整体观察强调对产品外观的各个部位的观察，局部的变化未能改变整体的基本形状、图案与色彩时，并不影响作出相似性判定。局部服从于整体的原则，在特定情况下应适用于外观设计的判定。综合判断是指要将相同点与不相同点的部分进行综合比较，相同点越多就越相似，反之则越不相似。

5. 从易见外观的角度判断

外观设计专利的申请，如果属于立体产品，一般要求提供六面视图或照片，我们强调整体观察、综合判断的原则，但并不是对于产品外观设计的六个面都作为设计的部位平等看待。在整体观察、综合判断的基础上，在判断两个外观设计产品是否相同或相近似时，对于产品的六个面，还应有主次之分。通常产品最易见的外观部位为产品外观专利申请的主视图，产品的设计者一般都在产品的主视图部位上发挥其创造性；其次是不太引起人们视觉注意的侧视图；再次是产品的背面和底面。例如消毒柜、电冰箱等产品背面通常靠在墙上，底面与地板接触属于不易见到的部位。在判定这类产品时，主要应看易见的门的设计及左、右两侧和产品上部的外观设计是否相同和相近似，而底面与背面的设计相同与近似与否无关紧要。

6. 从图案变换的角度判断

设计图案一般总是基于题材、构图、表现手法、花样大小及色彩几个要素变换而成。对比时要进行综合判断，当题材相同时，其构图、表现手法、花样大小等不同时，应当认为是独立的设计。当题材相近似，如取猫与虎作题材，而构图、表现手法等相同时，未必能认定为独立的设计，反而应认定为相近似的设计。此外观设计题材一般不止一个，往往是多个设计题材，且设计题材亦有主次之分。某个设计题材相同或不相同，不能轻易作为判定的依据，而应综合分析判断。

7. 从整体形状的角度判断

对于每一件外观设计产品来说，总有一个基本形状，如圆形、三角形、方形、梯形、八角形或不规则形。一般认为圆形和椭圆形是相似的情况，而圆形和三角形、四边形相比其形状有较大差异，不认为是相似的。例如圆形器皿和椭圆形器皿上图案相同、相似时认为两者是相近似的。但如果是三角形器皿上和圆形器皿上图案相似时，则认为是不相近似的外观设计。可见形状的判断，一般优于图案，整体形状不近似时，图案相同也不认定为相近似，但反过来图案不同或不相近似，形状相同或相近似时，如果他人申请了以形状创新为主的外观设计专利，仍可能会构成侵权。

8. 从色彩异同的角度判断

对色彩的判断通常是基于产品的形状、图案相同或相近似的前提下，才有判断的必要。如果形状、图案不相同，不相近似时，即使色彩相同，也不能认定为是相同或相近似的外观设计。对色彩是否相同、相近似的判断要根据颜色的三个属性进行综合判断，即从色相、纯度和明度三方面的情况综合进行判断。与色彩有关的可认定为相似的外观设计有以下几种情况：

（1）物品相同，形状、图案、色彩相似；

（2）物品相似，形状、图案、色彩相同；

（3）物品相似，形状、图案、色彩相似。

对于物品相同或相似，形状与图案亦相同或相似，但色彩却不相同、不相似时，是否认定为相同或相近似的外观设计专利。对此，专利法及审查指南未作具体规定与阐述。笔者认为，如果申请人请求保护的是形状与图案，未要求保护色彩，只要形状与图案构成相同或相近似，就应认定为侵权；如果申请人请求保护色彩，形状或图案中有一个是具有独创性设计的情况下，色彩的保护应理解为从属于形状与图案，即使色彩不相同或不相近似，一般也应认定为侵权；如果形状与图案没有专利保护，并已成为公知公用，在形状与图案的基础上运用色彩表现手法，使公知公用的形状与图案产生了极富美感且明显有别于无多种颜色组合搭配的形状与图案时，色彩的保护则应具有主导的地位，即颜色及颜色的组合搭配是否相同或相近似是判断两个设计是否相同或相近似的主要依据。他人在公知公用的形状与图案上用不同的颜色或其组合所作的外观设计，则不应认定为相同或相近似。现在争议较大的是，申请人在专利申请中请求保护色彩，而且形状或图案也有独特设计，当别人只仿其形状与图案，而色彩却明显的不相同或不相近似时，是否认定为相近似的外观设计，尚未有明确统一的解释。笔者倾向于认定为相近似，这较符合专利法的立法宗旨。

9. 从变化状态的角度判断

变化状态的产品，如果其基本形态相似时，作为整体相似处理。例如折叠式家具，折叠状态不同但使用状态相似时，应认为是相似的外观设计。又如折合扇，申请人保护的是扇面图案的外观设计，当扇面展开的形状及图案相近似时，尽管其折合形态不相似，仍应认定为相近似的外观设计。

10. 从有无独创的角度判断

虽然我国专利法未明确指出外观专利的授予应具备创造性，但从专利法“鼓励和保护发明创造”的宗旨看，应当将不相同或不相近理解为具有一定的创造性。现在不少仿制他人外观设计产品者，虽然不是百分之百照仿，但基本上是在他人的外观设计专利产品基础上，不作任何独立构思的创新设计，仅是稍作修改而已。虽然一些消费者也能比较出两种产品有所不同，但从设计风格、主要部分的外观构成上看几乎都是照搬照用。例如，广东康宝电器厂申请了单门消毒柜的外观设计专利，一些厂家在生产双门消毒柜时，除将单门改成双门外，其他完全与康宝的2301447号专利的设计题材、表现手法一样。仿制者除为生产双门消毒柜的需要，简单地把单门改成双门外，在外观设计上并未作出任何创新设计，如果仅从消费者在购买该产品时是否将单门消毒柜与双门消毒柜混同、误认这点出发，就认定两者是否相近似，显然是不妥的。当单门与双门消毒柜的设计风格及其所生产的美感基本上相同时，消费者选购单门还是双门的心理不是基于单门与双门的外观的异同，而是更多的考虑单门与双门消毒柜功能上有何不同。实际上，选择双门消毒柜者，主要考虑双门消毒柜的上门柜可以消毒塑料制品，下门柜则可高温消毒金属与陶瓷制品。几乎所有的人都会认为这种简单地把同一设计风格与表现手法的单门消毒柜变成双门消毒柜，是无须付出非显而易见的创造性劳动的；而且，人们极易误认为其是由同一企业生产的相近似系列产品。

对于一些形状为主的外观设计专利，判断其创造性时，除看其外形是否相同或相近似外，必要时还应参考其产品结构方面是否具有创造性。当设计者为改变产品的结构与功能而作出了创造性劳动，而这种结构的改变又使产品的外观产生一定的变化时，在判断是否相近似时，应适当考虑设计者付出的创造性劳动，较之纯属为避开侵权而对他人外观专利产品稍作修改的仿制者，在判断是否近似并是否构成侵权时，应有所区别。

以上所述的判断原则，有时亦不能孤立地或过于片面地适用其中一项原则，必要时，应综合运用，从多个判断原则对是否构成近似进行综合判断。

5.2.3 专利间接侵权行为

《专利法》第 11 条规定的专利侵权行为是直接侵权行为。但是有些行为人虽然自己不直接侵犯专利权，却诱导、怂恿、教唆他人侵犯专利权，客观上也损害了专利权人的利益，如果不允许追究这类行为，则会导致专利权受到侵害而得不到保护。

《专利法》未对间接侵权作出明确规定，但根据最高人民法院《关于贯彻执行〈中华人民共和国民法通则〉若干问题的意见（试行）》第 148 条的规定：教唆、帮助他人实施侵权行为的人，为共同侵权人，应当承担连带民事责任，认定上述诱导、怂恿、教唆他人实施专利的行为构成共同侵权。可知，在司法实践中确实存在认定间接侵权的必要性。在北京市高级人民法院在《关于〈专利侵权判定若干问题的意见（试行）〉的通知》（京高法发［2001］229 号）中对间接侵权作了明确规定：“间接侵权，是指行为人实施的行为并不构成直接侵犯他人专利权，但却故意诱导、怂恿、教唆别人实施他人专利，发生直接的侵权行为，行为人在主观上有诱导或唆使别人侵犯他人专利权的故意，客观上为别人直接侵权行为的发生提供了必要的条件”。

对于间接侵权来说，应当明确下述几点：

1. 间接侵权的行为人主观上有诱导、怂恿、教唆他人直接侵权或实施专利技术的故意。

2. 间接侵权行为人为诱导、怂恿、教唆他人直接侵权所提供的对象是专用于实施该专利技术的。

3. 间接侵权一般应以直接侵权的发生为前提条件，没有直接侵权行为发生的情况下通常不存在间接侵权。

但是，发生下列依法对直接侵权行为不予追究或者不视为侵犯专利权的情况，也可以直接追究间接侵权行为人的侵权责任：（1）该行为属于《专利法》第 63 条所述的不视为侵犯专利权的行为；（2）该行为属于个人非营利目的的制造、使用专利产品或者使用专利方法的行为。

另外，依照我国法律认定的直接侵权行为发生或者可能发生在境外的，可以直接追究间接侵权行为人的侵权责任。

5.2.4　专利侵权民事责任

根据《专利法》和民法通则的规定，侵权行为人承担的民事责任主要有：停止侵权行为、赔偿损失和消除影响。

一、停止侵权

对于专利侵权案件，停止侵权行为是指侵权人应当停止擅自制造、使用、许诺销售、销售、进口其发明或实用新型专利产品，或者停止使用其专利方法及使用、许诺销售、进口依照该专利方法直接获得的产品，或者停止制造、许诺销售、销售、进口其外观设计专利产品，包括间接侵权人停止其诱导、怂恿、教唆他人实施专利技术的行为。

法院作出的发生效力的判决书或者民事调解书送达侵权人后侵权人不立即停止侵权的，则专利权人可以向人民法院申请强制执行；管理专利工作的部门认定侵权行为成立责令停止侵权行为后侵权人期满未起诉又不停止侵权行为的，管理专利工作的部门可以向人民法院申请强制执行。

二、赔偿损失

《专利法》第 65 条规定：侵犯专利权的赔偿数额按照权利人因被侵权所受到的实际损失确定；实际损失难以确定的，可以按照侵权人因侵权所获得的利益确定。权利人的损失或者侵权人获得的利益难以确定的，参照该专利许可使用费的倍数合理确定。赔偿数额还应当包括权利人为制止侵权行为所支付的合理开支。

权利人的损失、侵权人获得的利益和专利许可使用费均难以确定的，人民法院可以根据专利权的类型、侵权行为的性质和情节等因素，确定给予 1 万元以上 100 万元以下的赔偿。对于持续跨越 2009 年 10 月 1 日的被诉侵权行为，依据修改前、后的专利法的规定，均应承担赔偿责任的，适用修改后的专利法确定赔偿数额，不以生效日为界分别适用所属时段的专利法。

三、消除影响

消除影响主要是针对侵权产品质量低劣而损害专利产品在消费者中的信誉而采取的措施。对于这类侵权案件，应当责令侵权人以适当方式在其造成不良影响的范围内消除影响，为专利产品正名。

侵权人消除影响通常是通过新闻媒介（如报纸、杂志、广播、电视）在其造成损害的范围内发表声明，承认侵权行为，为其低劣侵权产品影响专利产品的信誉表示道歉，并作出不再侵权的保证。对于一般的专利侵权行为，基本上未影响专利权人信誉的，在赔偿专利权人的经济损失后，就无须再采取消除影响的措施。

5.2.5 专利侵权诉讼中的主要程序问题

专利侵权诉讼涉及的主要程序问题包括诉讼时效、诉讼当事人、诉讼地域管辖、诉讼的举证责任、诉讼的证据保全、诉讼的中止、诉讼的财产保全、诉前停止侵犯专利权行为等。

一、诉讼时效

《专利法》第 68 条第 1 款规定，侵犯专利权的诉讼时效为 2 年，自专利权人或者利害关系人得知或者应当得知侵权行为之日起计算。

对上述专利侵权诉讼时效：

（1）该 2 年诉讼时效是权利人请求法院保护其权利的期限。超过 2 年，权利人还可以向法院起诉，法院应当受理，但当法院查明诉讼时效已届满，则会作出驳回原告诉讼请求的判决。

（2）该 2 年诉讼时效的起算日从权利人或者利害关系人得知或者应当得知侵权之日起计算。

（3）权利人超过 2 年起诉的，如果侵权行为在起诉时仍在继续，在该项专利权有效期内，人民法院应当判决被告停止侵权行为，侵权损害赔偿数额应当自权利人向人民法院起诉之日起向前推算 2 年计算。

（4）发明专利申请公布后至专利权授予前使用该发明未支付适当使用费的，专利权人要求支付使用费的诉讼时效为 2 年，自专利权人得知或者应当得知他人使用其发明之日起计算，但是，专利权人于专利权授予之日前即已得知或者应当得知的，自专利权授予之日起计算。

二、诉讼当事人

就专利侵权诉讼当事人的原告来说，《专利法》第 60 条规定为专利权人或者利害关系人。

利害关系人是指除专利权人外，专利权被侵犯时对其有利害影响的人，也就是专利实施许可的被许可人，主要包括独占实施许可合同的被许可人、排他实施许可合同的被许可人和普通实施许可的被许可人，在司法实践中，对这三类利害关系人作为原告的要求是不同的：独占实施许可合同的被许可人可以单独向人民法院起诉，排他实施许可合同的被许可人在专利权人不起诉的情况下可以单独起诉，而普通实施许可合同的被许可人在许可合同中未另有约定时只能与专利权人一起作为共同原告起诉。

对于侵权诉讼当事人的被告，可以是《专利法》第 11 条中规定的未经专利权人许可、以生产经营为目的而制造、使用、许诺销售、销售、进口其发明或实用新型专利产品或者使用其专利方法及使用、许诺销售、销售、进口依该专利方法直接获得的产品或者制造、许诺销售、销售、进口其外观设计专利产品等的直接侵权行为人。

1. 当对同一项专利的上述直接侵权行为是同一人所为，则以其为被告。

2. 如果针对同一项专利的上述实施行为由几个行为人所为，则原告可将所有行为人列为共同被告，或者分别以他们为被告单独起诉。

3. 对于专利间接侵权，从我国的司法实践来看，一般把直接侵权人和间接侵权人列为共同被告。法院在审理侵权案件时，如果发现有间接侵权人的时候，通常会通知原告，由原告请求法院把间接侵权人追加为共同被告。如果专利权人只对间接侵权人提起侵权诉讼的话，专利权人必须向法院提供证据，证明直接侵权的存在。

三、诉讼的级别管辖与地域管辖

详见 5.1.2 专利诉讼的法院管辖。

四、诉讼的举证责任

（一）基本原则

专利侵权诉讼属于民事诉讼，因而专利侵权诉讼的举证责任遵循《民事诉讼法》规定的举证责任基本原则：当事人对自己提出的主张，有责任提供证据，即谁主张谁举证。

专利权人控告行为人侵权或行为人否认侵权，若当事人不举证或者举证的材料不能证明所主张的事实，就要承担对己方不利的法律后果。

（二）人民法院负责收集的证据

除上述举证责任基本原则外，当事人及其诉讼代理人因客观原因不能自行收集证据或者人民法院认为审理案件需要的证据，由人民法院收集。最高法院司法解释中列出了四种由人民法院负责收集的证据：

1. 当事人及其诉讼代理人因客观原因不能自行收集的，例如，原告请求法院以被告侵权获利作为赔偿依据时，在提供证据证明侵权成立并申请证据保全后，由法院封存、提取被告账册而查清被告获利情况；

2. 人民法院认为需要鉴定、勘验的；

3. 双方当事人提供的证据所证明的事实相互矛盾而无法认定的；

4. 法院认为应当自行收集的其他证据。

（三）举证责任转移

在法院审理侵权案件过程中，当负有举证责任的一方对其所主张事实已经作出充分举证，从而达到证明所主张事实的部分或全部的要求，则举证责任将转移至另一方当事人，另一方当事人须举出足够充分的证据来进行抗辩，否则会得出对方主张成立的结论。

（四）举证责任倒置

我国《专利法》第61条规定，专利侵权涉及新产品制造方法的发明专利的，制造同样产品的单位或个人应当提供其产品制造方法不同于专利方法的证明。

按照上述规定，专利权人在证明该产品是新的以及被告制造销售、使用或进口的产品与采用专利方法直接获得的产品相同后，尽管此时专利权人尚未提出证明被告产品是采用专利方法制造的证据，但是举证责任已经改由被告承担，也即是被告此时为证明其不侵权应当提供其产品制造方法不同于专利方法的证明。

（五）不需要当事人举证的情况

1. 一方当事人对另一方当事人的陈述的案件事实和提出的诉讼请求明确表示承认的；
2. 众所周知的事实和自然规律及定理；
3. 根据法律规定或已知事实，能推定出的另一事实；
4. 已为法院发生法律效力的裁判所确定的事实；
5. 已为有效证书所证明的事实。

五、诉讼的证据保全

《民事诉讼法》规定，在证据可能灭失或者难以取得的情况下，诉讼当事人可以向人民法院申请保全证据，人民法院也可以主动采取保全措施。

在专利侵权纠纷案件中，时常发生侵权人销毁侵权工具、隐匿财务账目资料从而逃避侵权责任的情况，为避免调查取证的困难，专利权人可以向人民法院申请采取证据保全措施，人民法院也可以根据案件审查需要依职权主动采取证据保全措施。

若上述证据保全措施将影响被控侵权人的正常经营活动，证据保全将同时起到财产保全与先予执行的作用，在这种情况下申请证据保全应提供相应的财产担保。

六、诉讼的中止

《民事诉讼法》第150条规定了中止诉讼的六种情况。在专利侵权诉讼中，第五种情况即“本案必须以另一案的审理结果为依据，而另一案尚未审结的”，应当中止的情况主要有两种：（1）专利侵权纠纷的被告向专利复审委员会提出无效宣告请求；（2）该专利权被提出权属诉讼请求。

对于第一种反诉无效的情况，法院可以根据案件具体情况作出是否中止审理侵权案件的决定。而对于第二种反诉专利权属纠纷的情况，法院应当中止侵权案件的审理，待权属纠纷终审判决后再以该判决所确定的专利权归属作为侵权诉讼审理的依据。

最高人民法院《关于审理专利纠纷案件适用法律问题的若干规定》中对第一种的反诉无效时法院是否中止侵权案件的审理又作了进一步的明确规定：

人民法院受理的侵犯实用新型、外观设计专利权纠纷案件，被告在答辩期间内请求宣告该项专利权无效的，人民法院应当中止诉讼，但具备下列情形之一的，可以不中止诉讼：（1）原告出具的检索报告未发现导致实用新型专利丧失新颖性、创造性的技术文献的；（2）被告提供的证据足以证明其使用的技术已经公知的；（3）被告请求宣告该项专利权无效所提供的证据或者依据的理由明显不充分的；（4）人民法院认为不应当中止诉讼的其他情形。

人民法院受理的侵犯实用新型、外观设计专利权纠纷案件，被告在答辩期间届满后请求宣告该项专利权无效的，人民法院不应当中止诉讼，但经审查认为有必要中止诉讼的除外。

人民法院受理的侵犯发明专利权纠纷案件或者经专利复审委员会审查维持专利权的侵犯实用新型、外观设计专利权纠纷案件，被告在答辩期间内请求宣告该项专利权无效的，人民法院可以不中止诉讼。

人民法院决定中止诉讼，专利权人或者利害关系人请求责令被告停止有关行为或者采取其他制止侵权损害继续扩大的措施，并提供了担保，人民法院经审查符合有关法律规定的，可以在裁定中止诉讼的同时一并作出有关裁定。

七、诉讼的财产保全

指为了保证民事判决的顺利执行，人民法院对当事人的财产或者与案件有关的财物采取一定的强制性措施。人民法院采取财产保全措施，可以责令申请人提供担保，申请人不提供担保的，驳回申请，若是向人民法院申请诉前财产保全，则申请人必须提供担保，否则驳回申请。

采取财产保全措施的目的是防止损害权利人利益的行为发生以保证人民法院的生效判决得以顺利执行。此时，若被控侵权人也提供了担保，为了不影响其正常生产经营秩序，在所提供的担保符合法律规定的条件下，则解除财产保全措施。

八、诉前停止侵犯专利权行为

《专利法》第 61 条规定，专利权人或者利害关系人有证据证明他人正在实施或者即将实施侵犯专利权的行为，如不及时制止将会使其合法权益受到难以弥补的损害的，可以在起诉之前向人民法院申请采取责令停止有关行为的措施。这就是所谓的“诉前禁令”。针对专利法这一规定，最高人民法院《关于对诉前停止侵犯专利权行为适用法律问题的若干规定》中对“诉前责令停止侵权行为”的申请人、管辖法院以及其他有关内容作了明确规定。以下是该规定的一些要点：

1. 专利权人或者利害关系人可以向人民法院提出诉前责令被申请人停止侵犯专利权行为的申请。提出申请的利害关系人，包括专利实施许可合同的被许可人、专利财产权利的合法继承人等。专利实施许可合同被许可人中，独占实施许可合同的被许可人可以单独向人民法院提出申请；排他实施许可合同的被许可人在专利权人不申请的情况下，可以提出申请。

2. 诉前责令停止侵犯专利权行为的申请，应当向有专利侵权案件管辖权的人民法院提出。

3. 提出申请时应当提交证实其专利权真实有效的文件和证明被申请人正在实施或者即将实施侵犯专利权行为的证据，涉及实用新型专利的，还应当提交国家知识产权局出具的检索报告；对于利害关系人，需要提交专利实施许可合同以及在国家知识产权局备案的证明材料、未经备案的应当提交专利权人的证明或证明其享有权利的其他证据；排他实施许可合同被许可人单独提交申请的，还需要提交专利权人放弃申请的证明材料；对于专利权继承人，同时还需提交证明已经继承或正在继承的有关材料。

4. 申请人提出申请时应当提供担保，不提供担保将被驳回申请；人民法院可根据具体情况责令申请人追加担保，不追加担保则解除有关停止措施；停止侵犯专利权行为裁定所采取的措施不因被申请人提出反担保而解除。

5. 当事人对裁定不服的，可以在收到裁定之日起 10 日内申请复议一次，复议期间不停止裁定的执行。

6. 专利权人或者利害关系人在人民法院采取停止有关行为的措施后 15 日内应当起诉，15 日内不起诉的，人民法院解除裁定采取的措施。申请人不起诉的，被申请人可以向有管辖权的人民法院起诉请求申请人赔偿。

7. 申请人不起诉或者申请错误造成被申请人损失，被申请人可以向有管辖权的人民法院起诉请求申请人赔偿，也可以在专利权人或者利害关系人提起的专利权侵权诉讼中提出损害赔偿的请求，人民法院可以一并处理。

5.2.6 原告代理人的策略分析及诉前工作

对于原告代理人来说，对诉讼时效、诉讼当事人、管辖法院的判断分析工作是基础性的工作，在完成上述工作后，还有大量的细致的准备工作需要完成。首要的是确定侵权行为后的维权策略分析工作以及决定选择起诉后的诉前准备工作。

关于维权策略分析工作：

有些专利权人发现了侵权行为后，第一反应是起诉对方。但这未必是最优的选择。因为侵权诉讼是高成本的，双方都会大伤元气。因此，首要的是要研究维权的策略。

首先，要判断专利技术的稳定性，并非取得了专利权的专利技术就是稳定的，如果专利技术不稳定，被被告通过无效宣告请求的方式确认无效，则不再存在侵权的基础。《专利法》第 45 条规定了任何单位或个人可以在该专利授权后提出无效宣告请求，有的专利经过无效宣告请求的审查可能被宣告无效，因此被控侵权的一方通常会向专利复审委员会提出无效宣告请求求得釜底抽薪。由此可知，原告在向法院提出专利侵权诉讼前应进一步判断所拥有专利的法律稳定性，有无被宣告无效的可能。这一点对于未经过实质审查而授权的实用新型和外观设计专利尤为重要。其次，如果专利技术是稳定的，则要考量专利技术的市场前景、侵权行为人的经济实力与侵权规模对权利人的影响。如果前景较小、侵权行为人经济实力较弱、索赔困难时，可以重点放在如何制止侵权行为人的侵权行为上。如果市场前景较大，专利权人自身生产能力不大，满足不了市场需要，则应该重点放在与侵权行为人方签订专利许可合同上。如果侵权行为人主观上是恶意，则可能确实需要通过诉讼来解决，此时既要求对方停止生产，又要求给予侵权赔偿，甚至必要时在诉讼时或诉讼前提出财产保全或者证据保全。

在确定以诉讼方式来解决后，有些专利权人会选择先发出警告函，并要求对方停止生产或与己方签订专利许可合同，对方不接受再提出侵权诉讼。要注意的是，首先，在发出警告函之前，权利人已取得足够的证据并已进行了公证，以防止对方在接到警告函后毁灭证据或转移财产。其次，最高人民法院《关于审理侵犯专利权纠纷案件应用法律若干问题的解释》第 18 条规定，权利人向他人发出侵犯专利权的警告，被警告人或者利害关系人经书面催告权利人行使诉权，自权利人收到该书面催告之日起一个月内或者自书面催告发出之日起 2 个月内，权利人不撤回警告也不提起诉讼，被警告人或者利害关系人向人民法院提起请求确认其行为不侵犯专利权的诉讼的，人民法院应当受理。根据上述规定，专利权人侵犯专利权的函告时，侵权人可以在符合条件的情况下，向其所在地法院提起确认不侵权之诉。而在确认不侵权之诉中，原、被告位置发生了置换，给予了侵权人作为原告诉讼的权利，且侵权人可以选择管辖法院。专利权人从主动变为被动。所以，专利权人要谨慎选择是否发出警告函。

归纳起来，原告代理人有四项诉前工作需要精心准备。

一、调查侵权行为，收集相应证据

专利诉讼中，证据的地位非常重要，权利人对证据收集得越全面、准确，侵权诉讼越可能取得有利于权利人的结果。

从取证的范围来看，专利诉讼的证据有四类：一类是证明专利权人专利权有效的证据，即权利证据；一类是证据专利权被侵害证据，即侵权证据；一类是有关损害赔偿的证据，即损失证据；一类是侵权人主体证据。

（一）权利证据

权利证据需要证明：

第一，原告是专利权人或有权起诉的利害关系人；

第二，专利权有效。

1. 原告主体资格证明：自然人要提供身份证，法人单位要提供营业执照或事业单位登记证以及组织机构代码证。如果是被许可人，如果是独占实施许可合同的被许可人，可以单独向人民法院起诉，但要提交独占实施许可合同，排他实施许可合同的被许可人在专利权人不起诉的情况下可以单独起诉，但是要提交排他实施许可合同以专利权人不起诉的证明。普通实施许可合同的被许可人在许可合同中未另有约定时只能与专利权人一起作为共同原告起诉。专利财产权利的继承人应当提交已经继承或者正在继承的证据材料。

2. 专利权证书。专利权证书只证明授权时的法律状况。

3. 专利登记簿副本。专利登记簿副本记录在授权之后的权属等变化，如专利权无效，转移，著录事项变更，实施许可合同，强制许可，专利授权之后，任何人都可以向国家知识产权局申请提供专利登记簿副本并交纳一定的费用。当然原告可以不主动提交专利登记簿副本。

4. 专利授权公告文本。

5. 最近一次的专利年费收据。收据用于证明专利在起诉时是有效的。司法实践中原告常常提供专利年费收据用于证明专利有效。但在专利的缴费实务中，即使专利已被宣告无效，或因没缴纳年费而导致专利权终止后，缴纳专利费也是可以进行的，从而取得专利年费收据。因此只有专利年费收据不足以证明专利起诉时有效。

6. 实用新型专利检索报告［国家知识产权局仅对申请日（有优先权的，指优先权日）在2009年10月1日之后（含该日）的实用新型专利或者外观设计专利作出专利权评价报告；对申请日（有优先权的，指优先权日）在2009年10月1日之前的实用新型专利，只作出实用新型专利检索报告］。出具实用新型专利检索报告并不是提起实用新型专利侵权诉讼的条件。如果不提供检索报告，被告提起专利无效宣告请求的，如无其他可以不终止诉讼的情形，人民法院应当中止诉讼。因此，原告在起诉时最好提供实用新型专利的检索报告，在被告提出专利无效时，可避免案件被中止审理。

（二）侵权证据

侵权证据需要证明：被告正在实施或者已经实施了侵犯专利权的行为。由于侵权证据用于在法庭上与原告的专利进行技术特征的比对，因此，原告代理人应要注意所取得的侵权证据须全面反映专利的技术特征，即侵权产品或者方法须落入专利权的保护范围。比如专利中有一个功能性的特征，如“导电”，只对产品进行拍照而没有取到被告的产品，是不能通过照片去判断侵权产品是否具有这个功能性特征的。通常的侵权证据如下：

1. 书证。此处详细介绍一下书证中的公证书，以公证书证明侵权的事实。侵权事实情况包括：产品名称、技术资料、使用情况、销售情况、宣传资料、销售数量、销售价格、销售发票、购买合同、客户关系、销售地域、销售时间等。原告代理人通过调查发现侵权行为后，一般会请求公证机关对侵权产品的制造、使用、许诺销售、销售行为进行公证，在公证过程中，原告代理人一般应索取记载有侵权产品的宣传册、侵权人的名片、购买产生的发票或收据等，以便明确侵权产品的生产者、使用者和销售者。另，侵权人在网络上进行宣传的，也应将网络宣传行为公证固定。

在公证取证时要注意几个问题：

第一，要“快速”固定证据。如侵权人在网络上的广告，由于有易删除、易修改的特点，若不快速固定证据，会造成无法弥补的后果。

第二，要“内容全面”地固定证据。例如公证机构办理保全网络证据公证，应当制作现场记录（工作记录），现场记录应当记录登录网络的每一步操作，页面打印并存储于光盘之上，做到内容完整（若页面打印不完整，将导致举证有误），没有遗漏。

例如在计算机软件保全中应包括源程序、目标程序、技术说明书和开发文档等，另外最好对软件的运行环境也一起公证。

第三，要科学地“保管”证据。通过公证保全的证据，必须在公证处封存保管，使公证取得的证据始终在公证员的监督之下，起诉后由人民法院到公证处提取。如果证据的体积小并且不易损坏，也可置于证物袋封存于公证书后。否则，被告以证据可能被调换来抗辩，就会对公证取得的证据的证明力产生不利影响。

综上，可知在公证前要做好详细的公证方案。

2. 物证。原告代理人取得的侵权产品应由公证人员封存拍照，应确保封条完好无损。

3. 侵权产品或方法与专利产品或者方法的特征对比证据。

（三）损失证据

原告所主张的赔偿数额需要原告提供有关赔偿数额①的计算方法及依据。由不同的计算方法决定了原告要提供的不同的损失证据，且在几种计算方法都可以使用的情况下，应选择最有利的计算方法：

1. 原告主张以自己受到的实际损失作为赔偿依据时，应提供单位产品获利情况的财务审查报告，然后提供因侵权行为而造成的减少的数量，或者提供被告制造的侵权产品的数量。单位产品获利与后两个数量之一的乘积即是原告的损失依据。

2. 原告主张以侵权人的侵权获利作为赔偿依据时，原告一般需要申请法院保全被告的财务会计账册，经独立的第三方审计后，以审计结论确定被告的侵权获利情况，从而确定被告获利数额。侵权人因侵权所获得的利益可以根据该侵权产品在市场上销售的总数乘以每件侵权产品的合理利润所得之积计算。侵权人因侵权所获得的利益一般按照侵权人的营业利润计算，对于完全以侵权为业的侵权人，可以按照销售利润计算。

3. 原告主张以专利实施许可费的合理倍数作为赔偿依据时，应提供与他人签订专利实施许可合同，以合同约定的许可使用费作为请求赔偿的依据。司法实践中，该专利实施许可合同一般要在专利行政部门登记备案，否则证据效力不高。司法实践中一般参照该专利许可使用费的 1 至 3 倍合理确定赔偿数额。

4. 法定赔偿证据。权利人的损失、侵权人获得的利益和专利许可使用费均难以确定的，人民法院可以根据专利权的类型、侵权行为的性质和情节等因素，确定给予 1 万元以上 100 万元以下的赔偿。

（四）侵权人主体证据

主要包括自然人的身份证，法人单位的营业执照或事业单位登记证以及组织机构代码证。原告代理人要了解侵权人确切的姓名、名称、地址以及企业性质、注册资金、人员数、经营范围联系方式等情况。权利人根据侵权人的具体情况，采取利于自己的策略，确定管辖的法院。

---

① 赔偿数额应包括权利人为制止侵权行为所支付的合理开支，如律师费。

在收集证据时，原告代理人还可以借助人民法院与管理专利工作的部门来收集证据：

1. 申请法院进行诉前证据保全。最高人民法院2001年7月1日实施的《关于对诉前停止侵犯专利权行为适用法律问题的若干规定》第16条规定了诉前证据保全。如果原告代理人不能自行取得知识产权侵权证据且该证据有毁损、灭失或以后难以使用的可能性，可以向法院申请诉前证据保全。原告代理人也可以在立案后，向法院提出申请要求证据保全。

2. 申请人民法院调取证据。在知识产权侵权诉讼的过程中，原告代理人因客观原因不能自行取得证据，可以申请法院进行调查取证。原告代理人申请法院调查取证应当注意两点：一是申请调查的证据范围，必须符合法定情形；二是此项申请必须在法定时限内提出。法院通常采取的措施包括：对易拍照的被控侵权产品进行拍照；记录下被控侵权产品的技术特征；对易于调取的书籍、商标实物等进行扣押、提取等。

3. 申请行政机关调查取证。[①] 原告代理人在向相关的行政管理机关申请查处知识产权侵权行为的，原告代理人因客观原因不能自行收集部分证据的，可以申请调查收集有关证据。而这些证据可以在侵权诉讼中作为证据提交。相关行政管理机关可以查阅、复制与案件有关的合同、账册等文件；询问当事人和证人；抽取样品；采用测量、拍照、摄像等方式进行现场勘验；涉嫌侵犯制造方法专利权的，还可以要求被调查人进行现场演示。

4. 原告对于在专利侵权案件中的技术问题，可以委托有关机构进行技术鉴定，如国家规定了专门的法定鉴定机构的，应提交法定的机构鉴定。没有法定的机构的，由当事人协商推荐共同信任的机构或专家进行鉴定。当事人不能协商一致的，人民法院委托在其备案名册的鉴定机构进行鉴定。

二、整理材料、撰写起诉状

在确定了被告、管辖的法院、专利侵权的事实、侵权赔偿数额后，接下来原告的代理人要做的工作就是精心整理现有的材料，依据事实与法律，撰写民事起诉状，准备提起民事诉讼。起诉状要简单、精练，只要能对案件作一个简单概述，明确诉求、事实与理由，从策略上来说，不宜对案件的细节和原告的具有力度的主要观点作详细阐述，否则会起到让被告做好更佳的防御与对抗的作用。

三、选择是否运用诉讼保全措施

专利权人或者利害关系人有证据证明他人正在实施或者即将实施侵犯其专利权的行为，如不及时制止将会使其合法权益受到难以弥补的损害，可以在起诉前向人民法院申请采取责令停止有关行为和财产保全的措施。因此，可以在起诉前向人民法院申请采取责令停止有关行为和财产保全的措施，也可以在起诉的同时一并向人民法院申请采取责令停止

---

① 参见《专利行政执法办法》第36条，见http：//www.gov.cn/flfg/2011-01/13/content_1783921.htm，访问日期：2012年4月28日。

有关行为和财产保全的措施，但依据法律规定，原告申请诉前保全或诉讼保全的，应当提供担保，如果因采取保全措施给被告造成损失，而原告又败诉，则原告应赔偿被告的经济损失。因此，在决定提起专利侵权诉讼的同时，应当综合考虑是否运用相关的诉前保全或诉讼保全措施。

四、做好答辩专利无效宣告的准备

在专利侵权案件中，被告通常采用的策略是向国家知识产权局专利复审委员申请宣告原告的专利无效。一旦出现被告请求宣告无效时，受理专利侵权诉讼的法院一般会中止专利侵权诉讼，等待专利复审委员会作出无效宣告请求审查决定后，再恢复专利侵权诉讼。因此，在起诉的同时，原告还应当做好应对被告人提起的专利无效宣告程序的准备，以免原告陷入被动的局面。

5.2.7　被告代理人在答辩阶段的代理工作

原告的侵权诉讼被人民法院受理后，人民法院应当在立案之日起 5 日内至少应将起诉状副本、应诉通知书、举证通知书发送被告，被告在收到之日起 15 日内提出答辩状。当然，为了某种诉讼策略需要，也可当庭进行口头答辩，口头答辩不影响开庭审理。被告代理人要做的准备工作包括：阅读原告的起诉状、分析被告的行为是否落入原告专利权的保护范围，判断原告专利权的稳定性，分析可行的侵权抗辩理由，与被告探讨抗辩策略，准备证据，撰写答辩状。

一、仔细阅读原告的起诉状，分析被告行为是否落入专利权的保护范围

对于发明与实用新型专利，要研读原告专利技术的权利要求书和说明书，特别是权利要求书，尤其是独立权利要求，根据权利要求的内容确定专利保护范围，必要时用说明书和附图来解释权利要求书。之后，将被告确定的保护范围与原告起诉状中认定的保护范围进行对比，如果二者不一致，则判断二者何者更加正确。如果原告的比较合理，则以原告起诉状认定的保护范围为基础进行后续的分析。如果被告确定的保护范围更正确，则以此作为被告未侵权的突破点。

在确定了专利权的保护范围后，应分析被告的实施行为指向的产品和方法是否包含了独立权利要求的全部必要技术特征，如果答案是肯定的，则实施行为以相同方式落入专利权的保护范围，如果独立权利要求的技术特征有未被被告实施行为覆盖，但是以等同的方式出现在被告的实施行为中，则实施行为以等同方式落入专利权的保护范围。如果未以相同方式，也未以等同方式落入专利权的保护范围，则被告的实施行为未构成侵权行为。如果以相同方式，或者以等同方式落入专利权的保护范围，则被告的实施行为很可能构成侵权行为，此时，还要更进一步分析实施行为是否还落入了从属权利要求的保护范围。因为，如果在此种情形下，被告要采取对原告专利的无效宣告请求措施时，要考虑到不光使

独立权利要求无效，还要使从属权利要求无效，否则不能达到釜底抽薪的效果。

如果原告的专利是外观设计专利，应当首先审查被控侵权产品与专利产品是否属于相同或相类似的产品，不属于相同或相类似的产品的，则不构成侵权，只有在被控侵权产品与外观设计专利产品是相同或者相类似产品的情况下，才有必要进行下一步的判断，用途相同，功能相同，即为相同产品；用途相同但具体功能有所不同，即为相似产品。当判断是相同或相类似的产品的情况下，再根据《专利法》第 59 条第 2 款的规定，外观设计的保护范围以表示在图片或者照片中的该产品的外观设计为准，简要说明可以用于解释图片或者照片所表示的该产品的外观设计。也即是被告要根据外观设计的图片或照片显示的外观设计，参考简要说明中的设计要点，来判断被告的实施行为是否落入外观设计专利权的保护范围。

二、判断原告专利权的稳定性

如果通过第一步可以判断被告的实施行为落入原告专利权的保护范围，被告代理人应检索收集和分析现有技术及抵触申请的文献，以判断专利的稳定性，分析是否可以以无效宣告请求来达到维护被告权益的目的。了解现有技术的另一个目的是可以决定是否使用现有技术抗辩的策略。现有技术抗辩是指如果有证据能证明被控侵权客体与该专利申请日前公知的一项已有技术等同，则可以认定该被控侵权的客体不构成侵权行为。因此，当所找到的现有技术虽然不能使该专利宣告无效时，还可进一步分析己方的实施行为是否属于该项可自由应用的现有技术的范围，即己方实施行为等同于该项现有技术，则此时可以以此为理由进行抗辩。

被告代理人可以委托国家知识产权局专利文献部或者国家知识产权局直属的专利检索咨询中心、中国专利信息中心进行新颖性检索。

另外，还应到专利局初审部门查阅该专利在审查期间的档案，从而掌握其相对于原始专利申请文件作过的修改，以及发明专利实质审查过程中，审查意见通知书中的对比文件，审查员的观点及专利权人在答复审查意见通知书中所陈述的意见。若专利以前还经过无效宣告请求程序的，则还要查阅申请确认专利无效程序中的档案，了解合议组的观点和被告在无效过程中陈述的意见。被告代理人在此过程中，要寻找对被告有利的证据，特别是适用禁止反悔原则的那些证据。因为，在专利侵权诉讼中将禁止专利权人将已被限制、排除或者已经放弃的内容纳入该专利权保护范围。因此，查阅该专利的有关档案可能会找到有关禁止反悔原则的证据，从而为撰写答辩状争辩被告不构成侵权做了准备。

三、分析抗辩理由及准备证据

被告代理人在完成前述第一、二点工作后要分析可能的抗辩理由，并准备相应的证据。

1. 非保护期内的实施行为不侵权抗辩

如果被告的实施行为发生在专利权的保护期限结束后或者专利权被专利权人放弃之

后，或者专利权已经被专利复审委员会宣告无效，则被告的实施行为不侵权。当然，如果实施行为既发生在保护期内，也发生在保护期结束后，或者也发生在专利权人放弃专利权之后，则只能认定后一段专利权不存在的期间中，被告的实施行为不侵权。

以此理由提出为侵权抗辩的，必须向法院提供反映该专利状态的有关证明材料，如专利登记簿副本。

2. 已过诉讼时效不侵权抗辩

如果被告的实施行为发生在原告提出专利侵权诉讼之日起 2 年之前，则可以以诉讼时效已过作为不侵权的抗辩理由。

但对于被告的连续实施行为，即实施行为开始于 2 年诉讼时效之前而终止之日是在 2 年诉讼时效之内或者没有终止，依然构成侵权，只是计算侵权赔偿数额时不将两年诉讼时效之前的实施行为计算在内。

3. 未落入专利权保护范围不侵权抗辩

对发明和实用新型专利来说，主要说明被告的实施行为没有以相同方式或者等同方式包含了该技术方案的全部技术特征，对于外观设计专利来说，主要说明被告实施行为指向的外观设计与外观设计专利既不相同、也不实质相同。

其中在利用禁止反悔原则来否定侵权时应当提供反映原告在审批或无效程序中对专利权保护范围作了限制性承诺或部分放弃保护的有关证据。这些证据可通过向国家知识产权局专利局查阅该专利有关档案来获取。

4. 现有技术不侵权抗辩

此外，最高人民法院《关于充分发挥知识产权审判职能作用推动社会主义文化大发展大繁荣和促进经济自主协调发展若干问题的意见》第 14 条已经明确：现有技术抗辩规则在等同侵权和相同侵权中均可适用。被诉侵权人以一份对比文献中记载的一项现有技术方案或者一项现有设计与公知常识或者惯常设计的显而易见组合，主张现有技术或者现有设计抗辩的，应当予以支持，为此，需要向法院提供证实存在一项申请日前已有的、与专利权相同或等同的单独的技术方案或者存在一项现有设计与公知常识或者惯常设计的显而易见组合的证据。

5. 非营利目的不侵权抗辩

根据《专利法》第 11 条的规定以及北京市高级人民法院《专利侵权判定若干问题的意见（试行）》第 79 条的规定，如果被告的实施行为属于个人非营利目的的制造、使用专利产品或者使用专利方法的行为，在这种情况下，可以用个人非营利目的的制造、使用行为作为被告不侵权抗辩的理由。

6. 不视为侵权的抗辩

《专利法》第 69 条第 1 款规定了四种不视为侵犯专利权的情况，因而被控侵权方的实施行为属于此四种情况的，可以以此为理由提出不视为侵权的抗辩。即专利权用尽原则、先用权原则、临时过境、科研实验目的（需要说明的是，在科学研究和实验过程中使用他人专利技术、其目的不是改进他人专利技术、其结果与专利技术没有直接关系，则以此作为不视为侵权的抗辩理由不能成立）。

7. 合法来源免责抗辩

《专利法》第 70 条规定，为生产经营目的使用、许诺销售或者销售不知道是未经专利权人许可而制造并售出的专利侵权产品，能证明其产品合法来源的，不承担赔偿责任。按照此规定，被告实施行为属于上述情况的，可以以非故意行为作为侵权免责抗辩的理由。但此时必须向法院提供证实被告使用或销售的产品来源的证据以及证明被告确实不知道该行为属于专利侵权的证据。

8. 合同免责抗辩

北京市高级人民法院《专利侵权判定若干问题的意见（试行）》第 104 条还规定了合同免责抗辩。合同免责抗辩，是指专利侵权诉讼的被告，以其实施的技术是通过技术转让合同从第三人处合法取得的为理由进行侵权抗辩。此抗辩理由不属于对抗侵犯专利权的理由，只是承担侵权责任的抗辩理由。此时需向法院提交该技术转让合同作为证据，如果被告以合同抗辩，要求追加合同的转让方为共同被告的，如果原告同意追加，则应当将合同的转让方追加为共同被告；如果原告坚持不同意追加，在合同的受让方承担侵权责任后，可以另行通过合同诉讼或仲裁解决合同纠纷。

四、与委托人商讨侵权诉讼中的应诉对策

经过上述分析后，被告代理人应与被告一起商讨确定相应的抗辩策略，特别是是否要采取无效宣告请求的反诉手段等以及是否和解等，以及作出相应的答辩。

被告的实施行为确实落入原告专利权保护范围，并且不存在不侵权抗辩或免责抗辩理由，但原告专利权很不稳固的情况下，可以立即向专利复审委员会提出无效宣告请求，通过宣告该专利权无效或部分无效而达到使被告的实施行为不构成侵权的目的。

被告提出无效宣告请求，以摆脱侵权为目的。当被告的产品或者方式落入独立权利要求的保护范围，但没有落入其从属权利要求保护的范围，只需请求宣告独立权利要求无效即可。

如果决定了提出无效宣告请求的策略，则要尽快实施，收集证据，在 15 天的答辩期内向专利复审委员会提出无效宣告请求，并取得无效宣告请求受理通知书以便能够在向法院提交答辩状的同时提出中止侵权诉讼案审理的请求。这一点十分重要，因为在此之后提出的中止请求，法院通常将不中止审理。为了确保在提交答辩期限内能得到无效宣告请求受理通知书，应当向国家知识产权局专利局当面缴纳无效宣告请求费，并到专利复审委员会面交该无效宣告请求书，附具法院的侵权诉讼受理通知书复印件并带原件以供查证，这样可在当天或第二个工作日从专利复审委员会得到无效宣告请求受理通知书。

此外，《专利法实施细则》第 67 条规定，无效宣告请求人可以在提出无效宣告请求之日起 1 个月内增加理由或补充证据。由于 15 天的答辩期是比较短促的期间，被告代理人可以以一部分证据先提出无效宣告请求，然后在这 1 个月内再增加理由或补

充证据。

如果被告代理人认为被告的实施行为已落入对方专利权保护范围，并且不存在不侵权或免责的抗辩理由，且原告专利权比较稳固不太可能被无效掉时，被告代理人应当与被告商量是否采取和解方式，和解的方式可根据双方不同的力量对比而定，例如：

原告自身缺乏实施能力或者对方的产品尚不能满足市场需求时可以争取以签订专利许可合同方式谋求和解，这对被控侵权方比较有利的一种方式；支付一定赔偿费用加签订专利合同的方式；支付一定赔偿费用加不再继续实施的方式。

双方都无确定把握时，可以互相撤诉（即对方撤销侵权诉讼、已方撤销无效宣告请求）方式达成和解，或者以互相撤诉并签订专利许可合同方式达成和解。

如果被告代理人通过分析后认为以不侵权抗辩或以不视为侵权抗辩等理由比较充分，则应专注于答辩上，以争取法院作出对被告有利的判决。当然，也可同时提出无效宣告请求来加大已方取胜的把握。

当然，实践中并不一定能得到前述的明确的结论，需要被告代理人权衡多种因素以决定采取何种应对策略，甚至需要准备多套方案来应对可能出现的不同情况。

五、撰写及提交答辩状

被告代理人若认为受诉法院没有管辖权，可以先不进行实质答辩，而就管辖问题提出异议。若异议成立，就可为侵权诉讼争取到相对较好的司法环境。若异议不成立，再作实质答辩不迟。

若解决了管辖权的问题后，并在确定了应诉策略后，被告代理人应重点关注撰写答辩状或者为口头答辩做好细致的准备。

首先，答辩状通常包括三部分内容：（1）诉讼当事人的自然情况；（2）答辩主体部分；（3）答辩状的结尾部分。

在诉讼当事人的自然情况部分中，首先写明答辩人（即被告）的单位、住所地、法定代表人，以及在委托律师或专利代理人办理诉讼有关事务时写明其有关情况；然后写明原告的单位、住所地、法定代表人及相应的律师或专利代理人有关情况；如果有第三人，还要写明第三人的单位、住所地和法定代表人。如果诉讼当事人是自然人，要写明其姓名、性别、年龄、职业和住所地。

答辩状的主体通常应针对起诉状的指控，从事实和理由上作出针对性的答辩。答辩状的答复期限较短，一般只有 15 天，而在准备答辩时需考虑的问题很多，因此答辩时应抓住重点，而次要的问题可以在答辩之后继续准备，在庭审时再作出答辩。

在实质答辩中，若原告主体资格为符合专利法的规定，以及专利权已经不处于有效期内，以及诉讼请求超出了 2 年的诉讼时效，则在答辩的主体部分要重点就这些理由作出抗辩。

若不存在以上问题，被告代理人要做的答辩工作则是：若是针对原告的发明或者实用新型，则以权利要求书为基础结合说明书说明专利的保护范围，若是针对原告的外观设计，则以外观设计图片或者照片为基础结合简要说明来说明专利的保护范围。如果原告在专利申请和无效宣告程序中的意见陈述或修改对专利权的保护范围有所限定，则被告代理人可以此基础上分析被告的产品或者方法没有落入该专利的保护范围，作出不侵权的抗辩。总之，如前述的被告可以有多种的抗辩理由，被告代理人可以择一重点的理由或者将多种理由组合起来进行抗辩，在答辩的主体部分，也可对原告提出的侵权赔偿金额要求作出答辩。

在答辩状的结尾部分，被告代理人根据上述分析作出被告未构成侵权、不视为侵权或者不应承担侵权责任的结论，并由此请求法院驳回原告的诉讼请求。

另外，在撰写答辩状时，被告代理人应当准备好答辩状中所及证据以及证据清单。

5.2.8 双方代理人在专利侵权诉讼期间的工作

专利侵权诉讼双方还要经历证据交换、庭审等过程，直至人民法院作出判决。现对在此期间双方专利代理人的工作加以说明。

一、证据交换时的工作

法院在收到原告起诉状后，将原告的起诉状及所附的证据复印件转送给被告，要求被告在指定期限内（通常为 15 天）作出答复，即提交答辩状，并要求原、被告在指定期限内（通常为 1 个月）到法院进行证据交换或要求原、被告在指定期限内（通常为 1 个月）向法院补交在提交起诉状、答辩状时尚未交齐的证据。

此时，原、被告代理人应在人民法院所指定的期限内将证据准备齐全，按照法院的要求或者到法院进行证据交换或者寄交（以邮戳日为准）给法院。如果出于正当理由，则可以提出推迟证据交换或推迟提交证据的请求，经法院同意后在推迟期限届满时完成此项工作（例如原告收到被告答辩状及其所附证据后尚需要一段时间准备针对被告答辩状所论述理由和所附证据的补充证据、被告所提的已有技术抗辩证据涉及国外出版物需要到所在国办理公证证明等）。

原、被告代理人按照“谁主张，谁举证”的举证原则准备证据并提交证据，原告应当首先对被告侵权的主张负有举证责任，在侵权行为属于《专利法》第 61 条规定的举证责任倒置情况时，则侵权诉讼的被告也负有举证责任。

被告对于自己的抗辩应提供证据证明：

被告主张现有技术不侵权抗辩时，则由被告提供证实该现有技术存在并反映该已有技术具体内容的证据；

被告主张适用禁止反悔原则时，则应提供证明原告曾作过限制其专利保护范围声明和反映其具体限制内容的证据；

被告主张先用权不视为抗辩时，则应提供证实被告在申请日前已经独立地完成设计、并已制造相同产品或者使用相同方法或者已做好制造或使用必要准备的证据。

在涉及新产品制造方法的专利诉讼中，在原告已提交被告已生产出该产品的证据后及证明这个产品是新产品后，被告应当就其生产该新产品的方法进行举证，若不能举证就推定被告使用了该专利的新产品制造方法。

对于所交换或提交的证据，双方除了提供证据外，应当编制证据目录清单，并针对所提交的每一个证据作出证据说明。

双方在法院进行证据交换时，要认真仔细地阅读对方的证据。对于对方证据中存在不清楚之处而需要进一步了解时最好在当场提出来，以便能准确地作出针对性的争辩。此外，在交换证据时代理人不要轻易对对方陈述的事实明确表示承认，因为表示明确承认后就免除了对方的举证责任。

双方在法院交换证据后，或者法院转来对方所补交的证据之后，需针对这些新证据提供反证或者论述不同意见的，应尽快提交给法院。

二、双方专利代理人庭审前后应当进行的工作

双方证据交换后不久，法院将开庭审理该侵权诉讼案，因此双方专利代理人应当立即着手庭审的准备工作。

双方专利代理人应当仔细地阅读对方的起诉状或答辩状，结合双方所提供的证据分析研究案情，有针对性地准备庭审的代理词以及法庭辩论的提纲。在准备代理词和法庭辩论提纲时重点放在双方争论的焦点上，从证据、法律规定和法理上作出有利于己方观点的论述，确立有利于己方的庭审策略。但是，做上述准备时不能只站在对己方有利的角度去考虑，还应换位思考，考虑对方可能会提出什么样的论点和对己方可能提出的反驳意见，做好多种准备，从而在开庭时可以随机应变、从容有度。

下面对庭审时出现频率较高的一些争辩焦点作简单介绍：

（一）相同侵权

双方可针对被控侵权客体是否包含了该专利权利要求的全部必要技术特征进行争辩。原告若认定被告以相同方式侵犯己方专利权时，就应当具体地指出权利要求中的全部技术特征，并进一步指出全部技术特征包含在对方被控侵权的客体中，即使有些特征看上去似乎不同，也仅仅是因为使用了不同的表达，实质上是完全一样的，即使被控侵权的客体本身也是一项申请日晚于原告专利申请日的专利，仍可强调被告的专利是在原告专利上增加技术特征后成为原告专利的改进实施，依然属于相同侵权。相反地，被告应强调自己的实施行为中并未采用权利要求中的一个或几个必要技术特征，因此不构成相同侵权。

被控侵权客体与权利要求相比增加技术特征的情况中，存在一个侵权的例外，如果由说明书和/或权利要求的文字记载能明确将增加该技术特征的技术方案排除到该专利保护范围之外时，被告就可以争辩此时未构成相同侵权。

另外，原告专利的独立权利要求有可能未包含解决最接近现有技术存在的技术问题的全部必要技术特征。在这种情况下，若被控侵权的客体包含了独立权利要求中的全部技术

特征，但未包含那些应当记载在独立权利要求而仅仅记载在从属权利要求或说明书中的必要技术特征时，被告代理人就可在争辩中强调并仔细分析为什么这些技术特征对原告专利来说是必要的技术特征，而被控侵权的客体中未采用这些技术特征，因而未利用本实用新型的构思，不应该判为侵权，更不应该判为相同侵权。但是，在这种情况下应当在答辩起诉状前以该专利不符合《专利法实施细则》第 20 条第 2 款的规定为理由向专利复审委员会提出无效宣告请求。否则，仍然有可能被判侵权。

（二）等同侵权

在专利侵权诉讼中，完全仿造原告专利产品的情形并不多，大部分侵权行为属于等同侵权，因而双方代理人争辩的重点往往是是否构成等同侵权。等同侵权争辩的核心是被控侵权客体中采用的替代手段与权利要求中被替代的技术特征是否等同。

原告应详细论述对于该领域普通技术人员来说能明显得知此种替代手段与被替代的技术特征相比，以基本相同的方式来实现基本相同的功能，并达到基本相同的效果，故被控侵权的客体以等同方式侵犯了专利权。

被告可以从几个方面来论述：(1) 可以详细论述该替代手段对解决发明和实用新型所要解决的技术问题来说，不能达到被替代手段所起的作用；(2) 强调被控侵权客体采用的技术特征在功能、效果上明显优于专利独立权利要求中对应的必要技术特征，且本领域的技术人员认为这种变化具有实质性改进，并非显而易见；(3) 强调对本领域技术人员来说两者以不同的方式解决发明或实用新型的技术问题，因而被控侵权客体并未利用本专利的技术方案，未构成侵权。

对于专利权人一方在起诉状中认定等同侵权时，如前所述，被告还可以依照禁止反悔原则指出原告不得以等同方式将专利权保护范围扩大到其承诺放弃的内容，从而说明被告的实施行为未落入专利权保护范围。

另外，若被告找到的该专利申请日的现有技术比该专利更接近被控侵权客体时，则被控侵权一方可采用现有技术抗辩策略。

（三）间接侵权

对于间接侵权，双方可就构成间接侵权的三个条件进行争辩。

被告代理人为证明被告构成间接侵权，可以强调被告向他人提供的产品是批量销售的通用产品，并非实施该专利的专用产品；也可以强调被告主观上没有诱导他人直接侵权的故意。相反，原告代理人应当强调被告有诱导、怂恿、教唆他人实施该专利的故意；或者强调在该专利公开日、甚至是申请日前的现有技术中并未出现过这类产品，因而被告向他人提供的产品是该专利的专用产品。

被告还可以论述由于没有发生利用被告的产品来实施该专利的直接侵权行为，因而未构成间接侵权行为。但是如果故意诱导、唆使的直接侵权行为发生或可能发生在境外，或者利用被告的产品或者方法的行为属于《专利法》第 69 条规定的不视为侵权专利权的行为，或者属于个人非营利目的的制造、使用专利的行为，原告代理人可以强调被告故意诱导、唆使的行为属于上述三种情况之一，从而认定被告的行为仍然构成间接侵权。

（四）有关程序或其他方面可争辩的问题

除了前面所述的争辩焦点外，双方代理人还可就下述几个问题进行争辩。

1. 两年诉讼时效

被告可以论述实施行为的终了之日距起诉之日已经超过了 2 年，提出诉讼时效抗辩，或当实施行为是从 2 年前持续到起诉之日后的，要指出侵权损害赔偿数额不得将 2 年前的实施行为也计算在内。原告可以论述存在诉讼时效的中止或者中断，以说明未超过 2 年的诉讼时效。

2. 先用权

被告若提出先用权抗辩，双方争辩集中于两点：第一，是否满足享有先用权的条件，第二，该先用权的规模。对于第一点，主要争辩制造和使用的行为是否发生在原告专利申请日之前，制造或使用的技术是被告独立完成的还是从专利权人处非法获得的；被告在该专利申请日之前是否已经做好了制造或者使用的准备。对于第二点，主要争辩享有先用权的制造或使用行为在该专利申请日前达到的规模和范围。

3. 专利权用尽

当被告主张专利权用尽抗辩时，原、被告可以就被告使用、许诺销售、销售或进口的产品是否是经专利权人许可而制造的专利产品或者依照专利方法直接获得的产品提出争辩。

4. 合法来源免责抗辩

当被告请求不承担赔偿责任时，原、被告可就被告在使用、许诺销售或销售他人产品时究竟是否知道该产品是未经专利人许可而制造、销售的专利侵权产品提出争辩。

5.2.9　请求确认不侵权之诉[①]

2002 年 7 月 12 日最高人民法院民事审判第三庭作出的《关于苏州龙宝生物工程实业公司与苏州郎力福公司请求确认不侵犯专利权纠纷案的批复》，被认为是我国确认不侵权之诉的法律依据。该批复认为，该案已经符合《民事诉讼法》第 108 条（现为第 124 条）之规定，人民法院应当受理。该批复进一步明确，原告向人民法院提起诉讼的目的，是针对被告发函指控其侵权的行为而请求法院确认自己不侵权，以请求“确认不侵权纠纷”作为案由，能直接地反映当事人争议的本质，体现当事人的请求与法院裁判事项的核心内容。请求确认不侵害知识产权之诉属于侵权诉讼的观点得到了司法实践的支持，《民事案由规定》第 153 个案由为确认不侵害知识产权纠纷，第

---

① 参见 http：//china. findlaw. cn/chanquan/shangbiaofa/shangbiaobaohu/shangbiaoqinquancs/22302. html，访问日期：2013 年 5 月 7 日。

153 个案由再分为第四级案由，其中包括第四级案由即确认不侵害专利权纠纷。

一、原告提起确认不侵权之诉的条件

被警告人若想证明其权利受到了侵害，具备提起确认不侵权之诉的原告主体资格，须证明或者说明如下三点：

1. 知识产权人已向其发出了侵权警告，而被警告人不承认自己的行为构成侵权。

如果权利人发出的函件内容是告知信函接收人相关知识产权的存在，或者是出于调查目的而进行询问，其并没有表示将立即提起侵权诉讼，则权利人与信函接收人之间并没有产生实质争议，不能认为权利人向信函接收人发出了侵权警告，信函接收人还不具备提起确认之诉的条件。

2. 知识产权人无正当理由延迟向人民法院起诉，或向有关知识产权行政管理部门投诉，或就知识产权犯罪行为向公安部门报案。

此条件中的难点在于如何认定延迟起诉或投诉的问题。如果权利人在警告函中已限定了被警告人的答复期限，并明确逾期其将通过诉讼解决，如果该期限届满而权利人未提起诉讼的，则被警告人可提起确认之诉。如果在警告函中并无上述期限，法官可根据个案确定权利人是否构成不合理的延迟提起诉讼。

3. 知识产权人的此种延迟行为可能对被控侵权人的权益造成损害。对于此要件可以进行推定，即只要上述两个要件成立，即可推定此要件成立。

当然，被警告人也可以对权利人的延迟行为对被警告人的利益造成损害进行举证。

二、确认不侵权之诉的地域管辖问题①

虽然法律并未明确规定确认不侵权之诉的管辖确定原则，但这类诉讼本质上仍属侵权纠纷，民事诉讼法关于侵权纠纷案件管辖的确定原则在本案中可适用。在 2004 年 6 月 24 日最高人民法院下发的《关于本田技研工业株式会社与石家庄双环汽车股份有限公司、北京旭阳恒兴经贸有限公司专利纠纷案件指定管辖的通知》中，已经明确指出“确认不侵犯专利权诉讼属于侵权类纠纷，应当依照民事诉讼法第二十九条的规定确定地域管辖”。该第 29 条（现为第 28 条）规定：“因侵权行为提起的诉讼，由侵权行为地或者被告住所地人民法院管辖。”

由被告地确定管辖法院是确定地域管辖的基本原则。这里的被告地包括被告住所地和被告经常居住地。我国《民事诉讼法》第 21 条第 1 款规定：“对公民提起的民事诉讼，由被告住所地人民法院管辖；被告住所地与经常居住地不一致的，由经常居住地人民法院管辖。”确定请求确认不侵犯专利权之诉的地域管辖时，也应注意适用这一原则，即被告住所地或者经常居住地法院对请求确认不侵犯专利权之诉有管辖权，原告可向被告住所地或

---

① 参见 http：//wq. zfwlxt. com/ArticleShow. aspx? classID＝38&boardID＝571&id＝41601，访问日期：2013 年 5 月 12 日。

者经常居住地法院起诉。

在确认不侵犯专利权诉讼中，所谓的侵权行为就是原告请求法院确认不侵犯被告专利权的行为，侵权行为地就是原告该行为实施地及所谓的侵权结果发生地。

5.3　专利权属诉讼①

5.3.1　概述

专利权属诉讼案件主要包括指专利申请权和专利权权属诉讼，专利申请权权属诉讼与专利权权属诉讼发生的原因基本相同，两者有着本质上的相同点。

专利权属诉讼分为以下四类：

一、职务发明创造的权利归属

执行本单位的任务或者主要是利用本单位的物质技术条件所完成的发明创造为职务发明创造。职务发明创造申请专利的权利属于该单位；申请被批准后，该单位为专利权人。可知，职务发明创造可以划分为两类：

1. 根据《专利法实施细则》的规定，执行本单位的任务所完成的发明创造，可是以下三种情形之一：

（1）发明人或者设计人在本职工作中完成的发明创造。

（2）虽然与发明人或设计人的本职工作无关，但是属于在执行本单位分配的专门任务时完成的发明创造。

（3）工作人员退职、退休或调动工作后 1 年之内作出的，与其在原单位承担的本职工作或者分配的任务有关的发明创造。

2. 主要利用本单位的物质技术条件所完成的发明创造。

本单位的物质技术条件，是指本单位的资金、设备、零部件、原材料或者不对外公开的技术资料等。

二、非职务发明创造的权利归属

非职务发明创造，申请专利的权利属于发明人或者设计人；申请被批准后，该发明人或者设计人为专利权人。只要不属于职务发明创造的即为非职务发明创造。

三、约定的权利归属

利用本单位的物质技术条件所完成的发明创造，单位与发明人或者设计人订有合同，

① 参见 http：//china. findlaw. cn/info/wuquanfa/wqbh/qrzs/101307_2. html，访问日期：2013 年 5 月 20 日。

对申请专利的权利和专利权的归属作出约定的，从其约定。

四、合作或者委托发明创造的权利归属

两个以上单位或者个人合作完成的发明创造，除当事人另有约定的以外，申请专利的权利属于合作开发的当事人共有。当事人一方转让其共有的专利申请权的，其他各方享有以同等条件优先受让的权利。合作开发的当事人一方声明放弃其共有的专利申请权的，可以由另一方单独申请或者由其他各方共同申请。申请人取得专利权的，放弃专利申请权的一方可以免费实施该专利。合作开发的当事人一方不同意申请专利的，另一方或者其他各方不得申请专利。

委托完成的发明创造的归属所遵循的判断原则为：有合同约定的依合同约定，无合同约定或约定不明确的归属于发明创造完成人即受托的研究开发人。同时，我们还应当注意，如果研究开发人取得专利权的，委托人可以免费实施该专利；研究开发人转让专利申请权的，委托人享有以同等条件优先受让的权利。

至于专利权属诉讼的地域管辖和级别管辖请参看 5.1.2 相关内容。

关于诉讼时效的问题，由于实用新型与外观设计专利没有公布程序，只有授予专利权公告程序，在公告前是处于保密状态的，因而实用新型与外观设计大多发生的是实用新型与外观设计专利权权属诉讼，极少有实用新型与外观设计申请权权属诉讼。而发明专利有公布程序，因此，发明有申请权权属诉讼与发明专利权权属诉讼。对于发明、实用新型或外观设计专利权权属诉讼，提出争议的一方应当在专利权授权公告后的两年内提出诉讼请求，而对于发明专利的申请权权属诉讼，提出争议的一方应当在该发明专利申请公布后两年内提出诉讼请求，否则可能丧失胜诉权。

5.3.2 职务发明的界定范围

一、本职工作的范围

发明人或设计人的本职工作的范围就是发明人或设计人的职务范围，必须是具体的工作责任、工作职责范围，而不是单位的业务范围，也不是指发明人或设计人所学专业的业务范围，也不能认为只要是与他从事的专业或者业务有某种联系的发明创造，都是职务发明。

二、本单位的含义

人员编制或者工资关系所在单位是职工的本单位，借调人员从事工作的单位也视为本单位，不过如果是短期借调人员，则要考虑发明创造主要完成的时间是在借调期还是原单位工作时，从而确定何为本单位。受聘的专业人员的聘任单位是本单位。对于兼职人员，如果只是名义上的挂名，则聘任单位不能视为该人员的本单位，如果与兼职单位的关系成为一种合同性质的关系，关于发明创造专利的权属，可以从其合同约定，若无约定，则可

以考虑发明创造与兼职单位的工作任务有关，或者主要利用了兼职单位的物质技术条件，可以考虑双方共有此专利权。

三、本单位交付的本职工作以外的工作任务

指工作人员承担的短期、长期或临时的单位要求的本职工作以外的任务，通过（1）是否有记载该任务是本单位计划中的工作、指派某人完成的任务书、会议记录、决定书、通知书等；（2）是否有领导具体的支持与安排，如具体的人员、时间、设备、场所或经费等具体措施等情形来判断是否是本单位交付的本职工作以外的工作任务。

四、工作人员退职、退休或调动工作后一年之内作出的，与其在原单位承担的本职工作或者分配的任务有关的发明创造

“一年内”的起算点是以正式办理完调离或者退职、退休手续之日起。

一般以专利申请日推定为发明创造的“作出”日期，这是因为要有充足证据证明其实际作出日期是比较困难的。不过，如果确实有充足的证据证明专利申请前的实际完成日的，以实际完成日期作为发明创造的“作出”日期。所谓“有关”，指一是在完成本职工作中作出的，二是指完成本单位交付的任务的过程中作出的。停薪留职、内部调动工作、辞职可适用此对“有关”的认定。

五、主要利用本单位的物质技术条件

物质技术条件是指本单位的资金、设备、零部件、原材料或者不对外公开的技术资料等。该发明创造的研发必须是利用了单位的“物质技术条件”，并且是“本单位”的物质技术条件，还必须“主要是”利用了本单位的物质技术条件。如果使用人已经支付了费用或者对完成发明创造不起主要作用的，不应认定为“主要是”利用了本单位的物质技术条件。另一个重要的问题是：利用物质技术条件的目的是完成某个技术方案，而不是为了实施某个技术方案。关于技术条件，无论工作人员是否持有不对外公开的技术图纸或含有技术内容的载体，只要他知道有关技术信息，或者他在工作中客观上可以了解到这些信息，这些信息变成了他大脑中的知识，他就有可能进行利用，不管是在本职工作中还是在业余时间，他都可以进行思考。即使工作人员是利用业余时间研究出了该发明创造，也应该认定他利用了本单位不对外公开的技术资料，其发明应该认定为职务发明。

5.3.3　判断职务发明创造的步骤及权利归属原则

实践中，对于职务发明创造与非职务发明创造的判断通常按照以下步骤进行：

1. 确定技术方案完成日；
2. 确定发明人或设计人；
3. 确定发明人或设计人的单位；

4. 判断发明创造是否为本单位的任务；

5. 发明创造的研发是否主要利用了本单位的物质技术条件；

6. 双方是否存在约定归属的情形；

7. 根据职务发明创造的定义判断发明创造的性质。

经过上述步骤判断，明确了发明创造的性质后，便可以按以下规则确定其权利归属：(1) 如果为职务发明创造，则申请专利的权利属于该单位，申请被批准后，该单位为专利权人；(2) 如果为非职务发明创造，申请专利的权利属于发明人或者设计人，申请被批准后，该发明人或者设计人为专利权人；(3) 如果属于利用本单位的物质技术条件所完成的发明创造的情形，而单位与发明人或者设计人订有合同，对申请专利的权利和专利权的归属作出约定的，则从其约定。

5.3.4 职务发明纠纷中的证据收集

员工将本应作为职务发明创造的技术以个人名义申请专利，作为原告即员工单位的代理人，应收集以下证据：

1. 收集可确认被告的员工身份的证据，如入职登记表，从入职到离职期间的工资表。

2. 收集可确认被告的本职工作或者本单位交付的任务的证据，如被告参加技术会议的会议记录，作为公司代表，签订的合同，还有如公司对被告任职的岗位工作职责有明确规定的规章制度或会议决议。指派某人完成的任务书、会议记录、决定书、通知书等。

3. 收集单位购买用于研发该发明创造所需仪器设备取得的单据，用以证明单位投入的物质技术条件。

4. 针对被告可能的辩称，如其申请的专利是其入职前就完成的技术方案，或者是其原来申请的专利的重复，原告代理人应仔细研究其以前申请的专利的技术方案，并找到与涉案专利的差别。

5.4 专利合同诉讼

5.4.1 概述

专利合同纠纷包括发明专利实施许可合同纠纷、实用新型专利实施许可合同纠纷、外观设计专利实施许可合同纠纷、专利申请权转让合同纠纷、专利权转让合同纠纷等。专利合同诉讼就是指当事人因专利实施许可合同、专利申请权或专利权转让合同的条款发生歧义而就合同的变更、撤销、解除、履行和当事人的违约等发生纠纷而不能协商解决时所引发的诉讼。在引发专利合同诉讼的多种原因中，最常见的原因是一方或双方当事人的违约。当一方当事人违反合同的约定，不履行专利合同或者履行不符合约定的条件或内容，即构成专利合同违约。违约一方要承担“继续履行、采取补救措施、支付违约金、赔偿损失”的违约责任。

5.4.2　专利合同诉讼法律指引

一、专利合同概述

《合同法》第 342 条：技术转让合同包括专利权转让、专利申请权转让、技术秘密转让、专利实施许可合同。技术转让合同应当采用书面形式。

《技术进出口管理条例》第 2 条：本条例所称技术进出口，是指从中华人民共和国境外向中华人民共和国境内，或者从中华人民共和国境内向中华人民共和国境外，通过贸易、投资或者经济技术合作的方式转移技术的行为。前款规定的行为包括专利权转让、专利申请权转让、专利实施许可、技术秘密转让、技术服务和其他方式的技术转移。

其中，专利权转让、专利申请权转让、专利实施许可合同三种都属于专利技术转让合同，简称专利合同。专利合同纠纷占技术转让合同纠纷的绝大部分。

二、专利（申请）权转让合同诉讼

《专利法》第 10 条：专利申请权和专利权可以转让。中国单位或者个人向外国人转让专利申请权或者专利权的，应当依照有关法律、行政法规的规定办理手续。转让专利申请权或者专利权的，当事人应当订立书面合同，并向国务院专利行政部门登记，由国务院专利行政部门予以公告。专利申请权或者专利权的转让自登记之日起生效。

《专利法》第 47 条：宣告无效的专利权视为自始即不存在。宣告专利权无效的决定，对在宣告专利权无效前人民法院作出并已执行的专利侵权的判决、调解书，已经履行或者强制执行的专利侵权纠纷处理决定，以及已经履行的专利实施许可合同和专利权转让合同，不具有追溯力。但是因专利权人的恶意给他人造成的损失，应当给予赔偿。

如果依照前款规定，专利权人或者专利权转让人不向被许可实施专利人或者专利权受让人返还专利使用费或者专利权转让费，明显违反公平原则，专利权人或者专利权转让人应当向被许可实施专利人或者专利权受让人返还全部或者部分专利使用费或者专利权转让费。

《技术进出口管理条例》第 14 条：进口经营者签订技术进口合同后，应当向国务院外经贸主管部门提交技术进口合同副本及有关文件，申请技术进口许可证。国务院外经贸主管部门对技术进口合同的真实性进行审查，并自收到前款规定的文件之日起 10 个工作日内，对技术进口作出许可或者不许可的决定。

《技术进出口管理条例》第 22 条：设立外商投资企业，外方以技术作为投资的，该技术的进口，应当按照外商投资企业设立审批的程序进行审查或者办理登记。

《技术进出口管理条例》第 38 条：技术出口经许可的，由国务院外经贸主管部门颁发技术出口许可证。技术出口合同自技术出口许可证颁发之日起生效。

三、专利技术实施许可合同诉讼

《合同法》第 344 条：专利实施许可合同只在该专利权的存续期间内有效。专利权有效期限届满或者专利权被宣布无效的，专利权人不得就该专利与他人订立专利实施许可合同。

《合同法》第 345 条：专利实施许可合同的让与人应当按照约定许可受让人实施专利，交付实施专利有关的技术资料，提供必要的技术指导。

《技术进出口管理条例》第 29 条：技术进口合同中，不得含有下列限制性条款：（1）要求受让人接受并非技术进口必不可少的附带条件，包括购买非必需的技术、原材料、产品、设备或者服务；（2）要求受让人为专利权有效期限届满或者专利权被宣布无效的技术支付使用费或者承担相关义务；（3）限制受让人改进让与人提供的技术或者限制受让人使用所改进的技术；（4）限制受让人从其他来源获得与让与人提供的技术类似的技术或者与其竞争的技术；（5）不合理地限制受让人购买原材料、零部件、产品或者设备的渠道或者来源；（6）不合理地限制受让人产品的生产数量、品种或者销售价格；（7）不合理地限制受让人利用进口的技术生产产品的出口渠道。

5.4.3 确定案由，明确争议客体

有些技术发明人在申请专利之前或者在申请专利后，授予专利权之前就已同他人订立了非专利技术转让合同。在合同履行中，或发生纠纷时，有的技术才获得或仍未获得专利权，对这种情况确定案由应当以诉讼时申请专利的技术的法律状态为准，即：

第一，在诉讼中专利申请仍未公告或公开，应定为非专利技术转让合同，适用技术合同法中有关非专利技术转让合同的规定。

第二，诉讼中已公开，但未获得专利权，可以定为专利实施许可合同纠纷，参照技术合同法中关于专利实施许可合同的有关规定处理。

第三，诉讼中已获得专利权，应定为专利实施许可合同纠纷，适用技术合同法中有关专利实施许可合同的规定。

5.5 专利刑事诉讼代理

5.5.1 专利犯罪概述

假冒专利罪，是指以获取非法利益为目的，违反国家专利管理法规，在法律规定的专利有效期限内，未经专利权人许可，进行非法使用，侵犯他人或者单位的专利权益，情节

严重的行为。

《刑法》第 216 条规定了假冒专利罪：假冒他人专利，情节严重的，处 3 年以下有期徒刑或者拘役，并处或者单处罚金。

最高人民法院、最高人民检察院《关于办理侵犯知识产权刑事案件具体应用法律若干问题的解释》第 4 条规定：假冒他人专利，具有下列情形之一的，属于《刑法》第 216 条规定的“情节严重”，应当以假冒专利罪判处 3 年以下有期徒刑或者拘役，并处或者单处罚金：(1) 非法经营数额在 20 万元以上或者违法所得数额在 10 万元以上的；(2) 给专利权人造成直接经济损失 50 万元以上的；(3) 假冒两项以上他人专利，非法经营数额在 10 万元以上或者违法所得数额在 5 万元以上的；(4) 其他情节严重的情形。该解释第 10 条规定：实施下列行为之一的，属于《刑法》第 216 条规定的“假冒他人专利”的行为：(1) 未经许可，在其制造或者销售的产品、产品的包装上标注他人专利号的；(2) 未经许可，在广告或者其他宣传材料中使用他人的专利号，使人将所涉及的技术误认为是他人专利技术的；(3) 未经许可，在合同中使用他人的专利号，使人将合同涉及的技术误认为是他人专利技术的；(4) 伪造或者变造他人的专利证书、专利文件或者专利申请文件的。

5.5.2　假冒专利罪犯罪构成[①]

一、客体要件

本罪的客体为复杂客体，它既侵害了国家专利管理部门的正常活动，也侵害了单位或者个人的专利权利。随着社会主义市场经济体制的建立和健全，不仅需要在法律上明确规定允许和保护科技发明创造的专利权，以鼓励发明创造，维护专利权和国家的利益，而且侵权行为不断发生，也需要法律保护专利权人和国家的专利权益。因此，对于假冒专利侵犯他人的专利权和国家的专利管理制度构成犯罪的行为予以打击是必要的。

二、客观要件

本罪在客观方面表现为违反国家专利管理法规规定，在法律规定的有效期限内，假冒他人或单位已向国家专利主管部门提出申请并经审查获得批准的专利，情节严重的行为。根据我国专利法的规定，专利权的所有人和持有人（即专利权人），享有专利的独占权和专用权。任何单位和个人非经专利权人许可，除法律规定以外，都不得实施其专利，即不得为生产经营目的制造、使用或者销售其专利产品，或者使用其方法。

1. 假冒他人专利的行为主要表现在两个方面：未经专利权人同意，在其制造、使用或者出售的产品上标注、缀附或者在与该产品有关的广告中冒用专利权人的姓名、专利名称、专利号或者专利权人的其他专利标记的行为。由于专利产品在公众中有较高的信誉，

---

① 参见 http://www.hicourt.gov.cn/xingsh/xingsh_list.asp? id=134，访问日期：2013 年 5 月 15 日。

行为人利用公众对专利产品的信任感，假冒专利，公众相信自己生产的产品是专利权人生产、使用或者销售的，或者是经专利权人许可生产、使用或销售的，从而牟取巨额的非法利益。

专利是指发明创造，包括发明、实用新型和外观设计。作为发明和实用新型两种专利必须具备新颖性、创造性和实用性的特点。作为外观设计应当具有同申请日以前的国内外出版物上公开发表过或者国内外公开使用过的外观设计不相同或者不相似的特点。专利的这些特点，决定了它能够在公众中赢得较高的信誉。而假冒专利者实施上述假冒行为，也就是企图使公众相信该产品是专利权人生产、使用或销售，或者经专利权人许可而生产、使用或销售，从而牟取非法利益。

2. 未经专利权人许可，而实施其专利的行为，即未经专利权人许可，以生产经营为目的而非法制造、使用或者销售其专利产品，或者使用其专利方法。作为本罪侵犯对象的专利必须是已向国家专利管理机关提出申请并经专利管理机关审核批准的。申请的方式必须是文字的，口头申请无效。其中申请发明或者实用新理专利应当提交申请书、说明书及其摘要和权利要求书等文件。申请外观设计专利的，应当提交申请书以及该外观设计的图片或者照片等文件，并应当写明使用该外观设计的产品及其所属类别。未提出过申请，以口头方式提出申请以及虽然以文字方式提出申请，但未经有批准权限机关批准的专利，不受法律保护。

3. 假冒专利的行为必须是发生在专利权期限内。为了防止专利权人无限期地垄断技术，阻碍技术进步，专利权人只能在法定的期限内享有对其发明创造专有利用的权利。《专利法》第 45 条对专利权的期限作了具体的规定。发明专利权的期限为 15 年，自申请之日起计算；实用新型和外观设计专利的期限为 5 年，自申请之日起计算，期满前专利权人可以申请续展 3 年。专利期限届满后，该项发明创造不再作为专利予以保护，也不存在对该项发明创造假冒专利的问题。

4. 处理假冒专利案件，要分清是否侵犯了专利权。《专利法》第 62 条规定，下列行为不视为侵犯专利权：(1) 专利权人制造或者经专利权人许可制造的专利产品售出后，使用或者销售该产品的；(2) 使用或者销售不知道是未经专利权人许可而制造并售出的专利产品的；(3) 在专利申请日前已经制造相同产品、使用相同方法或者已经作好制造、使用的必要准备，并且仅在原有范围内继续制造、使用的；(4) 临时通过中国领土、领水、领空的外国运输工具，依照其所属国同中国签订的协议或者共同参加的国际条约，或者依照互惠原则，为运输工具自身需要而在其装置和设备中使用有关专利的；(5) 专为科学研究和实验而使用有关专利的。没有实施侵犯专利权的行为，也就不构成假冒专利罪。

三、主体要件

本罪的主体为一般主体。凡达到刑事责任年龄且具有刑事责任能力的自然人均能构成本罪。依《刑法》第 220 条之规定，单位亦能成为本罪主体。单位犯本罪的，实行两罚制，对单位判处罚金，对其直接负责的主管人员和其他直接责任人员依本条规定追究刑事责任。

四、主观要件

本罪在主观方面必须出于故意，即明知自己在假冒他人专利侵犯他人专利权而仍故意实施该行为。对于过失行为，不能构成本罪。至于犯罪的动机则多种多样，有的为了营利，有的为了获取荣誉，有的为了损坏他人名誉等等，但无论动机如何，都不影响本罪的成立。

5.5.3　假冒专利罪公诉与自诉

一、假冒专利案件提起公诉的情形

依据《刑事诉讼法》及最高司法机关作出的有关司法解释，参照其他相关规定，下列假冒专利案件应当由公安机关立案侦查进而依法提起公诉。

1. 严重危害社会秩序和国家利益的涉嫌假冒专利犯罪案件。根据最高人民法院《关于适用〈中华人民共和国刑事诉讼法〉的解释》第 1 条第 2 项第 7 目的规定，人民法院直接受理的侵犯知识产权自诉案件，但严重危害社会秩序和国家利益的案件除外。据此，假冒他人专利，构成犯罪且严重危害社会秩序和国家利益案件的应当启动公诉程序。

2. 人民法院在审理涉嫌假冒专利犯罪自诉案件中，认为证据不足，可由公安机关受理，或者认为对被告人可能判处 3 年有期徒刑以上刑罚，而移送公安机关立案侦查的案件。依据相关司法解释的规定，人民检察院没有提起公诉，被害人有证据证明的侵犯知识产权案件，被害人直接向人民法院起诉，人民法院应当受理，对其中证据不足、可由公安机关受理的，或者认为对被告人可能判处 3 年有期徒刑以上刑罚，应当告知被害人向公安机关报案，或移送公安机关立案侦查。根据最高人民检察院、公安部于 2001 年发布的《关于公安机关管辖的刑事案件立案追诉标准的规定（二）》，假冒他人专利，涉嫌下列情形之一的，应予立案追诉：非法经营数额在 20 万元以上或者违法所得在 10 万元以上的；给专利权人造成直接经济损失在 50 万元以上；假冒两项以上他人专利，非法经营数额在 10 万元以上或者违法所得数额在 5 万元以上的；其他情节严重的情形。只要符合上述四种情况之一，自诉人已经向人民法院起诉，人民法院认为证据不足的，就应当移送公安机关立案侦查，而不宜以证据不足为由径行驳回起诉。

3. 人民法院在审理经济纠纷案件中，认为该案涉嫌假冒专利犯罪而移送公安机关立案侦查的案件。

4. 人民法院已经立案审理的经济纠纷案件，公安机关认为有假冒专利犯罪嫌疑而建议移送的案件。

5. 行政机关在依法查处违法行为过程中，发现涉嫌假冒专利犯罪而向公安机关移送的案件。而不得以行政处罚代替移送。

二、假冒专利案件提起公诉的程序

按照我国司法机关的分工，假冒专利刑事案件，由公安机关立案侦查，公诉机关依法提起公诉，人民法院依法审判，专利刑事案件一般由行为发生地或者结果地的司法机关管辖。

1. 立案侦查。公安机关主动和被动发现案件线索，如发现有犯罪嫌疑，需要追究刑事责任的，都需要由案发地的公安机关立案侦查，收集、调取犯罪嫌疑人有罪和无罪的、罪轻或者罪重的证据材料。认为假冒专利犯罪案件事实清楚，证据确实、充分的，应当移送公诉机关提起公诉。

2. 提起公诉。人民检察院对于移送审查起诉的假冒专利案件，从形式和实体上进行全面的审查，认为不构成犯罪的可以依法作出不起诉，认为证据不充分，可以退回公安机关补充侦查，审查起诉期限为 1 个月，重大、复杂的假冒专利案件，审查期限可以延长半个月。

3. 审判。人民法院对检察机关移送审判的案件，依照法律在 3 个月内作出有罪或无罪的判决。其中笔者提出，在此阶段被害人可以依法提起由于犯罪行为遭受物质损失的刑事附带民事诉讼，维权的专利权人不需要缴纳诉讼费用，此举有利于防止司法机关作出不一致的判决。

三、假冒专利自诉案件的范围

依据《刑事诉讼法》及其司法解释的有关规定。下列案件可以提起自诉：被害人有证据证明的轻微刑事案件，只要司法机关没有提起公诉程序的，都可以向人民法院提起自诉；专利权人有证据证明侵权人的行为涉嫌构成假冒专利犯罪，而向公安机关或者检察机关举报，而公安机关或者检察机关已经作出不予追究的书面决定，被害人（专利权人）可以凭该书面决定向人民法院提起刑事自诉，要求追究侵权人的刑事责任。

我国《刑事诉讼法》及其司法解释等规定了假冒专利案件提起自诉应当具备的条件：属于假冒专利自诉案件的范围；属于人民法院管辖范围；专利权受到侵害的专利权人告诉的；有明确的被告人、具体的诉讼请求和能够证明被告人假冒专利犯罪事实的证据。人民法院对于自诉人提起的自诉案件，应当按照管辖范围进行审查，认为有犯罪事实且需要追究刑事责任的，应当立案；认为没有犯罪事实，或者认为犯罪事实显著轻微，不需要追究刑事责任的，不予立案，自诉人不服的，可以申请复议。

四、假冒专利案件提起自诉的程序

自诉人因被侵权而提起自诉，应当向人民法院提交书面刑事自诉状，并附有能证明被告人侵犯其专利权的且情节严重的犯罪事实的证据，如果同时选择附带提起刑事附带民事诉讼的，应当提交附带民事起诉状，并附有自诉人由于被告人假冒其专利而遭受物质损失的证据。

人民法院审理假冒专利自诉案件，如果认定作出被告人有罪判决的，通过生效判决的执行以惩罚犯罪，保护专利权人的合法权益，维护正常的经济秩序，对于依法宣告无罪的自诉案件，就其附带民事诉讼部分，人民法院将依法进行调解或者一并作出判决，以维护专利权人的合法权益。

实例解析

案例一

关于现有技术抗辩的实例

最高人民法院《关于审理侵犯专利权纠纷案件应用法律若干问题的解释》第14条规定，被诉落入专利权保护范围的全部技术特征，与一项现有技术方案中的相应技术特征相同或者无实质性差异的，人民法院应当认定被诉侵权人实施的技术属于《专利法》第62条规定的现有技术。

若被诉侵权人提交的为两份以上对比文件，在其未能举证证明该两份对比文件记载的任意一项现有技术方案或者其中一份对比文件所公开的技术系所属领域普通技术人员广为熟知的公知常识的情况下，以两份对比文件相结合来进行现有技术抗辩，不符合现有技术抗辩的对比方法要件。

案情陈述：

DP公司于2007年1月26日向国家知识产权局申请了“一种立体孔洞装饰陶瓷砖的制备方法及其产品”发明专利（专利号为ZL200710006801.9），该专利有权利要求共10项，其中1、6为独立权利要求，权利要求2—5为权利要求1的从属权利要求，权利要求7—10为权利要求6的从属权利要求。

权利要求1为一种立体孔洞装饰陶瓷砖的制备方法，包括以下步骤：粉料制备，包括制备面料和底料；将粉料布料干压成型，制成坯体；将成型的坯体干燥；烧制坯体制成半成品；对半成品进行表面抛光，制成成品。其特征在于，所述粉料制备步骤中，制备所述面料包括制备花纹面料，其中至少提供一种花纹面料为成孔剂；所述粉料布料干压成型步骤中，将所述成孔剂与其他面料和底料布料干压成型，制成坯体；所述坯体烧制步骤中，烧制温度采用1 100～1 250℃，将所述面料烧制形成立体孔洞装饰纹理。

权利要求6为一种如权利要求1所述的制备方法制成的立体孔洞装饰陶瓷砖，设置为平板状，包括坯体层，形成在所述坯体层上一个表面的表面层、形成在所述坯体层另一个表面的面层，其特征在于，所述陶瓷砖表面层设置有孔洞；所述地面层设置有利于啮合的纹理；所述坯体层是瓷质或者石质或者陶质。

权利要求7为如权利要求6所述的立体孔洞装饰陶瓷砖，其特征在于，所述的表面层还设置有随机分布的仿天然装饰纹理，所述仿天然装饰纹理是云彩状纹理、木纹状纹理、石材纹理中的一种或者多种纹理。

该专利说明书中关于背景技术和发明内容提及："目前，随着陶瓷工艺设备和装饰方法不断改进，陶瓷制品不断逼近于天然石材……有立体孔洞的天然石材因其具有独特的装饰效果越来越受到市场及消费者的接受和喜欢……人造立体孔洞陶瓷砖价格低、强度高、不风化，是天然立体孔洞石材很好的替代品。目前，市场上的人造孔洞陶瓷砖是依赖凹凸模具压制形成孔洞及纹理，其不足之处在于：形成的孔洞过于规整、过渡少、不自然、人工痕迹明显，不能形成天然石材上的孔洞及纹理所具有的自然的不规则效果。因此，需要设计一种新的装饰用陶瓷砖的制备方法及其产品解决上述问题。本发明针对上述现有技术存在的不足，提供一种新的装饰用陶瓷砖的制备方法及其产品，该制备方法使陶瓷砖的孔洞及纹理随机变化而又具有相对稳定性，产品强度高、表面质感更接近天然石材、环保实用、成本低廉。"

DP公司于2008年9月16日在广州市中级人民法院起诉了A公司、B公司、C公司侵犯其第ZL200620154970.8号"一种立体孔洞装饰陶瓷砖"实用新型专利权[(2008)穗中法民三初字第385号]，该专利申请于2006年12月19日，授权公告于2007年8月1日，该案被诉产品与本案为同一产品。该案专利权的权利要求为：(1) 一种立体孔洞装饰陶瓷砖，设置为平板状，包括胚体层、形成在所述胚体层上一个表面的表面层，其特征在于，所述陶瓷砖表面层设置有孔洞和/或裂沟。(2) 如权利要求1所述的立体孔洞装饰陶瓷砖，其特征在于，所述表面层还设置有随机分布的仿天然装饰纹理。A公司对被诉产品系其生产以及被诉产品落入专利权利要求1、2均予以承认。一审法院认定该案中A公司侵犯DP公司的实用新型专利权，判令其停止生产销售行为并赔偿损失200 000元。

2010年1月13日，DP公司再次向广州市中级人民法院起诉，请求判令：(1) A公司支付DP公司ZL200710006801.9号发明专利临时保护期使用费20万元；(2) A公司在未与DP公司签订涉案专利的专利许可使用协议前，停止实施DP公司的涉案发明专利，停止生产、销售涉案的侵权产品。一审诉讼中，DP公司增加一项诉讼请求，即请求判令A公司、B公司、D共同支付DP公司侵权费用人民币30万元。一审诉讼中，DP公司请求保护的是权利要求6、7。

庭审中拆封公证购买的物品，A公司确认为其所制造、销售，D确认为其所销售。将该产品的技术特征与DP公司涉案专利权利要求6、7对比，当事人均确认该产品具备权利要求6、7所述的构造特征，其中坯体层是瓷质，仿天然装饰纹理是云彩状纹理；经核属实。庭审中，DP公司还辩称通过该产品的构造可以推导其制备方法，认为其制备方法与涉案专利权利要求1相同。A公司和D则抗辩通过产品无法推导出制备方法，A公司称其制备该产品的方法是采用《陶瓷》期刊2005年第5期（总177期）刊载的文章《多孔陶瓷的研究现状与应用》所介绍的"添加造孔剂工艺"，文章介绍的该工艺为："该工艺是在陶瓷配料中引入造孔剂，由于造孔剂在坯体中占有一定空间，通过烧成、造孔剂挥发，从而制成多孔陶瓷。造孔剂颗粒的形状、大小决定了多孔陶瓷材料气孔的形状和大小。造孔剂有无机和有机两类，无机造孔剂有：碳酸铵、碳酸氢铵、氯化铵以及煤粉、碳粉等；有机造孔剂有：天然纤维、高分子聚合物、有机酸等，多孔陶瓷的成型方法与普通陶瓷成型方法相同。该工艺可制成形状复杂及各种气孔结构的陶瓷制品，但缺点是气孔分布性差、气孔率低。”

DP公司认为被诉产品是新产品。DP公司的理由为：(1) 涉案专利为方法和产品的发明专利，已经获得授权，说明产品是新产品。(2) 专利产品获得新产品证书、科学技术奖励证书，科学技术成果鉴定证书也表明该成果达到国内领先水平。DP公司的证据为：DP公司的“布料发泡成孔仿天然洞石技术的研发——仿洞石瓷质抛光转”项目于2007年12月获科学技术部、商务部、国家质量监督检验检疫总局、国家环境保护总局颁发《国家重点新产品证书》，有效期为3年；同样该项目，分别于2007年8月、2008午6月获佛山市禅城区人民政府和佛山市人民政府颁发科学技术奖励证书；该项目于2007年3月经佛山市科技局组织鉴定，鉴定意见为，该项目是利用添加具有高温发泡性能的特殊面料，采用微粉技术和栅格定向技术相结合的方法进行布料，使其烧成后在坯体表面层能够形成各种形状、大小各异，分布自然的立体孔洞，经抛光后砖面呈现出与天然洞石石材相似的效果。利用该技术生产的产品具有孔洞分布随机自然，与颜色纹理走向自然协调，经磨抛后孔洞状态呈内大外小或内小外大的立体状等特点。该成果达到了国内领先水平。

A公司和D认为被诉产品不是新产品。A公司的证据为：(1) 图书《多孔功能陶瓷制备与应用》2006年7月第1版第6页，内容提及“多孔陶瓷是一种含有较多孔洞的无机非金属材料……简单而言，多孔陶瓷是一种含有较多孔洞，并且是利用其孔洞结构所具有功能的一类无机非金属材料”。(2) 图书《现代功能陶瓷》1998年9月第1版第193页，内容提及“17.3多孔陶瓷的制备 17.3.1 粒状陶瓷烧结体一般是将粒状陶瓷骨料和玻璃质、粘土质黏结剂与成孔剂混合、成型、干燥、烧成成孔剂分可燃性物质（如碳粒）和高温时分解产生气体的物质（如碳酸钙）。在烧结时成孔剂分解，逸出气体起发泡作用，形成连通开孔……”(3)《陶瓷》期刊2005年第5期（总177期）刊载的文章《多孔陶瓷的研究现状与应用》第48页，内容提及：“2.3发泡工艺该工艺是在陶瓷组分中加入有机或无机化学物质，通过化学反应等产生挥发气体，干燥后烧制成多孔陶瓷体……”

A公司制造、销售的被诉产品具备该专利权利要求6、7所记载的构造特征，此节A公司已承认，并经核属实，一审法院予以认定。由于权利要求6是权利要求1的从属权利要求，则判定被诉产品是否具备涉案专利全部必要技术特征还须判断具备权利要求6所述构造的立体孔洞装饰瓷砖是否根据权利要求1所述的制备方法来制造的。进而言之，涉案产品如属新产品，则该节的举证责任倒置归A公司；如不属新产品，则该节的举证责任归DP公司。因此，判断被诉产品是否具备涉案专利全部必要技术特征的步骤为：(1) 涉案专利权利要求1是否为新产品的制造方法；(2) DP公司的证据是否足以证明A公司采用权利要求1所述方法制造被诉产品，或者A公司的证据是否足以证明其制造被诉产品的方法不同于权利要求1所述方法。

根据本案专利说明书记载的背景技术和发明内容，该专利旨在针对现有人造孔洞陶瓷砖存在的孔洞过于规整、过渡少、不自然、人工痕迹明显等不足，提供一种新的装饰用陶瓷砖的制备方法，使陶瓷砖的孔洞及纹理随机变化而又具有相对稳定性，产品强度高、表面质感更接近天然石材。虽然DP公司的第ZL200620154970.8号“一种立体孔洞装饰陶瓷砖”实用新型专利的产品技术特征与本案专利产品的基本构造特征相同，但是在本案专利申请日之前，该实用新型专利尚未公开，故即使DP公司在早于本案专利申请日之前申请了该实用新型专利，也不表明相关技术特征已公开。本案专利申请后经实质审查被授专利权，表明其具备了法律规定的新颖性、创造性和实用性，由此可推定，本案专利权利要求所记载的制备方法是新产品的制造方法。DP公司在诉讼中提交的《国家重点新产品证书》等证据也相佐证，采用本案专利技术制造的产品为新产品。A公司欲否认涉案产品为新产品，经审查，其证据资料仅公开了多孔洞陶瓷、陶瓷烧结过程中成孔剂分解发泡以致形成连通开孔、发泡工艺等技术，并未涉及本案专利产品具备的“孔洞及纹理随机变化”、“表面质感接近天然石材”等特征，故A公司的此节抗辩理由不成立，一审法院不予采纳。因此，制造同样产品的A公司有责任证明被诉产品制造方法不同于专利方法。A公司在诉讼中称其制造被诉产品的方法是采用《陶瓷》期刊2005年第5期（总177期）刊载的文章《多孔陶瓷的研究现状与应用》所介绍的“添加造孔剂工艺”。经审查，该文章仅介绍在陶瓷配料中引入造孔剂以及造孔剂的种类，A公司以此为依据并未完成必要的倒置举证责任，可见其该辩解不成立。鉴于A公司无法提供其制造被诉产品的方法不同于本案专利方法的证明，其应承担举证不能的诉讼后果，一审法院据此推定被诉产品是A公司采用本案专利权利要求1所载方法制造的，进而推定被诉产品具备本案专利权利要求1、6、7的全部必要技术特征，落入专利保护范围。

据DP公司公证购买取得的证据以及A公司的承认，A公司在本案专利授权之前和之后均制造、销售了被诉产品，依法应承担停止侵害、支付实施费用和赔偿损失等法律责任。

A公司不服该一审判决，向广东省高级人民法院提起上诉。理由如下：(1) 一审法院关于涉案专利属于新产品制造方法专利的认定没有依据。专利的“三性”不应作为判别是否新产品的标准，DP公司提交的证据不足以证明立体孔洞陶瓷砖系新产品，且A公司亦提交了足够的证据证明立体孔洞陶瓷砖不是新产品。(2) 一审法院将证明被诉产品的制造方法不同于专利方法的举证责任分配给A公司的行为缺乏法律依据。(3) 被诉产品的制造方法系采用现有技术与所属领域技术人员的常识或者熟知技术的简单组合，不同于专利方法。(4) A公司在一审诉讼中已经根据政府的要求停止制造、销售被诉侵权产品，一审法院仍判决A公司停止制造、销售，没有事实基础，且判决A公司赔偿人民币10万元也明显过高。(5) 本案应当中止审理。2011年8月15日，国家知识产权局专利复审委员会作出了第17061号《无效宣告请求审查决定书》，宣告DP公司涉案专利权利要求1—5无效。权利要求6系权利要求1的从属权利要求，因此亦具有不稳定性。

被上诉人DP公司答辩称：首先，DP公司在一审申请求保护的是权利要求6和7。权利要求6系独立权利要求，而非权利要求1的从属权利要求，一审法院对此认定错误。其次，专利复审委的无效决定书维持了权利要求6—10有效，因此，本案不需要中止诉讼。再次，A公司提交的现有技术对比文件并未公开技术领域，也没有公开表面层、坯体层、底层和立体孔洞等构造特征，其现有技术抗辩不成立。最后，对于 A 公司在上诉状陈述的事实及理由，DP 公司认可一审法院认定的涉案产品是新产品的结论。且 A 公司的证据无法证明其方法不同于 DP 公司的专利方法。综上，请求二审法院驳回上诉，维持原判。

二审法院认为："本案系侵害发明专利权纠纷。DP 公司所有的第 ZL200710006801.9 号发明专利系经国家知识产权局依法授权，现处于合法有效状态，DP 公司有权提起本案诉讼。根据上诉人的上诉请求和被上诉人的答辩意见，本案争议的焦点问题是：一、本案是否应当中止诉讼；二、被诉侵权技术方案是否落入涉案专利的保护范围；三、A 公司的现有技术抗辩是否成立；四、原审法院判赔数额是否合理。

"一、关于本案是否应当中止诉讼的问题。《中华人民共和国专利法》第四十五条规定，自国务院专利行政部门公告授予专利权之日起，任何单位或者个人认为该专利权的授予不符合本法有关规定的，可以请求专利复审委员会宣告该专利权无效。根据上述规定，任何单位或者个人均可向专利复审委员会提出宣告一项专利无效的请求，但无效宣告请求程序的启动并非该项专利侵权纠纷案件中止诉讼的充分条件，否则会导致部分当事人恶意拖延诉讼的可能。故本案是否需要中止诉讼，应由法院根据具体案情裁决。由于国家知识产权局专利复审委员会第 17061 号《无效宣告请求审查决定书》已作出了在权利要求 6—10 的基础上继续维持该专利有效的决定。而且，本案涉案专利系发明专利，在授权时已经过实质审查，相对而言具有较强的稳定性。本院综合考虑上述情况，认为本案可以不中止诉讼。

"二、关于被诉侵权技术方案是否落入涉案专利保护范围的问题。《中华人民共和国专利法》第五十九条第一款规定，发明或者实用新型专利权的保护范围以其权利要求的内容为准，说明书及附图可以用于解释权利要求的内容。本案 DP 公司请求保护的为权利要求 6 和 7，其中，权利要求 6 为产品独立权利要求，而非权利要求 1 的从属权利要求，原审法院对此认定错误，本院予以纠正。判断 A 公司的被诉侵权技术方案是否落入涉案专利的保护范围，应审查其是否包含了权利要求 6 和 7 所记载的全部技术特征。将被诉侵权技术方案与涉案专利的权利要求 6 和 7 相比较，双方当事人确认两者除权利要求 6 所述的制备方法技术特征之外的其他技术特征均相同。而权利要求 6 为'一种如权利要求工所述的制备方法制成的立体孔洞装饰陶瓷砖……'故对于这种引用另一权利要求的独立权利要求，在确定其保护范围时，被引用的权利要求的特征均应予以考虑，而其实际的限定作用应当最终体现在对该独立权利要求的保护主题产生了何种影响。对于产品与专用于生产该产品的方法，两者之间在技术上相关联，但并不意味着该产品不能用其他方法制造。从本案情况看，尽管权利要求 6 引用了权利要求 1，但并未对权利要求 1 的方法作进一步限定，权利要求 1 的方法也未对权利要求 6 的产品结构作进一步限定。故本案对比的重点仍是权利要求 6 中的产品结构与形状。鉴于双方均确认产品特征相同，故被诉侵权技术方案落入专利保护范围。原审法院关于被诉侵权技术方案落入涉案专利保护范围的结论正确，本院予以维持。

"由于权利要求 6 和 7 系产品权利要求，而非方法权利要求，涉案专利权利权利要求 6

和7的立体孔洞装饰陶瓷砖是否属于新产品的问题，对本案的审理结果不产生影响，故本院对该问题不予审查。

“三、关于A公司的现有技术抗辩是否成立的问题。《中华人民共和国专利法》第六十二条规定，在专利侵权纠纷中，被诉侵权人有证据证明其实施的技术或者设计属于现有技术或者现有设计的，不构成侵犯专利权。《最高人民法院关于审理侵犯专利权纠纷案件应用法律若干问题的解释》第十四条规定，被诉落入专利权保护范围的全部技术特征，与一项现有技术方案中的相应技术特征相同或者无实质性差异的，人民法院应当认定被诉侵权人实施的技术属于专利法第六十二条规定的现有技术。本案A公司主张其实施的是现有技术，并提交了《实用墙地砖生产技术》和《陶瓷》两份公开出版物作为对比文件。该两份文件的出版日期分别为2003年和2005年，均早于本案专利的优先权日2006年7月20日，符合现有技术抗辩的时间要件。但是，首先，由于A公司提交的为两份对比文件，在其未能举证证明该两份对比文件公开的系一项现有技术方案或者其中一份对比文件所公开的技术系所属领域普通技术人员广为熟知的公知常识的情况下，其应当被视为以两项现有技术的组合进行现有技术抗辩，不符合现有技术抗辩的对比方法要件；其次，该两份对比文件未涉及‘所述表面层还设置有随机分布的仿天然装饰纹理’等部分产品构造方面的特征，故并未公开被诉落入专利保护范固的全部技术特征，亦不符合现有技术抗辩的实质要件。因此，A公司关于其实施的技术属于现有技术的主张不成立，本院不予支持。

“四、关于原审法院判赔数额是否合理的问题。《中华人民共和国专利法》第十三条规定，发明专利申请公布后，申请人可以要求实施其发明的单位或者个人支付适当的费用。本案A公司未经DP公司许可，在DP公司专利申请公布后实施DP公司的发明专利，DP公司有权请求其支付适当的费用。原审法院综合考虑了专利权的类别、A公司实施专利的情节以及相关联案件的判赔情况等因素，酌情确定A公司支付DP公司发明专利临时保护期使用费10万元，并无不当，应予维持。A公司认为原审法院判赔数额过高的理据不足，本院不予支持。

“综上，原审判决认定事实基本清楚，适用法律基本正确，本院予以维持。A公司的上诉请求不成立，应予驳回。”

案例二

深圳市中金高能电池材料有限公司诉无锡金扬丸伊电子有限公司侵犯发明专利的专利权纠纷案

2007年7月9日，深圳市中金高能电池材料有限公司（以下简称中金公司）向佛山市中级人民法院起诉，认为被告无锡金扬丸伊电子有限公司（以下简称金扬丸伊公司）侵犯其ZL98120285.3号发明专利的专利权。佛山市中级人民法院经审理驳回了中金公司的诉讼请求。中金公司不服该判决，于2008年向广东省高级人民法院提起上诉。广东省高级人民法院经过审理，驳回了中金公司的上诉，维持了原判。

广州三环专利代理有限公司的温旭和郝传鑫专利代理人作为金扬丸伊公司的代理人，

全程参与了该案一审和二审的审理以及专利无效程序。

本案的争议焦点在于被控产品电池极板用穿孔钢带是否具备毛刺孔特征。中金公司认为被控产品穿孔的一面用手触摸有粗糙感，说明其具有毛刺。金扬丸伊公司采用了公知技术抗辩，认为被控产品是经特别工艺专门压平去毛刺的产品，这与涉案专利的发明目的和效果正好相反。法院认为，专利的保护范围以权利要求为准，说明书可以用于解释权利要求。对于权利要求中存在争议的"毛刺"这一术语，综合考察说明书的内容可以发现，在涉案专利的现有技术中，就存在由于穿孔产生的毛刺，但是在现有技术中，视毛刺为不利因素，要尽量除去冲孔边缘的毛刺。但是涉案专利却发现毛刺的有利因素，因此，要主动制造毛刺，刻意保留毛刺，以达到实现提高涂膜、压膜牢固性的发明目的。但是被控产品的穿孔钢带看不到毛刺，其一面比较光滑，另一面相对而言略显粗糙。结合涉案专利说明书对毛刺的解释，被控侵权产品上面的粗糙出并不能达到提高涂膜、压膜牢固性的目的，因而所谓"粗糙"部分并不是涉案专利权利要求书中所指的"毛刺"，故被控产品没有落入中金公司专利的保护范围，金扬丸伊公司生产被控产品的行为不构成侵权。

解析：由于被控侵权产品在制造过程中充分表达了去除毛刺而非保留毛刺的意图并加以实施，因此与权利要求所要保护的发明内容背道而驰，因此不论最后被控侵权产品上的工艺毛刺是否去除干净，摸上去是否有粗糙感，都不可以认定为落入权利要求的保护范围，可以看出权利要求的解释在专利侵权判定中发挥着举足轻重的作用，但同时如何举证和分析被控侵权产品和专利权利要求保护范围的区别也是相当重要的。

根据禁止反悔原则，说明书中描述过但权利要求中放弃保护的技术方案在权利要求解释及等同原则适用时不可以重新纳入专利权的保护范围。同时，对于克服技术偏见的发明，在解释其权利要求的保护范围时应当排除公知技术的内容。

案例三

晶艺玻璃工程有限公司诉广州白云国际机场股份有限公司、广东省机场管理集团公司、三鑫特种玻璃技术股份有限公司专利侵权及专利使用费纠纷案

原告：珠海市晶艺玻璃工程有限公司（下称晶艺公司）

被告：广州白云国际机场股份有限公司（下称白云机场股份公司）

被告：广东省机场管理集团公司（下称机场管理公司）

被告：深圳市三鑫特种玻璃技术股份有限公司（下称三鑫公司）

原告是第 ZL97240594.1 号名称为"一种幕墙活动连接装置"的实用新型专利的专利权人，该专利的申请日为 1997 年 8 月 27 日，授权公告日为 1999 年 5 月 19 日，该专利至今有效存续。原告认为原白云机场有限公司未经原告同意擅自在广州新白云国际机场的建设中擅自使用原告的专利产品，而该被控侵权产品由被告三鑫公司制作安装，现由被告白云机场股份公司使用，所以三者的行为已经侵犯了原告的专利权。为此请求法院判令：(1) 三被告停止侵权行为，并赔偿原告经济损失 100 万元及向原告支付专利技术使用费 100 万元；(2) 请求判令三被告承担原告的合理费用 5 万元。

被告白云机场股份公司答辩称：原告所称新白云国际机场航站楼幕墙工程，是由原白云机场有限公司作为发包方发包给被告三鑫公司承建的。我司仅是机场地面服务的提供者，因此我司不是适格的主体，无须承担任何责任。

被告机场管理公司答辩称：我司为国有全资企业，负责经营管理原白云机场等机场的国有资产，根据相关规定，我司不从事提供航空营业场所等业务，广州新白云国际机场不归我司管理。我司愿承担原白云机场有限公司于本案的全部权利义务，但新白云国际机场航站楼幕墙工程是经过公开招投标程序，由被告三鑫公司设计及承担幕墙的施工，幕墙施工所使用的材料设备均由被告三鑫公司采购并制作安装。原白云机场有限公司主观上并无侵权故意，通过合法途径获得产品且已支付对价，属于善意第三人。

被告三鑫公司答辩称：原告专利是公知技术、被控侵权产品不落入原告专利保护范围。

一审判决：(1) 被告三鑫公司停止侵权；(2) 被告三鑫公司、机场管理公司共赔偿原告赔偿金 30 万元；(3) 被告白云机场股份公司支付原告专利使用费 15 万元。

三被告白云机场股份公司、机场管理公司、三鑫公司均不服一审判决而提起上诉。二审各方达成调解协议，由三鑫公司支付晶艺公司一定经济补偿费用，晶艺公司允许白云机场股份公司继续使用涉案专利产品。

双方除了诉讼时效、是否公知技术、是否侵权等几个方面分歧外，主要是集中在三被告在本案中各自的行为是什么，如何承担法律责任。

问题一：各被告之间的侵权行为各是什么，分别如何承担法律责任?

本案，原白云机场有限公司在新白云机场的建设中先是委托三鑫公司设计，其后作为发包方进行施工招标，三鑫公司中标承包了部分工程的制作与安装工作，而三鑫公司设计并施工的工程侵犯了原告专利。原白云机场有限公司验收工程合格后交与白云机场股份公司经营使用。随后原白云机场有限公司被注销，其债权债务由机场管理公司承继。

对三鑫公司的行为认定上，法院认为“三鑫公司未经原告许可，在广州新白云国际机场航站楼玻璃幕墙工程的设计、施工当中制造、销售、使用原告的专利产品，已经侵权了原告专利权”，即存在制造、销售、使用的侵权行为，“应当停止侵权并承担相应的赔偿责任”。

对原白云机场有限公司的行为认定上，法院认为“原白云机场有限公司作为工程的发包方，对被告三鑫公司设计、施工的工程内容有否侵犯他人专利权负有审查义务，因此，其应当对侵权后果承担共同赔偿责任”。虽然原白云机场有限公司与三鑫公司的协议约定“擅自使用专利技术侵犯他人专利权的，责任者依法承担相应责任”，但这是两合同主体间的协议，仅对两者有效，并不能妨碍两者对外需要共同承担的法律责任。

对白云机场股份公司的行为认定上，法院认为“机场的地面服务设施实际上由被告白云机场股份公司经营使用”，即存在使用的侵权行为。虽然按照《专利法》第 63 条第二款的规定不需要承担赔偿责任，但应停止使用被控侵权产品。停止使用即需要拆掉，于是引发出第二个问题。

问题二：白云机场股份公司如何履行停止侵权的法律责任？

《民法通则》第 7 条规定："民事活动应当尊重社会公德，不得损害社会公共利益。"而被控侵权产品是正在使用的新白云机场航站楼内的幕墙的一种连接装置，停止使用即需要拆掉，会危及机场航站楼幕墙安全，甚至有可能坍塌，机场不能运作；即使可以使用替代技术，那因拆卸、重新安装，机场也需要暂停运作。无论何种方式都不但造成机场重大的经济损失，更损害了社会公共利益，导致巨大的资源浪费。当专利权人的权利与社会公众利益存在冲突的情况下，如何平衡两者的利益？对于该问题，法院认为："被告白云机场股份公司本应停止使用被控侵权产品。但考虑到机场的特殊性，判令停止使用被控侵权产品不符合社会公共利益，因为被告白云机场股份公司可继续使用被控侵权产品，但应当适当支付使用费。"虽然侵权人侵犯了专利权，依法一般应承担停止侵权、销毁侵权产品、经济赔偿等民事责任。但在某些案件中，特别是本案这类建筑物侵权的专利案件中，为避免判决停止使用造成社会公共利益的损害，造成更大的资源浪费，法院可以不判令停止侵权、销毁产品而代以支付一定使用费作为补偿。当然，支付费用费的请求需要原告在诉讼请求中明确。

问题三：赔偿损失与支付技术使用费是否重复？

1. 赔偿金与专利使用费是针对不同的被告的不同行为而承担不同法律责任所支付的费用，两者性质不同。从各被告对其侵权行为的承担上，三鑫公司的行为是制造、销售、使用侵权，根据《民法通则》第 134 条的规定合并适合承担停止侵害、赔偿损失的民事责任。这里的停止侵害，是不能再实施制造、销售侵犯原告专利权的行为，因为本案被控侵权产品的所有权已因交付转移给原白云机场有限公司，其已无权停止本案特定的被控侵权产品的继续使用。赔偿责任是针对制造、销售，及交付前的使用而判决的。白云机场股份公司的行为是使用侵权，支付专利使用费是因为其已明知是侵权产品，但为了可以继续使用所支付的对价。若其能停止使用，是不需要支付专利使用费的。

2. 从时间上，两项费用针对时间段不同。支付赔偿金是针对起诉前，三鑫公司、原白云机场有限公司已实施的侵权行为承担的法律责任。支付专利使用费，是针对判决侵权后，白云机场股份公司已明确知道为生产经营目的使用的被控产品是侵权产品，但又不能停止使用，而采取的一种替代方式。从时间而言，两者也不重复。

解析：本案之所以被广东省高级人民法院评为 2006 年广东十大知识产权案例，正是法院没有机械的适用法律，简单地判决使用者白云机场股份公司停止使用侵权产品，造成案件无法实际执行或会因执行损害社会公共利益，而是判决白云机场股份公司可以继续使用侵权产品，但需要向专利权人支付一定专利使用费作为对专利权人的补偿。这样判决，既考虑了对权利人的保护，又考虑了社会公共利益（及善意第三人）利益的平衡，即保护权利人的知识产权的同时又保护社会公众（及善意第三人）的正常使用。最后，本案二审调解结案，由三鑫公司向原告支付经济补偿费用，原告允许白云机场股份公司继续使用被控侵权产品，这既尊重了原告享有的专利权，也兼顾了社会公共利益，实现了和谐诉讼的良好社会效果。

练习与测试

1. 如何在专利侵权诉讼中适用“全面覆盖原则”、“等同原则”及“禁止反悔原则”?

2. 在专利侵权诉讼中，提出反诉专利权无效有无期限限制?

3. 在专利侵权诉讼中，提出反诉专利权无效，人民法院与专利复审委员会怎么进行衔接?

单元总结

本单元介绍了专利民事诉讼的几大种类及专利刑事诉讼，特别是对发案率高的专利侵权诉讼代理作了详尽的介绍；对相关程序及原、被告双方代理人的代理工作作了详细的阐述。

第6章

专利的转让、许可与运营

单元要点

学习专利的转让、许可与运营的业务。

学习目标

能够从事专利的转让、许可与运营业务，掌握专利技术许可贸易谈判策略与技巧。

6.1 专利的转让

6.1.1 专利转让概述

根据我国《专利法》及其实施细则的规定，专利权可以转让。中国单位或者个人向外国人转让专利权的，必须由国务院对外经济贸易主管部门会同国务院科学技术行政部门批准。

转让专利权的，当事人应当订立书面合同，并向国务院专利行政部门登记，由国务院专利行政部门予以公告，专利权的转让自登记之日起生效。

一、合同当事人的义务与责任

根据《合同法》的规定，专利权转让合同属于技术转让合同的范围，那么，专利权转让合同的让与人应当保证自己是所提供的技术的合法拥有者，并保证所提供的技术完整、无误、有效，能够达到约定的目标；而受让人则应当按照约定的范围和期限，对让与人提供的技术中尚未公开的秘密部分，承担保密义务。

让与人未按照约定转让技术的，应当返还部分或者全部使用费，并应当承担违约责任；实施专利或者使用技术秘密超越约定的范围的，违反约定擅自许可第三人实施该项专利或者使用该项技术秘密的，应当停止违约行为，承担违约责任；违反约定的保密义务的，应当承担违约责任。

受让人未按照约定支付使用费的，应当补交使用费并按照约定支付违约金；不补交使用费或者支付违约金的，应当停止实施专利或者使用技术秘密，交还技术资料，承担违约责任；实施专利或者使用技术秘密超越约定的范围的，未经让与人同意擅自许可第三人实施该专利或者使用该技术秘密的，应当停止违约行为，承担违约责任；违反约定的保密义务的，应当承担违约责任。

受让人按照约定实施专利、使用技术秘密侵害他人合法权益的，由让与人承担责任，但当事人另有约定的除外。

二、专利权转让与专利申请权转让的区别

专利权转让与专利申请权转让两者既有相同之处，也有本质上的区别：

（1）专利权转让中订立合同的标的是专利权，而专利申请权转让合同的标的是专利申请权；

（2）专利权转让发生在专利授权之后，转让人为专利权人，而专利申请权转让则发生在专利授权之前，转让人为专利申请人。

6.1.2　专利转让程序

一、需准备的材料

包括《专利权转让合同》和《著录项目变更申报书》。

1. 填写《专利权转让合同》。

2. 填写《著录项目变更申报书》。

填写《著录项目变更申报书》，同时应提供著录项目变更证明材料。著录项目变更证明材料是指：

（1）申请人或者专利权人因权利归属纠纷发生权利转移以及发明人因资格纠纷发生变更的，如果纠纷是通过协商解决的，应当提交全体当事人签名或盖章的权利转移协议书；如果纠纷是由人民法院判决确定的，应当提交发生法律效力的人民法院的判决书，专利局收到判决书后，应当通知其他当事人，查询是否提起上诉，在指定的期限（2 个月）内未答复或明确未上诉的，判决书发生法律效力；提起上诉的，当事人应当出具上诉受理通知书，原人民法院判决书不发生法律效力。

如果纠纷是由地方知识产权局（或相应职能部门）调处决定的，专利局收到调处决定后，应当通知其他当事人，查询是否向法院提起诉讼；在指定期限（2 个月）内未答复或明确未起诉的，调处决定发生法律效力；提起诉讼的，当事人应出具法院受理通知书，原调处决定不发生法律效力。

（2）专利申请人或专利权人因权利的转让或赠予发生权利转移，要求变更专利申请人或专利权人的，必须提交转让或赠予合同的原件或经公证的复印件；该合同是由法人订立的，必须由法定代表人或者授权的人在合同上签名或盖章，并加盖法人的公章或者合同专用章；必要时须提交公证文件。公民订立合同的，由签名或者盖章；必要时须提交公证文件。有多个专利申请人或专利权人的，应提交全体权利人同意转让或赠予的证明材料。

居民或法人的专利申请权或专利权的转让，应当符合下列规定：

1）转让方、受让方均属境外居民或法人的，必须向专利局提交双方签章的转让合同文本原件或经公证的复印件；

2）转让方属于中国内地的法人或个人，受让方属于境外居民或法人的，必须出具国务院对外经济贸易主管部门会同国务院科学技术行政部门批准同意转让的批件，以及转让方和受让方双方签章订立的转让合同文本原件或经公证的转让合同文本复印件；

3）转让方属于境外居民或法人，受让方属于中国大陆法人或个人的，必须向专利局出具双方签章的经公证的转让合同文本原件；

4）上述专利申请权或专利权转让的著录项目变更手续，必须由转让方的申请人或专利权人或者其委托的专利代理机构办理。

上述第1）至3）项中的境外居民或法人是指在中国大陆没有经常居所或营业所的外国人、外国企业，我国港澳地区及台湾地区的居民或法人；在中国大陆有经常居所或营业所的，可按中国居民或法人专利申请权和专利权转让的规定办理。

（3）申请人或者专利权人为法人的，因其合并、重组、分立、撤销、破产或改制而引起的著录项目变更必须出具具有法律效力的文件。

（4）申请人或者专利权人因死亡而发生继承的，应当提交公证机关签发的当事人是唯一合法继承人或者当事人已包括全部法定继承人的证明文件。除另有明文规定外，共同继承人应当共同继承专利申请权或者专利权。

二、应履行的手续

专利权也是一种财产权。根据《专利法》第10条规定，“专利申请权和专利权可以转让”。专利申请权或专利权的转让需履行的手续如下：

1. 我国个人或单位（包括全民所有制和集体所有制单位）向外国转让专利申请权或专利权的，必须经国家专利管理机关批准；

2. 专利申请权或者专利权的转让人要与受让人共同签署一份书面的、符合专利法及有关法律的“转让合同”；

3. 必须到专利管理部门申请办理认定、登记手续；

4. 应向国家专利管理机关提交“转让合同”和“著录项目变更申报书”，同时缴纳费用。国家专利管理机关在专利公报上予以公告后，此项专利申请权或专利权的转让才正式生效。

三、收费情况

1. 变更费用。交纳著录项目变更费（200元）至专利管理机关，应当自提出请求之日起1个月内缴纳。

2. 代理费用。如果通过专利事务所等中介机构代办，收费标准参见中介机构代理费用。

四、办事机构

可到国家知识产权局直接办理，也可去国家知识产权局山东省代办处办理。

五、注意事项

专利权是国家依法授予发明人或者受让人在一定期限内对其发明创造享有的专有权。专利权人有权转让其专利权。通过专利权转让合同受让了专利权的人，也是合法的专利权人，享有专利权人的一切权利。除我国《专利法》及相关系列法律法规的规定外，专利权的转让主要涉及《合同法》等法律领域，其转让的过程可以说就是合同谈判的过程。对于专利权转让应该注意以下几个方面的问题：

1. 注意权利人的问题，主要看转让人是否是专利的合法持有人，是否有共有人，是否存在职务发明的性质，对国有企业的专利还注意有无审批意见。

2. 注意受让人的问题，特别是中国单位或者个人向外国人转让专利权的，必须经国务院有关主管部门批准。

3. 注意专利权的转让按法律规定必须经过专利局登记和公告后生效。

4. 在专利转让合同中必须明确专利的名称、性质、内容以及权属状况，并应该特别注意专利权的保护年限。

5. 在专利转让合同中必须明确专利在转让前的实施情况以及可能产生的后果。对于专利转让后转让方是否仍然可以继续实施专利项下的技术也应该有明确的约定。

6. 注意约定后续改进技术成果的权属。

7. 由于专利权可能被宣告无效的特殊性，注意在合同中应当明确约定无效后的法律后果及可能产生的违约责任。专利转让由于其可能被宣告无效的原因致使这种行为存在极大的商业风险，在我们操作的现实案例中，由于无效后所引发的一系列纠纷也是比较多见的，如果事先约定不明的话，其处理起来也比较复杂。

6.2　专利的许可

6.2.1　专利许可的种类

专利实施许可主要有以下几种类型：

1. 独占实施许可。简称“独占许可”，是指一定时间内，在专利权的有效地域范围内，专利权人只许可一个被许可人实施其专利，而且专利权人自己也不得实施该专利。因为专利实施独占许可是授予被许可方在某一地域、某段时间内的独占实施权利，因而独占许可的技术使用费要比其他许可形式高得多。

2. 排他实施许可。简称“排他许可”，也称“独家许可”，是指在一定时间内，在专利权的有效地域范围内，专利权人只许可一个被许可人实施其专利，但专利权人自己有权实施该专利。排他许可与独占许可的区别就在于排他许可中的专利权人自己享有实施该专利的权利，而独占许可中的专利权人自己也不能实施该专利。通常，排他实施许可的技术使用费要比独占实施许可低些。

3. 普通实施许可。简称“普通许可”，是指在一定时间内，专利权人许可他人实施其专利，同时保留许可第三人实施该专利的权利。这样，在同一地域内，被许可人同时可能有若干，且专利权人自己也仍可以实施。普通许可是专利实施许可中最常见的一种类型。普通实施许可适用于市场容量大的情形。

4. 分实施许可。简称“分许可”，即被许可人依照与专利权人的协议，再许可第三人实施同一专利，被许可人与第三人之间的实施许可就是分许可。被许可人签订这种分许可合同必须得到专利权人的同意。分许可一般适用于原许可为独占实施许可的情况。

5. 交叉实施许可。简称“交叉许可”，也称“互换实施许可”，是指两个专利权人互相许可对方实施自己的专利。这种许可，两个专利的价值大体是相等的，所以一般是免交使用费的，但如果二者的技术效果或者经济效益差距较大，也可以约定由一方给予另一方以适当的补偿。

交叉许可通常适用于三种情况：(1) 一项取得专利权的发明或者实用新型比前已经取得专利权的发明或者实用新型在技术上先进，而其实施有赖于前项专利的，两个专利权人在这种情况下互相给予对方以实施权；(2) 原许可合同的许可方与被许可方在合同中或事后约定，双方各自对合同技术作出后续改进并取得专利权的，相互给予对方以实施权；(3) 利益密切相关的企业为始终处于技术上的优势地位，对自己取得的专利权相互许可对方实施其专利。

6.2.2 专利实施许可合同备案

专利实施许可合同是指专利权人、专利申请人或者其他权利人作为让与人，许可受让人在约定的范围内实施专利，受让人支付约定使用费所订立的合同。

专利实施许可合同备案工作是国家知识产权局为了切实保护专利权，规范交易行为，促进专利实施而对专利实施许可进行管理的一种行政手段。根据《专利法实施细则》第15条和国家知识产权局第18号局长令，专利实施许可合同中的当事人应当在合同生效日起3个月内到国家知识产权局或地方知识产权局办理备案。对备案审查合格的专利实施许可合同，国家知识产权局或地方知识产权局将给予备案合格通知书及备案号、备案日期，并将通知书送交当事人。

国家知识产权局负责全国专利实施许可合同的备案工作；涉外专利实施许可合同备案到国家知识产权局协调管理司市场处办理；经国家知识产权局授权，各省、自治区、直辖市以及广州、武汉、沈阳、西安、石家庄五城市知识产权局负责本行政区域内专利合同的备案工作。

专利实施许可合同的让与人包括合法的专利权人、专利申请人或者其他权利人；经专利权人特别授权的一方也可以作为让与人对第三方许可；一项专利或专利申请有两个以上的共同专利权人或者专利申请人的，让与人应当为全体专利权人或专利申请人。鉴于专利权的时效性、稳定性，当事人应当在专利合同生效后 3 个月内到专利实施许可合同备案的主管部门办理备案手续。

国家知识产权局出具的专利实施许可合同备案证明是办理外汇、海关知识产权备案等相关手续的证明文件；经过备案的专利实施许可合同的许可性质、范围、时间、许可使用费的数额等，可以作为人民法院、管理专利工作的部门进行调解或确定侵权纠纷赔偿数额时的参照。

当事人应当以书面形式订立合同；可以使用国家知识产权局监制的合同文本；采用其他合同文本的，应当符合有关法律规定。

在中国没有经常居所或者营业场所的外国人、外国企业或者外国其他组织在中国办理合同备案的，应当委托专利代理机构办理。

中国单位或者个人在国内办理合同备案的，可以委托专利代理机构办理；由当事人一方办理合同备案的，应当提交对方出具的授权委托书；委托中介机构办理合同备案的，应当由当事人双方共同出具授权委托书。

当事人办理合同备案应当提交的文件包括：备案申请表、合同副本、专利证书或者专利申请受理通知书复印件、让与人身份证明等。

（1）备案申请表：备案申请表可以从国家知识产权局的网站（www. sipo. gov. cn）下载；填写申请表时应准确填写专利号、项目名称、备案申请人、合同性质、许可种类、合同履行地、签订日期、使用费总计、权利稳定性声明等项目。

（2）合同副本：提交的合同副本必须是当事人双方签字盖章的合同原件；有正当理由无法提供合同副本的，可以提交经过公证的合同复印件；再许可合同的让与人，还应当提供前一合同副本或经过公证的原合同复印件。

（3）专利证书或者专利申请受理通知书复印件。

（4）让与人身份证明：让与人是自然人的，提交身份证复印件作为其身份证明；让与人是法人的，提交营业执照复印件作为其身份证明。

当事人提交的各种文件应当使用中文，用 A4 纸单面打印。提交的文件是外文的，当事人应当在指定期限内附送中文译文；期满未附送的，视为未提交。

不予备案的情况包括：

（1）专利权终止、被宣告无效，专利申请被驳回、撤回或者视为撤回的；

（2）未经共同专利权人或申请人同意，其中一方擅自与他人订立合同的；

（3）同一合同重复申请备案的；

（4）合同期限超过专利权有效期限的；

（5）其他不符合法律规定的。

注销合同备案包括以下情形：

（1）提交虚假备案申请文件或者以其他手段非法取得或伪造专利合同备案证明的；

（2）专利申请被驳回或者视为撤回的；

（3）专利合同履行期间专利权被宣告无效的。

国家知识产权局通过两种方式定期公布合同备案的信息：一个是国家知识产权局的官方网站；另一个是在专利公报上发布有关信息。

办理备案的其他事宜：

（1）费用。政府部门免费为当事人办理专利实施许可合同备案（国外专利法律状态检索除外）；

（2）备案材料的提交方式。面交或者通过邮局邮寄；

（3）办理备案登记时间。在各项文件齐备的情况下，7个工作日内向当事人出具备案证明。

6.2.3 在许可使用合同中避免“无效条款”①

我国《合同法》第329条规定“非法垄断技术、妨碍技术进步”的技术合同无效，最高人民法院《关于审理技术合同纠纷案件适用法律问题的解释》中列举了以下情形属于“非法垄断技术、妨碍技术进步”，在订立合同时应注意避免：

1. 限制当事人一方在合同标的的技术基础上进行新的研究开发或者限制其使用所改进的技术，或者双方交换改进技术的条件不对等，包括要求一方将其自行改进的技术无偿提供给对方、非互惠性转让给对方、无偿独占或者共享该改进技术的知识产权；

2. 限制当事人一方从其他来源获得与技术提供方类似技术或者与其竞争的技术；

3. 阻碍当事人一方根据市场需求，按照合理方式充分实施合同标的技术，包括明显不合理的限制技术接受方实施合同标的技术生产产品或者提供服务的数量、品种、价格、销售渠道和出口市场；

4. 要求技术接受方接受并非实施技术必不可少的附带条件，包括购买非必需的技术、原材料、产品、设备、服务以及接受非必需的人员等；

5. 不合理的限制技术接受方购买原材料、零部件、产品或者设备等的渠道或者来源；

6. 禁止技术接受方对合同标的技术知识产权的有效性提出异议或者对提出异议附加条件。

6.3 专利的运营

专利运营是把专利作为可以经营的商业资本，通过策划、收购、转让、许可、投资、

① 见 http://wenku.baidu.com/link?url=vNgiJgStxtUaZDgEyeetO_Bg3kIiS6yWvj3qPTLaoNyP4gxv5P0UidptakmGRQWFnvwGBgBDMf5pLHlYolxFXNApejA8if5ozBrKLlT9WXm，访问日期：2013年5月20日。

融资、诉讼以及证券化等手段进行运作，实现其市场价值的商业化过程。

专利价值分析是专利运营和管理的重要环节。专利权人可根据专利价值分析对将用于出资、转让、许可的专利价值作出合理判断，有利于市场双方形成对价及合作基础。同时专利价值分析作为专利运营和管理的基础性环节，对专利的交易、许可、转让、融资、出资、实施及分级分类管理等方面将发挥重要支撑作用。

近年来专利权所有者运营意识明显增强。专利许可、转让、经营市场的红火，最直接的原因就是不断扩大的专利规模。专利不仅是高科技公司的核心竞争力，更是一种优质资产，专利投资及运营将成为知识经济时代的核心业务。

除了数量规模以外，知识产权运用主体的自主性、能动性的整体提升，也是构成国内专利运营环境的重要助推力量。全国地方法院总体上呈现出知识产权案件数量不断增多，新类型案件、重大复杂疑难案件以及涉外案件明显增加的趋势。这在一定程度上显示了国内知识产权运用者主体性的集体强化。

此外，中小企业知识产权金融服务工作的进一步推进，也继续激活了国内专利运营环境。近年来我国通过完善政策、加强试点工作以及政银合作等途径，全面提升了中小企业知识产权金融服务水平。今后，我国将通过创新公共服务机制、完善风险控制机制、建立市场运行机制、加强试点分类指导等方式进一步提升中小企业知识产权金融服务质量，这为知识产权的市场运营开辟了更为宽广的道路。

多元运营方式营造技术竞争“迷雾”：

相比将专利直接应用于产品开发的转化路径，知识产权运营市场呈现出多元化特征。

首先是参与主体的多元。拥有知识产权的企业、科研机构，拥有信息、人力资源的中介服务结构，拥有资金及市场人脉的投资、经营公司等都是知识产权运营市场的参与主体。

其次是运营方式的多元。在基本的转让、许可以及经营的方式中，还分化出诸多丰富手段。在知识产权转让方面，合资兼并、甩掉包袱或技术“间谍”等不同目的越来越让知识产权转让活动变得虚实叠加。有一些企业进行专利交易可能并非为了专利本身，而是掷出一枚技术烟幕弹以迷惑竞争对手，掩盖其真正的技术需求。在许可方面，除了传统的单独许可、交叉许可、联合许可，还有为刷新专利获得独占申请权许可等多种方式。

一些国际型专利运营公司的多元运营模式更是让人们“雾里看花”。高智发明的专利运营模式分为四类，即投资、许可、转让和诉讼。运营主体在进行投资时会综合考虑可专利性、技术创新性、从技术到市场的时间、相关文献及技术、被市场采纳的可行性等因素。专利运营公司在不同的产业进行全方位的专利收购，他们并不需要有自己的巨大研发机构，而是通过博采世界范围内科研机构、企业研发人员的智力资源，以委托研究方式形成共有的专利权。一直以来，舆论对于这类职业专利投资公司的褒贬不一的热议，很大一部分原因就在于还不能准确把握他们复杂的运营模式。

这样一来，很多潜藏的专利动起来，但这些动起来的专利由于技术含量、技术方向不同，使用目的也不同，很难判断它们彼此之间更多的究竟是掣肘，还是互补；由于运营主体为专利提供了更多的活跃渠道，一些价值不高的防御性专利也被释放，这是否在一定程度上阻碍了技术开放，也值得商榷；当众多资金涌入，也可能会造成知识产权运营市场的变形。有专家就质疑，为什么不将这些用来商业对抗的巨额专利买卖资金投入到新技术研发上去？如何限制知识产权运营市场泡沫，实现研发和运营的互利共赢，良性发展，也是众多参与主体需要深思的问题。同时，在专利交易过程中，如何选取、评估专利，真正实现专利价值最大化，也对参与者的知识产权运用能力提出了更高要求。

当然，对这种泡沫的担心，还主要是针对国际知识产权运营市场，特别是工信领域，而我国的知识产权运营市场距离“活跃”还有一定距离，尚谈不上“泡沫”。

要想在专利运营市场上站稳脚跟，熟练运用专利信息至关重要：

例如进入专利交易市场时，需要学会运用专利信息来判断获得什么样的专利许可，并为专利进行较准确的估价。应获得那些“为供应商或客户所需，或者因专利收录范围而需的必要专利许可”，以及能够涵盖重要功能、开拓市场的理想专利许可，并通过成本累积、市场比价、同等许可使用费、所得估算等方法对专利估价。

应从法律和产品市场两个方面进行专利评估：一是法律方面，包括专利有效性、权利要求保护范围、专利权保护程度、专利侵权状况等；二是产品市场方面，包括技术可行性，相关标准和规定，相关技术发展、产品开发成熟度、相应需求、可替代技术等。

目前，专利信息的获取渠道很多，除了政府搭建国家级、地方级专利信息平台外，还有汤森路透等知名国际信息加工服务商争相登陆我国市场，大量的本土专利信息服务中介机构也跃跃欲试，从这个侧面，也能看出我国知识产权运营市场的大门正在开启。

6.4 专利技术许可贸易谈判策略与技巧

专利技术许可贸易主要是指专利技术和技术秘密的许可证贸易，在我国习惯称之为“技术转让”。严格来说，技术是不可能转让的，因为它是一种无形财产，可同时被多人占有，其所转让的往往是技术的使用权。因此，技术贸易国际上通常称为技术许可证贸易，即技术权利的所有人或持有人许可他人使用某项技术，双方所订的合同来保障交易的完成。技术许可证贸易的谈判，有许多策略与技巧，扼要介绍如下。

一、信息灵，情报准

信息灵不灵，情报准与不准，往往影响着许可证贸易谈判的成功与否。无论是许可方还是被许可方，在物色合作对象以及谈判开始之前或开始之后，都应致力于了解有关的信息和搜集所需情报。而且应对各种信息与情报作科学的分析，以保证所获消息或情报的准确性，避免因情报不准所造成的判断失误。对于许可方来说，重点是了解市场对被许可标的的需求，了解有可能成为被许可方的各种基本情况，如其对技术的需求状况，包括需要什么样的技术、利用技术的能力、生产的水平、法人的资信情况、信誉等。而对被许可方来说，除了解许可方的资信、信誉以及所持有的技术等基本情况外，还应结合自己对技术的需求，广泛地了解相关技术、相关信息和搜集各种有用的参考资料。如果是一项涉及专利的技术许可证贸易，通过查阅专利文献，不失为了解信息与情报的重要途径之一。

专利情报是一种宝贵的财富。专利文献中蕴含着大量的知识信息，即情报，非常可贵。许多外国专家认为："不研究专利情报，事业会一败涂地！"专利文献既是阐明新发明的技术说明书，又是通告知识产权的法律文件，也是标志特定市场范围的经济资料。因此，专利情报具有技术情报、经济情报和法律情报的性质。专利情报具有不容忽视的新颖性和无可比拟的系统性。专利文献披露的新技术，一般要比其他文献早好几年。它所包括的技术内容，仅有 5%到 10%能见于其他文献。如果把某一课题的有关专利情报完整地收集起来加以分析，就可以看出这项技术的发展过程，包括其中的领域、薄弱环节和空白地带，进而能预测其动向。科研人员在开题，订规划和攻关解疑时，公司企业在进行技术改造和产品更新时，专利情报都可起较大参考作用。要引进专利、确定专利许可项目，更是需要通过专利情报进行比较核实，不然就会上当受骗或引起法律纠纷。有经验的专利代理或者工程技术人员往往会从专利文献的分析中判断该项专利技术是否保留有 Know-How（技术秘密），以及 Know-How 可能涉及哪方面的内容等。

1981 年，日本从外国引进 2 076 项专利，支出 17 亿美元，是当时历史上最高的。可见，尽管日本有了雄厚的技术基础，但它仍十分重视外国的专利情报。有人认为，当今社会的竞争，实质上是信息情报的竞争，谁了解的信息多，谁掌握的情报准，谁就会在竞争中处于有利地位。对于许可证贸易的谈判来说，了解各种信息，掌握了大量确切的情报，接下来的谈判就轻松自如很多，虽不能说"稳操胜券"，但往往"胜利在望"。

二、语言通，法律熟

在国际许可证贸易谈判中，语言通不通，法律熟不熟，通常也直接或间接影响着谈判的成败。语言通，能让双方顺利进行感情、思想、技术等方面的交流，可避免许多因语言障碍所带来的困难或所造成的误解或错误。语言通至少有三方面的基本要求：一是能流利交谈；二是了解双方的语言习惯与风土民情；三是熟悉基本的专业术语（包括商务、技术、金融等方面的术语）。法律熟也至少有三点基本要求：一是熟悉本国的有关法律规定，有时会遇到对方的律师在某一点上比己方的律师更了解谈判对手国的法律，一旦出现这种情况，将是十分被动的；二是要熟悉对方国家的有关法律，尤其是对方国家是否允许该技术出口，有何特别的政策与规定等；三是要熟悉有关的国际惯例、条约等。语言通与法律熟又往往是相辅相成的，语言通了，有助于熟悉法律；法律熟了，语言的表达就更加严谨。在一个谈判班子中，译员应是懂得一些商务、法律及专业知识的译员，律师也应是有一定外语水平，熟悉商务、金融，了解有关专业技术知识并精通法律的律师。信息灵、情报准是谈判的策略源；语言通、法律熟是谈判的技巧源。信息通了，情报准了，自然会产生一个好的谈判策略；语言通了，法律熟了，自然会形成不少谈判技巧。

三、计划周，策略详

凡事预则立，不预则废。在国际许可证贸易谈判中，一定要依据了解的信息和掌握的情报，事先拟定一个经过反复讨论的谈判计划，制定一个详细的谈判策略。匆忙上阵往往是徒劳无益的。一个好的谈判计划，至少应包括谈判班子的组成、谈判成员的分工、预期达到的目的、时间的安排、每一个谈判内容的具体要求、可行性分析、合同条款的草拟等。策略的问题也不能马虎，许多人认为策略可以是粗线条的，其实不然，谈判的策略非但不能过于笼统，反而应详细些。不仅要有总的谈判策略，而且要有每一个步骤的谈判策略。例如，哪些是可以让步的，哪些是不可以让步的，在什么时候让步，让到何种程度，如何作出让步等，都要事先考虑和认真研究。此外，还应针对不同的谈判对象、不同的谈判成员，采取不同的谈判对策，预测可能出现的情况，并预先制订多种相应的策略。策略就是要有计策、有谋略。那种脚踩西瓜皮，滑到哪里算哪里的谈判思想，或者过于自信满不在乎的态度都是十分有害的。计划与策略也往往是相辅相成的，计划中有策略，策略上有计划，事先做好计划本身就是一种策略，预先制定策略本身也是计划的内容。拟定谈判计划，讲究谈判策略，会让自己胸中有数，遇事不慌，在谈判中处于左右逢源、得心应手的有利地位。

四、标的清，价格明

谈判的标的与价格是双方争执讨论的焦点。对于许可方来说，在弄清被许可方需要什么样的技术的基础上，必然要考虑价格问题，除了自身内定价格的高限与低限外，应尽可能设法弄清对方可能出价或还价的基数。对于被许可方来说也应该在弄清对方的技术是否正是自己所需要的技术的基础上，通过对外询价、问价等方式，一面制订自己的价格基准，一面设法评估许可方可能接受或作出让步的价格幅度。标的不清的谈判，是冒险的谈判，也往往是白费工夫的谈判；价格不明的谈判是最烦人的谈判，也是最易吃亏的谈判。我们强调价格明，并非一定要事先知道一个确切的价格数，而是说要对价格合理与否，有一个明确的判断，否则，本来在市场上很便宜就可买到的技术，可能会以高得多的价格做成一笔亏本的买卖。许可方出价过高会吓走顾客，受让方还价过低，有时也会赶走卖主，而且往往令人怀疑您是否有合作的诚意。我们强调标的清，并非一定要事先知道对方专利中的 Know-How 是什么，而是说要弄清对方的技术是否适用于我，对此，应该让许可方在真正弄清被许可方所需的技术标的的基础，作出相应的保证，也就是相互都要弄清该标的是否属于双方要交易的“货物”。标的清与价格明也往往是相互关联的，标的的作用与用途清楚了，价格的确定就容易多了；市场价格的行情明确了，判定标的的价格也就有了参考基数。标的清有助于谈判者作出明智的抉择；价格明则赋予其讨价还价的本钱。

五、安排巧，能周旋

谈判内容的先后应该根据其难易巧作安排，最好把双方分歧不大的、容易解决的问题安排在前面谈。否则一开始谈崩了，双方都容易失去信心，往往对于成功不寄予期望，而一开始谈得比较顺利，即使后来遇到一些一时难以解决的问题，双方也往往会珍惜已取得的谈判成果，增加谈判的信心，从而有助于问题的解决。谈判中常会遇到在某一个问题上僵持不下的局面，此时，要善于周旋，开展一些公关活动，必要时先避开这一问题，转谈别的。有不少问题，多周旋几次，也就解决了。不要遇难而退，而应知难而进，或者迂回前进。不妨多提几个解决方案，多讲一些对方中听的话，多劝对方从长计议。安排得当，周旋得巧妙，往往促成双方握手言欢、订下联盟之约。这也是谈判的一门艺术。

六、多沟通，互尊重

多沟通主要是指在感情上多交流，以尽量创造一种和谐的谈判气氛。有许多谈判，在不同的气氛下，往往有不同的结果，和谐的气氛可引导谈判趋于成功，激烈的气氛常导致谈判的失败。谈判桌前的对手，很可能是未来的合作朋友，切记不要在谈判中出言不逊，以免伤了双方的感情与和气，而应相互尊重。尊重出友谊，友谊助成功，这不仅有助于谈判的成功，而且有助于签约后的友好合作关系的形成。有位律师曾参加多次与外商的谈判，在一次与 A 国的引进医疗新技术的谈判中，次日是我国的国庆，外国商人在酒店的谈判桌上特意放置了一面五星红旗，以示庆贺，此举给中方谈判人员留下了深刻的印象。作为回报，中方特邀外商全体谈判成员出席了当地的国庆联欢晚会。此后，双方的谈判气氛一直很和谐，彼此都主动作了让步，并很快签订了协议，而且合同的履行亦很顺利，由于该外商与中方的首次合作成功，既增强了外商的进一步合作的信心，又提高了外商的信誉，接下来中方又与 A 国的外商谈成了几桩较大的生意。还有一次，香港有个财团与广州某公司洽谈一技术引进项目。该财团中有一位极为普通的随从人员，谈判的当天（即第一天）正好过生日，这是中方一位工作人员无意中发现的，中方领队得知后，即吩咐送去生日蛋糕，该随从人员万万没想到自己身为一个极为普通的“打工仔”竟会得到中方如此尊重与关照，十分感动，此后，协助中方做了不少有益的事，促成了双方的合作。多沟通，互尊重，并非一定要上舞场、下酒馆，也并非一定要事事处处都相敬如宾、彬彬有礼、过于客套，而是有礼有节、沟通感情、尊重人格，理解和谅解对方的某些为难之处。情感与尊重是人的一种正常心理需要，这种需要在谈判桌上也同样需要。“人缘圆，好说话；关系熟好办事”，不无一定道理。多沟通是友谊的桥梁，互尊重是合作的纽带。感情一旦沟通，许多问题就好商量，善于尊重他人的人，也往往得到他人的尊重。沟通感情、相互尊重中蕴涵着合作成功的希望。

七、心理稳，免急躁

心理因素往往也是影响谈判成功与否的重要因素之一，谈判成员应有一个良好的心理素质，具备沉着冷静、不急于求成的良好心理状态。要力避急躁情绪，急躁往往把事情弄糟，使本可谈成的事，被“怒火”烧得一干二净。一位久经沙场的谈判者，遇到再困难的问题、再令人不愉快的事情，往往都能表现得泰然自若，显得充满信心。过于急躁的表现，会让人怀疑您的决定是否可靠或觉得草率，也会给往后的合作埋下隐患。无论是许可方还是被许可方，在谈判之前、之中都不要表现特别急于推销技术，或特别急需技术，谁有这种心理表现，往往对谁不利。也不要表现出非要买他一家的技术不可，或非要求人买您的技术，在心理上处于弱势的一方，往往会失去谈判桌前的优势，而在心理上占据优势的一方，又往往会在谈判桌前显出傲气，双方心理上的这种差距，时常导致谈判的失败，即使勉强谈成，亦有可能给今后的合作留下显失公平的隐患。此外，每次谈判，既要寄予成功的希望，又要做好失败的准备。求胜心切，勉强求成，往往不会取得丰硕的果实。

八、勤思考，善应变

谈判桌前的风云时常是变幻莫测的，尽管事前做了各种各样的准备，但总不可能把可能发生的事情了解得一览无余。因此，需要在谈判中根据情况的变化与发展，即时开动脑筋，采取各种应变对策与措施。不能不管三七二十一，仍我行我素，只按“既定方针办”，不得越雷池一步。这样往往会因某一问题不在原计划的预料之中，而乱了分寸，从而导致谈判陷于僵局或者导致失败。勤思考应针对对方提出的问题反复思考，对方每提出一个问题，总有其目的，思考的目的就是要弄清对方提出问题的动机与目的，然后有的放矢地采取应变措施。不善思考的人往往在情况突然发生变化时，显得一筹莫展。眉头一皱，计上心来。三个臭皮匠，合成一个诸葛亮。提倡勤思考，不仅指某一个人，而是指全体谈判成员，群策群力才能在谈判中应付自如。因此，要大力提倡谈判桌前与桌后的集体商量。三人行，必有我师也，集体的智慧总是大于个人的才智。“思”应围绕着应变的效果而思，“变”应依据思考的结果而变，思中变，变中思。不假思索的“变”，往往越变越糟；不切实际的“思”，常常越思越糊涂。

九、会妥协，均有利

双方之所以要谈判，其目的就是要通过谈判达成一致协议，而这种一致性协议的达成又总是在相互作出一定让步的基础上不断趋于一致。如果一方标的是“死价”，没有商量的余地，双方也就往往没必要坐下来谈了。坐下来谈，就是彼此都希望得到一个较理想的合作条件。因此，妥协是非常必要的。不能把妥协看作不光彩的事，从某种意义上说，妥协是谈判成功的希望，双方每各自向后让一步的同时，又共同向前迈进了一步。我们讲的是“会”妥协，不是无原则的乱妥协，对一些基本问题，如国家的法律与规定不允许的原则性问题，对有损己方的基本利益的问题，不能妥协。妥协的分寸、步骤、时机、内容都应掌握好。每次妥协多少，妥协什么，妥协后希望对方也作出哪些让步，得到一个什么样的妥协效果，都应深思熟虑。妥协的实质就是让利，妥协的结果应是对双方均有利。谈判就如一座天平秤，当双方的妥协使利益基本均衡时，大功即可告成，双方的合作才有利益基础。如果双方在利益的天平上失去平衡，显失公平，也未能如愿以偿，道理很简单，有谁会去履行一个无利可图的协议呢？所以说，平分秋色，皆大欢喜，和为赢。妥协为的是均利，但均利并不等于双方的获利非得均等，而是双方都能获得所期望的最基本的相应利益。不能一方大发横财，另一方无利可图。有钱大家挣，相互有利，买卖才能日益兴隆。善于兼顾对方利益的谈判者，往往是一位聪明的、有远见卓识的谈判家。

十、求大同，存小异

作为许可证贸易的谈判，双方就所有问题在签约前都达成一致意见的，固然是好事，然而，在许多时候，双方已就基本的原则问题达成了一致意见，却在某些非原则性问题上僵持不下。此时，双方的谈判往往处于进退两难的地步，进吧，尚有障碍；退吧，又为之可惜。一旦遇到这种处境，双方可就原则性问题签订合作协议，而对那些非原则性的问题，可回头再协商。再协商的过程中，仍然应本着会妥协、均有利的原则，左边您让一步，右边我退一码，不要以小失大，求大同是关键。一旦原则性的大问题得以解决，对于非原则性问题不要过于斤斤计较。但要注意的是所存小异，应的确是不影响全局的非原则性问题。有些问题，看起来貌似无关紧要，但实际上却是原则性问题，例如，维修所需的零部件的提供问题，看起来是小事，但往往可演变成左右整个合同的大事情。要警惕被对方在一些貌似小的问题上埋下伏笔，以致招来大祸。上例中，一旦被许可方由于缺乏零件而有求于许可方时，时常会被狠狠“咬一口”。因此，求大同，存小异，所存的一定要是小异，分寸应掌握好，切不可大异当作小异存。衡量的基本原则是，即使所存小异，在今后协商时，完全由自己承担义务与风险，也不至于影响整个合同的基本利益，而仅是少占一些便宜，或吃点小亏而已。对于存下的小异，双方应本着互利的原则，尽快协商解决，以免影响合作协议的顺利进行。①

① 参见温旭、刘孟斌、申元林、程跃华、王广华：《知识产权的保护策略与技巧》，135～143 页，北京，专利文献出版社，1996。

实例解析

案例一

珠海晶艺公司专利范本（摘要、权利要求书、附图）

[19]中华人民共和国国家知识产权局

[51]Int. Cl[6]
E04B 2/90

[12]实用新型专利说明书

[21] ZL 专利号 97240594.1

[45]授权公告日 1999年5月19日

[11]授权公告号 CN 2319467Y

[22]申请日 97.8.27 [24]颁证日 99.4.22
[73]专利权人 珠海市晶艺玻璃工程有限公司
地址 519000 广东省珠海市柠溪工业区A栋
[72]设计人 罗 忆

[21]申请号 97240594.1
[74]专利代理机构 三环专利事务所
代理人 温 旭

权利要求书1页 说明书2页 附图页数1页

[54]实用新型名称 一种幕墙活动连接装置

[57]摘要

本实用新型涉及一种用于支持和固定幕墙，尤其是玻璃幕墙上端的活动连接装 置。幕墙活动连接装置由固定于幕墙上端的导向座(1)、传力臂(2)和固 定于房顶横梁(9)上的上铰接座(3)组成。与现有技术相比，本实用新型 可以防止因房顶的摆动、上升或下沉而使幕墙发生损坏，断裂或碎裂。因而，本实用新型具有更高的安全性。

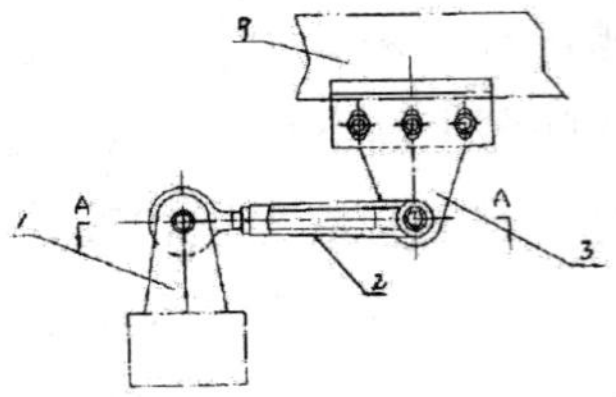

ISSN 1008-4274

专利文献出版社出版

97·09·03

权 利 要 求 书

1.一种用于支持和固定幕墙，尤其是玻璃幕墙上端的活动连接装置，由固定于幕墙上端的导向座(1)、传力臂(2)和固定于房顶横梁(9)上的上铰接座(3)组成，其特征是导向座(1)和传力臂(2)间，传力臂(2)和上铰接座(3)间分别通过允许导向座(1)和传力臂(2)间，传力臂(2)和上铰接座(3)间都可以绕它们各自间的连接部位在图(1)的平面内发生相对转动，导向座(1)和上铰接座(3)间可以沿垂直于图(1)的方向发生相对滑动的铰链连接.

2.如权利要求 1 所述的活动连接装置，其特征是导向座(1)与传力臂(2)相连的一端安装有导向轴(4)。

3.如权利要求 1 所述的活动连接装置，其特征是传力臂(2)与导向座(4)相连的一端安装有球轴承(5)，球轴承(5)的内孔套在固定于导向座(1)的导向轴(4)上。

4.如权利要求 3 所述的活动连接装置，其特征是传力臂(2)与上铰接座(3)相连的一端为叉体(6)，叉体(6)末端安装有转动轴(7)。

5.如权利要求 1 所述的活动连接装置，其特征是上铰座(3)与传力臂(2)叉体(6)相连的一端设计有圆孔(8)，圆孔(8)套在装置于叉体(6)末端的转动轴(7)上。

6.如权利要求 2 所述的活动连接装置，其特征是导向轴(4)的长度为根据安全设计需要房顶可以在幕墙横向方向上摆动的最大距离的 2~3 倍。

7.如权利要求 4 所述的活动连接装置，其特征是叉体(6)的角度为 60°~70°。

97·09·03

说　明　书

一种幕墙活动连接装置

本实用新型涉及一种用于支持和固定幕墙，尤其是玻璃幕墙上端的活动连接装置。

目前，在幕墙安装工程，尤其是玻璃幕墙安装工程中都直接将幕墙上端直接固定在房顶上。这样的安装方式在幕墙面积较小时，尚可采用。当幕墙面积大到一定程度时，由于幕墙，尤其是玻璃幕墙的形变性能比较差，如果房顶发生摆动或上升、下沉运动程度超过上述幕墙的弹性形变范围，幕墙将会损坏，甚至会断裂或碎裂，造成危险。

本实用新型的目的在于克服现有技术的不足，提供一种既能支持和固定幕墙，当房顶发生摆动或上升、下沉运动时又能减小幕墙的形变量从而防止幕墙损坏、断裂或碎裂的幕墙活动连接装置。

本实用新型的技术方案是这样来实现的：幕墙活动连接装置由固定于幕墙上端的导向座(1)、传力臂(2)和固定于房顶横梁(9)上的上铰接座(3)组成，导向座(1)和传力臂(2)间，传力臂(2)和上铰接座(3)间分别通过允许导向座(1)和传力臂(2)间，传力臂(2)和上铰接座(3)间都可以绕它们各自间的连接部位在图(1)的平面内发生相对转动，导向座(1)和上铰接座(3)间可以沿垂直于图(1)的方向发生相对滑动的铰链连接。采用这样的活动连接装置，当幕墙受到正负风压而产生横向推力时，幕墙下方力通过柱底由紧固扣件传递至基础，幕墙上方力通过活动连接装置传递至房顶上。由于幕墙面积较大，因此幕墙在墙面这个方向上不需要其他的固定装置。可见，本实用新型可以安全地技持和

1

97·09·03

固定幕墙。

当房顶沿幕墙横向摆动时，上铰接座(3)和导向座(1)可以发生相对的水平滑动；当房顶沿幕墙纵向摆动时，上铰接座(3)和传力臂(2)间，传力臂(2)和导向座(1)间发生相对转动，幕墙上端只作相应轻微摆动，完全在幕墙的弹性形变范围内。

当房顶上升或下沉时，上铰接座(3)和传力臂(2)间，传力臂(2)和导向座(1)间同样可以发生相对转动，幕墙上端也只作相应轻微摆动，也完全在幕墙的弹性形变范围内。

与现有技术相比，本实用新型可以防止因房顶的摆动、上升或下沉而使幕墙发生损坏，断裂或碎裂。因而，本实用新型具有更高的安全性。

下面结合附图和实施例对本实用新型作进一步说明。

附图 1 为本实用新型的主视图。

附图 2 为本实用新型 A-A 剖面示意图。

实施例：

附图 1 和附图 2 所示幕墙活动连接装置，由固定于幕墙上端的导向座(1)、传力臂(2)和固定于房顶横梁(9)上的上铰接座(3)组成。导向座(1)与传力臂(2)相连的一端安装有导向轴(4)。传力臂(2)与导向座(4)相连的一端安装有球轴承(5)，球轴承(5)的内孔套在固定于导向座(1)的导向轴(4)上。传力臂(2)与上铰接座(3)相连的一端为叉体(6)，叉体(6)末端安装有转动轴(7)。上铰座(3)与传力臂(2)叉体(6)相连的一端设计有圆孔(8)，圆孔(8)套在装置于叉体(6)末端的转动轴(7)上。导向轴(4)的长度为根据安全设计需要房顶可以在幕墙横向方向上摆动的最大距离的 2~3 倍。叉体(6)的角度为 60°~70°。

2

97.09.03

说 明 书 附 图

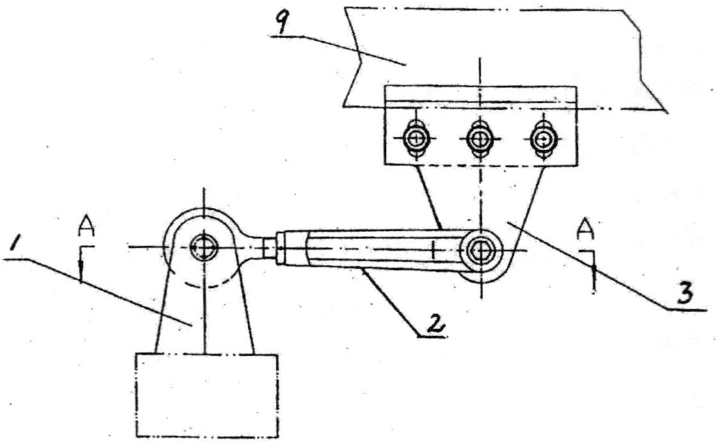

图1

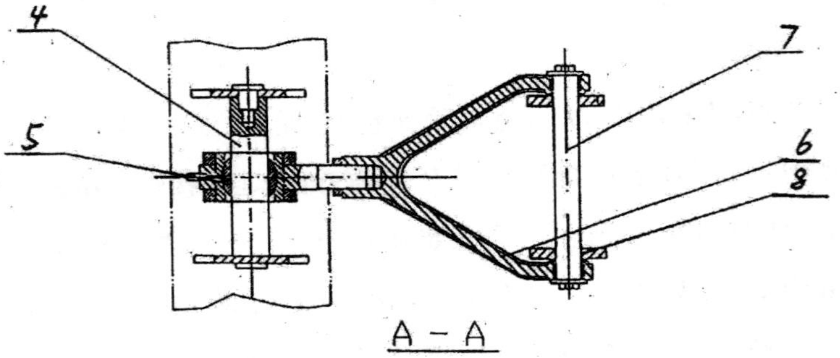

图2

- 1 -

案例二

华为公司发明专利范本

(19) 中华人民共和国国家知识产权局

(12) 发明专利

(10) 授权公告号 CN 101345869 B
(45) 授权公告日 2011.02.02

(21) 申请号 200810029405.2

(22) 申请日 2008.07.11

(73) 专利权人 华为技术有限公司
地址 518129 广东省深圳市龙岗区坂田华为总部办公楼

(72) 发明人 黄启华 蔡朝辉 胡宇鹏

(74) 专利代理机构 广州三环专利代理有限公司 44202
代理人 郝传鑫 熊贤卿

(51) Int. Cl.
H04N 7/26 (2006.01)
H04N 7/64 (2006.01)

(56) 对比文件

CN 2648737 Y, 2004.10.13, 全文.
CN 101047809 A, 2007.10.03, 全文.
US 6738360 B1, 2004.05.18, 全文.
JP 特开平 10-241286 A, 1998.09.11, 全文.
US 2007/0291864 A1, 2007.12.20, 全文.

审查员 龙玄耀

权利要求书 2 页 说明书 5 页 附图 2 页

(54) 发明名称

一种信号接收方法、系统及视频解码装置

(57) 摘要

本发明实施例提供一种信号接收方法，包括：信道处理单元向视频解码单元传送待处理数据；视频解码单元获取所述待处理数据，对所述待处理数据进行数据处理，生成数据处理后的数据；将所述数据处理后的数据传送回信道处理单元，信道处理单元对所述数据处理后的数据进行后续处理。同时本发明实施例还提供了一种数据处理方法、信号接收系统及数据处理装置，通过在视频解码单元中实现将需要较大内存及数据处理功能的解交织数据处理和/或纠错译码数据处理，信道处理单元可以省去存储单元及进一步可省去微处理器，简化了信道处理单元的设计，实现了降低硬件设计成本，简化后续应用方案中的电路设计，从整体上降低了电视信号接收系统的成本。

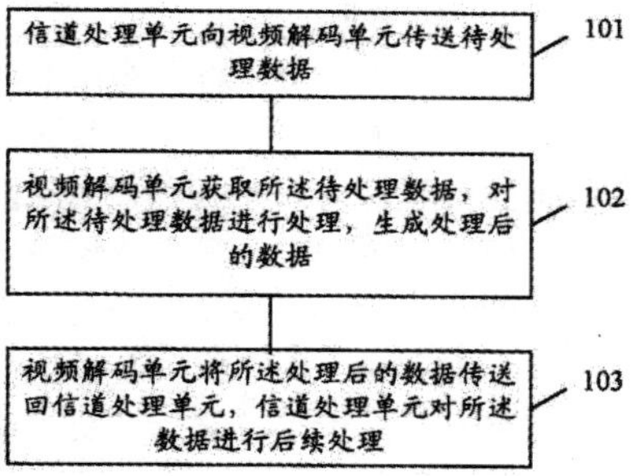

CN 101345869 B

CN 101345869 B

权 利 要 求 书

1/2 页

1. 一种信号接收方法，其特征在于，包括：

信道处理单元向视频解码单元传送待解交织数据；

视频解码单元获取所述待解交织数据，对所述待解交织数据进行解交织处理和纠错译码处理，生成纠错译码处理后的数据；

将所述纠错译码处理后的数据传送回信道处理单元，信道处理单元对所述纠错译码处理后的数据进行后续处理。

2. 如权利要求 1 所述的方法，其特征在于，所述对所述待解交织数据进行解交织处理和纠错译码处理，生成纠错译码处理后的数据包括：

将所述待解交织数据缓存至视频解码单元内置存储单元或外置存储单元，对所述视频解码单元内置存储单元或外置存储单元中缓存的待解交织数据进行解交织处理和纠错译码处理，生成纠错译码处理后的数据。

3. 如权利要求 2 所述的方法，其特征在于，由视频解码单元内的缓存控制单元完成对所述视频解码单元内置的存储单元或外置的存储单元的读写控制。

4. 如权利要求 3 所述的方法，其特征在于，所述外置存储单元为一块两端口 RAM，或为双端口 RAM，或为多块单端口 RAM，其中，所述两端口 RAM 的两个端口一个端口为输入端口，另一个端口为输出端口，所述双端口 RAM 的两个端口为双向传输的端口。

5. 一种信号接收系统，其特征在于，包括：

信道处理单元，用于向视频解码单元传送待解交织数据，并获取来自视频解码单元对该待解交织数据进行解交织处理和纠错译码处理后的数据，对所述解交织处理和纠错译码处理后的数据进行后续处理；

视频解码单元，获取来自所述信道处理单元的所述待解交织数据，对所述待解交织数据进行解交织和纠错译码处理，生成解交织和纠错译码处理后的数据，将所述解交织和纠错译码处理后的数据传送回信道处理单元。

6. 如权利要求 5 所述的系统，其特征在于，所述信道处理单元包括：

待处理数据传送单元，用于向视频解码单元传送待解交织数据；

数据获取单元，用于获取来自视频解码单元对所述待解交织数据进行解交织处理和纠错译码处理后的数据。

7. 如权利要求 5 所述的系统，其特征在于，所述视频解码单元包括：

待处理数据获取单元，用于获取来自所述信道处理单元的所述待解交织数据；

数据处理单元，用于对所述待处理数据获取单元所获取的待解交织数据进行解交织和纠错译码处理，生成解交织和纠错译码处理后的数据；

数据传送单元，用于将所述解交织和纠错译码处理后的数据传送回信道处理单元。

8. 如权利要求 7 所述的系统，其特征在于，所述数据处理单元包括：

存储单元，用于缓存所述待解交织数据；

解交织处理单元，用于对所述存储单元中缓存的待解交织数据进行解交织处理，生成解交织后的数据；

纠错译码处理单元，用于对所述解交织处理单元解交织后的数据进行纠错译码处理，生成纠错译码处理后的数据。

9. 如权利要求 8 所述的系统，其特征在于，所述数据处理单元还包括：

2

缓存控制单元，用于控制系统其它各单元对所述存储单元的读写操作。

10. 一种视频解码装置，其特征在于，包括：

待处理数据获取单元，用于获取来自信道处理单元的待解交织数据；

数据处理单元，用于对所述待处理数据获取单元所获取的待解交织数据进行进行解交织和纠错译码处理，生成解交织和纠错译码处理后的数据；

数据传送单元，用于将所述解交织和纠错译码处理后的数据传送回信道处理单元。

11. 如权利要求 10 所述的装置，其特征在于，所述数据处理单元包括：

存储单元，用于缓存所述待解交织数据；

解交织处理单元，用于对所述存储单元中缓存的待解交织数据进行解交织处理，生成解交织后的数据；

纠错译码处理单元，用于对所述解交织处理单元解交织后的数据进行纠错译码处理，生成纠错译码处理后的数据。

12. 如权利要求 11 所述的装置，其特征在于，所述数据处理单元还包括：

缓存控制单元，用于控制系统其他各单元对所述存储单元的读写操作。

一种信号接收方法、系统及视频解码装置

技术领域

[0001] 本发明涉及通讯领域，尤其涉及一种信号接收方法、系统及视频解码装置。

背景技术

[0002] 2006年8月18日，数字电视国家标准正式出台，该国家标准规定了数字电视相关的帧结构、调试方式等，其输出的为标准的MPEG-2码流，与当前市场上的视频解码芯片完全兼容。视频解码芯片一般内部都集成了强大的微处理器，可以进行包括RAM的读写处理等多项处理控制。

[0003] 国家标准采取的时域交织需要较大的数据存储量（在8bit量化的条件下，时序解交织需要存储7.6Mbit~0.95MByte），当前典型的采取国家标准的解决方案有两种，一种采取外置RAM，一种采取内置RAM。

[0004] 在现有的外置RAM的方案中，信号经过信道芯片完成接收信号的解调、信道纠错、数据包同步等处理，分解成为视频解码芯片所需要的传输流，其中信道纠错一般包括解交织、解扰、纠错译码等过程，而外置RAM作为解交织处理的缓存，解交织前的数据按照一定的格式输入到RAM中；然后按照另一种格式读取，从而完成解交织的功能，采取外置RAM的原因在于该RAM的资源比较大。视频解码芯片进行视频编码格式的解码处理，如MPEG2、MPEG4、AVI等，在解码处理的过程中，视频解码芯片需要将数据进行存储，并经过内置处理器的大量计算才能按照一定的格式进行解码。由于视频解码所需要的处理更为复杂，其存储量也更大，往往也采取外置RAM，并在内部采取微处理器如ARM进行控制处理，其功能更为强大。

[0005] 然而，上述方案存在以下缺陷：1.信道芯片和视频解码芯片各自设计了RAM控制器，并各自采取不同的外置RAM进行需要的处理，硬件成本较高；2.增加了后续的应用方案中电路设计的复杂性和风险性；3.没有充分利用视频解码芯片中的控制器的强大功能。

[0006] 发明人在实现本发明过程中发现，在现有的内置RAM的方案中，信道芯片和视频解码芯片也各自设计了RAM控制器，由于视频解码芯片已经具备强大的RAM控制处理能力，在信道芯片中另外单独采取RAM控制处理即成为冗余，增加了设备成本。

发明内容

[0007] 本发明提供信号接收方法、系统、数据处理方法及装置，以实现信道处理单元设计的简化，降低硬件设计成本，简化后续应用方案中的电路设计，同时降低电路设计的风险，从而从整体上降低了电视信号接收系统的成本的目的。

[0008] 本发明实施例提供一种信号接收方法，包括：

[0009] 信道处理单元向视频解码单元传送待解交织数据；

[0010] 视频解码单元获取所述待解交织数据，对所述待解交织数据进行解交织处理和纠错译码处理，生成纠错译码处理后的数据；

[0011] 将所述纠错译码处理后的数据传送回信道处理单元，信道处理单元对所述纠错译

码处理后的数据进行后续处理。

[0012] 本发明进一步提供了一种信号接收系统，包括：

[0013] 信道处理单元，用于向视频解码单元传送待解交织数据，并获取来自视频解码单元对该待解交织数据进行解交织处理和纠错译码处理后的数据，对所述进行解交织处理和纠错译码处理后的数据进行后续处理；

[0014] 视频解码单元，获取来自所述信道处理单元的所述待解交织数据，对所述待解交织数据进行解交织和纠错译码处理处理，生成解交织和纠错译码处理后的数据，将所述解交织和纠错译码处理后的数据传送回信道处理单元。

[0015] 及一种视频解码装置，包括：

[0016] 待处理数据获取单元，用于获取来自信道处理单元的所述待解交织数据；

[0017] 数据处理单元，用于对所述待处理数据获取单元所获取的待解交织数据进行进行解交织和纠错译码处理处理，生成解交织和纠错译码处理后的数据；

[0018] 数据传送单元，用于将所述解交织和纠错译码处理后的数据传送回信道处理单元。

[0019] 实施本发明实施例，通过在视频解码单元中实现需要较大内存及数据处理功能的解交织数据处理和／或纠错译码数据处理，信道处理单元可以省去存储单元及进一步可省去微处理器，简化了信道处理单元的设计，实现了降低硬件设计成本，简化后续应用方案中的电路设计，同时降低电路设计的风险，充分利用视频解码芯片中的控制器的强大功能，从整体上降低了电视信号接收系统的成本。

附图说明

[0020] 为了更清楚地说明本发明实施例或现有技术中的技术方案，下面将对实施例或现有技术描述中所需要使用的附图作简单地介绍，显而易见地，下面描述中的附图仅仅是本发明的一些实施例，对于本领域普通技术人员来讲，在不付出创造性劳动性的前提下，还可以根据这些附图获得其他的附图。

[0021] 图 1 是本发明实施例一信号接收方法的流程示意图；

[0022] 图 2 是本发明实施例二信号接收系统的组成示意图；

[0023] 图 3 是本发明实施例三信道处理单元 3 的组成示意图；

[0024] 图 4 是本发明实施例四视频解码单元 4 的组成示意图。

具体实施方式

[0025] 下面将结合本发明实施例中的附图，对本发明实施例中的技术方案进行清楚、完整地描述，显然，所描述的实施例仅仅是本发明一部分实施例，而不是全部的实施例。基于本发明中的实施例，本领域普通技术人员在没有作出创造性劳动前提下所获得的所有其他实施例，都属于本发明保护的范围。

[0026] 请参照图 1 所示，本发明实施例一信号接收方法包括：

[0027] 101，信道处理单元向视频解码单元传送待处理数据。

[0028] 在数字电视信号的处理过程中，电视台发送的图像及声音信号先经过射频处理得到模拟的载波上调制了数字信息的信号，然后，射频处理后的信号进行 AD 量化，量化后的

电视信号经过信道芯片的解调处理得到二进制的数字信号，接着，该数字信号在信道芯片中的数字域进行前向纠错处理，其包括数据分组／分包（帧同步／包同步），解交织，纠错译码，去随机化（解扰）四个处理流程，其中解交织处理是将数据的顺序按照一定的规律进行调整，该过程由处理器通过简单的运算来实现。本发明实施例中，若所述待处理数据为待解交织数据，则信道处理单元（如：信道芯片）不直接对数据进行解交织处理，而是将等待进行解交织的数据通过双向数据接口传送至视频解码单元（如视频解码芯片），由视频解码单元内部的处理器控制实现解交织处理，进一步地，视频解码单元还可进一步对解交织处理后生成的数据进行纠错译码处理。本发明另一实施例中，信道处理单元也可以仅将解交织处理后的数据传送至视频处理单元，由视频处理单元完成对解交织后的数据进行纠错译码处理。所述信道处理单元基于双向接口实现与视频解码单元之间的数据传输。

[0029] 102，视频解码单元获取所述待处理数据，对所述待处理数据进行数据处理，生成处理后的数据。视频解码单元内一般集成了功能较为强大的微处理器，由于视频解码单元在对数据进行处理时，需要较大的数据存储量，所以一般视频解码单元采用外置 RAM 作为数据处理时缓存数据的存储单元，当然本领域技术人员应该明白，采用视频解码单元内置 RAM 作为数据处理时缓存数据的存储单元也是可行的。在对信号接收处理过程中，一般在进行解交织处理时，信道处理单元需要完成对接收到的信号的解调处理及前向纠错处理，而前向纠错处理依次包括数据同步、解交织、纠错译码、解扰等数据处理过程，其中解交织数据处理需要用到较强的微处理器及较大的内存空间进行解交织处理，在本发明的一实施例中，所述待处理数据可以为待交织数据，信道处理单元将待交织数据传送至视频解码单元，并将待交织数据缓存于视频解码单元外置 RAM 中，由视频解码单元中较为强大的微处理器实现对待解交织数据的解交织处理，进一步地，还可以由该微处理器进一步实现解交织后的数据进行纠错译码处理，视频解码单元将解交织后的数据或解交织处理及纠错译码处理后的数据通过与信道处理单元的双向接口传送回给信道处理单元。在本发明实施例中由视频解码单元内的缓存控制单元（也即微处理器）完成对所述视频解码单元内置的存储单元或外置的存储单元的数据读写控制。

[0030] 本发明实施例中，视频解码单元的内部微处理器在实现对信道处理单元传送到待解交织数据的处理的同时，还将实现视频解码等数据处理功能，因此，为了保证数据处理效率，本发明实施例中外置存储单元采取两端口或者双端口 RAM，这样在一个端口进行数据写入的同时，另一个端口可以进行数据读取，从而完成解交织的功能。当然，也可以采取单端口 RAM，但就需要多块单端口 RAM 才能同时进行上述的数据写入和读取操作。一般情况下，所述采用 DDRRAM 作为外置 RAM，由于视频解码单元自身的处理器功能比较强大，而解交织的运算量一般相对较少，因此在视频解码单元的处理器实现自身的视频解码 功能的基础上复用处理器进行解交织处理并不影响视频解码处理，可更加充分地利用视频解码芯片中的控制器的强大功能，并简化信道处理单元的设计。

[0031] 103，视频解码单元将所述数据处理后的数据传送回信道处理单元，信道处理单元对所述数据进行后续处理。

[0032] 视频解码单元传送回信道处理单元的数据处理后的数据为解交织处理后的数据，则信道处理单元需对该解交织处理后的数据进行纠错译码及解扰等处理，若视频解码单元传送回信道处理单元的数据处理后的数据为解交织及纠错译码处理后的数据，则信道处理

单元需对该解交织及纠错译码处理后的数据进行解扰等处理。

[0033]　在本实施例中，通过在视频解码单元中实现需要较大内存及数据处理功能的解交织数据处理和 / 或纠错译码数据处理，信道处理单元可以省去存储单元及进一步可省去微处理器，简化了信道处理单元的设计，实现了降低硬件设计成本，简化后续应用方案中的电路设计，同时降低电路设计的风险，充分利用视频解码芯片中的控制器的强大功能，从整体上降低了电视信号接收系统的成本。

[0034]　参考图 2，是本发明实施例二信号接收系统的组成示意图，本发明实施例二信号接收系统主要包括：

[0035]　射频处理单元 1，用于对接收到的信号进行功率放大、滤波及变频等处理，该单元与现有技术是相同或类似的，在此不予赘述。

[0036]　A/D 量化处理单元 2，用于对所述射频处理单元 1 处理后的信号进行 A/D（模拟信号转换为数字信号）转换，该单元与现有技术是相同或类似的，在此不予赘述。

[0037]　信道处理单元 3，用于向视频解码单元传送待处理数据，并获取来自视频解码单元对该待处理数据数据处理后的数据，对所述数据处理后的数据进行后续处理。

[0038]　参考图 3，该信道处理单元 3 主要包括输入接口 11、解调处理单元 12、前向纠错单元 13、待处理数据传送单元 14、数据获取单元 15 及双向数据接口 16，其中：

[0039]　输入接口 11，用于接收所述 A/D 量化处理单元 2 处理后输入信号。

[0040]　解调处理单元 12，用于对所述输入接口输入的信号进行解调处理，得到二进制的数字信号。

[0041]　前向纠错单元 13，对所述解调处理单元 12 解调处理后得到的数字信号进行同步处理，生成待解交织数据，将该待解交织数据传送至所述待处理数据传送单元 14。

[0042]　待处理数据传送单元 14，用于通过所述双向数据接口 15 向所述视频解码单元 2 传送所述待解交织数据。

[0043]　数据获取单元 15，用于通过所述双向数据接口 15 获取来自视频解码单元 2 对所述待解交织数据进行解交织处理后的数据或解交织及纠错译码处理后的数据。

[0044]　若所述数据获取单元 15 所获取的数据为解交织处理后的数据，则将该解交织处理后的数据交由所述前向纠错单元 13 完成后续的纠错译码处理及解扰处理，若所述数据获取单元 15 所获取的数据为解交织及纠错译码处理后的数据，则将该解交织处理后的数据交由所述前向纠错单元 13 完成后续解扰处理。

[0045]　所述双向数据接口 16 为所述信道处理单元 1 与所述视频处理单元 2 数据传输的双向通道。

[0046]　视频解码单元 4，获取来自所述信道处理单元的所述待处理数据，对所述待处理数据进行数据处理，生成数据处理后的数据，将所述数据处理后的数据传送回信道处理单元。

[0047]　参考图 4，该视频解码单元 4 主要包括：

[0048]　双向传输接口 21，用于视频解码单元 2 与所述信道处理单元 1 之间的数据双向传输。

[0049]　待处理数据获取单元 22，用于通过所述双向传输接口 21 获取来自所述信道处理单元 1 的待处理数据。

[0050]　数据处理单元 24，用于对所述待处理数据获取单元 22 所获取的待处理数据进行

CN 101345869 B　　　　说　明　书　　　　5/5 页

数据处理，生成数据处理后的数据。

[0051]　具体实现时，若该待处理数据为待解交织数据，则该数据处理单元 24 可以包括：

[0052]　存储单元 241，用于缓存所述待解交织数据，该存储单元 241 可以为内置存储单元或外置存储单元，优选地，考虑到视频解码处理及解交织处理均需要较大的内存空间，一般选用外置存储单元以获得较大的内存空间，本发明实施例一般采用两端口（一个输入端口，一个为输出端口）的 RAM，或双端口（双向 传输）RAM，这样可以同时完成数据的写入和读取，当然也可以采取单端口 RAM，但就需要多块单端口 RAM 才能同时进行上述的数据写入和读取操作。

[0053]　缓存控制单元 242，用于控制系统其它各单元对所述存储单元 241 的读写操作。

[0054]　解交织处理单元 243，用于对所述存储单元 241 中缓存的待解交织数据进行解交织处理，生成解交织后的数据。

[0055]　所述解交织处理单元 243 对所述存储单元 241 的数据读写由所述缓存控制单元 242 控制完成。

[0056]　可选地，视频处理单元 2 还可以包括纠错译码处理单元 244，用于对所述解交织处理单元 242 解交织后的数据进行处理，生成纠错译码后的数据。

[0057]　数据传输单元 23，用于将所述数据处理后的数据通过所述双向传输接口 21 传送回所述信道处理单元 1，所述数据处理后的数据可以为所述解交织处理单元 243 解交织处理后的数据或所述解交织处理单元 243 解交织处理及所述纠错译码处理单元 244 纠错译码处理后的数据。

[0058]　具体实现时，本领域技术人员应该明白所述解交织处理单元 243 及所述纠错译码处理单元 244 均为在所述视频处理单元 2 内部的微处理器（图中未示出）控制下完成相应的数据处理功能的。由于视频解码单元内部的处理器功能一般比较强大的，而解交织的运算量较少，因此在视频解码单元的处理器实现自身的视频解码处理等功能的基础上复用处理器进行解交织处理并不会影响视频解码处理，可以更加充分地利用视频解码单元中的处理器的强大功能。

[0059]　本发明实施例通过在视频解码单元中实现需要较大内存及数据处理功能的解交织数据处理和 / 或纠错译码数据处理，信道处理单元可以省去存储单元及进一步可省去微处理器，简化了信道处理单元的设计，实现了降低硬件设计成本，简化后续应用方案中的电路设计，同时降低电路设计的风险，充分利用视频解码单元中的控制器的强大功能，从整体上降低了电视信号接收系统的成本。

[0060]　以上所述仅是本发明的几个实施方式，应当指出，对于本技术领域的普通技术人员来说，在不脱离本发明原理的前提下，还可以作若干改进和润饰，这些改进和润饰也应视为本发明的保护范围。

8

CN 101345869 B **说 明 书 附 图** 1/2 页

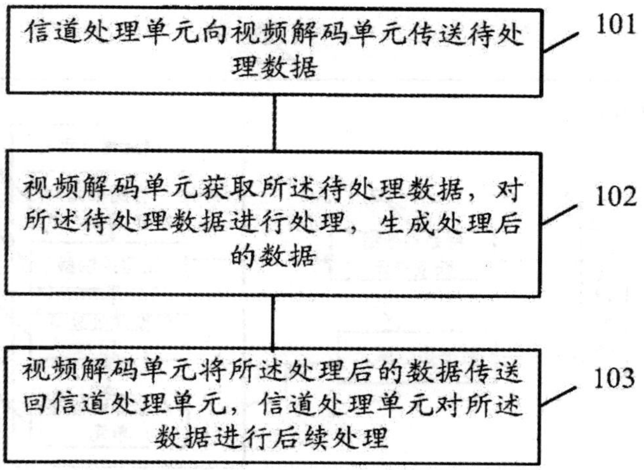

图 1

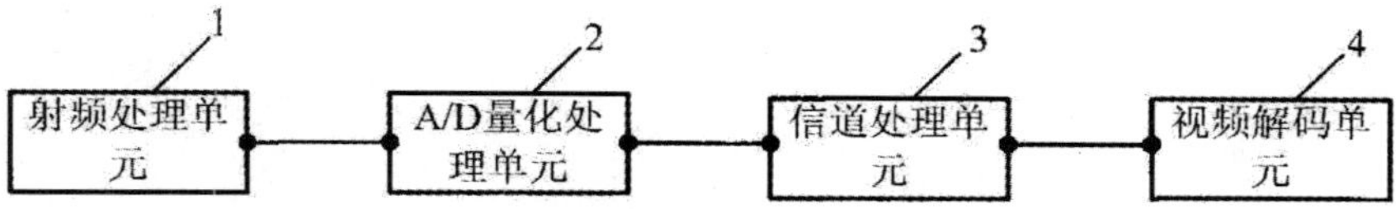

图 2

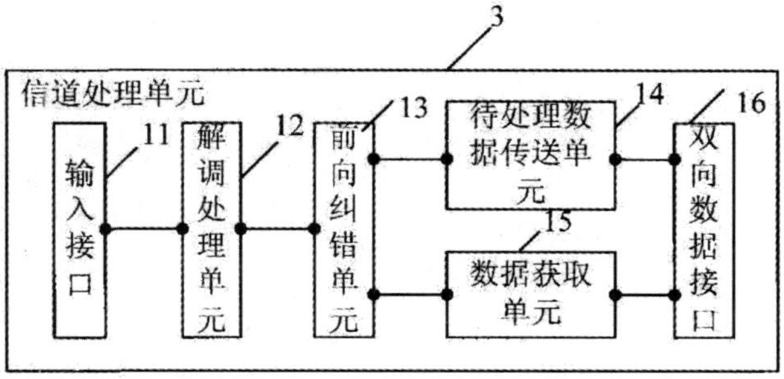

图 3

9

CN 101345869 B　　　　说 明 书 附 图　　　　2/2 页

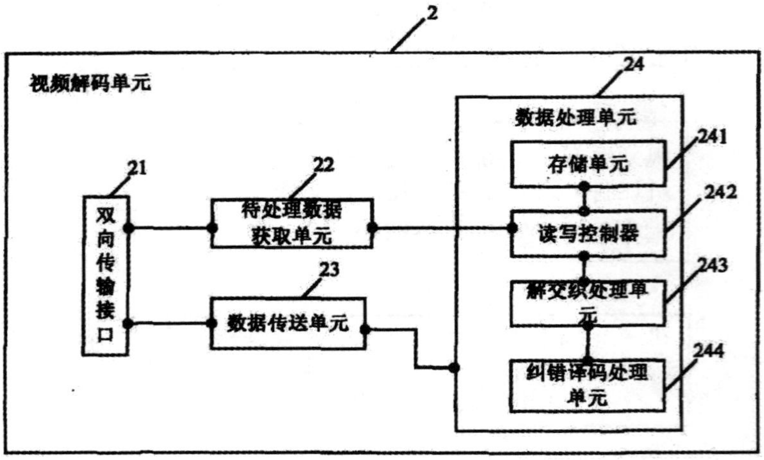

图 4

10

案例三

专利无效请求书范本①

尊敬的复审委员会：

本请求人对专利号为××××××××××、专利权人为××××××××××、名称为××××××××××的实用新型专利提出无效宣告请求。该专利的申请号为××××××××××，申请日为×年×月×日，优先权日为×年×月×日，授权公告号×××××××××，授权公告日×年×月×日。

本请求人根据《专利法》第四十五条和《专利法实施细则》第六十五条第二款的规定提出无效宣告请求，认为上述实用新型专利（概述相关无效理由，如：权利要求1～x不符合《专利法》第二十二条第二款和第三款有关新颖性和创造性的规定；独立权利要求y没记载解决技术问题的必要技术特征，不符合《专利法实施细则》第二十条第二款的规定），请求专利复审委员会宣告该实用新型专利全部无效。

（一）（这部分是对证据进行介绍）

请求人以下述文件作为宣告该专利专利权无效的证据：

1.（证据1，说明申请日和公告日，如为外文文件，写明“及其有关部分的中文译文”）

2.（证据2）……

（二）（这部分是对请求无效的专利的概述）

本请求人请求宣告无效的实用新型专利涉及一种（对该专利做简要介绍）。

该实用新型要解决的技术问题是。

为解决此技术问题该实用新型专利采取的技术方案是：

1.……（权利要求1）

（权利要求2）

…………

（三）（这部分结合证据逐条具体称述无效理由）

（被请求无效的专利一般都有新颖性和创造性的问题，将新颖性、创造性无效宣告理由和其他无效宣告理由，逐一分别论述。）

现结合所列×篇对比文件，具体陈述请求人的无效宣告理由。

1. 权利要1～x不具备新颖性，不符合《专利法》第二十二条第二款的规定。

（1）权利要求1相对于对比文件a不具备新颖性。

对比文件a公开了一种（简述对比文件的发明内容），根据《审查指南》的规定从该专利说明书附图中可以直接地、毫无异议地确定的技术内容也是此对比文件公开的内容，所述技术领域的技术人员还可以从对比文件a的附图中了解到。

---

① 参见 http：//wenku. baidu. com/link? url = WTxKDeIiImLVjE4P3FDXN9rAKDv-28Iv7u3ZNgh7DZ1SMpNFqcc5XiHccqsskyoaLnxS5GuN5xIFiA0YdwjeQepcqAd8I1yJefkfWT1-zqe，访问日期：2013年5月24日。

该实用新型专利的权利要求1是：通过对比我们可以看出，权利要求1的内容已经被对比文件a公开了。具体地说就是……（具体比较，可以结合公知常识，或用被申请无效专利的背景文件里的内容证明某些技术特征是现有技术、常规技术）。综上可知，该实用新型权利要求1公开的技术方案与对比文件a公开的技术内容相同，属于相同的技术领域，达到基本相同的技术效果，因此，权利要1不具备新颖性，不符合《专利法》第二十二条第二款的规定（2）（其他权利要求不具备新颖性要求，论述同上）。

2. 权利要1～x不具备创造性，不符合《专利法》第二十二条第三款的规定。

（1）权利要求1相对于对比文件a不具备创造性。

如上所述，权利要求1不具有新颖性，没有为解决现有技术中存在的技术问题而提出的技术方案，更不可能为解决现有技术中的技术问题作出贡献，根据《审查指南》的规定，不具有《专利法》第二十二条第三款规定的创造性。

（2）权利要求2相对于（对比文件a和b/对比文件a和公知常识）不具备创造性。

①指出最接近对比文件；②针对不同权利要求说出最接近对比文件与其他对比文件的结合方式；③论述本领域的技术人员有动机将它们结合在一起而得到相应的权利要求的技术方案；④本领域的技术人员由最接近对比文件与其他证据所揭露的内容结合得到相应权利要求的技术方案是显而易见的。

因为对比文件a与该实用新型专利技术领域相同，要解决的技术问题相近，且公开本文中的技术特征也比较多，所以，确定对比文件a为最接近现有技术。

（情况1：相对于对比文件a、b的结合没有创造性）权利要求2是对权利要求1的进一步限定，增加了技术特征。但这个技术特征，已经在对比文件b中公开了。具体地说就是，对本领域的技术人员来说，很容易联想到将对比文件b中的这个技术特征附加到最接近对比文件a上，形成权利要求2中公开的技术方案。权利要求2公开的技术方案对本领域的技术人员来说是显而易见的。所以，该专利权利要求2不具备实质性特点和进步，不符合《专利法》第二十二条第三款有关创造性的规定。

（情况2：相对于对比文件a和公知常识的结合没有创造性）权利要求2是对权利要求1的进一步限定，增加了技术特征。但这个技术特征，是本领域的技术人员的公知常识。因为。从该实用新型专利提供的背景技术中我们也可以了解到这个技术特征，这从另一个侧面更加证实了这个技术特征是本领域内技术人员的公知常识这个事实。由此可知，本领域的技术人员根据所具有的公知常识，在对比文件a所披露的的基础上加入公知常识形成权利要求2中公开的技术方案是显而易见的。所以，该专利权利要求2不具备实质性特点和进步，不符合《专利法》第二十二条第三款有关创造性的规定。

（3）（其他权利要求不具备创造性要求）。

3. 权利要1～x要求保护的范围不清楚、简要，不符合《专利法》第二十六条第四款的规定。

综上所述，本实用新型专利（总结无效的理由，如：权利要求1～x不具备新颖性，不符合《专利法》第二十二条第二款的规定；权利要1～x不具备创造性，不符合《专利法》第二十二条第三款的规定；权利要 1～x 要求保护的范围不清楚、简要，不符合《专利法》第二十六条第四款的规定）。因此，请求人请求专利复审委员会宣告该实用新型专利全部无效。

请求人：××××

××××年×月×日

应该注意的问题：

1. 请求人提出了几项无效宣告请求，提出的无效理由是否是《专利法实施细则》第 65 条第 2 款规定的范围；

2. 请求人补充理由和证据的时间是否符合《专利法实施细则》第 67 条关于举证或增加理由的期限的规定；

3. 针对请求人提出的证据文件，关注其国别、专利权人、申请日、公开日、优先权日期等，看其披露的技术内容是否构成抵触申请（过渡办法）或现有技术，影响本专利的新颖性和创造性；

4. 分析被请求宣告无效的专利的权利要求在撰写上是否存在《专利法实施细则》第 65 条第 2 款规定的其他问题。

案例四

“答复无效请求的意见陈述书”通用格式①

尊敬的专利复审委员会：

本意见称述书是针对请求人（姓名）于××年×月×日对专利权人的发明/实用新型专利：×××××××（专利号：×××××××××，申请日：×××××××××）提出的无效宣告请求书作出的答复。现对无效请求人所提出的请求宣告本专利权无效的理由和证据进行答辩，具体答辩意见如下：

一、对无效请求人提出的理由和证据的分析

无效请求人在请求书中以本专利（逐一列出请求人提出的无效理由），并提供了×篇对比文件和相关文献作为证据：

（逐一列出对比文件，并注明文件的申请日，公开日）

（开始对无效理由和证据的分析，有两种情况：①无效理由不是《专利法实施细则》第 65 条第 2 款规定的无效理由；②证据的提出时间不合乎规定应该不予考虑）

无效宣告请求书中对本实用新型专利提出了 x 个无效理由，其中第 y 个理由（理由的内容），不属于《专利法实施细则》第六十五条第二款规定的无效宣告请求理由，专利权人请求专利复审委员会对此第 y 个无效宣告请求理由不予考虑。

请求人于××年×月×日提出了对本实用新型专利的无效请求，于××年×月×日提交

① 参见 http://wenku.baidu.com/link?url=lCgZ3P2cioaalgm0La-GpOwzg-VLzQem-hXVe3GQ8qposifxGAMBu1o3707fD1JzLFsJOnX9BKVS6RWQ56qjE_0g_CzoTLOOaaKf07JnQ03，访问日期：2013 年 5 月 26 日。

了补充意见和对比文件 a，已经超出了其提出无效请求之日起 1 个月的举证期限，并且其不属于……专利权人请求专利复审委员会对此无效宣告请求理由和证据 a 都不予考虑。

二、专利权人对权利要求的修改

专利权人仔细研究了无效请求人提出的无效宣告请求和对比文件后，决定对权利要求进行修改。修改后的权利要求书共有×个权利要求，

(修改的方案，比如删除权利要求 b，合并权利 c 和 d 等)，修改后的权利要求没有超出原权利要求书和说明书记载的范围，也没有扩大原专利的保护范围，符合《专利法实施细则》六十九条一款和《审查指南》第四部分第三章第 4.6 节有关无效宣告程序中修改原则和修改方式的规定。修改后的独立权利要求 1 为：

(修改后的独立权利要求 1)

三、对无效请求人提出的无效理由和证据的答辩

专利权人相信，修改后的权利要求符合《专利法》和《专利法实施细则》的相关规定。具体理由如下：

(针对请求人的无效宣告理由，逐一分析，举例如下)

对比文件 z 不能破坏独立权利要求 1 的新颖性。

对比文件 z 涉及（简述对比文件 1 的发明要点)，与对比文件 z 相比，本发明具有的区别技术特征。由此可以看出，本专利所述的×××与对比文件中公开的×××不同，所以新修改后的独立权利要求 1 与文件 z 对比符合《专利法》第二十二条第二款有关新颖性的规定。

对比文件 z 不能破坏独立权利要求 1 的创造性性（如果是两篇以上对比文件破坏独立权利要求 1 的创造性就要先找出最接近现有文件，然后再分析对比)。

与对比文件 z 相比，修改后的独立权利要求 1 所述的技术方案与它之间的区别技术特征是（论述区别技术特征)。此区别技术特征可以给本发明/实用新型带来的效果，由此可以确定本发明要解决的技术问题是。而对比文件 z 并没有给出解决此技术问题的技术手段，也不存在解决此问题的相关启示，并且本专利中的区别技术特征不是本领域技术人员解决所述技术问题的公知常用手段，对本领域的技术人员来说是非显而易见的，具有突出的实质性特点；

修改后权利要求 1 所提到的技术方案，（解决的技术问题和有益效果,）具有显著进步。

修改后的独立权利要求 1 相对于对比文件×具有（突出的）实质性特点和（显著的）进步，符合《专利法》第二十二条三款关于创造性的规定。

四、(对比文件破坏其他权利要求的新颖性和创造性)

权利要求 2～×是对独立权利要求 1 进一步限定的从属权利要求，由于修改后的权利要求 1 具有新颖性和创造性，因而其从属权利要求 2～×也具备新颖性和创造性。

五、(无效请求人提出的其他无效理由的答辩 A26.4 A22.4、A2.2、A2.3、A9.1 R20.2)

综上所述，专利权人认为修改后的权利要求 1～×已消除了无效请求书中无效宣告的理由所涉及的缺陷，符合《专利法》及其实施细则的有关规定，请求专利复审委员会驳回

请求人所提出的无效宣告请求，在上述修改后的权利要求书的基础上维持专利权有效。

意见陈述人：××××

××××年×月×日

附：三种专利证书实例

一、发明专利证书

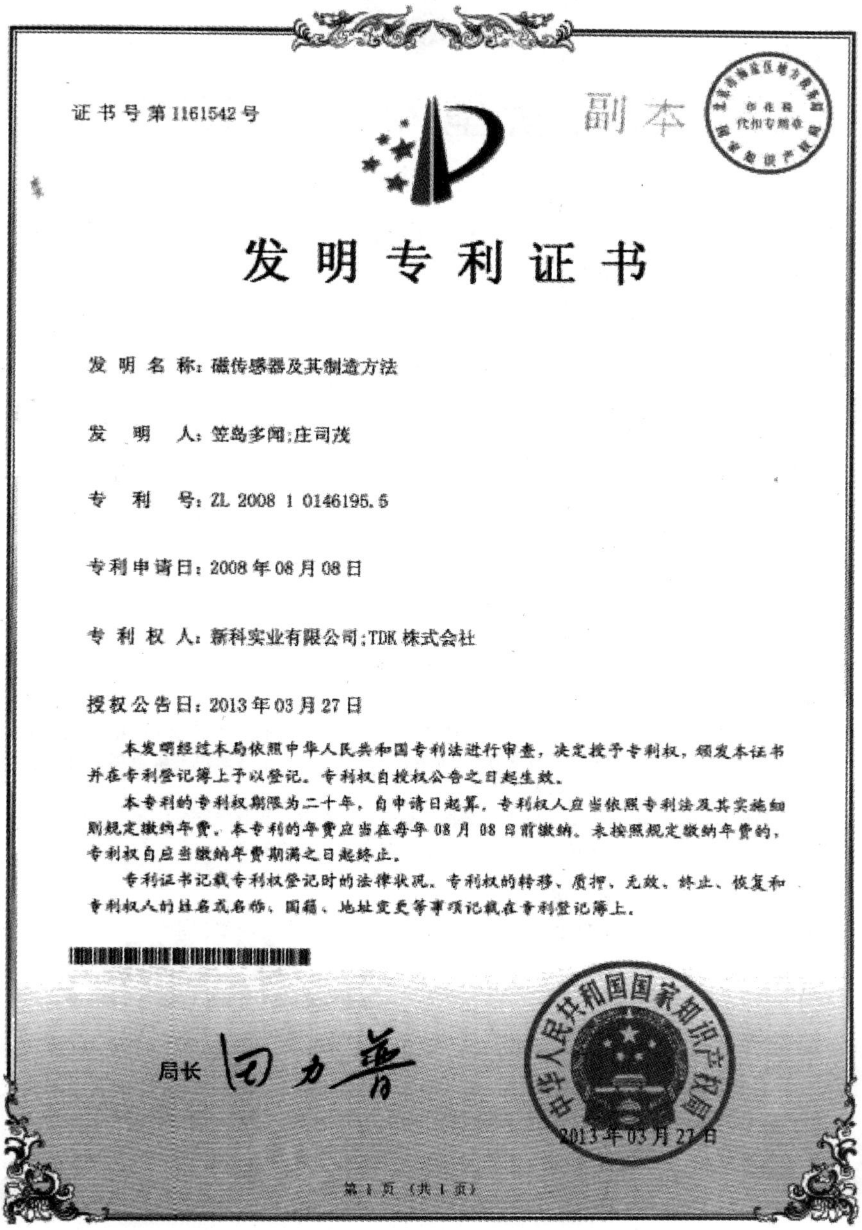
证书号第1161542号

副本

发明专利证书

发 明 名 称：磁传感器及其制造方法

发　明　人：笠岛多闻；庄司茂

专　利　号：ZL 2008 1 0146195.5

专利申请日：2008 年 08 月 08 日

专 利 权 人：新科实业有限公司；TDK 株式会社

授权公告日：2013 年 03 月 27 日

本发明经过本局依照中华人民共和国专利法进行审查，决定授予专利权，颁发本证书并在专利登记簿上予以登记。专利权自授权公告之日起生效。

本专利的专利权期限为二十年，自申请日起算。专利权人应当依照专利法及其实施细则规定缴纳年费。本专利的年费应当在每年 08 月 08 日前缴纳。未按照规定缴纳年费的，专利权自应当缴纳年费期满之日起终止。

专利证书记载专利权登记时的法律状况。专利权的转移、质押、无效、终止、恢复和专利权人的姓名或名称、国籍、地址变更等事项记载在专利登记簿上。

局长　田力普

中华人民共和国国家知识产权局

2013 年 03 月 27 日

第 1 页（共 1 页）

二、实用新型专利证书

证书号第2937994号

北京市海淀区地方税务局
印花税
代扣专用章
国家知识产权局

实用新型专利证书

实用新型名称：液体容器、液体容器复合体以及液体供给系统

发　明　人：小金平修一

专　利　号：ZL 2012 2 0285123.0

专利申请日：2012年06月15日

专 利 权 人：精工爱普生株式会社

授权公告日：2013年06月05日

本实用新型经过本局依照中华人民共和国专利法进行初步审查，决定授予专利权，颁发本证书并在专利登记簿上予以登记。专利权自授权公告之日起生效。

本专利的专利权期限为十年，自申请日起算。专利权人应当依照专利法及其实施细则规定缴纳年费。本专利的年费应当在每年06月15日前缴纳。未按照规定缴纳年费的，专利权自应当缴纳年费期满之日起终止。

专利证书记载专利权登记时的法律状况。专利权的转移、质押、无效、终止、恢复和专利权人的姓名或名称、国籍、地址变更等事项记载在专利登记簿上。

局长 田力普

中华人民共和国国家知识产权局

2013年06月05日

第1页（共1页）

三、外观设计专利

证书号第1839463号

外观设计专利证书

外观设计名称：汽车

设 计 人：山口勉；陈世耀

专 利 号：ZL 2011 3 0323208.4

专利申请日：2011年09月15日

专 利 权 人：东风汽车有限公司

授权公告日：2012年02月15日

本外观设计经过本局依照中华人民共和国专利法进行初步审查，决定授予专利权，颁发本证书并在专利登记簿上予以登记。专利权自授权公告之日起生效。

本专利的专利权期限为十年，自申请日起算。专利权人应当依照专利法及其实施细则规定缴纳年费。本专利的年费应当在每年09月15日前缴纳。未按照规定缴纳年费的，专利权自应当缴纳年费期满之日起终止。

专利证书记载专利权登记时的法律状况。专利权的转移、质押、无效、终止、恢复和专利权人的姓名或名称、国籍、地址变更等事项记载在专利登记簿上。

局长 田力普

中华人民共和国国家知识产权局

2012年02月15日

第1页（共1页）

上述三项专利由广州三环专利代理有限公司代理，专利代理人是郝传鑫。

练习与测试

1. 简述专利转让的程序。
2. 简述专利许可的程序。
3. 简述专利的运营，并举例说明企业如何进行专利的运营。

单元总结

本单元介绍了专利的转让、许可与运营，把专利作为可以经营的商业资本，通过策划、收购、转让、许可、投资、融资、诉讼以及证券化等手段进行运作，实现其市场价值的商业化的基本运作。

本篇法律法规及辅助资料目录

1.《中华人民共和国专利法》(2008)
2.《中华人民共和国专利法实施细则》(2010)
3.《专利合作条约》
4.《专利合作条约实施细则的修改》
5.《专利审查指南》(2010)
6.《最高人民法院关于对诉前停止侵犯专利权行为适用法律问题的若干规定》
7.《最高人民法院关于审理专利纠纷案件适用法律问题的若干规定》
8.《最高人民法院关于审理侵犯专利权纠纷案件应用法律若干问题的解释》

本篇参考文献

1. 吴观乐主编．专利代理实务．2 版．北京：知识产权出版社，2007
2. 尹新天．专利代理概论．北京：知识产权出版社，2002
3. 李建蓉．专利文献与信息．北京：知识产权出版社，2002
4. 陈美章．知识产权法律保护问答．北京：知识产权出版社，1999
5. 李国光．知识产权诉讼．北京：人民法院出版社，1999
6. 程永顺．中国专利诉讼．北京：知识产权出版社，2005
7. 毛金生等．专利运营实务．北京：知识产权出版社，2013
8. 徐健，苏琰．专利池的运营与法律规制．北京：知识产权出版社，2013
9. 温旭，刘孟斌，申元林，程跃华，王广华．知识产权的保护策略与技巧．北京：专利文献出版社，1996
10. 温旭．捍卫智慧——没有硝烟的战场．北京：法律出版社，1998
11. 温旭主编．知识产权案例评述与诉讼技巧．北京：法律出版社，2009

中国律师实训经典 Trial TECHNIQUES | 基础实务系列

总主编 徐 建 龙翼飞

知识产权业务律师基础实务

下册

主　编 温 旭

副主编 朱妙春 林 文 刘友华 郝传鑫
董咏宜 黄 娟 王广华 申元林

编　委（其他参与撰稿、提供素材和讨论人员）
曾 赟 唐 娇 肖宇扬 刘孟斌 程跃华
戴建波 成明新 高劲松 杜满清 殷红艳
胡少波 杨宇鹏 黄海燕 黄 玲 温凯杰
宁 超 刘 琳 邵毓琴 赵 勇 熊永强
方仁刚 谢姗珊 张艳美 温 乾 温镜满
罗毅玲 张泽思 卢静芬 胡 枫 陈 奇
何兆华 叶新平 沈 红 贾 允 陈 康
陈伟群 林贤武 郑裕涵 颜希文 王章立

负责全书校稿、编排和案例整理人员 杜满清

中国人民大学出版社
·北 京·

下册目录

第三篇　商标律师实务

第四篇　反不正当竞争律师实务

第五篇 其他知识产权律师实务

第三篇　商标律师实务

本篇简介

商标是将不同的商品或服务区别开的标志，具有识别性。同时随着市场经济的发展，商标演化出表彰性，即商标也是对消费者进行表彰，所以现代消费者在消费商品与服务的同时，越来越注重对商标的选择，享受商标带来的无形价值，包括商标给消费者心理带来的愉悦快感，即心智之源。另外，商标具有比较强的排他性，一旦获得核准注册，他人就不能在同类或近似类别上面使用相同或近似的商标，如果达到驰名时还可获得跨类别的扩大保护。在先使用的未注册商标，同样受法律保护，2013 年新修正的《商标法》就强调了对未注册商标的保护并增加了相关规定，是这次修法的亮点之一。商标具有地域性，商标在注册或使用的国家或地区受保护，并不代表在其他未注册及使用的国家或地区也受保护。注册商标保护具有时间性，注册商标的有效期为 10 年，但可通过每 10 年一次的续展，使注册商标的期限可获得无限延长。商标、字号亦可归称为品牌，品牌就是生产力，保护品牌就是保护生产力，品牌的价值与商誉充分聚集和体现在商标或商号上。

第1章

商标基本知识和法律制度

单元要点

此单元学习要点在于介绍商标及商标业务的一些基本知识，包括商标及商标权的基本知识，我国及国际的商标制度，我国历次修改商标法的概况，商标与其他知识产权的关系，以及商标业务具体有哪些。

学习目标

了解何为商标及商标权，了解我国及国际商标制度的发展历史，了解历次修改《商标法》的情况，了解商标与其他知识产权的关系，知道律师可以从事哪些与商标有关的业务，并从商标发展和演变的动态中，寻找商标代理业务的新商机及提升业务水平。

1.1 商标及商标权的基本知识

1.1.1 商标的概念

商标（Trademark）是品牌（Brand）的其中一个载体（其载体包括“字号”等），在日常生活中，人们将商标俗称为“牌子”，现今亦可称为“品牌”。关于商标在我国的最早使用，不同的学者有不同的观点，比较多人认同的一个说法是：将一定标识用在商品包装上，有目的地使消费者认明商品来源，不仅有文字记载，而且有实物流传至今的，要数北宋年间山东“济南刘家功夫针铺”使用的“白兔”标识（见图 1、图 2）。①

商标不完全等同于品牌，有品质的商标才能称为“品牌”。现代社会人们对物质消费的同时，越来越多地对商标（或者品牌）本身进行消费，消费者通过选择心仪的品牌来购买商品，所以商标（或者品牌）就是生产力。

图 1

图 2

① 参见郑成思：《知识产权法》，2 版，160 页，北京，法律出版社，2003。

上图为现保存于中国国家博物馆（原保存于中国历史博物馆，中国历史博物馆于 2003 年重组合并到中国国家博物馆）的“白兔”标识铜版，从这块印版的内容来看，“白兔”标识与今天的商标已差别不大。①

《现代汉语词典》（第 5 版）中商标的定义为：企业用来使自己的产品或服务与其他企业的产品或服务相区别的具有明显特征的标志。包括工业、商业或服务业商标等。商标经注册后受法律保护。②

司法部法学教材编辑部编审的高等学校法学教材《商标法教程》中商标的定义是指商品生产者或经营者为使自己的商品在市场上与其他同行的商品相区别，而使用文字、图形或者文字图形相结合的标记。③

世界贸易组织（World Trade Organization，简称 WTO）的《与贸易有关的知识产权协定》（TRIPs 协定）第 15 条规定：“任何能够将一企业的商品或服务与其他企业的商品或服务区分开的标记或标记组合，均应能够构成商标。这类标记，尤其是文字（包括人名）字母、数字、图形要素、色彩的组合，以及上述内容的任何组合，均应能够作为商标获得注册。即使有的标记本来不能区分有关商品或服务，成员亦可依据其经过使用而获得的识别性，确认其可否注册。成员可要求把‘标记应系视觉可感知’作为注册条件。”

2001 年《中华人民共和国商标法》（下称《商标法》）第 8 条规定：“任何能够将自然人、法人或者其他组织的商品与他人的商品区别开的可视性标志，包括文字、图形、字母、数字、三维标志和颜色组合，以及上述要素的组合，均可以作为商标申请注册。”第 3 条第 3 款规定：“本法有关商品商标的规定，适用于服务商标。”④

2013 年《商标法》第 8 条规定：“任何能够将自然人、法人或者其他组织的商品与他人的商品区别开的标志，包括文字、图形、字母、数字、三维标志、颜色组合和声音等，以及上述要素的组合，均可以作为商标申请注册。”与 2001 年《商标法》相比，增加“声音”为可以注册的商标要素；由于“声音”非“可视”的，为此将 2001 年《商标法》中的“可视性标志”改为“标志”。

2013 年《商标法》是根据 2013 年 8 月 30 日第十二届全国人民代表大会常务委员会第四次会议通过的《关于修改〈中华人民共和国商标法〉的决定》第三次修正并公布、自 2014 年 5 月 1 日起施行的。

由此可见，根据 2013 年《商标法》的规定，商标在我国主要有以下几个方面的含义：

（1）商标是在商品或服务上的标志；

（2）商标用于区别不同经营者的商品或服务来源；

---

① 参见吴汉东等：《知识产权基本问题研究》，498 页，北京，中国人民大学出版社，2005。

② 参见《现代汉语词典》，5 版，1191 页，北京，商务印书馆，2005。

③ 参见张序九主编：《商标法教程》，2 版，1 页，北京，法律出版社，1994。

④ 现行 2001 年《中华人民共和国商标法》是指 1982 年 8 月 23 日第五届全国人民代表大会常务委员会第二十四次会议通过，根据 2001 年 10 月 27 日第九届全国人民代表大会常务委员会第二十四次会议《关于修改〈中华人民共和国商标法〉的决定》第二次修正的商标法。

（3）商标由文字、图形、字母、数字、三维标志、颜色组合和声音，以及上述要素的组合。

1.1.2 商标的特征

商标的主要特征包括显著性、专有性、财产性。

第一，商标具有显著性（又称识别性），是具有显著性的商品标志，其区别于具有叙述性、公知公用性质的标志，又区别于他人商品或服务的标志，从而便于消费者识别。我国《商标法》第 9 条第 1 款规定："申请注册的商标，应当有显著特征，便于识别，并不得与他人在先取得的合法权利相冲突。"

第二，商标具有专用性，使用商标的目的是区别于他人的商品来源或服务项目，便于消费者识别。所以，注册商标所有人对其商标具有专用权、独占权，未经注册商标所有人许可，他人不得擅自使用。

第三，商标具有财产性，商标代表商标所有人经营的产品及服务质量信誉和企业信誉、形象，商标所有人通过商标的创意、设计、申请注册、广告宣传及使用，使商标具有价值，也增加了商品的附加值。商标可以有偿转让，经商标所有权人同意，也可以许可他人使用。商标作为知识产权可以作为财产出资，我国《公司法》第 27 条第 1 款规定："股东可以用货币出资，也可以用实物、知识产权、土地使用权等可以用货币估价并可以依法转让的非货币财产作价出资；但是，法律、行政法规规定不得作为出资的财产除外。"商标的价值可以通过评估确定，《公司法》第 27 条第 2 款规定："对作为出资的非货币财产应当评估作价，核实财产，不得高估或者低估作价。法律、行政法规对评估作价有规定的，从其规定。"

1.1.3 商标的种类

按不同标准，商标有不同的种类。要注意的是，一个商标可以同属于不同的分类。

1. 按使用对象分类：商品商标、服务商标、地理标志。

商品商标就是商品的标记，是商标的最基本表现形式，指生产、制造、加工、拣选或经销的商品上所使用的商标。如海尔电器的"海尔"商标，如可口可乐公司的"可口可乐"商标。

服务商标，是服务性行业所使用的区别标志，用来区别于其他同类服务项目的标志，如航空、导游、保险和金融、邮电、饭店、电视台等企业使用的标志，就是服务商标。如平安保险的"平安"商标，如中国南方航空公司的"南航"商标。

地理标志，是具有特定质量信誉或其他特征的商品的地理来源的标志。它所标示的商品必须具有特定品质和质量的特色，且该商品的质量和特色主要地或者完全地取决于该地（国家、地区或者地方）的地理环境、自然因素或者传统人文因素。依据 2014 年新的《商标法实施条例》第 4 条的规定，地理标志作为证明商标或者集体商标申请注册。①

世界知识产权组织提供的《商标注册用商品和服务国际分类》（下称《商品区分表》）共分为商品（第 1 类至第 34 类，共 34 个类别）和服务（第 35 类至第 45 类，共 11 个类别）两大部分。两者上注册使用的均是《商标法》第 3 条规定的商标。②

2. 按商标结构分类：文字商标、图形商标、字母商标、数字商标、三维标志商标、颜色组合商标、声音商标、组合商标、气味商标。

文字商标，是指仅用文字构成的商标，包括中国汉字和少数民族文字、外国文字和阿拉伯数字或以各种不同文字组合的商标。

图形商标，是指仅用图形构成的商标。

字母商标，是指用拼音文字或注音符号的最小书写单位，包括拼音文字、外文字母如英文字母、拉丁字母等所构成的商标。如卫生巾的“ABC”商标。

数字商标，是指用阿拉伯数字、罗马数字或者中文大写数字所构成的商标。如电池的“555”商标，及药物的“999”商标。

三维标志商标，又称为立体商标，用具有长、宽、高三种度量的三维立体物标志构成的商标标识，它与我们通常所见的表现在一个平面上的商标图案不同，而是以一个立体物质形态出现，这种形态可能出现在商品的外形上，也可以表现在商品的容器或其他地方。这是 2001 年修订的《商标法》所增添的新内容，使得我国的商标保护制度更加完善。

颜色组合商标，是指由两种或两种以上的颜色排列、组合而成的商标。文字、图案加颜色所构成的商标，不属颜色组合商标，只是一般的组合商标。

声音商标，是指以音符编成的一组音乐或以某种特殊声音作为商品或服务的商标即是声音商标。典型的声音商标如美国米高梅公司电影开始的“狮子吼”、摩托罗拉的“hello moto”等。声音商标目前只在美国等少数国家得到承认，在我国 2013 年《商标法》正式将声音商标列为可注册商标。

组合商标，指由上述七种商标中的两种或两种以上成分相结合构成的商标，也称复合商标。在我国及国际上，组合商标的使用最为普遍。

上述八种商标均是我国《商标法》第 8 条规定的商标。

气味商标，是指以某种特殊气味作为区别不同商品和不同服务项目的商标。目前，这种商标只在个别国家被承认，在我国尚不能注册为商标。

3. 按使用者分类：制造商标、销售商标与集体商标。

制造商标，又称为产业商标、工业商标、生产商标，指明确表示商品生产者的商标，是企业主要的使用形式。这种商标与“企业字号（商号）”的意义相同，使得商品生产者所生产的商品有生产者的标记，从而与其他的生产者区别开来，并向消费者传达某种商品

---

① 参见《商标法律理解与适用》，8 页，北京，中国工商出版社，2009。如我国商标局 1987 年在具体商标案件中保护过丹麦的“丹麦牛油曲奇”地理标志，以及已核准注册的“安溪铁观音”商标。

② 参见国家工商行政管理总局商标局编：《类似商品和服务区分表：基于尼斯分类第十版》，“编者说明”，北京，中国工商出版社，2012。

生产者所含的信息和来源。制造商标在中国是最常见的。

销售商标，又称商业商标、推销商标，是指销售者（经营者）为了销售商品而使用的商标。这种商标的重点是宣传商品销售者的标记，而不是商品生产者。使用这种商标的往往是一些有较高声誉和实力的商业企业，他们通过定牌生产含自己商标的商品，从而对消费者作出某种信誉的保障。

集体商标，是指以团体、协会或者其他组织名义注册，供该组织成员在商事活动中使用，以表明使用者在该组织中的成员资格的标志。它是我国《商标法》第 3 条规定的明确给予注册保护的商标。

4. 按商标用途分类：防御商标、联合商标、证明商标。

防御商标，是指同一商标所有人为了防止他人在不同类别的商品上使用其商标，而在非类似商品上将其商标分别注册形成的商标。我国《商标法》对此种商标并无明确规定，《商标法》第 23 条规定的注册商标扩大使用范围的另行申请可理解与防御商标有关。随着驰名商标保护制度的发展，将驰名商标的保护扩展到“跨类”保护，其实也起到了防御商标的保护作用。不过要特别注意，注册商标一定期间闲置不用，经申请可被国家商标主管机关撤销。我国《商标法》第 49 条规定，注册商标没有正当理由连续 3 年不使用的，任何单位或者个人可以向商标局申请撤销该注册商标。

联合商标，是指同一商标所有人在相同或类似商品上注册的几个相同或者近似的商标，有的是文字近似，有的是图形近似。这种相互近似商标注册后，不一定都使用，其目的是防止他人仿冒或注册，从而更有效地保护自己的商标。联合商标以其中的一个商标为主，称为主商标，亦称为正商标。因联合商标作用和功能的特殊性，其中的某个商标闲置不用，在理论上不致被国家商标主管机关撤销。① 由于联合商标相互近似的整体作用，因而其不得跨类分割使用或转让。所以《中华人民共和国商标法实施条例》（下称《商标法实施条例》）第 31 条第 2 款中规定：“转让注册商标，商标注册人对其在同一种或者类似商品上注册的相同或者近似的商标未一并转让的，由商标局通知其限期改正”。

证明商标，是指由对某种商品或者服务具有监督能力的组织所控制，而由该组织以外的单位或者个人使用于其商品或者服务，用以证明该商品或者服务的原产地、原料、制造方法、质量或者其他特定品质的标志。它是我国《商标法》第 3 条规定的可给予注册保护的商标。目前国际上流行的纯羊毛标志、欧共体采用的“担保商标”等，都是证明商标。

5. 按商标信誉程度分类：普通商标、知名商标、著名商标、驰名商标。

普通商标，指在正常情况下使用未受到特别法律保护的绝大多数商标。

知名商标，指在较小地域范围内（如地市县级地域）有知名度的商标。它只是在我国较常出现的对某些商标的一种褒称，多在我国地、市、县一级名誉商标评选中使用，并常在地方立法或地方行政立法中出现。

著名商标，指在一定地域范围内（如省级地域）较有知名度的商标。它不是国际上的

① 参见吴汉东等：《知识产权基本问题研究》，514 页，北京，中国人民大学出版社，2005。

专用名词，多在我国省、（直辖）市一级名誉商标评选中使用，并常在地方立法或地方行政立法中出现。

驰名商标，是指在较大地域范围（如全国、国际）的市场上享有较高声誉，为相关公众所普遍熟知，有良好质量信誉，并享有特别法律保护的商标。驰名商标还可以在不相同或者不相类似商品上获得保护，即可以跨类别给予保护。

6. 按商标注册与否分类：注册商标、未注册商标。

注册商标，指经商标使用人按照法定手续向国家商标局申请注册，经过审核后准予核准注册的商标。

未注册商标，指未经过商标注册而在商品或服务上使用的商标。

我国法律既保护注册商标，又保护未注册商标。注册商标主要通过《商标法》进行保护，而未注册商标主要通过《反不正当竞争法》等法律进行保护。2013 年修改后的《商标法》对未注册商标的保护有了更进一步明确具体的规定，如第 59 条第 3 款就详细规定了对未注册商标保护的条件。

1.1.4　商标权的概念

商标权是商标所有人依法对其商标所享有的专有使用权，包括占有、使用、收益和处分的权利。从世界各国商标法律制度看，产生商标权主要有两种途径，一是使用取得，即因使用产生权利，如英美等国；二是注册取得，即经商标主管部门核准取得权利，如以法国为代表的大陆法系国家强调商标权必须通过注册才能取得。

我国与世界上大多数国家一样，实行注册原则，即商标权的取得根据注册原则确定。我国《商标法》第 3 条规定："经商标局核准注册的商标为注册商标，包括商品商标、服务商标和集体商标、证明商标；商标注册人享有商标专用权，受法律保护。"

当然，未注册商标也受保护，主要通过《反不正当竞争法》保护，如知名商品特有名称等的保护；《商标法》也提供有限保护，如《商标法》第 13 条规定的驰名商标、（《商标法》第 32 条）的在先使用并有一定影响的商标等，其受法律保护是有特殊法律基础的，即必须经过实际使用并且已具有识别商品或者服务的实际意义。另外，在特定条件下，未注册商标在长期使用中产生了显著的识别性，也可变成为注册商标申请，转化和强化其保护，如"小肥羊"、"诸葛酿"等原来是通过知名商品特有名称加以保护的，现在都先后成为注册商标。①

1.1.5　商标权的特征

商标权属于知识产权的范畴，商标和作品、发明、实用新型、外观设计等智力成果，

① 参见孔祥俊：《商标与不正当竞争法原理和判例》，160 页，北京，法律出版社，2009。

都属于无形财产，与书籍、房屋等动产或不动产这些有形财产有根本性的差别，这决定了商标权等知识产权具有专有性、时间性和地域性等区别于有形财产的法律特征。

1. 商标权具有专有性，又称独占性，即商标权人对其注册商标享有专属自己使用的权利，任何第三方非经商标权人同意不可擅自使用。

其中专有性主要体现在以下两个方面：

第一，商标权人享有“使用权”，商标权人对其注册商标享有充分支配的权利，享有完全使用的权利，可以通过自己使用或许可他人使用获得收益，商标权人可以按照自己的意志对所拥有的注册商标作出处置和安排。为此，商标权中的使用权体现的是商标的“积极效力”。

第二，商标权人享有“禁止权”，是指商标权人享有禁止他人未经其许可擅自使用其注册商标的权利，体现的是商标的“消极效力”。

使用权与禁止权的区别在于两者有着不同的效力范围。使用权涉及的是注册人使用注册商标的问题，根据我国《商标法》的规定，注册人的专有使用权以核准的注册商标和核定使用的商品为限。禁止权涉及的是对抗非法使用注册商标的问题，注册人对他人未经许可在同一种商品或类似商品上使用与其注册商标相同或近似的商标，均享有禁止权。

2. 商标权具有时间性，是指商标权具有有效期限，在有效期限之内，商标权受到法律保护，超过有效期限，商标权不再受到法律保护。

各国的商标法，一般都规定了商标权的有效期限，不过期限长短不一。在我国，注册商标的有效期是 10 年，自注册申请被批准之日算起。10 年届满如果没有申请续展，则注册商标将被注销，商标权灭失。申请续展及批准，又可获 10 年的续展有效期，续展次数不受限制，所以商标权的时间性是相对的。

3. 商标权具有地域性，即商标权人所享有的商标权只能在授予该项权利的国家或地区领域内受到法律保护，在其他国家或地区内则不发生法律效力，这也是通常所说的“属地原则”。所以，我国出口商品的商标，不仅应按国内的法律规定申请注册，还要及时在商品销售的国家或地区申请注册，不然，若有他人在国外抢注，商标权人的商品在被抢注地的销售将处于不利地位，甚至被禁止销售。同理，外国的商品进入国内，最好也按国内的法律规定申请商标注册。

4. 商标权具有限制性，依据 2013 年《商标法》，商标权行使也具有一定限制性。体现在对功能性的限制、对在先使用的限制等，在《商标法》第 59 条就规定了三种注册商标权利人无权禁止他人正当使用的情形，在第 64 条就规定了虽然构成商标侵权，但不承担赔偿责任的两种情况。

1.1.6　商标权的取得与终止

1. 商标权的取得，是指商标权开始与作为权利主体的商标权人相结合。其取得方式有原始取得和继受取得。

（1）原始取得采取三种不同的原则：注册原则、使用原则、混合原则。

注册原则，是指按申请注册的先后来确定商标权的归属，即在采取“注册原则”的同时采用“先申请原则”。注册原则是国际通行的商标权取得原则，我国《商标法》也采用注册原则，第 29 条（2013 年《商标法》第 31 条）规定：“两个或者两个以上的商标注册申请人，在同一种商品或者类似商品上，以相同或者近似的商标申请注册的，初步审定并公告申请在先的商标；同一天申请的，初步审定并公告使用在先的商标，驳回其他人的申请，不予公告。”

使用原则，是指按使用商标的先后来确定商标权的归属问题，是最原始的商标权取得方法。现在只有美国、英国、列支敦士登等一些国家或地区对商标权的成立采取“使用原则”。当然，这些国家往往也办理商标注册手续，但它在法律上只起到声明的作用，而不能确定商标权的归属。采取使用原则确定商标权归属问题，对商标的首先使用人有利，对在后使用人（无论注册与否）不利，若一旦发生争议，要查明首先使用商标者是困难的。若在首先使用商标不知名的情况下，不知情的在后使用者若因自己的使用行为已使其商标产生一定的知名度下，要禁止在后善意使用者继续使用，也显得不公平，不利于争议的解决，为此世界上只有少数国家采取使用原则。

混合原则，是对使用原则和注册原则的折中适用。如有些国家的商标法规定：商标被核准注册后，在规定的期间内，如没人对注册商标提出指控，期间届满，商标注册人即取得稳定的商标专用权，但在规定期间内，如有人提出指控，而指控又能成立，则该注册商标就会被撤销。要注意的是，这里的指控证据，只要提供商标在先使用的证据即可，而不需要提供在先使用并有一定影响力的证据。

（2）继受取得，又称传来取得，即商标权人权利的取得以他人已有的商标权为依据。通常有两种方式取得，一是根据转让合同，由出让人向受让人有偿或无偿地转让商标权；二是根据继承程序，由继承人继承被继承人的商标权。

2. 商标权的终止，是指由于法定事由的发生，注册商标的商标权人丧失其商标权，法律不再对该注册商标给予保护。根据我国《商标法》的规定，注册商标可以因注销、撤销、宣告无效而导致商标权终止。

（1）注销，是指注册商标权人自动放弃注册商标或商标局依法取消注册商标的程序。

1）主动申请注销。2014 年《商标法实施条例》第 73 条第 1 款规定：“商标注册人申请注销其注册商标或者注销其商标在部分指定商品上的注册的，应当向商标局提交商标注销申请书，并交回原《商标注册证》。”

2）死亡注销。因商标权人死亡（指自然人）或终止（指法人或者其他组织）又无人继承的注销，2002 年《商标法实施条例》第 47 条规定：“商标注册人死亡或者终止，自死亡或者终止之日起 1 年期满，该注册商标没有办理移转手续的，任何人可以向商标局申请注销该注册商标。提出注销申请的，应当提交有关该商标注册人死亡或者终止的证据。”

3）未续展注销。2013 年《商标法》第 40 条规定：“注册商标有效期满，需要继续使用的，商标注册人应当在期满前十二个月内按照规定办理续展手续；在此期间未能办理的，可以给予六个月的宽展期。每次续展注册的有效期为十年，自该商标上一届有效期满次日起计算。期满未办理续展手续的，注销其注册商标。”

（2）撤销，是指商标权人违反使用规定，或注册商标已成为通用名称，或没有正当理由连续3年不使用而由商标局撤销注册商标，使原注册商标权归于的灭失的程序。根据我国2013年《商标法》的规定，有违法改正撤销与直接撤销两种。

1）违法改正撤销。主要是指违反2013年《商标法》第49条第1款的规定：①自行改变注册商标的；②自行改变注册商标的注册人名义、地址或者其他注册事项的。违法改正撤销的，商标权自商标局的撤销决定作出之日起终止。2001年《商标法》第44条、第45条还规定了另外三种违法改正撤销类型：①自行转让注册商标的；②连续3年停止使用的；③使用注册商标，其商品粗制滥造，以次充好，欺骗消费者的。

2）直接撤销。是指根据2013年《商标法》第49条第2款的规定：①注册商标成为其核定使用的商品的通用名称；②注册商标没有正当理由连续3年不使用的。对于这两种商标，任何单位或者个人可以向商标局申请撤销该注册商标。

（3）宣告无效。主要是指商标局或商标评审委员会应请求人的无效请求，经审查，确认已经注册的商标违反2013年《商标法》第44条（绝对无效理由程序）及第45条（相对无效理由程序）的规定，而裁定宣告商标无效。被宣告无效的注册商标，由商标局予以公告，该注册商标专用权视为自始即不存在。这是2013年《商标法》修改的重点及亮点之一。“注册商标的无效宣告”制度来源于原来的“注册商标争议”制度，但与之相比又有较大的改变，具体在第2章“商标代理业务”中详细介绍。

1.2 商标的法律制度

1.2.1 我国商标的历史沿革

我国是世界上较早使用商标的国家，在宋代就有了形式上非常完备的“商标”（山东“济南刘家功夫针铺”使用的“白兔”商标）。在1736年（清乾隆年间），苏州府长州县布商黄友龙，冒用他人布疋的“牌谱”，地方政府把禁止这种冒用行为的禁令刻在石头上，以昭示公众。清道光年间，上海绮藻堂布业总公司所订立过“牌谱”，用于保护行会商人的权益，防止商标被冒用，这里的“牌”，也就是商标。这些就是我国商标及商标制度的雏形，但由于历代封建统治者采取“重农轻商”的政策，商品经济发展缓慢，一直没有使用真正意义上的商标制度。①

我国真正的商标制度建立于晚清。1840年鸦片战争以后，清政府被迫开埠通商，帝国主义列强强迫清政府对外签订的商约中订立了不少保护外国商标权的条款。清政府于

① 参见郑成思：《知识产权法》，2版，161、162页，北京，法律出版社，2003。

1904 年颁布《商标注册试办章程》，这是中国历史上第一部商标法。该法由当时任中国海关总税务司的英国人赫德起草。《章程》实行注册原则和申请在先原则、注册有效期 20 年、对假冒商标采取不告不理原则、对涉外商标纠纷实行“领事裁判权”。此章程实际上并未真正实施过。

1923 年民国政府颁布《商标法》，该商标法实行注册原则，照顾使用在先，保护商标专用权，有效期为 20 年，可以续展，规定了对侵权行为的处罚等，是我国第一部真正实施的商标法。1930 年，国民党政府在此基础上，修改制定了《中华民国商标法》。当时申请商标注册的，半数以上是外国商人。

中华人民共和国成立后，1950 年当时的政务院制定颁布《商标注册暂行条例》，废除了帝国主义在华的商标特权，实行“先申请原则”，照顾“使用在先”，设立异议制度等，但没有实行“全面注册”。1954 年当时中央工商行政管理局制定《未注册商标暂行管理办法》，要求使用商标先行注册，向“全面注册制”过渡。1957 年国务院转发了中央工商行政管理局《关于实行商标全面注册的意见》及 1963 年经全国人大常委会批准，国务院颁布了《商标管理条例》，从而导致全面注册（又称“强制注册”）制度的产生。但 1963 年颁布的《商标管理条例》把商标视为产品质量的代表，是对产品管理的手段，没有规定注册使用人可享有任何权利。“文化大革命”期间，我国商标法律制度遭到全面破坏，商标管理和使用完全处于混乱状态。①

中国共产党的十一届三中全会以后，国务院于 1979 年发出了《关于纺织品恢复使用商标的通知》，恢复了商标注册，并在此基础上，在 1982 年 8 月通过了《中华人民共和国商标法》，这是新中国的第一部商标法。1983 年 3 月颁布了《中华人民共和国商标法实施细则》。新中国商标法的基本内容是：保护商标专用权；以自愿注册为主，辅之以强制注册；重视市场竞争机制，主要是依靠商品在市场竞争中优胜劣汰；制定了异议、争议程序；对外国商标注册，遵循国际惯例，按我国参加的国际公约或按照对等原则办理。

为适应涉外经济活动的需要，我国于 1980 年参加了联合国世界知识产权组织，1985 年参加了《保护工业产权巴黎公约》，1989 年参加了《商标国际注册马德里协定》；同时，于 1988 年开始采用《尼斯协定》进行国际商品分类。这一系列做法，是我国的商标法律制度向与国际商标法律制度接轨迈出的极其重要的步伐。

1.2.2　商标的国际法律体系

现代商标始于 19 世纪，商标作为一种私有财产受到法律的承认和保护，并成为一种专门的法律制度。法国于 1803 年颁布的《关于工厂、制造场和作坊的法律》，是世界上最早的一部含有保护商标规定的法律，其中就把假冒商标按照私自伪造文件处理；1804 年颁布的《拿破仑民法典》，第一次肯定了商标权应与其他有形财产权同样受到保护；1857

---

① 参见郑成思：《知识产权法》，2 版，162～165 页，北京，法律出版社，2003。

年制定的《关于以使用原则和不审查原则为内容的制造标记和商标的法律》，确立了商标的注册制度，可谓商标发展到成熟阶段的标志。[①] 德国于1874年颁布了采用“不审查原则”的《商标保护法》，后又于1894年颁布了以“审查原则”为内容的《商标法》。美国于1870年制定了《联邦商标条例》，于1881年颁布了新商标法，现行商标法是1946年颁布的《兰哈姆法》，经过数次修订，至今有效。英国于1862年颁布了《商品标记法》，1885年又颁布了《商标注册法》，1905年通过新的商标法。日本受德国和英国商标法影响，于1884年制定了以“注册原则”为基本内容的《商标条例》，现行商标法是1981年最后修改的《日本商标法》。进入20世纪以来，苏联、原东欧各国和亚、非、拉美等许多国家也先后制定和颁布了自己商标法。至今，世界上绝大多数国家都制定有商标法，商标法已成为各国通行的工业产权制度。

19世纪下半叶，随着国际间经济贸易的发展，商标法律保护开始向国际化发展，商标法律制度发展至今已经形成了一系列为世界大多数国家共同遵循的原则。1883年，《保护工业产权巴黎公约》诞生，这是第一部旨在使一国国民的智力创造（包括商标）能在他国得到保护的重要条约。其于1884年生效，当时有14个成员国，成立了国际局来执行行政管理任务。1893年，巴黎公约的国际局与保护版权的《伯尔尼公约》的机构合并，成立了被称为保护知识产权联合国际局（常用其法文缩略语BIRPI）的国际组织，即世界知识产权组织（World Intellectual Property Organization，简称WIPO）的前身。1974年，世界知识产权组织成为联合国组织系统的一个专门机构，直到2013年4月止，成员国有185个国家，我国是成员国之一。它管理着涉及知识产权保护各个方面的24项条约（16部关于工业产权，7部关于版权，加上《建立世界知识产权组织公约》），其中涉及商标的有：

1.《保护工业产权巴黎公约》(Paris Convention for the Protection of Industrial Property)（简称“巴黎公约”)，1883年在巴黎缔结，1967年在斯德哥尔摩最后修订。

2.《商标法条约》(Trademark Law Treaty—TLT)，1994年10月在日内瓦缔结。该条约极大地简化了商标申请人在各成员国之间进行申请注册和保护。我国是其签约国。

3.《商标国际注册马德里协定》(Madrid Agreement Concerning the International Registration of Marks)（简称“马德里协定”)，1891年在马德里缔结，1967年在斯德哥尔摩最后修订，1989年增订了议定书《商标国际注册马德里协定有关议定书》（简称“马德里议定书”)，解决了逐一国家办理商标注册带来的手续多、费用高、时间长、烦琐等问题，我国同时是该两项条约的成员国。

4.《制止商品产地虚假或欺骗性标记马德里协定》(Madrid Agreement for the Repression of False or Deceptive Indications of Source on Goods)，1891年在马德里缔结，1958年在里斯本最后修订。

5.《商标注册用商品和服务国际分类尼斯协定》(Nice Agreement Concerning the International Classification of Goods and Services for the Purposes of the Registration of

---

① 张序九主编：《商标法教程》，2版，31页，北京，法律出版社，1994。

Marks）（简称“尼斯协定”），1957年在尼斯缔结，1977年在日内瓦最后修订。我国于1988年11月开始使用尼斯分类，1994年正式加入该条约。

6.《建立商标图形要素国际分类维也纳协定》（Vienna Agreement Establishing an International Classification of the Figurative Elements of Marks）（简称“维也纳协定”），其规定了由图形要素构成或带有图形要素的商标分类法，我国暂未加入该条约。

7.《保护奥林匹克会徽内罗毕条约》（Nairobi Treaty on the Protection of the Olympic Symbol）。

8.《保护原产地名称和国际注册里斯本协定》（Lisbon Agreement for the Protection of Appellations of Origin and Their International Registration）。

世界贸易组织（World Trade Organization，简写为WTO或世贸），于1995年成立，作为其附件之一并生效的《与贸易有关的知识产权协定》（Agreement on Trade-Related Aspects of Intellectual Property Rights，缩写为TRIPs协定），是迄今为止对各国知识产权法律和制度影响最大的国际条约。与过去的知识产权国际条约相比，该协议具有三个突出特点：第一，是第一个涵盖了绝大多数知识产权类型的多边条约，既包括实体性规定，也包括程序性规定；第二，是第一个对知识产权执法标准及执法程序作出规范的条约，对侵犯知识产权行为的民事责任、刑事责任以及保护知识产权的边境措施、临时措施等都作了明确规定；第三，引入了世界贸易组织的争端解决机制，用于解决各成员之间产生的知识产权纠纷。我国于2001年正式加入WTO。

1.2.3 商标的国内法律制度及修改概况

一、1993年商标法第一次修正

自新的商标法颁布至1992年，在我国核准的有效注册商标总数达36万余件。同时我国先后加入了《巴黎公约》、《马德里协定》、采用《尼斯协定》，为使我国商标法律制度与国际接轨，全国人大于1993年2月22日通过了修改后的《中华人民共和国商标法》。同年7月，国家工商行政管理局发布了第二次修订的《商标法实施细则》。修改的内容主要有：

1. 扩大了商标的保护范围，除商品商标外，增加了服务商标。在一般商标以外，还增加了“集体商标”、“证明商标”两种特殊商标。

2. 明确了县以上行政区划的地名或者公众知晓的外国地名不得作为商标。

3. 在形式审查中，增加了补正程序，在实质审查中，建立了审查意见书制度。这与《与贸易有关的知识产权协定》相一致。

4. 重新界定了侵犯商标权的行为的范围，对于侵犯注册商标专用权不构成犯罪的，可由工商管理部门责令其停止侵害，赔偿损失，并可处以罚款。当事人向人民法院起诉的，可由人民法院裁判，予以民事制裁。对于侵犯注册商标专用权构成犯罪的，除赔偿损失外，还应追究其刑事责任。

二、2001 年商标法第二次修正

随着市场经济的发展，为尽快完善我国知识产权保护制度，及履行我国在加入 WTO 谈判中已作出的承诺，2001 年 10 月 27 日全国人大通过了《关于修改商标法的决定》，该决定自 2001 年 12 月 1 日起施行。新增加和修改的内容占全部内容的三分之二以上。这次修改的主要内容如下：

1. 主体方面上，扩大了申请商标注册的主体范围，以“自然人、法人和其他组织”代替了原商标法中的“企业、事业单位和个体工商业者”；明确两个以上主体可以共同申请注册同一商标。

2. 保护客体方面上，进一步扩大了注册商标保护范围；明确规定了申请注册的商标必须符合的实质条件；增加了对驰名商标的具体规定；增加了地理标志的保护的规定；完善了商标构成要素的规定，增加了对立体商标保护的规定；增加了注册商标不得与他人在先权利相冲突的规定；增加了保护在先使用的未注册商标、禁止恶意申请商标注册的规定；进一步完善了商标禁用标志的规定；对商标反向假冒行为作出禁止性规定。

3. 程序方面上，注册商标申请优先权的规定；对申请商标注册所申报的事项和所提供的材料的真实性、准确性和完整性提出了要求；简化了商标注册程序；增加商标异议和争议的司法审查程序，以确保商标权人的合法权益。

4. 执法上，增加了诉前保全等临时措施及其程序的规定，为查处商标违法行为提供了有力的保障；完善商标行政管理措施，强化商标执法手段，加大打击商标违法行为的力度；完善了商标侵权赔偿责任制度，切实保障权利人的经济利益；增加了商标主管部门及其工作人员行为规范、自我监督和职务违法行为法律责任的规定。

为了配合新的商标法施行，《商标法实施细则》于 2002 年第四次修订，更名为《商标法实施条例》；原国家工商行政管理局于 1995 年 11 月 2 日公布了《商标评审规则》，先后于 2002 年、2005 年进行修订，第二次修订的《商标评审规则》自 2005 年起施行；国家工商行政管理总局于 2003 年颁布了《驰名商标认定和保护规定》和《马德里国际注册实施办法》；2003 年国务院对《知识产权海关保护条例》作出修改；国家工商总局商标局和商标评审委员会于 2004 年 2 月下发《驰名商标认定工作规则》（内部规程）；2008 年 6 月，国务院发布《国家知识产权战略纲要》；国家工商总局于 2009 年 4 月制定并公布了《国家工商行政管理总局驰名商标认定工作细则》；2004 年 4 月《对外贸易法》也进行了修改；最高人民法院于 2002 年 1 月和 10 月先后发布了《关于审理商标案件有关管辖和法律适用范围问题的解释》、《关于诉前停止侵犯注册商标专用权行为和保全证据适用法律问题的解释》和《关于审理商标民事纠纷案件适用法律若干问题的解释》；最高人民法院于 2008 年 2 月发布了《关于审理注册商标、企业名称与在先权利冲突的民事纠纷案件若干问题的规定》；最高人民法院于 2009 年 4 月对外发布了《关于审理涉及驰名商标保护的民事纠纷案件应用法律若干问题的解释》，至此，我国商标法律制定越来越完善。

三、2013 年商标法第三次修正

我国 2001 年加入世贸以来，无论国内定国际贸易迅速发展起来，《商标法》的一些规定已不合时宜，自 2006 年起国家工商行政管理总局已启动商标法第三次修改工作。最后 2013 年 8 月 30 日，《中华人民共和国商标法》（以下简称新法）修正案经十二届全国人大常委会第四次会议审议并通过，于 2014 年 5 月 1 日起生效。相应的新《中华人民共和国商标法实施条例》也于 2014 年 5 月 1 日开始施行。新商标法主要有以下变化：

（一）强调商标使用，完善注册制度

1. 明文规定了诚实信用原则。这次修改明确将诚实信用作为一项总的原则写入商标法，即“申请注册和使用商标，应当遵循诚实信用原则”（第 7 条）。此外，新法要求代理机构遵循诚实信用原则（第 19 条），并规定了违法后果（第 68 条）。对于是否可以直接依据违反“诚实信用原则”提出商标异议或对已经注册的商标申请宣告无效，2013 年《商标法》并没有明文规定可以。

2. 保护在先使用商标。新法规定：“商标注册人申请商标注册前，他人已经在同一种商品或者类似商品上先于商标注册人使用与注册商标相同或者近似并有一定影响的商标的，注册商标专用权人无权禁止该使用人在原使用范围内继续使用该商标，但可以要求其附加适当区别标识”（第 59 条第 3 款）。对于何为“原使用范围”，2013 年《商标法》并没有规定，要看实施条例是否有进一步的规定。

3. 强化商标使用义务。新法吸收现行实施条例第 3 条的规定，明确了商标使用的定义：“本法所称商标的使用，是指将商标用于商品、商品包装或者容器以及商品交易文书上，或者将商标用于广告宣传、展览以及其他商业活动中，用于识别商品来源的行为”（第 48 条）。强调了商标是重要作用是“识别商品来源”。此外，新法将连续 3 年停止使用的情形单独加以规定，不适用“限期改正”的处理程序，加强了对不使用商标的规制（第 49 条）。最后，新法还规定，3 年内未实际使用过的注册商标原则上不给予赔偿（第 64 条）。

4. 细化驰名商标认定，纠正现在驰名商标被异化严重的现象。驰名商标实行被动保护，由权利人提出申请，即“为相关公众所熟知的商标，持有人认为其权利受到侵害时，可以依照本法规定请求驰名商标保护”（第 13 条）；强调按需认定，“驰名商标应当根据当事人的请求，作为处理涉及商标案件需要认定的事实进行认定”（第 14 条）；为纠正现在驰名商标被异化为荣誉、奖项，规定“生产、经营者不得将‘驰名商标’字样用于商品、商品包装或者容器上，或者用于广告宣传、展览以及其他商业活动中”（第 14 条）；对于违法宣传驰名商标的，设置了严厉的惩罚规定“违反者处十万元罚款”（第 53 条）。

（二）规范商标注册实体条件

1. 扩大商标注册范围

新法删除了可视性的要求，增加了“声音等”标志可以注册的规定（第 8 条）；相应

地增加了中国国歌、军歌不得注册的规定（第 10 条）。

2. 明确显著性要求

新法增加了“其他”缺乏显著性标志不得注册的要求，使通用名称和叙述性标志成为缺乏显著性的特例，逻辑上更加周延（第 11 条第 3 项）。同时，对于“注册商标成为其核定使用的商品的通用名称”的情形，新法则允许任何人申请撤销（第 49 条）。此外，新法还规定注册商标专用权人无权禁止他人正当使用注册商标中的非显著部分（第 59 条）。

3. 优化商标注册程序

（1）优化申请程序。允许一标多类，即“商标注册申请人可以通过一份申请就多个类别的商品申请注册同一商标”（第 22 条第 2 款）；通过法律的形式明确可以电子方式申请注册商标，即“商标注册申请等有关文件，可以以书面方式或者数据电文方式提出”（第 22 条第 3 款）；增加注册修改制度，即“在审查过程中，商标局认为商标注册申请内容需要说明或者修正的，可以要求申请人做出说明或者修正。申请人未做出说明或者修正的，不影响商标局做出审查决定”（第 29 条）。

（2）异议程序作出重大调整。区分了绝对理由和相对理由提出的主体，相对理由的异议主体限定为“在先权利人、利害关系人”，绝对理由的异议主体仍然是“任何人”（第 33 条）；同时规定“商标局做出准予注册决定的，发给商标注册证，并予公告。异议人不服的，可以依照本法第四十四条、第四十五条的规定向商标评审委员会请求宣告该注册商标无效”（第 35 条第 2 款），而且，即使异议被商标局认定成立的，如果商评委改判，商标也会立即注册，异议人也只能同样的寻找无效宣告程序的救济（第 35 条第 3 款），原有的商标异议制度是无论异议是否成功，任何一方均可向商标评审委员会申请商标异议复审，对于异议复审不服的，任何一方均可提出商标行政诉讼，为此，一个商标有可能七八年能否注册都未有定论；相应地，原《商标法》第 42 条有关“一事不再理”的规定则被删除；新法还规定“经审查异议不成立而准予注册的商标，商标注册申请人取得商标专用权的时间自初步审定公告三个月期满之日起计算。自该商标公告期满之日起至准予注册决定做出前，对他人在同一种或者类似商品上使用与该商标相同或者近似的标志的行为不具有追溯力；但是，因该使用人的恶意给商标注册人造成的损失，应当给予赔偿。”（第 36 条）这样明确异议不成立而注册的商标取得专用权的时间以及可以得到赔偿的时间标准。

（3）延长续展程序的时间。新法允许期满前 12 个月而不是之前的 6 个月即可进行续展，使商标注册人有了更大的自由度（第 40 条）。

（4）调整无效及撤销程序。新法这次区分无效和撤销程序，分别规定发起程序和决定效力。2014 年《商标法实施条例》第 73 条规定，注册商标申请注销经商标局核准后，效力自商标局收到其注销申请之日起终止。

（5）明确各类决定生效条件。新法第 36、46、55 条分别规定了驳回申请决定以及不予注册决定、无效决定及撤销决定的生效条件，即只有在当事人不申请复审或不去法院起诉的情况下，这些决定才生效，从而厘清了现行法生效时间不够明确的问题。

（6）明确转让条件。新法吸收 2002 年《商标法实施条例》第 25 条第 2、3 款的规定，要求“转让注册商标的，商标注册人对其在同一种商品上注册的近似的商标，或者在类似商品上注册的相同或者近似的商标，应当一并转让。对容易导致混淆或者有其他不良影响的转让，商标局不予核准”（第 42 条第 2、3 款），但是没有涉及商标的移转问题。

（7）明确许可使用备案程序及效力。新法将 2002 年《商标法实施条例》第 43 条中“许可人应当自商标使用许可合同签订之日起 3 个月内将合同副本报送商标局备案”的规定修改为“许可人应当将其商标使用许可报商标局备案，由商标局公告”（第 43 条）。也就是说，备案的可以是许可这一事实，而不一定是许可合同的副本。此外，新法还吸收司法解释的意见，进一步规定“商标使用许可未经备案不得对抗善意第三人”。

（8）明确及时审查要求。新法第 37 条对审查给出了明确的时限：商标局对新申请的审查时限是 9 个月，且不可以延长（第 28 条）；商评委驳回复审决定（第 34 条）、商评委的绝对理由无效决定（第 44 条）、商标局撤销商标决定（第 49 条）以及商评委撤销复审决定（第 54 条）均须在 9 个月内做出，有特殊情况需要延长的，经批准，可以延长 3 个月；对于更为复杂的相对理由案件，即商标局异议裁定、商评委异议复审决定（第 35 条）以及商评委相对理由无效决定（第 45 条）均须在 12 个月内做出，有特殊情况需要延长的，经批准，可以延长 6 个月。

（9）明确中止程序。为了避免关联程序出现矛盾的裁决结果，新法明确了中止程序：一是规定，商评委在异议复审及无效程序中“涉及的在先权利的确定必须以人民法院正在审理或者行政机关正在处理的另一案件的结果为依据的，可以中止审查。中止原因消除后，应当恢复审查程序”（第 35、45 条）；二是规定“在查处商标侵权案件过程中，对商标权属存在争议或者权利人同时向人民法院提起商标侵权诉讼的，工商行政管理部门可以中止案件的查处。中止原因消除后，应当恢复或者终结案件查处程序（第 62 条）”。

（三）加强商标行政管理

1. 细化行政处罚。新法细化了对商标违法行为进行行政处罚的规定：对于违反强制使用要求的商标，可以责令限期申请注册，可并处罚款（第 51 条）；对于冒充注册商标或违反禁用条款的，可予以制止，限期改正并可以予以通报，还可处以罚款（第 52 条）；对于商标侵权行为，可以责令立即停止侵权行为，没收、销毁侵权商品和主要用于制造侵权商品、伪造注册商标标识的工具，可并处罚款，改变了工具必须“专门”用于侵权的要求（第 60 条）；罚款的计算均以违法经营额为计算标准。对于违反驰名商标不得宣传的行为，可以责令改正，并处 10 万元罚款（第 53 条）。此外，还规定了累犯可以从重处罚和善意销售者应承担停止销售的责任（第 60 条）。

2. 加强商标代理管理。新法特别关注商标代理行业的管理：一是明确了诚实信用原则在代理活动中的适用（第 19 条）；二是要求商标代理机构，在知道或者应当知道委托人申请注册的商标属于恶意抢注及侵犯他人在先权利的情况下，不得接受其委托；三是进一步规定“商标代理机构除对其代理服务申请商标注册外，不得申请注册其他商标”；四是对于代理机构的行业管理作出了明确（第 20 条）；五是特别规定对代理机构的违法行为，可以罚款、计入信用档案，甚至停止受理其提出的申请等等，情况严重的，还可能追究刑

事责任。(第 68 条)

(四) 加强商标专用权保护

1. 调整商标侵权构成。新法对商标侵权的构成要件进行了调整，区分商品商标均相同与近似类似的情况，同时引入混淆要件，如“未经商标注册人的许可，在同一种商品上使用与其注册商标相同的商标的”不考虑是否混淆，直接认定为侵权，而“未经商标注册人的许可，在同一种商品上使用与其注册商标近似的商标，或者在类似商品上使用与其注册商标相同或者近似的商标”，就规定了“容易导致混淆”的构成要件，并增加“故意为侵犯他人商标专用权行为提供便利条件，帮助他人实施侵犯商标专用权行为的”即“帮助侵权”的规定（第 57 条)。

2. 明确商标与企业名称冲突处理路径。新法明确提出了商标与企业名称冲突的法律适用，即：“将他人注册商标、未注册的驰名商标作为企业名称中的字号使用，误导公众，构成不正当竞争行为的，依照《中华人民共和国反不正当竞争法》处理。”（第 58 条)

3. 明确正当使用范围。新法对缺乏显著性的标志以及三维标志的正当使用问题作出了规定：一是“注册商标中含有的本商品的通用名称、图形、型号，或者直接表示商品的质量、主要原料、功能、用途、重量、数量及其他特点，或者含有的地名，注册商标专用权人无权禁止他人正当使用。”二是“三维标志注册商标中含有的商品自身的性质产生的形状、为获得技术效果而需有的商品形状或者使商品具有实质性价值的形状，注册商标专用权人无权禁止他人正当使用”(第 59 条)。

4. 明确举证不力的后果。新法规定了被告举证不力的后果：“人民法院为确定赔偿数额，在权利人已经尽力举证，而与侵权行为相关的账簿、资料主要由侵权人掌握的情况下，可以责令侵权人提供与侵权行为相关的账簿、资料；侵权人不提供或者提供虚假的账簿、资料的，人民法院可以参考权利人的主张和提供的证据判定赔偿数额”（第 63 条第 2 款)。这一规定对于侵权人的举证是一种督促，也有利于查明案件事实，作出正确的认定。

5. 细化民事赔偿。新法细化了商标侵权民事赔偿的计算标准：首先，新法优化了行政调解赔偿程序，规定除了提起行政诉讼外，“对侵犯商标专用权的赔偿数额的争议，当事人可以请求进行处理的工商行政管理部门调解”（第 60 条)。其次，新法进一步明确了各种情况下赔偿的计算方法：一是确定计算赔偿顺序，即依次按照权利人因被侵权所受到的实际损失确定、侵权人因侵权所获得的利益以及该商标许可使用费的倍数确定；二是对恶意侵权的允许惩罚性赔偿为通常赔偿额的 1～3 倍；三是将法定赔偿提高到 300 万元以下（第 63 条)。[①]

---

① 参见黄晖：《商标法 2013 年第三次修改导读》，见 http://www.wanhuida.com/tabid/142/ArticleID/2660/Default.aspx，访问日期：2013 年 12 月 23 日。

1.3 商标与其他知识产权

1.3.1 商标与商号（字号）

商号（trade name 或者 commercial name），是指企业名称中具有显著特征的文字构成的识别性标志，《巴黎公约》将其作为受保护的一种商业标识加以规定。世界知识产权组织在其教材中指出："企业可能拥有和使用一个、几个或者许多不同的商标，以将其商品和服务与其他竞争对手区别开来。但是，他们也需要将其自身与其他企业区别开来。为此，他们采用了商号"。"商号与商标在发挥识别功能上具有共同性。但是，商号与商标、服务不同的是，商号在企业销售或者提供的商品或者服务之外，在很大程度上独立地将此企业与其他企业区别开来。"① 在国内，商号又称"字号"，国务院于 1991 年颁布的《企业名称登记管理规定》第 7 条规定："企业名称应当由以下部分依次组成：字号（或者商号，下同）、行业或者经营特点、组织形式。"

在我国商标与商号的不同点：（1）商标是将特定商品或服务与其他的区别开来，商号是将特定的经营者与其他经营者区别开来。（2）虽然都有显著性的要求，但其中商标比较严格，《商标法》明确规定商标具有显著特征，便于识别，不得与其他注册在先的相同或类似商品上所使用的商标近似，否则不能获得核准注册，这种显著性是全国范围内的，而对商号的要求没有像对商标这样严格，通常在相同的登记行政管辖区内没有重名，即可获得核准登记。（3）商标除了文字以外，还可以由图形、字母、数字等组成，而商号通常由文字构成。（4）登记程序有所不同，其中商标注册实行"自愿注册与强制注册相结合"原则，现在除烟草制品外，其他商品上使用的商标均采取自愿注册的原则，而商号登记采用的是"强制登记"原则，即未经登记的商号不得使用，否则就是非法经营。（5）所产生的权利不同及权利的范围、时间不同，商标注册后，商标注册人享有商标的专有权，受法律保护，该保护是在全国范围内，同时规定了注册商标的有效期限 10 年，可无限次续展，而商号注册登记后，在登记的行政管辖区内具有对相同或近似商号的排他权，使用没有法定期限，与企业同存。（6）一个企业只能有一个商号，但可以有多个商标。

虽然商标与商号有区别，但他们同时也是紧密联系的，因为他们存在的最核心的作用就是区别商品或服务的来源，所以商标、商号往往同时出现在同一商品或商品包装上，共同起着识别的推广作用，很多企业，其商标与商号甚至相同，如"格力"空调、"科龙"冰箱、"格兰仕"微波炉、"联想"电脑、"同仁堂"药业、"全聚德"餐饮等，但正是由于商标和商号可以互为注册或登记的特点，同时两者的注册及登记机会不同，为此，居心不

① WIPO，Intellectual Property Reading Material，2 ed.，1988，p. 89.

良者利用这些区别，将与他人的知名商标相同或近似的文字等登记为企业的商号使用，或者将与他人知名企业商号相同或近似的文字等注册为商标使用，企图混淆商品和服务或者经营者的出处，使人们误认为是同一来源或有相关联系，以达到搭便车，谋取不当利益的目的。为了解决这些问题，国家在制定法律或司法解释时进行了相关的规定，如2001年《商标法》第9条规定："申请注册的商标……并不得与他人在先取得的合法权利相冲突。"第31条（2013年《商标法》第32条）规定："申请商标注册不得损害他人现有的在先权利……"其中"在先权利"就包括商号，防止了将他人知名商号抢先注册为商标。如2013年《商标法》第58条规定："将他人注册商标、未注册的驰名商标作为企业名称中的字号使用，误导公众，构成不正当竞争的，依照《中华人民共和国反不正当竞争法》处理。"这解决了将他人驰名商标抢先注册为商号的问题。而最高人民法院《关于审理注册商标、企业名称与在先权利冲突的民事纠纷案件若干问题的规定》解决了商标与商号在民事侵权诉讼中的问题。此外，对于商标和商号的冲突，还可考虑国际规则，如TRIPs协定第16条第1款规定："注册商标所有人应享有专有权防止任何第三方未经许可而在贸易活动中使用与注册商标相同或近似的标记去标示相同或类似的商品或服务，以造成混淆的可能。如果确将相同标记用于相同商品或服务，即应推定已有混淆之虞。上述权利不得损害任何已有的在先权，也不得影响成员依使用而确认权利效力的可能。"即可理解为，有较高知名度的商标权人有权禁止他人将与在先商标相同或者近似的文字作为商号等使用，但同时，注册商标时又不得侵犯他人在先有较高知名度的商号。

当商标与商号一致，而且长期较专一使用在同一种商品上时，商标或商号也会形成特定商品的代名词，如"格兰仕"商标就往往与微波炉这一商品画上等号，一说"格兰仕"，人们就往往联想到微波炉。又如"王老吉"与凉茶密切联系，一说"王老吉"必然联想到凉茶。

1.3.2 商标与外观专利

外观设计，《专利法》中外观设计是指对产品的形状、图案或者其结合以及色彩与形状、图案的结合所作出的富有美感并适于工业应用的新设计。从申请商标的角度而言，只要这些"新设计"不违反商标禁用性条款就可以作为商标注册及使用，如图形商标与外观设计的图案，如立体商标与外观设计的形状，所以对于商标权和外观设计专利权而言，它们在客体方面上存在重叠，也意味着它们之间可能存在冲突。特别是外观专利在授权时并不进行实际审查，为此，某些不良经营者会将一些知名度高的商标申请外观专利，通过模仿名牌产品商标，使消费者误认是名牌产品，当其被起诉或者被行政查处时，就会主张自己享有外观专利权为由对抗商标侵权指控。

针对商标与外观专利的冲突问题，国家工商行政管理总局颁布《关于处理商标专用权与外观设计专利权权利冲突问题的意见》规定："对于以外观设计专利权对抗他人商标专用权的，若该商标的初步审定公告日期先于该外观设计申请日期，在该外观设计专利被撤销或者宣布无效之前，工商行政管理机关可以依照《商标法》，及时对商标侵权案件进行处理。”《专利法》第 23 条第 3 款规定：“授予专利权的外观设计不得与他人在申请日以前已经取得的合法权利相冲突。”分别从诉讼及授权两个角度解决了企图通过申请外观专利来侵犯或抢注商标的问题。而《商标法》第 9 条规定：“申请注册的商标……并不得与他人在先取得的合法权利相冲突。”《商标法》第 32 条规定：“申请商标注册不得损害他人现有的在先权利……”则解决了通过申请商标来侵犯他人的外观专利问题。

1.3.3　商标与著作权

著作权是指文学、艺术和科学作品的创作人或其他依法享有著作权的公民、法人或非法人单位所享有的以对其作品的支配为客体的一种民事权利，具体包括著作人身权与著作财产权。

通常而言，著作权与商标权的客体在法律性质上并不相同，著作权的保护基于作品的独创性（或称原创性），其客体属于文化、艺术领域的智力劳动成果，而商标权的保护则基于商标的显著性（或称识别性），用以区分商品或服务的提供者，其客体属于工商业领域的商业标记，两者的界限通常是清晰的，但由于构成商标的标志在很多情况下就是一个美术或者艺术作品，当商标设计达到一定创作高度的情况下，商标有可能成为著作权法意义上的作品，这样商标权与著作权便不可避免冲突起来，出现人们常说的“权利冲突”。如文字商标与文字作品，在实践中常见是当事人将一些短语申请注册商标，而这些短语通常为企业长期使用、宣传的广告短语，其中有的广告短语具有一定的独创性，可构成受著作权法保护的作品，而在后申请的商标会因为侵犯他人著作权而不允许注册，即使注册也会被撤销。又如图形商标与平面美术作品，早期的“三毛及图”、“武松打虎图”商标纠纷案，商标权人因为未经许可使用了他人享有著作权的“三毛”漫画作品、“武松打虎”连环画作品，其注册商标被依法撤销。

在解决两者之间的冲突问题时，往往依据《商标法》第 9 条规定：“申请注册的商标……并不得与他人在先取得的合法权利相冲突。”《商标法》32 条规定：“申请商标注册不得损害他人现有的在先权利……”

1.3.4　商标与知名商品特有名称、包装、装潢

知名商品特有名称、包装、装潢中的特有名称、包装、装潢是指非为相关商品所通用，并具有显著的区别性特征的名称、包装、装潢。为此，知名商品特有名称、包装、装潢，实际上也被理解为未注册商标。如餐饮行业上的“小肥羊”在未获得商标核准注册之前，有些判决是依据《商标法》通过认定为未注册驰名商标来保护，有些是依据《反不正当竞争法》通过认定为知名商品特有名称来保护，说明未注册商标与知名商品特有名称等

是相通和同一的，只是同物异名而已。① 于是就会出现将他人的知名商品特有名称等抢注为注册商标，或将他人的注册商标作为商品名称等使用的情况，构成了“权利冲突”。

针对解决两者之间的冲突问题，《商标法》第 9 条及《商标法》第 32 条里面所提及的商标申请注册不得侵犯的在先权利就包括了知名商品特有名称等。而《商标法实施条例》第 76 条则解决了将他人的注册商标作为商品名称或者商品装潢使用出现的问题。

1.4　商标业务的基本类型

商标业务主要有四种类型：第一为商标代理（或者申请）业务；第二为商标行政保护业务；第三为商标诉讼业务；第四为商标顾问等其他非诉业务。

第一，商标代理业务，又称商标申请业务，分为向商标局及向商标评审委员会提交的申请业务。

其中向商标局申请的业务有：商标注册申请、商标国际注册、商标异议、商标变更业务（变更商标申请人或注册人名义和地址、删减商品或服务项目、变更商标代理人、更正商标申请或注册事项）、注册商标转让、商标注册申请转让、商标续展注册、注册商标续展延迟、撤销连续 3 年停止使用注册商标、注册商标注销（商标注册人主动提起的注销申请、商标注册人死亡或终止注销申请）、商标专用权质押登记、补发变更转让续展证明、补发商标注册证、提供商标注册证明、提供优先权证明文件申请、商标使用许可合同备案申请、商标使用许可合同备案变更提前终止等。

向商标评审委员会申请的业务（又称“商标评审业务”）有：驳回商标注册申请复审申请、商标异议复审申请、撤销注册商标复审申请、注册商标争议裁定申请（2013 年《商标法》修改后改为“注册商标宣告无效申请”）。

第二，商标行政保护业务。包括通过工商行政管理机关对注册商标专用权进行保护；通过海关对注册商标专用权进行保护。

第三，商标诉讼业务。包括商标行政诉讼、商标侵权诉讼、涉及侵犯商标权的刑事诉讼。其中商标行政诉讼又分为：商标确权诉讼、不服商标局决定的行政诉讼、不服工商行政管理机关对商标所作具体行政行为的行政诉讼。

第四，商标顾问等其他非诉业务，包括商标检索、商标近似判断、商标设计（协助修改拟申请商标或提出新的商标等）、商标监测、起草各种涉及商标申请业务的合同、省市著名商标申请、驰名商标申请（通过个案）、指导企业正确使用商标、协助企业制定商标战略、协助企业建立与完善商标管理制度等。

练习与测试

1. 商标权有哪些特征？

---

① 参见孔祥俊：《商标与不正当竞争法原理和判例》，750 页，北京，法律出版社，2009。

2. 我国能注册的商标有哪些种类?

3. 按照我国商标法规定有哪些情形会导致商标权终止?

4. 未注册商标与知名商品特有名称的异同?

5. 律师可以从事哪些商标业务?

单元总结

本单元一共四节，第一节主要介绍了商标及商标权的基本知识，包括了商标的概念、特征、种类，商标权的概念、特征、取得与终止。第二节商标的法律制度，介绍了我国商标的历史沿革及商标的国际法律体系，从纵向、横向两个方面介绍商标法的发展历史，以及介绍我国历次修改《商标法》的重点。第三节商标与其他知识产权，简单介绍了商标与其他知识产权的关系、异同，有利于律师厘清不同知识产权之间的关系。第四节是商标业务的基本类型，让律师了解商标业务具体有哪些，以便于结合自己的实际情况展开业务。

第2章

商标代理业务

单元要点

此单元学习商标代理有关的业务，包括了商标注册、商标注册驳回复审、商标异议、商标异议复审、商标争议（或商标宣告无效）、商标撤销和注销等。

学习目标

能够实际从事商标注册、商标注册驳回复审、商标异议、商标异议复审、商标争议（或商标宣告无效）、商标撤销和注销等各项商标代理业务。

2.1　商标注册代理

2.1.1　商标的国内注册

一、商标权的取得

商标权的取得分为原始取得与继受取得，其中原始取得又分为注册取得、使用取得、混合取得。具体详见第 1 章中 1.1.6 节“商标权的取得与终止”的详述。下面主要介绍商标的注册取得。

二、商标区分表的意义及应用

商标是区别商品或服务来源的一种标志，每个注册商标都是指定用于某一商品或服务上的。为此，离开商品或服务而独立存在的商标是不存在的，所以在办理商标注册申请时，正确表述所要指定的商品或服务及其所属类别，是代理人首先会遇到的问题。

现行通常的做法是参考由国家工商行政管理总局商标局编的《类似商品和服务区分表》来确定。该《区分表》是基于世界知识产权组织提供的《商标注册用商品和服务国际分类》（又称《尼斯分类》）调整而成的。尼斯协定是一个由多国参加的国际公约，其全称是《商标注册用商品和服务国际分类尼斯协定》，其于 1957 年在尼斯缔结，1977 年在日内瓦最后修订，我国于 1988 年 11 月开始使用尼斯分类，1994 年正式加入该条约。

尼斯协定的宗旨是建立一个共同的商标注册用商品和服务国际分类体系，并保证其实施。目前，国际分类共包括 45 类，其中商品项目 34 类，服务项目 11 类，这也是我国现行《区分表》的分类方式。尼斯分类第十版自 2012 年 1 月 1 日起实行，为此，我国现行的《区分表》全称为《类似商品和服务区分表——基于尼斯分类第十版》也是从 2012 年 1 月 1 日正式施行。《区分表》可以作为商标审查人员、商标代理人和商标注册申请人判断类似商品或者服务的参考，也可以作为行政机关和司法机关在处理商标案件时判断类似商品或者服务的参考。①

《区分表》将商品和服务按照第 1 类至第 45 类的顺序排列，第 1 类至第 34 类为商品，第 35 类至第 45 类为服务。每类均有一个类别号和标题，标题原则上指出了归入该类的商品或者服务的范围；然后是【注释】，援引了《国际分类》的注释，为正确确定商品和服务项目的类别提供了思路；再下面是类似组群，分别列出本类包括的所有商品或服务项目，每项商品或服务均有一个顺序号，以便查找；特殊情况下，类似群组后面加“注”的形式详细说明。

《区分表》中的类似商品和服务，是商标主管部门为了商标检索、审查、管理工作的需要，总结多年来的实践工作经验，并广泛征求各部门的意见，把某些存在特定联系、容易造成误认的商品或服务组合到一起，编制而成。其中类似商品是指功能、用途、所用原料、销售渠道、消费对象等方面具有一定的共同性，如果使用相同、近似的商标，易使相关公众认为其存在特定联系，使消费者误认为是同一企业生产的商品。类似服务是指在服务的目的、内容、方式、对象等方面具有一定的共同性，如果使用相同、近似的商标，易使相关公众认为存在特定联系，使消费者误认为是同一企业提供的服务。当然《区分表》没有也不可能穷尽所有的类似商品和服务，为此，在认定商品或服务是否类似，应以相关公众对商品或服务的一般认识综合判断。商品分类是作为申请商标注册办理手续及缴纳费用的基本单位，一个商标在一个类别上申请注册办理一份手续，缴纳一份基本费用（即一标一类一申请），如果相同的商标要使用在两类不同类别的商品上，需填写两份的申请书，在两个类别分别申请，并缴纳两份基本费用。如宜兰食品公司的“旺旺”商标，既有使用在第 30 类的饼干上，也有使用在第 29 类的牛奶上，就需要作为两项商标申请。不过 2013 年《商标法》规定了商标申请可以一标多类，但具体如何实施，有待实施条例等的相应配套修改。

三、商标申请的手续

（一）商标注册申请人

《商标法》第 4 条规定：“自然人、法人或者其他组织对其生产、制造、加工、拣选或者经销的商品，需要取得商标专用权的，应当向商标局申请商品商标注册……”由此可见，在我国，商标注册申请人包括了自然人、法人或者其他组织。

1. 自然人。在 2001 年《商标法》第二次修正以前，商标注册申请人的主体为“企业、事业单位和个体工商业者”并不包括“自然人”，2001 年《商标法》第二次修正以后正式将自然人作为商标注册申请人，随后商标注册出现了爆炸性的增长，其中自然人恶意注册或恶意抢注或注册后长期闲置是其中原因之一，伴随而来的有大量的商标异议、商标争议案件涌现，审查案件周期严重拖长，商标局、商标评审委员会超负荷运转，市场经营秩序

① 参见国家工商行政管理总局商标局编：《商标注册用商品和服务国际分类——基于尼斯分类第十版》，“编者说明”，北京，中国工商出版社，2012。

受到一定的负面影响。为了防止情况恶化，商标局于 2007 年 2 月颁布了《自然人办理商标注册申请注意事项》，对自然人申请注册商标进行了限制。

《自然人办理商标注册申请注意事项》规定：

依照《中华人民共和国商标法》第四条的规定，从事生产、制造、加工、拣选、经销商品或者提供服务的自然人，需要取得商标专用权的，应当向商标局申请商标注册。以自然人名义办理商标注册、转让等申请事宜，除按照有关规定提交《商标注册申请书》、商标图样等材料外，还应注意以下事项：

一、个体工商户可以以其《个体工商户营业执照》登记的字号作为申请人名义提出商标注册申请，也可以以执照上登记的负责人名义提出商标注册申请。以负责人名义提出申请时应提交以下材料的复印件：

（一）负责人的身份证；

（二）营业执照。

二、农村承包经营户可以以其承包合同签约人的名义提出商标注册申请，申请时应提交以下材料的复印件：

（一）签约人身份证；

（二）承包合同。

三、其他依法获准从事经营活动的自然人，可以以其在有关行政主管机关颁发的登记文件中登载的经营者名义提出商标注册申请，申请时应提交以下材料的复印件：

（一）经营者的身份证；

（二）有关行政主管机关颁发的登记文件。

四、自然人提出商标注册申请的商品和服务范围，应以其在营业执照或有关登记文件核准的经营范围为限，或者以其自营的农副产品为限。

五、对于不符合《商标法》第 4 条规定的商标注册申请，商标局不予受理并书面通知申请人。

申请人提供虚假材料取得商标注册的，由商标局撤销该注册商标。

六、办理转让商标申请，受让人为自然人的，应参照上述事项办理。”

2. 法人。按《民法通则》规定，法人是具有民事权利能力和民事行为能力，依法独立享有民事权利和承担民事义务的组织。包括了企业法人、机关、事业单位和社会团体法人等。

3. 其他组织，是指不具有法人资格的企业、事业单位和社会团体等组织。如律师事务所。

2013 年《商标法》对于商标注册申请人的规定没有改变，仍然为“自然人、法人或者其他组织”。

（二）国内商标注册申请的操作

1. 受理机关为位于北京的国家工商行政管理总局商标局

目前我国所有的申请都应向商标局递交申请，商标局在大陆其他地区没有办事机构。

如申请香港、澳门、台湾地区商标注册，应单独向香港、澳门、台湾地区商标处（署）办理。

2. 办理途径

（1）国内的申请人办理各种商标注册事宜有两种途径：一是在北京直接到商标局办理；二是委托国家认可的商标代理机构或经商标局备案允许从事商标代理业务的律师事务所（以下统称为“代理机构”）代理。

（2）对于外国商标注册申请人，只要外国人或者外国企业按其所属国和我国签订的协议或者共同参加的国际条约，或者按对等原则，可以在我国申请商标注册。其中对于在中国大陆境内有经营居住地或者经营场所的外国人或者外国企业，在办理申请手续时视为国内申请人，没有的则应当委托国家认可的具有商标代理资格的代理机构处理。

3. 一般商品商标或服务商标申请需要的文件

（1）申请人身份证明复印件（营业执照或身份证或护照）。如果身份证明文件是外文的，应当附送中文译文。

（2）《商标注册申请书》，必须使用依照《商标法实施条例》第 15 条的规定，商标注册申请等有关文件，应当打字或者印刷。

（3）商标图样 6 份，有指定颜色的附上着色图样五份和黑白稿一份。

（4）如委托代理机构，还需要《委托书》。

4. 注意事项

（1）在商标注册用商品和服务国际分类每一个类别上每注册一个商标图样为一件商标。每件商标每申请办理任何一项注册事宜都视为一件申请，应分别提交一套申请书件，并分别缴纳费用。特别要说明的是，2013 年《商标法》允许一标多类，即商标注册申请人可以通过一份申请就多个类别的商品申请注册同一商标，但一标多类如何操作，费用是否相应会减免，审查时间是否相应缩短，是否可部分类别授权、部分类别撤回、部分类别驳回等一系列问题，迄今为止，没有一个明确的规定或指引。

（2）应提交的书件没有指明份数的，如果在“具体要求”及“注意事项”栏目中也没有特别声明是多少份的，则应认为是 1 式 1 份。

（3）《商标注册申请书》有固定格式，可以到中国商标局（http：//sbj. saic. gov. cn/）的官网下载，随意更改格式，有可能导致各种申请要被补正、视为未提交等风险。

（三）《商标注册申请书》的填写

1. 申请人名称

商标局规定了《商标注册申请书》中“申请人名称”与“申请人章戳（签字）”处所盖章戳（签字）以及所附主体资格证明文件中的名称应当一致。申请人为自然人的，应当同时在姓名后面填写身份证件号码。

2. 申请人地址

应当按照主体资格证明文件中的地址详细填写，主体资格证明文件中的地址未冠有省、市、县等行政区划的，申请人应当注明相应行政区划名称。申请人为自然人的，可以填写通讯地址。这些细节万一做不好，很可能会导致商标注册申请需要补正，甚至驳回。

3. 是否共同申请

共同申请注册同一商标的，应当在“是否共同申请”一栏选择“是”，申请人名称/地址一栏填写指定的代表人名称/地址，其他共同申请人的名义填写在申请书附页上。未指定代表人的，以申请书首页申请人为代表人。

4. 代理组织名称

委托商标代理组织申报的，应当填写代理组织名称并在右下方“代理组织章戳/代理人签字”栏由代理人签字并加盖代理组织章戳。

5. 商标种类

按《商标注册申请表》分为五类，分别是一般、集体、证明、立体、颜色，申请人应当在“商标种类”栏选择所申报的商标的种类，这是一个多项选择，如一个商标即是集体商标又是立体商标，就同时选择集体与立体两项，如果与集体、证明、立体、颜色均无关，就选“一般”。

6. 商标说明

该栏填写内容可以包括：商标名称、商标图样外文或少数民族文字的含义、特殊字体的文字表述、立体/颜色商标的说明、商标图样中需要放弃专用权的声明以及其他申请人认为需要说明的事项。如说明该商标为何种文字；如外文为无含义字母组合，应说明其无含义；如果由有含义的外文组成，应说明其主要含义，不得把有含义的外文说成是无含义的字母组合。如果所报商标包含中外文的美术体或草写等字体，应当说明该文字的规范写法，以便审查。

7. 商品/服务项目

申请人应当按照《类似商品和服务区分表》填写类别及“商品/服务项目”。一份申请书只能办理一个类别的商标注册申请，商品/服务项目填写不下的可以填写在申请书附页上，并标明所附页数。商品/服务项目前应标明序号。

如中国北京同仁堂（集团）有限责任公司的第 1668456 号“同仁堂及图”注册商标，其商标打算使用在药茶、片剂、药酒等 16 项商品上，其《商标注册申请书》中“商品/服务项目”一栏就要填写为：“1. 药茶；2. 片剂；3. 酊剂；4. 水剂；5. 油剂；6. 原料药；7. 中药成药；8. 丸；9. 散；10. 膏；11. 丹；12. 贴剂；13. 胶丸；14. 药酒；15. 洋参冲剂；16. 蜂王精。(商品截止)”

“商品/服务项目”是整个商标注册工作的重要内容之一，它决定了注册商标保护的范围，因此，在申请商标注册时，必须指明具体的商品和服务名称，并且，一份申请书上填报的商品或服务只能限定在一个类别之内，商品名称力求具体、准确、规范，以便明确指定该商标的保护范围。使用《类似商品和服务区分表》中规范的商品及服务名称，有助于加快商标的注册进程，确保申请人及时获得商标专用权。

对于没有列在分类表中的商品名称或者服务项目，要避免使用含糊不清、过泛且不足以划分其类别的商品或服务名称，并参照以下原则填写：

（1）商品的分类原则

①制成品原则上按其功能、用途进行分类，同时兼顾商品使用的原材料或者其操作方式以及生产部门、销售渠道和商品消费习惯等；

②原料、未加工或半成品原则上按其组成的原料进行分类（例如，金属建筑材料 6 类，非金属建筑材料 19 类）；

③成品或半成品按其组成的原材料分类时，如果是由几种不同原材料制成，原则上按其主要原材料进行分类（例如加鱼米饭 30 类）；

④商品构成其他商品的一部分，并在正常情况下不能用于其他用途，原则上与其他商品分在一类（例如电话机听筒与电话机同在 9 类）；

⑤多功能的组合制品可以根据产品中各组成部分的功能和用途，把该产品分在与这些功能或用途相应的不同类别里；

⑥专用于盛放商品的盒、箱之类的容器，原则上与该商品分在同一类（例如高尔夫专用球袋和高尔夫球分在同一类 28 类）。

（2）服务项目的分类原则

①服务原则上按照服务分类名及其注释所划分的行业进行分类；

②出租业的服务，原则上与通过出租物所实现的服务分在一类（如出租电话机，分在 38 类）；

③提供建议、信息或咨询和服务原则上与提供服务所涉及的事物归于同一类别，例如运输咨询 39 类，商业管理咨询 35 类，金融咨询 36 类，美容咨询 44 类。以电子方式（例如电话、计算机）提供建议、信息或咨询不影响这种服务的分类。

（3）一些国内外的新产品、新潮的商品难以分类的，一定要附送商品说明书，包括该商品的主要组成部分、功能、用途等，并尽可能附送商品的实物照片。

（4）对商品或者服务名称的翻译应简明、准确，特别是专业性较强的商品或者服务名称，用词应当尽量规范并符合我国汉语习惯。国外的一些商品名称往往冠以很长的定语或修饰语，很容易出现不规范、不具体甚至跨类现象。对于这种情况，代理人不能仅仅起一个翻译的作用，而应当认真研究商品，使其规范、具体，划分在合适的类别里。①

8. 申请人章戳（签字）

申请人为法人或其他组织的，应当在“申请人章戳（签字）”处盖章。申请人为自然人的，应当在此栏用钢笔或签字笔签字。共同申请的，此栏由代表人盖章（签字），其他共同申请人在申请书附页上盖章（签字）。所盖章戳或签字应当完整清晰。如申请人已委托代理机构申请的，申请人可以不签名或者盖章。

9. 商标图样

商标图样框中应当粘贴一张清晰的商标图样，不得出现除商标图样以外的说明性文字、注册标记、颜色说明、章戳、签字等内容，商标图样不得涂改。将一张商标图样贴在下框内，另附五份商标图样。有指定颜色的附上着色图样 5 份和黑白稿 1 份。商标图样应当不大于 10×10cm，不小于 5×5cm。

---

① 参见《商标法律理解与适用》，42、43 页，北京，中国工商出版社，2009。

10. 收费标准

每份商标注册申请费 1 000 元整，限 1 个类别中的 10 个商品/服务项目，每超过 1 个商品/服务项目加收 100 元，如上面的中国北京同仁堂（集团）有限责任公司的第 1668456 号“同仁堂及图”注册商标，其在 16 项商品上申请注册，其就要提交 1 600 元。每份集体商标注册申请费 3 000 元整，每份证明商标注册申请费 3 000 元整。现在商标局也推出了网上申请，所有网上申请注册商标的，普通商标的申请费为 800 元，同样限 10 个商品/服务项目，每超过 1 个商品/服务项目加收 80 元。2013 年 10 月 1 日后，网上申请与书面申请的收费统一，均为 800 元一份。

11. 几种特殊类型商标注册申请的要求

（1）申请注册立体商标的，除了在申请书中予以声明外，还要提交能够确定的三维形状图形，即提供该标志的整体效果图。图样中画面的数量可以根据立体标志的形状来定，可是该立体图形的主视图，也可以包含其六视图中的全部或几个视图，但都要制作在一张纸上，并且满足规格的要求。

（2）申请注册颜色组合商标的，除了在申请书中予以声明外，还要提交文字说明，如标明颜色。

（3）申请注册人物肖像商标的，若人物肖像是真实的人物的，须提交肖像人同意以此肖像作为商标注册申请的声明，且该声明要经公证机关公证。若人物肖像是非真实的，如创造或者电脑合成的虚构的人物，无须声明公证，但要在商标说明栏中予以说明。

例如：广州某发型中心在第 44 类理发店等服务的申请注册商标的《商标注册申请书》。

商标注册申请书

申请人名称：广州市＊＊＊发型中心
申请人地址：广州市天河区＊＊＊
是否共同申请：□是　☑否
邮政编码：510000
联系人：＊＊＊
电话（含地区号）：＊＊＊
传真（含地区号）：
代理组织名称：＊＊＊商标代理有限公司
商标种类：☑一般　□集体　□证明　□立体　□颜色
商标说明：无含义
类别：44
商品/服务项目：美容院；理发店；按摩；修指甲；化妆师服务。（商品截止）
（附页：页）
申请人章戳（签字）：　　　代理组织章戳：
代理人签字：

注：请按背面说明填写

将一张商标图样贴在下框内，另附五份商标图样。有指定颜色的附上着色图样五份和黑白稿一份。商标图样应当不大于10×10cm，不小于5×5cm。

LAYER

填写说明：（略）

（四）注册商标的电子申请

现在注册商标除了书面申请以外，还可以进行电子申请。按商标局的规定，办理商标注册网上申请的，应当按以下流程办理：

1. 申请“商标数字证书”。商标代理组织应当先申请“商标数字证书”，然后才能代理商标网上申请。

2. 下载并安装数字证书驱动程序和安全应用控件。商标代理组织应当登录商标网上申请系统首页，下载数字证书驱动程序（USB-KEY驱动）和安全应用控件软件，并按照“商标数字证书（USB-KEY）安装指南”的要求进行安装。

3. 登录中国商标局官网 http：//sbj. saic. gov. cn/的网上申请系统，选择书式，提交商标网上申请。

（1）登录：商标代理组织选择“商标代理组织登录”，插入数字证书，输入PIN码，点击“登录”进入商标网上申请系统。

（2）填写申请信息：登录系统后，选择申请书式，按要求填写申请内容。注意：

①请认真阅读网上申请系统提供的指南和填写要求，并按要求办理。

②在网上申请系统当日接收时间的范围内，可以通过“申请查询”功能，查看本商标代理组织或商标申请人当日提交的申请信息。

③对于商标代理组织，在提交申请前，可以将申请信息“页面另存”，离线校对。在网上申请系统当日接收时间的范围内，可以通过“申请查询”功能修改申请信息。

④缴纳商标规费。商标代理组织应当在提交申请前向商标局足额预付商标规费。

⑤确认网上申请是否提交成功。成功提交商标网上申请后，商标局要求递交相关纸质申请材料的，应当按规定办理。①

① 来源于中国商标网：《商标注册网上申请流程》，见 http：//sbj. saic. gov. cn/sbyw/200901/t20090108_52369. html。

图 1 是注册商标网上申请书式一（书式一通常用于国内申请人，还有其他书式用于国外申请人）的内容。

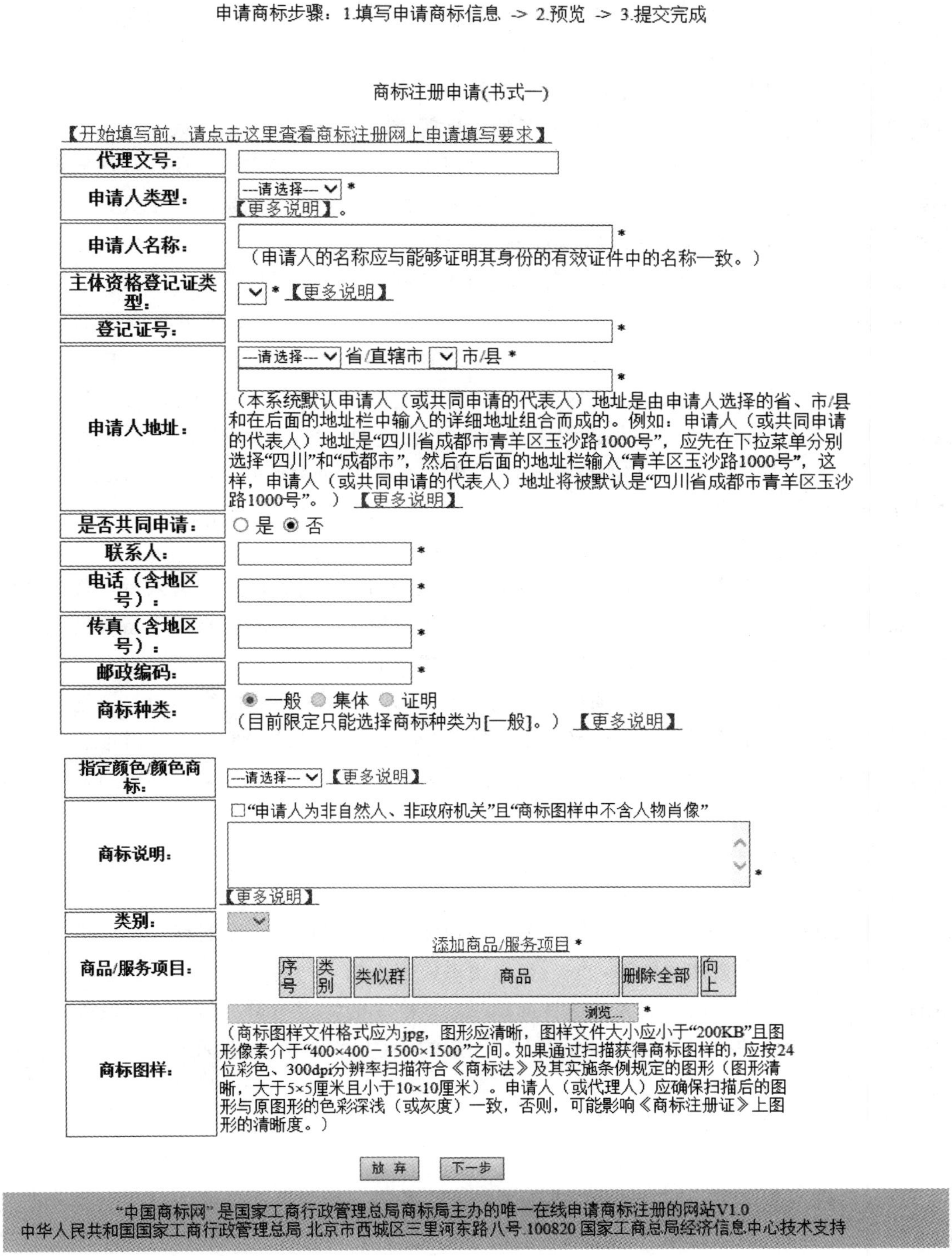

申请商标步骤：1.填写申请商标信息 -> 2.预览 -> 3.提交完成

商标注册申请(书式一)

【开始填写前，请点击这里查看商标注册网上申请填写要求】

代理文号：	
申请人类型：	---请选择--- * 【更多说明】。
申请人名称：	* （申请人的名称应与能够证明其身份的有效证件中的名称一致。）
主体资格登记证类型：	* 【更多说明】
登记证号：	*
申请人地址：	---请选择--- 省/直辖市 市/县 * * （本系统默认申请人（或共同申请的代表人）地址是由申请人选择的省、市/县和在后面的地址栏中输入的详细地址组合而成的。例如：申请人（或共同申请的代表人）地址是“四川省成都市青羊区玉沙路1000号”，应先在下拉菜单分别选择“四川”和“成都市”，然后在后面的地址栏输入“青羊区玉沙路1000号”，这样，申请人（或共同申请的代表人）地址将被默认是“四川省成都市青羊区玉沙路1000号”。）【更多说明】
是否共同申请：	○ 是 ◉ 否
联系人：	*
电话（含地区号）：	*
传真（含地区号）：	*
邮政编码：	*
商标种类：	◉ 一般 ○ 集体 ○ 证明 (目前限定只能选择商标种类为[一般]。) 【更多说明】

指定颜色/颜色商标：	---请选择--- 【更多说明】
商标说明：	□“申请人为非自然人、非政府机关”且“商标图样中不含人物肖像” * 【更多说明】
类别：	
商品/服务项目：	添加商品/服务项目 * 序号 | 类别 | 类似群 | 商品 | 删除全部 | 向上
商标图样：	浏览... * （商标图样文件格式应为jpg，图形应清晰，图样文件大小应小于“200KB”且图形像素介于“400×400－1500×1500”之间。如果通过扫描获得商标图样的，应按24位彩色、300dpi分辨率扫描符合《商标法》及其实施条例规定的图形（图形清晰，大于5×5厘米且小于10×10厘米）。申请人（或代理人）应确保扫描后的图形与原图形的色彩深浅（或灰度）一致，否则，可能影响《商标注册证》上图形的清晰度。）

放 弃　　下一步

“中国商标网”是国家工商行政管理总局商标局主办的唯一在线申请商标注册的网站V1.0
中华人民共和国国家工商行政管理总局 北京市西城区三里河东路八号.100820 国家工商总局经济信息中心技术支持

图 1

（五）证明商标、集体商标的注册申请要求

1. 简要说明

证明商标是指由对某种商品或者服务具有监督能力的组织所控制，而由该组织以外的单位或者个人使用于其商品或者服务，用以证明该商品或者服务的原产地、原料、制造方法、质量或者其他特定品质的标志。证明商标应由某个具有监督能力的组织注册，由其以外的其他人使用，注册人不能使用。它是用以证明商品或服务本身出自某原产地，或具有某种特定品质的标志。只要当事人提供的商品或服务符合这一特定的品质并与注册人履行规定的手续，就可以使用该证明商标，注册人不得拒绝。证明商标是由多个人共同使用的商标，因此其注册、使用及管理需制订统一的管理规则并公之于众，让社会各界共同监督，以保护商品或服务的特定品质，保障消费者的利益。

集体商标是指以团体、协会或者其他组织名义注册，供该组织成员在商事活动中使用，以表明使用者在该组织中的成员资格的标志。集体商标不是个别企业的商标，而是多个企业组成的某一组织的商标。集体商标可以使用于商品，也可以使用于服务。集体商标由该组织的成员共同使用，不是该组织的成员不能使用，也不得转让。为适应集体商标“共有”和“共用”的特点，它的注册、使用及管理均应制订统一的规则并公之于众，由集体成员在公众的监督下共同遵守。

2. 证明商标注册申请的特别要求

证明商标申请人主体资格的文件及复印件，或者加盖申请人印章的有效复印件，并应当详细说明其所具有的或者其委托的机构具有的专业技术人员、专业检测设备等情况，以表明其具有监督该证明商标所证明的特定商品品质的能力。

以地理标志作为证明商标注册的，应当在申请书件中说明下列内容：（1）该地理标志所标示的商品的特定质量、信誉或者其他特征；（2）该商品的特定质量、信誉或者其他特征与该地理标志所标示的地区的自然因素和人文因素的关系；（3）该地理标志所标示的地区的范围。

还要附上证明商标使用管理规则。

3. 集体商标注册申请的特殊要求

集体商标申请人主体资格的文件及复印件，或者加盖申请人印章的有效复印件。

以地理标志作为集体商标的，应当在申请书件中说明下列内容：（1）该地理标志所标示的商品的特定质量、信誉或者其他特征；（2）该商品的特定质量、信誉或者其他特征与该地理标志所标示的地区的自然因素和人文因素的关系；（3）该地理标志所标示的地区的范围。

还要附上集体商标使用管理规则。

4. 证明商标、集体商标中书件的具体要求

证明申请人主体资格的文件可以是企业的营业执照，或者事业单位、群众团体经登记成立的批准文件。集体商标注册申请人，应为某一组织，可以是工业或商业的团体，也可以是协会、行业或其他集体组织，而不是某个单一企业或个体经营者。

申请以地理标志作为集体商标、证明商标注册的，其附送的证明其具备监督能力和原产地域范围的文件应当由省级以上业务主管部门（含省级）出具。

证明商标使用管理规则应包括以下内容：使用证明商标的宗旨、意义或目的；该证明商标证明的商品的特定品质；使用该商标的条件；使用证明商标的权利、义务和违反规则应当承担的责任；注册人对使用该证明商标商品的检验监督制度。

集体商标使用管理规则应包括以下内容：使用集体商标的宗旨；使用集体商标的集体成员的名称、地址、法定代表人等；集体商标指定使用的商品的品质；使用集体商标的手续；集体成员的权利、义务和违反规则应当承担的责任；注册人对使用该集体商标商品的检验监督制度。①

四、各类商标审查的要点

（一）注册商标的形式审查

1. 形式审查的概念

形式审查是指商标注册主管机关即商标局审查申请商标注册的文件、手续是否合乎法律规定，若符合法律规定，编定申请号，确定申请日，发放《注册申请受理通知书》。因我国商标注册采用申请在先原则，为此，确立申请日极为重要，商标注册的申请日以商标局收到申请书件的日期为准。对通过形式审查的商标申请，核发商标申请受理通知书。现今，很多商品的商标上标注有“TM”实为“trademark”的缩写，通常表示该商标已向国家商标局提交了注册申请，但未获得核准。

2. 形式审查的内容

（1）申请人资格审查，主要审查申请人是否具有申请注册商标的主体资格和申请人申请商标所指定保护的商品是否符合法律规定。

（2）外国申请人是否委托了我国指定的商标代理组织。国内申请人委托代理人的，其委托书是否符合要求。

（3）申请书填写是否符合规定。包括申请人的名义与印章、营业执照是否一致；申请人的地址是否准确；申请人指定的商品或服务填写是否规范、具体，分类是否准确。

（4）商标及商标图样的规格、数量是否符合要求。

（5）应交送的证明文件是否完备，规费是否缴纳。

（6）审查一份申请是否只申报了一个商标。

（7）审查商标的申请日期，编定申请号，《商标法实施条例》规定，商标注册的申请日期，以商标局收到的申请书件的日期为准。申请合乎形式审查规定的或者补正后合乎规定的，以商标局收到申请之日，输入计算机，生成申请日期。商标局发给《注册申请受理通知书》。

针对以前商标审查周期长、没有审限制约的问题，2013 年《商标法》规定了商标局

---

① 来源于“中华人民共和国工商行政管理总局官网”，http：//www.saic.gov.cn。

应当自收到商标注册申请文件之日起9个月内审查完毕，且该审限是不能延长的。

3. 形式审查的补正

申请手续基本齐备或者申请书件基本符合规定，但是需要补正的，通知申请人予以补正。申请人在规定期限内补正并交回商标局的，保留申请日。对于商标需要补正的包括以下情况：

（1）填报的商品/服务项目名称不规范；

（2）填报的商品/服务项目名称不属于同一类别；

（3）报送的商标图样不够清晰；

（4）需要对商标图样中的文字作出说明等。

4. 形式审查不合规定不予受理的

申请手续不齐备或者未按规定填写申请书件的，予以退回，申请日期不予保留，通常主要是下列情形：

（1）没有使用规定的书式或错误使用书式；

（2）商标注册申请书未按规定打字或印刷；

（3）没有提交申请人的有效身份证件复印件；

（4）申请人名称、印章及有效证件名称间不相符；

（5）申请书填写不全或填写错误；

（6）未按要求粘贴商标图样或者未附送商标图样，或者附送的图样与规定不符；

（7）以人物肖像作为商标注册申请的，未附送经公证的肖像权人表示同意的声明书；

（8）商标图样不清晰以至无法辨认的；

（9）通过代理机构提交申请，没有提交委托书或委托书填写不规范或者有误的；

（10）委托代理的申请书上没有加盖代理机构的印章；没有按规定缴纳费用的；

（11）其他不该受理的。

对于要求补正而未作补正或补正超过期限的，也同样予以退回，申请日不予保留。

图2为现行商标注册流程图。

图2是根据2001年《商标法》绘制的，由于2013年《商标法》修改后，“商标异议”有两处重要变化：一是，异议不成立的，马上核发商标注册证，依据2013年《商标法》第35条第2款的规定，“商标局做出准予注册决定的，发给商标注册证，并予公告。异议人不服的，可以依照本法第四十四条、第四十五条的规定向商标评审委员会请求宣告该注册商标无效”。即无论异议人对于商标局的决定服与不服，都不能改变被异议人取得商标证的结果，如果异议人不服，那只能直接向商标评审委员会申请注册商标宣告无效；二是，异议成立，商标局做出不予注册决定的，被异议人（即商标申请人）不服的，可以向商标评审委员会申请复审，对于商标评审委员会的复审结果，如果被异议人不服（即商标仍然不被核准），那被异议人仍然可以依2013年《商标法》第35条第3款在自收到通知之日起30日内向人民法院起诉，即进入商标行政诉讼程序，但若异议人不服（即商标被核准注册），那异议人也只能直接向商标评审委员会申请注册商标宣告无效，而不能向人

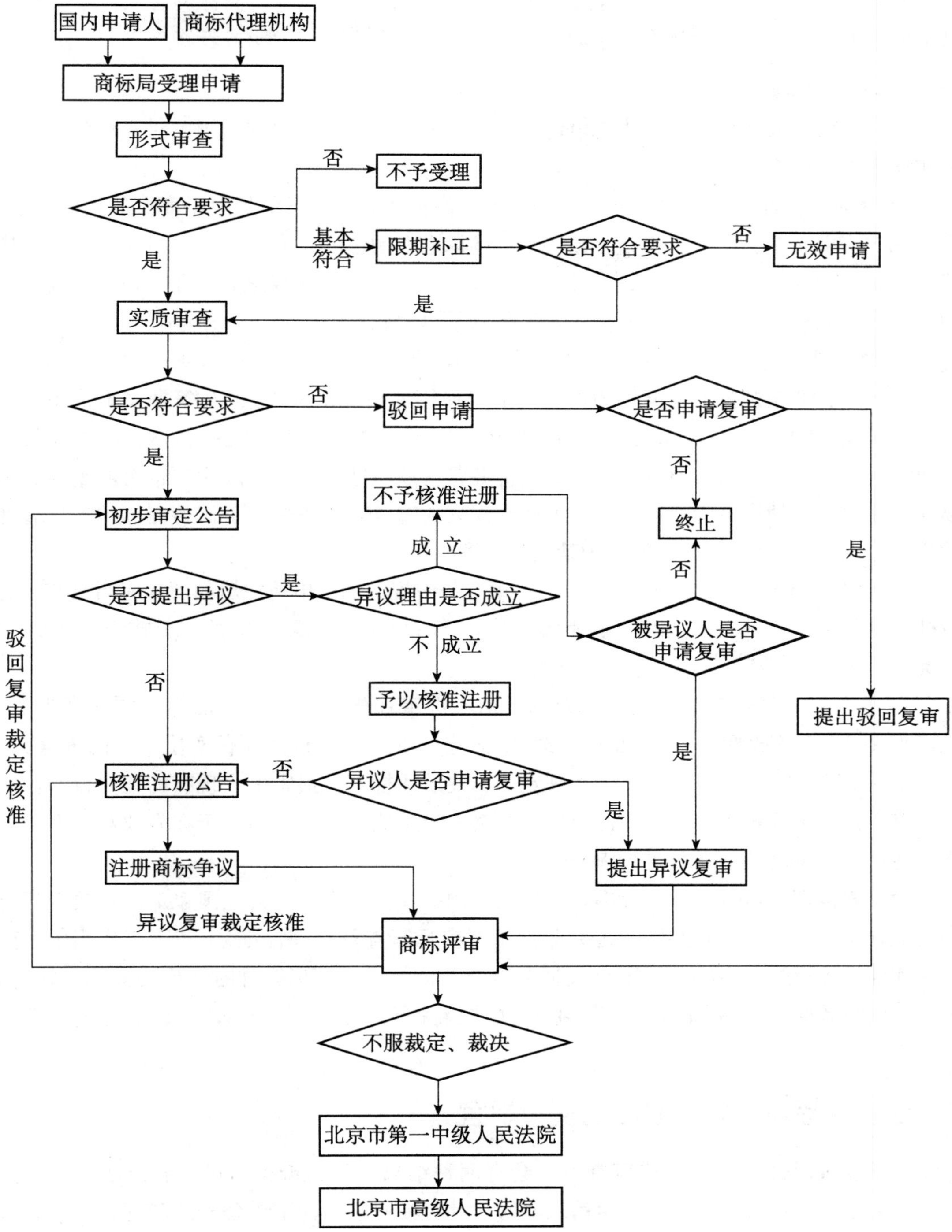
国内申请人
商标代理机构
商标局受理申请
形式审查
是否符合要求
否
不予受理
基本符合
限期补正
是否符合要求
否
无效申请
是
是
实质审查
是否符合要求
否
驳回申请
是否申请复审
否
终止
是
是
初步审定公告
不予核准注册
成 立
是否提出异议
是
异议理由是否成立
不 成立
被异议人是否申请复审
否
否
予以核准注册
提出驳回复审
是
驳回复审裁定核准
核准注册公告
否
异议人是否申请复审
是
注册商标争议
提出异议复审
异议复审裁定核准
商标评审
不服裁定、裁决
北京市第一中级人民法院
北京市高级人民法院

图 2

民法院提起行政诉讼。

2013 年《商标法》第 29 条增加了商标注册申请的修正规定，商标局有权对于一些申请内容不明确、有错误的地方，主动要求申请注册申请人进行说明或者修正。

（二）注册商标的实质审查

商标注册中的实质审查是决定申请人的商标能否授予专用权的关键。对商标注册申请的实质审查从四个方面进行：

1. 商标是否具备法定构成要素。2001 年《商标法》第 8 条中规定了商标的构成要素，即商标应当由文字、图形、字母、数字、三维标志和颜色的组合，以及上述要素的组合构成。2013 年《商标法》第 8 条增加了“声音”作为商标的构成要素，至于“声音”商标如何申请，如果审查，有待新的商标法实施条例予以明确。

2. 商标是否违反了禁用条款，即审查申请注册的商标是否违反《商标法》第 10 条、第 11 条、第 12 条规定的不能作为商标注册、使用的情况。其中第 10 条是关于禁用标志方面的规定，2013 年《商标法》增加了军徽、军歌、中央国家机关的名称、标志为禁止注册商标的标志，同时将原有的“夸大宣传并带有欺骗性的”规定改为“带有欺骗性，容易使公众对商品的质量等特点或者产地产生误认的”。第 11 条是关于何为商标缺乏显著性的规定。第 12 条是关于三维标志中禁止作为商标申请注册的情况。

3. 审查商标是否符合我国《商标法》第 9 条中规定的，申请注册的商标应当具有显著特征，这是与《商标法》第 11 条相对应的，第 11 条明确规定哪些属于缺乏显著性的情况。

4. 审查商标是否与他人注册在先或者初步审定在先并公告过的商标相同或者近似，是依据 2013 年《商标法》第 30 条、第 31 条进行的审查，这是商标实质审查的重点。

虽然 2013 年《商标法》第 32 条规定了，注册商标不得损害他人现有的在先权利，或不得以不正当手段抢先注册他人已经使用并有一定影响的商标。但由于在先权利众多，商标局通常不会主动依该条款进行审查。

为了规范商标审查工作及标准，商标局和国家商标评审委员会经国家工商行政管理总局批准，于 2005 年 12 月共同制定并印发了《商标审查及审理标准》，实际工作当中，商标局和商标评审委员会的全体审查人员在审查商标及审查商标案件时，均按该标准执行，国家工商行政管理总局商标局的官网——中国商标 http：//sbj. saic. gov. cn/提供该标准的下载。

五、商标注册申请驳回的复审事宜

商标经过形式审查与实质审查后，会有两种结果：一为审查通过，商标获得初审公告；二为审查不通过，商标注册申请被驳回。针对驳回申请，不予公告的商标，申请人可以自收到通知之日起 15 日内向商评审委员会申请复审。为此，商标注册申请驳回复审，是指申请注册的商标经商标局审查驳回后，申请人对商标局的驳回理由和法律依据不服，而向商标评审委员会申请对原案的复查审议。法律依据是《商标法》第 32 条（2013 年

《商标法》第 34 条）。

商标注册申请驳回复审具备的条件：

1. 驳回商标复审申请人必须是被商标局驳回商标的原申请人，其他人不具有申请资格。

2. 驳回商标复审申请，必须在法定时限内提出，《商标法》规定是 15 日。

3. 驳回商标复审申请的内容，必须是被驳回的商标注册申请书中的确切内容，复审理由必须针对商标局驳回理由。否则，该复审申请则被视为无效。

4. 申请驳回商标复审提交的文件：

（1）《商标驳回通知书》原件；

（2）商标局送达《商标驳回通知书》的信封；

（3）申请人的身份证明资料（自然人为身份证复印件、企业为营业执照复印件）；

（4）《驳回商标注册申请复审申请书》（包含“首页”与“正式文本”两个部分）；

（5）有关证据材料；

（6）若委托代理机构代理的，还需要提交授权委托书。

中国商标网（http：//sbj. saic. gov. cn/sbsq/txsm/）“商标申请”一栏提供了相应《驳回商标注册申请复审申请书》及授权委托书的相应格式。

5. 交纳商标评审费，现行的商标评审规费为 1 500 元。

符合上述要件的，商标评审委员会受理该申请。手续不齐备的，退回申请书件限期补正。商标评审委员会经分析研究，集体讨论，以委员的多数意见，作出终局决定。多数委员认为复审申请理由成立的，终局决定否定商标局的核驳意见，准予初步审定，刊登《初步审定商标公告》；复审申请理由不能成立的，终局决定维持商标局的核驳意见，不予初步审定，再予驳回。对于商标评审委员会的决定，商标局必须执行，但申请人不服的，可以自收到通知之日起 30 日内向人民法院提起行政诉讼。

商标注册申请驳回复审是允许补充证据材料的，但必须要在首次提交《驳回商标注册申请复审申请书》内注明，并且要在 3 个月内一次性补充完毕。

针对商标注册申请驳回复审审查没有期限，案件处理比较拖沓的问题，2013 年《商标法》增加了审限的规定，即商标评审委员会应当自收到申请之日起 9 个月内作出决定，特殊情况经国务院工商行政管理部门批准，可以延长 3 个月。

例如：“Mei Yu 及图”商标注册驳回复审申请案

顾某在第 41 类“实际培训、教育信息、幼儿园、教育考核、培训、讲课”等服务上申请注册“Mei Yu 及图”商标，而商标局以其与第 1957465 号、服务项目为“美容美发学校”的“美域＋MEIYU”商标相近似为由部分驳回，对此，顾某不服向商标评审委员会申请驳回复审。

驳回商标注册申请复审申请书

（正文）

申请人名称：顾某（身份证号：＊＊＊）

地址：广东省＊＊＊

商标代理组织名称：＊＊＊商标代理有限公司

地址：广东省＊＊＊

评审请求：

针对国家工商行政管理总局商标局以ZC5378232BH1号文部分驳回申请人的"Mei Yu及图"商标注册申请事宜，请求贵委员会核准申请人在"实际培训、教育信息、幼儿园、教育考核、培训、讲课"上使用该商标的注册申请。

事实与理由：

商标局以第5378232号申请商标"Mei Yu及图"与引证商标第1957465号，服务项目为"美容美发学校"的"美域＋MEIYU"商标相近似为由，驳回了申请人在"实际培训、教育信息、幼儿园、教育考核、培训、讲课"上使用该商标的注册申请。

申请人对商标局的该部分驳回通知书不服，申请复审。

申请人认为：

一、申请商标和引证商标在整体上完全不相同和不相近似，不会引起接受服务的消费者的误认。

申请商标为圆环形框架下绕有半圈"Mei Yu"的大小写混用的五个字母，圆环内有小秧苗在良好的环抱的土壤中成长，寓意提供"美好教育"之意，其主要目的是提供一种活泼、形象的教育幼儿的形象设计。

而引证商标为左右排列的"MEIYU美域"全大写的字母及汉字，且"M"被设计成飘逸的发型，与其"美容美发学校"的服务项目相类似。

因此，从整体上看，尽管两商标在拼音的读音上相同，但两者在整体视觉效果上和寓意上没有任何相近似之处，不会引起任何消费者的误认。

参照《商标审查标准》第三部分4.1.2例外情形（2)，"商标由三个或者三个以上外文字母构成……使商标整体区别明显，不易使相关公众对商品或服务的来源产生误认的"规定，属于例外情形，认为两商标不属于近似商标。

二、在服务项目上，申请商标和引证商标也没有任何相近似之处。

引证商标的服务项目为提供"美容美发学校"，而申请商标为提供幼儿园及教育、培训、考核及其信息，两者在服务项目上，虽然均属于商标国际分类的同一类，但在实际使用上，两者的使用是风马牛不相及的两类项目，任何消费者不会将两者混用。因此，不能仅仅根据《类似商品和服务区分表》的规定，将两种风马牛不相及的服务类别认为是相似的类别，而部分驳回申请人的申请。而应根据《商标审查标准》中

《类似商品或者服务审理标准》的规定，3.“类似服务，是指服务在目的、内容、方式、对象等方面相同或者相近”。显然，本申请商标与引证商标在服务目的（一个是幼儿教育；一个是美容美发学校）；内容（一个是文化、娱乐；一个是美容美发）；方式（一个是寓教于乐；一个是讲授加动手操作头发或模型）；对象（一个是小孩、幼儿；一个是成年人，主要是妇女）等方面均不相同、不相近，因此，两者没有任何相近似之处。

三、如果有必要，商标评审委员会可以部分撤销商标局的驳回决定，尤其保留申请人在“幼儿园、教育信息、讲课”等项目。

此致

国家工商行政管理总局商标评审委员会

申请人：顾某

商标代理组织章戳：

代理人签字：

申请日期：

商评委经审理后决定：申请商标在全部复审服务上的注册申请予以初步审定，由我委移交商标局办理相关事宜。

2.1.2　商标的国际注册

一、商标国际注册的依据

商标国际注册通常有以下几种方式：

1. 马德里商标国际注册申请。

《商标国际注册马德里协定》（Madrid Agreement Concerning the International Registration of Marks）（简称“马德里协定”），1891年在马德里缔结，1967年在斯德哥尔摩最后修订，1989年增订了议定书《商标国际注册马德里协定有关议定书》（简称“马德里议定书”），解决了逐一国家办理商标注册带来的手续多、费用高、时间长、繁琐等问题，我国同时是该两项条约的成员国。

2. 单独国家或地区的商标注册申请。目前几乎所有的国家、地区、国际联盟都允许外国个人或企业在本国申请注册商标。

3. 国际联盟商标注册申请。除每个国家或地区外，目前的国际联盟有欧共体国际申请、比荷卢经济联盟、非洲知识产权组织。采用这种方式一般需要委托当地的律师办理。

二、马德里商标国际注册的特点

1. 马德里商标国际注册的特点就是省力、省时、省钱，商标注册提交一次申请，使用一种语言交一次费用，一年之内完成。省力是指联盟成员国的商标主管机关直接向世界知识产权组织的国际局办理商标国际注册事宜，不需要委托国外的代理组织代为申请。省时是指各成员国约定商标审查必须在一年或一年半内（协定国家一年内或议定书国家一年半内）完成；否则，申请商标在该国自动获得保护。省钱是指缴纳以瑞士法郎计算的统一的规费，不需要到成员国内每个指定保护的国家分别缴纳费用。国际注册费用低于分别到每个国家注册的费用。

2. 马德里商标国际注册申请人资格。

中国申请人提交商标国际注册必须符合以下条件之一：(1) 在中国设有真实、有效的工商营业所；或 (2) 在中国设有住所或总部；或 (3) 具有中国国籍，包括台湾同胞及中国在各地的侨民。

3. 马德里商标国际注册申请条件。中国申请人提交商标国际注册必须符合以下条件之一：

(1) 根据《马德里协定》提交注册申请（指定国家为协定国家）：申请国际注册的商标必须是经中国国家工商行政管理总局商标局（以下简称商标局）核准注册的商标。

(2) 根据《马德里议定书》提交注册申请（指定国家含纯议定书国家）：申请国际注册的商标必须是经商标局受理注册申请，或者核准注册的商标。

(3) 申请国际注册的商标内容必须与申请人在国内注册的商标内容完全一致，所指定使用的商品应与国内注册的商品相同或不超过原注册的商品范围。

4. 马德里商标国际注册申请手续。

申请手续由中国商标局向国际局统一办理。商标国际注册的申请手续，须经申请人向中国商标局提出，由中国商标局向设在瑞士日内瓦的世界知识产权组织国际局统一办理注册。国际局不受理单个企业的自行申请。

5. 马德里商标国际注册程序。

商标国际注册的日期，以国家商标局收到申请书件的日期为准。商标局在申请手续齐备的情况下，编写申请号，将申请书件寄达国际局。如果商标国际注册申请手续完备，大约需要 3～4 个月的时间，国际局可发商标注册文件。申请中指定的各保护国家根据各自的国家法律受理审查申请。若申请保护的商标（即延伸保护的商标）在提出申请之日起一年或一年半内（协定国家一年内或议定书国家一年半内）被指定保护的国家驳回，申请人可根据该驳回的国家法律，委托代理组织进行申诉。若在上述一年或一年半期限内申请未被驳回（即未收到驳回通知），则商标视为自动获得保护。

6. 注册有效期及续展：国际注册商标的有效期限为 10 年，可续展，每次续展保护期为 10 年。

7. 马德里商标注册办理资料。(1) 本国受理通知书或注册证书复印件；(2) 商标图样；(3) 商标代理委托书；(4) 国际注册申请书。

三、欧共体商标注册

(一) 欧洲内部市场协调局简介

欧洲内部市场协调局（商标和外观设计）（以下简称协调局）是管理及注册共同体商

标（从 1994 年开始）和共同体外观设计（从 2003 年开始）的欧盟机构。这两种知识产权在整个欧共体领域，包括欧盟的 27 个成员国都是有效的。

1957 年，欧洲经济共同体成立之时，其主要目标之一就是建立一个共同市场。1993 年 12 月，欧盟委员会通过了创建共同体商标并成立协调局的决议。这项决议的通过，使得建立共同市场的目标又近了一步。协调局从 1996 年开始受理注册共同体商标的申请，并从 2003 年开始受理注册共同体外观设计的申请。

（二）欧共体商标的注册申请

1. 选择一个商标。共同体商标必须满足以下两个条件：易于书写描绘，易于将一个企业的商品或服务区别于其他企业的商品或服务。

2. 以下标志可以构成共同体商标：

文字标志：包括文字，字母，数字，人名，笔名，文字组合，标语，格言，缩写字母，姓名缩写，字母组合和任意使用或稀奇古怪的名称。图形标志：标记，印记，标志，浮雕，全息图，徽记。颜色标志：颜色或颜色组合。三维标志：包括商品形状或其包装。声音标志：铃声，旋律或其他具有识别性的声音。申请中必须附加标志的“书面表达”（最好是乐谱）。

3. 在语言使用上，协调局综合考虑了简单易行，成本效率和欧洲公民使用他们自己语言的需要。共同体商标可以用欧盟任何一种官方语言申请。同时，必须指定协调局五种工作语言中的一种作为第二语言。协调局的工作语言是西班牙语，德语，英语，法语和意大利语。

4. 申请注册的商标不得与任何在先共同体商标或成员国国内商标相冲突，也不得与该标志所涉及的其他权利，如商号权相冲突。如申请注册的商标与在先商标相同或近似，且所保护的商品或服务相同或类似，或者有造成混淆的可能，则视为两个商标相冲突。

协调局不对商标进行相对理由审查，仅提供各成员国国家局的查询报告。申请人可根据该报告判断其商标是否存在与在先商标相冲突的可能。如有冲突，在先商标所有人可能会提出异议。因此建议在申请注册前作一些相关查询，如网上查询，或聘请专业公司提供查询报告或听取知识产权顾问的建议。

5. 任何人都可以申请共同体商标。并非只有商人或意欲在市场上使用商标的个人可以申请注册。例如，一个设计者可以注册他设计的图形标志以便于之后转让给第三者。但是，申请中的不正当方式包括在提交申请时采取欺骗行为将导致商标被撤销。

（三）商标申请——共同体商标电子申请

共同体商标可以直接向协调局申请，或是通过欧盟各成员国的国家知识产权局进行申请。

申请人可以直接在线进行申请（电子申请），或是用传真，邮寄或是个人直接送达位于阿利坎特的欧洲内部市场协调局。如果通过国家局申请，则申请日即为该局收到申请之日。

（四）缴费

一旦申请被受理，申请人就会收到有关共同体商标号，申请确认和申请日期的通知，并迅速进入注册程序。申请人可将完成的申请数据打印出来或存入个人电脑，以便在今后的程序中查询相关信息。协调局的网站提供面向使用者的“在线帮助”。递交电子申请，需进入电子申请页面，完整填写基本电子申请表，按照指令添加所需文件（如果需要），支付费用并签字。

（五）主要注册步骤

申请日会在申请文件完成时确定。接到申请后，协调局的审查员会进行一些基本审查，例如申请费是否在申请到达的一个月内被支付。申请人须根据要求在指定时间内，对申请中不规范的地方进行修改，申请日以完成修改之日为准。

审查员随后会审查其他的要求是否符合，以及商品和服务的分类是否正确。同样，如果有任何不规范，申请人将会被告知并给予更改的机会。协调局网站提供查询商品和服务的分类的工具，如 EUROACE。

申请日期一旦确定，协调局会将新申请的商标发送给先前同意提供查询报告的国家知识产权局（欧盟大部分国家知识产权局）。同时，协调局会查询是否有与申请相冲突的在先共同体商标，并在规定时间内完成查询报告，寄给申请人或其代理人。

（六）注册可能被驳回的情况

共同体商标申请可能被协调局基于“绝对”理由驳回，这些理由往往与商标本身的特征有关。审查员审查申请标识的可注册性，这些标识需具有显著性，如果直接表示了质量、数量、原产地等描述性的，或者已经成为一个通用名称，那就有可能会被驳回。

如果该标识通过使用已获得显著性，那么上面几点将不再适用，这就是所谓的“引申意义”。在这种情况下，申请人需证明通过真正使用，相关公众可将某一特定企业（如申请人的企业）的商品或服务区别于其他企业的商品或服务。

除以上几点，还有其他被驳回的情况，例如，在三维立体商标中，选择作为商标的标识是由商品本身的性质决定的形状，需获得技术效果的商品形状或是给商品带来很大价值的形状；违反公共政策和公认道德的商标也会被驳回。

初步审查结束后，如第三方发现不可注册理由，仍可要求协调局撤销有关商标。申请人可以对协调局作出的任何驳回决定提出上诉。

（七）公告和异议

如果申请没有因为绝对理由被驳回（并且申请人在收到欧盟成员国提供的查询报告后没有撤销其申请），协调局将会在共同体商标公告上用欧盟所有官方语言公告该商标。

在公告后的 3 个月内，第三方可以提出异议，要求部分或全部驳回有关商标的注册。

共同体商标的注册需以尊重其他商标所有人的权利为前提，并不与任何在先注册的商标或标识相冲突。在公告后 3 个月内，在先权利人可以递交异议书并说明异议理由。

异议程序将在申请人收到异议通知之日起 2 个月后启动。异议的结果可能是被异议商标全部或部分的商品或服务的注册被驳回，或异议不成立，被异议商标核准注册。申请人对异议决定可提出上诉。

（八）共同体商标注册及注册簿

一旦完成注册程序，共同体商标所有详细信息（包括为方便欧盟公民所做的翻译）将会被译为欧盟所有官方语言并登记于注册簿。

共同体商标注册簿提供有关共同体商标及其所有人的所有重要信息。商标一经注册备案，便具有对抗第三人的效力。转让登记于注册簿后，新的所有人才能获得对抗协调局和第三人的权利。许可和其他形式的授权也须在登记于注册簿后，所有人才能获得对抗第三人的权利。

注册簿上的信息包括商标彩色复制图会刊登在协调局共同体商标公告上。这些信息可以在协调局的网站上进行免费查询。

共同体商标在注册程序中的信息可以在“共同体商标在线”网页上查询。这是一个具有检索功能的在线咨询系统。

（九）通过注册可获得的权利

共同体商标所有人有权禁止第三方在相同或近似的商品或服务上使用与其商标相同或近似标志，从而引起混淆，这种混淆包括公众可能将两个商标联系在一起。

在欧盟享有声誉的共同体商标可获得更多的保护。保护的范围扩大到与共同体商标相同或类似，但使用的商品或服务与共同体商标所保护的商品或服务不相类似的任何标识都不予注册，如果该标识的使用会不公平利用或损害共同体商标的显著特征或声誉。

（十）共同体商标的保护

如共同体商标被侵权，权利人可以向欧盟成员国有权审理共同体商标案件的法院提起诉讼。这些为数不多的专门审理共同体商标侵权案件的一审、二审法院有具备高水准专业素质的法官。根据 1968 年签订的《布鲁塞尔民商事判决管辖权与执行公约》，通过简单的法律程序，这些法院的判决就可以在欧盟的其他成员国执行。

（十一）共同体商标的保护期限及续展

共同体商标的保护期限为 10 年，自申请提交之日起开始计算。根据《共同体商标条例》第 47 条，经商标所有人申请，共同体商标可以续展 10 年。没有续展次数限制。

（十二）撤销和无效

在任何时候，商标所有人的权利都可能被注销，其商标也可能因撤销或无效申请而被宣告无效。撤销的理由主要有三个：（1）商标连续 5 年未真正使用；（2）商标已成为一种通用名称；（3）商标含有误导的因素。

四、逐一国家商标注册

逐一国家注册是指企业通过代理人或者经销商或者其他方式，到国外一个国家一个国家或一个地区一个地区办理商标注册。一般来讲，我国企业可以到巴黎公约成员国或者与我国签订有商标互惠协议的国家逐一注册。

如果商标国际注册申请人不具备马德里商标国际注册申请的条件，或者欲申请的国家不属于马德里联盟的缔约方，则只能通过单独国家申请这种方式进行商标国际注册。与马德里商标国际注册相比，单独国家申请手续比较简便，只要按申请国家法律的要求提供相应申请文件，并缴纳申请费用即可，但是不同国家的要求也不一样。

单独国家因每个国家的规定不同，所以商标申请的费用、所需文件、审查的时间与标准、有效期等均不相同，要视每个国家的具体情况而定。一般来讲单独国家的费用当中除包括国外规费外还包括国外代理机构的代理费。

所需文件一般包括：商标名称和商标图样；商品类别及具体商品或服务项；执照或身份证复印件（部分国家要求对执照进行公证或认证）；委托书（部分国家要求对委托书公证及认证）；部分国家要求提供本国注册证明或国外注册证明。

审查的标准各国各不相同，但大陆法系的国家一般是审查在先相同或近似商标，而英美法系的国家除审查申请在先外，还审查使用在先，即是否有人在先使用相同或近似的商标。除此之外，还要审查商标与各国的法律规定是否有冲突，商标是否具有显著性，商标是否与各国的宗教信仰、风俗习惯等相冲突等。一般的商标有效期均是 10 年，个别国家是 7 年有效，也有少数国家是 4 年或 3 年有效。

2.2 商标异议和商标异议复审

2.2.1 商标异议

一、商标异议的提起

（一）商标异议的概况

1. 商标异议提起的时间

商标异议是《商标法》规定的对初步审定商标公开征求社会公众意见的法律程序，其目的在于监督商标局公正、公开地进行商标确权。对初步审定的商标有不同意见的，可以在初步审定公告之日起 3 个月异议期内向商标局提出异议。

2. 商标异议提起的主体

按 2001 年《商标法》，任何人均可以提出商标异议申请，对于异议的理由，也是没有任何限制的。为此，导致了大量的商标异议案件发生，特别是恶意异议阻延他人取得商标证的情况时有发生。针对这种情况，2013 年《商标法》对于商标异议提起主体与理由进行了相应的细分。

一种是绝对理由提出的主体——任何人。任何人认为初步审定公告的商标违反《商标法》第 10 条、第 11 条、第 12 条的规定的，可以向商标局提出异议。这三条均属于禁用性条款，被异议商标的注册可能有损的是公众领域的权利或权益。

一种是相对理由提出的主体——在先权利人、利害关系人。在先权利人、利害关系人认为违反 2013 年《商标法》第 13 条第 2 款和第 3 款、第 15 条、第 16 条第 1 款、第 30 条、第 31 条、第 32 条规定的，可以向商标局提出异议。这几条均属于相对性条款，被异议商标的注册可能有损的是私人领域的权利或权益。

3. 商标异议提起的途径

一是委托国家认可的商标代理机构办理：二是异议人自己办理。其中异议人自己办理商标异议申请也有两条途径：一是直接到商标局的商标注册大厅办理；二是通过邮寄书件办理。

4. 申请文件的准备

（1）应提交的书件：商标异议申请书，异议申请人必须要有明确的请求和事实依据；提交有关证据材料；被异议商标初步审定公告的复印件；异议人的身份证明如营业执照复印件（加盖企业印章）、身份证复印件等；委托商标代理机构办理商标异议申请的，还须提交商标代理委托书。

（2）相关文件的具体要求：一件商标异议申请只能对一件商标提出异议，每件异议申请文件均应提交一式两份；异议申请书应当打字或印刷，其他书件应当字迹工整、清晰，用钢笔、签字笔填写或用打字机打印；被异议的商标及其初步审定号、被异议人（以《商标公告》上的商标申请人为准）的名称及地址务必填写清楚；被异议商标是通过商标代理机构申请注册的，还需填写商标代理机构名称；提出异议的异议人的名称及联系方式务必填写清楚，并加盖与异议人名义相同的印章（异议人为自然人的，须签字或盖章）。

5. 异议申请的补正（非必经程序）

（1）寄发补正通知。商标局在收到异议申请后，如果发现异议申请书件中存在问题，将向异议人或商标代理机构寄发补正通知，限期补正。如果是异议人自己提交的申请，商标局将直接给异议人寄发补正通知；如果是委托商标代理机构办理商标异议申请的，商标局则将补正通知寄发给该商标代理机构。

（2）限期补正。异议人或商标代理机构在收到商标局发出的异议补正通知后，按照通知中所要求的补正内容进行补正，在规定的时限内将已补正的材料和商标局发出的补正通知一并交回商标注册大厅或挂号邮寄至商标局。除要求补交异议书副本以外，其他补正的材料仍须提交一式两份。

（3）注意事项。①补正的书件必须加盖与异议人名义相同的印章。②补正的内容一定要填写清楚、准确。③补正的时限为自当事人收到商标局补正通知之日起 30 天内。当事人应将商标局的发文信封作为收文日的凭证，连同商标局的补正通知一并附上送达商标局。④委托商标代理机构办理商标异议申请的，必须加盖该商标代理机构的公章。

6. 不予受理的情况

商标异议申请有以下几种情况的，商标局将不予受理：（1）超出法律规定异议期限的；（2）商标异议申请中没有明确的请求和事实依据的；（3）未在规定期限内缴纳商标异议规费的；（4）在规定的期限内未补正或未按要求补正的。

7. 异议规费

每件商标异议申请应缴纳规费 1 000 元。委托商标代理机构办理的异议申请，异议人向商标代理机构缴纳异议规费和代理费，商标局收取的异议规费从该商标代理机构的预付款中扣除。直接到商标注册大厅办理的异议申请，在商标注册大厅的缴费窗口直接缴纳。通过邮寄书件办理的异议申请，必须通过银行信汇、电汇方式付款。

8. 注意事项

（1）商标局收到商标异议申请后，经过形式审查后，符合受理条件的开具《受理通知书》。如果是异议人自己提交的异议申请，商标局将直接给异议人寄发《受理通知书》；如果是委托商标代理机构办理商标异议申请的，商标局则将《受理通知书》寄发给该商标代理机构。

（2）异议人只能对登载在《商标公告》上经初步审定的商标提出异议。

（3）异议人只能在异议期限内对经初步审定公告的商标提出异议。异议期为 3 个月，自被异议商标初步审定公告之日起计算，至注册公告的前一天。

（4）异议人提出的异议应当有明确的请求和事实依据并有相应的证据支持。证据在提出异议申请时不能提交的，应当在异议申请书中声明，并应自提交异议申请之日起 3 个月内提交证据（可在 3 个月内邮寄补交）。

（5）异议期限的最后一天是法定假日的，可以顺延至假日后的第一个工作日。

（6）商标异议答辩的期限是 30 天，自收到答辩通知书之日起计算。对异议补正及证据提交的要求和时限同样适用于答辩程序。

（7）通过银行汇款缴纳异议规费的，应将异议人留存的汇款单复印件连同异议申请书一并送交商标局。商标局收到异议申请书时，如果未收到汇款单复印件，商标局将向异议人寄发《缴费通知》。异议人应按照《缴费通知》缴纳规费，并将留存的汇款单复印件连同《缴费通知》一并邮寄到商标局。

（8）异议人向商标局提交异议申请的日期：直接递交的，以递交日为准；通过邮寄的，以寄出的邮戳日为准；邮戳日不清晰或者没有邮戳的，以商标局实际收到日为准。

（9）由于纸质《商标公告》排版的技术原因，一般在异议期最后一个月提出的异议申请，《商标公告》中还有可能刊登被异议商标的注册公告，因此，《商标法实施条例》第 28 条第 2 款规定："被异议商标在商标局作出准予注册决定或者不予注册决定前已经刊发注册公告的，撤销该注册公告。经审查异议不成立而准予注册的，在准予注册决定生效后重新公告。"每月 28 日出版的《商标公告》刊登商标异议和异议裁定情况。

（二）商标异议的理由

1. 被异议商标违反《商标法》禁用性条款

禁用性条款分为绝对禁用条款与相对禁用条款。绝对禁用条款是指违反规定绝对不能作为商标注册申请的情形，具体是指违反了《商标法》第 10 条的规定。相对禁用条款，是指由于缺乏显著性，不能作为商标注册申请的情形，具体是指违反了《商标法》第 11 条的规定。但虽然一个本来缺乏显著性的商标，经过长期使用获得显著性后，是可以作为商标注册的。如“两面针”牙膏就是一个典型的案例，“两面针”是一种植物，是牙膏的主要原料，依规定是不得作为商标注册，但由于“两面针”商标的申请人柳州两面针股份有限公司提供了大量的证据，证明“两面针”作为商标在我国经过长期使用，已与牙膏商品紧密结合在一起，得到普通消费者的认可，因此具备了识别性和显著性，可以作为特例予以注册。

为了避免有人通过申请立体商标来垄断某种商品的形状，对立体商标也设置了专业的显著性规定，即《商标法》第 12 条：“以三维标志申请注册商标的，仅由商品自身的性质产生的形状、为获得技术效果而需有的商品形状或者使商品具有实质性价值的形状，不得注册。”

正常情况下，针对违反《商标法》禁用性条款的，商标局均会进行主动且严格的审查，但毕竟审查员也是普通人，百密难免一疏，为此《商标法》规定了任何人对于被异议商标违反禁用性条款的，均可以提出异议申请。

2. 被异议商标损害驰名商标权利的

对驰名商标给予较宽的特殊保护是世界通行做法，《巴黎公约》第 6 条第 2 款就有专门对驰名商标的保护。我国《商标法》第 13 条将驰名商标保护分两种情况：一种是未在中国注册的驰名商标，限定在“相同或类似商品”；一种是已在中国注册的驰名商标，可以是“不相同或者不相类似商品”。

在商标异议申请当中主张驰名商标保护的，必须要在申请书中明确，2013 年《商标法》第 14 条规定“驰名商标应当根据当事人的请求……”即驰名商标实行被动保护。

除了有明确的驰名商标请求外，还要按 2013 年《商标法》第 14 条的规定提供相应的证据：“（一）相关公众对该商标的知晓程度；（二）该商标使用的持续时间；（三）该商标的任何宣传工作的持续时间、程度和地理范围；（四）该商标作为驰名商标受保护的记录；（五）该商标驰名的其他因素。”

3. 被异议商标损害被代理人或者被代表人利益的

《商标法》第 15 条规定：“未经授权，代理人或者代表人以自己的名义将被代理人或者被代表人的商标进行注册，被代理人或者被代表人提出异议的，不予注册并禁止使用。”2013 年《商标法》增加了第 2 款：“就同一种商品或者类似商品申请注册的商标与他人在先使用的未注册商标相同或者近似，申请人与该他人具有前款规定以外的合同、业务往来关系或者其他关系而明知该他人商标存在，该他人提出异议的，不予注册。”第 2 款将虽然未建立代理或代表关系，但在经济往来中接触到他人商标，并抢先注册的情况包括在内，是加大了对商标实际使用人的保护。

4. 被异议商标含有地理标志误导公众的

地理标志是指标示某商品来源于某地区，该商品的特定质量、信誉或者其他特征，主要由该地区的自然因素或者人文因素所决定的标志。若允许他人注册的商标包含有地理标志，且该商品又非来源于该标志所标示的地区，则很可能对公众造成误导，为此，《商标法》第 16 条规定了对地理标志的保护也是商标异议的理由。

5. 被异议商标与他人商标构成相同或者近似的

这里的与他人商标构成相同或者近似，限定在“同一种商品或者类似商品”，同时限定了他人的商标必须是在先的已注册商标或初步审定公告的商标。2013年《商标法》第30条是商标异议人引用的最常见的条款之一。

6. 被异议商标损害他人在先权利或抢注他人商标

2013年《商标法》第32条规定“申请商标注册不得损害他人现有的在先权利，也不得以不正当手段抢先注册他人已经使用并有一定影响的商标。”这也是商标异议人引用最常见的条款之一。

这里的在先权利指的是商标权以外的其他权利，可能是商号权、著作权、外观设计专利权、姓名权、肖像权、知名商品特有名称/包装/包装权益等。

抢注他人商标的，除了要求商标相同或近似，商品相同或类似以外，还要求他人的商标是在先并有一定影响，且考虑商标申请人具有主观的恶意。

商标异议申请书有一定的格式要求，但异议的事实与理由可以是多样的，只要陈述时有理有据即可。

实例解析

“卧龍諸葛酿”商标异议案

商标异议申请书

被异议商标：卧龍諸葛酿
类别：33
初步审定号：9504589
初步审定公告期：2012年第10期（总第1303期）
初步审定公告日期：2012年3月13日
被异议人名称：泸州＊＊＊酒业有限公司
被异议人地址：四川省泸州市……
邮政编码：……
异议人名称：四川＊＊＊酒业（集团）有限公司
异议人地址：四川省平昌县……
邮政编码：……
联系人：……
电话（含地区号）：……
传真（含地区号）：
异议人代理组织名称：……
异议请求和事实依据：详见正文

异议申请人章戳（签字）：　　　　代理组织章戳：
代 理 人 签 字：

商标异议申请陈述意见

被异议商标：卧龍諸葛釀

类别：33

初步审定号：9504589

初步审定公告期：2012 年第 10 期（总第 1303 期）

初步审定公告日期：2012 年 3 月 13 日

被异议人名称：泸州＊＊＊酒业有限公司

异议人名称：四川＊＊＊酒业（集团）有限公司

异议人代理组织名称：……

异议请求：请求依法驳回第 9504589 号“卧龍諸葛釀”商标的注册申请。

国家工商行政管理总局商标局：

根据《中华人民共和国商标法》第 30 条及《中华人民共和国商标法实施条例》的有关规定，四川＊＊＊酒业（集团）有限公司（以下称为“异议人”）对贵局于 2012 年 3 月 13 日 2012 年第 10 期（总第 1303 期）《商标公告》初步审定公告的第 9504589 号“卧龍諸葛釀”商标（以下称“被异议商标”，详见证据一）提出异议，异议理由如下：

一、被异议商标基本情况。

第 9504589 号“卧龍諸葛釀”商标于 2011 年 5 月 24 日申请注册，于 2012 年 3 月 13 日被初审公告，核定使用商品为“酒（含酒精饮料）。”

二、被异议商标的注册申请，违反了《商标法》（2001 年《商标法》，下同）第 28 条规定，商标局应驳回其注册申请。

《商标法》第 28 条规定“申请注册的商标，凡不符合本法有关规定或者同他人在同一种商品或者类似商品上已经注册的或者初步审定的商标相同或者近似的，由商标局驳回申请，不予公告。”

被异议商标	引证商标		法律状态
第 9504589 号“卧龍諸葛釀”	引证商标一	第 3823173 号“诸葛酿及图”	2003 年 12 月 1 日申请注册，2009 年 12 月 27 日初审公告，异议中
	引证商标二	第 4409571 号“诸葛酿及图”	2004 年 12 月 13 日申请注册，2010 年 4 月 6 日初审公告，异议中
	引证商标三	第 4626089 号“诸葛酿及图”	2005 年 4 月 25 日申请注册，2010 年 4 月 6 日初审公告，异议中
	引证商标四	第 6453627 号“诸葛酿及图”	2007 年 12 月 24 日申请注册，已核准注册，有效期 2012 年 2 月 7 日至 2022 年 2 月 6 日

1. 四引证商标相比被异议商标申请均注册在先。

四引证商标与被异议商标相比，均申请注册在先，其中引证商标四为已经注册的商标，商标处于有效期内，及商标处于有效状态中，而引证商标一、二、三为初审公告的商标，依法律规定均为此可作为引证商标使用。

2. 被异议商标与四引证商标近似。

被异议商标与四引证商标的主要识别部分均是“诸葛酿”三字，“卧龙”是著名历史人物诸葛亮的号及别名，一提起“卧龙”人们首先联系的肯定是“诸葛亮”，因此，被异议商标“臥龍諸葛酿”中起识别部分的，实际是“诸葛酿”三字，因此，被异议商标与四引证商标近似。

3. 被异议商标与引证商标被核定使用的商品相同或类似。

被异议商标核定使用商品均是第33类3301类似群组的酒等商品，是相同的商品。

因此，被异议商标的注册申请违反《商标法》第28条的规定，不应予以注册。

三、被异议商标的注册申请，违反了《商标法》第31条规定，商标局应驳回其注册申请。

《商标法》第31条规定“申请商标注册不得损害他人现有的在先权利，也不得以不正当手段抢先注册他人已经使用并有一定影响的商标。”

从2002年起，在行政上，异议人在酒类产品上的“诸葛酿”已先后被四川省工商局、广东省工商局及他们下属多家工商局认定为知名商品特有名称。同时，在司法上，广东省高级人民法院、湖南省高级人民法院亦先后多次终审认定异议人的“诸葛酿”为知名商品的特有名称。

异议人诉被异议人知名商品特有名称、包装、装潢侵权一案，经湛江市中级人民法院一审、广东省高级人民法院二审，最高人民法院再审审查，均认定了异议人的“诸葛酿”为知名商品特有名称，被异议人的“诸葛酿”酒侵犯了异议人“诸葛酿”酒的知名商品特有名称、包装、装潢，构成不正当竞争，该案在2006年已终审生效。

由此可见，被异议人是非常清楚异议人“诸葛酿”酒的知名度，也一直通过各种途径傍名牌、搭便车，其申请注册异议商标也是傍名牌、搭便车进行不正当竞争的行为之一。

而且“臥龍諸葛酿”与“诸葛酿”构成近似，同样使用在酒类产品上，肯定会造成相关公众的混淆。

因此，被异议商标的注册申请违反《商标法》第31条的规定，不应予以注册。

四、被异议商标的注册申请，违反《民法通则》第4条，《反不正当竞争法》第2条，是违反诚实信用原则的恶意注册行为，其行为应予禁止。

《民法通则》第4条规定：“民事活动应当遵循自愿、公平、等价有偿、诚实信用的原则。”

《反不正当竞争法》第2条规定：“经营者在市场交易中，应当遵循自愿、平等、公平、诚实信用的原则，遵守公认的商业道德。”

诚实信用原则是民事活动的最基本原则，也是经营者在经营活动中应遵守的基本准则。从被异议人申请注册系列带“诸葛酿”、“江口醇”的商标可以看出，被异议人申请被异议商标根本目的在于其中的“诸葛酿”三字，其企图是使相关公众误认为其为异议人“诸葛酿”的关联产品，为此，被异议人申请被异议商标的行为明显违反《民法通则》与《反不正当竞争法》的诚实信用原则，其行为应被禁止，被异议商标不应予以核准注册。

结语

被异议商标的注册申请违反《商标法》第 28 条、第 31 条，《民法通则》第 4 条，《反不正当竞争法》第 2 条，被异议商标不应予以核准注册，请求商标局驳回其注册申请。

异议人：四川＊＊＊酒业（集团）有限公司
代理机构：……
代理人：……
异议日期：

异议结果：

商标局认为：异议人四川＊＊＊酒业（集团）有限公司提交的证据可证明其“诸葛酿”商标在被异议商标申请日前已在“白酒”商品上使用具有一定影响。被异议人同处四川地区，且为从事酒业生产、销售的同行者，其对异议人四川＊＊＊酒业（集团）有限公司的“诸葛酿”商标情况理应知晓。被异议人申请注册被异议商标的行为已构成不正当手段抢先注册他人在先使用并有一定影响商标的情形。

裁定：异议人所提异议理由成立，第 9504589 号“卧龍諸葛酿”商标不予核准注册。

被异议商标与他人商标构成相同或类似商品上的近似商标，及被异议商标抢注他人商标是商标异议当中比较常见的理由，而本异议案中，异议申请人也主要依据该两个条款提出异议申请。“诚实信用原则”既是《民法通则》又是《反不正当竞争法》的原则性条款，也是 2013 年《商标法》新增的条款，对于是否可以直接引用“诚实信用原则”提出商标异议，从《商标法》第 33 条来说，似乎是不可以的，但由于社会经济发展快速，而法律规定毕竟只考虑了已出现的情况，为此，在无合适的具体条款，而商标申请人的行为又明显不符合“诚实信用原则”时，适用该兜底条款有利无害。

二、商标异议的答辩

商标局在受理商标异议申请后，会及时将异议人的“商标异议申请书”及异议理由和证据材料等的副本送交被异议人，限定被异议人在收到商标异议书等副本之日起 30 日内答辩，被异议人在限定期限内未作出书面答辩的，视为放弃答辩权利，异议程序照常进行。

商标异议答辩同样有3个月的补充证据时间，要补充证据的，必须要在申请书写清楚。

提交异议答辩的材料包括：异议答辩书；异议人的身份资料；相应的证据材料；若委托代理机构的，要提交委托书。异议答辩不需要向商标局缴纳规费。

商标异议答辩要点。商标异议答辩一般应根据商标异议的理由来陈述，叙述的内容要有针对性，并且有理有据。答辩时应把握住的几个要点是：(1) 抓住重点。将有理有利的方面论述得全面、详细。辩驳商标不近似时，从商标的音、形、义等方面进行叙述；辩驳商品不类似，从商品的本身来说明有区别，尤其是对消费者的购买使用是否有影响。(2) 突出优势。被异议人的商标如果有一定的独创性，或者本身有在先权利等要作为重要内容陈述，这些都是被异议人有力的理由与论据。但是被异议人要注意的是，主张商标申请和注册方面的在先权利时，权利人是否已在我国主张保护自己的权利比较关键，因为我国《商标法》规定的是申请在先和注册在先原则，在我国已申请或注册的商标就比在其他国家或地区注册的商标更有说服力。(3) 针对性强。被异议人答辩内容不能与商标异议的内容脱节或与异议的内容完全无关，就是我们常说的答非所问。答辩就要对异议人的理由逐条进行反驳，顾左右而言他的答辩，起不到反驳异议人异议的作用。4) 有理还必须有据。被异议人要表明所答辩的内容的真实性，也必须提供证据，证明其答辩是有根有据，不是凭空捏造。

商标局在作出异议裁定后要将异议裁定书寄给异议人与被异议人。

异议裁定有两种结果：

一种是异议理由不能成立，按2001年《商标法》异议人可以向商标评审委员会提出商标异议复审，任何一方对于商标评审委员会的裁定不服的，还可以向法院提起行政诉讼，为此，一个商标证很可能十年八年都拿不下来，而2013年《商标法》对此作了重要的修改，对于异议理由不成立的，商标局直接做出准予注册决定，发给商标注册证，并予公告，异议人不服的，只能按《商标法》第44条、第45条请求商标评审委员会宣告注册商标无效。

一种是异议理由成立，按2001年或2013年《商标法》被异议人均可向商标评审委员会提出异议复审，对于商标评审委员会的复审结果，如果被异议人不服（即商标仍然不被核准），被异议人仍然可以依2013年《商标法》第35条第3款在自收到通知之日起30日内向人民法院起诉，即进入商标行政诉讼程序，但若异议人不服（即商标被核准注册），异议人也只能直接向商标评审委员会申请注册商标宣告无效，而不能向人民法院提起行政诉讼。

要注意的是，商标局寄送商标异议书副本的信封（用以确定答辩是否在规定的时限内提出）要随同异议答辩及材料一起寄送商标局。

对商标异议和答辩的叙述还要注意内容紧凑，逻辑关系明确，重点突出，简明扼要。

不能以为文章越长越有理，材料越厚越有说服力。只要把观点说清楚，就能起到应有的作用。

2.2.2 商标异议复审

一、商标异议复审的提起

商标异议复审申请是指当事人对商标局的商标异议裁定不服，依据 2001 年《商标法》第 33 条的规定向商标评审委员会申请复审，并由商标评审委员会审理裁决的案件。

由于 2013 年《商标法》对商标异议制度进行了重要的改革，2014 年 5 月 1 日后，实际的商标异议复审仅有被异议人不服向商标评审委员会申请复审一种，而取消异议人不服向商标评审委员会申请复审的情况。

但由于本书编写过程中，2013 年《商标法》尚未正式实施，所以下面的陈述仍按 2001 年《商标法》规定进行。

商标异议复审前提条件：(1) 申请人资格：必须是被商标局异议裁定的商标异议双方当事人之一（异议人或被异议人）。(2) 申请时限：商标异议当事人在收到商标局对该商标异议裁定的《商标异议裁定通知书》之日起，15 天内申请异议复审。因不可抗拒的事由或者其他正当理由迟延的，可以在期满前申请延期 30 天，是否准许延期，由商标评审委员会决定。(3) 评审费用：商标异议复审申请规费 1 500 元/件，商标异议复审答辩无规费。

异议复审申请的书件：(1) 申请人应当向商标评审委员会提交《商标异议复审申请书》。申请人所提出的“评审请求”，应写明所依据的《商标法》及其《商标法实施条例》的具体条款和具体请求；申请人对部分商品或服务提出复审申请的，须在“评审请求”中写明；申请人在阐述“事实与理由”时，应写明有关事实所依据的证据，并应另外提供证据目录清单，写明证据的名称、来源和要证明的具体事实与理由；注明附件编号和数量。上述内容连同此申请书（首页）一并提交，同时需按照对方当事人的数量提交相应副本。(2) 提交盖有商标局印章的《商标异议裁定通知书》原件，商标局寄送商标异议裁定通知书的信封（用以确定复审是否在规定的时限内提出）。(3) 其他有关证据材料和实物证据。(4) 异议复审申请人的身份资料。(5) 委托代理机构的，必须同时提交委托书。(6) 申请人需要在提出复审申请后补充有关证据材料的，应当在申请书中声明，并自提交申请书之日起 3 个月内提交与申请书相同份数的证据材料；未在申请书中声明或者期满未提交的，视为放弃补充有关证据材料。

异议复审的理由不限于在异议阶段提出的理由，商标评审委员会全面审查异议复审提出的理由是否成立。

实例解析

“恒威·家电 HENGWEI”商标异议复审申请案样式①

林某在第 11 类申请注册了“恒威·家电 HENGWEI”商标并初审公告，申请人广州市某贸易有限公司以《商标法》第 28 条及第 31 条提出商标异议，商标局作出核准被异议商标注册的决定，申请人不服向商评委提出商标异议复审。

商标异议复审申请书

（首页）

商标：恒威·家电 HENGWEI

类别：11

初步审定号/国际注册号：4798001

异议裁定发文号：（2011）商标异字第 13258 号

申请人名称：广州市＊＊＊贸易有限公司

通信地址：广州市＊＊＊

邮政编码：510000

联系人：＊＊＊

联系电话（含区号）：020－＊＊＊

商标代理组织名称：＊＊＊商标代理有限公司

联系人：＊＊＊

联系电话（含区号）：020－＊＊＊

被申请人名称：林某（身份证号：＊＊＊）

地址：广东省普宁市＊＊＊

同时/曾在哪些类别对相同商标提出评审申请：

是否需要提交补充证据材料：是☑；否□

申请人章戳（签字）

年　月　日

商标代理组织章戳

代理人签字：

年　月　日

① 例中所引用的法规为 2001 年《商标法》及 2002 年《商标法实施条例》。

商标异议复审申请书

（正文）

申请人名称：广州市＊＊＊贸易有限公司

地址：广东省广州市＊＊＊

商标代理组织名称：＊＊＊商标代理有限公司

地址：广东省广州市＊＊＊

被申请人名称：林某（身份证号：＊＊＊）

地址：广东省普宁市＊＊＊

评审请求：

申请人不服国家工商行政管理总局商标局（以下简称商标局）作出的［（2011）商标异字第 13258 号］“恒威家电 HENGWEI”商标异议裁定（证据 1：［（2011）商标异字第 13258 号］“恒威家电 HENGWEI”商标异议裁定书及信封），根据《商标法》第 33 条的规定，向贵委申请复审，恳请贵委撤销商标局的该裁定，驳回林某的第 4798001 号商标注册申请。

事实与理由：

申请人广州市＊＊＊贸易有限公司于 2009 年 5 月 19 日对被申请人林某经国家工商行政管理总局商标局初步审定并刊登在第 1157 期《商标公告》上的第 4798001 号“恒威・家电 HENGWEI”商标提出异议，商标局以“被异议商标‘恒威・家电 HENGWEI’与异议人引证在先注册的‘恒威 HENGWEI 及图’商标使用商品未构成类似；异议人称被异议人模仿和抄袭引证商标证据不足”为由，作出了“异议人所提异议理由不成立，第 4798001 号商标予以核准注册”的裁定，该决定于 2011 年 6 月 23 日送达至申请人的代理机构。

申请人对该裁定不服，申请人认为：

一、申请人早在 2000 年即已注册并使用“恒威 HENG WEI”牌商标，申请人的“恒威 HENG WEI”牌商标在烘焙设备等领域享有较高的知名度。

1. 申请人的“恒威 HENG WEI”商标的注册情况。

2000 年 9 月 25 日，申请人在第 7 类商品上向商标局提出“恒威 HENG WEI”商标注册申请，2001 年 12 月 7 日，该商标被核准注册，注册号为 1677757，引证商标一核定使用的商品为第 7 类“碾面机；磨面机；切面包机；搅拌机（和面）；制食品用电动机械；和面机；压面机；切面机；面包机；食品包装机”。

2000年9月26日，申请人在第11类商品上向商标局提出“恒威 HENG WEI”商标注册申请，2001年11月21日，该商标被核准注册，注册号为1670052，引证商标二核定使用的商品为第11类“冷藏室；冷冻机；冷冻设备和机器；制冷容器；冷藏箱（集装箱）；制冰机和设备；冰箱（冰盒）；冰柜；冰箱；制冰淇淋机。”

其他……略……

2. 申请人的“恒威 HENG WEI”商标的使用情况和获奖情况。

……略……

3. 申请人的“恒威 HENG WEI”商标的广告及推广活动的情况。

……略……

4. 申请“恒威 HENG WEI”商标由于具有较高知名度和美誉度，被政府招标项目作为指定品牌，且受到不法商人的仿冒。

……略……

二、被异议复审商标。

被异议复审商标“恒威·家电 HENGWEI”是自然人林某在第11类商品“炉子（取暖器具）；电热壶；风扇（空气调节）；电吹风；矿灯；电暖器；高压锅（电加压炊具）；照明防护装置；电炊具”产品上申请的，该商标公告于2009年2月28日第1157期公告上，初审号为4798001号。

三、被异议复审商标“恒威·家电 HENGWEI”与申请人引证在先注册的商标“恒威 HENG WEI”构成类似商品上的近似商标。

（一）被异议复审商标与申请人在先注册商标在文字上构成近似。

《商标法》第二十八条规定……根据《商标审查标准》关于文字商标的审查……被异议复审商标是由文字“恒威”及其拼音“HENGWEI”＋文字“家电”构成，其中，文字“恒威”及其拼音“HENGWEI”构成该商标的显著部分，该部分与申请人在先注册的商标完全相同，而文字“家电”则是商品的通用名称，在商标中显著性较弱；被异议复审商标完整地包含了引证商标的文字部分，易使消费者对商品来源产生误认。

（二）被异议复审商标与引证商标指定使用的商品类似。

在判断商品或者服务是否构成类似时，《类似商品和服务区分表》中对于类似群组的划分仅仅是作为判断类似性时的一种参考，而并非具有法律法规强制性规定的效力，商品或者服务是否构成类似应当根据案件的实际情况个案判定。

被异议复审商标指定商品为“炉子（取暖器具）；电热壶；风扇（空气调节）；电

吹风；矿灯；电暖器；高压锅（电加压炊具）；照明防护装置；电炊具”等，引证商标一、二指定商品为“制食品用电动机械、冷冻设备和机器、冰箱、冰柜”等，众所周知，食品加工、食品冷藏设备与“电热壶、高压锅、电炊具”均属于家电甚至厨房、烘焙产品，彼此之间甚至可以相互替代使用，被异议复审商标的商品与引证商标指定使用的商品功能、用途相似，生产部门相同，均为家电企业，销售渠道相同，均在家电、厨房用品店销售，消费对象相同，均为厨师或家庭居家使用。因此，被异议复审商标与引证商标指定使用的商品在功能、用途、销售渠道、消费对象以及相关公众等方面均具有明显的重合，符合《最高人民法院关于审理商标民事纠纷案件适用法律若干问题的解释》以及《商标审查及审理标准》中关于“类似商品”的判定标准。被异议复审商标与引证商标指定使用的商品构成类似，容易导致消费者的混淆误认。

四、被异议复审商标是抢注申请人在先使用并有一定影响力的引证商标，被申请人具有主观抄袭、搭便车的恶意，违反了《商标法》第三十一条的规定。

《商标法》第三十一条规定……

“恒威 HENG WEI”是申请人独创的商标，寓意“你恒我威”，同时恒威也是申请人以及关联企业的字号。品牌经过多年的经营和宣传，不仅为申请人赢得了市场，带来了商业利益，也为申请人带来了众多荣誉、信誉和业界的充分肯定，在业内和广大消费者中拥有了广泛的影响力。

而被申请人位于广东省普宁市，是申请人厨房设备及烘焙设备的销售量较大的地区之一。被申请人作为希望使用在电热壶、高压锅、电炊具等电器产品上注册的个人，应当知道申请人在相关行业的知名度，其使用与申请人的字号及注册商标完全相同的“恒威”两字中文及拼音作为注册商标，并且拟使用的产品同样是厨房用家电等电器产品，与申请人的产品两者间存在着明显的关联性，足以使消费者产生联想，误以为是申请人的产品或者是申请人相关联企业的产品，既侵害了消费者的利益，又对申请人企业造成了损害。

申请人认为，使用在烘焙设备等领域的“恒威 HENG WEI”商标，是申请人享有一定知名度的注册商标和企业的字号，被异议复审商标“恒威·家电 HENGWEI”中文文字及汉语拼音与申请人的商标及字号相同，而且指定使用的商品均属于家电甚至厨房、烘焙用品产品，彼此存在一定的关联性，而两商标同时在市场上使用，容易使消费者对市场主体及其商品的来源产生混淆，从而对申请人的行为构成了不正当竞争。被申请人利用申请人创造的名牌效应为自己的产品作推销，刻意模仿和抄袭申请人的引证商标，违反了诚实信用原则，属不正当注册，被申请人商标不应核准注册。

另一方面，由于被申请人系自然人申请，难以保证其产品的质量，势必会导致消费者的权益受到侵害并造成市场混乱，同时也破坏了“恒威 HENG WEI”商标的美誉度。

实际上，作为一名自然人申请了被异议复审商标，在申请人提出了异议以后，并未提出书面答辩，其本身便足以说明被申请人的故意和对申请人观点的认同，同时作为广东省普宁市人，更是了解申请人在烘焙设备相关领域的知名度，被申请人的恶意抢注也是十分明显的，恳请贵委依法撤销商标局第（2011）商标异字第 13258 号异议裁定。

申请人声明，根据《商标法实施条例》第三十二条的规定，申请人需要在提出评审申请之日起三个月内提交补充证据材料。

此致

国家工商行政管理总局商标评审委员会

申请人：广州市＊＊＊贸易有限公司

代理机构：＊＊＊商标代理有限公司

申请日期：

异议复审结果：

商评委认为：申请人提交在案的证据可以证明其“恒威”商标经申请人的宣传使用，获得了一定的荣誉，在厨用家电设备行业已具有较高的知名度，被异议商标的主要认读部分“恒威”与引证商标的主要认读部分“恒威”完全相同，被异议商标的注册使用易使相关公众认为被异议商标为引证商标的系列商标或它们之间存在某种联系，从而对商品的来源产生误认，被异议商标与引证商标已构成近似商标。被异议商标指定使用的电炊具等商品与引证商标一核定使用在制食品用电动机械等商品、引证商标二核定使用的冰箱等商品均属于常见的厨用家电设备产品，相关公众同时接触的机会很大，考虑到申请人与被申请人同处于广东地区以及申请人“恒威”商标在厨用家电设备行业中经过宣传使用已具有一定的知名度的事实，在商标近似的情况下，被异议商标的注册使用，容易造成混淆和误认，与引证商标已构成使用在类似商品上的近似商标。申请人认为被异议商标损害了其在先企业字号权，但被异议商标与其企业字号尚有一定区别，且申请人向我委提交的证据尚不足以证明其企业字号在被异议商标申请日之前已具有较高的知名度，故申请人的该项主张我委不予支持。申请人还认为被异议商标系对其在先使用的“恒威”商标的抢注，但鉴于被异议商标与引证商标已构成使用在类似商品上的近似商标，我委在判断双方商标是否构成类似商品上的近似商标的问题上已充分考虑了申请人商标的知名度，并已依据《商标法》第二十八条的规定对被异议商标不予核准注册，故我委不再适用《商标法》第三十一条的规定予以保护。

裁定：被异议商标不予核准注册。

二、商标异议复审的答辩

虽然异议复审答辩方由于前期的异议裁定胜诉，而具有客观优势，但是一旦异议复审申请人因为找到新的关键证据和理由，就很有可能改变原来在商标局异议审理中的不利因素。在此情况下，必须针对新的证据材料和理由进行相应的充分准备，分析关键找出漏洞，重新组织新证据材料和答辩反驳理由，才能确保原来的优势，否则，很可能被翻案，扭转胜负。

因此，需要针对异议复审的新理由和证据，准备组织和收集新的反驳证据和理由，分析确定重点思路和方向，综合所有证据从新的证据角度提出答辩反驳理由。

商标异议复审答辩所需材料：（1）《商标异议复审答辩书》；（2）《商标异议复审答辩通知书》及信封；（3）其他有关证据材料和实物证据；（4）异议复审答辩人的身份资料；（5）委托代理机构的，必须同时提交委托书；（6）答辩人需要在提出复审申请后补充有关证据材料的，应当在申请书中声明，并自提交申请书之日起 3 个月内提交与申请书相同份数的证据材料；未在申请书中声明或者期满未提交的，视为放弃补充有关证据材料。

商标异议复审的评审和裁定。被商标评审委员会受理的商标异议复审申请，将根据《商标法》、《商标法实施条例》和《商标评审规则》的有关规定进行评审和裁定。经审理终结的案件，商标评审委员会依法作出裁定，并书面通知双方当事人。（1）商标评审委员会在评审中，认为商标局的异议裁定理由不成立的，即作出撤销商标局的异议裁定，核准该复审商标初步审定并公告，并移交回商标局办理有关审定及公告事宜；（2）商标评审委员会在评审中，认为商标局的驳回理由成立的，即作出驳回该复审商标的裁定；（3）商标评审委员会在评审中，认为商标局的驳回理由在部分商品或服务上成立的——在原初步审定的商标中，该部分指定商品上的商标注册申请不予核准注册，驳回被异议商标在该部分商品上的注册；准予被异议商标在另一部分异议不成立的指定部分商品上的注册，对该核准注册的部分，移交回商标局办理有关审定及公告事宜，发给商标注册证；（4）商标异议复审当事人在收到《商标异议复审裁定通知书》之日起 30 天的法定期限内对商标评审委员会做出的评审裁定不向人民法院起诉的，裁定生效；（5）商标异议复审当事人如果对商标评审委员会的裁定不服的，可根据 2001 年《商标法》第 32 条第 2 款的规定，自收到裁定通知之日起 30 日内向北京市第一中级人民法院起诉。

2.3　商标争议（商标宣告无效）和撤销

2.3.1　商标争议（商标宣告无效）

一、商标争议（商标宣告无效）的依据与类型

商标争议分为两种类型：一是基于绝对理由引起的争议，即违反 2001 年《商标法》

第 41 条第 1 款、第 2 款向商评委申请的撤销注册商标案件；一是基于相对理由引起的争议，即违反 2001 年《商标法》第 42 条第 3 款规定向商评委申请的撤销注册商标案件。这是 2001 年《商标法》对商标争议的规定，但 2013 年《商标法》取消了“商标争议”规定，改为“注册商标的无效宣告”，这与《专利法》当中专利的无效宣告统一起来。

注册商标的无效宣告也分两种类型：一种是绝对无效程序，即根据 2013 年《商标法》第 44 条的规定，已注册商标违反了《商标法》第 10 条、第 11 条、第 12 条等禁用性条款规定，任何人均可以提出的无效请求；一种是相对无效程序，即根据《商标法》第 45 条的规定，已注册商标违反了《商标法》第 13 条、第 15 条、第 16 条、第 30 条、第 31 条、第 32 条相对性条款的规定，只有在先权利人或者利害关系人才可以提出的无效请求。

二、商标争议（商标宣告无效）的提出

1. 申请人主体资格。

（1）任何单位和个人。这是依据现行商标法第 41 条第 1 款规定提出的争议裁定申请的主体。也是依据 2013 年《商标法》第 44 条规定提出的商标宣告无效的主体。

（2）商标所有人或利害关系人。这是依据现行商标法第 41 条第 2 款规定提出的争议裁定申请的主体。而 2013 年《商标法》第 45 条规定的商标宣告无效的主体为“在先权利人或者利害关系人。”

2. 申请时限。

（1）无时间限制的。依据 2001 年《商标法》第 41 条第 1 款规定提出争议裁定申请的。或依据 2013 年《商标法》第 44 条规定提出的商标宣告无效请求。

（2）有时间限制的。依据 2001 年《商标法》第 41 条第 2 款规定提出争议裁定申请的，应自争议商标注册之日起 5 年内提出争议裁定申请。或依据 2013 年《商标法》第 45 条规定提出的商标宣告无效请求。无论现行或新的《商标法》对于恶意注册的，驰名商标所有人均不受 5 年的时间限制。

3. 商标争议（商标宣告无效）的审理时间。

（1）现行商标法对商标争议的审理是无时间限制的。

（2）商标宣告无效分两种情况，若依据 2013 年《商标法》第 44 条以违反禁用性条款提出的宣告无效请求，商标评审委员会要在 9 个月内做出决定，特殊情况可以延长 3 个月；若依据《商标法》第 45 条以违反相对性条款提出的宣告无效请求，商标评审委员会要在 12 个月内做出决定，特殊情况可以延长 6 个月。如果无效请求人同时依据上述两个条款申请商标无效，具体是依据较长的时间审限，还是要分开审，分别适用不同的时限，有待相关规定的进一步完善。

4. 商标争议（商标宣告无效）申请的书件。

（1）《注册商标争议裁定申请书》（或《注册商标宣告无效申请书》）。申请人所提出的“评审请求”，应写明所依据的《商标法》及其《商标实施条例》的具体条款和具体请求；申请人在阐述“事实与理由”时，应写明有关事实所依据的证据，并应另外提供证据目录

清单，写明证据的名称、来源和要证明的具体事实与理由；注明附件编号和数量。上述连同此申请书（首页）一并提交，同时需按照对方当事人的数量提交相应副本。（2）其他有关证据材料和实物证据。（3）商标争议申请人（或商标宣告无效请求人）的身份资料；（4）委托代理机构的，必须同时提交委托书。（5）申请人需要在提出商标争议后补充有关证据材料的，应当在申请书中声明，并自提交申请书之日起 3 个月内提交与申请书相同份数的证据材料；未在申请书中声明或者期满未提交的，视为放弃补充有关证据材料。由于商标宣告无效审查规定时间限制，为此 3 个月的补充证据时间有可能会被缩短。（6）交纳评审费 1 500 元，答辩不需要交费。

5. 商标争议（或商标宣告无效）的理由。

商标争议（或商标宣告无效）的理由与商标异议的理由是一致的，均为（1）被评审商标违反《商标法》禁用性条款。（2）被评审商标损害驰名商标权利的。（3）被评审商标损害被代理人或者被代表人利益的。（4）被异议商标含有地理标志误导公众的。（5）被评审商标与他人商标构成相同或者近似的。（6）被异议商标损害他人在先权利或抢注他人商标。

6. 对商标争议（或商标宣告无效）结果不服的，均是 30 日内向人民法院起诉，现有具体受理的法院为北京市第一中级人民法院。

7. 商标争议重复申请的限制。2001 年《商标法》第 42 条规定，对核准注册前已经提出异议并经裁定的商标，不得再以相同的事实和理由申请裁定。但商标无效宣告取消了这样的重复申请限制。

8. 商标宣告无效的效力。2013 年《商标法》第 47 条规定，依据《商标法》第 44 条、第 45 条的规定宣告无效的注册商标，由商标局予以公告，该注册商标专用权视为自始即不存在。

三、商标争议（商标宣告无效）的答辩

商标评审委员会受理了商标争议申请人提交的《注册商标争议裁定申请书》后，会向被争议人送达《商标争议答辩通知书》及《注册商标争议裁定申请书》（副本），被争议人要在 30 日内作出答辩。商标宣告无效的答辩时间应与商标争议一样。

商标争议答辩所需材料。（1）《注册商标争议答辩书》；（2）《商标争议答辩通知书》及信封；（3）其他有关证据材料和实物证据；（4）商标争议答辩人的身份资料；（5）委托代理机构的，必须同时提交委托书；（6）答辩人需要在提出复审申请后补充有关证据材料的，应当在申请书中声明，并自提交申请书之日起 3 个月内提交与申请书相同份数的证据材料；未在申请书中声明或者期满未提交的，视为放弃补充有关证据材料。商标宣告无效的答辩材料应与商标争议一样，但在补充证据的时间上，估计会有调整。

商标争议的评审和裁定。被商标评审委员会受理的商标争议申请，将根据《商标法》、《商标法实施条例》和《商标评审规则》的有关规定进行评审和裁定。经审理终结的案件，商标评审委员会依法作出裁定，并书面通知双方当事人。（1）商标评审委员会在评审中，

认为争议申请成立的，即作出撤销被争议商标的裁定；（2）商标评审委员会在评审中，认为争议申请不成立的，即作出争议商标予以维持的裁定；（3）商标争议当事人在收到《商标争议裁定书》之日起 30 天的法定期限内对商标评审委员会做出的评审裁定不向人民法院起诉的，裁定生效；（4）商标争议当事人如果对商标评审委员会的裁定不服的，可自收到裁定通知之日起 30 日内向北京市第一中级人民法院起诉。商标无效宣告的评审和裁定与商标争议一致。

2.3.2　商标撤销和注销

一、商标撤销和注销的依据与类型

注册商标权利的终止有三种情况：撤销、注销与宣告无效，其中宣告无效是 2013 年《商标法》规定的内容。

1. 撤销是指商标权人违反使用规定，或注册商标已成为通用名称，或没有正当理由连续 3 年不使用而由商标局撤销注册商标，使原注册商标权归于灭失的程序。根据我国 2013 年《商标法》的规定，有违法改正撤销与直接撤销两种。

（1）违法改正撤销，主要是指违反 2013 年《商标法》第 49 条第 1 款的规定：①自行改变注册商标的；②自行改变注册商标的注册人名义、地址或者其他注册事项的。违法改正撤销的，商标权自商标局的撤销决定作出之日起终止。2001 年《商标法》第 44 条、第 45 条还规定了另外三种违法改正撤销类型：①自行转让注册商标的；②连续 3 年停止使用的；③使用注册商标，其商品粗制滥造，以次充好，欺骗消费者的。

（2）直接撤销，是指根据 2013 年《商标法》第 49 条第 2 款的规定，①注册商标成为其核定使用的商品的通用名称；②注册商标没有正当理由连续 3 年不使用的，对于这两种商标，任何单位或者个人可以向商标局申请撤销该注册商标。

2. 注销，是指注册商标权人自动放弃注册商标或商标局依法取消注册商标的程序。

（1）主动申请注销。《商标法实施条例》第 73 条第 1 款规定："商标注册人申请注销其注册商标或者注销其商标在部分指定商品上的注册的，应当向商标局提交商标注销申请书，并交回原《商标注册证》。"

（2）死亡注销。因商标权人死亡（指自然人）或终止（指法人或者其他组织）又无人继承的注销，2002 年《商标法实施条例》第 47 条规定："商标注册人死亡或者终止，自死亡或者终止之日起一年期满，该注册商标没有办理移转手续的，任何人可以向商标局申请注销该注册商标。提出注销申请的，应当提交有关该商标注册人死亡或者终止的证据。"

（3）未续展注销。2013 年《商标法》第 40 条规定："注册商标有效期满，需要继续使用的，商标注册人应当在期满前十二个月内按照规定办理续展手续；在此期间未能办理的，可以给予六个月的宽展期。每次续展注册的有效期为十年，自该商标上一届有效期满次日起计算。期满未办理续展手续的，注销其注册商标。"

二、违法改正撤销注册商标

针对商标权人违反 2013 年《商标法》第 49 条第 1 款的规定，他人是不可以凭此向商标局提出撤销申请的，只能是地方工商行政管理部门依职权要求商标权人改正，商标权人拒绝改正的情况下，地方工商行政管理部门可以通过商标局，由商标局撤销该注册商标。

三、直接撤销注册商标（成为通用名称或者连续 3 年不使用）

（一）注册商标成为其核定使用商品的通用名称的撤销

注册商标成为其核定使用的商品的通用名称被撤销是 2013 年《商标法》第 49 条第 2 款规定的内容，现行商标法对于这种情况，通常会是依据《商标法》第 11 条，以核准使用的注册商标缺乏显著性为由提出撤销申请。商标通用名称化，会削弱商标的显著性，这种削弱最终后果是使消费者将商标（往往还是有比较高知名度的商标）误认为是该种商品的通用名称，使得该商标彻底丧失其显著性与识别力，这种情况在新开发产品上市的时候最为常见。新产品的生产者往往会给新产品创造一个颇具创意的名称，并将该名称作为商标申请注册及使用。这种做法虽然有利于广告宣传，但由于在使用过程中未区分商标与商品的名称，很容易使消费者与其他的经营者将其认为是商品名称而非商标，最典型的案件如阿司匹林和优盘。

“优盘”商标案：深圳市朗科科技有限公司于 1999 年 8 月 23 日在第 9 类计算机存储器等商品上申请了第 1509704 号“优盘”商标，该商标于 2001 年 1 月 21 日核准注册，北京华旗资讯数码科技有限公司于 2002 年 10 月 23 日就该商标向国家工商总局商标评审委员会提出撤销申请，商评委依法予以受理。

商评委经过反复讨论、认真研究之后，于 2004 年 10 月 13 日作出了裁定。商评委认为，从争议商标“优盘”汉字本身的含义来看，其对于指定使用的第 9 类计算机存储器等商品的质量、功能、用途等特点具有直接的叙述性，缺乏商标应有的显著特征。朗科公司自身也一直将“优盘”作为商品名称加以使用，客观上进一步起到了淡化乃至消灭“优盘”文字作为商标的显著特征的作用。同时，众多同行业经营者以及消费者已经比较普遍地将“优盘”作为一种新型的计算机移动存储器的商品通用名称加以使用。因此可以认定，争议商标已成为其指定使用商品——计算机存储器的通用名称。

商评委裁定书进一步指出，朗科公司将本商品的通用名称注册为商标加以独占，妨碍了同行业其他经营者正当、合理地使用“优盘”这一计算机移动存储设备的商品通用名称，同时也容易使消费者在选购闪存类计算机移动存储设备时发生误认。一段时间以来，由于朗科公司以及同行业其他经营者的使用与宣传，普通消费者已经形成了“优盘是一种新型计算机移动存储设备”的观念，但在朗科公司将“优盘”文字作为注册商标加以独占的情况下，就使消费者在购买以“优盘”为名称的计算机存储器产品时，其注意力更容易被拦截于朗科公司一家所提供的优盘产品，从而排斥了同行业其他经营者公平参与竞争的机会，使朗科公司借以形成不合理的竞争优势。保护商标专用权是我国《商标法》的立法宗旨之一，享有注册商标专用权的前提在于该标志具备商标应有的显著特征，能够起到区分商品不同来源的作用，而绝不是允许将属于公有领域的东西由一家独占。本商品的通用名称为经营者、消费者公知公用，不能起到商标的识别作用。本案中，争议商标已经成为其指定使用商品——计算机存储器的通用名称，依法不得作为商标注册；同时，争议商标作为一种计算机外设移动存储设备的通用名称，指定使用在计算机、计算机周边设备等商品上，不具备商标应有的显著特征。因此，依据《商标法》第 11 条第 1 款第 1 项及第 3 项规定，争议商标应予撤销。①

针对注册商标可能会被名称通用化的问题，作为商标注册权人必须要以防范为先，在使用的过程当中，就一定要将商标与商品名称区分开来，然后在宣传推广上，也要明确商标的定位，如日本松下电器公司在其广告中就强调了“National”和“Panasonic”均是日本松下电器公司的注册商标。

（二）连续 3 年不使用撤销

连续 3 年不使用被撤销在 2001 年《商标法》第 44 条第 3 款及 2013 年《商标法》第 49 条第 2 款中有规定。商标作为具有识别性的商业标记，只有通过实际的使用，才能彰显商标的价值，体现权利的存在，制度就是希望借由注册的行政手续强化商标的使用。如果商标注册之后，长期不加以使用，既浪费国家资源，又妨碍他人在类似商品上使用该商标的自由，为此，法律规定了连续 3 年不使用撤销。

连续 3 年不使用撤销注册商标要件为：（1）须注册后未使用或继续停止使用已满 3 年。若间断使用而其间隔未满 3 年的，仍不得撤销。如曾有 3 年未使用的事实，但在被申请撤销之前，已经恢复使用的也不得撤销；（2）连续 3 年停止使用的时间计算，应当从申请人以“连续三年停止使用”为由向商标局提出撤销注册商标申请之日起向前推算；（3）须无正当事由：此处“正当事由”是指不可归责于当事人的事由，如不可抗力；因国家政策限制停止使用的；因破产清算停止使用的等认为有正当事由；（4）被许可人使用该注册商标视为使用，如果商标被许可人有使用且能提出使用证明者，则视为有使用，无论商标是否有办理许可登记，不影响使用事实；（5）对商标的使用应该是对注册商标的使用，提供使用的证据应该是和注册商标一致或视觉无差异；（6）一定要在商业活动中使用，如果仅是商标注册信息的发布不视为商标在商业活动中的使用。

注册商标 3 年停止使用撤销申请的审查准则：国家商标局或商标评审委员会在评审注册商标 3 年停止使用撤销申请时，针对商标权利人提交的使用证据审查的准则主要是依照 2002 年《商标法实施条例》第 3 条规定：商标的使用，包括将商标用于商品、商品包装或者容器以及商品交易文书上，或者将商标用于广告宣传、展览以及其他商业活动中。商标使用的证据材料，还应包括商标注册人使用注册商标的证据和商标被许可使用人使用注册商标的证据材料。

① 参见吴新华：《商标与商品通用名称辨析——第 1509704 号“优盘”商标争议办案札记》，见 http://www.saic.gov.cn/spw/llyj/200904/t20090409_55223.html。

商标使用的具体表现形式一般为：

将商标用于商品、商品包装或者容器以及商品交易文书上，包括：（1）商标使用在商品外包装、容器、标签上，或者使用在商品附加标牌、产品说明书、介绍手册上等；（2）商标使用在与商品销售有联系的交易文书上，包括使用在商品销售协议、发票、票据、收据、单据、商品进出口检疫证明、报关单上等。

将商标用于广告宣传、展览以及其他商业活动中，包括：（1）商标使用在广播、电视等媒体中，或者使用在经国务院出版行政管理部门批准公开发行的出版物上；（2）商标使用在广告牌、邮寄广告或者其他广告方式中；（3）商标在各级政府有关管理部门批准举办的展览会、博览会上使用，包括在展览会、博览会上提供的使用商标的印刷品及其他资料、照片等。

服务商标的使用方式包括：（1）商标直接使用于服务，包括使用于服务的介绍手册、服务场所招牌、装饰、招贴、菜单、登记证、价目表、挂号卡、奖券、文具、信笺及其他配套用具用品等；（2）商标使用于与服务有联系的文件资料上，包括汇款单据、发票、发货单、提供服务的协议等。

提交 3 年停止使用撤销的申请不需要提交商标权人没有使用的证据。为此，3 年停止使用撤销的重点在于商标权人提供自己的使用证据，而申请人主要是针对商标权人提供的证据的真实性、合法性、关联性展开质证。

3 年停止使用撤销有三种结果：一为全部撤销；二为部分撤销；三为维持商标有效。针对商标评审委员会的裁定，任何一方不服均可以在收到通知之日起 30 日内向人民法院起诉。若裁定商标撤销，商标权人不服向法院起诉，并提交在商标评审委员会评审阶段没有提交过的新证据，而该新证据又足以证明被裁定商标有使用的，法院通常会判决商标评审委员会在考虑新证据的基本上重新作出裁定。而其实商标行政案件，双方在行政诉讼阶段提交的新证据，法院一般不会采纳，但特殊情况下，法院也会予以考虑。

四、注销注册商标

注销注册商标分为主动注销、死亡注销、未续展注销。

未续展注销，不需要提交任何申请文件。

主动注销的，向商标局办理。申请注销注册商标的，应提交以下书件：（1）《商标注销申请书》。申请部分注销的，应填写申请注销的商品或服务项目；（2）交回原《商标注册证》，不能交回的说明原因；（3）申请人经盖章或者签字确认的主体资格证明文件（营业执照副本、身份证等）复印件；（4）若委托商标代理机构办理的，提交商标代理委托书；（5）若注册人名义已发生变更的，在申请注销时应以变更后的名义申请注销，但应提供登记部门出具的变更证明。

死亡注销通常有两种情况：一种为死亡的商标权人的合法继续人申请注销；一种为其他人申请注销，这两种注销都要提供商标权人死亡或终止的证据。

练习与测试

1. 有哪些标志不得作为商标申请注册?
2. 商标实质审理哪些内容?
3. 哪些情况可以提出商标异议?
4. 商标宣告无效的理由有哪些?
5. 哪些情况可以申请撤销注册商标?

单元总结

本单元一共三节，第一节主要介绍了商标注册业务，商标区分表的意义及应用，商标申请的手续及审查要件，商标的国际注册的基本情况，商标注册申请驳回复审的处理；第二节主要介绍了商标异议和异议复审的代理；第三节主要介绍了商标争议（商标宣告无效）及撤销、注销的代理。

第3章

商标的诉讼及维权业务

单元要点

本单元介绍各种类型商标案件，包括商标行政保护案件、商标行政诉讼案件、商标侵权纠纷案件、商标其他民事纠纷案件、商标刑事案件基本知识及代理这些商标诉讼案件的基本操作规范及应对方法。

学习目标

达到能够了解和掌握各项商标诉讼业务包括商标行政保护案件、商标行政诉讼案件、商标侵权纠纷案件、商标其他民事纠纷案件、商标刑事案件的代理工作的基本操作流程，能处理商标诉讼案件的相关法律事务。

3.1　商标权的行政保护案件

3.1.1　商标权的工商行政保护

一、概述

我国的商标保护与其他国家不同，实行的是司法与行政并重的具有中国特色的“双轨制”，由于行政保护比司法保护具有时间短、效率高、成本低的优势，其已经成为商标保护的重要途径，因此，我们有必要了解商标的工商行政保护。

我国工商行政保护的法律依据为 2013 年《商标法》第 60 条，该条规定：“有本法第五十七条所列侵犯注册商标专用权行为之一，引起纠纷的，由当事人协商解决；不愿协商或者协商不成的，商标注册人或者利害关系人可以向人民法院起诉，也可以请求工商行政管理部门处理。工商行政管理部门处理时，认定侵权行为成立的，责令立即停止侵权行为，没收、销毁侵权商品和主要用于制造侵权商品、伪造注册商标标识的工具，违法经营额五万元以上的，可以处违法经营额五倍以下的罚款，没有违法经营额或者违法经营额不足五万元的，可以处二十五万元以下的罚款。对五年内实施两次以上商标侵权行为或者有其他严重情节的，应当从重处罚。销售不知道是侵犯注册商标专用权的商品，能证明该商品是自己合法取得并说明提供者的，由工商行政管理部门责令停止销售。对侵犯商标专用权的赔偿数额的争议，当事人可以请求进行处理的工商行政管理部门调解，也可以依照《中华人民共和国民事诉讼法》向人民法院起诉。经工商行政管理部门调解，当事人未达成协议或者调解书生效后不履行的，当事人可以依照《中华人民共和国民事诉讼法》向人民法院起诉。”

由以上可知，我国商标行政保护的执法部门为各级工商行政管理部门。

二、申请商标行政保护

《商标法实施条例》第 77 条规定："对侵犯注册商标专用权的行为，任何人可以向工商行政管理部门投诉或者举报。"也就是说，对于有涉嫌侵犯注册商标的行为，可以申请工商行政保护，投诉的程序如下：

（一）撰写投诉书

投诉书应该包括如下主要内容：

第一部分，投诉人、被投诉人的基本情况。主要是投诉人的名称、地址、电话，被投诉人的名称、地址、电话等。

第二部分，事实和理由。内容包括：该注册商标的注册情况及知名度的情况；被投诉人的侵权事实（包括侵权行为的时间、地点、侵权形式等，给被侵权人造成的损失或影响）；构成侵权的理由和法律依据。

第三部分，请求事项。如请求工商行政管理部门责令被投诉人立即停止侵权行为，没收、销毁侵权商品和专门用于制造侵权商品、伪造注册商标标识的工具，并可处以罚款。也可以请求工商行政管理部门就赔偿问题进行调解。

第四部分，包括呈交的部门，如某某市工商行政管理局。还有落款，即投诉人的签名、盖章，以及投诉的时间。

（二）准备其他投诉材料

除了投诉书外，投诉时还要提交如下材料：

第一，投诉人的身份证明材料，如投诉人是单位的应提交营业执照副本复印件（在复印件上盖公章）、法定代表人身份证明书。如投诉人是自然人，应当提交身份证明。

第二，授权委托书，应提交投诉人授权给代理人的委托书。

第三，证据材料，主要是商标注册人权属证明和侵权行为证据。

如投诉人是商标注册人，则应提交商标注册证；如是利害关系人，则应提交商标使用许可合同及商标备案手续；如是排他使用许可的被许可人单独提起的，应提交商标注册人放弃申请的证据材料。

侵权行为证据：如侵权行为的公证书，涉嫌侵权的商品实物或者照片、购买发票、涉嫌侵权的商品的储藏地点的照片等。

（三）向有管辖权的工商行政管理部门投诉

县（区）、市（地、州）工商行政管理机关依职权管辖本辖区内发生的案件。省、自治区、直辖市工商行政管理机关依职权管辖本辖区内发生的重大、复杂案件。国家工商行政管理总局依职权管辖应当由自己实施行政处罚的案件及全国范围内发生的重大、复杂案件。投诉人可以根据该规定，向有管辖权的部门投诉。

（四）工商行政管理部门作出行政处罚的程序

投诉人将投诉材料投诉到相关的工商行政管理部门后，工商部门根据《行政处罚法》

规定予以处理，一般程序如下：

第一，立案。工商行政管理机关应当自收到投诉的材料之日起7个工作日内予以核查，并决定是否立案；特殊情况下，可以延长至15个工作日内决定是否立案。对于不予立案的投诉，经工商行政管理机关负责人批准后，由办案机构将结果告知具名的投诉人。

第二，调查取证。立案后，办案人员应当及时进行调查，收集、调取证据，并可以依照法律、法规的规定进行检查。根据2001年《商标法》第55条规定，工商行政管理部门的办案人员询问有关当事人，调查与侵犯他人注册商标专用权有关的情况；查阅、复制当事人与侵权活动有关的合同、发票、账簿以及其他有关资料；对当事人涉嫌从事侵犯他人注册商标专用权活动的场所实施现场检查；检查与侵权活动有关的物品；对有证据证明是侵犯他人注册商标专用权的物品，可以查封或者扣押。

第三，听取当事人的陈述与辩解。即将处罚理由如实告知当事人，听取当事人对事实的陈述，允许其申辩。

第四，符合规定的情形时，要举行听证。

根据《行政处罚法》第42条规定，行政机关拟作出责令停产停业、吊销许可证或执照、较大数额罚款的处罚决定的案件，当事人申请听证的，工商机关应当举行听证。听证应当由工商机关指定的非本案调查人员主持，听证笔录应当作为处罚决定的依据。

第五，作出处罚决定。工商行政管理机关负责人经对案件调查终结报告、核审意见或者听证报告，当事人的陈述、申辩意见，拟作出的行政处罚决定进行审查，根据不同情况分别作出给予行政处罚、销案、不予行政处罚、移送其他机关等处理决定。

提请注意的一点的是，律师在代理投诉人进行商标行政查处时，应采取要求行政处罚及民事诉讼赔偿相结合的方式，对侵权人进行彻底打击，使其丧失继续侵权的能力。通过工商部门对侵权行为进行查处，进行行政处罚，在工商处罚后，律师可代理投诉人再向法院提起民事诉讼，由于侵权证据已经固定，侵权事实在行政处罚中得到认定，民事赔偿诉讼胜诉的可能性非常大。侵权人既被行政处罚又要民事赔偿，基本上丧失了继续侵权的能力。

三、应对商标行政查处

我们在前面讲了律师代理投诉人进行商标行政查处时的工作及应注意的问题，那么，律师代理被投诉人时，如何应对行政查处？代理被投诉人应对商标行政查处的工作主要有如下：

1. 审查工商行政部门执法的程序合法性。实践中，由于各地工商行政管理部门执法人员的素质参差不齐，特别是一些基层的工商行政管理部门更为如此，执法程序存在很多不规范的地方。而行政诉讼一旦程序违法即可判工商行政管理部门败诉。所以作为被投诉人的律师，一定要重视审查行政机关的程序合法性。这主要包括：

（1）受理的工商行政管理部门是否有管辖权？

（2）向案件当事人收集、调取证据的，有无告知其有申请办案人员回避的权利？

(3) 办案人员调查取证是否合法?

(4) 拟作出的行政处罚属于听证范围的，是否告知当事人有要求举行听证的权利? 是否举行过听证?

2. 审查投诉人是否为注册商标的注册人或利害关系人。比如，商标一般使用许可合同的被许可人除非商标注册人授权，其不能单独作为投诉人；排他使用许可的被许可人单独提起的，应提交商标注册人放弃申请的证据材料，如不能提交商标注册人放弃申请的材料，排他使用许可的被许可人也不能单独提起。

3. 涉案的注册商标是否有瑕疵。比如，是否违反了商标注册的绝对和相对禁用条款；是否为通用名称等。

4. 不侵权抗辩。不侵权抗辩的理由很多，主要包括：被控侵权商品并非被投诉人生产；被投诉人使用的商标与投诉人核准注册的商标相比不构成近似；被控侵权商品与注册商标核准的商品不类似等等。这里不展开，在下面的章节再详述。

3.1.2　商标权的海关保护

一、概述

所谓商标权的海关保护，是指海关对与进出口货物有关并受中国法律、行政法规保护的商标专用权实施的保护，即指海关依法禁止侵犯知识产权的货物进出口的措施。

根据中华人民共和国国务院颁布的《中华人民共和国知识产权海关保护条例》第 2 条的规定，我国海关保护的商标权应当是与进出口货物有关并受中华人民共和国法律、行政法规保护的商标专用权。

中国海关对知识产权的保护可以划分为“依申请保护”和“依职权保护”两种模式：

依申请保护，是指权利人发现侵权嫌疑货物即将进出口时，根据《知识产权海关保护条例》第 12、13 和 14 条的规定向海关提出采取保护措施的申请，由海关对侵权嫌疑货物实施扣留的措施。由于海关对依申请扣留的侵权嫌疑货物不进行调查，权利人需要就有关侵权纠纷向人民法院起诉，所以依申请保护也被称作海关对知识产权的“被动保护”模式。

依职权保护，是指海关在监管过程中发现进出口货物有侵犯在海关总署备案的知识产权的嫌疑时，根据《知识产权海关保护条例》第 16 条的规定，主动中止货物的通关程序并通知有关权利人，并根据权利人的申请对侵权嫌疑货物实施扣留的措施。由于海关依职权扣留侵权嫌疑货物属于主动采取措施制止侵权货物进出口，而且海关还有权对货物的侵权状况进行调查和对有关当事人进行处罚，所以依职权保护也被称作海关对知识产权的“主动保护”模式。

权利人向海关申请采取依职权保护措施前，应当按照《知识产权海关保护条例》第 7

条的规定，将其知识产权及其他有关情况向海关总署进行备案。①

二、商标海关保护备案的申请及意义

知识产权海关保护备案，是指权利人，按照《知识产权海关保护条例》的规定，将其知识产权的法律状况、有关货物的情况、知识产权合法使用情况和侵权货物进出口情况以书面形式通知海关总署，以便海关在对进出口货物的监管过程中能够主动对有关知识产权实施保护。

（一）商标权海关备案的意义

虽然2003年12月修订的《知识产权海关保护条例》不再要求权利人在向海关申请保护前必须进行知识产权备案，但是，对于商标专用权权利人，备案与否有很大的差异，主要体现在：

第一，是海关采取主动保护措施的前提条件。根据《条例》的规定，权利人如果事先没有将其知识产权向海关备案，海关发现侵权货物即将进出境，也没有权力主动中止其进出口，也无权对侵权货物进行调查处理；

第二，有助于海关发现侵权货物并主动扣留，使权利人的合法权益得到及时保护。从实践看，海关能否发现侵权货物，主要依赖于海关对有关货物的查验。由于权利人在备案时，需要提供有关知识产权的法律状况、侵权嫌疑货物情况、有关图片和照片等情况，使海关有可能在日常监管过程中发现侵权嫌疑货物并主动予以扣留。所以，事先进行知识产权备案，可以使权利人的合法权益得到及时的保护；

第三，可减轻权利人的经济负担。根据海关总署有关《知识产权海关保护条例》的实施办法规定，在海关依职权保护模式下，权利人向海关提供的担保最高不超过人民币10万元。如果权利人事先未进行知识产权备案，则不能享受上述待遇，必须提供与其要求扣留的货物等值的担保；

第四，可以对侵权人产生震慑作用。由于海关可对进出口侵权货物予以没收并给予进出口企业行政处罚，尽早进行知识产权备案，可以对那些过去毫无顾忌地进出口侵权货物的企业产生警告和震慑作用，促使其自觉地尊重有关知识产权。此外，有些并非恶意出口侵权产品的企业也可能通过查询备案信息，了解其承揽加工和出口的货物是否可能构成侵权，以避免不必要的法律纠纷。②

（二）知识产权海关备案的申请

商标权权利人想向海关总署申请办理知识产权海关备案，应当向海关总署提交申请书。

申请书应当保护如下内容：权利人的基本情况；注册商标的名称、核定使用商品的类

---

① 参见中国海关总署网站，见http：//www.customs.gov.cn/publish/portal0/tab2559/。

② 参见中国海关总署网站，见http://www.customs.gov.cn/publish/portal0/tab6351/module18017/info308306.htm。

别和商标名称等基本情况；被许可人的名称、许可使用商品、许可期限等；权利人合法行使知识产权的货物的名称、产地、进出口海关、进出口商、主要特征、价格等；已知的侵犯知识产权货物的制造商、进出口商、进出口地海关、主要特征、价格等。

除了提交申请书外，还需要附以下文件和证据：权利人的个人身份证件复印件、工商营业执照的复印件；《商标注册证》复印件；商标许可合同复印件或许可情况的说明；商标权人合法行使知识产权货物及包装的照片；已知的侵权货物进出口的证据。

还需要注意的是，商标权权利人申请海关备案应遵循“一案一申请”原则，即商标权权利人应当就其申请备案的每一项知识产权单独提交一份申请书。

海关总署在收到全部申请文件起 30 个工作日内作出是否准予备案的决定，并书面通知申请人；不予备案的，应当说明理由。知识产权海关保护备案自海关总署准予备案之日起生效，有效期为 10 年。

三、申请海关保护

中国海关对知识产权的保护可分为“依申请保护”和“依职权保护”两种模式，“依申请保护”和“依职权保护”两者程序略有不同。

（一）依申请保护

权利人发现侵权嫌疑货物即将进出口的，可以向货物进出境地海关提出扣留侵权嫌疑货物的申请。

权利人请求海关扣留侵权嫌疑货物的，应当提交申请书及相关证明文件，并提供足以证明侵权事实明显存在的证据。申请书应当包括下列主要内容：权利人的名称或者姓名、注册地或者国籍等；知识产权的名称、内容及其相关信息；侵权嫌疑货物收货人和发货人的名称；侵权嫌疑货物名称、规格等；侵权嫌疑货物可能进出境的口岸、时间、运输工具等。

权利人请求海关扣留侵权嫌疑货物的，应当向海关提供不超过货物等值的担保，用于赔偿可能因申请不当给收货人、发货人造成的损失，以及支付货物由海关扣留后的仓储、保管和处置等费用。

权利人申请扣留侵权嫌疑货物，并依照规定提供担保的，海关应当扣留侵权嫌疑货物。

权利人申请扣留侵权嫌疑货物，不符合相关的规定，或者未依照规定提供担保的，海关应当驳回申请，并书面通知权利人。

海关依照权利人申请扣留侵权嫌疑货物，海关自扣留侵权嫌疑货物之日起 20 个工作日内，收到人民法院协助扣押有关货物书面通知的，应当予以协助；未收到人民法院协助扣押通知或者权利人要求海关放行有关货物的，海关应当放行货物。

（二）依职权保护

海关发现进出口货物有侵犯备案知识产权嫌疑的，应当立即书面通知权利人。权利人自通知送达之日起3个工作日内依照规定提出申请，并依照规定提供担保的，海关应当扣留侵权嫌疑货物，权利人逾期未提出申请或者未提供担保的，海关不得扣留货物。

根据海关总署《知识产权海关保护条例》的实施办法第23条规定，在海关依职权保护模式下，权利人向海关提供的担保最高不超过人民币10万元。

海关扣留侵权嫌疑货物后，应当依法对侵权嫌疑货物以及其他有关情况进行调查。

被扣留的侵权嫌疑货物，经海关调查后认定侵犯知识产权的，由海关予以没收。

海关对扣留的侵权嫌疑货物进行调查，不能认定货物是否侵犯有关知识产权的，应当自扣留侵权嫌疑货物之日起30个工作日内书面通知权利人和收发货人。

对海关不能认定有关货物是否侵犯其知识产权的，权利人可以根据规定向人民法院申请采取责令停止侵权行为或者财产保全的措施。

海关自扣留侵权嫌疑货物之日起50个工作日内收到人民法院协助扣押有关货物书面通知的，应当予以协助；未收到人民法院协助扣押通知或者权利人（即货物所有人）要求海关放行有关货物的，海关应当放行货物。

四、应对海关保护

律师代理收发货人时，如何应对海关查扣？代理收发货人的工作也依“依申请保护”和“依职权保护”不同而有所不同。

1. 依申请保护。代理工作主要为：审查申请人是否为权利人？审查商标权是否有瑕疵？核对请求人是否在规定期限内向海关提供相对于货物价值的担保？如自海关扣留侵权嫌疑货物之日起20个工作日内，未收到人民法院协助扣押通知的，应要求海关放行。涉嫌侵权货物与注册商标核准的商品不相类似，使用的商标与注册商标不相近似等。

2. 依职权保护。代理工作主要为：审查商标权是否有瑕疵？权利人是否提出了申请？核对请求人是否在规定期限内向海关提供的担保？收货人或者发货人认为其货物未侵犯权利人的知识产权的，应当向海关提出书面说明并附送相关证据。海关自扣留侵权嫌疑货物之日起50个工作日内未收到人民法院协助扣押通知且经调查不能认定被扣留的侵权嫌疑货物侵犯知识产权的，可要求海关放行有关货物，也可与权利人就海关扣留的侵权嫌疑货物达成和解协议等。

3.2 商标行政诉讼案件

3.2.1 商标确权诉讼案件

一、商标确权诉讼案件的类型

商标确权诉讼案件是指不服国家工商行政管理总局商标评审委员会所做的裁定起诉到

北京市第一中级人民法院的所有行政诉讼案件及上诉案件。主要有下列四种类型：

（一）关于商标驳回复审决定的行政诉讼案件

2013年《商标法》第34条规定："对驳回申请、不予公告的商标，商标局应当书面通知商标注册申请人。商标注册申请人不服的，可以自收到通知之日起十五日内向商标评审委员会申请复审。商标评审委员会应当自收到申请之日起九个月内做出决定，并书面通知申请人。有特殊情况需要延长的，经国务院工商行政管理部门批准，可以延长三个月。当事人对商标评审委员会的决定不服的，可以自收到通知之日起三十日内向人民法院起诉。"也就是说，商标注册申请人对商标评审委员会驳回申请的决定，可以向人民法院提起行政诉讼。

（二）关于商标异议复审裁定的行政诉讼案件

2001年《商标法》第33条规定："对初步审定、予以公告的商标提出异议的，商标局应当听取异议人和被异议人陈述事实和理由，经调查核实后，做出裁定。当事人不服的，可以自收到通知之日起十五日内向商标评审委员会申请复审，由商标评审委员会做出裁定，并书面通知异议人和被异议人。当事人对商标评审委员会的裁定不服的，可以自收到通知之日起三十日内向人民法院起诉。人民法院应当通知商标复审程序的对方当事人作为第三人参加诉讼"。原告也可能是异议人或被异议人，被告是商标评审委员会，第三人则为原告的对方当事人。

但2013年《商标法》第35条对原有的商标异议制度作出了改变，对于商标局做出准予注册决定的，商标局发给商标注册证，并予以公告，异议人不服的，只能通过商标宣告无效程序解决，异议人不能再申请商标异议复审。

对于商标局做出不予注册决定，被异议人不服的，可以向商标评审委员会申请复审，商标评审委员会复审后，对于撤销商标局不予注册的决定异议人不服的，也只能通过商标宣告无效程序解决，只有被异议人不服的才能向人民法院提起行政诉讼，并由法院通知异议人作为第三人参加诉讼。

因此，按2013年《商标法》的规定，以后只会有被异议人作为商标异议复审行政诉讼的原告一种情况出现。

（三）关于商标争议（或商标宣告无效）裁定的行政诉讼案件

2001年《商标法》第41条规定："已经注册的商标，违反本法第十条、第十一条、第十二条规定的，或者是以欺骗手段或者其他不正当手段取得注册的，由商标局撤销该注册商标；其他单位或者个人可以请求商标评审委员会裁定撤销该注册商标。已经注册的商标，违反本法第十三条、第十五条、第十六条、第三十一条规定的，自商标注册之日起五年内，商标所有人或者利害关系人可以请求商标评审委员会裁定撤销该注册商标。对恶意注册的，驰名商标所有人不受五年的时间限制。除前两款规定的情形外，对已经注册的商标有争议的，可以自该商标经核准注册之日起五年内，向商标评审委员会申请裁定。"该法第43条规定："商标评审委员会做出维持或者撤销注册商标的裁定后，应当书面通知有关当事人。当事人对商标评审委员会的裁定不服的，可以自收到通知之日起三十日内向人民法院起诉。人民法院应当通知商标裁定程序的对方当事人作为第三人参加诉讼。”

但 2013 年《商标法》取消了商标争议的规定，取而代之的是商标宣告无效的规定。

2013 年《商标法》第 44 条规定：“已经注册的商标，违反本法第十条、第十一条、第十二条规定的，或者是以欺骗手段或者其他不正当手段取得注册的，由商标局宣告该注册商标无效；其他单位或者个人可以请求商标评审委员会宣告该注册商标无效。”第 45 条规定：“已经注册的商标，违反本法第十三条第二款和第三款、第十五条、第十六条第一款、第三十条、第三十一条、第三十二条规定的，自商标注册之日起五年内，在先权利人或者利害关系人可以请求商标评审委员会宣告该注册商标无效。对恶意注册的，驰名商标所有人不受五年的时间限制。”

（四）关于注册商标撤销或维持决定的行政诉讼案件

是指商标局依职权做出决定，主动撤销某注册商标，或者其他人向商标局申请撤销某注册商标，商标局做出撤销或者不撤销的决定，当事人对商标局做出的决定不服，向商标评审委员会申请复审，商标评审委员会做出裁定，当事人对商标评审委员会的裁定不服，向人民法院提起的行政诉讼。在司法实践中，主要是指连续 3 年未使用注册商标撤销案件。2013 年《商标法》修改后，增加了注册商标成为其核定使用的商品的通用名称撤销的类型，以前这种情况通常以商标缺乏显著性为由提出撤销申请。

二、商标确权案件的代理应注意的几个问题

（一）管辖

由于商标行政确权诉讼的被告是商标评审委员会，而商标评审委员会住址在北京市西城区，属于北京市第一中级人民法院管辖辖区。所以凡是涉及商标行政确权诉讼的案件都会在北京市第一中级人民法院审理，而上诉的案件属于北京市高级人民法院管辖。

在 2009 年以前，以商标评审委员会为被告的商标行政案件，由北京市第一中级人民法院管辖十分明确，但具体是由北京市第一中级人民法院的行政审判庭审理，还是由知识产权庭审理有过一段争议。

2009 年 7 月，最高人民法院《关于专利、商标等授权确权类知识产权行政案件审理分工的规定》第 1 条规定，不服国务院工商行政管理部门商标评审委员会作出的商标复审决定和裁定的案件，由北京市有关中级人民法院、北京市高级人民法院和最高人民法院知识产权审判庭审理。

北京市高级人民法院《关于执行〈最高人民法院关于专利、商标等授权确权类知识产权行政案件审理分工的规定〉的意见》中规定，不服国务院工商行政管理部门商标评审委员会作出的商标复审决定和裁定的案件，由市第一中级人民法院知识产权庭审理。

由此，现在所有的商标确权行政诉讼案件都是由北京市第一中级人民法院知识产权庭

审理，上诉则为北京市高级人民法院知识产权庭。

（二）行政起诉的事实和理由

当事人对商评委所做出的决定或裁定不服，其诉讼请求就是判决撤销或部分撤销商评委的具体行政行为，并要求商评委重新作出具体行政行为。并不能要求法院直接判决商标有效或撤销等。

主要理由：被告商评委作出的具体行政行为主要证据不足；适用法律、法规错误；违反法定程序；超越职权；滥用职权等。

由于商标评审委员会的决定或裁定是严格按《商标评审规则》来做出的，所以，作为代理律师一定要非常熟悉《商标评审规则》。比如《商标评审规则》第 28 条规定，“商标评审委员会审理不服商标局异议裁定的复审案件，应当针对当事人复审申请和答辩的事实、理由及请求进行评审”。代理律师就要审查商标评审委员会作出的裁定所引用的法律依据、引证商标、结论是否是对方当事人在复审时引用的法律条款、引证商标和理由等。如不符合，则可认定商标评审委员会程序违法。

（三）当事人在诉讼中新提交证据的问题

在商标行政诉讼过程中，很多代理律师感到在商标评审阶段提交的证据过少，为达到胜诉目的，向法院提交一些在评审阶段未提交的证据。对于原告或者第三人向法院提交的未在行政程序中提交的证据，法院是否应该考虑和接受，存在一些争议。

一种观点认为，应当严格掌握，如商标评审委员会的复审决定认定事实和适用法律没有问题，法院就应当予以维持，理由之一是《商标法实施条例》第 27 条关于拒绝接受逾期证据的时限规定是很严格的，甚至没有考虑对有正当理由的情形予以排除；理由之二商标评审裁定系商标评审委员会根据争议的双方当事人的主张做出的，商标评审的程序由当事人启动，依据由当事人提出，证据由当事人提交，商标评审委员会在其中担当居中裁判者的角色。如果允许当事人提供在商标评审程序中没有提交的证据，就会造成商标评审委员会的具体行政行为缺乏应有的稳定性和权威性，从而导致商标评审程序沦为形同虚设的状态，既浪费了行政资源，也造成商标权利状态的不稳定，最终损害一方当事人及社会公众的利益。

另一种观点认为，在商标行政司法实践中，一概不予考虑当事人新提交的证据有时对当事人并不公平，应对是否考虑当事人在行政诉讼程序中新提交的证据设定一定的标准，进行一定的限制。① 最高人民法院《关于行政诉讼证据若干问题的规定》第 59 条规定“被告在行政程序中依照法定程序要求原告提供证据，原告依法应当提供而拒不提供，在诉讼程序中提供的证据，人民法院一般不予采纳”，该规定对于原告提供的证据采取了有条件的“案卷排他”规则。所谓有条件的“案卷排他”规则，首先是未采取绝对的排除性规定，只是“一般”不予采纳，而不是一概不予采纳。加上“一般”一词的原因是，行政行

① 参见北京市第一中级人民法院知识产权庭编著：《商标确权行政审判疑难问题研究》，241～243 页，北京，知识产权出版社，2008。

为的情况复杂，不好规定得过于严格和绝对，且我国行政法律不是很完善，行政执法也存在一定问题，行政相对人的素质参差不齐，不提供证据的情形也很复杂，如果规定过于绝对而不留有余地，不利于处理一些特殊情况，也不利于在特殊情况下保护行政相对人的合法权益。其次，"一般不予采纳"针对的是拒不提供证据的情形，也即基本上是针对有意不提供证据的情形，并不包括所有未提供证据的情形。[①] 这种观点，目前为司法实践所采纳。

在司法实践中，在适用该规定排除行政程序中未提交的证据时，要考虑如下问题：

第一，排除的范围有限，即"原告无正当理由拒不提供、不如实提供或者以其他方式严重妨碍调查"的情形。

第二，不属于上述情形而在诉讼程序中提交证据的，通常应当接受，人民法院对此应当接受和予以审查判断，公平和客观真实是诉讼中优先追求的目标。

第三，考虑补救程序，如另有补救措施的，可以对案卷外证据排除规则从严掌握和适用。对于维持行政行为以后，原告仍可以就新事实和新理由重新启动行政程序而获得救济的，对于其在诉讼程序中新提交的证据应从严掌握，待维持行政行为后，让当事人启动新的程序而获取救济。当然，如涉及无法再寻求补救程序的情形，法院可执行较为宽松的案卷外证据排除规则。例如，在商标评审程序中，商标注册人因客观原因未在法定期限内提供证据，致使其注册商标被撤销，而如果法院在诉讼程序中维持该撤销裁定，之后商标注册人无法再寻求救济，那么在这种情况下，法院在诉讼程序中，应当接受商标注册人因客观原因未在行政程序中提交的证据。[②]

3.2.2　不服商标局及工商行政管理部门具体行政行为的行政案件

一、不服商标局决定的行政案件

商标局作为履行商标注册职能的行政机关，必须依法行政。对商标局的具体行政行为，当事人可以依据《行政诉讼法》的规定，向人民法院提起行政诉讼。但如法律法规规定，对于商标局的具体行政行为必须首先向商标评审委员会提出复审的，不得直接向人民法院提起行政诉讼。而应先向商标评审委员会提起复审，对商标评审委员会复审决定不服的，再向人民法院提起行政诉讼。

不服商标局决定的行政案件主要包括：

1. 商标局在办理商标转让、变更、许可备案等过程中所做出的具体行政行为。当事人对该具体行政行为不服的，可依据行政诉讼法的规定，以商标局为被告，向人民法院提起诉讼。

2. 商标局作为商标主管机关，对下级单位的批复或指示，以及对其他单位就商标问

---

① 参见孔祥俊：《商标与不正当竞争法原理和判例》，123 页，北京，法律出版社，2009。

② 参见孔祥俊：《商标与不正当竞争法原理和判例》，124～125 页，北京，法律出版社，2009。

题的请示、询问的回复。如果这些批复、指示、回复涉及具体的商标权利，对相关权利主体的商标权进行了限制或者妨碍、损害了相关权利主体的利益，而且对相关单位或人员具有一定约束力。相关的权利主体可依据法律规定，以商标局为被告，提起行政诉讼。①

二、不服工商行政管理机关所做的具体行政行为的案件

我国的商标保护与其他国家不同，实行的是司法与行政并重的具有中国特色的“双轨制”，对知识产权的行政保护，是我国知识产权制度的一大特点。全国各级工商行政管理机关，履行着对侵犯注册商标专用权的行为进行打击的职能。

这类案件是指不服工商行政管理部门作出的有关商标的具体行政行为的案件。根据法律规定，工商行政管理机关负责对商标使用的日常行政管理并负责查处商标侵权行为，当事人不服工商行政管理部门对商标案件作出的行政处理或处罚决定的，可以以工商行政管理机关为被告，向有管辖权的人民法院提起行政诉讼。

对工商行政管理部门提起行政诉讼的案件主要有如下几种情形：

1. 使用注册商标，其商品粗制滥造，以次充好，欺骗消费者的，工商行政管理部门责令限期改正，并予以通报或者处以罚款，当事人不服的；

2. 违反《商标法》第 6 条规定必须使用注册商标的，工商行政管理部门责令限期申请注册，并处罚款，当事人不服；

3. 使用未注册商标，有下列行为之一的：冒充注册商标的；违反商标法第 10 条规定的；粗制滥造，以次充好，欺骗消费者的。由工商行政管理部门予以制止，限期改正，并予以通报或者处以罚款，对此当事人不服；

4. 对商标侵权行为的处理决定。如工商行政管理部门认定侵权行为成立的，责令立即停止侵权行为，没收、销毁侵权商品和专门用于制造侵权商品、伪造注册商标标识的工具，并可处以罚款。当事人对处理决定不服的，可以自收到处理通知之日起 15 日内依照《行政诉讼法》向人民法院起诉。

3.3　商标侵权纠纷案件

3.3.1　商标侵权行为概述

一、商标侵权行为的类型

根据《商标法》、《商标法实施条例》、最高人民法院《关于审理商标民事纠纷案件适

① 参见中华全国律师协会知识产权专业委员会主编：《商标业务指南》，186～187 页，北京，中国法制出版社，2007。

用法律若干问题的解释》的规定，有下列行为之一的，构成侵犯商标权行为：

1. 未经商标注册人的许可，在相同商品或者类似商品上使用与其注册商标相同或者近似的商标。

这种商标侵权行为还可以分为四种：在同一种商品或服务上使用相同商标；在同一种商品或服务上使用与其近似的商标；在类似商品或服务上使用相同商标；在类似商品或服务上使用近似商标。这些是商标侵权最基本的行为类型，也是司法实践中出现的最普遍的侵权方式。

不过，2013 年《商标法》第 57 条将上述四种情况分成了两个条款来规定。第一种“未经商标注册人的许可，在同一种商品上使用与其注册商标相同的商标的”，这种情况直接构成商标侵权，不考虑混淆；第二种是“未经商标注册人的许可，在同一种商品上使用与其注册商标近似的商标，或者在类似商品上使用与其注册商标相同或者近似的商标，容易导致混淆的”，其以混淆为构成要件。

2. 销售侵犯注册商标权的商品的。

只要存在销售侵权商品的行为，即构成侵犯商标专用权的行为，主观上的故意或过失不再成为判定是否侵权的条件。如销售商销售的商品有合法来源，只承担停止侵权的责任，不承担赔偿责任。

3. 伪造、擅自制造与他人注册商标标识相同或者近似的商标标识，或者销售伪造、擅自制造的与他人注册商标标识相同或者近似的标识的。

伪造是指在注册人不知道、也未授权的情况下，通过抄袭模仿方式制造他人注册商标；擅自制造一般是指制造商标标识者与该商标注册人存在商标许可关系或委托印制商标标识关系，但在该商标注册人授权以外制造商标标识的行为。

销售伪造、擅自制造的与他人注册商标标识相同或者近似的标识是指以该种商标标识为标的进行买卖。

4. 未经商标注册人同意，更换其注册商标并将该更换商标的商品又投入市场的。

这就是“反向假冒”，具体是指商品销售活动中将他人在商品上合法贴附的商标消除、变动或更换，冒充为自己的商品予以展示或者销售的行为。这种行为一方面妨碍了商标注册人依法使用商标宣传自己品牌的权利；另一方面也造成了对商标出处及产品来源的误导，因而构成侵犯商标注册专用权。

5. 在相同或者类似商品上，将与他人注册商标相同或者近似的标志作为商品名称或者商品装潢使用，误导公众的。

在相同或类似商品上，侵权者没有直接将他人的商标用作商标，而是作为商标名称、装潢来使用，这种类型的侵权行为实施者往往还会使用自己的商标。

6. 故意为侵犯他人商标权行为提供仓储、运输、邮寄、隐匿等便利条件的。

仓储、运输、邮寄、隐匿等是商品流通的必要的中间环节。为侵犯他人注册商标专用权行为提供仓储、运输、邮寄、隐匿等便利条件的，虽不直接侵害商标权人的合法权益，但为假冒、仿冒商品的流通提供了便利，间接地侵害了商标权人的合法权益，因而也视为侵犯商标权的行为。该行为的构成要件有二：第一，客观上行为人为侵犯他人商标权行为提供仓储、运输、邮寄、隐匿等便利条件；第二，在主观上行为人有故意，这与其他侵害商标权的行为不同，这种侵权行为以行为人故意为要件。

2013 年《商标法》将这种情况概况为“故意为侵犯他人商标专用权行为提供便利条件，帮助他人实施侵犯商业专用权行为的”。

7. 将他人注册商标、未注册的驰名商标作为企业名称中的字号使用，误导公众的。

这里强调了“误导公众”，即无论是否将字号突出使用，只要误导了公众，哪怕是正常使用，都有可能构成侵权，不过出现这种情况，是依《反不正当竞争法》来处理，非直接使用商标法来处理。

8. 复制、摹仿、翻译他人注册的驰名商标或其主要部分在不相同或者不相类似商品上作为商标使用，误导公众，致使该驰名商标注册人的利益可能受到损害的。

这是对驰名商标的特殊保护，即在不相同或者不相类似商品上使用注册了的驰名商标，误导公众的，同样构成侵权。

9. 将与他人注册商标相同或者相近似的文字注册为域名，并且通过该域名从事相关商品宣传或者商品交易的电子商务活动，容易使相关公众产生误认的。

10. 给他人的注册商标专用权造成其他损害的。这是商标侵权行为的兜底性规定。

二、商标专用权的保护范围

商标专用权的范围与商标专用权的保护范围是两个密切联系但又所区别的两个不同的概念。

商标专用权的范围，2013 年《商标法》第 56 条规定：“注册商标的专用权，以核准注册的商标和核定使用的商品为限。”即限于商标权人对其注册商标所享有的使用权，商标权人有权在核定的商品上独占地使用其注册商标。商标权人无权任意加以改变或扩大使用范围。

商标专用权的保护范围则是指商标权人对其注册商标所享有的“禁止权”，就一般注册商标来说，商标权人不仅有权禁止在相同商品上使用与其注册商标相同的商标；还有权禁止同一种商品或服务上使用与其近似的商标；在类似商品或服务上使用相同商标；在类似商品或服务上使用近似商标。

由此可见，商标专用权的保护范围大于商标专用权的范围，且具有不确定性。另外，商标的显著性越强、知名度越高，商标专用权保护范围越大。

三、商标侵权的主观要件

在商标法上，认定商标侵权行为通常不考虑主观状态，商标侵权的行为人，只要实施了侵害商标行为，即使不是出于主观上的故意，也应推定其主观上有过失。一旦商标经核准注册，就推定中国境内的其他经营者知道该注册商标。

在我国，商标侵权行为适用的是否为无过错责任，在理论上和司法实践中有不同的认识。我们认为，商标侵权实行的是无过错责任原则，除非法律规定的例外。

“未经商标注册人的许可，在相同商品或者类似商品上使用与其注册商标相同或者近似的商标”，该规定对于过错并无要求。

针对销售侵犯注册商标权的商品的，2013年《商标法》第57条第3项和第64条第2款规定，只要存在销售侵权商品的行为，即构成侵犯商标专用权，主观上的故意或过失不再成为判定是否侵权的条件。对于过错并无要求，如销售商销售的商品有合法来源，只承担停止侵权的责任，不承担赔偿责任。没有侵权故意是免除赔偿责任的条件，而非构成侵权的条件。

故意为侵犯他人商标权行为提供仓储、运输、邮寄、隐匿等便利条件的侵权行为，该侵权行为在主观上要求行为人有故意，这与其他侵害商标权的行为不同。

四、商标侵权是否以混淆为要件

混淆（或者混淆的可能性）是否适用于所有的商标侵权行为，或者说，混淆是否作为所有商标侵权的构成要件或者法律基础，即是一个值得深入探讨的理论问题，也直接影响对相关法律规定的理解和适用，以及对商标侵权的实际判定。

2013年《商标法》第57条规定第2款对导致混淆认定为商标侵权要件，且2014年《商标法实施条例》第76条规定：“在同一种商品或者类似商品上将与他人注册商标相同或者近似的标志作为商品名称或者商品装潢使用，误导公众的，属于商标法第五十七条第二项规定的侵犯注册商标专用权的行为。”最高人民法院《关于审理商标民事纠纷案件适用法律若干问题的解释》第1条规定，“将与他人注册商标相同或者相近似的文字作为企业的字号在相同或者类似商品上突出使用，容易使相关公众产生误认的”；“将与他人注册商标相同或者相近似的文字注册为域名，并且通过该域名进行相关商品交易的电子商务，容易使相关公众产生误认的”。第9条规定将“易使相关公众对商品的来源产生误认或者认为其来源与原告注册商标的商品有特定的联系”规定为认定商标近似的要素，第11条将“相关公众一般认为其存在特定联系、容易造成混淆的商品”作为认定商品类似的要件，也即混淆是认定商标近似和商品类似的要件。

对于上述法律和司法解释的规定，有的观点认为，混淆是作为所有商标侵权的构成要件，“传统商标立法的核心就是要防止消费者对商品或服务的来源发生混淆。一切未经许可直接使用他人商标，导致消费者可能产生混淆的行为即构成对他人商标权的直接侵权。相反，即使在相同商品或服务上使用了与他人商标相同的标志，只要不会导致消费者混淆，就不会构成对商标权的侵权”①。在司法实践中，也确实有很多裁判将混淆作为衡量所有使用相同或近似商标标识的商标侵权行为的要素，即在认定被控侵权行为是否构成侵权时，一概以是否具有混淆可能性进行审查判断。② 比如，对于在相同商品上使用相同商

① 王迁：《知识产权教程》，516页，北京，中国人民大学出版社，2007。

② 参见孔祥俊：《商标与不正当竞争法原理和判例》，298页，北京，法律出版社，2009。

标的行为，主张权利的商标为“puma”，具有较高的知名度，而被控侵权商标所用于的商品在价格、销售场所、质量等与“puma”的商品相差甚远，此时不少人认为发生混淆的可能性小，认为不构成侵权。

另一种观点认为，混淆的可能性并不一定适用于所有的商标侵权行为，商标侵权行为既有混淆可能性的情形，又有不需要具有混淆可能性的情形。笔者赞同这种观点。理由如下：

《商标法实施条例》第 16 条对于将他人商标用作商品名称、包装装潢的行为，提出了误导相关观众的要求，也是因为将这类行为归入了《商标法》第 57 条规定的是该条第 2 款规定的核心侵权行为。上述最高人民法院《关于审理商标民事纠纷案件适用法律若干问题的解释》也只是将混淆作为认定商品类似和商标近似的要素，而并未进一步作为整个商标侵权行为的独立要件。

根据上述法律和司法解释规定的精神，在相同商品上使用相同商标，当然构成侵权，不再考虑混淆的因素。由于在核定的商品上使用核定的商标是注册商标专用权的固有领域、核心领域和根本基础，在相同商品上使用相同商标的情形，涉及在商标权的核心区域排斥他人的侵权，如在该领域仍然不能无条件地排除他人的这种使用行为，那么商标权就不再有最基本的生存空间，不再有立足之地，因此，在相同商品上使用相同商标的侵权判定，没有适用混淆可能性的余地。

而在相同商品上使用近似商标、在类似商品上使用相同商标或者在类似商品上使用近似商标，由于商品类似与商标近似的认定都需要考虑混淆因素（混淆性类似与混淆性近似），所以应当考虑混淆因素。

可见，虽然《商标法》第 57 条第 2 款有混淆的要求，但如果考虑上述法律规定将混淆作为认定商品类似和商标近似的要素，那么混淆已成为在同种商品上使用近似商标、在类似商品上使用相同商标以及在类似商品上使用近似商标构成商标侵权的要件。这种法律要求恰恰是我国新修的《商标法》的进步之处。

因此，由于我国商标立法基础和历史传统的特殊性，在相同商品上使用相同商标的行为，无须再作混淆的推定，而不再考虑混淆的要求。对于在相同商品上使用类似商标或者在类似商品上使用相同或者类似商标的商标侵权行为，则适用混淆可能性的要求。显然，这种法律规定和法律解释亦与 TRIPs 协定第 16 条第 1 项规定实质上是一致的。①

商标权具有专用权和禁用权两类职能。专用权的范围是由《商标法》第 51 条规定限定的，禁用权的范围是在《商标法》第 7 条及有关司法解释中规定的。专用权的领域必定是禁止他人使用的核心领域，而禁止使用的领域却超出了专用权的范围。简单地说，在核心领域的专用权可以不考虑混淆的可能性，而在非核心领域的禁用权则要以混淆可能性为基础。

综上，2013 年《商标法》对是否以“混淆”为构成要件作出了明确的区分。对于

① 参见孔祥俊：《商标与不正当竞争法原理和判例》，320～321 页，北京，法律出版社，2009。

“未经商标注册人的许可，在同一种商品上使用与其注册商标相同的商标的”直接构成商标侵权，不考虑混淆的问题，或者说，这种情况下，必然会造成混淆。而对于“未经商标注册人的许可，在同一种商品上使用与其注册商标近似的商标，或者在类似商品上使用与其注册商标相同或者近似的商标，容易导致混淆的，”“混淆”为商标侵权的构成要件。

五、商标侵权中的“使用”行为

2013年《商标法》第57条规定的4类商标侵权而言，第1项规定的“未经商标注册人的许可，在相同商品或者类似商品上使用与其注册商标相同或者近似的商标”的行为应为最基本的商标侵权行为，但商标法并未对其中的“使用”进行界定，怎么界定其中“使用”的含义呢？该界定直接涉及商标侵权的范围和认定标准。

我国《商标法实施条例》对此进行了定义，2002年《商标法实施条例》第3条规定：“商标法和本条例所称商标的使用，包括将商标用于商品、商品包装或者容器以及商品交易文书上，或者将商标用于广告宣传、展览以及其他商业活动中。”对于该定义，应注意两点：

1. 商标的使用必须是“商业活动中”的使用，将构成商标侵权行为限定为商业活动中的使用，可以将非商业性的合理使用行为（如新闻报道）排除于商标侵权行为之外。

2. “使用”的具体方式包括：将商标直接使用于商品或包装上；将商标使用在商品的交易文书上，如合同、发票等；将商标使用在为商品销售所做的广告宣传上；将商标使用在商业展览活动中；将商标使用在为生产、经营活动的场所上；将商标使用在公关物品上；将商标使用在网站上及其他商标使用的形式。

3.3.2 商标的相同与近似

2013年《商标法》第57条规定，“未经商标注册人的许可，在同一种商品上使用与其注册商标近似的商标，或者在类似商品上使用与其注册商标相同或者近似的商标，容易导致混淆的”行为，是商标侵权行为。也就是说，判定某种商标使用行为是否构成侵权的核心问题是：判断商标是否相同或近似，判断商品是否相同或类似。我们先来讨论商标的相同与近似。

一、商标相同与商标近似的含义

（一）商标的相同

按照最高人民法院《关于审理商标民事纠纷案件适用法律若干问题的解释》第9条规定，商标相同“是指被控侵权的商标与原告的注册商标相比较，二者在视觉上基本无差别”。这种界定比我们日常生活中对于相同的理解有所扩大，按通常的理解，相同就是指完全一样。而按司法解释的规定，商标的相同有两种不同情形，即完全相同和基本相同（视觉上基本无差别）。

在司法实践中，对于视觉上基本无差别的把握，仍然有一个“度”的问题。究竟达到何种程度，才能构成视觉上基本无差别，仍有其认定上的灵活性，尤其涉及与近似商标的区分问题。我们可将视觉上基本无差别，理解为实质相同，即两个商标达到了实质上的相同程度，就可以认定为基本相同。比如，侵权人将注册商标并入自己的商标之中，在添附上一些其他内容，但不足以产生实质性差异，就可认定为实质性相同。①

（二）商标近似

按照最高人民法院《关于审理商标民事纠纷案件适用法律若干问题的解释》第9条第2款的规定，商标近似，是指被控侵权的商标与原告的注册商标相比较，其文字的字形、读音、含义或者图形的构图及颜色，或者其各要素组合后的整体结构相似，或者其立体形状、颜色组合近似，易使相关公众对商品的来源产生误认或者认为其来源与原告注册商标的商品有特定的联系。

该款规定界定各种商标近似的判断标准。判断文字商标是否近似，主要看文字的字形、读音、含义；判断图形商标是否近似，主要看图形的构图、颜色；判断立体商标是否近似，则主要比较立体商标的形状、颜色组合等。商标近似的效果，应当达到容易使相关公众对商标所标识商品的来源产生误认，或误认为在原告与被告商标标识的商品之间存在某种特定的联系。

形、音、义是判断商标近似的基本要素，但这些要素各自的重要性并不相同，且取决于比对商标的具体情况。一般来讲，在文字商标中，“形”给人的印象最直接，应为最重要的标准，“音”可呼叫应为次要因素，“义”则比较间接，相对而言，会更次要一点。

当然，形、音、义相对重要性不能简单孤立地看待，必须根据商标的具体情况来判断。有些汉语文字商标的“音”近似，对于按照销售者或购买者主要根据声音区分商品时，声音对于近似性的判断具有更重要的意义。

（三）商标相同或近似的比对对象

在认定商标侵权时，需要将被控侵权产品使用的商标或标识与比对对象进行比对。2013年《商标法》第56条规定，“注册商标的专用权，以核准注册的商标和核定使用的商品为限”。也就是说，被比对的对象应当是“核准注册的商标”，即商标注册证上的商标。应将被控侵权商标与商标注册证的商标进行比对，而不是与注册商标所有人在实际使用的注册商标进行比对。

二、判断商标相同或近似的原则

最高人民法院《关于审理商标民事纠纷案件适用法律若干问题的解释》第10条规定：人民法院依据《商标法》第52条第1项的规定，认定商标相同或者近似按照以下原则进行：以相关公众的一般注意力为标准；既要进行对商标的整体比对，又要进行对商标主要

① 参见孔祥俊：《商标与不正当竞争法原理和判例》，232页，北京，法律出版社，2009。

部分的比对，比对应当在比对对象隔离的状态下分别进行；判断商标是否近似，应当考虑请求保护注册商标的显著性和知名度。这是最高院在总结和借鉴国内外理论和司法实践的基础上，司法解释对此作出的规定。在判断商标相同或近似时，需要把握好这些标准或规则。下面对此进行简要分析。

（一）以相关公众的一般注意力为标准

“相关公众”是指具有一般的社会和生活经验、中等的智力水平和认识能力的相关领域的普通公众，主要指某类商品或服务的消费者和经营者。比如，购买办公文具的相关公众与购买汽车的相关公众明显不同，前者购买商品的时间短，对商品的商标注意力弱；后者购买商品时间长，对商品的商标注意力强，办公文具上两个判为近似的商标，如使用在汽车上就有可能不构成近似，如现代汽车的“”与本田车的“”就是一个很好的例子。

相关公众的一般注意力是一种抽象的拟制人的标准，即由法官居于普通的相关公众的视觉，确定是否构成商品近似。

（二）整体比对和主要部分比对

判断商标是否近似，一般应当对商品进行整体比对，而不是简单地就各部分分开对比，如两商标的各个构成要素总体印象区别不大可判为近似；同时，两个商标总体不近似，但商标中主要部分（最显著部分）相近似，足以引起消费者的混淆，也可认定为商标近似。商标的主要部分未必是商标构成内容中面积或体积最大的部分，而是其中最具有识别力或显著性的部分，如组合商标的文字部分。具体判断时要具体情况具体分析，有的要整体对比，有的需要对比主要部分，有的需要两者均要考虑。

（三）隔离比对

判断两个商标是否近似，不应将两个商标放在一起直接进行比对。而应先观察一个商标，得到一定印象后，再观察另一个商标看能否得出近似的印象。这种隔离比对要求法院在判断商标近似时，尽可能设想在隔离状态下是否因为商标标识的近似而足以引起市场混淆，更多是一种设身处地的拟制性要求。

（四）考虑注册商标的显著性和知名度

判断商标是否近似，应当考虑请求保护注册商标的显著性和知名度，显著性和知名度越高，该商标应当受到的保护越强，判定近似的可能性越大，反之亦然。

三、商标近似与混淆的关系

最高人民法院《关于审理商标民事纠纷案件适用法律若干问题的解释》第 9 条第 2 款将“易使相关公众对商品的来源产生误认或者认为其来源与原告注册商标的商品有特定的联系”作为认定商标近似的要素，也就是说，只有构成混淆性近似才可以构成商标侵权行为，商标近似是一个法律概念，而不仅仅是一个事实概念，只有构成混淆的近似的，才能构成商标侵权判定中的近似，而不仅是商标各要素在事实上的近似。商品近似的情况非常复杂，认定商标近似往往要根据具体情况，考虑多种因素。如，一些商标之间整体比对起来有些近似，但由于商标背后的动态因素或其他特殊历史背景，如长期使用产生了显著性，使消费者能将两者商品区分开来，就不会产生市场混淆；反之，一些整体看似不太近似的商标，在考虑知名度等因素后，仍然得出产生市场混淆的结论。特别是涉及知名度较高的商标时，对商标近似的混淆性判断时要考虑更多因素。

实例解析

案例一

判断商标近似需要考虑的因素，但近似不一定构成混淆，从而不一定构成商标侵权。

泸州千年酒业有限公司、四川诸葛酿酒有限公司、四川诸葛亮酒业有限公司与被申请人四川江口醇酒业（集团）有限公司及周文、言德权侵犯商标专用权纠纷案

（2007）民三监字第37—1号

再审申请人泸州千年酒业有限公司（以下简称千年酒业公司）、四川诸葛酿酒有限公司（以下简称诸葛酿酒公司）、四川诸葛亮酒业有限公司（以下简称诸葛亮酒业公司）与被申请人四川江口醇酒业（集团）有限公司（以下简称江口醇集团）及原审被告周文、言德权侵犯商标专用权纠纷案。

该案的基本案情是：千年酒业公司于1999年11月12日登记成立，并于2002年6月受让“诸葛亮”注册商标。“诸葛亮”商标为字体从左到右横列的普通黑体字的文字商标，核定使用商品为第33类酒精饮料（啤酒除外）、米酒、酒（饮料）、黄酒、葡萄酒、食用酒精、开胃酒、白兰地、烧酒、果酒（含酒精）。2002年10月28日，千年酒业公司开始使用该商标，并于2003年6月15日与诸葛亮酒业公司签订商标使用许可合同，许可诸葛亮酒业公司使用“诸葛亮”商标（工商登记资料反映，诸葛亮酒业公司于2003年9月28日登记成立）。2003年8月1日，诸葛酿酒公司登记成立，正式生产诸葛酿酒。2003年11月20日，千年酒业公司与诸葛酿酒公司签订商标使用许可合同，许可诸葛酿酒公司使用“诸葛亮”商标。1999年4月25日，江口醇集团（原名四川省平昌县酒厂）与案外人签订了《产品开发协议书》，决定共同开发“诸葛酿”酒，并在产品上使用“诸葛酿”标识。1999年6月5日，江口醇集团正式生产“诸葛酿”酒，随后在广东市场上销售。2002年至2004年、江口醇集团生产的诸葛酿酒主要在广东、四川、湖南等地销售，销售量较好，该酒在我国南方局部地区具有一定的影响力和知名度。江口醇集团在商品上作为商品名称使用的“诸葛酿”为文字组合，“诸葛酿”三个字为采用古印体为主，融合魏体和隶书特点的字体，在字体周边外框加上印章轮廓的式样。2004年9月24日，千年酒业公司、诸葛亮酒业公司、诸葛酿酒公司向湖南省长沙市中级人民法院起诉江口醇集团等被告，要求判令被告立即停止商标侵权行为，并赔偿损失。江口醇集团以“诸葛亮”商标的使用侵犯其“诸葛酿”知名商品特有名称构成不正当竞争为由提起反诉。一审法院认为，“诸葛酿酒”具有知名商品的特有名称权，而“诸葛亮”本身是一个历史名人，不具有独创性，其作为商标的显著性要弱一些。一般公众只要施以一般注意力，就不易对被告的“诸葛酿酒”产品与原告的“诸葛亮”注册商标商品误认为系原告所生产和销售，不会对商品的来源产生混淆和误认。江口醇集团使用“诸葛酿酒”，不构成侵犯千年酒业公司等三公司“诸葛亮”注册商标专用权。千年酒业公司等三公司正当、合法使用“诸葛亮”注册商标的行为，不构成对江口醇集团“诸葛酿酒”特有名称的侵害，不构成不正当竞争行为。故判决驳回双方当事人各自的诉讼请求。千年酒业公司、诸葛亮酒业公司、诸葛酿酒公司、江口醇集团不服一审判决提起上诉。湖南省高级人民法院二审判决驳回上诉，维持一审判决。千年酒业公司、诸葛酿酒公司、诸葛亮酒业公司不服二审判决，向最高人民法院申请再审。最高人民法院于2009年1月16日裁定驳回其再审申请。

最高人民法院审查认为，认定“诸葛酿”是否与“诸葛亮”注册商标构成侵犯注册商标专用权意义上的近似，需要综合相关因素进行认定。首先，从二者的音、形、义上进行比较。“诸葛亮”与“诸葛酿”在读音和文字构成上确有相近之处。但在字形上，“诸葛亮”注册商标为字体从左到右横向排列的普通黑体字的文字商标；作为商品名称使用的“诸葛酿”三个文字为从上到下的排列方式，字体采用古印体为主，融合魏体和隶书特点，在字体周边外框加上印章轮廓，在具体的使用方式上与“诸葛亮”商标存在较为显著的不同。在文字的含义上，“诸葛亮”既是一位著名历史人物，又具有足智多谋的特定含义；“诸葛酿”非单独词汇，是由“诸葛”和“酿”结合而成，用以指代酒的名称，其整体含义与“诸葛亮”不同。就本案而言，由于“诸葛亮”所固有的独特含义，使得二者含义的不同在分析比较“诸葛亮”注册商标和“诸葛酿”商品名称的近似性时具有重要意义，这种含义上的差别，使相关公众较易于将二者区别开来；其次，需要考虑“诸葛亮”注册商标的显著性及二者的实际使用情况。“诸葛亮”因其固有的独特含义，在酒类商品上作为注册商标使用时，除经使用而产生了较强显著性以外，一般情况下其显著性较弱。在千年酒业公司受让前，“诸葛亮”注册商标尚未实际使用和具有知名度。千年酒业公司等也未提供证据证明“诸葛亮”注册商标经使用后取得了较强的显著性。在此种情况下，“诸葛亮”注册商标对相近似标识的排斥力较弱。虽然“诸葛酿”商品名称与其在读音和文字构成上的近似，但不足以认定构成侵犯注册商标专用权意义上的近似。而且，在“诸葛亮”商标申请注册前，江口醇集团已将“诸葛酿”作为商品名称在先使用，不具有攀附“诸葛亮”注册商标的恶意。在“诸葛亮”商标核准注册前，“诸葛酿”酒已初具规模，在广东省、四川省、湖南省等地享有较高的知名度，为相关公众所知晓，具有一定的知名度和显著性，经使用获得了独立的区别商品来源的作用。结合上述“诸葛酿”商品名称字体特点和具体使用方式，以及“诸葛亮”注册商标的显著性较弱，相关公众施以一般的注意力，不会导致混淆和误认。

简要评析

判断是否构成商标近似，不仅要判断商标标识本身的近似性，而且还要判断在实际使用时发生混淆误认的可能性。并非只要商标构成要素上构成近似就可以认定侵权，而是要求其近似性程度达到足以产生混淆误认或导致相关公众对商标使用人之间的特定关系产生联想，才能构成侵权。要根据案件具体情况，综合考虑相关商标的显著性、实际使用情况等因素，进行近似性判断。

案例二

构成商标的标识整体上有较大差异，但因主要部分相同或近似，再考虑到注册商标的知名度等方面的因素，足以引起市场混淆，仍有可能构成商标侵权。

北京嘉裕东方葡萄酒有限公司诉中国粮油食品（集团）有限公司、南昌开心糖酒副食品有限公司等商标侵权纠纷

（2005）民三终字第 5 号

上诉人（原审被告）：北京嘉裕东方葡萄酒有限公司（以下简称嘉裕公司）

被上诉人（原审原告）：中国粮油食品（集团）有限公司（以下简称中粮公司）

原审被告：南昌开心糖酒副食品有限公司（以下简称开心公司）

案情简介：

1974 年 7 月 20 日，中国粮油食品进出口公司天津分公司核准注册了 70855 号“长城牌”商标，使用商品为第 33 类葡萄酒等。1998 年 4 月 8 日，商标专用权人变更为原告中粮公司。2000 年 9 月 21 日，中粮公司核准注册了 1447904 号“长城”商标，使用商品为第 33 类米酒等，其中并未包括葡萄酒项。

1999 年 5 月 21 日，开心公司向国家工商行政管理总局商标局（以下简称国家商标局）申请了 1502431 号“嘉裕长城”商标，该商标于 2000 年 10 月 7 日初审公告。2001 年 1 月 6 日，中粮公司针对该商标向国家商标局提出异议，现该商标在异议程序中。

2001 年 2 月 16 日，苏诚等成立了嘉裕公司，2001 年 3 月 18 日，开心公司与嘉裕公司签订协议，许可嘉裕公司使用“嘉裕长城”商标。嘉裕公司生产的被控侵权产品分为“嘉裕长城”和“嘉裕”两个系列。

原审法院经审理认为，中粮公司的第 70855 号、第 1447904 号注册商标均为有效商标，其商标专用权应受法律保护。第 70855 号注册商标核定使用的商品为葡萄酒等，“长城”文字为其最显著的识别部分；第 1447904 号注册商标核定使用的产品为米酒、果酒等。开心公司申请注册并许可嘉裕公司使用的第 1502431 号商标处于异议中，应视为未注册商标。嘉裕公司生产、销售“嘉裕长城”和“嘉裕”系列葡萄酒，与第 70855 号和第 1447904 号注册商标的最显著识别部分均为“长城”文字，“嘉裕长城”与其在标识上构成近似，而且葡萄酒与米酒、果酒等同属类似商品，嘉裕公司的行为对于第 70855 号、第 1447904 号注册商标已构成侵权。

嘉裕公司不服北京市高级人民法院民事判决，向最高人民法院提起上诉。

最高人民法院认为，根据本院《关于审理商标民事纠纷案件适用法律若干问题的解

释》第9条和第10条的规定，在商标侵权纠纷案件中，认定被控侵权商标与主张权利的注册商标是否近似，应当视所涉商标或其构成要素的显著程度、市场知名度等具体情况，在考虑和对比文字的字形、读音和含义，图形的构图和颜色，或者各构成要素的组合结构等基础上，对其整体或者主要部分是否具有市场混淆的可能性进行综合分析判断。其整体或主要部分具有市场混淆可能性的，可以认定构成近似；否则，不认定构成近似。换言之，判断商标侵权中的近似不限于商标整体的近似，还包括主要部分的近似。在商标法意义上，商标的主要部分是指最具商品来源的识别性、最易于使相关公众将其与使用该商标的商品联系起来的商标构成要素。本案讼争的“嘉裕长城及图”商标和第70855号“长城牌”注册商标均系由文字和图形要素构成的组合商标，其整体外观具有一定的区别。但是，第70855号“长城牌”注册商标因其注册时间长、市场信誉好等，而具有较高的市场知名度，被国家工商行政管理部门认定为驰名商标，中粮公司使用第70855号“长城牌”注册商标的葡萄酒产品亦驰名于国内葡萄酒市场，根据该注册商标的具体特征及其呼叫习惯，其组合要素中的“长城”或“长城牌”文字部分因有着较高的使用频率而具有较强的识别力，在葡萄酒市场上与中粮公司的葡萄酒产品形成了固定的联系，葡萄酒市场的相关公众只要看到“长城”、“长城牌”文字或者听到其读音，通常都会联系或联想到中粮公司的葡萄酒产品及其品牌，故“长城”或“长城牌”文字显然具有较强的识别中粮公司葡萄酒产品的显著性，构成其主要部分。“嘉裕长城及图”虽由文字和图形组合而成，且其文字部分另有“嘉裕”二字，但因中粮公司的第70855号“长城牌”注册商标中的“长城”或“长城牌”文字部分具有的驰名度和显著性，足以使葡萄酒市场的相关公众将使用含有“长城”文字的“嘉裕长城及图”商标的葡萄酒产品与中粮公司的长城牌葡萄酒产品相混淆，至少容易认为两者在来源上具有特定的联系。因此，嘉裕公司的“嘉裕长城及图”商标使用了中粮公司第70855号“长城牌”注册商标最具显著性的文字构成要素，并易于使相关公众产生市场混淆。而且，对于在特定市场范围内具有驰名度的注册商标，给予与其驰名度相适应的强度较大的法律保护，有利于激励市场竞争的优胜者、鼓励正当竞争和净化市场秩序，防止他人不正当地攀附其商业声誉，从而可以有效地促进市场经济有序和健康地发展。尽管在现代汉语中“长城”的原意是指我国伟大的古代军事工程万里长城，但中粮公司第70855号“长城牌”注册商标中的“长城”文字因其驰名度而取得较强的显著性，使其在葡萄酒相关市场中对于其他含有“长城”字样的商标具有较强的排斥力，应当给予强度较大的法律保护。据此，可以认定嘉裕公司使用的“嘉裕长城及图”商标与中粮公司第70855号“长城牌”注册商标构成近似。嘉裕公司所称中粮公司第70855号“长城牌”注册商标中的“长城”二字本身作为商标没有显著性，其“嘉裕长城及图”商标与中粮公司的第70855号“长城牌”注册商标不构成近似的主张不能成立。未经中粮公司许可，嘉裕公司在同类商品上使用与中粮公司第70855号“长城牌”注册商标近似的“嘉裕长城及图”商标，开心公司许可嘉裕公司使用该商标，洪胜公司为嘉裕公司加工使用“嘉裕长城及图”商标的葡萄酒，均构成对中粮公司第70855号“长城牌”注册商标专用权的侵犯，应当承担相应的民事责任。

简要评析

此案例与前一个案例刚好相反，上一个案例是商标构成要素近似，但综合其他要素，法院认定为不会构成混淆，从而认定二者不构成近似商标，不构成侵权。而本案例则是，构成商标的标识整体上有较大差异，但因主要部分相同或近似，再考虑到注册商标的知名度等方面的因素，足以引起市场混淆，从而认定二者构成近似商标，构成侵权。

案例三

在进行商标近似性对比之前，首先应该对商标本身的构成要素、含义进行深入的分析及解读。

佛山市三水区酒厂有限公司与国家工商行政管理总局商标评审委员会“帝壹”商标争议行政纠纷上诉案

上诉人佛山市三水区酒厂有限公司在 2004 年推出了一种酒名为“帝一”的酒商品，在外包装上使用了“帝壹”商标，并在同年申请了商标注册，于 2006 年 5 月 21 日被国家工商行政管理总局商标局核准注册，核定使用范围在第 33 类酒（饮料）等商品上，注册号为第 4053600 号。详见下图（以下简称“争议商标”）：

帝壹　争议商标（4053600 号）

第三人是“帝—秀 DISHY”商标（详见下图，以下简称“引证商标”）的专用权人。引证商标由南京有奇氏实业有限公司于 2001 年 12 月 27 日申请注册，并于 2003 年 2 月 28 日获准注册，核定使用在第 33 类酒（饮料）等商品上，第三人其后经核准受让了引证商标。

DISHY
帝一秀　引证商标（3052614 号）

第三人在 2007 年向国家工商行政管理总局商标评审委员会（以下简称“商评委”）对争议商标提出撤销注册申请，其主要理由是：争议商标与引证商标构成相同商品上的近似商标，容易产生混淆。商评委经审查后认为：争议商标为中文“帝壹”，其中“壹”为“一”的大写形式，读音、含义相同，其与引证商标的中文“帝—秀”文字构成、呼叫近似，由于双方同处一地，两商标在相同商品上于市场中并存，易造成消费者的混淆或误认，因此认定两商标构成《商标法》所指的近似商标。商评委裁定：争议商标予以撤销。

上诉人对该裁定不服，向北京市第一中级人民法院提起诉讼。该院经审理后认为：争议商标由文字“帝壹”构成，没有普遍含义，其中“壹”为“一”的大写形式，与引证商标“帝—秀 DISHY”的主要认识部分“帝一秀”在文字构成和呼叫上近似；两商标同时使用在酒类商品上，易使相关公众对商品的来源产生混淆或者误认两者有特定的联系，因此商评委认定两商标构成近似商标，并无不当。一审判决维持了商评委的裁定。上诉人不服，向北京市高级人民法院提出上诉。

事实上，在案件的审理过程中，还涉及了对第三人的主体资格审查，争议商标的使用及知名度证据是否足以让消费者将其与引证商标区别开来，还有争议商标一度被提出异议、其后被商标局出具不予受理通知而非异议裁定时，其专用权的使用期限应从何时起算等焦点问题。在此不作展开，仅就其中的近似商标的认定问题作出讨论。

关于争议商标与引证商标是否近似，可以考虑针对商评委的裁定及一审法院的认定意见进行反驳，如“帝一秀”的保护范围不应无限制地扩大到“帝壹”或“帝一”文字的垄断使用等。但如果对引证商标本身的构成要素进行分析，也可以对引证商标的主要识别部分作出不同的解读。

引证商标的主体是由“DISHY”英文及“帝—秀”字样，分上下两行排列组成；其中“DISHY”的英文部分排列在商标图案的上方，且字体较大，属于商标的显著部分；“DISHY”是一个英文单词，含义是“有魅力的”，其英文音标的发音是［ˈdiʃi］，与“帝秀”同音。由此可见，实际上引证商标中的“帝”、“秀”之间并非是中文的“一”字，不是“壹”的小写形式，而应该是装饰用的分隔符“—”。因此，引证商标的中文部分应该是“帝秀”即“DISHY”的音译而已，而并非是“帝一秀”，引证商标的中文部分的拼音呼叫应是［dì xìu］，并非是商评委裁定或一审判决中所认定的［dì yī xìu］。

通过上述分析，上诉人在二审中提出，商评委及一审法院将繁体“壹”转化为简体“一”，再以两者的读音、含义相同，认定争议商标与引证商标的中文部分的文字构成、呼叫近似，其判定基础错误，是曲解了引证商标的文字构成，从而造成两者文字、呼叫近似的错误结论。该观点最终得到二审法院的认同。二审法院认为，结合引证商标中的外文部分的字母构成和读音、引证商标中中文部分的字体等因素，引证商标的主要识别部分应为“帝秀”，与争议商标区别明显。二审法院最终判决撤销了商评委的裁定及一审判决，判决商评委重新对争议申请作出裁定。其后，北京市第一中级人民法院以及北京市高级人民法院在类似的商标争议行政纠纷案件中，再次肯定了本案中对引证商标的解读。

简要评析

在近似商标的认定问题上，司法实践中已经有很多的案例供我们总结人民法院在审理相关问题上所掌握的原则及衡量标准。本案的特殊之处，是提醒我们在进行对比之前，首先应该对商标本身的构成要素、含义进行深入的分析及解读。

本案如果执着于“帝—秀”文字与“帝一”、“帝壹”的文字区别，或者着眼于辩论是否属于专用权人对商标构成文字不当的垄断使用、变相扩大了商标的保护范围，并不能从根本上否定引证商标的文字构成。即使能在二审判决中胜诉，将来也可能在不同场合、不同单位（比如各地工商部门的认定就带有一定的随意性）对两个商标是否近似作出与商评委裁定或一审判决相同的意见。

参考《商标法》的定义，商标包括文字、图形、字母、数字、三维标志和颜色组合，以及上述要素的组合。根据引证商标中的英文部分“DISHY”的读音及含义，对其中文部分的文字构成“帝秀”作出合理的推断，从而一举将“帝一”文字与引证商标明显地区别开来。

3.3.3　商品（服务）的相同与类似

判定某种商标使用行为是否构成侵权的核心问题是：判断商标是否相同与近似，判断商品是否相同或类似。前面我们讲了商标的相同与近似，现在我们再来讨论商品（服务）的相同与类似。

一、商品的相同与类似的定义

1. 商品（服务）相同：是指被控侵权的商品（服务）与原告的注册商标核定使用的商品（服务）相比较，二者相同。对于经核准使用的商品（服务），即使未实际使用，仍然属于商品专用权的范围，不能成为不构成相同商品（服务）的抗辩事由。

2. 类似商品：包括商品之间的类似、服务之间的类似以及商品与服务之间的类似。根据最高人民法院《关于审理商标民事纠纷案件适用法律若干问题的解释》第 11 条规定，类似商品，是指在功能、用途、生产部门、销售渠道、消费对象等方面相同，或者相关公众一般认为其存在特定联系、容易造成混淆的商品。类似服务，是指在服务的目的、内容、方式、对象等方面相同，或者相关公众一般认为存在特定联系、容易造成混淆的服务。商品与服务类似，是指商品和服务之间存在特定联系，容易使相关公众混淆。

二、商品（服务）类似的判断标准

根据最高人民法院《关于审理商标民事纠纷案件适用法律若干问题的解释》第 12 条规定，“认定商品或者服务是否类似，应当以相关公众对商品或者服务的一般认识综合判断；《商标注册用商品和服务国际分类表》、《类似商品和服务区分表》可以作为判断类似商品或者服务的参考”。

人民法院在审理商标侵权案件时，应当结合案件的具体情况，根据商品的功能、用途、生产部门、销售渠道、消费对象等方面是否相同，相关公众一般认为其是否存在特定联系、是否容易造成混淆，来判断核定商品与被控侵权商品是否构成类似。《商标注册用商品和服务国际分类表》、《类似商品和服务区分表》可以作为判断类似商品或服务的参考依据，但不能将其作为唯一依据，甚至不能作为主要依据。

上述司法解释显然未刻意突出区分表的作用，没有将《类似商品和服务区分表》作为推定是否类似的依据，而突出法院在审理侵权案件中判断商品类似的主导作用，应该是有明显的用意和合理基础。商标侵权诉讼中，法院判断商品类似的问题不应当简单拘泥于《类似商品和服务区分表》的束缚，而更应掌握主动性，考虑实质性要素和商品实际使用的动态情况。尽管将《类似商品和服务区分表》作为推定依据在许多情况下可能符合实际，但将其简单地作为一般性原则，虽可能符合审理商标侵权案件实际，但会因为过于简单化的处理而不适应商品服务的种类复杂性，也可能使法官过于倚重该分类表，不能正确履行审判职责。

因此，上述司法解释将《类似商品和服务区分表》作为参考进行定位是准确的，在适用时更应强调具体问题具体分析，不宜再将其进一步引申而放大其作用。①

类似服务的判断方法、原则可以参照类似商品的判断，这里就不再论述。

三、商品与服务的类似

商品与服务类似，是指商品和服务之间存在特定联系，容易使相关公众混淆。如“汽车”与“汽车维修”，“首饰”与“首饰加工”，“洗发液”与“美容美发”，“钟表”与“钟表专营店”、“眼镜”与“眼镜店”，虽然一个是商品，另一个是服务，分属不同的类别，但在商品实际使用与服务中，两者间产生了必然的联系，而这种联系，易使消费者产生混淆，应认定商品与服务类似。

3.3.4 如何代理原告诉讼

商标侵权案件是商标诉讼业务中最常见的业务，我们在此较详细地介绍律师作为代理人如何代理原告进行诉讼。

一、确定原告

要启动一个商标侵权案，首先要确定该案的原告，商标侵权纠纷的原告有很多种类型，比较复杂。主要有如下几种：

1. 商标注册人

商标注册人作为商标侵权案的原告最普遍，主要包括商标注册证上注册人，或《商标转让证明》载明的商标受让人以及注册商标的合法继续人。

共有商标的全部共有人在起诉时应作为共同原告。商标受让人应在转让注册商标公告之日起才能成为原告，如被告侵权时间跨越注册商标转让前后，则转让人或受让人均应为原告。

2. 独占使用被许可人

所谓独占使用许可是指商标注册人在约定的期间、地域和以约定的方式，将该注册商标仅许可一个被许可人使用，商标注册人依约定不得使用该注册商标。独占使用许可合同的被许可人可以单独对使用许可期间的商标侵权行为向人民法院提起诉讼，无须征得商标注册人的同意。

3. 排他使用被许可人

排他使用许可亦称独家许可是指商标注册人在约定的期间、地域和以约定的方式，将该注册商标仅许可一个被许可人使用，商标注册人依约定可以使用该注册商标但不得另行许可他人使用该注册商标；排他使用许可合同的被许可人可以和商标注册人共同起诉，也

① 参见孔祥俊：《商标与不正当竞争法原理和判例》，223页，北京，法律出版社，2009。

可以在商标注册人不起诉的情况下，自行提起诉讼；排他使用许可合同的被许可人在单独起诉时，应提供商标注册人明确表示不主张权利的证明。

4. 普通使用被许可人

普通使用许可是指商标注册人在约定的期间、地域和以约定的方式，许可他人使用其注册商标，并可自行使用该注册商标和许可他人使用其注册商标。普通使用许可合同的被许可人经商标注册人明确授权，可以提起诉讼。也就是说，商标注册人授权被许可人单独以自己的名义起诉，而不是委托被许可人代为起诉。

二、确定被告

1. 生产商：有些侵权产品是直接从生产商那里购买的，没有销售商，就将被告确认为生产商。

2. 生产商和销售商为共同被告：如生产商生产的产品，在市场可以购买到，原告就可以选一个对自己比较有利的地方购买侵权产品，并将销售商和生产商一并起诉，将两者作为共同被告。

3. 销售商：有些侵权商品上并没有载明生产商，也找不到生产商，就应起诉销售商侵权。

如侵权产品上列明了委托加工方、监制方、加工方等，最好方法就是将这些列为共同被告，这样对赔偿更有保障。

三、收集证据

打官司的关键就是打证据，商标侵权案件能否胜诉、侵权赔偿能否得到支持，关键在于原告收集的证据是否全面，且有证明力。所以，这一阶段的工作非常重要。

（一）商标侵权的证据种类

第一，原告主体资格和商标权属证据：包括原告营业执照副本复印件、商标注册证、商标转让证明，如是利害关系人，还要提供商标许可协议及备案证明等。

第二，侵权主体的证据，主要指侵权产品生产商和销售商的工商登记档案等。

第三，证明被告侵权的证据，主要包括侵权产品实物；侵权产品的外包装、标牌、产品说明书；购买侵权产品的发票；广告宣传侵权产品的网页等材料；证明侵权持续时间的证据；侵权产品销售区域的证据等。

第四，确定赔偿数额的证据，主要包括侵权人的财务审计报告；侵权人侵权期间销售额的证据；侵权人单位产品利润或原告单位利润的证据；商标许可合同及发票；商标知名度、美誉度的证据；制止侵权的合理费用的证据（调查费、差旅费、证据保全费、律师费等）。

（二）收集证据的方式

第一，自行收集。由原告或代理律师自行收集，如商标注册证、商标转让证明等。

第二，公证取证。公证取证就是请求公证机关对购买侵权商品的过程或侵权行为进行公证。商标侵权案件公证取证比较常见，主要是为了避免侵权人主张发票上的商品已被原告更换而采取的应对措施。一旦公证取证，购买的侵权商品由公证处封存，不可能再进行更换，被告再进行该抗辩时，法院就不会采信被告的抗辩。

公证取证主要是购买侵权产品的过程公证和网页公证。购买侵权产品的过程公证是原告代理律师和公证员一起到侵权产品销售地购买侵权商品并开具发票、取得与侵权商品有关的广告宣传资料等。公证员对整个购买过程进行公证，并制作公证书，封存侵权产品、发票等物品；网页公证主要是对侵权人的网站涉及侵权产品的介绍、宣传等，因网页非常容易被删改，所以为了不使该证据灭失，最好对该网页进行公证。

第三，向法院申请证据保全。在原告因客观原因不能自行取得的情况下，原告可以向法院申请证据保全。法院现对证据保全比较谨慎，要求很严格。除非原告有充分的理由说明其确因客观原因无法自行取得，否则，法院一般不会轻易去证据保全的。

向法院申请证据保全主要是对侵权人的财务账册进行保全，由于被告的财务账册属被告的经营秘密，原告不可能能从公开的渠道自行取得。所以，申请对被告的财务账册进行证据保全，法院可能会支持。或者因贴附商标的机械设备过大，市场无法购买，原告应提供有关证据予以证实，法院可能会支持。

法院证据保全分诉前、诉中证据保全。顾名思义，所谓诉前证据保全就是在起诉前，原告向有管辖权的法院申请证据保全，诉中证据保全主要是指在起诉的同时或诉讼过程中，原告向审理案件的法院申请的证据保全。原告代理律师应根据实际情况，向有关法院提起申请。

第四，申请法院调取证据。如有些国家机关保存的证据，还有工商行政管理部门查封的侵权商品和卷宗，海关查扣的侵权商品及卷宗等，需要法院去调取。

第五，举报取证。有些商标侵权行为，可通过向公安机关报案，向工商行政管理机关、海关、消费者保护协会、展览会的主办单位投诉举报等，由相关部门现场扣押调查所获取的证据。

综上，作为原告代理律师一定要尽自己最大努力，利用各种合法手段，收集到全面且有证明力的证据，给诉讼打下良好的基础。

四、诉前和解

对于有些侵权者，特别是销售商，一方面可能侵权人众多，另一方面也由于侵权行为时间较短、后果不太严重。如全部进入诉讼程序，则要花费太多的人力、物力，也要拖上很长时间。为了节约时间成本和人力物力，在取得了有关侵权证据的情况下，可以通过与侵权人协商，进行诉前和解。

原告代理律师一般可以通过发警告信、律师函等给侵权人，在函件中声明如侵权人愿意和解，可与原告代理律师联系。如要申请法院证据保全或财产保全，则不应发出律师函，因一旦侵权人收到律师函，就会做好防备工作，致使证据保全或财产保全失败。和解可以及时制止商标侵权，对避免侵权的进一步扩大十分有利，同时，节省了时间和人力物力。但其缺点就是和解的赔偿费用都不高。

如侵权人不愿意和解，则进入诉讼程序。

五、选择管辖法院

选择管辖法院，指的是地域管辖法院的选择。最高人民法院《关于审理商标民事纠纷案件适用法律若干问题的解释》第 6 条规定："因侵犯注册商标专用权行为提起的民事诉讼，由商标法第十三条、第五十二条所规定侵权行为的实施地、侵权商品的储藏地或者查封扣押地、被告住所地人民法院管辖。前款规定的侵权商品的储藏地，是指大量或者经常性储存、隐匿侵权商品所在地；查封扣押地，是指海关、工商等行政机关依法查封、扣押侵权商品所在地"。第 7 条规定："对涉及不同侵权行为实施地的多个被告提起的共同诉讼，原告可以选择其中一个被告的侵权行为实施地人民法院管辖；仅对其中某一被告提起的诉讼，该被告侵权行为实施地的人民法院有管辖权"。

根据上述法律规定可知，商标侵权案件的管辖法院非常多，如侵权产品在全国销售，那么任何一个中级人民法院均有管辖权，作为原告可以任意选择管辖法院。只要侵权产品在哪里销售，那个地方的法院就有管辖权。

六、确定索赔金额

赔偿损失是商标侵权人承担民事责任的一种主要形式，也是原告提起商标侵权诉讼的主要目的之一。如何计算赔偿额，是商标侵权案件的核心问题之一，也是一项较为复杂的工作。原告律师应根据收集到的证据，确定使赔偿额最大化并能得到法院认可的计算方法。

2001 年《商标法》第 56 条规定："侵犯商标专用权的赔偿数额，为侵权人在侵权期间因侵权所获得的利益，或者被侵权人在被侵权期间因被侵权所受到的损失，包括被侵权人为制止侵权行为所支付的合理开支。前款所称侵权人因侵权所得利益，或者被侵权人因被侵权所受损失难以确定的，由人民法院根据侵权行为的情节判决给予五十万元以下的赔偿。"根据该条规定，主要有以下四种方法。

1. 以侵权人在侵权期间因侵权所得利益为赔偿额

这一计算涉及的主要问题是如何确定侵权人"因侵权所获得的利益"。这里的利润，是指侵权人通过侵权行为获得利润的数额。最高人民法院《关于审理商标民事纠纷案件适用法律若干问题的解释》第 14 条规定："商标法第五十六条第一款规定的侵权所获得的利益，可以根据侵权商品销售量与该商品单位利润乘积计算；该商品单位利润无法查明的，按照注册商标商品的单位利润计算"。侵权商品的销售量，是指侵权人实际已售出侵权商品的销售额，该销售量可以通过工商行政管理部门查扣获得，也可以通过法院证据保全获得。商品单位的利润，是指生产该商品的平均或通常利润，该证据的获得，也可以通过法院证据保全侵权人的财务账册来获得，但由于目前很多企业的财务账册都不规范，很难获取真实数据。如侵权人的单位利润无法查明，则按照原告的注册商标商品的单位利润来计算。

利润有不同的计算方法，主要有销售利润和纯利润。销售利润是销售收入减去销售成本、产品销售税金以后的利润。纯利润是销售利润再减去所得税以后的利润。司法实践中存在两种观点：第一种观点认为，凡属侵权人在侵权期间因侵权获得的销售收入，扣除成本后，都应作为赔偿额，包括应缴纳的税款；第二种观点认为，计算为赔偿额的利润不仅应扣除成本，还应当扣除所有税款，以侵权人在侵权期间应获得的纯利润收入作为赔偿额。第一种观点由于程序上较麻烦，不易执行，实践中按第二种观点操作较多。

2. 以原告在被侵权期间因被侵权所受到的损失为赔偿额

最高人民法院《关于审理商标民事纠纷案件适用法律若干问题的解释》第 15 条规定：因被侵权所受到的损失，可以根据权利人因侵权所造成商品销售减少量或者侵权商品销售量与该注册商标商品的单位利润乘积，即原告商品销售量的减少与该商品单位利润的乘积计算赔偿额。

商品的市场总量一般来说是固定的，如原告的商品销售量是相对稳定，但由于侵权商品的冲击，侵占了原告商品的市场份额，导致原告商品的销售量的下降。这是这种计算方法的依据。

但这种方法不确定的因素过多，如也有可能是原告的市场营销方面出了问题，或市场整个环境萧条，同一商品的销售、利润是随时随地发生变化的，很难确定一个可靠的参考系数。因此，实践中，这种计算方法不易得到法院支持。

3. 法定赔偿

法定赔偿原则是指在法律规定的赔偿数额范围内，由人民法院确定具体的赔偿数额。我们现行的法律规定是 50 万元以下的赔偿，前面两种赔偿原则是一般赔偿原则，法定赔偿原则是对一般赔偿原则的补充。

最高人民法院《关于审理商标民事纠纷案件适用法律若干问题的解释》第 16 条规定："侵权人因侵权所获得的利益或者被侵权人因被侵权所受到的损失均难以确定的，人民法院可以根据当事人的请求或者依职权适用商标法第五十六条第二款的规定确定赔偿数额。人民法院在确定赔偿数额时，应当考虑侵权行为的性质、期间、后果，商标的声誉，商标使用许可费的数额，商标使用许可的种类、时间、范围及制止侵权行为的合理开支等因素综合确定。"

按照法定赔偿原则确定商标侵权赔偿额，需要具备如下条件：

第一，要存在侵权行为，这是适用法定赔偿的最基本的前提条件。

第二，无法依照《商标法》第 63 条第 1 款规定的一般原则确定赔偿额，也就是侵权人因侵权所获得的利益，或者被侵权人因被侵权所受到损失难以确定。

第三，侵权赔偿额由人民法院根据侵权行为的情节确定，这些情节一般包括：侵权行为的性质、期间、后果，商标的声誉，商标使用许可费的数额，商标使用许可的种类、时间、范围及制止侵权行为的合理开支等因素综合确定。因此，原告代理人为了使原告获得更高的赔偿额，应举出相应的证据：主要包括：该商品获得过荣誉；投入的广告费用；该商标是驰名商标，被告的侵权属于故意，侵权时间长等。

4. 为制止侵权的合理费用

原告为制止被告的侵权行为而支出的费用应由被告负责，包括调查费、公证费、差旅费、律师费等。

而2013年《商标法》对于商标赔偿进行了重要的修改。

2013年《商标法》第63条规定：“侵犯商标专用权的赔偿数额，按照权利人因被侵权所受到的实际损失确定；实际损失难以确定的，可以按照侵权人因侵权所获得的利益确定；权利人的损失或者侵权人获得的利益难以确定的，参照该商标许可使用费的倍数合理确定。对恶意侵犯商标专用权，情节严重的，可以在按照上述方法确定数额的一倍以上三倍以下确定赔偿数额。赔偿数额应当包括权利人为制止侵权行为所支付的合理开支。

“人民法院为确定赔偿数额，在权利人已经尽力举证，而与侵权行为相关的账簿、资料主要由侵权人掌握的情况下，可以责令侵权人提供与侵权行为相关的账簿、资料；侵权人不提供或者提供虚假的账簿、资料的，人民法院可以参考权利人的主张和提供的证据判定赔偿数额。

“权利人因被侵权所受到的实际损失、侵权人因侵权所获得的利益、注册商标许可使用费难以确定的，由人民法院根据侵权行为的情节判决给予三百万元以下的赔偿。”

第64条规定：“注册商标专用权人请求赔偿，被控侵权人以注册商标专用权人未使用注册商标提出抗辩的，人民法院可以要求注册商标专用权人提供此前三年内实际使用该注册商标的证据。注册商标专用权人不能证明此前三年内实际使用过该注册商标，也不能证明因侵权行为受到其他损失的，被控侵权人不承担赔偿责任。

“销售不知道是侵犯注册商标专用权的商品，能证明该商品是自己合法取得并说明提供者的，不承担赔偿责任。”

七、申请诉前禁令

诉前禁令是知识产权特有的一种有效制止侵权的制度。申请诉前禁令必须具备如下条件：第一，侵权人正在实施或即将实施商标侵权行为；第二，不采取诉前禁令的措施，将会使申请人受到难以弥补的损害；第三，提供担保。

申请人在禁令作出后的15日内应向法院提起诉讼，申请人不起诉，法院应解除裁定采取的措施，由于申请人不起诉或申请错误造成被申请人损失的，被申请人可要求赔偿。

法院裁定诉前禁令会比较慎重，作为原告代理人必须要提供充分证据证实“不采取诉前禁令的措施，将会使申请人受到难以弥补的损害”，法院才有可能会同意。

八、有关销售者的赔偿责任

2013年《商标法》第64条第2款规定：“销售不知道是侵犯注册商标专用权的商品，能证明该商品是自己合法取得的并说明提供者的，不承担赔偿责任。”也就是说，原告代理律师如想要销售者承担侵权责任，需要举证证明“销售者”属“明知”或“应知”。国家工商行政管理总局曾以规范性文件予以确定以下情形属“明知”或“应知”，原告代理人收集证据时可参考：

1. 更改、换掉经销商品上的商标而被当场查获的；

2. 同一违法事实受到处罚后重犯的；
3. 事先已被警告而不改正的；
4. 有意采取不正当进货渠道，而且价格大大低于已知正品的；
5. 在发票、账目等会计上弄虚作假的；
6. 专业公司大规模经销假冒注册商标商品或商标侵权商品的；
7. 案后转移、销毁物证，提供虚假证明虚假情况的；
8. 其他可以认定当事人明知或应知的。

经过上述的这些准备工作后，作为原告代理人接下来的工作就是撰写起诉书，准备起诉材料，去法院立案，然后开庭，提交代理意见等。这些过程与普通的民事案件没有太大区别，这里就不再论述。

3.3.5 如何代理被告应诉

律师代理被告的主要工作是什么呢？我们认为，作为被告代理人，其主要工作就是组织不侵权抗辩、不承担赔偿责任抗辩或尽量减少承担赔偿责任抗辩的事由及收集与此有关的证据。以下就被告代理律师的角度，来论述如何代理被告应诉。

一、审查法院是否有权管辖

原告选择的法院是否具有管辖权，被告代理律师应根据法律及相关的司法解释的规定进行分析，如违反了相关的法律及司法解释的规定，则应在答辩期内提起管辖权异议。如异议成功，则可能争取到对自己有利的法院，如异议不成立，也能为被告争取到时间。对法院异议裁定不服的可以上诉。

二、审查原告主体是否适格

审查原告是否为商标注册人；商标受让人提起诉讼是否提交转让证明；继承人提起诉讼是否提供合法继承的证明；排他使用被许可人单独提起诉讼是否提交商标注册人书面声明自己不主张权利的证明；普通使用被许可人是否有商标注册人书面明确授权。如原告主体不适格，则请求法院驳回起诉。

三、审查涉案注册商标是否具有被撤销或无效的理由

审查涉案的注册商标是否违反了商标注册的绝对或相对禁用条款；是否属不当注册；是否属恶意抢注被告的商标；是否连续3年未使用等等。如涉案注册商标属上述情况，被告可向商标局或商标评审委员会提起撤销或争议申请。

提起撤销或争议申请后，被告可向法院申请中止审理，法院将根据撤销或争议的事实和理由及证据等决定是否中止。法院对商标案件的中止比较谨慎，除非被告的证据确实、充分，否则，一般不会中止审理。

四、审查诉讼时效是否已过期限

即商标纠纷的当事人一方，就其案件是否超过诉讼时效，有些案件原告公证购买后 2 年才起诉，显然超过了诉讼时效。依法应驳回其起诉。

五、不侵权抗辩

从商标侵权行为的构成要件（商品相同或类似，商标相同或近似）或证据角度，指出由于其中某一要件不具备或证据不足，因此被告的行为不构成侵权，主要有：

1. 被告使用的商标与原告的注册商标不构成相同或近似；

2. 被告的商品与注册商标核准的商品不相同或类似；

3. 被控侵权商品并非被告生产或销售；

4. 被告的行为属正当使用；

商标的正当使用，是指对于注册商标中含有的本商品或服务的通用名称、图形、型号，或者直接表示商品的质量、主要原料、功能、用途、重量及其他特点，或者含有地名等词汇的，注册商标专用权人无权禁止他人以不致引起相关公众混淆、误认的合理方式善意使用。该善意使用行为不构成侵权，不能认定其行为构成商标侵权。

被告主张的正当使用抗辩成立，应当具备以下条件：

第一，被告的使用是善意的，即被告是出于对其商品的性状、特点进行真实、必要的描述或说明，属叙述性使用和指示性的使用，而不是作为区分商品或服务来源的商标使用；

第二，被告的使用是合理的，并且符合一般的商业习惯，如其未将他人商标置于显著位置、未突出使用；

第三，被告的使用行为不会使相关公众对商品的来源产生混淆误认。

5. 在先权利抗辩。

被告以自己拥有在先的权利进行抗辩，主要是：

第一，被告以对被诉侵权标识享有注册商标权为由进行不侵权抗辩；

第二，被告企业名称登记时间先于原告商标核准注册时间，并规范使用该企业名称全称，或者依照行业惯例或基于历史因素简化使用该企业名称的；

第三，被告享有在先著作权或外观设计专利权的；

第四，原告以不正当手段抢注被告在先合法使用并已具有一定知名度的未注册商标，被告在商标侵权诉讼中以在先使用未注册商标进行抗辩的。2013 年《商标法》第 59 条第 3 款就明确了在先使用抗辩的要件。

六、关于赔偿数额的抗辩

1. 请求保护的注册商标未实际投入商业使用的；

根据司法解释的精神，如注册商标未实际投入商业使用，则被告主要承担停止侵权行为民事责任，在确定赔偿责任时，考虑到未实际使用的事实，除为维权而支出的合理费用外，一般不判决赔偿损失，如注册人或者受让人并无实际使用意图，仅将注册商标作为索赔工具的，可以不予赔偿。

所以，被告代理人认为原告的注册商标未投入实际使用的，可以以此为抗辩理由，应要求原告举证其已实际投入使用。

2. 被告生产该涉嫌侵权产品的时间短，规模小，销售额小，未获取利益等。

七、销售者合法来源抗辩

2013年《商标法》第64条第3款规定："销售不知道是侵犯注册商标专用权的商品，能证明该商品是自己合法取得的并说明提供者的，不承担赔偿责任"。销售者免除赔偿责任应具备如下条件：

1. 销售侵犯注册商标权的商品的被告主观上确实不知道自己销售的商品是侵权商品；

2. 被告能够证明其商品是合法取得并说明提供者。所谓合法取得，是指被告通过合法渠道取得该商品，被告可以通过提供正式的购销合同、商业发票等证明合法取得，被告在取得被诉商品时尽到了合理注意义务的；说明提供者，是指说明提供该商品的个人或企业的情况。

上述两个条件互相联系，缺一不可。如被告能满足着两个条件，则该销售行为不承担赔偿责任，但应承担停止侵权的责任。

八、和解

如律师对案情的判断显示案件的审判结果将对被告不利，可以建议被告与原告协商和解，以尽快解决纠纷，一般和解的赔偿金额会低于判决。

九、被告方的证据的调查和收集

代理律师可以根据提出不侵权抗辩的具体思路和理由来组织准备相关证据。

如被告拟援引在先权利作为不侵权抗辩，则需准备大量的证明在先权利存在的证据，例如显示被告最早使用被控侵权的标识的文书、宣传册等。

如销售者抗辩合法来源则需要提供合同、发票等。其次，律师可以根据原告提供的证据来组织相应辩驳证据。

实例解析

案例一

使用人在使用前已尽到合理审查义务的情况下，同种商品上使用与其注册商标相同的涉外定牌加工行为不属于商标性使用，不构成商标侵权。

江美峰诉长林五金制品（珠海）有限公司侵害商标专用权纠纷

一审案号：(2012) 珠中法知民初字第271号

二审案号：(2013) 粤高法民三终字第148号

基本案情：原告江美峰系我国在金属拉手和金属挂钩等商品上注册“SIRO”商标的商标权人，其所在公司曾在该商标注册前与奥地利“SIRO”公司存在业务往来，其在中国抢注了奥地利SIRO公司已在奥地利及美国等国家注册的“SIRO”商标。江美峰在中国商标获准注册后，其先是通过珠海市工商局斗门分局对长林公司进行了行政查处，此后，更通过法院提起了注册商标侵权之诉［(2012) 珠中法知民初字第271号］。

经调查发现，该商标在收到商标注册证后，曾被案外人提出异议。但工商局以商标授权日作为商标侵权起算日、未区分异议裁定生效前、后的被控产品生产出口数量，认定商标侵权并予以行政处罚。

在民事诉讼程序中，被告主要答辩理由为：“一、长林公司在生产的金属拉手和金属挂钩上标识‘SIRO’字母具有合法授权且属于在先使用，使用前审查了奥地利SIRO公司的注册商标证；二、长林公司生产和出口标识‘SIRO’字母的金属拉手和金属挂钩的行为属于涉外定牌加工，且未对江美峰授权使用或自行使用该商标生产、销售的产品在中国境内对相关公众造成混淆、误认，不属于商标法及商标法实施条例上的商标使用；三、涉案商标注册后，商标专用权人江美峰并未实际使用该注册商标，长林公司的涉外定牌加工行为并未对江美峰注册商标造成任何实质性损害；四、江美峰所在公司曾在该商标注册前与奥地利‘SIRO’公司存在业务往来，其在中国抢注了奥地利SIRO公司已在奥地利等多个国家注册的‘SIRO’商标，属于恶意抢注行为，违反了诚信信用原则”。向一审法院递交答辩状，并提交了证明前述事实的授权书公证书、加工后的产品报关凭证、江美峰承认商标注册后尚未实际使用的行政处罚决定书、江美峰与奥地利SIRO公司联系的邮件公证书以及江美峰原所在公司曾作为奥地利公司加工商的凭证、一系列奥地利SIRO公司的商标注册资料的公证件。

一审法院经审理，明确认定长林公司属于同种产品上使用相同商标的涉外定牌加工行为，但是基于现行法律及司法实践尚未就涉外定牌加工纠纷的判决达成一致意见，尤其是根据最高人民法院关于当前经济形势下知识产权审判服务大局若干问题的意见（法发［2009］23号）第6条“人民法院在判断是否构成未经商标注册人许可，在相同商品上使用与其注册商标相同的商标的侵权行为时，不需要考虑混淆因素，只需要考虑是否构成正当合理使用”的意见，判决长林公司败诉并承担赔偿责任。

代理律师说服长林公司提起上诉，并继续代理该案的二审，基于本案定牌加工的事实，以及一审法院以商标授权日作为商标侵权起算日、未区分异议裁定生效前、后的被控产品生产出口数量，以事实不清、适用法律错误为由向广东省高级人民法院提起上诉［(2013) 粤高法民三终字第148号］，同时在新商标法修正案颁布后，基于新商标法诚实信用原则、商标的使用明确表示为“用于识别商品来源的行为”及“容易导致混淆”作为认定商标侵权要件的立法精神，提出只有在加工的产品进入了委托方的国家面对该国的消费者以后，才存在“用于识别商品来源的行为”，才属于商标的使用，而本案不构成商标使用的观点，再次向二审法院提交了书面代理意见，最终获得了二审法院胜诉的终审判决。

广东省高级人民法院采信了代理律师的上述二审代理意见，认定长林公司在涉外定牌加工过程中尽到了合理的注意义务，主观上没有侵害江美峰商标专用权；标识由于不在中国境内产生标识产品来源作用，所以没有发挥商标的识别功能，故长林公司的行为不属于商标性使用，不构成商标侵权，于2013年9月30日作出“一、撤销广东省珠海市中级人民法院（2012）珠中法知民初字第271号民事判决；二、驳回江美峰的全部诉讼请求”的判决。

简要评析

该案系广东省首例在同种商品上使用与其注册商标相同的涉外定牌加工行为（OEM行为）不被认定为商标侵权的商标侵权纠纷案。广东省高院知识产权庭在审理同类商品相似商标的“鳄鱼恤”案件不认定为商标侵权曾作出总结：“对涉外定牌加工，不应一概认定为侵权或不侵权，而是要考虑个案的具体情况加以分析，即采用区别案件的具体情况以处理。”本案与该案的区别在于，本案系同种被控产品上使用与注册商标相同的商标；此案以在涉外定牌加工过程中尽到了合理的注意义务，以及商标标识不在中国境内产生标识产品来源作用，所以没有发挥商标的识别功能，故长林公司的行为不属于商标性使用为由，被诉涉外定牌加工行为认定为不属于商标性使用，不构成商标侵权，对今后在广东省内乃至全国法院类似涉外定牌加工商标侵权纠纷案件的代理实践具有一定的指导作用。

案例二

商品类似的认定和《类似商品或服务区分表》的关系。

北京方太新怡华食品销售有限公司与被告长沙杨氏公司侵犯商标专用权纠纷案

长沙市中级人民法院［2002］长中民三初字第272号民事判决

湖南省高级人民法院［2003］湘法民三终字第34号民事判决

原告：北京方太新怡华食品销售有限公司（以下简称方太公司）

被告：长沙杨氏饮品公司

广西黑五类食品集团有限公司（以下简称黑五类食品公司）原系第732128号“贵妃”注册商标持有人，该商标核定在第30类商品中使用。后来，黑五类食品公司将该注册商标转让给方太公司。2002年9月7日，商标局核准了该转让申请。

2002年4月，被告杨氏饮品公司委托他人为其加工生产“杨氏贵妃”醋，杨氏饮品公司在其含醋商品上使用的瓶贴显示为“杨氏贵妃醋”五字，呈纵向排列，“杨氏”二字字体明显偏小，“贵妃醋”三字字体明显偏大，尤其突出和醒目。

为此，原告认为被告侵犯其商标权，起诉到长沙市中级人民法院。

对于原、被告产品是否属同一商品或类似商品。

长沙市中级法院一审判决认为：最高人民法院《关于审理商标民事纠纷案件适用法律若干问题的解释》第11条第1款规定：“商标法第五十二条第（一）项规定的类似商品，

是指在功能、用途、生产部门、销售渠道、消费对象等方面相同，相关公众一般认为其存在特定联系、容易造成混淆的商品。”第12条规定：“人民法院依据商标法第五十二条第（一）项的规定，认为商品或者服务是否类似，应当以相关公众对商品或者服务的一般认识综合判断；《商标注册用商品和服务国际分类表》、《类似商品和服务区分表》可以作为判断类似商品或者服务的参考。”由此，最高人民法院确定了商品相同或类似的主要评判标准和参考标准，相关公众的主观普遍认识是判断商品是否相同或类似的主要评判标准，《商标注册用商品和服务国际分类表》、《类似商品和服务区分表》可以作为辅助的评判标准予以参考、援引。

本案中，两种产品销售渠道完全相同，均被置于同种商品的位置进行销售；两种商品的主要配方、醋酸度、功能用途、食用方法等也基本相同。无论是直接消费涉案两种含醋产品的相关公众，还是与涉案两种含醋产品的营销有密切关系的经营者，均认为两者属于同种商品，相互间存在特定的联系，难以对其进行区分。另外，经查阅《商标注册用商品和服务国际分类表》，该表第32类非酒精饮料中的42项商品名称中不包括“含醋饮料”，即没有“醋饮料”这一商品类别，而全部含醋的商品均被归属在第30类商品中。对于在第32类商品中曾经核定过“醋饮料”的情况，本院认为，如前所述，最高人民法院业已确定了商品相同或类似的主要评判标准和参考标准，其他情况均不属于认定商品相同或类似的法定评判标准；况且，被告杨氏饮品公司列举的个别在第32类商品中核定“醋饮料”的行为已经超出了《商标注册用商品和服务国际分类表》的划分范围，故被告杨氏饮品公司不能以此为由，将其生产的“杨氏贵妃”醋归属为“含醋饮料”。

由此可知，原、被告生产的醋产品均系第30类中之产品。被告杨氏饮品公司生产的“杨氏贵妃”醋产品所使用的商标非注册商标，未被相关部门核定过商品使用类别，其任意使用“饮料”这一名称不能成为分类的依据。因此，被告杨氏饮品公司对其所述“公司生产的‘杨氏贵妃’醋为第32类商品之醋饮料”的事实所提供的证据不充分，此项抗辩理由不能成立。对其提出的“两种商品非相同或类似商品”的抗辩理由，本院不予采信。

根据法律规定，商标是否会造成误认以普通消费者施以一般注意力为判定主观标准，本案中原告方太公司的“贵妃”注册商标有较高的知名度和显著性，被告长沙杨氏公司使用“杨氏贵妃”商标中，明显地将“贵妃”二字突出使用，与原告方太公司持有的“贵妃”注册商标在字形、读音、含义等方面已构成近似，使得“杨氏贵妃”商标中的“杨氏”二字意义、作用、特征和显著性明显降低，容易被人忽略，而“贵妃”二字的标识功能则得到突出和加强，从而达到利用原告注册商标的知名度和显著性扩大自己市场影响的目的，并易给相关公众造成模糊认识，从而引起误认。故其行为侵犯了“贵妃”注册商标专用权，应承担民事责任。故一审判决原告停止侵权、赔偿损失等。

杨氏饮品公司不服一审判决，向河南省高级人民法院提起上诉称，一审判决认定所有含醋产品均为醋是不科学的；醋产品与含醋产品是两个完全不同的概念，一审将上诉人销售的含醋产品定为被上诉人注册商标核定的第30类醋产品明显不科学、不规范等。

二审法院认为，本案的关键在于认定当事人双方生产销售的产品是否为同一种商品或者类似商品。根据最高人民法院《关于审理商标民事纠纷案件适用法律若干问题的解释》的有关规定，认定商品是否相同或者类似的主要评判标准是相关公众的一般认识，《商标注册用商品和服务国际分类表》和《类似商品和服务区分表》仅是评判的参考标准。而《商标法》所称相关公众，是指与商标所标识的某类商品或者服务有关的消费者和与前述商品或者服务的营销有密切关系的其他经营者。本案中，当事人双方生产销售的产品都是以传统食醋为基本原料，添加红枣、生姜、蜂蜜等相同或不同成分酿造或配制而成，其饮用方法均为直接饮用或兑入1至3倍水、雪碧、冰块等饮料或洋酒、红酒等，其功能用途均为保健、美颜，其在市场上的销售也是置于同一种商品位置，无论是直接消费者还是与当事人双方产品营销有密切关系的经营者，均认为两者是同一种商品。尤其是，由于被上诉人“贵妃”注册商标的显著性和知名度，相关公众及经销者都会从“醋饮料”马上联想到“贵妃醋”。虽然，这种以传统食醋为基料的产品是一种新型产品，其命名以及划分在哪一种类，并无统一的规定。但是，无论是命名为“醋产品”还是“醋饮料”，或“含醋饮料”，无论是属于国际分类表的第30类还是第32类，均不能改变双方产品在本质上的同一性特征，也均不影响相关公众对其同一性的认识。因此，上诉人杨氏饮品公司在其销售的商品上，突出使用与被上诉人方太公司具有一定知名度和显著性的“贵妃”，注册商标“贵妃”二字，足以使相关公众对商品的来源产生误认。根据《商标法》的有关规定，上诉人的这一行为构成对被上诉人注册商标专用权的侵害、应依法承担相应的民事责任。上诉人以其产品是“含醋饮料”属于《国际分类表》的第32类，而被上诉人注册商标是第30类不构成侵权的理由来抗辩，显然不能成立。一审从两种产品的功能、用途、生产部门、消费渠道与消费对象以及相关公众的认知等方面判定此两种商品属于同一类商品是正确的，本院予以维持。

据此，二审判决驳回上诉，维持原审判决。

简要评析

法院判断商品类似应将《类似商品和服务区分表》只作为参考，而不能作为推定类似的依据，法院判断商品类似的主要标准是相关公众的主观认识，综合考虑二者在功能、用途、生产部门、销售渠道、消费对象等方面因素进行判断。

案例三

何种使用才构成正当使用?

漳州片仔癀药业股份有限公司诉漳州市宏宁家化有限公司侵犯商标专用权纠纷案

最高人民法院（2009）民申字第1310号

原告（二审上诉人、再审被申请人）：漳州片仔癀药业股份有限公司（简称片仔癀公司）

被告（二审上诉人、申请再审人）：漳州市宏宇家化有限公司（简称宏宁公司）

片仔癀公司拥有在第3类牙膏、化妆品及第5类药品上的“片仔癀”及“PIEN TZE HUANG”的注册商标。1999年1月5日国家商标局认定片仔癀公司注册并使用在药品商品上的“片仔癀 PIEN TZE HUANG”商标为驰名商标。中华人民共和国商务部认证片仔癀公司注册商标“片仔癀”为“中华老字号”。

宏宁公司成立于1998年，系由家化厂、漳州市宏宁罐头食品厂合资成立的公司。家化厂于1979年成立，其生产的“荔枝牌片仔癀珍珠霜（膏）”产品自1988年起，荣获福建省优质产品称号等奖项。1990年家化厂注册第525083号“荔枝牌”商标。1998年6月份，家化厂将其资产（包括产房、机器设备、工业产权等）投资到合资公司即宏宁公司。1999年3月20日家化厂将其注册的第525083号“荔枝牌”商标转让给宏宁公司。

宏宁公司生产、销售的“荔枝牌片仔癀珍珠霜（膏）”、“片仔癀特效牙膏”等27种化妆品及日化用品，均将“片仔癀”作为其产品名称组成部分，并在包装装潢上突出使用“片仔癀”、“PIEN TZE HUANG”，且其字体与第562754号、第701403号、第358317号注册商标基本相同。

为此，片仔癀公司认为宏宇公司构成侵犯其商标权，于是向法院起诉。

一审法院认为：“片仔癀”是片仔癀公司的前身漳州市制药厂最早使用及注册的商标，在消费者中享有很高知名度，已起到区别商品来源的商标作用。片仔癀公司的第562754号、第701403号、第358318号“片仔癀”注册商标及第358317号“PIEN TZE HUANG”注册商标是合法转让所得，应受法律保护。

宏宁公司未经片仔癀公司同意，擅自在其生产、销售的“荔枝牌片仔癀珍珠霜（膏）”、“片仔癀特效牙膏”等化妆品及日化用品上，将与片仔癀公司合法拥有的第701403号、第562754号、第358317号“片仔癀”、“PIEN TZE HUANG”注册商标相同的标志作为其化妆品及日化用品的商品名称、商品包装装潢使用，并在其商品名称、外包装装潢显著位置突出标明“片仔癀”字样，宏宁公司上述化妆品及日化用品的销售渠道都是进入医药公司、药店等，消费群体及经销商群体与片仔癀公司销售渠道一致，造成相关公众混淆，误导公众，扰乱相关市场秩序，损害了片仔癀公司作为注册商标所有人的合法权益，宏宁公司的行为已构成对片仔癀公司第701403号、第562754号、第358317号“片仔癀”、“PIEN TZE HUANG”注册商标的侵害。

宏宇公司不服一审判决，提起起诉。

二审法院认为：片仔癀公司是集“片仔癀”的特有名称、企业名称、驰名商标为一体的企业，其知识产权的合法权利应受法律保护。宏宁公司未经片仔癀公司的许可，擅自将“片仔癀”突出使用在其“片仔癀珍珠霜”等化妆产品的包装、装潢上，足以造成消费者的混淆或误认，其行为已构成侵权，对此应承担相应的法律责任。

宏宇公司对二审判决仍不服，向最高院提起再审申请。

最高人民法院认为：

一、关于宏宁公司是否是正当使用。《商标法实施条例》第四十九条规定，注册商标中含有的本商品的通用名称、图形、型号，或者直接表示商品的质量、主要原料、功能、用途、重量、数量及其他特点，或者含有地名，注册商标专用权人无权禁止他人正当使用。片仔癀是一种药品的名称，如果被控产品中含有片仔癀成分，生产者出于说明或客观描述商品特点的目的，以善意方式在必要的范围内予以标注，不会导致相关公众将其视为商标而导致来源混淆的，可以认定为正当使用。判断是否属于善意，是否必要，可以参考商业惯例等因素。宏宁公司如果是为了说明其产品中含有片仔癀成分，应当按照商业惯例以适当的方式予以标注，但是本案中，宏宁公司却是在其生产，销售商品的包装装潢显著位置突出标明“片仔癀”、“PIEN TZE HUANG”字样，该标识明显大于宏宁公司自己的商标及其他标注，并且所采用的字体与片仔癀公司的注册商标基本一致。该种使用方式已经超出说明或客观描述商品而正当使用的界限，其主观上难谓善意，在涉案商标已经具有很高知名度的情况下，客观上可能造成相关公众产生商品来源的混淆，因此宏宁公司关于其使用是正当使用的主张不能成立。

二、关于宏宁公司是否享有在先权。本案中，宏宁公司主张家化厂是以包括“片仔癀”知名商品特有名称等工业产权入股宏宁公司，因此宏宁公司承接了家化厂所享有的在先权。根据查明的事实，家化厂确实在涉案商标注册之前，生产、销售“荔枝牌片仔癀珍珠霜（膏）”等产品，并具有一定的知名度。但是，当时所获得的证书等并未载明其所使用的包装装潢，宏宁公司所提供的关于当时家化厂生产的“荔枝牌片仔癀珍珠霜（膏）”的包装装潢复印件有些无法证明实际使用时间，有些时间明显晚于涉案商标注册日，无法查明家化厂当时的标注方式，不能证明其在涉案商标注册之前就使用与现在被控产品一致的包装装潢，因此宏宁公司关于家化厂对现在所使用的包装装潢享有在先权的主张不能成立。由于家化厂不享有在先权，不管家化厂是否将工业产权入股宏宁公司，宏宁公司均不享有在先权。宏宁公司关于其享有在先权的主张没有事实和法律依据。

综上，宏宁公司再审申请理由均不能成立，裁定驳回宏宁公司的再审申请。

简要评析

2002 年《商标法实施条例》第 49 条规定：“注册商标中含有的本商品的通用名称、图形、型号，或者直接表示商品的质量、主要原料、功能、用途、重量、数量及其他特点，或者含有地名，注册商标专用权人无权禁止他人正当使用。”因此要构成正当使用，争议商标标识应当具有描述性含义，即是本商品的通用名称、图形、型号等，这是构成正当使用的前提。其次，被告不是将其当作区别商品或者服务来源的标志使用。再次，被告的使用应当是出于善意并且必须是合理的。判断是否属于善意，是否必要，可以参考商业惯例等因素。

比如本案中，“片仔癀”本身是一种药名，属于描述性词汇，如果为了表示其商品内含有片仔癀成分，完全可以以正常的商业惯例予以标注，从而构成正当使用。但是，宏宁公司却是在其生产、销售商品的包装装潢显著位置突出标明“片仔癀”字样，且所采用的字体与片仔癀公司的注册商标基本一致。该种使用方式就不符合商业惯例，已经超出客观描述商品而正当使用的界限，其主观上不属于善意，宏宇公司的行为不构成正当使用。

3.3.6 确认不侵犯商标权的案件

近年来，确认不侵权之诉作为知识产权界的一种新的诉讼，越来越多的出现在司法领域。所谓确认不侵犯商标权之诉，是指在商标注册人或利害关系人指控侵权却又不向工商行政管理部门投诉或向法院起诉时，允许被指控人先行向管辖法院提起诉讼，以商标注册人或利害关系人为被告，请求法院判决确认其受指控的行为并不构成商标侵权的诉讼。也称为请求确认不侵权商标诉讼。

最高人民法院《关于苏州龙宝生物工程实业公司与苏州郎力福保健品有限公司请求确认不侵犯专利权纠纷案》（2001）民三他字第 4 号批复，明确了确认不侵权诉讼人民法院可受理。最高院在 2004 年 6 月 24 日《关于本田技研工业株式会社与石家庄双环汽车股份公司、北京旭阳恒兴经贸有限公司专利纠纷案件指定管辖的通知》中，明确了确认不侵犯专利诉讼属于侵权类纠纷。最高人民法院《关于审理侵犯专利权纠纷案件应用法律若干问题的解释》第 18 条明确了确认不侵犯专利的起诉条件。最高人民法院于 2007 年 10 月 29 日通过的《民事案件案由纠纷》明确“确认不侵权纠纷”定性为侵权之诉。此后，各地人民法院先后受理了不少确认不侵犯注册商标专用权纠纷的案件，并在司法审判中确立了一系列规则，其中确认不侵犯注册商标专用权之诉的起诉条件最为引人关注。

一、确认不侵权之诉的受理条件

《民事诉讼法》第 119 条（原为第 108 条）规定了提起民事诉讼的一般条件，即原告是与本案有直接利害关系的公民、法人和其他组织；有明确的被告；有具体的诉讼请求和事实、理由；属于人民法院受理民事诉讼的范围和受诉人民法院管辖。

最高人民法院《关于苏州龙宝生物工程实业公司与苏州郎力福保健品有限公司请求确认不侵犯专利权纠纷案》（2001）民三他字第 4 号批复中指出：“依据《中华人民共和国民事诉讼法》第一百零八条和第一百一十一条的规定，对于符合条件的起诉人民法院应当受理。本案中，由于被告朗力福公司向销售原告龙宝公司产品的商家发函称原告的产品涉嫌侵权，导致经销商停止销售原告的产品，使得原告的利益受到了损害，原告与本案有直接的利害关系；原告在起诉中，有明确的被告；有具体的诉讼请求和事实、理由；属于人民法院受理民事诉讼的范围和受诉人民法院管辖，因此，人民法院对本案应当予以受理。”

但提起确认不侵犯注册商标专用权纠纷案件，除应当符合上述规定外，还受到一些条件的限制。2004 年 11 月，最高人民法院原副院长在全国法院知识产权审判工作座谈会上指出：“对当事人提出的确认不侵权诉讼请求，要以利害关系人受到侵权警告而权利人又未在合理期限内依法启动纠纷解决程序为基本的立案受理条件。”在 2005 年 11 月召开的全国法院知识产权审判工作座谈会上，相关领导再次指出：“提起确认不侵权诉讼一般以利害关系人受到侵权警告而权利人又未在合理期限内依法启动程序请求有权机关做出处理为基本条件。所谓合理期限要根据具体案情而定，但一般可掌握在不少于 3 个月。基于同一法律事实发生的纠纷，已经由有管辖权的法院依法处理完毕或者正在处理中的，当事人就此提出的确认不侵权诉讼，就不要再重复受理。”

最高人民法院《关于审理侵犯专利权纠纷案件应用法律若干问题的解释》第 18 条规定：“权利人向他人发出侵犯专利权的警告，被警告人或者利害关系人经书面催告权利人行使诉权，自权利人收到该书面催告之日起一个月内或者自书面催告发出之日起二个月内，权利人不撤回警告也不提起诉讼，被警告人或者利害关系人向人民法院提起请求确认其行为不侵犯专利权的诉讼的，人民法院应当受理。”

最高人民法院《关于审理侵犯专利权纠纷案件应用法律若干问题的解释》的理解与适用第十点规定：“十、关于确认不侵权诉讼的起诉条件。最高人民法院曾于 2002 年 7 月 12 日就某请示案件作出［2001］民三他字第 4 号批复，引入了知识产权领域的确认不侵犯制度，为进一步规范和完善确认不侵权诉讼制度，防止被告动辄提起确认不侵权之诉，在总结审判经验的基础上，第十八条规定了提起此类诉讼的具体条件，特别是被警告人或其利害关系人的书面催告义务。

“有些情况下，被警告人或利害关系人可能难以掌握权利人收到书面催告的具体时间，所以，另设‘自书面催告发出之日起二个月内’，以增强法条的操作性，第十八条所称的‘他人’，包括特定人和非特定人；‘利害关系人’应作广义理解，包括经销商等；‘提起诉讼’，是指向人民法院提起专利侵权之诉，如果在书面催告后一定期限内，权利人请求管理专利工作的部门处理侵权纠纷，并不能阻止被警告人或利害关系人提起确认不侵权之诉。

“需要注意的是，当事人提起确认不侵权之诉，除符合第十八条的规定外，还需符合民事诉讼法第一百零八条规定的起诉条件。”

确认不侵权之诉旨在遏制权利人的权利滥用，为涉嫌侵权人提供确定的法律状态。然而，它本身也可能被滥用。涉嫌侵权人可能先行提起诉讼，以争取选择对自己有利的属地管辖或者拖延诉讼。因此，有必要对确认不侵权之诉的起诉设置必要的条件才能达到防止其权利滥用的目的。

所以，就确认不侵犯商标权之诉的受理条件，我们认为，除了《民事诉讼法》第 108 条规定外，还要有以下限制：（1）以权利人为被告；（2）权利人向他人发出侵权警告；（3）被警告人或利害关系人经书面催告权利人行使诉权；（4）权利人不撤回警告也不提起诉讼。上述四个要点，缺一不可。

二、确认不侵权之诉的法院管辖

最高人民法院《关于本田技研工业株式会社与石家庄双环汽车股份有限公司、北京旭阳恒兴经贸有限公司专利纠纷案件指定管辖的通知》（［2004］民他字第 4 号）明确指出，确认不侵犯专利权诉讼属于侵权类纠纷，应当依照民事诉讼法规定确定地域管辖。

新《民事诉讼法》第 28 条规定：“因侵权行为提起的诉讼，由侵权行为地或者被告住所地人民法院管辖。”所以此类案件应当由侵权行为地或被告住所地人民法院管辖。尽管法律条文和司法解释没有对确认不侵权之诉的侵权行为地做进一步的解释。我们认为，如商标注册人发函的对象是被控侵权人本人，则由被告住所地和原告住所地管辖，如商标注册人发函的对象是被控侵权人的销售商，则由被告住所地、原告住所地、销售商所在地法院管辖。

实例解析

确认不侵犯注册商标专用权的构成要件。

广州蕉叶饮食服务有限公司诉杭州蕉叶餐饮管理有限公司确认不侵犯注册商标专用权纠纷案

原告（被上诉人）：广州蕉叶饮食服务有限公司

被告（上诉人）：杭州蕉叶餐饮管理有限公司

杭州蕉叶餐饮管理有限公司（简称“杭州蕉叶”）是涉案的第1459310号“ ”商标被许可使用权人，于2008年8月在上海市第一中级人民法院起诉广州蕉叶饮食服务有限公司上海分公司（简称“广州蕉叶上海分公司”）侵犯其注册商标专用权（具体指上海时代广场店的使用行为），因广州蕉叶上海分公司没有独立的法人主体资格，追加广州蕉叶饮食服务有限公司（简称“广州蕉叶”）为本案的被告，后因双方协商和解，杭州蕉叶撤诉。

双方最后协商不成，广州蕉叶以“其在先使用‘蕉叶’企业字号及相关服务标识，不构成对他人的注册商标的侵权，而杭州蕉叶起诉又撤诉的行为严重影响其正常经营”为由于2010年3月在广州市天河区人民法院起诉杭州蕉叶要求法院确认其不侵犯杭州蕉叶的注册商标专用权。

法院认定的事实：

广州市东山区蕉叶风味屋（简称“蕉叶风味屋”）由原告法定代表人罗定民与案外人共同投资经营，于1997年11月20日登记成立。原告于1999年8月26日登记成立，初始股东为罗定民等。原告在其店铺内、招牌、餐巾、菜单等上使用标识 。原告法定代表人罗定民和原告先后获得业内的奖项和全国媒体的广泛报道的事实。

被告登记成立于2006年11月1日，经营范围包括服务：餐饮管理等。第1459310号“ ”（咖喱屋、“CURRY HOUSE”放弃专用权）商标的申请日为1999年7月12日，初审公告日为2000年7月14日，注册公告日为2000年10月14日，原注册人为蕉叶咖喱屋，2007年3月14日经核准被转让给亚洲蕉叶饮食集团有限公司（简称亚洲蕉叶），核定服务项目为第42类的餐厅等。原告于2000年10月9日对第1459310号商标提出异议，国家工商行政管理总局商标局（2003）商标异字第01353号裁定书认为“被异议人为香港注册成立的公司，其与被异议商标的主体特征相同的‘蕉叶Banana Leaf及图’商标（编号199508120）在香港于1993年12月1日登记注册于餐饮业及其咖喱屋食品等商品上，因此被异议人申请注册被异议商标并非对异议人‘蕉叶风味屋及图’商标的抄袭”，从而裁定异议理由不成立，核准第1459310号商标“ ”注册。被告与亚洲蕉叶于2007年10月10日签订《注册商标使用许可合同》，亚洲蕉叶许可被告在中国范围内（不包括香港、澳门、台湾）独占使用第1459310号商标，许可合同的有效期限为自双方在合同上签字盖章之日起的8年。根据《注册商标使用许可合同》，被告一旦发现任何上述侵权行为，有权单独对侵权者提起诉讼或采取其他相关法律行动，参与相关法律诉讼，在诉讼中提出、承认、修改或撤销诉讼请求。

2008年8月被告向上海市第一中级人民法院（简称上海一中院）起诉原告上海分公司擅自在其餐馆门口店牌广告、宣传手册、包装袋、餐牌、餐巾纸、毛巾、员工工服、员工工号牌上使用的“蕉叶”中英文组合与其第1459310号商标“”相近似，导致相关公众误认，侵犯其商标专用权，案号（2008）沪一中民五（知）初字第278号，在该案诉讼中，被告申请追加原告为该案共同被告并被上海一中院准许。2009年7月14日，上海一中院以（2008）沪一中民五（知）初字第278号民事裁定书裁定准许本案被告撤回该案的起诉。本案被告提交本案原告代理人在（2008）沪一中民五（知）初字第278号案审理期间传真的调解方案一份以证明原告及其上海分公司要求和解并明确向法官表示不再以被告所指控侵权的方式使用商标、在今后的经营中对其所用标识规范使用，在此情况下，被告才撤回了诉讼，并非被告理亏而撤诉，表明双方的争议已理清，不存在原告所称的“权利不稳固的状态”。原告认为该调解方案与本案无关，根据最高人民法院的证据规则，一方在调解中所做的让步不能作为证据使用。原、被告确认在（2008）沪一中民五（知）初字第278号案中，被告指控的原告上海分公司所使用的标识样式为。

该案二审法院裁判要旨：

本院认为，本案是确认不侵害商标专用权纠纷，是一种特殊类型的诉讼。根据《中华人民共和国民事诉讼法》第一百零八条的规定和2011年2月18日修订后的《民事案件案由规定》中有确认不侵害商标专用权纠纷的案由，人民法院可以受理该类案件。

最高人民法院于2002年7月12日就某请示案件作出（2001）民三他字第4号批复，引入了知识产权领域的确认不侵权制度。同时，为防止被告动辄提起确认不侵权之诉，在总结审判经验的基础上，2010年1月1日开始实施的《最高人民法院关于审理侵犯专利权纠纷案件应用法律若干问题的解释》第十八条规定了确认不侵权的要件。2012年4月20日《最高人民法院知识产权案件年度报告2011》第40项对确认不侵犯知识产权之诉的受理条件提出了明确的意见。

本案一审起诉的时间为2010年3月23日，《最高人民法院关于审理侵犯专利权纠纷案件应用法律若干问题的解释》自2010年1月1日起开始施行，法院认为关于该类案件的受理条件应当参照适用确认不侵害专利侵权纠纷的受理条件予以处理以防止诉权的滥用。

“起诉后又撤诉”是否能视同为侵权警告。权利人发出的侵权警告是一种私力救济手段，起诉是一种公力救济手段，“起诉后又撤诉”是原告依照《中华人民共和国民事诉讼法》第一百三十一条第一款对其诉讼权利的合法合理处分，是当事人意思自治原则在诉讼程序中的运用。若起诉后又撤诉视为侵权警告，法院审理的原告撤诉的案件是否都赋予被告提起确认不侵权诉讼的权利，广州蕉叶提出的该意见即不符合法理在司法实践中也难以操作，将导致确认不侵权纠纷适用的泛化，有违设立该救济程序初衷。“起诉后又撤诉”与确认不侵权纠纷中的侵权警告不能等同，权利人一旦起诉将使侵权警告事项置于司法机关裁决的项下，权利人的起诉是被警告人和利害关系人丧失提起确认不侵权纠纷的条件。

经初步审查，在本案受理前，杭州蕉叶餐饮管理有限公司从未对广州蕉叶饮食服务有限公司提出就“广州蕉叶饮食服务有限公司使用的商业标识中的‘广州蕉叶’及‘Banana Leaf’侵犯杭州蕉叶餐饮管理有限公司独占使用的第 1459310 号商标的商标专用权”的问题提出任何侵权警告，也未有提出侵权警告而不起诉上述标识是否侵权的事实。广州蕉叶饮食服务有限公司在未收到杭州蕉叶餐饮管理有限公司就“广州蕉叶”“Banana Leaf”提出侵权警告且杭州蕉叶餐饮管理有限公司未有不起诉的状态下，广州蕉叶饮食服务有限公司的起诉不符合该类案件受理的条件，故依法应当予以驳回。

最后二审裁定：（1）撤销广州市天河区人民法院（2010）天法知民初字第 140 号民事判决；（2）驳回被上诉人广州蕉叶饮食服务有限公司的起诉。

简要评析

就确认不侵犯商标权之诉的受理条件，除了《民事诉讼法》第 119 条规定外，还要有以下限制：（1）以权利人为被告；（2）权利人向他人发出侵权警告；（3）被警告人或利害关系人经书面催告权利人行使诉权；（4）权利人不撤回警告也不提起诉讼。上述四个要点，缺一不可。

3.4　商标其他民事纠纷案件

商标民事纠纷案件除了最常见的商标侵权纠纷案件外，还有商标权属纠纷、商标合同纠纷案，而商标合同纠纷案又分为商标转让合同、商标使用许可合同、质押合同等。下面我们主要简单介绍商标权属纠纷、商标转让纠纷、商标使用许可合同纠纷。

3.4.1　商标权属纠纷案件

商标权属纠纷案件主要是指因商标权的归属问题产生的纠纷，权属纠纷往往与商标侵权纠纷联系在一起，成了解决侵权纠纷的前置纠纷解决程序。它主要由于商标转让、商标共有、商标继承而产生。

商标共有是指两个以上的自然人、法人或其他组织对同一注册商标共同享有和行使该商标专用权。而商标共有纠纷则是指由于该商标共有而产生的归属问题的纠纷。比如共有商标的其中一共有人擅自转让或许可他人使用共有商标，其他共有人对此提起诉讼。

商标继承纠纷是指作为商标注册人的自然人死亡，继承人因对继承该商标的所有权发生纠纷。

最高人民法院《关于审理商标案件有关管辖和法律适用范围问题的解释》规定，“人民法院受理商标专用权权属纠纷案件，商标专用权权属纠纷第一审案件，由中级人民法院管辖”。这是对级别管辖的规定。同时，该类案件应当适用民事诉讼法“原告就被告”的一般原则，由被告住所地人民法院管辖。即指被告住所地的中级人民法院或被告住所地有商标案件管辖权的基层人民法院管辖。

3.4.2 商标转让纠纷案件

一、商标转让合同纠纷

2013 年《商标法》第 42 条规定：“转让注册商标的，转让人和受让人应当签订转让协议，并共同向商标局提出申请。受让人应当保证使用该注册商标的商品质量。转让注册商标经核准后，予以公告。受让人自公告之日起享有商标专用权。”

商标转让合同，就是由注册商标的转让人（所有人）与受让人签订的，就转让人转让其注册商标给受让人，明确双方的权利义务关系所达成的协议。

（一）商标转让合同当事人的权利义务

转让人的主要权利义务：向受让人收取商标转让费，有义务与受让人一起向商标局提出商标转让申请。转让人对商标权利负瑕疵担保责任的，如由于转让人是以欺骗手段或其他不正当手段取得注册的，或者因为其他可归因于转让人的原因而导致该注册商标被撤销的，则转让人应承担责任。

受让人的权利义务：依约支付商标转让费；在可归于转让人的原因而导致的受让的商标被撤销的，受让人有权要求转让人赔偿损失；受让人有义务保证其使用的商标商品的质量，对消费者负责等。

（二）商标转让合同的变更、撤销、无效

商标转让合同属于典型的民事合同行为，其变更、撤销、无效，适用《民法通则》和《合同法》的相关规定。

商标转让合同的变更、撤销、无效是指在商标转让合同履行的过程中，由于法定情形的出现，或者是由于客观情况的变化，当事人双方经过协商或者由当事人一方单方面意思表示决定，而对合同的内容加以变更、修改，或者终止合同关系的行为。

商标转让合同的变更的原因一般由双方在合同中约定，主要是考虑到在合同履行过程中可能发生情况的变化，如不对合同进行变更，则会导致对合同一方的不公平。

商标转让合同撤销的原因一般是由于一方严重违约，合同相对方有权终止合同。《合同法》规定，有以下三种情况的，当事人一方有权要求变更或撤销合同：因重大误解的；在订立合同时显示公平的；一方以欺诈、胁迫的手段或乘人之危，使对方在违背真实意思的情况下订立的合同，具有撤销权的当事人应当自知道或应当知道撤销事由之日起一年内

提起。

商标转让合同的无效是指合同违反法律的规定，而导致合同自始无效。《合同法》规定：一方以欺诈、胁迫的手段订立合同，损害国家利益；恶意串通，损害国家、集体或者第三人利益；以合法形式掩盖非法目的；损害社会公共利益；违反法律、行政法规的强制性规定。

（三）商标转让合同的履行

商标转让合同的履行，是指商标权转让合同的转让人和受让人各自完成合同约定的义务。

（四）商标转让合同纠纷的类型

商标转让合同纠纷就是指由于商标转让合同的订立、履行、变更、撤销、无效等产生的纠纷。实践中主要包括：

第一，商标转让合同是否成立。

这里主要涉及商标转让合同成立与商标局核准是否有关，北京市高级人民法院《关于审理商标民事纠纷案件若干问题的解答》第 33 条规定："商标注册转让合同没有特别约定的，合同在双方当事人签字或盖章之日起成立并生效。自国家商标行政主管机关核准公告之日起，受让人享有商标权。"

也就是说，商标转让合同自双方签字或盖章之日起成立并生效，商标局核准不是合同生效的条件。但合同生效并不当然产生注册商标专用权转让的效力。注册商标专用权的转让效力应从商标局核准公告之日起算。在实践中，有人抗辩以商标局未核准作为合同无效的理由，这显然是错误的。

第二，未依约定支付商标转让费的。如受让人不按约定支付转让费构成违约时，则转让人有权要求承担违约责任等。

第三，由于合同一方不配合，导致无法向商标局提出申请转让而导致的。

第四，因转让人的原因导致该注册商标被撤销而产生的。

转让人因自己的原因而导致该注册商标被撤销的，转让人应对此承担责任，受让人有权终止合同，并要求转让人赔偿损失。

二、他人擅自转让注册商标的转让纠纷

他人擅自转让注册商标，主要是指行为人伪造商标权人公章或签字等并向商标局提交商标转让申请并被核准转让。

之前在商标局转让审查程序中，商标局只要审查转让人名义与商标档案中所记载注册人名义一致，即视为当事人的真实意思表示，商标局将依照程序予以核准公告。由于出现了很多这种伪造公章或签字的案例。现商标局有所改进，即要求《转让注册商标申请书》的盖章或签字必须与《注册商标申请书》上的一致，否则不予核准转让。虽然，这大大减少了这种伪造公章或签字的案件的发生，但还是不能杜绝，因为，商标局也只能通过肉眼

来判断《注册商标申请书》与《转让注册商标申请书》上的盖章和签名是否一致，同样也可能判断错误。

北京市高级人民法院《关于审理商标民事纠纷案件若干问题的解答》第 39 条规定："他人擅自转让商标权人的注册商标的，属于商标侵权行为，商标权人可以针对此种行为向人民法院提起侵权之诉，请求返还注册商标。商标权人也可以针对商标局核准转让注册商标的行为提起行政诉讼。"

三、商标权人的法定代表人、代理人、股东未经授权转让注册商标的转让纠纷

北京市高级人民法院《关于审理商标民事纠纷案件若干问题的解答》第 38 条规定："商标权人的法定代表人或代理人，未经授权转让商标权人的注册商标的，商标权人可以向人民法院提起民事诉讼。请求确认转让行为无效、返还注册商标。商标权人也可以针对商标局核准注册商标的行为提起行政诉讼。"

商标权人公司的股东或董事未经其他股东或董事同意，或违反公司章程的约定，擅自转让商标予以自己或他人，其商标转让行为无效。商标权人可以向人民法院提起民事诉讼，请求确认转让行为无效、返还注册商标。商标权人也可以针对商标局核准转让注册商标的行为提起行政诉讼。

四、如何代理商标转让纠纷

（一）如何代理商标转让合同纠纷

商标转让合同是由注册商标的转让人（所有人）与受让人签订的，就转让人转让其注册商标给受让人，明确双方的权利义务关系所达成的协议。对于该协议履行等方面的争议，以商标合同条款为准。主要适用《合同法》和《民法通则》。

（二）未经商标权人同意擅自转让其注册商标的行为的处理

未经商标权人同意擅自转让其注册商标的行为，包括采用伪造商标权人公章或签名转让注册商标，或商标权人的法定代表人、股东、董事等未经授权转让注册商标的行为，这些行为都是对商标权侵犯。根据北京市高院的相关规定，作为商标权人有两种选择：

第一，商标权人向人民法院提出确定商标转让行为无效、返还注册商标的民事诉讼；

无论是伪造商标权人的公章或签名转让注册商标，还是股东、董事等未经授权转让商标，其均是未经商标权人的同意，该转让商标不是商标权人的真实意思表示，依法应确认该转让行为无效，返还注册商标。

这种情况下，适用《民事诉讼法》有关民事诉讼管辖的规定。

第二，商标权人可以针对商标局核准转让注册商标的具体行政行为提起行政诉讼。

根据我国《商标法》和《商标法实施条例》的规定，转让注册商标采用的核准制，该核准行为是一种具体行政行为。商标局在核准商标转让过程中，如没有尽到审查义务而做

出了核准转让的具体行政行为，且该具体行政行为可能损害了商标权人的合法权益。因此，根据《行政诉讼法》的规定，当事人不服商标局的具体行政行为的，有权依法提起行政诉讼。

商标局的商标转让核准的具体行政行为针对的具体事项是商标转让申请，针对的主体是商标转让行为的当事人，即商标转让人和受让人。商标权人如认为该具体行政行为损害了其合法权益，有权提起诉讼。而受让人如对商标局不予核准转让的行为不服，也可以提起行政诉讼。

根据《行政诉讼法》的规定，行政诉讼应当由做出具体行政行为的行政机关所在地法院管辖，商标局是商标转让核准的行政主管机关。针对商标局核准转让注册商标的具体行政行为提起的行政诉讼，管辖法院为商标局所在辖区的北京市第一中级人民法院。

3.4.3　商标使用许可合同纠纷案件

一、商标使用许可合同

2013 年《商标法》第 43 条规定："商标注册人可以通过签订商标使用许可合同，许可他人使用其注册商标。许可人应当监督被许可人使用其注册商标的商品质量。被许可人应当保证使用该注册商标的商品质量。"

商标的使用许可不是注册商标的转让，其不发生注册商标权的转移，而是商标权人在一定范围内将其商标使用权许可给被许可人，被许可人以合同规定的方式，在规定范围内行使商标使用权。根据许可方式、范围不同，许可使用包括独占使用许可、排他使用许可、普通使用许可。

商标使用许可合同就是商标注册人与被许可人就注册商标的使用许可达成的协议。履行该许可合同过程中产生的争议，就是商标使用许可纠纷。

二、商标使用许可合同的备案与效力

最高人民法院《关于审理商标民事纠纷案件适用法律若干问题的解释》第 19 条规定："商标使用许可合同未经商标局备案，并不影响合同的法律效力。商标使用许可合同未经备案的，不影响该许可合同的效力，但当事人另有约定的除外。商标使用许可合同未在商标局备案的，不得对抗善意第三人。"2013 年《商标法》第 43 条第 3 款将上述规定上升为法律。从这里可知：

1. 商标使用许可合同的效力与备案无关。由以上规定可知，商标使用许可合同属一种民事合同，只要合同各方意思表示真实、合同内容不违反法律法规规定，除非当事人有特别规定，合同一经合同各方当事人签订即产生法律效力，无须经商标局的核准。

2. 商标许可合同无备案则不能对抗善意第三人。所谓善意第三人，是指该商标使用许可合同当事人以外的与商标权人就涉及该商标进行交易的没有过错的当事人。没有过错

特别是指，对该项未备案商标许可不知情（不知道及不应当知道）的情况。不得对抗，是指在先订立未经备案的商标使用许可合同的效力，不能对抗善意第三人与注册商标人之间就该商标在后订立合同的效力。也就是说，善意第三人的合法权益应当依法受到保护。[①]如同一件注册商标同时或先后许可两个以上的主体使用，那么，未经商标局备案的合同效力要低于经核准备案合同的效力。

3.5 商标的刑事案件

3.5.1 商标刑事案件的概述

我国对商标侵权追究刑事责任始于1979年《刑法》，该法规定假冒注册商标应追究刑事责任，1993年，商标法修改的同时，全国人大常委会通过了关于惩治假冒注册商标犯罪的补充规定，1997年修改刑法时，将上述规定纳入了《刑法》的第213、214、215条。

我国现行《刑法》在“侵犯知识产权罪”中明确列举规定了三种商标犯罪：假冒注册商标罪、销售假冒注册商标的商品罪以及非法制造、销售非法制造的注册商标标识罪。

一、假冒注册商标罪

《刑法》第213条规定：“未经注册商标所有人许可，在同一种商品上使用与其注册商标相同的商标，情节严重的，处三年以下有期徒刑或者拘役，并处或者单处罚金；情节特别严重的，处三年以上七年以下有期徒刑，并处罚金。”

假冒注册商标罪，是指未经注册商标所有人许可，在同一种商品上使用与其注册商标相同的商标，情节严重的行为。应该注意的是，刑法未将在同种商品上使用与他人注册商标近似商标的行为，或在类似商品上使用与注册商标相同或近似商标的行为列为假冒注册商标罪中，对于这些行为不能追究刑事责任，只能追究民事责任。构成本案，在客观方面要注意如下几点：

1. 未经注册商标人许可：是指没有取得商标权人的同意或授权，但行为人虽获得注册商标权人的许可，但超越许可合同的时间范围、商品类别范围、地域范围的使用，同样构成“未经注册商标权人许可”。

2. 在同一种商品上使用与他人注册商标相同的商标。

最高人民法院、最高人民检察院、公安部《关于办理侵犯知识产权刑事案件适用法律若干问题的意见》第5条规定，所谓“同一种商品”是指名称相同的商品以及名称不同但指同一事物的商品，可以认定为“同一种商品”。“名称”是指国家工商行政管理总局商标局在商标注册工作中对商品使用的名称，通常即《商标注册用商品和服务国际分类》中规

① 参见沈德咏主编：《知识产权司法解释理解与适用》，2版，225页，北京，法律出版社，2011。

定的商品名称。“名称不同但指同一事物的商品”是指在功能、用途、主要原料、消费对象、销售渠道等方面相同或者基本相同，相关公众一般认为是同一种事物的商品。

最高人民法院、最高人民检察院《关于办理侵犯知识产权刑事案件具体应用法律若干问题的解释》第 8 条规定，“相同的商标”，是指与被假冒的注册商标完全相同，或者与被假冒的注册商标在视觉上基本无差别、足以对公众产生误导的商标。最高人民法院《关于办理侵犯知识产权刑事案件适用法律若干问题的意见》第 6 条进一步对“相同商标”进行了规定，“改变注册商标的字体、字母大小写或者文字横竖排列，与注册商标之间仅有细微差别的；”“改变注册商标的文字、字母、数字等之间的间距，不影响体现注册商标显著特征的”；“改变注册商标颜色的”；“其他与注册商标在视觉上基本无差别、足以对公众产生误导的商标”。属于上述情形的可以认定为“与其注册商标相同的商标”。

假冒他人注册商标必须是有效的注册商标。如果假冒他人未经注册的商标，或者假冒曾经注册而后被注销的商标，则不构成本罪。

最高人民法院、最高人民检察院《关于办理侵犯知识产权刑事案件具体应用法律若干问题的解释》第 8 条规定，“使用”，是指将注册商标或者假冒的注册商标用于商品、商品包装或者容器以及产品说明书、商品交易文书，或者将注册商标或者假冒的注册商标用于广告宣传、展览以及其他商业活动等行为。

构成本罪的客观方面必须具备以上几个要件，缺一不可。

3. 假冒他人注册商标的行为必须情节严重才构成犯罪。

最高人民法院、最高人民检察院《关于办理侵犯知识产权刑事案件具体应用法律若干问题的解释》第 1 条规定，未经注册商标所有人许可，在同一种商品上使用与其注册商标相同的商标，具有下列情形之一的，属于《刑法》第 213 条规定的“情节严重”：非法经营数额在 5 万元以上或者违法所得数额在 3 万元以上的；假冒两种以上注册商标，非法经营数额在 3 万元以上或者违法所得数额在 2 万元以上的；其他情节严重的情形。

4. 假冒注册商标罪的处罚。

假冒注册商标罪，情节严重的，处 3 年以下有期徒刑或者拘役，并处或者单处罚金；情节特别严重的，处 3 年以上 7 年以下有期徒刑，并处罚金。

根据最高人民法院、最高人民检察院《关于办理侵犯知识产权刑事案件具体应用法律若干问题的解释》第 1 条规定，“情节特别严重”是指：非法经营数额在 25 万元以上或者违法所得数额在 15 万元以上的；假冒两种以上注册商标，非法经营数额在 15 万元以上或者违法所得数额在 10 万元以上的；其他情节特别严重的情形。

二、销售假冒注册商标商品罪

《刑法》第 214 条规定：“销售明知是假冒注册商标的商品，销售金额数额较大的，处三年以下有期徒刑或者拘役，并处或者单处罚金；销售金额数额巨大的，处三年以上七年以下有期徒刑，并处罚金。”

销售假冒注册商标商品罪是指销售明知是假冒注册商标的商品，销售金额数额较大的行为。构成本案，在客观方面要注意如下几点：

（一）行为人明知是假冒注册商标的商品而予以销售

根据最高人民法院、最高人民检察院《关于办理侵犯知识产权刑事案件具体应用法律若干问题的解释》第9条规定，具有下列情形之一的，应当认定为属于《刑法》第214条规定的“明知”：知道自己销售的商品上的注册商标被涂改、调换或者覆盖的；因销售假冒注册商标的商品受到过行政处罚或者承担过民事责任、又销售同一种假冒注册商标的商品的；伪造、涂改商标注册人授权文件或者知道该文件被伪造、涂改的；其他知道或者应当知道是假冒注册商标的商品的情形。

（二）销售假冒注册商标的商品，必须销售金额数额较大，才构成犯罪

最高人民法院、最高人民检察院《关于办理侵犯知识产权刑事案件具体应用法律若干问题的解释》第1条规定，销售明知是假冒注册商标的商品，销售金额在五万元以上的，属于《刑法》第214条规定的“数额较大”。

所谓“销售金额”是指销售假冒注册商标的商品所得和应得的全部违法收入。

（三）销售假冒注册商标商品罪的处罚

销售假冒注册商标商品罪，销售金额数额较大的，处3年以下有期徒刑或者拘役，并处或者单处罚金；销售金额数额巨大的，处3年以上7年以下有期徒刑，并处罚金。

根据最高人民法院、最高人民检察院《关于办理侵犯知识产权刑事案件具体应用法律若干问题的解释》第1条规定，“销售金额数额巨大”是指：销售金额数额在25万元以上。

三、非法制造、销售非法制造的注册商标标识罪

《刑法》第215条规定：“伪造、擅自制造他人注册商标标识或者销售伪造、擅自制造的注册商标标识，情节严重的，处三年以下有期徒刑、拘役或者管制，并处或者单处罚金；情节特别严重的，处三年以上七年以下有期徒刑，并处罚金。”

非法制造、销售非法制造的注册商标标识罪，是指违反商标管理法规，伪造、擅自制造他人注册商标标识或者销售伪造、擅自制造的商标标识，情节严重的行为。构成本案，要注意如下几点：

1. 所谓“伪造”是指未取得指定印制商标单位资格的单位和个人，未经注册商标所有人的委托或授权，私自制作与他人注册商标标识相同的商标标识，或非商标所有人，委托他人包括有权印制单位为自己非法制造他人注册商标的行为。所谓“擅自制造”，是指依法经过批准有权印制商标的单位或个人，未经商标所有人的委托，制造与其注册商标标识相同的商标标识。

2. 伪造、擅自制造的必须是注册商标，如伪造、擅自制造的是未经注册的商标标识或虽经注册但已超过有效期限的商标标识，就不构成本罪。

3. 必须“情节严重”才构成犯罪。

最高人民法院、最高人民检察院《关于办理侵犯知识产权刑事案件具体应用法律若干

问题的解释》第 3 条规定，伪造、擅自制造他人注册商标标识或者销售伪造、擅自制造的注册商标标识，具有下列情形之一的，属于《刑法》第 215 条规定的“情节严重”：伪造、擅自制造或者销售伪造、擅自制造的注册商标标识数量在 2 万件以上，或者非法经营数额在 5 万元以上，或者违法所得数额在 3 万元以上的；伪造、擅自制造或者销售伪造、擅自制造两种以上注册商标标识数量在 1 万件以上，或者非法经营数额在 3 万元以上，或者违法所得数额在 2 万元以上的；其他情节严重的情形。

4. 非法制造、销售非法制造的注册商标标识罪的处罚。

非法制造、销售非法制造的注册商标标识罪，情节严重的，判处 3 年以下有期徒刑、拘役或者管制，并处或者单处罚金。情节特别严重的，处 3 年以上 7 年以下有期徒刑，并处罚金。

具有下列情形之一的，属于《刑法》第 215 条规定的“情节特别严重”，应当以非法制造、销售非法制造的注册商标标识罪判处 3 年以上 7 年以下有期徒刑，并处罚金：伪造、擅自制造或者销售伪造、擅自制造的注册商标标识数量在 10 万件以上，或者非法经营数额在 25 万元以上，或者违法所得数额在 15 万元以上的；伪造、擅自制造或者销售伪造、擅自制造两种以上注册商标标识数量在 5 万件以上，或者非法经营数额在 15 万元以上，或者违法所得数额在 10 万元以上的；其他情节特别严重的情形。

3.5.2　代理商标刑事案件的被害人

当注册商标权人或利害关系人发现有侵害注册商标权的犯罪事实或犯罪嫌疑人时，有权向公安机关报案；在行政查处过程中，对于构成犯罪的，请求工商行政管理部门将案件移送公安机关；向人民法院提起自诉，追究被告的刑事责任。

一、代理被害人向公安机关报案

注册商标人发现有侵犯注册商标专用权的犯罪事实或犯罪嫌疑人，有权向公安机关报案。当然，任何单位和个人发现有犯罪事实时，都有权利和义务向公安机关报案。报案依法可以以书面或口头形式提出，但代理人应向公安机关提交报案书，并附相关的证据或线索，以便公安机关尽快立案并展开侦查。

报案书应包括报案人的基本情况、报案请求、犯罪事实或犯罪嫌疑人的基本情况、构成犯罪的法律依据等。附相关的证据或线索：商标注册证、犯罪嫌疑人使用的商标标识的商品实物、照片、犯罪地点的现场照片等。凡是能证明犯罪行为的时间、地点、手段、数量的证据材料或线索越多，越有利于公安机关的侦查。

二、请求工商行政机关将案件移送公安机关

有些案件是在工商行政管理部门行政查处时，发现违法行为足以构成犯罪时，注册商标权人或利害关系人应请求工商行政管理部门将案件移送公安机关处理。《商标法》第 61

条规定："对侵犯注册商标专用权的行为，工商行政管理部门有权依法查处；涉嫌犯罪的，应当及时移送司法机关依法处理。"

三、向人民法院提起自诉

《刑事诉讼法》第 204 条第 2 项规定"被害人有证据证明的轻微刑事案件"，被害人可以提起自诉。

最高人民法院《关于适用〈中华人民共和国刑事诉讼法〉的解释》第 1 条规定，侵犯知识产权案（《刑法》分则第三章第七节规定的，但是严重危害社会秩序和国家利益的除外），被害人直接向人民法院起诉的，人民法院应当依法受理。对于其中证据不足、可由公安机关受理的，或者认为对被告人可能判处 3 年有期徒刑以上刑罚的，应当移送公安机关立案侦查。

人民法院受理自诉案件必须符合如下条件：属于刑事诉讼法规定的自诉案件；属于本院管辖的"刑事案件的被害人告诉的；有明确的被告人、具体的诉讼请求和能证明被告人犯罪事实的证据"。

自诉人应当提交刑事自诉状，书写自诉状有困难的，也可以口头告诉。自诉状应包括自诉人基本情况、被告人基本情况、被告人犯罪行为的时间、地点、手段、情节和危害后果等；具体的诉讼请求等。

人民法院受理自诉案件后，对于当事人因客观原因不能取得并提供有关证据，可以申请人民法院调取。

侵犯知识产权的犯罪的自诉案件，可以调解，既可自行和解，也可由人民法院在查明事实、分清是非的基础上进行调解。

四、提起刑事附带民事诉讼或单独提起民事侵权诉讼

按照法律规定，被害人由于被告人的犯罪行为而遭受物质损失的，在刑事诉讼过程中，有权提起附带民事诉讼。原告要求赔偿可以随刑事案件提起附带民事诉讼，也可以单独提起民事诉讼。两种途径各有利弊。第一种途径的优点是原告比较省事，也不用交诉讼费，而且一般判决比较快；第二种途径，可以追究没有承担刑事责任的被告人承担赔偿责任等。代理律师可以具体案件具体分析，最后确定一种途径来要求被告人承担赔偿责任。

3.5.3　代理商标刑事案件的被告人

《刑事诉讼法》第 35 条规定："辩护人的责任是根据事实和法律，提出犯罪嫌疑人、被告人无罪、罪轻或者减轻、免除其刑事责任的材料和意见，维护犯罪嫌疑人、被告人的诉讼权利和其他合法权益。"

律师作为代理商标刑事案件的被告人的辩护人，应注意分析三种犯罪的构成要件来判断被告人是否构成犯罪以及罪的轻重，并收集有关证据材料。

针对不同的刑事案件，辩护要点是不同的，下面做一简要分析：

一、假冒注册商标罪

第一，审查被告人是否经注册商标人或利害关系人的许可，如是许可的，则不构成犯罪；

第二，审查涉嫌侵犯的商标是否“注册商标”，如是未注册商标、或虽注册但已被撤销的商标、或过期未续展的商标，如侵犯的是这些商标，也不构成犯罪；

第三，被告人使用涉嫌商标标识的商品与注册商标核准的商品不属于“同一种商品”，如仅属于类似商品，不构成犯罪；

第四，被告人使用的商标标识与注册商标的标识不相同，如仅属于近似商标，不构成犯罪。

第五，被告人的行为并未达到“情节严重”的程度，不构成犯罪。

二、销售假冒注册商标商品罪

第一，审查涉嫌侵犯的商标是否“注册商标”，如是未注册商标、或虽注册但已被撤销的商标、或过期未续展的商标，如侵犯的是这些商标，也不构成犯罪；

第二，被告人销售的涉嫌商标标识的商品与注册商标核准的商品不属于“同一种商品”，如仅属于类似商品，不构成犯罪；

第三，被告人销售的商标标识与注册商标的标识不相同，如仅属于近似商标，不构成犯罪；

第四，审查行为人是否“明知”是假冒注册商标的商品而予以销售；

律师可以提供证据来证明被告不知道其销售的商品为假冒注册商标的商品。如采购商品的来源、价格合理，尽了合理的注意义务审查了供应商的资质等。

第五，审查销售假冒注册商标的商品的销售金额是否构成“数额较大”，如达不到“数额较大”，则不构成犯罪。

三、非法制造、销售非法制造的注册商标标识罪

第一，审查伪造、擅自制造的是否为“注册商标”，如伪造、擅自制造的是未经注册的商标标识或虽经注册但已超过有效期限的商标标识，就不构成本罪。

第二，必须“情节严重”才构成犯罪，即非法制造、销售非法制造的注册商标标识的数量、违法所得和非法经营数额是否达到法定标准。如未达到，则不构成犯罪。

辩护人应结合假冒商标罪等具体案件的构成要件，同时也要考虑一般刑事案件的辩护方法，综合起来，为维护被告人的合法权益，提供切实可行的辩护方案。

四、刑事自诉案件

基本的辩护要点与公诉案件的基本一样，另外，在刑事自诉人的证据充分的情况下，

作为被告的辩护人要利用好刑事自诉案件的和解制度，与刑事自诉人和解，使被告人免予刑事处罚。

实例解析

商标刑事诉讼的证据认定问题。

章某被诉销售假冒注册商标的商品案

（2011）穗越法刑初字第 627 号

一、案情简介

2004 年 7 月，被告人陈某成立广州市某贸易有限公司并担任法定代表人，2006 年 8 月，被告人章某入股该公司成为股东与陈某共同经营，销售 NISSAN（日产）汽车零配件。2011 年 3 月 7 日，陈某和章某因涉嫌销售假冒 NISSAN（日产）注册商标的汽车零配件被公安机关查获，公安机关认定已销售商品价值是 120 635 元，未销售商品的价值是 596 040 元。

被告人陈某和被告人章某于 2011 年 3 月 7 日被执行刑事拘留，2011 年 4 月 12 日被执行逮捕，2011 年 6 月 13 日被移送审查起诉，2011 年 7 月 28 日被提起公诉，罪名是销售假冒注册商标商品罪。

二、办案经过

受犯罪嫌疑人章某的近亲属委托，本律师在该案的侦查阶段多次会见了章某，通过询问了解到章某销售的汽车配件包括正厂产品（日产公司的产品）以及副厂产品（非日产公司的产品，在副厂产品上使用的商标为“NISSAN”）。

2011 年 8 月 3 日前去检察院阅卷，复制拍照了已销售商品司法鉴定检验报告书（大同检字［2011］21 号）；移送法院以后，又从法院复印了未销售商品财产价格鉴定结论书（穗越价鉴［2011］295 号），其中包括了涉案产品的销售清单、出库清单和未销售产品的照片。商标权人日产公司还分别出具了产品真伪鉴定报告和价格鉴定报告。

三、辩护人举证

1. 被告人公司从 NISSAN 4S 店购买正厂产品的发票 4 本；

2. 国家工商行政管理总局商标局编印的《商品和服务分类表》；

3. 辩护人自制表格 8 份。

四、辩护意见

1. 关于本案中销售假冒注册商标罪的犯罪对象

本案中，报案人提供了 7 个注册商标证复印件作为证据：①使用在第 12 类部分商品上的第 3594033 号英文文字商标；②第 12 类部分商品上的第 G766023 号“NISSAN 及图”商标；③第 37 类部分服务上的第 G766023 号“NISSAN 及图”商标；④第 12 类部分商品上的第 739763 号“NISSAN 及图”商标；⑤第 19 类部分商品上的第 99443 号中文文字商标；⑥第 7 类部分商品上的第 3555535 号英文文字商标；⑦第 7 类部分商品上的第

3555581号“NISSAN及图”商标。举报人提供的材料中声明“所填内容及提交的投诉材料全面、真实。”

其中，③第37类服务项目上的第G766023号服务商标不符合《商标法》第4条第1款“商品商标”对象要求的规定，⑤第99443号属于中文文字商标与本案无关，结合扣押物品的照片，本案中，扣押物品上显示的为英文文字英文商标，根据最高法、最高检《关于办理侵犯知识产权刑事案件具体应用法律若干问题的解释》（法释［2004］19号）第8条及最高法、最高检、公安部《关于办理侵犯知识产权刑事案件适用法律若干问题的意见》（法发［2011］3号）第6条“在视觉上基本无差别、足以对公众产生误导的商标”的“相同商标”的规定，应当排除②第G766023号、④第739763号、⑤第99443号、⑦第3555581号产品商标及③第G766023号服务商标。

因此，本案中仅需比对①第12类商品上的第3594033号、⑥第7类商品上的第3555535号注册商标的商品是否与扣押物品构成“法发［2011］3号”意见第5条“同一种商品”的认定，根据该规定，认定“同一种商品”应当在权利人注册商标核定使用的产品和行为人实际生产销售的商品之间进行比较。

本案中，根据国家工商行政管理总局商标局《类似商品和服务区分表》的规定，车辆保险杆（编号：120077）明确分类在12类1202组，但权利人日产公司该两商标上未见注册，而车辆灯（110027）、车灯（110027）、汽车前灯（110037）明确分类在第11类1101组，而日产公司未提供第11类商品的注册商标，发动机油（040104）明确分类在第4类0401组，而日产公司未提供第4类商品的注册商标，这三类商品应予剔除在追究本案刑事责任的假冒商标的商品之外；汽车发动机冷却用散热器（C07039）明确分类在第7类0748组，而日产公司提供的注册商标上未见该品名或“散热器总成”品名，因此，该商标商品应予剔除在追究本案刑事责任的假冒注册商标的商品之外。

另外，本案中陈某、章某指认的导风扇总成21483－EW（照片上笔误成水箱）（见扣押物品照片第9、54页）、前门玻璃升降器80720-9W20A-B115（照片第24、69页）上均无注册商标，根据“法发［2011］3号”意见第7条的规定，该部分不应计入非法经营额或未销售假冒注册商标的产品金额。

2. 从已销售产品情况来看，被告人章某不构成销售假冒注册商标商品罪既遂

从销售清单及出库清单来看，公诉机关指控的产品为画线部分（画黄线）及标记部分(产品或型号上标记有圆圈)，其中为数较多的销售及出库清单上均清晰地标注有“正厂”、“台湾”等字样，且该价格高于正厂产品或与正厂产品价格相当，结合被告人该部分来源于日产公司4S店的供述，该部分产品属于日产公司的真货，该部分商品价值合计49 511元。

比对司法鉴定检验报告书（大同检字［2011］21号）及销售清单及出库清单，其中部分记录在报告书中的产品在销售清单及出库清单上没有找到具体的出处，该部分金额为7 242元。

非法经营额应剔除不属于日产公司注册商标中核定使用的商品，包括后杠、前杠、机

油、前照灯灯体总成、后组合灯总成、电子扇总成等商品，该部分可剔除商品至少有56 691元。

根据章某的供述，在产品型号编码上最后一个字母标注有“F”的方为“付厂”产品，该部分产品的金额仅为16 493元。也就是说，根据章某的供述，“付厂”产品的销售额或称非法经营额仅为16 493元。

综上，根据法释［2004］19号司法解释第2条“销售明知是假冒注册商标的商品，销售金额在五万元以上的，属于刑法第二百一十四条规定的数额较大”的规定，司法鉴定检验报告书（大同检字［2011］21号）在剔除上述金额以后，本案已销售金额显然在五万元以下，单从已销售产品金额来看，被告人章某不构成销售假冒注册商标的商品罪既遂。

3. 被告人章某的行为是犯罪未遂

根据公诉机关出示的未销售产品涉案财产价格鉴定结论书（穗越价鉴［2011］295号），鉴定序列4与序号21的物品属于重复计算，且鉴定单价错误，该两序号的产品名称规格均为“散热器总成，型号2146-9W200-A128”，两者价格一个为1 276元，一个为853元，两者数量一个为17个，一个为20个，显属重复计算，辩护人认为应剔除序号4的产品及其金额21 692元。

序号24“导风罩总成型号21483-EW”、序号37“前门玻璃升降器，型号80720-9W20A-B115”两种产品由于产品及包装箱上不存在注册商标也不可能在销售前再另行标注假冒注册商标，应剔除该两序号24、37的产品及其金额2 961元。

根据法释［2004］19号司法解释第12条关于“未销售的侵权产品的价值”的计算顺序，首先“按照标价或者已经查清的侵权产品的实际销售平均价格计算”，没有标价也未销售的，才依据按被侵权产品的市场中间价计算的规定，鉴定结论书（穗越价鉴［2011］295号）中序号1、2、3、5、8、9、12、18、19、21、25、26、27、28、32、34共十六种产品在前述已经查封的销售清单上已有侵权产品实际销售的情况下，仍然按照日产公司提供的其他价格计算不当，根据司法解释的规定，该十六种产品，鉴定结论书（穗越价鉴［2011］295号）多认定金额为26 0685－88 149＝172 536元，该溢出的价格应当在鉴定结论书中修正。

鉴于车辆保险杆、车灯、机油、散热器等商品未见权利人日产公司提供相应的注册商标，在日产公司商标被认定为驰名商标的前提下，该部分虽然构成《民法》、《商标法》意义上可以跨类保护的商品，但不能构成刑法意义上的假冒注册商标罪的商品，因此序号1、2、3、4、6、7、8、16、17、18、19、20、21、22、25、26、27、28、29等商品应当予以剔除。

结合前述部分的意见，涉案财产价格鉴定结论书（穗越价鉴［2011］295号）经前述剔除和修正后的尚未销售的假冒注册商标的商品及其鉴定价格应为：20万元左右。

由于侦查机关查获的产品没有区分正厂产品和假冒产品，其中正厂产品同样需要剔除，在剔除后，假冒产品金额将更低。

侦查机关在没有了解全部案情之前，仅仅依据投诉人的投诉，以投诉人未直接向被告人单位供货为由，未全面了解到被告人单位有向4S店采购的事实，将正厂产品和付厂产品均作为假冒注册商标的商品来对待。

实际上，更为重要的是，在没有区分、鉴定正厂产品和付厂产品、分别清点两者数量之前，全部产品并未依法查封，而是已经交由废品回收站处理；使得本案事实已经无法查清。

这些正厂产品虽然没有经过NISSAN公司授权，但它们均来源于NISSAN 4S店，属于能够说明商品来源的正厂产品，既不构成民事侵权，更不构成刑事责任；如NISSAN公司欲追究责任，只能依据其与4S店之间的合同，追究4S店的违约责任，与被告章某无关。

公诉机关关于司法鉴定检验报告书（大同检字［2011］21号）和涉案财产价格鉴定结论书（穗越价鉴［2011］295号）已经排除了正厂产品的意见是错误的，因为本案的两家司法鉴定机构均只有物价鉴定的资质，没有鉴定产品真伪的资质和能力，且在材料中，也没有对正厂产品进行排除的记载。

根据“法发［2011］3号”意见第8条第1款第2项的规定“假冒注册商标的商品部分销售，已销售金额不满五万元，但与尚未销售的假冒注册商标的商品的货值金额合计在十五万元以上的，以销售假冒注册商标的商品罪（未遂）定罪处罚”，鉴于本案已销售部分的金额尚未查清，未销售部分的金额最多约20万元左右（在未排除真货部分之前），本案仅构成销售假冒注册商标的商品罪（未遂），根据《中华人民共和国刑法》第23条的规定，可以比照既遂犯从轻或者减轻处罚。

4. 被告人章某具有自首情节

5. 被告人章某系初犯

章某不是鸣丰公司的法定代表人，且销售所有假冒NISSAN注册商标的商品，陈某是明知甚至是其授权而为的，因此，章某的责任应当轻于陈某的责任。

在人民法院仍然适用法释［2004］19号司法解释的前提下，认同陈某的辩护律师关于本案属于单位犯罪的法理分析（2007年以后，这一辩护对当事人不利，因单位犯罪可能增加罚金而对减少刑期未必有利），同时提请注意，该被诉公司本身主要经营的是正牌的西门子配件产品和NISSAN牌配件产品，而并非为专门实施侵权或假冒产品的项目公司。

五、结果

法院采纳了：（1）章某属于自首的辩护意见。（2）章某责任轻于陈某的辩护意见。（3）本案为犯罪未遂的辩护意见。（4）本案为单位犯罪。

六、刑事判决书

判决：（1）被告人陈某犯销售假冒注册商标的商品罪，判处有期徒刑二年，缓刑二年六个月，并处罚金十万元。（2）被告人章某犯销售假冒注册商标的商品罪，判处有期徒刑一年六个月，缓刑二年，并处罚金五万元。（3）扣押在案的假冒注册商标的汽车配件予以没收销毁。

简要评析

本案中，从侦查机关、公诉机关和审判机关来看，最初均特别注重对被告人供述、证人证言的收集、举证、质证，对两份鉴定书的质证原以为也就是走过场。但从知识产权律师角度，我们一反刑辩常规，从知识产权犯罪构成要件着眼，并通过细致分析鉴定书，发现其中巨大的漏洞。最后经过律师的努力，取得较好的结果。

本案律师主要从下面几个方面着手准备辩护证据：

1. 犯罪对象：（1）商品上是否有注册商标、商标是否相同；（2）是否属于核定使用商品（同一种商品）；

2. 已销售商品：（1）真货、假冒商品在销售单据上如何区分？与被告人的供述是否一致？被告人的供述是否有合理性？（2）价格鉴定书上是否存在无销售清单出处等问题？（3）非犯罪对象的排除等。

3. 未销售商品：（1）产品真伪鉴定，是否商品已销毁？鉴定人有无鉴定资质？鉴定手段？（从本案来讲，由于在产品真伪不明的情况下，已经销毁，严格来说，本案只能按照疑罪从无的原则处理。）（2）数量，是否存在重复计算？（3）区分已销售商品和未销售商品鉴定价格。（4）非犯罪对象的排除等。

4. 根据“法发［2011］3号”意见第8条司法解释判断是否构成犯罪，是既遂还是未遂，是数额巨大、较大？

5. 是否存在自首、是否初犯？（区分单位犯罪和个人犯罪无意义）

练习与测试

1. 什么是海关“依申请保护”和“依职权保护”；“依申请保护”和“依职权保护”有何不同？

2. 商标海关保护备案有何意义？

3. 商标确权诉讼案件有哪几种类型？在行政诉讼中新提交的证据是否应采纳？

4. 商标侵权行为的主要类型有哪些？

5. 商标专用权的范围与商标权保护范围的异同？

6. 商标侵权是否以混淆为条件？

7. 如何判定商标的相同与近似，商品的相同与类似？

8. 人民法院受理确认不侵犯商标权之诉的条件？

9. 如何理解商标使用许可合同未在商标局备案的，不得对抗善意第三人？

10. 假冒商标罪构成的要件？

单元总结

本单元一共五节，第一节主要介绍了商标行政保护案件的代理，包括工商行政保护和海关保护，在“工商行政保护”介绍了申请商标行政保护的一般程序和如何应对行政查处；“海关保护”介绍了“依申请保护”和“依职权保护”的区别，也介绍了律师如分别代理两方时要注意的问题；第二节商标行政诉讼案件，介绍了商标确权诉讼案件及其他不服工商行政部门的具体行政行为而产生的行政诉讼案件，由于商标确权案件中商标异议、商标争议、撤销等在第二单元中详细介绍过，这里就不重复了；第三节商标侵权纠纷案件，这是本单元的重点，主要介绍了商标侵权行为的类型，如何认定商标相同或近似，如何认定商品相同或类似，如何代理原告，代理被告如何组织抗辩等。第四节是商标其他民事纠纷案件，主要涉及商标权属纠纷、商标转让纠纷、商标使用许可合同纠纷等；第五节是商标的刑事案件，主要介绍了商标刑事案件的三种类型，其各自的构成要件是什么，如何代理商标权人追究被告人的刑事责任，如何为商标刑事案件的被告人辩护。

第
4
章

商标的其他非诉讼业务

单元要点

本单元学习要点在于介绍商标的各种非诉讼业务，包括帮企业申请注册商标、变更、续展商标，商标的转让、许可使用、商标的质押以及驰名商标的认定与保护等问题的相关基本知识及代理或处理这些商标非诉讼业务的基本的操作规范及应对方法。

学习目标

通过本章的学习，达到能够了解和掌握各种商标非诉讼业务，包括企业的商标法律顾问、商标的转让、许可使用、商标的质押以及驰名商标的认定与保护等业务的操作流程及处理方法。

4.1 商标法律顾问

4.1.1 常年法律顾问

律师担任企业的常年法律顾问，除了在企业的知识产权诉讼中发挥作用外，还应当积极参与到企业的知识产权经营管理活动中去，具体到企业的商标工作，律师的工作主要有以下几项。

一、帮助企业申请注册商标

1. 帮助企业选择显著性强的商标。商标作为识别企业商品或服务的标志，其显著性的强弱直接影响着其商标申请能否成功，也是保护驰名商标需要考虑的重要因素之一，更重要的是它对商品或服务销售的影响巨大。

2. 进行商标申请前的查询，避免与在先申请冲突。这不是商标申请注册的必经程序，但为了提高商标注册的成功率，此项工作非常必要。商标近似查询可以通过国家工商行政管理总局商标局网站（http：//sbj. saic. gov. cn/）或者专门的商标查询监测软件进行查询。

3. 根据企业具体情况和需求，组织进行国内外商标注册申请。国内申请商标注册有两种途径：一是企业直接到商标局商标注册大厅去办理；另一种是委托国家认可的商标代理机构办理。国外申请商标注册也主要有两种方式：一是逐一国家注册，即申请人需要在哪个国家或地区取得商标专用权的保护，即按照该国家或地区的法律规定，提出商标注册申请，这是一种传统的国外申请商标注册的方法，但手续烦琐、费用高、时间长；另一种是马德里商标国际注册，即通常所说的商标国际注册，马德里商标国际注册具有手续简便、费用低廉、时间快捷等优点，目前被普遍采用，但这种注册途径仅限于马德里联盟的成员国，且要求以国内申请或注册为基础。

4. 商标审查和核准注册阶段的工作。监控商标注册申请全过程，负责在商标受理、审查、复审过程中与商标局或商标代理机构等相关部门的联络，交涉和费用支付；取得商标申请受理通知书、初步审查通知书、核准注册通知书及商标注册证书后，要及时归档、登记入册。

二、帮助企业及时变更、续展商标

1. 商标在注册以后的使用过程中，如果发生商标注册人的名称、地址等注册事项变更的情况。2013 年《商标法》第 41 条规定，注册商标需要变更注册人的名义、地址或者其他注册事项的，应当提出变更申请。律师应当及时提醒企业办理相应的变更手续，否则就会影响企业合法使用自己的注册商标，使企业的注册商标得不到法律的有效保护。

商标的注册事项变更除了变更商标注册人名义、变更商标注册人地址外，变更商标其他注册事项主要包括商标注册代理人的变更、删减商标注册申请中指定的商品等。

《商标法实施条例》第 30 条规定，变更商标注册人名义或者地址的，商标注册人应当将其全部注册商标一并变更；未一并变更的，视为放弃变更申请，商标局应当书面通知申请人。因此企业在商标注册人名义或者地址变更时，律师应当提醒企业“必须将其全部注册商标一并办理”。

2. 2013 年《商标法》第 39 条规定，注册商标的有效期为 10 年，自核准注册之日起计算。2001 年《商标法》第 38 条规定，注册商标有效期满，需要继续使用的，应当在期满前 6 个月内申请续展注册；在此期间未能提出申请的，可以给予 6 个月的宽展期。宽展期满仍未提出申请的，注销其注册商标，即商标无效。因此，律师作为企业的常年法律顾问，在该企业使用的商标接近 10 年时，应当及时提醒企业办理续展注册手续。

但，2013 年《商标法》第 40 条对商标的延展申请时间作出调整，具体规定：“注册商标有效期满，需要继续使用的，商标注册人应当在期满前十二个月内按照规定办理续展手续；在此期间未能办理的，可以给予六个月的宽展期。每次续展注册的有效期为十年，自该商标上一届有效期满次日起计算。期满未办理续展手续的，注销其注册商标。”

三、帮助企业做好商标转让、使用许可的工作

（一）做好商标转让、使用许可的前期调研工作

对于商标权转让工作的前期调研内容主要包括：(1) 转让人是否为合法有效的商标权利人。(2) 转让商标是否存在权利瑕疵，例如商标已许可他人使用、存在权利质押等情况。(3) 转让商标为多主体共同拥有的商标，是否经其他共有人的同意。(4) 如果转让商标是国家规定必须使用注册商标的商品的商标，其受让人是否获得了有关主管部门的批准证明文件。比如，人用药品的商标受让人应当提供卫生行政部门发给的证明文件。(5) 商标转让人是否对其在同一种或类似商品上已注册或者申请中的相同或者近似的商标一并转

让，否则就会因违反“一并转让原则”而无法获得商标局批准。（6）转让商标是否存在 2002 年《商标法实施条例》第 25 条第 3 款规定的商标转让后可能产生误认、混淆或者其他不良影响，如果存在则无法获得商标局核准。

对于商标使用许可前期调研工作的主要内容包括：（1）使用许可商标的法律状况的调查，包括：商标注册情况、商标权的失效、商标权的续展、商标权的地域性等。（2）商标的知名度。商标的知名度越大，其价值就越高。（3）通过市场调查及预测分析，确定商标许可的地域范围、许可的种类、许可的期限。许可地理范围包括：全国或者某个省、市等；许可的种类包括：独占使用许可，排他使用许可和普通使用许可；许可期限不应超过商标权的剩余期限。（4）对被许可方的情况进行全面的调查，包括主体资格、经营范围、经营规模、经济实力和信誉度等。（5）商标权资产评估工作。

（二）把好商标转让、使用许可合同签订关

商标权转让合同的主要内容为：（1）当事人双方的名称、地址；（2）转让商标的名称、样式、注册国别、注册号、续展日期等；（3）转让的价格及价金交付的方式；（4）转让人承担转让商标的瑕疵担保责任；（5）转让人应当承诺不存在以其名义已取得注册或者处于申请中的与转让商标相同或者近似的其他商标，或者承诺上述商标已一并转让，并承诺在商标转让申请办理过程中，转让人不得再以其名义申请注册与转让商标相同或者近似的其他商标；（6）转让人的义务：如实告知转让商标相关信息的义务；在商标局核准商标转让前，如转让商标权受到不法侵害，负有主动制止侵权的义务；配合受让人向商标局办理商标转让申请手续的义务等；（7）违约责任及争议的解决办法；（8）其他条款。商标转让，要经商标局审查符合规定予以核准，发给受让人相应证明，并予以公告，受让人自公告之日起享有商标专用权。

商标使用许可合同的内容主要为：（1）合同双方当事人的名称、地址、法定代表人的姓名；（2）许可使用的商标、注册证号码、商标有效期、使用商品的种类和名称；（3）许可使用的形式；（4）许可使用的商品或者服务范围、地域范围及使用期限；（5）许可人保证被许可商标合法有效、不存在权利瑕疵，保证在被许可商标专用权受到侵害时主动、及时排除妨碍、制止侵权或者配合被许可人排除妨碍、制止侵权；（6）许可使用合同有效期间，许可人如将商标转让他人，应当如实告知被许可人，且商标转让不得影响许可使用合同的效力；（7）被许可商标使用费数额、计算方法及其支付方式；（8）许可使用合同的变更、解除及终止的条件；（9）违约责任；（10）争议解决的方式；（11）双方当事人认为需要约定的其他事项。许可人应当自使用许可合同签订之日起 3 个月内将许可合同副本报送国家工商行政管理总局商标局备案，并由商标局予以公告，未经备案的，不影响该许可合同的效力，但不得对抗善意第三人。

四、适时监测商标情况，发现损害商标利益的积极主张权利

企业获得注册商标以后，除了在使用中爱惜自己的商标以外，还应当时刻监测任何对自己商标的不法或不利行为，一旦发现应当适时主张权利，防止对企业商标造成损害。发

现这种不法或不利行为的主要手段是采取商标监测，具体包括对商标注册环节的监测和对商标使用环节的监测两个方面。

对商标注册环节的监测是指通过监测商标局出版的《商标公告》来发现是否存在他人在相同或类似商品上申请注册相同或近似商标、或者他人在非类似商品上申请注册相同或近似的商标。《商标公告》是由国家工商行政管理总局商标局编辑出版的，代表国家发行的定期法定刊物，是国家工商行政管理总局对商标注册、变更、转让、许可、撤销等内容向社会公布的专业性公告，是有关商标注册和商标专用权益的公开行政通知，是商标工作中的一个法定程序。

作为企业的常年法律顾问，律师应当定期监测《商标公告》，发现可能给本企业商标造成不利的商标注册或者商标申请，律师应当代表企业积极主张权利，及时启动异议或争议程序，阻止该申请获得注册或撤销该注册商标。

五、及时制止侵权和假冒行为

通过商标监测，如果发现存在他人侵犯企业商标权的行为，作为企业常年法律顾问的律师首先应当进行调查、收集、分析、固定证据，确定是否构成侵权以及构成何种侵权；其次，律师应当通过签发警告函等方式通过非诉讼途径制止侵权；最后，如果侵权人置若罔闻，继续侵权，律师可以采取司法或者行政手段寻求保护。

企业如果发现货物进出口中有商标侵权行为的，可以申请海关将侵权货物予以扣押，前提是商标权人已经就自己的商标向海关申请备案。

六、帮助企业建立企业商标档案、健全商标管理制度

商标档案是企业在商标创设、注册和使用等相关过程中保存下来的有关文件材料，商标档案管理是商标管理的基础。商标档案是否完整，关系到企业的商标权益能否得到切实有效的保护。商标档案内容至少包括每个商标的设计时间、注册类型、申请时间、公告时间、核准注册时间、权利变动、广告时间和广告费用发票复印件、销售时间和销售金额及发票复印件、商标监测、调查取证、海关备案、行政投诉以及司法诉讼等。在发生纠纷时，这些都是最有效的证据，也是计算赔偿额的重要依据。

律师应当根据本企业的经营规模和管理方式来制定适合本企业的商标管理制度。可以按照知识产权保护范围来制定，内容涉及商标管理制度，也可以直接制定商标管理制度。

七、指导企业正确使用和宣传商标

企业在使用注册商标时，应当标明注册标记，保证其商品质量，不得改变注册商标的文字、图案或其组合，不得自行改变商标的注册人名义、地址或其他注册事项；不得超出核定使用的商品或服务；不得自行转让；不得连续 3 年停止使用。如果发生变更情况应及时到商标局办理有关手续。同时，企业在使用商标中要保存好使用的档案记录，包括在各

地或各国销售的原始凭证和发票，用于宣传商标的广告发票和广告样稿，标有商标的销售合同等。这些档案作为要求侵权人赔偿经济损失，或相对关系人提出未使用注册商标时的重要依据。在使用过程中，如果要扩大使用的商品范围，不论扩大使用的商品与原来注册商标适用的商品是否属于同一种类，都必须另行提出注册申请。

督促企业加大宣传商标力度，并提出驰名商标的运用建议。企业依靠提高产品质量来提高其知名度，固然必要，但借助于广告宣传，被广大消费者所认知，为成为驰名商标做准备。在驰名商标的运用上要避免因商标过度驰名而导致被“通用化”，即该商标变成了某一类商品或服务的通用名称。由此将导致商标的显著性大大弱化甚至不复存在，使商标价值受到严重影响。如德国拜耳公司的“阿司匹林”等，原来均是商标，现在全变成了商品的通用名称。因此，法律顾问应在驰名商标运用上提出切实可行的建议。

4.1.2　商标战略

商标是企业的无形资产，能为企业及其经营者创作巨额财富，是企业生产产品或提供服务的象征，又是经营者独特个性、文化品位、商业信誉等因素的综合载体。基于此，企业大都根据自身情况制订有利于企业发展的商标战略。

企业商标战略能充分而有效地利用商标本身所拥有的功能和它为商标所有人开拓市场所具备的作用，使其服务于企业发展。实施商标战略有利于树立企业产品和服务的良好声誉和信誉，提高产品和服务的附加值；有利于将产品的品质和性能优势、服务的质量优势转化为市场优势，增强产品和服务开拓、占领、巩固市场的能力。商标战略是提高企业核心竞争力的重要战略之一，是企业的营销战略和知识产权战略的有机组成部分，是企业参与市场竞争的手段之一。

光靠律师本人无法完成制订企业的商标战略，律师可参与到企业商标战略的制订、实施过程中，运用其专业的商标法律知识为企业商标战略的各个环节把关。

4.1.3　品牌培育与发展的三大模式①

本节着重介绍三种常见的企业品牌培育与发展的模式，在实践中还有其他林林总总的各种模式，在此不一一介绍，旨在介绍选择品牌战略的基本思路和思维方式，作为律师为企业提供法律顾问时参考，并能为企业在品牌建设模式时提供帮助。

“品牌”是一种无形资产，品牌知名度的高低，直接体现着其对市场的影响力。品牌有了知名度就具有凝聚力与扩散力，就能够成为企业发展的推动力。因此，我们常说：品牌就是生产力，保护品牌，就是保护生产力。

---

① 本节中品牌的三大模式的名称、概念及附图引自里斯（中国）公司张云先生提供的在某品牌战略研讨会上的发言稿。特此致谢。

每个行业有每个行业的发展规律，各个企业也有各自的经营特点，不同的商品有不同的营销模式。在品牌建设上应根据不同的行业、企业本身的实际情况，以及商品的特性，选择适合自身品牌发展的模式。企业不能照搬他人已有的成功模式，或者固守一种品牌模式，而应随着时代、市场、环境的变化而有所改进和创新。以下重点介绍里斯（中国）公司倡导的三种品牌培育与发展的基本模式，供借鉴与参考。

一、品牌大伞

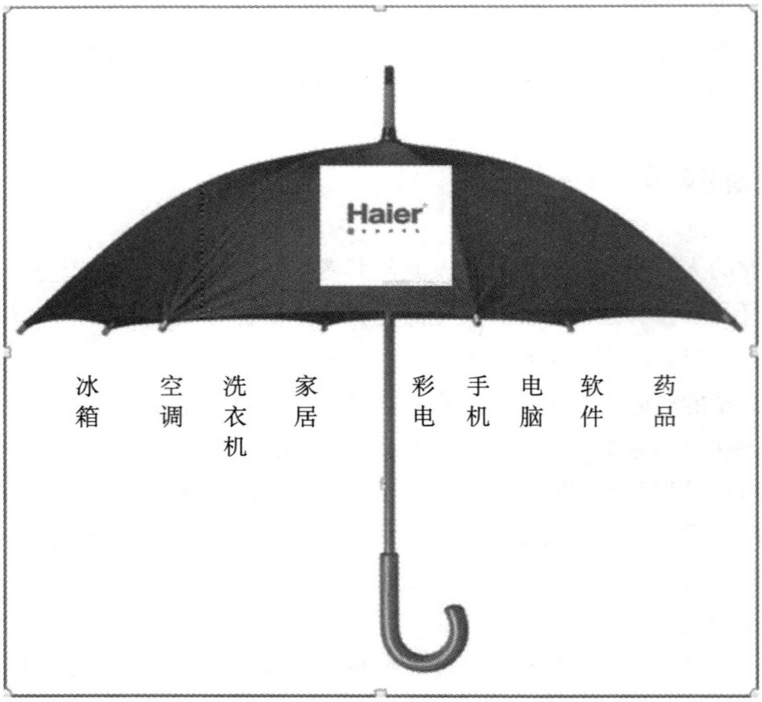

把企业已有的一个知名品牌当作大伞，在伞下推出各种品类的产品，我们称之为“伞形品牌发展战略”。即一个品牌旗下有多个品类的发展模式。

其优点是：在已有的具有较高知名度的品牌基础上，推出新的产品，可以快速提升消费者对产品的辨识度，极大降低推广新产品的广告成本；同时，如果该战略用得好的话，新增加的产品，随着销量的不断增加，反过来也会不断提升该品牌的知名度和影响力；由于旗下品类较多，一方面不会因为个别产品的销售问题而影响整个企业，另一方面也可能因某个商品在特定时期恰逢市场机遇而获得特别的商机。

其不足之处是，伞形品牌战略由于品牌所依附的品类相对比较分散，没有特别集中培育、发展其中的某个品类，因此，当单个品类与其他同行竞争时，品牌的优势不突出。一旦受到如格力这样专注做空调产品的专家品牌的冲击，就缺乏竞争优势。海尔的品牌模式就是较典型的伞形品牌模式。

二、品牌灌木

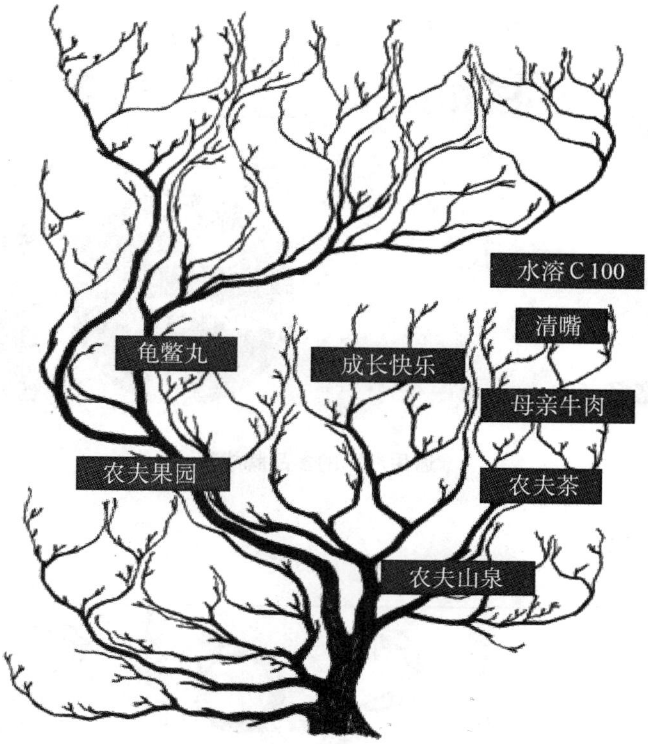

所谓品牌灌木，是指一个企业不同的产品使用不同的商标，而在众多的品牌中，没有一个品牌能够在所属行业中起主导作用，其企业内部没有一个主打品牌。这种发展模式较多的存在于合并、兼并型企业中。特别是实力相当的几个企业合并或兼并，因为两者实力旗鼓相当，品牌影响力各自在自身的领域已经具有一定影响力，因而，企业较倾向于多个品牌并存、并用。也有企业在企业初创时就实行多品牌战略。

其优点在于保持了各自品牌的优势。对于初创品牌来说，可以分摊企业经营风险，当某一个品牌出现危机时，不至于直接危及另一品牌，有时可以起到“东边不亮，西边亮”的效果。如果企业的实力发展到非常雄厚、强大的情况下，也有可能将几个品牌都经营得非常好，其往往能占领更广阔的市场领域。但对于规模、实力较小的企业而言，这种品牌灌木往往难以长成参天大树。

灌木型品牌发展模式虽拥有机遇，但整体虚弱。一个企业同时在不同的品类上拥有的品牌都是行业顶尖的现象非常少见。因为打造一个顶尖知名品牌的时间、金钱等成本非常高。该战略从其名称上可以看出，其成长的空间有限，若不及时调整品牌战略，很难适应企业发展的需要。

之前的娃哈哈品牌战略曾采用过灌木型品牌模式，但其最终还是做了相应的调整和转型。美国通用汽车的品牌模式较接近于品牌灌木模式，如下图所示：

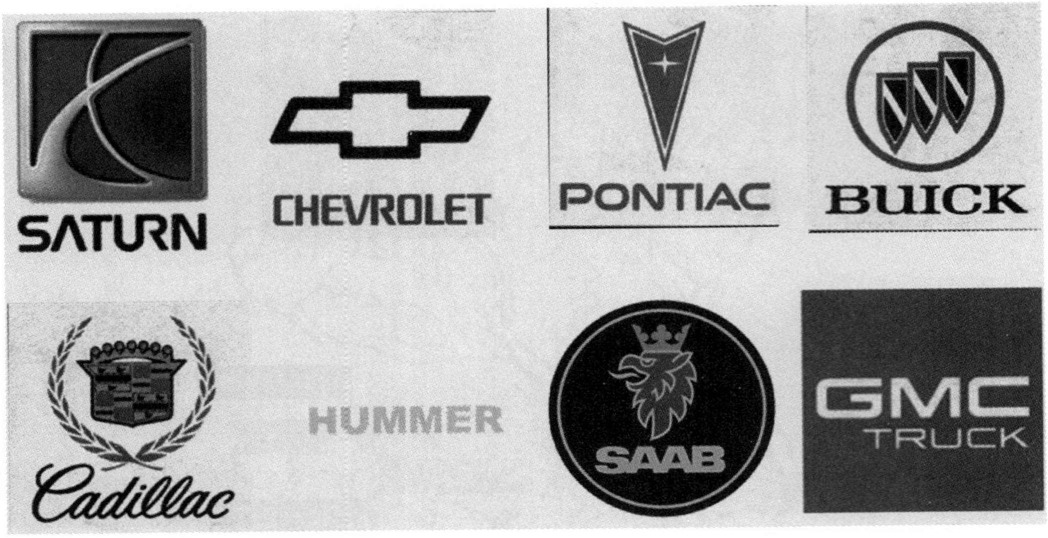

通用汽车的多品牌战略

三、品牌大树

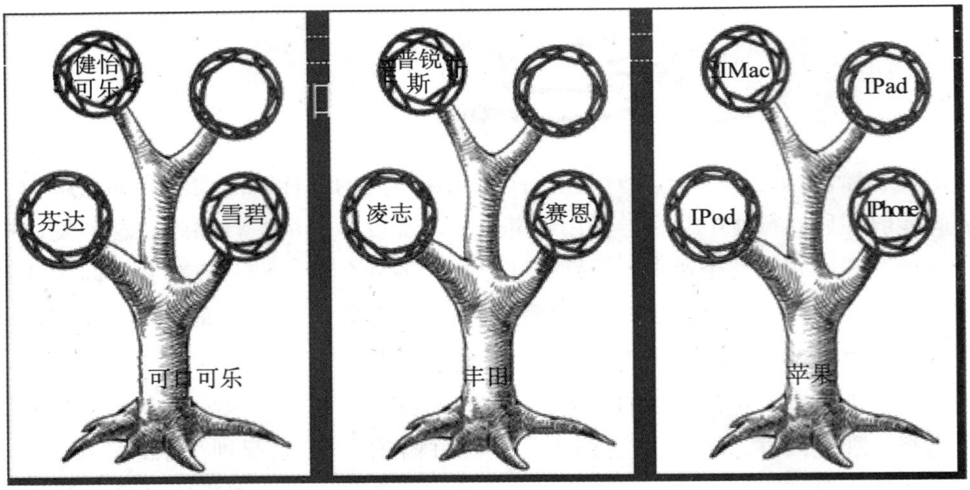

企业通过创新品类长期聚焦发展一个品牌，并逐渐主导该品类，形成强壮的主干，然后根据分化趋势，适时推出第二、第三品牌发展新的品类，形成品牌大树。以一个品牌为主导，形成树干，然后再在树干的主枝上发展为数不多的若干新品牌。

其优点不言而喻，可以保证企业盈利的常态化，抵御风险的能力较强，市场竞争优势明显，对于主品牌或企业本身知名度的提升非常显著。实施该战略，并取得巨大成功的公司有可口可乐、苹果、丰田汽车、宝洁公司等。这种模式既保证了企业品牌的聚焦，同时又衍生出了新的充满活力的品牌，使企业的品牌家族不断扩大和强大。目前世界上采用此品牌模式而获得成功的大企业相对较多，而且也获利甚丰。

其美中不足的是：该模式品牌培育和发展的周期长，投入大。而且，一开始需专注于做好主干品牌，做到很高知名度时才能适时推出新品牌作为其分支品牌。有时，也会因推出分支品牌的时机掌握不好而错失市场良机。

王老吉凉茶品牌有着悠久的历史和深厚的文化底蕴，如果没有加多宝品牌的竞争与冲击，其应该可以逐渐推出分支品牌，实现其大健康产业的目标。但现阶段，其代理律师给出的建议应以格力的模式为主，当真正做到凉茶的绝对领导者时，方可推出分支品牌和新品类。或者采取一个品牌下面，多个品类的伞形模式。

以上三种模式本身无明显的优劣之分，对企业而言只有适合不适合，企业在选择时应根据自身具体的发展阶段和状态，必要的时候，咨询品牌策划专家，选择最适合自己的战略模式，当企业发展到不同阶段和规模时应适时调整品牌模式，以适应企业发展的新需求。

4.2　商标权的转移、许可和质押

4.2.1　商标权的转移

商标权的转移，是指商标权主体的变更，包括商标权依合同转让，商标权因转让以外的其他事由而发生的移转。

注册商标是一种无形财产，和有形财产一样，其也可以依照法律规定的程序进行转移，从而实现商标权人的权益。

一、商标权依合同转让

商标权依合同转让，是指商标注册人将其注册商标专用权，依照法定程序转移给他人的法律行为。

通过商标权转让，原商标注册人不再享有商标权，该注册商标的一切权利义务均转移到受让方。受让方取得商标权的性质为继受取得，较商标专用权的原始取得即申请取得而言，通过商标权转让取得商标权的方式具有程序简便、取得商标权时限短、权利状态稳定等优点。

商标权转让是商标权人行使其对注册商标处分权的最主要方式，也是受让方继受取得商标权的方式之一。

（一）商标权转让的形式

1. 单纯转让，即商标权主体将其一个或数个注册商标转让给其他人。这种单纯转让注册商标的做法往往是因为该商标有了一定知名度，受让人可以借助良好的商标信誉和技术基础在高起点上参与竞争，但也不排除实际的使用人不得不花巨款买回被抢注的商标。

2. 混合转让，即双方当事人签订一项合同，约定在转让相关技术的同时，一并转让商标权。我国现行《商标法》对此没有明文规定，仅有个别行政部门规章对混合转让合同有所涉及。

3. 一并转让，是指连同使用该注册商标的企业整体一起转让。在企业合并、联合、拍卖出售等情况下，应当同时转让企业的注册商标，而不问该商标是否知名。

（二）商标权转让合同的基本内容

2013 年《商标法》第 42 条规定：转让注册商标的，转让人和受让人应当签订转让协议。《商标法》未明确规定商标转让合同的具体内容。根据业务实践，商标转让合同一般包括下列主要条款：

1. 当事人双方的名称、地址；其中转让人的名称应当与商标局官方档案中登载的信息一致；

2. 转让商标的名称、样式、注册国别、注册号、续展日期等；

3. 转让的价格及价金交付的方式；

4. 转让人承担转让商标的瑕疵担保责任。转让人应当保证转让商标合法有效，保证转让商标不会被第三人主张权利而丧失专用权或者限制其专用权的行使，保证转让商标不存在诸如被他人提出争议、撤销且该类案件尚未结案，或者被司法、行政执法机关采取查封、冻结等强制措施，或者已被质押等权利瑕疵；

5. 转让人应当承诺不存在以其名义已取得注册或者处于申请中的与转让商标相同或者近似的其他商标，或者承诺上述商标已一并转让，并承诺在商标转让申请办理过程中，转让人不得再以其名义申请注册与转让商标相同或者近似的其他商标；

6. 转让人的义务：如实告知转让商标相关信息的义务；在商标局核准商标转让前，如转让商标权受到不法侵害，负有主动制止侵权的义务；配合受让人向商标局办理商标转让申请手续的义务等；

7. 违约责任及争议的解决办法；

8. 其他条款。

（三）商标权转让的程序

1. 商标转让的申请。2013 年《商标法》第 42 条和《商标法实施条例》第 31 条规定：转让注册商标的，转让人和受让人应当向商标局提交转让注册商标申请书。转让注册商标申请手续由受让人办理。因此，商标权转让申请中的申请人为受让人，受让人基于申请人的身份，办理转让相关法律文件的提交、商标局文书的送达、代理组织的委托等事项。

办理商标权转让申请应当提交的材料：（1）《转让申请/注册商标申请书》；（2）受让人的身份证明，包括营业执照、身份证等；（3）委托代理机构的，还需附送《商标代理委托书》。

2. 商标权转让申请的审查。商标局收到注册商标转让申请后，主要审查以下内容：（1）转让人主体资格的审查。即转让人是否为商标注册人；（2）转让商标权利状态的审查。即转让商标应当依法注册并处于有效期内，或者处于申请中，不存在禁止转让的情形，例如不存在转让商标已被撤销或注销、已被人民法院或其他执法机关采取查封等强制措施、已办理过质押登记且转让行为未取得质权人同意等；（3）一并转让原则的审查。即审查商标转让人是否对其在同一种或类似商品上已注册或者申请中的相同或者近似的商标一并转让，未一并转让的，由商标局通知其限期补正，期满不补正的，视为放弃转让该注册商标的申请，商标局书面通知申请人；（4）不良影响的审查。即 2002 年《商标法实施条例》第 25 条规定，对商标转让后可能产生误认、混淆或者其他不良影响的转让注册商标申请，商标局不予核准，书面通知申请人并说明理由。

商标局的审查不包括对商标转让合同的审查，双方当事人因商标转让合同发生的纠纷属于民事纠纷，当事人应当通过诉讼或仲裁的途径解决。

3. 商标转让合同的生效和受让人取得转让商标的专用权。

注册商标转让合同没有特别约定的，合同在双方当事人签字或盖章之日起成立并生效，商标转让合同的生效，仅是该合同双方约定权利义务产生法律效力，并不意味着转让商标的专用权已经归受让人所有。

商标转让合同经转让人和受让人签署后，由转让人和受让人共同向商标局提交商标转让申请书，转让注册商标经商标局审查，符合法律规定的，依法予以核准。商标局在通过官方定期刊物《商标公告》进行公告，并向受让人核发《注册商标转让证明》。自转让核准公告之日起，受让人享有商标专用权。

受让人的商标专用权资格证明文件为：《注册商标转让证明》、《商标注册证》（由转让人交付受让人）。

目前的做法是，对于商标注册申请的转让，商标局核准后将不会予以公告，当事人可以通过商标局的官方网站进行查询。

（四）商标权转让应注意的几个问题

1. 转让注册商标的商标注册人对其在同一种或者类似商品上注册的相同或者近似的商标必须一并办理，否则就违反了《商标法》关于在类似商品上不能有两个相同或近似商标的注册人同时存在的规定。

2. 已许可他人使用的注册商标不得随意转让。如果商标注册人已许可他人使用其注册商标，再转让给第三人时，必须征得被许可人同意。如果许可使用合同约定，商标注册人不得再将商标转让他人的，则商标注册人就不能转让其商标，否则就要承担违约责任。

3. 对于共同拥有的注册商标，未经其他共有人的同意，不得自行转让。

4. 转让国家规定必须使用注册商标的商品的商标，其受让人应当获得有关主管部门的批准证明文件。比如，人用药品的商标受让人应当提供卫生行政部门发给的证明文件；烟草制品的注册商标受让人应当提供国家烟草主管机关批准生产的证明文件。

二、商标权因转让以外的其他事由而发生的移转

1. 商标权继承转移。即因注册商标所有人死亡，由其继承人按照继承程序依法继承死者生前所有的注册商标。

2001年修改后的《商标法》有条件地允许自然人申请商标注册，因此，以自然人名义依法核准注册的商标可以成为个人合法财产，自然人死亡后遗留的注册商标可以成为继承的标的。但是值得注意的是，商标权因继承而转移同样应当遵循商标权移转的一并移转原则，即2014年《商标法实施条例》第31条第2款的规定，注册商标专用权移转的，注册商标专用权人在同一种或者类似商品上注册的相同或者近似的商标，应当一并移转；未一并移转的，由商标局通知其限期改正；期满不改正的，视为放弃该移转注册商标的申请，商标局应当书面通知申请人。

2. 商标注册人因分立、合并或改制等原因消亡后，由分立、合并或改制后的企业继承该注册商标。

3. 企业因撤销、解散、破产等原因终止后由清算小组对其商标权进行处置而发生的转移。

《民法通则》第44条规定，企业法人分立、合并，它的权利和义务由变更后的法人享有和承担。《民法通则》第45条规定，企业法人由于依法被撤销、结算、宣告破产等原因终止。第47条规定，企业法人解散，应当成立清算组织，进行清算。企业法人被撤销、被宣告破产的，应当由主管机关或者人民法院组织有关机关和有关人员成立清算组织，进行清算。

商标权作为一项重要的民事权利，在企业分立、合并或者改制后应当由变更后的企业享有；企业由清算组织依法进行清算终止的，终止后由接受该商标权转移的企业享有。

4. 商标权因生效的法律文书强制执行转让过户而发生的转移。注册商标权作为执行标的被人民法院强制执行时，如果被执行人不按人民法院的裁判执行的，享有该商标权利的当事人可以凭借该人民法院生效法律文书，办理商标转移手续。

4.2.2 商标权的许可

一、注册商标使用许可的概念

注册商标的使用许可是指商标注册人通过签订商标使用许可合同，许可他人使用其注册商标的法律行为。注册商标专用权人为许可人，获得注册商标使用权人为被许可人。

注册商标的使用许可为商标专用权人使用其注册商标的方式之一，通过注册商标的使用许可制度可以充分实现注册商标的价值，是商标专用权人不可或缺的一项重要民事权利，通过对注册商标的许可使用，可以扩大注册商标使用的主体和地域范围，使其得到更有效的利用，有利于在现有商标资源基础上获得更大的社会经济利益。

二、注册商标使用许可的类型

根据最高人民法院《关于审理商标民事纠纷案件适用法律若干问题的解释》（法释

[2002] 32 号）第 3 条的规定，明确将商标使用许可分为三种类型，即独占使用许可、排他使用许可、普通使用许可。

1. 独占使用许可，是指商标注册人在约定的期间、地域和以约定的方式，将该注册商标仅许可一个被许可人使用，商标注册人依约定不得使用该注册商标。

在此种使用许可形式下，被许可人基于独占许可的法律地位，在注册商标专用权被侵害时，无须经商标专用权人授权即可以自己的名义向人民法院提起诉讼，维护注册商标的专用权。

2. 排他使用许可，是指商标注册人在约定的期间、地域和以约定的方式，将该注册商标仅许可一个被许可人使用，商标注册人依约定可以使用该注册商标但不得另行许可他人使用该注册商标。

在此种使用许可形式下，被许可人基于排他的使用许可，在注册商标专用权被侵害时，可以和商标专用权人共同向人民法院提起诉讼；如果商标专用权人不起诉，被许可人无须经商标专用权人授权即可以自己的名义向人民法院提起诉讼。

3. 普通使用许可，是指商标注册人在约定的期间、地域和以约定的方式，许可他人使用其注册商标，并可自行使用该注册商标和许可他人使用其注册商标。

在此种使用许可形式下，发生注册商标专用权被侵害时，被许可人经商标专用权人授权可以提起诉讼；未经商标专用权人授权，被许可人不得自行提起诉讼，只能提请商标专用权人行使权利，制止侵害。

三、注册商标使用许可合同

1. 注册商标所有人许可他人使用注册商标，应当按照商标法的规定，订立书面商标使用许可合同，商标使用许可合同作为一种民事合同，属于《合同法》的调整范围。其内容一般包括：

（1）合同双方当事人的名称、地址、法定代表人的姓名；

（2）许可使用的商标、注册证号码、商标有效期、使用商品的种类和名称；

（3）许可使用的形式：独占使用许可、排他使用许可或者普通使用许可；

（4）许可使用的商品或者服务范围、地域范围及使用期限；

（5）许可人保证被许可商标合法有效、不存在权利瑕疵，保证在被许可商标专用权受到侵害时主动、及时排除妨碍、制止侵权或者配合被许可人排除妨碍、制止侵权；

（6）许可使用合同有效期间，许可人如将商标转让他人，应当如实告知被许可人，且商标转让不得影响许可使用合同的效力；

（7）被许可商标使用费数额、计算方法及其支付方式；

（8）许可使用合同的变更、解除及终止的条件；

（9）违约责任；

（10）争议解决的方式；

（11）双方当事人认为需要约定的其他事项。

2. 商标使用许可合同的效力。

依据《合同法》第44条及最高人民法院《关于审理商标民事纠纷案件适用法律若干问题的解释》(法释［2002］32号) 第19条的规定，商标使用许可合同未经备案的，不影响该许可合同的效力，但当事人另有约定的除外。商标使用许可合同未在商标局备案的，不得对抗善意第三人。

商标使用许可合同是一种民事合同，只要签订合同的各方当事人意思表示真实、合同内容不违反法律法规，合同一经各方当事人签署即产生法律效力，商标使用许可合同未经商标局备案，当事人承担的是商标行政管理责任，例如罚款、严重的甚至撤销注册商标等，但并不影响商标许可使用合同的法律效力，对被许可人而言在出现善意第三人使用被许可商标时，其因没有进行备案而不能对抗该善意第三人。

四、商标使用许可合同的备案

根据2013年《商标法》第43条及2002年《商标法实施条例》第43条的规定，许可他人使用其注册商标的，许可人应当自商标使用许可合同签订之日起3个月内将合同副本报送商标局备案。此规定的目的，一是为了便于商标局对全国商标使用许可的管理；二是通过对商标使用许可合同的备案审查，从中发现问题，及时纠正，更好地维护当事人的合法权益；三是通过《商标公告》向社会公布商标使用许可情况，为消费者选购商品提供方便。

1. 依据商标法律规定，商标使用许可合同备案手续由许可人办理，许可人在办理备案手续时需向商标局提交以下材料，并缴纳备案申请费用：

(1)《商标使用许可合同备案申请书》；

(2) 许可人的身份证明，包括营业执照、身份证等；

(3) 商标使用许可合同原件或者经公证的商标使用许可合同复印件，合同文字为外文的还应当同时附送中文译本；

(4) 委托代理机构办理的，还须附送《商标代理委托书》。

2. 商标使用许可合同备案的变更。商标使用许可合同备案后，许可人或者被许可人名义发生变更的，应当办理变更备案手续。办理变更备案不需要交纳官方规费，但需要提交变更备案的申请材料：《商标使用许可合同备案变更/提前终止申请书》、许可人或者被许可人名义变更的证明文件等。

需要注意的是，不涉及商标注册内容的合同条款发生变更，可以不重新备案，如果要办理重新备案应先办理终止商标使用许可合同的备案，然后再重新报送新的商标使用许可合同备案。

3. 商标使用许可合同备案的终止。

(1) 商标使用许可合同因合同期满而终止的，合同备案自动失效，不需再提交终止申请；

(2) 商标使用许可合同由于法定或者约定的原因而提前终止的，当事人需要向商标局提交提前终止备案的申请。办理提前终止备案申请不需要交纳官方规费，但依据不同终止情形需要提交的材料有：《商标使用许可合同备案变更/提前终止申请书》、原《核准备案通知书》、双方当事人签署的终止协议书或者法院、仲裁机构做出的终止合同内容的生效裁判文书。

4.2.3 商标权的质押

一、商标权质押

商标权质押，是指商标注册人以债务人或者担保人身份将自己所拥有的、依法可以转让的商标专用权作为债权的担保，当债务人不履行债务时，债权人有权依法折价、拍卖、变卖该商标专用权，并从所获得的价款中优先受偿。

质押是担保的一种方式，按照质押物的不同种类，可以将质押分为动产质押、不动产质押和权利质押。《担保法》第 75 条规定，依法可以转让的商标专用权可以设定抵押。

二、商标权质押的条件

根据《担保法》第 75 条的规定，对商标权进行质押需要满足的条件是“依法可以转让”。判断商标权是否可以依法转让，应注意以下几个问题：

1. 出质商标应当是有效的注册商标。因此应当了解清楚质押商标是否在注册有效期内，是否已经被注销、撤销而丧失了商标专用权。

2. 没有“限制转让”情形存在。被人民法院查封的商标，在查封期内，人民法院限制该商标转让、许可使用或质押，因此不能办理质押。已办理质押登记的商标，在其剩余价值内不足再次质押时，也不能办理质押登记手续，在再次质押时，后顺位的质权人只能在先顺位的质权人得到清偿后才能受偿。

3. 对同一注册人在与质押商标相同或类似商品或服务上注册的相同或近似商标应一并办理质押登记。《商标法》第 42 条第 2 款规定：“转让注册商标的，商标注册人对其在同一种商品上注册的近似的商标，或者在类似商品上注册的相同或者近似的商标，应当一并转让。”因此在办理商标质押登记申请时，同一注册人在与质押商品相同或类似商品或服务上注册的相同或近似商标应一并办理质押登记，以保证质押商标可以依法转让，从而保证质权人在债务人不履行债务时可以将质押物变现以优先受偿。

三、商标权质押合同

1. 商标权质押合同。《担保法》第 79 条规定，依法可以转让的商标专用权出质的，出质人与质权人应当订立书面合同。因此商标权质押合同为要式合同，它既可以表现为单独的质押合同，也可以表现为主合同中的质押条款。

依据《商标专用权质押登记程序》（工商标字［1997］第 127 号）第 5 条的规定，商标专用权质押合同的基本内容为：

（1）出质人与质权人的名称（姓名）、地址；

（2）质押的原因和目的；

（3）出质的商标及质押的期限；

（4）出质商标专用权的价值及国家工商行政管理总局指定的商标评估机构的评估报告；

（5）当事人约定的与该质押商标有关的其他事项。

2. 商标评估。商标专用权作为一种权利质押标的，其所蕴含的财产价值直接影响到可担保的主债务的额度，因此必须通过专门的评估机构对其财产价值做出评估。

依据财政部颁布的《资产评估准则—无形资产》的规定，商标评估应当由经过专门教育和培训，具有专业技能和经验，能够胜任无形资产评估工作的注册资产评估师进行。

四、商标权质押登记的办理

1. 商标权质押登记的申请。根据《商标法》及《商标法实施条例》的规定，当事人可以直接办理商标专用权质押申请，也可以委托国家认可的具有商标代理资格的组织代理办理（由于质押申请是由双方办理的，因此委托代理时双方可以各自委托代理组织，也可以委托共同的代理组织）。但在中国没有经常居所或营业所的外国人或外国企业应当委托代理组织代理办理，不能直接办理。

根据国家工商总局《企业动产抵押物登记管理办法》和商标局《商标专用权质押登记程序》的规定，以依法可以转让的商标专用权出质的，出质人与质权人应当于订立书面协议之日起20日内，向国家工商行政管理总局办理出质登记，申请商标专用权质押登记时，应当向国家工商总局提交下列文件：

（1）《商标专用权质押登记申请书》；

（2）出质人及质权人的企业营业执照复印件或身份证复印件；营业执照副本应在年检有效期内，复印件应经当事人确认盖章；

（3）主合同和质押合同副本（外文应附中文译本）；

（4）出质商标的《商标注册证》复印件；

（5）具备商标评估能力和资质的评估机构出具的出质商标专用权的评估报告；

（6）直接办理的，提交经办人员的身份证件及复印件，企业法人代表签字或签章的授权书；委托代理组织办理的，提交代理委托；

（7）其他需要提供的材料，如合同签字人的授权文书等。

2. 商标权质押登记的审查。商标局受理商标专用权质押登记申请后，审查是否符合下列要求，于5个工作日内做出是否登记的决定，符合登记条件的，发给《商标专用权质押登记证》，不符合登记条件的，不予登记。

（1）提交的书件是否齐备；

（2）质押合同条款是否齐备；

（3）质押商标是否为有效注册商标，质押期限是否在商标有效期内；

（4）出质人是否为质押商标的专有权人；

（5）质押商标是否已被法院在先查封；

（6）是否存在其他不适合质押的情形。

3. 商标专用权质押合同的生效。《担保法》第 79 条规定，依法可以转让的商标专用权出质的，出质人与质权人应当订立书面合同，并向其管理部门办理质押登记，质押合同自登记之日起生效。

4. 商标专用权质押登记的撤销、变更、补充。有下列情形之一的，商标局应当撤销对商标专用权质押的登记：

（1）登记内容与事实不符；

（2）质押合同无效；

（3）出质人不是商标专用权的合法所有人；

（4）商标专用权归属不明确；

（5）其他不符合法律法规规定的。

申请人名称、地址发生变更及因主债权债务转移或者其他原因而发生质押权转移的，当事人应当办理商标专用权质押变更登记、补充登记或者重新登记。申请变更登记或者补充登记，应当提交相应的变更证明和商标局发给的《商标专用权质押登记证》。

4.3　驰名商标的认定和保护

4.3.1　驰名商标的概念

《驰名商标认定和保护规定》第 2 条规定："本规定中的驰名商标是指在中国为相关公众广为知晓并享有较高声誉的商标。"最高人民法院《关于审理涉及驰名商标保护的民事纠纷案件应用法律若干问题的解释》第 1 条规定："本解释所称驰名商标，是指在中国境内为相关公众广为知晓的商标。"这是我国法律对驰名商标概念的界定。而 2013 年《商标法》对驰名商标的要求为"为相关公众所熟知的商标"。

商标驰名是市场活动的结果，与注册与否无关，因此驰名商标根据注册与否可以分为已注册驰名商标和未注册驰名商标两种。前者如海尔、格力等；后者如 2004 年时的"小肥羊"商标，未注册但最终还是被国家工商行政管理总局商标局认定为驰名商标。当然已注册驰名商标的保护范围要大于未注册驰名商标的保护范围，前者的保护范围及于非类似商品或服务上，而后者的保护范围则限于相同、类似的商品或服务，对商标的保护仅扩大到近似商标上。

需要注意的是，驰名商标并非特定的商标种类，而是对商标进行特殊保护的一种方式；驰名商标也不是商品的荣誉称号，认定驰名商标的目的在于扩大商标的保护范围和保护强度。

所以2013年《商标法》第14条第5款规定："生产、经营者不得将'驰名商标'字样用于商品、商品包装或者容器上，或者用于广告宣传、展览以及其他商业活动中。"

4.3.2 驰名商标的认定

一、驰名商标认定的途径

1. 行政途径

《商标法实施条例》第3条的规定，依照商标法和本条例的规定，在商标注册、商标评审过程中产生争议时，有关当事人认为其商标构成驰名商标的，可以相应向商标局或者商标评审委员会请求认定驰名商标，驳回违反《商标法》第13条规定的商标注册申请或者撤销违反《商标法》第13条规定的商标注册。有关当事人提出申请时，应当提交其商标构成驰名商标的证据材料。商标局、商标评审委员会根据当事人的请求，在查明事实的基础上，依照《商标法》第14条的规定，认定其商标是否构成驰名商标。由此可知，商标局、商标评审委员会是认定驰名商标法定的行政机关，通过这两个行政机关具体有三种途径可以认定驰名商标。

（1）通过商标管理程序向商标局请求驰名商标认定。

《驰名商标认定和保护规定》第5条规定，在商标管理工作中，当事人认为他人使用的商标属于《商标法》第13条规定的情形，请求保护其驰名商标的，可以向案件发生地的市（地、州）以上工商行政管理部门提出禁止使用的书面请求，并提交证明其商标驰名的有关材料。同时，抄报其所在地省级工商行政管理部门。

市（地、州）以上工商行政管理部门在商标管理工作中收到当事人保护驰名商标的申请后，通过审查认为该案件属于下列两种情况之一的，应当自受理当事人请求之日起15个工作日内，将全部案件材料报送所在地省（自治区、直辖市）工商行政管理部门，并向当事人出具受理案件通知书：他人在相同或者类似商品上擅自使用与当事人未在中国注册的驰名商标相同或者近似的商标，容易导致混淆的；或是他人在不相同或者不类似的商品上擅自使用与当事人已经在中国注册的驰名商标相同或者近似的商标，容易误导公众，致使该驰名商标注册人的利益可能受到损害的。

省（自治区、直辖市）工商行政管理部门应当对本辖区内市（地、州）工商行政管理部门报送的，或者直接受理的有关驰名商标保护的案件材料进行审查，如果认为属于上述两种情形之一，应当自收到本辖区内市（地、州）工商行政管理部门报送的案件材料或者自直接受理当事人请求之日起15个工作日内报送商标局。

商标局应当自收到有关案件材料之日起6个月内作出认定，并将认定结果通知案件发生地的省（自治区、直辖市）工商行政管理部门，抄送当事人所在地的省（自治区、直辖市）工商行政管理部门。

（2）通过商标异议程序向商标局请求驰名商标的认定。

《驰名商标认定和保护规定》第 4 条第 1 款规定，当事人认为他人经初步审定并公告的商标违反《商标法》第 13 条规定的，可以依据商标法及其实施条例的规定向商标局提出异议，并提交证明其商标驰名的有关材料。

这种认定驰名商标的方式，一般是在某一商标申请注册的 3 个月异议期内，驰名商标所有人在《商标公告》上发现该申请注册并已经初步审定的商标属于《商标法》第 13 条规定的情形，可以提出商标异议，请求驳回该初步审定并公告商标的注册申请，并可以同时提交证明其商标驰名的有关材料，请求商标局认定其商标为驰名商标。

（3）通过商标争议程序向商标评审委员会请求驰名商标的认定。

《驰名商标认定和保护规定》第 4 条第 2 款规定，当事人认为他人已经注册的商标违反《商标法》第 13 条规定的，可以依据商标法及其实施条例的规定向商标评审委员会请求裁定撤销该注册商标，并提交证明其商标驰名的有关材料。

在这种情形下，驰名商标所有人发现他人的注册商标属于《商标法》第 13 条规定的情形，可以请求商标评审委员会认定其商标为驰名商标，并据此裁定撤销该注册商标。

需要注意的是，根据 2001 年《商标法》第 41 条第 2 款的规定，已经注册的商标，违反本法第 13 条、第 15 条、第 16 条、第 31 条规定的，自商标注册之日起 5 年内，商标所有人或者利害关系人可以请求商标评审委员会裁定撤销该注册商标。对恶意注册的，驰名商标所有人不受 5 年的时间限制。

2. 司法途径

根据最高人民法院《关于审理涉及计算机网络域名民事纠纷案件适用法律若干问题的解释》第 6 条以及最高人民法院《关于审理商标民事纠纷案件适用法律若干问题的解释》第 22 条的规定，人民法院在审理商标民事纠纷案件中，可以根据当事人的请求和案件的具体情况，对涉及的注册商标依法作出是否驰名的认定。

当事人在诉讼过程中，请求认定其商标为驰名商标的，一般是在诉讼请求中提出确认其商标为驰名商标的请求或者直接请求法院保护其驰名商标权，并在举证期限内提交该商标驰名的相关证据材料，法院在审理过程中。认定相关商标为驰名商标，应当依据《商标法》第 14 条的规定进行。

需要注意的是，驰名商标的行政认定不具有最终的效力，存在被司法机关否定的可能，而通过司法途径认定的驰名商标则具有最终的效力。

2013 年《商标法》第 14 条第 2、3、4 款就将驰名商标认定的途径明确下来：（1）在商标注册审查、工商行政管理部门查处商标违法案件过程中，当事人依照本法第 13 条规定主张权利的，商标局根据审查、处理案件的需要，可以对商标驰名情况作出认定。（2）在商标争议处理过程中，当事人依照本法第 13 条规定主张权利的，商标评审委员会根据处理案件的需要，可以对商标驰名情况作出认定。（3）在商标民事、行政案件审理过程中，当事人依照本法第 13 条规定主张权利的，最高人民法院指定的人民法院根据审理案件的需要，可以对商标驰名情况作出认定。

二、认定驰名商标的证据

1. 根据2013年《商标法》第14条的规定，认定驰名商标应当考虑以下因素：(1) 相关公众对该商标的知晓程度；(2) 该商标使用的持续时间；(3) 该商标的任何宣传工作的持续时间、程度和地理范围；(4) 该商标作为驰名商标受保护的记录；(5) 该商标驰名的其他因素。

2. 根据《驰名商标认定和保护规定》第3条的规定，以下材料可以作为证明商标驰名的证据材料：(1) 证明相关公众对该商标知晓程度的有关材料；(2) 证明该商标使用持续时间的有关材料，包括该商标使用、注册的历史和范围的有关材料；(3) 证明该商标的任何宣传工作的持续时间、程度和地理范围的有关材料，包括广告宣传和促销活动的方式、地域范围、宣传媒体的种类以及广告投放量等有关材料；(4) 证明该商标作为驰名商标受保护记录的有关材料，包括该商标曾在中国或者其他国家和地区作为驰名商标受保护的有关材料；(5) 证明该商标驰名的其他证据材料，包括使用该商标的主要商品近3年的产量、销售量、销售收入、利税、销售区域等有关材料。

3. 最高人民法院《关于审理涉及驰名商标保护的民事纠纷案件应用法律若干问题的解释》第5条第1款规定，当事人主张商标驰名的，应当根据案件具体情况，提供下列证据，证明被诉侵犯商标权或者不正当竞争行为发生时，其商标已属驰名：(1) 使用该商标的商品的市场份额、销售区域、利税等；(2) 该商标的持续使用时间；(3) 该商标的宣传或者促销活动的方式、持续时间、程度、资金投入和地域范围；(4) 该商标曾被作为驰名商标受保护的记录；(5) 该商标享有的市场声誉；(6) 证明该商标已属驰名的其他事实。该条第3款规定，对于商标使用时间长短、行业排名、市场调查报告、市场价值评估报告、是否曾被认定为著名商标等证据，人民法院应当结合认定商标驰名的其他证据，客观、全面地进行审查。

三、认定驰名商标的效力

1. 被认定为驰名商标后的效力。某一商标被认定为驰名商标后，其客观的驰名状态得到法律上的确认，依法可以享有法律规定对驰名商标的特殊保护。但是，驰名商标的特殊保护也存在限制。

(1) 受“个案保护原则”的限制。《商标驰名认定和保护规定》第12条第3款规定，所受理的案件与已被作为驰名商标予以保护的案件的保护范围不同，或者对方当事人对该商标驰名有异议，且提供该商标不驰名的证据材料的，应当由商标局或者商标评审委员会对该驰名商标材料重新进行审查并作出认定。

根据最高人民法院《关于审理商标民事纠纷案件适用法律若干问题的解释》第22条第3款的规定，当事人对曾经被行政主管机关或者人民法院认定的驰名商标请求保护的，对方当事人对涉及的商标驰名不持异议，人民法院不再审查。提出异议的，人民法院依照

《商标法》第 14 条的规定审查。

（2）驰名商标使用上的限制。驰名商标的认定主要在具体案件中发挥作用，在个案中认定为驰名商标后，其能否用于广告宣传？法律对此没有明确规定，但由于商标的知名度是动态的，驰名商标也并非一成不变，所以驰名商标原则上不宜用于广告宣传，商标局在实际商标管理中对驰名商标的使用也有限制。

驰名商标的保护是基于特定的商品类别，驰名商标在某一商品类别上驰名，未必在其他商品类别上驰名，对其保护的范围大小也受其商标驰名的程度影响。

2. 未被认定为驰名商标的效力。根据《驰名商标认定和保护规定》第 9 条的规定，未被认定为驰名商标的，自认定结果作出之日起 1 年内，当事人不得以同一商标就相同事实和理由再次提出认定请求。

4.3.3　驰名商标的特殊保护

一、驰名商标保护的法律依据

（一）驰名商标国际保护的法律规定

1925 年，为了解决第三人抢注驰名商标的问题，在《巴黎公约》的海牙修订会议上，公约增订了对驰名商标的特殊保护，构成了最初的有关驰名商标的法律，即第 6 条之二规定。1958 年里斯本会议又对该条作了修改，形成现行《巴黎公约》文本。《巴黎公约》对驰名商标的保护遵循的是混淆理论，突破了注册取得权利的限定，使未注册商标因驰名而受到保护。

1995 年 1 月 1 日生效的 TRIPs 协定对《巴黎公约》第 6 条之二规定中存在的诸如“是否只有实际使用才产生知名度、服务商标是否享受特殊保护、特殊保护是否可扩大到不相同或类似的商品、没有混淆是否可以制止他人的使用”等问题做一一回答。TRIPs 协定接受淡化理论，为混淆之外驰名商标的保护提供了救济途径，突破了注册范围的限制，给予驰名商标在非类似的商品和服务上的保护。

（二）驰名商标国内保护的法律规定

1988 年国家商标局在没有专门法律依据的情况下认定了我国第一个驰名商标“同仁堂”；2001 年 7 月 24 日开始实施的最高人民法院《关于审理涉及计算机网络域名民事纠纷案件适用法律若干问题的解释》对在审理计算机网络域名案件中涉及的认定和保护驰名商标问题作出了相应的规定；2001 年 12 月 1 日生效的《商标法》第一次规定了驰名商标的内容，标志着我国驰名商标保护制度的正式建立；2002 年 8 月 3 日，国务院发布的《商标法实施条例》又对驰名商标认定的机构和基本程序做了具体规定；2002 年 10 月 16 日，最高人民法院发布的《关于审理商标民事纠纷案件适用法律若干问题的解释》进一步加大了对驰名商标的保护力度，同时也赋予了司法机关认定、审查驰名商标的权利；2003 年 4 月

17日，国家工商行政管理总局发布的《驰名商标认定和保护规定》以及2009年5月1日，最高人民法院发布实施的《关于审理涉及驰名商标保护的民事纠纷案件应用法律若干问题的解释》对驰名商标的定义、认定、保护等方面做出了新的规定，使我国驰名商标的保护制度进一步规范化和科学化。

从2014年5月1日起，法律规定不得再用“驰名商标”做广告宣传，也不得在产品外包装或其他展览等商业活动中，使用“驰名商标”字样，使其“驰名商标”回归到认定和使用的本来意义，而防止商标所有人将其宣传为质量好、服务好的依据，误导消费者。

通过多年坚持不懈的努力，我国逐步建立了比较完善的驰名商标保护制度。当商标权人认为自己的商标已经驰名并受到不法侵害时，可以根据实际情况有选择地向有关机关提出认定申请，提交充分的证据，请求驰名商标的特殊保护。

二、驰名商标保护的原则

（一）被动保护原则

驰名商标的被动保护原则，即行政机关和司法机关在当事人没有申请的情况下，不会主动对商标驰名与否做出认定，也就不存在对其给予特殊保护的问题，驰名商标的保护与认定是一致的。

（二）个案保护原则

驰名商标的个案保护原则，即行政机关和司法机关在处理案件中，有权依法对商标驰名与否做出认定，但这种认定仅对本案有效，不得针对第三者，也不能针对市场竞争者，再有涉及驰名商标的案件发生时，之前的认定只能作为曾经受到驰名商标保护的记录，供行政机关和司法机关做出新认定时参考。

（三）按需保护原则

如果在案件当中，通过注册商标就能保护的，不认定为驰名商标。2013年《商标法》的修改，就将“案件的需要”作为认定驰名商标的要件。

三、驰名商标保护的范围

商标法对普通注册商标的保护范围为禁止他人在相同或者类似商品上注册或使用与注册商标相同或近似的商标。由于驰名商标的特殊性，法律给予驰名商标以特殊的保护。

1. 不予注册和禁止使用。普通注册商标可以排斥他人在同种或类似商品上注册与其相同或近似的商标；普通未注册商标几乎无任何排斥效力，除非其已经具有一定的知名度，才可以禁止他人抢注。而驰名商标在禁止他人注册并使用的效力方面要大于普通商标。

根据《商标法》第13条的规定，就相同或者类似商品申请注册的商标是复制、摹仿或者翻译他人未在中国注册的驰名商标，容易导致混淆的，不予注册并禁止使用。就不相同或者不相类似商品申请注册的商标是复制、摹仿或者翻译他人已经在中国注册的驰名商标，误导公众，致使该驰名商标注册人的利益可能受到损害的，不予注册并禁止使用。

2. 他人恶意抢注驰名商标，撤销权期限不受限制。驰名商标的高知名度、高美誉度往往会引起他人通过复制、摹仿或翻译的方式来“傍名牌”、“搭便车”，侵害驰名商标的利益。对此，《商标法》第 45 条专门规定了对驰名商标的特殊保护，已经注册的商标，违反本法第 13 条、第 15 条、第 16 条、第 30 条、第 31 条、第 32 条规定的，自商标注册之日起 5 年内，商标所有人或者利害关系人可以请求商标评审委员会裁定撤销该注册商标。对恶意注册的，驰名商标所有人不受 5 年的时间限制。

3. 对抗他人企业名称的登记。商标与商号的权利冲突由来已久，对于普通商标与企业名称之间的冲突，一般遵循保护在先权利原则，看该商标注册在先还是该企业名称登记在先。但是，当涉及驰名商标时，情况则有所不同，根据《商标法实施条例》第 53 条的规定，商标所有人认为他人将其驰名商标作为企业名称登记，可能欺骗公众或者对公众造成误解的，可以向企业名称登记主管机关申请撤销该企业名称登记。企业名称登记主管机关应当依照《企业名称登记管理规定》处理。

4. 对抗他人的域名注册。域名作为企业互联网上的“门牌”，是公众在网上进入相关企业网站的唯一通道。一旦某一驰名商标被他人抢注为域名，那么公众在网上通过该域名链接进入的网站就与该驰名商标所属的企业无关，从而误导公众。

根据最高人民法院《关于审理涉及计算机网络域名民事纠纷案件适用法律若干问题的解释》第 5 条规定，被告的行为被证明具有下列情形之一的，人民法院应当认定其具有恶意：（1）为商业目的将他人驰名商标注册为域名的；（2）为商业目的注册、使用与原告的注册商标、域名等相同或近似的域名，故意造成与原告提供的产品、服务或者原告网站的混淆，误导网络用户访问其网站或其他在线站点的；（3）曾要约高价出售、出租或者以其他方式转让该域名获取不正当利益的；（4）注册域名后自己并不使用也未准备使用，而有意阻止权利人注册该域名的；（5）具有其他恶意情形的。同时本解释第 8 条规定，人民法院认定域名注册、使用等行为构成侵权或者不正当竞争的，可以判令被告停止侵权、注销域名，或者依原告的请求判令由原告注册使用该域名；给权利人造成实际损害的，可以判令被告赔偿损失。

实例解析

商标许可合同不备案不得对抗善意第三人。

广东宝凯实业有限公司诉澳思美日用化工（广州）有限公司、奥妮集团（香港）有限公司、奥妮化妆品有限公司商标侵权案

（2011）民申字第 700 号

一审原告、二审被上诉人、再审被申请人：广东宝凯实业有限公司

一审被告、二审上诉人、再审申请人：奥妮化妆品有限公司

一审被告、二审上诉人：澳思美日用化工（广州）有限公司

一审被告、二审上诉人：奥妮集团（香港）有限公司

被告重庆奥妮公司曾是全国知名度相当高的日化企业，后期因经营不善欠下大量债务，2006年4月，重庆市第一中级人民法院将其23项奥妮系列注册商标委托拍卖中心强制拍卖，法院拍卖公告文件中没有提示涉拍奥妮商标存在权利瑕疵，原告广东宝凯公司参与竞拍并以3 100万元人民币取得该奥妮系列商标专用权，并到国家商标局办理了商标转让手续。

原告广东宝凯公司依法取得上述奥妮系列商标专用权后，香港奥妮公司在报纸上宣称，其于2004年11月30日已与重庆奥妮公司签订《商标许可合同》，根据该份合同其取得了奥妮系列商标20年的独占许可使用权，任何其他人使用都将构成对其奥妮商标独占许可权的侵犯。

与此同时，广东宝凯公司发现市面上存在大量奥妮集团（香港）有限公司、奥妮化妆品有限公司生产或授权生产的奥妮产品。为此，广东宝凯公司依法提起了商标侵权诉讼，同时要求确认香港奥妮与重庆奥妮之间为虚假商标使用许可授权。

本案的主要争议焦点在于：(1) 独占的《商标许可合同》是否具有证明效力；(2) 宝凯公司是否善意第三人，未备案的《商标许可合同》是否可以对抗宝凯公司。

针对第一个争议焦点，法院不认定具有证明效力。针对第二个争议焦点，最高人民法院意见如下：

最高人民法院《关于审理商标民事纠纷案件适用法律若干问题的解释》第19条第2款规定，“商标使用许可合同未在商标局备案的，不得对抗善意第三人。”该规定中的“第三人”，是指商标使用许可合同当事人以外的当事人，第三人既可能是其他的被许可人，也可能是其他与商标权人就该商标进行交易的当事人，包括商标的受让人、质押权人等。宝凯公司不是商标许可合同的当事人，对于该合同来讲，宝凯公司是第三人。

奥妮公司主张宝凯公司在拍卖前知道商标许可合同及奥妮商标存在许可使用的情况，提交的证据有两个，一是资产评估报告书，二是2006年4月5日《信息时报》的一篇报道。虽然奥妮公司提交的资产评估报告书中提到对奥妮公司的商标评估的依据包括注册商标许可合同，但是该证据并不能证明其中所称的商标许可合同就是（独占）商标许可合同，也没有证据表明宝凯公司在拍卖前得到了该资产评估报告书，而且商标许可合同的真实性不能认定，因此该证据不能证明宝凯公司在拍卖前知道存在商标许可合同；虽然在2006年4月5日《信息时报》题为《奥妮集团低调竞投“奥妮”商标》的报道中，提到了香港奥妮集团向奥妮公司租用奥妮商标一事，但该内容是引用香港奥妮集团有关负责人的谈话，而且仅有一句话，并未提到奥妮商标独占使用许可或商标许可合同的问题，由于宝凯公司对该新闻报道没有法定或合理的注意义务，因此该报道也不足以证明宝凯公司在拍卖前知道存在商标许可合同。根据原审法院查明的事实，商标许可合同既没有在商标局备

案，也没有证据表明拍卖公司或委托拍卖的法院向竞拍人告知过存在商标许可合同或被拍卖的奥妮商标存在独占使用许可的问题；相反，从宝凯公司向原审法院提交的《重庆晚报》2006 年 4 月 18 日题为《奥妮商标 3 100 万卖给立白》的报道、2006 年 6 月 5 日重庆市第一中级人民法院向宝凯公司出具的公函这两份证据来看，重庆市第一中级人民法院法官在拍卖结束后对媒体的谈话内容和法院公函的内容，均明确表示拍卖的 23 个奥妮商标并无瑕疵或权利限制；而且奥妮公司和香港奥妮集团作为与该拍卖有关的利害关系人，均未在拍卖之前对拍卖提出异议，其提交的异议书是在拍卖结束后才送到法院。原审判决综合上述证据材料和相关事实，认定宝凯公司是善意第三人，并无不当。

《商标法》(2001 年) 第 40 条第 3 款规定："商标使用许可合同应当报商标局备案。"最高人民法院《关于审理商标民事纠纷案件适用法律若干问题的解释》第 19 条第 2 款规定："商标使用许可合同未在商标局备案的，不得对抗善意第三人。"上述规定，商标许可合同即使是真实的，由于该合同未在商标局备案，也不能作为不侵权的抗辩理由对抗宝凯公司。奥妮公司关于宝凯公司不是善意第三人的申请再审理由，没有事实和法律依据，本院不予支持。

最后，法院认定了宝凯公司是善意第三人，未备案的《商标许可合同》不得对抗宝凯公司。

简要评析

商标许可是很多企业在经营过程当中都会遇到的，但由于备案并非合同生效的法律要件，为此，很多企业并没有去备案。上述案件暂不讨论商标许可合同的真实性问题，仅从不备案的法律后果而言，就足以让企业值得认真思考。律师作为企业的法律顾问，遇到商标许可时最好还是建议企业去进行备案。

作为商标被许可人来说，进行了许可备案，等于将该许可行为进行了公示，若发生商标权转移的情况，他本身作为商标被许可人，其权益是不会受到损害的，其只需要按合同将许可费向新的商标权人缴纳即可，但如果没有备案，其就有可能不但不能继续使用被许可的商标，还可能陷入商标侵权的指控当中。为此，作为商标被许可人，应该要积极去办理备案手续。

作为商标许可人，商标许可他人使用之时，往往自己本身是不使用的，在这种情况下，如果被他人以 3 年不使用提出撤销，而商标许可人提交一份未经备案的商标许可合同，该合同的效力很可能会被对方提出质疑，所以有必要时，商标许可人最好也去办理备案手续，或者督促被许可人去办理备案手续。

作为商标的买受人，在确定是否要受让商标时，务必要查清楚目标商标是否有许可使用的情况，特别要留意没有备案的商标许可合同是否存在，对于要查询没有备案的商标许可合同，直接问询商标权人，可能就是最清楚的，同时在签订商标转让合同时，务必要商标权人对商标的权利是否有瑕疵进行保证。

练习与测试

1. 作为常年法律顾问，可以为客户提供哪些商标方面的服务？
2. 商标权的许可有哪几种类型？之间有什么区别？
3. 商标权的质押如何办理？
4. 驰名商标可以通过哪些途径获得保护？

单元总结

主要介绍了商标法律顾问及商标战略；何为商标权的转移、许可及质押，及具体的操作手续；驰名商标的保护途径和具体措施。

本篇法律法规及辅助资料目录

1.《中华人民共和国商标法》(2001)

2.《中华人民共和国商标法》(2013)

3.《中华人民共和国商标法实施条例》(2002)

4.《中华人民共和国商标法实施条例》(2014)

5.《国家工商行政管理总局商标评审委员会商标评审规则》

6.《商标审查及审查标准》

7.《商标评审规则》

8.《最高人民法院关于审理注册商标、企业名称与在先权利冲突的民事纠纷案件若干问题的规定》

9.《工商行政管理机关行政处罚程序暂行规定》

10.《中华人民共和国知识产权海关保护条例》

11.《最高人民法院关于专利、商标等授权确权类知识产权行政案件审理分工的规定》

12.《最高人民法院关于审理商标民事纠纷案件适用法律若干问题的解释》

13.《最高人民法院关于审理商标案件有关管辖和法律适用范围问题的解释》

14.《最高人民法院、最高人民检察院、公安部关于办理侵犯知识产权刑事案件适用法律若干问题的意见》

15.《最高人民法院关于适用〈中华人民共和国刑事诉讼法〉的解释》

16.《最高人民法院关于行政诉讼证据若干问题的规定》

17.《最高人民法院、最高人民检察院关于办理侵犯知识产权刑事案件具体应用法律若干问题的解释（一）》

18.《北京市高级人民法院关于审理商标民事纠纷案件若干问题的解答》

19.《中华人民共和国海关关于〈中华人民共和国知识产权海关保护条例〉的实施办法》

20. 原最高人民法院副院长曹建明《在全国法院知识产权审判工作座谈会上的讲话——加大知识产权司法保护力度依法规范市场竞争秩序》(2004 年 11 月 11 日)

21. 原最高人民法院原副院长曹建明《在全国法院知识产权审判工作座谈会上的讲话——加强知识产权司法保护、优化创新环境、构建和谐社会》(2005 年 11 月 21 日)

22.《商标专用权质押登记程序》(工商标字［1997］第 127 号)

23.《企业动产抵押物登记管理办法》

24.《驰名商标认定与保护规定》

25.《最高人民法院关于审理涉及驰名商标保护的民事纠纷案件应用法律若干问题的解释》

26.《最高人民法院关于审理涉及计算机网络域名民事纠纷案件适用法律若干问题的解释》

参考书目及文献

1. 郑成思．知识产权法．2 版．北京：法律出版社，2003

2. 吴汉东等．知识产权基本问题研究．北京：中国人民大学出版社，2005

3. 孔祥俊．商标与不正当竞争法原理和判例．北京：法律出版社，2009

4. 中国社会科学知识产权中心，中国知识产权培训中心编．专利法、商标法修改专题研究．北京：知识产权出版社，2009

5. 国家工商行政管理总局商标局编．商标注册用商品和服务国际分类．北京：中国工商出版社，2012

6. 商标法律理解与适用．北京：中国工商出版社，2009

7. 商标业务指南．北京：中国法制出版社，2007

8. 中华全国律师协会知识产权专业委员会主编．商标业务指南．北京：中国法制出版社，2007

9. 唐德华、孙秀君主编．商标法及配套规定新释新解．北京：人民法院出版社，2002

10.《工商行政管理法律理解与适用丛书》编委会主编：商标法律理解与适用．北京：中国工商出版社，1998

11. 沈德咏主编．知识产权司法解释理解与适用．2 版．北京：法律出版社，2011

第四篇　反不正当竞争律师实务

本篇简介

公平、有序的市场竞争，是市场经济健康发展的重要保障，因此，企业正当竞争的权利应当得到充分的保护。正当竞争的权利，也属于无形权益的范畴。反不正当竞争之所以列入知识产权的体系，是因为其与其他知识产权有着共通的一面。正当竞争维护着企业的合法权益，使企业保持良好的品牌形象与商誉。不正当竞争直接或间接损害了其他经营者正当经营的合法权利，造成市场经济秩序的混乱，是法律所禁止的行为。反不正当竞争是个案认定的权利，没有特定时间性、没有特定的法定权利，权利的形成需由法院或相关部门通过大量的违法行为表现及证据进行个案认定。反不正当竞争是知识产权法律体系的重要补充，也是涉及面最广，表现最为复杂的特殊无形财产权，其核心价值是通过反不正当竞争法及民法等，倡导全球通行的“诚实、信用、公平”的正当竞争原则，促进和保障市场经济健康有序的发展。

第 1 章

反不正当竞争法保护体系

单元要点

本单元要点在于分析和论述反不正当竞争的基本概念，反不正当竞争法对知识产权的附加保护功能，反不正当竞争法与其他知识产权法的关系及适用，有关反不正当竞争纠纷中的营利要求和竞争关系的司法实践，反不正当竞争法的主体和客体，以及反不正当竞争法一般条款的应用和有关竞合处理的操作技巧等问题。

学习目标

达到厘清反不正当竞争法的基本概念、明确反不正当竞争的独有特征、了解反不正当竞争的本质和构成要件、辨析反不正当竞争法与有关知识产权法立法目的的异同，为进一步掌握反不正当竞争相关法律问题打下基础。

1.1 反不正当竞争法的知识产权法律属性

尽管中国知识产权单行法基本完备，但与反不正当竞争法的附加保护并不矛盾，如果没有了后者，则即便完善的知识产权单行法，离完善的知识产权保护还会有相当长的路。如受版权保护的作品，其名称单独拿出来，是否也受版权保护，在中国现行《著作权法》中并无规定，司法部门遇到这类纠纷后，首先要排除不具有独创性的那部分名称。那么，如果有人故意利用他人已经十分有名的作品名称，而该名称本身很难被认为有“独创性”，发表自己的“拙作”，在中国就无法可管了。《中华人民共和国反不正当竞争法》（以下简称《反不正当竞争法》）立法时有人主张可以由第5条去规范这种行为，但他们忘记了第5条只规范“经营者”，而搭别人作品名称便车者，多数不是经营者。再如《商标法》（要求受保护客体至少具备“识别性”）、《专利法》（要求受保护客体至少具备“三性”）、《著作权法》（要求受保护客体至少具备“独创性”），前述单行法是某种相对的强保护，但从范围上看，客体要件限制了客体范围，决定了它们属于某种“窄保护”。而反不正当竞争法则是某种弱保护，从范围上看属于“宽保护”[①]。《反不正当竞争法》不仅具体规定假冒、仿冒、盗用他人智力成果的行为为不正当竞争，而且还通过一般条款，对那些不受知识产权法保护的经营成果或市场成果提供保护。就此而言，反不正当竞争法同样起着保护知识产权的作用，它是为了在更广泛的范围内以及在拾遗补缺的意义上保护权利人的智力成果和经营成果等合法权益免遭侵害。[②] 企业的经验与管理，市场运作，更多地表现为智力劳动成果，属于无形的范畴，应受反不正当竞争法保护。

---

① 郑成思：《知识产权论》，3版，北京，法律出版社，2003。

② 参见邵建东：《竞争法教程》，修订本，北京，知识产权出版社，2004。

1.1.1　反不正当竞争法对知识产权的兜底保护

知识产权是一种民事权利，而任何权利都有滥用的可能，民法上的“权利不得滥用原则”应当可以约束知识产权所有权人。2003 年微软垄断案的终审判决认定“微软公司实施了搭售行为，是对著作权的滥用，构成对美国《反垄断法》的违反”。微软的搭售行为是对知识产权的滥用，也是违反知识产权法的立法目的的，但《商标法》、《专利法》、《著作权法》等知识产权法本身无法解决这个问题，只有通过反不正当竞争法的限制和制裁，才能实现维护正常竞争秩序的目的。

1.1.2　《民事案件案由规定》将反不正当竞争纳入知识产权审理范围

最高人民法院的《民事案件案由规定》第五部分中，将反不正当竞争与知识产权并列其中，在司法实践中由法院知识产权庭审理反不正当竞争案件，这种做法与国际上通行的做法相一致。

综上所述，反不正当竞争法的本质是对智力成果的保护，反不正当竞争法就应是知识产权法之一，并且是不可缺少的重要组成部分。

1.2　反不正当竞争法营利和竞争关系

1.2.1　反不正当竞争法有关竞争的规定

我国《反不正当竞争法》第二条对于经营者之间是否存在竞争关系没有限定。但是《反不正当竞争法》第二章在不正当竞争行为里面，多处使用了“损害竞争对手”这个词语，如第 5 条和第 14 条。而在另外一些条文里则使用了“排挤其他经营者（对手）”这个词语，如第 6、11、15 条。其他没有使用“损害竞争对手”或“排挤其他经营者（对手）”的，要么属于反垄断的内容，比如第 7 条；要么暗含着损害竞争对手，比如第 9 条虚假广告，损害对象是消费者和同业竞争者，第 10 条商业秘密，在利用他人商业秘密的场合，损害对象也只能是同业竞争者。

一般认为，反不正当竞争纠纷以原、被告之间存在竞争关系为前提，竞争关系的存在对于不正当竞争行为的认定是不可缺少的。如比较广告通常是同类产品的相互比较，如“农夫山泉案”；“搭便车”通常搭的是同业竞争者的便车，如“老干妈案”。因此，法院在审理不正当竞争案件的时候通常会首先审理原、被告之间是否存在竞争关系，原、被告之间通常也围绕此焦点问题提供证据和展开辩论。

1.2.2 非竞争关系构成不正当竞争

根据《反不正当竞争法》第2章规定的不正当竞争行为的类型，可以将不正当竞争类型分为以下四种：

1. 利用他人竞争优势的不正当竞争（第5、10条），如伊士曼柯达公司诉苏州科达液压电梯有限公司商标权侵权纠纷案①，虽然被告是一家生产电梯的公司，与原告生产的摄影器材有着显而易见的区别，两者的营业不存在重合与覆盖，甚至没有任何的实际联系，但是法院仍然认为电梯公司不当地借助了柯达公司的商业信誉，构成了不正当竞争。

2. 破坏他人竞争优势的不正当竞争（第10、14条），如侵犯商业秘密，《反不正当竞争法》并没有将侵权人限定为竞争对手，而只宽泛地规定为经营者和劳动者，以及其他知悉商业秘密的人。

3. 不当获取竞争优势的不正当竞争（第6条至第9条、第11、15条），如滥用经营地位、滥用政府职能、商业受贿等情形，侵权人实际上涵盖了政府、任何营利性或者非营利性的商品或服务的购买者，受害人则包含了非竞争对手和竞争对手两类。

4. 违反《反不正当竞争法》第2条自愿、平等、公平、诚实信用、遵守公认的商业道德的竞争原则，即使不存在竞争关系、经营业务（行业）不相同，依然可以构成不正当竞争行为。

1.3 反不正当竞争主体和客体

1.3.1 反不正当竞争主体

我国的《反不正当竞争法》保护主体为经营者和消费者，间接或反射保护公平的市场交易环境。反不正当竞争主体一般包括经营者、公用企业或其他依法享有独占地位的经营者、其他主体三类。

一、经营者

我国《反不正当竞争法》将经营者界定为“从事商品经营或者营利性服务”。司法实践中对经营者的界定主要有两种意见：一种意见认为，经营者必须是具备相应的法律主体资格，否则即便从事了商品经营，也不属于经营者范畴；另一种意见认为，只要从事了商品经营，无论其是否具备从事这种行为的法律主体资格，都属于经营者的范畴。结合《反不正当竞争法》维护的是公平竞争的市场秩序的宗旨，通说认为，只要行为人从事了违反

① 参见《最高人民法院公报》，2008（6）。

《反不正当竞争法》规定的行为，无论其是否具备经营资格，都应当视为经营者。

二、公用企业、独占地位的经营者、政府及其所属部门

《反不正当竞争法》中还涉及两种特殊的主体，即《反不正当竞争法》第 6 条和第 23 条规定的“公用企业或者其他依法具有独占地位的经营者”和第 7 条、第 30 条规定的“政府及其所属部门”。这两种特殊的主体属于广义的反不正当竞争主体的范畴。

三、其他主体

不正当竞争行为中的商业贿赂、侵犯商业秘密和限制竞争行为等的实施主体并非是经营者，如接收其他企业的员工而获取商业秘密即侵害商业秘密行为的发生往往是由于企业员工“跳槽”。因此，反不正当竞争主体还包括商业秘密案件中的劳动者。再如湖南王跃文诉河北王跃文等侵犯著作权、不正当竞争纠纷案，法院认为，作家属于文化市场中的商品经营者。

1.3.2 反不正当竞争客体

《不正当竞争法》保护的客体是市场竞争所涉及的各方面主体的合法利益。依据《反不正当竞争法》第 1 条，客体主要是以下三种：（1）经营者的利益。它既包括与经营者发生直接竞争关系的竞争者的利益，也包括与经营者发生供需关系或者潜在竞争关系的其他市场参与者的显在的和潜在的利益。（2）消费者的利益。（3）公共利益。《反不正当竞争法》所保护的公共利益是指市场经济制度的建立、维护以及竞争机制的维护所构成的利益。

实例解析

湖南王跃文诉河北王跃文等侵犯著作权、不正当竞争纠纷案①

原告王跃文，系湖南作家。被告叶国军、王跃文（王立山）、北京中元瑞太国际文化传播有限公司（以下简称“中元公司”）、华龄出版社，其中，叶国军系湖南省长沙市叶洋书社业主，王跃文（王立山）是现从事自由职业的河北省农民，中元公司是图书发行公司，华龄出版社是正式出版社。原告王跃文系国家一级作家，以官场小说见长，在全国范围内享有较高知名度，其 1999 年创作的代表作《国画》更是被“中华读书网”誉为十大经典反腐小说之一。2004 年 6 月，原告王跃文在被告叶国军经营的叶洋书社处购买了长篇小说《国风》，封面标注作者为“王跃文”。在封三下方（浓墨书写的国风二字的下部）以小字体标明作者简介：“王跃文，男，38 岁，河北遵化人氏，职业作家，发表作品近百万

① 参见《最高人民法院公报》，2005（10）。

字，小说因触及敏感问题在全国引起较大争议。”该书定价25元，由华龄出版社出版，由中元公司负责发行事宜。该书发行商给书配发了《国风》大幅广告宣传彩页，彩页用黑色字体写明“王跃文最新长篇小说”、“《国画》之后看《国风》”、“华龄出版社隆重推出”、“风行全国的第一畅销小说”。经查明，被告王跃文原名王立山，2004年通过合法途径改名为王跃文。在《国风》一书出版前，未发表任何文字作品。

原告王跃文认为被告王跃文、中元公司和华龄出版社的行为严重侵犯了原告的著作权，且对原告构成不正当竞争，请求法院判令被告停止侵权、公开赔礼道歉、赔偿经济损失50万元，并支付合理诉讼开支3万元。

长沙市中级人民法院认为：原告湖南王跃文是职业作家，以创作并发表作品为其从文化市场中获取经济利益的主要方式；被告河北王跃文亦自称作家，被告叶国军是经销图书的个体工商户，被告中元公司是图书《国风》的发行人，被告华龄出版社是专业出版机构。上述主体同在一个文化市场中活动，均在以自己的行为来分享文化市场中产生的经济利益，因此各方之间存在着竞争关系，均属于《反不正当竞争法》调整的市场主体。作为文化市场的经营者，作者往往通过在作品上署名，来传扬自己和自己的写作方式。消费者选购图书时，作品题材和作者是其考虑的主要因素。知名作家在作品上的署名，已经成为图书的一种商品标识，发挥着指引消费者作出消费决定的重要作用。知名作家的署名一旦被借鉴、仿冒、攀附或淡化，就可能引导消费者作出错误的消费决定，从而影响到署名人的正当权益，因此这些行为属于不正当竞争。原告湖南王跃文曾因创作过系列官场题材小说而知名，《国画》是其创作的又一畅销书籍。这些作品均以“王跃文”署名，该署名直接指向湖南王跃文本人，明示着作品提供者的身份。看到这个署名的消费者，无疑会联想起湖南王跃文创作的系列作品。由于这系列作品已经在市场上享有了声誉，因此以“王跃文”署名的作品自然容易被消费者接受。在《国风》一书发行前，被告河北王跃文没有发表过任何作品。在此情况下，河北王跃文在《国风》一书的作者简介中，标榜自己“发表作品近百万字，小说因触及敏感问题在全国引起较大争议”，纯属虚假宣传。与其改名行为相联系，不难看出：河北王跃文写作这一段虚假的作者简介，就是要把《国风》一书与湖南王跃文联系起来，借湖南王跃文在文化市场上的知名度来误导消费者，从而达到推销自己作品的目的。河北王跃文、中元公司、华龄出版社的行为均违反了诚实信用原则，构成对湖南王跃文的不正当竞争。被告叶国军从正规渠道进货，并在获取相关委托手续后才销售《国风》一书，作为一般图书经营者，叶国军已尽合理的注意义务，对本案的不正当竞争后果不具有主观过错，无须承担赔偿责任，但若继续销售《国风》一书，则是扩大不正当竞争损害后果，故应当停止销售。于2004年12月14日判决：

1. 被告叶国军、王跃文、北京中元瑞太国际文化传播有限公司、华龄出版社立即停止对原告王跃文的不正当竞争行为；

2. 被告王跃文、北京中元瑞太国际文化传播有限公司连带赔偿原告王跃文经济损失10万元；

3. 被告华龄出版社对被告王跃文、北京中元瑞太国际文化传播有限公司的上述赔偿义务负连带偿还责任。

练习与测试

2012年10月21日，×××律师事务所律师在××网站宣传，题为“著名刑事辩护××律师，电话1375955××××……”。宣传内容还包括该律师的学历、承办的系列刑事案件，以及其本人所获得的荣誉等。该地区1名刑事辩护律师认为前述内容颇有不实，以被告存在不正当竞争为由，向当地中级人民法院提起诉讼。

请问：本案中，律师是否可认定为《反不正当竞争法》中的“经营者”，是否应承担相关法律责任?

第

2

章

反不正当竞争民事保护

单元要点

本单元学习要点包括反不正当竞争民事诉讼与一般民事诉讼的区别，律师承办反不正当竞争纠纷的工作重点，反不正当竞争起诉状的撰写，反不正当竞争纠纷的管辖，有关反不正当竞争诉前禁令措施等。

学习目标

能够独立撰写反不正当竞争纠纷的民事起诉状、申请禁令及行为保全，能够掌握纠纷的诉讼管辖、诉讼请求和有关赔偿的实务操作能力。

2.1　律师代理

我国司法实行二审终审制，因原告、被告各方利益和地位不同，导致代理人工作重点也不同。

2.1.1　一审原告代理人的工作重点

1. 庭审前全面熟悉案情，查找相关法律法规和相同或相似案例，并分析对方可能出示的证据或提出的问题，做好应对预案，以避免庭审时观点陈述错误或法官询问时没有准备造成临时慌乱。

2. 提交证据。根据最高人民法院《关于民事诉讼证据的若干规定》，人民法院在送达案件受理通知和应诉通知的同时，应明确指定举证期限，该期限不得少于 30 日。当事人应当在法院指定的期限内提交证据材料，如果在举证期限内提交证据材料有困难的，可以在举证期限内申请延期举证。

3. 借助图表解决疑难问题。疑难案件可依据法律关系或主要事实制作法律关系图表，帮助法官正确理解法律关系。如果法院条件许可，对于疑难案件，还可以通过制作 PPT 或动漫的方式，在庭审中通过最直接和最直观的方式解决疑难的技术和法律问题。

4. 证据保全。原告在起诉前或起诉时，发现证据不保全将存在灭失等情形时，可以申请法院证据保全。

5. 实务中，许多申请人在申请中混合禁令申请与证据保全申请，如证据保全申请书中表述为："请求法院查封制造涉嫌侵权产品的全部模具、产品，并责令被申请人不得继续生产涉嫌侵权的产品。""查封模具"与"扣押涉嫌侵权的产品"属于证据保全的范畴，而"责令被申请人不得继续生产"则明显属于禁令的范畴。[①]

① 参见叶若思、欧宏伟．深圳市中级人民院关于知识产权案件证据保全工作的调研报告，见 http：//www.hfiplaw.cn/news/html/？1586.html，2013－02－22。

6. 整理书面的质证意见。质证是庭审的关键环节，而后面的法庭辩论不过是质证意见的补充而已。为便于法院掌握证据，最好根据庭审情况整理书面质证意见。

7. 做好开庭记录。在对方举证或发表质证意见时，记录对方的举证或质证意见和自己的辩解意见等，这样自己发表意见时就会很从容。尤其是发生二审的案件可以对照一审庭审观点和双方争议焦点，就一审裁判是否错误得出结论。

2.1.2 一审被告代理人的工作重点

1. 庭审前全面熟悉案情和法律法规，查找相同和相似案例。

2. 申请法院调取证据。被告除遵守前述原告举证要点以外，如果证据不为被告所掌握，在民事诉讼中，可以申请人民法院调查收集证据，这主要是指当事人及其诉讼代理人因客观原因不能自行收集证据，请求人民法院予以救济的情况。

3. 提交答辩状。答辩状应当紧扣原告的理由和事实，表述和观点要求清楚明了，尤其不需要太细化成代理词。司法裁判文书一般难以体现代理人的代理意见，但裁判文书均会体现被告的答辩意见。因此，答辩状不是可有可无的，而是必须提交的书面材料。

4. 提交书面证据质证意见和记录庭审情况。双方庭审前向法院提交与案件相关的起诉状、答辩状、证据清单、延期举证申请、证人出庭申请等一切法律文书的电子版，庭审结束后尽快提交纸质和电子版代理词，前述做法可以提高法院办案效率，尤其是提高了书记员庭审记录的速度和准确率。

2.2 二审代理重点

代理二审案件，上诉方应注意以下事项：

1. 收案。应当审查上诉人委托的案件是否符合法定的上诉条件。审查重点主要为：(1) 审查上诉人是否享有上诉权；(2) 上诉人的上诉是否在上诉期内；(3) 一审判决或裁定法律适用或事实认定是否有错误或不清等情形。

2. 起草上诉状。上诉状应围绕一审裁判错误或不当之处进行陈述，并要求清楚、明了。切忌啰唆和逻辑不清。用铅笔将裁判文书中认为法院错误之处勾画出来，以避免二审庭审时无法回答法官询问。尤其注意二审中不能增加独立的诉讼请求。如原审原告福建省乔丹体育用品有限公司（以下简称福建乔丹）与原审被告晋江市阳新体育用品有限公司（以下简称晋江阳新）不正当竞争纠纷一案①，最高人民法院认为，福建乔丹所提侵犯其名称权和商标权的主张，属于在二审程序中增加的独立诉讼请求，本院依法不对此作出认定和处理，福建乔丹可以依法另行提起诉讼。

---

① 参见最高人民法院（2002）民三终字第9号民事判决书。此案件系2008年最高人民法院公布的100件全国知识产权司法保护典型案例之一。

3. 证据。是否有新的证据提交，核实证据是否属于二审“新证据”。

4. 结合二审程序自身的特点，尤其是律师在办理委托手续后应到二审法院阅卷。阅卷重点为：（1）查看一审的证据是否充足确凿；（2）一审的定案证据是否经过法庭质证；（3）一审认定的事实是否清楚、完整，该事实与判决结果之间是否有必然的联系；（4）一审法律适用是否准确；（5）一审程序是否正确，有无遗漏重要当事人或应当回避未回避的情形等。

被上诉人除遵守前述上诉人要点以外，还应注意以下事项：（1）针对上诉人的上诉范围和理由起草答辩状；（2）庭审紧扣上诉人的争议焦点进行，如果上诉人上诉请求超出一审起诉状的范围应当提醒法庭；（3）是否还有案件背景材料需提交法庭；（4）做好庭审笔录。

2.3　民事保护方式选择

民事保护是反不正当竞争中的一种重要保护手段，主要包括和解、调解、仲裁和民事诉讼四种手段。

2.3.1　和解

和解是纠纷双方在自愿基础上，达成一致意见的行为。它与调解的主要区别在于不需要其他任何第三方的参与。从成本和效率分析，和解的优势十分明显，实践中多数反不正当竞争纠纷是通过和解处理的。和解的优势主要体现在程序简便，节省费用，不需要遵守一定的程序和交纳有关费用，和解协议的可履行性，不伤害双方合作关系和不影响诚信记录等。

2.3.2　调解

调解是纠纷双方当事人在自愿基础上，由第三人居间调停，促使双方解决纠纷的一种方式。调解协议书由各方当事人签名、盖章或者按指印生效，如果由人民调解员参与调解的，应当由人民调解员签名并加盖人民调解委员会印章。近年来，诉讼调解效果显著，全国法院知识产权民事一审案件平均调解撤诉率始终维持在 50%之上。①

2.3.3　仲裁

仲裁在知识产权纠纷中占有重要地位，如在德国、奥地利等国均设有版权纠纷仲裁委

① 参见《中国法院知识产权司法保护状况（2009 年）》。

员会，世界知识产权组织和世界贸易组织也分别设立了知识产权纠纷仲裁机构，中国目前无专门的知识产权纠纷仲裁机构。

2.4 反不正当竞争民事管辖地的确定

2.4.1 级别管辖

最高人民法院《关于审理不正当竞争民事案件应用法律若干问题的解释》第 18 条是对《反不正当竞争法》第 5、9、10、14 条规定的反不正当竞争民事第一审案件的级别管辖所作的解释，即一般由中级人民法院管辖。各高级人民法院根据本辖区的实际情况，经最高人民法院批准，可以确定若干基层人民法院受理不正当竞争民事第一审案件。

2.4.2 地域管辖

一般来讲，因不正当竞争提起的民事诉讼，其地域管辖可以参照最高人民法院《关于审理商标民事纠纷案件适用法律若干问题的解释》第 6 条和第 7 条的规定确定。以计算机网络传播方式发布虚假广告的，可以参照最高人民法院《关于审理涉及计算机网络著作权纠纷案件适用法律若干问题的解释》第 1 条的规定确定管辖权。

2.4.3 网络不正当竞争的管辖

在反不正当竞争案件中，尤其以网络不正当竞争和商业秘密案件司法管辖最为疑难。

网络侵权行为地包括实施被诉侵权行为的网络服务器、计算机终端等设备所在地。对难以确定侵权行为地和被告住所地的，原告发现侵权内容的计算机终端等设备所在地可以视为侵权行为地。最高人民法院《关于审理侵害信息网络传播权民事纠纷案件适用法律若干问题的规定》第 15 条规定，侵害信息网络传播权民事纠纷案件由侵权行为地或者被告住所地人民法院管辖。侵权行为地包括实施被诉侵权行为的网络服务器、计算机终端等设备所在地。侵权行为地和被告住所地均难以确定或者在境外的，原告发现侵权内容的计算机终端等设备所在地可以视为侵权行为地。再如最高人民法院《关于审理涉及计算机网络域名民事纠纷案件适用法律若干问题的解释》第 2 条第 1 款规定："涉及域名的侵权纠纷案件，由侵权行为地或者被告住所地的中级人民法院管辖。"

值得注意的是，最高人民法院司法解释规定，对难以确定侵权行为地和被告住所地的，原告发现侵权内容的计算机终端设备所在地可以视为侵权行为地。"被告住所地难以确定"这一表述在实践中容易引起歧义。只要被告是确定的，现实诉讼中不应存在难以确定被告住所地的情形。在网络侵权案件中，被告住所地的确认与传统侵权案件并无区别。

被告是自然人的话，其有户籍所在地、经常居住地作为确定依据，法人则有其登记注册的办公场所作为确定依据。虽然存在因被告离开其住所地下落不明而找不到被告的情形，但立法对此规定有公告制度进行弥补。如果确有难以确定被告住所地的情形，则应当归于被告不明确的问题。这类案件属于《民事诉讼法》规定的不符合立案条件的情形，不能立案，也不发生地域管辖问题。更何况，何为“难以确定被告住所地（和侵权行为地）”，法律和司法解释也没有可供衡量的标准。对于原告而言，其完全有可能利用被告住所地难以确定这一理由而任意选择管辖法院。而此时，法院为了向被告送达文书不得不亲自去查明被告的住所地，这与现代审判理念相悖。如果连法院也难以查明被告的住所地，此后的诉讼程序如何进行值得探讨。①

2.4.4　涉外反不正当竞争案件管辖

为正确处理涉外民商事案件，依法保护中外当事人的合法权益，根据 1991 年《民事诉讼法》第 19 条的规定，最高人民法院发布了《关于涉外民商事案件诉讼管辖若干问题的规定》，依据该规定第 4 条：“发生在与外国接壤的边境省份的边境贸易纠纷案件，涉外房地产案件和涉外知识产权案件，不适用本规定。”如申请再审人阿迪达斯有限公司（ADIDASAG）与被申请人阿迪王体育用品（中国）有限公司、华珠（泉州）鞋业有限公司、郭艳梅侵犯商标权及不正当竞争纠纷一案②，最高人民法院再审认为，最高人民法院《关于涉外民商事案件诉讼管辖若干问题的规定》不适用于涉外知识产权案件。故裁定本案由辽宁省高级人民法院再审。

2.4.5　多个被告之一住所地法院管辖

最高人民法院《关于审理商标民事纠纷案件适用法律若干问题的解释》第 7 条③和《关于审理著作权民事纠纷案件适用法律若干问题的解释》第 5 条均有“多个被告之一住所地法院有权管辖”的规定，原告常因此将非主要责任人的销售商列为被告之一，甚至拉进无辜被告制造连接点，迫使其他主要被告异地诉讼。该规定有利于原告，但给主要被告带来异地诉讼的不便，与民事诉讼中通常以“原告就被告”确定地域管辖的基本精神相违背。由于主要被告、主要侵权行为地与受案法院的分离，导致当事人收集证据和法院查清事实的困难，不便于受案法院的审理和可能的执行，并导致管辖权异议的大量增加和诉讼的拖延，使得管辖权制度丧失了在人们心中的合理性和公正性。④ 如原告昆明市西山区螺

---

① 参见王天红：《网络知识产权侵权案件的地域管辖》，见中国知识产权司法保护网，2013－01－08。

② 参见最高人民法院（2010）民申字第 1114 号民事裁定书。

③ 最高人民法院《关于审理商标民事纠纷案件适用法律若干问题的解释》第 7 条：对涉及不同侵权行为实施地的多个被告提起的共同诉讼，原告可以选择其中一个被告的侵权行为实施地人民法院管辖；仅对其中某一被告提起的诉讼，该被告侵权行为实施地的人民法院有管辖权。

④ 参见李颖：《知识产权案件地域管辖的缺陷与对策》，见北京法院网，2012－10－08。

蛳湾商会、昆明市五华区市场综合开发经营有限公司、云南螺蛳湾市场置业发展有限公司诉被告北京搜房互联网信息服务有限公司、搜房媒体技术（北京）有限公司、上海功夫堂房地产销售有限公司、云南中豪置业有限责任公司不正当竞争纠纷一案①，本案件系原告认为被告四开发建设的昆明螺蛳湾国际商贸城涉嫌侵犯原告“螺蛳湾”商标权，因其涉嫌虚假宣传等构成不正当竞争行为，被告一和被告二系对被告四的广告进行宣传的网络媒体，被告三系被告四的广告制作者，原告以被告一和被告二的计算机终端所在地在北京为由，故北京市高级人民法院具有管辖权。笔者认为，能否将侵权信息的计算机终端所在地作为侵权结果发生地，应当综合本案判定，即侵权结果发生地，应当理解为是侵权行为直接产生的结果发生地，不能以原告受到损害就认为原告所在地就是侵权结果发生地。

2.5 撰写民事起诉状

起诉状是指公民或法人因自身合法权益遭受侵害而向人民法院提起诉讼请求的法律文书。起诉状是法院审理不正当竞争纠纷的范围、主要事实和理由的重要法律文书，如果起诉状出现错误等情形，会严重损害当事人的合法利益。

2.5.1 诉讼主体

起诉状中的原、被告及第三人不能出现错误，主体错误导致撤诉而重新起诉，将新增诉讼成本，如法院受理费等，消耗更多时间和精力。

在实践中，主体名称错误容易出现在公司性质中，如将“有限责任公司”写成“有限公司”；以及公司地域排序中，如将“云南富城有限公司”写成“富城（云南）有限公司”。

如果是购买侵权物品的，保险的做法系以开具的发票单位为名称，尤其如大的商场，容易受其外部名称误导，如“××购物中心”、“××商场”。在个体经营户作为侵权被告时，如果不要求经营者开具票据，易导致工商档案查询时很难查询到其真实的名称。

2.5.2 案由和诉讼请求

部分法院在立案时要求当事人必须列明案由，如果起诉状不列明案由，或者认为未找到恰当的案由，人民法院不予立案。最高人民法院《民事案件案由规定》将“知识产权纠纷”作为一级案由，下设“知识产权合同纠纷”、“知识产权权属、侵权纠纷”和“不正当

---

① 参见北京市高级人民法院（2009）高民初字第2408号民事裁定书。

竞争、垄断纠纷”① 3 个二级案由，并相应设置了 33 个三级案由和 86 个四级案由。此外，在“适用特殊程序案件案由”一级案由部分还设立了“申请诉前停止侵权”等 3 个与知识产权诉前临时措施有关的三级案由。考虑到竞争法与知识产权保护的紧密相关性以及反垄断法与反不正当竞争法本身的体系性，《民事案件案由规定》将垄断纠纷与各种不正当竞争纠纷集中规定，把有关的不正当竞争和垄断纠纷统一纳入了知识产权纠纷。

当事人应当根据诉争法律关系的性质，应根据《民事案件案由规定》首先列出第四级案由；第四级案由没有规定的，适用相应的第三级案由；第三级案由没有规定的，适用相应的第二级案由；第二级案由没有规定的，适用相应的第一级案由。同一诉讼中涉及两个以上的法律关系，属于主从关系的，当事人应当以主法律关系确定案由，当事人仅以从法律关系起诉的，法院一般以从法律关系确定案由，不属于主从关系的，则以诉争的法律关系确定案由，均为诉争法律关系的，则按诉争的两个以上法律关系确定并列的两个案由。在请求权竞合的情形下，应当根据最有利于委托人的原则确定案由。在诉讼过程中增加或变更诉讼请求导致法律关系发生变更的，当事人应当相应变更案件案由。

诉讼请求应当具体明确，最好依据一定顺序列明，对于有关赔偿请求，应当在诉讼请

---

① 《民事案件案由规定》中涉及的不正当竞争纠纷、垄断纠纷案由明细：
十五、不正当竞争纠纷
157. 仿冒纠纷
(1) 擅自使用知名商品特有名称、包装、装潢纠纷
(2) 擅自使用他人企业名称、姓名纠纷
(3) 伪造、冒用产品质量标志纠纷
(4) 伪造产地纠纷
158. 商业贿赂不正当竞争纠纷
159. 虚假宣传纠纷
160. 侵害商业秘密纠纷
(1) 侵害技术秘密纠纷
(2) 侵害经营秘密纠纷
161. 低价倾销不正当竞争纠纷
162. 捆绑销售不正当竞争纠纷
163. 有奖销售纠纷
164. 商业诋毁纠纷
165. 串通投标不正当竞争纠纷
十六、垄断纠纷
166. 垄断协议纠纷
(1) 横向垄断协议纠纷
(2) 纵向垄断协议纠纷
167. 滥用市场支配地位纠纷
(1) 垄断定价纠纷
(2) 掠夺定价纠纷
(3) 拒绝交易纠纷
(4) 限定交易纠纷
(5) 捆绑交易纠纷
(6) 差别待遇纠纷
168. 经营者集中纠纷

求中统计出总数，便于法院计算诉讼费用。

变更诉讼请求或者提起反诉的，应当在举证期限届满前提出。

2.5.3 案件事实和理由

民事起诉状的事实是法院审判的范围和重点，理由是依据，因此，切忌啰唆和逻辑不清，也不需要太细化。部分当事人的起诉状多达几十页，事实和理由比代理词还细化。此种情形有两个弊端：首先，容易使对方掌握细节，以克制原告方；其次，显得专业知识不强。事实与理由可以按时间先后顺序或法律关系撰写。

法律文书格式，应基本符合有关公文对文本格式、排版、文字字体、标题的要求，表述应让人便于阅读和理解。不得出现带有情绪或容易引起对方误解或导致矛盾激化的字词。

2.6 诉前禁令申请与行为保全

2.6.1 诉前禁令

我国法院诉前临时措施制度的执行状况是很好的。实践中也有值得注意的问题，主要是两个方面：一是，各地执行情况不尽统一和平衡，有的法院态度不积极，对这一制度学习、研究、运用不够，当事人和社会对此反映比较强烈。二是，对采取有关措施特别是诉前禁令和诉前证据保全的实体审查判断标准，尚不够细化和明确，需要尽快总结和升华，增强可操作性。① “我们对诉前禁令总的原则是，既要积极又要慎重。积极，是指受理案件要积极，审查要迅速，采取措施要及时；慎重，是指对申请的审查要仔细，避免适用措施不当而损害被申请人的利益。根据有关法律和司法解释的规定，诉前禁令的申请人应向有管辖权的法院递交申请状、有关证据以及合理有效的担保。只要申请符合法律和司法解释的规定，法院就会依法作出裁定责令被申请人停止有关行为。”② 在2012年修改的《民事诉讼法》实施以前，反不正当竞争纠纷中的诉前禁令的适用率是相当低的，通常是转化为诉中禁令。其主要原因系法律法规及司法解释均没有明确规定。

2.6.2 行为保全

修改后的《民事诉讼法》首次确立了行为保全制度，该法第100条规定：“人民法院

---

① 参见原最高人民法院原副院长曹建明：《在全国法院知识产权审判工作座谈会上的讲话——加强知识产权司法保护、优化创新环境、构建和谐社会》(2005年11月21日)。

② 原最高人民法院原副院长曹建明：《在知识产权司法保护国际研讨会上的致辞》(2006年9月28日)。

对于可能因当事人一方的行为或者其他原因，使判决难以执行或者造成当事人其他损害的案件，根据对方当事人的申请，可以……责令其作出一定行为或者禁止其作出一定行为；当事人没有提出申请的，人民法院在必要时也可以裁定采取保全措施。”如申请人广州医药集团有限公司与被申请人广东加多宝饮料食品有限公司、彭某某诉中禁令申请案，法院认为，两被申请人实施了虚假宣传、误导消费者的行为，为避免正在实施的虚假宣传行为对“王老吉”商标权人，同为生产、经营凉茶饮料的申请人的合法权益造成难以弥补的损害，有必要禁止两被申请人实施上述虚假宣传行为。裁定被申请人广东加多宝饮料食品有限公司立即停止使用“王老吉改名为加多宝”或与之意思相同、相近似的广告语进行宣传的行为，被申请人广东加多宝饮料食品有限公司、彭某某立即停止使用“全国销量领先的红罐凉茶改名为加多宝”或与之意思相同、相近似的广告语进行宣传的行为。① 广东加多宝饮料食品有限公司和彭某某不服该裁定，分别申请复议，后广东省广州市中级人民法院维持原裁定。② 该案可能是《民事诉讼法》修改后有较大影响的第一件反不正当竞争行为保全措施。

在商业秘密案件中，由于存在对商业秘密是否成立的法律判定，因此不能适用临时禁令措施。理由主要在于：一是不具备采取临时禁令的先决条件，二是商业秘密侵权诉讼适用临时禁令可能造成原、被告之间利益的较大失衡。③

2.6.3　行为保全的适用条件

我国《反不正当竞争法》和有关不正当竞争司法解释，对不正当竞争纠纷未规定诉前禁令措施，造成该措施在适用上缺乏直接法律依据。修改后的《民事诉讼法》将财产保全与行为保全作捆绑式规定。行为保全具有如下特别的适用条件：（1）有初步证据表明申请人的合法权益正在或者将要受到被申请人的侵害；（2）如不采取行为保全将会给申请人造成损害或者使其损害扩大；（3）如不采取行为保全可能给申请人造成的损害大于采取行为保全可能给被申请人造成的损害。但如采取行为保全会损害公共利益的，不得采取行为保全。④

实例解析

四维实业（深圳）有限公司侵犯商业秘密纠纷管辖权异议案⑤

2004 年 4 月 8 日，四维公司、四维深圳公司以艾利丹尼森公司、艾利广州公司、艾利

---

① 参见广州市中级人民法院（2012）穗中法知民初字第 263 号之一民事裁定书。

② 参见广州市中级人民法院（2012）穗中法知民初字第 263 号民事裁定书。

③ 参见孔祥俊主编：《商业秘密司法保护实务》，北京，中国法制出版社，2012。

④ 参见肖建国：《行为保全：弥补财产保全不足的创举》，载《检察日报》，2012-10-19。

⑤ 参见广东省高级人民法院（2005）粤高法民三初字第 1—1 号民事裁定，最高人民法院（2007）民三终字第 10 号判决书。该案系最高人民法院公布的 2008 年中国知识产权司法保护 50 件典型案例之一，并被同时公布在《最高人民法院公报》，2009（8）上。

昆山公司、艾利中国公司（以上四被告为侵权产品生产者）、里水印刷厂、汾江经营部（以上二被告为侵权产品销售者）侵犯其乳化型压克力感压胶外加增粘剂技术信息和经营信息等商业秘密为由，向广东省佛山市中级人民法院提起诉讼，要求艾利丹尼森公司等赔偿经济损失人民币 6 000 万元。佛山市中级人民法院发出立案受理通知书和应诉通知书后，经过原告两次诉讼请求的变更，赔偿请求最终被确定为 1.5 亿元，之后，广东省高级人民法院依法准许了佛山市中级人民法院管辖权转移的请求，将案件收至广东省高级人民法院管辖。2005 年 6 月 6 日，四维公司、四维深圳公司向广东省高级人民法院补充递交了“民事起诉状”。根据该起诉状，四维公司主张其“乳化型压克力感压胶外加增粘剂技术信息”被艾利丹尼森公司在中国申请了“增粘乳液压敏胶粘剂”专利，侵犯了其商业秘密。

2004 年 10 月 13 日，艾利丹尼森公司、艾利中国公司以四维公司、四维深圳公司、上海四维企业有限公司等侵犯其压敏黏合剂技术信息和经营信息向江苏省高级人民法院提起诉讼，并被受理。2005 年 11 月 8 日，江苏省高级人民法院作出民事裁定认为，本案与四维公司、四维深圳公司以艾利丹尼森公司等侵犯其商业秘密之诉是基于同一法律事实而发生的纠纷，因广东省佛山市中级人民法院立案时间早于江苏省高级人民法院，又因级别管辖原因移送到广东省高级人民法院，故裁定将该案移送至广东省高级人民法院。

之后，艾利丹尼森公司、艾利广州公司、艾利昆山公司、艾利中国公司向广东省高级人民法院提出管辖权异议。主要理由有：本案移送给江苏省高级人民法院审理可以有效阻止四维公司等的恶意诉讼；因广东省佛山市中级人民法院对本案无管辖权，且广东省高级人民法院立案时间晚于江苏省高级人民法院对关联案件的立案时间，故本案应当移送给江苏省高级人民法院审理。

广东省高级人民法院认为：本案为侵犯商业秘密纠纷，被告艾利广州公司的住所地在广东省广州市，被告艾利昆山公司和艾利中国公司的住所地在江苏省昆山市，被告里水印刷厂、汾江经营部的住所地在广东省佛山市。依据《民事诉讼法》，上述被告住所地人民法院均有地域上的管辖权，广东省佛山市中级人民法院受理本案符合法律规定。又因本案争议标的大，根据级别管辖的规定，广东省高级人民法院依法享有对广东省佛山市中级人民法院移送的本案的管辖权。鉴于级别管辖的变更并非两次独立诉讼，故立案的时间仍以佛山市中级人民法院立案的时间 2004 年 5 月 7 日为准，故 2004 年 10 月 13 日江苏省高级人民法院受理的艾利丹尼森公司、艾利中国公司诉四维公司等侵犯商业秘密案的受理时间晚于广东省佛山市中级人民法院对本案的受理时间，根据有关立案管辖、移送管辖的规定，裁定驳回艾利丹尼森公司、艾利中国公司、艾利广州公司、艾利昆山公司对本案管辖权的异议。

艾利丹尼森公司、艾利中国公司、艾利广州公司、艾利昆山公司不服一审判决并向最高人民院提起上诉。上诉理由：里水印刷厂、汾江经营部仅为销售者，其行为不属于侵犯商业秘密的行为，不应作为被告参加诉讼，其住所地法院，即广东省佛山市中级人民法院也就没有管辖权。这样广东省高级人民法院的立案时间应为 2005 年 6 月，晚于江苏省高级人民法院对关联案件的立案时间，故应当将本案移送至江苏省高级人民法院；基于当事人间的历史行为，认为本案移送至江苏省高级人民法院，可以有效阻止四维公司的恶意诉讼。据此，请求法院撤销原审裁定，指定江苏省高级人民法院审理本案。

最高人民法院二审审理后认为：

根据《反不正当竞争法》第 10 条的规定，销售侵犯商业秘密所制造的侵权产品并不属于该法所列明的侵犯商业秘密的行为。因此，里水印刷厂、汾江经营部被控销售侵犯商业秘密所制造的侵权产品的行为，以及其被控使用侵犯原告商业秘密所制造的侵权产品的行为，均不是《反不正当竞争法》规定的侵犯商业秘密的行为；又因为使用商业秘密的行为实施地和结果发生地是重合的，亦即使用商业秘密的过程，通常是制造侵权产品的过程，当侵权产品制造完成时，使用商业秘密的侵权结果即同时发生，不宜将该侵权产品的销售地视为使用商业秘密的侵权结果发生地。故广东省佛山市中级人民法院不能因里水印刷厂、汾江经营部的上述不属于侵犯商业秘密的行为而具有本案的管辖权。

四维公司、四维深圳公司在二审提出里水印刷厂、汾江经营部使用侵权设备和工艺进行分条、切张等的答辩意见，因起诉状中没有相关记载且其未提交初步证据予以证明，故此也不能成为佛山市中级人民法院管辖本案的依据。

综上，广东省佛山市中级人民法院对本案没有管辖权，基于地域管辖和级别管辖，广东省高级人民法院对本案有管辖权。但因本案与江苏省高级人民法院受理的案件是当事人基于同一法律事实而发生的纠纷，且江苏省高级人民法院的立案时间早于广东省高级人民法院的立案时间，故本案应移送至江苏省高级人民法院合并审理。原审法院对本案管辖权的认定有误，应予纠正。

最高人民法院于 2009 年 1 月 15 日裁定撤销广东省高级人民法院（2005）粤高法民三初字第 1—1 号民事裁定，本案移送江苏省高级人民法院处理。

练习与测试

作为律师代理反不正当竞争案件，代理原告与代理被告有什么不同的侧重点？

第3章

反不正当竞争刑事保护

单元要点

本单元主要阐述了反不正当竞争犯罪主体、犯罪主观方面及刑法特征，对反不正当竞争中的刑事、民事和行政程序的衔接和实务中对三者的证据审查和主要做法进行了分析。

学习目标

掌握反不正当竞争犯罪的主体、主观要件、客体的特殊性。注意不正当竞争行为刑事保护、民事保护与行政保护程序的衔接。

3.1　反不正当竞争犯罪主体

反不正当竞争犯罪主体与其他知识产权犯罪主体是一致的，为一般主体，包括法人（单位）和自然人，其中自然人要求行为人达到刑事责任年龄，具备刑事责任能力。如周德隆等人侵犯商业秘密案①，上海市高级人民法院认为：周德隆、陶国强违反与原单位的保密约定，伙同他人利用原单位专利技术以外不为公众知悉的工艺技术信息，生产与原单位相同的产品，并造成原单位重大经济损失的行为，已构成侵犯商业秘密罪；陈伟明明知他人违反与原单位的保密约定，仍伙同他人利用原单位专利技术以外不为公众知悉的工艺技术信息，生产与他人原单位相同的产品，并造成他人原单位重大经济损失的行为，亦构成侵犯商业秘密罪。

3.2　反不正当竞争犯罪主观方面

反不正当竞争犯罪主观方面，主要为故意，并且多数为目的犯，行为人具有营利目的，但《刑法》分则第 219 条第 2 款所规定的侵犯商业秘密犯罪，过失也可构成。

3.3　反不正当竞争刑法保护特征

为了保护反不正当竞争制度的贯彻执行，保护正当经营者和消费者的合法权益，维护正常的市场经济秩序，我国在狭义的《反不正当竞争法》和广义的反不正当竞争法，以及《刑法》中规定了反不正当竞争犯罪及其刑事责任，《刑法》以其特定的调整方式——刑罚，使它与其他部门法相区别，刑罚是一种最为严厉的制裁方法。反不正当竞争刑法保护

① 参见《最高人民法院公报》，2005（3）。

特征：

1. 反不正当竞争刑法所规定的是侵犯反不正当竞争制度的犯罪行为；

2. 反不正当竞争刑法所保护的不仅仅是经营者和消费者个体利益，还包括市场经济良好秩序；

3. 反不正当竞争刑法是刑法特殊法；

4. 侵犯反不正当竞争制度行为达到情节严重的程度。如侵犯商业秘密罪要求给商业秘密的权利人造成损失数额在50万元以上。

在判断反不正当竞争犯罪行为时，不仅应当遵守《刑法》的有关规定和基本原理，也要依据反不正当竞争的有关规定和原理。实际上，我国知识产权刑事保护的作用远未得以实现，此局面随着2004年出台的“两高”司法解释将定罪量刑的标准具体化得到较大改观，但在具体案件中，如何确定数额、如何解决与生产销售伪劣产品罪和非法经营罪等罪的竞合问题，如何认定商业秘密与驰名商标及网络侵权犯罪等方面仍有不少的问题。在程序方面，除反不正当竞争犯罪与行政案件的衔接问题外，还有与民事案件的衔接问题。①

3.4 反不正当竞争刑事程序

3.4.1 刑事诉讼与民事诉讼的衔接

关于刑事诉讼与民事诉讼的衔接问题，最高人民法院《关于适用〈中华人民共和国刑事诉讼法〉的解释》第147条规定：“附带民事诉讼应当在刑事案件立案后及时提起。”第161条规定：“第一审期间未提起附带民事诉讼，在第二审期间提起的，第二审人民法院可以依法进行调解；调解不成的，告知当事人可以在刑事判决、裁定生效后另行提起民事诉讼。”最高人民法院《关于刑事附带民事诉讼范围问题的规定》确定附带民事诉讼的范围，其中第1条规定：“因人身权利受到犯罪侵犯而遭受物质损失或者财物被犯罪分子毁坏而遭受物质损失的，可以提起附带民事诉讼”。第5条规定：“犯罪分子非法占有、处置被害人财产而使其遭受物质损失的，人民法院应当依法予以追缴或者责令退赔。被追缴、退赔的情况，人民法院可以作为量刑情节予以考虑。经过追缴或者退赔仍不能弥补损失，被害人向人民法院民事审判庭另行提起民事诉讼的，人民法院可以受理。”

商业秘密犯罪能否附带民事诉讼，在实务中由于受理案件法院的理解不同而出现争议。自《最高人民法院公报》公布被告人裴国良侵犯商业秘密案以后才基本解决此问题。原来多数司法机关认为，知识产权受到侵害不属于最高人民法院《关于刑事附带民事诉讼范围问题的规定》第1条中的人身权利或财物受损害的情形，因而不能在刑事诉讼中提起附带民事诉讼。

① 参见中国社会科学知识产权中心编：《中国知识产权保护体系改革研究》，北京，知识产权出版社，2008。

在裴国良侵犯商业秘密案中，行为人窃取他人技术秘密供自己所在的公司使用，从而给技术秘密权利人造成特别严重后果的，在追究行为人侵犯商业秘密罪的刑事责任时，可以根据附带民事诉讼原告人的请求，将行为人所在公司列为附带民事诉讼被告人，并追究侵权的民事赔偿责任。①

3.4.2　民事、刑事和行政关系的处理

最高人民法院指出：正确把握不正当竞争案件民事程序与刑事程序、行政程序的关系。首先，《反不正当竞争法》所规定的各种具体不正当竞争行为并非均可以或均适于提起民事诉讼，对于第 7 条规定的行政权力限制竞争行为，一般应当依法请求行政查处或提起行政诉讼；对于第 8 条规定的商业贿赂行为，一般应作刑事处罚或行政查处。其次，对一般不正当竞争行为已经或正在进行的任何行政查处或者刑事处罚程序，均不影响当事人依据《反不正当竞争法》第 20 条第 2 款的规定，提起民事诉讼追究侵权人的民事责任。有关行为已经经过行政执法机关作出是否构成不正当竞争认定的，在民事诉讼中仍应当就当事人的诉讼请求进行全面审查。对于在先生效的刑事或行政判决所确认的事实，根据证据规则，只要对方在民事诉讼中有相反证据提供，就应当对相反证据及在先判决的证明力进行慎重审查，综合判断，对案件事实独立作出认定。②

实例解析

周德隆等人侵犯商业秘密案

亚恒公司是 1999 年 2 月注册成立的合资企业，主要生产、销售用于卫生巾、尿垫的“刺孔型干爽网面”材料。法定代表人龚政自行研制的“刺孔型干爽网面”生产工艺技术，属于该公司的商业秘密，亚恒公司对此采取了保密措施。1999 年 12 月和 2000 年 1 月，亚恒公司分别与被告人陶国强、周德隆签订了劳动合同，劳动合同不仅对职工离职后的保密义务作了约定，而且将公司的《保密制度》作为劳动合同的有效组成部分，该《保密制度》对公司商业秘密的范围、保密措施、奖励与处罚等均作出了规定。周德隆、陶国强在签订劳动合同时均承诺严格遵守《保密制度》，分别被任命为亚恒公司生产部门厂长和精工车间主任。

2000 年 6 月，被告人周德隆因故离开亚恒公司，并要求被告人陶国强今后在技术上对其给予支持。同年 10 月期间，周德隆违反亚恒公司有关保守商业秘密的要求，向被告人陈伟明提出成立一家与亚恒公司生产“刺孔型干爽网面”同样产品的公司，并给陈伟明看

---

① 参见《最高人民法院公报》，2006 (12)。

② 参见原最高人民法院副院长曹建明：《在全国法院知识产权审判工作座谈会上的讲话——加大知识产权司法保护力度依法规范市场竞争秩序》(2004 年 11 月 11 日)，见 http://news.9ask.cn/fagui/sfjsk/201002/328901.html，访问日期：2013 年 12 月 16 日。

了亚恒公司研制的“刺孔型干爽网面”滚筒模片样品，陈伟明表示同意。二人共同商议：由陈伟明负责申请注册成立公司，周德隆则负责解决公司的生产设备和技术人员。2000年底，周德隆、陈伟明赴专门为亚恒公司生产压花机和分切机的浙江海宁万方轻工机械有限公司（以下简称万方机械公司），要求订制技术指标和性能与亚恒公司一样的YH600型压花机2台、FQH-600型分切机1台；其间，周德隆与陶国强还要求湖州杰森实业有限公司液压机床厂（以下简称杰森液压机厂），制造一台技术指标和性能与亚恒公司基本相同的YY32-50A型四柱液压机。2001年1月3日，陈伟明投资成立伟隆公司，并担任法定代表人。2001年2月，陶国强在两年的劳动合同期未满时擅自离开亚恒公司。2001年4月至10月，周德隆、陈伟明、陶国强又到浙江慈溪肖强模具加工厂，要求该厂根据周德隆从亚恒公司获取的滚筒模片样品，为伟隆公司进行批量加工制作。伟隆公司定购的设备和加工制作的模片，均由陶国强验收。2001年3月，周德隆正式担任伟隆公司生产部门厂长；随后，陶国强也正式进入伟隆公司，具体负责滚筒模具的装配、调试及生产设备的维护等工作。

2001年年初，亚恒公司发现伟隆公司为仿制其产品订制了与本公司相同的生产设备，遂派人与被告人周德隆、陈伟明交涉，并于同年2月和4月向陶国强、陈伟明先后发出律师函和书面通知，要求其停止侵权。随后，亚恒公司向公安机关报案。同年9月，公安机关对伟隆公司涉嫌侵犯亚恒公司商业秘密的行为进行调查。同年10月，周德隆离开伟隆公司，但陈伟明仍利用陶国强掌握的亚恒公司生产“刺孔型干爽网面”的技术信息继续进行生产。

2001年7月至2003年3月期间，伟隆公司生产与亚恒公司相同的“刺孔型干爽网面”，并以低于亚恒公司的价格分别销售给天津依依卫生用品厂、天津市三维纸业有限公司、上海微丝尔卫生用品有限公司、利发卫生用品（天津）有限公司、临安市雄鹰妇幼卫生用品有限公司、杭州梦琪雅卫生用品有限公司等单位，非法获利十七余万元，并造成亚恒公司直接经济损失一百余万元。

上海市第二中级人民法院依照《刑法》第219条第1款第3项、第2款、第3款、第4款、第25条第1款、第53条、第64条之规定，判决：(1) 被告人周德隆犯侵犯商业秘密罪，判处有期徒刑一年，并处罚金人民币3 000元。(2) 被告人陈伟明犯侵犯商业秘密罪，判处有期徒刑一年三个月，并处罚金人民币5 000元。(3) 被告人陶国强犯侵犯商业秘密罪，判处有期徒刑一年三个月，并处罚金人民币5 000元。(4) 违法所得予以追缴。

一审宣判后，周德隆、陶国强、陈伟明均向上海市高级人民法院提出上诉。

上海市高级人民法院经审理查明的事实与原审相同。

上海市高级人民法院认为：

根据《刑法》第219条第1款第3项和第2款的规定，周德隆、陶国强违反与原单位的保密约定，伙同他人利用原单位专利技术以外不为公众知悉的工艺技术信息，生产与原单位相同的产品，并造成原单位重大经济损失的行为，已构成侵犯商业秘密罪；陈伟明明知他人违反与原单位的保密约定，仍伙同他人利用掌握原单位专利技术以外不为公众知悉的工艺技术信息，生产与他人原单位相同的产品，并造成他人原单位重大经济损失的行为，亦构成侵犯商业秘密罪。

上海市高级人民法院于2004年3月8日裁定：

驳回上诉，维持原判。

练习与测试

侵犯商业秘密罪中，权利人可否在刑事诉讼中附带提起民事赔偿？

第

4

章

反不正当竞争的行政保护

单元要点

本单元主要阐述行政保护的目的、部门和启动方式，尤其以工商行政管理部门为例对行政管辖和行政调解进行了分析。

学习目标

掌握反不正当竞争的常见的三类行政保护的启动方式、选择行政保护的管辖地及相应机关、了解行政调解的范围。

4.1　行政保护目的

行政保护是出于维护公益的目的和需要，重在制止和惩治不正当竞争行为，一般不处理损害赔偿问题。对于受不正当竞争侵害的经营者而言，既可以选择民事保护，也可以选择行政保护。行政保护的主要手段是实施行政处罚，“行政处罚是指行政主体按照法定程序对公民、法人或其他组织违反行政管理秩序，尚未构成犯罪的行为进行制裁的活动”①。行政处罚一般针对的对象是“尚未构成犯罪的行为”，即一般违法行为，而非犯罪行为。

4.2　行政保护部门

我国行政保护的机构模式系混合式，即反不正当竞争行政保护机构不设专门的竞争法执行机构，其职责由多个行政机关共同行使，这些行政机关除负责竞争法执行之外，还被赋予其他行政职责。

《反不正当竞争法》第 3 条第 2 款规定：县级以上人民政府工商行政管理部门对不正当竞争行为进行监督检查；法律、行政法规规定由其他部门监督检查的，依照其规定。这一款确定了本法的行政主管机关为县级以上人民政府工商行政管理部门。工商行政管理部门是本法最主要的执行机关，承担着反不正当竞争的主要职责。受到不正当竞争侵害的单位和个人可以依法向县级以上工商行政管理机关举报或投诉，寻求行政保护。政府及其所属部门的不正当竞争行为，由上级政府部门主管。

因此，除工商行政管理部门之外，物价、卫生、交通运输、通信管理、文化、质量监督、商务、证券监督等部门依据广义的反不正当竞争法律法规，也具有一定的反不正当竞争行政保护职责。本书以工商行政管理部门为例。

① 马怀德：《行政法学》，北京，中国政法大学出版社，2007。

4.3 行政保护启动方式

一、依职权行使行政保护

依职权行使反不正当竞争行政保护责任，其主要依据为《反不正当竞争法》第 3 条的规定，即工商行政管理机关主动巡查市场，查处违法行为。

二、受害人投诉

受害人因不正当竞争行为受到人身、财产等损失的，有权向有管辖权的工商行政管理机关投诉，工商行政管理机关受理以后应当及时处理。

三、举报

依据《反不正当竞争法》第 4 条的规定，一切组织和个人均可对不正当竞争行为进行社会监督。因此，投诉主体不限于受害人，还包括媒体、消费者、经营者和其他未受侵害的单位和个人。

4.4 行政保护管辖

依据《工商行政管理机关行政处罚程序规定》，行政处罚由违法行为发生地的县级以上工商行政管理机关管辖。县（区）、市（地、州）工商行政管理机关依职权管辖本辖区内发生的案件。省、自治区、直辖市工商行政管理机关依职权管辖本辖区内发生的重大、复杂案件。国家工商行政管理总局依职权管辖应当由自己实施行政处罚的案件及全国范围内发生的重大、复杂案件。

对利用广播、电影、电视、报纸、期刊、互联网等媒介发布违法广告的行为实施行政处罚，由广告发布者所在地工商行政管理机关管辖。对当事人的同一违法行为，两个以上工商行政管理机关都有管辖权的，由最先立案的工商行政管理机关管辖。工商行政管理机关发现所查处的案件不属于自己管辖时，应当将案件移送有管辖权的工商行政管理机关。

4.5 行政调解

工商行政管理部门行政调解的范围是，工商行政管理机关与公民、法人或者其他组织之间产生的行政争议以及公民、法人或者其他组织之间产生的依法应由工商行政管理机关调解的民事纠纷。重点是涉及行政执法、合同、行政许可、消费、行政复议等方面的争议；公平交易执法中适用《反不正当竞争法》、《商标法》、《产品质量法》、《消费者权益保护法》等相关法律法规查处违法案件，当事人与被侵害人因侵权行为产生的纠纷；公民、法人或者其他组织之间产生的，与公平交易执法有直接或间接关联的纠纷。

实例解析

四川王氏酒业有限公司与四川省泸州市工商行政管理局行政处罚案

1998 年 10 月，被告泸州市工商行政管理局依职权对原告四川王氏酒业有限公司所生产销售的王氏牌“川酒王”系列产品进行查处，发现原告自产的“川酒王”瓶装酒的包装礼盒上产品简介中有“特具五粮液风格”几个字。被告认为原告主观上虽无仿冒“五粮液”酒的故意，但客观上容易使消费者误认为该酒的质量、制作、成分与“五粮液”酒相同，因而具有一定的误导消费者或虚假宣传的成分，其行为违反了《四川省反不正当竞争条例》第 12 条第 1 款的规定，构成了不正当竞争。被告未告知原告享有申请听证的权利，未经听证程序，遂于 1998 年 11 月 4 日根据《四川省反不正当竞争条例》第 41 条的规定，作出泸市工商检处字（1998）第 023 号处罚决定：没收销毁王氏牌“川酒王”礼盒 3 200 个，监督撕毁 350 件酒的礼盒；罚款 50 000 元；责令清理换回印有“特具五粮液风格”的“川酒王”礼盒。原告不服，向四川省泸州市江阳区人民法院提起诉讼。

法院经审理认为：被告泸州市工商行政管理局依职权对原告四川王氏酒业有限公司生产、销售王氏牌“川酒王”瓶装系列酒查处时，仅以“川酒王”瓶装酒的包装盒上的产品简介中有“特具五粮液风格”的文字为由，不顾王氏牌“川酒王”瓶装酒系列在外观设计、外包装盒上标明产地、生产厂家均与四川省宜宾五粮液酒厂生产销售的“五粮液”酒具有鲜明差异，毫无相似之处的事实，且未收集他人将王氏牌“川酒王”酒误认为是“五粮液”酒的证据的情况下，即凭主观推定出王氏牌“川酒王”瓶装酒“客观上容易使消费者误认为该酒质量、制作、成分与‘五粮液’酒相同，因而具有一定的误导或虚假宣传的成分”的结论，并据此认定原告的行为构成不正当竞争，给予行政处罚，显属主要证据不足的具体行政行为，依法应予撤销。被告辩称对原告作出行政处罚前，告知了原告相应的权利，但未能在法庭举出告知原告申请听证权利及原告放弃申请听证权利的证据。被告的辩护意见与事实相悖，不予采纳。被告对原告作出行政处罚前，未告知原告申请听证权利，未经听证程序，严重违反行政处罚法定程序，其处罚行为无效。为保障社会主义市场经济健康发展，维护市场经济秩序，保护市场主体的合法权益不受侵害，根据《中华人民共和国行政诉讼法》第 54 条第 1 款第 2 项第 1、3 目之规定，该院于 1998 年 12 月 7 日作出判决：撤销被告泸州市工商行政管理局泸市工商检处字（1998）第 023 号处罚决定。

练习与测试

如何启动行政手段来查处不正当竞争行为？

第5章

不正当竞争的民事责任

单元要点

本单元重点阐述反不正当竞争纠纷中的民事责任的规定，尤其对反不正当竞争纠纷中的停止侵害的适用条件、适用时考量的因素；消除影响的适用情形，消除影响和赔礼道歉的区别；赔礼道歉在反不正当竞争纠纷中的适用条件和方式；排除妨碍和消除危险的有关规定和适用情形；损害赔偿的几种方式和计算标准，以及有关合理开支在司法实务中的赔偿范围和标准。

学习目标

掌握民事责任中的停止侵害、消除影响、赔礼道歉、排除妨碍和消除危险在反不正当竞争纠纷案中的具体适用，尤其掌握反不正当竞争纠纷中的赔偿方式和标准。

5.1 不正当竞争民事责任的规定

我国民事责任立法主要以《民法通则》第134条为主，依据该条，实施不正当竞争行为的侵权人，应当承担停止侵害、排除妨碍、消除影响、返还财产、赔偿损失等民事责任。《反不正当竞争法》第20条规定损害赔偿和合理费用赔偿的民事责任。2010年7月1日起施行的《侵权责任法》第2条规定，侵害民事权益，应当依照本法承担侵权责任。该条将知识产权中的著作权、专利权、商标专用权等人身、财产权益作为民事权益进行保护。此处虽然没有“反不正当竞争权益”，但我们认为，其后的“等”字应当包括反不正当竞争在内的一切合法权益。该法第15条规定了停止侵害，排除妨碍，消除危险，返还财产，恢复原状，赔偿损失，赔礼道歉，消除影响、恢复名誉等共计九种民事责任。以上承担侵权责任的方式，可以单独适用，也可以合并适用。尤其在第21条，规定了侵权行为危及他人人身、财产安全的，被侵权人可以请求侵权人承担停止侵害、排除妨碍、消除危险等侵权责任。

此外，《侵权责任法》还对知识产权侵权行为的免责事由和责任形式等作了具体规定。《侵权责任法》第36条规定，网络用户、网络服务提供者利用网络侵害他人民事权益的，应当承担侵权责任。因此，《侵权责任法》是对知识产权相关法律的补充和完善，一旦知识产权侵权行为发生，应优先适用知识产权相关法律。从知识产权司法实践和属性分析，前述的“返还财产”、“恢复原状”民事责任均不适用于知识产权领域。

尤其需要注意的是，2007年2月1日起施行的最高人民法院《关于审理不正当竞争民事案件应用法律若干问题的解释》第1条第2款规定：“在不同地域范围内使用相同或者近似的知名商品特有的名称、包装、装潢，在后使用者能够证明其善意使用的，不构成反不正当竞争法第五条第（二）项规定的不正当竞争行为。因后来的经营活动进入相同地域范围而使其商品来源足以产生混淆，在先使用者请求责令在后使用者附加足以区别商品来源的其他标识的，人民法院应当予以支持。”因此，判令侵权者“规范使用”和“附加区别标识”成为审判实践中可以直接适用的新责任方式。①

5.2 停止侵害

5.2.1 停止侵害的适用

停止侵害作为一种责任承担方式，是目前知识产权侵权案件中适用最广泛的一种民事责任，几乎在所有的原告诉请中均有对停止侵权的要求，而且往往是第一诉求。2009年北京市高级人民法院知识产权庭编写的经典判例涉及专利侵权的有8件案件，确认侵权的有5件案件，全部适用停止侵权的责任。如最高人民法院公报案例中，从1990年开始至2012年第8期，反不正当竞争案例总计33件，仅6件权利人没有请求停止侵权（侵害），其中包含2件侵犯商业秘密公诉案件，说明在实务中，有80%案件的原告均请求法院责令停止侵权。在33件案件中，除4件最终认定不构成侵权、多达28件案件法院均支持停止侵权，28件案件中，法院调解的3件也同样认可停止侵权的民事责任。仅1件法院没有支持停止侵权。说明在司法实务中，只要侵权行为成立，法院均会支持原告请求“停止侵权”的主张。人民法院在认定侵权成立的情况下，一般都会责令侵权人立即停止侵害。②

停止侵权在程序上有两条途径，一是临时措施中的责令停止有关行为；二是判决中责令侵权人停止侵权，包括责令停止已发的侵权行为和停止有关行为。同样是停止侵权的救济，由于处于不同阶段，其条件要求不同，作用亦不同。停止侵害与损害赔偿最根本的区别在于，前者是预防性措施，后者是补偿性措施。现代侵权法发展趋势应当是预防与补偿并重，前者应当是《侵权责任法》的新的生长点。③

《民法通则》第118、134条和《侵权责任法》第15条、《商标法》第53条、《专利法》第57条、《著作权法》第47、48条，均使用的是“停止侵害”，但实务中多数称“停止侵权”，《侵权责任法》第21条规定，停止侵害责任的构成要件为“侵权行为危及他人人身、财产安全”。需要注意的是，“诉前停止侵权”与“停止侵害”有重要区别，前者更多的类似于一种程序性的临时权利保全措施，后者则是责任承担方式。

---

① 参见广西高级法院民三庭编：《知识产权权利冲突的处理原则和责任方式》，见广西法院网，2013-09-22。依据《立法法》的规定，司法机关没有创设新的民事责任的权力。故此我们与最高人民法院观点对“由在后使用者附加区别性标识”的理解一样，其只是一种法律上的负担，而不属于民事责任。

② 参见《中国法院知识产权司法保护状况（2009年）》。

③ 参见张新宝：《侵权责任法立法研究》，334页，北京，中国人民大学出版社，2009。

5.2.2　停止侵害的适用条件

停止侵害是为了阻止尚未发生的侵权损害，而不是对已经发生的损害的救济。[①] 但是，侵权责任法领域的专家学者认为：停止侵害是针对正在进行的侵权行为下达的。对于已经终止和尚未实施的侵权行为，不适用停止侵权的责任方式。停止侵权责任方式的主要作用在于：能够及时制止侵权行为，防止扩大侵害后果的产生或蔓延。[②] 我国司法界亦持该观点，2008 年 9 月 5 日由最高人民法院知识产权庭主办、北京市高级人民法院承办的知识产权侵权责任调研课题成果论证会上，与会人员普遍认为，停止侵害应以侵害行为的违法性和侵害行为正在进行或仍在延续中为适用条件。[③] 最高人民法院也认为，“责令停止侵害是制止侵权行为继续实施的民事责任”[④]。

在实务中，经常出现原告请求法院责令被告销毁有关侵权产品和生产工具，那么如何理解上述请求？“法律上规定的停止侵权或者侵害的民事责任形式，延伸到销毁这些专用材料、工具等上面来。这应当是停止侵权或者国际上称为禁令的应有之意。”[⑤] 根据当事人的诉讼请求、案件的具体情况和责令停止侵害的实际需要，在判决主文中可以明确责令当事人销毁制造侵权产品的专用材料、工具等停止侵害的具体方式，但采取这些销毁措施应当与侵权行为的严重程度相当，以确有必要为前提，且不能造成不必要的损失。[⑥]

5.2.3　停止侵权的考量因素

适用停止侵权，应考虑下述因素：(1) 当事人是否有明确的诉求；(2) 与该侵权行为的严重程度相比，是否有责令停止侵害的实际需要，即是否确有必要适用停止侵害的责任；(3) 适用停止侵害责任是否与社会公共利益相悖；(4) 与适用停止侵害责任比较，通过更充分赔偿或者经济补偿等替代性措施是否也可了断纠纷。[⑦]

---

① 参见张广良：《知识产权侵权民事救济》，101 页，北京，法律出版社，2003。

② 参见王利明：《侵权行为法研究》(上卷)，北京，中国人民大学出版社，2004；张新宝：《侵权责任法原理》，北京，中国人民大学出版社，2005；王胜明主编：《〈中华人民共和国侵权责任法〉条文解释与立法背景》，北京，人民法院出版社，2010；奚晓明主编：《〈中华人民共和国侵权责任法〉条文理解与适用》，北京，人民法院出版社，2010；杨立新：《〈中华人民共和国侵权责任法〉条文解释与司法适用》，北京，人民法院出版社，2010。

③ 参见上海高院、江苏高院和山东高院三个研究小组负责调研编：《知识产权救济方式与民事责任》；朱理、郃中林整理：《知识产权侵权责任若干问题——知识产权侵权责任调研课题成果论证会综述》，载《人民法院报》，2008-09-25。

④ 最高人民法院副院长曹建明：《在第二次全国法院知识产权审判工作会议上的讲话——求真务实 锐意进取 努力建设公正高效权威的知识产权审判制度》(2008 年 2 月 19 日)。

⑤ 原最高人民法院民事审判第三庭庭长蒋志培：《在第二次全国法院知识产权审判工作会议上的总结讲话》(2008 年 2 月 20 日，法民三 [2008] 5 号)。

⑥ 参见最高人民法院副院长曹建明：《在第二次全国法院知识产权审判工作会议上的讲话——求真务实 锐意进取 努力建设公正高效权威的知识产权审判制度》(2008 年 2 月 19 日)。

⑦ 参见文希凯：《知识产权法律中责令停止侵权罚则的探讨》，载《知识产权》，2012 (4)。

5.2.4 停止侵权的停止期限

我国的《民法通则》、《侵权责任法》中并没有规定停止侵权的期限。法院大多从判决生效之日起即要求案件当事人停止侵权，有始点没有终点，但一般理解为持续到权利或专利权终止。针对商业秘密侵权，最高人民法院首次确认可以判决一定期限的停止侵害，而不再与权利人的权利存续期间同步。最高人民法院《关于审理不正当竞争民事案件应用法律若干问题的解释》第 16 条规定：停止侵害的时间一般持续到该项商业秘密已为公众知悉时为止。但是，如果明显不合理的，可以在依法保护权利人该项商业秘密竞争优势的情况下，判决侵权人在一定期限或者范围内停止使用该项商业秘密。①

5.2.5 停止侵害的例外

“如果停止有关行为会造成当事人之间的重大利益失衡，或者有悖社会公共利益，或者实际上无法执行，可以根据案件具体情况进行利益衡量，不判决停止行为，而采取更充分的赔偿或者经济补偿等替代性措施解决纠纷。权利人长期放任侵权、怠于维权，在其请求停止侵害时，倘若责令停止有关行为会在当事人之间造成较大的利益不平衡，可以审慎地考虑不再责令停止行为，但不影响依法给予合理的赔偿。”②

实践中我国早已开始对个别特殊案件不采取停止侵害的方式，如“广州新白云机场幕墙专利侵权纠纷”案。③ 该案中原告珠海市晶艺玻璃工程有限公司是名为“一种幕墙活动连接装置”的实用新型专利权人，原广州白云国际机场股份有限公司（后被并入广东省机场管理集团公司）委托被告深圳市三鑫特种玻璃技术股份有限公司承担广州新白云国际机场航站楼点支式玻璃幕墙工程设计，设计内容包括玻璃幕墙的活动连接装置。原告认为被告深圳市三鑫特种玻璃技术股份有限公司未经其同意在广州新白云国际机场航站楼主楼幕墙制作与安装工程中制造、销售、使用的幕墙活动连接装置，以及被告广州白云国际机场股份有限公司、广东省机场管理集团公司未经同意使用其专利产品的行为，侵犯其实用新型专利权，遂向法院提起诉讼。一审法院考虑到机场的特殊性，认为判令停止使用被控侵权产品不符合社会公共利益，于是判令广州白云国际机场股份有限公司可继续使用被控侵权产品，但应适当支付使用费 15 万元，其他两被告支付侵权赔偿费 30 万元。二审期间，经二审法院主持，当事人达成调解协议，由被告深圳市三鑫特种玻璃技术股份有限公司支付原告一定的补偿，原告允许广州白云国际机场股份有限公司和广东省机场管理集团公司

---

① 参见张玲：《论专利侵权诉讼口的停止侵权民事责任及其完善》，载《法学家》，2011（4）。

② 曹建明：《求真务实、锐意进取，努力建设公正高效权威的知识产权审判制度——在第二次全国法院知识产权审判工作会议上的讲话》（2008 年 2 月 19 日）。

③ 参见一审：广东省广州市中级人民法院（2004）穗中法民三知初字第 581 号民事判决书；二审：广东省高级人民法院（2006）粤高法民三［27］终字第 391 号民事判决书。

继续使用涉案专利产品。

此后又出现了以公共利益作为限制停止侵害请求权理由的判例，如上诉人武汉晶源环境工程有限公司（简称晶源公司）与上诉人日本富士化水工业株式会社（简称富士化水）、上诉人华阳电业有限公司（简称华阳公司）侵犯发明专利权纠纷一案①，一审法院认为："由于火力发电厂配备烟气脱硫设施，符合环境保护的基本国策和国家产业政策，且电厂供电情况将直接影响地方的经济和民生。为平衡权利人利益及社会公众利益，晶源公司要求华阳公司停止侵权的诉讼请求，不予支持，但华阳公司也应向晶源公司支付相应的使用费，直至本案专利权期限终止。"并据此判决"华阳公司于判决生效之日起 15 日内，按实际使用年限向晶源公司支付专利使用费（每台机组每年人民币 24 万元）至本案专利权期限届满为止，1 号机组自 2000 年 2 月起开始支付，2 号机组自 2000 年 9 月起开始支付"。二审法院认为："鉴于本案烟气脱硫系统已被安装在华阳公司的发电厂并已实际投入运行，若责令其停止行为，则会直接对当地的社会公众利益产生重大影响，故原审判决在充分考虑权利人利益与社会公众利益的前提下，未支持晶源公司关于责令停止行为的诉讼请求，而是判令华阳公司按实际使用年限向晶源公司支付每台机组每年人民币 24 万元至本案专利权期限届满为止，并无不妥。"

5.3　消除影响

5.3.1　反不正当竞争中的消除影响

《侵权责任法》第 15 条，将"消除影响、恢复名誉"共同列为第 8 项进行规定。《民法通则》第 134 条第 9 项将"消除影响、恢复名誉"并举，从《侵权责任法》和《民法通则》的立法来看，认为"消除影响、恢复名誉"是并列也是共同使用的。最高人民法院《关于审理商标民事纠纷案件适用法律若干问题的解释》第 21 条、最高人民法院《关于确定民事侵权精神损害赔偿责任若干问题的解释》第 8 条均将消除影响作为单列的民事责任。《反不正当竞争法》第 24 条，经营者利用广告或者其他方法，对商品作引人误解的虚假宣传的，监督检查部门应当责令停止违法行为，消除影响。《反不正当竞争法》将消除影响作为行政责任。

5.3.2　消除影响的适用

"通过判决赔偿经济损失和责令停止侵权、消除影响和赔礼道歉等，对权利人予以物

① 参见最高人民法院（2008）民三终字第 8 号民事判决书。该案系 2009 年中国法院知识产权司法保护 10 大案件之一。

质的与精神的、金钱的与非金钱的综合救济。"[①] "《反不正当竞争法》第 5、9、14 条规定的不正当竞争行为包括：假冒他人的注册商标；擅自使用知名商品特有的名称、包装、装潢，或者使用与知名商品近似的名称、包装、装潢，造成和他人的知名商品相混淆，使购买者误认为是该知名商品；擅自使用他人的企业名称或者姓名，引人误认为是他人的商品；在商品上伪造或者冒用认证标志、名优标志等质量标志，伪造产地，对商品质量作引人误解的虚假表示；利用广告或者其他方法，对商品的质量、制作成分、性能、用途、生产者、有效期限、产地等作引人误解的虚假宣传，捏造、散布虚伪事实，损害竞争对手的商业信誉、商品声誉。这些不正当竞争行为均涉及经营者的商业信誉，故权利人可诉求不正当竞争者承担消除影响的责任，具体可要求不正当竞争者登报声明以消除影响。"[②] 对于侵害商标权和擅自使用知名商品特有名称、包装、装潢等损害商誉的案件，通常支持消除影响的诉讼请求，判令被告公开澄清有关事实，将侵权情况公之于众，避免公众误购。[③] 如宝马股份公司诉深圳市世纪宝马服饰有限公司、傅献琴、家润多商业股份有限公司侵犯注册商标专用权及不正当竞争纠纷案，法院认为，最高人民法院《关于审理商标民事纠纷案件适用法律若干问题的解释》第 21 条规定，法院在审理侵犯注册商标专用权纠纷案件中，可以判决侵权人承担停止侵害、排除妨碍、消除危险、赔偿损失、消除影响等民事责任。本案被告的侵权行为主观故意明显，客观上造成了市场混乱，已给原告宝马公司的商誉造成严重不良影响，故对原告宝马公司要求上述被告在全国发行的报纸、期刊上刊登声明，为原告消除影响的诉讼请求予以支持。据此一审判决，被告世纪宝马公司、傅献琴、家润多公司自本判决生效之日起 10 日内在一份全国公开发行的报纸上刊登致歉声明，消除影响。[④]

一般认为，"消除影响的形式可依据侵权行为的形式选择（对等原则），侵权行为采用书面形式的，则采用书面形式消除影响；侵权行为采用口头形式的，则采用口头形式消除影响；侵权行为采用视听形式的，则采用视听形式消除影响"[⑤]。民事强制执行理论中一般将"把判决书的主要内容刊登于报纸，费用由被执行人负担"作为恢复名誉、消除影响的代执行措施。例如，张卫平教授认为："代执行措施，是指法院所采取能够实现执行根据所确定内容，但又不同于执行根据所要求方式的执行措施。例如侵权人拒不履行生效判决，不为对方恢复名誉、消除影响的，人民法院可以采取公告、登报等方式，将判决书的主要内容及有关情况公布于众，费用由被执行人负担。"[⑥]

---

① 《最高人民法院关于贯彻实施国家知识产权战略若干问题的意见》。

② 罗东川：《知识产权侵权损害赔偿实务研究》，见中国法院网，2013-09-10。

③ 参见《关于人民法院审理商标和不正当竞争案件有关情况的新闻发布稿》（2013 年 3 月 28 日）。

④ 参见湖南省高级人民法院（2009）湘高法民三初字第 1 号民事判决书。该案系 2009 年中国法院司法保护 10 大案件之一。

⑤ 蒋建社、刘国林：《民事责任中的消除影响》，载《法学》，1999（9）。

⑥ 张卫平：《民事诉讼法》，北京，法律出版社，2009。

5.3.3　消除影响适用的例外

消除影响是采用一定形式公开消除因侵权行为造成的不良影响以恢复受害人固有人格形象的一种民事责任方式，在精神损害赔偿案件中经常适用消除影响、恢复名誉。

《反不正当竞争法》第10条规定的商业秘密侵权行为包括以盗窃、利诱、胁迫或者其他不正当手段获取权利人的商业秘密；披露、使用或者允许他人使用以前项手段获取的权利人的商业秘密；违反约定或者违反权利人有关保守商业秘密的要求，披露、使用或者允许他人使用其所掌握的商业秘密。第三人明知或者应知前面所列违法行为，获取、使用或者披露他人的商业秘密，视为侵犯商业秘密。商业秘密侵权不涉及权利人的商业信誉，侵权行为只可能给权利人造成财产损失，故商业秘密侵权行为人不应承担消除影响的责任，更不可能承担赔礼道歉的责任。①

5.3.4　赔礼道歉和消除影响的区别

赔礼道歉和消除影响、恢复名誉是两种并列的民事责任承担方式，各自有其特殊的给付内容，而法院对此却常常不予以区分。正如有学者指出："法院并未将赔礼道歉和消除影响加以区别，如果被告在规定的时间内未履行法院赔礼道歉的判决，而由法院在媒体公告其判决，实际上只发生消除影响的效果，并不存在真正意义上的赔礼道歉。"赔礼道歉和消除影响实际上有着不同的救济功能，消除影响的功能是消除第三人对原、被告之间法律关系的错误理解，而赔礼道歉则是实现原、被告之间的谅解，两者的指向是不一样的。但学者却常常将消除影响作为赔礼道歉的目的，缺乏对赔礼道歉属性和功能的准确把握。例如有学者认为："赔礼道歉一般应当公开进行，否则不足以消除影响。"②

5.4　赔礼道歉

5.4.1　赔礼道歉的含义

"赔礼道歉"原本属道德价值范畴，却被我国《民法通则》第134条创造性地上升到了民事责任方式层面。"赔礼道歉是指加害人以口头或书面的方式向受害人承认过错，表示歉意。该种民事责任主要适用于侵害人格权的行为。"③"赔礼道歉是指加害人通过口头

① 参见张晓都：《知识产权侵权民事责任中消除影响与赔礼道歉责任方式的确定》，载《中国专利与商标》，2004（4）。

② 冀宗儒：《论赔礼道歉作为民事救济的局限性》，载《人民司法》，2005（9）。

③ 王利民主编：《民法学》，上海，复旦大学出版社，2004。

或书面方式向受害人进行道歉，以取得其谅解的一种民事责任方式。"[①] 赔礼道歉作为一种强制性的民事责任方式，在构成要素中有如此多的歧义，必然影响到其适用。尤其在知识产权纠纷中，出现一种只要认为构成侵权或提起诉讼，均会请求法院责令被告赔礼道歉的趋势。

5.4.2 赔礼道歉在不正当竞争案件中的适用

《民法通则》第118条侵害知识产权的民事责任中并没有赔礼道歉这种民事责任承担方式。《著作权法》第47、48条将赔礼道歉作为侵犯著作权的"根据情况"承担的民事责任承担方式之一。这里的"根据情况"是指该条款下的著作权侵权行为同时构成了名誉权侵权，这样可以很好地解释为何商标侵权立法并未涉及赔礼道歉的现实。[②]《侵权责任法》第2条对民事权益的规定是开放性的。侵犯了民事权益就要承担《侵权责任法》第15条规定的民事责任。《侵权责任法》中对赔礼道歉作为民事责任承担方式的规定与《民法通则》第134条是一致的，但需要注意的是，《侵权责任法》第5条规定了"其他法律对侵权责任另有特别规定的，依照其规定"，《民法通则》对赔礼道歉的适用作了更为细致的规定[③]，因此赔礼道歉的适用范围仍然应该回到《民法通则》的规定上来。[④]

《反不正当竞争法》及其司法解释均没有规定赔礼道歉的民事责任，那么，其是否适用赔礼道歉成为实务中需要解决的问题。部分法院支持赔礼道歉，部分法院不支持。

5.4.3 赔礼道歉的惩罚性

赔礼道歉不同于消除影响、恢复名誉，赔礼道歉责任不具有补偿性，而是一种惩罚性责任。其是在说服、教育的基础上，由当事人自愿进行才能取得良好效果。[⑤] 对于赔礼道歉是否能强制执行的问题，从《民法通则》制定伊始，学者就不断地提出质疑。在《民法通则》的制定过程中，文聿奎先生、马原先生、吕家林先生等人提出："赔礼道歉在实践中不好执行。"佟柔先生、杨荣新先生等人提出："赔礼道歉只有当事人主动才有意义，作为承担民事责任的方式不当。"[⑥]

但司法实务中，较多的是侵权人愿意承担赔偿责任，但不愿意承担赔礼道歉。如庄羽诉郭敬明抄袭案，被告如期交付了21万元的赔偿金，但却没有履行赔礼道歉的判决。2006年12月13日，法院把判决书的部分内容在《中国青年报》上进行了公告，视为强制

---

① 张新宝主编：《侵权责任法》，北京，中国人民大学出版社，2006。

② 参见吴小兵：《赔礼道歉的合理性研究》，载《清华法学》，2010（6）。

③ 《民法通则》第120条规定侵害人格权才适用赔礼道歉（包含法人的名称权、荣誉权和名誉权受到侵害）。

④ 参见吴小兵：《赔礼道歉的合理性研究》，载《清华法学》，2010（6）。

⑤ 参见孙亚明主编：《民法通则要论》，北京，法律出版社，1991。

⑥ 《〈民法通则〉（草案）座谈会简报（九）》，1985-12-10。

执行了赔礼道歉的判决。[①] 最高人民法院《关于审理名誉权案件若干问题的解答》第11条："问：侵权人不执行生效判决，不为对方恢复名誉、消除影响、赔礼道歉的，应如何处理？答：侵权人拒不执行生效判决，不为对方恢复名誉、消除影响的，人民法院可以采取公告、登报等方式，将判决的主要内容和有关情况公布于众，费用由被执行人负担，并可依照民事诉讼法第一百零二条第（六）项[②]的规定处理。"问题中提到"赔礼道歉"，但回答中没有提及"赔礼道歉"，因此，有观点认为："司法实务部门已经通过其创造性的工作而赋予赔礼道歉以强制力。"[③] 有学者认为："司法实践中所谓的对赔礼道歉的强制执行——在报纸上刊登判决书，并非是对赔礼道歉的执行。因为它缺少了赔礼道歉的核心要件——承认错误，表示歉意。"[④] 我们认为，民事责任中的赔礼道歉，具有强制性是其作为民事责任本质属性和必然要求，并不能因为具有强制性而否认其不是赔礼道歉。

赔礼道歉与消除影响在《民法通则》中是两种独立的民事责任形式，主要在侵害人身权的民事责任中适用。在知识产权侵权责任适用中，在判决主文里很少区别二者，往往作为一项责任内容适用。这主要是由于在知识产权案件中，赔礼道歉与消除影响几乎都是要求侵权行为人在新闻媒体上履行义务，所以容易把二者合并在一起适用。应当注意的是，赔礼道歉与消除影响的责任并不是必须在新闻媒体上履行。实践中还要注意明确不履行此责任的法律后果和具体执行方式、手段。[⑤]

5.4.4　赔礼道歉的适用方式

1. 当事人请求。如果原告没有提出赔礼道歉的请求时，法院不能依据职权主动适用。法院主动适用将违背民法意思自治的原则。

2. 非财产利益受到损害。《民法通则》第134条规定，消除影响、恢复名誉与赔礼道歉是民事责任承担的方式。在知识产权纠纷中，"他人不法行为导致某特定自然人自我评价降低、自我感受屈辱，该特定自然人得请求赔礼道歉；他人不法行为既导致对某特定自然人社会评价降低，又导致某特定自然人自我评价降低、自我感受屈辱，该特定自然人便既可请求消除影响、恢复名誉，也可请求赔礼道歉。如果赔礼道歉以公开方式进行，这种承担责任的方式也就具有了消除影响、恢复名誉的性质。故此，公开赔礼道歉应是在被侵权人为自然人，且侵权行为既造成对被侵权人社会评价的降低，也造成被侵权人自我感受屈辱的情形下适用"[⑥]。《民法通则》第118条规定侵犯知识产权的非财产责任形式有：停止侵害、消除影响。《著作权法》规定的非财产责任形式有：停止侵害、消除影响、公开

---

① 参见http：//zqb.cyol.com/content/2006－12/13/content_1607926.htm。

② 《民事诉讼法》（2012年修正）第111条第6项。

③ 黄忠：《赔礼道歉的法律化：何以可能及如何实践》，载《法制与社会发展》2009（1）。

④ 吴小兵：《赔礼道歉的合理性研究》，载《清华法学》，2010（6）。

⑤ 参见罗东川：《知识产权侵权损害赔偿实务研究》，见中国法院网，2013－09－10。

⑥ 张晓都：《知识产权侵权民事责任中消除影响与赔礼道歉责任方式的确定》，载《中国专利与商标》，2004（4）。

赔礼道歉。《专利法》和《商标法》仅规定专利权人（商标权人）在权利受到侵害时可以要求有关专利管理部门（工商行政管理部门）责令侵权人立即停止侵权行为。《反不正当竞争法》虽然没有规定不正当竞争行为的非财产责任，但如果不正当竞争行为对权利人的商业信誉造成了损害，也应当承担相应的赔礼道歉、消除影响的非财产责任。根据这些规定，如果各专门法对侵权行为的非财产责任没有规定的，就应适用《民法通则》关于民事责任的有关规定。①

反不正当竞争纠纷中，是否适用及如何适用应当严格依据《民法通则》的规定。最高人民法院于《侵权责任法》实施后曾强调："《民法通则》关于民事责任的规定，是对适用《反不正当竞争法》的重要补充。"②

司法实务中，一般均持赔礼道歉仅适用于人身侵权情形的观点，如《最高人民法院公报》所公布的所有商标侵权案例（截至 2013 年 11 月），均没有适用"赔礼道歉"民事责任，如申请再审人云南城投置业股份有限公司（简称云南城投公司）因与被申请人山东泰和世纪投资有限公司（简称山东泰和公司）、济南红河饮料制剂经营部（简称济南红河经营部）侵犯商标权纠纷一案③，佛山市中级人民法院判令云南红河公司在判决发生法律效力后停止生产、销售和宣传侵权的"红河红啤酒"，支付赔偿金 1 000 万元，在《中国证券报》上书面赔礼道歉。云南红河公司不服提起上诉，广东省高级人民法院维持原判。云南城投公司（云南红河公司 2007 年 10 月 24 日更名）不服申请再审。最高人民法院认为："云南红河公司在销售部的广告挂旗上使用'红河啤酒'字样的侵权行为，不符合适用赔礼道歉民事责任的条件，对于两被申请人要求申请再审人公开赔礼道歉的诉讼请求，本院不予支持。"

在原审上诉人大连新益建材有限公司（以下简称新益公司）与原审被上诉人大连仁达新型墙体建材厂（以下简称仁达厂）侵犯专利权纠纷一案，最高人民法院再审认为，赔礼道歉，主要是针对人身利益和商业信誉受到损害的一种责任承担方式。而专利权主要是一种财产利益，故专利侵权纠纷案件一般不适用赔礼道歉。而原审法院在未有证据证明新益公司的行为造成仁达厂重大商誉损失的情况下，判令新益公司赔礼道歉，有所不妥。因此，商业秘密侵权不涉及权利人的商业信誉，侵权行为只可能给权利人造成财产损失，故商业秘密侵权行为人不应承担消除影响的责任，更不可能承担赔礼道歉的责任。④

3. 适用主体为自然人。司法实务一般认为，赔礼道歉是人身权受到损害时民事责任的承担方式，只有给权利人的声誉造成损害时才适用。但需要注意此处的权利人，一般认定为自然人，如北京开心人信息技术有限公司（以下简称开心人公司）因与北京千橡互联科技发展有限公司（以下简称千橡互联公司）、北京千橡网景科技发展有限公司（以下简

① 参见罗东川：《知识产权侵权损害赔偿实务研究》，见中国法院网，2013-09-10。

② 曹建明：《在全国法院知识产权审判工作座谈会上的讲话——加大知识产权司法保护力度依法规范市场竞争秩序》（2004 年 11 月 11 日），见 http://news.9ask.cn/fagui/sfjsk/201002/328901.html，访问日期：2013 年 12 月 16 日。

③ 参见最高人民法院（2008）民提字第 52 号民事判决书。

④ 参见最高人民法院（2005）民三提字第 1 号民事判决书。

称千橡网景公司）侵犯商标专用权及不正当竞争纠纷一案。① 关于赔礼道歉问题，最高人民法院认为，本案中，千橡互联公司和千橡网景公司主观恶意明显，且在涉案网站上运行“黑帮”网络游戏，被有关行政部门处罚，因网络用户易对两开心网产生混淆和误认，因此在一定程度上损害了开心人公司的商誉，但开心人公司主张赔礼道歉的责任承担方式一般适用于自然人而非法人，故一、二审法院不予支持亦未有不妥，本院予以确认。

赔礼道歉只涉及被侵权人的自我评价，自我感到的人格屈辱，故赔礼道歉应只针对有情感的自然人。赔礼道歉的目的是出“一口气”，以恢复被侵权人的内心自我评价，故赔礼道歉不要求公开进行。如果赔礼道歉以公开方式进行，这种承担责任的方式也就具有了消除影响、恢复名誉的性质。故此，公开赔礼道歉应是在被侵权人为自然人，且侵权行为既造成对被侵权人社会评价的降低，也造成被侵权人自我感受屈辱的情形下适用。②

5.5　损害赔偿

5.5.1　不正当竞争损害赔偿立法

根据《反不正当竞争法》第 20 条和最高人民法院《关于审理不正当竞争民事案件应用法律若干问题的解释》第 17 条的规定，有关不正当竞争损害赔偿分为以下四种：

1. 违反《反不正当竞争法》第 5、9、14 条规定的不正当竞争行为的损害赔偿额，可以参照确定侵犯注册商标专用权的损害赔偿额的方法进行，即依据“侵权所得利益”、“被侵权人因被侵权所受损失”和“300 万元以下”的顺序确定。③

2. 确定《反不正当竞争法》第 10 条规定的侵犯商业秘密行为的损害赔偿额，可以参照确定侵犯专利权的损害赔偿额的方法进行；侵犯商业秘密的损害赔偿可以参照我国《专利法》第 65 条、最高人民法院《关于修改〈最高人民法院关于审理专利纠纷案件适用法律问题的若干规定〉的决定》第 20、21、22 条之规定进行赔偿。

3. 除前述规定的损害赔偿方式以外，其他均适用《反不正当竞争法》第 20 条所规定的“被侵害的经营者的损失”和“侵权人在侵权期间因侵权所获得的利润”（有先后顺序）。④

4. 个别法院为了统一损害赔偿方式，还认可双方协商的赔偿方式。如重庆市高级人民法院《关于确定知识产权侵权损害赔偿数额若干问题的指导意见》第 1 条规定，人民法

① 参见最高人民法院（2011）民申字第 670 号民事裁定书。

② 参见张晓都：《知识产权侵权民事责任中消除影响与赔礼道歉责任方式的确定》，载《中国专利与商标》，2004（4）。

③ 《商标法》第 63 条规定：“权利人因被侵权所受到的实际损失、侵权人因侵权所获得的利益、注册商标许可使用费难以确定的，由人民法院根据侵权行为的情节判决给予三百万元以下的赔偿。”

④ 《反不正当竞争法》修订稿中，在原第 20 条中增加“侵权人因侵权所获得的利润无法确定的，由人民法院根据侵权行为的情节，判决给予一百万元以下的赔偿”。

院确定侵权损害赔偿数额可采取以下方法：（1）当事人双方协商；（2）依权利人的实际损失；（3）依侵权人因侵权行为的实际获利；（4）依权利许可使用费的合理倍数；（5）采用法定赔偿。

5.5.2 不正当竞争损害赔偿计算方法

依据《反不正当竞争法》第 20 条之规定，反不正当竞争纠纷中的赔偿步骤和方式主要有以下三种。

1. 原告损失的计算方法

立法者之所以设定被告获利作为赔偿额的计算方法，是基于对原告损失难以确定的考虑。最高人民法院《关于审理专利纠纷案件适用法律问题的若干规定 》第 20 条第 2 款规定：权利人因被侵权所受到的损失可以根据专利权人的专利产品因侵权所造成销售量减少的总数乘以每件专利产品的合理利润所得之积计算。权利人销售量减少的总数难以确定的，侵权产品在市场上销售的总数乘以每件专利产品的合理利润所得之积可以视为权利人因被侵权所受到的损失。最高人民法院《关于审理商标民事纠纷案件适用法律若干问题的解释》第 15 条规定：因被侵权所受到的损失，可以根据权利人因侵权所造成商品销售减少量或者侵权商品销售量与该注册商标商品的单位利润乘积计算。前述司法解释的适用需要具备两个条件：（1）如果产品的销售量没有减少，则此方法不能适用。（2）虽然产品销售量下降，其下降的原因可能是多方面的，有可能是替代产品出现造成的，有可能是产品质量上的问题以及产品营销手段上的问题等原因造成的，即原告所受的损害与被告的侵权行为之间无法建立起因果关系。因此一旦被告提出抗辩，法院就很难支持原告的诉讼请求。①

但是，司法实践中大量存在的情形是：原告的直接经济损失虽然无法确定，但存在着可以查实的利润率；被告的真实获利虽然无法查实，但其销售产品的数额（无论是销售产品的数量还是销售产值额）却可以查实。这种情形下，有的法院创造出了将两种数据相结合的方法确定赔偿额，即被告的销售额乘以原告的利润率。② 佛陶集团陶瓷研究所一案便采用了这种方法。③ 法院认为，“根据广东华粤会计师事务所查账报告，赔偿数额应以金昌厂（系本案被告）所销售辊棒的数量乘以佛陶所（系本案原告）每支辊棒的平均利润予以确定”。原告利润率的变化较大，而且可信度不高，因此，法院又开始运用行业平均利润作为赔偿依据，如裴国良商业秘密案中④，一审法院认为，中冶公司与川威公司、泰山公司签订的两个板坯连铸机设计、安装合同，总金额为 14 856 万元。但是中冶公司在这

① 参见姚欢庆：《侵犯知识产权损害赔偿研究》，载《民商法研究》，2003（1）。

② 参见李友根：《经营者公平竞争权初论——基于判例的整理与研究》，载《南京大学学报（哲学·人文科学·社会科学版）》，2009（4）。

③ 参见《最高人民法院公报》，1995（4）。

④ 参见《最高人民法院公报》，2006（12）。此案二审维持原判。

两个合同中获取了多少利润，从现有财务账目中无法确定。按照中国重型机械工业协会关于板坯连铸机成套设备设计、制造的平均利润为12%的专家评估意见计算，中冶公司从这两份合同中所获的利润可以认定为 14 856×12%＝1 782 万元。因此判决被告人裴国良及附带民事诉讼被告人中冶公司连带赔偿附带民事诉讼原告人西安重研所经济损失 1 782 万元。

“我们在审判实践中，尝试原告的损失按被告的侵权制品销售数量乘以原告的单位可得利润或者是行业平均利润来计算。这一方法是对确定知识产权侵权赔偿数额的一种尝试，目的在于解决以审计结论认定的被告经营利润在出现亏损或者利润极小时作为原告损失的不合理性。”①

2. 被告获利的计算方法

由于原告利润额的下降往往是由多种原因导致的，而且有些案件中原告不一定有利润额的下降，即使存在利润明显下降的事实，难以直接与侵权行为相联系，故法院一般均不采用。如原告星源公司、上海统一星巴克咖啡有限公司（以下简称统一星巴克）与被告上海星巴克咖啡馆有限公司（以下简称上海星巴克）、上海星巴克咖啡馆有限公司南京路分公司（以下简称上海星巴克分公司）商标侵权及不正当竞争纠纷②，法院认为，原告星源公司、统一星巴克系以被告上海星巴克、上海星巴克分公司侵权所获得的利润为基础请求赔偿其经济损失的，利润金额是基于经公证的、对被告客流量的统计计算得出的，计算时虽考虑了被告利润形成的部分因素，但整体上并不完全客观合理，故法院对由此计算得出的利润金额不予采纳。

针对举证困难现状，最高人民法院指出：“对于那些侵犯他人知识产权又拒不提供其记载因侵权所获利润情况的会计账册或者提供虚假会计账册的，人民法院除了可以查封其账册等资料，依法组织审计外，也可以综合全案的证据情况，推定原告的合理主张成立，不能使侵权行为人逃避应承担的民事法律责任。”③

3. 酌定赔偿方法

最高人民法院 2000 年通过的《关于审理侵害信息网络传播权民事纠纷案件适用法律若干问题的规定》首次规定了酌定赔偿。我国目前实务中，较多的是将法定赔偿与酌定赔偿以及定额赔偿均作为同一术语。如法定赔偿，又被称为定额赔偿，是指法律预先规定一个赔偿数额（或一定幅度的金额或份数），在难以查明被侵权人的实际损害或者侵权人的侵权获益时，由法院根据侵权行为的过错性质、侵权情节等因素，在法定的赔偿幅度内确定具体的赔偿数额的一种赔偿方法。④ 通俗认为，法定赔偿是指由立法、司法解释等确定一定赔偿限额，法院在此限额范围内进行酌情裁判的方式。因此，从广义

① 罗东川：《知识产权侵权损害赔偿问题》，载罗东川、马来客主编：《知识产权审判实务》，北京，法律出版社，2000。

② 参见《最高人民法院公报》，2007（6）。此案二审维持原判。

③ 曹建明：《在全国法院知识产权审判工作会议上的讲话》（2001 年 6 月 12 日）。

④ 参见戴建志、陈旭主编：《知识产权损害赔偿研究》，北京，法律出版社，1997。

上来讲，依据原告损失或被告获利，以及在前述没有证据证明时采取最上限以内的赔偿，都是法定赔偿范畴。但也有观点认为，酌定赔偿不是一种赔偿方法，而是损害赔偿制度。①

从最高人民法院司法政策来看，“法定赔偿”与“酌定赔偿”是有区别的，如“要正确把握法定赔偿与酌定赔偿的关系，酌定赔偿是法官在一定事实和数据基础上，根据具体案情酌定实际损失或侵权所得的赔偿数额，其不受法定赔偿最高或者最低限额的限制。积极适用以相关数据为基础的酌定赔偿制度，在计算赔偿所需的部分数据确有证据支持的基础上，可以根据案情运用自由裁量权确定计算赔偿所需的其他数据，酌定公平合理的赔偿数额”②。从前述文件分析，法定赔偿仅指法定最低和法定最高的赔偿，除此以外，属于酌定赔偿。因此，我国司法实务中，采取法定赔偿方式的案例较为普遍。

根据《最高人民法院关于审理不正当竞争民事案件应用法律若干问题的解释》第 17 条，确定《反不正当竞争法》第 5、9、14 条规定的不正当竞争行为的损害赔偿额，可以参照侵犯注册商标专用权的损害赔偿额。

5.5.3　连续侵权赔偿的诉讼时效

在审判实践中，某些知识产权侵权行为往往是连续进行的，有的持续时间较长。有些权利人从知道或者应当知道权利被侵害之日起 2 年内未予追究，当权利人提起侵权之诉时，权利人的知识产权仍在法律规定的保护期内，侵权人仍然在实施侵权行为。对此类案件的诉讼时效如何认定？有观点认为，对于连续实施的知识产权侵权行为，从权利人知道或者应当知道侵权行为发生之日起至权利人向人民法院提起诉讼之日止已超过 2 年的，人民法院不能简单地以超过诉讼时效为由判决驳回权利人的诉讼请求。在该项知识产权受法律保护期间，人民法院应当判决被告停止侵权行为，侵权损害赔偿额应自权利人向人民法院起诉之日起向前推算 2 年计算，超过 2 年的侵权损害不予保护。③ 最高人民法院《关于审理因垄断行为引发的民事纠纷案件应用法律若干问题的规定》第 16 条同样规定：“原告起诉时被诉垄断行为已经持续超过二年，被告提出诉讼时效抗辩的，损害赔偿应当自原告向人民法院起诉之日起向前推算二年计算。”

---

① 参见周晖国：《知识产权法定赔偿的司法适用》，载《知识产权》，2007（1）。

② 奚晓明：《解放思想 真抓实干在新的历史起点上开创知识产权审判工作新局面——在第三次全国法院知识产权审判工作会议上的讲话》（2013 年 3 月 21 日）。

③ 参见《最高人民法院关于全国部分法院知识产权审判工作座谈会纪要》（1998 年 7 月 20 日）。

5.6　合理开支的赔偿

5.6.1　合理开支和合理费用

《商标法》（2013 年修正）第 63 条、《著作权法》第 49 条和《专利法》（2008 年修正）第 65 条规定，赔偿数额应当包括权利人为制止侵权行为所支付的合理开支。《反不正当竞争法》第 20 条规定“应当承担被侵害的经营者因调查该经营者侵害其合法权益的不正当竞争行为所支付的合理费用”。显然《商标法》、《著作权法》、《专利法》和《反不正当竞争法》中，制止、调查侵权行为的合理开支是“法定”的损害赔偿数额应该包括的内容。但不同的是，《商标法》、《著作权法》和《专利法》均规定的是“权利人为制止侵权行为”而支付的“合理开支”，《反不正当竞争法》则规定为“调查该经营者侵害其合法权益的不正当竞争行为”而支付的“合理费用”。《现代汉语词典》解释，费用即为“花费的钱、开支”。按照我国现行的《企业会计制度》，费用是指企业为销售商品、提供劳务等日常活动所发生的经济利益的流出。在会计上，支出仍比费用所含范围要广泛。只有那些在企业生产经营活动中为取得营业收入而发生的各种支出，才是费用。而因其他原因发生的支出，如偿还借款、支付应付账款、为分配利润而支付的款项、为购买固定资产而支付的款项等都与营业收入无关，都不能构成企业的费用，但是支出或早或迟最终会转化为费用，但并不是所有的支出在一发生时，就是费用。可见，费用支出就是花费的钱的付出。

所谓合理费用，是指知识产权所有权人因其知识产权遭受不法侵害，为查明侵权事实、证据及制止侵权行为或者进行诉讼所支出的，能够得到法律认可的各种费用。① 合理费用具体包括调查取证费用和律师代理费用。关于律师代理费，虽然司法解释只是规定了著作权案件和商标权案件两类案件，但这一原则可以适用到其他侵犯知识产权案件中。②在司法实务中，合理费用和合理开支二者不进行严格的区分。

5.6.2　合理开支赔偿的请求权

“权利人因调查、制止侵权行为支付的合理费用是否计算在损害赔偿额之内的问题。人民法院可以根据权利人的请求，将因调查、制止侵权支付的合理费用计算在损害赔偿数额范围之内，这是贯彻全面赔偿原则的重要体现。在确定其他侵犯知识产权纠纷案件的损害赔偿额时，也可以参照适用。”③ 因此，合理费用必须以权利人请求为限，实务中需要

---

① 参见戴建志、陈绪主编：《知识产权损害赔偿研究》，北京，法律出版社，1997。

② 参见窦玉梅：《因制止侵权行为所支付的合理费用之确定》，载《人民司法·应用》，2008（11）。

③ 曹建明：《在全国法院知识产权审判工作座谈会上的讲话——加强知识产权司法保护、优化创新环境、构建和谐社会》（2005 年 11 月 21 日）。

审查是否必然发生和实际发生的费用，目前实务中出现一种难题表现在，被告提供合法来源不承担赔偿责任，是否应当承担合理费用，各地法院做法不一，有部分法院支持，有部分法院不支持。我们同意的观点是：如果提供合法来源的，应当不承担合理费用，包括诉讼费用。如太极集团重庆涪陵制药厂有限公司诉沈阳恒久生物保健品有限公司等擅自使用知名商品特有包装、装潢案，法院认为，被告恒春堂药房作为侵权产品的销售者应当停止销售侵权产品的行为，因其已经提供了所销售侵权产品的合法来源且对其销售行为没有过错，因而不应承担赔偿责任。法院判决：被告恒春堂药房立即停止侵权行为，包括停止销售使用侵权装潢的“曲线美”减肥胶囊；被告沈阳恒久生物保健品有限公司赔偿原告太极集团重庆涪陵制药厂经济损失 15 万元。案件受理费 3 329 元，由被告沈阳恒久生物保健品有限公司承担。[①]

5.6.3　合理开支赔偿的依据

《反不正当竞争法》第 20 条规定“应当承担被侵害的经营者因调查该经营者侵害其合法权益的不正当竞争行为所支付的合理费用”。《商标法》（2013 年修正）第 63 条、《著作权法》第 49 条和《专利法》（2008 年修正）第 65 条规定，赔偿数额应当包括权利人为制止侵权行为所支付的合理开支。

5.6.4　合理开支中的“合理”判定

“合理开支”或“合理费用”中的“合理”如何认定，目前没有统一的规定或标准，是导致司法实务中同案不同判的重要影响因素。尤其是酌定的合理费用在一个案件中到底占赔偿额的多少，在判决中鲜见表述，如《最高人民法院公报》的所有不正当竞争案例，均没有对酌定的合理费用是多少进行区分，而是笼统的判定总的赔偿额。如原告株式会社尼康与被告西安太华电动自行车批发市场有限公司（以下简称太华市场）、朱国平、浙江尼康电动车业有限公司（以下简称浙江尼康）侵犯注册商标专用权及不正当竞争纠纷案[②]，法院审理认为，原告株式会社尼康请求被告浙江尼康赔偿其损失人民币 200 万元是根据浙江尼康 2005 年到 2007 年的利润计算的，因侵权赔偿额应当自株式会社尼康起诉之日 2009 年 4 月 29 日起向前推算两年计算，而株式会社尼康请求浙江尼康赔偿损失自 2005 年到 2007 年计算显然不当。考虑到浙江尼康的主观过错程度、经营规模、侵权行为的性质、范围、期间、后果、商标的声誉等因素，综合确定包括株式会社尼康为制止侵权行为的合理开支在内的赔偿额为人民币 20 万元。

再如原告黛尔吉奥品牌有限公司（DIAGEOBRANDSB. V.）、帝亚吉欧（上海）洋酒

① 参见重庆市第五中级人民法院（2007）渝五中民初字第 225 号民事判决书。该案系 2008 年中国法院司法保护 50 件典型案例之一。

② 参见《最高人民法院公报》，2012（8）。

有限公司与被告蓝樽（上海）酒业有限公司不正当竞争案中[①]，法院认为，根据《反不正当竞争法》的规定，被告除应承担两原告因被告侵权行为受到的经济损失外，还应承担两原告因调查、制止被告的侵权行为所支付的合理费用。因此，法院还根据原告提供的相应证据，酌情确定两原告为制止被告侵权行为所支出的合理的公证费、购买侵权产品的费用、复印费、翻译费、审计费、律师费等，判决被告赔偿两原告包括合理费用在内的经济损失人民币125万元。

因此，合理程度完全受法官自由裁量权的判断。合理开支是否单独计赔在理论和实践中存在不同认识。除了有关商标案件的司法解释明确将合理开支作为酌定因素外，其他法律和司法解释都没有就其是单独计赔还是合并酌定作出明确规定。实践中，多数法院将合理开支作为酌定因素合并计赔，也有一些法院将其单独计赔。原告为制止侵权行为所支付的合理开支属于可赔偿的损害，这已经获得法律的承认。一般认为，合理开支应以实际支出为限。但是，实际支出不等于原告有义务提供支出票据或票证等证明其确定数额，而只需法院依据查明的情况确信原告有此种费用支出即可。即使原告提供了相关票据或票证，法院也不能直接以其载明的数额为准确定赔偿额，而必须进一步判定其支出是否合理。[②]

5.6.5　合理开支的赔偿范围

《与贸易有关的知识产权协议》（以下简称TRIPs协定）规定，司法部门应有权责令侵权者向权利所有者支付费用，其中可以包括适当的律师费。在适当的情况下，即使侵权者不知道或者没有正当的理由应该知道他从事了侵权活动，缔约方也可以授权司法部门，责令返还其所得利润或支付预先确定的损害赔偿费。《反不正当竞争法》第20条规定“应当承担被侵害的经营者因调查该经营者侵害其合法权益的不正当竞争行为所支付的合理费用”。

由于法律和司法解释对合理费用的具体内容并没有具体、明确的规定，因此，有部分法院为了保持统一裁量，采取内部制定有关审判标准的方式，如重庆市高级人民法院《关于确定知识产权侵权损害赔偿数额若干问题的指导意见》第25条规定，“合理开支”一般包括：(1) 律师合理的代理费；(2) 权利人为购买侵权商品证据而支出的费用；(3) 被判决采信的证据的保全、公证费用；(4) 被判决采信的审计报告或鉴定报告的审计费、鉴定费；(5) 被判决采纳的证人证言的证人出庭作证必要的交通食宿费；(6) 当事人及其委托代理人为调查取证而产生的必要的交通食宿费；(7) 为消除侵权影响而产生的费用，如必要的广告费用等；(8) 其他正当费用。第26条规定，律师代理费是指我国执业律师收取的符合国家有关部门规定的诉讼代理费用。在确定合理的代理费数额时，应综合考虑权利人诉讼请求被支持的程度以及请求赔偿额与实际判赔额的比例等因素。

---

① 参见上海市第二中级人民法院（2008）沪二中民五（知）初字第18号民事判决书。

② 参见张家勇、李霞：《论侵权损害赔偿额的酌定基于不正当竞争侵权案例的考察》，载《华东政法大学学报》，2013（3）。

上海市高级人民法院《关于知识产权侵权纠纷中适用法定赔偿方法确定赔偿数额的若干问题的意见（试行）》规定，合理开支包括：（1）公证费、认证费；（2）符合司法行政部门规定的律师费；（3）调查、取证费；（4）翻译费；（5）其他为制止侵权、消除影响而支付的合理费用。

浙江省高级人民法院在《浙江法院实务技能手册之六知识产权审判疑难问题与解答——实体篇》中明确规定，合理费用具体包括合理和必要的律师费、公证费、审计费及其他调查取证费等。

5.6.6 律师费的赔偿

《商标法》（2013 年修正）第 63 条、《著作权法》第 49 条和《专利法》（2008 年修正）第 65 条规定，赔偿数额还应当包括权利人为制止侵权行为所支付的合理开支。《反不正当竞争法》第 20 条规定“应当承担被侵害的经营者因调查该经营者侵害其合法权益的不正当竞争行为所支付的合理费用”。根据前面的表述，不能得出对侵权行为进行调查、取证的合理费用必然就包括了法定的律师费用的结论。

从我国早期的司法实践来看，对于个别案件也是可以要求赔偿律师费的。如美国沃尔特·迪斯尼公司诉北京出版社等侵犯著作权纠纷一案就确认了原告的律师费应当作为赔偿的内容。①

最高人民法院《关于审理商标民事纠纷案件适用法律若干问题的解释》中分别对《商标法》中制止侵权行为所支付的合理开支，包括权利人或者委托代理人对侵权行为进行调查、取证的合理费用，可以将符合国家有关部门规定的律师费用计算在赔偿范围内。

律师费用赔偿常见的做法，是依据诉讼所在地司法行政管理部门公布的收费标准，如原告江苏省南京电力自动化设备总厂（以下简称自动化厂）与被告江苏省南京天印电力设备厂不正当竞争纠纷案，法院认为，《反不正当竞争法》第 20 条还规定，违反该法规定的经营者应当承担被侵害的经营者因调查该经营者侵害其合法权益的不正当竞争行为所支付的合理费用。本案原告自动化厂向法院提供的支出单据共计人民币 124 643.18 元，其中为调查侵权情况而支付的出差、取证费用是 40 143.18 元，在《中国电力报》上刊登声明支付 3.2 万元，聘请律师花费 5.25 万元。根据司法部制定的律师收费标准，本案律师收费应是 9 106 元。聘请律师多用 43 394 元，是自动化厂和律师协商的结果，与被告天印电力设备厂的侵权行为无关。因此本案的合理费用是 81 249.18 元，应当由天印电力设备厂给予赔偿。② 此种赔偿往往较低，因为法院一般适用收费制度中的一般条款，而不关注收费的特别条款，即不依据“根据案情复杂程度在基础收费标准上上浮一至三倍”等。

① 参见姚欢庆：《侵犯知识产权损害赔偿研究》，载《民商法研究》，2003（1）。案例发布在《最高人民法院公报》，1996（4）。

② 参见《最高人民法院公报》，1998（2）。

5.6.7　公证费的赔偿

公证费是调查取证过程中必然发生的合理开支，公证保全不仅能为当事人收集、固定和保存证据材料提供便利，经过公证的证据材料有很强的证据效力，而且公证费用也能得到法律的支持，公证保全逐步成为权利人取证方式的首选。为切实解决当事人公证取证难的问题，义乌法院明确认可异地公证的证据效力。这样不仅方便人当事人取证，大幅提高了公证取证的比重，客观上也更多地把调查取证费列入维权合理费用部分，从而降低了维权者的成本。① 公证费一般均能提供公证处开具的正式发票，但目前对于合理开支的赔偿均采取酌定方式，故在裁判文书中，难以得出公证费的赔偿是全额赔偿还是酌定赔偿。

实例解析

原告广东佛陶集团股份有限公司陶瓷研究所（以下简称佛陶所）因与被告广东南海市金昌陶瓷辊棒厂（以下简称金昌厂）发生非专利技术秘密侵权纠纷②

原告诉称："冷等静压精细陶瓷辊棒"生产技术，是广东省科学技术委员会（以下简称广东省科委）于 1984 年下达给我所的科研项目，我所经数年奋斗，终于研制成功。此项技术经广东省科委和国家科委组织专家鉴定，被评为国家秘密级技术，从 1987 年 12 月 29 日开始，保密期 15 年。后来我所虽然将其中部分技术申请了专利，但专利申请文件未涉及的内容和专利申请日以前的专利技术，仍属技术秘密，任何人不得侵犯。1992 年年初，我所得知被告金昌厂用与我所相同的机械设备和基本相同的工艺流程生产辊棒，其原因是被告利用了原在我所工作的区永超、吴国雄向他们泄露的我所技术秘密。请求人民法院判令金昌厂立即停止侵权行为，赔偿经济损失，并赔礼道歉。

被告辩称："冷等静压精细陶瓷辊棒"生产技术，已由作者何锡玲公开披露于 1990 年 10 月 15 日出版的第五期《陶瓷》杂志上。我厂于 1991 年年底开始创办，投入了大量人力、物力、财力，从大量的公开技术资料中找到此技术方案，又经我厂技术人员进行消化、摸索，最后掌握了该项技术。我厂的技术来源正当合法，没有侵权。原告佛陶所仅以我厂厂长原是该所职工，就推理我厂的技术是侵权所得，却不能提供出我厂具体采用了哪些不正当手段获得其技术秘密的证据，其诉讼理由不能成立。

广东省佛山市中级人民法院经不公开审理查明：1984 年广东省科委将"冷等静压精细陶瓷辊棒"的生产技术作为重点攻关项目下达给佛陶所，并拨给科研经费 24 万元。佛陶所接受科研任务后，即成立以何锡玲为首的课题小组，先后投入了一千三百多万元用于

① 参见陈慧军：《知识产权诉讼中维权成本的调查与思考》，见金华市中级人民法院网，2013-09-20。

② 参见《最高人民法院公报》，1995（4）。

该项目的研究、开发、中间性试验和生产工艺设备的改进。经过八年多的研制，终于取得了成功。经国家科委和广东省科委组织进行技术鉴定，“冷等静压精细陶瓷辊棒”的项目被列为全国火炬计划项目。鉴定结果认为：其技术指标和使用性能达到国际先进水平，属于国内首创。1988 年到 1993 年曾 11 次获国家级、省、市级的科学技术进步奖、技术成果奖、高新技术奖、国家级新产品奖、北京国际发明展览会金奖等。该产品面市后，代替了进口辊棒，节约了外汇，在国内外市场具有一定的竞争力，仅 1994 年佛陶所的年产值就达 8 000 万元，实现利税 2 000 万元。为了保护这一科技成果，佛陶所采取了各种保密措施，成立了保密领导小组，制定了保密细则，明确了辊棒车间、窑炉设备性能、原料配方、成型工艺、设备图纸等均属保密内容，如有故意或过失泄露、偷窃技术资料者，要依法追究法律责任。1992 年 3 月 10 日，佛陶所向广东省科委和国家科委申报了国家秘密级技术，经广东省科委和国家科委通过法定程序组织专家进行鉴定，于 1993 年 8 月 18 日确定该项目为国家秘密级技术，保密期 15 年，从 1987 年 12 月 29 日开始计算。其保密内容 5 大范围：(1) 陶瓷辊棒的配方及原料加工处理（具体内容略，下同）；(2) 冷等静压设备和生产工艺技术；(3) 冷等静压成型和预制成型工艺以及成型模具；(4) 陶瓷辊棒煅烧技术和吊顶窑炉；(5) 陶瓷辊棒的精加工设备和工艺。1995 年 3 月 11 日，国家科委又一次组织专家对佛陶所的“冷等静压精细陶瓷辊棒”的项目进行技术评定和审查，该技术仍被确认为国家秘密级技术，保密期由原来的 15 年改为 8 年，从 1995 年 3 月 3 日起计算，对其继续进行国家秘密级保护和管理。1992 年 6 月 6 日、8 月 17 日、8 月 22 日、1993 年 4 月 28 日，佛陶所分别向国家专利局申请了 4 项专利。国家专利局于 1993 年 2 月 21 日、4 月 23 日、1994 年 6 月 1 日授予佛陶所两项实用新型和一项方法发明专利，专利号为 9233136.6、92231110.2、93104966.0、92104473.9（待批号）。国家专利局于 1995 年 5 月 11 日证实上述 4 项专利的申报内容自申请公开之日起均属公知专利技术（专利技术内容略）。1995 年 5 月 10 日，国家科委和广东省科委对佛陶所的专利技术和技术秘密进行了界定，认为：佛陶所被批准备案的技术秘密共有 5 大范围，其中第三题目的技术内容已于专利申请公开日起为公知的专利技术，尚有 4 个大题目的内容仍属技术秘密尚未公开。

被告金昌厂厂长区永超，原系佛陶所的窑炉技术工人。1982 年 9 月到佛陶所从事窑炉吊烧工作，1989 年底即开始参与筹建金昌厂，1990 年 6 月自动辞职离开佛陶所到金昌厂办厂，并负责生产技术。1992 年 3 月 7 日金昌厂领取工商执照，同年 12 月正式投产，1993 年 2 月产品开始进入市场销售。由于该厂的技术不过关，产品质量达不到标准，区永超便找到了原在佛陶所工作的吴国雄。吴国雄是 1985 年 6 月到佛陶所工作，从事过辊棒注浆、等静压、出管定型、辊棒配料等 3 个工序的组成技术工作。区永超以每月 700 元，年底付 5 万元奖金的优厚待遇聘请了吴国雄。吴国雄于 1993 年 2 月因合同期满离开佛陶所到金昌厂负责技术管理。金昌厂购买机械设备、模具、原料时均到佛陶所定做、制造的厂家去订购。烟台、四川、湛江、珠海等地有关单位均证明：金昌厂购买设备、原料、模具时，对各厂家提出按佛陶所提出的技术质量要求、规格大小、机械性能定做购买。1995 年 5 月 2 日，广东省华粤会计师事务所查账结果：1993 年 2 月 20 日到 1994 年 8 月金昌厂共销售 35 443 支辊棒，销售收入为 4 479 796.53 元，佛陶所每支辊棒平均利润为 74.49 元。

对被告金昌厂提供的公知技术资料，包括美国文献、1990 年第 5 期《陶瓷》杂志以及原告佛陶所申报的 4 项专利内容等材料进行分析和认定：(1) 关于配方及原料加工处理方面，专利申请只公布了配方一个范围，而最优配方尚未公布。原料的产地、加工混合方法，有别过去传统方法的特定造粒工艺均未公布。成型生产工艺方面，专利中只公布挤出定型机中的机咀部分，而混合搅拌机、造粒机、挤出定型机的生产厂家、型号规格尚未公布。等静压设备及预制成型方面，专利中只公布了一种陶瓷辊棒成型方法以及成型模具，而等静压设备及内外模具的生产厂家、产地、规格、型号及技术参数均未公布。窑炉及耐火材料、烧成方法方面的内容均未公布。精加工设备方面，陶瓷辊棒烧成后的精加工方法、设备均未公布。另外，佛陶所 4 项专利申请中，专利说明书及申请说明书未涉及的内容仍属于技术秘密。(2) 对"冷等静压精细陶瓷辊棒"的公知技术、佛陶所的技术以及金昌厂生产技术进行对比的结果是：佛陶所采用的技术，从坯料配方、造粒和成型方法，到主要工艺设备等 10 个方面的关键技术，均与公知技术有本质区别，且处于秘密状态，而金昌厂使用的技术却与佛陶所一样。

另查：佛陶所何锡玲于 1990 年在《陶瓷》杂志第五期发表的文章，主要内容涉及陶瓷辊棒的生产工艺、成型工艺产品主要规格与技术性能等。

佛山市中级人民法院认为，原告佛陶所的"冷等静压精细陶瓷辊棒"项目具有实用价值和竞争优势，并能带来巨大的经济效益。佛陶所对其采取了相应的保密措施，制定了保密细则，国家科委又确认为国家秘密级技术，因此，佛陶所的"冷等静压精细陶瓷辊棒"项目的生产技术应属法律保护的技术秘密，任何单位和个人未经权益人许可不得非法获取、披露、知悉和使用。被告金昌厂明知该项目属佛陶所研制和所有，却以优厚报酬聘请原在佛陶所工作多年的区永超、吴国雄二人，擅自使用佛陶所冷等静压预制成型工艺技术。区永超、吴国雄无论是在佛陶所工作期间还是调离该所后，均应对佛陶所的技术负有保密义务。区永超、吴国雄未经佛陶所同意，将原在佛陶所工作期间掌握的技术秘密和经营信息泄露给了金昌厂，为金昌厂侵权行为提供了关键性技术。金昌厂辩称其使用的技术来源于"公知杂志和有关的国际文献，又经自己消化、摸索获得的"理由，据查，"冷等静压精细陶瓷辊棒"的生产基本原理和工艺名词虽在公开的刊物上有过部分报道，如《陶瓷》1990 年第五期，但从专业技术方面来看，只是粗略地提及或只描述一个大概范围，未公开佛陶所的技术秘密的具体内容。1990 年《陶瓷》第五期的报道与佛陶所的技术秘密根本不同。上述对比证明，佛陶所的技术秘密并未因公知技术的存在而解密。在通常的科研中，即使找到相同的文献和专利方面的资料，要想借鉴和参考已有资料，获得与其实质性相同的科技成果，必须经过反复的试验和摸索，况且"冷等静压精细陶瓷辊棒"项目是高难尖端、国内外首创的工艺技术，更需付出艰苦的努力。佛陶所提供的大量的研制记录和试产报告等原始资料，证实了该技术是佛陶所数十名科技人员在良好的科研设备条件下，经过不懈的努力获得的。金昌厂在诉讼中，对自己使用的冷等静压预制成型工艺技术，既然提出是将公知技术经自己消化、摸索而获得的抗辩理由，依照《中华人民共和国民事诉讼法》第64条第1款的规定，就应当负有证实其技术来源于对公知资料进行消化摸索，研制试产后取得的，因此是合法和善意取得的举证义务。金昌厂只提供公知技术资料，没有提供依据哪些已知技术进行了哪些研制、配比以及具体研制的时间、地点、仪器等证据，不能证实其技术的真实来源。金昌厂对自己的主张不能举证，应负败诉责任，其抗辩自己不侵权的理由不成立，不予支持。金昌厂侵犯了佛陶所的技术秘密，依照《反不正当竞争法》第10条的规定，是不正当竞争的行为。依照《反不正当竞争法》第20条、《中华人民共和国民法通则》第118条之规定，金昌厂应立即停止侵权，赔偿损失，赔礼道歉，承担本案的诉讼费用。根据广东华粤会计师事务所的查账报告，赔偿数额应以金昌厂所销售辊棒的数量乘以佛陶所每支辊棒的平均利润予以确定。佛陶所的诉讼请求合法有理，应予支持。据此，佛山市中级人民法院于1995年7月13日判决：

1. 被告金昌陶瓷辊棒厂在本判决发生法律效力后，立即停止使用原告广东佛陶集团股份有限公司陶瓷研究所拥有的“冷等静压精细陶瓷辊棒”的技术秘密进行陶瓷辊棒的生产和销售。

2. 金昌陶瓷辊棒厂应在本判决发生法律效力后10天内，赔偿给广东佛陶集团股份有限公司陶瓷研究所经济损失264 019元，逾期按商业银行同期贷款利率加倍支付迟延履行金。

3. 金昌陶瓷辊棒厂在本判决书发生法律效力后10天内，向广东佛陶集团股份有限公司陶瓷研究所登报赔礼道歉（登报内容需经本院审查）。

4. 金昌陶瓷辊棒厂对广东佛陶集团股份有限公司陶瓷研究所的“冷等静压精细陶瓷辊棒”技术秘密负有保密义务，不得擅自扩大知悉范围。

本案属于侵犯商业秘密纠纷，未对权利人造成人格利益损害，法院适用“赔礼道歉”这种民事责任的承担方式，有值得商榷之处。另本案在举证责任方面法院适用了举证责任倒置，在商业秘密保护中，一定条件下采取举证责任倒置的做法，在国外立法中早有先例。如美国《反不正当竞争法重述》第40节评论C指出：“尽管要求商业秘密所有人对未经许可使用承担举证责任，但如果在证明被告知道商业秘密的同时，证明了原告、被告的产品或工艺在实质上相同，就可以对被告的使用作出合理推论。”有关侵犯商业秘密纠纷的诉讼，在性质上属于民事诉讼，因此应当遵循民事诉讼的有关规定。根据民事诉讼的一般规则，举证责任采用“谁主张、谁举证”的原则。但在司法实践中，符合一定的条件可以采用举证责任倒置。这些条件包括：(1) 原告证明了被告所用的商业秘密与原告的一致或者相似；(2) 被告有接触原告商业秘密的机会。在此情况下，作为被告就需要承担证明自己所用的商业秘密的内容及来源是否正当，否则就要承担不利的后果。

练习与测试

某电视台一直使用“超级女声”作为一娱乐节目的名称与标志，并于2003年10月31日向国家工商行政管理总局商标局申请“超级女声”第38类商标注册，获得商标注册，有效期限：2007 年 3 月 28 日至 2017 年 3 月 27 日。2004 年 5 月 28 日，刘××向国家工商行政管理总局商标局申请“超级女声”第 5 类商标注册，但《商标注册证》未颁发。刘××对外宣称自己是“香港超级女声文化传播集团有限公司”董事长，并以“美丽公司名义”生产“超级女声健康卫生巾”产品。美丽公司生产的产品名称是“超级女声”，与电视娱乐节目“超级女声”文字完全相同，文字的书写方法以及文字周围图案也相同。美丽公司还在其宣传册和 www. hksuperreison. cn. alibaba. com 网页上使用“超级女声”特殊标识，其产品包装上还标记“香港超级女声文化传播集团有限公司监制”。李××作为销售商，在湖南省长沙市雨花区湖南高桥大市场飘雪纸品商行经营该涉案产品的批发销售业务。

请问：你作为本案原告代理人，如何选择案由和主张哪些诉讼请求，尤其是应承担的民事责任有哪些方式？

第

6

章

假冒注册商标

单元要点

本单元主要围绕假冒注册商标的内容展开，阐述了假冒注册商标基本形态和反向假冒的司法实践。对于假冒注册的判断标准中，主要分析了相同或类似商品的认定、相同或相似商标的认定、假冒注册商标的法律适用，以及商标法意义上的使用行为；同时对于未注册商标的法律保护和有关商标侵权与不正当竞争竞合的赔偿也进行了详尽的阐述。

学习目标

掌握假冒注册商标不正当竞争行为的构成要件，相同或类似商品及相同或相似商标的认定要点，尤其对于商标法意义上的使用行为和描述性使用行为有充分的理解。熟练运用假冒注册商标法律法规，掌握未注册商标的法律保护和有关商标侵权与不正当竞争竞合的赔偿方式。

6.1 假冒注册商标基本形态及含义

6.1.1 有关假冒注册商标的规定

《反不正当竞争法》第 5 条第 1 项规定，假冒他人的注册商标，属于采用不正当手段从事市场交易，损害竞争对手的不正当竞争行为。

6.1.2 反向假冒的司法裁判

2013 年《商标法》第 57 条第 5 项规定“未经商标注册人同意，更换其注册商标并将该更换商标的商品又投入市场的”属于侵犯注册商标专用权。《商标法》的这一规定明确了反向假冒是一种商标侵权行为，同时也是一种不正当竞争行为。

我国对“反向假冒”的关注和讨论源于 1994 年北京发生的卡帝乐商标纠纷案。该案情是 1994 年 4 月，取得新加坡鳄鱼公司国内销售权的北京同益公司在百盛购物中心设立专柜，与百盛购物中心联合销售鳄鱼牌及卡帝乐牌商品。同益公司工作人员将购买的北京市服装一厂生产“枫叶”牌西裤的商标撤换上“卡帝乐”商标，以高于原价 198%的价格出售。北京市服装一厂认为该行为侵犯其合法权益，遂以百盛购物中心、同益公司、鳄鱼公司及同益公司主管部门开发促进会为被告向北京市第一中级人民法院提起诉讼，要求赔礼道歉、赔偿损失。1998 年 6 月 10 日，北京市第一中级人民法院作出判决，依照《民法通则》第 4 条、第 134 条第 1 款之第 7、9、10 项，以及《反不正当竞争法》第 2 条之规定，判决被告开发促进会代表原下属企业同益公司赔礼道歉（同益公司已被注销），并赔偿原告损失。1998 年，北京市第二中级人民法院受理了北京市温菲尔德工贸发展有限公司诉北京北方服装有限责任公司商标反向假冒一案。法院经审理认为，法律赋予商标注册人享有排他性使用其注册商标的专用权利，构成商标侵权的根本原因是这种行为使商标失去区别功能。被告的行为破坏了商品与商标的不可分离性，造成了商标区别功能的丧失，侵害了原告的商标专用权。法院依据《商标法》作出了判决，责令被告停止侵害原告的注册商标权行为，并赔礼道歉、赔偿损失。上述两个案例反映了法院对于反向假冒行为的法律适用不同态度，在卡帝乐商标侵权案件中，法院根据《反不正当竞争法》的概括性规定对案件进行了判决；在北京市温菲尔德工贸发展有限公司诉北京北方服装有限责任公司商标反向假冒案件中，法院根据《商标法》对案件进行了判决。

6.1.3 假冒注册商标类型

《反不正当竞争法》规定的假冒注册商标行为，是指商标侵权行为中情节比较严重的行为，具体包括以下四种类型：

（1）未经注册商标所有人的许可，在同一种商品上使用与注册商标相同的商标；

（2）同一种商品上使用与他人注册商标近似的商标；

（3）在类似商品上使用与他人注册商标相同的商标；

（4）在类似商品上使用与他人注册商标近似的商标。

6.1.4 假冒注册商标特征

假冒注册商标行为的共同特征为：

（1）商标是相同或近似的；

（2）商标标识的商品是同一种类的或类似的。但驰名商标的保护范围另有规定除外。

需要明确指出的是，多数人认为2001年《商标法》第52条①系全部假冒注册商标行为是值得商榷的。其理由在于："假冒"行为仅规定在2001年《商标法》第52条第1项②，假冒本身是一种因直接使用他人注册商标而使人对于商品来源产生误解的行为，2001年《商标法》第52条第1项符合这种属性。而"销售明知是假冒注册商标的商品的"和"伪造、擅自制造他人注册商标标识或者销售伪造、擅自制造的注册商标标识的，以及给他人的注册商标专用权造成其他损害的"这些情形，只是未经注册商标所有人的许可，在同一种商品或者类似商品上使用与其注册商标相同或者近似的商标的假冒行为的延伸和扩展，是保护注册商标专用权的完整性的必要界限，与假冒行为在性质上毕竟是不同的。侵害注册商标专用权行为是一个大概念，包括假冒他人注册商标行为以及其他侵害行为

① 《商标法》（2013修正）第57条。

② 《商标法》（2013修正）第57条第1、2项。

（即《商标法》第 52 条第 2、3、4、5 项的规定的行为）。①

6.2 假冒注册商标的判断标准

假冒注册商标的判断应当考虑以下要素：（1）应当是《商标法》意义上的使用行为；（2）应当是在相同或相似商品上的使用行为；（3）应当使用的是相同或近似的商标。假冒注册商标民事行为与《刑法》第 213 条所规定的假冒注册商标罪相比，其构成要件除《刑法》所要求的“情节严重的”和“情节特别严重的”之外，是完全一致的。

6.2.1 《商标法》意义上的使用行为

《商标法》意义上的使用，是构成侵犯注册商标专用权的基本行为，是在商业标识意义上使用相同或者近似商标的行为，倘若所使用的与他人注册商标相同或者近似的文字、图形等标识不具有区分商品来源的作用，也即不是用做商标，这种使用就不是《商标法》意义上的使用，因而不会构成对于他人注册商标专用权的侵害。如《商标法》第 49 条规定的对于注册商标中的通用名称等的正当使用，不属于《商标法》意义上的使用，这是其不构成侵犯注册商标专用权的根据。如在辉瑞产品公司、辉瑞制药有限公司辉瑞制药公司与联环公司等侵犯商标权纠纷一案中，最高人民法院裁定认为，联环公司生产的“甲磺酸酚妥拉明分散片”药片的包装有与药片形状相应的菱形突起、包装盒上“伟哥”两字有土黄色的菱形图案作为衬底，但消费者在购买该药品时并不能据此识别该药片的外部形态。由于该药片包装于不透明材料内，其颜色及形状并不能起到标识其来源和生产者的作用，不能认定为《商标法》意义上的使用，因此，不属于使用相同或者近似商标的行为。②

6.2.2 相同和类似商品的认定

《商标法》第 30 条规定，禁止在“相同或者类似商品”上注册相同或者近似商标，这是审查申请注册商标的基本的准则。法律明确将“相同或者类似商品”作为防止混淆原则的，条款所指的“同一种商品或者类似商品”，其判定基准是《类似商品和服务区分表》。

相同商品是指名称、用途、功能或销售渠道等方面相同的商品。一般是指名称相同的商品，例如西服与西服；有些商品虽然称谓不同，但其用途、功能或销售渠道等方面相同或者实际上是相同的商品，例如自行车与脚踏车，大米与米等。《商标法》意义上的商品

① 参见孔祥俊、刘泽宇、武建英：《反不正当竞争法原理·规则·案例》，北京，清华大学出版社，2006。《商标法》（2013 年修正）为第 57 条第 3、4、5、6 项。

② 参见孔祥俊：《商标的标识性与商标权保护的关系——兼及最高人民法院有关司法政策和判例的实证分析》，载《人民司法·应用》，2009（15）。

相同是指注册商标核定使用的商品类别相同。商品类别，是商标主管部门为便于商标注册和管理而采取的对商品和服务类别划分的国际分类标准，主要体现在《商标注册用商品和服务国际分类表》和《类似商品和服务区分表》中（以下简称“商品分类表”、“商品区分表”或“分类表”、“区分表”）。

我国商标注册采纳《商标注册用商品和服务国际分类尼斯协定》（尼斯协定）对商品的分类。对于经核准使用的商品类别，即使未实际使用，仍然属于侵犯商标专用权和不正当竞争的范围，不能成为不构成相同商品的抗辩事由，如浙江蓝野酒业有限公司与杭州联华化商集团有限公司、上海百事可乐饮料有限公司商标侵权案，法院认为，蓝野酒业公司的“蓝色风暴”注册商标核准使用的商品为第32类，包括水、可乐等，虽然蓝色酒业公司只是在啤酒上实际使用了“蓝色风暴”注册商标，没有证据证明其在可乐上实际使用了“蓝色风暴”注册商标，但根据《商标法》第3条的规定，经国家商标局核准注册的商标为注册商标，商标注册人享有商标专用权，受法律保护。蓝野酒业公司是否在核准使用的可乐产品中实际使用了“蓝色风暴”商标，并不影响其商标专用权的行使。两者相比较，百事可乐公司使用“蓝色风暴”商标的“可乐”与蓝野酒业公司核准使用的商品“可乐”构成商品相同。①

最高人民法院《关于审理商标民事纠纷案件适用法律若干问题的解释》第11条规定，原《商标法》第52条第1项②规定的类似商品，是指在功能、用途、生产部门、销售渠道、消费对象等方面相同，或者相关公众一般认为其存在特定联系、容易造成混淆的商品。类似服务，是指在服务的目的、内容、方式、对象等方面相同，或者相关公众一般认为存在特定联系、容易造成混淆的服务。商品与服务类似，是指商品和服务之间存在特定联系，容易使相关公众混淆。

最高人民法院《关于审理商标民事纠纷案件适用法律若干问题的解释》第12条规定，人民法院依据原《商标法》第52条第1项③的规定，认定商品或者服务是否类似，应当以相关公众对商品或者服务的一般认识综合判断，《商标注册用商品和服务国际分类表》、《类似商品和服务区分表》可以作为判断类似商品或者服务的参考。

对于《商标注册用商品和服务国际分类表》、《类似商品和服务区分表》在类似商品判断上的作用，现行的规定是比较明确的，最高人民法院《关于审理商标民事纠纷案件适用法律若干问题的解释》第12条规定，《商标注册用商品和服务国际分类表》和《类似商品和服务区分表》不是判断类似商品的依据，仅可作为参考。

6.2.3 相同和相似商标的认定

最高人民法院《关于审理商标民事纠纷案件适用法律若干问题的解释》第9条规定，原《商标法》第52条第1项④规定的商标相同，是指被控侵权的商标与原告的注册商标相

① 参见浙江省高级人民法院（2007）浙民三终字第74号民事判决书。

② 《商标法》（2013修正）第57条第2项。

③ 《商标法》（2013修正）第57条第2项。

④ 《商标法》（2013修正）第57条第1项。

比较，二者在视觉上基本无差别。包括两种情况：第一，在形式上完全相同，包括文字、图形、色彩等因素及其组合的完全相同。只要所使用的商品上面商标具备这一条件，那么就可以认定其为相同商标，而不受商品的包装规格、装潢等条件的影响。这种情况下的相同商标非常直观，很容易认定。二是商标视觉认识上相同。两者在文字、图案、色彩等因素极其近似，若不仔细观察便难以区分它们之间的细微差别，更有甚者利用了商标权人所注册商标的主要部分，尤其是具有显著性的部分，从而在视觉上造成难以区分的情况。无论是法官断案还是审查员检索都是通过肉眼对商标标识进行观察，视觉上相同或基本无差别即可认定构成了商标相同而无须分析其他要素。①

最高人民法院《关于审理商标民事纠纷案件适用法律若干问题的解释》第 9 条规定，原《商标法》第 52 条第 1 项②规定的商标近似，是指被控侵权的商标与原告的注册商标相比较，其文字的字形、读音、含义或者图形的构图及颜色，或者其各要素组合后的整体结构相似，或者其立体形状、颜色组合近似，易使相关公众对商品的来源产生误认或者认为其来源与原告注册商标的商品有特定的联系。

《商标审查及审理标准》规定，商标近似，是指商标文字的字形、读音、含义近似，商标图形的构图、着色、外观近似，或者文字和图形的整体排列组合结果近似，立体商标的三维标志的形状和外观，使用在同一种或类似商品或服务商易使相关公众对商品或服务的来源产生误认。根据定义可以看出，商标近似至少包括四种情形：第一，文字商标包括字形相似、读音或含义相似；由于汉字的字体多样，风格多变，特别是篆体、草书不易辨认，一旦将其当做商标使用，就很难识别。第二，图形商标包括构图、着色、外观相似。第三，文字和图形商标的排列组合方式相似。第四，立体商标、颜色商标包括立体形状相似或颜色组合相似，除此以外，商标如果由一定的文字、图形或其组合构成的话，文字商标和图形商标两者之间还可能造成观念上的相似。③

从性质上讲，《商标注册用商品和服务国际分类表》不具有法律规范的性质，纯属是为便于商标注册管理而被人为划定的工具性参照标准。《类似商品和服务区分表》则是国家工商管理总局根据“尼斯分类”及其在我国的使用实践制订的，在商标注册管理中对商品类别和商品类似提供初步判断的检索工具。对于《商标注册用商品和服务国际分类表》和《类似商品和服务区分表》在类似商品判断上的作用，现行的规定本来是比较明确的。最高人民法院《关于审理商标民事纠纷案件适用法律若干问题的解释》第 12 条规定，《商标注册用商品和服务国际分类表》和《类似商品和服务区分表》不是判断类似商品的依据，仅可作为参考。因此，我们应当认识到《商标注册用商品和服务国际分类表》和《类似商品和服务区分表》只能作为参考，而不能直接被作为法律依据适用于司法裁判，在司法实践中更应当正确理解和把握好参考尺度。

---

① 参见文学：《商标使用与商标保护研究》，96 页，北京，法律出版社，2008。

② 《商标法》(2013 修正) 第 57 条第 2 项。

③ 参见《国家工商行政管理总局关于商标行政执法中若干问题的意见》的第 6 条规定。

6.2.4 使用通用名称不构成商标侵权

2002年《商标法实施条例》第49条规定："注册商标中含有的本商品的通用名称、图形、型号，或者直接表示商品的质量、主要原料、功能、用途、重量、数量及其他特点，或者含有地名，注册商标专用权人无权禁止他人正当使用。"因此，正当使用通用名称不属于商标侵权行为。

如山东鲁锦实业有限公司诉鄄城县鲁锦工艺品有限责任公司、济宁礼之邦家纺有限公司侵犯注册商标专用权及不正当竞争纠纷案①，山东省高级人民法院二审认为，"鲁锦"专指鲁西南民间织锦，即一种山东民间纯棉手工纺织品，其纹彩绚丽，灿烂似锦，在鲁西南地区已有上千年的历史。"鲁锦"代表的纯棉手工纺织生产工艺并非由某一自然人或企业法人发明而成，而是由山东地区特别是鲁西南地区人民长期劳动实践而形成。"鲁锦"代表的纯棉手工纺织品的生产原料亦非某一自然人或企业法人特定种植，而是山东不特定地区广泛种植的棉花。自上世纪八十年代中期后，传统鲁西南民间织锦开始走入现代生活，以在北京民族文化宫举办"鲁锦与现代生活方式展"为起点，经过媒体的大量宣传，"鲁锦"一词进入公众视野，已成为以棉花为主要原料、手工织线、手工染色、手工织造的山东地区特有民间手工纺织品的通称，且已在山东地区纺织行业领域内通用并被相关社会公众所接受。综上，可以认定"鲁锦"是专指山东地区特别是鲁西南地区民间纯棉手工纺织品的通用名称，是一种无形的公共资产，应为该地区的生产、经营者共同享有。

6.2.5 描述性使用行为不构成商标侵权

依据2002年《商标法实施条例》第49条的规定，描述性使用不属于商标侵权行为。如李逢英与湖南恒安纸业有限公司等侵犯注册商标专用权纠纷上诉案②中，北京市高级人民法院认为，以普通消费者的一般注意力为标准，不会对该商品的生产者、销售者与"薰衣草及图"商标注册人李逢英之间是否存在某种联系产生错误认识，应认定湖南恒安公司和山东恒安公司在其生产的被控侵权商品上标注"薰衣草"标识，是为了描述该商品具有薰衣草香型这一特点，并不构成对李逢英享有的"薰衣草及图"注册商标专用权的侵犯。

6.2.6 假冒注册商标的法律适用

对于假冒注册商标行为的法律适用可以概括为以下三种情形：

1. 对在相同或类似商品上使用与他人注册商标标识相同或近似的标识的行为，适用

---

① 参见山东省高级人民法院（2009）鲁民三终字第34号民事判决书。此案为2009年中国法院知识产权司法保护10大案件之一。

② 参见北京市高级人民法院（2007）高民终字第968号民事判决书。

原《商标法》第 52 条第 1 项[①]规定。

2. 对在不同类别商品上使用与他人注册商标标识相同或近似的标识的行为，如果原告的商标在该案中被认定为驰名商标，则适用《商标法》第 13 条和有关司法解释的规定。

3. 对在不同类别商品上使用与他人注册商标标识相同或近似的标识的行为，如果原告的商标未在该案中被认定为驰名商标，但是，被告确实具有“搭便车”的主观恶意，违反自愿、平等、公平、诚实信用的原则和公认的商业道德，被告的该行为同时在市场上造成了相关消费者的混淆，有必要制止该不正当的行为。这种情况则应当适用《反不正当竞争法》第 2 条和第 5 条第 1 项的规定。

尽管我国《反不正当竞争法》第 21 条规定了经营者假冒他人的注册商标依照《商标法》的规定处罚，但实际上，由于不正当竞争行为的认定强调混淆，在处理方法上，存在消除混淆的要素维持两个商业标志共同使用的情况，如最高人民法院《关于审理不正当竞争民事案件应用法律若干问题的解释》第 1 条就肯定了这一差别：即“后来的经营活动进入相同地域范围而使其商品来源足以产生混淆，在先使用者请求责令在后使用者附加足以区别商品来源的其他标识的，人民法院应当予以支持”。从这一点上讲，商标侵权行为的处理比商标不正当竞争行为的处理要严厉。[②]

6.3　未注册商标的保护

6.3.1　《反不正当竞争法》对未注册商标的保护

《反不正当竞争法》保护未注册商标的法律适用上，注意以下事项：(1) 经营者使用了他人未注册商标，该未注册商标如果符合《反不正当竞争法》上所规定的“擅自使用知名商品特有的名称、包装、装潢，或者使用与知名商品近似的名称、包装、装潢，造成和他人的知名商品相混淆，使购买者误认为是该知名商品”的，可以依据《反不正当竞争法》第 5 条第 2 项进行保护。(2) 不符合《反不正当竞争法》第 5 条第 2 项的，可适用该法第 2 条即一般性条款。

6.3.2　未注册驰名商标的保护

如认定为未注册驰名商标的，权利人可以根据 2001 年《商标法》第 13 条第 1 款、第 15 条、第 31 条、第 41 条第 1 款及 2002 年《商标法实施条例》第 45 条的规定，禁止他人在相同或类似的商品或服务上注册或使用以及通过复制、模仿或者翻译等手段仿冒其未注

① 《商标法》(2013 修正) 第 57 条第 1、2 项。

② 参见刘继峰：《论商标侵权行为与商标不正当竞争行为的“交错”》，载《湖北大学学报》，2009 (7)。

册的驰名商标标识的行为，收缴、销毁其商标标识，商标标识与商品难以分离的情况下一并收缴、销毁。最高人民法院《关于审理商标民事纠纷案件适用法律若干问题的解释》第2条还规定，复制、模仿、翻译他人未在中国注册的驰名商标或其主要部分，在相同或者类似商品上作为商标使用，容易导致混淆的，应当承担停止侵害的民事法律责任。未注册驰名商标主要由我国《商标法》进行规范和保护，也可以适用《反不正当竞争法》第5条规定进行保护。

权利人就同一商品既主张未注册驰名商标保护，又主张知名商品特有名称保护，人民法院应如何审理？如上诉人广州市好又多（天利）百货商业有限公司（以下简称广州市好又多公司）、广州市好又多（天利）百货商业有限公司世博分公司（以下简称世博分公司）、苏国荣与被上诉人荣华饼家有限公司（以下简称香港荣华公司）、东莞荣华饼家有限公司（以下简称东莞荣华公司）侵犯商标专用权和不正当竞争案。广东省高级人民法院经审理认为，香港荣华公司请求认定的未注册驰名商标“荣华”与其请求认定的知名商品特有名称“荣华月饼”在实际使用中是一体的，故在司法保护中，择一保护即可达到保护目的。由于香港荣华公司在内地最早将“荣华月饼”作为商品的名称使用在月饼类商品上，“荣华月饼”作为商品名称具有区别商品来源的显著特征，应当认定为知名商品的特有名称。香港荣华公司、东莞荣华公司对“荣华月饼”具有排除他人作相同使用的专有效力，故通过认定知名商品特有名称并适用《反不正当竞争法》足以保护香港荣华公司的合法权利，故“荣华”文字在本案中无须认定为未注册驰名商标。①

6.4 商标侵权与不正当竞争竞合的赔偿

对于商标侵权与不正当竞争竞合的赔偿，司法实践中主要有以下三种赔偿方式。

6.4.1 不区分的赔偿方式

如上诉人深圳市宝松利实业有限公司（以下简称宝松利公司）与被上诉人四川绵竹剑南春酒厂有限公司（以下简称剑南春公司）、原审被告四川省锦竹锦窖酒业有限公司（以下简称锦竹锦窖公司）侵犯商标专用权及不正当竞争纠纷一案②，长沙市中级人民法院认为，本案所涉及之侵权行为，尽管分别构成不正当竞争和商标侵权行为，但这些行为表现的载体和表现形式具有同一性，即侵权结果均体现在“锦竹大曲”产品之上，不正当竞争行为和商标侵权行为也具有连续性，只是因权利性质发生变化而导致了不同定性，根据本案实际情况，就赔偿数额方面可一并判决，不再区分商标侵权赔偿和不正当竞争赔偿数

① 参见一审：广东省东莞市中级人民法院（2006）东中法民三初字第35号民事判决书（2007年9月6日），二审：广东省高级人民法院（2007）粤高法民三终字第412号（2009年5月14日）民事判决书。

② 参见湖南省高级人民法院（2010）湘高法民三终字第11号民事判决书。

额；在停止侵权方面因原告“绵竹大曲”商业标识已取得商标权保护，本案中被告只需停止对原告第 4934605 号、第 5030641 号注册商标权的侵犯即可达到原告要求被告停止侵权的目的。

6.4.2 重合部分不重复计算赔偿方式

如上诉人上海星巴克咖啡馆有限公司（以下简称上海星巴克）、上海星巴克咖啡馆有限公司南京路分公司（以下简称上海星巴克分公司）与被上诉人（原审原告）星源公司（Starbucks Corporation）、被上诉人（原审原告）上海统一星巴克咖啡有限公司商标侵权及不正当竞争纠纷一案[①]，上海市高级人民法院认为，原审法院根据本案侵权行为的性质、期间、后果，被侵权商标的知名度和声誉以及两原告为制止侵权行为所支付的合理开支等因素，并考虑到两被告实施的商标侵权行为及不正当竞争行为的后果有部分重合，在确定赔偿数额时不能对重合部分重复计算赔偿数额的因素，酌情确定两被告共同赔偿两原告经济损失人民币 50 万元。因此，原审法院确定的赔偿数额并无不当，应予维持。

6.4.3 参照赔偿的赔偿方式

针对竞合状态的法律适用，最高人民法院《关于审理不正当竞争民事案件应用法律若干问题的解释》已明确规定，即第 17 条“……确定反不正当竞争法第五条、第九条、第十四条规定的不正当竞争行为的损害赔偿额，可以参照确定侵犯注册商标专用权的损害赔偿额的方法进行”，即适用《商标法》第 63 条。因此，不得再依据《反不正当竞争法》的有关规定确定赔偿数额。

实例解析

拉科斯特股份有限公司诉上海龙华服饰礼品市场经营管理有限公司注册商标专用权纠纷案[②]

鳄鱼图形及文字系列商标为拉科斯特股份有限公司在中国依法注册的商标，自 1980 年以来，第 141102 号“LACOSTE”文字商标、第 141103 号、第 1318589 号及第 G581924 号图形商标等鳄鱼系列商标在中国相继获得注册。经调查，原告发现上海龙华服饰礼品市场（以下简称龙华市场）以低廉的价格公开销售带有原告上述注册商标的服装。被告龙华公司是龙华市场的管理人。2008 年 8 月，原告致函被告要求龙华市场停止侵犯原告鳄鱼系列商标专用权的行为，被告回函表示同意原告的意见，但被告并未停止上述侵权

① 参见上海市高级人民法院（2006）沪高民三（知）终字第 32 号民事判决书。

② 参见《最高人民法院公报》，2010（10）。

行为。为此，原告于2008年12月再次致函被告要求停止侵权，被告又回函表示立即停止侵权，但仍在实施侵权行为。拉科斯特股份有限公司认为被告系上述侵权商品的销售商，被告的行为已侵犯了原告的上述注册商标专用权，且在原告两次警告后，仍继续实施侵权行为，主观恶意明显，请求法院判令被告立即停止商标侵权行为并赔偿原告包括为制止侵权行为所支付合理开支在内的经济损失人民币100 000元。

本案的争议焦点是：被告龙华公司是否应对被控侵权商品的销售承担侵权责任。

上海市第一中级人民法院认为：

未经商标注册人许可，在同一种商品或者类似商品上使用与其注册商标相同或者近似商标的，属于侵犯注册商标专用权的行为。被控侵权商品与原告拉科斯特公司涉案商标核定使用的商品相同，被控侵权商品上使用的商标与原告的上述注册商标也相同，因此在龙华市场内销售的被控侵权商品系侵犯原告上述注册商标专用权的商品。本案中，原告购买侵权商品时，是由被告龙华公司出具发票，原告据此主张被告是销售者。事实上，根据被告与徐汇区税务局签订的《委托代征税款协议》的规定，被告是根据税务部门的要求，为龙华市场内承租商铺经营者统一代为缴税，代开发票，而龙华市场内承租商铺经营者均为独立的经营主体，并非被告的销售部门或者分支机构。故对原告依据被告开具发票的事实，认为被告是侵权商品的销售者的主张不予支持。

被告龙华公司虽然不是侵权商品的直接销售者，但仍需承担侵犯注册商标专用权的侵权责任。本案中，被告作为龙华市场的管理方，虽没有行政执法权，但根据被告与承租商铺经营者的合同及其附件之约定，对于承租商铺经营者出售侵犯注册商标专用权商品的行为具有限期整改、扣减保证金、解除合同直至清退出场的权利，在原告拉科斯特公司多次发函告知在其管理的市场内存在出售侵犯原告注册商标专用权商品的情况下，理应对相关商铺加强监管。但被告仅要求相关商铺经营者出具书面保证书，主观上没有尽到善良管理人的合理注意义务，尤其是原告多次发函后，仍能在同一商铺购买到侵权产品，充分说明被告制止侵权措施不力，客观上为侵权行为提供了便利条件，导致侵权行为反复发生。因此，被告的行为构成帮助相关商铺销售侵权商品的行为，故被告与销售侵权商品的相关商铺经营者应承担连带赔偿责任。

原告拉科斯特公司起诉请求被告龙华公司停止侵权、赔偿经济损失及原告为制止侵权所发生的合理费用，应予支持。因原告未能举证证实其由于被告侵权行为所遭受的实际损失以及被告侵权获利的实际数额，故应综合考虑被告的侵权性质、情节以及原告实际支出费用的合理性等因素，酌情确定被告所应承担的赔偿数额。

据此，上海市第一中级人民法院于2009年9月22日判决：

一、被告龙华公司立即停止侵害原告拉科斯特公司第141102号“LACOSTE”、第141103号、第1318589号、第G581924号注册商标专用权的行为；

二、被告龙华公司赔偿原告拉科斯特公司经济损失人民币10 000元及合理费用人民币5 000元。

本案中，商品市场的管理者对市场内商铺销售假冒注册商标商品的行为未尽合理注意义务，为侵权行为提供便利条件的，属于帮助侵权的行为，应当和销售假冒注册商标商品的商铺承担连带责任。

练习与测试

典型商标侵权与反不正当竞争中涉及的商标侵权有什么区别？两者的赔偿方式有无竞合之处？

第7章

擅自使用知名商品特有的名称、包装、装潢

单元要点

本单元围绕知名商品特有名称、包装、装潢这一核心命题，介绍了知名商品保护的立法，知名商品的认定标准，并针对知名商品认定中的“相关公众”和“特有”的进行认定；知名商品举证的责任；知名商品侵权判断中的相同和相似的问题，以及侵犯知名商品特有的名称、包装、装潢等不正当竞争的法律适用及赔偿问题。

学习目标

掌握知名商品的认定标准，重点注意对“相关公众”、“特有”的认定和举证；了解知名商品特有名称、包装、装潢的司法认定实践；对知名商品举证需要注意其特殊性和要点。

7.1　知名商品的保护规定

认定知名商品应当具备什么标准，不仅困扰行政执法，司法领域同样难以达成统一标准。《反不正当竞争法》第 5 条第 2 项规定，“擅自使用知名商品特有的名称、包装、装潢，或者使用与知名商品近似的名称、包装、装潢，造成和他人的知名商品相混淆，使购买者误认为是该知名商品的”属于不正当竞争行为。国家工商行政管理局《关于禁止仿冒知名商品特有的名称、包装、装潢的不正当竞争行为的若干规定》（以下简称规定）第 3 条规定，本规定所称知名商品，是指在市场上具有一定知名度，为相关公众所知悉的商品。规定未能从具体行为进行规定，尽管影响了司法机关审判案件，但可操作性差。2007 年最高人民法院发布了《关于审理不正当竞争民事案件应用法律若干问题的解释》，第 1 条规定，在中国境内具有一定的市场知名度，为相关公众所知悉的商品，应当认定为《反不正当竞争法》第 5 条第 2 项规定的“知名商品”。

《巴黎公约》第 10 条之二没有明文规定仿冒行为必须以知名为要件，但是，它要求成员国对于在仿冒行为中是否必须以知名为要件自行作出规定。

对于知名商品的保护范围，一般认为适用所有商品领域。对特殊商品药品是否可认定为知名商品，最高人民法院认为，《反不正当竞争法》第 5 条第 2 项规定的知名商品适用于包括处方药在内的药品。①

① 参见最高人民法院《关于对处方药是否可以作出知名商品认定问题请示的批复》（［2008］民三他字第 2 号）。

7.2 原告的主张

7.2.1 知名商品的认定要件

最高人民法院《关于审理不正当竞争民事案件应用法律若干问题的解释》第1条规定，人民法院认定知名商品，应当考虑该商品的销售时间、销售区域、销售额和销售对象，进行任何宣传的持续时间、程度和地域范围，作为知名商品受保护的情况等因素，进行综合判断。原告应当对其商品的市场知名度负举证责任。因此，认定知名商品应当正确把握以下六个要件。

一、在中国境内具有一定的市场知名度

知名商品的认定范围仅要求在“中国境内”，而不是整个世界或整个国际区域具有知名度，其范围以中国为限，此处的“中国境内”应当理解为中国大陆区域，不应包括中国的台湾地区、香港和澳门地区。如意大利费列罗公司与蒙特莎（张家港）食品有限公司、天津经济技术开发区正元行销有限公司不正当竞争纠纷案中，“关于 FERRERO ROCHER 巧克力是否为在先知名商品”，最高人民法院终审认为，根据中国粮油食品进出口总公司与费列罗公司签订的寄售合同、寄售合同确认书等有关证据，二审法院认定 FERRERO ROCHER 巧克力自1984年开始在中国境内销售无误。《反不正当竞争法》所指的知名商品，是在中国境内具有一定的市场知名度，为相关公众所知悉的商品。在国际已知名的商品，我国法律对其特有名称、包装、装潢的保护，仍应以在中国境内为相关公众所知悉为必要。所主张的商品或者服务具有知名度，通常系由在中国境内生产、销售或者从事其他经营活动而产生。认定知名商品，应当考虑该商品的销售时间、销售区域、销售额和销售对象，进行任何宣传的持续时间、程度和地域范围，作为知名商品受保护的情况等因素，进行综合判断；也不排除适当考虑国外已知名的因素。本案二审判决中关于“对商品知名状况的评价应根据其在国内外特定市场的知名度综合判定，不能理解为仅指在中国境内知名的商品”的表述欠当，但根据 FERRERO ROCHER 巧克力进入中国市场的时间、销售情况以及费列罗公司进行的多种宣传活动，认定其属于在中国境内的相关市场中具有较高知名度的知名商品正确。再审申请人关于 FERRERO ROCHER 巧克力在中国境内市场知名的时间晚于金莎 TRESOR DORE 巧克力的主张不能成立。

二、该商品的销售时间

销售时间目前仍然没有明确规定年限，如上诉人重庆市长寿区你我他商贸有限公司、四川唐朝老窖（集团）有限公司与被上诉人重庆诗仙太白酒业（集团）有限公司不正当竞

争纠纷一案①，就原告“诗仙太白新花瓷酒”是否是知名商品的问题，法院审理后认为，就本案而言，原告开始销售“诗仙太白新花瓷酒”至今有两年多。因此，法院认定原告的“诗仙太白新花瓷酒”在中国境内具有一定的市场知名度并为相关公众所知悉，因而属于《反不正当竞争法》第 5 条第 2 项规定的“知名商品”。

三、销售区域

销售区域是指销售的地理范围，如上诉人重庆市长寿区你我他商贸有限公司、四川唐朝老窖（集团）有限公司与被上诉人重庆诗仙太白酒业（集团）有限公司不正当竞争纠纷一案，法院审理后认为，“……其销售范围包括北京、陕西、河北、山东、广东、江苏、河南、上海、天津、重庆等省市”。在司法实践中，为了证明销售范围，应当提供有关销售合同、广告合同、发货单、运输单等有关凭据。

四、销售额和销售对象

司法实践中，证明销售额的证据主要有交纳税款凭据、结算凭据、合同等。如原告黛尔吉奥品牌有限公司（DIAGEOBRANDSB. V.）、帝亚吉欧（上海）洋酒有限公司与被告蓝樽（上海）酒业有限公司不正当竞争案中②，法院查明，2003 年 3 月，北京捷鼎咨询有限责任公司对“JOHNNIE WALKER”品牌市场认知情况的调查结果显示，有超过 64%的相关公众知道“JOHNNIE WALKER”品牌，有约 41%的相关公众知道“黑牌”威士忌酒。“国际葡萄酒及烈酒研究所”网站统计数据显示：“黑牌”威士忌酒 1997 年在中国的销量为 20 000 箱，2002 年至 2006 年的销量分别为 37 000 箱、56 000 箱、123 250 箱、206 000 箱和 395 500 箱，分别占当年中国威士忌市场销售份额的 16.99%、19.58%、19.72%、20.33%、17.67%和 24.86%。原告帝亚吉欧上海公司主营包括“黑牌”威士忌酒在内的“JOHNNIE WALKER”系列威士忌酒的销售。其 2003 年度、2004 年度、2005 年度、2006 年度的主营收入分别为 14 787 万余元、25 914 万余元、42 311 万余元、66 428 万余元，主营利润分别为 6 227 万余元、12 615 万余元、20 301 万余元、32 271 万余元。

五、宣传的持续时间、程度和地域范围

宣传的持续时间、程度和地域范围。如原告黛尔吉奥品牌有限公司（DIAGEO-BRANDSB. V.）、帝亚吉欧（上海）洋酒有限公司与被告蓝樽（上海）酒业有限公司不正当竞争案中，法院审查查明，自 2000 年至今，两原告主要通过赞助体育赛事及文艺活动、举办各类推广活动、发布户外立体广告、平面媒体广告或电视广告的方式，宣传、推广包括“黑牌”威士忌酒在内的“JOHNNIE WALKER”系列威士忌酒。在 2004 年 7 月至

① 参见重庆市高级人民法院（2011）渝高法民终字第 00253 号民事判决书。

② 参见上海市第二中级人民法院（2008）沪二中民五（知）初字第 18 号民事判决书。

2007 年 6 月间，原告帝亚吉欧上海公司为“JOHNNIE WALKER”系列威士忌酒共计支出 49 869 万元的广告和推广费用。

六、作为知名商品受保护的情况等因素

侵权处理、企业内部实施的知名商品保护制度和体系被法院或工商行政部门认定为“驰名商标”的记录。如原告黛尔吉奥品牌有限公司（DIAGEOBRANDSB. V.）、帝亚吉欧（上海）洋酒有限公司与被告蓝樽（上海）酒业有限公司不正当竞争案中[①]，法院审查查明，2006 年 9 月、2006 年 12 月、2007 年 9 月，蓬莱市工商行政管理局、上海工商检查总队分别对侵犯知名商品“黑牌”威士忌酒包装装潢的行为，进行了行政处罚。

综上，企业应当具有品牌保护意识，在平时生产经营中，对于以上六项的证据要收集、整理、保管第一手材料。

7.2.2 对“相关公众”进行判断

在知识产权保护中经常被提及的一个概念就是“相关公众”。相关公众知悉是判断知名性的一项重要标准，然而法律法规中没有对《反不正当竞争法》中的“相关公众”进行明确，借鉴《商标法》的“相关公众”的解释，最高人民法院《关于审理商标民事纠纷案件适用法律若干问题的解释》第 8 条对“相关公众”作了规定，即《商标法》所称相关公众，是指与商标所标示的某类商品或服务有关的消费者和与前述商品或服务的营销有密切关系的其他经营者。相关公众包括两部分：一部分是与商标所标示的某类商品或服务有关的消费者，即最终消费者；另一部分是与商标所标示的某类商品或服务的营销有密切关系的其他经营者，包括生产商标所标示的商品或者提供服务的其他经营者以及经销渠道所涉及的销售者和相关人员等。

理解《反不正当竞争法》中的“相关”，应当结合争议商品的特性来判断，并且考虑生产经营者、最终消费者和宣传、销售等经营活动可能覆盖的人群范围。[②] “相关公众”的判断在司法实务中，标准不一，但相关公众的判断往往决定案件最终的审判结果。

在北京市蓝光电梯公司诉（韩国）LG 产电株式会社的“LG”、“LG＋图形”商标侵权一案中关于“相关公众”的判断就非常具有典型性。北京市高级人民法院在判决中认为本案中涉及使用注册商标的商品是电梯，而不是普通的日用品。电梯的消费者一般是单位，单位在购买安装电梯这种特殊商品的过程中，对所购买的电梯，包括电梯上使用的商标施加的注意力，要较普通消费者对普通日用品施加的注意力大得多。而在北京恒升远东电子计算机集团诉北京市恒生科技发展公司、北京市金恒生科技发展有限公司“恒生”商标侵犯其“恒升”商标及不正当竞争一案中对于相关公众的界定则有别于上面所述的案

① 参见上海市第二中级人民法院（2008）沪二中民五（知）初字第 18 号民事判决书。

② 参见刘春田：《知识产权判解研究》，北京，法律出版社，2010。

例。在这个判决中法院认为“在侵权诉讼中，判断‘恒生’商标与‘恒升’商标是否相近似，应根据在市场环境下，普通消费者施以一般注意力，是否会对二者造成混淆进行分析、判定”。最后法院之所以作出了“恒生”商标侵犯了“恒升”商标的专用权，就是因为法院认为这两个商标的存在很有可能造成相关公众——普通消费者的混淆、误认。在这个案件中法院对“相关公众”的认知与上述的案例不同。本案中相关公众是指普通消费者，是非常普通的消费大众，这是由于电脑作为大众消费品已经进入了千家万户，由于其具有相当比例的普及，所以相关公众在购买电脑时一般不会对其施以谨慎的、细致的、深刻的注意力，他们也许属于仅仅知道“恒升”商标的人，但是当他们在市场上的电脑产品上发现了“恒生”和“恒升”商标时，除非特别熟悉“恒升”商标，否则很有可能产生混淆和误认。①

在上诉人（原审原告）澄迈万昌苦丁茶场与被上诉人（原审被告）国家工商行政管理总局商标评审委员会、原审第三人海南省茶业协会商标行政纠纷一案中，法院将“相关公众”确定为福建、海南、云南、广东、广西等地的消费者来判断认定“兰贵人”系通用名称。②

7.2.3 对“特有”进行判断

一、何为“特有”

我国《反不正当竞争法》第5条第2项禁止经营者擅自使用他人知名商品特有的名称、包装、装潢，但对“特有”的含义未作出界定。原国家工商行政管理局为了统一行政执法中对“特有的名称、包装、装潢”的理解，1995年7月发布《国家工商行政管理局关于禁止仿冒知名商品特有的名称、包装、装潢的不正当竞争行为的若干规定》（以下简称规定）第3条，本规定所称特有，是指商品名称、包装、装潢非为相关商品所通用，并具有显著的区别性特征。本规定所称知名商品特有的名称，是指知名商品独有的与通用名称有显著区别的商品名称。但该名称已经作为商标注册的除外。

最高人民法院《关于审理不正当竞争民事案件应用法律若干问题的解释》第2条规定，具有区别商品来源的显著特征的商品的名称、包装、装潢，应当认定为《反不正当竞争法》第5条第2项规定的“特有的名称、包装、装潢”。因此，实际上最高人民法院《关于审理不正当竞争民事案件应用法律若干问题的解释》将《反不正当竞争法》第5条第2项中的“特有”已经解释为“显著的区别性特征”。

最高人民法院《关于审理不正当竞争民事案件应用法律若干问题的解释》第2条规定，具有下列情形之一的，人民法院不认定为知名商品特有的名称、包装、装潢：（1）商品的通用名称、图形、型号；（2）仅仅直接表示商品的质量、主要原料、功能、用途、重

① 参见张亚洲：《知识产权中“相关公众”的界定》，载《中华商标》，2004（7）。

② 参见北京市高级人民法院（2009）高行终字第330号行政判决书。

量、数量及其他特点的商品名称；（3）仅由商品自身的性质产生的形状，为获得技术效果而需有的商品形状以及使商品具有实质性价值的形状；（4）其他缺乏显著特征的商品名称、包装、装潢。但经过在中国境内持续销售，有广泛销售量和销售对象具有一定市场知名度的使用取得显著特征的，可以认定为特有的名称、包装、装潢。

知名商品特有的名称、包装、装潢中含有本商品的通用名称、图形、型号，或者直接表示商品的质量、主要原料、功能、用途、重量、数量以及其他特点，或者含有地名，他人因客观叙述商品而正当使用的，不构成不正当竞争行为。

在意大利费列罗公司诉蒙特莎（张家港）商品有限公司、天津经济技术开发区正元行销有限公司不正当竞争纠纷案（以下简称“费列罗”案）中，法院认为，费列罗公司产品上的包装、装潢使用的也是通用元素，但费列罗公司对这些通用元素进行了独特的排列，具备了作品“独创性”特点。正是这种独特的排列方法使费列罗公司的包装、装潢与其他公司的包装、装潢之间具有显著的区别，费列罗公司的包装、装潢最终受到法律的保护。

二、知名服务的特有名称

知名服务的特有名称，是指知名服务独有的、与通用名称有显著区别的服务名称。依据最高人民法院《关于审理不正当竞争民事案件应用法律若干问题的解释》第 2 条的规定，具有以下情形不能认定为知名服务特有的名称：（1）该名称直接表示服务的功能、用途和质量；（2）与同类服务的通用名称没有显著区别；（3）该名称没有原创性或在先使用情形；（4）该名称没有通过经营者的服务使通用名称具有新的特定的含义。

如上海避风塘美食有限公司诉上海德荣唐美食有限公司不正当竞争纠纷案，就“避风塘”是否可以被认定为原告知名服务的特有名称，一审法院认为：知名商品或服务的特有名称一般是由该知名商品或服务的经营者创先使用，并与通用名称和同行业其他商品或服务名称有显著区别的商品或服务名称。从本案来看，首先，根据“避风塘”一词的来源，其并非由原告首先使用在餐饮业的经营活动中；其次，作为已被餐饮行业经营者广泛使用的代表一类特色风味菜肴和饮食经营方式的名称，“避风塘”一词不能成为原告所从事的餐饮服务与同行业其他经营者之间相区别的显著性标志，原告不能排斥其他经营者使用该文字。故原告认为“避风塘”一词系其独家享有的服务名称，被告使用该名称的行为构成不正当竞争的理由不能成立。一审法院据此判决：原告上海避风塘美食有限公司的诉讼请求，法院不予支持。上海避风塘美食有限公司不服一审判决提起上诉，二审上海市高级人民法院审理认为：知名服务的特有名称是指知名服务独有的与通用名称有显著区别的服务名称。即使上诉人所提供的服务可以被认定为知名服务，但由于“避风塘”已具有了烹调方法及菜肴名称的含义，且上诉人所提供的餐饮服务包括避风塘特色风味菜肴，故“避风塘”难以成为上诉人知名服务的特有名称。即使通过上诉人的经营，“避风塘”作为上诉人服务的名称获得了足够的显著性而可以被认定为是知名服务的特有名称，被上诉人在烹调方法及菜肴名称的含义上使用“避风塘”仍属合理使用，不构成擅自使用知名服务特有名称的行为。因此，上诉人认为被上诉人的行为构成擅自使用知名服务特有名称的不正当竞争行为的上诉理由不能成立。①

该案明确了"知名服务特有名称"的司法认定标准，对此类案件的代理和审判具有重要借鉴意义。

三、"特有名称"的简称保护

知名商品"特有名称"的简称与字号简称一样，同样受《反不正当竞争法》的保护，如哈尔滨啤酒有限公司诉哈尔滨圣士丹啤酒有限公司不正当竞争纠纷案，哈尔滨市中级人民法院认为："根据生产销售的时间、地域、产销量、市场占有率、商品在同类产品中的排名、商家为商品宣传所作的广告投入，以及该商品为消费者熟知的程度等情况判断，原告哈尔滨公司生产的哈尔滨啤酒，可以被认定为知名商品。'哈啤'作为哈尔滨啤酒的简称，经过哈尔滨公司多年不断的广告宣传，已经深入人心，得到广大消费者的认同，成为哈尔滨啤酒这个知名商品的特有名称。""被告圣士丹公司经许可使用他人横排带拼音的'哈金 HAJIN'商标时，不按被核准时的图形使用，而是利用中文特点，只取该商标中的'哈金'二字，将其竖排，然后旁加'啤酒'二字，使其成为横排的'哈啤金酒'标识，或者把'哈豪'商标加'啤酒'二字竖排，使其成为横排的'哈啤豪酒'标识，足以造成消费者混淆误认，误导消费者，从而达到借'哈啤'二字的知名度提高自己产品销量的目的。圣士丹公司的这种行为，触犯《反不正当竞争法》的规定，有违商家应恪守的诚信原则，侵犯了原告哈尔滨公司的知名商品特有名称专用权，损害了哈尔滨公司的商业信誉和商品声誉，应当承担侵权损害的赔偿责任。"②

与其他有关知名商品特有名称的不正当竞争纠纷案件相比，本案的争议焦点有特别之处：一是争议焦点是商品名称"哈啤"是否为商品的"特有名称"（其他案件的争议焦点大多集中在商品是否"知名"，或者商品名称是"特有"名称还是"通用"名称上）；二是原告所主张的特有名称"哈啤"未直接出现于商品的商标、包装或容器（瓶体或瓶贴）上，而是出现于原告的广告宣传及其他商业活动中；三是原告所主张的"特有名称""哈啤"实质上是商品的"特有名称"的简称。③ 本案二审虽调解结案，但一审判决的裁判意见对认定商品名称简称是否构成商品的特有名称仍具有参考价值。最高人民法院《关于审理不正当竞争民事案件应用法律若干问题的解释》第 2 条将"显著特征"作为特有名称认定的标准之一，与本裁判意见将特有名称作为认定商品的简称构成特有名称的条件是相一致的。④

四、特有的包装、装潢

仿冒知名商品特有的包装、装潢的行为是指擅自使用知名商品特有的包装、装潢，或

① 参见《最高人民法院公报》，2004（6）。

② 《最高人民法院公报》，2005（3）。

③ 参见郭寿康、陈霞：《对"哈啤"案的几点思考——兼论商品特有名称的法律性质及其保护》，载《政法论丛》，2005（5）。

④ 参见刘德权主编：《最高人民法院裁判意见精选》（下），北京，人民法院出版社，2012。

者使用与知名商品近似的包装、装潢，造成和他人的知名商品相混淆，使购买者误认为是该知名商品的行为。在认定特有包装时，不应将同行业经营者所通用的包装和依照国家标准所采用的包装作为特有包装予以保护。特有包装通常是对包装的形态进行了具有一定创新性的改变，足以影响商品的识别性。仅仅改变通用包装规格和材质的，不应认定为特有包装。

上诉人（原审原告）福建省乔丹体育用品有限公司（以下简称福建乔丹）与被上诉人（原审被告）晋江市阳新体育用品有限公司（以下简称晋江阳新）不正当竞争纠纷一案中，就“关于福建乔丹的鞋盒装潢是否构成知名商品的特有装潢”问题时，最高人民法院二审认为：“对知名商品的特有装潢的保护，不仅指附着在商品本体上的特有装潢，也包括该商品所使用的包装物上的特有装潢。经营者在市场交易中，应当遵循诚实信用的原则，遵守公认的商业道德。经营者负有在其商品来源的标识性文字和装潢上与他人的产品相区别，避免使消费者对商品来源产生混淆或者误认的义务，也负有不得借用他人商誉谋取不正当利益的义务。因此，在经营者知道或者应当知道他人在先使用的商品装潢的情况下，而对该商品本体的装潢或者其包装物的装潢擅自作相同或者近似使用，足以造成购买者混淆或者误认的，人民法院即可认定该在先商品为知名商品，并依法予以保护。”“晋江阳新与福建乔丹同为制鞋企业，所生产、销售的鞋类产品也基本相同，属于同业竞争者，而且双方住所地也均在晋江市。晋江阳新显然应当知道福建乔丹已经在先使用的鞋盒装潢，其在主观上有明显的仿冒故意。因此，本案可以认定福建乔丹在先使用的鞋盒所包装的运动鞋产品为知名商品，其鞋盒装潢亦为其知名商品的特有装潢。晋江市工商行政管理局已生效的行政处罚决定书也认定福建乔丹的乔丹牌运动鞋为知名商品。”①

本案明确了经营者主观存在过错，其产品装潢与他人在先使用产品装潢构成近似并足以造成混淆或者误认的，在先产品认定为知名商品的裁判规则。② 但需要注意的是，法院在此判决中，是依据“经营者知道或者应当知道他人在先使用”的情形，“应当知道”是一种法律推定，是指按照一般人的普遍认知能力可以推断出行为人应当知道某种状态，实际上受法官自由裁量权的影响。如申请再审人四川诸葛酿酒有限公司、泸州千年酒业有限公司与被申请人四川江口醇酒业（集团）有限公司及一审被告湛江开发区永超超市仿冒知名商品特有名称、包装、装潢纠纷再审案中，最高人民法院认为，诸葛酿酒公司、千年酒业公司和江口醇酒业同属四川省，同属一个行业，都是生产酒类产品的企业，诸葛酿酒公司、千年酒业公司不可能不知道“诸葛酿”酒，故难以认定诸葛酿酒公司、千年酒业公司在“诸葛酿”商品名称、包装、装潢使用上具有善意。③

---

① 最高人民法院（2002）民三终字第9号民事判决书。

② 参见最高人民法院民事审判第三庭编：《2003年全国知识产权司法保护概况》，载曹建明主编、最高人民法院民事审判第三庭编：《知识产权审判指导》，2004年第2辑（总第4辑），北京，人民法院出版社，2004。

③ 参见最高人民法院（2007）民三监字第15—1号民事裁定书。

7.3　原告的举证

一、原告举证责任

最高人民法院《关于审理不正当竞争民事案件应用法律若干问题的解释》明确规定："原告应当对其商品的市场知名度负举证责任。"因此，当事人在诉讼中，应当围绕"商品的销售时间、销售区域、销售额和销售对象，进行任何宣传的持续时间、程度和地域范围，作为知名商品受保护的情况等因素"进行举证。

知名商品特有的名称、包装、装潢，是通过使用产生的权利。当事人向人民法院提起侵犯知名商品特有名称、包装、装潢的反不正当竞争诉讼，就其主张的权利向人民法院提交了该商品在一定市场上为公众知悉的证据，对方不能提供相反证据反驳的，人民法院应当确认其为知名商品，并对其特有的名称、包装、装潢予以保护。①

二、举证时需要考虑关联度

在司法实践中，造成证据不能被法院采信的原因主要有以下几种：(1) 出具有关证明的部门不是权威部门。比如对涉案商品的销售情况的统计并非由工商行政管理部门或相关政府机构出具，而是由某社会调查企业经调查所出具的调查报告，则并不具备权威性，不会被法院采信。(2) 证据与涉案商品的关联性不能被证明。一项证据被采信，不仅要具备证明力，还要具备关联性。例如单纯地提供证据证明整个企业具有悠久的历史，良好的效益，获得了多种奖励，严格地讲，对于证明涉案商品是否知名是不具有关联性的。② 如在北京潘瑞克食品加工中心与北京市金天坛食品有限责任公司不正当竞争纠纷案中，北京市高级人民法院认为，潘瑞克中心依据《反不正当竞争法》第 5 条第 2 项的规定主张权利，首先应当证明其生产的鲜奶油派构成知名商品，并应当对此承担相应的举证责任。在本案中，虽然可以证明潘瑞克中心曾对本企业进行过广告宣传，且本企业曾取得过本地区"优秀外来投资企业"、"十佳纳税大户"等荣誉，但这些宣传及取得的荣誉均非针对涉案鲜奶油派产品；同时通过潘瑞克中心的陈述可知，其鲜奶油派和巧克力派仅占其总销售额的 28.98%，也无法有力证明鲜奶油派产品为其企业的核心产品。因此，通过上述证据不能证明鲜奶油派产品的知名度，不能认定其为知名商品。本案中，潘瑞克中心提交的中国保护消费者基金会颁发的推介潘瑞克中心生产的"潘瑞克"牌鲜奶油派等系列食品为消费者信赖的知名品牌的"荣誉证书"及通知，是在一审审理期间提交，与被控侵权时间存在一定距离，而且该"荣誉证书"及通知也只是根据潘瑞克中心的申请参加推介有关"知名品

---

① 参见曹建明：《在全国法院知识产权审判工作座谈会暨优秀知识产权裁判文书颁奖会上的讲话——正确实施知识产权法律促进科技进步和经济发展加快推进社会主义现代化建设》(2002 年 10 月 15 日)。

② 参见丁峰：《仿冒知名商品特有包装装潢不正当竞争行为研究》，上海交通大学 2007 年硕士学位论文。

牌”的活动，故不能直接证明潘瑞克中心生产的鲜奶油派为知名商品的事实。[①]

三、将调查报告作为证据提交

对于使用调查报告来证明商品的知名度，往往最终很难被法院采信。其原因是我国社会调查行业还不够成熟，社会调查企业虽然是相对中立的第三方，但其提供的报告却缺乏较高的公信力。这主要由于以下的原因：调查公司因与委托人的经济关系导致的倾向性，调查样本选取不合理，调查问题设置具有引导性，样本分析不科学等。[②]

四、行业协会出具的证据

行业协会是指个人、单个组织为达到某种目标，通过签署协议，自愿组成的团体或组织。因此，在其本行业内具有一定公信力和对有关专业技术具有较深的理解，在有关案件中，根据需要所出具的说明或函件对案件本身具有一定的影响。如原告海南澄迈万昌苦丁茶场与国家工商行政管理总局商标评审委员会“兰贵人”商标行政纠纷案[③]中，厦门市茶叶学会的函件证明：“‘兰贵人’就是‘人参乌龙茶’，从 20 世纪 90 年代开始厦门地区就有生产，且产量较大，主要销往南方各省，如海南、广东等地。”同时，该事实亦有多家协会、茶商的证词以及相关协会的佐证。澄迈万昌苦丁茶场未说明“兰贵人”独立创意更加合理的来源并出示相关证据。综合上述因素，本案中认定争议商标为商品通用名称的证据占有优势。据此，一审法院认为，商标评审委员会认定“兰贵人”属于茶品通用名称，所作裁定并无不当，并判决维持商标评审委员会所作裁定。一审判决后，澄迈万昌苦丁茶场不服，在上诉期内提出上诉，北京市高级人民法院经过审理后维持原判。

五、调查访问

在不正当竞争纠纷或商标案件中，对于判断混淆和误认标准的参照对象是依据“普通消费者”，并以普通消费者的“一般认识为标准”。当事人提交混淆和误认的证据时，如果选择“公证书”或“调查访问”类证据，必须注意程序公正和公开。

上诉人上海和成洁具有限公司与被上诉人（原审原告）和成（中国）有限公司不正当竞争纠纷一案[④]，上海市第一中级人民法院认为，双方当事人之间的企业名称、商标、产品来源等是否足以引起消费者的误认，应当以普通消费者的一般认识为标准。被上诉人在原审期间提供的一份旨在证明上诉人的企业名称及“shhcg”商标容易引起消费者误认的公证书，被抽样调查的 10 人中有 9 人系商店的营业员，只有 1 人是顾客。鉴于绝大多数被调查对象不是普通的消费者，故该证据不具有支持被上诉人观点的证明效力。上诉人在

---

① 参见北京市高级人民法院（2003）高民终字第 601 号民事判决书。

② 参见周晓冰：《不正当竞争行为的司法认定》，载《电子知识产权》，2007（3）。

③ 参见一审：北京市第一中级人民法院（2008）一中行初字第 1411 号行政判决；二审：北京市高级人民法院（2009）高行终字第 330 号民事判决书。

④ 参见上海市第一中级人民法院（2002）沪一中民五（知）终字第 3 号民事判决书。

二审期间提供的一份公证书，被调查的对象均为购买过上诉人产品的特定消费者，也不能视为普通消费者，故该证据也不能用以证明消费者在购买上诉人产品时，不会将上诉人的企业名称和被上诉人予以混淆的辩称理由。

7.4　被告的抗辩与举证

7.4.1　从是否相同和近似进行抗辩

一、相同和近似的规定

我国的法律法规对知名商品特有的名称、包装、装潢是否近似也作了相关的规定，如《反不正当竞争法》第 5 条第 2 项规定："擅自使用知名商品特有的名称、包装、装潢，或者使用与知名商品近似的名称、包装、装潢，造成和他人的知名商品相混淆，使购买者误认为是该知名商品。"国家工商行政管理局《关于禁止仿冒知名商品特有的名称、包装、装潢的不正当竞争行为的若干规定》第 5 条规定："对使用与知名商品近似的名称、包装、装潢，可以根据主要部分和整体印象相近，一般购买者施以普通注意力会发生误认等综合分析认定。一般购买者已经发生误认或者混淆的，可以认定为近似。"最高人民法院《关于审理不正当竞争民事案件应用法律若干问题的解释》第 4 条规定："足以使相关公众对商品的来源产生误认，包括误认为与知名商品的经营者具有许可使用、关联企业关系等特定联系的，应当认定为反不正当竞争法第五条第（二）项规定的'造成和他人的知名商品相混淆，使购买者误认为是该知名商品'。在相同商品上使用相同或者视觉上基本无差别的商品名称、包装、装潢，应当视为足以造成和他人知名商品相混淆。认定与知名商品特有名称、包装、装潢相同或者近似，可以参照商标相同或者近似的判断原则和方法。"包装、装潢相近似的判断同商标侵权一样，采取可能混淆的原则。

二、相同和近似认定标准

相同是指所使用的商品的名称、包装、装潢与他人知名商品的名称、包装、装潢是基本相同的，其文字、图案以及文字与图案的组合等方面没有实质性改变。对于相同的判断可以借鉴最高人民法院《关于审理商标民事纠纷案件适用法律若干问题的解释》第 9 条对商标相同判断标准，即相同，是指被控侵权的商品名称、包装、装潢与原告的商品名称、包装、装潢相比较，二者在视觉上基本无差别。如果要求全部一模一样是不现实的。

近似是指与他人知名商品的名称、包装、装潢的主要部分或显著部分，一般消费者施以普通注意力，难以识别所导致的混同或误认的情形。近似的判断是司法实务中最难以掌握和理解的，一般认为，以下方法是区分近似的主要手段：（1）一般购买者施以普通注意力为原则，即判断主体为一般购买者。（2）通过观察和比较主要部分或显著部分。（3）隔离比较。隔离比较是指在进行比较时必须将仿冒商品与知名商品相独立，分开比较，不能并列比较。① 我们认为，也可以借鉴最高人民法院《关于审理商标民事纠纷案件适用法律若干问题的解释》第9条对商标近似的判断标准，即被控侵权的商品名称、包装、装潢与原告的商品名称、包装、装潢相比较，其文字的字形、读音、含义或者图形的构图及颜色，或者其各要素组合后的整体结构相似，或者其立体形状、颜色组合近似，易使相关公众对商品的来源产生误认或者认为其来源与原告商品名称、包装、装潢的商品有特定的联系。因此，从《反不正当竞争法》第5条第2项的规定分析，商品名称、包装、装潢相同或近似是因，造成混淆和误认是果，二者之间存在因果关系。世界知识产权组织指出："认定混淆时经常考虑的要素是受保护的标识显著程度、标识所有人的经营规模和声誉、相关消费者的识别力以及标识之间的近似性和商品或者服务的类似性。"②

7.4.2 从是否混淆进行抗辩

《反不正当竞争法》与《商标法》对是否构成"混淆"的判断并不一致。混淆在《反不正当竞争法》及其配套文件中，均未具体细化。混淆判断是根据一般购买者的注意能力，相同或近似的商品标识足以引起一般购买者误认的，即构成混淆。尤其需要注意的是，《反不正当竞争法》与《商标法》相比，没有后者所要求的将仿冒行为限定为同类或近似商品范围，而只要一般购买者对商品来源产生误认的，均可认为构成仿冒行为，并适用《反不正当竞争法》第5条第2项的规定。如博内特里公司诉上海梅蒸公司等商标侵权和不正当竞争纠纷案中③，一审法院认为：原告的"梦特娇"品牌服装在中国市场具有一定知名度，为相关公众所知悉，是知名商品。该知名商品的包装袋装潢的底色采用白色；中间是"MONTAGUT与花图形"商标，"花图形"的花瓣为红色，叶和茎为绿色，"MONTAGUT"的字体采用黑色；商标的下方是绿色横条，上面标有"PARIS"。被告所使用的包装袋装潢的底色也是白色；中间是"梅蒸"商标，"梅蒸"中文文字和拼音字母采用黑体，花瓣则采用醒目的红色；商标下方是绿色横条，上面标有"HONG KONG"。比较两个包装装潢，尽管装潢中的商标和文字不相同，但从整体上观察，两个包装装潢的设计风格是一致的，消费者在购物时施以一般注意力容易对两个包装装潢产生混淆，将被告的产品误认为是原告的产品。因此，被告的上述包装装潢侵犯了原告知名商品特有包装装潢的权利，构成不正当竞争。被告服装上的吊牌也使用了包装袋的装潢设计，该行为也侵犯了原告知名商品特有的包装装潢。

本案被告造成消费者的误认或混淆的情形，主要在于以下情形：作为被授权人，上海梅蒸在产品上或产品包装上使用企业名称时应当遵守我国法律规定，一方面，应当在产品

① 参见仰炯豪：《仿冒知名商品行为认定的若干问题》，载《工商行政管理》，2004（6）。

② WIPO，Intellectual Property Reading Material，p. 133.

③ 参见一审：上海市第二中级人民法院（2002）沪二中民五（知）初字第202号民事判决书；二审：上海市高级人民法院（2004）沪高民三（知）终字第24号民事判决书。参见《最高人民法院公报》，2005（12）。

或产品包装上明白无误地标明生产企业是上海梅蒸，而不是香港梦特娇·梅蒸；另一方面，在使用香港梦特娇·梅蒸企业名称时应当使用全称，而不是所谓的简称，并说明香港梦特娇·梅蒸是商标权人。而上海梅蒸在经营中（包括在商品、包装、店门上等）却直接使用香港梦特娇·梅蒸的企业名称（全称或部分），也未说明香港梦特娇·梅蒸的性质，足以使人误以为上海梅蒸的产品与原告有某种关联。被告的行为违反了诚实信用原则，扰乱了正常的市场竞争秩序，损害了原告和相关消费者的合法权益，构成不正当竞争。对于注册商标的使用，我国《商标法》也规定，商标权人应当正确使用注册商标，使用中不得擅自更改注册商标，而上海梅蒸等被告实际使用的标志与"梅蒸"注册商标并不相同，却与法国梦特娇的注册商标相近似，因此，上海梅蒸等被告的行为也侵犯了原告法国梦特娇的注册商标专有权。

7.4.3　从"正当模仿"进行抗辩

在意大利费列罗公司与蒙特莎（张家港）食品有限公司、天津经济技术开发区正元行销有限公司不正当竞争纠纷案中，该案划清了构成混淆的模仿与不构成混淆的模仿的界限，评审法官指出，不但通用的包装、装潢要素不能为任何人垄断，而且，即使是他人在包装、装潢上有创新的内容，他人也可以学习和借鉴，或者说可进行正当的模仿。正当模仿与不正当竞争的重要界限是，所进行的模仿不能达到足以使相关公众产生市场混淆的近似程度，即混淆性近似是法律禁区。此种划分既是为认定本案不正当竞争行为的基础提供说明，又是为了避免保护范围过宽，妨碍市场竞争中的正当学习借鉴，从而有碍正当的市场竞争。这是一种具体的利益平衡。本裁判意见足以说明在司法裁判中准确界定权利范围的重要性。[①] 它淋漓尽致地展现了《反不正当竞争法》保护商业标识的灵活性，即能够根据具体案件的具体情况和灵活因素，决定行为的定性和权利保护范围。[②]

7.4.4　考虑是否为通用名称，从通用名称不能获得保护进行抗辩

如果是商品的通用名称，不能获得知名商品特有名称的独占权，如上诉人江苏爱特福药物保健品有限公司与被上诉人北京地坛医院、原审被告金湖县爱特福化工有限责任公司、原审被告北京庆余药品经营部不正当竞争纠纷案，最高人民法院认为，本案被上诉人地坛医院自 1984 年研制开发"84"肝炎洗消液（后更名为"84"消毒液）以来，向全国多家企业转让该技术，许可其生产销售"84"消毒液。在有关技术转让许可合同中，并未对"84"名称有何特殊约定，以至于"84"消毒液作为该类商品的名称被普遍使用，且各个受让企业均在使用该商品名称的同时，标明各自所使用的商标。目前市场上生产销售

① 参见孔祥俊：《商标与不正当竞争法原理和判例》，北京，法律出版社，2009。

② 参见孔祥俊：《在全国法院知识产权审判工作座谈会上的总结讲话》，载奚晓明主编，最高人民法院民事审判第三庭编：《知识产权审判指导》，2010 年第 1 辑（总第 15 辑），北京，人民法院出版社，2010。

"84"消毒液企业获得的经卫生部批准的许可批件上，按照卫生部发布的《健康相关产品命名规定》的要求，其产品名称均是各生产企业的商标与"84"消毒液的文字组合，仅凭"84"消毒液的名称已不能区别该商品来源。区别该类产品的标识是各生产厂家的商标，而非"84"消毒液的商品名称，因此，地坛医院所提出的"84"消毒液为其知名商品的特有名称，进而由其专有的主张实难支持。①

在涉及通用名称中，如果经过使用能够有证据证明获得显著性的，应当得到保护。如宁夏亨泰枸杞保健饮品有限公司诉宁夏香山酒业（集团）有限公司仿冒知名商品特有名称、包装、装潢纠纷案②中，法院认为，"宁夏红·枸杞酒"是由地名、颜色、通用名称组合而成，这些元素本身不具有显著区别性，但通过香山公司在商业活动中长期使用，"宁夏红·枸杞酒"和消费者间建立了特定的联系，"宁夏红·枸杞酒"的包装、装潢上承载着香山公司的商誉，香山公司的包装、装潢应当得到法律的保护。

7.4.5 是否侵权，应否赔偿的举证

一、特有名称、包装、装潢以"知名商品"为前提

依据《反不正当竞争法》的规定，对于商品特有名称、包装、装潢的保护是以其为知名商品为前提的，如果不属于知名商品特有名称、包装、装潢，在司法实务中，难以受到《反不正当竞争法》的保护，有观点认为，对于二者产品包装、装潢相近似的，尽管原告未举证证明该产品为知名商品，也应依据《反不正当竞争法》第 2 条给予保护；另一种观点认为，《反不正当竞争法》第 5 条已经对商品特有名称、包装、装潢的保护进行了具体规定，此时不宜再适用第 2 条的原则性规定认定其构成不正当竞争。如北京潘瑞克食品加工中心与北京市金天坛食品有限责任公司不正当竞争纠纷案③，尽管二者产品包装装潢极其近似，但鉴于原告未举证证明涉案产品为知名商品，法院对原告的请求不予支持。

二、在先权利的保护

如在申请再审人厦门康士源生物工程有限公司与被申请人北京御生堂生物工程有限公司、原审被告厦门康中源保健品有限公司、长春市东北大药房有限公司擅自使用知名商品特有名称、包装、装潢纠纷案④中，最高人民法院审理后认为，关于康士源公司提出其产品包装、装潢为外观设计专利的抗辩主张，因现有证据表明，御生堂公司知名商品特有装潢使用并已知名在先，康士源公司对此系明知，因此不得以取得外观设计专利来对抗御生堂公司的在先权利，应停止使用与御生堂公司肠清茶相近似的产品装潢。

---

① 参见最高人民法院（2002）民三终字第 1 号民事判决书。

② 参见宁夏回族自治区高级人民法院（2006）宁民知终字第 4 号民事判决书。

③ 参见北京市高级人民法院（2003）高民终字第 601 号民事判决书。

④ 参见最高人民法院（2011）民提字第 60 号民事判决书。

三、历史因素的考量

尤其需要注意老字号企业在因知名商品特有的名称或企业名称权冲突时，应当注重历史。如镇江唐老一正斋药业有限公司诉吉林一正药业集团有限公司、一正集团吉林省医药科技实业有限公司、江苏大德生药房连锁有限公司、江苏大德生药房连锁有限公司镇江新概念药房不正当竞争纠纷案①，法院判决驳回原告唐老一正斋公司的诉讼请求。《最高人民法院公报》就本案在裁判摘要中指出：在审查具有一定知名度的老字号企业依据《反不正当竞争法》所规定的知名商品特有名称权和企业名称权，主张禁止同业竞争者使用其注册商标与企业名称时，需要根据《反不正当竞争法》的立法目的、法律条文及司法解释的规定，综合考量老字号企业的历史沿革以及现有社会影响力的范围、同业竞争者及其商品知名度的范围以及其是否具有攀附老字号企业现有商誉的主观故意等因素予以确定。即使法院在考虑上述因素的基础上，认定同业竞争者不构成不正当竞争，但为了更好地保护老字号企业，同时促进同业竞争者正当权益的进一步发展，法院也可以要求双方当事人各自诚实经营，各自规范使用其商品名称和商标，以防止市场主体的混淆和冲突，保护消费者权益，维护市场正当的竞争秩序。

四、附加足以区别其他来源标识

最高人民法院《关于审理不正当竞争民事案件应用法律若干问题的解释》第 1 条第 1 款规定，在不同地域范围内使用相同或者近似的知名商品特有的名称、包装、装潢，在后使用者能够证明其善意使用的，不构成《反不正当竞争法》第 5 条第 2 项规定的不正当竞争行为。此处不构成不正当竞争的含义，实指善意使用，但需要在后使用人提供证据证明不知道在先使用的存在（实际上此处的举证非常困难，只能是一种推断，如无相关交易、无其他关联关系、行业不同等），且两者分别存在于不同地域。尽管在后一方善意使用，但随着一方或双方的经营范围扩大，致使本来互不交叉重合的适用范围形成了重合交叉，如果不予以妥善处理，同样会导致购买者的市场混淆和市场竞争秩序的混乱，也不利于当事人自身的正常经营。根据当事人善意使用的实际，最高人民法院《关于审理不正当竞争民事案件应用法律若干问题的解释》规定："因后来的经营活动进入相同地域范围而使其商品来源足以产生混淆，在先使用者请求责令在后使用者附加足以区别商品来源的其他标识的，人民法院应当予以支持。"如镇江唐老一正斋药业有限公司诉吉林一正药业集团有限公司、一正集团吉林省医药科技实业有限公司、江苏大德生药房连锁有限公司、江苏大德生药房连锁有限公司镇江新概念药房不正当竞争纠纷案中，江苏省高级人民法院在二审判决书中指出：本着"尊重历史、照顾现实"的原则，鉴于被上诉人一正集团公司、一正科技公司生产的"一正痛消"膏药等产品已经销售至镇江地区，为了更好地保护"唐老一正斋"老字号的无形资产，传承其独特的产品与工艺，继承其所蕴含的优秀文化传统，同

---

① 参见《最高人民法院公报》，2011（12）。

时也促进“一正”驰名商标的进一步发展，防止市场主体的混淆和冲突，双方当事人都应当各自诚实经营，各自规范使用其商品名称和商标，必要时可以附加标识加以区别，以保护消费者权益，维护市场正常的竞争秩序。①

最高人民法院认为，这种由在后使用者附加区别性标识，只是一种法律上的负担，而不属于民事责任，其目的是使客观上足以产生市场混淆的商品能够因为另外附加的显著性区别标识而区别开来，从而有利于正常的市场竞争和保护购买者的合法权益。这种区别性的标识可以是另外附加醒目的文字、图形等。②

实例解析

商标的使用与商品的知名度是否有必然的联系；
装潢的各个组成部分本身不是特有的，是否影响装潢整体是特有的；
不同行业的相关公众是否定然不同。

广州星群（药业）股份有限公司等诉广东星群食品饮料有限公司等知名商品特有包装、装潢侵权纠纷案

（2008）民申字第983号

申请再审人（一审被告、二审上诉人）：广东星群食品饮料有限公司

申请再审人（一审被告、二审上诉人）：广东康奇力药业有限公司

被申请人（一审原告、二审上诉人）：广州星群（药业）股份有限公司

被申请人（一审原告、二审上诉人）：广州星群（药业）股份有限公司滋补营养品厂

星群药业公司的前身星群联合制药厂于1962年经广州市工商行政管理局核准登记，星群厂经多次更名及改制，最后于1993年始使用现今的企业名称。1980年原告开始研制夏桑菊颗粒产品，并于1985年正式推出市场，然后在1999年启用新包装，包装袋正面右上方有半片叶子的图案，左上方是组合商标，中间是产品名称，中间偏右处有一印有文字的窄长飘带，飘带左边连有一印有“优”字的印章图形，中下方是菊花、桑叶和夏枯草的组合图案，底部印有星群药业公司的企业名称。星群滋补营养品厂为星群药业公司的下属分公司，专门生产销售夏桑菊颗粒产品。

2005年被告广东星群食品饮料有限公司成立，随后委托被告广东康奇力药业有限公司生产销售夏桑菊颗粒，2006年原告以被告生产销售的夏桑菊颗粒的包装、装潢极其近似，为此，向广州市中级人民法院提起知名商品特有包装、装潢的侵权之诉。

该案一审、二审、再审，法院均支持了原告的诉讼请求。案件当中，双方主要围绕下列问题进行：星群药业公司的夏桑菊颗粒产品是否构成知名商品，商标的使用与商品的知名度是否有必然的联系？装潢的各个组成部分本身不是特有的，是否影响装潢整体是特有

① 参见《最高人民法院公报》，2011（12）。
② 参见孔祥俊主编：《最高人民法院知识产权司法解释理解与适用》，北京，中国法制出版社，2012。

的？不同行业的相关公众是否定然不同？

1. 星群药业公司的夏桑菊颗粒产品是否构成知名商品，商标的使用与商品的知名度是否有必然的联系的问题。

法院认为：认定一种商品是否构成知名商品需要考虑该商品的销售时间、销售区域、销售额和销售对象，进行任何宣传的持续时间、程度和地域范围，作为知名商品受保护的情况等因素，进行综合判断。星群药业公司和星群滋补营养品厂自 1980 年就开始生产和销售夏桑菊颗粒产品，并长期、大量地在广东省和省内地区媒体上以多种方式进行了广告宣传，该产品先后获得过广州名牌产品、中国中药名牌产品、广东省名牌产品等多个奖项，销售到广州、深圳、韶关、哈尔滨、广西等多个地区并被销往海外多个国家和地区，在行业和社会上为相关公众所知悉，具有较高的市场知名度。原审判决认定该商品构成知名商品并无不当。

法院已经指出，商标的使用与商品的知名度并无必然联系。即使某种商标并不知名，也不意味着使用该商标的产品就必定不是知名商品。申请再审人关于离开具体的商标品牌就无所谓商品是否知名、星群药业公司的“GPC”图形商标和“群健”商标不是知名商标，因而使用该商标的夏桑菊颗粒不是知名商品的申请再审理由不能成立。原审法院在认定星群药业公司和星群滋补营养品厂的夏桑菊颗粒产品是知名商品时，考虑了该商品的销售时间、销售区域、销售额以及广告宣传的持续时间、地域等因素，并非基于星群药业公司的“群星”商标是知名商标而认定其“GPC”商标是知名商标，并继而认定其夏桑菊颗粒产品属于知名商品。申请再审人的相关申请再审理由没有事实和法律依据，本院不予支持。

2. 装潢的各个组成部分本身不是特有的，是否影响装潢整体是特有的问题。

法院认为：具有区别商品来源的显著特征的商品装潢，应认为是特有装潢。本案星群药业公司和星群滋补营养品厂的夏桑菊颗粒产品装潢设计自 1999 年以来一直沿用至本案诉讼之时，期间虽有细微变化，但是整体设计形象维持不变。该产品装潢由产品包装袋右上角的桑叶图案、中间的“夏桑菊颗粒”文字以及下方的夏枯草、桑叶、菊花图案相呼应组成，整体为浅黄绿色，由上下较深向中间较浅过渡，构成一个完整的装潢图案。该装潢图案特征明显，起到了区别商品来源的作用。由于星群药业公司和星群滋补营养品厂主张权利的特有装潢是由不同部分组合而成的整体装潢图案，其各个组成部分是否单独构成特有装潢以及是否侵犯他人商标权与本案无直接关联。尽管该装潢图案下方的夏枯草、桑叶、菊花为天然物种的图案，但该图案的选择、色彩的使用以及排列方式等具有独特性。同时，被申请人对涉案装潢图案中右上角的叶片图案拥有注册商标专用权，申请再审人提供的证据不能证明该图案侵犯了他人商标权。原审法院认定被申请人的夏桑菊颗粒产品的装潢构成知名商品的特有装潢并无不当，申请再审人关于被申请人的夏桑菊颗粒产品不存在特有装潢的申请再审理由不能成立。

3. 关于两者一个药企、一个食品企业，不同行业的相关公众是否定然不同的问题。

法院认为：尽管被申请人星群药业公司的夏桑菊颗粒产品属于药品，申请再审人星群食品饮料公司的夏桑菊颗粒产品属于食品，但是夏桑菊颗粒是药食同源的商品，既可以作为药品，又可以作为食品；既可以在药品批准文号下进行生产，也可以在食品卫生许可证下进行生产。两种产品的用途虽不尽相同，但功能相同，且两种产品的相关公众在很大程度上是重合的。因此，申请再审人的夏桑菊颗粒产品与被申请人的夏桑菊颗粒产品属于近似商品。在两者的装潢近似的情况下，足以使相关公众对两者的来源发生混淆，进而造成误认。同时，根据最高人民法院《关于审理不正当竞争民事案件应用法律若干问题的解释》第 4 条第 1 款的规定，足以使相关公众对商品的来源产生误认，包括误认为与知名商品经营者具有许可使用、关联企业关系等特定联系。由于再审申请人的产品装潢与被申请人的产品装潢近似，而且星群食品饮料公司的字号与星群药业公司的字号相同，即使两者的产品不在同一场所销售，也足以使相关公众认为两者之间具有特定联系。申请再审人关于药品与食品的销售场所不同，不会使消费者产生混淆的申请再审理由不能成立。

练习与测试

简述知名商品的特有名称如何依法进行保护。

第 8 章

擅自使用他人的企业名称或者姓名

单元要点

本单元围绕企业名称保护的立法和企业名称的法律属性、企业名称的权利冲突和侵权判定展开，介绍了企业名称的财产性权益、企业名称与商标、域名、企业名称等权利冲突的解决办法。尤其对“擅自使用”及“在先权利”的理解以及侵权判定和民事责任的适用进行详尽的阐释。

学习目标

掌握《反不正当竞争法》及司法政策对企业名称的保护；理解“擅自使用”及“在先权利”的含义，熟悉企业名称与商标、商号、在先权利冲突的侵权判定标准和司法实践中的解决方案，对于企业名称不正当竞争纠纷中的民事责任适用范围和适用条件能熟练运用。

8.1 企业名称

8.1.1 《反不正当竞争法》与《民法通则》的立法差异

《反不正当竞争法》中的企业名称或姓名，是指参与市场交易的经营者的名称，包括各种所有制形式的企业的名称，各种组织形式的企业的名称，同时也包括了个体工商户和从事生产经营活动的事业单位的名称。在我国《民法通则》中，个体工商户属于公民的范畴。

8.1.2 企业名称权的司法认定

企业名称权是依法登记的企业享有的在一定区域内对某一名称的专用权。依《企业名称登记管理规定》第 7 条的规定，我国企业名称由行政区划＋字号＋行业或经营者特点＋组织形式构成（全国性企业、历史悠久字号驰名的企业及外商投资企业可不冠以行政区划）。如北京同仁堂制药有限公司，“北京”为行政区划，“同仁堂”为字号，“制药”为行业，“有限公司”为组织形式。但《反不正当竞争法》第 5 条第 3 项规定的“企业名称”如何界定，在实践中存在着争议。北京市第一中级人民法院较早审理的蜜雪儿服饰（北京）有限公司与上海蜜雪儿服饰有限公司不正当竞争纠纷案，法院认为被告上海蜜雪儿服饰有限公司在其商品上使用“蜜雪儿”，由于“蜜雪儿”三个字并不等同于被告的企业名称，所以被告并不构成对原告企业名称的使用，而且又因为被告已获得“蜜雪儿”商标的使用权，所以被告不构成不正当竞争。① 从司法实践上看，原来倾向于将“企业名称”作狭义的解释，即企业名称准确的理解是指企业在营业执照上的全称。在商号权与商标权冲突司法实务中，与市场假冒或仿冒企业名称具有完全区别，较多的是对字号的侵害。

随着对企业名称保护的理论研究和司法案例的增多，经济生活中较多出现侵害的仅仅是企业名称中一部分，即字号被侵权。而字号是企业名称中最主要、最核心的部分，如果不给予保护，将导致市场公平竞争环境的破坏。上海天府之国美食世界有限公司诉上海红磨坊俱乐部有限公司不正当竞争赔偿纠纷案，开创企业字号保护之先河。② 随后，最高人民法院在《关于审理不正当竞争民事案件应用法律若干问题的解释》第 6 条第 1 款中吸收了该案的审判经验。③

8.1.3　字号与企业名称的等同认识

司法实践普遍认为，在企业名称中起到识别主体作用的是商号。商号，又称字号，是识别不同生产者和经营者的符号。商号只是企业名称的一个组成部分而非全部，如前述的“同仁堂”。但为制止不正当竞争，最高人民法院《关于审理不正当竞争民事案件应用法律若干问题的解释》第 6 条规定，具有一定市场知名度、为相关公众所知悉的企业名称中的字号，可以认定为《反不正当竞争法》第 5 条第 3 项规定的“企业名称”。依据此司法解释，是“可以”将“字号”等同于“企业名称”，但其前提必须证明“具有一定市场知名度、为相关公众所知悉的企业名称中的字号”。最高人民法院《关于审理注册商标、企业名称与在先权利冲突的民事纠纷案件若干问题的规定》第 2 条所称的企业名称包括这种字号，只是为避免重复，未再将“字号”单列于企业名称之外。正因为如此，导致较多地将“企业名称”与“字号”不加区别的等同。依据企业登记规定，企业只准使用一个名称，在登记主管机关辖区内不得与已登记注册的同行业企业名称相同或者近似等内容分析，不同地区相同行业企业商号可以相同，同一地区不同行业企业商号也可以相同，因为实践中并不禁止企业跨行业经营，这样的规定既给利用不正当竞争手段的投机者可乘之机，也使企业名称不得引起公众误解原则被具体条款内容自身给否定了。④

---

① 参见北京市第一中级人民法院（1997）一中知初字第 71 号民事判决书。

② 参见《最高人民法院公报》，1994（3）；最高人民法院办公厅编：《最高人民法院公报案例大全》，北京，人民法院出版社，2009。

③ 参见荣学磊：《企业字号的司法保护——上海天府之国美食世界有限公司诉上海红磨坊俱乐部有限公司不正当竞争赔偿纠纷案》，载《公报案例解析》，北京，法律出版社，2010。

④ 参见《企业名称登记管理规定》第 4、6 条，《企业名称登记管理实施办法》第 5 条。

8.2 企业名称与其他权利的冲突

8.2.1 将他人注册在先商标登记为商号

此种权利冲突通常是将他人注册在先的商标登记为商号，并突出使用，试图合法使用他人的商标，因而引发商标权与商号权的权利冲突。此处又分为以下三种情形。

1. 企业名称中的字号使用的是他人的注册商标，即正常使用企业名称而不构成突出使用，倘若使用字号具有攀附注册商标商誉（恶意），客观上足以造成市场混淆的，在具备一定条件时，可以构成不正当竞争。如博内特里公司诉上海梅蒸公司等商标侵权和不正当竞争纠纷案："根据 2002 年《商标法实施条例》第 50 条第 1 项的规定，商品经营者在同一种或者类似商品上，将与他人注册商标相同字样的标志作为企业名称使用，或者将自己的注册商标拆分成与他人注册商标近似的标志使用，以此误导公众的，属于《商标法》第 58 条规定的侵犯注册商标专用权行为。"①

2. 如果将与他人注册商标相同的文字登记为自己的企业名称中的字号，行为人在从事与注册商标所有人相同的服务中使用自己企业名称时，字号的字体不存在与该注册商标相同或者相似、突出使用或者容易使相关公众误认的情节，虽然不构成商标侵权，但由于违反诚实信用原则和公认的商业道德，也产生使消费者混淆或可能混淆市场主体以及服务来源的使用后果，可以认定构成不正当竞争。

3. 将具有一定影响的注册商标登记为商号。将他人具有一定影响的注册商标中的文字登记为注册企业名称，如北京市王致和腐乳厂诉北京市顺义县致和腐乳厂侵犯商标专用权案②，就是在后取得的商号与他人在先取得的商标权发生冲突。

需要注意此处所述商标是"具有一定影响的商标"，在司法实务中，"具有一定影响的商标"和"商标具有较高的知名度"经常被司法机关使用，但从证明的条件和要求分析，实属同一含义，其保护也是相同的。

8.2.2 企业名称与商标权利冲突的处理程序

对企业名称和商标发生权利冲突时的处理，司法实践中曾有几种不同的做法：（1）行政程序排斥民事诉讼程序。理由是经行政程序获得的民事权利，只能经过行政程序以及与其相对应的行政司法程序才能消灭，法院不宜以民事诉讼解决此类纠纷。（2）行政程序前置。即有条件的维护行政程序的优先性，在一定的期限内行政程序未能解决的，由司法机

---

① 《最高人民法院公报》，2005（12）。

② 参见北京市中级人民法院（1993）中民终字第 1998 号民事判决书。

关依据诚信原则和保护在先权利原则作出裁决。(3) 民事诉讼程序不受行政程序影响。如《北京市高级人民法院关于商标与使用企业名称冲突纠纷案件审理中若干问题的解答》指出：将与他人注册商标相同或者近似的文字作为企业名称中的字号注册使用，使商标与字号发生的冲突。当事人因注册商标与使用企业名称发生冲突引起纠纷向人民法院起诉的，经审查符合《民事诉讼法》第 119 条规定的，人民法院应予受理。(4) 除注册商标（即指商标已经核准注册，已经领取商标注册证）之间的冲突外，均纳入民事诉讼的范围，且不需经行政处理为前置条件。

8.2.3　人民法院不予受理的商标纠纷

经过多年的司法实践，最高人民法院在（2004）民三他字第 10 号函指出："对涉及注册商标授权争议的注册商标专用权权利冲突纠纷，告知原告向有关行政主管机关申请处理，人民法院不予受理。"最高人民法院《关于审理注册商标、企业名称与在先权利冲突的民事纠纷案件若干问题的规定》则根据当前的审判实际和理论研究成果，将涉及商业标识的权利冲突纠纷，除注册商标之间的冲突外，均纳入民事诉讼的范围，"不需要经行政处理为前置条件"①。

8.2.4　将在先驰名商标登记为商号

对驰名商标（包含注册驰名商标和非注册驰名商标）与企业名称的冲突，2002 年《商标法实施条例》第 53 条规定："商标所有人认为他人将其驰名商标作为企业名称登记，可能欺骗公众或者对公众造成误解的，可以向企业名称登记主管机关申请撤销该企业名称登记。"如北京同仁医院等诉张家口市奥马眼镜公司使用与其驰名商标相同的文字作分支企业字号、服务标识及广告宣传侵犯商标权一案，张家口市奥马眼镜公司将北京同仁医院的驰名商标"同仁"作为其分支机构"张家口同仁验光配镜中心"的商号进行登记。如青岛双星集团公司请求张家口市工商局依法撤销"瑞安市双星胶鞋厂"使用"双星"商号为企业名称案。②

需要注意的是，当事人主张驰名商标的应以被控侵权行为发生时为准，如株式会社尼康诉浙江尼康电动车业有限公司等侵犯注册商标专用权及不正当竞争纠纷案中，法院认为，浙江尼康自 2000 年以"五星"为企业字号成立后，于 2006 年将字号变更为"尼康"，并以"尼康"命名产品，在其网站、电动车体突出使用"尼康"、"NICOM"标识。因此，

① 曹建明：《在第二次全国法院知识产权审判工作会议上的讲话——求真务实，锐意进取，努力建设公正高效权威的知识产权审判制度》(2008 年 2 月 19 日)。该文件指出："有工商登记的合法形式，但实体上构成商标侵权或者不正当竞争的，既不需要以行政处理为前置条件，也不应当因行政处理而中止诉讼。"

② 参见袁利平：《企业名称使用与商标侵权认定》，上海交通大学 2010 年硕士学位论文。

本案应以被控侵权行为发生时的 2006 年考虑诉争商标是否驰名。[①]

8.2.5　将在先登记的商号注册为商标

通常是将他人享有较高市场声誉的商号注册为自己的商标，引起相关公众对企业名称所有人与商标注册人的误认或误解，其实质是利用他人商号的声誉为自己谋利。“运河伊娜”案件中，法院审理认为，被告的企业名称权先于原告商标初步审定公告日和核准日产生，原告不能依据其在后申请注册并获得授权的商标禁止被告使用其企业名称。[②]在江西蚂蚁物流有限公司、成都蚂蚁物流有限公司与南昌市蚂蚁搬家服务有限公司商标侵权和不正当竞争纠纷案中，法院经审理认为，南昌蚂蚁公司先将“蚂蚁”文字使用于企业字号中，不构成对“蚂蚁”文字注册商标的侵权。

依据《商标法》第 32 条之规定，申请商标注册不得损害他人现有的在先权利，也不得以不正当手段抢先注册他人已经使用并有一定影响的商标。本条款中的关键节点“时间界限”如何把握，即在先权利从何时起算？在周正与湖南省老杨明远眼镜有限公司、国家工商行政管理总局商标评审委员会商标行政纠纷案中[③]，最高人民法院认为，《关于审理商标授权确权行政案件若干问题的意见》第 17 条第 2 款规定，人民法院审查判断诉争商标是否损害他人现有的在先权利，一般以诉争商标申请日为准。

8.2.6　企业名称与企业名称冲突

企业名称与企业名称的冲突（包括字号与字号冲突）指在后企业名称与在先企业名称相同或者近似，足以使人产生混淆而导致冲突。如原告利郎（中国）有限公司诉被告北京利郎领带服饰有限公司侵犯注册商标专用权和不正当竞争纠纷案件，法院审理认为，利郎（中国）有限公司和北京利郎领带服饰有限公司均为同行业企业，二者存在竞争关系。利郎（中国）有限公司最早取得“利郎”企业名称权，并对“利郎”商标和企业名称权进行了广泛的宣传和使用，取得了较高的知名度。作为同行业经营者，北京利郎领带服饰有限公司在注册企业名称时理应知晓“利郎”企业名称的知名度事实，应当主动和在先的企业名称权利避免冲突，但北京利郎领带服饰有限公司却选择和原告企业名称完全相同的“利郎”二字作为企业名称进行注册和使用，又不能作出合理解释。尽管北京利郎领带服饰有限公司的企业名称经过工商部门核准注册，但是违反了诚实信用原则，对原告构成了不正当竞争行为。法院判决被告变更企业名称，且变更后的企业名称不得含有“利郎”二字、

---

① 参见姚建军．当事人主张商标驰名的应以被控侵权行为发生时为准——西安中院判决株式会社尼康诉浙江尼康等侵犯商标权及不正当竞争纠纷案．载《人民法院报》，2011－12－15。

② 参见北京市第二中级人民法院（2006）二中民初字第 9598 号民事判决书。

③ 参见最高人民法院行政判决书（2011）行提字第 5 号。

在《中国工商报》上公开消除影响、赔偿原告经济损失 8 万元等。①

国内的二个不同区域内相同或者相似的企业名称怎样实现有效避让，如何保护在先注册的企业名称，“字号”能否分解适用并进行保护，如“世纪金源”中的“金源”属于什么权利。在世纪金源投资集团有限公司与河南世纪金源置业有限公司不正当竞争纠纷案中，关于被告在其企业名称中使用“世纪金源”是否构成不正当竞争行为，一审法院认为：被告在注册成立之前，“世纪金源”这个商业标识在房地产行业已具有较高知名度，它指向了世纪金源集团及其关联公司。而被告的主要经营范围也是房地产的开发与销售，其在企业名称中使用“世纪金源”字号，容易使公众误认为被告与原告之间有隶属关系或者两者之间存在某种联系，这种关联关系的误认能够给被告带来竞争优势。无论被告在主观方面是否存在故意，在客观上均会造成相关公众混淆市场主体的结果。被告这种攀附原告商业标识声誉使自己更具竞争优势的行为违反了经营者在市场竞争中应当遵循公平竞争、诚实信用的原则，侵犯了原告的在先企业名称权，构成了不正当竞争。由于被告企业名称中含有“金源”这个词根，世纪金源集团及其关联公司同样拥有“金源”这个标识的商业利益，因此原告请求被告变更企业名称，不得在企业名称中使用“世纪金源”、“金源”文字作为企业字号、公开致歉以消除影响的理由成立，本院予以支持。此案二审在河南省高级人民法院主持下调解结案。②

8.3　侵权判定与正当使用

8.3.1　突出使用的司法认定

突出使用一般是认定字号是否侵犯商标权的主要形式，从实践中的既有案例来看，法官通常考虑的因素包括字体的形态、字号的大小、使用的位置和频率。如上诉人重庆劳亚尔建筑材料有限公司（简称重庆劳亚尔公司）与被上诉人沈阳市久圣成经贸有限公司（简称沈阳久圣成公司）商标侵权与反不正当竞争纠纷案，二审法院认为：根据原《中华人民共和国商标法》第 52 条③、最高人民法院《关于审理商标民事纠纷案件适用法律若干问题的解释》第 1 条第 1 款第 1 项“将与他人注册商标相同或者相近似的文字作为企业的字号在相同或者类似商品上突出使用，容易使相关公众产生误认的”之规定，上诉人先是恶意将他人注册商标的主要文字部分作为其企业名称的主要部分予以登记，用于生产经营与被上诉人注册商标所使用商品相同的产品，并在其自己的产品包装上首行醒目位置标注“重庆劳亚尔公司荣誉出品”等字样，突出使用的意图很明显，容易使相关公众产生误认。上

① 参见北京市朝阳区人民法院（2009）朝民初字第 10011 号民事判决书。

② 参见河南省郑州市中级人民法院（2007）郑民三初字第 274 号民事判决书，河南省高级人民法院（2009）豫法民三终字第 12 号民事调解书。

③ 《商标法》（2013 年）第 57 条。

诉人上诉称其无突出使用的行为，与本案查明的事实不符。结合被上诉人为其商标及产品进行了大量的宣传并获得了较多荣誉的事实，一审法院认定上诉人使用现公司名称的行为具有明显的“搭便车”的主观恶意并无不当。重庆劳亚尔公司是否“规范使用”其企业名称与是否“突出使用”非同一概念，界定本案上诉人是否侵权，关乎是否“突出使用”，而与是否“规范使用”无关。故即便上诉人的使用行为是规范使用，也不能阻却其侵权事实成立。上诉人上诉称其在客观上未造成相关公众的误认，但未举出相关证据证明。况且并非在客观上达到了误认的程度才构成商标侵权行为，根据上述法律条文可知，将与他人注册商标相同或相近似的文字作为企业的字号在相同或相类似商品上突出使用，容易使（而不是致使）相关公众产生误认的，即构成商标侵权行为。①

8.3.2 足以造成混淆和误认的司法认定

在涉及商标与企业名称发生冲突的纠纷中，司法认定“突出使用”成立的，应当进一步确认是否“足以造成消费者混淆和误认的可能”前提下，才可以认定构成侵权。如果仅突出使用，不存在混淆和误认的可能，被告的行为不构成不正当竞争侵权。如北京市高级人民法院《关于审理商标民事纠纷案件若干问题的解答》第 8 条规定，判断商标与企业名称中字号的使用冲突能否造成消费者误认混淆（包括产生混淆的可能性），即对不同经营者提供的商品或者服务的商业来源以及不同经营者之间具有关联关系的误认混淆，应该以侵权行为发生时的有关事实为依据，同时还应当考虑但不限于以下因素：（1）销售商品或者提供服务的渠道与方式；（2）双方所经营的商品或者服务的类似程度以及消费者购买时的注意程度；（3）是否有证据证明已经造成了实际混淆；（4）被告人是否具有利用或者损害他人商誉的故意等，综合作出判断。如果不足以造成混淆和误认，就不存在侵权。

8.3.3 字号正当使用

字号是企业的核心部分，如果字号仅为一种含义时，即使仅仅擅自使用，也可能造成消费者误认或混淆市场主体，但如果字号还有其他含义时，如果他人是在原有含义上合理使用，企业名称权人无权禁止。如上诉人上海避风塘美食有限公司诉被上诉人上海德荣唐美食有限公司不正当竞争纠纷案，涉及对企业名称权的正当使用这一重要的法律问题。上海市高级人民法院认为：根据上诉人避风塘公司在其《避风塘的故事》中的陈述，已从香港向中国内地和台湾地区以及世界各地全面发展的避风塘，源于铜锣湾避风塘的渔民们所经营的其制作和烹调技巧在当时没有任何餐厅菜馆可仿效的特色海鲜，这些渔民世代以大海为家，对海产认识甚深且对海产烹调另树独特风格。故可以认定“避风塘”除了具有避风小港湾的原有含义外，也已成为了一种独特烹调方法以及由该种烹调方法制成的特色风

---

① 参见重庆市高级人民法院（2009）渝高法民终字第 135 号民事判决书。

味菜肴的名称。原审法院认定“避风塘”一词已成为一类特色风味菜肴的名称并无不当。“避风塘”一词是否已经成为饮食经营方式的名称，并不影响本案的处理结果。上诉人以原审法院对重大事实认定不清为由请求撤销原审判决的上诉理由不能成立。由于“避风塘”是独特烹调方法以及由该种烹调方法制成的特色风味菜肴的名称，经营包括提供“避风塘”特色风味菜肴餐饮服务的被上诉人德荣唐公司，在其一楼和二楼的玻璃窗上分别印有“避风塘畅饮”和“避风塘料理”、在菜单上方标有“唐人街避风塘料理”、在设置的路标上印有“唐人街餐厅避风塘”字样的行为，均是告诉消费者其所提供的餐饮服务的特色。被上诉人是在烹调方法及菜肴名称的含义上使用“避风塘”一词的，其行为并不构成《反不正当竞争法》第 9 条所规定的虚假宣传。故上诉人认为原审法院认定被上诉人的行为不构成虚假宣传是错误的上诉理由不能成立。①

8.4　企业名称不正当竞争的民事责任

企业名称侵权中的民事责任承担在最高人民法院《关于审理注册商标、企业名称与在先权利冲突的民事纠纷案件若干问题的规定》发布以前，处于无章可遵循的处境，自其发布以后，解决了司法实务中的难题，但仍然对以什么标准判定应当“停止使用”或“规范使用”企业名称存有争议。司法实务中，针对企业名称与商标权冲突中的处理有如下四种民事责任承担方式。

8.4.1　限制企业名称使用范围（或规范使用企业名称）

该判决方式主要适用于不规范、不合理使用企业名称的情况或具有特定历史因素，而不能判决停止使用或变更企业名称的情形。如上诉人杭州张小泉集团有限公司、被上诉人（原审被告）上海张小泉刀剪总店、被上诉人（原审被告）上海张小泉刀剪制造有限公司商标侵权及不正当竞争纠纷一案，法院对该案的处理并未简单地根据使用和注册登记的时间先后而认定哪一方构成商标侵权或者不正当竞争，也未简单地根据现行司法解释规定而认定商标权侵权，而是充分考虑了历史、现状和公平合理三要素，既使当事人双方相安无事继续使用，又按照现状提出了规范使用的要求。② 原告温州澳珀家具有限公司与被告佛山澳珀家具有限公司商标侵权纠纷案中，法院审理认为，被告已在原告取得“澳珀”商标前注册成立，其对“澳珀”的企业字号依法享有在先权利。但含有字号的企业名称权之效力仅及于登记注册的主管机关辖区范围，而商标专用权的效力则及于全国。尽管被告对企业名称享有在先权利，但被告只能在佛山市范围内而不得扩大其企业字号的使用地域。另

---

① 参见上海市高级人民法院（2003）沪高民三（知）终字第 49 号民事判决书。

② 参见蒋志培、孔祥俊、夏君丽：《对〈最高人民法院关于审理注册商标、企业名称民事纠纷案件若干问题的规定〉的理解与适用（下）》，载《工商行政管理》，2008（9）。

外，被告在广州番禺分店突出使用了“澳珀”字样从事企业广告宣传活动，该行为已构成商标侵权，遂判决被告立即停止在佛山地区以外的广告宣传中突出和不当使用“澳珀”字样。①

8.4.2 停止使用企业名称

该判决方式不明确责令被告变更其企业名称，主要适用于被告确实侵犯到了原告的合法权益，采取前一种判决模式不能解决而且又没有必要采取第三种判决模式的情况之下。但在李惠廷与大连王将公司商标侵权案中，最高人民法院明确了企业字号与他人在先注册商标冲突案件的处理规则，指出停止使用企业名称与规范使用企业名称是两种不同的责任方式，并明确指出，对于注册商标与企业名称之间的纠纷，人民法院应当区分不同情形，按照诚实信用、维护公平竞争和保护在先权利原则，依法处理。如果注册使用企业名称本身具有不正当性，比如不正当地将他人具有较高知名度的在先注册商标作为字号注册登记为企业名称，即使规范使用仍足以产生市场混淆的，可以按照不正当竞争处理。如果是不规范使用企业名称，在相同或者类似商品上突出使用与他人注册商标相同或相似的企业的字号，容易使相关公众产生误认的，属于给他人注册商标专用权造成其他损害的行为，依法按照侵犯商标专用权处理。

8.4.3 责令变更企业名称

该判决主要适用于被告确实侵犯了原告合法权益，而该侵权行为的实施不是由于其不规范适用企业名称引起的，而是主观恶意明显的情况下。在新郎希努尔案中，被告方在后登记企业名称，并且在市场选择、店面装潢设计上故意与对方相似，具有明显的恶意，符合“责令变更企业名称”的适用标准。因此，法院判决责令被告变更企业名称从理论上当属无疑。②

8.4.4 赔礼道歉

被诉企业名称侵犯注册商标专用权，是否应当承担赔礼道歉，司法实务中各地司法机关做法不同，有些法院判决赔礼道歉，有些则驳回此项诉讼请求。如卡地亚国际有限公司与西安卡地王婚纱摄影有限公司侵犯商标权及不正当竞争纠纷案，法院认为，由于卡地王公司使用卡地亚注册商标作为企业名称字号，并没有给卡地亚公司的声誉造成损害，故此项诉讼请求不予支持。司法实务中有观点认为，赔礼道歉是人身权受到损害时民事责任的

① 参见蔡敬超：《商标与企业名称冲突：司法处理尺度的把握》，载《中华商标》，2007（8）。

② 参见李方：《商标与企业名冻权利冲突解决机制研究》，西南政法大学2008年硕士学位论文。

承担方式，只有给权利人的声誉造成损害时才适用。

实例解析

山东起重机厂有限公司诉山东山起重工有限公司侵犯企业名称权纠纷申请再审案①

山东起重机厂有限公司（以下简称，山东起重机厂）成立于1968年，以起重机械制造加工为主，1976年4月组建益都起重机厂，1991年10月31日变更名称为山东起重机厂，2002年1月8日成立山东起重机厂有限公司，其经营范围包括起重机械及配件的设计、制造、安装、咨询、技术服务与销售等业务。山东山起重工有限公司（以下简称，山起重工公司）成立于2004年2月13日，2004年5月24日获得企业法人营业执照，其经营范围为起重机械、皮带输送机械、石油机械设备制造、销售、安装、维修。在山东山起重工有限公司成立过程中，山东省工商行政管理局于2004年1月13日同意其预先核准企业名称为山东山起重工有限公司。2004年2月26日，青州市经济贸易局向山东省工商行政管理局发出《关于申请保护山东起重机厂有限公司名称的报告》。该报告称："'山起'既是山东起重机厂的简称，也代表着企业的形象，山起重工公司的注册损害了山东起重机厂的名称权利，并在职工中引起了强烈反响，恳切希望贵局对此企业名称给予撤销。"2004年2月20日，青州市工商局请示山东省工商行政管理局研究处理因山东山起重工有限公司的企业名称引发的纠纷。山东省工商行政管理局个体私营经济监督处于2004年3月9日提出如下意见："山东起重机厂有限公司原为国有老企业，在生产经营和对外经济来往中使用'山起'作为企业简称，同时该企业在我省同行业中有一定知名度，现上述几个企业住所地都在青州市，在社会上易产生误解。根据有关规定，请你局做好双方企业的工作，并督促山东山起重工有限公司到省局变更企业名称。"但山东山起重工有限公司至今未变更企业名称。该纠纷发生后，双方虽经青州市工商行政管理局、山东省工商行政管理局处理，但当事人未达成一致意见。根据青州市经济贸易局印发的2005年5月份《工业经济月报》，山东山起重工有限公司2005年1月至5月利润总额为150.2万元。

另查明，山东起重机厂有限公司李一民等于2003年8月28日向青州市工商行政管理局提出企业名称预先核准申请，青州市工商行政管理局于2003年8月28日出具（青）名称预核私字（2003）第590号企业名称预先核准通知书，同意预先核准其出资企业名称为"青州山起机械制造有限公司"，该预先核准的企业名称保留期至2004年2月27日，在保留期内，不得用于经营活动，不得转让。

山东起重机厂有限公司于2005年7月11日向山东省青州市人民法院起诉，请求判令山东山起重工有限公司立即停止对"山起"字号的使用，赔偿损失50万元，并承担诉讼费用。后来本案被移送至山东省潍坊市中级人民法院审理。

2007年9月20日，一审法院作出（2006）潍民三初字第26号判决，判令山东山起重

① 参见最高人民法院（2008）民申字第758号民事裁定书。

工有限公司到工商管理部门办理变更企业名称的相关手续，停止使用“山起”二字作为字号；赔偿山东起重机厂经济损失人民币20万元；驳回山东起重机厂的其他诉讼请求。

山东山起重工有限公司不服一审判决，向山东省高级人民法院提起上诉称，山东山起重工有限公司不存在不正当竞争行为，一审法院判决其赔偿20万元没有法律和事实依据。

二审法院查明的事实与一审法院查明的事实一致。二审法院另查明，山东起重机厂与山海关起重机械厂签订的“山起”注册商标转让合同经河北省高级人民法院（2007）冀民再终字第27号民事判决确认为有效合同。山东省高级人民法院于2008年6月5日判决，驳回上诉，维持原判。

山东山起重工有限公司申请再审，最高人民法院于2009年4月27日裁定：驳回山东山起重工有限公司的再审申请。

练习与测试

江苏省张家港市某木业有限公司经广东某木业有限公司许可，从事大自然品牌地板加工经营活动。因技术、人员及设备等条件尚未达到规定标准，该公司没有取得质监部门发放的生产许可证，且受生产能力的限制，部分产品委托昆山某木业有限公司加工、包装好收回，部分产品自加工，这两部分产品的外包装均标有昆山某木业有限公司名称、地址及生产许可证编号，而未标注张家港某木业有限公司名称、地址和生产许可证编号。

请问本案江苏省张家港市某木业有限公司的行为如何定性?

第9章

虚假表示

单元要点

本单元主要介绍了虚假表示的法律规定、表现形式及特征，伪造与冒用的认定，虚假宣传与虚假表示的区别，虚假宣传与虚假广告的联系与区别，虚假表示行政处罚的法律适用，尤其对虚假广告和“引人误解的虚假表示”的判断进行了详尽的阐释。

学习目标

熟练掌握虚假表示的具体规定，充分了解虚假表示的表现形式及特征，分清伪造与冒用、虚假宣传与虚假表示、虚假表示与虚假广告的区别，掌握虚假表示中的“引人误解的虚假表示”判断标准。司法实务中能正确处理虚假表示的不正当竞争纠纷。

9.1 虚假表示法律规定及表现形式

9.1.1 虚假表示的立法

虚假表示行为，是指经营者在商品或其包装的标识上，对商品的质量标志、产地或者其他反映商品质量状况的各种因素作不真实的标注，欺骗购买者的不正当竞争行为。虚假表示行为主要规定在《反不正当竞争法》第 5 条第 4 项、《产品质量法》第 5 条和《消费者权益保护法》第 20 条。

9.1.2 虚假表示的基本形态和特征

结合司法实践，虚假表示行为的基本形态一般有以下几种：（1）伪造或冒用认证标志、名优标志等质量标志。质量标志（如 3C 认证标志）的作用在于客观、公正地向购买者传递商品质量特性的信息，商家通过伪造或冒用质量标志，虚构商品质量状况，骗取购买者信任，引导购买者选购其商品。（2）伪造商品的产地。其通常的做法是将不是产于某地的商品却在商品或包装上直接标明产于某地或以图形等其他方法暗示某一产地。（3）对商品质量作引人误解的虚假表示，对反映商品质量的各种因素作不真实的标注，如对商品制作成分、性能、规格、等级、生产日期等以不真实的文字说明或图形指示使购买者对商品质量产生误解。如原告湖北周黑鸭食品有限公司（以下简称周黑鸭公司）与被告湖北汉味周黑鸭饮食文化管理有限责任公司（以下简称汉味周黑鸭公司）侵犯商标权及不正当竞争纠纷一案，“关于被告汉味周黑鸭公司是否构成虚假宣传等不正当竞争行为”，法院认为，被告汉味周黑鸭公司在网站上刊登并授权其合作加盟商在经营中使用了四块获奖牌匾，却没有举证证明该牌匾有合法颁发机构来源，亦无法证明该荣誉与被告汉味周黑鸭公司有关联，属于被告给自己生产销售的“汉味周黑鸭”商品虚构的荣誉，足以造成相关公众的误解，可以认定为《反不正当竞争法》第5条第4项规定的伪造或者冒用认证标志、名优标志，对商品质量作引人误解的虚假表示行为。①

虚假表示行为具有以下特征：(1) 本质为造成或足以造成引人误解的后果，会导致消费者对商品质量产生错误的认识和理解，欺骗消费者；(2) 该行为是经营者对商品质量、声誉的若干方面作虚构或隐瞒的不实标注，如把不合格的商品标为合格，把含氟的产品标为无氟等；(3) 该行为是直接表现在商品或其标签、包装上，虚假做法直接简单；(4) 该行为并不侵害哪个特定竞争对手的合法权益，是直接作用于消费者或用户，影响整个同行业的竞争对手，属于一种欺骗性市场交易行为。国家工商行政管理总局《关于对〈反不正当竞争法〉第五条第（四）项所列举的行为之外的虚假表示行为如何定性处理问题的答复》指出："经营者在商品上对商品的安全标准、使用性能、用途、规格、等级、主要成份和含量、生产日期、有效期限、保质期等与商品质量相关的内容作虚假表示的，误导公众，扰乱市场竞争秩序，违反了《反不正当竞争法》第五条第（四）项的规定，构成虚假表示行为，工商行政管理机关可以依照《反不正当竞争法》第二十一条的规定予以处罚。"

9.1.3 产品识别代码、许可证号的法律属性

产品识别代码、许可证号原为行政管理手段之一，但目前司法实务中，出现冒用或仿造他人的产品识别代码、许可证号等行为，但对于此种行为的认定目前并不统一，如福建天龙公司与宁波华能公司不正当竞争纠纷上诉案中，二审法院认为，对该厂商识别代码的使用，在特定环境下等同于对宁波华能公司企业名称的使用，根据《反不正当竞争法》第2条的规定，天龙公司已构成对宁波华能公司的不正当竞争，损害了宁波华能公司的合法权益。依照《民法通则》第106条第2款和《反不正当竞争法》第20条的规定，天龙公司应对此承担侵权民事责任。② 该案件中法院将厂商识别代码视为企业名称进行保护，企业生产许可证与厂商识别代码其功能相当。但在原告遵化栗源食品有限公司（以下简称栗源公司）与被告北京富亿农板栗有限公司（以下简称富亿农公司）、上海三樱包装材料有限公司（以下简称三樱公司）不正当竞争纠纷一案中，法院认为："本案被告富亿农公司在其委托加工的涉案包装袋上使用了原告的质量管理体系认证证书号，并使用该包装袋销售其生产的栗仁产品，使相关消费者对其产品的质量产生误认，客观上可能对原告的相关产品的销售产生影响，给其造成经济损失。因此，被告富亿农公司的上述行为构成不正当竞争，应当承担停止侵权、赔偿损失的法律责任。""根据我国相关法律规定，食品生产许可证号、食品标签认可证书号是国家相关行政主管部门在进行行政管理过程中所形成的，其本身并不属于民事权益的范畴。本案原告栗源公司根据涉案产品食品生产许可证号、食品标签认可证书号主张民事权益，缺乏依据。被告富亿农公司在涉案包装袋上使用原告栗

① 参见湖北省武汉市中级人民法院（2010）武知初字第293号民事判决书。

② 参见福建省高级人民法院（2004）闽民终字第283号民事判决书。

源公司的涉案产品食品生产许可证号、食品标签认可证书号，该行为显属不当。但食品生产许可证号、食品标签认可证书号本身对商品质量并不具有较强的标示作用，同时亦不具有识别商品来源的功能，通常公众难以通过食品生产许可证号、食品标签认可证书号来区别商品或引起对商品的混淆。因此，被告富亿农公司的涉案使用行为虽有不妥之处，但不构成不正当竞争。”① 司法实践中造成此种认识差异，在于未能对《反不正当竞争法》第5条第4项“在商品上伪造或者冒用认证标志、名优标志等质量标志，伪造产地，对商品质量作引人误解的虚假表示”中的“等”字正确理解，前述案件中的“厂商识别代码”、“食品生产许可证”和“食品标签认可证书号”均是产品质量标志范畴。

9.2 “伪造”和“冒用”

9.2.1 “伪造”的理解

伪造，按照原国家技术监督局的《〈中华人民共和国产品质量法〉条文释义》是指：“非法制作标注他人厂名、厂址的标识。”在这个层面上，可以把伪造标识理解为擅自使用。但是，除此之外，还应该包括行为人明知不存在，仍虚构厂名、厂址的行为。伪造的一般是具体的有形物，如伪造人民币、伪造票据等，但由于汉语词义及用法的模糊性，有些属于虚假标注的情形也用伪造一词，如伪造产地，伪造许可证号、厂名、厂址等。严格来讲，虚假标注的情形用“伪造”是不妥的。部分地方立法已注意到此问题②，一般认为，伪造，是指非法制作、编造实际上并不存在的质量标志。

9.2.2 “冒用”的理解

冒用，是指未取得认证标志等质量标志，而谎称取得，并擅自使用相应质量标志。如徐州卓尔电脑研究所（以下简称卓尔所）与徐州市力天科技研究所（以下简称力天所）虚假宣传纠纷一案，二审法院认为，卓尔所经销的KHT5（原M12—3B）获得20021533号安全标志，但是在其经销的M12—3B/201、M12—3B/203产品上亦使用同样的安全标志。

① 北京市第二中级人民法院（2005）二中民初字第10214号民事判决书。

② 如《广东省实施〈中华人民共和国反不正当竞争法〉办法》第7条规定：“经营者不得在商品上作下列引人误解的虚假表示：（一）伪造产品质量认证标志……（四）编造虚假的商品生产企业名称、原产地（含工业产品的加工和制造地、天然产品的产地、农副产品的生长和繁养地）、质量合格证或者监制单位……”《安徽省反不正当竞争条例》第9条规定：“经营者不得采用下列手段，对商品质量作引人误解的虚假表示：（一）伪造、冒用或者使用已被取消的认证标志或者名优标志等质量标志；（二）伪造、冒用或者使用已被取消的质量检验合格证明、许可证、专利号或者监制单位名称；（三）伪造或者冒用企业名称、地址，伪造或者冒用商品产地；（四）虚假表示商品规格、等级、制作成分及其名称和含量；（五）伪造或者模糊标注生产日期、安全使用期或者失效日期等。前款所称商品产地指商品生产地、制造地、加工地（包括农副产品的生产地或者养殖地）。”

卓尔所对此辩称上述产品是同一种产品，/201、/203 仅是货号。但是在其销售产品的《使用手册》中，明确记载“3B/203 适用于地面竖井。斜井等其他井型请选用 3B/201 等系列产品”，结合上述产品的销售价格不同这一事实，足以认定 M12—3B/201、M12—3B/203 是与 M12—3B 不同的产品型号，其未经国家安全标志管理部门的核准，擅自使用安全标志，构成冒用安全标志。①

9.3　质量标志

9.3.1　质量标志的特征

质量标志是指有关主管部门或者组织，按照规定的程序颁发给生产者，用以表明该企业生产的产品的质量达到相应水平的证明标志。质量标志具有以下特征：（1）质量标志的作用是表明产品质量的水平，是产品的质量信誉标志，为消费者选购产品起到了信誉指南的作用。它与厂名、厂址、商标等有着显著的区别，后者具有专用性和专有性，必须依法注册登记。质量标志无此特征。企业获得质量标志后，可以标注使用，也可以不使用，由企业自己决定。（2）质量标志必须由发证机关或组织颁发，并须经过一定的评审、考核程序，获准后方可使用。（3）质量标志使用单位必须保证产品或服务质量标准符合相关规定。（4）质量标志不得超范围超期限使用等。

9.3.2　质量标志类型

一、质量标志

目前我国比较常见的质量标志是产品质量认证标志，主要有：由国务院产品质量监督部门认可的专门机构颁发的方圆认证标志、长城认证标志、PRC 认证标志和由国际羊毛局颁发的纯羊毛认证标志等。

质量认证标志等产品质量标志表明的是产品质量所达到的水平和质量状态，只有经具备认证资格的机构经过一定的程序对达到一定条件的企业授权后，企业才能使用质量标志。因此，任何以非法手段使用、冒用这些质量标志的行为，都是对产品质量事实真相的隐瞒，是对消费者的欺骗，应为法律所禁止。

二、质量认证标志

质量标志包括认证标志和名优标志两大类。认证标志又分为产品质量标志和企业管理

① 参见江苏省高级人民法院（2007）苏民三终字第 149 号民事判决书。

体系认证标志。我国现行产品质量标志有 14 种，包括食品市场准入标志 QS、中国强制认证标志 CCC 或 3C 等。国际上则有欧盟安全认证标志 CE、美国认证标志 UL 等。ISO 9001、ISO 14001 则为企业质量管理体系认证。名优标志是证明企业产品符合政府规定优质标准的一种标志。近年来，名优标志不仅包括表示某种名优称号或荣誉的徽记、图案等，还包括表示名优称号或荣誉的名称及文字说明，如金质奖、某某知名品牌等。

质量标志在使用上具有严格的特定性，即主体特定、对象特定和时间特定。只有证书核准的生产商、经销商才可使用质量标志，并且只能用在核准的产品上。同时，由于一般证书有期限要求，故须在核准时间段内使用。

9.3.3 “商品上”的含义

《反不正当竞争法》第 5 条第 4 项所规定的虚假表示，是一种“在商品上”所作的虚假表示。那么，应当如何理解“商品上”的含义呢?

在商品及其包装上对商品进行表示，当然属于“在商品上”的范围，这是没有任何争议的。就是说，在商品上直接进行文字、图形标注（包括将标签直接粘贴于商品上），或者在商品的包装上用文字、图形对商品信息进行标注（包括将标签直接粘贴于商品包装上），都属于《反不正当竞争法》第 5 条所规定的“在商品上”。有争议的是，经营者有时未将标签粘贴于商品或其包装上，而随商品附带，或者随商品附带商品说明书等，此时是否将其认定为“在商品上”? 标签是商品附带的特殊的标识，与商品本身不可分，即使未粘贴于商品或其包装之上，也应视为商品的必要组成部分，应当认定为属于“在商品上”的范围。其他随商品所附带的不属于广告的说明书等商品的介绍宣传品，并非商品的必要附带品，归入《反不正当竞争法》第 9 条的“其他方法”为宜。

《反不正当竞争法》第 9 条规定的“其他方法”显然是广告以外的其他方法，而且，联系到第 5 条第 4 项的规定，“其他方法”是“广告”、“在商品上”以外的其他方法。至于“其他方法”究竟包括哪些方法，该法未作进一步的界定。

9.3.4 产地

产地是指某种物品的生产、出产或制造的地点，常指某种物品的主要生产地。产地主要功能在于表明商品的来源和出处以及商品质量的保证，如法国香水，宜兴紫砂壶等。

货源标记和原产地名称是《巴黎公约》的保护范围，货源标记和原产地名称，有时合称为地理标志。货源标记通常是指用来表明产品或服务来源于某一国家、某一地区或某一特殊地方的表达或符号。原产地名称是指用来表明产品所来自的国家、地区或地方的地理名称，而该产品的特殊质量是完全或主要由自然和（或）人文因素在内的地理环境所造成的。TRIPs 协定也在第 22 条明确规定，地理标志是指表明一种商品来源于某一成员的领土内或者该领土内的一个地区或地方的标志，而该商品的特定品质、声誉或其他特征主要是由于其地理来源所致。各成员应为有利害关系的各方提供法律手段，以制止在商品名称或外表上使用某种方法以明示或暗示有关商品来源于真实原产地以外的一个地理区域、在某种意义上以商品的地理来源误导公众，并制止不正当竞争行为。遇到上述情况发生时，各成员应依职权或依利害关系方请求，拒绝该商标注册或使注册无效。我国知识产权法虽对此无明确规定，但我国是《巴黎公约》的成员国，又加入了世界贸易组织，因此，《巴黎公约》和 TRIPs 协定均对我国产生法律约束力。我国《反不正当竞争法》明确规定了伪造产地行为是不正当竞争行为，并予以禁止。

9.4 虚假宣传与虚假表示

9.4.1 虚假宣传类型

“虚假”是指“跟实际不相符合的”①。虚假宣传是指以捏造、虚构、歪曲或者其他误导的方式，对商品或服务的质量、制作成分、性能、用途、生产者、有效期、产地等作出与实际不相符合的宣传。虚假宣传的手段通常有三种：(1) 捏造虚构事实的方式。如非专利产品宣传为专利产品。(2) 歪曲事实的方式。如夸大产品功能或疗效。(3) 其他误导性的方式。如以模糊或者歧义性语言，误导购买者。只要宣传行为足以产生引人误解的效果，就构成《反不正当竞争法》第 9 条规定的引人误解的虚假宣传。② 如原告湖北周黑鸭食品有限公司（以下简称周黑鸭公司）与被告湖北汉味周黑鸭饮食文化管理有限责任公司（以下简称汉味周黑鸭公司）侵犯商标权及不正当竞争纠纷一案，就“关于被告汉味周黑鸭公司是否构成虚假宣传等不正当竞争行为”，法院审理后认为，被告在其公司网站上公开进行“汉味周黑鸭”品牌招商加盟，宣称自己是“唯一做技术转让、正规工商注册公司……做技术转让的就我们一家，没有别的周黑鸭加盟”。将一批本属于新闻媒体对原告“周黑鸭”商誉进行正面宣传报道的文章刊登在被告公司网页上使用，还在“汉味周黑鸭”商品包装上标明“武汉正宗汉味周黑鸭”字样。从这一系列有歧义性宣传语言可以看出，该语言足以引起他人误解，混淆“汉味周黑鸭”与“周黑鸭”的关系，相关公众被误导而加盟被告的“汉味周黑鸭”经营店，被告以此获利。被告的上述虚假宣传行为有仿冒名牌的主观恶意，客观上也造成了加盟商及消费者对商品质量和生产者的误认，使国内鸭类食品市场上出现了数十家与原告“周黑鸭”商品销售店风格相仿的“汉味周黑鸭”商品销售店。被告的此项行为足以判定为《反不正当竞争法》第 9 条第 1 款规定的引人误解的虚假宣传行为。③

① 中国社会科学院语言研究所编：《现代汉语词典》，北京，商务印书馆，2002。

② 参见孔祥俊：《商标与不正当竞争法原理和判例》，北京，法律出版社，2009。

③ 参见湖北省武汉市中级人民法院（2010）武知初字第 293 号民事判决书。

9.4.2 “虚假表示”与“虚假宣传”的分辨

引人误解的“虚假表示”与“虚假宣传”同属不正当竞争行为。《反不正当竞争法》第5条第4项规定，经营者不得在商品上伪造或者冒用认证标志、名优标志等质量标志，伪造产地，对商品质量作引人误解的虚假表示。该法第9条第1款规定，经营者不得利用广告或者其他方法，对商品的质量、制作成分、性能、用途、生产者、有效期限、产地等作引人误解的虚假宣传。从行为手段、表现形式和适用法律方面对“虚假表示”与“虚假宣传”进行分辨。

一、行为手段不同

引人误解的“虚假表示”采用伪造或冒用的方法。引人误解的“虚假宣传”则利用广告或者其他方法。

二、表现形式不同

引人误解的“虚假表示”主要表现在3个方面：伪造或冒用认证标志、名优标志等质量标志，伪造产地，对商品质量作引人误解的虚假表示。引人误解的“虚假宣传”涉及的内容较广，《反不正当竞争法》只列举了商品的质量、制作成分、性能、用途、生产者、有效期、产地等，但在商品的规格、等级、价格、生产日期、市场信息、售后服务等方面，经营者也可能进行虚假宣传，从而造成消费者的误解。如尚杜·拉菲特罗兹施德民用公司诉深圳市金鸿德贸易有限公司等侵犯商标专用权、不正当竞争纠纷案，湖南省高级人民法院二审认为，关于上诉人金鸿德公司对其产品所作宣传是否虚假、是否构成不正当竞争，根据金鸿德公司提交的“企业法人营业执照”，金鸿德公司系2008年7月8日成立的有限责任公司，系中国法人，其显然与“LAFITE”品牌“历史悠久”、“前美国总统托马斯·杰斐逊系其品牌拥护者”、“1868年詹姆士·罗斯柴尔德家族在公开拍卖会上购得拉菲古堡”等要素没有关联，但在金鸿德公司的官方网站及产品宣传资料中对被控侵权葡萄酒商品所作宣传和介绍却包含了以上要素，上诉人的行为系对商品的质量、制作成分、性能用途、生产者、产地等作引人误解的虚假宣传，其关于未实施虚假宣传的不正当竞争行为的上诉理由无事实和法律依据，应予驳回。①

三、法律适用不同

从引人误解的“虚假表示”行为看，应当适用《商标法》、《产品质量法》实施行政处罚。从引人误解的“虚假宣传”行为看，应当适用《反不正当竞争法》实施行政处罚。

---

① 参见《最高人民法院公报》，2012（7）。

9.5 虚假广告

9.5.1 虚假广告的有关规定

我国《广告法》并未明确虚假广告的定义，有关虚假广告的禁止性规定散见于《广告法》中的第3条、第4条、第9条第1款、第10条，《反不正当竞争法》、《药品广告管理办法》、《消费者权益保护法》、《产品质量法》等法律法规中也有部分虚假广告的规定，但均没有对虚假广告的界定，导致实践中对虚假广告认定的困难。依据台湾地区“民法”第154条的规定，传统法学理论认为，除悬赏广告外，商业广告的性质为要约引诱，非经个别磋商不进入契约。① 由此，商业广告只能通过缔约之磋商，因当事人意思表示一致而订入契约。然而，这一理论共识在1994年的台湾地区“消费者保护法”出台后开始出现争议。台湾地区“消费者保护法”第22条规定：“企业经营者应确保广告内容之真实，其对消费者所负之义务不得低于广告之内容。”该规定是为了治理日益增多的虚假广告而制定的管制规范。

9.5.2 虚假广告的司法认定

虚假广告是指广告主、广告经营者、广告发布者以及广告推荐者为牟取非法利益而在广告中采取欺诈性的手段，对商品或服务的主要内容作不真实的或引人误解的表示，导致或足以导致消费者对其产生高期望从而作出错误判断的广告。② 前述对虚假广告的定义是以“消费者”为视角的，我们认为《反不正当竞争法》意义上的“虚假广告”应当具有区别，《反不正当竞争法》中的虚假广告不仅仅造成消费者的混淆或误认，还对经济环境和同业经营者造成损害。

如在福建省福清大闽生物工程有限公司诉福州南海岸生物工程有限公司不正当竞争纠纷上诉案中，最高人民法院二审认为，福建省福清大闽生物工程有限公司制作的两份对比表，其一是将“第一代鳗钙”与“第二代鳗钙”进行比较，以配合其“第二代鳗钙——大闽鳗钙”的宣传，抬高自己的产品，贬损他人的产品。从这种比较的目的与效果看，其性质很明显，与“第二代鳗钙——大闽鳗钙”的宣传共同属于虚假宣传的不正当竞争行为。③

① 参见王泽鉴：《债法原理》，第1册，北京，中国政法大学出版社，2001。

② 参见于林洋、孙学华：《关于“虚假广告”与“虚假宣传关系”的法律思考》，载《山西高等学校社会科学学报》，2004(6)。

③ 参见最高人民法院(2000)知终字第8号民事判决书。

9.5.3 虚假广告构成不正当竞争的要件

在北京市东海防腐防水技术开发工程公司诉北京金汤建筑防水技术开发有限责任公司虚假广告纠纷案中，司法观点认为，在广告中称竞争对手的名称已经改为自己的名称，这是引人误解的虚假宣传，导致挤占对方市场的后果，构成不正当竞争。

虚假广告构成不正当竞争行为的要件，一为行为主体是经营者；二是行为侵犯的客体是其他经营者和消费者的合法权益，扰乱社会的经济秩序；三是主观上有过错，且为故意；四是行为客观上有违法性；五是行为具有竞争性。另外，虚假广告并不以有损害结果的发生为必要条件。①

9.5.4 虚假广告与虚假宣传

实践中许多人将虚假宣传和虚假广告等同，这实际上是混淆了二者的关系，虚假广告是虚假宣传的一种，但虚假宣传不一定是虚假广告，它还包括虚假广告以外的其他虚假宣传形式，如内容虚假的产品介绍会和讲座等。

虚假广告与虚假宣传的相同点在于：(1) 法学角度。同属意思表示范畴，并且均属于有瑕疵的意思表示，即虚假的、欺骗性或误导性的。(2) 行为性质角度。二者都属于侵犯消费者合法权益的行为，《消费者权益保护法》和《反不正当竞争法》分别列为侵害消费者合法权益的违法行为和不正当竞争行为。(3) 法律规制的角度。由于虚假广告和虚假宣传侵害的客体往往不是单一的，消费者合法权益和守法经营者的合法权益都可能受到侵害，二者受《反不正当竞争法》、《消费者权益保护法》和《产品质量法》等多部法律的调整。(4) 判断标准。二者都以“虚假”作为标准。(5) 行为手段。二者都具有欺骗性、误导性，并且比较隐蔽。(6) 行为目的。二者均是为了牟取非法利益。(7) 社会危害性。二者导致市场信任危机，扰乱正常市场竞争秩序。②

虚假广告和虚假宣传具有相同点，但二者区别也十分明显，主要表现在：(1) 层面不同。虚假广告是虚假宣传的一种，二者为种属关系。(2) 主体不同。虚假广告的主体是广告主、广告经营者、广告发布者以及广告推荐者，虚假宣传的主体除了虚假广告的主体以外，还包括与商品经营者或服务的提供者有某种经济利益关系的其他主体。(3) 客体不同。虚假广告的客体是广告行为，虚假宣传的客体是宣传行为。(4) 对象不同。虚假广告的对象是一般社会大众，而某些虚假宣传的对象则是部分特殊的人群。(5) 适用法律规范不同。虚假广告有专门的《广告法》禁止，虚假宣传不在《广告法》调整范围之内，且调整虚假宣传的法律法规均适用于虚假广告。(6) 法律责任不同。对于虚假广告而言，《反

---

① 参见罗东川主编：《知识产权名案评析》，北京，中国法制出版社，1998。

② 参见于林洋：《虚假广告侵权研究》，北京，中国检察出版社，2007。

不正当竞争法》、《消费者权益保护法》、《产品质量法》、《广告法》等多部法律对其规定了民事责任和行政责任，其中《产品质量法》和《广告法》还规定了刑事责任。对于虚假宣传而言，《反不正当竞争法》、《消费者权益保护法》、《产品质量法》等对虚假广告以外的虚假宣传行为则主要规定了民事责任和行政责任。①

9.6 “引人误解的虚假表示”判断

9.6.1 引人误解的虚假表示

《反不正当竞争法》第 5 条第 4 项规定，禁止对商品质量作引人误解的虚假表示。第 9 条规定禁止利用广告或其他方法作引人误解的虚假宣传。《消费者权益保护法》第 56 条第 6 项规定禁止“对商品或者服务作虚假或者引人误解的宣传”，所谓的“虚假表示”和“虚假宣传”本质相同，通称为引人误解的虚假表示。一般认为，“引人误解的虚假表示”是“引人误解的表示”的一种形式，“引人误解的表示”是包含“引人误解的虚假表示”、“引人误解的真实表示”的大概念。“引人误解”与“虚假”是构成“引人误解的虚假表示”行为的必要条件。表示虚假，但不引人误解，也即不引人误解的虚假表示，也不能纳入到本规定的调整范围。表示是虚假的，但未引人误解，此时也不能追究其法律责任。

9.6.2 引人误解的客观后果

从《反不正当竞争法》的立法目的看，不论是虚假表示还是真实表示，只要有引人误解的客观后果，其意义和后果都是一样的，因此也是应当予以同等规制的。德国《反不正当竞争法》第 3 条的规定的修改正是此种情况的最好注脚。原来德国《反不正当竞争法》第 1 条只禁止“虚假广告”行为，1965 年修改法律时将其变更为禁止作“引人误解的广告”，并在第 3 条作了专门规定，从而扩大了行为的范围。② 虚假表示以对消费者引起误解为必要，不以损害有竞争关系的其他经营者为必要。虚假表示即使对其他经营者没有造成损害，但只要损害了消费者权益，即可构成违法。例如，美国《联邦贸易委员会法》第 5 条原来的规定是：“商业中的各种不正当的竞争方法，均宣布为非法。”但是，1931 年美国最高法院的一个判决认为，一种贸易行为虽然损害了消费者的利益，但并不能证明它实际上损害了任何竞争者的利益，此时不能根据第 5 条的规定宣布其为不正当的竞争方法，虽然法院承认消费者已经受到减肥产品广告的欺骗，但它判定这种虚假的广告宣传在销售这种商品的竞争者中是很普遍的，故竞争者并未受到损害。③

---

① 参见于林洋：《虚假广告侵权研究》，北京，中国检察出版社，2007。

② 参见朱钰祥：《虚伪不实广告与公平交易法》，台北，三民书局，1993。

③ 参见《联邦贸易委员会诉罗来丹姆公司案》，载《美国最高法院判例汇编》，第 283 卷（1931）。

9.6.3 引人误解的判断标准

从其他国家和地区的立法、判例和学说来看，引人误解的判断标准主要可以归纳为一般消费者施以普通注意原则、整体观察原则和比较主要部分原则以及异时异地隔离观察原则。我国引人误解的虚假表示应当如此理解，即不管实际发生了引人误解还是可能（足以）发生引人误解，都可以构成此种违法行为。如上诉人（原审被告）北京金鹰亚美国际商贸有限公司（简称金鹰亚美公司）与被上诉人（原审原告）金鹰公司（GOLD EAGLE CO.）虚假宣传纠纷一案中，二审法院认为，金鹰亚美公司在其产品并非来源于金鹰公司的情况下，在其产品的包装瓶及宣传材料上标注“采用美国金鹰公司最新专利技术配方”、“美国金鹰公司专利技术配方”、“美国金鹰公司最新专利配方”等文字，构成虚假宣传。因金鹰公司与金鹰亚美公司均从事汽车用化学品的经营，金鹰亚美公司实施此行为的主观目的明显在于使消费者误认，进而为自己获取经济利益，客观上必然造成金鹰公司产品市场份额的损失。因此，金鹰亚美公司的上述行为损害了金鹰公司的合法权益，扰乱了社会经济秩序，构成不正当竞争，应承担相应的民事责任。上诉人金鹰亚美公司认为其对该公司销售的产品的宣传是善意的，不会导致消费者误认误购的上诉理由不能成立，本院不予支持。①

9.7 行政执法的法律适用

实务中对“在商品上伪造或者冒用认证标志、名优标志等质量标志，伪造产地”与“对商品质量作引人误解的虚假表示”是种属关系还是并列关系存在较大争议。但通说认为系并列关系，如全国人大法工委所著《〈反不正当竞争法〉释义》认为：“这项规定是同《产品质量法》相衔接的，这里所说的对商品质量作引人误解的虚假表示，在表述上比《产品质量法》简要，这是为了避免重复太多，其实际内容与《产品质量法》所细列的内容是一样的，它包括产品的安全标准、使用性能、用途、规格、等级、所含主要成分和含量，计量单位、生产日期、有效期限、使用或者方法等。”② 国家工商管理总局条法司所著《反不正当竞争法释义》均持此观点。

《反不正当竞争法》第21条规定，经营者伪造或者冒用认证标志、名优标志等质量标志，伪造产地，对商品质量作引人误解的虚假表示的，依照《中华人民共和国产品质量法》的规定处罚。但是《产品质量法》第53条规定“伪造产品产地的，伪造或者冒用他人厂名、厂址的，伪造或者冒用认证标志等质量标志的，责令改正，没收违法生产、销售

① 参见北京市高级人民法院（2008）高民终字第168号民事判决书。

② 全国人大常委会法工委民法室编：《〈中华人民共和国反不正当竞争法〉释义》，北京，法律出版社，1994。

的产品，并处违法生产、销售产品货值金额等值以下的罚款；有违法所得的，并处没收违法所得；情节严重的，吊销营业执照”，该条只对“伪造或者冒用认证标志等质量标志”和“伪造产品产地”两种行为作出了具体的处罚，而没有对“对商品质量作引人误解的虚假表示”作出处罚规定，而且整个《产品质量法》其他条款也没有针对该行为作出具体的处罚规定。因此，“对商品质量作引人误解的虚假表示”无法适用《产品质量法》进行处罚，此时应适用《反不正当竞争法》。

实例解析

福建天龙公司与宁波华能公司不正当竞争纠纷案①

浙江宁波华能国际经济贸易有限公司（以下简称宁波华能公司）拥有“中国商品条码系统成员证书”，编号为物编注字第 55043 号，确定宁波华能公司厂商识别代码为 69234963。

2002 年 6 月 18 日，福建天龙电机有限公司（以下简称天龙公司）因使用宁波华能公司所有的条形码，而被福建省质量技术监督局行政处罚。福建省质量技术监督局 2002 年 6 月 18 日作出的（闽）技监罚字（2002）005 号行政处罚决定书对天龙公司的违法事实记录为“现场检查发现该公司正在生产条形码编号为 6923496306098 的水泵……上述产品属于冒用他人条形码的产品”。宁波华能公司认为天龙公司所生产的涉案水泵侵犯了其条形码专用权，遂将其告上了福建省宁德市中级人民法院。

宁德市中级人民法院认为，天龙公司未经宁波华能公司同意，擅自使用宁波华能公司登记注册的条形码，而该条形码既包括宁波华能公司的工厂名称也包括宁波华能公司产品的名称。天龙公司的行为损害了宁波华能公司的合法权益，天龙公司冒用宁波华能公司条形码的行为属于不正当竞争行为，已构成侵权。并判决：天龙公司应于本判决生效之日起 15 日内赔偿宁波华能公司条形码被冒用的损失 12 万元。

宣判后，天龙公司不服向福建省高级人民法院提起上诉，福建省高级人民法院经审理认为：(1) 天龙公司在其生产的水泵上冒用宁波华能公司的商品条形码的行为不仅违反了相应行政管理的规定，同时也挤占商品条形码专用权人的商品市场，使特定的消费群体在特定的场合对商品的来源产生混淆，违反了市场交易中的诚实信用原则，破坏了公平竞争的市场秩序。同时，对该厂商识别代码的使用，在特定环境下等同于对宁波华能公司企业名称的使用，根据《反不正当竞争法》第 2 条和第 5 条第 3 项的规定，天龙公司已构成对宁波华能公司的不正当竞争，损害了宁波华能公司的合法权益。依照《民法通则》第 106 条第 2 款和《反不正当竞争法》第 20 条的规定，天龙公司应对此承担侵权民事责任。

---

① 参见梅贤明、陈一龙：《冒用他人商品条码构成不正当竞争——福建高院判决福建天龙公司与宁波华能公司不正当竞争纠纷上诉案》，载《人民法院报》，2005-02-22；福建省高级人民法院（2004）闽民终字第 283 号民事判决书。

(2) 69234963及其对应的条形码是宁波华能公司产品在特定领域的“身份证”，是其企业名称的数字化表现形式。因天龙公司没有提供证据否定福建省质量技术监督局行政处罚决定书所认定的相关事实，故天龙公司上述上诉意见不予采纳。(3) 商品条形码对普通消费者一般不会产生影响。但是，对特定的企业（如商品批发、运输、仓储、超级商场等企业）在运用计算机管理的环境下，商品条形码对区分商品来源具有重大意义。如前所述，冒用他人商品条形码是一种不正当竞争行为，因此，天龙公司有关使用条形码不会构成不正当竞争的上诉意见不予采纳。(4) 本案冒用宁波华能公司条形码的产品是在天龙公司的生产现场查获的，没有进入商品流通领域，未给宁波华能公司造成严重的经济损失，故原审确定赔偿数额过高，应予调整。根据本案侵权行为的性质和情节，以及宁波华能公司为制止侵权和诉讼所支出的合理费用，酌情确定天龙公司赔偿宁波华能公司人民币 2 万元。

2004 年 8 月 20 日，福建省高级人民法院判决：(1) 撤销宁德市中级人民法院（2003）宁知初字第 8 号民事判决；(2) 福建天龙电机有限公司应于本判决生效之日起 15 日内赔偿宁波华能国际经济贸易有限公司损失人民币 2 万元。

练习与测试

2010 年 1 月 19 日，池州市工商行政管理局贵池区分局执法人员在食品安全抽样检查中发现，当事人青阳县某精米厂将其生产的“双龙香米”3 000 千克供应给个体工商户王某，且分装成 126 袋，并将事先印制好的产品合格证放置在 110 袋“双龙香米”包装袋内，产品合格证上标注的生产日期是 2010 年 2 月 20 日，而实际生产日期是 2010 年 1 月 19 日，其余 16 袋“双龙香米”没有产品合格证。当日上午该批香米被运到个体工商户王某店内，拟销价 2.92 元/千克，货值金额 8 760 元。

问题：当事人行为是否构成伪造生产日期对商品质量作引人误解的虚假表示的不正当竞争行为？

第10章

虚假宣传

单元要点

本单元阐述了虚假宣传的方法和“引人误解的虚假宣传”类型，重点对“引人误解的虚假宣传”认定标准进行了分析，介绍虚假宣传的法律适用及虚假宣传的法律责任，论述了虚假广告罪。

学习目标

了解不正当竞争中虚假宣传的各种手段；重点掌握“引人误解的虚假宣传”的司法判断标准和原则，虚假宣传的法律适用及虚假宣传的法律责任；了解虚假广告罪的构成及认定标准。

10.1 虚假宣传的方法

一、引人误解的虚假宣传方式

所谓的虚假宣传行为，指的是经营者为获取市场竞争优势和不正当利益，对商品或提供的服务进行虚假和引人误解的宣传的行为。[①] 《反不正当竞争法》第 5 条第 4 项规定：“在商品上伪造或者冒用认证标志、名优标志等质量标志，伪造产地，对商品质量作引人误解的虚假表示。”本项规定是禁止在商品上对商品作引人误解的虚假表示。《反不正当竞争法》第 9 条规定：“经营者不得利用广告或者其他方法，对商品的质量、制作成分、性能、用途、生产者、有效期限、产地等作引人误解的虚假宣传。广告的经营者不得在明知或者应知的情况下，代理、设计、制作、发布虚假广告。”本条显然是禁止采取广告或其他方式对商品作引人误解的虚假宣传。从《反不正当竞争法》第 5 条第 4 项与第 9 条的逻辑关系看，该法规定了虚假宣传商品的三种方法，即《反不正当竞争法》第 5 条第 4 项的“在商品上”与第 9 条的“广告”和“其他方法”，三种方法应当是相互不同的。在大庆市肇源县创亿公司（以下简称创亿公司）、香港 8 分钟国际洗涤集团有限公司（以下简称 8 分钟公司）与中化四平联合化工总厂（以下简称联化总厂）、四平市鑫平洗涤产业有限公司（以下简称鑫平公司）不正当竞争纠纷一案中，法院认为，本案“8 分钟洗衣粉”作为知名商品的特有名称，曾由被上诉人联化总厂以被许可方式使用。被上诉人在电视声明和宣传单中虽然说明其“已停止对原 8 分钟洗衣粉的生产”，但并未同时说明其停止的实际上是一种生产许可，也未说明停产原因，被上诉人也不能证明一般消费者在此之前已经普遍知晓其生产的 8 分钟洗衣粉系他人授权生产，这在客观上足以导致消费者产生 8 分钟洗衣粉已停产，再出现即属非法的认识；而其后陈述的“如出现任何问题，本厂概不负责”一语，会使消费者产生因 8 分钟洗衣粉存在问题才停产的联想。在电视声明中还提到“即

---

① 参见李昌麒：《经济法学》，北京，法律出版社，2007。

将向社会隆重推出以 118 为龙头的天池、含笑牌等系列洗衣粉”，将前后宣传内容结合起来，也容易使消费者产生 8 分钟洗衣粉是其淘汰产品，有新的 118 洗衣粉来替代的联想。被上诉人的这些广告宣传既没有对涉及上诉人商品声誉的事实作全面、客观的陈述，也没有对其广告宣传可能对上诉人商品声誉产生的不利影响予以足够的注意并采取相应措施，其行为足以使消费者对上诉人 8 分钟洗衣粉的品牌形象产生误解。上诉人也举证证明在相当范围的洗衣粉经销商和消费者中因该广告宣传已实际产生了这些误解后果，客观上损害了上诉人的商品声誉。另外，在联化总厂已实际停产 8 分钟洗衣粉一年多以后又进行上述广告宣传并且未说明实际停产时间，在庭审中二被上诉人也未能就此作出合理的解释，可以推定其主观上有直接针对上诉人进行宣传的故意。被上诉人的上述广告宣传已构成《反不正当竞争法》第 9 条规定所禁止的虚假宣传的不正当竞争行为。①

二、其他方法的虚假宣传

从实际情况看，《反不正当竞争法》第 9 条第 1 款规定的“其他方法”是“广告”、“在商品上”以外的其他方法，也即“在商品上”和“广告”所涵盖不了的方法。该“其他方法”究竟包括哪些方法，该法未作具体的界定。换一个角度说，我国《广告法》对于广告已有明确的界定，“在商品上”与“其他方法”只能是广告以外的方法，而这些方法尚没有法律上的严格界定。

引人误解的虚假宣传，其表现方式是利用广告或者其他方法，“其他方法”的范围根据“广告”范围的宽窄而定，指的是广告以外的或者利用广告不好概括的方法。“其他方法”的种类多种多样，不能穷尽列举。只要是符合“其他方法”的性质的其他方法，都可以归纳为“其他方法”。《反不正当竞争法》第 9 条规定的行为与第 5 条第 4 项规定的行为在表现方式上是不同的，《反不正当竞争法》第 9 条规定中的“其他方法”不包括直接在商品上或者在商品的包装装潢上作宣传，在商品或其包装装潢上的“虚假宣传”，应属于《反不正当竞争法》第 5 条第 4 项的内容，即属于“对商品质量作引人误解的虚假表示”②。

因此，该条规定的“其他方法”是带有兜底性的“其他方法”，主要包括说明书、演示、解释或其他文字、大众媒介等。结合司法实践，其他方法的引人误解的虚假方式主要有以下几种。

（一）利用说明书等作虚假宣传

利用包装内产品说明书、宣传册等对商品作虚假宣传。产品使用说明书和宣传册不是一种广告，但它的作用在于向购买者介绍产品的结构、用途、性能、使用方法、质量等，具有宣传作用，是广告之外的其他宣传形式，符合《反不正当竞争法》第 9 条规定的利用“其他方法”的条件，属于一种宣传工具。

① 参见最高人民法院（1999）知终字第 13 号民事判决书。

② 《从一起案例看〈反法〉、〈消法〉对“引人误解的虚假宣传”的调整范围》，见 http：//bbs.aicbbs.com/forum.php? mod=viewthread&tid=13997，访问日期：2013 年 3 月 10 日。

（二）演示、解释或其他文字等作虚假宣传

在经营场所内对商品作演示、说明、解释或者其他文字标注。这种演示、说明、解释或者文字标注是广告以外宣传商品的重要形式，这其中还包括在经营场所内所作的演讲、播放的视听材料等。在标签上伪造产地就是一种以文字标注的方式进行虚假宣传的典型事例。

（三）利用大众媒介或内部刊物、网站等作虚假宣传

利用大众媒介或内部刊物、网站等作引人误解的宣传报道。通过播放新闻、采访、发表文章等形式，以非商业广告的形式对商品进行宣传报道。该种宣传方式的欺骗性比商业广告更易引人误解，危害性更大。经营者还利用内部自办的刊物、小报及自办网站等对商品进行引人误解的宣传。

10.2 引人误解的虚假宣传

实践中虚假宣传行为较多，但有几类属于典型的虚假宣传行为，因此最高人民法院为了对典型虚假宣传行为有所明确规定，在最高人民法院《关于审理不正当竞争民事案件应用法律若干问题的解释》第8条中规定了三种典型行为。

一、引人误解的虚假宣传类型

（一）对商品作片面的宣传或者对比的

实践中，一些经营者将与竞争对手的商品信息作不对称的宣传或者对比，其目的和结果往往是不正当地贬低他人商品而抬高自己的商品，误导购买者。如用自己产品的优点与别人产品的缺点进行片面的对比宣传，不作全面宣传。单个地看，所作的宣传都是真实的，并无虚假，但却引人误解，给人的印象是他人的产品缺点多，自己的产品优点多。特别需要指出的是，我国法律并不禁止对比广告，但对比广告提供的商品信息应当全面和充分，不能不正当地损害竞争对手。因片面宣传或者对比而误导购买者的，可以认定为引人误解的虚假宣传行为。当然，如果因此而损害竞争对手的商业信誉或者商品声誉，还会与《反不正当竞争法》第14条规定的商业诋毁行为构成竞合。

（二）将科学上未定论的观点、现象等当作定论的事实用作商品宣传的

将科学上未定论的观点、现象等当作定论的事实用于商品宣传，即使这些观点、现象等确实存在，但因在商品宣传中使相关公众将未定论的东西误认为定论的东西，而对商品质量等产生误解，就可以构成虚假宣传行为。

（三）以歧义性语言等方式宣传的

以歧义性语言或者其他引人误解的方式进行商品宣传的，故意以模棱两可、含含糊糊等歧义性词语宣传商品，足以使相关公众产生误解的，可以构成虚假宣传行为。

二、误解与虚假宣传的关系

理论界对《反不正当竞争法》规定的"引人误解的虚假宣传"一直有不同评价，认为在"虚假宣传"前加上"引人误解"的限定，使得本条适用的范围过窄，不能适应现实生活的需要，应当作扩大解释，使其包括"引人误解的宣传"和"虚假宣传"两种情况，将"足以造成相关公众误解的"作为认定《反不正当竞争法》第 9 条规定的引人误解的虚假宣传行为的标准。该条第 2 款明确规定，不足以造成相关公众误解的，不属于引人误解的虚假宣传行为。但该条第 3 款规定的是是否构成"足以造成相关公众误解的"一般性考量因素，"人民法院应当根据日常生活经验，相关公众一般注意力，发生误解的事实和被宣传的对象的实际情况等因素，对引人误解的虚假宣传行为进行认定"①。

10.3 引人误解的虚假宣传认定标准

一、引人误解的虚假宣传考量因素

引人误解的虚假宣传的本质属性是"引人误解"，通常是具有引人误解的目的或者后果。在经济生活中，商品宣传常常具有一定的夸张性，广告更需要具有一定的艺术夸张成分。倘若采取的夸张性宣传形式不足以引人误解，就不必按照引人误解的虚假宣传论处。据此，最高人民法院《关于审理不正当竞争民事案件应用法律若干问题的解释》第 8 条第 2 款将"以明显的夸张方式宣传商品，不足以使相关公众对商品质量等产生误解"的行为，排除在"引人误解的虚假宣传"之外。商品宣传是否足以引人误解而构成引人误解的虚假宣传，往往具有较大的自由裁量性。为了指导法官更加准确地判断引人误解的虚假宣传行为，最高人民法院《关于审理不正当竞争民事案件应用法律若干问题的解释》第 8 条第 3 款规定了一般性的考量因素，即：人民法院应当根据日常生活经验、相关公众一般注意力、发生误解的事实和被宣传对象的实际情况等因素，对引人误解的虚假宣传行为进行认定。这说明，判断是否构成引人误解的虚假宣传，主要是相关经济生活领域的日常生活经验和宣传行为的具体情形，按照相关公众中的一般主体是否产生误解，进行判断。这种判断标准虽然具有自由裁量性，但不能脱离一般的社会基础，具有一定的客观约束性。②

二、引人误解的虚假宣传司法实践

司法实践中，一般认为，只要对其产品或者服务进行了虚假宣传，必然引人误解，构成不正当竞争，也即"只要在广告中进行了虚假内容的陈述，或是虽陈述的内容真实，但

---

① 蒋志培、孔祥俊、王永昌：《〈关于审理不正当竞争民事案件应用法律若干问题的解释〉的理解与适用》，载孔祥俊主编：《最高人民法院知识产权司法解释理解与适用》，北京，中国法制出版社，2012。

② 参见蒋志培、孔祥俊、王永昌：《〈关于审理不正当竞争民事案件应用法律若干问题的解释〉的理解与适用》，载孔祥俊主编：《最高人民法院知识产权司法解释理解与适用》，北京，中国法制出版社，2012。

使人产生模糊判断和误解的，自然会使消费者对所宣传的产品或服务的质量、功能等方面产生误解，即符合了虚假宣传行为的构成要件，构成不正当竞争”①。如上诉人福建省福清大闽生物工程有限公司与被上诉人福州南海岸生物工程有限公司不正当竞争纠纷一案②，最高人民法院认为：商品经营者为推销商品而向市场提供的关于该商品的宣传性信息，如果内容不真实，一般足以认定为引人误解的虚假宣传；如果内容真实，但由于不准确或者不全面的原因，足以导致该商品的销售者或者消费者对商品产生错误认识，误解该商品具有本不存在的品质特征或者其他特点，经营者由此得到利益或者竞争优势，也应认定违反了诚实信用的原则，同样构成引人误解的虚假宣传的不正当竞争行为。

本案裁判意见中，最高人民法院对《反不正当竞争法》第 9 条所规定的情形进行了扩充，尽管宣传内容真实，但不准确或者不全面所导致该商品的销售者或消费者对商品来源产生错误认识的，明确认定为构成引人误解的虚假宣传。

三、引人误解的虚假宣传与艺术夸张的界限

引人误解的虚假宣传的本质属性是“引人误解”，通常是具有引人误解的目的或者后果。在经济生活中，商品宣传常常具有一定的艺术夸张性，广告更需要具有一定的艺术夸张成分。倘若采取的夸张性宣传形式不足以引人误解，就不必按照引人误解的虚假宣传论处。据此，最高人民法院《关于审理不正当竞争民事案件应用法律若干问题的解释》第 8 条第 2 款将“以明显的夸张方式宣传商品，不足以造成相关公众误解”的行为，排除在“引人误解的虚假宣传”之外。

但对于如何理解此处的“明显的夸张方式”和“不足以产生误解”仍需要通过立法明确，如陈理峰诉脑白金消费纠纷案③，法院认为：原告陈理峰到被告一致医药公司购买脑白金产品，双方依法构成消费服务关系，被告作为脑白金的销售者，负有向原告提供产品真实信息的法定义务，原告向本院提交的脑白金包装上印有“上海老凤祥特别打造 99.99%金砖，脑白金里有金砖，价值 5 000 元”。原告作为普通消费者，凭借该项文字的表述内容，足以产生凭借其购买脑白金这一商品的行为而获得价值 5 000 元金砖的可能性这一内心的确信性，但现有证据无从显示本案存在从被告所销售的脑白金商品中获取金砖的可能性，被告在没有金砖获取可能性的情形下，在其销售的商品上标有“上海老凤祥特别打造 99.99%金砖，脑白金里有金砖，价值 5 000 元”的字样，故意告知上述虚假情况，使原告作出了购买脑白金的错误意思表示，被告的行为应认定为欺诈。原告购买的商品的价值为 277.60 元，其据此要求被告予以双倍赔偿 555.20 元，符合法律规定，本院予以支持。

但在罗某诉脑白金案中，海珠区法院审理后认为：引起纠纷的原因在于对“脑白金里有金砖”这一宣传语理解不同，罗某对此理解为广告，进而要求按其意思表示给付金砖，

① 北京市高级人民法院知识产权庭编：《知识产权诉讼实务研究》，北京，知识产权出版社，2008。

② 参见最高人民法院（2000）知终字第 8 号民事判决书。

③ 参见深圳市福田区人民法院（2007）深福法民一初字第 1784 号判决书。

而药店则认为是脑白金销售的一种有奖销售广告行为。从本案查明的事实来看，罗某购买“脑白金”时，药店在销售柜台摆放了脑白金宣传卡，宣传卡对脑白金销售活动细则作了说明，讲明中奖率为0.075‰，罗某在购买前已完全知悉“脑白金里有金砖”是一项有奖销售活动促销语。既然是含有中奖率的有奖销售，作为一个正常的成年人，法院认为按照日常生活经验就应知道购买“脑白金”，有可能中奖，也有可能不中奖，并不必然获取金砖。罗某认为购买脑白金一定有金砖是以必然性代替了中奖的偶然性，其请求与“脑白金里有金砖”有奖销售的活动要求不符，法律上也没有依据可支持。法院同时查明，“脑白金里有金砖”这一广告促销行为得到了公证，证明是真实合法的，排除了广告欺诈的可能性，据此判决驳回罗某的诉讼请求。①

10.4　引人误解的虚假宣传载体

一、商品质量

《反不正当竞争法》第 5 条和第 9 条均涉及“商品质量”的概念，这里的“商品质量”的含义不同于《产品质量法》涉及的“产品质量”的含义，对《反不正当竞争法》中的“商品质量”应作较为宽泛的理解。理由是《反不正当竞争法》的立法目的是规范竞争行为，而《产品质量法》的立法目的是加强产品质量管理，提高产品质量水平，明确产品质量责任。二者相比较，《产品质量法》中的“产品质量”较《反不正当竞争法》中的“商品质量”更具有专业性和局限性，因而前者较后者的外延窄小。换言之，《反不正当竞争法》中的“商品质量”除了包含商品的适用性、耐用性、安全性等内容外，还应当包括商品的可靠性和经济性。《反不正当竞争法》着眼于制止不正当竞争行为，凡是有损于公平竞争的行为都应当接受《反不正当竞争法》的调整。②《反不正当竞争法》所称的“商品质量”包括服务质量，对商品质量的虚假宣传当然包括对服务质量的虚假宣传。

二、商品与商品质量

《反不正当竞争法》第 5 条第 4 项对引人误解的虚假宣传的调整范围是指“在商品上伪造或者冒用认证标志、名优标志等质量标志，伪造产地，对商品质量作引人误解的虚假表示”，其本质是欺骗误导公众，使公众对商品质量产生误解。此行为与《反不正当竞争法》第 9 条规定的引人误解的虚假宣传的实质内容是相同的，区别主要在于表现形式不同，这一行为发生在商品上，包括商品的包装、装潢上，第 9 条规定的行为则是利用广告或者其他方法，在适用法律时应将本法的这两个规定区分开。对商品质量作引人误解的虚

---

①　参见李朝涛、仰双全、海法宣：《脑白金没“金砖”消费者要求厂家兑现广告——法院认为将中奖偶然性认定为必然性不可取驳回请求》，载《信息时报》，2007－07－12。

②　参见吴小秦：《利用广告对商品质量作虚假宣传不正当竞争行为的认定——中国联通咸阳分公司虚假宣传不正当竞争案法理评析》，载《中国工商管理研究》，2011（3）。

假表示是这项规定的本质内容，引人误解的虚假表示，从表面上看大部分是虚假的，但有时仅从表面上看，难说虚假，其后果却会导致消费者误解，这也是引人误解的虚假表示。这已说明，本规定中并不是把虚假表示作为划分合法与违法的界限，真实意义是，不引人误解的表示，不是虚假表示，只有引人误解的表示才是虚假表示，才构成不正当竞争。这种行为从表面上看，既未打击竞争对手，也未利用竞争对手，为什么还要将其列为不正当竞争行为？这首先要对竞争有个正确的理解，从本质上说，竞争是经营者争取交易的行为，是争夺市场的行为，经营者对商品质量作引人误解的虚假表示，误导公众，使消费者在受欺骗或蒙蔽的情况下购买商品，这就不正当地占有或扩大了市场份额，就会影响或妨碍诚实经营者的市场销售，或使诚实的经营者丧失顾客，产生不公平的市场后果。因此，对以欺骗等不正当手段占领市场的行为规定为不正当行为，才真正抓住了不正当竞争的本质。①

引人误解的虚假宣传是典型的不正当竞争行为，其直接损害用户和消费者的利益，妨碍公平竞争，而且随着传播媒介的普及和发展，这种行为的危害日益严重。在把握什么是引人误解的虚假宣传的尺度上，关键词还是“引人误解”，《反不正当竞争法》第 9 条“引人误解”与第 5 条第 4 项中的“引人误解”含义相同。引人误解的虚假宣传，涉及的内容是很广的，本法第 9 条第 1 款列举出来的有商品的质量、制作成分、性能、用途、生产者、有效期限、产地，没列举出来的还有很多，如商品的规格、等级、生产日期、销售者、价格、售后服务、获奖获优情况等，难以列举穷尽。凡会使消费者产生误解，影响消费者选购商品的内容都应当包括在内。

10.5 虚假宣传承担法律责任的几个问题

一、公益虚假宣传适用《反不正当竞争法》

公益活动的行为具有间接营利性的特点，而在公益宣传中各个主体之间也存在广义上的竞争关系。因此，在公益活动中就活动相关信息进行虚假宣传或夸大宣传的行为，如果破坏了公平竞争秩序，误导了消费者，损害了其他竞争者的合法权益，也应当构成《反不正当竞争法》第 9 条所规定的虚假宣传行为。如重庆银翼文化传媒有限公司诉重庆交通大学、重庆方特乐园旅游有限公司虚假宣传纠纷案②，法院认为，被告重庆交通大学为“方特绿色形象大使招募活动”的承办者，而被告重庆方特乐园旅游有限公司为该活动的冠名赞助者。涉案海报上载明“方特绿色形象大使火热招募中……只要获奖，你将立即成为 2009 年中国绿色形象大使，获得重庆市绿色志愿者联合会、重庆市红十字基金会绿基金

① 参见《从一起案例看〈反法〉、〈消法〉对“引人误解的虚假宣传”的调整范围》，见 http://bbs.aicbbs.com/forum.php?mod=viewthread&tid=13997，访问日期：2012 年 10 月 5 日。

② 参见重庆市第五中级人民法院（2009）渝五中法民初字第 247 号民事判决书。该案系 2009 年中国法院知识产权司法保护 50 件典型案例之一。

颁发的形象大使证书及聘书，成为重庆公益史上第一位绿色环保形象代言人……”但被告重庆交通大学和重庆方特乐园旅游有限公司均没有提供充分证据证明其已经获得合法授权承办或冠名“2009 中国·重庆绿色形象大使活动”。二被告未提供充分证据证明海报上所记载的相关内容属实，故认定此行为构成引人误解的虚假宣传行为。

二、虚假宣传承担民事责任的基本条件

在“携程”判决案①中，最高人民法院明确承担民事责任的虚假宣传基本条件，即：

1. 经营者应当具备竞争关系。此处的竞争关系属于广义上的竞争关系，如博内特里塞文奥勒有限公司与梦特娇·梅蒸（香港）服饰有限公司等商标侵权、不正当竞争纠纷案中②，法院认为，根据《反不正当竞争法》第 9 条的规定，经营者不得利用广告或者其他方法，对商品的质量、制作成分、性能、用途、生产者、有效期限、产地等作引人误解的虚假宣传。虽然原、被告的经营范围不同，但不管是否同业经营，经营者的经营成本、经营方式、交易机会等都将影响经营者在整个市场上的竞争能力，因此竞争既可能发生在同业经营者中，也可能发生在非同业经营者中。而如果经营者以不正当的方式与竞争对手或其他经营者直接或间接地争夺交易机会，损害竞争对手或其他经营者的合法权利，破坏正当的竞争秩序，就构成不正当竞争。在本案中，虽然原、被告的经营范围不同，但两个行业（服装业与洗衣业）仍有一定的联系，可以认定原、被告在整个市场中存在间接的竞争关系。法国梦特娇洗衣公司是一家注册于香港的公司，并于 2007 年 3 月被香港高等法院判令注销其企业名称，被告作为一家注册在上海的公司，在上述判决作出后仍然在其经营的网站、宣传资料以及加盟店牌匾上使用这一非法企业名称及“法国梦特娇干洗”等字样，并配合以“浪漫的法式高档洗衣”、“梦特娇干洗　源自法国服务中国”等虚假广告宣传语，从总体上看，这种行为足以使相关消费者对被告所经营的洗衣服务行业的来源产生误解，或至少会误以为被告与原告有着某种关联，而事实上这种关联并不存在，因此，被告的这种行为构成了虚假宣传的不正当竞争行为，应当承当赔偿损失的民事责任。

2. 有关宣传内容足以造成相关公众误解。

3. 对经营者造成了直接损害后果。尤其在对于引人误解和直接损害后果问题上，不能简单地以相关公众可能产生误导性后果来代替原告对自身受到的损害的证明责任。

三、非法经营不属于民事侵权要件

一般来讲，没有资质的非法经营行为属于虚假宣传，但原告必须证明其利益因被告虚假宣传行为受到损害，或者说即使违反行政法律法规，但并不必然承担反不正当竞争的民事责任。如原审原告北京黄金假日旅行社有限公司与原审被告携程计算机技术（上海）有限公司、上海携程商务有限公司、河北康辉国际航空服务有限公司、北京携程国际旅行社

① 参见最高人民法院（2007）民三终字第 2 号民事判决书。

② 2004 年全国十大知识产权案例之一。

有限公司虚假宣传纠纷一案，法院在“关于携程计算机公司和携程商务公司是否存在非法经营民航客运销售代理业务行为并因此而构成虚假宣传的不正当竞争”这一焦点上认为：“假设有关行为构成违反行政许可法律、法规的非法经营行为，也并不必然同时构成不正当竞争行为并需要承担民事责任。对于违反有关行政许可法律、法规的非法经营行为，一般属于应当承担行政责任乃至刑事责任的问题，应当依法由相应的行政主管部门或者刑事司法机关审查认定。只有在违反有关行政许可法律、法规的非法经营行为同时构成民事侵权行为的情况下，才涉及应否承担民事责任的问题。也就是说，非法经营并不当然等于民事侵权，民事诉讼原告不能仅以被告存在非法经营行为来代替对民事侵权行为的证明责任。”“不论经营者是否属于违反有关行政许可法律、法规而从事非法经营行为，只有因该经营者的行为同时违反《反不正当竞争法》的规定，并给其他经营者的合法权益造成损害时，其他经营者才有权提起民事诉讼，才涉及该经营者应否承担不正当竞争的民事责任问题。即使是对《反不正当竞争法》第 9 条第 1 款规定的引人误解的虚假宣传行为，也并非都是经营者可以主张民事权利的行为，也应当符合经营者之间具有竞争关系、有关宣传内容足以造成相关公众误解、对经营者造成了直接损害这三个基本条件。”①

四、虚假宣传的赔偿标准参照侵犯注册商标专用权

最高人民法院《关于审理不正当竞争民事案件应用法律若干问题的解释》第 17 条第 1 款规定，“确定反不正当竞争法第五条、第九条、第十四条规定的不正当竞争行为的损害赔偿额，可以参照确定侵犯注册商标专用权的损害赔偿额的方法进行”。《商标法》第 63 条规定：“侵犯商标专用权的赔偿数额，按照权利人因被侵权所受到的实际损失确定；实际损失难以确定的，可以按照侵权人因侵权所获得的利益确定；权利人的损失或者侵权人获得的利益难以确定的，参照该商标许可使用费的倍数合理确定。对恶意侵犯商标专用权，情节严重的，可以在按照上述方法确定数额的一倍以上三倍以下确定赔偿数额。赔偿数额应当包括权利人为制止侵权行为所支付的合理开支。”

人民法院为确定赔偿数额，在权利人已经尽力举证，而与侵权行为相关的账簿、资料主要由侵权人掌握的情况下，可以责令侵权人提供与侵权行为相关的账簿、资料；侵权人不提供或者提供虚假的账簿、资料的，人民法院可以参考权利人的主张和提供的证据判定赔偿数额。

权利人因被侵权所受到的实际损失，侵权人因侵权所获得的利益，注册商标许可使用费难以确定的，由人民法院根据侵权行为的情节判决给予 300 万元以下的赔偿。

依据《反不正当竞争法》第 21 条之规定，虚假宣传的行政处罚转致适用《产品质量法》。但因为《产品质量法》的调整范围受到一定限制，对于《产品质量法》不能调整的商品房、农副产品，以及服务可以转致适用《消费者权益保护法》第 50 条。

---

① 最高人民法院（2007）民三终字第 2 号民事判决书。该案系 2009 年度最高人民法院典型案例之一。

10.6 虚假广告罪

一、虚假广告罪的立案标准

1997 年《刑法》设立虚假广告罪，《刑法》第 222 条规定：广告主、广告经营者、广告发布者违反国家规定，利用广告对商品或者服务作虚假宣传，情节严重的，处 2 年以下有期徒刑或者拘役，并处或者单处罚金。2010 年 5 月 7 日，《最高人民检察院、公安部关于公安机关管辖的刑事案件立案追诉标准的规定（二）》第 75 条规定，广告主、广告经营者、广告发布者违反国家规定，利用广告对商品或者服务作虚假宣传，涉嫌下列情形之一的，应予立案追诉：

（1）违法所得数额在 10 万元以上的；

（2）给单个消费者造成直接经济损失数额在 5 万元以上的，或者给多个消费者造成直接经济损失数额累计在 20 万元以上的；

（3）假借预防、控制突发事件的名义，利用广告作虚假宣传，致使多人上当受骗，违法所得数额在 3 万元以上的；

（4）虽未达到上述数额标准，但两年内因利用广告作虚假宣传，受过行政处罚 2 次以上，又利用广告作虚假宣传的；

（5）造成人身伤残的；

（6）其他情节严重的情形。

二、虚假广告罪的司法实践

2005 年，有学者就指出：自 1997 年在《刑法》中增设虚假广告罪以来，被判处此罪的尚不多见。① 2007 年 11 月 9 日上午，杭州市江干区人民法院对杭州华夏医院虚假医疗广告案作出了一审判决。华夏医院负责人黄元敏、该医院风湿科的投资人杨文秀和杨国坤以及承包管理负责人杨元其，分别被判处 1 年至 1 年 6 个月不等的有期徒刑和 2～3 万元的罚金。这是我国首例因涉嫌“虚假广告罪”被指控的医疗广告案。需要说明的是，它并非首例被判“虚假广告罪”的案例。根据新华网的消息，2004 年 10 月，河南省卢氏县一女子崔建荣未经广告管理部门审核，擅自通过《故事大观》、《农民致富之友》等刊物发布含有虚假内容的中药材种植广告，骗取各地农民汇款 12 万余元，后被卢氏县人民法院以虚假广告罪判处拘役 6 个月，缓刑 1 年，并处罚金 1 万元。2005 年的“哈佛戴高乐”虚假广告案中，广告主——新东科公司董事长徐能潮和策划此广告的广告经营者罗佳佳，也是以涉嫌虚假广告罪被依法逮捕。同样是“虚假广告罪”，这起虚假医疗广告案之所以自始至终受到媒体和社会的高度关注，是因为这两年各种虚假医疗广告危害社会，深为人们所

① 参见李希慧、沈元春：《虚假广告罪若干问题探究》，载《河北法学》，2005（12）。

痛恨。①

三、虚假广告罪中的“虚假”认定标准

但何为“虚假”，目前我国并无统一的判断标准，我们认为虚假广告罪的立法本意旨在惩治那些夸大其词的即“虚假”的广告行为。当然，作为一种旨在引起人们强烈关注的信息传播方式，广告或多或少都带有一些夸张效果，如化妆品广告宣称的“今年 20，明年 18”。但这种夸张并不是《刑法》意义上的虚假，而是在人们接受和法律允许的范围之内，正如外国的一句名言——“广告就是合法的欺诈”。美国对何为虚假广告有两个确定标准：一个是愚人标准，另一个是合情合理的人的标准。② 我国《刑法》对如何认定虚假广告并无明文规定，判断标准往往由法官自行裁定，这在带给法官灵活处理案件便利的同时，也容易造成判断不一、同罪异罚的现象。我们以为，不妨借鉴国外的做法，对虚假广告罪中的“虚假”设定一个底线，即主观上以超出一般人的合理认知与判断为标准，客观上以行为人违反《广告法》、《反不正当竞争法》以及《消费者权益保护法》而实施了对商品质量、性能用途、生产者、有效期限、产地等作引人误解的宣传的行为为标准，主客观相结合来加以界定。③

10.7 律师代理虚假宣传纠纷实务

一、虚假宣传行为的主要特征

1. 行为主体为广告主、广告经营者和广告发布者。

2. 上述主体客观上对其商品或服务实施了虚假广告宣传行为或以其他方式实施了虚假宣传行为。

3. 上述虚假广告或虚假宣传造成了消费者的混淆和误认。

4. 主观方面，广告经营者在明知或应知情况下，才对虚假广告承担相应的法律责任；而对广告主，则不论其主观上处于何种状态，均须对虚假广告承担法律责任。

二、虚假宣传行为的主要表现

1. 虚假广告经常把商品的特征过度美化，夸大商品的效能，因为经过美化的商品容易受到消费者的信赖。

2. 虚假广告经常采用不同的方式掩盖商品原料和成分的真实性。

3. 虚假广告经常假冒和虚设原产地，骗取消费者的好感。

---

① 参见李明伟：《中国广告的罪与罚——以首例虚假医疗广告案为例》，载《法治研究》，2008（2）。

② 参见黎广胜、黄川：《虚假广告及其判定标准》，载《法制与经济》，1997（6）。

③ 参见李希慧、沈元春：《虚假广告罪若干问题探究》，载《河北法学》，2005（12）。

4. 企业的历史渊源、规模及人才。有些经营者经常作各种各样的虚假宣传。

虚假广告是虚假宣传的主要方式，虚假广告因其传播的媒介是电视、网络、报纸、杂志等，其覆盖面广、传播速度快，因此虚假广告对于权利人的危害相对较大，同时也给维权带来了诸如取证难、无法弥补损失等现实困难。

下面结合近期颇有影响的王老吉诉加多宝虚假宣传案，进一步具体论述律师如何代理这类案件。

案例简介：加多宝公司与王老吉公司是中国凉茶市场上的主要竞争对手。加多宝公司的加多宝凉茶是 2012 年 5 月中旬以后才单独推向市场，而王老吉品牌凉茶则早已是家喻户晓。加多宝公司利用其 2012 年 5 月之前一直生产、销售王老吉凉茶这一便利条件，为了顺利打造其自身的加多宝品牌凉茶，在广告宣传中，先后大规模使用了“王老吉凉茶改名加多宝”、“全国销量领先的红罐凉茶改名加多宝”、“全国销量领先的红罐凉茶——加多宝”、“中国每卖 10 罐凉茶，7 罐加多宝”、“加多宝凉茶，全国销量遥遥领先”、“加多宝凉茶配方正宗，全国销量遥遥领先”等广告语。王老吉公司以上述广告语是虚假宣传行为，给其造成了难以或无法挽回的经济损失和商誉损失为由，分别向广州市中级人民法院、长沙市中级人民法院、重庆市中级人民法院等地法院提起诉讼。其中针对加多宝的改名宣传语，王老吉公司在广州市中级人民法院起诉的同时，向法院申请了诉中禁令，广州市中级人民法院最终在 2013 年 1 月 31 日作出了支持王老吉公司的申请事项的诉中禁令裁定，并于 2013 年 12 月 20 日作出了支持王老吉公司“王老吉凉茶改名加多宝”“全国销售领先的红罐凉茶改名加多宝”等商品相同式相近似的广告语构成“虚假宣传”的诉请的一审判决。2014 年 7 月 21 日重庆市中级人民法院也作出了支持王老吉公司的“中国每卖 10 罐凉茶，7 罐加多宝”广告构成“虚假宣传”的诉请的一审判决，其他案件正在审理过程中。

面对这样的案件，作为原、被告双方的律师，该如何开展工作？这是本章重点讨论的内容。

（一）原告律师在虚假宣传案件中应如何开展工作

俗话说，万事开头难，知识产权案件如此，虚假宣传案件就更是如此。因为在商标、专利、版权案件中，原告的权利是明确的，特别是商标权、专利权。而虚假宣传案件中，原告的权利往往不是法定的，而是在法院判决后赋予或认可的。因此律师在接手此类案件时，应当按照如下步骤开展工作。

第一，要判断涉诉的宣传行为是否是虚假宣传。这时，原告律师要根据《反不正当竞争法》第 9 条及其相关的司法解释，对被告的宣传行为进行详细解读、分析，看是否是虚假宣传行为。如果是广告行为，还要依据《广告法》及其司法解释和与其配套的法规、规章进行分析。

在本案中，众所周知，连续多年全国销量领先的红罐凉茶是王老吉，并非加多宝。“改名”，顾名思义是指更换原来的名字，原来的名字被弃用了，不存在了。而事实上王老吉凉茶一直都是存在的，从未改名。加多宝铺天盖地的“改名”广告，造成了消费者误认和混淆，普遍认为，王老吉已改名为加多宝。试问，一个价值高达 1 080 亿元人民币的品牌，其持有人怎么可能会将之随便改名呢？加多宝公司这么做目的是将红罐加多宝与原来的红罐王老吉之间画上等号，向消费者传递了一个错误信息：原来的红罐王老吉已经改名加多宝，加多宝就是原来的王老吉。确定是虚假宣传行为后，再进入下一步。

第二，明确了是否是虚假宣传行为还不够，还需进一步明确虚假宣传行为是否给原告造成了有形、无形的损失，侵犯的是原告的什么权利。在上述案例中，加多宝公司的虚假宣传侵犯的均是王老吉公司的商誉。虚假宣传案件以侵犯权利人商誉的情形居多。王老吉公司为了应对被告的虚假宣传行为，不得不在户外广告、电视、报刊等媒体额外投入大量资金对“王老吉从未更名”这一事实进行宣传，以消除负面影响，这不但增加了经营成本，还给王老吉公司造成了巨大的经济损失。同时，因为加多宝公司的虚假宣传行为，给消费者灌输王老吉改名了，不存在了的思想观念，这对于王老吉品牌的损害和稀释是巨大的，难以用金钱来弥补。

第三，经过上面的分析，已经明确被告的虚假宣传行为对原告构成侵权，这时就该进入调查取证阶段。前面提到，虚假宣传案件的调查取证工作较难。这是与虚假宣传本身所借助的媒介有关，其基本上都是通过电视、报纸、网络、户外广告等形式进行的。报纸、网络都较为容易取证。如果是在报纸上做广告的，买一份报纸就足以证明，市面上买不到的话只要去各地的图书馆调取就行；通过网络虚假宣传，只要在公证处做一个网络公证就能达到目的。

电视广告取证难的原因是，一般人很难掌握涉案广告会在哪个电视台、哪个时段播出，要固定这种证据需要耗费大量的时间和精力。对此，原告律师可以找专门的电视节目检测机构，委托其在一周内检测全国所有电视台播出涉案广告的情况，并给出一个详细列表，这既能说明被告有虚假宣传行为，同时通过列表也能很清楚地知道虚假广告播出的时段、电视台、频率等。这对法院认定虚假广告的影响范围、程度，认定原告的损失数额有巨大的帮助。缺点就是，费用较高，但如果案件最终胜诉的话，该笔费用可以列入支出费用中，将由被告承担。

对于户外广告，证据固定的难度不大，但难度在于通过何种方式才能确切地知道广告主是谁。通常的做法是找户外广告的审批、管理部门，如城市管理部门、工商行政部门，向这些部门调取当时户外广告发布时递交的送审材料，从中寻找广告主或广告经营者。虽说法律赋予了律师调查取证权，但现实是，律师去有关部门要求调取材料时，往往会被以各种理由拒绝。此时就不得不求助法院，向法院申请其依职权调取，但成功率往往难以预料。

第四，取证完成后就要进入立案的准备阶段了。首先要选取法院管辖地，在可能的情况下尽量选取原告所在地，或者自身产品的主要销售地，避开被告所在地。在本案中，王老吉公司的律师选择广州市中级人民法院作为管辖法院之一，这主要是考虑到能够更好地控制诉讼成本。选择长沙、重庆作为管辖地，主要是考虑到以重庆为中心的西南地区、以长沙为中心的两湖地区是凉茶市场的重点争夺区域。在这些地方进行诉讼，可以极大地促进当地的销量。

选定法院管辖地后，就可以准备好证据材料、诉状及相关手续去法院立案。

第五，前面已经提到，虚假宣传案件中的虚假广告媒介是电视、网络、报纸、杂志等，其覆盖面广、传播速度快。而诉讼程序时间冗长，再加上被告通过提管辖权异议等方式拖延诉讼的话，一个案件从一审到终审两年甚至更长的时间就过去了。等两年甚至更长的时间过去后再去制止被告的侵权行为的话，那么原告的损失已经无法用金钱来弥补，被告侵权的目的也早已达到。再加上中国的知识产权赔偿制度过于宽松，侵权成本很低。这样的话，仅仅通过诉讼来维权的目的就落空了。鉴于此，原告律师综合案件的情况，以及原告的需求，在立案前提起诉前禁令申请，或者在立案时同时提起诉中禁令申请，以便及时制止被告的虚假宣传行为，以免损失的进一步扩大。

严格来说，中国目前的法律并未明文规定不正当竞争领域可以适用诉前或诉中禁令。但是，2013 年 1 月 1 日实施的最新《民事诉讼法》将原《民事诉讼法》第 92 条修改为现行的第 100 条第 1 款即“人民法院对于可能因当事人一方的行为或者其他原因，使判决难以执行或者造成当事人其他损害的案件，根据对方当事人的申请，可以裁定对其财产进行保全、责令其作出一定行为或者禁止其作出一定行为；当事人没有提出申请的，人民法院在必要时也可以裁定采取保全措施”。新增的“责令其作出一定行为或者禁止其作出一定行为”即是行为保全，根据新法条的规定，只要属于金钱请求权以外的请求权，行为保全均可适用。具体到本案中，本案满足：（1）有众多证据表明王老吉公司的合法权益正在受到加多宝公司的侵害；（2）如不采取行为保全将会使王老吉的损害扩大；（3）王老吉所遭受的损失难以或无法用金钱来衡量的。

根据《民法通则》、《反不正当竞争法》、《民事诉讼法》和《商标法》及相关司法解释的规定，加多宝公司的行为已经具备适用临时禁令制度应具备的两大要件：首先，被申请人正在实施侵犯知识产权的行为主要考虑“事实比较清楚，侵权易于判断，侵权可能性达到基本确信”；其次，“是否会使申请人的合法权益受到难以弥补的损害”主要考虑此种损害是否可以通过金钱赔偿来弥补，若无法通过金钱赔偿来弥补，则属于难以弥补的损害。在本案中，加多宝公司的虚假宣传行为，在消费者中产生了混淆和误认的后果，加多宝公司正在以虚假宣传行为为手段，逐步地将王老吉无形知识产权的巨大价值转移到“加多宝”上，若不及时制止，待到王老吉价值基本转移完成后，对于申请人来说，“王老吉”注册商标承载的商业价值所剩无几，这种损害当属难以弥补的损害。广州市中级人民法院在考虑到上述情形后，依法作出了支持王老吉公司申请事项的诉中禁令裁定。该禁令是中国第一个适用在不正当竞争领域的临时禁令。

第六，律师在虚假宣传诉讼中，应根据案情的变化不断地制定相应的措施予以应对。虚假宣传案件不同于普通诉讼，该类案件社会影响力较大，原、被告双方一般都是行业内的佼佼者，实力雄厚，而且此类案件媒体关注较多。原告律师在这么复杂的境况下，不光要做好法律工作，同时要指导、配合原告做好媒体宣传工作，争取有利于自己的舆论导向，这对于案件的顺利进行有积极影响。在向媒体发布信息时不宜过多地介绍己方对于案件的观点和思路，以防过早地让对手获悉自己的战术安排。

第七，虚假宣传案件，往往是疑难杂症。在适当的时候可以邀请行业内著名的专家教授，对于案件中涉及的争议、疑难问题开展研讨，并得出专家意见。虽说专家意见不能作为法官的定案依据，但是会对办案法官产生重要影响，在有条件的情况下还是值得去做的。

第八，原告律师在草拟诉状、诉前或诉中禁令申请及其他法律文书时，一定要严谨、仔细。对于其中出现的专有名词、法律依据、数据来源等，都要反复推敲和核对，千万不能在这方面出纰漏。

第九，在庭审过程中，因在被告的宣传行为是否是虚假宣传行为的认定上主观因素较多，因此，原告律师在陈述自身观点和证据时应当增加表达的感染力，以争取更多法官的理解和关注。

总之，作为虚假宣传案件原告的代理律师，其所付出的辛苦和脑力要远胜其他案件，这对于律师综合素质的要求也很高。相应的，律师代理虚假宣传案件所收获的经验和自信自然也要更多。

（二）被告律师在虚假宣传案件中应如何开展工作

作为一名职业律师，在法律允许的范围内，为当事人争取尽可能大的合法权益是其本分和职责。在虚假宣传案中，作为被告律师，从工作量上看是幸运的，因为其所要做的是从原告提交的材料里寻找漏洞，以及补充对被告有利的证据等。因为被告律师的工作是针对原告律师的工作采取相对应的应对措施，所以根据上述原告律师所要开展的七项工作，被告律师在虚假宣传案件中应注意以下几点。

第一，收到法院送达的证据材料后，认真研究，判断被控侵权的宣传行为是否构成虚假宣传，根据构成虚假宣传的可能性的大小，制定不同的应对措施。如果可能性比较大，那么可以想办法利用程序，延长诉讼期限，为下一步的应对措施争取时间；如果可能性比较小的话，则可以按照正常程序走，不采取拖延策略。

第二，判断原告在诉状中是否明确被告的行为侵犯了原告的是什么权利或法益。对照被控侵权的宣传行为，看是否确是侵犯的是原告在诉状上所述的权利或法益。研究透该问题后可以在日后的法庭上有针对性地进行反击。

第三，作为虚假宣传案的当事方，与原告一样，处在社会舆论的核心。因此被告律师也避免不了与媒体打交道。正确、得当地处理好与媒体之间的关系，对于案件的顺利进行有不言而喻的重要性。

第四，在庭审中，被告律师应做到足够严谨、仔细和沉着。虚假宣传案件涉及的证据材料较多，证据的种类也较丰富。原告准备的证据越多，从表面上看证据越充分，但不一定就确凿。因为证据越多，证据出现缺陷或证据之间相互矛盾，不能形成完整证据链条的可能性也越大。原告律师陈述证据来源、证明目的内容越多，其暴露漏洞的机会也就越大。因此，作为被告律师在庭审中抓住原告在证据上、表述上的失误，可以很好地组织反击。

第五，要善于从原告提交的诉状、证据清单及证据材料上去合理推导原告的诉讼思路和案件的焦点，这样有助于提前做好法律依据、理论和证据上的准备。

以上就是律师在虚假宣传案件中开展工作应关注的理论、法律问题和相应的应对措施。上述内容肯定不能涵盖律师在这些案件中的所有工作，只当抛砖引玉，期盼能对学习者有所启发。

实例解析

原告美的空调重庆经销商与被告格力空调重庆经销商、第三人重庆上之公司不正当竞争案

2009年春天，原告美的空调重庆经销商率先打出促销广告，拟在2月28日到3月1日期间举行6.5折的“斩首行动”促销活动。针对原告的促销活动，早已密切关注的被告格力空调重庆经销商将其促销活动提前一天从2月27日即开始进行，以抢占市场促销先机。活动刚结束，双方先后针对活动销售业绩进行高调总结宣传，原告宣传报道其统计的销售数据为6.5万套，而被告在《重庆晨报》等多家报纸和网络上以新闻报道形式发布了《霸主格力恒战恒强》软文广告，该软文副标题为“空调行业权威盘3天，格力销售突破15万套，市场占比达81%”，并罗列了各大卖场格力空调的市场占有率，格力所占比例在62%～97%之间。原告认为该广告涉嫌夸大和虚假宣传，遂以虚假宣传构成不正当竞争为由向重庆市第五中级人民法院提起诉讼。

本案主要争议焦点包含涉案广告中针对“市场占有率”的宣传是否是《反不正当竞争法》规范的行为，涉案广告内容是否构成虚假宣传。经过多次延期举证程序后，重庆第五中级人民法院作出一审判决认定被告构成虚假宣传不正当竞争，赔偿3万元并登报澄清，双方均不服该判决，上诉到重庆市高级人民法院，高级人民法院经过审理后最终维持一审判决。

练习与测试

某饮水机厂于2000年10月开始成批生产饮水机，为推销产品，该厂派推销员在街头散发宣传单，称该产品已通过地矿部实验检验，经多层过滤后，饮用水质量符合国家矿泉水标准。郑某见该宣传广告后，便到该饮水机厂销售点，以980元的价格购买了一台，后发现该产品根本没有质量检验合格证或全国免检等相关证明，便向厂方要求退货。厂方称有关质量检验正在办理中，很快就能通过，拒绝退货。郑某无奈，向法院起诉。

如何认定某饮水机厂的行为？根据现有法律某饮水机厂应如何承担法律责任？

第 11 章

侵犯商业秘密

单元要点

本单元主要阐述商业秘密民事案件的诉讼主体，商业秘密刑民交叉案件的处理程序，商业秘密侵权与竞业禁止的联系，重点论述商业秘密构成要件、保密措施、商业秘密的范围，客户名单的商业秘密保护，侵犯商业秘密民事赔偿。

学习目标

掌握商业秘密的构成要件、保密措施及商业秘密的范围，其中客户名单的商业秘密保护需特别注意其是否符合商业秘密的构成要件；了解商业秘密侵权与竞业禁止的联系；知晓商业秘密刑民交叉案件的处理程序；明确侵犯商业秘密民事赔偿的计算方法及法律依据。

11.1　商业秘密的原告主体

商业秘密原告主体包括自然人、法人、个体工商户、个人合伙等，商业秘密的权利主体范围广泛，只要通过合法手段取得商业秘密并合法控制的人均可以作为商业秘密纠纷原告。但原告在诉讼中，必须证明其是讼争的商业秘密的合法主体，商业秘密权利来源包括原始取得和继受取得两种方式。

最高人民法院《关于审理不正当竞争民事案件应用法律若干问题的解释》第 15 条规定："对于侵犯商业秘密行为，商业秘密独占使用许可合同的被许可人提起诉讼的，人民法院应当依法受理。排他使用许可合同的被许可人和权利人共同提起诉讼，或者在权利人不起诉的情况下，自行提起诉讼，人民法院应当依法受理。普通使用许可合同的被许可人和权利人共同提起诉讼，或者经权利人书面授权，单独提起诉讼的，人民法院应当依法受理。"因此，原告在提起诉讼之时，应当正确理解和把握其权利主体地位是否符合法律规定，以避免败诉风险。

11.2　商业秘密刑民交叉案件的程序

一、民事与刑事诉讼程序的主要区别和现状

商业秘密侵权民事诉讼与商业秘密侵权刑事诉讼区别主要在于：（1）两种程序中对商业秘密的成立及商业秘密侵权行为的认定的举证责任和证明标准不同；（2）经济损失是否作为构成要件及其计算方式不同。根据最高人民法院《关于审理不正当竞争民事案件应用法律若干问题的解释》第 17 条第 1 款的规定，商业秘密民事侵权诉讼对侵害行为造成损失的认定，是参照执行最高人民法院《关于修改〈最高人民法院关于审理专利纠纷案件适

用法律问题的若干规定〉的决定》第20、21条规定的四种计算方法，即按照权利人被侵权受到的损失、侵权人因侵权所获得的利益、许可使用费及定额赔偿的先后顺序来确定损失的。后两种方法确定的损失具有不确定或者证据难以达到确实充分程度的问题，刑事诉讼要求证据达到确实充分的程度，故民事诉讼中的第三种计算方法相对前两种而言，不确定因素更多，第四种推定的方法是作为补充的规定，其是在权利人无法提供损失或侵权人获利证据的情况下，为了维护权利人的合法权利，不得已而使用的，故民事诉讼中关于损失的第三种、第四种计算方法均不得在刑事诉讼中使用。①

商业秘密侵权案件的处理程序中，部分商业秘密权利人先通过刑事诉讼程序取得相关证据，再通过民事诉讼程序请求赔偿；也有商业秘密权利人在通过民事诉讼程序维权后，发现侵权人继续从事侵权行为，又启动刑事诉讼程序。商业秘密刑民事交叉案件处理中，会存在以下几种情形：（1）在先刑事判决认定构成侵犯商业秘密罪，但在后的民事诉讼程序中，却发现原告请求保护的信息不构成商业秘密；（2）在先的刑事程序中，公诉机关以证据不足作出不起诉决定，而在后的民事程序中法院判决被告赔偿50万元以上损失。

二、商业秘密刑民交叉处理观点

对于上述刑民事案件交叉处理的观点有三种：一种认为一般应先刑后民。二是先刑后民是处理刑民交叉案件的基本原则，但也不是唯一的原则。在保护“私权”并不妨碍“公权”行使的情况下，应让“私权”优先。三是认为应遵循先民后刑的原则。造成此种情形部分是因刑民两种诉讼程序的证据标准、程序要求或者刑事犯罪中的“重大损失”与民事侵权的损害赔偿额的计算方法不尽一致造成的。② 最高人民法院副院长奚晓明指出：“妥善处理商业秘密民事侵权诉讼程序与刑事诉讼程序的关系，既注意两种程序的关联性，又注意其相互独立性，在依法保护商业秘密的同时，也要防止经营者恶意启动刑事诉讼程序干扰和打压竞争对手。”③ 目前，商业秘密刑民交叉案件如何处理在司法实务中还没有最好的解决方案。

11.3 商业秘密与竞业禁止

一、竞业禁止的立法及司法政策

2008年1月1日新《中华人民共和国劳动合同法》（以下简称《劳动合同法》）的实施是对我国约定竞业禁止制度法律体系化的完善，但是《劳动合同法》只是对约定竞业禁止

① 参见德格德、郝力、关晓东：《内蒙古自治区高级人民法院关于商业秘密案件中的几个问题研究——以民刑事对比为视角》，见 http：//nmgipr. chinacourt. org/public/detail. php？ id=190，访问日期：2012年10月9日。

② 参见孔祥俊主编：《商业秘密司法保护实务》，北京，中国法制出版社，2012。

③ 奚晓明：《在全国法院知识产权审判工作座谈会上的讲话——充分发挥知识产权审判职能作用为推进社会主义文化大发展大繁荣和加快转变经济发展方式提供有力司法保障》（2011年11月28日）。

进行了比较原则性的规定，并没有明确竞业禁止协议的概念。由于竞业禁止制度尚不完善，在实务中暴露出许多问题，如 2008 年 7 月深圳腾讯公司向深圳市福田区法院提起诉讼，以违反竞业禁止条款为由将其离职的 15 名员工告上法庭，腾讯公司诉称：公司与该 15 名离职员工签订的劳动合同中约定了竞业禁止条款和保密条款，要求员工自离职之日起 2 年内不得在与腾讯公司经营范围同类的企业事业单位或与腾讯公司有其他竞争关系的企业事业单位工作，也不得间接地以任何方式为这些企业事业单位工作。而该 15 名员工在离开腾讯公司不久后就加入了与腾讯公司有业务竞争关系的 51.com 公司。同时，腾讯公司声称，该 15 名离职员工在职期间，公司每个月发给员工工资中有 200 元是公司给予的竞业禁止补偿金。而被诉员工则认为，腾讯公司要求离职两年内不得从事与自己专业相关的工作是对他们生存权和择业权的严重侵犯，竞业禁止条款是霸王条款。

为正确处理竞业禁止纠纷，最高人民法院司法政策强调："妥善处理保护商业秘密与自由择业、涉密者竞业限制与人才合理流动的关系，维护职工的合法权益。对于既不存在商业秘密，又不存在法定和约定的竞业限制竞争领域，要妥善处理公平竞争、自由竞争与择业自由的关系，维护竞争自由和择业自由，不能轻率、简单地以利用或者损害特定竞争优势为由，以《反不正当竞争法》的原则规定认定构成不正当竞争。"① 2011 年最高人民法院副院长奚晓明在全国法院知识产权审判工作座谈会上再次指出："妥善处理保护商业秘密与自由择业、涉密者竞业限制和人才合理流动。职工在工作中掌握和积累的知识、经验和技能，除属于单位的商业秘密的情形外，构成其人格的组成部分，职工离职后有自主利用的自由。在既没有违反竞业限制义务，又没有侵犯商业秘密的情况下，劳动者运用自己在原用人单位学习的知识、经验与技能为其他与原单位存在竞争关系的单位服务的，不宜简单地以《反不正当竞争法》的原则规定认定构成不正当竞争。"②

二、竞业禁止的分类

一般认为，竞业禁止可以分为广义的竞业禁止和狭义的竞业禁止。广义的竞业禁止，是指对特定营业具有竞争性的特定行为加以禁止，其禁止的客体是特定行为，而其禁止的主体却不以特定人为限，即不特定的人也包括在内。如商标专用权、专利权等权利，禁止权利人之外的任何人行使。③ 狭义的竞业禁止，是指对于特定营业具有特定关系的特定人的行为加以禁止，被禁止的主体限于特定的人，而且该特定人须与该特定营业具有特定法律关系，如委任关系、雇佣关系等。④ 我国《公司法》第 148 条第 1 款第 5 项经理义务的规定就属于狭义的竞业禁止。

---

① 奚晓明：《在充分发挥司法保护知识产权主导作用为实践科学发展观和建设创新型国家提供坚强有力的司法保障——在全国法院知识产权审判工作座谈会暨知识产权审判工作先进集体和先进个人表彰大会上的讲话》（2008 年 11 月 28 日）。

② 奚晓明：《在全国法院知识产权审判工作座谈会上的讲话——充分发挥知识产权审判职能作用为推进社会主义文化大发展大繁荣和加快转变经济发展方式提供有力司法保障》（2011 年 11 月 28 日）。

③ 参见孔祥俊：《商业秘密保护法原理》，北京，中国法制出版社，1999。

④ 参见倪龙才主编：《商业秘密保护法》，上海，上海大学出版社，2005。

依据行为人承担的竞业禁止义务的来源不同，竞业禁止制度分为法定竞业禁止和约定竞业禁止。大多数国家的法定竞业禁止义务都集中在董事、经理、股东及合伙人、代理商等身上。①《公司法》第60条和第148条第1款第5项、《合伙企业法》第30条、《个人独资企业法》规定，投资人委托或者聘用的管理个人独资企业事务的人员，未经投资人同意不得从事与本企业相竞争的业务，即为法定竞业禁止。约定竞业禁止即根据法律的规定用人单位和劳动者通过协议来设定的义务。依据竞业禁止义务主体不同，竞业禁止分为在职期间的竞业禁止和离职后的竞业禁止。在职期间的竞业禁止是指劳动者在职期间不得从事与用人单位有竞争关系的行为。离职后的竞业禁止是指用人单位依据法律规定与劳动者约定劳动者在离职后一段时间内不得在一定范围内从事与原用人单位相竞争的行为。

三、竞业禁止与《劳动合同法》

最早规定商业秘密竞业禁止的是1997年国家科技委员会印发的《关于加强科技人员流动中技术秘密管理的若干意见》，该意见规定：如果劳动者在工作中能够接触到用人单位的技术秘密和经济利益有重要影响的工作，用人单位可以与其约定竞业禁止条款。用人单位应向相关劳动者支付一定数额的经济补偿费，并且竞业禁止的期限最长不得超过3年。

2008年1月1日实施的《劳动合同法》第一次以法律的形式正式对离职后的约定竞业禁止范围、期限、经济补偿等作出了具体的规定。其主要法律条款为第23条当中明确了对负有保密义务的劳动者，用人单位可以在劳动合同或者保密协议中与劳动者约定竞业限制条款，并约定在解除或者终止劳动合同后，在竞业限制期内按月给予劳动者经济补偿。劳动者违反竞业限制约定的，应当按照约定向用人单位支付违约金。第24条规定，竞业限制的人员限于用人单位的高级管理人员、高级技术人员和其他负有保密义务的人员。竞业限制的范围、地域、期限由用人单位与劳动者约定，竞业限制的约定不得违反法律、法规的规定。在解除或者终止劳动合同后，前款规定的人员到与本单位生产或者经营同类产品、从事同类业务的有竞争关系的其他用人单位，或者直接开业生产或者经营同类产品、从事同类业务的竞业限制期限，不得超过2年。第90条规定，劳动者违反本法规定解除劳动合同，或者违反劳动合同中约定的保密义务或者竞业限制，给用人单位造成损失的，应当承担赔偿责任。

全国地方立法中，《深圳经济特区企业技术秘密保护条例》比较具有操作性和体系化，这与深圳经济特区立法的前沿化和经济发展对保护商业秘密的需求是分不开的。

竞业禁止协议必须以书面形式存在，这样可以明确双方的权利义务关系，有利于日后纠纷的解决。竞业禁止协议可以在劳动合同、保密合同中以竞业禁止条款的形式存在，也可以单独签订竞业禁止协议，但是无论以何种形式存在，无论是直接签订竞业禁止协议，还是在劳动合同或保密合同中约定竞业禁止条款，都必须具备竞业禁止的实质条件，否

① 参见桂菊萍：《竞业禁止若干法律问题研究》，载《法商研究》，2001(1)。

则，竞业禁止条款将视为无效。如北京金科立杰科技发展有限公司诉吴敏等损害公司权益纠纷及不正当竞争纠纷案中，原、被告没有单独签订竞业禁止协议，而是在“安全保密制度”和“员工守则”中签订了相关的竞业禁止条款。但是北京市海淀区人民法院认为：竞业禁止条款应当约定竞业禁止范围、期限及补偿条款等内容，而原、被告所签订的“安全保密制度”和“员工守则”并不具备上述内容，因此认定该约定缺乏竞业禁止的实质要件，无法证明双方存在竞业禁止的合意，因此，被告吴敏不需要承担竞业禁止义务。①

四、商业秘密与竞业禁止的关系

就商业秘密与竞业禁止纠纷，审判实践中，商业秘密权利人提起诉讼时不明确是主张侵犯商业秘密，还是违反竞业禁止协议，希望这样会更有利于保护其权利。而被告往往提出双方的纠纷属于劳动争议中的竞业限制纠纷，应当先进行劳动仲裁，法院不应直接受理。从而导致法院面临如下问题：（1）法院如何确认此类纠纷的诉因；（2）法院能否直接受理涉及竞业限制的商业秘密侵权纠纷；（3）法院能否根据双方约定的违约金判决被告承担赔偿损失责任。回答前述问题，需要明确商业秘密保护与竞业限制协议的关系。根据《劳动合同法》第 23 条和第 24 条的规定，约定竞业限制需要两个条件，一是企业有可保利益，即拥有商业秘密和与知识产权相关的保密事项；二是竞业限制的人员限于用人单位的高级管理人员、高级技术人员和其他负有保密义务的人员。“可见，竞业限制协议与商业秘密有着不可分割的联系，竞业限制协议是保护商业秘密的重要手段。但是，需要明确两点：一是保护商业秘密只是竞业限制协议用途之一，竞业限制协议还有其他用途，如避免离职职工过于熟悉其情况而在竞争上给企业造成其他的不利等。二是即便没有竞业限制协议，职工离职后到有竞争关系的企业任职或者自办有竞争关系的企业，也负有不泄露和不使用他人商业秘密的义务，如果擅自泄露或者使用，权利人完全可以依法追究离职职工侵权责任。”②

司法实践中可以参照以下规则进行判断：

（1）企业与员工的劳动合同中约定员工的竞业禁止义务，并且明确将不得利用企业的商业秘密作为竞业禁止义务的限制条件，如双方约定“员工在职期间不得利用本企业的商业秘密在同行业兼职”（简称为竞业禁止条款＋保密条件）。

该情形如果企业提起合同之诉，由于竞业禁止条款属于劳动合同中的内容，就劳动合同发生纠纷按先劳动仲裁后审判的程序，由民庭审理。企业以员工侵犯商业秘密为由提起侵权之诉，则由知识产权庭审理。

（2）企业与员工的劳动合同中只约定员工的竞业禁止义务，并没有其他限制条件，如仅约定“员工在职期间不得从事本行业的其他工作”（简称为竞业禁止条款）。

（3）员工离职时同企业签订了竞业禁止合同，但并没有将保守本企业的商业秘密作为

① 参见海淀区人民法院（2006）海民初字第 14254 号民事判决书。

② 孔祥俊：《反不正当竞争法的适用与完善》，北京，法律出版社，1997。

竞业禁止的限制条件，或者将保守商业秘密和竞业禁止单独约定，互不为条件（简称为竞业禁止合同）。

前述（2）和（3）情形，如果员工违反了竞业禁止义务，但不涉及侵犯企业商业秘密，企业只能提起合同之诉，由民庭审理。如果企业将员工和在后企业共同列为被告，以不正当竞争为案由起诉，则由知识产权庭审理。①

（4）员工在离职时与企业签订竞业禁止合同，并将不得利用企业商业秘密作为竞业禁止义务的限制条件，如约定“员工离职后不得利用本企业的商业秘密从事本行业的工作”（简称为竞业禁止合同＋保密条件）。

该情形由于产生纠纷的合同属于企业和公民个人之间的合同，通常由民庭审理。如果企业提起不正当竞争侵权之诉，由知识产权庭审理。

五、商业秘密与竞业禁止纠纷案由选择

对于用人单位与职工签订有竞业限制协议的商业秘密侵权案件，法院需要辨别其诉因。“在此种情况下，法院应当要求当事人明确其诉的性质，如当事人仍不作出明确的选择，则应当从其诉状中准确认定其诉的性质。比如，商业秘密权利人往往将其旧员工的新受聘单位与员工列为共同被告，认为他们存在共同侵犯商业秘密行为的，一般可认为原告提起的是共同侵权之诉。在单位与员工订有保密协议或竞业禁止协议的情况下，若员工不遵守有关约定，披露、使用或允许他人使用权利人的商业秘密，其行为既构成商业秘密权利人的违约行为，同时又构成侵犯单位商业秘密的情况，商业秘密权利人在认为自己的权利受到侵害时，其可以从时效、法院管辖地、程序的繁简、举证责任的难易、赔偿数额的多少等因素综合考虑，选择二者中有利于自己的一种诉因提起诉讼。”②

也有观点认为，企业与员工单独签订“保密协议”，应视为劳动合同的一部分，其内容既包含有保护商业秘密的内容，又包含有竞业禁止的内容，员工违反协议出现竞业禁止违约行为和商业秘密侵权责任的竞合。原用人单位可以侵害商业秘密为由，将劳动者和新用人单位列为共同被告提起侵害商业秘密的诉讼。③

对于第二个问题，即法院能否直接受理涉及竞业限制的商业秘密侵权纠纷案件，民事案件案由将“商业秘密竞业限制纠纷”列为四级案由，实际上肯定了法院能直接受理此类案件，因此商业秘密权利人诉请被告承担侵犯商业秘密责任，即使涉及竞业限制约定，法院也有权直接受理。2011 年最高人民法院副院长奚晓明指出：“妥善处理商业秘密保护和竞业限制协议关系，竞业限制协议可以保护商业秘密存在为前提，但两者具有不同的法律依据和行为表现，违反竞业限制义务不等于侵犯商业秘密，竞业限制的期限也不等于保密

---

① 参见北京市高级人民法院编：《知识产权诉讼实务研究》，北京，知识产权出版社，2008。

② 蔺以丹：《胡江耀诉吴义辉等侵害商业秘密案》，见中国审判法律应用支持系统的中国法院裁判文书库。

③ 参见陈奇：《企业在保护商业秘密与竞业禁止应注意的问题》，载《首届中国知识产权律师论坛 2008 年年会论文集》。

期。原告以侵犯商业秘密为由提起侵权之诉，不受已存在竞业限制约定的限制。”①

对于第三个问题，即法院能否根据双方约定的违约金判决被告承担赔偿损失责任，孔祥俊认为：“法院可以根据双方约定的违约金判决被告承担侵权损害赔偿责任，但如果被告以约定的违约金过分高于造成的损失为由请求法院予以适当减少时，法院也应当依法进行审查并作出裁判。”②

11.4　商业秘密构成要件

商业秘密的构成要件在我国长期存在“四要件”和“三要件”之争，本书采用司法实务中的通说，即“三要件”。如申诉人张家港市恒立电工有限公司清算组（以下简称恒立公司清算组）因与被申诉人江苏国泰国际集团国贸股份有限公司（以下简称国泰公司）、张家港市宇阳橡塑电器有限公司（以下简称宇阳公司）侵害商业经营秘密纠纷一案，最高人民法院审理后认为：“商业秘密是指不为公众所知悉、能为权利人带来经济利益、具有实用性并经权利人采取保密措施的技术信息和经营信息。秘密性、保密性和价值性构成商业秘密的三要件。”③

一、秘密性

（一）秘密性的立法

商业秘密的秘密性是指商业秘密权利人采取了合理的保密措施，从而使一般人不易从公开渠道直接获取。TRIPs 协定第 39 条第 2 款对商业秘密关于秘密性的表述为“作为一个整体或作为其组成部分的确切构造或组合而言，此信息尚不为通常从事该类信息范围内的人所普遍知晓，或不易被他人获得”。结合《反不正当竞争法》第 10 条第 3 款所称的商业秘密概念和最高人民法院《关于审理不正当竞争民事案件应用法律若干问题的解释》第 9 条将“不为公众所知悉”解释为“有关信息不为其所属领域的相关人员普遍知悉和容易获得”。因此，商业秘密秘密性实质与“不为公众所知悉”基本等同。如申诉人张家港市恒立电工有限公司清算组（以下简称恒立公司清算组）因与被申诉人江苏国泰国际集团国贸股份有限公司（以下简称国泰公司）、张家港市宇阳橡塑电器有限公司（以下简称宇阳公司）侵害商业经营秘密纠纷一案，最高人民法院审理后认为：“由于恒立公司清算组起诉请求法院对其主张的客户名单给予保护和救济，但其未能举证证明要求保护的信息属于‘不为公众所知悉’，一审判决对其诉讼请求予以驳回，并无不当。”

商业秘密的秘密性强调的是权利人的保密行为，而不是保密的结果。保密性的客观存

---

① 奚晓明：《在全国法院知识产权审判工作座谈会上的讲话——充分发挥知识产权审判职能作用为推进社会主义文化大发展大繁荣和加快转变经济发展方式提供有力司法保障》（2011 年 11 月 28 日）。

② 孔祥俊主编：《商业秘密司法保护实务》，北京，中国法制出版社，2012。

③ 最高人民法院（2012）民监字第 253 号民事裁定书。

在，使得竞争对手在正常情况下通过公开渠道难以直接获悉该信息。因此，有学者指出："保密性要件表明了信息所有人将信息作为财产进行管理、保护的愿望和行动。如果说'秘密性'可以称为'客观秘密性'的话，那么'保密性'则可以称为'主观秘密性'。"[①] 这意味着"不为公众所知悉"应当同时具备不为"普遍知悉"和"并非容易获得"两个具体条件。首先，"不为公众所知悉"具有相对性，即只是在相关技术或者经营领域内不为相关人员普遍知悉即可，且允许权利人在采取保密措施的情况下让有必要知道商业秘密的人员知悉，而不是除权利人以外的任何人都不能知道。其次，一项信息要构成商业秘密，不仅要处于一般的保密状态，而且获得该项信息要有一定的难度，这样才符合商业秘密的秘密性要求。例如，那些相关人员不需要创造性劳动，仅仅是经过一定的联想即能获得的信息，就是容易获得的信息。[②]

（二）秘密性的举证

实际上"普遍知道"和"容易获得"都是一个需要证明的问题，但二者在证明的方式上存在一定差异。前者一般需要判断公众的实际了解情况，而后者往往从信息载体的流传情况即可得到证明。任何一项商业秘密，即便是早已过时的信息，可能也并不为社会公众所普遍知悉。不过，这些信息公众是容易获得的。因此，应根据"普遍知道"或"容易获得"两个标准，来界定公众实际知悉的范围，后者的范围相对于前者应当大得多。一项只为少数人知悉的信息，如果相当多的人容易获得，则同样不满足"不为公众所知悉"的要件。关于信息是否被公众所知悉的判断问题，根据最高人民法院《关于审理不正当竞争民事案件应用法律若干问题的解释》第 17 条的规定，在具体判断某一信息是否为公众所知悉时，通常应当考虑以下因素：该信息是否在国内外公开出版物中有记载；该信息是否通过在国内的使用而公开；该信息是否通过公开的报告会、交谈、展览等方式而公开；该信息是否为所涉信息范围内的人的一般常识或者行业惯例；获得该信息的难易程度，包括信息持有人获得或者产生该信息所付出的努力和代价，以及他人获悉该信息所付出的努力和代价。因此，在案件审判过程中思路有两点：（1）要求原告明确其商业秘密的具体范围和内容，即司法实践中通称的"秘密点"；（2）对原告的商业秘密信息是否"不为公众所知悉"进行实体审查和判断。商业秘密是由权利人自己持有的，是"通过保密方式产生的权利"[③]，不具有法定的权利证书和法定备案登记，因此，在审理之初，法院会要求权利人先明确要求法院保护的秘密点究竟是什么。

最高人民法院《关于审理不正当竞争民事案件应用法律若干问题的解释》第 14 条规定，当事人指称他人侵犯其商业秘密的，应当对其拥有的商业秘密符合法定条件、对方当事人的信息与其商业秘密相同或者实质相同以及对方当事人采取不正当手段的事实负举证

① 冯晓青：《使用秘密信息具有合法来源不构成对他人商业秘密的侵犯》，载冯晓青主编：《不正当竞争及其他知识产权侵权——专题判解与学理研究》，第 1 分册，北京，中国大百科全书出版社，2010。

② 参见蒋志培、孔祥俊、王永昌：《〈关于审理不正当竞争民事案件应用法律若干问题的解释〉的理解与适用》，载孔祥俊主编：《最高人民法院知识产权司法解释理解与适用》，北京，中国法制出版社，2012。

③ 孔祥俊：《商标与不正当竞争法原理和判例》，北京，法律出版社，2009。

责任。其中，商业秘密符合法定条件的证据，包括商业秘密的载体、具体内容、商业价值和对该项商业秘密所采取的具体保密措施等。因此，一般认为原告承担“不为公众所知悉”的证明责任，但可以根据具体情况，适当减轻权利人的举证责任。最高人民法院副院长奚晓明指出：“要加强商业秘密的保护，根据案件具体情况，合理把握秘密性和不正当手段的证明标准，适度减轻商业秘密权利人的维权困难。”①

如果被告以原告主张保护的信息不具有秘密性进行抗辩，则应当由被告承担相关信息已经为公众所知悉的证明责任，即最高人民法院《关于审理不正当竞争民事案件应用法律若干问题的解释》第 9 条第 2 款所规定的被告可以反证的内容。因此，法院一般根据被告的证据来判断原告主张的信息是否已为公众所知悉。

（三）商业秘密的例外

为便于掌握和具体认定，在总结审判经验和借鉴国外经验的基础上，最高人民法院《关于审理不正当竞争民事案件应用法律若干问题的解释》第 9 条具体列举了属于公众知悉的信息的六种情形。(1) 该信息为其所属技术或者经济领域的人的一般常识或者行业惯例；(2) 该信息仅涉及产品的尺寸、结构、材料、部件的简单组合等内容，进入市场后相关公众通过观察产品即可直接获得；(3) 该信息已经在公开出版物或者其他媒体上公开披露；(4) 该信息已通过公开的报告会、展览等方式公开；(5) 该信息从其他公开渠道可以获得；(6) 该信息无须付出一定的代价而容易获得。该司法解释从正反两个方面界定了在司法实践中应当如何确定“不为公众所知悉”。

二、价值性

价值性即要求使用该商业秘密可以为权利人带来经济利益，提升竞争优势。② 正如 1996 年美国参议院赞同制定《经济间谍法》的报告中所指出的：“今天，商业秘密的价值和工厂对于企业的价值相当。盗窃商业秘密所造成的损害比纵火者将工厂付之一炬的损害还要大。”《国家工商行政管理局关于禁止侵犯商业秘密行为的若干规定》第 2 条第 3 款规定：商业秘密为权利人带来的经济利益包括“现实的或者潜在的经济利益或者竞争优势”。最高人民法院《关于审理不正当竞争民事案件应用法律若干问题的解释》第 10 条将“能为权利人带来经济利益、具有实用性”解释为“有关信息具有现实的或者潜在的商业价值，能为权利人带来竞争优势”。可见，目前我国判断商业秘密价值性的总体标准有两个，一个是可以产生竞争优势，另一个是可以带来经济利益。这些表述，与国际公约基本相同，TRIPs 协定第 39 条第 2 款中要求商业秘密“因其属于秘密而具有商业价值”。从以上规定可以看出，商业秘密的价值性，是指商业秘密通过现在的或者将来的使用，能够为权利人带来现实的或潜在的独立的经济价值，相对于未知和未使用该信息的竞争者来说，能

① 奚晓明：《在全国法院知识产权审判工作座谈会上的讲话——充分发挥知识产权审判职能作用为推进社会主义文化大发展大繁荣和加快转变经济发展方式提供有力司法保障》(2011 年 11 月 28 日)。

② 参见刘春田：《知识产权法》，北京，中国人民大学出版社，2002。

获得和保持竞争。能够为权利人带来经济利益，这正是商业秘密必须保护的财产利益。

前面已经阐述，我国司法实践中，通说认为商业秘密的"实用性"是被"价值性"吸纳的。但需要注意的是，商业秘密的价值性与《专利法》上的实用性又有明显区别，《专利法》上的实用性是指"该发明或者实用新型能够制造或者使用，并且能够产生积极效果"。而商业秘密价值性并不要求一定能够制造，还包括消极价值。故其范围大于《专利法》上的实用性。

商业秘密的价值性没有量的要求，"这种商业优势或商业价值的要求不高，只要不是微不足道就可以满足要求"①。关于商业秘密价值性即经济利益的高低，美国的一个法官在批驳被告主张原告获得商业秘密"事出偶然"，未花费劳动因而不值得保护时，有过一段精彩的论述：一项商业秘密的价值可以像丢在路边的钱包，长期处于公共领域而无人注意。成百上千的过路人走过，直至过来一个观察者而不是过路人，发现了钱包里面内藏的价值。② 商业秘密的价值性也没有时间的规定性，无论是持续性的"价值"，还是短暂、甚至是一次性的"价值"，都属于商业秘密的价值性的体现。③

三、合理的保密措施

（一）合理的保密措施方式

商业秘密权利人所采取的保密措施，并不要求是万无一失的措施，大多数国家和地区的法律均将保密措施的合理性作为认定商业秘密的管理性的一个标准，各国在规定商业秘密必须是所有人采取了保密措施的信息的同时，都无一例外地强调保密措施的合理性。然而，怎样的保密措施才算合理，并没有一个统一的标准。

为了便于操作，最高人民法院《关于审理不正当竞争民事案件应用法律若干问题的解释》第11条规定，人民法院应当根据所涉信息载体的特性、权利人保密的意愿、保密措施的可识别程度、他人通过正当方式获得的难易程度等因素，认定权利人是否采取了保密措施。具有下列情形之一，在正常情况下足以防止涉密信息泄露的，应当认定权利人采取了保密措施：

（1）限定涉密信息的知悉范围，只对必须知悉的相关人员告知其内容；

（2）对于涉密信息载体采取加锁等防范措施；

（3）在涉密信息的载体上标有保密标志；

（4）对于涉密信息采用密码或者代码等；

（5）签订保密协议；

（6）对于涉密的机器、厂房、车间等场所限制来访者或者提出保密要求；

（7）确保信息秘密的其他合理措施。

① 李明德：《美国商业秘密法研究——从杜邦公司诉克里斯托夫谈起》，载郑成思主编：《知识产权文丛》，第5卷，北京，中国方正出版社，2001。

② 参见郑成思主编：《知识产权保护实务全书》，北京，中国言实出版社，1995。

③ 参见孔祥俊主编：《商业秘密司法保护实务》，北京，中国法制出版社，2012。

权利人采取的保密措施的合理性应有两层含义：从“行为方式”上讲，它要求“已经采取”保密措施；从结果意义上讲，它要求保密措施是适当的，在商业秘密所处的特定环境、条件下足以防上一般人以正当手段获知，即与其需保护的商业秘密价值性相适应。事实上，判断权利人采取的保密措施是否“合理”是一个非常复杂的问题，往往会因人而异，因角度不同而异，因利益冲突而异。法律很难设定一个判断标准，应由法官或其他司法人员根据具体情况个案而定。只要达到在正常情况下足以防止涉密信息泄露的要求，就应认定保密措施具有合理性。当然，司法实践中，有些信息原属于商业秘密，但因权利人解除保密措施的，将不再是商业秘密，如加盖“解密”、“作废”等标识，或虽未正式解除保密措施，但以废纸垃圾等方式进行处理的，也可以视为解除了保密措施。

但如果仅有单纯的竞业限制约定不能作为商业秘密保护条件的保密措施，如申请再审人上海富日实业有限公司（以下简称富日公司）与被申请人黄子瑜、上海萨菲亚纺织品有限公司（以下简称萨菲亚公司）侵犯商业秘密纠纷案，最高人民法院审理认为：符合《反不正当竞争法》第 10 条规定的保密措施应当表明权利人保密的主观愿望，并明确作为商业秘密保护的信息的范围，使义务人能够知悉权利人的保密愿望及保密客体，并在正常情况下足以防止涉密信息泄露。本案中，富日公司提供的劳动合同第 11 条没有明确富日公司作为商业秘密保护的信息的范围，也没有明确黄子瑜应当承担的保密义务，而仅限制黄子瑜在一定时间内与富日公司的原有客户进行业务联系，显然不构成《反不正当竞争法》第 10 条规定的保密措施。竞业限制是指对特定的人从事竞争业务的限制，分为法定的竞业限制和约定的竞业限制。我国立法允许约定竞业限制，目的在于保护用人单位的商业秘密和其他可受保护的利益。但是，竞业限制协议与保密协议在性质上是不同的。前者是限制特定的人从事竞争业务，后者则是要求保守商业秘密。用人单位依法可以与负有保密义务的劳动者约定竞业限制，竞业限制约定因此成为保护商业秘密的一种手段，即通过限制负有保密义务的劳动者从事竞争业务而在一定程度上防止劳动者泄露、使用其商业秘密。但是，相关信息作为商业秘密受到保护，必须具备《反不正当竞争法》规定的要件，包括采取了保密措施，而并不是单纯约定竞业限制就可以实现的。对于单纯的竞业限制约定，即便其主要目的就是为了保护商业秘密，但由于该约定没有明确用人单位保密的主观愿望和作为商业秘密保护的信息的范围，因而不能构成《反不正当竞争法》第 10 条规定的保密措施。[①] 在实践中，以约定竞业禁止协议作为商业秘密保护措施的行为比较常见，需要引起用人单位的重视。

（二）合理的保密措施司法实践

对于如何采取合理的保密措施，我国《反不正当竞争法》第 10 条要求商业秘密必须“经权利人采取保密措施”；国家工商行政管理局《关于禁止侵犯商业秘密行为的若干规定》第 2 条第 4 款规定：“本规定所称权利人采取保密措施，包括订立保密协议，建立保密制度及采取其他合理的保密措施。”该规定并未明确阐释合理保密措施的内涵，而是采用了简单

① 参见最高人民法院（2011）民申字第 122 号民事裁定书。

列举的方式来概括。为便于操作和理解，最高人民法院《关于审理不正当竞争民事案件应用法律若干问题的解释》第11条规定，权利人为防止信息泄露所采取的与其商业价值等具体情况相适应的合理保护措施，应当认定为《反不正当竞争法》第10条第3款规定的“保密措施”，并且具体列举了应当认定权利人采取了保密措施的情形。这样就使我国对商业秘密保护措施的规定，与国际公约的要求和其他国家的做法相靠近，如TRIPs协定第39条要求商业秘密是在特定情势下合法控制该信息之人的合理保密措施的对象。

如果原告能够证明其对主张商业秘密的信息采取了合理的保密措施，一般均可以被认定为具有保密性。如侵犯“一得阁墨汁”商业秘密不正当竞争纠纷案案件中，法院认定，原告在其中华墨汁、北京墨汁、一得阁墨汁及云头雁墨汁生产配料通知单的封面上加注“秘密”的字样，而且其在实际生产中采取主料、辅料分开的办法对其墨汁配方进行保密，应视为原告已对其墨汁配方采取了合理的保密措施。①

实践中争议最大的是签订保密合同、制定保密规章的措施是否能够构成合理的保密措施。其中又以在保密条款、保密规章未具体载明保密范围、内容以及相关义务人的情况下是否可以构成合理的保密措施争议最大。对此问题，法院主要存在两种观点：一种观点认为，通过合同约定或者保密规章的方式主张保密措施，应当在合同中或者规章制度中明确保密的内容、范围。例如，在有些案件中，原告主张劳动合同中约定“员工应当遵守企业的保密守则”，并且举证证明企业颁布了保密守则，但法院却认为由于企业很难证明相关保密守则已经公示且为员工所知悉，因此很难认为采取了适当的保密措施。即便能够证明相应保密守则的存在，但如果没有具体指向何为应当保密的对象，则不能认为原告采取了保密措施或者保密意图被员工所知悉。② 如在申请再审人上海富日实业有限公司（以下简称富日公司）与被申请人黄子瑜、上海萨菲亚纺织品有限公司（以下简称萨菲亚公司）侵犯商业秘密纠纷案③中，最高人民法院认为，符合《反不正当竞争法》第10条规定的保密措施应当表明权利人保密的主观愿望，并明确作为商业秘密保护的信息的范围，使义务人能够知悉权利人的保密愿望及保密客体，并在正常情况下足以防止涉密信息泄露。本案中，富日公司提供的劳动合同第11条没有明确富日公司作为商业秘密保护的信息的范围，也没有明确黄子瑜应当承担的保密义务，而仅限制黄子瑜在一定时间内与富日公司的原有客户进行业务联系，显然不构成《反不正当竞争法》第10条规定的保密措施。竞业限制是指对特定的人从事竞争业务的限制，分为法定的竞业限制和约定的竞业限制。我国立法允许约定竞业限制，目的在于保护用人单位的商业秘密和其他可受保护的利益。但是，竞业限制协议与保密协议在性质上是不同的。前者是限制特定的人从事竞争业务，后者则是要求保守商业秘密。用人单位依法可以与负有保密义务的劳动者约定竞业限制，竞业限制约定因此成为保护商业秘密的一种手段，即通过限制负有保密义务的劳动者从事竞争业务而在一定程度上防止劳动者泄露、使用其商业秘密。但是，相关信息作为商业秘密受到保

① 参见北京市第一中级人民法院（2003）一中民初字第9031号民事判决书。

② 参见北京市第一中级人民法院（2006）一中民终字第3735号民事判决书。

③ 参见最高人民法院（2011）民申字第122号民事裁定书。

护，必须具备《反不正当竞争法》规定的要件，包括采取了保密措施，而并不是单纯约定竞业限制就可以实现的。对于单纯的竞业限制约定，即便其主要目的就是为了保护商业秘密，但由于该约定没有明确用人单位保密的主观愿望和作为商业秘密保护的信息的范围，因而不能构成《反不正当竞争法》第 10 条规定的保密措施。

另一种观点认为，只要能够证明存在保密条款和保密规章，即便保密内容不明确，也可以认为原告采取了合理的保密措施。例如在一起案件中，法院认为安全保密制度和员工守则即使只是笼统地规定了员工的保密义务，但员工作为公司的内部人员应当知晓相关规定，在相关信息能够符合商业秘密的其他构成要件的情况下，应当认为原告已经采取了合理的保密措施。① 而在张培尧、惠德跃、江苏省阜宁县除尘设备厂（以下简称阜宁除尘厂）与苏州南新水泥有限公司（以下简称南新水泥公司）侵犯商业秘密、财产损害赔偿纠纷一案②中，最高人民法院二审认为，本案中上诉人对有关技术信息是否采取了保密措施，应当考察阜宁除尘厂在其与被上诉人的协议中有无相关保密义务的约定以及合同实际履行中有无采取其他保密措施。从协议内容看，既没有写明除尘器中包含有技术秘密，也没有其他任何保密责任条款。协议约定有关的工艺布置施工图、详细的设备清单和技术说明应当经过被上诉人认可后方可执行，其中也无保密义务的约定。上诉人认为协议已载明该除尘器为“中国专利产品”，就是保密措施，显然于法无据。获得专利以公开相关技术方案为前提，既然言明是专利产品，说明相关技术方案就是公开的，在不对产品中除专利技术以外是否还有技术秘密进行特别说明的情况下，对交易对方而言，在该产品中就不存在技术秘密。上诉人关于协议约定“产品仍属乙方（即阜宁除尘厂）所有”以及协议履行中该除尘器实际由阜宁除尘厂派人管理、控制，也是一种保密措施的认识，亦没有依据。在作为技术载体的产品归他人合法占有、使用的情况下，不能仅以对产品所有权的宣示或者确认作为对相关技术信息所采取的合理保密措施，况且协议对此实际约定是如经调试不达标后，产品仍归阜宁除尘厂；所谓派人管理和控制，实际是由阜宁除尘厂派人负责除尘器的安装、调试并投入运行，这并非是直接针对相关技术信息所采取的保密措施，况且被上诉人在没有保密义务约定的情况下亦派人参与了安装工作。总之，因阜宁除尘厂对其提供给被上诉人的除尘器中是否含有技术秘密未作出适当的提示，上诉人所主张的保密措施不能使一般经营者可以正常地得出其所占有、使用的产品中存有技术秘密的判断，阜宁除尘厂与上诉人在本案纠纷发生之前也未采取其他适当措施来保守相关技术信息不被被上诉人掌握或者对外披露，对被上诉人而言，本案并无合理的保密措施存在。因此，上诉人不能在本案中主张将有关技术信息作为商业秘密来保护，其有关上诉请求不能成立。对此也无须组织技术专家予以确认，上诉人就此所提有关意见亦不予支持。在本裁判意见中，司法审判观点主要在于要求权利人所采取的保密措施至少能使对方或第三人知道权利人对相关信息予以保密的意图。

---

① 参见北京市海淀区人民法院（2006）海民初字第 14254 号民事判决书；北京市第一中级人民法院（2007）一中民终字第 4442 号民事判决书。

② 参见最高人民法院（2000）知终字第 3 号民事判决书。

11.5 商业秘密的范围

我国《反不正当竞争法》规定，商业秘密分为技术信息和经营信息两大类。世界知识产权组织国际局制定的《关于反不正当竞争保护的示范规定》第6条规定的商业秘密则作了下列解释：秘密信息由制造的或商业的秘密组成。它包括生产方法、化学公式、图样、营销方法、分配方法、合同格式、经营计划表、价格协议细节、消费者群体、广告方案、供应者或顾客名单、计算机软件和数据库。虽然《反不正当竞争法》中规定了商业秘密包括技术信息和经营信息两方面，但是却没有明确规定技术信息和经营信息的具体内容。《国家工商行政管理局关于禁止侵犯商业秘密行为的若干规定》第2条第5款列举了技术信息和经营信息的具体内容，包括"设计、程序、产品配方、制作工艺、制作方法、管理诀窍、客户名单、产销策略、货源情报、招标投中的标底及标书内容等信息"。

一、技术信息

技术信息又称技术秘密，所谓技术，根据《现代汉语词典》的解释是指人类在利用并改造自然的过程中所积累起来的并在生产劳动中体现出来的知识和经验，也泛指其他操作方面的技巧。技术秘密一般是指未公开的技术信息，包括产品的生产和制造过程中所有技术诀窍和技术秘密，具体包括：技术图纸、技术资料、技术规范形成所反映产品的设计、程序、产品配方、工艺流程、制作方法、原料处理与保存方法、质量控制等方面的技术信息。技术秘密既可以是有特定内容的完整的技术内容，也可以是技术中的部分要素。"技术秘密是技术成果的具体表现形式之一，也是商业秘密的主要内容。从技术成果角度讲，技术秘密属于一项技术方案。从商业秘密角度讲，技术秘密则属于一种保密的技术信息。"①

从作用来看，技术信息主要有下面几种：第一，可以生产、制造出新产品的技术信息；第二，可以让产量增加、品质改进或成本降低的技术信息；第三，可以改进运作管理设计、操作技术和其他改进的相关信息。② 技术秘密，主要是指处于秘密状态的非公有技术，通常包括制造技术、生产方法、产品配方、开发技术、工艺流程、技术规范、操作技巧、检测手段等，技术秘密是指技术方面的秘密信息。

二、经营信息

经营信息又称经营秘密。经营秘密是指能够为经营者带来经济利益或竞争优势的用于经营活动的各类信息。所谓经营，根据《现代汉语词典》的解释是指"筹划并管理或者泛

① 王永昌：《技术秘密合同保护制度的进一步完善》，载《人民法院报》，2005-01-26。

② 参见吴明华：《论商业秘密的法律保护》，西南政法大学2010年硕士学位论文。

指计划和组织”。《国家工商行政管理局关于禁止侵犯商业秘密行为的若干规定》第 2 条第 5 款所列举的“管理诀窍、客户名单、货源情报、产销策略、招标投标中的标底及标书内容”均属于典型和常见的经营信息。可见，经营信息的范围远远超过技术信息，技术信息只涉及企业的产品或方法，其他与企业有关的信息，都应纳入经营信息的范围。经营秘密主要涉及经营者自身状况、与经营者业务往来以及经营者对外部的经营或竞争伙伴估价三方面的信息，通常表现为涉及有关经营管理内容的数据、计划、情报、名单等，具体种类包括：财务状况、管理经验或诀窍、客户名单、购销渠道、市场调研报告、经营策略、发展计划、对外业务合同、招投标标底等。①

比如《证券法》第 67 条“重大事件”中“公司的经营方针和经营范围的重大变化”就是公司的产销策略，应属于商业秘密的保护范畴；再如公司订立的重要合同，可能对公司的资产、负债、权益和经营成果产生重要影响，此类合同也会在一定程度上涉及客户名单、货源情况等内容，这些内容属于上述商业秘密的经营信息范围；又如“公司的重大投资行为”的披露可能影响公司在招投标方面的内容，极有可能会涉及商业秘密中的“招投标中的标底及标书内容”②。上市公司的“经营秘密”不仅包括具体的财务报表、会计凭证等有形载体，还包括其在经营管理过程中所形成的一系列管理技巧、经营战略等无形载体。③

三、客户名单的商业秘密保护

（一）客户名单司法保护的条件

“侵犯商业秘密案件是执法中比较难以处理的案件，其中侵犯经营信息的案件又更加难以把握。客户名单是经营信息中的一个重要种类，在个案中客户名单是否构成商业秘密的认定尤为复杂，成为侵犯经营秘密案件中的最大难点。”④

客户名单，是指经营者将其作为交易对象的客户名录、地址以及交易习惯等其他资料。客户名单可分为一般意义上的客户名单和法律意义上的客户名单。法律意义的客户名单是指商品提供商对应的交易对象的客户名称、地址、通信方式、联系人及其他资料等具体信息，包括客户的联系人、联系方法、客户的商品需求类型和需求习惯特点、客户的经营规律、客户对商品价格的承受能力等。法律意义上的客户名单的内涵较大，外延较小，其信息资料内容比较详细、丰富、完整。一般意义上的客户名单与法律意义上的客户名单相比较，一般意义上的客户名单可以包含法律意义上的客户名单。在立法上从未对客户名单进行界定，只有司法解释对其进行界定，最高人民法院《关于审理不正当竞争民事案件应用法律若干问题的解释》第 13 条规定：“商业秘密中的客户名单，一般是指客户的名

---

① 参见王宏：《侵犯商业秘密罪若干问题研究》，郑州大学 2010 年专业硕士学位论文。

② 黄娜：《上市公司信息披露与商业秘密保护的冲突与协调》，载《法制与社会》，2008 (6)。

③ 参见宋佳：《论上市公司商业秘密的保护——基于商业秘密保护与信息披露制度冲突的思考》，华东政法大学 2010 年硕士学位论文。

④ 孔祥俊主编：《商业秘密保护法原理》，北京，中国法制出版社，1999。

称、地址、联系方式以及交易的习惯、意向、内容等构成的区别于相关公知信息的特殊客户信息，包括汇集众多客户的客户名册，以及保持长期稳定交易关系的特定客户。”

（二）客户名单构成商业秘密的认定标准

在美国，客户名单是作为商业秘密来保护的。但我国对客户名单是否属于商业秘密范畴的认定较为复杂。如2005年4月1日，陈虹与青青电器销售公司签订了一份为期2年的用工合同，由陈虹负责青青电器销售公司产品在江西某地市场的开发、拓展和销售，且必须承担保密义务。2007年4月2日，用工合同期满后，陈虹应聘于同青青电器销售公司有竞争关系的三金电器销售公司。在此后的2个月里，陈虹利用其在青青电器销售公司任职期间开发、拓展的客户名单，与5家原青青电器销售公司的客户签订了购销合同。青青电器销售公司遂以陈虹侵犯其商业秘密为由诉至法院，要求陈虹停止侵权、赔偿损失。法院受案后审理查明，这些客户名单的通讯地址、厂商名录，可以通过工商机关行业资料、当地黄页等渠道获取。于是，有人提出，陈虹使用的客户名单为陈虹自己所开发、拓展，且任何人都可以通过行业资料、当地黄页查取，故不属商业秘密。但法院审理后认为，本案所涉及的客户名单包含实际或潜在的商业价值，不是本行业内众所周知的普遍信息，且三金电器销售公司与青青电器销售公司存在业务上的竞争关系，故陈虹使用客户名单构成侵犯商业秘密，遂判决陈虹停止侵权并赔偿损失。[①]

但邓英与上海某人力资源公司商业秘密案中，法院认为，该人力资源公司认为邓英严重违反了保守公司商业秘密的诚信义务，认定客户名单为公司信息，属于公司的商业秘密，应采取一定的保密措施。但该人力资源公司却将客户名单，以公司简介等形式散布于公司会员间。可见，客户名单不属于公司的商业秘密。[②] 并非所有的客户名单都属于商业秘密保护的范围，同时在法律保护的过程中缺少对客户名单商业秘密属性认定和保护的明确的实体法依据和程序法依据，使得执法和司法工作人员在此问题上持有非常谨慎的态度，原告在单纯以侵犯客户名单为由的诉讼中胜率不高。[③]

在宁夏正洋物产进出口有限公司（以下简称正洋公司）与上诉人宁夏福民蔬菜脱水集团有限公司（以下简称福民公司）侵犯商业秘密纠纷一案中，最高人民法院认为，本案诉争的客户名单等经营信息是上诉人正洋公司通过长期从事脱水蔬菜出口外销业务积累形成的与国外客户的往来业务邮件，不同于公开领域中的一般客户资料。在扣押的刘方窃取的43份电子邮件及刘方窃取复制的传真件记载的内容中，不仅包含客户的名称、地址、联系方式，还包含了外销业务中客户的交易习惯、付款方式、购买产品的意向以及在交易中对方客户的一些特殊需要，构成了深度信息。通过互联网虽然能够查询到涉案8家国外客户，但这些客户联系出口业务的电子邮件地址以及交易习惯、付款方式、包装规格、所需货物的品名、质量、特殊需求等信息资料在该经营领域内不为相关人员普遍知悉，且获得

① 参见颜梅生：《虽然客户信息可通过公开渠道获得，但法院仍判决跳槽后与原客户发展业务属侵犯商业秘密》，载《检察日报》，2008-01-26。

② 参见周凯：《“跳槽”客户单位就算不保守商业秘密吗》，载《中国青年报》，2008-03-03。

③ 参见彭学龙：《从美国最新判例看客户名单商业秘密属性的认定》，载《知识产权》，2003（1）。

这些信息资料具有一定难度。本案诉争客户名单经营信息的价值性体现在其所伴随的交易机会、销售渠道以及销售利润的增加，这些经营信息能够直接在联系外销业务中获得时间优势，提高竞争能力，创造经济价值，具有现实及潜在的竞争优势，从而具有商业秘密特有的价值性。正洋公司采取了合理的保密措施，在正常情况下足以防止涉密信息的泄露，符合商业秘密管理性条件的要求。另在二审中福民公司亦提不出证据证明其对涉案 8 家客户的客户名单经营信息拥有合法来源。故此，原审法院认定涉案客户名单经营信息属于商业秘密且为福民公司使用正确，上诉人福民公司主张诉争客户名单经营信息不是商业秘密的上诉请求不能成立。① 此处的“深度信息”，即为区别于相关公知信息的特殊客户信息。

如北京市高级人民法院在答复“如何确定客户名单构成商业秘密的标准”中认为：“客户名单构成商业秘密，应符合商业秘密构成的一般要件，应特别注意审查客户名单是否是特有的或者是否具有特殊性；客户名单是否由权利人通过劳动、金钱等投入获得的。”② 有学者认为，客户名单一般应当包括以下基本内容：1. 客户名册。客户名单是一系列有价值的特殊信息的集合体，客户名册是经营者经过加工、整理、汇集和记录客户信息的载体，可以书面形式、电子文档或其他的方式存在。2. 报价单。此处的报价单不是企业向社会公布的价目单，是针对某一特定客户而专门作出的既能保证自己的利润又在客户的承受能力之内的报价单。该价目单甚至可以包括对特定客户的回扣信息或可以进行优惠的幅度。如中国青年旅行总社（以下简称青旅社）诉中国旅行总社（以下简称中旅社）侵犯其商业秘密，法院认定，青旅社的客户名单包含住宿标准、价格等具体事项，旅游团队也进行了多次询价和确认，这些信息是不能从公知渠道轻易获取的。③ 3. 独特的交易习惯。如客户结算的方式和期限，对货源的独特要求等。如果知悉了这些客户的独特交易习惯，会大大增加交易的机会，减少交易的成本。4. 交易的内容。如何某、张某、南通市通业实业有限公司（以下简称通业公司）与江苏南强集团公司侵犯商业经营秘密纠纷案，法院认定，通业公司有关客户需求类型和数量等交易内容的信息属于商业秘密，判令被告何某和张某立即停止披露、使用通业公司的客户名单，并赔偿通业公司经济损失二十余万元。④ 5. 经营规律。每个客户也都会存在独特的经营规律，在产品购买的时间间隔、种类选择等方面也会存在差异。比如，一家从事装潢服务的公司，其最擅长进行展馆的装潢并且已经将此方面作为主营业务，那么这家公司在每年展会集中召开的特定时间内会对某些原料产生很大的需求量。如果供应商掌握了这家装潢公司的经营规律，就会在展会相对集中的时期领先同行竞争者一步，针对装潢公司的需求而提早做准备加强供货。⑤

客户名单只有在符合秘密性、价值性和保密性等条件后，才能够被认定为商业秘密。但企业超过经营范围的客户名单是否受到保护，在吉隆机电（北京）有限公司与北京斯普

---

① 参见最高人民法院（2007）民终字第 1 号民事判决书。

② 《北京市高级人民法院关于审理知识产权纠纷案件若干问题的解答》。

③ 参见吴寿仁：《保护商业秘密手册》，北京，人民邮电出版社，2008。

④ 参见江苏省高级人民法院（2002）苏民三终字第 34 号民事判决书。

⑤ 参见李俊南：《客户名单商业秘密属性的认定和保护研究》，华东政法大学 2010 年硕士学位论文。

瑞得科技有限责任公司、谢延强侵犯商业秘密纠纷案中，北京市高级人民法院认为：“依照我国的有关法律规定，非经对外经济贸易主管部门或国务院授权的机关审批，外商投资企业在中国境内不得从事四次群以下微波接力通信设备的经营活动，亦不得超越经过审批、核准的经营范围从事商业活动……吉隆公司在享受了外资企业优惠政策的同时，又规避了中国法律、法规，其行为超出了对外经济贸易主管部门批准的经营项目和工商行政管理部门核准的经营范围，属于违法经营。因此，吉隆公司主张的经营秘密不应受中国法律的保护。”① 经营范围的认定，可以参考最高人民法院经济审判庭《关于如何认定企业是否超越经营范围问题的复函》，该函认为：“企业的经营范围，必须是以工商行政管理机关核准登记的经营范围为准。企业超越经营范围所从事的经营活动，其行为应当认定无效。”有学者认为：“公司在超范围经营过程中通过自身的努力开发的客户，只要符合商业秘密的基本特征，也应当受法律的保护。”② 笔者认为，企业经营范围如果违反国家强制性规定的专卖专买的，应当认定无效，如果非前述情形，一般应当认定为有效。

（三）客户基于对职工个人信赖的认定

最高人民法院《关于审理不正当竞争民事案件应用法律若干问题的解释》规定，客户基于对职工个人的信赖而与职工所在单位进行市场交易，该职工离职后，能够证明客户自愿选择与自己或者其新单位进行市场交易的，应当认定没有采用不正当手段，根据此规定，此款即为被告抗辩理由，同时也是司法机关裁量是否侵权或认定为商业秘密的依据。如上诉人安徽省小小科技实业有限责任公司（以下简称小小科技公司）因与被上诉人安徽省绩溪县轻工链条厂（以下简称链条厂）、张某某、冯某某侵犯商业秘密纠纷一案，链条厂针对小小科技公司认为浙江诸暨金盾链条制造有限公司等 7 家客户名单为其经营秘密的主张，于一审期间，曾向原审法院提供杭州东华链条总厂、安徽省飞彩黄山链传动有限公司等厂家出具的证明，证明链条厂与上述厂家早已建立了业务联系。二审期间，链条厂又向本院提供了湖州双狮链传动有限公司出具的证明，证明链条厂向该厂供应链条套筒早于小小科技公司。此外，链条厂还向本院提供了由该厂的委托代理人向苏州寰球链传动有限公司民安分厂、浙江诸暨金盾链条制造有限公司、浙江诸暨链条总厂、诸暨市特种链条厂等厂家的有关人员所作的调查笔录，有的证明与链条厂早已建立了业务联系，有的证明他们与链条厂发生套筒供货关系，并非因为冯某某个人原因，而是企业自己的选择。在小小科技公司向浙江诸暨金盾链条制造有限公司等 7 家链条制造企业供应套筒产品前，链条厂作为生产链条配套件的专业厂家，早已与其中的大部分企业建立了业务联系，形成配套关系，与其中的个别企业发生业务联系虽晚于小小科技公司，但并非因为冯某某的缘故，而是客户的自愿选择。因此，小小科技公司以上述 7 家客户名单为其经营秘密为由，指控冯某某将这些客户名单带到链条厂，链条厂采用不正当手段获取并使用这些客户名单，侵犯

① 北京市第一中级人民法院（1998）一中知初字第 37 号民事判决书；北京市高级人民法院（1999）高知终字第 76 号民事判决书。

② 严亮奇：《商业秘密保护中的客户名单》，载《中华全国律师协会知识产权专业委员会年会暨中国律师知识产权高层论坛论文集》（上），2009。

其经营秘密的上诉理由，缺乏证据佐证，本院亦不予支持。①

依据最高人民法院《关于审理不正当竞争民事案件应用法律若干问题的解释》，客户名单有两种，一种为长期客户名单，另一种为短期客户名单。认定长期客户名单为商业秘密一般没有问题，问题是短期客户名单能否认定为商业秘密，按照最高人民法院《关于审理不正当竞争民事案件应用法律若干问题的解释》第 13 条的规定，只要符合“区别于相关公知信息的特殊客户信息”即可，而不管是否长期或短期的区别。如原告东莞市上海三菱电梯特约销售服务有限公司诉被告深圳市金巨人电梯有限公司东莞分公司、被告深圳市金巨人电梯有限公司、被告东莞市莞奥电梯有限公司、被告徐福林、韦小平、周福源及芮炳贵侵害商业秘密纠纷一案，法院认为，原告所指称的客户名单如新石竹花园、海港城公司、东莞市大亚爱迪商贸有限公司及寮步镇人民政府等均属于公知领域的信息，其本身不构成商业秘密，但原告与相关客户订立合同后所获取的经营信息如服务的对价、范围、期限、方式等属原告的商业秘密。②

成都市中级人民法院在对郭某侵犯商业秘密一案的判决中指出：“原告（新都化工）通过付出劳动、金钱等相当的人力、物力努力，使这些客户从一般的不特定的客户之中分离出来，成为了寻找这些客户的经营者的特殊客户群体，原告也通过保密协议对这些客户群采取了合理的保密措施，该客户名单构成经营秘密。”

“区别于相关公知信息的特殊客户信息”是指法律意义上的客户名单，其存在两个必要条件：一是秘密信息已采取保密措施，因未进入公知领域而能实际控制，具有独占的可能；二是这种信息的特殊性在于信息的持有者为获取该信息付出了必要的社会劳动，具有独占的法律依据，应当受到法律的保护。③

11.6 侵犯商业秘密的行为

郑成思先生认为：“与传统的知识产权（专利权、商标权、版权）相比，商业秘密的权利人多了两项权利：制止他人披露，制止他人获得有关信息。”④

我国《反不正当竞争法》第 10 条规定不得采用下列手段侵犯商业秘密：(1) 以盗窃、利诱、胁迫或者其他不正当手段获取权利人的商业秘密；(2) 披露、使用或者允许他人使用以前项手段获取的权利人的商业秘密；(3) 违反约定或者违反权利人有关保守商业秘密的要求，披露、使用或者允许他人使用其所掌握的商业秘密。第三人明知或者应知上述所列违法行为，获取、使用或者披露他人的商业秘密，视为侵犯商业秘密。商业秘密侵害行

① 参见最高人民法院（2000）知终字第 10 号民事判决书。

② 参见广东省东莞市中级人民法院（2005）东中法民四知初字第 33 号民事判决书。

③ 参见王怀庆：《客户名单司法保护疑难问题研究》，载蒋志培主编：《中国知识产权司法保护 2008》，北京，中国传媒大学出版社，2008。

④ 郑成思：《知识产权论》，北京，法律出版社，2007。

为与其他侵害行为相比更具有隐蔽性、不确定性，因此各国立法很少对侵犯商业秘密行为作出定义，而是采用列举其表现形式的方式来阐明。

一、非法获取商业秘密行为

非法获取商业秘密主要是指《反不正当竞争法》第10条所规定的以盗窃、利诱、胁迫或者其他不正当手段获取权利人的商业秘密。此种行为的获取手段本身就是违法行为，而不需要等到实际披露、使用之时才构成违法。盗窃商业秘密既包括内部知情人员的盗窃，也包括外部人员的盗窃；既可以是偷盗载有商业秘密的原件，也可以是复制件；既可以窃取记载商业秘密的有形物品，也可以只窃取信息的内容，然后再显现复制出来。“在现代社会，以各种手段窃取他人商业秘密的经济间谍现象十分普遍，我国举世闻名的宣纸技术、景泰蓝技术、龙须草席技术就曾被外国人窃取。1976年以来，法国平均每年有三十多名经济间谍落入法网，而同期发生的窃密案则多得惊人。……美国工业保护协议调查显示，美国经济间谍案的数字从1985年以来增多了260%，其中外国人参加的经济间谍案甚至增加了350%。世界知识产权组织在《关于反不正当竞争保护的示范规定》第6条第2款把‘工业或商业间谍行为’列为侵犯商业秘密的不正当竞争行为之首。”①

利诱是以非法占有为目的，以给予利益或者许诺给予某种利益，如金钱、物品、工资待遇、精神利益、性交易等为手段从有关雇员、合营者、顾问及其他知情人员手中得到商业秘密的行为。

胁迫是指用威胁或要挟等方法，以有关人员生命、健康、荣誉、名誉、财产、业务等不利后果为代价，对其达到精神上的强制，迫使其违背真实的意思表示透露其掌握的商业秘密。其他不正当手段是上述手段之外的以获取他人商业秘密为目的的不正当竞争行为，我国法律把其作为兜底条款予以规定。

二、披露、使用商业秘密

披露、使用或允许他人使用以不正当手段获取的权利人的商业秘密。此情形系对通过不正当手段获取的商业秘密采取进一步的侵害，对于合法权利人而言，其损失要远远大于上文简单的“不正当获取”行为，因为商业秘密仅仅是被他人不正当获取而没有被利用则并不必然导致权利人的严重经济损失，而一旦被披露、使用则定会致使商业秘密或被公开或失去竞争优势。不过，商业秘密的秘密性是否因此而缺失不对本行为的侵权认定造成影响。② 披露是指行为人向外传播、散播其不正当获取的商业秘密，比如向特定对象公开或者通过报刊、互联网等媒介向社会传播。可以说，披露行为基本上会使商业秘密失去其秘密状态而成为公知信息。使用是指行为人直接在生产经营中使用其获取的商业秘密，或者

① 张耕：《知识产权民事诉讼研究》，北京，法律出版社，2004。

② 参见赵秉志：《侵犯知识产权犯罪研究》，北京，中国方正出版社，1999。

间接地在研究中运用以减少前期的投入。[①] 许可他人使用。行为人许可第三人使用其不正当获取的商业秘密，可以是有偿的，如与他人签订许可协议，以支付使用费为对价；亦可无偿，如基于朋友、亲戚或其他关系将商业秘密无偿提供他人使用。[②] 在山东省食品进出口公司、山东山孚集团有限公司、山东山孚日水有限公司与马达庆、青岛圣克达诚贸易有限公司不正当竞争纠纷案中，最高人民法院认为："在《反不正当竞争法》上，一种利益应受保护并不构成该利益的受损方获得民事救济的充分条件。商业机会虽然作为一种可以受到《反不正当竞争法》所保护的法益，但本身并非一种法定权利，而且交易的达成并非完全取决于单方意愿而需要交易双方的合意，因此他人可以自由参与竞争来争夺交易机会。竞争对手之间彼此进行商业机会的争夺是竞争的常态，也是市场竞争所鼓励和提倡的。对于同一交易机会而言，竞争对手间一方有所得另一方即有所失。利益受损方要获得民事救济，还必须证明竞争对手的行为具有不正当性。只有竞争对手在争夺商业机会时不遵循诚实信用的原则，违反公认的商业道德，通过不正当的手段攫取他人可以合理预期获得的商业机会，才为《反不正当竞争法》所禁止。正如涉案事实所表明，大连观宇食品有限公司于 2005 年取代大连同盛实业总公司获得了对日出口海带配额，这并不当然意味着前者因此就构成对后者的不正当竞争。因此，本案的关键在于被申请人圣克达诚公司和马达庆是否采取了违背诚实信用原则和公认的商业道德的不正当竞争手段，从而使圣克达诚公司获得了本案曾由申请再审人山东食品公司长期拥有的威海地区对日出口海带配额这一交易机会。原一、二审法院对此的认定正确，本院予以肯定。"[③]

该案件的裁判意见厘清了贸易机会的法律性质是一种商业机会，由于并非从公开渠道不能获得，从而不属于商业秘密。

三、非法披露或使用合法获取的商业秘密

违反约定或违反权利人有关保守商业秘密的要求，披露、使用或允许他人使用其所掌握的商业秘密。此侵权情形的行为人一般包括与权利人有业务关系的经营者和权利人的职工。同前类行为的差别在于其获取商业秘密的正当性，即在获取商业秘密的手段上具有合法性，但构成侵权的关键在于是否存在行为人对商业秘密的保密义务以及是否违反之，该义务有明示与默示之分：基于保密合同或保密要求而产生的即为明示的保密义务，依法律关系或者交易习惯等而决定的系默示的保密义务，则相对人在无保密协议的情况下亦须承担保密及不使用的义务。[④] 具体有：(1) 与权利人有业务关系的行为主体违反保密协议或权利人的保密要求。(2) 权利人的员工违反协议约定或权利人的保密要求，需要说明的是这里的员工不单指在职员工，也包括离职员工（含因退休、离休、退职、辞职、调动等原

---

① 参见陆维溪：《TRIPs 背景下商业秘密法律保护的比较研究及对我国立法的完善建议》，上海社会科学研究院 2010 年硕士学位论文。

② 参见赵秉志：《侵犯知识产权犯罪研究》，北京，中国方正出版社，1999。

③ 最高人民法院 (2009) 民申字第 1065 号民事裁定书。

④ 参见张玉瑞：《商业秘密法学》，北京，中国法制出版社，2000。

因离开原单位的员工），例如中冶南方商业秘密案。（3）违反法定保密义务，比如国家在调整某种法律关系中明确规定了行为人对权利人的商业秘密有保密的义务而不论是否有协议约定，此亦属于默示的保密义务，在我国法律法规中就明确规定有律师、会计师、技术鉴定人员等社会中介服务人员对其服务对象的商业秘密负有保密的义务。当然还有国家机关在执行公务中、仲裁机关在仲裁过程中所接触到的商业秘密，这些机关的工作人员同样应当负有保密义务。① （4）被委托人以竞争或以私利为目的，擅自将商业交易中受托的样品或技术资料，尤其是图样、模型、模板、配方加以利用或泄露给他人。

但需要注意的是，应当正确区分员工自身经过学习所具备的基本技能和经验，如申请再审人山东省食品进出口公司、山东山孚日水有限公司与被申请人青岛圣克达诚贸易有限公司、马达庆不正当竞争纠纷案中，最高人民法院认为："作为具有学习能力的劳动者，职工在企业工作的过程中必然会掌握和积累与其所从事工作有关的知识、经验和技能。除属于单位的商业秘密的情形以外，这些知识、经验和技能构成职工人格的组成部分，是其生存能力和劳动能力的基础。职工离职后有自主利用其自身的知识、经验和技能的自由，因利用其自身的知识、经验和技能而赢得客户信赖并形成竞争优势的，除侵犯原企业的商业秘密的情形外，并不违背诚实信用的原则和公认的商业道德。""个人能力虽然不能直接等同于职务发明创造，知识、经验和技能等个人能力的积累既与其工作岗位和业务经历有关，也与个人天赋和后天努力有关，如前所述，其中除涉及单位商业秘密的内容以外，均属于个人人格内容，可以自由支配和使用，这与职务发明创造或者职务劳动成果可以成为独立的财产或者利益有明显不同。如果任何人在履行职务的过程中积累知识、经验和技能等竞争优势都归属于任职单位，在将来离职变换工作时不能使用，那么显然不利于鼓励职工在现单位学习新知识，积累新经验，提高自身业务能力，更不利于整个社会在知识上的积累和利用，不利于社会的创新和发展。"② 最高人民法院司法政策提出："准确把握《反不正当竞争法》原则规定的适用条件，凡法律已在特别规定中作穷尽保护的行为，原则上不再按照原则规定扩展其保护范围，以避免抵触特别规定的立法政策；对于法律未作特别规定的竞争行为，只有按照公认的商业标准和普遍认识能够认定违反原则规定时，才可以认定为不正当竞争行为，防止因不适当扩大不正当竞争范围而妨碍自由、公平竞争。妥善处理保护商业秘密与自由择业、涉密者竞业限制与人才合理流动的关系，维护职工的合法权益。对于既不存在商业秘密、又不存在法定和约定竞业限制的竞争领域，要妥善处理公平竞争、自由竞争与择业自由的关系，维护竞争自由和择业自由，不能轻率、简单地以利用或者损害特定竞争优势为由，以《反不正当竞争法》的原则规定认定构成不正当竞争。"③

---

① 参见陆维溪：《TRIPs 背景下商业秘密法律保护的比较研究及对我国立法的完善建议》，上海社会科学研究院 2010 年硕士学位论文。

② 最高人民法院（2009）民申字第 1065 号民事裁定书。

③ 奚晓明：《充分发挥司法保护知识产权主导作用为实践科学发展观和建设创新型国家提供有力的司法保障——在全国法院知识产权审判工作座谈会暨知识产权审判先进集体和先进工作个人表彰大会上的讲话》（2008 年 11 月 28 日）。

需要注意的是，如何正确处理商业秘密违约与侵权的关系，如在北京斯维格威格—泰德电子工程公司诉北京市银兰科技公司及刘永春等人不正当竞争纠纷案①中，法院认为，雇员无论是在职期间，还是调离以后，都应当按照约定保守秘密，违反保密协议，泄露商业秘密，既构成了违约，又属于不正当竞争行为。

四、第三人侵犯商业秘密的行为

《反不正当竞争法》第 10 条第 2 款规定："第三人明知或者应知前款所列违法行为，获取、使用或者披露他人的商业秘密，视为侵犯商业秘密。""第三人是指直接获得权利人商业秘密的行为人以外的人。在侵犯商业秘密行为中，商业秘密权利人为第一人，而直接获得权利人的商业秘密的行为人为第二人，第二人包括以不正当手段获取、使用或者允许他人使用的行为人，以及虽通过正当途径获得商业秘密但违反保密约定或要求而披露、使用或允许他人使用其所掌握的商业秘密的行为人。第三人有恶意第三人与善意第三人之分。"② 恶意第三人侵犯商业秘密当然要对商业秘密所有人承担法律责任。

《反不正当竞争法》第 10 条第 2 款其中"明知"即为主观恶意；"应知"系应当知道而因为重大过失而忽视，与美国法律中"have reason to know"（有理由知道）类似，是一种重大过失的主观状态。③ 《反不正当竞争法》第 10 条第 2 款系指以下两种情形：（1）第三人在明知或应知商业秘密是通过不正当手段获取的情况下，仍然获取、使用或向外披露这些商业秘密；（2）第三人在取得商业秘密之初，并不知情，也无重大过失，而是以后知情或应当知情，而继续使用或泄露商业秘密。

第三人即使并没有从事间谍行为，未以引诱、违约来获取商业秘密，但只要明知或应知商业秘密的来源不合法，向其披露系错误的，仍获取、使用的，即为商业秘密侵权行为。④ "商业秘密保护中的善意第三人，是指当第二人违法获取商业秘密或违约泄露商业秘密之后，第三人不知且也没有理由会知道第二人违法（第二人违法＋第三人善意），从而善意地从第二人那里接受了商业秘密，甚至加以使用。"⑤

这里恶意第三人的侵权行为指的是第三人明知此商业秘密系他人以非法手段获得，仍自该人处获取商业秘密并予以使用、泄露、转让或准许他人使用的行为。第三人虽然并非为非法行为的直接实施人，也不负有法律上的保密义务，但因为其明知此商业秘密为采取非法手段所获得而予以接受说明其主观上具有相当的恶意，同时在客观上也间接地实施了损害商业秘密权利的行为，理应受到法律制裁。在私法理论上，重大过失与故意产生相同的法律后果，因此恶意第三人的明知行为和应知行为应同等对待，以侵犯商业秘密行为论。

---

① 参见《最高人民法院公报》，1998（3）。

② 张耕：《知识产权民事诉讼研究》，北京，法律出版社，2004。

③ 参见孔祥俊主编：《商业秘密保护法原理》，北京，中国法制出版社，1999。

④ 参见张玉瑞：《商业秘密法学》，北京，中国法制出版社，2000。

⑤ 张玉瑞：《商业秘密法学》，北京，中国法制出版社，2000。

11.7 侵犯商业秘密的赔偿

一、司法实务中的主要赔偿方式

最高人民法院《关于审理不正当竞争民事案件应用法律若干问题的解释》第 17 条明确规定：确定《反不正当竞争法》第 10 条规定的侵犯商业秘密行为的损害赔偿额，可以参照确定侵犯专利权的损害赔偿额的方法进行。因侵权行为导致商业秘密已为公众所知悉的，应当根据该项商业秘密的商业价值确定损害赔偿额。商业秘密的商业价值，根据其研究开发成本、实施该项商业秘密的收益、可得利益、可保持竞争优势的时间等因素确定。换言之，侵犯商业秘密的损害赔偿可以参照《专利法》第 60 条、最高人民法院《关于修改〈最高人民法院关于审理专利纠纷案件适用法律问题的若干规定〉的决定》第 20、21、22 条之规定进行赔偿。[①] 最高人民法院《关于审理不正当竞争民事案件应用法律若干问题的解释》第 17 条是针对确定侵犯商业秘密和《反不正当竞争法》第 5、9、14 条规定的不正当竞争行为的损害赔偿方法。鉴于商业秘密多数具有技术性而接近专利性质，故赔偿可以参照专利权的损害赔偿方法进行。

司法实践中往往是参照《反不正当竞争法》第 20 条来计算商业秘密的损失的，大致有以下六种方法：

1. 以商业秘密权利人因侵权行为遭受的损失来确定。应当将权利人可计算的财产、收入方面的损失全部作为侵权人赔偿的数额。通常包括权利人销售减少引起的利润损失、权利人未得到许可使用费的损失及其他收入的损失，或者权利人商业秘密公开造成的价值损失。此外，这种损失还包括竞争优势减少或丧失造成的物质性损失。这一方法往往适用于商业秘密遭到侵犯后，权利人的经营额与犯罪行为发生前发生显著下降的情形。

2. 以侵权人因侵权行为获得的利益作为损失和赔偿额。司法实践中，商业秘密权利人的损失往往难以计算，法院通常以侵权人所获得的利润作为裁判的依据，一般情况下，以销售额乘以平均利润率为获利额较为妥当。商业秘密权利人的损失包括已经遭受的损失和必然遭受的损失，而侵权人的获利是实际获利，不包括预期获利。但考虑到商业秘密权利人与其实有或潜在的客户的交易能否成交存在着或然性，而不是必然性，交易中的风险无时不在。为了公平地维护各方当事人的利益，司法实践中有些法院将侵权人的销售额乘以平均利润率的 1/2 为获利额，这种做法值得借鉴。不过，这种方法虽然便于操作，但是也只能达到一个大致的公平。

3. 当难以确定权利人因侵权行为造成的损失，而且侵权人因侵权行为获得的利润也难以计算时，可以借鉴民事审判的定额赔偿制度参考以下因素确定损失：该商业秘密的研

---

① 参见孙海龙、姚建军：《商业秘密侵权赔偿数额的认定——以裁判文书赔偿数额为研究视角》，载《知识产权》，2009 (4)。

制开发成本，包括投入的时间、金钱和付出的努力等。

4. 以合理的商业秘密使用许可费作为标准计算损失。当上述三种方法计算不便时，可采用该方法来计算。假定在正常情况下通过合法途径取得权利人商业秘密许可使用时，以需支付的许可费用推定为损失额。

5. 当平均利润率无法查明时，可委托知识产权评估机构或者专家进行评估。如西安市中级人民法院判决的中国商业秘密侵权损害赔偿数额最大的西安重型机械研究所与原西安重型机械研究所高级工程师裴国良及附带民事责任的中冶连铸技术工程有限公司侵犯商业秘密纠纷案中，中冶连铸公司与四川川威和山东泰山分别签订了板坯连铸机的设计、安装等总合同，两个合同的总金额为 1.48 亿余元，由于中冶连铸公司的财务账目无法确定其因两个合同所获取的利润，法院按照中国重型机械工业协会的专家评估意见，认为板坯连铸机成套设备设计、制造的平均销售利润为 12%，以此计算中冶连铸公司因签订的两份合同获利的金额（7 296 万元 +7 560 万元）×12% =1 782 万元。①

6. 定额赔偿。定额赔偿是由人民法院根据案件的具体情况酌情确定赔偿额。在知识产权侵权损害赔偿中，经常出现原告的损失和被告的获利均无法查明的情况，司法实践中采取酌情赔偿的方法来处理。修改后的《著作权法》、《商标法》和专利案件的司法解释都规定了酌情赔偿的数额最高不超过 50 万元。由于侵犯商业秘密行为的损害赔偿额，可以参照确定侵犯专利权的损害赔偿额的方法进行。因此，对于侵犯商业秘密的损害赔偿也应在 5 000 元以上 30 万元以下确定赔偿数额，最多不得超过人民币 50 万元。如西安市中级人民法院审理的原告通用电气公司、通用电气（中国）有限公司、通用电气医疗系统贸易发展（上海）有限公司与西安九翔电子科技有限责任公司、王晓辉侵犯商业秘密纠纷案中，法院综合考虑西安九翔公司向诸多医院和器械商提供过技术服务、西安九翔公司的广告宣传、设备保修、保养和维修价格以及其与通用公司提供该服务价格的差异等侵权的情节，结合西安九翔公司、王晓辉的行为性质和主观过错程度，酌情确定西安九翔公司、王晓辉非法使用商业秘密为客户维修给通用公司赔偿损失数额为人民币 50 万元。②

二、侵权导致商业秘密公开的赔偿

在商业秘密赔偿纠纷中，原告需要注意审查是否因被告的侵权行为导致商业秘密已为公众所知悉，属于此种情形的，应当运用最高人民法院《关于审理不正当竞争民事案件应用法律若干问题的解释》第 17 条，根据该项商业秘密的商业价值确定损害赔偿额。商业秘密的商业价值，根据其研究开发成本、实施该项商业秘密的收益、可得利益、可保持竞争优势的时间等因素确定。

《深圳经济特区企业技术秘密保护条例》第 30 条第 2 款规定：技术秘密权利人损失数

① 参见西安市中级人民法院（2005）西刑二初字第 93 号刑事附带民事判决书。

② 参见西安市中级人民法院（2008）西民四初字第 26 号民事判决书。

额的计算，应当综合其研究开发成本、实施该技术秘密的收益、可得利益、可保持竞争优势的时间、技术秘密转让或者许可费用、市场份额减少等因素确定。技术秘密权利人损失数额无法计算的，以侵权人违法经营额作为技术秘密权利人的损失数据。可见，该规定中的赔偿是按照资本价值来赔偿的。在涉及此类纠纷中，作为原告方必须提交证据证明因其侵权行为导致商业秘密已经为公众所知悉，并可以通过有关评估机构对损失进行评估，如果不能证明前述事项，将不能获得法院支持，如上诉人林镇贤、张纹与被上诉人世誉产品标识（苏州）有限公司（以下简称世誉公司）、原审被告东莞科威标识有限公司（以下简称科威公司）不正当竞争纠纷一案中，江苏省高级人民法院二审认为，世誉公司虽然提供了一些证据证明其编制《不良品判定及对策分析》一书付出了一定的成本，但由于世誉公司并未提供证据证明林镇贤或张纹已将该商业秘密对外泄露并为公众所知悉，亦未能提供证据证明林镇贤或张纹已将获取的商业秘密予以使用。在此情形下，一审判决参照世誉公司对涉案商业秘密形成投入的成本及该商业秘密的价值确定 30 万元的赔偿额明显过高，应予调整。本院结合林镇贤、张纹的侵权情节、主观恶意以及世誉公司为制止侵权可能支付的合理费用等因素，酌定林镇贤、张纹因其侵犯商业秘密行为共同赔偿世誉公司人民币 6 万元。①

三、扣除领先时间原则

我国商业秘密侵权判例中，较早公开适用“扣除领先时间原则”的是富士宝家用电器有限公司诉家乐仕电器有限公司专利侵权及侵犯商业秘密纠纷案，法院认为，原告富士宝公司对自己的销售网络、客户名单等经营信息采取了相应的保密措施。多年来，这些经营信息给富士宝公司带来一定的经济效益，使该公司具有较强的竞争优势。依照《反不正当竞争法》第 10 条第 2 款的规定，该经营信息是富士宝公司的商业秘密。为了给消费者提供维修便利，富士宝公司虽然将自己的部分客户名单在保修卡上公开，但其他客户的名单尚未解密。被告家乐仕公司的法定代表人潘应明在富士宝公司工作期间掌握了该公司的商业秘密后，明知这些商业秘密是该公司经过长时间的投入才得来的，该公司与其员工订有保密的约定，却辞职自行办厂，并违反与富士宝公司的保密约定，将其掌握的富士宝公司商业秘密提供给家乐仕公司。家乐仕公司利用这些信息从事销售活动，以致在短时间内就获取了高额利润。这种行为正是《反不正不竞争法》第 10 条第 1 款第 3 项所禁止的不正当竞争行为。依照《反不正当竞争法》第 12 条的规定，家乐仕公司对侵犯富士宝公司的商业秘密给该公司造成的损害，应当承担赔偿责任。佛山市中级人民法院判决：被告家乐仕公司在本判决生效后二年内不得利用原告富士宝公司的经营信息、销售网络销售与富士宝公司专利相同类的产品。第一审宣判后，家乐仕公司不服，向广东省高级人民法院提起上诉。二审驳回上诉，维持原判。②

---

① 参见江苏省高级人民法院（2008）苏民三终字第 138 号民事判决书。

② 参见《最高人民法院公报》，1999（2）。

“扣除领先时间原则”即禁止被告在两年之内向原告的销售网络中销售竞争产品，这就消除了被告相对于业内其他竞争者，在获得原告的销售网络这一商业秘密方面的领先时间。

四、接触加相似规则

接触加实质性相似是判定商业秘密侵权的规则，也称“实质性相似加接触”规则，“实质性相似加接触”是指人民法院在审理侵犯商业秘密案件中，如果被告所使用的商业信息（包括技术信息和经营信息）与权利人的商业秘密相同或实质性相似，同时权利人又有证据表明被告在此前具备了掌握该商业秘密的条件，那么就必须由被告来证明其所使用之商业信息的合法来源，否则即应承担侵权赔偿责任。律师在诉讼中如何正确运用该规则，关键在于把握“接触”的实质含义。首先，根据《反不正当竞争法》第 10 条第 1 款所列情形，接触主体主要包括三种人：（1）现在或者曾经是权利人的雇员；（2）基于合同掌握权利人商业秘密的人，如特许经营合同、技术转让合同的被许可人等；（3）以盗窃、利诱、胁迫等不正当手段获取商业秘密的人。这三种人都是侵犯商业秘密法律关系中能够直接从权利人处获得商业秘密的人，我们可以称之为“接触人”。其次，应判断接触行为。上述“接触人”中的前两种人基于其特殊的身份，其接触行为不证自明，原告一般无须进一步举证。第三种人比较复杂，原告应证明此种非正常接触行为的存在。原告举证了上述接触行为，只要再说明被告的信息与原告的信息实质相同或相似，并且这种相同与相似，与被告的接触行为有法律上的因果关系，就能完成初步的举证责任。①

对于商业秘密侵权案件中，司法审判中往往适用事实推定，即对侵权行为“不正当手段”只是一种内心的确信，如在申请再审人高辛茂与被申请人北京一得阁墨业有限责任公司（以下简称一得阁公司）、原审被告北京传人文化艺术有限公司（以下简称传人公司）侵犯商业秘密纠纷案中，最高人民法院审查认为：高辛茂具有接触墨汁的保密配方的可能或条件。高辛茂是传人公司最大的股东，其妻是该公司的法定代表人。高辛茂、传人公司未能证明独立开发研制墨汁产品。通过公知资料中对生产墨汁的配方组分进行有机的排列组合，生产出符合市场需要的高质量的墨汁必定需要大量的劳动和反复的实验，而传人公司在成立后短短时间凭借几个没有相关技术背景的工人，就很快开始生产出产品，并在北京、深圳等地销售，在没有现成的成熟配方的前提下是不可能的。一审庭审中，传人公司的股东曾陈述，其问过高辛茂关于墨汁的材料、配方等问题。高辛茂有接触一得阁公司商业秘密的条件，根据一得阁公司的相关墨汁作为国家秘密的事实，结合传人公司设立情况及主张独立研发的证据不能成立的事实，依据日常生活经验，原审法院认定高辛茂向传人公司披露了一得阁公司生产墨汁的配方，传人公司非法使用了高辛茂披露的墨汁配方，并无不当。② 当事人基于其工作职责完全具备掌握商业秘密信息的可能和条件，为他人生产

---

① 参见戚谦：《商业秘密侵权之诉的实务技巧》，见 http：//article. chinalawinfo. com/article_print. asp? articleid=65206，2013-03-10。

② 参见最高人民法院（2011）民监字第 414 号民事裁定书。

与该商业秘密信息有关的产品，且不能举证证明该产品系独立研发，根据案件具体情况及日常生活经验，可以推定该当事人非法披露了其掌握的商业秘密。①

五、商业秘密案件的受理程序

依据《中华人民共和国劳动法》第 79 条的规定，劳动争议案件为仲裁前置程序，通过劳动争议仲裁后，可以向人民法院起诉。如果用人单位依据劳动合同中的保密或竞业禁止协议提出商业秘密侵权纠纷，该纠纷是通过劳动争议仲裁还是由人民法院直接受理解决呢？在上诉人陈建新与被上诉人化学工业部南通合成材料厂（以下简称合成厂）、南通星辰合成材料有限公司（以下简称星辰公司）、南通中蓝工程塑胶有限公司（以下简称中蓝公司）以及原审被告南通市东方实业有限公司（以下简称东方公司）、周传敏、陈晰、李道敏、戴建勋侵犯技术秘密和经营秘密纠纷管辖权异议案，最高人民法院审理认为，《合同法》第 122 条规定，因当事人一方的违约行为，侵害对方人身、财产权益的，受损害方有权选择依照本法要求其承担违约责任或者依照其他法律要求其承担侵权责任。据此，因合同而引起的纠纷，在涉及违约责任与侵权责任的竞合时，原告有权选择提起合同诉讼还是侵权诉讼，人民法院也应当根据原告起诉的案由依法确定能否受理案件以及确定案件的管辖。劳动争议是劳动者与用人单位因劳动合同法律关系发生的争议，我国法律并未特别要求劳动合同当事人只能依据劳动合同提起劳动争议，违反劳动合同的行为同时构成侵权行为的，法律并不排除当事人针对侵权行为要求行为人承担侵权责任。

因此，对于因劳动者与用人单位之间的竞业限制约定引发的纠纷，如果当事人以违约为由主张权利，则属于劳动争议，依法应当通过劳动争议处理程序解决；如果当事人以侵犯商业秘密为由主张权利，则属于不正当竞争纠纷，人民法院可以依法直接予以受理。本案原告合成厂与各自然人被告之间存在劳动合同关系，并签订了“保守秘密、限制竞业协议书”，其中也约定了仲裁条款，但本案的案由是侵犯技术秘密和经营秘密纠纷，原告的诉讼请求是要求各自然人被告以及被告东方公司承担停止侵害其商业秘密并赔偿其损失的侵权民事责任，本案的诉讼标的是原告与各被告之间的侵权法律关系，并非原告与各自然人之间的劳动合同法律关系。因此，本案不属于劳动争议案件，作为侵权案件，人民法院可以直接受理。②

六、惩罚性赔偿的建议

我国《反不正当竞争法》第 20 条确立的是单一的补偿性赔偿责任制度，不论侵权行为人主观过错程度、侵权情节如何，侵权人均只承担赔偿损失的责任。但在司法实践中，这一原则有时不能真正保护权利人，甚至客观上鼓励侵权的发生。针对“十赔九不足”现

---

① 参见《最高人民法院知识产权年度报告（2011）》。

② 参见最高人民法院（2008）民三终字第 9 号民事判决书。

象，建议增设惩罚性赔偿责任。[①] 世界上不少国家和地区对故意侵犯商业秘密规定了惩罚性赔偿责任，其中有影响的是美国的《统一商业秘密法》，其第 3 条第 2 款规定："如果存在故意或恶意侵占，法院可责令被告支付不超过上款中任何赔偿 2 倍的附加赔偿。"另外，根据 TRIPs 协定第 45 条第 2 款的规定[②]，在侵权人不知或者不应知自己的行为属侵权行为时，可以责令行为人返还所得利润或支付法定赔偿额，或者二者并处。"二者并处"体现的也是一种惩罚性赔偿。我国不少学者对此持赞同观点，认为应增设惩罚性赔偿责任，理由是故意侵权性质恶劣[③]，社会危害性大，规定惩罚性赔偿责任更能体现公平原则，并能弥补司法实践中"十赔九不足"的缺陷。

11.8　律师代理商业秘密纠纷案实务

一、商业秘密纠纷案的特点

侵犯商业秘密纠纷案件与专利、商标侵权纠纷案件相比，最大的不同就是商业秘密没有类似专利/商标证书的官方权利证明，权利的主体、权利的内容都需要在诉讼中由法院个案认定，这对原告来讲举证责任和难度都是很大的，对被告来说也有一个非常复杂的抗辩过程。此外，侵犯商业秘密纠纷案件涉及面广，除了一般的法律、事实问题外，往往还涉及技术和其他专业问题，一般都需要相关领域专家的协助，同时对办案律师的理解能力和知识结构也有相当高的要求。在商业秘密侵权诉讼案件中，由于上述原因，原告胜诉的比例并不高，通常不超过 50%。

侵犯商业秘密民事纠纷主要分为侵犯经营信息纠纷和侵犯技术信息纠纷，在不少案件中，同时涉及经营信息和技术信息。每个法院在审理侵犯商业秘密纠纷案件时方式或许不同，但一般都遵循如下逐步审理的思路：

（1）对原告是否有权就该商业信息主张权利、该商业信息是否符合商业秘密构成要件进行审查和认定；

（2）在商业秘密成立且原告有权主张权利的前提下，对被告是否实施了侵权行为进行审查和认定；

（3）在被告构成侵权的情况下，对被告应承担的民事责任进行审查和认定。[④]

了解上述审理思路，才能对法院想厘清的事实针对性作答，把握案件的关键点。针对上述审理思路，原、被告双方必须至少就"原告是否有权就该商业秘密主张权利"、"该商业信息是否符合商业秘密构成要件"、"被告是否实施了侵犯该商业秘密的行为"、"被告应

---

① 参见孙海龙、姚建军：《商业秘密侵权赔偿数额的认定——以裁判文书赔偿数额为研究视角》，载《知识产权》，2009 (4)。

② 参见 TRIPs 协定第 45 条第 2 款。

③ 参见王睿：《对商业秘密侵权损害赔偿的分析》，载《人民司法》，1999 (4)。

④ 参见《江苏省高级人民法院侵犯商业秘密纠纷案件审理指南 (2010)》。

当承担怎样的民事责任”说明理由和提供证据。只有这样才能做到有的放矢，达到相应的诉讼与抗辩效果。

二、原告律师代理商业秘密民事案件的操作要点

（一）起诉前应考虑的问题

律师在接受原告委托代理商业秘密侵权纠纷案件时，就是否起诉，应当考虑如下几个方面：

1. 商业信息的来源是否合法

案件启动初始，暂不论当事人主张的商业信息是否符合商业秘密法定要件，律师应当首先让当事人提供商业信息来源的证据（比如研发证据等）。这样，律师一方面可以初步判断当事人是否有权利就该商业信息主张权利，从而初定案件走向，指导当事人挖掘证据，另一方面也可以判断当事人的该商业信息来源是否合法，降低代理风险，因为本身就违法获取的商业信息不可能构成商业秘密。

2. 是否有保密措施

商业秘密法定要件中“不为公众知悉”和“价值性”两要件非常重要，但如果缺少“保密措施”这一要件，再先进再有价值的信息也不能称其为“商业秘密”。鉴于“保密措施”的证据相对其他两个要件来说更直观，因此律师在上述第一点后接着应当让当事人提供有保密措施的证据，初步判断这些证据是否达到合理保密措施的要求，从而判断案件的走向，指导当事人挖掘相关证据。

3. 主张的商业信息是否已公开

律师应当本着负责任的态度，就当事人所主张的商业信息进行查新，必要时委托专业权威的检索机构（比如国家知识产权局、省情报所等），初步判断这些商业信息是否已被公开，必要时咨询相关领域技术专家，判断这些商业信息是否已是本领域公知常识。当事人认为是商业秘密未公开过的相关内容，但并不等于文献上没有披露过。

4. 被告是否接触过该商业信息

从商业秘密侵权案件的审理原则来看，“被告接触过原告的该商业信息”是一个必要的条件，律师应当要求当事人提供证据，初步判断这些证据是否能证明“被告接触过”。有接触时，包括直接或间接接触。

5. 就被告侵权事实进行取证

被告侵犯商业秘密的形式是多样的，大部分情况下还是比较隐蔽的，原告应当提前进行取证。比如，就技术秘密而言，根据“接触加相似”的传统原则，至少应当证明对方与我方的产品“相似”，因此在起诉前，律师应当指导、协助当事人就被告的侵权产品进行公证取证，以便日后比对。实践中，有一些“使用”方式并非常见的直接使用。比如，原告进行了长期研发，发现某种成分在某产品中不能使用，被告非法获知原告这个研发结论后，在产品中不使用这种成分；再比如，原告研发出一种设备，被告非法接触到该技术信息后，在该设备的基础上作了改进，或许改进后的设备与原告的设备不相似，但仍可能

“使用了原告技术秘密”。这可称之为“接触加相关”的原则。接触原告商业信息后，采用相关对策，借用或使用后，表现出的不相似但相关的结果，也有可能构成侵犯商业秘密。因此，当遇到这种非典型情形时，律师不应当草率地下“不相似，所以不侵权”的结论，而应结合实际情况具体判断，采取相应的取证策略与技巧。

由于当事人并不太了解商业秘密案件应当如何举证，也不了解相关法律知识，因此上述几个问题的确认并不会是一蹴而就的，律师应当准备一段时间的接洽期间，了解和指导，完全了解清楚当事人遇到什么问题，想要怎样解决。经过上述几个问题的分析后，最后再决定是否有必要提起诉讼，上述问题考虑时的证据和思考对决定提起诉讼后的工作开展也是必要和有利的。

（二）提起诉讼时应考虑的问题

1. 诉讼类型的选择

决定提起诉讼时，首先应该对诉讼类型进行选择——刑事或民事。

一般来讲，对于商业秘密成立的把握性大，损失又较大，但对被告侵权事实的取证困难的，建议向公安机关报案，启动刑事案件程序；待刑事起诉时，提起刑事附带民事诉讼，或者单独提起民事诉讼。即使最后因为侵权数额不够起刑点而撤销案件或不予立案的，也可以再提起民事诉讼，侦查阶段获得的证据也可以继续在民事诉讼中使用。

2. 法院的选择和被告的确定

在具有管辖权的前提下，宜选择当事人所在地法院。当选择法院时，应当调阅该法院关于商业秘密类似案件的判决，弄清该法院对某些事项的处理态度或认定标准。被告的选择应当考虑因其带来的管辖权因素，还应考虑制止侵权的效果。如果涉及自然人，亦可考虑在其户籍所在地或经常居住地起诉。

3. 立案

在立案前，应当确保对被告侵权事实的证据已经取证完毕，否则一旦得知被诉，被告销毁或隐藏证据，被告的侵权事实将难以再取证证明。再者，立案前，还要考虑是否要自行单方申请司法鉴定，笔者认为，即使可能会因被告提出异议而重新鉴定，但利用该司法鉴定证明商业秘密满足“不为公众知悉”要件仍是有必要的，尤其对技术问题比较复杂的案件。

（三）代理商业秘密侵权案件的实质要点

代理商业秘密侵权案件，实体上应当对应上述法院的审理思路一步步解决，概括起来有如下几个要点。

1. “原告主张的商业秘密是什么”——秘密点的确定

商业秘密案件中，权利人必须先行明确其商业秘密的范围——即明确秘密点，这是案件架构立起来的基础。

一般来讲，在纠纷发生时，原告自己会有自己理解的“商业秘密”，但它们是否符合法定要件还有待查明；或者，原告所给出的“商业秘密”是包含公知信息在内的整体方案或信息，没有明确出具体哪些是他的“秘密点”；甚至，原告所自认为的“商业秘密”其实是商业信息的载体，其究竟包含了什么商业信息还有待进一步分析。代理原告的律师必须了解清楚原告所主张的商业信息的背景，完整并准确理解这些商业信息及其载体，了解与这些商业信息相关的信息，检索、查询这些商业信息领域内的公知信息，根据商业秘密的要件自己作出初步判断，再引导当事人进一步总结、挖掘秘密点，反复商量、修改、斟酌。

审理时，法院一般会要求原告在证据交换结束前明确秘密点。为了尽量获得最大的保护范围，原告应当在自己查明事实的基础上提交保护范围尽可能大的秘密点，不宜主动将秘密点限定得保护范围太小、太具体，以免在之后的“相似”判断中获得不利结果。同时，原告应当按保护范围由大到小准备几套秘密点，以备根据情况“退后一步”。司法实践中，秘密点并非一次性确定的，其确定过程都是相当复杂且原、被告双方争论较大，一般需要经过若干次质证或庭审才能最终确定。

（1）对技术信息秘密点的确定

技术秘密一般包括技术图纸、技术资料、技术规范形成所反映产品的设计、程序、产品配方、工艺流程、制作方法、原料处理与保存方法、质量控制等方面的技术信息。需要注意的是：技术秘密只是某种信息，而不是载体本身，因此只能将某种信息确定为商业秘密，而不能将承载该信息的载体如机器、光盘本身确定为商业秘密。

原告主张某技术信息构成商业秘密的，应当列出其中构成技术秘密的具体内容，并将其与所属领域内的公知技术部分进行区分，明确其构成技术秘密的理由。如原告主张某生产工艺构成技术秘密的，应具体指出生产工艺中的哪些环节、步骤、条件构成技术秘密。例如，原告主张某种陶瓷砖的生产工艺构成技术秘密，该生产工艺中步骤（1）—（3）均是公知技术，仅步骤（4）、（5）为保密的特殊处理步骤，那么该技术秘密点便是步骤（4）和（5）。如原告主张某机器的设计构成技术秘密的，则应具体指出机器的哪个部位什么结构或什么装配关系的设计构成技术秘密。

当然，也可能原告主张的某技术信息全部都是商业秘密。原告主张某技术信息全部都构成商业秘密的，则应当明确该技术的具体构成及构成商业秘密的理由。

（2）对经营信息秘密点的确定

经营秘密通常表现为：财务状况、管理经验或诀窍、客户名单、购销渠道、市场调研报告、经营策略、发展计划、对外业务合同、招投标标底等。①

原告主张某经营信息构成商业秘密的，亦应当明确指出构成经营秘密的具体内容，并指出该部分内容与公知信息的区别。比如，原告主张其客户名单构成经营秘密的，就不能笼统地称“某客户”构成经营秘密，而应当明确具体其中哪些内容（如交易习惯、客户订货的时间规律、客户的独特需求等）构成经营秘密。

2. “原告有权就其主张权利”

根据最高人民法院《关于审理不正当竞争民事案件应用法律若干问题的解释》第15

① 参见王宏：《侵犯商业秘密罪若干问题研究》，郑州大学2010年硕士学位论文。

条的规定，商业秘密权利人、商业秘密独占使用许可合同的被许可人均可以单独提起诉讼；排他使用许可合同的被许可人可以和权利人共同提起诉讼或者在权利人不起诉时自行提起诉讼；普通使用许可合同的被许可人可以和权利人共同提起诉讼或者经权利人书面授权单独提起诉讼。

就原告代理人而言，立案之时必须就原告是否满足上述解释第 15 条的要求提供证据证明，以满足立案要求；在举证期限内，原告代理人应当补充充足的证据。这些证据包括：技术信息的研发证据（比如研发日志、试验记录、试产记录及相应的原料采购凭证和试产结果分析报告等、专项财务预算、技术信息载体形成时间证明等）、经营信息的取得证据（经营信息的记录、会议记录、与客户的交易凭证、来往邮件等）、商业秘密使用许可协议、权利人授权书等。

一般来讲，在证明“原告有权”的同时，也对商业信息的内容进行了证明。在证明商业信息的内容时，一定要证明商业信息来源于原告，注意商业信息载体上签名、印章或其他能证明所有人为原告的证据。

3. “该商业信息符合商业秘密构成要件”

根据《反不正当竞争法》第 10 条第 3 款、最高人民法院《关于审理不正当竞争民事案件应用法律若干问题的解释》第 9、10、11 条、第 13 条第 1 款的规定，必须同时具备“不为公众所知悉”、“价值性”、“保密措施”三个要件的商业信息，才构成商业秘密。商业秘密案件的原告必须证明其主张的商业信息满足这三个要件。

（1）“不为公众所知悉”

“不为公众所知悉”，也被称为是商业秘密中的“秘密性”要件，这是商业秘密成立的重要要件。关于该要件的认定，法院总体上以最高人民法院《关于审理不正当竞争民事案件应用法律若干问题的解释》第 9 条中的相关规定为判断标准，当事人也应当以第 9 条为依据进行证明和说明。下面以技术信息和典型的经营信息——客户名单为例说明。

1）技术信息的秘密性

作为原告代理律师，应当首先对拟提交的“秘密点”委托专业检索机构（比如国家知识产权局、省情报所等）进行查新，看“秘密点”是否已经被公开；如果已经被公开，则应放弃该秘密点；如果没有被公开，还需根据上述解释第 9 条的规定，一一分析其不属于“为公众所知悉”的情形。如果其中部分被公开，则应调整秘密点的内容或范围。

如果技术信息涉及的专业性知识相对复杂，则可考虑通过提供技术专家证人、咨询技术专家、进行司法鉴定等手段解决技术事实证明问题。其中用得较多的是委托司法鉴定。

2）客户名单的秘密性

法院判断客户名单是否具有秘密性时，一般都会考虑“该客户具有特有性”、“获取客户名单具有一定的难度”这两个要素，鉴于此，原告律师应注意证明以下问题：

①客户信息与公共领域信息的区别。

一般来讲，虽然不熟悉情况的人可能不会快捷地获得、但仍然可以通过正常渠道获得的信息，不能被认定为商业秘密；但不能从正常渠道获得的信息（比如产品出厂价格、年订购的数量、利润空间、特别交易习惯）则很有可能被认定为商业秘密。从可操作性来讲，原告应当着重证明：公知信息是什么？正常途径能获得的是什么信息？我主张的客户信息与其相比有什么不同？

②原告与客户有相对稳定的交易关系。

原告应当提供其与客户发生交易的相关证据，比如合同，交易中订货、发货、收货的单据，款项往来凭证等；同时，一般还应当证明该客户与其具备相对稳定的交易关系，而不能是一次性、偶然性交易的客户。

但如果是原告通过市场调查等手段建立起的潜在客户信息，该信息可能给原告带来一定的竞争优势，虽然原告与其并未存在交易，但该信息仍可能属于商业秘密，代理律师应当综合其他证据组织证据链，证明其商业秘密属性，不可武断地否定。

③原告为该客户信息形成所付出的劳动、金钱和努力。

④反过来讲，侵权手段愈特殊，客户信息具备秘密性的可能则愈大。如采用窃听电话、入室盗窃等手段获得客户信息的，该信息被认定为商业秘密的几率则会大大增加。因此，侵权手段也是证明客户名单秘密性的要素之一。

其他经营秘密的证明可以比照上述客户名单的证明。

（2）价值性

从商业秘密案例来看，被告对商业信息的价值性提出异议的较少。“价值性”要求有关信息具有现实的或者潜在的商业价值，能为权利人带来竞争优势。原告可以从自己的销售记录和盈利、市场反馈来证明；对于尚未带来实际利益但又有潜在价值的，可以引用公知观点、常识来说明。

（3）保密措施

保密措施的证据一般表现为：保密协议或保密条款、工厂出入和参观制度、员工管理制度等。实践中，当事人往往将竞业禁止条款误认为是保密条款，但竞业限制中的保密约定可以是保密措施，原告律师应注意区别。

原告律师准备保密措施证据时应当考虑：

1）原告所采取的保密措施要与被保密的客体相适应，以他人不采取不正当手段或不违反约定就难以获得为标准。对于保密措施的形成时间晚于商业信息的形成时间的，应当尽可能提供这段时间内不可能泄密的原因和证据。

2）原告采取的保密措施，足以使全体承担保密义务的相对人意识到该信息是需要保密的信息；此外，保密条款至少要明确对哪方面的内容保密，如果只是笼统地“需要保密”，而对保密对象不明确的，应当寻求其他证据形成证据链。

3）保密措施应与该信息自身需要采取何种程度的保密措施即可达到保密要求相适应，比如，对于机械设备，其图纸的设密和工厂进出制度，保密协议等。对于产品配方，其原料代码的使用，也可达到保密效果。

4．“被告实施了侵犯该商业秘密的行为”

根据《反不正当竞争法》第10条第1、2款等规定的内容，侵犯商业秘密的行为大致分为四类：（1）以盗窃、利诱、胁迫或者其他不正当手段获取商业秘密的；（2）披露、使用或者允许他人使用以不正当手段获取的商业秘密；（3）违反约定或者保密要求，披露、使用或允许他人使用其掌握的商业秘密的；（4）第三人明知或者应知存在上述违法行为，获取、使用或者披露他人商业秘密的。司法实践中常见的是后三种类型。

由于侵权行为具有秘密性和隐蔽性，原告要证明被告的侵权行为是非常困难的，因此在司法实践中，对原告的证明要求往往采用的是"实质性相同加接触"原则：原告仅需证明被告接触了商业秘密、被告使用的商业信息与原告商业秘密相同或实质相同；被告对其获得该信息的正当性进行举证，若被告不能举证，则推定其构成侵权。如上文所述，在某些特殊情况下，"接触"后使用，但不"相同或实质相同"的情形也有，原告律师应当根据被告侵权行为的表现形式具体分析。"接触"的证据一般表现为：原、被告之间的雇佣合同、合作协议，工作职能介绍，被告的来访记录，会议记录等。而"相同或实质相同"则需要比对，对于技术问题比较复杂的情形，可委托司法鉴定。

如果原告所主张的商业秘密有一部分已经被申请专利公开了，那么商业秘密案件中就应当将这部分对应的主张放弃，转而以专利侵权诉讼进行维权。

5. "被告应承担怎样的侵权责任"

侵犯商业秘密纠纷案件的民事责任主要包括停止侵权和赔偿损失。由于商业秘密侵权行为一般不会导致原告商誉的损害，因此要求被告赔礼道歉的诉讼主张一般不会得到法院支持，但如果有证据证明原告商誉因被告侵权而损害的，也可以主张被告赔礼道歉。

在判定侵权成立时，停止侵权的主张都会得到支持，原告只是要注意停止侵权的期限问题，看有没有双方的保密约定期限。

赔偿数额的确定应依据《反不正当竞争法》第 20 条的规定，也可参照确定侵犯专利权的损害赔偿数额的方法。原告应当提供原告的损失证据或被告的侵权所得证据，必要时提交司法审计，确定赔偿额。实践中，多数案件因原告的损失难以准确计算，而需要考虑侵权获利。按照我国现行的会计制度，一般有三种利润的概念：销售利润、营业利润和净利润。以生产型企业为例，销售利润最大，指产品销售总收入减去产品制造成本；营业利润居中，指在销售利润基础上减去管理费用（如人员工资）和财务费用（如贷款利息）；净利润最小，指在营业利润的基础上再减去应缴税款。[①] 2001 年最高人民法院《关于审理专利纠纷案件适用法律问题的若干规定》规定了，对于侵权人因侵权所获得的权益，一般应当按照侵权人的营业利润计算，但对于完全以侵权为业的侵权人，可以按照销售利润计算。因此，原告律师不要忽略了证明侵权人的主观过错程度，这对赔偿额的确定是非常重要的。

若侵权行为导致商业秘密公开，则应当依照最高人民法院《关于审理不正当竞争民事案件应用法律若干问题的解释》第 17 条第 2 款的规定，根据该项商业秘密的商业价值确

---

① 参见奚晓明主编：《法官评述 100 个影响中国的知识产权经典案例》，59 页，北京，知识产权出版社，2010。

定赔偿数额。这种情况下，既要提供商业秘密因被告的行为被公开的证据，也要提供商业秘密价值的证据。

此外，案件受理费、保全费、鉴定费等由败诉方承担；但判决的赔偿额与原告主张的数额存在较大差距时，法院会综合考虑原告诉讼请求与判决金额之间差距大小，适当判决原告承担部分案件受理费。因此确定起诉标的时，在充分考虑证据的基础上，也应当考虑诉讼费用的承担问题。

三、被告律师代理商业秘密民事案的操作要点

总体来说，被告律师的代理工作应当比照上述原告律师的代理工作，针对原告可能准备和注意的问题，一一反驳。

（一）收到起诉材料后的工作

1. 仔细阅读起诉材料，对证据的证明力进行分析，看是否有漏洞，并依据起诉材料分析对方的诉讼策略和可能补交的证据。

2. 针对商业秘密构成要件、原告是否有权提起诉讼、赔偿额、被告侵权行为这几个要点指导当事人搜集、准备证据。

3. 如果法院指定的举证期限不足以完成证据的搜集和准备的，则应当及时向法院提交延长举证期限请求。

（二）原告确认“秘密点”后的工作

举证期限届满前，原告的秘密点一般已经提交完毕。此时，被告应当对这些秘密点是否满足上述构成要件进行分析，必要时应委托专业检索机构进行查新，看其是否已被公开。由于检索手段、数据库及检索人员的差异，原告提供的查新报告可能没有检索到全部相似或相同的在先公开文件，因此被告再委托查新是非常必要的。一般来讲，鉴定结论是以原告提供的对比文件（根据查新报告所得）为基础作出的；如果被告委托的查新报告检索出来比原告更接近的文件，那原告所提供的关于“不为公众知悉”的鉴定结论就很可能是错误的，此时，就应当提交新的查新报告作为证据，必要时请求法院重新鉴定。

由于原告主张的“秘密点”已经明确，此时应当对应它调整被告的答辩策略以及证据。

（三）被告抗辩的主要要点

1. 原告无权就该商业信息主张权利

被告的抗辩可以从两方面入手：（1）原告提供的证据不足以证明该商业信息来源于原告；（2）被告提供证据证明原告的来源非法，比如该商业信息来源于被告或者其他第三方。

2. 该商业信息不符合商业秘密三要件

被告应重新进行更加细致、广泛地检索，查找该商业信息已经为公众所知悉的证据，一旦发现可以否定原告司法鉴定结论的证据，则提交法院，必要时可申请法院重新鉴定。

再者，对照上文中所述原告就“保密措施”要考虑的三要点寻找原告方的漏洞，看保密措施是否与主张的商业信息相适应，足以保密，看被告是否已经被明确了保密义务和保密对象。

3. 被告没有实施侵权行为

这是一般商业秘密纠纷案件中，被告抗辩的重点，综合起来有如下几点理由：

（1）自行研发：主张使用的技术信息或经营信息系其自行开发研制获得的，并就此提供证据证明。由于举证难度相对较大，实践中被告抗辩成功的案例相对较少，但仍不失为被告抗辩的方向之一。

（2）反向工程：抗辩其是通过技术手段对公开渠道取得的产品进行拆卸、测绘、分析而获得该产品的有关技术信息，这主要适用于技术信息方面。如果被告能就其提供证据证明，则被告不构成侵权。

被告律师应当注意法律规定的两个例外情形，防范原告的指控：1）被告以不正当手段知悉了原告商业秘密之后，又以反向工程为由主张其行为合法的，不应予以支持；2）反向工程本身须符合法律规定，法律、行政法规对某类客体明确规定禁止反向工程的，被告的此类抗辩一般不能成立。

（3）合法仿制：如果原告的商业秘密的载体是有形的产品，该产品可通过公开合法的渠道购买到，被告通过拆卸产品如机械产品就可直接仿制的，不构成商业秘密侵权。

（4）个人信赖：这是侵犯客户名单纠纷中被告可能采取的一种抗辩，最高人民法院《关于审理不正当竞争民事案件应用法律若干问题的解释》第 13 条第 2 款对此的规定是“客户基于对职工个人的信赖而与职工所在单位进行市场交易，该职工离职后，能够证明客户自愿选择与自己或者其新单位进行市场交易的，应当认定没有采用不正当手段，但职工与原单位另有约定的除外”。被告针对该规定进行“个人信赖”抗辩举证时可以从以下三方面入手：1）所属行业领域为医疗、法律服务等较为强调个人技能的领域。2）该客户是基于与被告之间的特殊信赖关系与原告发生交易，即客户是基于被告才与原告发生交易。且被告并不是利用原告所提供的物质条件、交易平台，才获得与客户进行交易机会。3）被告从原告处离职后，客户系自愿与其或其所属新单位发生交易。

4. 原告关于侵权责任的主张没有法律依据或证据

对照上述原告关于侵权责任的工作要点，被告应找出其证据的漏洞和法律依据的缺失。被告的抗辩要点主要有：（1）侵权行为不成立，则无侵权责任承担问题；（2）原告的赔偿依据不足以证明其主张；（3）原告的侵权数额计算错误；（4）原告的请求无法律依据，等等。

四、刑事案件中律师应当特别注意的问题

刑事案件中，受害人、被告律师的代理工作基本可以参照上述民事案件中原告、被告代理律师的进行，只是受害人没有了民事案件原告的主动地位，受害人律师的代理工作主要集中在公安机关阶段。

对于侵犯商业秘密刑事案件，公安机关的处理是非常慎重的。在向公安机关报案时，受害人应当就“原告有权主张权利”、“主张的商业信息符合商业秘密要件”提供充足的证据，需要审计的委托审计。同时，对“原告损失”提供证据，最好能提供对损失的审计报告，如果能获得被告侵权获利证据的（比如知道被告利用商业秘密的产品出卖给了哪个单位，涉及金额多少），也应当提供。一般来讲，受害人最难提供的就是被告的侵权行为证据，对于此，受害人应当提供线索（比如被告实施侵权行为地址等）。上述证据的充足，是推动公安机关立案的主要要素。

受害人律师还应当在公安机关针对“不为公众知悉”、“相同或实质相同”委托鉴定时积极主动，协助和配合，比如，在“不为公众知悉”鉴定时提供已公开的文件证据。

五、司法鉴定

在商业秘密案件中，尤其是涉及较复杂的技术问题时，一般都要委托司法鉴定。下面就司法鉴定的各方面具体说明：

（一）司法鉴定的内容

准备委托鉴定时，需要首先确定司法鉴定的内容是什么。在商业秘密案件中司法鉴定一般涉及以下两项内容：原告主张的技术信息是否不为公众所知悉，原、被告的技术信息是否相同或实质性相同。此外，如果原告对被告提供的供侵权对比的生产技术持有异议，认为按照该技术无法生产出涉案产品或无法达到被告所称技术效果的，也可以就该问题（即被告提供技术的实用性）进行司法鉴定。

（二）委托鉴定事项的确定

委托司法鉴定时，委托鉴定的事项必须是鉴定机构有权鉴定的技术问题范畴，而不能将法律问题交由鉴定机构判定，一般来讲，委托鉴定的事项是“该技术信息是否不为公众所知悉”、“被告的技术是否与原告的商业信息相同或实质性相同或相关”，而不能是“该技术信息是否属于商业秘密”。

再者，委托鉴定的事项必须具体到秘密点，而不能将整个技术方案拿去做司法鉴定。委托人需要向司法鉴定机构提供秘密点以及结合最高人民法院《关于审理不正当竞争民事案件应用法律若干问题的解释》第9条对各个秘密点的说明。

（三）司法鉴定的委托主体、鉴定机构

民事案件中，“该技术信息是否不为公众所知悉”、“被告的技术是否与原告的商业信息相同或实质性相同或相关”一般由原告申请进行，原告可以在立案前自行将其秘密点委托鉴定，也可以在开庭后申请法院委托鉴定；被告在抗辩时，如果有证据推翻原告鉴定结论的，则应向法院提交，必要时也可申请重新鉴定。而刑事案件中，上述两个问题的鉴定则由公安机关委托鉴定，被害人、被告均可以积极提交现有技术证据，证明自己的主张。

上述问题的鉴定需要委托有资质的鉴定机构，比如北京紫图知识产权司法鉴定中心等专业的知识产权鉴定中心，也可以仅就技术问题提交相关专业技术鉴定中心。当法院委托

鉴定时，由双方和议选择鉴定机构，双方无法达成和议的，由法院指定。

（四）鉴定材料的确定

在当事人单方委托鉴定时，由于提交鉴定的材料并未经过对方当事人质证确认，对方当事人在庭审中往往以“提交鉴定的现有技术材料不充足”、“提交的现有技术材料不能确认公开日期”等理由主张不予采信鉴定结论，从而让鉴定成为无用功。

在法院委托鉴定时，提交鉴定的材料必须经过双方当事人质证。这样，在质证过程中，原告应当注意保密，防止二次泄密，如果有充足的理由保密而不能提供鉴定材料以质证的，原告应当详细向法院说明，最后由法院决定；如果法院决定必须提交鉴定材料以质证的，原告应当提交，否则将承担举证不能的不利后果。

（五）回避、现场勘验、听证、质证

当事人对鉴定机构及鉴定人员有异议，需要提出回避请求的，应当明确回避理由。

鉴定中需要现场勘验的（比如，针对“原告和被告的技术是否相同或实质相同”），人民法院会组织各方当事人、鉴定人员到场共同勘验，并完整详细地记录勘验过程；此时，双方当事人应当注意确认勘验的过程和现场情况。此外，在鉴定结论作出前，双方当事人可以根据案情需要请求法院组织听证，由当事人就鉴定事项向鉴定人员进行说明和陈述，并回答鉴定人员所提问题。

鉴定结论作出后，法院必须组织当事人对鉴定结论进行质证，并要求全体鉴定人员及鉴定组织人出庭接受当事人及合议庭询问。其中，鉴定组织人仅能就鉴定中的程序性问题陈述意见，不得代替鉴定人员回答鉴定中的技术性问题，这一点双方当事人必须了解，并在需要时提出程序性的异议。

商业秘密案是知识产权案件纠纷中最为复杂的一种，无论是原告律师还是被告律师，投入的工作量都很大，一般不主张采取风险代理，因为其结果具有很大的不可预见性。

实例解析

申请再审人上海富日实业有限公司（以下简称富日公司）与被申请人黄子瑜、上海萨菲亚纺织品有限公司（以下简称萨菲亚公司）侵犯商业秘密纠纷案

1996 年，黄子瑜与案外人管烽共同出资设立富日公司，黄子瑜持股 40%，并在公司担任监事、副总经理等职。黄子瑜与富日公司签订的劳动合同第 11 条约定，黄子瑜在与富日公司解除合同后，5 年内不得与在解除合同前与富日公司已有往来的客户（公司或个人）有任何形式的业务关系。否则，黄子瑜将接受富日公司的索赔。该劳动合同中没有关于保守商业秘密的约定。2000 年年初，富日公司开始与案外人“森林株式会社”发生持续的交易。2002 年 4 月 30 日，富日公司通过股东会决议，同意黄子瑜退出公司并辞去相关职务。2002 年 4 月间，黄子瑜与案外人刘学宏共同投资组建了萨菲亚公司。萨菲亚公司设立后，“森林株式会社”基于对黄子瑜的信任，随即与之建立了业务关系。富日公司以

黄子瑜、萨菲亚公司共同侵犯其商业秘密为由提起诉讼。

上海市第一中级人民法院一审认为，本案并无证据表明富日公司主张保护的特定客户信息不为公众所知悉，并采取了相应保密措施，遂判决驳回富日公司的全部诉讼请求。富日公司不服，提起上诉。

上海市高级人民法院二审认为，本案中并无证据表明富日公司对其与“森林株式会社”的销售合同及相关附件采取了相关保密措施；劳动合同第11条应认定为竞业禁止条款，该条款未涉及因此限制而应支付的补偿费，也没有证据证明富日公司曾支付给黄子瑜相关补偿费用，富日公司不能援引该条款主张黄子瑜侵犯了其商业秘密。遂判决驳回上诉，维持一审判决。

富日公司向最高人民法院申请再审。最高人民法院于2011年7月27日裁定驳回富日公司的再审申请。

练习与测试

三龙化工有限公司与张岗等在2001—2004年间签订的劳动合同以及保守秘密、限制竞业协议书均约定，双方发生争议可提交三龙化工有限公司所在地劳动争议仲裁委员会仲裁。昆沿化工有限公司成立于2003年，钟岗的父亲钟铭在其中持股，钟岗是总经理，肖朋、陈新在该公司工作。三龙化工有限公司、星月化工有限公司、中钢化工有限公司于2008年3月17日以昆沿化工有限公司、张岗、钟岗、肖朋、陈新、钟铭侵犯其技术秘密和经营秘密为由，向××省高级人民法院起诉，主张三原告作为关联企业，共同从事塑料及相关产品的研发和生产，拥有本案涉及的商业秘密，六被告构成对其商业秘密的共同侵权，请求判令各被告立即停止侵权并连带赔偿原告45万元。

请问本案属于劳动争议还是侵犯商业秘密案件？是否需要经过劳动仲裁前置程序？

第12章

损害商誉行为

单元要点

本单元阐述了商誉的理解，包括商誉的界定、商誉的特点、商誉的表现形式，其次重点论述损害商誉的特征及构成要件，再次论述侵害名誉权与损害商誉的区别及商业诋毁与虚假宣传的区别，接着论述损害商誉行为法律适用，最后单独论述损害商业信誉、商品声誉罪。

学习目标

掌握我国法律法规对商誉的规定，重点理解损害商誉的构成要件及责任承担；注意侵害名誉权与损害商誉的区别及商业诋毁与虚假宣传的区别，掌握损害商业信誉、商品声誉罪的认定标准。

12.1 商誉的理解

一、商誉的界定

我国《反不正当竞争法》第 14 条规定，经营者不得捏造、散布虚伪事实，损害竞争对手的商业信誉、商品声誉。商誉是该条所指的商业信誉和商品声誉的合称。商誉是一种无形财产，属知识产权范畴。《企业会计准则》将商誉规定于无形资产之中，我国与德国、瑞典等多个国家签订的投资保护协定，也将商誉视为“投资”方式之一。商业信誉，主要指经营者通过公平竞争和诚信经营所取得的良好社会综合评价，包括经营者的资产状况、经营能力、信用情况等。商品声誉实际上是商业信誉的组成部分，是指经营者提供的产品质量或服务质量的良好社会评价，包括商品的性能、用途、质量、效果等。《反不正当竞争法》第 14 条规定的损害商誉行为，也有学者称其为“商业诋毁行为”。我国《反不正当竞争法》上的商业诋毁行为是指经营者捏造、散布虚伪事实，损害竞争对手的商业信誉、商品声誉的行为。① 也有人称为商业诽谤。

商誉与荣誉不同，荣誉是特定的部门或社会团体给予某个主体的奖励或表彰。荣誉权则为公民、法人依法享有的保持自己的荣誉称号，并不受非法剥夺的权利。

二、商誉的特点

商誉虽然属于知识产权的范畴，具有客体非物质性的本质特征，但与著作权、专利权、商标权等传统知识产权相比较而言，商誉还具有自身的显著特点：(1) 商誉是社会良好的褒扬性评价，表明经营者与顾客间业已形成的友好关系和极度信任，是长期商业交往中信誉沉淀的结果。(2) 商誉是一种现实的、能获取未来经济利益的“资产”，商誉已不仅仅是社会良好的评价与公共关系，而是建立在此基础上的一种资产结果，有学者将其界

---

① 参见孔祥俊：《反不正当竞争法原理》，北京，知识产权出版社，2005。

定为企业“带来未来超额经济利益的资产”①。（3）非确定的地域性。商誉权取得无须通过申请登记、授予等法定程序，其效力并不具有严格的领土性。商誉权虽不具有一国地域性的特征，但其效力范围可从两个方面来确定：一是其企业在后者有效登记地域范围内享有独占利益，即商誉权在特定企业所属的行政区域或行业内受到保护；二是在商誉权发生影响并受到侵犯的地域范围内具有排他效力，即商誉主体在任何地方合法进行生产经营活动并建立起商誉，遇有该商誉受到诋毁时都可以行使禁止权。（4）非法定的时间性。商誉权具有一般人格权的某种属性，即与特定主体相联系而存在，因此该项权利无法律限定的保护期间，即不具有一般知识产权的时间性特征。一般来说，商誉权与特定企业共存亡，只要企业存在，其商誉权就会继续存在。（5）非恒定的专有性。商誉权是一种没有恒定保护范围的无形财产权。由于商誉与特定企业相伴而生，在主体的生产经营活动中始终处于不断的优劣变化的循环之中，它既不像物质产品那样具有最终形态性，也不像技术产品那样因申请保护加以固定化。因此，商誉权与著作权、专利权、商标权不同，其保护范围无法基于客体的表现形式（作品）、技术特征（专利）或标记构成（商标）来加以确定。（6）商誉权的转让具有特殊性。首先，商誉权只能转让给一家企业，不存在商誉权共有的情况，对于合伙企业，若有商誉权，属于合伙组织本身而非其成员；其次，商誉权的转让应与商誉主体的变更一并进行；再次，商誉权转让后，出让人不能继续使用原商誉。（7）形成过程的长期性与丧失的即时性。正如有的学者称“建树缓慢、丧失迅速”②。（8）表现形式具有多样性，商誉表现为一个整体，但其具有多种表现形式和载体。具体包括商号、商标、专利、商业秘密、特许经营权、企业家及其骨干技术人员的声誉、企业文化、企业优越的地理位置、网络域名甚至特定的电话号码等。③

三、商誉的表现形式

商誉的表现形式有以下几个方面：（1）企业字号（商号）。如“张小泉”剪刀，“云南白药”药品，“全聚德”烤鸭，“可口可乐（Coca Cola）”等。（2）商标。驰名商标体现得更为突出。驰名商标之所以驰名就是因为其中所包含的商誉比一般商标要高得多。这从我国《驰名商标认定和管理暂行规定》中对驰名商标所下的定义可以看得很清楚：“市场上享有较高声誉并为相关公众所熟知的注册商标。”（3）产品（服务）的技术含量。如果一个企业比其他企业拥有更多的专利和专利技术的产品，该企业的科技水平和技术实力代表行业影响力，此影响力最终将体现在企业的商誉上。（4）商业秘密。比如企业的专有技术、顾客名单或者比较固定的销售渠道等。（5）特许经营权。这是由于政府实行许可管制制度所形成的。比如证券、金融的特许经营，房地产、建筑领域的许可等。（6）企业家及其骨干技术人员的声誉。比如，比尔·盖茨的声誉和“微软”的商誉是紧密联系在一起的。又如国内的“北大方正”，在相当程度上是和王选及其同事的研究、开发实力分不开

---

① 阎红玉：《商誉会计》，北京，中国经济出版社，1999。

② 唐煌博：《论商誉的法律保护》，西南政法大学 2005 年硕士研究生论文。

③ 参见焦润赞：《损害商业信誉、商品声誉罪若干问题研究》，郑州大学 2007 年硕士学位论文。

的。(7) 企业优越的地理位置、网络域名、甚至特定的电话号码。域名之所以具有重大的商业价值，并非全在于域名资源的稀缺性，更重要的还在于域名所蕴涵的经营者付出创造性劳动所建立的商誉，如国内最大的电子购物网站淘宝网 www. taobao. com。(8) 企业文化。企业文化是一把管理利器，对内可以成为职工和企业之间的黏合剂，内化为动力，激励职工忠诚企业、多做贡献；对外能外化为一种品牌和形象，给企业带来商誉和效益。

12.2 损害商誉构成要件

一、损害商誉的特征

《反不正当竞争法》第 14 条将损害商誉行为的客观方面表述为“捏造、散布虚伪事实”，所确定的是损害商誉的外延。损害商誉的内涵为，在经营活动中目的为减少其他经营者利益的不适格做法。损害商誉行为具有以下特征：

1. 针对特定的商事主体，损害的目的在于降低对方的商业吸引力和竞争优势，《反不正当竞争法》要求两者之间存在竞争关系，如斯泰公司与慧鱼公司在同业市场中占绝大多数比例，双方有竞争关系，是损害发生的前提。世界上有些国家如瑞士、比利时的竞争法已放弃了对竞争关系的要求，即损害可以是由不存在竞争关系的非竞争对手作出，由此凸显《反不正当竞争法》将其限定为竞争对手保护过窄。

2. 损害指向的对象是特定的。所谓“特定”，可以是行为人指名道姓，直接明示受攻击的主体，也可以间接暗示受攻击的主体，但必须能为受话人识别，受话人能够根据接受的信息分辨出损害者指称的具体对象。

3. 损害的主题。即行为人所说的话题。影响经营者之间竞争关系的因素很多，行为人往往将工商业活动中的某一因素作为攻击的切入点。

二、商誉侵权要件

我国《反不正当竞争法》明确规定了禁止经营者损害竞争对手商誉的行为，但是关于商誉侵权行为的构成要件，法律没有明确规定。目前学者们的观点不一致，主要有“三要件说”和“四要件说”。我们认为商誉侵权行为有四个构成要件：

1. 商誉侵权行为主体应当是同业竞争者。商誉侵权要么是为了获取他人商誉所带来的超额收益，要么是为了贬低竞争对手，削弱其市场竞争能力。非同业竞争者一般无此动机。在现实中存在着一些不属于上述法条里提到的主体，恰恰侵害了其他生产者或经营者的商誉，且给受害人造成了巨大的损失，如果因为行为人不是经营者，且与受害人没有竞争关系，就否认其侵害商誉的事实，这是不妥的。可以说，行为人的行为可能不构成法定的不正当竞争行为，但却可能构成了侵害商誉权的行为。因而，商誉侵权主体的范围应扩大到非竞争对手与非经营者，以便更加周全地保护商誉主体的商誉权不受侵害。[①]

2. 侵权人在客观上实施了违反法律规定，违反自愿、平等、公平、诚实信用的商场交易原则和公认的商业道德的商誉侵权行为。有一种情况需引以重视：由于任何商品都不可能尽善尽美，总会存在一些这样或那样的缺陷或毛病，只要竞争对手不是以正当的舆论监督方式，而是为了排挤竞争对手，通过散发公开信件、组织新闻发布会、播放或刊登对比性广告、声明性公告或以其他手段，大肆宣扬商品固有的某些缺陷，有时甚至是微不足道的缺陷，也应将其认定为商誉侵权行为。因为同行竞争者的这些行为旨在排挤他人，有不正当竞争的目的，在客观上也一定程度地误导了消费者，影响了所涉商品生产经营者的商誉，削弱了他们的正常经营能力。

3. 侵权行为人主观上有过错，并且往往是出于不正当竞争的目的。在商誉侵权案件中，侵权人的主观过错实行举证责任倒置，即行为人若不能证明其无过错，便推定其有过错。

4. 侵权人的侵权行为造成了损害结果。商誉损害结果可能使受害者遭受财产损失，也可能使受害者的非财产权利遭受损失，还可能使财产权利和非财产权利同时遭受损失。

12.3　侵害名誉权与损害商誉

一、侵害名誉权与损害商誉的主观故意性

侵害名誉权与损害商业信誉行为有其相同之处，行为人主观上都是故意的，行为的方式都是公开地捏造虚假事实，造成被侵权人的信用和名誉受损。如上海升嘉电子技术有限公司与上海三鑫世界商贸有限公司不正当竞争案，法院经审理认为，原、被告作为租赁合同的双方当事人，原告享有利用租赁场地开办电脑市场的权利，被告享有以租赁场地获取租金的权利，双方基于该租赁场地所发生的经营业务不存在竞争关系。但由于被告也具有电脑软硬件销售的经营范围，在双方因租赁合同的履行发生争议时，被告向进场商户发放了“意向租赁约定书”和“意向租赁须知”，已公开表示被告具有和原告在同一经营场地进行同业竞争的目的，原、被告双方已构成了竞争关系。被告在违约责任尚未明确的情况下即采取一系列行为，称原告违约，租赁合同终止等，已构成捏造、散布虚假事实，损害竞争对手商业信誉的行为，违反了《反不正当竞争法》第 14 条的规定。

二、侵害名誉权与损害商誉的区别

侵害名誉权是指公开损害公民、法人的信用和名誉，造成社会对该特定的公民、法人产生憎恶、蔑视、嘲笑、诋毁等，致使公民的工作、生活和法人的业务、生产、经营、信

① 参见胡充寒、邓治军：《论商誉及其立法保护的完善》，载吕伯涛主编：《和谐社会中的司法——公正司法与构建和谐社会新解》，北京，人民法院出版社，2007。

誉的评价等活动受到难以挽回的影响的行为。侵害名誉权和损害商誉的区别主要在以下方面：

1. 被告是否与原告构成竞争对手关系，这是侵害名誉权与损害商业信誉这种不正当竞争行为在行为主体上的区别。

2. 被告行为的目的是一般的毁损原告法人名誉，还是在毁损原告名誉之后达到自己占领市场的目的，这是侵害名誉权与损害商誉的不正当竞争行为在行为者主观方面的区别。

3. 被告行为的后果是仅造成一般人对原告信誉的错误评价，还是造成原告的服务对象、消费者、客户对其信誉的错误评价，进而影响到这些服务对象、消费者、客户与原告的商业交往，这是侵害名誉权与损害商誉的不正当竞争行为在客观方面的区别。[①]

12.4 商业诋毁与虚假宣传

一、商业诋毁与虚假宣传目的

《保护工业产权巴黎公约》第 10 条之二列举了三种不正当竞争行为，商业诋毁行为和虚假宣传是其中两种，它并未刻意限定对自己的商品还是对他人的商品作虚假宣传，但至少对商业诋毁行为而言，明确了是对竞争对手的营业所、商品或工商业活动的虚假宣传。根据世界知识产权组织的规定，商业诋毁同虚假宣传行为一样，损害信誉的目的是通过传布某种信息影响消费者的决定。

二、商业诋毁与虚假宣传的区别

虚假宣传行为只涉及自己的商品或者服务，即对自己的商品或者服务进行虚假宣传，不涉及其他经营者的商品或服务；而商业诋毁除涉及自己的商品或服务外，还涉及其他经营者的商品或服务，并且常常是通过虚假宣传其他经营者的商品或服务而抬高自己商品或者服务的声誉。在竞争法上，虚假宣传和商业诋毁的性质和实质作用是一样的，即“通过传布某种信息影响消费者的决定”，只是在宣传的对象上有差异，即虚假宣传是“对自己的产品或服务进行虚假的或欺骗性的陈述”，商业诋毁则是“对他人的企业、产品、服务或工商业活动传布虚假的信息”。反不正当竞争的法律和理论大体上都是按照这种标准区分虚假宣传行为和商业诋毁行为的。

三、商业诋毁与虚假宣传竞合处理

我国《反不正当竞争法》将诋毁商誉的行为方式分为两种：即“捏造”和“散布虚伪

---

① 参见陈惠珍：《侵害名誉权与侵害商誉的不正当竞争行为之比较——上海升嘉电子技术有限公司诉上海三鑫世界商贸有限公司不正当竞争纠纷》，见 http://www.pdiprlaw.org.cn/pdcqw/gweb/xxnr_view.jsp?pa=aaWQ9MzM2MzUmeGg9MQPdcssPdcssz，2013-03-12。

事实”。其中，捏造虚伪事实是指故意编造对竞争对手不利与其商业信誉、商品声誉真实情况不相符合的事实。散布虚伪事实，则是指以各种形式使他人知悉其所捏造的虚伪事实。而所谓虚假宣传行为，根据我国《反不正当竞争法》第 9 条的规定是指经营者利用广告或其他方式，对商品或服务的制作成分、性能、用途、生产者、有效期限等情况作引人误解的虚假宣传的行为。理论界普遍认为这里的“商品”不宜作狭义理解，它不仅指经营者自己的商品还应包括竞争对手的商品，即经营者也不能针对他人的产品作引人误解的虚假宣传。结合上述第 14 条关于诋毁商誉行为的规定，可以看出二者之间是存在竞合关系的，即诋毁商誉行为首先构成了虚假宣传行为，进一步又构成了对特定竞争对象的商誉诋毁行为。但作为两种不同的不正当竞争行为，二者之间的区别也是很明显的，主要体现在针对的范围不一样，虚假宣传没有明确的针对对象，其面向的是社会公众，而诋毁商誉行为则通常针对某一具体特定的竞争对手进行，且通常采用比较广告的形式。如原告杭州娃哈哈集团公司与被告珠海巨人高科技集团公司不正当竞争案中，法院认定被告巨人集团散布虚伪事实构成不正当竞争行为。“本案中，巨人集团采用‘据说’这种虚假的形式向社会宣传娃哈哈集团生产的产品‘有激素，造成小孩早熟，产生许多现代儿童病’，以贬低竞争对手的商业信誉和商品声誉，使社会公众对娃哈哈集团的产品产生了不良印象，致使娃哈哈儿童营养液在全国各地的销量下跌。因此，巨人集团的行为既构成诋毁商誉行为，也构成虚假宣传行为。”① 一般认为，在二者发生竞合的情况下，商业诋毁行为已经吸收了虚假宣传行为，因而无须认定为虚假宣传行为，而直接认定为商业诋毁行为。如上海希格玛电子陶瓷有限公司诉上海瑞侃电缆附件有限公司不正当竞争纠纷案，被告的广告以虚假的事实贬损竞争对手产品的商品声誉，构成商业诋毁行为，同时构成虚假广告宣传行为。②

除前述以外，实践中还具有“以不恰当的方式作引人误解的宣传行为”，如上诉人福建省福清大闽生物工程有限公司与被上诉人福州南海岸生物工程有限公司不正当竞争纠纷一案，最高人民法院认为，经营者为推销自己的产品而评价其他经营者的产品，进行产品的对比宣传，虽不必然构成不正当竞争行为，但由于这类宣传具有明显的比较内容，目的又在于宣传自己产品的优势，故如果经营者在宣传用语、比较项目、形式和内容等方面采取了不恰当的方式，就易于引人误解，造成对他人的商业信誉或者产品声誉的不利影响。因此，人民法院在审理因对比宣传行为而发生的纠纷过程中，应当从该宣传广告的各方面严格审查，对属于易于造成市场秩序混乱，误导消费者或者商品经销单位的宣传评价，予以禁止，以实现维护公平竞争秩序，保护消费者合法权益的目的。《反不正当竞争法》第 14 条虽然以“捏造、散布虚伪事实”作为不正当竞争行为的一种类型进行表述，但该条款的立法意图是保护其他正当经营者的合法利益，防止其遭受虚伪事实或者其他类似不正当行为的侵害，因此，对“虚伪事实”的理解，不仅要审查相关信息的真实性，还要审查

---

① 龙翼飞、魏振瀛、梁书文、江伟：《从一起案例看诋毁商誉与虚假宣传的关系》，载《商品与质量》，2006 (33)。

② 参见北京市第二中级人民法院（1998）二中知字第 17 号民事判决书。

如果信息真实，但其宣传结果是否会使消费者对他人的商品产生一种“虚假”认识，由此来确定该宣传行为是否构成《反不正当竞争法》第14条所称的不正当竞争行为。

“捏造虚伪事实”主要是指故意编造对竞争对手不利的，与其商业信誉、商品声誉真实情况不相符合的事情，包括无中生有的编造，也包括对事实情况的歪曲。“散布虚伪事实”是指以各种形式使他人知悉其所捏造的虚伪事实。因此，经营者自己或利用他人，通过捏造、散布虚伪事实等不正当竞争手段，对竞争对手的商业信誉、商品声誉进行恶意诋毁、贬低，以削弱其市场竞争能力的行为，属于不正当竞争行为，如上诉人豪雅（广州）光学有限公司、广东正大联合律师事务所与被上诉人（原审原告）上海明月光学眼镜有限公司损害商业信誉、商品声誉纠纷一案①，法院认为被告律师函对第150号案判决的引述既不准确也不全面，被告的行为属于和《反不正当竞争法》第14条所禁止的捏造、散布虚伪事实行为不同但相类似的不正当竞争行为。

12.5 商业诋毁侵权要件

商誉侵害是指商誉主体的名称、产品、商标、名誉、信誉、声誉等商誉对象受到不法侵害，或者说商誉主体的合法商誉权受到不法侵害，并因此遭受到有形财产或无形财产的损失。商誉侵权责任的构成要件是否与民法侵权责任的构成要件和归责原则相同呢？一般从理论上来讲，商誉侵权责任按民法侵权责任原理来考虑，即商誉侵权责任是指商誉侵权行为人依法应承担的以恢复被侵权人的权利为目的的法律责任。承担民事责任的归责原则有三种：过错原则、过错推定原则和无过错原则。按过错原则，构成民事责任一般必须具备四个要件：侵权行为具有违法性，确有损害事实存在，违法行为与损害事实之间存在因果关系，违法行为人主观上有过错。

司法实践认为，商业诋毁行为一般由四个要件构成。

一、经营者的主体身份

商业诋毁行为的主体必须是经营者，即从事商品经营或者营利性服务的法人、其他经济组织和个人。有观点认为，《反不正当竞争法》规制的商业诋毁应当是竞争关系中的经营者。竞争关系有广义和狭义之分，广义的竞争关系是指任何市场主体之间都存在竞争关系，而狭义的是指生产（或提供）相同商品或相似商品（服务）的经营者之间为了获取市场优势地位而形成的一种经济利益关系。构成《反不正当竞争法》上的商誉侵权，应当以狭义的竞争关系为前提。② 但也有不同的观点认为，行为主体必须是经营者，但不再以同业竞争者为限。③ 我们认为，以“相同和相似商品为原则、以不相同和不相似商品为例

① 参见上海市高级人民法院（2003）沪高民三（知）终字第127号民事判决书。

② 参见种明钊主编：《竞争法》，北京，法律出版社，2005。

③ 参见徐清霜：《裁判视野与纠纷解决——不正当竞争纠纷案件审判精要》，北京，知识产权出版社，2009。

外”，前者在司法实践中常见，典型的如上诉人北京优孚尔新型容器设备有限责任公司与被上诉人上海华篷防爆科技有限公司商业诋毁纠纷案，双方均为橇装式加油装置的同业经营者，存在着同业竞争关系。后者典型的如原告路易威登马利蒂公司与被告上海鑫贵房地产开发有限公司、上海国际丽都置业有限公司不正当竞争及商标侵权纠纷案，两被告在房产广告中使用了原告享有很高知名度的 LV 包形象。法院审理后认为，虽然原、被告的经营范围不同，但不管是否同业经营，经营者的经营成本、经营方式、交易机会等都将影响经营者在整个市场上的竞争能力，因此竞争既可能发生在同业经营者中，也可能发生在非同业经营者中。而如果经营者以不正当的方式与竞争对手或其他经营者直接或间接地争夺交易机会，损害竞争对手或其他经营者的合法权利，破坏正当的竞争秩序，就构成不正当竞争。

二、商业诋毁的客观方面

《反不正当竞争法》第 14 条，经营者不得捏造、散布虚伪事实，损害竞争对手的商业信誉、商品声誉。从该条的规定分析，商业诋毁的客观方面包括“捏造虚伪事实”和“散布虚伪事实”二种行为，“捏造”一词的含义是凭空编造，从字面上看，捏造应是行为人故意而为之，因此，行为人在主观方面应为故意，故意编造、散布虚伪事实。“散布”是指将所捏造的虚伪事实，向不特定多数人或者特定的共同客户或同行业的其他竞争者进行传播的行为，但是，如果行为人向某一特定对象散布其所捏造的虚伪事实，给当事人的经营活动造成了实质性影响的，也可能构成不正当竞争。如广州高露洁棕榄有限公司与宝洁（中国）有限公司、广州宝洁有限公司、广州浩霖贸易有限公司不正当竞争纠纷一案。①

三、行为人的主观过错

有观点认为，《保护工业产权巴黎公约》对于构成商业诋毁行为的主观意图并无特别要求，而各国的要求也并不一致，而《反不正当竞争法》第 14 条将捏造、散布虚伪事实作为构成商业诋毁行为的要件，实际上并未要求行为人必须具有诋毁的故意。② 也有观点认为，行为主体一般具有诋毁商业竞争对手的主观故意或过失，但不排除主观上无过错而客观上损害他人商业信誉和商品声誉的情况。③ 还有观点认为，商业诋毁主观方面为故意，而不是过失，行为人实施商业诋毁行为是以削弱竞争对手的市场竞争能力，谋求自己的市场竞争优势为目的，这种主观故意是明显而确定的。④ 在上诉人北京优孚尔新型容器设备有限责任公司与被上诉人上海华篷防爆科技有限公司商业诋毁纠纷案中，关于上海华篷公司是否具有主观过错的问题，上海市第一中级人民法院二审认为，上海华篷公司有权向政府职能部门举报。但其同业竞争的身份，容易引起人们对其举报目的的合理怀疑。因

① 参见上海市第二中级人民法院（2004）沪二中民五（知）初字第 40 号民事判决书。
② 参见孔祥俊：《商标与不正当竞争法原理和判例》，北京，法律出版社，2009。
③ 参见徐清霜：《裁判视野与纠纷解决——不正当竞争纠纷案件审判精要》，北京，知识产权出版社，2009。
④ 参见王禹：《商业诋毁行为的法律思考》，载《科技与法律》，2004（1）。

此，上海华篷公司相比其他非竞争者，应负有更高的注意义务。法院因此更多地考察上海华篷公司在实施举报的过程中是否是谨慎的、合理的。从查明的事实看，应当认为其尽到了审慎的注意义务，不能认为其具有商业诋毁的主观过错。我们认为，主观过错认定中应当排除“故意”。“故意”是一种主观心态，很难通过证据证实或排除，举证责任的一方明显处于不利的地位。

四、商誉是否受到损害

在商业诋毁的不正当竞争案件中，商誉是否受到损害是判断商业诋毁是否成立以及赔偿标准考量的重要因素，商业诋毁侵犯的客体具有二重性，这种不正当竞争行为并不是单纯地侵犯了商誉主体的利益，而同时也损害了公平、诚信的竞争秩序。商业诋毁人并不能直接从诋毁行为中获得好处，但可以通过商誉权人因商誉受损害处于劣势的竞争地位，从而使自己获得不公平的竞争优势。①

12.6 法律适用

一、虚假宣传和商业诋毁法律适用技巧

虚假宣传是对自己的产品或服务进行虚假的或欺骗性的陈述，而商业诋毁行为则是对他人的企业、产品、服务或者工商业活动传播虚假的信息。为宣传自己产品而捏造或者散布虚假事实，贬损他人的，首先构成虚假宣传行为，其次构成商业诋毁行为，此时，两者是竞合的。“《反不正当竞争法》之所以将两者分开规定，其立法旨趣在于：虚假宣传是针对社会公众的宣传，直接侵害的是社会公众；而商业诋毁除了对公众构成与虚假宣传相同的侵害外，还直接侵害了特定的竞争者的商品声誉或商业信誉。”② 在商业诋毁与虚假宣传发生竞合的情况下，可以认为商业诋毁行为已吸收了虚假宣传行为，因而无须再按照虚假宣传定性，直接认定为商业诋毁行为。当然，在追究行政责任时，由于现行《反不正当竞争法》对商业诋毁行为没有规定行政处罚，而商业诋毁行为的危害性与虚假宣传行为有过之而无不及，因此，至少应该按照虚假宣传追究行政责任。③ 因此，商业诋毁行为目前更多依赖于民事途经救济。

二、侵犯商誉与一般侵权的法律选择

在我国，最高人民法院依照《民法通则》和《反不正当竞争法》的规定于1998年最高人民法院《关于我国部分法院知识产权审判工作座谈会纪要》作出司法政策，从主体要

---

① 参见种明钊主编：《竞争法》，北京，法律出版社，2005。

② 北京市高级人民法院知识产权庭编：《北京知识产权审判案例研究》，北京，法律出版社，2000。

③ 参见付双、仪萍：《虚假宣传和商业诋毁的比较分析》，载《法制与社会》，2007（4）。

件方面明确了侵犯商誉权行为与一般侵权行为的区别：（1）新闻单位对生产者、经营者、销售者的产品质量或者服务质量进行批评、评论，主要内容失实，损害其名誉的；或者对经营者的某种行为或其产品、服务等所作的评论严重不当，如定性错误、乱下结论，致经营者名誉受到损害的，构成对名誉权的侵害，应按照侵害他人名誉权处理。（2）消费者对生产者、经营者、销售者的产品质量或服务质量进行批评、评论，借机诽谤、诋毁、损害其名誉的，应当认定为侵害名誉权。由此可见，新闻单位、消费者与商誉主体没有竞争关系，不互为竞争对手，因此不能作为侵犯商誉权行为的主体。他们所实施的商业诽谤或诋毁行为以侵害一般人格权论，不能适用《反不正当竞争法》的有关规定。

12.7　损害商业信誉、商品声誉罪

一、损害商誉犯罪的立法

损害商业信誉、商品声誉罪是我国 1997 年修订后的《刑法》新设的罪名，《刑法》第 221 条规定："捏造并散布虚伪事实，损害他人的商业信誉、商品声誉，给他人造成重大损失或者有其他严重情节的，处二年以下有期徒刑或者拘役，并处或者单处罚金。"可见本罪的客观行为方式主要表现为捏造并散布虚伪事实，损害他人的商业信誉、商品信誉，给他人造成重大损失或者有其他严重情节的行为。

二、一般损害商誉行为与本罪的区别

《刑法》规定的损害商誉犯罪行为，是指一般违法行为中社会危害性大、情节恶劣的行为。一般损害商誉行为与损害商誉犯罪行为的区别为：（1）行为方式的差异。《刑法》第 221 条规定的损害商誉犯罪必须具有"捏造并散布虚伪事实"，即"捏造"和"散布虚伪事实"两种手段必须并用。而一般损害商誉行为，仅要求二种行为之一即可构成。（2）主体不同。一般侵权行为主体较为确定，通常是具有相互竞争性质的商事主体。损害商业信誉、商品声誉罪的主体为一般主体，既可以是从事市场交易的商品生产者、经营者，也可以是普通的消费者，囊括了经营者和出于其他目的非市场竞争的行为主体，包括法人、其他经济组织和个人，其范围比一般商业竞争侵权行为的行为主体范围更广。（3）主观方面不同。损害商业信誉、商品声誉罪的主观方面是故意，指行为人明知会发生他人商誉受损的结果仍然追求这种结果发生，并且行为人的目的、动机也多种多样，包括获得非法利益、报复等。过失不构成本罪。而一般的商誉侵权行为，支配行为人行为的心理状态既可以是故意也可以是过失，行为动机一般是为了在竞争中获胜。[①]（4）行为性质与法律后果不同。损害商业信誉、商品声誉罪必须要求行为人的侵权行为给商誉主体"造成重大损失"，或者行为人具有"其他严重情节"方可构成，如果没有给商誉主体造成重大损失，

① 参见黄振中主编：《扰乱市场秩序罪办案一本通》，北京，中国长安出版社，2007。

或者行为人也没有其他严重情节，则追究其民事责任或行政责任。[①]

三、“重大损失”和“其他严重情节”的认定

（一）如何认定“重大损失”

最高人民检察院、公安部《关于公安机关管辖的刑事案件立案追诉标准的规定（二）》的通知第74条规定，捏造并散布虚伪事实，损害他人的商业信誉、商品声誉，涉嫌下列情形之一的，应予立案追诉：

1. 给他人造成直接经济损失数额在50万元以上的；

2. 虽未达到上述数额标准，但具有下列情形之一的：（1）利用互联网或者其他媒体公开损害他人商业信誉、商品声誉的；（2）造成公司、企业等单位停业、停产6个月以上，或者破产的。

3. 其他给他人造成重大损失或者有其他严重情节的情形。

可见，损害商业信誉、商品声誉罪造成的重大损失应该认定为直接经济损失，也就是直接损害后果以及由此产生的损失。对于重大损失的标准问题，上述司法解释没有作出明确规定，50万元数额是追究本罪的起刑点，超过即构成犯罪。

（二）“其他严重情节”的认定

本罪中的“其他严重情节”，主要是指行为人实施的损害他人商业信誉、商品声誉的行为，情节极其恶劣，影响很坏的情形。最高人民检察院、公安部《关于公安机关管辖的刑事案件立案追诉标准的规定（二）》第74条第3项规定：其他给他人造成重大损失或者有其他严重情节的情形。其实所谓严重情节应当是指除上述给被害人造成重大损失以外的各种综合性评判指标，具有客观性和法定性。前述第一种情形的如行为人多次捏造并散布虚伪事实，诋毁他人商誉，严重扰乱正常的市场竞争秩序的；致使他人生产经营活动严重受阻或无法开展，如商品严重积压、滞销，客户纷纷退货或拒收货物、拒付货款[②]；由于行为人捏造并散布虚伪事实的行为，致使他人经营陷入特别困境，被迫停产、停业、转产甚至破产的；因行为人捏造并散布虚伪事实的行为，引起打架斗殴造成人体损伤的等。[③]第二种情形主要是指损害他人商誉的手段特别恶劣，社会影响极坏，造成恶劣影响的。是否造成了恶劣影响，是判断损害行为是否情节严重的一个重要因素。因为受害人遭受的不良影响越大，其商誉也就越贬值，对其遭受的损害也就越深，比如行为人利用互联网传播快、受众范围广的特点大肆损毁他人商誉，或者捏造散布广大消费者经常食用的某食品含有毒物质等虚伪事实从而造成恶劣影响的，均应属情节严重。[④]

---

① 参见黄京平主编：《扰乱市场秩序罪》，北京，中国人民公安大学出版社，2003。

② 参见黄京平主编：《扰乱市场秩序罪》，北京，中国人民公安大学出版社，2003。

③ 参见蒙军：《浅析损害商业信誉、商品声誉罪》，载《江苏理工大学学报》，1999（1）。

④ 参见焦润赞：《损害商业信誉、商品声誉罪若干问题研究》，郑州大学2007年硕士学位论文。

实例解析

上海百兰王贸易发展有限公司与被告（被上诉人）上海大鹤蛋品有限公司商业诋毁纠纷案①

“蘭王”是日本鸡蛋行业的知名商标，由有限会社 AVIAN 和农事组合法人协和所在日本确立并使用达十多年，有限会社 AVIAN 的股东是大岛正显和他的两个儿子大岛秀明、大岛健，大岛秀明又是农事组合法人协和所的董事之一。“蘭王”二字（普通印刷体）最初由弓山博于 1992 年在日本申请商标注册，商品类别为鸡蛋，并于 1995 年 10 月获准注册，有效期至 2005 年 10 月 31 日。1994 年 10 月起，弓山博将该商标转让给大岛正显。1996 年 2 月开始，有限会社 AVIAN 委托日本 CASTER 有限公司对蘭王商品进行设计及制版；1998 年 11 月，日本大石产业株式会社根据大岛正显的要求，设计并生产制造了“蘭王”商品的包装盒，其中使用的书法及字体来自大岛正显的创意和指示。2006 年 1 月 5 日，大岛正显在日本取得“蘭王”书法字著作权登记证书。2007 年 11 月 2 日，有限会社 AVIAN 在日本取得了“蘭王”（书法字体）注册商标专用权，核定使用商品为鸡蛋。

2005 年 5、6 月，夏振煌与大岛正显联系，准备合作在中国生产、销售“蘭王”鸡蛋。2005 年 12 月，夏振煌在中国申请注册“蘭王”商标，商品类别为鸡蛋。2006 年 1 月 23 日，原告成立，夏振煌出具承诺书，将其申请注册的“蘭王”商标无偿授予原告在国内使用。2006 年 3 月 31 日，大岛正显在中国投资设立被告。2006 年 2 月，原告上海百兰王贸易发展有限公司与被告上海大鹤蛋品有限公司开始在上海合作经销“蘭王”品牌鸡蛋。被告租用上海南汇汇绿蛋品有限公司的养鸡场饲养蛋鸡，养鸡的饲料配方由被告提供，被告将产出的鸡蛋清洗包装后，供应给原告销售，原告负责产品在中国市场的宣传。这种合作持续到 2007 年 3 月，双方发生矛盾，被告停止向原告供货。2007 年 3 月以后，原告转而销售由上海阿强禽蛋合作社有限公司生产的鸡蛋，仍然使用原先的“蘭王”鸡蛋包装盒，但包装盒上标注了原告的企业名称和新的产品标准；被告开始自产自销“蘭王”鸡蛋，也使用原先的“蘭王”鸡蛋包装盒，并保留了原包装上的产品标准及条形码。

2007 年 5 月，原告在上海市临沂北路 200 号东樱花苑的“SAKURA”便利店内，发现被告生产的“蘭王”鸡蛋的包装盒里及鸡蛋售货架边放置了一张题为《向承蒙惠顾的各位顾客致歉并报告》的日文声明书，内称：“蘭王”商标原先是由日本法人经过多年努力打造出的品牌；“蘭王”品牌的鸡蛋是由被告生产并从被告的 GP 中心出货，鸡蛋产品是以怎样的目的生产的、由谁生产的，均需要进行溯源管理；原告是被告的代理店，自 2007 年 3 月 5 日以后已停止向原告供应标准化生产的商品，原告现在销售的“蘭王”鸡蛋已不是被告确立了商品标准的“蘭王”鸡蛋；夏振煌未经被告同意在中国申请注册了“蘭王”

① 参见一审：上海市浦东区新区人民法院（2007）浦民三（知）初字第 72 号民事判决书；二审：上海市第一中级人民法院（2008）沪一中民五（知）终字第 8 号民事判决书。

商标；为避免市场混乱，被告开始在市场上供应“蘭皇”商标的商品。声明书的落款为“上海大鹤蛋品有限公司董事长大岛正显”和“有限会社 AVIAN 会长大岛正显”。与此同时，位于上海市水城南路 29 号的“新鲜组合食彩馆”便利店内销售的“蘭王”鸡蛋包装盒内也有同样的声明书。

原告诉称：被告发布的声明书中的上述内容系以捏造事实、混淆视听的方式恶意诋毁原告，对原告的商业信誉和商品声誉造成了严重损害，已构成不正当竞争，故要求判令被告立即停止侵权行为；恢复名誉、消除影响、赔礼道歉；并赔偿原告的经济损失及合理支出共计人民币 42 525.20 元。

被告辩称，被告法定代表人所作声明是对客观事实的陈述，并未虚构事实，被告未侵害原告的商业信誉和商品声誉，要求驳回原告的诉讼请求。

上海市浦东新区人民法院经审理认为，被告张贴的上述公告内容是对客观事实的陈述，不构成捏造、散布虚假事实，也没有损害原告的商业信誉和商品声誉，判决对原告上海百兰王贸易发展有限公司的诉讼请求不予支持。

一审判决后，原告不服，提起上诉。二审法院驳回上诉，维持原判。

练习与测试

某市 A、B 两家大商场，都处于闹市区。近期，由于 A 商场经营有方，货真价实，价廉物美，颇受顾客欢迎，A 商场销售额直线上升。而处于 A 商场对面的 B 商场顾客很少光顾，效益欠佳。随着时间的推移，在本市报纸上的读者来信中登有一些消费者到 A 商场购物遭到服务员的冷遇，还有一些消费者反映，在 A 商场买到了假货，退换都不允许等。于是 A 商场效益受损，B 商场顾客盈门。为此 A 商场经理专门到报社查询这些读者来信，准备让职工亲自登门道歉以避免更大的影响。当将这些读者的来信地址一一查出后，发现其中绝大部分的消费者来信地址都是 B 商场职工的地址。A 商场经理非常气愤，找到了 B 商场的这些职工，当问及他们为什么这样做时，B 商场职工回答都是他们的经理让做的。A 商场经理告到法院，要求 B 商场经理在报纸上公开赔礼道歉，挽回损失，消除影响，赔偿因此而遭受的经济损失。

本案中 B 商场的行为是否构成了不正当竞争行为？

本篇法律法规及辅助资料目录

1.《最高人民法院关于审理不正当竞争民事案件应用法律若干问题的解释》

2.《最高人民法院关于审理商标民事纠纷案件适用法律若干问题的解释》

3.《最高人民法院关于审理侵害信息网络传播权民事纠纷案件适用法律若干问题的解释》

4.《最高人民法院关于审理涉及计算机网络域名民事纠纷案件适用法律若干问题的解释》

5.《最高人民法院关于涉外民商事案件诉讼管辖若干问题的规定》

6.《最高人民法院关于审理著作权民事纠纷案件适用法律若干问题的解释》

7. 叶若思、欧宏伟：《深圳市中级人民院关于知识产权案件证据保全工作的调研报告》

8. 美国《联邦贸易委员会法》

9.《〈中华人民共和国产品质量法〉条文释义》

10.《广东省实施〈中华人民共和国反不正当竞争法〉办法》

11.《中国互联网络域名管理办法》

12.《关于调整中国互联网络域名体系的公告》

13.《企业名称登记管理规定》

14.《统一域名纠纷处理规则》

15. 美国《反域名抢注消费者保护法》

16.《中国互联网络域名注册暂行管理办法》

17. 最高人民法院（2010）民申字第 1114 号民事裁定书

18. 最高人民法院（2002）民三终字第 9 号民事判决书

19. 北京市高级人民法院（2009）高民初字第 2408 号民事裁定书

20. 广州市中级人民法院（2012）穗中法知民初字第 263 号之一

21. 广州市中级人民法院（2012）穗中法知民初字第 263 号

22. 广东省高级人民法院（2005）粤高法民三初字第 1—1 号民事裁定，最高人民法院（2007）民三终字第 10 号判决书

23.《最高人民法院关于刑事附带民事诉讼范围问题的规定》

24.《最高人民法院关于确定民事侵权精神损害赔偿责任若干问题的解释》

25.《最高人民法院关于审理名誉权案件若干问题的解答》

26.《最高人民法院关于修改〈最高人民法院关于审理专利纠纷案件适用法律问题的若干规定〉的决定》

27.《最高人民法院关于审理因垄断行为引发的民事纠纷案件应用法律若干问题的规定》

28.《上海市高级人民法院关于知识产权侵权纠纷中适用法定赔偿方法确定赔偿数额的若干问题的意见（试行）》

29. 浙江省高级人民法院《关于审理侵犯专利权纠纷案件适用法定赔偿方法的若干意见》

30.《重庆市高级人民法院关于确定知识产权侵权损害赔偿数额若干问题的指导意见》

31. 浙江省高级人民法院在《浙江法院实务技能手册之六知识产权审判疑难问题与解答——实体篇》

32.《金华市中级人民法院关于审理知识产权纠纷案件适用法定赔偿问题的会议纪要》

33. 广东省广州市中级人民法院（2004）穗中法民三知初字第 581 号民事判决书，广东省高级人民法院（2006）粤高法民三［27］终字第 391 号民事判决书

34. 最高人民法院（2008）民三终字第 8 号民事判决书

35. 湖南省高级人民法院（2009）湘高法民三初字第 1 号民事判决书

36. 最高人民法院（2008）民提字第 52 号民事判决书

37. 最高人民法院（2005）民三提字第 1 号民事判决书

38. 最高人民法院（2011）民申字第 670 号民事裁定书

39. 上海市第二中级人民法院（2008）沪二中民五（知）初字第 18 号民事判决书

40. 最高人民法院（2008）民提字第 52 号民事判决书

41. 重庆市第五中级人民法院（2007）渝五中民初字第 225 号民事判决书

42. 上海市第二中级人民法院（2008）沪二中民五（知）初字第 18 号民事判决书

43.《最高人民法院关于对处方药是否可以作出知名商品认定问题请示的批复》

44. 重庆市高级人民法院（2011）渝高法民终字第 253 号民事判决书

45. 上海市第二中级人民法院（2008）沪二中民五（知）初字第 18 号民事判决书

46. 北京市高级人民法院（2009）高行终字第 330 号行政判决书

47. 最高人民法院（2007）民三监字第 15—1 号民事裁定书

48. 最高人民法院（2002）民三终字第 1 号民事判决书

49. 宁夏回族自治区高级人民法院（2006）宁民知终字第 4 号民事判决书

50. 北京市高级人民法院（2003）高民终字第 601 号民事判决书

51. 上海市第一中级人民法院（2002）沪一中民五（知）终字第 3 号民事判决书

52. 一审：上海市第二中级人民法院（2002）沪二中民五（知）初字第 202 号民事判决书，二审：上海市高级人民法院（2004）沪高民三（知）终字第 24 号民事判决书

53. 北京市高级人民法院（2003）高民终字第 601 号民事判决书

54. 最高人民法院（2011）民提字第 60 号民事判决书

55.《北京市高级人民法院关于商标与使用企业名称冲突纠纷案件审理中若干问题的解答》

56.《北京市高级人民法院关于审理商标民事纠纷案件若干问题的解答》

57. 最高人民法院（2004）民三他字第 10 号函

58.《最高人民法院关于全国部分法院知识产权审判工作座谈会纪要》

59. 北京市中级人民法院（1993）中民终字第 1998 号民事判决书

60. 江苏省南京市中级人民法院（2004）宁民三初字第 312 号民事判决书

61. 北京市第一中级人民法院（1997）一中知初字第 71 号民事判决书

62. 最高人民法院（2008）民提字第 36 号民事判决书

63. 北京市第二中级人民法院（2006）二中民初字第 9598 号民事判决书

64. 最高人民法院（2009）行提字第 1 号行政判决书

65. 最高人民法院驳回再审申请通知书（2007）民三监字第 25—1 号

66. 北京市高级人民法院（2011）高行终字第 346 号行政判决书

67. 北京市朝阳区人民法院（2009）朝民初字第 10011 号民事判决书

68. 一审：河南省郑州市中级人民法院（2007）郑民三初字第 274 号民事判决书；二审：河南省高级人民法院（2009）豫法民三终字第 12 号民事调解书

69. 重庆市高级人民法院（2009）渝高法民终字第 135 号民事判决书

70. 浙江省高级人民法院（2009）浙知终字第 51 号民事判决书

71. 上海市高级人民法院（2003）沪高民三（知）终字第 49 号民事判决书

72. 最高人民法院（2010）民提字第 15 号民事判决书

73. 上海市中级人民法院（2005）沪一中民五（知）第 262 号民事判决书

74. 重庆市第一中级人民法院（2008）渝一中法民初字第 194 号民事判决书，重庆市高级人民法院（2009）渝高法民终字第 135 号民事判决书

75. 潍坊市中级人民法院（2007）潍民三初字第 33 号民事判决书，山东省高级人民法院（2008）鲁民三终字第 90 号民事判决书

76. 最高人民法院（2011）民申字第 670 号民事裁定书

77. 最高人民法院（2008）民申字第 758 号民事裁定书

78. 国家工商行政管理总局《关于对〈反不正当竞争法〉第五条第（四）项所列举的行为之外的虚假表示行为如何定性处理问题的答复》

79. 最高人民法院（2000）知终字第 8 号民事判决书

80. 湖北省武汉市中级人民法院（2010）武知初字第 293 号民事判决书

81. 福建省高级人民法院（2004）闽民终字第 283 号民事判决书

82. 江苏省高级人民法院（2007）苏民三终字第 0149 号民事判决书

83. 北京市高级人民法院（2008）高民终字第 168 号民事判决书

84. 深圳市福田区人民法院（2007）深福法民一初字第 1784 号判决书

85. 重庆市第五中级人民法院（2009）渝五中法民初字第 247 号民事判决书

86. 最高人民法院（2007）民三终字第 2 号民事判决书

87. 北京市海淀区人民法院（2006）海民初字第 14254 号民事判决书

88. 最高人民法院（2012）民监字第 253 号民事裁定书

89. 最高人民法院（2011）民申字第 122 号民事裁定书

90. 北京市第一中级人民法院（2003）一中民初字第 9031 号民事判决书

91. 北京市第一中级人民法院（2006）一中民终字第 3735 号民事判决书

92. 北京市海淀区人民法院（2006）海民初字第 14254 号民事判决书，北京市第一中级人民法院（2007）一中民终字第 4442 号民事判决书

93. 最高人民法院（2000）知终字第 3 号民事判决书

94. 最高人民法院（2007）民终字第 1 号民事判决书

95. 江苏省高级人民法院（2002）苏民三终字第 34 号民事判决书

96. 北京市第一中级人民法院（1998）一中知初字第 37 号民事判决书；北京市高级人民法院（1999）高知终字第 76 号民事判决书

97. 最高人民法院（2000）知终字第 10 号民事判决书

98. 广东省东莞市中级人民法院（2005）东中法民四知初字第 33 号民事判决书

99. 最高人民法院（2009）民申字第 1065 号民事裁定书

100. 最高人民法院公报，1998（3）

101. 西安市中级人民法院（2005）西刑二初字第 93 号刑事附带民事判决书

102. 西安市中级人民法院（2008）西民四初字第 26 号民事判决书

103. 江苏省高级人民法院（2008）苏民三终字第 138 号民事判决书

104. 最高人民法院（2011）民监字第 414 号民事裁定书

105. 最高人民法院（2008）民三终字第 9 号民事判决书

106.《最高人民检察院、公安部关于公安机关管辖的刑事案件立案追诉标准的规定（二）》

107. 北京市第二中级人民法院（1998）二中知字第 17 号民事判决书

108. 上海市高级人民法院（2003）沪高民三（知）终字第 127 号民事判决书

109. 上海市第二中级人民法院（2004）沪二中民五（知）初字第 40 号民事判决书

110. 一审：上海市浦东区新区人民法院（2007）浦民三（知）初字第 72 号民事判决书，二审：上海市第一中级人民法院（2008）沪一中民五（知）终字第 8 号民事判决书

111.《北京市高级人民法院关于审理因域名注册、使用而引起的知识产权民事纠纷案件的若干指导意见》

112. 广东省高级人民法院（2003）粤高法民三终字第 17 号民事判决书

113. 上海市第二中级人民法院（2002）沪二中民五（知）初字第 214 号民事判决书

114. 山东省高级人民法院（2006）鲁民三终字第 59 号民事判决书

115. 江西省高级人民法院（2007）赣民三终字第 19 号民事判决书

116. 山东省高级人民法院（2009）鲁民三终字第 34 号民事判决书

117. 北京市高级人民法院（2007）高民终字第 968 号民事判决书

118. 一审：广东省东莞市中级人民法院（2006）东中法民三初字第 35 号民事判决书；二审：广东省高级人民法院（2007）粤高法民三终字第 412 号民事判决书

119. 湖南省高级人民法院（2010）湘高法民三终字第 11 号民事判决书

120. 上海市高级人民法院（2006）沪高民三（知）终字第 32 号民事判决书

参考书目及文献

1. 张新宝．侵权责任法立法研究．北京：中国人民大学出版社，2009

2. 张广良．知识产权侵权民事救济．北京：法律出版社，2003

3. 王胜明主编．《中华人民共和国侵权责任法》条文解释与立法背景．北京：人民法院出版社，2010

4. 奚晓明主编．《中华人民共和国侵权责任法》条文理解与适用．北京：人民法院出版社，2010

5. 杨立新．《中华人民共和国侵权责任法》条文解释与司法适用．北京：人民法院出版社，2010

6. 罗东川．知识产权侵权损害赔偿问题．见：罗东川，马来客主编．知识产权审判实务．北京：法律出版社，2000

7. 戴建志，陈旭主编．知识产权损害赔偿研究．北京：法律出版社，1997

8. 孔祥俊．商标与不正当竞争法原理和判例．北京：法律出版社，2009

9. 于林洋．虚假广告侵权研究．北京：中国检察出版社，2007

10. 刘春田．知识产权判解研究．北京：法律出版社，2010

11. 北京市高级人民法院编．知识产权诉讼实务研究．北京：知识产权出版社，2008

12. 刘德权主编．最高人民法院裁判意见精选（下）．北京：人民法院出版社，2012

13. 曹建明主编，最高人民法院民事审判第三庭编．知识产权审判指导．第 4 辑．北京：人民法院出版社，2004

14. 奚晓明主编，最高人民法院民事审判第三庭编．知识产权审判指导．第 15 辑. 北京：人民法院出版社，2010

15. 孔祥俊主编．最高人民法院知识产权司法解释理解与适用．北京：中国法制出版社，2012

16. 奚晓明主编．解读最高人民法院司法解释之知识产权卷．北京：人民法院出版社，2011

17. 胡道才，吴建斌主编．参阅案例研究（商事卷）．第 1 辑．北京：中国法制出版社，2009

18. 北京市高级人民法院知识产权编．北京市高级人民法院知识产权审判新发展（2006—2011）．北京：知识产权出版社，2012

19. 潘福仁主编．知识产权审判案例评论．北京：法律出版社，2008

20. 孔祥俊主编．商业秘密司法保护实务．北京：中国法制出版社，2012

21. 倪龙才主编．商业秘密保护法．上海：上海大学出版社，2005

22. 孔祥俊．反不正当竞争法的适用与完善．北京：法律出版社，1997

23. 郑成思主编．知识产权保护实务全书．北京：中国言实出版社，1995

24. 冯晓青．不正当竞争及其他知识产权侵权——专题判解与学理研究．第1分册．北京：中国大百科全书出版社，2010

25. 刘春田．知识产权法．北京：中国人民大学出版社，2002

26. 郑成思主编．知识产权文丛．第5卷．北京：中国方正出版社，2001

27. 孔祥俊．反不正当竞争法新论．北京：人民法院出版社，2001

28. 郑成思．知识产权论．北京：法律出版社，2007

29. 张耕．知识产权民事诉讼研究．北京：法律出版社，2004

30. 赵秉志．侵犯知识产权犯罪研究．北京：中国方正出版社，1999

31. 张玉瑞．商业秘密法学．北京：中国法制出版社，2000

32. 吴寿仁．保护商业秘密手册．北京：人民邮电出版社，2008

33. 蒋志培主编．中国知识产权司法保护2008. 北京：中国传媒大学出版社，2008

34. 郭卫华主编．新闻侵权热点问题研究．北京：人民法院出版社，2000

35. 徐清霜．裁判视野与纠纷解决——不正当竞争纠纷案件审判精要．北京：知识产权出版社，2009

36. 黄京平主编．扰乱市场秩序罪．北京：中国人民公安大学出版社，2003

37. 黄振中主编．扰乱市场秩序罪办案一本通．北京：中国长安出版社，2007

38. 薛虹．网络时代的知识产权法．北京：法律出版社，2000

39. 李双元，海浪．电子商务法若干问题研究．北京：北京大学出版社，2003

40. 钱锋主编．中国知识产权审判研究．北京：人民法院出版社，2009

41. 曲三强．知识产权法原理．北京：中国检察出版社，2004

42. 温旭．技术秘密的秘密．北京：中国政法大学出版社，1992

第五篇　其他知识产权律师实务

本篇简介

集成电路、地理标志、植物新品种作为其他知识产权的主要组成部分，有其特殊性，由于其无形特性或知识的价值，也被列为知识产权的范畴给予专门保护，或与传统的知识产权进行交叉保护。

集成电路，其本身是一个具体产品，法律只保护集成电路的布图设计，即电路中各个元件和线路组织起来的设计。我国采取的登记取得制度，并限定了自创作完成之日起 15 年的最长保护期。

地理标志，是特定产品来源地的标志，承载着质量和信誉。地理标志是一种集合性权利；区别于其他知识产权，权利期限具有永久性，且权利本身经专门机关确认后获得，不可转让。地理标志在《商标法》的规定中，将其作为一种特殊的商标给予相应保护，但也有不少国家，将其单列给予专门的保护。

植物新品种有助于新物种的保护，保护的条件需具备新颖性、特异性、一致性和稳定性。授权品种享有排他独占权，可依法转让，保护期依据不同品种类型，分别为自授权之日起 20 年或 15 年。

以上三部分虽然在法律实务中相对不太常见，但也是律师从事知识产权业务不可或缺的主要内容之一。

第1章

集成电路布图设计保护实务

单元要点

学习集成电路布图设计权及其限制。

学习目标

能够从宏观、微观两个层面把握集成电路布图设计的保护策略与运用。

1.1 集成电路布图设计

1.1.1 集成电路及其意义

集成电路（integrated circuit），又称 IC 或芯片，是一种微型电子部件，于 20 世纪 60 年代初期开始获得产业应用，经过半个多世纪的高速发展，集成电路变得无处不在，广泛被应用到各个工业领域，小到手机、电脑，大至航天飞机。

世界知识产权组织制定的《关于集成电路知识产权条约》，其第 2 条规定，“集成电路”是指一种产品，在它的最终形态或中间形态，是将多个元件，其中至少有一个是有源元件，和部分或全部互连集成在一块材料之中和/或之上，以执行某种电子功能。

我国于 1990 年 5 月 25 日在《关于集成电路知识产权条约》文本上签字。作为签约国，我国于 2001 年 3 月 28 日通过了《中华人民共和国集成电路布图设计保护条例》（以下简称《集成电路布图设计保护条例》），于 2001 年 10 月 1 日起实施。该条例第 2 条规定：“集成电路，是指半导体集成电路，即以半导体材料为基片，将至少有一个是有源元件的两个以上元件和部分或者全部互连线路集成在基片之中或者基片之上，以执行某种电子功能的中间产品或者最终产品。”从其定义可看出，在集成电路的定义与保护态度上，我国与世界知识产权组织是一致的。

最初，电子行业基本采取的是导线直接连接各电子元器件的制作方式，不仅费时费力，而且存在增加电路功耗、发热过高、不稳定等诸多问题，集成电路的出现较好地解决了上述问题，其可以将多个元器件集中制作在一个基板上，缩小产品空间与体积，同时可提高芯片的稳定性，有利于产业化，极大地提高了生产效率。

集成电路对于电子产业发展有着举足轻重的作用。为了鼓励发展集成电路产业，2011 年 1 月 28 日国务院发布了《国务院关于印发进一步鼓励软件产业和集成电路产业发展若干政策的通知》。2012 年 4 月 20 日，财政部、国家税务总局发布《财政部、国家税务总局关于进一步鼓励软件产业和集成电路产业发展企业所得税政策的通知》。同年 9 月 13 日，国家发展改革委员会、工信部发布了《国家发展改革委办公厅、工业和信息化部办公厅关于印发 2012 年度集成电路产业研究与开发专项资金申报指南的通知》等。在上述扶持政策的引导下，我国集成电路市场保持了稳定、较快增长的态势，根据海关统计，2012 年

1—9月集成电路进出口额累计1 716.03亿美元，同比增长15.40%；其中集成电路进口量累计1 755.9亿块，同比增长8.60%，进口额累计1 371亿美元，同比增长9.50%。由于Intel等跨国公司实现量产，产品出口到海外，使得集成电路出口量增加，累计出口820.79亿块，同比增长18.80%，出口额累计345.03亿美元，同比增长46.90%。① 可见，集成电路市场是活跃的经济体。集成电路的知识产权保护可以为集成电路市场创造良好的市场环境，促进集成电路技术的快速发展，有利于我国电子行业的有序、稳定发展。

1.1.2 布图设计与集成电路保护之关系

由于集成电路是一个具体的产品，保护集成电路体现的是对技术方案的有效保护，技术方案则主要体现在布图设计上，故保护集成电路的知识产权的本质是保护布图设计。《关于集成电路知识产权条约》第2条定义布图设计（拓扑图）："是指集成电路中多个元件，其中至少有一个是有源元件，和其部分或全部集成电路互连的三维配置，或者是指为集成电路的制造而准备的这样的三维配置。"《集成电路布图设计保护条例》对于集成电路布图设计的定义与上述基本吻合——"是指集成电路中至少有一个是有源元件的两个以上元件和部分或者全部互连线路的三维配置，或者为制造集成电路而准备的上述三维配置"。通俗地说就是各个元件在集成电路中的配置图。②

布图设计与普通设计图有较大差别，其差异主要由制作过程决定。布图设计是艺术创造力与精密的电子工程技术融合的产物。在设计过程中，设计人员借助计算机模拟，将数以千万计的线路组成部分一而再、再而三地调整位置，安排这些线路的组合，使一个芯片中能包含更多的元件，具有更强大的功能，以求生产效率的最大化和芯片体积的最小化。③ 因此，布图设计具有功能性，但是布图设计最终是通过有形载体体现出来的，是集成电路生产时需要的一个中间产品。保护集成电路最需保护之处即为生产集成电路所设计的布图，即电路中各元件和线路组织起来的设计。

1.1.3 集成电路布图设计的保护条件与注意问题

如前所述，集成电路作为存在的具体产品，而该产品体现的是集成电路中的布图设计。因此，《集成电路布图设计保护条例》开篇便将布图设计作为中心点，明确提出了布图设计专有权。此外，美国将布图设计（美国法称掩模作品）一直作为这类法律保护的直接对象，称为掩模作品（mask work）。日本称为电路布图（circuit layout）。欧共体、英

① 参见《集成电路行业2012—2013年经济运行及展望》，见http：//www.ec.hc360.com/13dq/secondmenu/Detail_jcdl201301.html，2013-07-07。

② 参见上超望：《对集成电路布图设计立法保护模式的分析与思考》，载《高等函授学报（自然科学版）》，2002（4）。

③ 参见［美］埃弗雷德·M·罗杰斯、朱迪思、K.拉森：《硅谷热》，范国鹰等译，13～27页，北京，经济科学出版社，1985。

国、德国、荷兰、法国、丹麦、西班牙、奥地利、卢森堡、意大利、葡萄牙、比利时、匈牙利称为拓扑图（topographies）。《华盛顿条约》、TRIPs协定及我国香港则干脆将布图设计与拓扑图视为同义词，统称为布图设计（拓扑图），英文为layout-design（topographies）。换言之，集成电路布图设计保护的是该布图设计。

集成电路布图设计保护中，并非所有的布图设计都能获得保护，而需要满足一定的条件：

第一，布图设计应具有独创性。《集成电路布图设计保护条例》第4条规定："受保护的布图设计应当具有独创性，即该布图设计是创作者自己的智力劳动成果，并且在其创作时该布图设计在布图设计创作者和集成电路制造者中不是公认的常规设计。受保护的由常规设计组成的布图设计，其组合作为整体应当符合前款规定的条件。"也就是说，受保护的布图设计需要"自己创作"加上"非常规设计"。

第二，布图设计不得为思想。《集成电路布图设计保护条例》第5条规定："本条例对布图设计的保护，不延及思想、处理过程、操作方法或者数学概念等。"具体而言，其保护不应为元件或线路的具体连接方法，而应基于一个模板或产品中的布图设计才可获得保护。

第三，布图设计需要履行登记程序。《集成电路布图设计保护条例》第8条规定："布图设计专有权经国务院知识产权行政部门登记产生。未经登记的布图设计不受本条例保护。"申请布图设计登记时，应当提交以下材料：（1）布图设计登记申请表；（2）布图设计的复制件或者图样；（3）布图设计已投入商业利用的，提交含有该布图设计的集成电路样品；（4）国务院知识产权行政部门规定的其他材料。

此外，我国不受理下列布图设计：（1）未提交布图设计登记申请表或者布图设计的复制件或者图样的，已投入商业利用而未提交集成电路样品的，或者提交的上述各项不一致的；（2）外国申请人的所属国未与中国签订有关布图设计保护协议或者未与中国共同参加有关国际条约；（3）申请文件未使用中文的；（4）申请类别不明确或者难以确定其属于布图设计的；（5）未按规定委托代理机构的；（6）布图设计登记申请表填写不完整的。

此外，从保护期限而言，对于10年保护期届满或者自创作完成之日起15年的布图设计，均不能再要求给予保护。

最后，布图设计自其在世界任何地方首次商业利用之日起2年内，未向国务院知识产权行政部门提出登记申请的，国务院知识产权行政部门将不再予以登记。这点特别值得布图设计人注意，在首次商业利用之后两年内的期限提出申请，是获得保护的前提，在实践中最好有专人监控相关期限。同时，也可监控作为竞争对手的相关企业的商业使用情况，如竞争对手的产品推介会、新产品发布会等相关信息，在他人申请保护后或维权时可提出不予保护的抗辩。

1.1.4 发达国家或地区对集成电路布图设计的保护

1984年，美国国会通过了《半导体芯片保护法》，并于同年11月8日实施，自此美国成为了世界上第一个立法保护集成电路布图设计的国家。《半导体芯片保护法》主要以美国《版权法》为依据，就光罩作品的保护作出了创造性的规定。同时，《半导体芯片保护法》也吸纳了美国《专利法》中的一些新规定，并针对光罩作品保护的特别需要创建了一些新的规定，由此而形成的对于光罩作品的保护，就是特别权利的保护。①

日本于1985年颁布了《半导体集成电路的线路布局法》。日本的这部法律在立法体例和内容上均与美国法相似，它以单行法规形式出现，自成体例，既不隶属于《版权法》，也不属于《专利法》。该法共6章56条，外加附则。内容包括：总则、线路布局权的确立登记、线路布局权、登记机构、杂则、罚则。

欧共体于1986年12月16日通过了《半导体产品布图设计法律保护的理事会指令》。欧共体指令并无意成为统一的布图设计法，仅仅对各国制定各自的布图设计法拟定基本原则和标准，并未规定成员国以何种法律保护布图设计，仅规定成员国应按指令要求采取法律措施保护布图设计专有权。至于法律形式则由各成员国自行确定。指令对布图设计所用的名称是拓扑图，这与美国、日本均不同，但含义一致。指令关于拓扑图专有权的内容、行使、限制等方面均与美国法相近。欧共体指令颁布后，瑞典当即于1986年12月18日颁布了《半导体电路布图设计保护法》。英国于1987年颁布了《半导体产品（拓扑图）保护条例》，值得注意的是，其对布图设计的保护不以登记为前提，这与绝大多数国家的规定不同。德国于1987年10月22日通过了《关于保护微电子半导体产品布图设计的法律》，其对布图设计的登记只进行形式审查，为避免因此发生侵犯真正布图设计人权利的情形，还特别设计了请求取消保护程序。此后，荷兰、法国、丹麦、西班牙、意大利、葡萄牙、比利时也先后出台了类似规范。②

1.1.5　国际公约对集成电路知识产权的保护

世界知识产权组织从1985年到1988年先后召开了四届关于集成电路知识产权的专家会议，于1989年5月26日在华盛顿订立了《关于集成电路知识产权条约》。该条约主要确定了以下内容：缔约国国民待遇、保护范围、获得保护需要采取的手续、不低于8年的保护期限等。

在全球化的进程中，各国强化集成电路的保护与加强知识产权保护趋势一致，世界贸易组织《与贸易有关的知识产权协议》（以下简称TRIPs协定）的达成即为例证。各国加入世界贸易组织，同时也就接受了包括TRIPs协定在内的一揽子协议。TRIPs协定第35条规定："缔约方根据自1989年5月26日开始接纳参加的有关集成电路的知识产权条约的第2至第7条（不包括第6.3条）、第12条和第16.3条的规定，同意对集成电路布图设计（下称布图设计）提供保护，并且同意另外遵循下述规定。"《集成电路知识产权条

① 参见李明德：《美国〈半导体芯片保护法〉研究》，载《科技与法律》，2004（3）。
② 参见陶希晋：《中国民法学·知识产权》，800页，北京，中国人民公安大学出版社，1997。

约》第 12 条内容是集成电路条约的缔结，不得影响成员国履行《伯尔尼公约》与《巴黎公约》要求履行的义务。第 16 条第 3 款允许成员国不保护在其加入条约前已经出现的集成电路布图。可见，TRIPs 协定沿袭了《关于集成电路知识产权条约》之主要规定，但在善意买主制度、强制许可制度等方面作出了一些新的规定。

1.2 集成电路布图设计权

1.2.1 集成电路布图设计权的取得与保护期限

集成电路布图设计权的取得需要满足实质条件和形式条件，实质条件主要是要求布图设计具有独创性，形式条件则主要是指保护的取得方式。目前各国主要采取三种取得方式：自然取得、登记取得、使用与登记取得。目前大多数国家采取登记取得制，我国也采取登记取得制度。也就是说，取得保护的集成电路布图设计不仅需要具有独创性，还需要采取登记程序，二者缺一不可。

我国集成电路布图设计的保护是通过授予布图设计人以布图设计专有权实现的，这就涉及专有权的期限，在《关于集成电路知识产权条约》中规定了保护期不低于 8 年，TRIPs 协定的保护期提高至不低于 10 年，《集成电路布图设计保护条例》结合我国国情和国际环境的需要，依照 TRIPs 协定规定 10 年保护期，该保护期自布图设计登记申请之日或者在世界任何地方首次投入商业利用之日起计算，以较前日期为准。但是，无论是否登记或者投入商业利用，布图设计自创作完成之日起 15 年后，不再受保护。

此外，布图设计权利人在其布图设计专有权保护期届满之前，可以向国家知识产权局提交书面声明放弃该专有权。布图设计专有权已许可他人实施或者已经出质的，该布图设计专有权的放弃应当征得被许可人或质权人的同意。放弃时，应当由国家知识产权局登记和公告。这值得布图设计专有权的被许可人与质权人注意。尽管在法律层面上，布图设计权利人未经被许可人或质权人同意放弃无效，在办理登记和公告程序时也需要相关主体的同意文件或资料才可进行，但实践操作层面难免有例外情形及法律风险的存在。因此，在许可合同及质押合同中，以明确条款约定“未经被许可人同意放弃布图设计专有权无效”、“未经被质权人同意放弃布图设计专有权无效”，以增强对权利人的威慑力，在实践中不失为降低、防范风险发生的有效途径。

1.2.2 集成电路布图设计权的内容

根据 TRIPs 协定、《关于集成电路知识产权条约》的规定，布图设计权主要包括以下内容：(1) 复制权。未经权利人许可，不得复制权利人的布图设计。此处的“复制”，实际上是重新制作含有该布图设计的集成电路。(2) 商业实施权。布图设计的目的是为了工业或商业利用。具体地讲，商业实施是指未经权利人许可，为获得利益进口、销售受保护的布图设计或含有受保护的布图设计的集成电路产品。(3) 许可他人使用权。许可使用的方式可以是一般性许可使用，也可以是排他性或独占性许可使用。权利人与被许可使用人通过签订许可使用合同确定双方的权利和义务。(4) 转让权。布图设计权作为权利人的一项民事权利，权利人有权转让。这种转让意味着布图设计权主体的变更。因此，布图设计权的转让只能是全部权利的转让，不允许转让部分权利。这也是布图设计权转让与许可使用的区别之一。转让方与受让方通过转让合同确定双方的权利和义务。[①] 根据《集成电路布图设计保护条例》可知，在我国，布图设计权利人享有的专有权也包括上述四方面内容，即对受保护的布图设计的全部或者其中任何具有独创性的部分进行复制，将受保护的布图设计、含有该布图设计的集成电路或者含有该集成电路的物品投入商业利用，布图设计权利人可以将其专有权转让或者许可他人使用其布图设计。要说明的是，转让布图设计专有权的，当事人应当订立书面合同，并向国家知识产权局登记，由国家知识产权局予以公告。布图设计专有权的转让自登记之日起生效。这值得布图设计的受让人在交易活动中注意，支付对价履行合同后应及时办理登记与公告手续。同时，应在转让合同中明确转让方配合相关手续的义务及其后果，以防范布图设计权转让中交易合同已成立、生效但权利未有效转移的法律风险。

同时，中国单位或者个人向外国人转让布图设计专有权的，在向国家知识产权局办理转让登记时应当提交国务院有关主管部门允许其转让的证明文件；许可他人使用其布图设计的，当事人应当订立书面合同。这一规定旨在保护国家公共利益与产业安全。

1.2.3　集成电路布图设计权权利限制与侵权抗辩策略

为平衡集成电路布图设计人与公众的利益，《集成电路布图设计保护条例》在授予布图设计人以专有权的同时，也设置了相应的权利限制制度，以确保双方的利益平衡，既通过专有权的授权给予布图设计人足够的创作激励，同时也通过权利限制给公众适当的使用空间。这恰恰可以为相关市场主体及公众在不同情形下提供有效的抗辩策略。集成电路布图设计的权利限制主要有：

第一，合理使用及其抗辩策略应用。合理使用是知识产权制度中最为普遍的、有效的权利限制制度，其旨在提高公众学习的效率与质量而提供的权利空间。就集成电路布图设计的合理使用而言，即为了个人目的或者单纯为评价、分析、研究、教学等目的而复制受保护的布图设计时可以不经布图设计权利人许可，不向其支付报酬。

对于陷于纠纷或诉讼的市场相关竞争者而言，即以评价、分析、研究目的而进行复制，而未进行商业目的的使用，从而构成合理使用。从此角度进行抗辩不失为有效方法。

---

① 参见张成立：《论集成电路布图设计的民法保护》，载《前沿》，2006 (7)。

此策略应用的前提即为布图设计人并没有足够的商业使用数据及相关证据的情形，否则抗辩难以为法院所接受。

第二，反向工程及抗辩策略应用。反向工程是指对他人的布图设计进行分析、研究后，再根据分析评价的结果创作出新的布图设计。从技术层面上看，直接复制与反向工程技术效果不一样，直接复制制造集成电路在技术上没有创新而反向工程制造集成电路则往往在技术上会有创新。换言之，为了获得更好的设计，在依据前项评价、分析受保护的布图设计的基础上，创作出具有独创性的布图设计的，可以不经布图设计权利人许可，不向其支付报酬。

对于此点抗辩，相关主体应详细说明反向工程的过程与重新创新的思路，证明而非直接复制行为是有效抗辩的重要内容，但仍需注意是否会构成部分侵权。

第三，权利用尽及抗辩策略应用。规定权利用尽的目的旨在防止权利人滥用其专有权，促进商品流通。布图设计专有权的权利用尽是指“受保护的布图设计、含有该布图设计的集成电路或者含有该集成电路的物品，由布图设计权利人或者经其许可投放市场后，他人再次商业利用的，可以不经布图设计权利人许可，并不向其支付报酬”。

应注意的是，布图设计专有权的权利用尽的仅仅是商业利用权，不包括复制权。未经布图设计权利人许可不得复制该布图设计或制造含该布图设计的集成电路。同时，布图设计专有权权利用尽具有地域性。由于《集成电路布图设计保护条例》按 TRIPs 协定的要求赋予权利人以进口权，从而承认了布图设计专有权“权利用尽”具有地域性，因而平行进口受保护的布图设计、含有该布图设计的集成电路或者含有该集成电路的物品也会构成侵权。因此，对于被诉主体而言，仅仅利用流通领域的现有布图设计，而非复制、制造或销售受保护的集成电路布图设计是抗辩成立的决定性因素。

第四，善意侵权及抗辩策略应用。由于集成电路布图设计专有权属于民事权利，满足民法中“善意侵权”的规定时即可免责，具体到集成电路布图设计的保护，即在获得含有受保护的布图设计的集成电路或者含有该集成电路的物品时，不知道也没有合理理由应当知道其中含有非法复制的布图设计，而将其投入商业利用的，不视为侵权。

就此而言，被诉主体实施有效抗辩的关键在于“善意”的证明，如通过进货单据、进货渠道以及合理的市场价格等证据及材料，可构成“不知道”或“没有合理的理由应当知道”，诸如此类的证据，都有助于证明自己的“善意”。

要注意的是，并不是满足上述规定的所有侵权人均可免责，还必须满足下列要件，“行为人得到其中含有非法复制的布图设计的明确通知后，可以继续将现有的存货或者此前的订货投入商业利用，但应当向布图设计权利人支付合理的报酬”。也就是说，在收到明确通知后，行为人仍然可以商业利用之前获得的集成电路和集成电路的布图设计，但是需要支付合理的报酬。这是集成电路布图设计与《专利法》、《著作权法》与《商标法》中的善意侵权制度不同之处。后三者规定即使构成善意侵权，也应停止侵权，不会再允许继续投入商业利用，除非得到后续的特别许可。

第五，非自愿许可及抗辩策略。由于集成电路对国民经济和公共利益的巨大影响，为促进布图设计得以实施，防止权利人滥用其专有权，维护社会公共利益，《华盛顿公约》和一些国家相关法律规定了非自愿许可制度。我国《集成电路布图设计保护条例》规定，在国家出现紧急状态或者非常情况时，或者为了公共利益的目的，或者经人民法院、不正当竞争行为监督检查部门依法认定布图设计权利人有不正当竞争行为而需要给予补救时，国家知识产权局可以给予使用其布图设计的非自愿许可。一般而言，除非某权利人构成滥用，实施了明显的不正当竞争，损害了产业的有序、健康发展，否则很难应用。此时，相关市场主体应联合产业力量，搜集数据、媒体宣传、研究成果引导等多管齐下，才可能推动国家主管部门给予非自愿许可。

此外，对自己独立创作的与他人相同的布图设计进行复制或者将其投入商业利用的也可以不经布图设计权利人许可，不向其支付报酬。这类似于《专利法》上的在先使用制度。对于被诉主体而言，保留自身最初的创作相关材料（如实验数据、实验日历与样品）特别重要，否则抗辩难以成功。

1.3 集成电路布图设计的保护策略及其运用

1.3.1 有效利用合同，完善职务设计条款

由于我国《集成电路布图设计保护条例》中，没有关于职务完成的布图设计的成果归属的规定，布图设计完成人及其单位之间的利益分享规则并不明显，可能给集成电路设计企业带来潜在的布图设计权属纠纷与布图设计流失的法律风险。

美国《半导体芯片保护法》第 901 条 a 款第 6 项规定："……对于受雇工作范围内创作的掩模作品，其所有权人是雇佣该掩模作品创作者的雇主……"日本《半导体集成电路的线路布局法》第 5 条规定："为法人或其他雇主完成的职务线路布局的权利归属依据创作合同、雇佣合同规定。若无其他规定，视为该创作人的线路布局属法人或其他雇主。"① 因此，在法律无明确规定的情况下，集成电路布图设计企业应通过与职工签订合同，明确约定成果归属及竞业禁止条款，如"在工作过程中主要利用单位的物质技术条件完成的或者执行单位任务完成的印制电路板布图设计，其专有权的归属于本单位"，以及"在职期间以及离岗后的 1 年内与原单位相关的布图设计均属单位所有，不得从事与原单位相竞争的业务"等条款，将在较大程度上明晰布图设计的归属，有利于减少双方的争议，同时降低布图设计流失的风险。

1.3.2 强化证据保全，多策略收集证据

侵权案件中，证据往往是决定胜诉或败诉的关键，因此在集成电路布图设计的保护中

① 李志研：《我国集成电路布图设计专有权制度评析》，载《安徽工业大学学报》，2003 (7)。

证据保全尤为重要。TRIPs 协定规定了“在有关证据显然有被销毁的危险的情况下司法当局应有权在开庭前依照一方当事人的请求采取临时措施”。这一临时保护措施的规定有利于案件关键证据的取得，更好保护权利人的权益。

《集成电路布图设计保护条例》第 32 条规定了诉前禁令：“布图设计权利人或者利害关系人有证据证明他人正在实施或者即将实施侵犯其专有权的行为，如不及时制止将会使其合法权益受到难以弥补的损害的，可以在起诉前依法向人民法院申请采取责令停止有关行为和财产保全的措施”。申请诉前禁令的前提是有证据证明他人正在实施或即将实施侵权行为，且不及时制止将使自己的合法权益受到无法弥补的损害。对于申请人民法院采取诉前责令停止侵犯布图设计专有权行为措施的，参照最高人民法院《关于对诉前停止侵犯专利权行为适用法律问题的若干规定》及修改后于 2013 年 1 月 1 日起实施的《民事诉讼法》第 100 条的相关规定执行，该类案件由各省、自治区、直辖市人民政府所在地，经济特区所在地和大连、青岛、温州、佛山、烟台市的中级人民法院作为第一审人民法院审理。

及时、全面收集证据是成功维权的前提，但集成电路布图设计专有权的证据收集尤为困难，因布图设计仅为中间设计，其最终产品要么为含有该布图设计的集成电路板，要么为含有该集成电路的其他物品，而受保护的布图设计蕴含其中，无法直接获知，也难以获得直接复制的证据。因此，通过“伪装客户”、“深入虎穴”、“购买样品”、“商业合作谈判”等手段，获取涉嫌侵权人的信任进而获得进一步证据，是可采用的有效策略。

1.3.3 综合运用行政、民事、刑事多元手段

对于集成电路布图设计，应在不同情形下综合运用行政、民事与刑事等多元化保护手段。《集成电路布图设计保护条例》第 31 条规定，未经布图设计权利人许可，使用其布图设计，即侵犯其布图设计专有权，引起纠纷的，由当事人协商解决；不愿协商或者协商不成的，布图设计权利人或者利害关系人可以向人民法院起诉，也可以请求国务院知识产权行政部门处理。国务院知识产权行政部门处理时，认定侵权行为成立的，可以责令侵权人立即停止侵权行为，没收、销毁侵权产品或者物品。可见，对集成电路布图设计专有权的保护有自力救济、民事诉讼、行政处理及刑事救济等多重手段。

第一，行政查处等救济手段既可依当事人举报启动，也可依职权启动，具有主动性。但由于知识产权行政部门作为登记机构，尽管具有相应的执法权与处罚权，但在目前处于弱势部门的背景下，仍需与工商、公安等部门联合执法，才更为有效。因而集成电路布图设计行政救济一定程度上有其局限性。

第二，民事诉讼冗长、程序低效。集成电路布图设计专有权作为民事权利，民事诉讼是最基本的救济手段。但如前所述，由于布图设计权利人取证不易、诉讼中赔偿数额计算困难、诉讼周期长等因素的存在，实践中，集成电路布图设计权利人常常陷于维权的泥潭而难以自拔。

因此，应区分不同侵权主体，采用不同的维权策略，如当较大的企业或规模相当的市场竞争对手侵权时，尽管诉讼周期长，但赔偿判决的执行、胜诉判决的良好声誉等就非常值得权利人采用。如侵权人为零散市场主体或欠缺赔偿能力的主体，则应多考虑行政救济和刑事救济的同时适用。

第三，刑事救济。对于集成电路布图设计权利人而言，刑事保护不失为有效的威慑手段。集成电路市场的快速发展，抄板技术也不断改进，导致侵犯集成电路布图设计专有权的现象越来越严重，而民事诉讼保护作为私力救济手段，在证据取得、证据保全、赔偿额确定及诉讼效率等方面有其天然缺陷，难以及时、有效制止侵权行为，而刑事责任与刑事保护手段的运用将给侵权人及相关主体以较大威慑。

因此，在必要时，通过向公安部门及其经侦部门举报并提供初步证据，启动知识产权犯罪的刑事侦查程序可起到事半功倍之效果。

实例解析

华润矽威科技（上海）有限公司诉南京源之峰科技有限公司侵犯集成电路布图设计专有权纠纷案

华润矽威科技（上海）有限公司（以下简称矽威公司）享有用于LED照明用的PT4115集成电路布图设计专有权。南京源之峰科技有限公司（以下简称源之峰公司）与案外人华润半导体国际有限公司（以下简称华润半导体公司）订立协议开发1360集成电路。源之峰公司对矽威公司销售的PT4115芯片进行了反向剖析，形成1360集成电路的布图设计，并提供给华润半导体公司，获得10万元设计费。华润半导体公司委托第三方生产1360管芯并优先销售给源之峰公司，源之峰公司将管芯封装后，编码成6808、6807等系列集成电路向市场销售并获利。矽威公司以源之峰公司侵犯其集成电路布图设计专有权为由，向法院提起诉讼。

法院认为，源之峰公司接受委托制作的布图设计及其销售的集成电路含有的布图设计均与矽威公司享有专有权的涉案布图设计相同。因此，源之峰公司通过反向剖析的手段，复制了涉案PT4115布图设计的全部，并提供给华润半导体公司进行商业利用，未经权利人许可，其行为构成对PT4115布图设计专有权的侵害；同时，源之峰公司为商业目的，销售了含有其非法复制的布图设计的集成电路，亦构成对PT4115布图设计专有权的侵害。遂判决源之峰公司立即停止侵犯PT4115集成电路布图设计专有权的行为、赔偿矽威公司经济损失以及矽威公司为制止侵权行为所支付的合理费用共计23万余元。

本案的主要争议焦点为被告源之峰公司是否侵犯原告矽威公司涉案布图设计专有权，法院在审理时，提出要求对比生产1360管芯的光刻掩模板，庭审中，双方当事人都同意以该光刻掩模板作为侵权对比对象，但被告之后放弃了对比的技术鉴定，承认1360管芯的布图设计与原告PT4115芯片布图设计相同。为什么要用光刻掩模板来对比呢？用光刻掩模板通过一定技术手段实现了布图设计图样图形的转移，用于制造管芯，其固定管芯及封装后的集成电路的布图设计，因此，对于该膜板的对比是本案侵权认定的关键，庭审中被告对己方不利事实的自认，原告也认可，最后法院审理认定侵权事实成立，双方当事人均未上诉。

练习与测试

1. 简述涉嫌集成电路布图设计侵权中的主要抗辩策略。
2. 企业对于集成电路布图设计的保护策略有哪些?

单元总结

我国集成电路布图设计的保护是通过授予布图设计人以布图设计专有权实现的。《集成电路布图设计保护条例》规定 10 年保护期，自布图设计登记申请之日或者在世界任何地方首次投入商业利用之日起计算，自创作完成之日起 15 年后不再受保护。

布图设计权利人享有的专有权包括复制权、商业实施权、许可他人使用权与转让权。

涉嫌侵权方可以运用合理使用、反向工程、权利用尽、善意侵权及非自愿许可等抗辩策略。

布图设计开发企业应有效利用合同约定成果归属及竞业禁止条款，避免成果争议与降低流失风险；律师在代理维权中应强化证据保全、多策略收集证据，运用多元手段综合保护当事人的成果。

第2章

地理标志保护实务

单元要点

学习地理标志的保护及其权利实现。

学习目标

能够从事地理标志保护的相关业务。

2.1 地理标志与地理标志权

2.1.1 地理标志及其意义

地理标志，又称地理标记，是特定产品来源地的标志，它可以是国家名称及不会引起误认的行政区划名称和地区、地域名称。根据TRIPs协定的规定，地理标志是指证明某一产品来源于某一成员国或某一地区或该地区内的某一地点的标志。该产品的某些特定品质、声誉或其他特点在本质上可归因于该地理来源。我国《商标法》第16条将地理标志定义为："地理标志，是指标示某商品来源于某地区，该商品的特定质量、信誉或者其他特征，主要由该地区的自然因素或者人文因素所决定的标志。"

地理标志作为商品质量形象的一个重要标志，不仅标记产品的来源地，还将产品的质量和信誉与该原产地独特的地理环境、自然条件以及人文因素有机地结合起来，成为商品质量的保障，为消费者识别和购买商品提供引导。随着全球化与世界贸易的快速发展，地理标志的价值日益凸显，世界各国愈发重视地理标志的保护。譬如，在WTO的谈判中，地理标志的保护成为重要的内容之一。

中国作为历史悠久，物产丰富的国家，其独特的地理环境、自然条件以及人文因素，造就众多著名的地理标志，如绍兴酒、杭州的龙井茶、新疆的葡萄、贵州的茅台、景德镇的陶瓷等。地理标志孕育了中华民族的传统文化的精髓，为我国企业参与国际贸易竞争增加了武器。然而我国地理标志的法律规范的出台晚，民众保护地理标志权的意识薄弱，这给国内外假冒我国地理标志的行为提供了条件，导致我国无形财产的巨大流失。如"景德镇瓷器"地理标志在国内外享有良好声誉，一些欧洲国家将其生产的质量极其低劣的瓷器以"景德镇瓷器"标示，还有部分国内企业假冒原产地名称，以次充好。这使得"景德镇陶瓷"地理标志产品美誉受损，受到了极大的冲击，也为我国地理标志的保护提出了紧迫要求。

2.1.2　地理标志权及其性质与特征

一、地理标志权的私权属性

地理标志权作为一种重要的知识产权，其法律属性争议较大，尚未达成共识，主要有以下两种代表性观点：一种观点认为，地理标志权属于公权的范畴，这种专用标志权应归国家所有；另一种观点认为，地理标志权是一种私权，而不是公权。

根据我国《商标法》的规定，地理标志可作为集体商标和证明商标。这表明其是一种典型的私权。正如学者张玉敏所言："不管是证明商标制度、集体商标制度，还是专门的地理标志保护制度，它们所赋予权利人的都是一种私权，而不是公权，其区别仅在于具体的管理方式和国家干预的程度有所不同。""虽然地理标志的使用人不能是某地域内的一个企业或个人，但是这种使用主体范围的扩大丝毫也不能改变地理标志的私权属性。"① 但在 2013 年新修订的《商标法》中第 59 条对地理标志的私权进行了更加具体的限定性规定，即他人善意使用的规定："注册商标中含有的本商品的通用名称、图形、型号，或者直接表示商品的质量、主要原料、功能、用途、重量、数量及其他特点，或者含有的地名，注册商标专用权人无权禁止他人正当使用……商标注册人申请商标注册前，他人已经在同一种商品或者类似商品上先于商标注册人使用与注册商标相同或者近似并有一定影响的商标的，注册商标专用权人无权禁止该使用人在原使用范围内继续使用该商标，但可以要求其附加适当区别标识。"这条新增的内容，侧面上也体现出国家立法层面上公权与私权在不断博弈过程中的一个法制进步历程。

二、地理标志权的特征

地理标志权具有以下特征：

第一，集合性。地理标志权是一种集合性权利。它属于特定地域内从事特定商品生产、且符合特定条件的商品生产者群体所共有，该群体的每一个成员均有权利使用该地理标志。这是地理标志权区别于其他商标权最基本的特征，因为商标权专属于某一个单位或个人。

第二，永久性。一般的知识产权，如专利权、著作权中的财产权、商标权，都有时间性的限制，权利人在法律赋予的保护期内具有专有权，一旦保护期届满，该智力成果即成为人类的共同财富，任何人均可无偿使用。但地理标志具有永久性，不受时间限制。地理标志源于特定地区的自然环境和人文因素，只要决定特定商品质量和信誉的自然、人文因素不发生显著变化，地理标志就会长期存续，地理标志权也就能受到持久保护。② 而传统的知识产权的保护期限是有限的，譬如，我国《专利法》对发明专利的保护

① 张玉敏：《地理标志的性质和保护模式选择》，载《法学杂志》，2007 (6)。

② 参见王莲峰：《制定我国地理标志保护法的构想》，载《法学》，2005 (5)。

期为 20 年。

第三，专有性。地理标志权是专有权利，具有不可转让性。地理标志权由于其保护客体的特殊性，体现特定地域的特定商品和服务的品质、信誉，具有浓厚的地方色彩。这种特殊性决定地理标志权只能由特定领域内具备特定条件的商品生产者专有，不得转让。权利人一旦将地理标志权许可他人使用，地理标志所具有的表明商品来源和特定品质的功能将荡然无存。

第四，法定性。这是指地理标志权需要由专门机关依照法定条件经法定程序予以确认。其主要体现在以下方面：一是地理标志是否属于保护范围、能否得到保护须以法定条件予以确定；二是地理标志权并非可以自然产生，须由专门机关依法确认；此外，地理标志权的产生须经过专门机关的法定审查程序依法认定。

2.2 地理标志的保护现状与保护模式

2.2.1 各国地理标志立法及其模式分析

各国均通过立法的方式，将地理标志权作为一种重要的知识产权予以保护，但在保护模式的选择上则存在着较大的差异，目前主要分为以下三种模式：专门立法保护、《商标法》保护与《反不正当竞争法》保护。

一、专门立法保护

专门立法保护，是一种通过专门立法的形式对地理标志或原产地名称进行全面保护的立法模式。其前提是将地理标志权作为一项特殊的工业产权，充分考虑地理标志权的特点，突出地理标志的地位和作用。最重要的是赋予产地范围内特定经营者对地理名称的专属使用权和禁止权，明确规定构成原产地名称的地理名称不能在任何相类似的产品上使用。

采用专门立法模式的国家主要有法国、阿尔及利亚、保加利亚、古巴、捷克共和国、墨西哥、意大利、葡萄牙、南斯拉夫和印度等。其中，法国是最早以专门立法保护地理标志的国家，形成了极具特色的原产地名称保护制度。法国于 1919 年 5 月 6 日颁布了《原产地标志保护法》，确立了原产地命名制度。该法明确规定了原产地名称的注册登记制度以及保护原产地名称的行政和司法程序，民事法庭和有关行政机构可根据原产地名称利害关系人的请求，根据地理来源和质量等标准，确定原产地名称。同时该法明确规定盗用原产地名称属不法行为。1935 年 7 月 30 日出台了关于保护酒类市场和酒精经济制度的法规，1990 年 7 月 2 日，颁布了关于未加工或加工农产品和食品的原产地控制命名的法规等。这种立法模式将原产地名称权作为一项特殊的工业产权进行保护，给予产地范围内特定经营者对原产地名称的专属使用权和禁止权；同时采用登记注册制将原产地范围内的使用者具体化，便于对使用者的行为进行规范。①

以专门法保护地理标志，其保护力度最强，但将会使商标和原产地注册登记机关分离，从而造成注册审查工作的重复和资源浪费。

二、《商标法》保护

《商标法》保护的前提是将地理标志纳入《商标法》体系的范畴，将地理标志作为一种特殊的商标，通过注册集体商标或证明商标对地理标志提供《商标法》保护的立法模式。规定地理标志可以作为证明商标或集体商标申请注册，注册人可以依据商标专有权对假冒地理标志等行为追究侵权责任。同时，对地理标志商标注册人的主体资格进行限制，只有对商品和服务的特定品质具备检测、监督能力的法人组织才有权申请注册，通常为行业协会。申请人在申请注册时需提交有关的管理规则，获准注册后，证明商标权和集体商标权归注册人所有。集体商标注册人可以在自己经营的商品或服务上使用集体商标，而证明商标的注册人不能使用该证明商标，只能依据经批准的地理标志证明商标的使用规则，授权符合使用条件的企业或个人使用该地理标志。在权利受到侵犯时，商标注册人和地理标志的合法使用人均有权提起诉讼，要求侵权人停止侵权并赔偿损失。

目前，大多数国家都采用了这种模式，如英国、美国、德国、澳大利亚、加拿大、中国等。这种模式之所以是较通用模式，主要有以下三点理由：

第一，功能性。地理标志和商标具有相同的功能性。两者均具有标识性，能够标识商品和服务的来源、质量以及信誉，将地理标志看做商标的子集是完全合理的。

第二，节省性。一项新制度的产生和执行需要耗费很大的成本，通过证明商标形式保护地理标志可以使现有的法律制度充分发挥作用，如实行申请、审查、公告、异议、注册和撤销制度，无须投入太多资源。

第三，符合性。TRIPs 协定强调知识产权的私权地位，而地理标志属于知识产权范畴，通过《商标法》保护地理标志完全符合 TRIPs 协定的要求。

《商标法》模式充分考虑《商标法》兼容性的特点，有效利用已有的商标法律体系资源，将与商标基本功能相同的地理标志用证明商标、集体商标的有关规定进行保护，既无须任何其他附加资源的投入，又可有效避免因主管机关不同而引发的冲突和纠纷。

三、《反不正当竞争法》保护

《反不正当竞争法》保护，是指利用《反不正当竞争法》对市场上使用地理标志的行为进行规制的保护方式。其核心是通过实施《反不正当竞争法》，预防和惩治假冒、滥用地理标志的行为，以在规范市场竞争秩序的同时，维护地理标志权利人的合法权益。

《反不正当竞争法》保护的立法模式是从保护市场秩序和消费者权益的角度出发，强调地理标志侵权行为的不正当竞争性质。这种模式并不直接赋予权利主体具体明确的专有

① 参见魏丽丽：《我国地理标志保护模式的立法选择》，载《合肥工业大学学报（社会科学版）》，2010（3）。

权，仅仅从消极方面对地理标志侵权行为进行禁止，并责令侵权人承担不正当竞争的法律责任。其在维护社会市场秩序方面具有一定的作用，但其忽视了地理标志作为一种知识产权的特质，仅从消极方面在权利已经受到侵犯时才予以干预，其给予地理标志权人的仅是一种有限的、相对的保护。

日本是通过反不正当竞争法保护地理标志权的典型国家，其制定有《不正当竞争防止法》，其第 1 条第 1 款第 3 项规定：在商品或其广告上，或者用可以使公众得知的方法在教育的文件或通信上对原产地作出虚假的表示、或者贩卖、推销或输出已经作了这种虚假表示的商品以致使人对原产地产生误认的行为，构成不正当竞争。

2.2.2　我国地理标志保护的立法与困惑

我国在 20 世纪 80 年代开始以复函、通知等形式提及原产地名称的保护问题，此后的《产品质量法》、《消费者权益保护法》、《反不正当竞争法》和《对外贸易法》等单行法从禁止伪造、冒用产地和虚假表示产品质量角度对原产地名称进行保护。

目前我国对地理标志的保护实际上是一种混合保护模式，即《商标法》保护和专门法保护并存。这种综合保护模式在实践操作中存在内在矛盾性。根据《商标法》，无论地理标志作为集体商标，还是作为证明商标，一般都是由当地的行业协会或者其他能够对产品品质进行监控的组织持有，由其负责地理标志权的申请注册、许可和管理。而根据《原产地标记管理规定》，仅地方的检验检疫部门、行政主管部门、行业协会和生产者代表成立的原产地域产品保护申报机构才有权对地理标志权申请注册、许可和管理。如此一来，有关地理标志管理的两个机构在地理标志的认定和处理方面势必难以协调。

一、《商标法》保护

国家工商行政管理局于 1995 年出台的《集体商标、证明商标注册和管理办法》中将地理标志纳入《商标法》的保护范畴，其规定，证明商标是证明该商品或服务的原产地、原料、制造方法、质量、精确度及其他特定品质的商品商标或服务商标。《商标法》第 16 条明确对地理标志作了定义，即指标示某商品来源于某地区，该商品的特定质量、信誉或者其他特征，主要由该地区的自然因素或者人文因素所决定的标志。2001 年《商标法》第 10 条第 2 款指出地名可以作为集体商标、证明商标注册使用，如“青岛啤酒”。但在 2013 年的新《商标法》的第 10 条第 1 款第 1 项至第 3 项对排除注册和使用的范围进行了进一步限定：“（一）同中华人民共和国的国家名称、国旗、国徽、国歌、军旗、军徽、军歌、勋章等相同或者近似的，以及同中央国家机关的名称、标志、所在地特定地点的名称或者标志性建筑物的名称、图形相同的；（二）同外国的国家名称、国旗、国徽、军旗等相同或者近似的，但经该国政府同意的除外；（三）同政府间国际组织的名称、旗帜、徽记等相同或者近似的，但经该组织同意或者不易误导公众的除外”。第 1 款第 7 项修改为：“带有欺骗性，容易使公众对商品的质量等特点或者产地产生误认的”。通过《商标法》的立法模式对地理标志进行保护，能够从保护消费者的角度实现对地理标志的滥用的控制，具有一定的合理性。但从长期发展和整体来看，《商标法》保护仍旧存在以下问题。

第一，保护期限。我国《商标法》规定，注册商标的保护期限为10年，要获取长期保护，须经续展程序。而地理标志权的保护期限是永久的。《商标法》对注册商标专有权的保护是有期限限制的，10年保护期届满后，如没有及时申请续展，已经注册的商标则会面临被注销的命运。而地理标志产品产自特定地域，其所具有的质量、声誉或其他特征本质上取决于该产地的自然因素和人文因素，是基于产地特定的自然和人文条件并在长期的历史发展过程中逐渐形成的。本书认为，地理标志具有与普通商标所不同的特性和价值，其稀缺性、不可再生性、准公共产品性决定法律对其实施的权利保护不应当受到期限的限制和申请续展的限制。

第二，专有性。商标权是一种专有权，归权利人所有。商标专用权人可按照自己的意愿处理其商标专用权，可依法转让，也可依法许可他人使用。但地理标志不可转让，也不能许可他人使用。

第三，使用效力。根据商标权之效力，只能禁止相同或近似商标在相同或类似商品上的使用。因此，将地理标志纳入《商标法》的保护范畴，不能完全体现出地理标志的特征，容易造就地理标志保护的困惑，如“湘莲”等地理标志存在诸多区域内生产者的假冒、仿冒及以次充好等，就不难理解了。

二、专门法规保护

2001年国家出入境检验检疫局发布《原产地标记管理规定》，其规定：“地理标志是指一个国家、地区或特定地方的地理名称，用于指示一项产品来源于该地，且该产品的质量特征完全或主要取决于该地的地理环境、自然条件、人文背景等因素。”同时规定，国家出入境检验检疫局统一管理全国原产地标记工作，负责原产地标记管理办法的制定、组织协调和监督管理。国家出入境检验检疫局设在各地的出入境检验检疫局负责其辖区内的原产地标记申请的受理、评审、报送注册和监督管理。2005年6月7日，国家质检总局发布《地理标志产品保护规定》，进一步规范了对地理标志的保护。其第21条规定，任何单位和个人不得擅自使用原产地域产品专用标志，不得使用与原产地域产品专用标志相近的、易产生误解的产品名称或者产品标识，亦不得销售带有这类标识的产品，否则质检局有权予以行政处罚。对于擅自使用或伪造地理标志名称及专用标志的、不符合地理标志产品标准和管理规范要求而使用该地理标志产品的名称的、或者使用与专用标志相近且易产生误解的名称或标识及可能误导消费者的文字或图案标志而使消费者将该产品误认为地理标志保护产品的行为，质量技术监督部门和出入境检验检疫部门都将依法对其进行查处。

综上所述，目前我国采取的“商标法＋地理标志产品”保护的立法模式，由两套法规并行保护，两个部门同时管理。管理机构的设置及其职能的混乱，不仅加重了市场主体的负担和运行成本，给地理标志申请人带来困惑，而且同一产品、同一标志的多重申请，造成了国家管理资源的浪费，同时也给司法审判造成两难，由两种保护机制并存而引发的矛盾与冲突层出不穷，持续二十多年的“金华火腿”纠纷即为典型一例。金华火腿公司在向法院提出确认不侵权之诉时称，金华有限公司所使用的商标，是金华火腿公司已核准注册可以合法使用的商标。在具体使用中，可以清楚地看到“金字”为注册商标，火腿为通用名称，金华为地名。因此，金华火腿公司如此使用该商标，不构成侵犯浙江省食品有限公司取得了“金华”火腿的注册商标专用权。但该案经过一审、二审法院审结，因金华火腿公司诉权尚未形成，最终裁定驳回起诉。

2.3 地理标志保护的策略及其运用

2.3.1 结合产业、地区特色与产品特点

如前所述，关于地理标志保护我国目前主要存在两种模式，一是根据《商标法》，将地理标志注册为集体商标或证明商标的《商标法》保护模式，授予地理标志以专有权，即将地理标志作为一种私权来对待；另一种是国家质检总局注册的地理标志产品保护模式，其更重视公权性，强调其公共利益属性。本书认为，在具体的保护实务中，应该结合产业、地区特色与产品特点，选定恰当的模式。

如该产业属于过度竞争型，且该地区相关企业或从业者众多，为避免本地区从业者及外部竞争者搭便车，则更需强化国家质检总局注册的保护模式，强化授权后对滥用、仿冒与以次充好行为的及时规制，需要公权机关有力、及时行政查处，如湘潭的“湘莲”地理标志即是如此。如该产品属于低度竞争型，该地区相关从业者间不多且产品具有较好的区分度，则可更关注商标权的私权模式。如新疆的“葡萄”地理标志。

2.3.2 加强与行业协会及管理部门的沟通协调

地理标志既是一种特殊的知识产权，更是一种准公共产品。其保护不仅要适应市场经济的发展，由市场调节；也须借助于公共机构政府和行业协会的辅助才能得到更高效的保护。政府和行业协会应准确定位自身角色，实现地理标志权的品牌高端化与价值最大化。

在欧洲，行业协会一直是强势组织，具有强大的凝聚力，能够将单个业主的力量集中起来，对地理标志的保护主要依靠行业协会。目前，我国对地理标志的使用存在两种管理模式：一种是行业协会管理模式，以景德镇瓷器为代表，众多生产者成立了景德镇陶瓷协会，对地理标志的使用进行管理，如在商品上注明地理标识的所有人为协会，且只授权明确地理位置的厂家，包装上附有防伪标识；另一种是政府管理模式，以青田石雕为代表，青田县政府成立了专门的石雕行业管理办公室，管理青田石雕使用的相关事宜。两种模式实际是自律和他律的博弈，各有利弊。

企业，特别是行业领头者，更需要强化行业协会的指导功能，加强与行业协会及管理

部门的沟通，倡导建立行业联盟及其指导规范，树立“一荣俱荣、一损俱损”的理念，加强地理标志产品的形象规划与品牌打造，进而实现品牌高端化与价值最大化。

2.3.3 有效利用国际合作保护制度

地理标志权是各国参与国际竞争的重要武器。因此，通过国际合作，实现对地理标志保护的国际合约如《保护工业产权巴黎公约》、《商标国际注册马德里协定》、《保护原产地名称及其国际注册里斯本协定》等应运而生。但基于各自立场和环境的差异，各国分歧明显。目前主要分歧有：一是建立葡萄酒和烈酒的多边通知和注册体系；二是将地理标志的保护范围扩大到葡萄酒和烈性酒以外的其他产品上，即对所有地理标志产品均给予更高水平的保护。

葡萄酒和烈酒地理标志多边通知和注册体系的建立，不仅能增强地理标志保护的透明度，也利于各国更便捷地开展地理标志的注册与保护工作。但美国、欧盟对体系持相反态度，其主张建立一个低廉有效的，不具有普遍强制力，类似于地理标志信息数据库的多边框架；相反，欧盟却主张建立具有约束力的多边通知和注册体系，各成员国必须保护登记的地理标志。

考虑到我国幅员辽阔、历史悠久，地理条件迥异，有许多享誉世界的具有地方特色的名优产品，这些是中华民族历史、地理文化的积淀。因此，我国企业特别是行业领导企业应加强对地理标志保护模式的引导与公关工作，建议我国参与国际条约合作与谈判的应有立场，提出为预防地理标志淡化，应倡导建立有法律效力的地理标志国际多边注册制度。

在国际条约与合作谈判中，各国均从本国的地理环境与实际情况出发，主张不同的保护范围，力图将本国的特色产品纳入国际保护行列。如欧盟、瑞士、印度、土耳其等要求将乳酪、巧克力等产品纳入地理标志的保护范围，法国原产地名称和地理标志所保护的商品主要有羔羊、鸡、奶酪、黄油、橄榄油、红皮蒜、核桃、苹果、黄李、香精油等。

我国是一个传统农业生产大国，在农产品和传统手工艺方面具有独特的优势，如龙井茶、苏州刺绣、张小泉剪刀等，而在工业品方面处于劣势。我国应坚持强化传统手工业品、农产品和食品的地理标志的保护，相关企业应配合国家在参与国际谈判与合作中作出相应的基础工作。

2.3.4 地理标志维权策略：商标注册的异议与市场监控

一、加强对商标申请的监视，有效利用商标异议程序

地理标志权的取得与应用不仅影响一个企业的整体发展，也可能冲击某个地区甚至某个产业的发展。重视对商标申请的监视，有效利用异议程序尤为关键。通过对商标申请的监视，发现其他竞争对手或地区不应或不能注册的地理标志，应在公示期内积极启动商标

异议程序。因未及时启动他人抢注的商标的异议程序将给地理标志相关主体带来极大困惑与损失。"湘莲"地理标志即为典型一例。湘潭是湘莲原产地，有千余年种植历史，有着历史美誉的老品牌，却被福建省建宁县文鑫莲业有限公司于2003年1月7日，在29类以莲子为内容的商品上抢注了"湘莲+XIANGLIAN"注册商标，其间未有相关主体启动商标异议程序。湘潭县"湘莲"协会启动了商标撤销程序，并于2010年1月18日成功申请"湘莲"地理标志商标，历时6年的"湘莲"商标之争才终于画上句号。

异议的主要理由包括：与申请在先的商标相同或近似、违反了《商标法》的禁用条款或商标不具显著性、申请人不具备申请资格等。如茅台酒申请"国酒"商标事件在全国产生了广泛影响，具有代表性。在国家商标局初步审查通过"国酒茅台"商标后，杜康、汾酒等白酒企业提出异议申请，提出包括"绝大多数人喝不起茅台"、"国酒茅台"对众多白酒企业不公平、"国酒茅台"不利于三公消费严打、"国酒茅台"与真假难辨的茅台酒互斥等十大理由，反对茅台注册"国酒茅台"商标。各企业将反对茅台"国酒"商标申请的理由，集中全面的对外公开，以维护自身的权益。"茅台"是商标，但茅台镇的酒又是一个地理标识具有双重保护，但是将所有含有"茅"字的酒都不允许注册商标，可能又对其扩大化保护，有违《商标法》的立法精神。

二、强化市场监控与网络监控，防止假冒

市场监控的主要功能是及时发现他人注册相同或者相近似商标的行为、他人以次充好等假冒行为，防止他人注册同样或者相近似的商标或提起诉讼、行政处理程序，进行有效救济。

市场监控的主要方法是定期进行商标查询和检索。如果发现他人在同类或者近似商品或者服务上注册了相同或者相近似的商标，要依法及时向商标局提出异议，阻止他人获得注册争议商标，或者举报、起诉或者启动相关行政程序，获得保护。目前商标监控主要存在以下两种形式：

第一，市场监控。市场监控既可通过自身进行，也可通过聘请相关的调查公司由第三方进行，如对企业的市场区域进行暗访，建立长效的监控机制。如农产品领域的商标在市场经常会遇到假冒、仿冒问题，可通过在其销售旺季、重点销售区域和市场建立起巡查制度，不定期走访市场内的商户，并建立起档案，将经销商、经常售假的店铺列为重点监控对象，及时掌握假冒产品的动向，为打击侵权产品掌握一手信息。通过市场监控达到两个目的：一是发现他人非法注册、登记的不当地理标志，及时启动异议与无效程序。如果做到此点，现实中"涪陵榨菜"非涪陵生产的怪象无疑将难以存在。二是发现假冒、仿冒地理标志问题，清理市场，充分保护地理标志权使用人的利益。

第二，网络监控。企业通过专人网络监控或者通过国家商标局网站的相关信息，定期对企业的重要商标进行检索，准确监视是否有他人注册近似商标及跨类注册，以便及时提起异议和规划企业的发展。如2010年我国首家商标监控预警中心在河南成立，旨在为知名品牌、旅游景点及其他协会会员提供有关商标查询、监控、咨询等方面的无偿公益服

务。对监控到的有可能危害企业商标的“傍名牌”、“擦边球”行为，及时向涉及单位和个人发出预警通报，并提供相关咨询及应对举措。①

实例解析

案例一

“湘莲”地理标志商标争夺战

湘莲原产于湘潭县，已有上千年的种植历史。然而，因品牌保护意识不强，一直未申请商标注册。2005年3月，当湘潭县湘莲协会采纳了莲商们的意见，正准备向工商部门申请注册“湘莲”商标时，却被告知：“湘莲”商标已经被福建某莲业食品有限公司抢先注册。2001年11月，该公司向国家工商行政管理总局商标局提出“湘莲＋XIANGLIAN”商标注册申请，并于2003年1月取得该商标专用权，被核准使用在第29类莲子、坚果等商品上，注册号为第3023790号。该公司还于2008年1月分别在第29类、第30类、第32类上取得了“湘莲＋XIANGLIAN”注册商标的专用权。

2005年4月18日，湘潭县湘莲协会以“注册不当”为由，正式向国家工商行政管理总局商标评审委员会提起撤销福建某公司注册的“湘莲＋XIANGLIAN及图”商标的申请。

湘潭县湘莲协会于2007年6月18日向国家工商行政管理总局商标局提出“湘莲”商标申请。

2008年6月30日，国家工商行政管理总局商标评审委员会裁定撤销福建某公司注册“湘莲”商标。

2010年1月，“湘莲”地理标志证明商标获得公告，权属湘潭县湘莲协会，专用权期限为2009年12月14日至2019年12月13日。至此，历经六年多的“湘莲”地理商标争夺战画上了圆满的句号，但其教训则是深刻的，值得警示。

第一，相关主体应及时、尽早将地理标志注册为商标是获得保护的重要程序，避免他人抢注。相关企业特别是行业协会应是权益维护的重要主体。本案中，如果“湘莲”企业或行业协会及时注册，他人则难以获得抢注的机会。

第二，在他人抢注地理标志商标后，应及时启动异议程序，使他人商标抢注无法得逞。本案中，2001年11月福建某企业抢注至2003年获得商标专用权期间，并无湘潭“湘莲”企业及行业协会发现并提出异议，导致他人抢注成功。

第三，地理标志被他人抢注为注册商标后，及时启动商标争议程序，请求撤销被抢注商标是有效的补救程序。本案中，在商标争议程序中，国家工商行政管理总局商标评审委

---

① 参见《中国成立首家商标预警中心》，见 http：//www.chinanews.com/cj/news/2010/01 - 06/2058017.shtml，2013 - 06 - 28。

员会以“注册不当”为由，撤销了福建某企业所抢注的商标。并认为，湘莲的品质特征主要由湘莲所在地区气温、雨量、湿度等自然条件和栽培方式所决定，并且“湘莲”称谓自南朝沿用至今，早已形成了与湖南产地相对应的关系，符合《商标法》第16条第2款规定的地理标志条件。

对于地理标志的相关主体和行业协会而言，及时注册地理标志商标，建立市场监控与网络监控等商标管理机制，加强对商标申请的监视，有效利用异议程序、争议程序是维护权益的重要策略。

案例二

舟山市水产流通与加工行业协会与北京申马人食品销售有限公司等侵犯商标专用权纠纷上诉案

［北京市高级人民法院（2012）高民终字第58号民事判决书］

一审原告舟山水产协会向法院起诉称：我单位系第5020381号注册商标“舟山带鱼ZHOUSHANDAIYU及图”（简称涉案商标）的专用权人。2011年1月28日，我单位代理人购买了华冠公司销售的申马人公司生产的“舟山精选带鱼段”（简称涉案商品），其外包装上突出使用了“舟山带鱼”字样，容易造成公众混淆。我公司向申马人公司、华冠公司发出警告函后，二公司置之不理，仍然实施侵权行为。申马人公司、华冠公司未经许可生产、销售涉案商品，侵犯了我单位的商标权，应当承担相应的民事责任。申马人公司辩称：我公司生产加工的系来自舟山地区的带鱼，对“舟山带鱼”文字的使用是合理使用，没有侵犯舟山水产协会的权利。我公司销售的产品上有自己的商标“小蛟龙”，不会造成公众的混淆。我公司拥有“舟山带鱼”的外观设计专利，早于涉案商标的申请日。华冠公司辩称：我公司通过合法的购销渠道购买涉案商品，对申马人公司的产品进行了审核，并已经及时对涉案商品下架，和申马人公司进行了沟通，不应当承担赔偿责任。

一审北京市第一中级人民法院认为：是否侵犯证明商标权利，不能以被控侵权行为是否容易导致相关公众对商品来源产生混淆作为判断标准，而应当以被控侵权行为是否容易导致相关公众对商品的原产地等特定品质产生误认作为判断标准。舟山水产协会主张申马人公司在商品外包装上突出使用“舟山带鱼”字样，容易造成公众混淆，因此构成侵权，是对法律的错误理解，实质上将证明商标与商品商标混同。是否突出使用，是否造成商品来源混淆，与是否侵犯证明商标权利无关。本案中，涉案商标“舟山带鱼ZHOUSHANDAIYU及图”系作为证明商标注册的地理标志，即证明商品原产地为舟山海域的标志。因此，在原产于舟山海域的带鱼上标注“舟山精选带鱼段”属于对地理标志的正当使用，并不侵犯舟山水产协会的商标权利。根据申马人公司提供的与三英公司签订的进货合同、出库单、收据、三英公司出具的证明及三英公司营业执照复印件，可以初步证明申马人公司生产销售带鱼的原产地为舟山。况且，即便否定申马人公司提供的上述证据，根据最高人民法院《关于民事诉讼证据的若干规定》第2条的规定，舟山水产协会主张申马人公司侵犯其涉案商标权利，应当对侵权成立要件——申马人公司使用“舟山精选带鱼段”标志的商品的原产地并非舟山海域承担举证责任。舟山水产协会作为证明商标的注册人，属于对商品有监督能力的组织，应当有能力提供证据证明某带鱼产品是否属于舟山海域的带鱼。但是，舟山水产协会并未封存公证购买产品，致使无法判断申马人公司生产、华冠公司销售的带鱼的原产地。由此产生的不利后果应当由舟山水产协会自行承担。因此，根据现有证据，不能证明申马人公司使用“舟山精选带鱼段”容易导致相关公众对商品的原产地等特定品质产生误认。舟山水产协会主张申马人公司、华冠公司侵犯其涉案商标权利，无事实和法律依据，不予支持。对舟山水产协会关于停止侵权、赔偿损失的诉讼请求，予以驳回。

二审北京市高级人民法院认为：《商标法》第3条第1款规定，经商标局核准注册的商标为注册商标，包括商品商标、服务商标和集体商标、证明商标。第3款规定，证明商标，是指由对某种商品或者服务具有监督能力的组织所控制，而由该组织以外的单位或者个人使用于其商品或者服务，用以证明该商品或者服务的原产地、原料、制造方法、质量或者其他特定品质的标志。《商标法》第16条第2款规定，地理标志，是指标示某商品来源于某地区，该商品的特定质量、信誉或者其他特征，主要由该地区的自然因素或者人文因素所决定的标志。《商标法实施条例》第6条第1款规定，《商标法》第16条规定的地理标志，可以依照《商标法》和本条例的规定，作为证明商标或者集体商标申请注册。第2款规定，以地理标志作为证明商标注册的，其商品符合使用该地理标志条件的自然人、法人或者其他组织可以要求使用该证明商标，控制该证明商标的组织应当允许。以地理标志作为集体商标注册的，其商品符合使用该地理标志条件的自然人、法人或者其他组织，可以要求参加以该地理标志作为集体商标注册的团体、协会或者其他组织，该团体、协会或者其他组织应当依据其章程接纳为会员；不要求参加以该地理标志作为集体商标注册的团体、协会或者其他组织的，也可以正当使用该地理标志，该团体、协会或者其他组织无权禁止。《商标法》第59条规定，注册商标中含有的本商品的通用名称、图形、型号，或者直接表示商品的质量、主要原料、功能、用途、重量、数量及其他特点，或者含有地名，注册商标专用权人无权禁止他人正当使用。《集体商标、证明商标注册和管理办法》第18条第2款规定，《商标法实施条例》第6条第2款中的正当使用该地理标志是指正当使用该地理标志中的地名。

根据上述规定，证明商标是用来标示商品原产地、原料、制造方法、质量或其他特定品质的商标。证明商标是为了向社会公众证明某一产品或服务所具有的特定品质，证明商标注册人的权利以保有、管理、维持证明商标为核心，应当允许其商品符合证明商标所标示的特定品质的自然人、法人或者其他组织正当使用该证明商标中的地名。

就本案而言，涉案商标系作为证明商标注册的地理标志，即系证明商品原产地为浙江舟山海域，且商品的特定品质主要由浙江舟山海域的自然因素所决定的标志，用以证明使用该商标的带鱼商品具有“管理规则”中所规定的特定品质。舟山水产协会作为该商标的注册人，对于其商品符合特定品质的自然人、法人或者其他组织要求使用该证明商标的，应当允许。而且，其不能剥夺虽没有向其提出使用该证明商标的要求，但商品确产于浙江舟山海域的自然人、法人或者其他组织正当使用该证明商标中地名的权利。但同时，对于其商品并非产于浙江舟山海域的自然人、法人或者其他组织在商品上标注该商标的，舟山水产协会则有权禁止，并依法追究其侵犯证明商标权利的责任。

申马人公司虽然没有向舟山水产协会提出使用涉案商标的要求，但如果其生产、销售的带鱼商品确实产自浙江舟山海域，则舟山水产协会不能剥夺其在该带鱼商品上用“舟山”来标识商品产地的权利，包括以本案中的方式——“舟山精选带鱼段”对其商品进行标示。同时，虽然申马人公司在涉案商品上使用的“舟山精选带鱼段”与涉案商标不完全相同，但由于“舟山精选带鱼段”中包含涉案商标的文字部分，且申马人公司在涉案商品上以突出方式进行标注，会使相关公众据此认为涉案商品系原产于浙江舟山海域的带鱼，故如果涉案商品并非原产于浙江舟山海域，舟山水产协会则有权禁止申马人公司以涉案方式使用证明商标，并据此追究申马人公司的侵权责任。

综上，申马人公司提交的证据，尚不足以证明涉案商品原产地为浙江舟山海域。在申马人公司不能证明其生产、销售的涉案商品原产地为浙江舟山海域的情况下，其在涉案商品上标注“舟山精选带鱼段”的行为，不属于正当使用，构成侵犯涉案商标专用权的行为，应当就此承担停止侵权、赔偿损失的法律责任。舟山水产协会要求申马人公司停止侵权、赔偿损失的主张于法有据，本院予以支持。但舟山水产协会并未就其主张的索赔金额举证，故本院将综合考虑涉案商标系证明商标的实际情况、申马人公司的主观过错程度、侵权情节、涉案商品的售价以及舟山水产协会为诉讼支出的公证费、合理的律师费等因素，酌情确定赔偿数额。

《商标法》第56条第3款规定，销售不知道是侵犯注册商标专用权的商品，能证明该商品是自己合法取得并说明提供者的，不承担赔偿责任。华冠公司作为涉案商品的销售者，能够证明其销售的涉案商品来自申马人公司，且在收到舟山水产协会的律师函后下架了涉案商品，故其无须承担赔偿责任。

练习与测试

简述地理标志的保护模式及其分类。

单元总结

地理标志，是指标示某商品来源于某地区，该商品的特定质量、信誉或者其他特征，主要由该地区的自然因素或者人文因素所决定的标志。作为一种重要的私权，地理标志权具有集合性、永久性、专有性与法定性，并应注意与传统商标权的区别。

企业应结合产业、地区特色与产品特点，选择恰当的模式，同时应加强与行业协会及管理部门的沟通协调，实现品牌高端化与价值最大化。在维权过程中，应加强对商标申请的监视，有效利用商标异议程序，通过定期商标查询和检索，强化市场监控与网络监控，防止假冒。

第 3 章

植物新品种保护实务

单元要点

学习植物新品种权相关知识。

学习目标

能够从事植物新品种权相关代理业务。

3.1 植物新品种的特征

3.1.1 植物新品种的特征与保护条件

植物新品种，是指经过人工培育或者对发现的野生植物予以开发，具备新颖性、特异性、一致性和稳定性，并有适当命名的植物品种。可见，植物新品种的保护是建立在对人工培育或发现的野生植物开发性劳动的基础上，使得植物品种具有新颖性、特异性、一致性和稳定性，这是其获得保护的前提。因此，需要明确其特征与保护条件。

一般认为，植物新品种具有以下特征：

（一）新颖性

给予植物新品种保护的正当性基础在于植物新品种开发人经创造性劳动，培育或开发了之前并不存在的品种，为社会作出了创造性贡献，因此值得给予保护。这是植物新品种得到保护的正当性基础。

依《中华人民共和国植物新品种保护条例》（以下简称《植物新品种保护条例》）第14条的规定，申请品种权的植物新品种在申请日前该品种繁殖材料未被销售，或者经育种者许可，在中国境内销售该品种繁殖材料未超过1年；在中国境外销售藤本植物、林木、果树和观赏树木品种繁殖材料未超过6年，销售其他植物品种繁殖材料未超过4年。此时将被视为具有新颖性。因此，对于申请人而言，这些期限与时间节点在获得保护过程中特别值得注意，避免因为时间期限超过而不能获得新品种保护。同时，申请人应注意相同申请的优先权问题。

此外，申请人或者育种者需要保留首次销售的证据，以备他人异议时的证据审查之需。同样，有关植物品种的销售证据同样值得申请人或育种者的同业竞争者关注，以作为无效程序证据之需。这在实践上尤为重要，也是我国目前多数育种人或企业所不重视的，因此特别值得注意。

（二）特异性

植物新品种的特异性，是指申请品种权的植物新品种应当明显区别于在递交申请以前已知的植物品种，即要求申请品种权的植物新品种在外观形态（如植株高矮、颜色、株型等）上明显区别于已知品种，或者在品质、抗性上与已知品种存在显著差异。

特异性的条件实质上类似于《专利法》上的创造性要求，即所开发的品种在植株高矮、颜色等性状上区别于现有品种，与现有品种有明显区别，才值得保护。实践中，申请人值得注意的是，需在申请文件中明确与现有品种的实质区别，以备实质审查之需，以免申请被驳回。

（三）一致性

植物新品种的一致性，是指申请品种权的植物新品种经过繁殖，除可以预见的变异外，其相关的特征或者特性一致。由于植物新品种权是审批机关给予申请人对其所开发品种的专有权，因此，其品种的一致性同样是其获得该项垄断权的前提。一致性的要求类似于《专利法》上的重复再现的要求，即适合于工业上应用。

（四）稳定性

植物新品种的稳定性，是指申请品种权的植物新品种经过反复繁殖后或者在特定繁殖周期结束时，其相关的特征或者特性保持不变或基本不变。保持品种性状的稳定同样是该品种值得保护的前提条件之一。

实践中，审批机关在实质审查时主要依据申请文件和其他有关书面材料进行，但其认为必要时，可以委托指定的测试机构进行测试或者考察业已完成的种植或者其他试验的结果来考察品种的一致性与稳定性。此时，申请人应当根据审批机关的要求提供必要的资料和该植物新品种的繁殖材料。

对于申请人或育种者的同业竞争者而言，应持续跟进或关注竞争对手的申请状况，根据《植物新品种保护条例》第 37 条之规定，可对不符合条件的品种权启动无效程序，即申请撤销已获得的品种权。

3.1.2　植物新品种的保护背景

在知识产权领域内，出现并在继续出现某些与传统的知识产权保护方式相互交叉或者自成体系的新型保护客体（如专利、商标、版权、植物新品种等）。植物新品种，正是这种交叉保护客体的典例，一方面对植物新品种的保护具有专有性、地域性、时间性等知识产权保护的基本特征，另一方面，由于植物新品种自身的生命特征和自我复制能力明显区别于其他知识产权，因此，对植物新品种的保护又与传统知识产权的保护客体存在差异。

20 世纪 30 年代以前，植物和植物品种一直是被排除在专利法之外的。伴随着生物技术的发展，各国对植物新品种提供了严格的法律保护。为加强植物新品种的保护，1961 年，比利时、法国、联邦德国、意大利和荷兰在巴黎签署了《保护植物新品种国际公约》，并根据这一公约成立了国际联盟 UPOV。此公约于 1972 年、1978 年和 1991 年在日内瓦经过三次修订。目前，UPOV 公约成员中有包括美国、欧盟及日本在内的绝大多数国家和地区，各国通过与 UPOV 相一致的立法模式对植物品种进行保护，即对植物新品种的生产方法的专利法保护和对植物新品种本身的专门立法保护方式。

我国的植物新品种保护起步较晚。在1997年以前，我国对农林领域内的发明创造主要实施专利保护，但按照《专利法》，对动植物品种不授予专利权．而仅对非生物学培育方法授予专利权，也就是《专利法》只能保护育种过程，而不能保护品种本身，这就使植物品种本身难以得到有效的保护。1997年3月20日，我国颁布《植物新品种保护条例》，揭开了对植物新品种保护的序幕，也明确了中国对植物新品种的保护采取与《保护植物新品种国际公约》和TRIPs协定一致的原则，通过专门法承认植物新品种并给予其有效的法律保护。

完善植物新品种保护制度，建立起一个公正、公平的竞争机制，激励植物品种权人进行创新活动，从而推动整个育种行业的发展，成为各国的共识与制度追求。其旨在通过一种良性的循环，使植物新品种培育人更积极地投入到育种工作中，让植物新品种的培育机制更好地适应市场经济。

3.2 植物新品种权的相关立法

3.2.1 各国有关植物新品种权的立法及其保护

一、美国

美国早在1930年就出台了美国《植物专利法》，规定对用无性繁殖所得的、可区别的植物新品种，诸如花卉授予专利。美国是世界上第一个以专利形式保护植物新品种的国家，国会声称其立法目的是“向农业提供确实可行的像工业一样的机会来利用专利制度”。他们认为，如无此种保护，育种者将不会获得足够的激励从事育种。1970年美国《植物新品种保护法》（PVPA）的出台，填补了农业生产中有性繁殖的空缺。美国是少数既以专门法又以专利法保护植物新品种的国家。尽管都是以法律的形式保护植物新品种，但获得保护的途径却不同。《植物新品种保护法》的管理机构是农业部，而《植物专利法》管理机构则是专利商标局。之后，美国又通过法院和行政机关确立了实用专利保护制度，从而实现了《植物专利法》、《植物新品种保护法》和实用专利的三重保护，最大程度上对植物育种者进行保护。

二、德国

德国对植物新品种的保护在法律上比较早。1934年德国专利局首次对人工培育的新植物授予专利权，授予专利的标准为利用不同性状的亲代交配而得到的具有新颖性状植物育成的植物新品种。但这种做法引发了不少质疑，战后最高法院也一直未做判决。1953年德国出台《种子材料法》，以专门保护育种者的权利。在实践中，德国专利局曾就四倍体甘菊品种及其繁育材料给予过专利保护，此后就植物体、组织、部分及培养物等授予多项专利。1968年德国又制定了《植物新品种保护法》，修正了专利法的相关规定，凡受《植物新品种保护法》所保护的植物新品种，不授予专利。根据1991年《保护植物新品种国际公约》调整之需要，1998年德国另行制定了《植物新品种保护法》。

三、欧盟

欧盟国家大多是《保护植物新品种国际公约》的成员，最初大多通过特别法形式对植物新品种给予保护。当然，依据《保护植物新品种国际公约》，他们也可以提供专利保护。20世纪70年代，欧盟成员国批准了《欧盟专利国际公约》。该公约第53条明确将动植物品种和主要利用生物方式系列的动植物品种排除在专利保护之列，但这并不意味欧盟各国禁止就植物授予专利。

3.2.2 我国植物新品种权的立法、司法与行政保护

我国主要从立法、司法、行政三方面建立起我国的植物新品种权保护制度，初步建立了全面的保护框架。

1. 植物新品种权的立法

目前各国涉及植物新品种保护的立法模式主要有专利法或植物专门法的单轨制保护以及专利法和植物专门法的双轨制保护。但我国植物新品种权保护立法目前采用“单轨制”。1997年3月国务院正式颁布了以UPOV公约为参照的《植物新品种保护条例》，并于2013年3月对部分内容作出了修改。这是我国目前植物新品种保护的最主要法律依据。《植物新品种保护条例》共8章46条，内容主要包括：植物新品种权的内容和归属、授予品种权的条件、品种权的申请和受理、品种权的审查和批准、品种权的期限、终止和无效、侵犯品种权的法律责任。

《植物新品种保护条例》规定的品种权内容有：第一，对授权品种，享有排他的独占权。排他与独占正是知识产权的重要属性。《植物新品种保护条例》的规定从另一侧面反映出品种权是知识产权的一种。第二，许可权，即为商业目的生产或销售该授权品种的繁殖材料，为商业目的将该授权品种的繁殖材料授权他人生产或者销售的许可同意权。这实际上是品种权排他独占性的延伸。第三，使用、销售权，即自己为商业目的生产、销售授权品种的繁殖材料的权利。第四，转让权，植物新品种的品种权可以依法转让，品种权的申请权可以依法转让。《植物新品种保护条例》没有规定继承权，也没有授予品种权人进口权。

《植物新品种保护条例》规定授予品种权的主要条件：新颖性、特异性、一致性、稳定性；《植物新品种保护条例》规定品种权的限制为：科研活动限制，农民自繁自用授权品种的繁殖材料的限制，特殊情况强制许可的限制。

《植物新品种保护条例》规定品种权的保护期限为：自授权之日起，藤本植物、林木、

果树和观赏树木为 20 年，其他植物为 15 年。

《植物新品种保护条例》规定了侵犯品种权的民事、行政责任，假冒授权品种的行政和刑事责任，销售授权品种未使用注册登记名称的行政责任。其他部门法中也有所涉及。例如《专利法》规定生产植物新品种的方法可以给予专利保护。《反不正当竞争法》第 10 条有关商业秘密的保护条款，植物新品种可以获得一定保护。《合同法》使育种者在某种程度上可以通过与生产单位签订技术开发、技术合作等技术合同维护自身的权益。

除此之外，2001 年以来最高人民法院先后发布了《关于开展植物新品种纠纷案件审判工作的通知》、《关于审理植物新品种纠纷案件若干问题的解释》和《关于审理侵犯植物新品种权纠纷案件具体应用法律问题的若干规定》等一系列司法解释。

2. 植物新品种权司法保护

植物新品种权侵权案件总体上按照一般民事案件的诉讼程序，只有个别步骤稍有不同。例如诉讼中止方面，植物新品种案件依据有关司法解释，人民法院审理侵犯植物新品种权纠纷案件，被告在答辩期间内向行政主管机关植物新品种复审委员会请求宣告该植物新品种权无效的，人民法院一般不中止诉讼。而有关侵权制止程序，现行的《专利法》、《著作权法》、《商标法》中均有相关规定，而在植物新品种保护方面目前尚无规定。我国《刑法》中没有专门规定该项犯罪，只有侵害植物新品种权的行为也触犯了《刑法》其他罪名时才会受到刑事处罚，如可能触犯生产、销售伪劣商品罪或非法经营罪而承担相应刑事责任。

3. 植物新品种权行政保护

近年来，国家分别在农业部和国家林业局成立了植物新品种保护办公室、植物新品种复审委员会，形成了以审批机关、执法机关、中介服务机构和其他维权组织相结合的保护体系。依据《植物新品种保护条例》：品种权侵权案件由省级以上人民政府农业、林业行政部门依据各自的职权进行处理，假冒授权品种案件由县级以上人民政府农业、林业行政部门依据各自的职权进行处理。对于涉及假冒伪劣品种的案件可以申请工商局和质监局予以查处。

3.2.3　我国植物新品种保护中的问题

一、我国植物新品种保护的立法缺陷

第一，立法层次低，相应规定不健全。我国现阶段保护植物新品种的法律法规主要有《植物新品种保护条例》、农业部的《中华人民共和国植物新品种保护条例实施细则（农业部分）》和国家林业局的《中华人民共和国植物新品种保护条例实施细则（林业部分）》。《植物新品种保护条例》由国务院颁布施行，属于行政法规，其效力低于法律。农业部和国家林业局的实施细则则是部门规章，其立法层次效力等级更低。在 UPOV 成员国中，多数国家采用法律而非行政法规的形式予以保护。但因我国《植物新品种保护条例》的法

律位阶较低，其不仅低于《专利法》、《商标法》和《著作权法》，而且一些必需的法律规定也无法列入其中，在一定程度上导致公众对植物品种权保护的忽视。

第二，《植物新品种保护条例》未能与《刑法》相衔接。《刑法》中共有 455 个罪名，其中有涉及侵犯专利权、商标权、著作权等相关罪名，如假冒注册商标罪、假冒专利罪、侵犯著作权罪等。而对侵犯植物新品种的行为却没有相关罪名及处罚条款。近年来品种权侵权案件频发，涉案金额高达数万元、上百万元的屡见不鲜。而没有强有力的刑事保护威慑，植物新品种的保护难免陷于民事保护不力的泥潭。因此，建立健全植物新品种权刑事法律制度，以更好地维护品种权人的权益在我国十分紧迫。

二、植物新品种维权困难，侵权愈发严重

随着授权品种数量的增多，假冒和侵权现象时有发生，其根源在于保护困难。品种培育者投入巨额成本培育出的新品种，常被他人假冒，并大量生产销售。由于我国新品种保护制度建立时间不长，人们法治意识还不够强，导致品种权人维权成本高昂甚至根本无法有效维权；品种权遭到侵犯或者假冒品种权的，品种权人或者利害关系人有两种选择方式，一是请求农业行政部门处理，其处理以调解为主，且不具法律效力；二是向法院提起诉讼，但诉讼程序复杂，取证困难，一旦既无法确定侵权人的非法获利又很难确认被侵权人实际损失的情况下，就无法确定赔偿金额，导致品种权人利益无法得到有效保护。主要有以下问题：

第一，申请程序复杂且申请时间长。植物新品种的申请程序繁复，从申请到授权需要缴纳各种费用和提交各种证明文件，尤其是 DUS 植物新品种测试，对申请的植物新品种进行特异性（Distinctness）、一致性（Uniformity）和稳定性（Stability）的栽培鉴定试验式室内分析测试（简称为 DUS 测试）的测试时间过长，极大地影响到了植物新品种获得授权和推广的实效性。另外，从申请到获得品种权需经历多个程序，平均需要 3～4 年。为降低申请风险，不少育种人多在品种参加区试的第 2 年才提出申请保护，在获得品种权证书时，保护品种往往错过了实施的最佳时机或已失去推广应用的价值。植物新品种开发周期长，程序烦琐，无法给植物新品种开发者以足够的激励。

第二，审判水平参差不齐。《植物新品种保护条例》中没有规定有关品种保护的法定赔偿金额，使不同地区的司法部门在审判时遇到较大的困难，尤其在侵权人非法获利与被侵权人实际损失均难以确定的情形下，不同地区的法院在处理大体相同的植物新品种侵权纠纷时，判决的赔偿额存在着惊人的差异。这对于品种权人而言，在提起诉讼之时管辖地法院选择就是比较重要的诉讼策略，而之前相关法院的判决可作为起诉地的参考。

3.3　植物新品种的保护策略及其运用

3.3.1　重视开发和育种合作中的合同约定

植物新品种的培育过程中蕴含着育种人的智力创造活动，既需要育种单位的物质条件

投入，也需要品种培育人的研发与创造性劳动，还可能与供研发、培育的最新发现、提供新品种的农户密切相关。在完成开发和育种的这个创造性过程中，包括各方主体的不同程度的劳动，完成育种的单位、个人之间因是否属于职务育种，极易产生申请权纠纷与品种权权属纠纷，其根源在于各方对品种开发合作中的合同条款约定不明。

实践中，因约定不明导致权属纠纷的案件屡见不鲜。如“中国农业大学与承德裕丰种业有限公司植物新品种权权属纠纷案”① 即为典型一案。被告承德裕丰种业有限公司与原告中国农业大学于1998年2月签订“关于农大364号杂交种子生产协议书”，约定由中国农业大学提供“农大364号”玉米亲本种子及技术指导，中国农业大学享有该品种的知识产权。2001年4月，裕丰公司就“农大364号”植物新品种权单独提出申请，并于2002年5月获得授权，成为该种子的品种权人。为解决该植物新品种权的争议，2003年10月中国农业大学、裕丰公司、宋某（中国农业大学教师）三方签订“农大364号（ND364）品种权变更协议”，协议约定“农大364号”品种权为中国农业大学、裕丰公司共有。后因中国农业大学对三方协议有异议，于2004年4月以裕丰公司及宋某为被告而提起民事确权之诉。法院认为，2003年的三方协议对各方当事人具有法律约束力，该品种权归中国农业大学与裕丰公司共有。

在品种研发、培育等科研合作、品种交易中，以下几点值得特别注意：

第一，明确约定单位与职工之间的权属条款。只有在育种活动中付出脑力劳动并作出创造性的智力成果的人才有可能成为品种权人。② 执行本单位的任务或者主要是利用本单位的物质条件所完成的职务育种，植物新品种的申请权属于单位，如育种人的育种活动是为了完成本职工作；虽不是履行育种人在本单位的本职工作，但育种活动也是本单位分派的其他任务；退职、退休或者调动工作后，育种人在3年内完成的育种，与其在原单位承担的工作或者原单位分配的任务有关。这些情形，均属于职务育种。尽管相关法律规范对此有所规定和涉及，但当事人通过合同条款明确约定，是避免日后纠纷的更优选择。

第二，对于委托育种或者合作育种，品种权的归属由当事人在合同中约定；没有合同约定的，品种权属于受委托完成或者共同完成育种的单位或者个人。因此，此时对于委托方而言，通过合同约定成果归属就特别重要。

第三，植物新品种交易中，植物新品种的受让人应对植物新品种权人（特别是非职务育种）的合法性先自行调查，避免日后出现品种权的权属纠纷。其主要原因是国家行政管理机构在植物新品种权的审查过程中对申请人资格一般仅进行形式审查，因此，新品种的交易合同的尽职调查中权利主体资格也是必不可少的重要一环。同时，也应尽可能通过分期付款、合同担保等形式降低相应风险。

---

① 北京市高级人民法院（2005）高民终字第93号民事判决书。

② 参见《植物新品种保护条例》第6条：“完成育种的单位或者个人对其授权品种，享有排他的独占权。任何单位或者个人未经品种权所有人（以下称品种权人）许可，不得为商业目的生产或者销售该授权品种的繁殖材料，不得为商业目的将该授权品种的繁殖材料重复使用于生产另一品种的繁殖材料；但是，本条例另有规定的除外。”

3.3.2　强化申请程序，提高申请效率，避免被驳回

植物新品种申请人在程序层面应主要从两方面入手：一是充分利用好现有程序，准备好程序材料，以免申请被驳回；二是通过研究，努力推动国家建立、完善、简化申请程序。

第一，作为植物新品种的申请人，首先应注意各程序的期间，如申请、受理、异议及实质审查的期间，避免因期限届满而丧失权利；其次，应重视申请环节中所提交材料的准确性、科学性与真实性，以尽可能减少与审查人员的交流次数与时间，加快授权程序，尽早获得授权。

第二，随着我国植物新品种的申请量逐年递增，对现有的审批、管理工作提出了新的要求，我们必须建立起配套的申请管理机制，以满足申请人所需。

根据我国农业植物新品种的相关法律规范，新品种权从申请到获得授权，要先后经过申请、受理、缴纳申请费、初步审查、初审合格公告、缴纳审查费、实质审查、授权决定、缴纳年费、授权公告等环节，如在初步审查或实质审查阶段被驳回的，还可能经过复审程序。繁杂的程序极大地延长了授权周期，合理简化申请程序就尤为必要。可从以下角度进行：第一，探索新的品种权审查方式，缩短审查周期，如可通过启动新品种审查数据库的建设，组织我国农业科研单位和企业，分阶段、分作物地收集已列入保护名录的植物品种进行田间实验，数据采集，录入建库，开发研究新品种 DNA 检测技术等，实现品种权审查计算机自动检索的目标，缩短 DUS 测试的时间，同时确保书面审查的科学性与准确性，减轻申请人的负担，在尽可能短的时间授予品种权。第二，加强与育种者的信息沟通，倡导建立农业植物新品种权交易平台。第三，推动书面审查机制，在申请人提供详细的申请资料前提下，由申请人对提交材料的真实性提供保证。审查人员只进行书面审查，一旦发生权属纠纷申请人就其保证承担相应法律责任。当然，这些趋势既需要相关立法部门、行政管理部门作相应改革与探索，也需要产业界积极推动。

3.3.3　适用实质使用原则，排除全面覆盖原则

在司法实践中，植物新品种权的侵权行为主要表现为以下方式：第一，未经植物品种权人的许可，公开为商业目的生产或销售授权品种或者繁殖材料，或者将授权品种的繁殖材料重复使用于生产另一品种的繁殖材料的行为①；第二，将他人已培育成功但未申请品种权的新品种，采取不正当手段获取该品种的种子或繁殖材料，抢先申请品种权的行为；第三，假冒授权品种的行为，即实质上不是授权品种，而对外宣称是授权品种。这些均为

---

① 这种形式在现实中较多也最为常见，如“河南农业大学与陕西杨凌伟隆农业科技有限公司侵犯植物新品种权纠纷案”即为典型，参见孙海龙、姚建军：《植物新品种案件的审理及问题探讨——以西安中院审理的植物品种案件为研究视角》，载《电子知识产权》，2008（12）。

典型的侵权行为。

对于第一种侵权行为，最高人民法院《关于审理侵犯植物新品种权纠纷案件具体应用法律问题的若干规定》第 2 条规定："未经品种权人许可，为商业目的生产或销售授权品种的繁殖材料，或者为商业目的将授权品种的繁殖材料重复使用于生产另一品种的繁殖材料的，人民法院应当认定为侵犯植物新品种权。"《植物新品种保护条例》第 6 条规定："完成育种的单位或者个人对其授权品种，享有排他的独占权。任何单位或者个人未经品种权所有人（以下称品种权人）许可，不得为商业目的生产或者销售该授权品种的繁殖材料，不得为商业目的将该授权品种的繁殖材料重复使用于生产另一品种的繁殖材料"。

对于植物品种权的侵权认定，首先应确定被控侵权物与授权品种的特征，其次把二者进行对比，判定其是否落入权利保护范围。理论上，被控侵权品种的品性特征须与授予品种权品种的品性特征相同，侵权才能成立。如果被控侵权品种的品性特征多于或少于已授权品种权品种的品性特征，都不能构成侵权。对此，被诉人应从被控侵权物的品性特征的差异性入手，分析其与被保护植物品种的不同特征，为获得不侵权的判定提供技术支持。

此外，由于实际育种过程中容易受到外来因素的干扰，因此，即使被控侵权的品种实质使用了授权品种的繁殖材料，但由于生长过程中外来花粉等非遗传变异因素的介入，导致被控侵权品种的特征特性与授权品种的特征特性出现不同，仍然可以判定侵权行为成立。在这一点上，对植物品种权利人而言，应通过其他关联证据证明被诉人事实上使用了授权品种的繁殖材料（如被诉人接触并得到授权品种材料的事实、被诉人实验或培育数据等间接证据），此时品种性状不同，也可排除全面覆盖原则的适用。

3.3.4 规范许可合同，限制权利用尽的适用

目前品种市场，大多数品种权人并非完全自建渠道经营、经销或销售植物品种，而是通过与被许可的经营者进行品种的销售，一般分区域许可，到达最终用户即农户手中。现实中有两个严重的问题：一是被许可人超越许可期限或跨域经营，损害品种权人利益；二是未经许可的经营者非法购入侵权的品种进行分包装，而以"权利用尽"原则抗辩，损害品种权人的利益。这就需规范的许可合同予以规范和控制，以保护品种权人的利益。

《植物新品种保护条例》第 6 条规定了权利用尽原则："完成育种的单位或者个人对其授权品种，享有排他的独占权。任何单位或者个人未经品种权所有人（以下称品种权人）许可，不得为商业目的生产或者销售该授权品种的繁殖材料，不得为商业目的将该授权品种的繁殖材料重复使用于生产另一品种的繁殖材料；但是，本条例另有规定的除外。"即经植物新品种权人或经其许可的授权人生产和销售的植物新品种的繁殖材料，合法进入流通领域，他人在市场上合法取得作为商品的授权品种繁殖材料后再行销售或者使用不构成侵权。但实务中，该原则应被限制适用。由于权利人许可形式及内容的不同以及种子经营的自身特点和行业惯例，特别是在种子分销与许可中的区域许可合同，跨越区域将损害不同被许可人的利益，进而损害被许可合同，最终损害品种权人利益，因而此时要限制该原

则的适用。

严格、规范授权许可合同，首先应明确约定被许可的经营者的许可区域、许可期限，严格按合同条款确认被许可人经营行为的合法性。如果当被许可方超越许可期限或跨域经营时，援引权利用尽原则，认为被控侵权者所销售的品种第一次投放市场时已经权利人许可，必将损害其他被许可人的权益。因此，此时不能以权利用尽原则免除被控侵权者的侵权责任。此时，被控侵权者明知其经营行为超越许可权限，仍继续经营，可以认定其主观上具有恶意。

对未获许可的经营者而言，由于其与品种权人并无许可合同存在，在经营者从品种权人或其许可经营人处购进不需要分包的产品对外销售的，其销售种子外包装标识明显、准确，所标示的生产、销售者也系品种权人或被许可经营者，销售过程中向消费者传达的信息准确，此时可适用权利用尽原则，并不构成侵权。但问题是，未获许可的经营者非法购入侵权的品种，此时应严格把握种子来源的审查，被控侵权者必须同时举出产品的来源、上手经营者取得合法授权的证明、购进时间、购进数量、销售数量、库存数量等方面的具体、准确数据，从总体上判断是否符合适用权利用尽原则的条件。

此外，品种权也可采用多样化、灵活的纠纷解决方式：综合采用行政、民事与刑事救济手段的同时，也可通过商业谈判、交叉许可或其他优惠条件实现利益的最大化；加强品种权的行政救济，强化种子市场的行政监督与市场监督，净化市场，加强行政主管部门对上市流通种子质量、生产经营资质、标签标准的审查，培育良好的市场环境，也是维护品种权人长远权益的需要。

实例解析

案例一

农友种苗（中国）有限公司诉珠海市鲜美种苗发展有限公司
植物新品种申请权权属纠纷

原告农友种苗（中国）有限公司是台湾农友种苗股份有限公司在中国大陆设立的台商独资企业。原告在2006年，发现被告广东省珠海市鲜美种苗发展有限公司以“新美夏珍”的名称向国家农业部植物新品种保护办公室提出甜玉米植物新品种权申请。根据业内资料，该“新美夏珍”与原告的“华珍”甜玉米并无二样。原告认为被告存在侵权行为，于是，向广州市中级人民法院提起了诉讼。

原告诉称：由于玉米在台湾地区不属于主要农作物，不属植物品种权申请之植物种类范围，不能在台湾申请植物品种权，因此“华珍”在台湾地区只能申请注册商标权（注册号：00653279号），不能申请植物品种权。为了使该优良品种在大陆推广收益，原告于2000年通过浙江省种子公司引进该品种，2002年和2003年在浙江进行区试，并于2004年通过品种审定（审定编号：浙审玉2004003号）。

2006年，原告发现被告以“新美夏珍”的名称向国家农业部植物新品种保护办公室提出甜玉米植物新品种权申请（申请号：20050330.8）。而根据业内资料，该“新美夏珍”与原告的“华珍”甜玉米并无二样。原告从国家植物新品种保护办公室的网站查知，被告对“新美夏珍”的品种来源的说明是：母本XM-06是由“华珍”连续自交8代选育而成的自交系；父本XM-18是由“金银粟”连续自交8代选育而成的自交系。凭原告对植物品种改良培育的专业知识，原告认为该说明是不真实的，该品种不可能如被告之说明是由“华珍”和“金银粟”经由自交后杂交而成。为确定“新美夏珍”与“华珍”的关系，原告于2006年12月委托国家权威机构北京农林科学院玉米研究中心对它们进行DNA指纹鉴定，以确定它们在植物学上的亲缘关系。检测结果在40个位点均无差异，证明被告的“新美夏珍”与原告的“华珍”甜玉米为相同品种。众所周知，物种表现的性状是由遗传物质（基因）所控制。玉米染色体内的基因数目大而且结构复杂，目前已知有5万到6万个基因（约为人类的两倍），分布于25亿个碱基［组成脱氧核糖核酸（DNA）的分子］。不同的育种者即便使用来源相同的育种材料各自独立进行多代自交选育亲本（父本、母本）再进行杂交育种，也不可能分别选育出DNA相同的品种，更遑论使用的育种材料是不相同的，所育成的品种理应各有其明显可区别的特异性。因此，被告之所称“新夏美珍”品种来源是以XM-06为母本，以XM-18为父本配组杂交而育成是不可信不真实的。由于被告申请“新美夏珍”植物新品种权时申明品种来源是以“华珍”自交选育之XM-06为母本，以“金银粟”品种自交选育的XM-18为父本配组杂交而育成，但DNA指纹鉴定却认为“新美夏珍”与“华珍”为相同品种，这证明被告若非盗用原告的“华珍”之亲本进行杂交生产种子，即是直接冒用原告的杂交一代“华珍”种子申请其“新美夏珍”的植物新品种权。因此请法院确认原告是涉案植物新品种（申请号20050330.8）的品种权申请人，该品种申请权归原告所有。

被告辩称：“新美夏珍”系由被告经过多年自主培育出来的甜玉米植物新品种，其选育的新品种“新美夏珍”与作为母本材料来源的社会公知的育种材料台湾农友种苗股份有限公司的“华珍”相比较，它们之间在各项特性上如糖量、产量、株高等方面体现出明显的不同，具有明显的特异性，完全符合法规所规定的特异性要求。其次，被告认为原告是盗用其培育的新品种“新美夏珍”并盗用原有的社会公知的台湾农友种苗股份公司的“华珍”种子名称来参加审定，所以才会出现所谓的两个品种DNA一致的检测结果。因此，被告基于该甜玉米植物新品种向国家农业部植物新品种保护办公室提出的申请号为20050330.8的植物新品种申请是合法有效的，“新美夏珍”品种申请权不属于原告，而当然归被告所有。

该案经多次审理，最后以被告同意将“新美夏珍”品种申请权转让给原告而调解结案。

该案作为广东省首例植物新品种申请权纠纷案，以及在2008年11月18日召开的广州知识产权审判情况通报会上广州市中级人民法院公布的2004—2008年广州知识产权民事审判十大案例之一，在当时的业界引起了极大的关注。由于此类型的案例十分稀少，因此该案具有探讨的法律价值。

本案的争议焦点是被告申请的20050330.8的植物新品种“新美夏珍”是否与原告的品种“华珍”为相同品种。对于此类植物新品种案件来讲，如何判断两个植物新品种是否为新品种是一个关键的事实问题。由于植物品种的特殊性，不可能通过常规的育种方法来进行这样的鉴定，因此如何确定鉴定的方法以及选取鉴定的指标对于本案的审理具有关键性的作用。另外，鉴定结果出来后如何判断两者是否为相同品种也具有极高的技术难度及需要非常专业的农学知识，也需要相关专家协助进行判断。因此，在植物新品种纠纷中适时提前引入技术鉴定机构及鉴定专家是非常必要的，有助于法官公正及准确地审理案件。

案例二

中国农业大学与承德裕丰种业有限公司植物新品种权权属纠纷案

被告承德裕丰种业有限公司与原告中国农业大学于1998年2月签订“关于农大364号杂交种子生产协议书”，约定由中国农业大学提供“农大364号”玉米亲本种子及技术指导，中国农业大学享有该品种的知识产权。2001年4月，裕丰公司就“农大364号”植物新品种权单独向农业部植物新品种保护办公室提出申请，并于2002年5月获得授权，成为“农大364号”种子的品种权人。为解决各方对“农大364号”植物新品种权的争议，2003年10月中国农业大学、裕丰公司、宋某（中国农业大学教师）三方签订“农大364号（ND364）品种权变更协议”，协议约定“农大364号”种子品种权为中国农业大学、裕丰公司共有，除两共有权人自行繁殖生产外，任何人如需繁殖、生产、经营该品种均须获得中国农业大学和裕丰公司双方共同的授权方为有效。该协议中关于共有权属的约定于2004年1月1日获得了农业部的公告认定。后因中国农业大学对三方协议有异议，于2004年4月以裕丰公司及宋某为被告而提起民事确权之诉。

该案为因约定不明导致植物新品种权权属纠纷的典型一案，涉及植物育种行为、委托育种中单方申请的效力及共享品种权等的相关规定。该案凸显的植物新品种权权属的相关问题值得关注。

第一，明确约定单位与职工、委托单位与合作单位之间的权属条款。尽管相关法律规范对职务育种、委托育种等成果归属问题有所规定和涉及，但当事人通过合同条款明确约定，是避免日后纠纷的更优选择。该案中，三方在合作育种过程中对植物新品种权的归属并未明确，之后通过补充协议予以确定，也是有效避免权属争议的手段。

第二，关于权属协议条款的问题，植物新品种权作为一项私权，在合同上只要该条款不违反法律、行政法规的强行性、禁止性规定，合同条款即应有效。因此，该案中，法院认为2003年的三方协议是三方真实的意思表示，未违反国家法律和行政法规，也未损害社会公共利益，因而对各方当事人具有法律约束力，各方当事人应予履行。法院判决值得肯定。

练习与测试

简述育种企业如何有效开展植物新品种权的保护。

单元总结

植物新品种，是指经过人工培育的或者对发现的野生植物予以开发，具备新颖性、特异性、一致性和稳定性，并有适当命名的植物品种。自授权之日起，藤本植物、林木、果树和观赏树木的保护期限为 20 年，其他植物保护期限为 15 年。植物新品种权有科研活动限制、农民自繁自用授权品种的繁殖材料的限制、特殊情况强制许可的限制三种权利限制。

育种单位应重视开发和育种合作中的合同约定，减少品种权属纠纷；在程序层面，应充分利用好现有程序，准备好程序材料，以免申请被驳回，同时努力推动国家建立、完善、简化申请程序；打击主要侵权行为，适用实质使用原则，排除全面覆盖原则；规范许可合同，限制权利用尽的适用；加大保护力度，鼓励培育更多更好的植物新品种。

本篇法律法规及辅助资料目录

1.《集成电路布图设计保护条例》

2.《最高人民法院关于开展涉及集成电路布图设计案件审判工作的通知》

3.《中华人民共和国植物新品种保护条例》(2013 修订)

4.《中华人民共和国植物新品种保护条例》

5.《最高人民法院关于开展植物新品种纠纷案件审判工作的通知》

6.《最高人民法院关于审理植物新品种纠纷案件若干问题的解释》

7.《最高人民法院关于审理侵犯植物新品种权纠纷案件具体应用法律问题的若干规定》

8.《苏州市阳澄湖大闸蟹地理标志产品保护办法》

9.《陕西省地理标志产品保护办法》

本篇参考书目及文献

1. [美] 埃弗雷德·M·罗杰斯，朱迪思·K·拉森．硅谷热．范国鹰等译．北京：经济科学出版社，1985

2. 冯晓青主编．不正当竞争及其他知识产权侵权专题判解与学理研究．第 1，2 分册．北京：中国大百科全书出版社，2010

3. 李明德．美国《半导体芯片保护法》研究．科技与法律，2004 (3)

4. 刘友华．知识产权纠纷非讼解决机制研究．北京：中国政法大学出版社，2010

5. 张成立．论集成电路布图设计的民法保护．前沿，2006 (7)

6. 李祖明．地理标志保护与管理．北京：知识产权出版社，2009

7. 王笑冰．地理标志法律保护新论：以中欧比较为视角．北京：中国政法大学出版社，2013

8. 董景山．农产品地理标志保护制度研究．北京：知识产权出版社，2013

9. 张玉敏．地理标志的性质和保护模式选择．法学杂志，2007 (6)

10. 王莲峰．制定我国地理标志保护法的构想．法学，2005 (5)

11. 李菊丹．国际植物新品种保护制度研究．杭州：浙江大学出版社，2011

12. 隋文香．判例与理论：植物新品种侵权行为研究．北京：知识产权出版社，2011

13. 侯仰坤．植物新品种权纠纷案件类型及法律解析．北京：中国法制出版社，2012

14. 孙海龙，姚建军．植物新品种案件的审理及问题探讨——以西安中院审理的植物品种案件为研究视角．电子知识产权，2008 (12)

图书在版编目（CIP）数据

知识产权业务律师基础实务：全 2 册/温旭主编．—北京：中国人民大学出版社，2014.9
（中国律师实训经典·基础实务系列）
ISBN 978-7-300-19930-6

Ⅰ.①知… Ⅱ.①温… Ⅲ.①知识产权法—律师业务—中国—高等学校—教材 Ⅳ.①D923.4
②D926.5

中国版本图书馆 CIP 数据核字（2014）第 205967 号

中国律师实训经典·基础实务系列
总主编 徐 建 龙翼飞
知识产权业务律师基础实务（上下册）
主 编 温 旭
副主编 朱妙春 林 文 刘友华 郝传鑫
董咏宜 黄 娟 王广华 申元林
Zhishi Chanquan Yewu Lüshi Jichu Shiwu

出版发行	中国人民大学出版社		
社 址	北京中关村大街 31 号	**邮政编码**	100080
电 话	010－62511242（总编室）		010－62511770（质管部）
	010－82501766（邮购部）		010－62514148（门市部）
	010－62515195（发行公司）		010－62515275（盗版举报）
网 址	http://www.crup.com.cn		
	http://www.ttrnet.com(人大教研网)		
经 销	新华书店		
印 刷	北京中印联印务有限公司		
规 格	185 mm×260 mm 16 开本	**版 次**	2014 年 9 月第 1 版
印 张	47 插页 4	**印 次**	2018 年 3 月第 3 次印刷
字 数	1 008 000	**定 价**	98.00 元

中国律师实训经典·律师职场系列

律师的职业责任与规制（第二版）

ISBN：978-7-300-17357-3

作者：［美］黛博拉·L·罗德

定价：￥39.80　　出版时间：2013-05-31

践行正义：一种关于律师职业道德的理论

ISBN：978-7-300-16985-9

作者：［美］威廉·西蒙

定价：￥30.00　　出版时间：2014-10-01

中国律师实训经典·高端业务系列

公司兼并与收购教程　ISBN：978-7-300-19028-0

主　　编：肖　微　　定价：￥68.00

出版时间：2014-04-30

中国企业境内首次公开发行及上市业务教程

ISBN：978-7-300-19027-3

主　　编：靳庆军　　定价：￥58.00

出版时间：2014-04-30

中英商务合同精选与解读　ISBN：978-7-300-15196-0

作　　者：林克敏　　定价：￥42.00

出版时间：2012-03-31

中国律师实训经典·基础实务系列

律师执业基础	黄士林主编	出版时间：2014-04-30
刑事诉讼律师基础实务	钱列阳主编	出版时间：2014-04-30
行政诉讼律师基础实务	吕立秋主编	出版时间：2014-04-30
民事诉讼律师基础实务	翟雪梅主编	出版时间：2014-04-30
非诉讼业务律师基础实务	李大进主编	出版时间：2014-04-30
商事仲裁律师基础实务	韩　健主编	出版时间：2014-04-30
公司业务律师基础实务	龚志忠主编	出版时间：2014-04-30
房地产业务律师基础实务	李晓斌主编	出版时间：2014-04-30
企业法律风险管理基础实务	徐永前主编	出版时间：2014-04-30
劳动法律师基础实务	姜俊禄主编	出版时间：2014-04-30
知识产权业务律师基础实务	温　旭主编	出版时间：2014-09-30
婚姻家庭法律师基础实务	王　芳主编	出版时间：2014-04-30
合同业务律师基础实务	吴江水　著	出版时间：2014-04-30
侵权责任法律师基础实务	杨立新等著	出版时间：2014-04-30